9., vollständig überarbeitete Auflage

Corinna Melville, Anne Dehne

AUSTRALIEN

Der Osten

D1700108

STEFAN LOOSE
TRAVEL HANDBÜCHER

Inhalt

Australian Capital Territory 222

Queensland 236

Themen

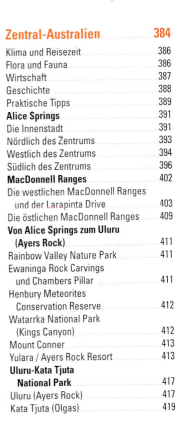

Durch den Roten Kontinent

Nach ausführlichen Recherchen für die aktualisierte Ausgabe dieses Reiseführers – sowohl bei den größten Highlights als auch in den abgelegensten Winkeln des Roten Kontinents – legte die Corona-Pandemie auch unsere Arbeit lahm. Im März 2020 schloss Australien seine Tore, und bis zum Drucktermin dieses Buches Ende 2021 blieb das Land für Reisende geschlossen – wenn auch auf nun absehbare Zeit. Selbst innerhalb Australiens riegelten sich viele Bundesstaaten immer wieder von anderen ab, um eine weitere Verbreitung des Virus zu verhindern. Glücklicherweise blieb mein Wohnort Adelaide vom Schlimmsten verschont, und wir durften schon bald wieder die unzähligen Schätze Australiens (mit Einschränkungen) genießen.

Aber wie geht es weiter mit diesem riesigen Besuchermagneten am anderen Ende unseres Planeten? Wird Australien wieder zur *Terra Australis Incognita* – zu jenem unbekannten Südland, das europäische Kartografen hier einst vermuteten? Natürlich nicht! Denn es gibt nach wie vor keinen Ultra-HD-Bildschirm, der die endlose Weite des australischen Outbacks auch nur annähernd spürbar machen kann. Es gibt keine Virtual-Reality-Brille, die einen Abend am Lagerfeuer zwischen Pazifik und Kängurus ersetzt. Keine Buschbrände, keine Pandemie kann unseren Entdeckergeist, unser Reisefieber, unsere Sehnsucht nach der Ferne dauerhaft ersticken.

Wenn ihr heute dieses Buch in den Händen haltet, mag eine Reise nach Australien bereits wieder möglich sein oder zumindest in naher Zukunft möglich werden. Unsere Recherchen waren angetrieben von der festen Überzeugung, dass Australiens Anziehungskraft nach dem Ende der Pandemie umso stärker ausstrahlen wird. Wir wünschen euch viel Freude bei den Vorbereitungen und eine erlebnisreiche Reise durch den fünften Kontinent.

Corinna Melville

Wie ist die aktuelle Situation?

Da viele Tour-Guides, Transportunternehmen, Hotels und Restaurants bei Redaktionsschluss ihre Dienste nur eingeschränkt oder gar nicht leisten konnten und die Folgen dieser Situation noch nicht absehbar waren, haben wir unser Buch um einen aktuellen **Online-Service** ergänzt.

Im Stefan Loose Update Club Australien (⌨ www.stefan-loose.de/loose-travel-club/club/australien-club/) haben wir weiterführende Links gebündelt, stellen aktuellste Informationen online und geben auch euch die Möglichkeit, eure Tipps und Erfahrungen zu veröffentlichen.

Direkte Links zu den Infos findet ihr mithilfe der **QR-Codes** und **eXTras**. Was das ist, wie das geht, wie ihr mitmachen könnt und den Club als aktives oder passives Mitglied nutzt, erklären wir euch im Netz.

AUSTRALIEN DER OSTEN
Die Highlights

1

Das glänzende Dach der Oper in Sydney, der riesige rote Felsen im Landes-inneren, ein Korallenriff von der Größe Italiens – diese und andere Highlights stehen bei vielen Besuchern ganz oben auf der Liste. Man kann sie kaum alle auf einer Reise besuchen, aber wen das Australienfieber einmal gepackt hat, den zieht es ohnehin immer wieder hierher.

2

1 **SYDNEY** (Abb. vorherige Seite) Australiens quirligste Metropole, traumhaft schön am Wasser gelegen, ist für die meisten Besucher aus Übersee das Tor zum fünften Kontinent. S. 123

2 **BLUE MOUNTAINS** Die senkrecht aufragenden Sandsteinwände schienen den Pioniersiedlern einst unüberwindbar. Noch heute wecken sie bei Wanderern Entdeckergeist. S.153

3 **JERVIS BAY** Schnorcheln, schwimmen und sonnen am weißesten Strand der Welt. Oft besuchen Delphine die warme Bucht. S. 169

4 **BYRON BAY** Endlose Traumstrände, gut gelaunte Surfer und fast immer Sonnenschein. In diesem Mekka der Alternativkultur verwirklicht sich für viele Rucksackreisende ihre Vorstellung von Australien. S. 197

5 **BROKEN HILL** In dem historischen Bergbauzentrum bilden Kohle, Kunst und Eintönigkeit einen faszinierenden Dreiklang. S. 216

6 **BRISBANE** Warmes Klima, coole Stadt: Kaum eine andere Metropole bringt so viele junge Musiktalente hervor wie Brisbane. S. 245

7 **WHITSUNDAY ISLANDS** Die 74 Trauminseln zwischen Airlie Beach und dem Great Barrier Reef sind ein Segel- und Sonnenparadies. S. 318

8 GREAT BARRIER REEF
Die größte von Lebewesen geschaffene Struktur, die sogar vom Mond aus zu sehen ist, erscheint Schnorchlern wie ein buntes Paralleluniversum. S. 350

9 DAINTREE NATIONAL PARK
Dicht bewachsene Berge und Schluchten, traumhafte Strände und direkt angrenzend das Korallenriff. Der älteste Regenwald der Welt bietet eine einzigartige Vielfalt an Pflanzen und Tieren. S. 372

10 WATARRKA NATIONAL PARK (KINGS CANYON) Eine Wanderung entlang des Kraterrands mit seinen bizarren Felsen und alten Schluchten zählt zu den Highlights des Roten Zentrums. S. 412

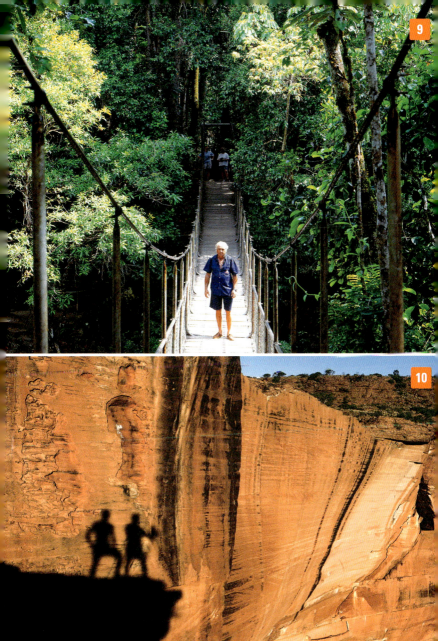

13

11 ULURU (AYERS ROCK)
(Abb. vorherige Seite) Farb-
spiel in der Wüste: Der berühmte
Felsmonolith ist Heiligtum der
Ureinwohner und Wahrzeichen
Australiens zugleich. S. 417

12 MELBOURNE Mit jeder Ein-
wanderungswelle erweiterte
Melbourne stolz sein urbanes
Mosaik der Kulturen. S. 428

**13 GRAMPIANS NATIONAL
PARK** Eine Berglandschaft
mit Felswänden, ungewöhnlichen
Felsformationen, engen Schluchten
und weiten Tälern. S. 491

14 GREAT OCEAN ROAD (Abb.
Folgeseite) Eine der schönsten Küstenstraßen der Welt. Heute
lockt die Steilküste auch Radfahrer
und Wanderer. S. 497

Reiseziele und Routen

Das weltbekannte Opernhaus von Sydney, das surreale Rot des Uluru (Ayers Rock), der sich vor einem tiefblauen, riesigen Himmel erhebt, orange-weiße Clownfische, die an verschlungenen Korallen knabbern – das sind Bilder, die wir mit Australien verbinden. Dass zwischen diesen Kulissen tausende Kilometer oft geradezu faszinierender Eintönigkeit liegen, vergisst der Kurzstrecken-verwöhnte Europäer gern. Wer nach Australien reist, ist gut beraten, sich ausgiebig vorzubereiten und Strecken wie Reisezeiten realistisch zu berechnen oder sich von der australischen Sorglosigkeit anstecken zu lassen: Statt rastlos Sehenswürdigkeiten abzuklappern, lieber öfter mal ein kühles Bier im lokalen Pub, eine Wanderung in abgelegene Winkel eines Nationalparks oder einen gemütlichen Spaziergang am Strand genießen.

In den Genuss, ganz in den australischen *way of life* einzutauchen, kommen freilich nur Reisende, die sich mehrere Monate Auszeit gönnen. Aber auch wer weniger Zeit hat, bekommt einen Eindruck davon: Australier sind aufgeschlossen, humorvoll und kontaktfreudig und teilen gern ihre eigene Begeisterung für diesen gigantischen Kontinent.

Wer in Australien landet, wird zunächst das **Citylife** in einer der Metropolen wie Sydney, Brisbane oder Melbourne kennenlernen. Vor einer unverwechselbar australischen Kulisse zeigt sich das europäische Erbe hier in einer ausgeprägten Kunst- und Kulturszene. Viele Traveller zieht es in die weite und **beeindruckende Natur**: unter den sternenklaren Himmel im scheinbar menschenleeren Outback, in die Tropenidylle um Cairns oder an die traumhafte Küste im Westen Victorias mit ihren viel fotografierten Fels-Aposteln. Auch die Begegnung mit der einzigartigen Tier- und Pflanzenwelt, die aus wesentlich mehr besteht als Eukalyptus, Koalas und Kängurus, steht bei vielen ganz oben auf der Liste.

Die junge Nation hat aber auch ein bedeutendes Stück Menschheitsgeschichte zu bieten. Jahrtausendealte **Felsmalereien** wie die im hohen Norden Queenslands oder im Grampians National Park in Victoria sind eine Hinterlassenschaft der Ureinwohner. Informationszentren, Ausstellungen und Museen führen Besuchern die uralten Lebens- und Glaubenswelten der Ureinwohner vor Augen. Dass die Kolonisierung des Landes durch die Europäer zu vielen sozialen Spannungen führte, ist noch immer deutlich sichtbar. Wie die Ureinwohner in der mehrheitlich weißen Gesellschaft leben können, ohne ihre eigene Identität und Kultur zu verlieren, ist bis heute nicht hinreichend geklärt.

Reiseziele

Wer in wenigen Wochen viel sehen will, sollte einen guten Reiseplan ausarbeiten und Inlandflüge sowie einige Unterkünfte eventuell schon im Voraus buchen. Je konkreter die Vorstellungen, desto wichtiger die Reservierungen. Denn vor allem während der Schulferien sind viele Unterkünfte und Touren lange im Voraus ausgebucht. Selbst Wanderungen müssen teilweise vorab gebucht werden, da in manchen Nationalparks nur eine bestimmte Anzahl von Wanderern zugelassen wird. Ein weiteres Argument für einen Reiseplan sind die hohen Reisekosten in Australien: Bei Online-Buchung sind viele Hotels, Touren, Fahrkarten, Eintrittskarten etc. wesentlich günstiger als vor Ort.

Manch einer reist dagegen lieber ohne konkreten Plan und lässt sich gern treiben. Natürlich kann man Australien auch auf die langsame, spontane Art besichtigen, und vor allem entlang der Ostküste finden sich viele Gleichgesinnte.

Schon als Rucksackreisende mit Working Holiday Visa faszinierte **Corinna Melville** die Offenheit und Leichtigkeit der Australier. Seit 2008 ist Australien ihr festes Zuhause; nach acht Jahren in Melbourne lebt sie heute mit ihrer Familie im Süden Adelaides. Die Wochenenden verbringt sie am liebsten an den langen Sandstränden und in den Weinbergen der Fleurieu Peninsula; wenn mehr Zeit ist, zieht es sie in die Weite des Outbacks, an die Westküste oder in die Nationalparks.

■ Lohnt es sich, für drei Wochen nach Australien zu reisen?

Machbar ist so eine „Kurzreise" schon. Allerdings sollte man daran denken, dass die An- und Abreise jeweils mindestens 24 Stunden dauert, dazu kommen mehrere Tage im Jetlag. Wer nur wenig Zeit hat, dem sei dringend empfohlen, sich auf zwei oder drei Ziele oder Regionen zu konzentrieren und dazwischen eventuell Inlandflüge zu buchen. Auch kann ein Gabelflug sinnvoll sein, bei dem sich Ankunfts- und Abflugflughafen unterscheiden.

■ Was muss ich im Voraus buchen?

Je konkreter die Vorstellungen, desto sinnvoller die Vorbuchung. Vor allem in den australischen Schulferien (Mitte Dez–Ende Jan, um Ostern, Anfang Juli und Ende Sept–Anfang Okt) sind viele Unterkünfte in den Ferienzentren sowie Zeltplätze in den Nationalparks Monate im Voraus ausgebucht. Auch beliebte Wanderungen müssen lange vorher gebucht werden, denn es ist täglich nur eine bestimmte Zahl von Wanderern zugelassen.

■ Kann ich mit öffentlichen Verkehrsmitteln reisen?

Ganz klar: Ein eigener fahrbarer Untersatz oder ein Mietfahrzeug ist das Mittel der Wahl für alle, die vor allem unabhängig und flexibel sein möchten. Das Bahnnetz ist in Australien bei Weitem nicht so dicht wie in Europa. Busgesellschaften wie Greyhound fahren die meisten touristischen Highlights und Großstädte an (zur Zeit der Recherche mit stark reduziertem Fahrplan), lassen aber auch viele sehenswerte Orte links liegen. Wer etwas für das persönliche CO_2-Konto tun möchte, das durch die Anreise schon reichlich belastet ist, kann aber Australien auch mit öffentlichen Verkehrsmitteln ent-

Citylife

Sydney (S. 123) ist eine wunderschön gelegene Weltstadt, für die man sich mindestens ein paar Tage Zeit nehmen sollte. Das Opernhaus vor der Harbour Bridge, der Botanische Garten, der schicke Darling Harbour, das historische Viertel The Rocks und zahlreiche Pazifikstrände sind nur ein Teil der Highlights.

Brisbane (S. 245) wirkt trotz seines rasanten Wachstums cool und gelassen. Eine tropische Lagune und ein gepflegter botanischer Garten mit uralten Bäumen konkurrieren im Stadtbild mit futuristischen Hochhäusern und modernen Einkaufszentren. Brisbane bringt eine beachtliche Zahl junger Musiker hervor, die in den Clubs von Fortitude Valley oder New Farm ihr Debüt geben.

Melbourne (S. 428) besticht durch eine lebendige Kunst- und Musikszene. In Vororten wie Fitzroy, Carlton oder Brunswick pulsiert das Leben, gemütliche Buchläden laden zum Schmökern ein, Konzerte von Jazz bis Rock findet man in Pubs und Nachtclubs zwischen authentischen Restaurants und alternativen Läden.

Küste, Strand und Meer

Australien – das bedeutet für viele kilometerlange weiße Sandstrände, gut gebaute Surfer und traumhafte Steilküsten, gegen die die Wellen

decken. Die Ostküste ist am meisten frequentiert. Hin und wieder sollte man sich dann einer Tour anschließen, um z. B. in die vielen tollen Nationalparks zu gelangen.

■ Lässt sich Australien auch mit kleinem Geldbeutel bereisen?

Australien ist leider alles andere als günstig. Selbst für ein Bett im Dormitory legt man $25–40, in Sydney und Melbourne $30–55 hin. Die derzeitige Rezession bringt allerdings sowohl die Preise als auch den Wechselkurs stark ins Schwanken. Wer wirklich auf den Cent achten muss, legt sich am besten einen Campervan, Kombi oder günstigen Mietwagen sowie Campingausrüstung zu und weicht so oft wie möglich auf die kostenlosen bis günstigen Zeltplätze der Nationalparkbehörden aus. Freicampen ist vielerorts verboten, doch es gibt zahlreiche ausgeschriebene Campingmöglichkeiten. Campingguides mit Karten erhält man in der Buchhandlung.

■ Wo kann ich surfen lernen?

Australier waren ja schon immer begeisterte Wellenreiter, aber seit der Corona-Pandemie scheinen sich noch mehr Surfer in die Brandung zu werfen. Da macht man am besten mit! Entlang der Ostküste zwischen der Sunshine Coast und Sydney gibt es zahlreiche Surfschulen. Viele bieten sogar mehrtägige Surf- und Reisetouren. North Stradbroke Island vor Brisbane oder die Gegend um Jervis Bay südlich von Sydney eignen sich perfekt für Einsteiger. Ein weiteres Zentrum für (angehende) Wellenreiter ist die Surfcoast in Victoria zwischen Torquay und Apollo Bay.

■ Wie gefährlich sind australische Spinnen wirklich?

Okay, einige australische Spinnen wie die Sydney Funnel Web und Redback Spider haben Menschen tatsächlich schon das Leben gekostet. Aber der letzte Todesfall durch einen Spinnenbiss liegt einige Jahrzehnte zurück. Seit den frühen 1980er-Jahren sind wirksame Gegengifte verfügbar. Schwere oder gar tödliche Autounfälle, die auf das bloße Auftauchen einer großen Spinne z. B. auf der Windschutzscheibe zurückgeführt werden, gibt es dagegen immer wieder. Cool bleiben, links ranfahren, durchatmen – und dann viel Glück!

schlagen. Eine Fahrt entlang der B100 – besser bekannt als **Great Ocean Road** (S. 497) – zählt mit ihren bizarren Felsformationen wie den Twelve Apostles zu den Highlights jeder Australientour. Weiter östlich entlang der Küstenstraße trifft man auf die Surf Coast, die alljährlich zu Ostern die besten Surfer der Welt beherbergt und mit einem großen Angebot an Surfschulen aufwartet.

Leere weiße Strände gibt es fast im Überfluss. Wunderschöne, oft unberührte **Sandstrände** finden sich besonders an der Südküste von New South Wales zwischen der bildhübschen Jervis Bay und Eden. Die gesamte Küste von New South Wales und dem südlichen Queensland eignet sich zum Schwimmen (und

teilweise zum Surfen), weiter nördlich ist aufgrund gefährlicher Quallen Vorsicht geboten (S. 55). Wer Strand mit langen Partynächten und einer Portion Alternativkultur verbinden möchte, ist in **Byron Bay** (S. 197), stellenweise auch an der **Gold Coast** (S. 265) und der **Sunshine Coast** (S. 275) gut aufgehoben.

Ein Besuch des **Great Barrier Reefs** (S. 350), der weltweit größten von Lebewesen geschaffenen Struktur, steht für viele Besucher ganz oben auf dem Plan. Als Ausgangspunkt für Tauch- und Schnorchelexkursionen eignen sich **Airlie Beach** (S. 313) – das Tor zu den Whitsunday Islands – und **Cairns** (S. 337) hoch im tropischen Norden. Im Süden bietet Lady Elliot Island einen guten Ausgangspunkt zum Riff.

Aboriginal-Felsmalereien

Schon vor Tausenden von Jahren nutzten die Ureinwohner Felswände als Leinwand. Mythen, Jagdgeschichten, alles, was festgehalten werden sollte, wurde auf einen Fels gemalt. Heute lassen sich insbesondere im Norden Felsgalerien besichtigen. Viele sind allerdings nur schwer zugänglich, andere sind den Ureinwohnern heilig und für Besucher daher tabu.

Besonders beeindruckend sind die Felsmalereien im **Grampians National Park**, in dem Ureinwohner auch ein sehr interessantes Informationszentrum betreiben, sowie die **Quinkan Rock Art** bei Laura in Nord-Queensland.

Outback und Aborigine-Kultur

Rote Erde und unendliche Weite: Das Outback übt auf viele Europäer eine starke Faszination aus. Eine von einem Ureinwohner geführte Wanderung um den **Uluru** (Ayers Rock, S. 417) gehört ebenso zum Outback-Erlebnis wie der Besuch der entlegenen Opal-Kommune von **Lightning Ridge** (S. 214), wo Glücksritter seit Jahrzehnten nach Edelsteinen graben, oder von **Mount Isa**, (S. 382) einem riesigen Untertagebergwerk.

Aber was für uns nach Abenteuer und Entdeckergeist klingt, hatte und hat für die indigene Bevölkerung oft verheerende Folgen. Nicht selten in der jungen Geschichte Australiens wurden Ureinwohner ihrer heiligsten Stätte enteignet, wurde ihre jahrtausendealte Kunst verschandelt, wurden ihre ungeschriebenen Gesetze ignoriert. Noch bis 2019 strömten täglich Tausende von Besuchern auf den Uluru hinauf. Die großen Hinweistafeln der Ureinwohner, die Touristen eindringlich darum baten, ihren heiligen Berg nicht zu besteigen, ließen sie völlig außer Acht. Seit November 2019 ist die Besteigung des Uluru nun gesetzlich verboten.

Authentische Touren mit Aborigine-Guides gibt es an vielen Orten, darunter im Roten Zentrum, im **Mungo National Park** (S. 220), in der Kimberley-Region sowie auf der **Cape York Peninsula** (S. 375) im Norden von Queensland. Sie sind in diesem Buch mit dem Bumerang-Symbol markiert.

Tiere in freier Wildbahn

Beuteltiere

Manch ein Besucher fühlt sich erst dann so richtig in *Downunder* angekommen, wenn er das erste **Känguru** in freier Wildbahn erspäht hat. Die gute Nachricht: Kängurus kann man außerhalb der städtischen Zentren und des tropischen Nordens wirklich fast überall antreffen, vor allem in den unzähligen Nationalparks, die sich über alle Staaten verteilen, darunter allen voran der Grampians National Park. In Canberra leben wilde Kängurus sogar in den Stadtparks.

Schwieriger wird es da schon mit den **Koalas**. Seit den riesigen Bränden im Sommer 19/20 könnten die Beuteltiere womöglich auf der Liste bedrohter Tierarten landen. Gute Chancen, eins der schläfrigen Beuteltiere vor die Kameralinse zu kriegen, bestehen noch immer entlang der Great Ocean Road, besonders um Kennet River und im Otway National Park.

Wombats sieht man in vielen Nationalparks in Queensland, New South Wales und Victoria, darunter z. B. in den Nationalparks Wilsons Promontory und Grampians.

Vögel

Die bunte, faszinierende Vogelwelt bleibt keinem Reisenden verborgen. **Kakadus** finden Besucher unter anderem im Botanischen Garten in Sydney. Bunte **Lorikeets** lassen sich überall beobachten, ganze Schwärme bewohnen die Bäume der Gold Coast und Port Macquarie. **Fledermäuse** findet man ebenfalls in Sydneys Botanischem Garten sowie auf Susan Island in Grafton und entlang der gesamten Küste Queenslands. Schwärme von **Sturmtauchern** *(Mutton Birds)* nisten auf Phillip Island bei Melbourne und in der Nähe von Port Fairy an der Westküste von Victoria. Mit Glück kann man in den Dandenong Ranges bei Melbourne, besonders im Sherbrooke Forest, einen **Leierschwanz** hören, wenn nicht gar sehen. Männliche **Laubenvögel** *(Bower Bird)* schmücken ihre Laube mit bunten Gegenständen aus, um die Gunst eines Weibchens zu erwerben. Man kann die Vögel z. B. im Lamington NP in Queensland finden.

Feuchtgebiete sind auch Vogelparadiese: Das Mareeba Tropical Savanna and Wetlands

◄ Auf Fraser Island, der größten Sandinsel der Welt, wird Autofahren zum Abenteuer.

Reserve (S. 358) sowie das Billabong Sanctuary bei Townsville (S. 322) eignen sich besonders gut zum Beobachten von Vögeln, ebenso die Feuchtgebiete entlang des Murray River, der auf lange Strecke die Grenze zwischen Victoria und New South Wales bildet.

Emus leben fast über den ganzen Kontinent verteilt. In freier Wildbahn sind sie häufig im Kosciuszko National Park und im Wilsons Promontory zu sehen.

Zwergpinguine *(Little Penguins)* nisten an einigen Stellen der Küste Victorias. Phillip Island bei Melbourne ist der bekannteste Ort. Man sieht sie aber auch am St Kilda Pier in Melbourne.

Meeresbewohner und Reptilien

Wale kann man an der gesamten Süd- und Ostküste beobachten. Zwischen Juni und August ziehen *Humpback Whales* (Buckelwale) die gesamte Küste von NSW hoch nach Queensland um dort zu ihre Jungen zu gebären. Zwischen August und Oktober erreichen sie die Küste von Hervey Bay nordwestlich von Fraser Island in Queensland; im gleichen Zeitraum sind sie auch vor der Küste von Byron Bay im Norden von New South Wales zu sehen. Zwischen September und November kehren sie mit ihren Jungen an der Küste entlang zurück zur Antarktis. Entlang der gesamten Südküste von NSW gibt es gute Beobachtungsplattformen, und in ganz New South Wales und Queensland werden Bootstouren angeboten.

Delphine gibt es an der gesamten Küste von New South Wales, und an vielen Orten werden Beobachtungstouren per Boot geboten. An der Mornington Peninsula südlich von Melbourne können Besucher sogar mit Delphinen sowie mit **Seelöwen** schwimmen.

Jedes Jahr zwischen November und Februar legen in Queensland **Meeresschildkröten** am Strand von Mon Repos bei Bargara nahe Bundaberg ihre Eier ab, ebenso auf Heron Island und Lady Elliot Island.

In den Gewässern und Sümpfen der Cape York Peninsula und des tropischen Nordens um Darwin tummeln sich **Leistenkrokodile** (*saltwater* bzw. *estuarine crocodiles*). Wer sie sehen möchte, sollte sich lieber an einen organisierten

Tour anschließen als auf eigene Faust loszuziehen.

Zoos und Sanctuaries

Wer auf der Reise keine Tiere in freier Wildbahn gesehen hat oder interessante Biotope links liegen lassen musste, kann sich in einem der zahlreichen **Zoos** oder **Wildlife Sanctuaries** einen Eindruck verschaffen. Besonders zu empfehlen sind die Zoos von Melbourne und Sydney, der riesige Zoo von Dubbo, der Australia Zoo an der Sunshine Coast sowie viele kleine Privatzoos und Wildlife Parks wie das Moonlit Sanctuary auf der Mornington Peninsula oder das Lone Pine Koala Sanctuary bei Brisbane. Besonders ansprechend sind die Botanischen Gärten von Rockhampton und Sydney.

Tropen und Regenwald

Australien erstreckt sich über mehrere Klimazonen, von der gemäßigten Zone im Süden bis zu den Tropen im Norden Queenslands. Wer von Süden nach Norden die Küste entlang reist, muss sich auf das wechselnde Klima einstellen. Etwa auf der Höhe von Ingham in Queensland ist die Grenze zu den Feuchten Tropen erreicht. Hier fallen jährlich rund 4000 mm Regen, der Großteil zwischen Dezember und März. Ein schönes Ziel in den *Wet Tropics* ist der **Paluma Range National Park** (S. 331), in dem die Bäume und Farne um das Sonnenlicht wetteifern. Wer die Schwüle erträgt, für den lohnt sich auch die Fahrt zum **Mossman Gorge** (S. 371), in den **Daintree National Park** (S. 372) und zum **Cape Tribulation** (S. 372). Wer den Weg in den hohen Norden auf sich nimmt, wird mit der spektakulären Schönheit dieser Nationalparks belohnt.

Australien aktiv

Wandern

Australien ist ein Paradies für Trekkingfans, aber auch Reisende, die nicht so gut zu Fuß sind, sollten sich einen Ausflug in einen der zahlreichen Nationalparks nicht entgehen lassen. Von kurzen leichten Spaziergängen bis zu mehrtägigen Wanderungen mit Übernachtungen auf Zelt-plätzen oder in Hütten ist für jeden etwas dabei.

Wanderwege sind meist gut ausgeschildert und die Informationszentren halten fast immer kostenlose Broschüren bereit, die die wichtigsten Wanderrouten mit Dauer und Schwierigkeitsgrad beschreiben. Manche Wanderungen und viele Zeltplätze müssen im Voraus gebucht werden und zwar auf den Webseiten der Nationalparkbehörden des jeweiligen Bundesstaates (s. u.). Diese sind zugleich hervorragende Informationsquellen für Wanderungen, Übernachtungen und Attraktionen im Nationalpark.

Zur Zeit der Recherche waren einige Nationalparks aufgrund der Buschbrände geschlossen oder befanden sich im Wiederaufbau. Für praktisch alle Nationalparks gilt absolutes Feuerverbot. Aktuelle Informationen findet man auf den Websites. Hier sind einige **Nationalparks** herausgegriffen, die sich besonders gut für Spaziergänge und Wanderungen eignen.

In **New South Wales** (🖥 www.nationalparks. nsw.gov.au): Blue Mountains National Park, das Hochland um Mt Koszciusco, die Nationalparks der Great Dividing Range im Hinterland der Küste – vor allem Barrington Tops nördlich des Hunter Valley, Mount Warning und Night

cap National Park an der Nordküste bei Murwillumbah.

- Im **ACT / Canberra** (🖥 www.environment. act.gov.au/parks-conservation/parks-and-reserves): Tidbinbilla Nature Reserve mit seinen Schnabeltieren, für schwierigere Bushwalks das Bergland des Namagdi National Parks.
- In **Victoria** (🖥 www.parkweb.vic.gov.au): Die Grampians in West-Victoria, das Hochland der Victorian Alps, insbesondere in der Umgebung von Bright; außerdem der Wilsons Promontory National Park in Süd-Gippsland.
- In **Queensland** (🖥 https://parks.des.qld.gov. au): Das Hinterland der Gold Coast, insbesondere der Lamington und Main Range National Park; Spaziergänge von Noosa und Tin Can Bay im Cooloola National Park sowie zu den Regenwäldern und Seen auf Fraser Island; der Eungella National Park bei Mackay.
- Im **Northern Territory** (🖥 https://nt.gov.au/ leisure/parks-reserves): Nationalparks der MacDonnell Ranges, der Kings Canyon, die Gegend bei Kata Tjuta (Olgas) und um Uluru (Ayers Rock).

Ein Leben ohne Brett – undenkbar für die Bewohner dieses Hauses in Pambula, NSW

Gefahren im Wasser

© DUMONT BILDARCHIV / TOMA BABOVIC

Bei allem Spaß, den man in den Gewässern innerhalb Australiens und vor seiner Küste haben kann, sollte man in einigen Gebieten Vorsicht walten lassen.
Im tropischen Norden geht die größte Gefahr von den **Würfel- und Irukandji-Quallen** aus, auch **Leistenkrokodile** machen die Küste und einige Wasserwege im Inland dort unsicher. Hinweise, wo Gefahr besteht, stehen in den jeweiligen Kapiteln. Warnschilder an Stränden, Flüssen und Seen sollten auf jeden Fall beachtet werden! **Haie** können Surfern praktisch rund um die Küste gefährlich werden. Hier am besten die Einheimischen fragen, ob an bestimmten Stränden etwas zu befürchten ist. An beliebten Badestränden patrouillieren manchmal Hai-Spähtrupps – sogenannte *shark patrols* – im Boot oder im Flugzeug.
Die meisten Todesopfer fordern allerdings gefährliche Strömungen, die v. a. von Touristen und ungeübten Schwimmern unterschätzt werden. In den Orten markieren rot-gelbe Flaggen Zonen, die von Rettungsschwimmern patrouilliert werden. Wo sonst keiner im Wasser ist, ist besondere Vorsicht geraten.

Klettern und Abseilen
Wer hoch hinaus will, kann sich im Grampians National Park in Victoria im **Abseilen** oder **Klettern** versuchen. Auch am Mt Arapiles in Victoria, in den Blue Mountains und in Brisbane (Kangaroo Point) gibt es Veranstalter solcher Touren.

Reiten
Reiten kann man u. a. im Daintree National Park oder bei Cairns (Queensland), in Anglesea an der Great Ocean Road (Victoria), im Royal National Park oder in den Blue Mountains (New South Wales).

Radsport
Mountainbiking und Rennradsport werden in Australien immer beliebter. In den Städten kommen ständig neue Radwege hinzu; dennoch ist hier Vorsicht geraten, denn die australischen Autofahrer sind im Vergleich zu europäischen noch wesentlich weniger an Radfahrer gewöhnt. Aggressives Verhalten der Autofahrer kann Radler zusätzlich gefährden. Fast alle Nationalparks haben ausgewiesene Mountainbiketracks.

Wassersport
Sonnenschein, kilometerlange Strände und eine faszinierende Unterwasserwelt sind die Zutaten, die Australien zu einem Eldorado für Wassersportler machen.
   Taucher werden insbesondere am Great Barrier Reef und am Ningaloo Reef beeindruckende Erlebnisse sammeln können. Entlang der gesam-

ten Ostküste sowie an einigen Orten in Victoria (u. a. Sorrento und Portsea an der Mornington Peninsula und Warrnambool) bieten Veranstalter Tauchkurse für Anfänger und Fortgeschrittene an. Das Yongala-Schiffswrack 13 km vor der Küste von Townsville gilt als eines der besten Taucherlebnisse Australiens.

Wer **Wellenreiten** lernen möchte, steht an der Ostküste Australiens vor einer riesigen Auswahl an Surfschulen. Man kann dort auch Surf- und Bodyboards mieten. Gute Surfstrände befinden sich bei Torquay in Victoria sowie an einigen Küstenabschnitten von New South Wales und Süd-Queensland, vor allem an der Gold Coast.

Wer **segeln** will, ist bei den Gippsland Lakes in Victoria, den Seen an der Central Coast und Port Stephens in New South Wales sowie auf den Whitsunday Islands in Queensland gut aufgehoben. Dort werden zahlreiche Boote vermietet.

Wildwasserfahrten, sogenannte *Rafting Tours*, werden im Nordosten von Queensland, etwa bei Mission Beach, und an der Nordküste von New South Wales angeboten.

Wer es lieber etwas gemächlicher mag, kann an vielen Gewässern **Kanus** mieten und die Natur auf eigene Faust erkunden, zum Beispiel auf Magnetic Island oder in den Whitsundays. Auch **Stand-up Paddeln** (Stehpaddeln) wird allerorts immer beliebter.

Europäisches Erbe

In Australien wird vieles als historisch angepriesen, was den meisten Europäern nur ein müdes Schulterzucken entlockt. Einen sehenswerten Einblick in die Besiedlung Australiens durch die Weißen bieten Sydneys Stadtteil **The Rocks** (S. 124) sowie das Museum of Sydney. Auf Tasmanien stehen noch viele Relikte aus der Sträflingsvergangenheit, besonders in und um Hobart.

Die australische Goldgräbervergangenheit lebt vor allem in **Ballarat** (S. 487) und **Bendigo** (S. 483) in Victoria wieder auf. In Ballarat lohnt sich ein Besuch des Freilichtmuseums **Sovereign Hill** (S. 488).

Reiserouten

Viele unterschätzen die riesigen Entfernungen und packen zu viele zu weit auseinanderliegende Sehenswürdigkeiten in die kurze Zeit, die ihnen zur Verfügung steht. Drei Wochen Australien, vielleicht noch eine Woche Neuseeland angehängt – machbar ist so ein Urlaub natürlich. Mehr als einen flüchtigen Eindruck vom Land und seinen Leuten bekommt man dann aber nicht. Wer ein Gefühl für die Gegensätze dieses Landes erhalten möchte, sollte mindestens vier, besser sechs Wochen Zeit haben. Selbst in diesem Fall plant man besser einen oder mehrere Inlandsflüge ein, um tagelanges Kilometerfressen zu verhindern.

Von allem etwas: die klassische Route

Wer zum ersten Mal nach Australien fliegt, möchte meist vor allem etwas mitbekommen: eine Hafenrundfahrt in Sydney, schnorcheln am Great Barrier Reef und ein Sonnenaufgang am Uluru. Das klingt zwar nach simplem Abhaken von Touristenattraktionen, ist aber durchaus beeindruckend.

In drei Wochen

Traumhaft schön am südpazifischen Naturhafen Port Jackson gelegen bietet **Sydney** (S. 123) den idealen Einstieg in den australischen *way of life*. Selbst Kurzbesucher sollten sich mindestens drei Tage Zeit nehmen für Sydney. Highlights sind eine Hafenrundfahrt, der Besuch des Opera House und des Botanischen Gartens, ein Bummel oder eine Kneipentour durch das historische Stadtviertel The Rocks, ein Abstecher zu den Stränden von Manly, Bondi oder Coogee sowie ein Abendessen im stimmungsvollen Darling Harbour. Der Great Coastal Walk in Sydney ist eine der spektakulärsten, städtischen Wanderungen der Welt. Auch ein Tagesausflug in die Blue Mountains empfiehlt sich.

Weiter geht es mit dem Flugzeug zum **Uluru** (S. 417). Zwei Übernachtungen reichen aus, um den großen Felsmonolith bei Sonnenauf- und -untergang zu sehen und Kata Tjuta (The Olgas) zu besichtigen. Wer auch zum King's Canyon möchte – ein lohnender Abstecher – sollte dort ein bis zwei weitere Übernachtungen einplanen.

Ein weiterer Inlandsflug führt nun nach **Cairns** (S. 337). Das tropische Backpacker-Mekka ist Ausgangspunkt für Trips in den Regenwald oder zum **Great Barrier Reef** (S. 350). Nicht zuletzt hat Cairns das größte Angebot an Mietwagen, Touren und Transportmöglichkeiten. Wer dem Touristenrummel entfliehen möchte, kann in den Badeorten an der Coral Coast nördlich von Cairns (u. a. Trinity Beach, Palm Cove) oder im kleineren und gemütlicheren, aber auch teureren **Port Douglas** (S. 367) übernachten.

Ausflüge lohnen vor allem zu den Wasserfällen des **Atherton Tableland** (S. 358), zu den Stränden bei Port Douglas, in den Regenwald bei **Cape Tribulation** (S. 372) und in den **Wooroonooran National Park** (S. 352), das größte zusammenhängende Gebiet mit Hochlandregenwald in Australien.

Wen es zum Great Barrier Reef zieht, auf den warten in Cairns und Port Douglas unzählige Tourangebote, die meisten davon Tagestouren, die an den äußeren Rand des Riffs führen, mit einer ausgiebigen Gelegenheit zum Tauchen und Schnorcheln.

In vier Wochen

Ausgangspunkt ist wieder **Sydney** (S. 123), von wo aus es allerdings erst an die tropische Ostküste geht, am besten per Flieger nach Mackay, Proserpine oder Hamilton Island. Zwei Wochen sollte man für die Küste zwischen Mackay und Cairns mindestens einplanen.

Mackay (S. 307) ist eine Stadt mit tropischem Flair. Ein Abstecher führt in den **Eungella National Park** (S. 311) mit schönen Wasserfällen, umgeben von Regenwald. Mit etwas Glück bekommt man ein Schnabeltier zu Gesicht.

Von hier aus ist in zwei Stunden Airlie Beach erreicht, das Tor zu den paradiesischen **Whitsunday Islands** (S. 319). Segelfreunde, Taucher, Schnorchler und Sonnenhungrige kommen hier voll auf ihre Kosten.

Die **Townsville** (S. 322) vorgelagerte Insel **Magnetic Island** (S. 326) ist eine der wenigen

Inseln Queenslands, die auch für Reisende mit schmalem Geldbeutel gute Unterkunftsmöglichkeiten bietet.

Dichter Regenwald markiert ab **Ingham** die feucht-tropische Zone. Am besten wählt man einen der Orte an der Küste als Basis und macht von dort Ausflüge zum **Great Barrier Reef** (S. 350) und ins Hinterland.

In **Mission Beach** (S. 333) geht es ruhiger zu als in Cairns. Dunk Island vor Mission Beach eignet sich gut für einen Tagesausflug. Die Möglichkeiten in und um Cairns sind oben beschrieben.

Nun geht es mit dem Flieger zum **Uluru** (S. 417) und von hier aus eventuell zum Kings Canyon (S. 412).

Alternativ kann man ab Cairns auch einen Abstecher ins Landesinnere machen, um mal ein wenig Outbackluft zu schnuppern. Eine Fahrt ins **Atherton Tableland** (S. 358) und weiter nach **Chillagoe** (S. 359) oder von Cairns nach **Cooktown** (S. 378), mit einem kleinen Schlenker zu den Aboriginal-Felsmalereien bei **Laura** (S. 381), sind Möglichkeiten, ein wenig vom Hinterland kennenzulernen.

Der Routen-Baukasten

Hier einige Tourenvorschläge, die beliebig kombiniert werden können.

Zauberhafte Küste: Von Melbourne nach Cairns
◼ 2–3 Monate

In **Melbourne** (S. 428) gilt es zunächst, die rege Kneipen- und Restaurantszene und sehr vitale, facettenreiche Kulturszene zu erkunden. Auf dem Weg nach Sydney durch das Landesinnere (etwa eine Woche) lohnt ein Abstecher nach **Bright** (S. 529) und zu den Skiresorts Mt Hotham/ Dinner Plain oder Falls Creek im **alpinen Hochland Victorias** (S. 527. Ein oder zwei Übernachtungen in der Hauptstadt **Canberra** (S. 225) reichen zur Besichtigung des Parlaments, der Nationalgalerie und des Australian Museums.

Alternativ kann man von Melbourne nach Sydney auch die Küste entlangfahren (1–2 Wochen). Da dieser Abschnitt von den Buschbränden im Sommer 19/20 besonders stark betroffen

Arafurasee

Torres Strait

Cape York

PAPUA-NEUGUINEA

Kakadu NP

Ab ins Outback
(1–2 Wochen)

Cooktown

Quinkan Rock Art

NORTHERN

Cape York Peninsula
(1–2 Wochen)

Laura

Black Mountain

Cape Tribulation

Kuranda

Port Douglas

TERRITORY

Chillagoe

Atherton Tableland

Cairns

Korallen-
meer

Wooroonooran NP

Mission Beach

Ingham

Magnetic Island

Tennant Creek

Mount
Isa

Townsville

Charters Towers

Whitsunday-Inseln

Devil's
Marbles

Von allem etwas: die klassische Route
(3 Wochen)

Mackay

MacDonnell
Ranges

Alice Springs

Eungella NP

Pazifischer

Watarrka NP
(Kings Canyon)

QUEENSLAND

Fraser Island

Uluru/Kata Tjuta
(Ayers Rock/The Olgas)

Von allem etwas: die klassische Route
(4 Wochen)

Sunshine
Coast

SOUTH

Brisbane

AUSTRALIA

NEW

Byron Bay

Ozean

**Von Melbourne
nach Broken Hill**
(10–15 Tage)

Den Felsen entgegen
(3 Wochen)

Broken Hill

SOUTH

Great
Australian
Bight

Mildura

Hatta
Kulkyne
NP

Mungo
NP

WALES

Sydney

A.C.T.

Canberra

VICTORIA

Bright und
Alpines Hochland

Grampians NP

Melbourne

Otway NP

Twelve Apostles

Torquay

Apollo Bay

Von Melbourne nach Cairns
(2–3 Monate)

Tasmansee

Der Routenbaukasten:

• Von Melbourne
  nach Cairns

• Der Westen Victorias

• Von Melbourne nach
  Broken Hill

• Cape York Peninsula

• Ab ins Outback

• Den Felsen entgegen

Der Westen Victorias
(4–8 Tage)

TASMANIEN

0   500 km

war, sollte man vor der Reise aktuelle Informationen einholen; einige Nationalparks waren zur Zeit der Recherche noch geschlossen. Besonders schön – wenn auch etwas abgelegen – ist der Wilsons Promontory NP sowie die **Südküste von New South Wales**. Dieser Landstrich zeichnet sich durch herrliche, einsame Strände, Nationalparks und ein mildes Klima aus. Außerhalb der Sommerferien geht es selbst in den Zentren Ulladulla, Batemans Bay und Merimbula ruhig zu. Besonders idyllisch ist die Region um die **Jervis Bay**.

Drei Übernachtungen sollte man für **Sydney** (S. 123) mindestens einplanen.

Die subtropische **Nordküste von New South Wales** zwischen Coffs Harbour und Tweed Heads lohnt wegen der Strände und herrlichen Nationalparks im Hinterland etliche Zwischenstopps.

Byron Bay (S. 197) ist der bekannteste und einer der attraktivsten Orte an diesem Küstenabschnitt. Die daran anschließende Gold Coast kann man ohne schlechtes Gewissen durchfahren, es sei denn, man legt Wert auf floridamäßig angehauchte Beach-Kommerzkultur und Großstadtleben.

Die **Sunshine Coast** (S. 275) nördlich von Brisbane ist angenehmer. Auf keinen Fall verpassen sollte man die riesige Sandinsel **Fraser Island** (S. 293), ein Naturparadies mit dichten Wäldern,

kristallklaren Seen und Bächen. Von dort aus geht es weiter nach Mackay, Ausgangspunkt der oben beschriebenen vierwöchigen Route. Je nachdem, welchen weiteren Weg man einschlagen möchte, kann die Tour entweder bis nach Townsville oder ins weiter nördlich gelegene Cairns gehen.

Der Westen Victorias
■ 4–8 Tage

Für viele Melbourne-Besucher steht auch eine Fahrt entlang der **Great Ocean Road** (S. 497) auf dem Programm. Diese lässt sich gut mit einem 0Besuch der Grampians kombinieren: Über **Geelong** gelangt man ins Surfmekka **Torquay** (S. 499), wo man sich am besten selbst ein Brett unter den Arm klemmt und ins Wasser springt (viele Surfschulen!) oder einfach die Café- und Strandkultur genießt. Über **Kennet River** (Koalas, S. 501) und **Apollo Bay** (S. 504) geht es weiter in den **Great Otway National Park** (S. 505) und weiter zur **Shipwreck Coast** (S. 497) mit den berühmten **Twelve Apostles** (S. 507).

Wer mehr Zeit hat und gerne wandert, kann die schöne Küstenlandschaft auch zu Fuß entlang des **Great Ocean Walks** (S. 502) erkunden. Hinter Warrnambool führt die Route über Dunkeld in den **Grampians NP** (S. 491), ein traumhaftes Natur- und Wanderparadies, in dem die

Traumstrand, Berge, betuchte Klientel: Port Douglas ist einer der exklusiveren Badeorte an der Coral Coast.

Begegnung mit einem Känguru geradezu unausweichlich ist. Von hier fährt man entweder weiter nach South Australia oder entlang der unten beschriebenen Route nach Broken Hill.

Für Abenteurer:
Von Melbourne nach Broken Hill
■ 10–15 Tage

Von Melbourne geht es über die **Great Ocean Road** (S. 497) in die **Grampians** (S. 491). In etwa viereinhalb Stunden kann man mit dem Auto **Mildura** (S. 537) erreichen oder man campt noch eine Nacht im **Hattah-Kulkyne NP** (S. 538) – ein echtes Outback-Erlebnis. Bei Mildura lohnen die Perry Sandhills und vor allem der einer Mondlandschaft ähnelnde **Mungo National Park** (S. 220) einen Besuch. Dann führt die Route ins abgelegene **Broken Hill** (S. 216), wo Bergbau, raue Outback-Charaktere und Kunst einen faszinierenden Dreiklang bilden. In Broken Hill kann man in den *Indian-Pacific* nach Sydney steigen, oder fährt weiter durchs Outback von New South Wales (Dubbo, Lightning Ridge).

Cape York Peninsula
■ 1–2 Wochen

Von Cairns aus geht es nach Norden zur **Cape York Peninsula** (S. 375). Für diesen Trip sind ein Geländewagen und gute Ausrüstung ein Muss. Zumeist geht es über Schotterpisten, und der tropische Norden ist alles andere als dicht besiedelt. Genügend Wasser-, Lebensmittel- und Benzinvorräte sind daher unerlässlich. Nach einem Zwischenstopp an der **Mossman Gorge** (S. 371) geht es zum sagenumwobenen **Black Mountain** (S. 377), drei pechschwarzen Hügeln, die aus vielen großen Felsbrocken bestehen. Ihnen werden magnetische und von den Aborigines sogar magische Kräfte zugeschrieben.

Cooktown (S. 378) ist, mit 2600 Einwohnern, die nördlichste „Stadt" Queenslands. Die Glanzzeit erlebte der Ort um 1870 zur Zeit des Goldrauschs. Damals lebten dort 30 000 Menschen. Vom nahe gelegenen Mt Cook kann man einen tollen Ausblick über die ganze Bucht genießen. Ebenfalls einen Besuch wert ist **Quinkan Rock Art** (S. 381) am Split Rock, nahe Laura. Bis zu 15 000 Jahre alte Felsmalereien kann man dort entdecken.

Ab ins Outback:
Von Townsville nach Tennant Creek
■ 1–2 Wochen

Von **Townsville** (S. 322) aus führt die Route nach Westen über den Barkly und Flinders Highway nach Charters Towers, wo man einen Eindruck von der Goldgräbervergangenheit Australiens gewinnen kann. Der größte Stopp wird genau auf halber Strecke bei der Bergwerkstadt **Mount Isa** (S. 382) eingelegt – nach der langen Fahrt durch die eintönige Outback-Landschaft eine wahre Oase. Dort kann man die Hard Times Underground Mine, eine Touristenmine, besichtigen oder sich im Outback Park, einer Lagune mit Wasserfall, entspannen.

Tennant Creek (S. 382) ist ein verschlafenes Nest, hier reicht ein kurzer Stopp. Wer in Mt Isa noch nicht genug vom Bergbau bekommen konnte, kann dort das Battery Hill Mining Centre besuchen.

Nach Süden: den Felsen entgegen
■ 3 Wochen

Von Tennant Creek aus geht es über den Stuart Highway Richtung Alice Springs. Nach 105 km gelangt man zu den **Devils Marbles** (S. 400), großen runden Felsbrocken, die scheinbar auf kleineren Felsen und Steinen balancieren. Bei Sonnenauf- und -untergang bieten diese natürlichen Skulpturen ein spektakuläres Panorama.

Alice Springs ist ein schickes Touristenzentrum mitten im Nirgendwo. Die 29 000 Einwohner zählende Stadt dient als Ausgangspunkt für Ausflüge in die **MacDonnell Ranges** (S. 402), die sich westlich und östlich der Stadt erstrecken. Vor langer Zeit haben Flüsse Schluchten in den verwitterten Gebirgsrücken gegraben. Auf zahlreichen Wander- und Spazierwegen kann man das Gebiet erkunden.

Auf dem Weg zum **Uluru** (S. 417) sollte man unbedingt einen Abstecher zum **Kings Canyon** (S. 412) im **Watarrka National Park** machen. Im Uluru-Kata Tjuta National Park dient der markante Felsmonolith jeden Tag Hunderten von Touristen als Fotomotiv. Der Aufstieg ist nicht gestattet, stattdessen führt ein Wanderweg um den Fels. Die 36 riesigen, kuppelartigen Felsen, **Kata Tjuta** (The Olgas, S. 419), liegen einige Kilometer weiter westlich.

Klima und Reisezeit

In Downunder verlaufen die Jahreszeiten genau entgegengesetzt zu denen in Europa. Nach dem australischen Kalender dauert der **Frühling** vom 1. September bis 30. November, der **Sommer** vom 1. Dezember bis 28./29. Februar, der **Herbst** dauert vom 1. März bis zum 31. Mai und der **Winter** beginnt am 1. Juni. Ganz so einfach ist es aber leider nicht: Da Australien einen ganzen Kontinent beiderseits des südlichen Wendekreises umfasst, gibt es verschiedene Klimazonen.

Als Faustregel gilt: Im **hohen Norden** herrscht tropisches Klima mit ausgeprägten Trocken- und Regenzeiten. Der Sommerregen macht in der Küstenregion zeitweilig riesige Gebiete unpassierbar; tropische Wirbelstürme (Zyklone) richten große Verwüstungen an. In der Trockenzeit kann man sich auf monatelangen Sonnenschein ohne einen Tropfen Regen verlassen.

Das **Landesinnere** ist durch ein ausgesprochenes Kontinentalklima geprägt, mit erheblichen Schwankungen zwischen Tages- und Nachttemperaturen (20 °C und mehr). Im Sommer herrscht tagsüber unerträgliche Backofenhitze (40–50 °C), in Winternächten klirrende Kälte (unter 0 °C).

Je weiter man ins Landesinnere kommt, desto geringer werden die Niederschläge. Plötzliche Regengüsse können ausgetrocknete Flussbetten dennoch im Nu in reißende Flüsse verwandeln.

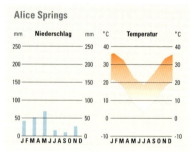

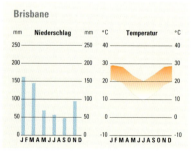

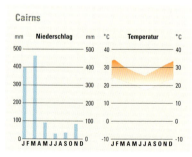

www.stefan-loose.de/australien

Der **westliche Teil von Victoria** liegt im Gebiet der **Westwindzone**, was feuchte, kühle Winter und trockene, warme bis heiße Sommer bedeutet.

An der gesamten **Ostküste** Australiens sind die Winter mild und trocken, die Sommer schwül-feucht und heiß. An der Küste zwischen Coffs Harbour und Rockhampton an der Ostküste herrscht **subtropisches Klima**.

Reisezeit

Im **tropischen Norden** ist die beste Reisezeit die **Trockenzeit** zwischen Mai und Oktober. Für Naturliebhaber sprechen einige Argumente durchaus auch für die Regenzeit, aber man muss berücksichtigen, dass abgelegene Gebiete nur in der Trockenzeit zugänglich sind.

Bei **Outback-Touren** vermeidet man am besten die Extreme des Sommers (unerträgliche Hitze) und des Winters (eisige Nächte) und

reist im **Frühjahr**, ungefähr September–Anfang November, oder **Herbst**, ungefähr März und Mitte Mai.

Die beste Reisezeit in der **Küstenregion in der südlichen Hälfte des Festlandes** (südlich der Linie Brisbane–Geraldton) sind die Monate zwischen **Oktober und April**. Zwischen Mai und September kann es hingegen unwirtlich kühl, windig und regnerisch werden – dies gilt vor allem für die Südküste, die Winden und Meeresströmungen aus der Antarktis ausgesetzt ist. Die Wassertemperatur ist dort selbst im Sommer sehr „frisch" – 15–18 °C, je nach Ort und Monat. Die meisten Surfer tragen dort deshalb das ganze Jahr Neoprenanzüge.

Die **Australischen Alpen** im Südosten des Kontinents umfassen das „High Country" von Victoria mit Wintersportzentren wie Mt Hotham und Falls Creek, sowie die Snowy Mountains von New South Wales mit den Wintersportzentren Thredbo und Perisher Blue um den Mt Kosciuszko und anderen. Im **Sommer** kann man dort herrliche Wanderungen unternehmen.

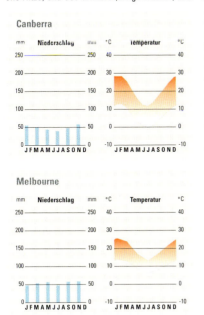

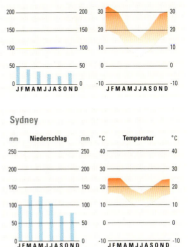

Reisekosten

Australien ist eins der teuersten Reiseländer der Welt. Laut Statistik der australischen Tourismusbehörde ließen 2018 rund 206 000 Besucher aus Deutschland während eines durchschnittlichen Australienaufenthalts von 39 Nächten im Schnitt knapp $6000 im Land (Anreisekosten nicht eingeschlossen). Das entspricht einem Tagesschnitt von $154 pro Person, mit dem man bei mittleren Ansprüchen rechnen sollte. Eine hohe Notierung des australischen Dollars im Verhältnis zum Euro kann das Reisebudget zusätzlich strapazieren. Der Kurs schwankt stark, auch aufgrund der aktuellen Rezession. Wer eine Reise plant, sollte den Kurs beobachten und ggf. in einem günstigen Moment „zuschlagen".

Angesichts dieser Fakten überrascht es nicht, dass die Zahl der Rucksackreisenden in den letzten Jahren nur konstant geblieben ist, während das Land für Reisende mit mittlerem bis großem Budget immer interessanter wird. Denn nicht nur die Kosten steigen – Unterkünfte, Restaurants, Tourenangebote etc. werden immer besser und exklusiver. Selbst im Backpacker-Segment haben moderne, sichere und komfortable „Flashpacker"-Unterkünfte Hostels mit durchgelegenen Matratzen längst abgelöst.

Was kostet wie viel?

Countermeal (Kneipe; Hauptgericht)	$17–30
kleines Glas Bier (Kneipe oder Bar)	$4–7
Glas Wein (Kneipe oder Bar)	$6–11
Tasse Kaffee	$3,50–5
Frühstück (Kaffee/Tee, Eier, Speck, Toast)	$12–19
Teller Pasta im Café	$12–18
Fish & Chips (Takeaway)	$8–12
Asiatisches Reis- oder Nudelgericht (Imbiss/Takeaway)	$10–16
Hauptgericht im Restaurant	$20–40
Softdrink oder Wasser 330 ml	$2,50–4
1 kg Rindfleisch	$20–45
1 kg Lammfleisch	$25–40
1 kg Hähnchenfleisch	$12–25
1 l Benzin (bleifrei)	$1,25–1,70
Verkehrsverbund Tageskarte	$7–16
Mietwagen pro Tag	$40–130
Wohnmobil oder Kleinbus pro Tag (je nach Größe und Alter)	$80–220

Tagesbudget

Ein Paar (oder zwei Leute, die zusammen reisen), das in preiswerten Unterkünften übernachtet, morgens frühstücken und abends warm essen geht, benötigt etwa $80–110 p. P./Tag. Kauft man Lebensmittel im Supermarkt und bereitet seine Verpflegung in der Unterkunft zu, lassen sich die Kosten auf $50–65 p. P./Tag senken, Transportkosten und Eintrittspreise jeweils ausgenommen. Alleinreisende leben teurer, da Einzelzimmer in der Regel kaum weniger kosten als Doppelzimmer; es sei denn, man übernachtet in Dormitorys.

Übernachtung und Essen

Ein Doppelzimmer in einem Mittelklasse-Hotel kostet $110–150, in den Großstädten oft mehr.

Für alleinreisende Rucksacktouristen bietet sich als preiswertere Alternative die Übernachtung im Dorm (Schlafsaal) eines Backpacker-Hostels an. Ein Dorm-Bett kostet in Sydney und Melbourne $35–56, anderswo $24–40, abhängig

Restaurants und Cafés sind im Schnitt auch teurer. Für ein Abendessen in einem Mittelklasse-Restaurant legt man $20–38 hin; oft gibt es preiswertere Mittagsangebote. Außerdem sind die Food Courts in den Shopping Malls eine gute Adresse für ein günstiges Mittagessen. Gut und günstig sind auch meistens Fish & Chips von einem Takeaway-Lokal.

Alkohol und Zigaretten sind erheblich teurer als in der Heimat. Selbst im Bottle Shop kostet ein Sixpack Bier $12–20. Eine günstige Flasche Wein gibt es ab $9, genießbaren Wein ab etwa $14. Raucher müssen mit mindestens $20–25 pro Schachtel (18–20 Zigaretten) rechnen. Es darf auch nicht mehr als eine Schachtel ins Land eingeführt werden.

Wer campt, spart – und nächtigt oft in bester Lage.

von der Anzahl der Betten im Dorm, Ausstattung und Lage des Hostels, dem Ort und der Saison. Einige Hostels haben auch billige **Einzelzimmer**; spartanisch und klein, aber separat.

Familien, Paare oder kleine Gruppen reisen mit einem **Wohnmobil** (in Australien *Campervan* oder kurz: *Camper*) am preisgünstigsten durch Australien, denn es ist Unterkunft und fahrbarer Untersatz in einem. Zur Not tut es auch ein **Kleinbus** (in Australien: *Van)* oder **Kombi** (in Australien: *Station Wagon*), in dem man schlafen kann. Allerdings muss bedacht werden, dass Übernachten im Auto oder Camper an vielen Stellen verboten ist; am besten man kampiert auf den vielen kostenlosen bis günstigen Zeltplätzen in den Nationalparks.

Lebensmittel sind im Vergleich zu Mitteleuropa etwas teurer, v. a. was frisches Obst, Gemüse, Fleisch und Milchprodukte betrifft. Die beiden Supermarktgiganten Coles und Woolworths sind überall vertreten und meist günstiger als kleinere Läden. Billiger ist nur Aldi, der mittlerweile auch Filialen im ganzen Land hat.

Transport

Benzinpreise fluktuieren stark (innerhalb einer Woche kann der Preis um bis zu 15¢ pro Liter steigen oder fallen), außerdem variieren sie je nach Bundesstaat. Generell liegen die Benzinpreise aber deutlich unter deutschem Niveau.

Ein Busticket von Melbourne nach Cairns mit beliebigem Ein- und Ausstieg innerhalb von drei Monaten kostet rund $580.

Ermäßigungen

Eine ISIC Card (Internationaler Studentenausweis) ist nur beschränkt von Nutzen. Viele „Concession"-Preise gelten nur für Studenten und Rentner mit lokalen Ausweisen. Die Mitgliedschaft bei einer der Backpacker-Organisationen (YHA, VIP und Nomads, $15–47 im Jahr) bietet mehr und steht allen offen. Die Mitgliedskarten berechtigen zu zahlreichen Preisnachlässen, u. a. bei Übernachtungen in den Hostels der Kette, auf Touren, Campingausrüstung, Landkarten und Fotoartikel, Eintritt in Zoos, Museen etc. sowie auf Bus- und Zugfahrten. Man kann die Mitgliedschaft online oder vor Ort erwerben. Details auf S. 79. In Sydney, Melbourne und an der Gold Coast kann man evtl. mit einer iventure-Card Geld sparen. Details in den jeweiligen Kapiteln.

Travelinfos von A bis Z

Welches Visum eignet sich für meine Tour? Muss ich mich impfen lassen? Was muss ich beim Reisen mit Kindern beachten? Wo kann ich surfen lernen? Wer eine Reise nach Australien plant, sollte sich mit diesen Hinweisen von der Anreise bis hin zu den Zollbestimmungen vertraut machen.

NORTH HEAD, SYDNEY; © JAN DÜKER

Flugdauer Frankfurt – Sydney 21 Std. (via Asien, reine Flugzeit)

Einreise Ein ETA-Visum berechtigt zum Aufenthalt von bis zu drei Monaten und wird online beantragt.

Währung Australischer Dollar (AU$).

Zeitverschiebung MEZ plus 6–10 Stunden

Updates und eure **Kommentare** zu diesem Kapitel auf 🖥 www. stefan-loose.de unter **eXTra [11415]**

Inhalt

Anreise

Flug

Der Flug von Europa nach Australien ist mit über 20 Flugstunden einer der längsten überhaupt. Direktflüge von/nach Deutschland gibt es nicht. Ein Zwischenstopp, beispielsweise in Dubai, Bangkok, Singapur oder Hongkong ist angenehm. Im Flughafen Singapur (Singapore Changi) gibt es an zwei Terminals Hotels mit einem Mindestaufenthalt von sechs Stunden. Gäste dürfen auch den Pool benutzen und bekommen eine Mahlzeit (Nichtgäste zahlen Eintritt) – während so eines Monsterflugs eine angenehme Entspannung. Der Flughafen Singapur ist ohnehin an Komfort und Übersichtlichkeit kaum zu übertreffen und landet Jahr für Jahr auf diversen Ranglisten der weltweit besten Flughäfen: Es gibt komfortable, kostenlose Liegen, Spielplätze, Restaurants und Cafés, gute Dutyfree-Shops und sogar eine kostenlose zweistündige Busrundfahrt durch die Stadt.

Service und Komfort spielen bei einem langen Flug eine große Rolle. Zu den Vorreitern in Sachen Bequemlichkeit zählen unter anderem Cathy Pacific (via Hong Kong), Emirates (via Dubai), Qantas (via Dubai), Qatar (via Doha), Singapore Airlines (via Singapur) und Thai Airways (via Bangkok).

Nützliche Informationen zu den Themen Zwischenstopp, Serviceleistungen und Qualität der Fluglinien findet man unter 🖥 www.stopover-info.de. Infos zu Sitzplatzabständen unter 🖥 www.seatguru.com.

Die Ostroute über Asien oder den Persischen Golf (Abu Dhabi, Doha oder Dubai) ist die kürzere. Etwas länger dauert die Reise auf der Westroute über die USA.

Flugtickets

Da Flüge nach Australien während der Hauptsaison (australische Sommerferien) von Dezember bis Januar und Mai bis August oft schon Monate im Voraus ausgebucht sind, sollte man so früh wie möglich buchen. Die Flugpreise für ein Ticket in der Economy-Class schwankten 2019 je nach Reisesaison, Fluglinie und Reisebüro zwischen 900 € und 1400 €; wie sich die Flugpreise nach Wiedereröffnung der australischen Grenzen entwickeln werden, bleibt abzuwarten.

Aktuelles zu Preisen und Flügen im **eXTra** [11418].

Flugbuchung im Internet

Am besten beschränkt man sich bei der Online-Suche auf einige der etablierten Reiseportale. Auch die Seiten der Fluggesellschaften lohnen einen Blick, da es hier oft besondere Online-Tarife gibt. Grundsätzlich sollte man darauf achten, dass Kreditkartendaten verschlüsselt übertragen werden.

In verschiedenen Tests schnitten die folgenden Reiseportale gut ab:

- 🖥 www.fly.de
- 🖥 www.check24.de
- 🖥 www.travelchannel.de
- 🖥 www.expedia.de
- 🖥 www.bravofly.com

Meilenprogramme

Die meisten Airlines bieten ein Meilenprogramm, und die gesammelten Punkte spielen auf einer so langen Reise durchaus eine Rolle. Es lohnt sich Flugangebote auf Meilentauglichkeit zu prüfen und zu vergleichen, welche Möglichkeiten zum Einlösen der gesammelten Punkte bestehen. Für Reisende mit Kindern empfiehlt sich ein Programm, bei dem die Punkte auf ein gemeinsames Konto übertragen werden können *(family pooling)*.

Zwischenstopps

Wer einen Zwischenstopp einlegen möchte, muss sich mit den Visabedingungen des jeweiligen Landes vertraut machen. Hier einige beliebte Stopover-Destinationen:

Bangkok ist preiswert und reich an Einkaufsmöglichkeiten sowie kulturellen Highlights. Ein Visum ist für einen Aufenthalt von bis zu 30 Tagen nicht nötig; allerdings muss der Reisepass noch mindestens sechs Monate gültig sein.

Dubai trumpft mit tollen Einkaufsmöglichkeiten, supermoderner Architektur und der nahen Wüste. Außerdem gibt es hier fast das ganze

Jahr über Sonnenschein. Ein kostenloses Visum mit einer Gültigkeit von 90 Tagen wird direkt bei der Einreise ausgestellt. Auch hier muss der Pass noch mindestens sechs Monate gültig sein.

In **Singapur** trifft Tradition auf Moderne und bildet einen faszinierenden Mix aus westlicher, chinesischer, indischer und malaiischer Kultur. Eine kostenlose Aufenthaltsgenehmigung wird bei der Einreise für bis zu 90 Tage ausgestellt.

Einreisebestimmungen

Aktuelle Einreisebestimmungen (post Covid-19) und weiterführende Links gibt es im **eXtra [11423]**.

Jeder, der nach Australien reist, muss eine ausgefüllte „Incoming Passenger Card" einreichen. Sie wird meist im Flugzeug verteilt oder liegt im Flughafen aus. Auf diesem Formular müssen bestimmte mitgeführte Waren deklariert werden. Darunter: fast alle Lebensmittel (inkl. Snacks aus dem Flugzeug), Schmuck oder sonstige Gegenstände aus Pflanzenmaterial, Holzgegenstände sowie gebrauchte Wanderschuhe und Campingausrüstung.

In den meisten Fällen werden diese Gegenstände kurz vom Zollpersonal geprüft und dann zurückgegeben. Im Zweifel gibt man lieber einen Gegenstand mehr an, denn bei Zuwiderhandeln muss man mit hohen Strafen rechnen – das wäre mit Sicherheit kein guter Einstieg in Australien.

Ausführliche Infos unter 🖳 www.customs.gov.au.

Botschaften und Konsulate

Australische Botschaften

Deutschland
Australische Botschaft
Wallstr. 76-79, D-10179 Berlin
📞 +41 (0) 30-880 088-0
🖳 www.germany.embassy.gov.au
🕐 Mo–Fr 8.30–17 Uhr

Österreich
Australische Botschaft
Mattiellistr. 2-4, A-1040 Wien
📞 +41 (0) 1-506 740
🖳 https://austria.embassy.gov.au
🕐 Mo–Fr 8.30–16.30 Uhr

Weniger fliegen – länger bleiben! Reisen und Klimawandel

Der Klimawandel ist vielleicht das dringlichste Thema, mit dem wir uns in Zukunft befassen müssen. Wer reist, erzeugt auch CO_2: Der Flugverkehr trägt mit einem Anteil von bis zu 10 % zur globalen Erwärmung bei. Wir sehen das Reisen dennoch als Bereicherung: Es verbindet

nachdenken · klimabewusst reisen
atmosfair

Menschen und Kulturen und kann einen wichtigen Beitrag zur wirtschaftlichen Entwicklung eines Landes leisten.

Reisen bringt aber auch eine Verantwortung mit sich. Dazu gehört, darüber nachzudenken, wie oft wir fliegen und was wir tun können, um die Umweltschäden auszugleichen, die wir mit unseren Reisen verursachen. Wir können insgesamt weniger reisen – oder weniger fliegen, länger bleiben und Nachtflüge meiden (da sie mehr Schaden verursachen). Und wir können einen Beitrag an ein Ausgleichsprogramm wie 🖳 www.atmosfair.de leisten.

Dabei ermittelt ein Emissionsrechner, wie viel CO_2 der Flug produziert und was es kostet, eine vergleichbare Menge Klimagase einzusparen. Mit dem Betrag werden Projekte in Entwicklungsländern unterstützt, die den Ausstoß von Klimagasen verringern helfen. Weitere Infos zum Thema umweltbewusstes und sozial verträgliches Reisen auf S. 47.

Schweiz

Australisches Generalkonsulat
Chemin des Fins 2
1211 Geneva 19
☎ +41 (0) 22-799 9100
🖳 https://geneva.mission.gov.au
🕐 Mo–Fr 9–17 Uhr

Einkaufen

Die Märkte in den Hauptstädten und in touristischen Orten wie Cairns, Noosa usw. sind eine ausgezeichnete Fundgrube für Mitbringsel aller Art. Einige sind reine Essensmärkte, andere bieten zusätzlich oder ausschließlich **Kleider, Schmuck, Kunsthandwerk** und andere Kleinigkeiten an. Das Sortiment vieler Souvenirläden besteht aus Ramsch made in China.

Traditionelle Aussie-Kleidung

Ein **Akubra-Hut** – wie von Paul Hogan im Film *Crocodile Dundee* getragen – ist die klassische Kopfbedeckung eines australischen Farmers und so etwas wie eine australische Ikone. Den gleichen Status haben **Driza-Bone („Dry as a bone")-Jacken** – gewachste Jacken, die schon seit hundert Jahren Rinderhirten, v. a. im Bergland des Südostens, vor Wind und Wetter schützen. **Rossi-, Timberland- oder Blundstone-Lederboots** werden vor allem von Arbeitern getragen, aber auch im Alltag (nach dem Motto „Work hard, play hard").

Auch **Ugg-Boots**, mit weichem Schafsfell gefütterte, aber sehr klobig aussehende Schafslederstiefel, ursprünglich eher als Fußwärmer oder Hausschuhe getragen, sieht man noch immer häufig. In den USA sind die „hässlichen" Stiefel (von *ugly* = hässlich) seit Jahren schwer angesagt, und auch in Mitteleuropa sind sie noch immer nicht vom Straßenbild wegzudenken.

In Australien findet man diese und andere uraustralische Produkte, dazu schöne T-Shirts und Wollpullover, in Fachgeschäften in größeren touristischen Orten oder in den Disposal Shops. Billigere Waren sind allerdings meist made in China!

Outback-Zubehör und andere typische Aussie-Produkte

Vor den allgegenwärtigen Fliegen des **Outbacks** schützt man sich am besten mit einem **Fliegennetz** *(fly net)*, das man über den Hut und vor das Gesicht zieht. Fliegennetze werden dort für ein paar Dollar in fast jedem Laden, auch von Tankstellen, verkauft. In den Großstädten gibt es sie in Disposal Shops, nebst allem anderen, was man zum Picknicken, Wandern und Zelten gebrauchen kann: einen **Esky** zum Kühlhalten von Bier und Vorräten; einen **Billy** (Topf mit Henkel, den man zum Teekochen auf dem Campfeuer benötigt) und einen **Camp Oven** (gusseiserner Topf) zum Zubereiten von Damper, Curry oder was auch immer.

Für die Reiseapotheke kann man sich *Emu Oil* oder *Tea Tree Oil* besorgen – beides hervorragende Hausmittel. **Emu-Öl** schützt und pflegt die Haut, unter anderem wird es bei Hautproblemen und zum Einreiben bei Prellungen, Gelenk- und Muskelschmerzen verwendet. Ähnlich vielseitig ist das **Teebaumöl**; es wird z. B. für das Desinfizieren von Wunden genutzt. Das Letztere ist für

Steuerfrei shoppen

Wer in Australien Waren im Wert von über $300 erstanden hat (es gilt der Gesamtwert aller gekauften Waren aus einem Geschäft), kann sich die Mehrwertsteuer vor der Abreise am Flughafen erstatten lassen. Die Waren müssen innerhalb von 60 Tagen vor Abflug und nachweislich von der abreisenden Person z. B. per Kreditkarte gekauft worden sein; außerdem müssen sowohl die Ware an sich als auch der Kaufbeleg vorgezeigt werden. Erstattungen am TRS-Schalter (Tax Refund Scheme) aller internationalen Flughäfen (unbedingt Extra-Zeit dafür einplanen, die Schlangen können lang sein). Bei der Einreise nach Deutschland gilt derzeit eine Reisefreimenge von insgesamt 430 € für Erwachsene und 175 € für Kinder bis 15 Jahre. Mehr Infos unter 🖳 www.abf. gov.au/entering-and-leaving-australia/tourist-refund-scheme/for-travellers.

ein paar Dollar auch in vielen Supermärkten erhältlich.

Mode aus Australien

Die australische Modeszene ist sehr vital und kreativ; Designer aus Downunder sind international gefragt. Die bekanntesten Namen im Bereich **Haute Couture** sind Colette Dinnigan und der japanisch-stämmige Akira Isogawa, die beide seit Jahren auf der Internationalen Modewoche in Paris vertreten sind. Bekannte Labels für **Streetwear** sind Sass and Bide, Bettina Liano (tolle Jeans), Carla Zampatti, Lisa Ho, Scanlan and Theodore, Wayne Cooper, Alannah Hill und Charlie Brown. Eher Mainstream, aber trotzdem interessant sind Cue Design, David Lawrence, Country Road und Witchery. Billigere Ketten sind Sportsgirl, Jigsaw, Katies und Supré. Die besseren Kaufhäuser **David Jones** und **Myer** führen Designerlabels. Filialen des Billig-Kaufhauses **Target** findet man in jedem halbwegs großen Ort; viele Klamotten sind gar nicht mal übel, auch wenn sie nicht so lange halten.

In Sydney sind gute Adressen der Modewelt u. a. das Queen Victoria Building, das MLC Centre und die Stadtteile Woollahra/Paddington und Double Bay. In Melbourne wird man u. a. in der Innenstadt fündig: in der Collins St, in den Einkaufszentren QV und Melbourne Central und v. a. in den vielen versteckt gelegenen Arkaden und Gassen. In beiden Städten gibt es geführte Shopping-Touren – bei Interesse erteilt das Fremdenverkehrsamt Auskunft.

Aboriginal-Kunst und Didgeridoos

Gemälde im Röntgen- oder Punkt-Stil auf Leinwand oder Baumrinde; Skulpturen und Textilien, z. B. von den Tiwi-Künstlern und -Designern von Bathurst und Melville Island bei Darwin; Didgeridoos oder aus Holz geschnitzte Tierfiguren sind besonders schöne Mitbringsel. Billig sind sie aber nicht, es sei denn, man kauft billige Massenware (made in China) aus dem Sou-

Beliebtes Mitbringsel aus Australien: das Didgeridoo

venirshop. Etwas preiswertere Andenken sind Clapsticks, Untersetzer, Kalender, Tischdecken und dergleichen. Wenn man solche Sachen in Aboriginal-Kooperativen oder in von Ureinwohnern geführten Läden kauft, unterstützt man lokale Ureinwohner statt ortsfremder Absahner. Einige dieser Geschäfte sind in den regionalen Kapiteln aufgeführt.

Opale

Diese herrlichen Edelsteine, die in allen Farben des Regenbogens schimmern können, sind ebenfalls ein typisch australisches Andenken. Australien produziert etwa 95 % aller Opale der Welt. Der Großteil davon ist White Opal, auch Heller oder Milch-Opal genannt, der v. a. in Coober Pedy in South Australia gefunden wird. Heller Opal ist am billigsten; oft wird er auch

© SHUTTERSTOCK/REID DALLAND

zu billigen Doubletten und Tripletten (zwei oder drei dünne, aufeinander geklebte Schichten) auf Ringen und Anhängern verarbeitet. Dunkler oder Schwarz-Opal sowie Boulder Opal sind viel seltener; diese Steine sprühen in einem Feuerwerk von Farben vor dunklem oder schwarzem Hintergrund. Ein bekannter Fundort für Schwarz-Opale ist Lightning Ridge im Outback von New South Wales.

Besucher aus Übersee können Opale gegen Vorlage ihres Reisepasses und Flugtickets bis zu maximal 30 Tagen vor der Abreise aus Australien steuerfrei einkaufen. In den Großstädten und touristischen Orten wie Cairns verkaufen und beraten kundige Fachgeschäfte. Vor Ort in Lightning Ridge bieten einige Händler die Opale billiger als in der Großstadt an, aber Vorsicht: Man kann dabei durchaus auch übers Ohr gehauen werden.

Essen und Trinken

Althergebrachtes und typisch Australisches

Die „klassische" australische Küche zeichnet sich nicht durch kulinarische Glanzleistungen aus. Dies ist mit der australischen Geschichte zu erklären: Lange Zeit war die Auswahl an Lebensmitteln beschränkt, darüber hinaus waren die meisten Siedler von den Koch- und Essgewohnheiten ihrer angelsächsisch-irischen Heimat geprägt. Das Resultat war in der Tat eine der schlechtesten und langweiligsten Küchen der Welt.

Die gute Nachricht: Heutzutage wetteifern sehr gute, authentische Restaurants aller Richtungen und Preisklassen um Kundschaft. Besonders gut und zahlreich vertreten sind asiatische Restaurants – vor allem thailändische, vietnamesische, indische und chinesische – oftmals mit wesentlich besserer Qualität als man sie in Europa findet. Gute italienische Lokale dagegen sind schwerer zu finden. Insbesondere Pizzen, aber auch Nudelspeisen erreichen kaum europäisches Niveau.

Der Hauptbestandteil der typisch australischen Ernährung ist **Fleisch**, v. a. Rind- und Lammfleisch. Es wird gern in Form von Steaks und Chops (Koteletts) auf den *barbie* (Abkürzung für Barbecue; Grill) gelegt oder in der klassischen Sonntagsmahlzeit Roast and three Veges (Braten mit dreierlei Gemüse) serviert. Die klebrige Füllung eines Traditional Aussie Meat Pie, einer Art Pastete, enthält mehr Mehl als Fleisch, das Gleiche gilt für *sausages* (Würstchen).

Beliebt sind Fish & Chips – mit einer dicken Panade überzogener, frittierter Fisch mit Pommes. Fisch und Meeresfrüchte sind vielerorts sehr zu empfehlen.

Typisch australische **Spezialitäten** sind die **Pavlova**, ein Dessert aus Baisers mit süßem Überzug (Neuseeländer machen allerdings Australiern die Behauptung streitig, das Ursprungsland dieser Süßspeise zu sein); **Lamingtons**, viereckige, süße Kuchen mit von Kokosflocken bedecktem Schokoladenguss, und die **Chiko Roll**, eine Art Frühlingsrolle mit völlig undefinierbarer Füllung.

Erwähnenswert sind außerdem die **Devonshire Teas**. Zu starkem Tee (oder Kaffee) gibt es frisch gebackene *scones* (süße Teebrötchen) mit Schlagsahne und Erdbeermarmelade. Dieser stark britisch angehauchten Spezialität begegnet man meist in landschaftlich reizvoll gelegenen kleinen Teahouses in den kühleren Regionen des Südostens und Südwestens von Australien.

BYO – Bring's mit!

Ausschanklizenz für Alkohol zu bekommen, war früher in Australien nicht so leicht. Die praktische Lösung für viele Restaurants lautete **BYO** *(Bring Your Own)* – die Gäste bringen ihre alkoholischen Getränke selber mit. Jeder war zufrieden – die Inhaber ersparten sich Aufwand und Ärger, und die Gäste sparten Geld. Durch eine Erleichterung der vormals strengen Ausschankvorschriften ist BYO (leider) im Verschwinden begriffen. Die lizenzierten Restaurants, die BYO (meist nur für Wein) erlauben, verlangen eine Entkorkungsgebühr *(corkage fee)* von $2 p. P. bis zu $6–10 pro Flasche.

Australische Feinschmeckerkultur

Wie gut, dass die Immigranten kamen! Schon Chinesen, die während der Goldrauschzeiten Mitte bis Ende des 19. Jhs. ins Land kamen, bereicherten die australische Küche. Der heute breit gefächerte Speisezettel ist den Immigrantenwellen der Nachkriegszeit zu verdanken, die die australischen Ess- und Trinkgewohnheiten völlig umkrempelten und damit den Grundstein für eine florierende Gourmetkultur legten.

Die Kaffeekultur – im letzten Jahrhundert noch kaum existent – ist heute v. a. in Melbourne auf Weltklasseniveau gestiegen. Das Angebot reicht von Soy Latte, Chai Latte oder klassischem Cappuccino bis zum traditionellen Short Black (kleiner Espresso), Long Black (großer Espresso) und Flat White (starker Kaffee mit viel, aber nicht aufgeschäumter Milch) – um nur einige Variationen zu nennen. Die Espressos und Flat White werden oft im Glas mit Untertasse serviert.

Die Großstädte sind heutzutage Schlemmerparadiese, in denen man sich durch die Küchen aus aller Welt essen kann. Die Vielfalt des Angebots ist geradezu überwältigend. Bei einem Gang über die Wochenmärkte der großen Städte entdeckt man außer den auch bei uns gängigen Obst-, Gemüse- und Kräutersorten auch asiatisches Gemüse wie Bok Choy, Chye Sam usw.; Koriander, Zitronengras, Berge von Ingwer, roten und grünen Chilischoten, in der Saison grünen Spargel, Avocados oder Mangos sowie „Exoten", Choko (ein Paprika vergleichbares Gemüse) oder Zapote (eine ursprünglich aus Südamerika stammende Frucht) – ein wahres Fest für Augen und Nase.

Auf diesen Märkten finden sich auch immer Stände mit „kontinentalen" **Delikatessen**, wo man sich mit Grau- und Schwarzbrot, Gebäck, Salami, Schinken, europäischen Käsesorten, Oliven oder Heringen eindecken kann. Viele Tante-Emma-Läden (Milkbars oder Delis) in den Großstädten werden von Griechen, Italienern oder Libanesen geführt und verkaufen entsprechende Spezialitäten.

Die großen Lebensmittelsupermärkte wie u. a. Coles, Safeway oder Woolworths sind in den Städten alle gut bis ausgezeichnet sortiert. Aldi ist mittlerweile in ganz Australien mit zahlreichen Filialen vertreten.

Alkoholische Getränke

Australischer Lokalpatriotismus manifestiert sich u. a. in der Wahl der „einzig wahren" **Biersorte**. So ist für einen Queenslander nur ein XXXX, ausgesprochen *Four-Ex*, aus Brisbane akzeptabel, während ein Melbourner auf VB (Victoria Bitter) schwört. Eine Handvoll von Großbrauereien hat den australischen Markt unter sich aufgeteilt und dabei auch traditionsreiche kleine Brauereien wie die tasmanischen Cascade Brewery (Hobart) und Boags (Launceston) aufgekauft – die Biere der Letztgenannten zählen zu den besseren unter den industriellen Gerstensäften. Die Erzeugnisse kleinerer Brauereien schmecken aber oft viel besser: Zu den beliebten Alternativen gehören Little Creatures, Mountain Goat oder Fat Yak. Zudem gibt es einige traditionsreiche *Pub Breweries* oder *Micro Breweries*, die einen Besuch lohnen.

Australische **Weine** genießen weltweit einen guten Ruf und das zu Recht. Sie sind hervorragend, es gibt jedoch einige Geschmacksunterschiede im Vergleich zu europäischen Weinen. Australische Rotweine sind schwerer (ausgenommen einige Light-Red- oder Beaujolais-Style-Varianten), Weißweine vollmundiger und fruchtiger. Nach Anbaugebieten sortierte Qualitätskontrollen à la Appellation Controllée sind unbekannt. Ganz im Gegenteil: Australische Winzer mixen ungehemmt verschiedene Rebsorten aus verschiedenen Anbaugebieten zu einem Wein zusammen, meist mit überzeugendem Resultat. Bei der Auswahl orientiert man sich am Namen des Weinguts. Australische Weinkenner wissen, welches Weingut in welchem Jahr welche guten Weine produziert hat.

Ein Aufkleber enthält folgende Angaben (nicht immer in der gleichen Reihenfolge): Jahr, Weingut und Name des Weins, z. B. Thomas Hardy Coonawarra Cabernet Sauvignon 2019, Angove's Classic Reserve 2015, Salisbury Estate Chablis 2016. Auf dem Aufkleber auf der Rückseite sind die Rebsorten aufgeführt, der Salisbury Chablis z. B. ist eine Mischung aus Chenin Blanc und Colombard-Reben. Die bekanntesten Weinanbaugebiete im Osten sind das Hunter Valley und die Gegend um Mudgee in New South Wales und das Yarra Valley bei Melbourne.

Tee und Brot nach Outback-Art

In den Buschcamps der Pioniersiedler wurden **Billy Tea** und **Damper** erfunden: Man werfe ein oder zwei Handvoll Teeblätter in einen *billy* (einen rauchgeschwärzten Eimer mit Henkel, etwa von der Größe eines Honigeimers), fülle ihn mit Wasser und hänge ihn übers Lagerfeuer; erwärmen und ziehen lassen. Dann kommt der Trick: Man fasse den *billy* am Henkel (Vorsicht, heiß) und schleudere ihn mehrmals blitzschnell im Kreis, um die Teeblätter zu verteilen. Fertig ist der Billy Tea! Dann bereite man einen festen Teig aus Mehl, Backpulver, Salz und Wasser, fülle ihn in einen gusseisernen Topf mit Deckel (der sogenannte *Camp Oven*) und backe ihn im Lagerfeuer. Fertig ist der Damper! Sowohl Billy Tea als auch Damper kann man noch heute in Buschcamps begegnen.

Alkoholische Getränke bekommt man aus Lizenzgründen meist nur im **Bottle Shop** (z.B. Dan Murphy's, BWS, Cellarmasters oder Thirsty Camel) – eine Ausnahme sind die Aldi-Supermärkte, allerdings nur in manchen Staaten.

Wo essen?

Der Begriff **Cafe** (in Australien oft ohne Akzent auf dem „o" geschrieben) umfasst die ganze Bandbreite von Imbissbude bis Restaurant. Nur in den europäisch angehauchten Stadtteilen der Großstädte versteht man darunter manchmal ein Kaffeehaus mit Konditorei.

Oft unterscheidet sich ein Cafe von einem Restaurant nur durch eine beschränktere Auswahl an Gerichten, die meist anstatt auf Speisekarten auf einer großen Wandtafel stehen, sowie eingeschränktere Öffnungszeiten.

In einem **Take away** wird den Kunden das Essen in Plastikbehälter verpackt in die Hand gedrückt. Das Angebot reicht vom Schlabber-Meat Pie bis zum Gourmet-Thai-Gericht. Viele Cafés und Restaurants bieten ebenfalls einen Take-away-Service.

Die „Hotels", sprich **Kneipen**, hatten bis in die 1980er-Jahre praktisch das Monopol des Alkoholausschanks inne. Um Ausstattung und Gemütlichkeit brauchten sich die Kneipiers damals nicht weiter zu bemühen, denn die gesetzliche Sperrstunde von 18 Uhr (!) garantierte, dass sich die männlichen Kunden in der kurzen Zeit zwischen Feierabend und Kneipenschluss auf den Konsum von möglichst vielen Litern Bier konzentrierten – dem berüchtigten Six O'Clock Swill (Sechs-Uhr-Besäufnis). Seitdem ist man ein Stück weitergekommen, die Pubs dürfen ihr Bier (meistens) bis spätabends ausschenken.

Meist sind die Pubs sogar gemütlich – zumindest in den Lounge Bars. Hier oder in der Bistro-Abteilung bekommt man **Countermeals** – so genannt, weil man an der Theke bestellt; heutzutage wird das Essen dann aber meist an den Tisch gebracht. Countermeals sind meist etwas günstiger als im Restaurant; oft werden ein günstiges Tagesessen, kostenlose Mahlzeiten für Kinder an bestimmten Tagen oder sonstige Specials geboten. In der Provinz gibt's herzhafte Aussie-Küche, in Großstädten erreichen die Mahlzeiten zuweilen Feinschmeckerstandard. Die Zeiten sind in der Regel 12–14 Uhr für **Counter Lunch**, 18–20 Uhr für **Counter Tea**. Unter *Tea* versteht man in Australien gewöhnlich das Abendessen, im Gegensatz zum Afternoon Tea.

Fair reisen

Reisen wirkt sich auf die Umwelt und die besuchten Menschen aus. Das fängt beim Flug an und hört bei der Nutzung lokaler Ressourcen auf. Touristen verbrauchen durchschnittlich mehr Strom und produzieren mehr CO_2 und Müll als die Einheimischen. Natürlich hat der Tourismus auch gute Seiten: Gerade in Australien trugen die Besucherströme aus Übersee nicht unwesentlich zum wirtschaftlichen Wachstum dieser mit unzähligen natürlichen Schätzen gesegneten Nation bei. Der Tourismus stimuliert lokale Investitionen und verbindet Kulturen. Außerdem hat er vielerorts Naturräume geschützt, die ohne Touristen dem Kommerz zum Opfer gefallen wären.

Als bewusst reisender Tourist kann man heute vieles bewirken. Anregungen hierzu gibt es in diesem Buch und bei den nachstehend genannten Initiativen.

Ecotourism Australia, 🖳 www.ecotourism. org.au. Die Non-Profit-Organisation will Reisende in Australien zu nachhaltigem und kulturell verantwortungsbewusstem Tourismus inspirieren. Die Mitglieder aus der Reisebranche – von der Unterkunft bis zum Tourenanbieter – müssen sich streng an die ökologischen Richtlinien halten, um das Siegel des Verbands tragen zu dürfen. Alle Anbieter sind im Green Travel Guide (online) zusammengefasst.

Forum anders reisen, 🖳 www.forum andersreisen.de. Im Forum anders reisen haben sich über 100 kleine und mittlere Reiseveranstalter zusammengeschlossen. Sie streben eine nachhaltige Tourismusform an, die laut eigenen Angaben „langfristig ökologisch tragbar, wirtschaftlich machbar sowie ethisch und sozial gerecht für ortsansässige Gemeinschaften sein soll".

Studienkreis für Tourismus und Entwicklung e. V., 🖳 www.studienkreis.org. Der Verein beschäftigt sich mit entwicklungsbezogener Informations- und Bildungsarbeit im Tourismus.

Tourism Watch, 🖳 www.tourism-watch.de. Auf der Website sind Hintergrundberichte zu den Themen Tourismuspolitik, Umwelt, Menschenrechte und Wirtschaft in Englisch und Deutsch verfügbar. Darüber hinaus findet man dort Links, Literaturkritiken, aktuelle Veranstaltungshinweise und Publikationen.

Tipps für umweltbewusstes und sozial verträgliches Reisen

Beim Umweltschutz ist jeder Einzelne gefordert, mit gutem Beispiel voranzugehen und die zwei goldenen Regeln anzuwenden:

a) Alle Plätze so zu verlassen, wie man sie selbst gerne vorfinden würde.

b) Take nothing but pictures, leave nothing but footprints.

Umweltbewusst reisen

■ Den durch die **An- und Abreise** verursachten CO_2-Ausstoß mit Hilfe des Kompensations-

Fair und grün – gewusst wo

Einrichtungen, die sich durch besonders umweltfreundliches oder sozial verträgliches Verhalten auszeichnen, sind in diesem Buch mit einem Baum gekennzeichnet. Sie verwenden zum Beispiel Solarenergie, nutzen Trockentoiletten, um Kompost herzustellen, propagieren einen nachhaltigen Tourismus oder stellen Besuchern Informationen für umweltverträgliches Verhalten bereit.

programms einer nachweislich korrekt agierenden Klimaagentur (z. B. 🖳 www. atmosfair.de oder 🖳 www.myclimate.org) neutralisieren.

■ **Klimaanlagen** vermeiden und in jedem Fall Licht und AC ausstellen, wenn man das Zimmer verlässt.

■ Keine **Souvenirs** aus bedrohten Pflanzen oder Tieren kaufen! Das Washingtoner Artenschutzabkommen verbietet deren Import nach Europa.

■ **Hotels, Fluggesellschaften, Reiseveranstalter** etc. auf ihre Umweltschutzmaßnahmen prüfen und auswählen (z. B. mit Hilfe von 🖳 www.ecotourism.org.au).

■ Statt mit **Batterien** mit aufladbaren Akkus reisen, und wenn Batterien sich nicht vermeiden lassen, diese vernünftig entsorgen. In den meisten großen Supermärkten Australiens wie Coles oder Woolworths stehen hierfür Behälter bereit.

■ Beim Einkauf die Ware nicht in **Tüten** packen lassen.

■ In vielen Gebieten Australiens ist **Wasser** vor allem zu Dürrezeiten äußerst knapp. Daher sparsam mit dem kostbaren Nass umgehen.

Sozial verantwortlich reisen

■ Kleinen lokalen Hotels, Restaurants, Reiseveranstaltern, Guides etc. gegenüber großen nationalen und internationalen Ketten den Vorzug geben – das erhöht die Chance, zu **lokalen Einkommen** beizutragen.

■ **Kunsthandwerk** soweit möglich direkt beim Produzenten bzw. Kleinunternehmer kaufen und große Zwischenhändler umgehen.

- **Produkten** aus der Umgebung den Vorzug vor importierten Waren geben.
- Auf **fair gehandelte und biologisch erzeugte Waren** zurückgreifen.

Feste und Feiertage

Landesweit gelten folgende staatliche Feiertage *(Public Holidays):*

Neujahr	1.1.
Australia Day	26.1.
Karfreitag	variiert
Ostermontag	variiert
Anzac Day	25.4.
Weihnachten	25.12.
Boxing Day	26.12.

Feiertage, die auf einen Samstag oder Sonntag fallen, werden meist auf den folgenden Montag verschoben. Die Feiertage einzelner Bundesstaaten sind unter „Sonstiges" bei den Hauptstädten der jeweiligen Staaten aufgelistet.

Fotografieren

Fotoartikel kosten etwa das Gleiche wie in Deutschland. Man bekommt sie (u. a. *memory cards* in verschiedenen Formaten) in den großen Städten in Fotoläden, Kaufhäusern und Ketten wie Big W oder K-Mart. Am besten legt man seine Bilder hin und wieder an einem Cloud-basierten Speicherort (z. B. in einem Dropbox-Account) ab. Denn nicht nur SD-Karten, auch Laptops und Tablets können verloren gehen.

Ins Reisegepäck gehören ein Ersatz-Akku und Ladegerät sowie ein Adapter (am Flughafen erhältlich). Wegen der hohen Luftfeuchtigkeit im tropischen Norden empfiehlt sich ein Trockenmittel zum Ausgleich gegen Luftfeuchtigkeit (Silica-Gel), das es im Fachhandel gibt. Für Kameras empfiehlt sich aufgrund der starken Sonneneinstrahlung ein Polarisationsfilter. Die

Karfreitag und Weihnachten

Karfreitag sowie der 25.12. sind zwei Tage, an denen in Australien fast alles zumacht – von ganz wenigen Sehenswürdigkeiten in Großstädten oder touristischen Orten abgesehen. Aus Platzgründen wurde bei der Angabe von Öffnungszeiten nicht immer extra erwähnt, dass eine Sehenswürdigkeit an diesen Tagen geschlossen ist. An anderen Feiertagen sind die meisten Geschäfte zumindest zeitweise geöffnet.

Kameratasche sollte die Ausrüstung vor Stößen und Staub sichern, was sehr wichtig ist, wenn man auf holperigen Staubpisten durchs Outback fährt.

Dass man beim Fotografieren von Menschen die üblichen Anstandsregeln beachtet, sollte sich von selbst verstehen. Dies gilt in besonderem Maße für die australischen Ureinwohner. In den Aboriginal-Communities ist das Fotografieren in der Regel verboten – in jedem Fall sollte man vor dem Losknipsen nachfragen!

Frauen unterwegs

Als Reiseland für Frauen – ob allein, zu zweit oder in einer größeren Frauengruppe unterwegs – ist Australien relativ problemlos. Der zu erwartende „Belästigungsfaktor" ist dem von Mitteleuropa oder Großbritannien vergleichbar. Das heißt, maskuline Überheblichkeit (vorzugsweise bei technischen Dingen), dumme, sexistische Sprüche, onkelhafte Bevormundung – eben die ganze Palette – kommen natürlich vor, und wenn frau an der Oberfläche kratzt, gelangt zuweilen ein erschreckend tiefer Chauvinismus ans Tageslicht. Aber das ist ja auch westeuropäischen Frauen nicht ganz unbekannt …

Handfeste Anmache und handgreifliche Belästigungen sind hingegen selten. Australier halten gern ein kurzes Schwätzchen mit AusländerInnen und fragen nach dem Woher und Wohin – in den seltensten Fällen ist das gleich als plumper Annäherungsversuch zu werten.

Ein Fingerspitzengefühl für gefährliche Situationen ist zu entwickeln – letzten Endes muss jede Frau selbst entscheiden, welche Risiken sie eingehen will. Vom Trampen allerdings – selbst zu zweit, mit einem männlichen Begleiter – muss abgeraten werden.

Noch Mitte des vergangenen Jahrhunderts herrschte im gesellschaftlichen Leben rigide Geschlechtertrennung. Die Frau blieb zu Hause oder besuchte Nachbarinnen, während der Mann sich mit seinen *mates* im Pub, beim Pferderennen oder Angeln amüsierte. In Melbourne gab es sogar in der Straßenbahn eine Männer- und eine Frauenzone! Ein Überbleibsel aus jener Zeit ist die Public Bar, eine stehbierhallenartige Männerdomäne, in der sich ein Mann und seine *mates* keinerlei Zurückhaltung aufzuerlegen brauchen.

Wenn die Unterscheidung zwischen einer Lounge Bar und einer Public Bar gemacht wird, wählen „richtige Ladies" die Lounge Bar. In der Public Bar werden Frauen zwar geduldet, sollten sich aber nicht wundern, wenn sich die Herren der Schöpfung dort äußerst ungezwungen benehmen.

Geld

Bargeld

In Australien lässt sich fast alles überall mit Karte bezahlen. In großen Läden gilt dies selbst für die kleinsten Beträge, nur selten haben kleinere Läden noch einen Mindestbetrag für Kartenzahlungen. Etwas Bargeld ist natürlich trotzdem sinnvoll, man erhält es am Geldautomaten (ATM) oder beim Bezahlen an der Kasse *(cashout)*. Größere Beträge (ab $200) mit Bargeld zu bezahlen ist in Australien ungewöhnlich.

Bankkarten

Es ist sinnvoll, die Bankkarte mitzunehmen, sofern sie das Maestro- oder Cirrus-Symbol trägt. Mit der EC-Karte und der Geheimzahl kann man

an den meisten Geldautomaten mit dem entsprechenden Symbol bis zu $1500 abheben – vorher bei der Hausbank nach den Gebühren erkundigen. Die örtlichen Banken kassieren u. U. auch noch mal eine Gebühr von etwa $3–5. Dies wird bei der Transaktion auf dem Bankautomaten angeschrieben.

Kleine Beträge bis zu $100 zahlen Australier gern per *payWave*. Falls die Karte das *payWave*-Symbol besitzt, berührt man mit der Karte kurz den Zahlungsapparat – fertig.

Kreditkarten

Eine weitere Alternative sind Kreditkarten. Kreditkarten von American Express, Visa und MasterCard sind in Australien ein gängiges Zahlungsmittel. Diners Club wird hingegen selten akzeptiert. Mit der Karte kann man nicht nur Flugtickets, Mietwagen, Einkäufe, Hotel- und Restaurantrechnungen bargeldlos bezahlen, sondern auch Bargeld abheben. Für die Barauszahlung am Geldautomaten benötigt man die Kreditkarte und die Geheimzahl.

Verlust oder Diebstahl einer Karte sind sofort zu melden, damit man gegen Missbrauch der Karte abgesichert ist.

Bei Mietwagen oder Flügen, die mit der Karte bezahlt werden, ist in der Regel automatisch eine Unfallversicherung inklusive. Auch bieten viele Kreditkarten eine kostenlose Auslands-Krankenversicherung, teilweise bedeutet dies aber, dass der Flug mit der Karte bezahlt werden muss. Es lohnt sich, sich hier im Voraus schlau zu machen.

Informationen und Notrufnummern

Visa Card, Mastercard: Sperr-Notruf Deutschland ✆ +49-116116 oder +49-30-40504050, 🖥 www.sperr-notruf.de
American Express: ✆ 069-97971000 (auch bei Verlust für Ersatzkarten zuständig), 🖥 www.americanexpress.com/germany.
Visa: Standorte der Geldautomaten: 🖥 www.visa.com/atmlocator
Karte sperren: ✆ 0800-8118440 (in Deutschland), +1-800-125 440 (international gebührenfrei).

Wechselkurse

1 €	=	1,56 A$	1 A$	=	0,64 €
1 sFr	=	1,46 A$	1 A$	=	0,68 sFr

Aktuelle Kurse unter ⌨ www.xe.com/ucc
oder ⌨ www.oanda.com

Mastercard: ☎ 069-79330, Standorte:
⌨ www.mastercard.com.au/en-au/consumers/
get-support/locate-an-atm.html
Karte sperren: ☎ +1-636-722 7111 (international gebührenfrei).

Währung

Die Währungseinheit ist der **australische Dollar** mit 100 Cents. Im Umlauf sind Banknoten zu $5, $10, $20, $50, $100, sowie Münzen zu 5, 10, 20, 50 Cents und $1 und $2. Die 1-Cent- und 2-Cent-Münzen werden seit 1990 nicht mehr geprägt. Bei Barzahlung werden die Preise deshalb auf glatte Fünfer- oder Dezimalbeträge auf- oder abgerundet.

Überweisungen

Sich von zu Hause Geld schicken zu lassen geht recht schnell, kostet aber einiges an Gebühren. Zudem sind die Wechselkurse oft schlechter als bei der Bank. Man kann sich an die nächste Zweigstelle von **MoneyGram** wenden, die zahlreiche Agenturen in Australien hat, Adressen unter ⌨ www.moneygram.com. Das Geld wird sofort ausgezahlt – nach Abzug von etwa 5 % Gebühren. Ähnlich funktioniert **Western Union**, ⌨ www.westernunion.com, die ebenfalls landesweite Vertretungen hat, u. a. bei Filialen von Australia Post.

Wer sich ein paar Monate in Australien aufhält, kann ein **Konto bei einer australischen Bank** eröffnen und erhält somit auch eine Bankkarte, mit der man an den Automaten der Bank kostenlos Bargeld abheben sowie im Supermarkt oder an der Tankstelle bezahlen kann. Die Ausstellung einer Kundenkarte dauert rund

eine Woche. In Frage kommen Banken mit einem möglichst ausgedehnten Netz von Filialen in Australien, beispielsweise Commonwealth Bank, Westpac, ANZ. Falls man Freunde in Australien hat, gibt man bei der Antragstellung lieber deren Adresse und nicht die einer Jugendherberge oder eines Hotels an. Allerdings muss es eine Adresse in dem Staat sein, in dem das Konto eröffnet wird.

Auch eine Geldüberweisung aus Europa wird dadurch erleichtert. Wer länger im Ausland bleibt, kann sich ein kostenloses Konto bei der Organisation **CurrencyFair**, ⌨ www.currencyfair.com, einrichten. Geld, das auf diesem Zwischenkonto abgelegt wird, lässt sich zu reellen Wechselkursen direkt am Markt eintauschen; man erhält also einen wesentlich besseren Wechselkurs als bei den Banken. Nach dem Umtausch kann das Geld auf ein beliebiges Konto in der ganzen Welt gegen eine Gebühr von $4 überwiesen werden.

Gepäck und Ausrüstung

Kleidung

Die Auswahl der Kleidungsstücke für die Reise hängt davon ab, wann man wie lange wohin fährt. Ein paar warme Sachen – ein Pullover, einige Sweatshirts, lange Hosen, evtl. eine leichte Jacke – sollten auf jeden Fall dabei sein. Grundsätzlich sind in der Sonne leichte, aber lange Sachen angemessen, denn sie schützen die Haut vor der gefährlichen UV-Strahlung.

Im Prinzip lässt sich alles, was man beim Packen vergessen hat, in den Städten kaufen. Viele Sachen sind etwas billiger als in Europa, v. a. Badekleidung, Shorts, T-Shirts und Wollpullover (Made in China). Auch schicke Sachen und Designerkleidung lassen sich in den Factory Outlets bekannter Marken in Sydney und Melbourne preiswert erstehen. In beiden Städten verkaufen die Zeitungsläden Verzeichnisse solcher Läden (*Bargain Shoppers Guide*).

In den *Op Shops* genannten Secondhand-Läden karitativer Hilfsorganisationen wie Salvation Army, St Vincent de Paul („Vinnies") u. a.

kann man für ein paar Dollar warme Sachen kaufen. Damit unterstützt man zudem die Aktivitäten dieser Organisationen. *Op Shops* findet man in allen Städten. Am Ende der Reise wirft man die Sachen in einen der hierfür vorgesehenen Container, damit sie wieder recycelt werden können.

Der Kleidungsstil in Australien ist im Allgemeinen salopp bis sogar schlampig. Bei der Arbeit, offiziellen Anlässen, Besuch von „feinen" Restaurants, Kasinos usw. macht sich jedoch die britische Tradition bemerkbar. Jackett und Krawatte sind dann ein Muss, adrette Hosenanzüge oder Kostüme werden bei Damen gern gesehen, und Jeans, Turnschuhe, Sandalen und T-Shirts sind total out. In vielen Restaurants und Lokalen dürfen keine Flip-Flops *(thongs)* oder ärmellose Shirts für Männer *(singlets)* getragen werden.

Ein Regencape oder eine Wasser abweisende Jacke ist in den gemäßigten Zonen nützlich; für Victoria und Tasmanien ein Muss, besonders für Wanderungen.

Wäsche waschen

Praktisch jedes Hostel, viele Motels und alle Caravanparks stellen ihren Gästen Waschmaschinen und manchmal auch Trockner zur Verfügung, meist gegen Gebühr (etwa $3 pro Maschine). Oft ist kein Waschmittel vorhanden, sodass es sinnvoll ist, sich zu Beginn der Reise ein gut verschließbares Paket zu kaufen. Hotels bieten teilweise einen Waschservice. Ansonsten findet man natürlich auch in jeder Stadt einen Waschsalon.

Schlafsack

In den allermeisten australischen Jugendherbergen und Backpacker-Hostels ist ein Dorm-Bett bereits bezogen. In einigen Hostels benötigt man jedoch für ein Dorm-Bett einen Schlafsack aus Baumwolle (nicht alle akzeptieren einen Daunenschlafsack). Wer keinen hat, kann sich meist gegen Aufpreis einen vom Hostel leihen. Manche Cottages und Ferienwohnungen sowie On-site Vans und Cabins auf den Campingplätzen sind ebenfalls nicht mit Bettzeug ausgestattet.

In all diesen Fällen ist es nützlich, einen (Daunen- oder Baumwoll-) Schlafsack zur Hand zu haben, um sich die Lakenmiete zu sparen. Im tropischen Norden ist ein leichter Schlafsack aus Nesselstoff am angenehmsten.

Charlie's Camp in den West MacDonnell Ranges liegt am berühmten Larapinta Trail.

© TOURISM AUSTRALIA / WORLD EXPEDITIONS / GREAT WALKS OF AUSTRALIA

Wander- und Campingzubehör

Für Wanderungen sind feste, knöchelhohe Wanderschuhe mit Profilsohle ideal, denn Bushwalking Tracks führen über Stock und Stein. Zudem besteht vielerorts die (wenn auch geringe) Gefahr, einer Schlange über den Weg zu laufen. Badelatschen, Sandalen und leichte Trittchen hingegen sind nur etwas für den Strand bzw. die Stadt. Pullover und Regenschutz, im Sommer ein Hut und Sonnenschutzmittel, gehören im Süden zur Wanderausrüstung. Zu Details siehe einzelne Bundesstaaten.

Im tropischen Norden sind ein breitkrempiger Baumwoll- oder Strohhut, ein robustes kurzoder langärmliges Hemd und Sonnenschutzmittel angebracht. Die Sonnenbrandgefahr wird von Mitteleuropäern immer unterschätzt. Eine große, gefüllte Wasserflasche gehört zur Standardausrüstung – im Wald oder Busch gibt es weder Gasthaus noch Supermarkt, noch nicht einmal einen Kiosk, und das Wasser aus den Bächen ist nicht überall trinkbar.

Zelte und andere schwere Campingausrüstung braucht man nicht unbedingt von Europa nach Australien zu schleppen. In allen Großstädten gibt es Fachgeschäfte oder sogenannte Disposal Shops. Sie verleihen auch Zelte und Campingzubehör, organisieren Trips, Wander- und Wildwasserfahrten. Adressen s. Regionalteil.

Gesundheit

Die ersten **Covid-19**-Infizierten verzeichnete Australien Anfang März 2020. Als kurz darauf Hunderte infizierte Menschen ungehindert das Kreuzfahrtschiff *Ruby Princess* in Sydney verließen, schossen die Zahlen in die Höhe – Corona hatte den Roten Kontinent erreicht. Mitte März 2020 schloss das Land seine Pforten. Es folgten strikte Lockdowns: Geschäfte, Restaurants und Schulen rund um den Kontinent wurden geschlossen, Australier wurden dazu aufgefordert, ihre Häuser nur noch für das Notwendigste zu verlassen. Ein- und Ausreisen nach und aus Australien waren nur noch in wenigen Sonderfällen möglich;

Slip, slop, slap – so lautet ein allseits bekannter und von den meisten Australiern zum Glück sehr ernst genommener Werbespruch des australischen Krebsrates: „Slip on a shirt, slop on sunscreen and slap on a hat" (Zieh Dir ein Shirt über, schmier Dich dick mit Sonnencreme ein und setz Dir einen Hut auf!). Aufgrund der erhöhten **UV-Strahlung** hat Australien die höchste Hautkrebsrate weltweit. Ein einziger **Sonnenbrand** kann bereits ein potenziell tödliches Melanom verursachen. Daher ist mit der Sonne hier nicht zu spaßen. Die UV-Strahlung wird im Übrigen nicht von einem bewölkten Himmel abgeschwächt oder gar abgeblockt. Besser man checkt täglich die UV-Werte auf der Website der Wetterbehörde (Bureau of Meteorology), 🖳 www.bom.gov.au/uv.

selbst die meisten Bundesstaaten schlossen ihre Grenzen zueinander.

Trotz dieser radikalen Vorgehensweise nach dem Motto „go hard and go early" schwappten zwei weitere Wellen über das Land: Melbourne fand sich im australischen Winter 2020 über fast vier Monate hinweg den mitunter strengsten Einschränkungen weltweit ausgesetzt. Der gesamte Bundesstaat Victoria wurde unter Einsatz des Militärs vom restlichen Australien abgeschottet. Ähnlich hart traf es im darauffolgenden australischen Winter die Einwohner Sydneys und anderer Regionen in New South Wales, wo sich die Delta-Variante rasend schnell verbreitete. Noch bei Redaktionsschluss waren die australischen Grenzen geschlossen.

Weiterführende Links und aktuelle Informationen im **eXTra [11419]**.

Medizinische Versorgung

Das australische Gesundheitswesen ist halb öffentlich, halb privat. Besucher aus Mitteleuropa können die australische Krankenversicherung Medicare nicht in Anspruch nehmen. Ein Besuch beim Arzt wird normalerweise privat mit ähnlichen Preisen wie in Europa verrechnet.

Wer auf Nummer sicher gehen will, sollte unbedingt eine Auslandsreise-Krankenversicherung abschließen (s. Versicherungen).

Heftpflaster, die gängigen Grippemittel, Kopfschmerztabletten usw. sind ohne Rezept im Supermarkt oder beim *chemist* erhältlich. Letzterer ist Drogerie und Apotheke in einem; rezeptpflichtige Medikamente werden dort an einer gesonderten Theke verkauft.

Der Royal Flying Doctor Service betreut Menschen in abgelegenen Siedlungen und *stations* im Outback. In leichteren Fällen diagnostizieren die „fliegenden Ärzte" per Funk Krankheiten und verordnen ein Medikament, das die Patienten ihrer Hausapotheke entnehmen. In schwerwiegenden Fällen wird der Patient ins nächste Krankenhaus geflogen. Die Niederlassungen des Royal Flying Doctor Service in größeren Städten stehen oft Besuchern offen. Für Touristen kann ein Besuch faszinierend sein.

Hygiene und sanitäre Einrichtungen in Australien entsprechen europäischem Standard. Die Gefahr, sich ansteckende Krankheiten einzufangen, ist allgemein nicht größer als in Europa.

Klimatische Belastungen

Fliegt man von Europa direkt nach Cairns oder Darwin sollte man alles langsam angehen, denn der Körper braucht eine Weile, um sich an die tropische Hitze zu gewöhnen. Das Gleiche gilt, wenn man direkt aus dem europäischen Winter in den Sommer fliegt. Die feucht-heiße Schwüle von Sydney oder die trockene Backofenhitze des Outbacks können dann wie ein Schock wirken, und einen Hitzschlag bekommt man schneller als man denkt.

Im australischen Winter wiederum sollte man sich bei Reisen ins Landesinnere, ins Outback sowie in höhere Lagen (das kann auch eine nur 20–40 km von der Küste entfernte Gegend sein!) auf die nächtliche Eiseskälte einstellen und Wollpullover, eine warme Jacke und Hose, wärmende Unterwäsche und einen Daunenschlafsack mitnehmen. Wer im Campervan oder Zelt nächtigt, braucht eventuell zusätzliche Decken oder einen zweiten Schlafsack.

Aus europäischer Sicht mag die intensive Sonneneinstrahlung in Australien erfreulich sein, für Australier jedoch zeichnet sich seit Langem die Kehrseite dieser Segnung ab: Laut Prognose des Cancer Council erkranken zwei von drei Australiern im Laufe ihres Lebens an Hautkrebs. Frühzeitig diagnostizierter und behandelter Hautkrebs ist in der Regel nicht tödlich; die Prognose ist dennoch erschreckend. Langsam scheint die Botschaft auch zu den Sonnenhungrigsten durchzudringen. Am Strand zu brutzeln, ist nicht mehr so angesagt wie früher; immer mehr Leute setzen im Sommer Hüte auf, tragen lange Kleidung und reiben sich mit *sunblock* (Sonnenschutzmittel mit Schutzfaktor 30+) ein.

Gemäß den Aussagen australischer Mediziner sind Leute, die ihre Jugend und frühen Erwachsenenjahre im gemäßigten Klima der nördlichen Hemisphäre verbracht haben, weniger hautkrebsgefährdet. Mitteleuropäer sollten dennoch beim Sonnenbaden nicht übertreiben und auf ausreichenden Schutz achten.

Malaria, Dengue-Fieber und Ross River Fever

Insektenschutzmittel ist unverzichtbar, denn Moskitos können Malaria, Dengue-Fieber (in Australien *Dengie* ausgesprochen) sowie Ross River Fever (eine in Australien vorkommende Viruserkrankung) übertragen. Malaria-Erkrankungen sind weltweit im Ansteigen begriffen. In Australien sind zwar überregional noch keine bekannt geworden, aber als ausgerottet kann diese Krankheit auch dort nicht gelten. Im Gegensatz zu Malaria und Dengue-Fieber, die hauptsächlich in tropischen Breiten vorkommen, kann das Ross River Fever in allen Küstenregionen Australiens auftreten – auch an der klimatisch gemäßigten Küste Victorias. Die das Dengue-Fieber und Ross River Fever verursachenden Viren werden von *Aedes-aegypti*-Stechmücken übertragen. Diese Blutsauger sind nachts und auch tagsüber aktiv.

Die Symptome beider Erkrankungen ähneln denen einer Grippe: Fieber, starke Kopf- und Gliederschmerzen und Mattigkeit. Zudem können Hautausschläge auftreten. Typisch sind geschwollene Gelenke, v. a. Finger-, Handgelenke, Knie und Knöchel. Monate bis Jahre andauernde Depressionen, Antriebs- und Energielosigkeit werden ebenfalls mit dieser Erkrankung in Zusammenhang gebracht. Eine Impfung oder Therapie gibt es nicht; man kann nur die Symptome mit Bettruhe und Schmerzmitteln auskurieren.

Die wichtigsten Vorbeugungsmaßnahmen sind: den Körper so weit wie möglich bedeckt halten, den Rest mit Insekten abwehrenden Mitteln einreiben. *Citronella* hat sich in stark moskitoverseuchten Gebieten nicht bewährt. In Australien erhältliche, wirksamere (aber leider nicht ganz ungiftige) Mittel sind *Rid* oder *Bushman*. Beim Zelten in der Nähe von Feuchtgebieten unbedingt Moskitonetze benutzen und *Moscito Coils* (Räucherspiralen) abbrennen.

Gefährliche und giftige Tiere

Australien ist die Heimat einer stattlichen Anzahl giftiger Tiere. Ausführliche Informationen erteilen die Poison Information Centres der Staaten oder Krankenhäuser. Zur Beruhigung: Es kommt relativ selten vor, dass jemand von einer giftigen Schlange oder Spinne gebissen oder von einem Skorpion gestochen wird. Einige Vorsichtsmaßnahmen sollte man jedoch beachten.

Gefahren im Wasser
Entlang der nordaustralischen Küste, ungefähr ab der Höhe von Exmouth in Western Australia und Hervey Bay in Queensland, treten während der Regenzeit, etwa von Oktober bis Mai, *Box Jellyfish,* auch *Seawasps* genannt, oder allgemein als *Marine Stingers* (lat. Name *Chironex*) bezeichnete **Würfelquallen** auf. Sie kommen sowohl in küstennahen Gewässern als auch in brackigen Flussmündungen vor. Eine Berührung bloßer Haut mit ihren meterlangen, giftigen Fangarmen ist ungeheuer schmerzhaft und hinterlässt entstellende Narben, im allerschlimmsten Falle kann sie tödlich enden. Da sich diese Biester auch in unmittelbarer Nähe zum Strand aufhalten und zudem im Wasser so gut wie unsichtbar sind, ist es nicht ratsam, auch nur den großen Zeh ins Wasser zu stecken!

Die **Irukandji-Qualle** ist mit dem *Box Jellyfish* verwandt und wie dieser durchsichtig, aber nur etwa erbsengroß und weist vier kaum sichtbare, kurze Tentakel auf. Der Kontakt ist anfangs wenig schmerzhaft, aber 20–30 Minuten später, wenn sich das Gift durch den Kreislauf im Körper des Opfers verbreitet hat, setzen die Symptome ein und eine höllische Tortur beginnt. Das „Irukandji-Syndrom" umfasst stark erhöhten Blutdruck und Herzrasen, Atemnot, Erbrechen und Übelkeit, starke Bauch- und Rückenschmerzen, Krämpfe und Panikattacken, wobei die Symptome in zunehmend starken Wellen zurückkehren und zum Tode führen können. Ein Gegengift gibt es nicht, und man weiß noch wenig über diese Quallenart – selbst ihre Existenz ist erst seit den 60er-Jahren bekannt. In manchen Jahren kommen sie vermehrt vor.

Während der *stinger season* werden einige Strände oder Buchten durch ein *stinger net* geschützt. Die im Wasser aufgespannten Netze halten aber nur die Würfelquallen fern, nicht die winzigen Irukandji. Man darf keinesfalls zu nah an das Netz heranschwimmen, da die Würfelquallen im Netz hängen können. Ihre hochgiftigen Tentakel reichen dann u. U. einige Meter in die umzäunte *swimming enclosure* hinein. Die Saison sowie das Vorkommen von *box jellyfish* und *irukandji* variieren von Ort zu Ort. Das Große Barriereriff weiter draußen soll frei von ihnen sein. Am besten hört man sich bei Einheimischen um.

Wer in der kritischen Zeit dennoch unbedingt ins Wasser gehen will, sollte zur Vorbeugung so gut wie alle Körperteile bedecken: einen *stinger suit* (die Haut bedeckender, eng anliegender Anzug aus feinem Stoff, der an Hals, Hand- und Fußgelenken abgeschlossen ist) überstreifen, dazu Handschuhe, Boots und eine Maske. Einige Hotels und Tauchausrüstungsgeschäfte verkaufen oder verleihen diese Ausrüstung. Bei einem in tropischen Gewässern erlittenen Quallenstich wird dringend geraten, auf die betroffene Stelle Essig zu träufeln – dies bewirkt zwar keine Verbesserung der akuten Lage, verhindert aber die weitere Absorption von Quallengift und eine Verschlimmerung des Zustandes. In kühleren Gewässern erlittene Quallenstiche müssen anders behandelt werden. Details zur Behandlung unter

🖳 http://conditions.health.qld.gov.au/Health Conditions/11/Accidents-Injuries-Poisonings.

Die aggressiven, bis zu 7 m langen **Salzwasserkrokodile** *(Crocodylus porosus),* auf Deutsch auch **Leistenkrokodile**, mit ihren breiten, stumpfen Schnauzen fühlen sich in den tropischen Küstengewässern des australischen Nordens wohl – dazu zählen auch Flüsse und Wasserlöcher in Küstennähe, nicht nur Salz- und Brackwasser, sondern durchaus auch Süßwasser. Immer wieder bezahlen Leute die Missachtung dieser Warnung mit ihrem Leben – wie im Oktober 2002 eine junge deutsche Touristin im NT, die sich in einer lauen Mondnacht noch mal im Wasser erfrischen wollte. In Krokodilgewässern darf man weder schwimmen noch in Ufernähe zelten oder angeln. Das nur in Australien vorkommende **Süßwasserkrokodil** *(Crocodylus johnstonii)* hat eine lange, spitze Schnauze, lebt in Gewässern weiter landeinwärts und gilt als harmloser.

Weitere unangenehme, potenziell tödliche Bewohner nördlicher Meeresbreiten sind der **Steinfisch** *(stonefish),* der als „Stein" getarnt am Meeresboden auf Opfer lauert, und die **Cone shell**, eine längliche, wie eine Eiscremetüte geformte, hübsch gezeichnete Muschel (oft schwarz-weiß oder braun-orange-weiß), deren „Harpune" ein tödliches Nervengift absondert. Tauchern sei unbedingt geraten, im Wasser nichts anzufassen – dies gilt sowohl zum Schutz der Meerestiere als auch zum eigenen! **Haie** tauchen überall auf, vor allem jedoch in südlicheren, kühleren Gefilden. Auch hier die Einheimischen fragen, bevor man sich in die Fluten stürzt!

Was krabbelt und kriecht

Um unliebsame Begegnungen mit **Giftschlangen** zu vermeiden, sollte man auf Wanderungen durch Wald und Busch feste, knöchelhohe Lederschuhe tragen, auf dem Pfad bleiben und fest auftreten, damit die Schlange durch die Vibration des Bodens gewarnt wird. Nachts sollte im Busch mit einer Taschenlampe der Boden abgeleuchtet werden. Die meisten Schlangen ziehen es vor, sich schleunigst aus dem Staub zu machen. Sie greifen nur an, wenn man ihr Liebesleben stört, sich ihren Nestern

nähert oder gar auf sie tritt. Leider trifft diese Faustregel aber nicht auf alle Schlangen zu. Da gibt es z. B. die *death adder*, die im Dunkeln auf ihre Beute wartet …

Im Falle eines Falles sollte man sich, wenn irgend möglich, das Aussehen der Schlange merken. Nur wenn die Art bekannt ist, kann das richtige Gegenmittel bestimmt werden. Das Opfer sollte sich ruhig verhalten, damit der Blutkreislauf nicht beschleunigt wird und auf diese Weise mehr Gift in den Kreislauf gelangt. Die Bissstelle darf auf keinen Fall gewaschen, eingeschnitten oder eingeritzt werden, auch das Aussaugen sollte man unterlassen. Befindet sich die Bissstelle an den Gliedmaßen, sollte ein Druckverband so angelegt werden, dass er den Arm oder das Bein ruhig stellt, das Blut aber noch zirkulieren kann.

Zwei Giftspinnen sind auch in den Städten anzutreffen. Die **Rotrückenspinne** *(redback spider)* kommt in ganz Australien vor und ist durch die rötliche oder rot-braune Markierung auf dem Rücken zu erkennen. Die ziemlich kleine Spinne nistet mit Vorliebe in dunklen Winkeln, z. B. in alten Briefkästen, Geräteschuppen usw. Diese Spinne ist zum Glück nicht aggressiv; sie beißt nur, wenn man sie berührt.

Die **Trichterspinne** *(funnel web spider)* kommt hauptsächlich im Umkreis von Sydney vor; aber auch an der Ostküste bis in die Gegend von Cooktown sowie in Ost-Gippsland (Victoria) wurde sie gesichtet. Sie ist 25–50 mm lang, schwarz oder rötlich braun, unscheinbar und hauptsächlich am trichterförmigen Netz zu erkennen, das sie in dunklen Ecken spinnt. Die hochgiftige Trichterspinne greift an, wenn sie sich gestört fühlt. Mit ihrem Biss injiziert sie ein Nervengift, das auch bei Menschen zum Tode führen kann, wenn nicht schnell Hilfe zur Stelle ist. Nur mit Vorsicht sollte man deshalb in dunkle Ecken greifen.

Die weitaus größere Gefahr geht vom „Schreckfaktor" der Spinnen aus. Bereits seit den 80er-Jahren wurde kein Todesfall mehr gemeldet, der durch einen Spinnenbiss verursacht wurde. Fatale Autounfälle, die auf das plötzliche Erscheinen einer großen Spinne auf der Windschutzscheibe zurückgeführt werden, kommen dagegen immer wieder vor. Immer dran denken: Viele der gruseligen Langbeiner sind absolut harmlos, darunter z. B. die haarsträubende Riesenkrabbenspinne *(huntsman spider)*.

Ein **Skorpion-Stich** ist giftig und muss sofort vom Arzt behandelt werden. Das Gift australischer Skorpione ist jedoch nicht so stark wie das ihrer Artgenossen in anderen Ländern.

Informationen

Fremdenverkehrsämter

Das Fremdenverkehrsamt von Australien (Australian Tourist Commission) hat einen guten Webauftritt und gibt informative Prospekte heraus. Praktisch jeder Ort verfügt über einTourist Information Centre. Hier erhält man gute und meist kostenlose Karten sowie weitere Infos.

Australian Tourist Commission
⌨ www.australia.com (auch auf Deutsch)

Destination New South Wales
⌨ www.visitnsw.com
⌨ de.sydney.com (auf Deutsch)

Tourism Queensland
⌨ www.queensland.com/de-DE (auf Deutsch)

Tourism NT
⌨ www.tourismnt.com.au
⌨ http://northernterritory.com/de-de (auf Deutsch)

Tourism Western Australia
⌨ www.westernaustralia.com/de
(auf Deutsch)

South Australian Tourism Commission
⌨ www.tourism.sa.gov.au

Tourism Victoria
⌨ www.visitvictoria.com
⌨ de.visitmelbourne.com (auf Deutsch)

Tourism Tasmania
⌨ www.discovertasmania.com.au

Websites

Reiseinfos

Australia Shopping World
Limburger Str. 14, 50672 Köln
📞 0221-121 617
⌨ www.australiashop.com
Dieser Service verschickt Visaformulare, informiert über das Land und verkauft Bücher und australische Artikel. Filiale in Berlin: Neue Grünstr. 9, 10179 Berlin,
📞 030-97 00 52 51

Australien-Infos in Deutsch
⌨ www.australien-info.de

Ecotourism Australia
⌨ www.ecotourism.org.au
Die Non-Profit-Organisation zertifiziert Anbieter (Unterkünfte, Touren, Tierparks etc.), die sich durch besonderes Engagement im Umweltschutz oder auf sozialer Ebene auszeichnen.

Reiseforum
⌨ www.stefan-loose.de/globetrotter-forum
Reisende informieren Reisende

Kultur der Ureinwohner
⌨ www.diversetravel.com.au

Medien

ABC (Australian Broadcasting Corporation)
⌨ www.abc.net.au

SBS (Special Broadcasting Services)
⌨ www.sbs.com.au

Sydney Morning Herald
⌨ www.smh.com.au

The Age
⌨ www.theage.com.au

The Australian
⌨ www.theaustralian.news.com.au

The Canberra Times
⌨ www.canberratimes.com.au

Telefonverzeichnisse
🖳 www.whitepages.com.au
🖳 www.yellowpages.com.au

Transport
Busse
🖳 www.greyhound.com.au (Busverbindungen in ganz Australien außer Tasmanien)
🖳 www.premierms.com.au (Busverbindung entlang der Ostküste, von Eden bis Cairns)
🖳 www.fireflyexpress.com.au (Busverbindung zwischen Adelaide, Melbourne und Sydney)

Fluglinien
🖳 www.qantas.com.au (Australiens größte Linienfluggesellschaft)
🖳 www.jetstar.com (Tochtergesellschaft von Qantas; Billigfluglinie)
🖳 www.virginaustralia.com (Verbindungen zwischen den meisten großen Städten)
🖳 www.rex.com.au (Flüge im Südosten)

Züge
🖳 https://journeybeyondrail.com.au (transkontinentale Züge)
🖳 https://transportnsw.info (Züge und Bahnbusse innerhalb von NSW)
🖳 www.queenslandrail.com.au (Züge in QLD)
🖳 www.vline.com.au (Züge und Bahnbusse innerhalb von Victoria)

Unterkünfte
Verzeichnisse und Reservierung
🖳 www.outbackbeds.com.au (Farm Stays in NSW und QLD)
🖳 www.wotif.com.au (Hotels)
🖳 www.airbnb.com (private Ferienwohnungen und -zimmer)
🖳 www.stayz.com.au (Ferienwohnungen)
🖳 www.starratings.com.au (von den Automobilclubs herausgegeben)
🖳 www.aant.com.au (Buchungsservice des Automobilclubs im Northern Territory)
🖳 www.mynrma.com.au (Buchungsservice des Automobilclubs von NSW)
🖳 www.racq.com.au (Buchungsservice des Automobilclubs von Queensland)
🖳 www.racv.com.au (Buchungsservice des Automobilclubs von Victoria)

🖳 www.big4.com.au (Caravanparks)
🖳 www.familyparks.com.au (Caravanparks)
🖳 www.toptouristparks.com.au (Caravanparks)

Backpacker-Hostels
🖳 www.hostelworld.com (Hostels weltweit)
🖳 www.vipbackpackers.com (Hostels der VIP-Kette)
🖳 www.nomadsworld.com (Hostels der Nomads-Kette)
🖳 www.yha.com.au (YHA-Hostels)

Internet

Alle Unterkünfte bieten **WLAN**, und in manchen Hostels stehen Computer zur Verfügung. Manchmal ist die Benutzung des WLAN-Netzes für Besucher gratis, anderswo sind täglich ein paar Stunden inbegriffen oder man zahlt eine Tagesgebühr (meist $3–10 pro Tag). Zudem gibt es in den Städten immer mehr kostenlose WLAN-Bereiche, oft sind diese in den Regionalkapiteln erwähnt. Auch viele Cafés bieten WLAN für ihre Gäste. Zur Not findet man auch in sämtlichen öffentlichen Bibliotheken WLAN und Internetcomputer, meist sind diese kostenfrei. Wenn alle Stränge reißen, bleiben noch die McDonald's-Filialen, die alle über kostenloses WLAN verfügen.

Jobben in Australien

Working Holiday Visa

Junge Leute mit einem *Working Holiday Visa* (S. 86) dürfen bis zu sechs Monate an einer Arbeitsstelle in Australien jobben. Wer mindestens drei Monate außerhalb der Großstädte *(Regional Australia)* gearbeitet hat, kann ein zweites Working Holiday Visa beantragen und dann weitere sechs Monate beim gleichen Arbeitgeber tätig sein. In den Großstädten, insbesondere in Sydney und Melbourne, finden sich in der Regel immer Gelegenheitsjobs, die je nach Ausbildung, Vor- und Sprachkenntnissen des Kandidaten mehr oder weniger gut bezahlt sind.

Insbesondere IT–Spezialisten, Facharbeiter und Köche werden keine Schwierigkeiten haben, in Australien einen Job zu finden. Die Nachfrage nach Krankenschwestern ist ebenfalls sehr groß, diese müssen aber bei der zuständigen Behörde irgendeines Bundesstaates registriert sein (im Internet suchen nach: *Nursing Board of Victoria; of New South Wales* usw.) – rechtzeitig vor der Reise beantragen, denn die Registrierung kann u. U. drei bis sechs Monate dauern.

Einige Work-and-Travel-Organisationen helfen beim Visumsantrag. Die Firma Backpacker-Pack, ⌨ www.backpackerpack.de, bietet sogenannte Selbstorganisationspakete, die ein Infohandbuch mit Schritt-für-Schritt-Anleitung zum Visumsantrag und anderen hilfreichen Tipps und Services beinhalten.

Wo Jobs finden?

Die erste Anlaufstelle bei der Arbeitssuche sind Backpacker-Hostels. Einige in den Großstädten betreiben eine separate Jobvermittlungsagentur und verlangen dann Vermittlungsgebühren; bei anderen Hostels hingegen läuft die Vermittlung informell über den Manager und gehört sozusagen zum Service. Für bestimmte Berufssparten gibt es eigene Agenturen, für Krankenschwestern z. B. australienweit *Drake Medox*, ⌨ www. drakemedox.com.au. Online gibt's Stellenausschreibungen u. a. bei ⌨ www.worktravel company.com/jobs, ⌨ www.backpackerjob board.com.au, ⌨ www.workstay.com.au oder unter ⌨ www.seek.com.au.

Viele Reisende mit Working-Holiday-Visum finden Arbeit in der Provinz als Erntehelfer: Obst pflücken, Gemüse ernten und Wein lesen. In der Erntezeit werden Saisonarbeiter händeringend

Wwoofing

Wer sich unter die **Willing Workers on Organic Farms** (Wwoof) mischt, kann auf Farmen in ganz Australien vier bis sechs Stunden Arbeit am Tag gegen Unterkunft und Verpflegung tauschen. Details S. 83.

gesucht. Auf Erntehelfer spezialisierte „working hostels" vermitteln in solchen Regionen Jobs, bieten Transport zu den Feldern oder Plantagen sowie Unterkunft für einige Wochen oder Monate. Schwere körperliche Arbeit, noch dazu oft in brütender Hitze, ist sicher nicht jedermanns Sache, aber wer eine gute Kondition hat, geschickt und schnell arbeiten kann, verdient relativ gut. Obendrein lernt man so Australien von einer anderen Seite kennen. Über Erntearbeiten und alle damit verbundenen Aspekte informiert der National Harvest Labour Information Service, ⌨ http://jobsearch.gov.au/harvesttrail.

Der von diesem Informationsdienst herausgegebene *National Harvest Guide* ist als gedruckte Broschüre erhältlich, steht aber auch als regelmäßig aktualisiertes PDF-Dokument auf der oben angegebenen Website.

Kinder

Kinderfreundliches Australien

Wer mit einem oder mehreren Kindern reist, sollte erwägen, den langen Flug mit einem **Zwischenstopp** zu unterbrechen. Abgesehen von der langen Anreise (und je nach Reiseplan langen Reisezeiten im Land), ist Australien ideal für Familien. Australier sind kinderfreundlich; viele reisen selbst mit Kind und Kegel durch ihr Land. Die Geburtenrate liegt mit etwa 1,83 Kindern pro Frau weit über dem europäischen Durchschnitt. Dies schlägt sich auch in einer sehr **kinderfreundlichen Infrastruktur** nieder – im ganzen Land gibt es große, moderne Spielplätze – oft mit Picknicktischen oder sogar BBQ, Busse und Bahnen haben Stellplätze für Kinderwägen, und auch sonst kommt man mit dem Kinderwagen fast überall unbeschwert hin. In vielen **Restaurants** und in Pubs essen Kinder an bestimmten Tagen kostenlos; am besten man fragt im Info-Centre oder schaut sich die lokalen Broschüren an. In den meisten Städten fahren Kinder unter 6 Jahren im öffentlichen Nahverkehr kostenlos.

Zoos, Wildlife Parks und Aquarien sind natürlich auch für Kinder interessant. Auch die meisten technischen oder naturgeschichtlichen

Museen sind kindgerecht gestaltet, oftmals wundert man sich, wie viele (auch kleine) Kinder man hier antrifft. Während der australischen Schulferien wenden sich die Ranger in den Nationalparks mit vielen Aktivitäten an Schulkinder. Mangelnde Englischkenntnisse müssen nicht unbedingt ein Hindernis sein.

Wer Badeferien am Meer macht, sollte sich erkundigen, welche Strände und Küstenabschnitte kindersicher sind, denn die Brandung und die Unterströmungen an der australischen Küste sind manchmal tückisch und werden von Nicht-Australiern meist unterschätzt. Am Strand sollte die empfindliche Kinderhaut immer mit Cremes, einem Badeshirt mit Ärmeln (*rashie*, erhältlich in jedem Department Store) und einem Hut vor der intensiven Sonneneinstrahlung geschützt werden.

Auto, Camper oder Flugzeug?

Achtung: in Australien müssen Kinder bis zu ihrem siebten Geburtstag im **Kindersitz** sitzen. Alle großen Mietwagenfirmen vermieten Kindersitze gegen Extragebühr ($7–11 pro Tag). Taxis dürfen aus hygienischen Gründen keine Kindersitze mitführen. Man darf den eigenen Kindersitz ins Taxi einbauen oder Kinder unter einem Jahr auf den Schoß nehmen. Kinder über einem Jahr müssen im Taxi angeschnallt auf einem eigenen Autositz sitzen.

Große **Campervans** sind auch für Familien geeignet. So müssen nicht ständig die Koffer neu gepackt werden, wenn man von einem Ort zum nächsten reist. Schöne Caravanparks sind in Australien nicht nur reichlich vorhanden, sie bieten auch fast alle einen Spielplatz. Viele haben auch Pool und Spielzimmer (mit Computerspielen oder Tischtennis etc.), einen Tennis- oder Basketballplatz oder sogar ein großes Hüpfkissen. Diese Anlagen sind außerdem sehr sicher, denn es darf nur Schritttempo gefahren werden. Moderne Caravanparks haben außerdem große Cabins mit zwei bis drei Schlafzimmern.

Größere Strecken sollte man mit Kindern trotzdem besser im Flugzeug zurücklegen, denn lange Fahrten können strapaziöser sein als gedacht.

Übernachtung

Viele Hotels und Motels haben **Familienzimmer** mit drei bis fünf Betten, manche bieten auch zwei nebeneinanderliegende Zimmer, die durch eine Zwischentür verbunden sind. Für Extrapersonen werden $10–25 extra verlangt. Auch in vielen YHA-Jugendherbergen gibt's ein Familienzimmer, man sollte allerdings vorbuchen.

Ferienwohnungen kosten in der Regel kaum mehr als ein Familienzimmer in einem Motel oder Hotel, bieten jedoch mehr Platz und den Vorteil einer eigenen Küche und Waschmaschine. Wer sich vor – allem mit Kindern – länger irgendwo aufhält, sollte diese in Erwägung ziehen. Eine gute Quelle für Ferienwohnungen sind ⌨ www.airbnb.com sowie ⌨ www.stayz.com.au. Auf Anfrage stellen viele Unterkünfte, selbst Ferienwohnungen, ein **Babybett** zur Verfügung. Reisebettchen gibt es in vielen Department Stores wie Target oder BigW für rund $100.

Maße und Elektrizität

Das metrische System wurde Ende der 1960er-Jahre eingeführt und wird auch in allen offiziellen Angaben benutzt. Im alltäglichen Gebrauch beziehen sich jedoch v. a. ältere Leute noch immer auf die alten britischen Maßeinheiten und reden von *pounds, yards* und *feet*.

Australische Steckdosen sind dreipolig und eckig. Wer auf elektrische Geräte angewiesen ist, sollte einen Adapter mitnehmen. Die Stromspannung beträgt 240 Volt, d. h. alle in Deutschland, Österreich oder der Schweiz gekauften Geräte können genutzt werden.

Medien

Die Medienlandschaft

Die Konzentration der Besitzverhältnisse im australischen Medienbereich, insbesondere im Bereich der Printmedien, ist Besorgnis erregend. So befinden sich elf von zwölf Hauptstadt-Zeitungen in den Händen von nur zwei Medienkonzernen: News Corp (das auf den internationalen Medienzaren Rupert Murdoch zurückgeht) und Fairfax Media.

Murdoch begann ganz klein mit der zweitbesten Tageszeitung in Adelaide – ein Familienerbe, welches er zielstrebig ausbaute. 1987 tauschte er seine australische Staatsbürgerschaft gegen die US-amerikanische ein, um sich in den USA im großen Stil in die Medienlandschaft einzukaufen. Sein weltumspannendes Medienimperium umfasste nun alle nur denkbaren Medien in der ganzen Welt.

In Australien haben Tageszeitungen, die News Corp gehören, einen Anteil von knapp 70 %. Dazu gehören Australiens einzige überregionale Tageszeitung, *The Australian*, sowie die beiden meistverkauften Boulevardzeitungen Australiens: Melbournes *Herald Sun* und Sydneys *Daily Telegraph*.

Tageszeitungen aus dem Hause Fairfax machen 21 % der Gesamtzirkulation aus, die Sonntagszeitungen fast 23 %. Die Paradepferde aus diesem Stall sind die beiden liberalen Qualitätstageszeitungen der großen Metropolen: der *Sydney Morning Herald*, 🖥 www.smh.com.au, und Melbournes *The Age*, 🖥 www.theage.com. au, sowie die angesehene, ebenfalls täglich erscheinende Wirtschaftszeitung *The Australian Financial Review*, 🖥 www.afr.com.au.

Die kommerziellen **Rundfunk**- und **Fernsehsender** werden von ihren Besitzern primär als Geldanlage betrachtet, entsprechend kommerziell werden die Programme ausgerichtet, die Sender wie in einem Monopoly-Spiel wieder abgestoßen, wenn es opportun erscheint. Der inzwischen verstorbene Tycoon Kerry Packer, der in den 80er-Jahren mit dem Aufbau seines Medienkonglomerats begann, tat sich dabei besonders hervor.

Printmedien

Die endlosen Regale der *Newsagents* in den Großstädten sind mit einer schier unübersehbaren Menge an **Zeitschriften** und **Zeitungen** gefüllt. Viele der Zeitschriften sind Fachzeitschriften mit ziemlich niedrigen Auflagen, die sich zum Beispiel mit Hobbys wie Gartenbau oder Heimwerken, oder den vielen populären Sportarten in Australien befassen. Einige andere sind auf bestimmte Zielgruppen, z. B. Jugendliche, Hausfrauen, Viehzüchter, Computerspezialisten oder *Truckies* (Lastwagenfahrer) zugeschnitten.

Tageszeitungen

Weltnachrichten werden von **Sydney Morning Herald**, 🖥 www.smh.com.au, und Melbournes **The Age**, 🖥 www.theage.com.au, v. a. aber von **The Australian**, 🖥 www.theaustralian.com.au, relativ ausführlich behandelt; in den anderen Blättern ist die Berichterstattung in dieser Hinsicht eher spärlich.

In Bezug auf Australien dominiert weithin provinzieller Regionalismus – hiervon sind auch *Sydney Morning Herald* und *The Age* nicht ausgenommen. Die einzige überregionale Tageszeitung, die die wichtigsten Ereignisse und Entwicklungen in allen Bundesstaaten aufgreift und dadurch dem Trend zur regionalen Nabelschau entgegenwirkt, ist die konservative *The Australian*.

Nachrichtenmagazine: Print und E-Zines

Das amerikanische Nachrichtenmagazin **Time** bringt eine australische Ausgabe auf den Markt, die es auch im Zeitschriftenladen zu kaufen gibt. **E-Zines** (Online-Magazine) wie www.newmatilda.com und www.onlineopinion.com.au, die sich mit australienrelevanten Themen befassen, sind da ergiebiger.

Fernsehen und Radio

„Free-to-air"-TV, also gebührenfreies Fernsehen, bieten in Australien fünf Fernsehsender, die man in den meisten größeren Orten empfangen kann. Die höchsten Einschaltquoten haben zwei **Privatsender: Channel Nine** und **Channel Seven**. Der dritte Privatsender, **Channel Ten**, richtet sich besonders an junge Zuschauer. Die drei kommerziellen Sender strahlen v. a. US-amerikanische und australische Seifenopern, Fernsehspiele und Wiederholungen populärer Spielfilme aus, die im 10–15-Minutentakt von etwa dreiminütigen Werbepausen unterbrochen werden – eine Tortur für Zuschauer! Nachrichten werden ebenfalls im amerikanischen Stil präsentiert, wobei der Rummel um die Nachrichtensprecher wichtiger zu sein scheint als die Nachrichten selbst. In Anbetracht der grenzenlosen Sportbegeisterung der Australier – zumindest was Zuschauersport angeht – nimmt Sport ebenfalls eine wichtige Rolle ein. Pay-TV (Foxtel) ist ebenfalls verbreitet und bietet weitere Programme.

Die **staatliche Rundfunk- und Fernsehstation ABC** (Australian Broadcasting Corporation) sowie der aus Regierungsmitteln finanzierte **SBS** (Special Broadcasting Service) heben sich wohltuend von den Privatsendern ab. Der ABC produziert sowohl im Hörfunk als auch im Fernsehen viele ausgezeichnete Dokumentarsendungen, Hörspiele bzw. Fernsehspiele sowie informative Sendungen zu verschiedenen Wissensbereichen, Musik und aktuellen Themen, oft zu einem Bruchteil der Kosten, die den kommerziellen Sendern zur Verfügung stehen. Sie sind im Internet als Podcast (Radio) oder Videocast (TV) abrufbar: ⌨ www.abc.net.au.

Seit der SBS im Jahre 1980 begann, sein **TV-Programm** auszustrahlen, das die vorher in den vorwiegend angelsächsisch orientierten Medien unterrepräsentierten „ethnischen" Minderheiten ansprechen sollte, hat sich der SBS zu einem der interessantesten Fernsehsender der Welt gemausert. Die abendlichen Weltnachrichten, übrigens oft vorgetragen von Nachrichtensprechern nicht-angelsächsischer Herkunft, werden ihrem Namen gerecht und tragen der Tatsache Rechnung, dass in Australien viele nicht-britische Europäer sowie viele Menschen aus Asien leben.

Die Nachrichten werden ergänzt durch ausgezeichnete Reportagen aus aller Welt und Dokumentarsendungen, die nicht zögern, heiße Eisen anzufassen, sowie ein regelmäßiges Spielfilmprogramm, das die neuesten Filme aus aller Welt im Originalton mit Untertiteln zeigt. So steht bei SBS-TV neben Filmen aus u. a. Frankreich, Schweden, Spanien, Mexiko und Hongkong meistens einmal wöchentlich ein neuerer deutscher Spielfilm auf dem Programm.

Wochentags werden morgens nicht-englischsprachige Nachrichten ausgestrahlt.

SBS-Radio strahlt auf dem AM-Band und FM-Band im 60-Minutentakt Programme in 68 Sprachen aus, von Albanisch über Kantonesisch bis hin zu Türkisch. Das deutschsprachige Programm zählt mit vier bis neun Sendestunden pro Woche (je nach Ort) zu den besser repräsentierten Sprachen. Die Radiosendungen kann man in allen australischen Hauptstädten empfangen sowie über das Internet. **SBS online,** ⌨ www.sbs.com.au, bietet sowohl Podcasts als auch Videocasts einiger Sendungen.

Nationalparks und Naturreservate

Die herrlichsten Landschaften Australiens stehen als **Nationalparks** unter Naturschutz. In den Bundesstaaten kommen noch weitere **Naturreservate** mit unterschiedlichem gesetzlichem Status hinzu *(State Forests, State Reserves, Marine Parks, Conservation Zones und Nature Reserves)*. Sie alle sollen die Fauna und Flora bzw. ganze Ökosysteme bewahren, aber auch Erholungs- und Freizeitmöglichkeiten schaffen.

Die Nationalparks umfassen alle Klimazonen, Landschaftsformen und Vegetationsarten, vom Naherholungsgebiet bis zur Wildnis. Mit Ausnahme des Kakadu und Uluru, die einer Bundesbehörde unterstellt sind, fallen Reservate und Nationalparks unter die Verwaltung der Bundesstaaten. Die Nationalparkbehörden (S. 29) informieren umfassend online (u. a. Informationsblätter über einzelne Nationalparks und Karten als PDF-Dokumente zum Herunterladen). Fast alle Nationalparks haben ein Informationszentrum, in dem man Infomaterial und Karten bekommt, zusätzlich werden hier Wanderführer, Karten und Bücher zu Flora, Fauna und zum Umweltschutz verkauft. Auch die *Passes* sind dort erhältlich, falls Gebühren anfallen.

In einigen Bundesstaaten sind für den Besuch von manchen oder von allen Nationalparks Eintrittsgebühren *(entry fee)* zu entrichten. Wenn der Besuch mehrerer Parks (und/oder ein

längerer Aufenthalt dort) geplant ist, kommt ein Holiday Pass oder Annual Pass wesentlich billiger. Details auf den Websites und auf S. 29.

Fast überall findet man an den schönsten Stellen der Parks Picknickplätze mit Tischen, Bänken und Grillstellen, in denen oft schon das Feuerholz bereitliegt. Meist gibt es in der Nähe einen Campingplatz mit einfachen Waschräumen und Toiletten (z. T. ohne Wasserspülung). In entlegeneren Gegenden kann man an markierten Stellen im Busch zelten. Vorrichtungen wie Duschen oder Toiletten gibt es dort nicht.

Sowohl für Bushcamping als auch für das Zelten auf den Campingplätzen benötigt man in der Regel ein Camping Permit, erhältlich online, seltener vom Parkranger oder bei jeder Parkverwaltung gegen eine Gebühr (zusätzlich zur *entry fee*). Ein Zeltplatz in einem Nationalpark wird entweder pro Person berechnet oder pro Fahrzeug; manche sind kostenlos. Die meisten Nationalparks erreicht man nur mit eigenem Fahrzeug.

Informationen über Flora und Fauna S. 91, Wandern S. 68.

Post

Australia Post hat seit Beginn des Jahrtausends schwere Verluste einstecken müssen. Daher wurde der Service 2015 beschränkt und verteuert. Generell muss man für einen Inlandsbrief

Die wichtigsten Postleitzahlen

Adelaide	SA 5000
Alice Springs	NT 0870
Brisbane	QLD 4000
Cairns	QLD 4870
Canberra	ACT 2060
Darwin	NT 0800
Hobart	TAS 7000
Melbourne	VIC 3000
Perth	WA 6000
Sydney	NSW 2000
Townsville	QLD 4810

mindestens eine Woche einplanen, Luftpostbriefe von Europa in die Hauptstädte und dicht bevölkerte Gebiete sollen theoretisch 10–14 Tage unterwegs sein; erfahrungsgemäß sind die Zeiten jedoch viel länger. Im Outback hängt es davon ab, wie weit der Ort vom Haupt-Highway entfernt ist.

Die Postgebühren erhöhen sich alle paar Jahre um einige Cent. 2020 betrugen sie für **Postkarten** und **Standardbriefe** (max. 250 g) innerhalb Australiens $1,10, nach Europa kosteten Luftpost-Postkarten und -Briefe bis 50 g $3,20.

Für Pakete nach Europa gibt es zwei Kategorien: Luftpost (Air Mail) und Seefracht (Sea Mail). Luftpost kann man auch als registrierte Post schicken, was oft nur ein paar Dollar mehr kostet. Damit ist das Paket versichert.

Reisende mit Behinderungen

Die riesigen Entfernungen zwischen den Städten und Touristenzentren bereiten Körperbehinderten zwar Probleme, aber insgesamt ist Reisen in Australien wahrscheinlich müheloser und weniger aufreibend als in Europa.

Da man in Australien eher in die Breite als in die Höhe baut, befinden sich viele Unterkünfte auf ebener Erde. Neu erbaute Unterkünfte müssen den Bauvorschriften gemäß behindertengerecht und Rollstuhlfahrern zugänglich sein. In australischen Unterkunftsverzeichnissen sind Unterkünfte, die diesem Standard entsprechen, als *independent* bezeichnet, während andere, die nicht hundertprozentig behindertengerecht sind, mit dem Kommentar *with assistance* versehen sind. Flugzeuge bieten Körperbehinderten eine ausgezeichnete Transportmöglichkeit, lange Zugfahrten sind nur im Indian Pacific und The Ghan möglich – gegen Aufpreis, wenn man eine Kabine will (S. 65). Lange Busfahrten in Australien kann man hingegen vergessen.

Die australische Bundesregierung bietet Infos und Dienstleistungen durch National Disability Services (NDS, 🖵 www.nds.org.au). Auch die Informationszentren erteilen Auskünfte.

Übernachtung

Die Vorschrift für eine behindertengerechte Unterkunft sieht Toiletten in angemessener Höhe vor, Raum zum Wenden eines Rollstuhls, Duschen, in die man mit dem Rollstuhl hineinfahren kann (einige sind mit zusammenklappbaren Duschsitzen ausgestattet, oder es wird ein Plastikstuhl zur Verfügung gestellt), sowie Handgriffe. Die Automobilclubs der Bundesstaaten geben jährlich aktualisierte Unterkunftsverzeichnisse (*Accommodation Guide* und *Tourist Park Guide*) heraus, die Tausende von Unterkünften mit genauer Angabe von Ausstattung und Preis auflisten, darunter auch behindertengerechte. Man kann sie in den Verkaufsstellen oder auf den Websites der Automobilclubs kaufen. Die Webseiten der einzelnen Automobilclubs listen außerdem zahlreiche Unterkünfte auf. Die Mitgliedschaft in einem ausländischen Automobilclub wird anerkannt. Weitere nützliche Dienstleistungen der Automobilclubs in Australien sind ein zentralisierter Buchungsservice und die Reparatur von motorisierten Rollstühlen.

In den Großstädten bieten die Hotels der mittleren und oberen Preisklasse behindertengerechte Zimmer, ebenso einige der kleineren Hotels. Motels haben normalerweise ein oder zwei behindertengerechte Zimmer, Jugendherbergen und Backpacker-Hostels ebenfalls. Außerhalb der Großstädte trifft man seltener behindertengerecht ausgestattete Hotels an, im Gegensatz zu vielen Motels, die zunehmend Units für Behinderte einrichten. Bei Motelketten wie Best Western wird man fast immer fündig. Auch Caravanparks können oft mit einer behindertengerecht ausgestatteten Cabin aufwarten – nachfragen lohnt.

Transportmöglichkeiten

Überlandbusse sind wenig bis gar nicht auf die Bedürfnisse von Rollstuhlfahrern ausgerichtet.

Die transkontinentalen **Züge** (*The Ghan, Indian Pacific*) führen spezielle Rollstühle mit sich, die in die engen Korridore passen; der eigene Rollstuhl wird kostenlos transportiert, kann aber während der Zugfahrt nicht benutzt wer-

den. Das Personal hilft beim Ein- und Aussteigen, und es gibt Rampen oder Lifts. Auf die Bedürfnisse von Rollstuhlfahrern zugeschnittene Kabinen (*Pullman Cabins*) gibt es im *Gold Service*.

Qantas führt auf **Flügen** mit Boeing 747- und 767-Maschinen besondere Rollstühle mit, die in das Flugzeug passen, und sowohl Qantas als auch Virgin Australia helfen Rollstuhlfahrern beim Ein- und Aussteigen und transportieren u. U. auch die Rollstühle der Kunden (unbedingt anmelden).

Unter den größeren **Autoverleihfirmen** bieten Hertz und Avis Wagen mit behindertengerechter, manueller Bedienung ohne Aufpreis. Diese Wagen gibt es in einigen Großstädten. Firmen in manchen australischen Hauptstädten vermieten behindertengerecht ausgestattete Busse. NDS oder die *ParaQuad Association* (🖥 paraquad. org.au) des jeweiligen Bundesstaates erteilen nähere Auskünfte. In Großstädten und größeren Landstädten gibt es behindertengerechte Taxis; vorbuchen ist ratsam.

Mit einem an der Windschutzscheibe festgemachten Behindertenaufkleber, erhältlich bei allen Council Offices, kann man auf den Parkplätzen, die für Behinderte reserviert sind, parken. In einigen Hauptstädten, wie z. B. Melbourne, sind von den City Councils auch zeitlich beschränkte *Parking Permits* erhältlich. In verschiedenen Hauptstädten können Behinderte die Vorortzüge benutzen.

In fast allen größeren Orten werden von Access Commitees sogenannte *Mobility Maps* herausgegeben – Karten oder Stadtpläne, auf denen Rollstuhlwege, Behindertenparkplätze, Toiletten usw. verzeichnet sind. Man bekommt sie bei den Local Councils, oft auch bei den Visitor Information Centres, bzw. deren Webseiten (meist unter dem Stichwort „Access" zu finden). Die Mobility Maps sämtlicher Großstädte sowie einiger touristisch wichtiger Destinationen findet man unter 🖥 http://travability. travel/index.html.

Sehenswertes

Die meisten Attraktionen sind Rollstuhlfahrern mehr oder weniger zugänglich, und man ist generell Rollstuhlfahrern sehr behilflich. So ist es möglich, eine Tour um den Uluru (Ayers Rock) zu unternehmen, im Great Barrier Reef zu schnorcheln, an einer Hafenkreuzfahrt in Sydney teilzunehmen oder die Pinguinparade auf Phillip Island mitzuerleben. Die Angestellten bei den jeweiligen Attraktionen erteilen Auskunft über die Einrichtungen und Möglichkeiten der Hilfe für Behinderte.

Einige Tourenveranstalter sind auch auf Rollstuhlfahrer eingestellt oder bieten Touren für Körperbehinderte an. Tourism Australia hat eine Liste; das Stichwort lautet „Accessible Tourism", 🖥 www.tourism.australia.com/en/events-and-tools/industry-resources/building-your-tourism-business/accessible-tourism.html.

Informationen für Behinderte

Folgende Website bietet Links zu Listen von behindertengerechten Unterkünften (Online-Buchung möglich), Restaurants und Kulturveranstaltungen. Außerdem Transportinformationen für Australien und *AccessMaps:* Stadtpläne für die australischen Großstädte, die wichtige Informationen für Rollstuhlfahrer aufweisen (Toiletten, Rollstuhlrampen usw.): 🖥 www.e-bility.com/accesstravel.

Gute Informationsquellen sind auch folgende, in Australien bundesweit betriebene Organisationen, die die Interessen von Behinderten vertreten:

NDS (National Disability Services Ltd.), 📞 02-6283 3200. Filialen in jeder Hauptstadt, 🖥 www.nds.org.au.

Para Quad Ass. (Paraplegic and Quadriplegic Association) hat Filialen in jeder Hauptstadt und vertritt die Interessen von Wirbelsäulenverletzten. Zahlreiche Informationen. In Sydney z. B. **ParaQuad NSW**, 🖥 www.paraquad.org.au.

Reiseveranstalter

One-way-Touren

Eine ziemlich große Anzahl von Reiseveranstaltern in Australien bietet One-way-Touren zwischen den größeren Städten an. Kein Wunder eigentlich, denn sie sind für Alleinreisende und Leute, die den Zeitaufwand und/oder die Kosten scheuen, sich selbst einen fahrbaren Untersatz und alles andere drum herum zu organisieren, ideal, um viel vom Land zu sehen.

Viele, aber keineswegs alle, sind auf jüngere Leute (bis Anfang 30) zugeschnitten. Man reist, wenn nicht anders erwähnt, in einer kleinen Gruppe in einem Minibus (max. 24 Sitzplätze) oder Geländewagen (max. 15 Sitzplätze) über Landstraßen und Pisten, dabei werden Abstecher zu kleinen Landstädtchen, Farmen, Nationalparks, Seen und Wasserfällen und vielen anderen Sehenswürdigkeiten gemacht, die man sonst nur mit einem Auto zu Gesicht bekom-

Anbieter von One-way-Touren

Zwei große Anbieter decken weite Teile Australiens ab – Details und weitere Veranstalter in den Regionalkapiteln.

Adventure Tours Australia, 🖥 www.adventuretours.com.au. Der rapide expandierende Veranstalter bietet zahllose Aktivtouren in allen erdenklichen Kombinationen in ganz Australien an; zumeist in Kleinbussen für max. 24 Pers., je nach Strecke kann die Gruppe aber auch 16 oder 45 Teilnehmer umfassen. Adressaten sind hauptsächlich junge Traveller, aber auch ältere Leute, die gern wandern, schwimmen, klettern und dergl. Auf einigen Strecken kann man auch Motelübernachtungen buchen.

Oz Experience, 🖥 www.ozexperience.com. Gehört zum Reisebusunternehmer Greyhound und bietet Pakete in Verbindung mit einem Hop-on Hop-off-Busticket, mit dem man für einen bestimmten Zeitraum und auf einer bestimmten Strecke die Greyhound-Busse nutzen darf. Teil der Pakete sind z. B. Übernachtungen, Surfkurse, Wanderungen, Segeltörns oder Touren zur Fraser Island und anderen Destinationen. Zielgruppe: etwa 18–25-Jährige.

men würde. Übernachtet wird je nach Anbieter in Hostels, Motels, Caravanparks oder auf Nationalpark-Zeltplätzen, zum Teil auch oder ausschließlich Camping ohne jegliche Einrichtungen mitten im Busch (Bushcamping).

Tagestouren

Das Angebot an Tagestouren reicht von Feinschmeckerausflügen zu den lokalen Weingütern im Luxusbus über abenteuergeladene Spritztouren im Geländewagen, per Bike, Quad, Pferd, Kamel oder zu Fuß bis hin zu aufschlussreichen Spaziergängen mit Parkrangern oder Aborigines durch Nationalparks. Viele dieser Touren bieten einmalige Einblicke in die Umgebung, ihre Geschichte und Besonderheiten – Einblicke, die dem individuell Reisenden oft verborgen bleiben. Es lohnt sich also, sich hin und wieder einer solchen Tour anzuschließen. Hinweise und besondere Empfehlungen in den Regionalkapiteln.

Einen Einblick der besonderen Art bieten **von Aborigines geführte Touren** durch ihr Land; diese authentischen Erlebnisse sind im Buch mit dem Bumerang-Symbol markiert.

Sicherheit

Die Gefahr, überfallen, ausgeraubt oder bestohlen zu werden, ist in Australien nicht größer als in Mitteleuropa. Im Großen und Ganzen sind Australier ehrliche Menschen, die einem vergessene oder verlorene Sachen eher noch nachtragen. Stadtviertel, in denen sich Auswärtige grundsätzlich nur unter Gefahr für Leib und Leben blicken lassen können, sind unbekannt. Dennoch sollte man etwas gesunden Menschenverstand walten lassen. Im Gewühl der Wochen- und Touristenmärkte kommt schon mal ein Portemonnaie oder eine Kamera weg.

Leider passiert es immer wieder, dass in der Traveller-Szene gestohlen wird. Backpacker-Hostels mit lässig-lockerer Atmosphäre, in die jeder reinkommt, ermuntern die schwarzen Schafe unter den Travellern geradezu. Wenn man sich dort aufhalten muss oder will, sollte

wenigstens die Möglichkeit bestehen, Wertsachen wie Papiere oder Kameras in einem vertrauenswürdig aussehenden Safe beim Manager wegschließen zu können. Moderne Hostels verfügen über Schließfächer in den Dorms; oftmals gibt es sogar Steckdosen in den Schließfächern, so dass Tablets, Kamera-Akkus etc. sicher geladen werden können. Zimmerschlüssel werden nach und nach gegen Chipkarten ausgetauscht – auch in den Hostels.

Vom Trampen ist sowohl Frauen als auch Männern dringend abzuraten. Es gibt einfach zu viele lange Strecken durch kaum oder nur dünn besiedelte Gebiete, wo Tramper dem Fahrer auf Gedeih und Verderb ausgeliefert sind. Hinzu kommt, dass Trampen in Australien sehr unüblich ist und sich die meisten ehrlichen Menschen scheuen, einen Anhalter mitzunehmen.

Sport und Aktivitäten

Australien ist eine sportbegeisterte, um nicht zu sagen sportverrückte Nation. Viele Sportarten, die in Europa und anderswo als Sportarten für die Hautevolee gelten, werden in Australien von jedermann ausgeübt, z. B. Golf, Tennis oder Reiten. Siehe auch Reiseziele, S. 28.

Drachenfliegen, Paragleiten

Drachenflieger trifft man überall an, wo es Hänge und günstige Aufwinde gibt. In Bright in Victoria werden im Sommer die Landesmeisterschaften im Paragleiten und Drachenfliegen ausgetragen. Dort gibt es auch Kurse für Anfänger und Fortgeschrittene. Näheres auf 🖥 https://airtribune.com/brightopen2019.

Radfahren

Radfahren gilt in Australien weniger als Fortbewegungsart, sondern als Sport, den man in neonfarbiger Lycra-Kleidung ausübt. Dementsprechend sind Autofahrer kaum auf Radfahrer eingestellt. Zwar nimmt die Zahl der Radfahrer zu, doch die Infrastruktur lässt noch immer zu wünschen übrig. Es gibt manchmal abgetrennte Radwege, wie wir sie aus Europa kennen, aber meist sind es nur durch weiße Linien markierte Spuren auf der Straße, die für Radfahrer vorgemerkt sind. Es kann vorkommen, dass Radfahrer zwischen zwei dicken Lkws eingeklemmt an der Ampel stehen müssen. Also äußerst vorsichtig fahren! Helmpflicht gilt für ganz Australien.

Einige Städte, z. B. Canberra oder einzelne Gegenden in größeren Städten, darunter der Bike Track entlang des Yarra River in Melbourne, eignen sich hervorragend zum Radfahren – dort findet man auch Fahrradvermietungen. Die Backpacker-Hostels vermieten häufig ebenfalls Fahrräder. **Bicycling Australia**, 🖥 www.bicyclingaustralia.com.au, veröffentlicht ortsbezogene Routen, die online oder im Buchladen gekauft werden können.

Fischen und Angeln

Eine australische Männer-Passion. Fast überall ist etwas aus dem Wasser zu holen: aus Flüssen, Bächen oder aus dem Meer von der Bootsanlegestelle oder vom Steg aus. Bei Interesse erteilen lokale Fishermen's Associations genauere Infos, auch hinsichtlich Boots- und Anglerzubehörverleih.

Golf und Tennis

Beide Sportarten sind sehr populär in Australien und haben keineswegs denselben exklusiven Nimbus wie in Mitteleuropa. In allen Städten gibt es der Öffentlichkeit zugängliche, oft landschaftlich wunderschön gelegene Golfplätze und Tennisanlagen. Private Golfclubs erkennen unter Umständen die Mitgliedskarte eines ausländischen Clubs an.

Reiten

Überall auf dem Land, v. a. in den Bergen von Victoria und New South Wales, bieten Reiterhöfe und Pferdefarmen Ausritte von einer Stunde,

einem halben Tag oder von mehreren Tagen an; die meisten sind ihr Geld absolut wert. Kurze Ausritte sind in der Regel auch für Anfänger geeignet. In Zentral-Australien, wo viele wilde Kamele leben, werden Ausritte auf (gezähmten) Kamelen geboten.

Wandern

In Australien spricht man von Bushwalking. Vor allem in Nationalparks findet man gut angelegte **Wanderwege** *(Bush Walking Tracks)* für Wanderungen von 15 Minuten bis hin zu mehreren Tagen, die ausgeschildert und beschrieben sind. Es gibt sowohl kurze, manchmal auch für Rollstuhlfahrer geeignete, breite Wege, als auch Pisten durch Busch und Dschungel. Da man sich außerhalb der bewohnten Gegenden schnell in der Wildnis befindet, kann Bushwalking unversehens zu einem richtigen Treck über Stock und Stein werden. Ist man mehrere Tage in den Nationalparks unterwegs, muss man die gesamte Ausrüstung schleppen, vom Zelt über Essen (manchmal auch Trinkwasser) bis zu den Klamotten.

Warnungen der Nationalpark-Ranger sollten nicht auf die leichte Schulter genommen

Geführte Wanderungen

Empfehlenswerte Wanderungen bieten folgende Veranstalter an:
Echidna Walkabout, ☏ 03 9646 8249, 🖥 www.echidnawalkabout.com.au. Hervorragend organisierte Wandertouren von einem halben Tag bis zu mehreren Wochen mit Schwerpunkt auf Natur und Wildlife. Hauptsächlich in Victoria, aber auch Touren im Mungo NP.
Trek Larapinta, ☏ 1300 133 278, 🖥 www.treklarapinta.com.au. Kürzere oder längere Wanderungen entlang des 232 km langen Larapinta Trail (westliche MacDonnell Ranges) in Zentral-Australien.
Willis's Walkabouts, ☏ 08 8985 2134, 🖥 www.bushwalkingholidays.com.au. Umfangreiches Programm in Zentral-Australien und im tropischen Norden.

werden. Wenn sie von **Wilderness** sprechen, meinen sie genau das: absolut abgelegenes, unwegsames, kaum besuchtes Terrain. In solchen Gegenden sollte man gut ausgerüstet, gut vorbereitet und nicht allein, sondern in einer kleinen Gruppe von mindestens drei Personen wandern.

Wenn man in abgelegenen Gegenden wandert, müssen die Parkranger zu Beginn der Wanderung und nach der Rückkehr informiert werden. In den Ranger Stationen liegen dafür entsprechende Hefte bereit, in die man sich ein- und wieder austrägt. Bushwalking Clubs und National Parks Associations nehmen mitunter auch Gäste auf Bushwalks mit.

Dass man sich nach der **Buschetikette**: *Leave nothing but your footprints, take nothing but your rubbish* (hinterlasse nur deine Fußabdrücke, nimm nichts mit außer deinem Abfall) verhält, sollte sich von selbst verstehen.

Wassersport

In allen Ferienorten an der Küste und auch an Seen gibt es Surfbretter, Windsurfbretter, Boogie Boards, Segel und Ruderboote zu mieten. Bevor man sich begeistert in die Fluten stürzt, ist zu berücksichtigen, dass es oft ungeheuer starke Unterströmungen *(currents, rips)* gibt, die **Schwimmer** buchstäblich in Windeseile aufs Meer hinausziehen. Auch die Gewalt der Brandung wird von Europäern oft unterschätzt. Immer wieder enden Unvorsichtige mit Wirbelsäulenverletzungen im Krankenhaus, im schlimmsten Fall mit einer Querschnittslähmung! In der Regenzeit kann man an der gesamten nordaustralischen Küste wegen der **lebensgefährlichen Quallen** (Würfel- und Irukandji-Quallen) nicht im Meer baden; mehr zu diesen S. 55.

Unter **Surfen** versteht man in Australien Wellenreiten mit dem Surfbrett; Windsurfen heißt dort meist **Sailboarding**. Surfer müssen mit der Gefahr von Haifischattacken leben, da Haie fast die ganze Küste, v. a. die der gemäßigten Zone, unsicher machen. Surfschulen gibt es an der Surf Coast in Victoria (besonders in Torquay) sowie an der gesamten Ostküste (z. B. in Byron Bay, an der Gold oder Sunshine Coast).

Kanu- und Kajakfahren ist ebenfalls sehr beliebt, und an vielen Stellen werden Touren und Verleih geboten. **Stand-up-Paddeln** (SUP) ist mittlerweile überall möglich, wo es einigermaßen ruhiges Wasser gibt, z. B. entlang der Mornington Peninsula bei Melbourne.

Ein Paradies zum **Schnorcheln** und **Tauchen** ist zweifellos das Great Barrier Reef. Tauchschulen bieten Kurse für Anfänger und Fortgeschrittene an. Die Auswahl ist groß, man sollte Preise und Leistungen vergleichen und darauf achten, dass man nach dem Kurs ein international anerkanntes Zertifikat (z. B. PADI) bekommt. Wichtig ist auch die Anzahl der Tauchgänge und wo diese stattfinden (im Pool oder im Meer).

Passionierte **Segler** kommen an der durch zahlreiche Haffs gegliederten Küste auf ihre Kosten. *Das* Segelparadies Australiens sind die Whitsundays in Queensland, wegen der herrlichen Landschaft aus Inseln und Wasser und wegen der vom Großen Barriereriff geschützten Gewässer. In Airlie Beach vermieten zahlreiche Bootscharterfirmen Jachten zum Selbstsegeln *(Bareboat Charter)* oder mit Skipper; viele Veranstalter bieten ein- oder mehrtägige Segeltörns für kleine Gruppen.

Auch **Wildwasserfahrten** sind sehr beliebt. Anbieter findet man in diesem Buch oder bei den örtlichen Informationszentren.

Zuschauersport

Europäischer Fußball heißt in Australien *Soccer* und hat erst seit der australischen Beteiligung an den Fußballweltmeisterschaften 2006, 2010 und 2014 an Beliebtheit gewonnen. Das australische Pendant zur Bundesliga ist die A-League; viele australische Fußballfans verfolgen jedoch lieber die britische Premier League oder sogar die deutsche Bundesliga.

In New South Wales ist **Rugby** sehr beliebt. Die Victorianer haben den **Australian Rules Football** (AFL) erfunden, bei dem es ziemlich rau hergeht und auch Hände und Beine eingesetzt werden dürfen. Während der Saison im Winter grassiert v. a. in Victoria, aber auch anderswo in Australien, das Footy-Fieber (s. Kasten S. 440/441).

Die **Cricket Test Matches** und **Tennisturniere** im Sommer ziehen Zehntausende Besucher an. Dabei geht es manchen weniger um den Sport selbst, als um die Atmosphäre im Stadion.

Pferderennen sind ebenfalls sehr populär – umso mehr, als die Australier dabei ihrer Wettleidenschaft freien Lauf lassen können. Viele Orte halten einmal im Jahr ein Pferderennen ab (Cup). Das berühmteste von allen ist der **Melbourne Cup** am ersten Dienstag im November. Der Melbourne Cup ist Teil des **Spring Carnival**, der sich über mehrere Tage zieht. Er ist gleichzeitig Showground für Melbournes Haute Couture. Ausgefallener Kopfschmuck kommt hier besonders zum Tragen. Während des Melbourne Cup Rennens hält buchstäblich ganz Australien den Atem an. Achtzig Prozent der Australier – vom Säugling bis zum Greis – haben dann Geld auf mindestens eins der Pferde gesetzt.

Sprachkurse

In Australien (ebenso wie im benachbarten Neuseeland) kann man nicht nur schön Urlaub machen; ein Aufenthalt dort lässt sich auch bestens mit einer Weiterbildung kombinieren. Die Kurse einiger Sprachschulen werden sogar als Bildungsurlaub anerkannt. In Melbourne, Sydney und an der Gold Coast gibt es zahlreiche Sprachschulen. Einige sind privat, andere Abteilungen von Universitäten, die Englischkurse für Ausländer (nicht nur für Universitätsstudenten) anbieten. Eine private Sprachschule sollte von der Regierung anerkannt sein. Einige Adressen sind bei den jeweiligen Städten unter „Sonstiges" aufgelistet.

Das Angebot reicht von Ferienkursen, in denen allgemeine Sprachkenntnisse vermittelt bzw. verbessert werden, bis zu Sonderkursen in Wirtschaftsenglisch, zur Vorbereitung auf ein Studium in englischsprachigen Ländern, zur Vorbereitung auf Prüfungen für die international anerkannten *Certificates* der University of Cambridge sowie für Lehrer von Englisch als Fremdsprache. Die meisten Schulen, insbesondere die in den Ferien- und Touristenorten Cairns und Sydney, kombinieren ihre Kurse mit einem umfangreichen Freizeitangebot, zum Teil sogar mit Tauchkursen. Fast alle arrangieren auf Wunsch auch eine Unterkunft bei Privatfamilien *(Homestay)* oder in preiswerten Guesthouses. Dauer der Kurse 2–50 Wochen. Ein Ferienkurs dauert idealerweise vier bis fünf Wochen. Die Kursgebühren hängen von der Anzahl der Unterrichtsstunden und den gebotenen Rahmenbedingungen ab.

Bei der Entscheidung für eine Schule sollte auch die Anzahl der Schüler pro Klasse eine Rolle spielen. Zudem sollte bedacht werden: Englischkurse in Australien werden sehr stark von asiatischen Kunden, v. a. von Japanern und Koreanern besucht. Einerseits bietet sich Europäern auf diese Weise eine tolle Gelegenheit, junge Leute aus Asien kennenzulernen, es könnte andererseits aber auch bedeuten, dass der Unterricht mehr auf die Sprachprobleme von Asiaten zugeschnitten ist. Wenn man in kurzer Zeit viel lernen will oder muss, wäre auf den individuellen Bedarf zugeschnittener Privatunterricht oder Unterricht in kleinen Klassen eine Alternative. Viele Sprachschulen arrangieren auch dies.

Telefon

Mobiltelefone

Zu beachten ist, dass das Mobilfunknetz nur in und um die großen Städte herum und in der Küstenregion Ostaustraliens wirklich flächendeckend ist. Der Netzstandard ist 4G. Die Preise für Verbindungen mit einem europäischen Handy nach Deutschland können je nach Anbieter bei über einem Dollar pro Minute liegen.

Billiger ist es, sich in Australien eine **SIM-Karte** oder ein Handy mit Prepaid-Karte zu besorgen. Gute Beratung bekommt man u. a. bei **Travellers Contact Point**, 🖥 www.travellers. com.au. Ein günstiger Anbieter für Leute, die

Notruf	
Polizei, Feuerwehr, Ambulanz (australienweit)	000

Central und West Region

| Western Australia, NT und SA | 08 |

North-East Region

| ganz Queensland | 07 |

Central East Region

| ganz New South Wales | 02 |

South-East Region

| Victoria und Tasmanien | 03 |

Internationale Ländervorwahlen

Von Australien

Deutschland	0011 49
Österreich	0011 43
Schweiz	0011 41
Von Europa nach Australien	0061

viel ins Ausland telefonieren, ist **Lebara mobile**, 🖥 www.lebara-mobile.com.au ($15 pro Monat für 300 Minuten ins deutsche Festnetz sowie 3 GB Datenvolumen).

Vorwahlen

Jeder Fernsprechteilnehmer hat eine achtstellige Rufnummer, die Vorwahl ist zweistellig. Vorsicht bei Telefonnummern, die mit 190 beginnen (Premium Services). Hinter diesen Nummern stehen nützliche Serviceleistungen wie Snow Report, Weckdienste und Börsenberichte, aber auch Astrologen und Kontaktbörsen bieten ihre Dienste an, u. U. zu saftigsten Preisen.

Transport

Es kann nicht oft genug betont werden, dass bei einer Reise durch Australien ungeheure Entfernungen zu überwinden sind. Europäer neigen dazu, sich bei der Einschätzung der Entfernungen zu verkalkulieren. Wer innerhalb von drei bis vier Wochen mehr als einen Küstenstreifen sehen will, muss einen Inlandflug einplanen. Auch wer etwa die Ostküste von Sydney nach

Cairns bereisen will, und vom Ankunftsflughafen zurückfliegt, sollte einen Inlandsflug nehmen. Die transaustralischen Busse von Greyhound Australia verkehren zwar täglich, aber eine Fahrt nach Alice Springs bedeutet Tausende von Kilometern im Überlandbus, eine Abkürzung „quer durch die Mitte" gibt es nicht – oder eben nur mit dem Flugzeug!

Aktuelles zum Thema Transport im **eXTra** [11420].

Eisenbahn

Bahn fahren ist in Australien eigentlich nur etwas für Eisenbahnfans, denn die Züge fahren im Schneckentempo („Snail Rail"), und die Fahrkarten für Langstrecken sind, sobald Liegewagen und Verpflegung hinzukommen, verhältnismäßig teuer, mit Ausnahme von einigen **Railway Passes**. Eine aktuelle Liste findet man unter 🖥 www.australiarailpass.com.

Victoria und South Australia haben ihre Schienennetze in der Vergangenheit stark reduziert und durch Bahnbusse ersetzt. Die wichtigsten Bahnverbindungen sind *The Overland* zwischen Melbourne und Adelaide, der *Ghan* zwischen Adelaide quer durch das Northern Territory via Alice Springs nach Darwin und der *Indian Pacific* von Perth über Adelaide und Broken Hill nach Sydney. Queensland hat das längste Schienennetz von allen Bundesstaaten, mit einer Küstenverbindung von Brisbane nach Cairns, drei Strecken ins Landesinnere von Brisbane nach Quilpie/Cunnamulla, von Rockhampton nach Winton sowie von Townsville nach Mt Isa. Das zweitgrößte Schienennetz bietet New South Wales.

Grundsätzlich müssen alle Plätze sowohl für transaustralische Strecken als auch für kurze Strecken innerhalb der Bundesstaaten reserviert werden (Reservierung im Fahrpreis inbegriffen). Informationen über den *Overland*, den *Ghan*, den *Indian Pacific* und den seit Ende 2019 zwischen Brisbane und Adelaide fahrenden *Great Southern* bei 🖥 https://journeybeyondrail.com.au.

Rail Passes

Für die Regionalzüge in Queensland und NSW werden verschiedene *rail passes* geboten: Der

Die wichtigsten Zugverbindungen

Von	nach	Zug	Frequenz	Preis
Perth	Sydney	*Indian Pacific*	1–2x wöchentl.	$2300
Perth	Adelaide	*Indian Pacific*	1–2x wöchentl.	ab $1700
Adelaide	Darwin	*Ghan*	1x wöchentl.	$4260
Adelaide	Alice Springs	*Ghan*	1x wöchentl.	$1180
Adelaide	Sydney	*Indian Pacific*	1x wöchentl.	$860
Melbourne	Sydney	*Melb.–Syd. XPT*	2x täglich	$90
Melbourne	Adelaide	*Overland*	2x wöchentl.	$69
Sydney	Canberra	*Xplorer*	4x täglich	$39
Sydney	Brisbane	*Syd.–Brisb. XPT*	2x täglich	$84
Brisbane	Cairns	*Spirit of Queensland*	5x wöchentl.	$390

Ungefähre Preise während der Hochsaison *one way*, billigste Fahrkarte (Economy, Sitzplatz, keine Mahlzeiten. Die Züge des *Indian Pacific* und des *Ghan* führen nur noch Schlafwagen). Alle Züge sollte man unbedingt so früh wie möglich reservieren. Auf Langstrecken kann ein Auto mittransportiert werden (Motorail). Die Fahrpläne und Preise ändern sich; aktuelle Informationen im Internet unter:
- https://journeybeyondrail.com.au (transkontinentale Züge)
- www.countrylink.info (Züge und Bahnbusse innerhalb von NSW)
- www.queenslandrailtravel.com.au (Züge innerhalb von Queensland)
- www.vline.com.au (Züge und Bahnbusse innerhalb von Victoria)

Discovery Pass schließt das gesamte Netz von NSW sowie Zugfahrten nach Brisbane und Melbourne ein (14 Tage $232; 3 Monate $298). Der **Queensland Explorer Pass** ist auf QLD beschränkt (1 Monat $299; 2 Monate $389). Der **Queensland Coastal Pass** gilt dagegen nur für den Tilt Train zwischen Brisbane und Rockhampton (1 Monat $219, 2 Monate $299).

Busse

Überlandbusse

Busse sind das billigste und gebräuchlichste öffentliche Transportmittel in Australien. Die Busgesellschaft **Greyhound Australia** deckt große Teile des australischen Festlands ab. Die Busse verkehren in der Regel einmal täglich zwischen den meisten australischen Hauptstädten; an der Ostküste und im Südosten häufiger.

Kleinere Busgesellschaften verkehren auf Teilstrecken: z. B. **Premier Motor Service** zwischen Eden, Sydney und Cairns, **Firefly**-Busse zwischen Melbourne und Sydney sowie zwischen Adelaide und Melbourne. Die YHA-Reisebüros, STA-Travel und andere auf Traveller spezialisierte Reisebüros geben eine ausführliche Beratung und verkaufen Tickets und Bus Passes. Studenten mit ISIC-Ausweis, Karteninhaber von YHA, VIP und Nomads usw. erhalten 10 % Ermäßigung *(concession)*. Wer hauptsächlich mit Greyhound-Australia-Bussen reisen möchte, fährt mit einem Bus Pass am preisgünstigsten. Einige dieser Bus Passes sind etwas billiger, wenn man sie schon vor Abflug in Europa bei einem Reisebüro kauft.

Die Überlandbusse sind so komfortabel wie Reisebusse eben sein können: gepolsterte, relativ breite Sitze, Gepäckablage, Toiletten. Ihr Nachteil liegt auf der Hand: Ihr Zweck ist es, auf direktem Weg so schnell wie möglich so viele Passagiere wie möglich von A nach B zu transportieren. So reist man von Stadt zu Stadt – Nationalparks, schöne Küstenstrecken oder verträumte Goldgräberstädtchen liegen nicht auf der Route. Fazit: Um Geld zu sparen, kann man Langstrecken mit dem Bus fahren. Ab und zu sollte man sich dann aber den Luxus gönnen, ein Auto zu mieten oder sich einer organisierten Tour anzuschließen.

Flüge

Die Reisebeschränkungen und die anhaltende Rezession machen den Fluggesellschaften auch weiterhin zu schaffen und sorgen für ständige Änderungen. Aktuelle Infos gibt es auf den Websites der Airlines.

Aufgrund der enormen Distanzen in Australien empfiehlt es sich einen oder mehrere Inlandflüge zu buchen, vor allem wenn die Zeit knapp ist. Entlang der gesamten Ostküste gibt es viele Flughäfen; die meisten werden sowohl von **Qantas** als auch von der Tochtergesellschaft **Jetstar** sowie **Virgin Australia** angeflogen.

Bus Passes

Greyhound Australia Infos ☎ 1300 473 946, 🖥 www.greyhound.com.au.
Travel Passes erlauben das unbeschränkte Ein- und Aussteigen zwischen zwei festgelegten Zielen innerhalb eines bestimmten Zeitraums. Erhältlich sind u. a. die Strecken Brisbane–Cairns ($365), Melbourne–Cairns ($579) oder Sydney–Cairns ($469) und jeweils in entgegengesetzter Richtung. Jeder Pass ist drei Monate gültig und es darf immer nur in eine Richtung gefahren werden. Alle Pässe können um weitere drei Monate verlängert werden.
Hinzu kommen die **Whimit Passes** („Without limit"). Sie erlauben das Fahren in jegliche Richtung – lassen also mehr Spielraum, sind aber auch erheblich teurer. Einen 15-Tage-Pass gibt es zum Beispiel für $329, 30 Tage für $399, 90 Tage für $599.
Außerdem gibt es jede Menge Pakete, die auch Übernachtung oder bestimmte Sehenswürdigkeiten und Aktivitäten einschließen. Details siehe Website.
Details zu weiteren Busgesellschaften in den Regionalkapiteln.

Kleinere Fluglinien sind Rex (Regional Express), die weniger große Orte im Südosten Australiens anfliegt, sowie Skywest, die Western Australia abdeckt. Der Name von Australiens erster internationaler Fluggesellschaft **Qantas** ist ein Akronym und steht für Queensland and Northern Territory Aerial Services. Australische Flugpioniere gründeten 1920 diesen Flugdienst, der die entlegenen Orte im Outback miteinander und mit der „Zivilisation" verbinden sollte.

Ende der 30er-Jahre kamen die ersten Langstreckenflüge nach London hinzu, die Qantas-Flugboote mithilfe unzähliger Zwischenlandungen zurücklegten.

Auf einen Blick sieht man die günstigsten Angebote bei 🖥 www.flightcentre.com.au oder 🖥 www.helloworld.com.au.

Autos

Wer ein wenig mehr von Australien sehen will, braucht ein eigenes Fahrzeug, denn öffentliche Transportmittel sind einfach zu zeitraubend und decken viele interessante Stellen kaum oder gar nicht ab.

Papierkram: Führerschein und Automobilclubs

In Australien unterliegt die Verkehrsordnung den Bundesstaaten, daher unterscheiden sich die Regeln etwas. Grundsätzlich dürfen Besucher in allen Staaten drei bis zwölf Monate lang mit einem nicht australischen Führerschein fahren. Danach muss ein Führerschein des jeweiligen Bundesstaates erworben werden, was gegen Vorlage des deutschen Führerscheins inkl. offiziell beglaubigter Übersetzung und Gebühr möglich ist.

Die Mitgliedschaft in einem deutschen, Schweizer oder österreichischen **Automobilclub** wird von den australischen Clubs anerkannt. Jeder Bundesstaat hat seine eigene Automobile Association. Man kann auch einem der australischen Automobilclubs beitreten – die Bezeichnungen sind von Staat zu Staat verschieden: RACV, RACQ, NRMA usw., die Leistungen aber übergreifend und relativ gleich. Die Pannenhilfe,

TRAVELINFOS VON A BIS Z

	Adelaide	Alice Springs	Ayers Rock	Brisbane	Broken Hill	Cairns	Canberra	Darwin	Mackay	Melbourne	Mount Isa	Perth	Gold Coast
Alice Springs	1555												
Ayers Rock	1597	446											
Brisbane	1992	3026	3472										
Broken Hill	513	1670	1712	1479									
Cairns	2858	2307	2753	1710	2345								
Canberra	1230	2785	2827	1315	1100	2938							
Darwin	3261	1706	2152	3672	3376	2953	4233						
Mackay	2100	2391	2837	1010	1783	700	2325	3037					
Melbourne	747	2302	2344	1718	861	3039	651	4008	2719				
Mount Isa	2734	1179	1625	1847	2105	1128	2724	1825	1212	2818			
Perth	2720	3639	3681	4314	2835	5180	3950	4206	4422	3467	4973		
Gold Coast	2028	3106	3552	80	1559	1790	1235	3752	1090	1822	1927	4393	
Sydney	1475	2831	2873	1031	1161	2636	302	4095	2061	889	2396	3996	933

Roadside Assistance, tut genau dies, und in Notfällen wird man abgeschleppt (je nach Anbieter ist eine bestimmte Anzahl von Kilometern in Stadtnähe unentgeltlich).

Man bekommt bei den Filialen auch preiswertes und recht brauchbares Kartenmaterial; auf andere Karten und Reiseführer erhält man in den Reisebuchhandlungen der Automobilclubs einen Rabatt. Außerdem reservieren die Automobilclubs kostenlos Unterkünfte; die Mitgliedschaft berechtigt zu Rabatten. Online-Reservierung 🖥 www.aaa.asn.au, auf den Club des jeweiligen Bundesstaates klicken. Bei den großen Autovermietungen sind die Serviceleistungen der Clubs meist im Preis eingeschlossen. Wenn man länger mit einem Auto herumfahren will, lohnt sich die Mitgliedschaft.

Mietwagen

Grundsätzlich ist es bei den **internationalen Firmen** Avis, Hertz, Europcar, Thrifty und Sixt preisgünstiger, schon in Europa einen Mietwagen vorzubuchen. Zudem kann dann das Auto gleich nach der Ankunft am Flughafen abgeholt werden. Gute Deals bei diesen Mietwagenfirmen findet man aber auch unter 🖥 www.vroomvroomvroom.com.au.

Alle Firmen bieten One-way-Verleih, sodass man den Wagen im Ort A abholen und im Ort B abgeben kann. Manche Verleihfirmen erlauben allerdings nicht, im Northern Territory zu starten und den Wagen in einem anderen Bundesstaat abzugeben bzw. umgekehrt. Die Preise sind abhängig von der Saison und dem Ausgangsort. Da sie sich schnell ändern, sollte man in Europa aktuelle Infos einholen und Sondertarife erfragen. Beim Mieten in Australien muss man für einen mittelgroßen Pkw mit $45–70 pro Tag bei den renommierten, australienweit vertretenen Firmen rechnen, Versicherung nicht eingeschlossen. 100–200 km pro Tag sind meist frei, jeder zusätzliche Kilometer wird extra berechnet.

Mit einer Zusatzversicherung von ca. $25 pro Tag wird die Eigenbeteiligung im Schadensfall (auch an Kratzer am Lack oder Beschädigungen der Windschutzscheibe denken!) von $3000–4000 auf $300–$400 reduziert. Günstiger und oft besser sind Angebote von speziellen **Mietwagenversicherungen** wie Hiccup Insurance, 🖥 www.hiccup.com.au, oder der Hanse Merkur, 🖥 www.hmrv.de/reiseversicherungen/spezialversicherungen/mietwagen-schutz.

Lokale Firmen vermieten Autos für etwa die Hälfte bis ein Drittel dieses Preises. Discount-Firmen mit Namen wie Rent-a-Bomb vermieten ziemlich alte Gebrauchtwagen. Für Spritztouren rund um eine Großstadt sind diese Autos gerade noch geeignet. Für längere Touren besorgt man sich besser einen neueren Wagen einer renommierten Firma.

Viele Firmen bestehen darauf, als Sicherheit eine Kreditkarte mit der Kaution zu belasten; die Kaution wird darauf eingetragen, aber nicht abgebucht, falls nichts passiert ist. Bargeld wird nicht gern genommen. Die meisten Firmen erlauben mit normalen Mietwagen keine Fahrt auf unbefestigten Straßen – daher die Ausschlussklausel bei das Northern Territory bei den meisten One-Way-Vermietungen.

Dafür, und v. a. für Outback-Touren, benötigt man einen **Geländewagen** (*Four Wheel Drive,* in Australien zu 4WD abgekürzt), am besten einen **4WD Camper** mit kompletter Campingausrüstung, die je nach Firma, Wagengröße und Ausstattung in Australien $140–270 pro Tag kosten (Discount in der Nebensaison und bei Langzeitmieten). Ein normaler Camper (Wohnmobil) kommt etwas günstiger. Besonders billig ist es, einen Kombi *(station wagon)* zu mieten und sich ein preiswertes Zelt in einem Disposal Shop anzuschaffen. Bei internationalen Autovermietungen können Camper ab einer Woche Mietdauer bereits von Europa aus vorgebucht werden.

An junge Leute unter 21 Jahren wird in Australien meist kein Auto vermietet. Von Fahrern

Internationale Reservierungen

Avis in Deutschland ☎ 069 500 700 20, 🖳 www.avis.de
Budget in Deutschland ☎ 069 710 445 596, 🖳 www.budget.de
Europcar in Deutschland ☎ 040 520 188 000, 🖳 www.europcar.de
Hertz in Deutschland ☎ 01806-333 535, 🖳 www.hertz.de
Sixt in Deutschland ☎ 089 7444 40, 🖳 www.sixt.de
Thrifty in Deutschland ☎ 069 5098 5029, 🖳 www.thrifty.de

zwischen 21 und 25 Jahren wird oft eine zusätzliche Gebühr verlangt. Die **auf Traveller spezialisierten Firmen** Wicked Campers, 🖳 www.wickedcampers.com.au, und Hippie Camper, 🖳 www.hippiecamper.com, bieten besonders günstige Preise und Bedingungen.

Mitfahrgelegenheiten

Die Pinnwände in den YHA- und Backpacker-Hostels sind voll von Mitfahrangeboten. Ein gutes virtuelles Anschlagbrett ist **Gumtree**, Stichwort „Rideshare": 🖳 www.gumtree.com.au.

Autokauf

Ist man zu zweit oder als kleine Gruppe mindestens zwei Monate im Land unterwegs und möchte auf eigene Faust Natur und v. a. Unabhängigkeit erleben, dann ist ein eigenes Auto das praktischste und preiswerteste Transportmittel (vorausgesetzt, man hat nicht zu „billig" gekauft und muss die Schrottkiste für viel Geld reparieren lassen). Bei der Planung zum Kauf sollten einige Dinge beachtet werden.

Preise und Automodelle

In Australien sind Neuwagen relativ teuer. Dementsprechend sind auch Gebrauchtwagen in der Regel teurer als in Deutschland. Die gängigen Marken kommen aus Japan und sind nicht schlecht. Holdens und Fords sind robuste Fahrzeuge und weit verbreitet, sodass Ersatzteile leicht zu bekommen sind. Europäische Wagen sind teurer. Beliebt sind Mercedes, BMW, Saab und Alfa Romeo. Von VW sieht man hauptsächlich Kleinbusse. Gebrauchte Fahrzeuge, wie die als Reisefahrzeuge beliebten *station wagons* (Kombis), gibt es von Travellern oder beim Gebrauchtwagenhändler teilweise ab ca. $2000 zu kaufen. Jedoch enthalten solche Schnäppchen meist weder Anmeldung, Registrierung noch das vage Versprechen, fahrtüchtig zu sein, dafür ist Papierkram und viel Organisation vor der Abfahrt inklusive.

Auf den Fahrzeugpreis kommen immer 10 % GST (Mehrwertsteuer). Beim ersten Blick in einen gebrauchten, Downunder-erprobten Wagen sollte man sich nicht über die immense Kilometerzahl auf dem Zähler erschrecken. Die durchschnittliche Kilometerzahl eines Fahrzeuges in Australien liegt bei 20 000 km im Jahr!

Autos sollten generell nicht unbesehen und ungecheckt gekauft werden. Eine gute Checkliste zum Autokauf findet man bei der Verbraucherschutzbehörde von NSW, ⌨ www.fair trading.nsw.gov.au/cars-and-other-vehicles/ buying-and-selling-a-car/vehicle-inspections. Viele Autowerkstätten *(Mechanics)* bieten „Vehicle Inspections", bei denen ein Wagen auf Herz und Nieren getestet wird. Viele Modelle australienweit listet ⌨ www.carsales.com.au.

Wichtige Dokumente für den Gebrauchtwagenkauf

Achtung: Einige Bezeichnungen, Regelungen und Preise für Zulassung, Versicherung usw. sind von Bundesstaat zu Bundesstaat unterschiedlich. Der **Zulassungsnachweis** bzw. die Registrierung *(Certificate of Registration; kurz: Rego)*, womit der Wagen für die öffentlichen Straßen zugelassen ist, kann einfach bei dem staatlich zuständigen Kfz-Meldeamt abgeschlossen werden, sogar online. Die Preise unterscheiden sich von Staat zu Staat und berechnen sich nach dem Leergewicht des Fahrzeugs; als Faustregel gilt $600–900 pro Jahr. Ein

---

Kfz-Meldeämter (Motor Registration)

New South Wales
Service NSW, ⌨ www.service.nsw.gov.au
Northern Territory
Dept. of Infrastructure, ⌨ https://mvr.nt.gov.au
Queensland
Dept. of Transport and motoring, ⌨ www.qld. gov.au/transport/registration
South Australia
Transport, Travel and Motoring, ⌨ www.sa. gov.au/topics/driving-and-transport
Tasmanien
Transport Tasmania, ⌨ www.transport.tas. gov.au
Victoria
VicRoads, ⌨ www.vicroads.vic.gov.au
Western Australia
Department of Transport, ⌨ www.transport. wa.gov.au/licensing/my-vehicle.asp

---

Auto sollte idealerweise in dem Bundesstaat registriert sein, in dem es auch ver- oder gekauft wird. Andernfalls fallen Mehrausgaben und unendlich viel Bürokratie an, denn dann muss die Rego vom *Home State* zum Staat, in dem es verkauft werden soll, transferiert werden.

Ähnlich der deutschen TÜV-Plakette gibt es in Australien einen Schein, der die Sicherheit des Fahrzeugs für den Straßenverkehr bestätigen soll. In Victoria und Queensland heißt dieser **Road Worthy Certificate (RWC)**; in New South Wales wird er kurz *Pink Slip* genannt. Das RWC ist nicht überall zwingend zum Verkauf nötig, aber man braucht es, um den Namen in der Rego und in allen damit in Verbindung stehenden Formalitäten auf den Namen des Käufers umschreiben zu lassen. Um ein Fahrzeug in NSW zu registrieren, braucht man jährlich einen neuen *Pink Slip*. Um den RWC/Pink Slip von einer dazu legitimierten Werkstatt ausgehändigt zu bekommen, können hohe Kosten für Reparaturen anfallen, v. a. wenn man sich vor Ort als Laie outet. Aufgepasst also mit Mechanikern, die mit ihrer Liste anzufallender Reparaturen schnell mal gutes Geld machen wollen – lieber mehrere Meinungen einholen.

Der **Versicherungsnachweis**, die **Compulsory Third Party Insurance (CTP)**, auch *Green Slip* genannt, wird automatisch bei Zulassung des Fahrzeugs mit eingeschlossen. Ratsam ist es, über die Personenschäden abdeckende CTP hinaus noch eine Versicherung für Sachschäden *(Third Party Property Cover)* abzuschließen. Viele australische Versicherungsgesellschaften weigern sich, diese Versicherungen an Touristen zu verkaufen. Hier bieten die vielen eigens für Traveller eingerichteten Auto- und Touren-Anbieter Ausweichmöglichkeiten. Wer in Deutschland unfallfrei gefahren ist, bekommt bei der australischen **Vollkaskoversicherung** *(comprehensive car insurance)* einen Rabatt, deshalb Kopie der deutschen Versicherungspolice mitbringen!

Wenn man von einem Händler kauft, kann zusätzlich eine sogenannte **Warranty** (Garantie) auf ein Fahrzeug abgeschlossen werden. Das zuständige Vertragsunternehmen bürgt damit für den Erlass anfallender Kosten ganz bestimmter Ersatzteile und Schäden. In diesem Fall sollte man sorgfältig das Kleingedruckte lesen und die Bedingungen für den Kostenerlass abwägen.

Vor dem Autokauf sollte man sich unbedingt bei den **Kfz-Meldeämtern** nach den gesetzlichen Bestimmungen für die Autoregistrierung und die Umschreibung sowie nach den Verkaufsregelungen erkundigen. Jegliche Bußgelder und/oder fällige Raten auf ein Fahrzeug werden hier verzeichnet. Hat man schon ein Auto im Visier, kann man die Gültigkeit der Papiere checken

Tipps für Autofahrer

Freeways, die mitteleuropäischen Autobahnen entsprechen, gibt es hauptsächlich in den Hauptstädten und ihrer Umgebung. Ein australischer **Highway** ist meist eine zweispurige Landstraße, mehr oder weniger gut ausgebaut, mit regelmäßigen Möglichkeiten zum Überholen, manchmal aber auch nur eine elende, von tausenden Schlaglöchern durchsetzte Piste, vielleicht sogar eine unbefestigte *gravel road* (Sand- oder Schotterstraße)! Die wichtigen transaustralischen Highways sind erst seit Anfang der 80er-Jahre durchgehend asphaltiert.

Die **Geschwindigkeitsbegrenzung** beträgt 100–110 km/h. Man sollte sich daran halten: Schon kleine Überschreitungen sind äußerst teuer! Das Northern Territory hat offiziell keine Geschwindigkeitsbegrenzung, gerade dort sollte allerdings wegen teilweise sehr schlechten Straßenbelags, frei umherlaufenden Viehs und nachts die Fahrbahn kreuzender Kängurus nicht gerast werden.

2020 kostete **Benzin** etwa zwischen $1,25 und 1,85 pro Liter. In den großen Städten im Osten und Südosten ist Treibstoff wesentlich billiger als auf dem Land. Am teuersten ist er im Outback, v. a. im Northern Territory.

Nachtfahrten sind nicht zu empfehlen: Auf dem Lande und besonders im Outback ist dann die Gefahr eines Zusammenstoßes mit Kängurus oder Vieh zu groß. Outbacktüchtige Fahrzeuge sind zusätzlich mit breiten Stoßstangen ausgerüstet, die den Aufprall mit einem Känguru abfangen sollen *(roo bar)*. Bei einer Geschwindigkeit von 100 km/h entsteht dennoch erheblicher Schaden am Fahrzeug, wenn nicht gar Schlimmeres. Ein Schutzgitter vor der Windschutzscheibe schützt vor auffliegenden Steinen.

Über die Straßen des Northern Territory und des Westens von Queensland donnern **Roadtrains**: Riesige Sattelschlepper mit drei bis vier langen Anhängern. Vor diesen Monstern muss man sich in Acht nehmen, sowohl, wenn sie einem entgegenkommen, als auch, wenn sie einen überholen wollen.

Touren durchs Outback, abseits der Highways, erfordern eine gründliche Vorbereitung. Hier nur ein paar allgemeine Tipps, Automobilclubs geben detaillierte Hinweise. Unbedingt nötig ist ein Reservekanister für Benzin (möglichst aus Blech), denn selbst an den Highways liegen die Tankstellen und Raststätten (Roadhouses) manchmal 200–300 km auseinander. Zudem sind Wasservorräte – mindestens 20 l pro Person –, unverderblicher Proviant wie Trockenkekse, Konservendosen u. Ä. erforderlich. Zur Grundausstattung des Wagens sollten Ersatzreifen, Wagenheber, Abschleppseil und am besten auch Ersatzteile und Werkzeug gehören (bei Werkstätten oder beim Automobilclub erfragen).

Man sollte den Wetterbericht im Radio verfolgen oder sich bei Einheimischen erkundigen. Selbst in Gegenden, in denen es jahrelang nicht geregnet hat, kann es zu plötzlichen Regenfällen und Überschwemmungen *(flash floods)* kommen. Wo man sich gerade befindet, mag kein Wölkchen am Himmel zu sehen sein, während 100 km weiter eine wahre Sintflut niederprasselt. Es ist angebracht, sich bei der lokalen Polizei an- und auch wieder zurückzumelden, wenn man über entlegene Routen fährt. Im Falle einer Panne entfernt man sich besser nicht vom Auto, denn so ist die Chance, gefunden zu werden, am größten. Die beste Reisezeit im Outback ist Mai bis September; dann muss man jedoch mit eiskalten Nächten (Temperaturen unter dem Gefrierpunkt!) rechnen.

Gute Infoquellen vor dem Start sind auch die Internetseiten der Straßenbehörden.

lassen (Registriernummer, Motor- und Chassis-nummer bereithalten). Im schlimmsten Falle muss nämlich der Käufer die offenen Bußgeld-zahlungen übernehmen!

Um keine Übersichtlichkeit aufkommen zu las-sen, werden die Kfz-Meldeämter in den Bundes-staaten mit verschiedenen Namen belegt.

Anbieter

Die Samstagsausgaben, manchmal auch die Mittwochsausgaben der lokalen Tageszeitun-gen enthalten Beilagen mit Fahrzeuganzeigen, außerdem die wöchentlich erscheinenden Se-condhand-Verkaufsmagazine wie die *Trading Post*. Eine andere gute Quelle sind die Websites 🖥 www.autotrader.com.au oder 🖥 www.car sales.com.au.

In Traveller-Kreisen sind die zahlreichen Pinnwände eine beliebte Anlaufstelle, zu fin-den in Backpacker-Unterkünften. Hier hängen Selbstdrucke, auf denen die Gereisten ihre Vehi-kel zum Verkauf anbieten. Ein suchendes Auge kann gute Angebote zu fairen Preisen finden, die oft sedes oder sogar mehr enthalten, was einem der kommerzielle Autohändler bieten wür-de (RWC, Rego, Campingausrüstung). In Sydney bekannt und viel genutzt sind der Kings Cross Car Market in einer Tiefgarage in Kings Cross. Hier bieten Traveller ihre Kisten nach dem Pinn-wand-Prinzip an, nur kann man die Fahrzeuge vorher mit kritischem Auge begutachten.

Es gibt aber auch gute Argumente gegen den Autokauf von anderen Reisenden und für den Deal mit einem Traveller-Autohändler: Man weiß nicht, in welchem Zustand die Wagen sind (ei-nige sind in schon mehrmals um Australien ge-fahren) und wie schnell und für wie viel Geld das Vehikel wieder verkauft werden kann. Eine verlässliche Autowerkstatt, die in jeder größe-ren Stadt zu finden ist, verkauft überholte und geprüfte Gebrauchtwagen in technisch gutem Zustand an Reisende aus Übersee und erledigt alle Formalitäten. Auf Wunsch wird eine Rück-kaufgarantie *(Buy Back-Guarantee)* ausgestellt, d. h. der Wagen wird, außer wenn ein Motor-oder Totalschaden vorliegt, nach der Tour vom Händler garantiert zurückgekauft.

Auf den Preis muss man sich einigen. Richt-linie: nach ein paar Monaten halber Preis, nach

viermonatiger Tour 30–40 %. Auch hier sollte man auf das Kleingedruckte achten: wenn der Händler ein RWC *(Road Worthy Certificate)* sehen will, bevor er das Auto zurückkauft, ist die Rückkaufgarantie nicht viel wert. Alles in allem kann man aber mit solchen Deals eine Menge Zeit sparen, ist vor unliebsamen Überraschun-gen geschützt und man kommt dabei nicht not-wendigerweise viel teurer weg als wenn man alles auf eigene Faust unternimmt. Gute Infor-mationen zu weiteren Angeboten findet man unter 🖥 www.drivenow.com.au und 🖥 www. australien-info.de.

Auf **Backpacker spezialisierte Firmen** sind: Travellers Autobarn in Sydney, 🖥 www.travel lers-autobarn.com.au, sowie Backpackers Auto Sales in Melbourne, 🖥 www.backpackersauto sales.com.au.

Übernachtung

Australien bietet Übernachtungsmöglichkeiten für jeden Geldbeutel, Geschmack und Bedarf. Dieses Buch führt Backpacker-Hostels, Bed-and-Breakfast-Unterkünfte, Hotels und Motels, Ferienwohnungen und Caravanparks auf. So weit in diesem Rahmen möglich, wurden auch Privatunterkünfte in historischen Häusern oder auf Bauernhöfen *(farm stay)* sowie schön gele-gene Resorts berücksichtigt.

Aktuelles zum Thema Unterkünfte im **eXTra [11421]**.

Für **Budgetreisende** gibt es ein weit verzweig-tes Netz sogenannter Backpacker-Hostels, von denen sich viele in einem Verband wie Youth Hostelling Australia (YHA), Nomads oder VIP Backpacker zusammengeschlossen haben.

Alle bieten hauptsächlich Betten in **Dormi-tories** (kurz Dorms = Schlafräume), aber auch Familien-, Dreibett-, Doppel- und manchmal Einzelzimmer. Man kann bei diesen Verbän-den Mitglied werden und erhält dann neben einem Rabatt auf die Unterkunft viele weitere Ermäßigungen, v. a. bei Bus- und Zugfahrten, Touren, Tauchkursen, Eintrittspreisen zu Se-henswürdigkeiten, bei Campingausrüstern oder Dienstleistungen wie Jobvermittlung.

Jugendherbergen und Backpacker-Hostels

In einer Herberge des australischen Jugendherbergsverbands **Australian Youth Hostels Association (YHA)** können auch Nicht-Mitglieder gegen einen kleinen Aufpreis nächtigen. Eine Mitgliedskarte kostet $15 und ist zwei Jahre gültig; man bekommt sie in vielen YHA-Hostels und den YHA Travel Centres in den Hauptstädten und größeren Touristenzentren sowie online unter 🖥 www.yha.com.au/membership. Hier kann man auch YHA-Unterkünfte, Touren und Transport buchen. Die YHA-Mitgliedschaft berechtigt zu vielen weiteren Rabatten, z. B. für Greyhound-Buspässe und Eintrittskarten für viele Attraktionen. Infos unter 🖥 www.yha.com.au oder 🖥 www.hihostels.com. Man kann erheblich Geld sparen.

YHA gehört zum internationalen Verbund **Hostelling International**; es werden also auch Mitgliedschaften bei anderen zu diesem Verbund gehörenden Jugendherbergsorganisationen akzeptiert. Die Mitgliedschaft im Deutschen Jugendherbergsverband kostet bis zum 27. Geburtstag 7 €, für Personen über 27 Jahren, Familien und Partner 22,50 € pro Jahr; man kann sie online beantragen. Eine Mitgliedschaft im Schweizer Jugendherbergsverband kostet bis zum Alter von 18 Jahren 22 sFr pro Jahr; Interessenten ab 18 Jahren zahlen 33 sFr, Familien 44 sFr. In Österreich kostet die Mitgliedschaft im Jugendherbergsverband für 16–26-Jährige 15 €, Personen über 27 Jahre und Familien zahlen 25 €. Kinder unter 16 Jahren bekommen die Mitgliedschaft kostenlos.

In Australien besteht keine Altersbeschränkung für die Benutzung von YHA-Hostels, und

Jugendherbergsverbände

DJH Service Centre
📞 0711 16686-0, 🖥 www.jugendherberge.de
Österreichischer Jugendherbergsverband
📞 01-533 5353, 🖥 www.oejhv.at
Schweizer Jugendherbergen
📞 044-360 1414, 🖥 www.youthhostel.ch

Preiskategorien

Die angegebene Kategorie gilt jeweils für das billigste Doppelzimmer während der Hauptsaison.

❶	bis $80
❷	bis $100
❸	bis $120
❹	bis $140
❺	bis $160
❻	bis $180
❼	bis $220
❽	über $220

viele bieten Übernachtungsmöglichkeiten für Familien an. Im Allgemeinen ist ein YHA-Hostel sauber, modern und gut bis hervorragend ausgestattet. Der übliche Standard umfasst eine große, funktionale Küche, Waschmaschinen und Trockner, Gemeinschaftsräume, meist einen separaten TV-Raum oder Heimkino, WLAN, Sitzgelegenheiten im Garten/Hinterhof/Dachgarten mit Grillstellen, im tropischen Norden einen Pool und Schließfächer im Zimmer (die modernen haben sogar eine Steckdose im Schließfach).

Neben den YHA-Hostels gibt es noch jede Menge unabhängige, spaßorientierte **Backpacker-Hostels**, die in erster Linie ein junges Publikum von Anfang oder Mitte 20 ansprechen sowie kleine, gemütliche Herbergen, die versuchen, die Partymeute abzuhalten. Sie sind in ganz Australien zu finden, vor allem entlang der Backpacker-Route an der Ostküste. Der einzige bemerkenswerte Unterschied ist vielleicht, dass die YHA-Hostels eher eine Mindestanforderung an guter Ausstattung, Organisation und Hygiene erfüllen, während die Bandbreite bei den Backpacker-Hostels sehr viel größer ist: Es gibt fantastische, mit allem erdenklichen Komfort ausgestattete Hostels – sie nennen sich dann gern „Backpacker Resort" oder „Flashpacker" –, es gibt aber auch eine Reihe locker gemanagter Schmuddel-Hostels, was manche Leute nicht stört (Hauptsache, das Dorm-Bett ist billig und die Atmosphäre stimmt). Unzumutbare, un-

Die zwei größten Backpacker-Verbände

VIP Backpackers International

☎ 02-9211 0766, 🖥 www.vipbackpackers.com
Die Mitgliedskarte (VIP Card) kostet $43 (1 Jahr) plus $10 Versandkosten bei Online-Bestellung. Sie enthält auch eine australische SIM-Karte, außerdem gibt es Rabatte auf verschiedene Touren und Aktivitäten. Außer in Australien sind VIP-Hostels auch in Neuseeland zahlreich vertreten.

Nomads Travel

☎ 1800 666 237, 🖥 www.nomadsworld.com
Die Bandbreite der Unterkünfte umfasst traditionelle Pubs, Motels, Guesthouses und neu erbaute Jugendhotels. Vom Anspruch her sollen alle Unterkünfte saubere und komfortable Übernachtungsmöglichkeiten bieten. Da sie jedoch unabhängig voneinander betrieben werden, variiert der Standard sehr.

sichere Drecklöcher sind zum Glück im Verschwinden begriffen.

Alle in diesem Buch beschriebenen Hostels waren bei der Recherche in puncto Ausstattung, Organisation und Sauberkeit zumindest akzeptabel. Stil und Atmosphäre sind allerdings subjektive Angelegenheiten – nicht jeder mag viel Entertainment. Am besten hört man sich unterwegs ein wenig um. Viele Backpacker-Hostels sind **Verbänden** angeschlossen, die mehr oder weniger nach dem gleichen Prinzip wie der YHA funktionieren und in vielen Ländern vertreten sind. Man erwirbt die Mitgliedschaft und bekommt dafür eine Mitgliedskarte, die zu Ermäßigungen berechtigt (Preisnachlass für die Unterkunft und zahlreiche andere Rabatte).

Wer sich nicht festlegen möchte, kann in allen Hostels für $2–3 mehr übernachten, ohne Mitglied zu sein. Besonders bei Hostel-Übernachtungen sollte man nicht allzu sehr sparen. In Städten mit großer Konkurrenz, z. B. in Sydney und Cairns, werben Lockvogelangebote schon im Flughafenterminal, oder es werden Schlepper zum Busterminal geschickt. Bei einer Übernachtung zum absoluten Dumping-Preis braucht man sich nicht zu wundern, wenn man in einer *dump* (verlotterten Absteige) landet …

Die Dorms sind zwar nicht nach Geschlechtern getrennt, aber viele Hostels haben mindestens ein für Frauen reserviertes Dorm. Wer ein solches wünscht, sollte dies gleich bei der Reservierung angeben. Bettzeug und Decken sind normalerweise im Preis inbegriffen, ebenso

Serviceleistungen wie Waschmaschinen und Trockner, Gepäckaufbewahrung, ein Safe für Wertsachen im Büro und Tourbuchungen.

Fast alle Hostels vermieten auch zumindest ein paar Doppelzimmer (*doubles* oder *twins*), die je nach Region, Ausstattung und Saison $70–150 kosten. Billige, halbwegs erträgliche Einzelzimmer sind rar und kosten meist fast genauso viel wie ein Doppelzimmer. Die meisten Dorms in den Hostels haben Etagenbetten, in Australien **Bunkbeds** oder kurz **Bunks** genannt. Einige Caravanparks, Outback-Hotels und Farmen bieten Bunkrooms für Backpacker – also Dorms mit Etagenbetten.

Pubunterkünfte, B&Bs u. a.

Pubunterkünfte sind in der Regel einfach (Bad auf dem Flur) und preiswert. Historische Pubs auf dem Land können recht gemütlich sein. In den meisten kann man preiswert Countermeals bekommen. Ein DZ in einem Landpub kostet $70–120, in einem luxuriös restaurierten historischen Grandhotel ab $170.

Im Gegensatz zu einem Hotel hat ein **Private Hotel** keine Schanklizenz, sondern nur Zimmer, ebenso **Guesthouses**, **Lodges** oder **Inns**, die meist kleiner sind. Einige haben nur zwei oder drei Zimmer und ähneln europäischen Pensionen. Für ein DZ werden je nach Region, Lage und Ausstattung $90–250 verlangt. Manchmal gilt dieser Preis für **Bed and Breakfast** (B&B).

Das Frühstück kann *fully cooked* sein – dann gibt es Cornflakes, Eier und Speck *(bacon and eggs)*, Toast, Marmelade, Tee oder Kaffee – oder es ist ein *Continental Breakfast* mit Toast, Marmelade und Tee oder Kaffee, vielleicht noch mit Cornflakes. Vorsicht: Bei manchen sogenannten B&B-Unterkünften ist das Frühstück nicht im Preis inbegriffen.

Bed and Breakfast and Farmstay Australia

⌨ www.australianbedandbreakfast.com.au
Dachverband der B&B- und Farmunterkünfte in den einzelnen Bundesstaaten. Links zu den Fremdenverkehrsämtern und anderen Websites für Internetbuchungen.

The Bed and Breakfast Site

⌨ www.babs.com.au
Internetbuchungen von B&B-Unterkünften in Australien und Neuseeland nach diversen Kategorien.

Ozbedandbreakfast

⌨ www.ozbedandbreakfast.com
Internetbuchungen von B&B-Unterkünften australienweit; viele Adressen.

Outback Beds

⌨ www.outbackbeds.com.au
Authentische Unterkünfte in Outback NSW und Queensland.

Motels

Sie bieten standardisierten, wenn auch zuweilen sterilen Komfort in **Motelunits** – Zimmern mit Bad, die mit Teppich, Kühlschrank, Teekocher, Fernseher, AC (= Klimaanlage) bzw. Heizung ausgestattet sind, manchmal auch mit einer kleinen Kochecke. In heißeren Gegenden gibt es einen Swimming Pool. Ein Motelunit kostet je nach Region, Lage, Ausstattung und Saison $80–180.

Auf Anfrage bekommt man von der Rezeption der Motels der Kette Best Western eine kostenlose Clubkarte, bei deren Vorlage man bei jeder Übernachtung in einem Motel dieser Kette 10 % Rabatt erhält. Best Western ist in ganz Australien verbreitet. Andere Ketten wie Comfort Inn und Budget Motel bieten evtl. ähnliche Arrangements.

Camping

Wer motorisiert ist, kann in den zahlreichen **Caravanparks** (auch: *Holiday Park, Tourist Park, Holiday Village)* sein Zelt aufschlagen bzw. den Campervan abstellen. Oder man mietet sich dort einen **On-site Van** (Wohnwagen) oder **Cabin**. Letztere sind kleinere oder größere Hütten, die meisten bieten einer Familie mit zwei bis drei Kindern Platz, sind einfach, aber zweckmäßig eingerichtet und mit Bad, Kühlschrank und einer Kochecke, oft auch TV, AC und Heizstrahler o. Ä. ausgestattet. Die größeren haben ein oder zwei separate kleine Schlafzimmer. Manche Caravanparks haben sogar Ferienwohnungen. Für Paare und Familien, die nur ein Auto (keinen Bus oder Campervan) fahren und auch kein Zelt dabei haben, sind On-site Vans oder günstige Cabins die preiswerteste Übernachtungsmöglichkeit – und keineswegs die schlechteste.

Manche Caravanparks sind herrlich gelegen, z. B. direkt am Strand, und sogar am Rand der Großstädte sind sie zu finden – allerdings muss man dann mit bis zu 40 Minuten Fahrt in die City rechnen. Die besseren sind weitläufig angelegt, mit Schatten spendenden Bäumen, einem Pool, Kinderspielplatz, Grillstellen, Laden oder Kiosk, oft sogar einem Tennisplatz ausgestattet, dazu mit ausreichenden, sauberen sanitären Einrichtungen, Waschküchen sowie Campingküche innen oder außen.

Es gibt riesige Anlagen mit allem Drum und Dran, aber Massenbetrieb, und am anderen Ende der Skala kleine Parks, die von einer Familie geführt werden und vielleicht nicht so viele Extras bieten, dafür aber eine persönliche Atmosphäre. Zahlreiche Caravanparks gehören einer Kette an, die auf verlässlich guten Standard achtet. Zu diesen zählen Big4, Top Tourist Parks, Family Parks. Die Mitgliedschaft kann bei einem der Mitglieds-Parks oder online erworben werden und berechtigt zu einem Rabatt.

Big4, ⌨ www.big4.com.au. Mitgliedschaft $50 für 2 Jahre – gilt auch für Top-10-Parks in

Neuseeland, 10 % Rabatt auf Übernachtungen (insgesamt max. $40 pro Park) sowie viele weitere Vergünstigungen.

Discovery Holiday Parks, 🖥 www.discovery holidayparks.com.au. Mitgliedschaft $50 für 2 Jahre, 10 % Rabatt auf Übernachtungen (insgesamt max. $40 pro Park).

Family Parks, 🖥 www.familyparks.com.au. Mitgliedschaft $40 für zwei Jahre – gilt auch für Family Parks in Neuseeland, 10 % Rabatt auf Übernachtungen (insgesamt max. $20 pro Zeltplatz oder $40 pro Unit/Cabin in jeweils einem Park).

Ein On-site van kostet $50–80, ein Cabin $80–200; beide bieten zwei bis acht Personen Platz. Die Preisspanne für einen Zeltplatz bzw. **Stellplatz** für einen Campervan ohne Stromanschluss liegt zwischen $20–60 für zwei Personen, abhängig von Saison sowie Lage und Ausstattung des Caravanparks (normalerweise ist mit $28–45 zu rechnen). Ein Stellplatz mit Stromanschluss kostet etwa $5 mehr. Zudem bieten viele moderne Parks auch **Ensuite Sites**, also Stellplätze mit eigenem Bad (in einem kleinen Häuschen neben dem Stellplatz), diese kosten i. d. R. $50–75.

Glamping

„Glamping" (= Glamorous Camping) wird in Australien immer beliebter. Man „kampiert" in meist fest installierten Zelten oder zeltähnlichen Hütten in der Natur, aber doch mit allen Annehmlichkeiten eines Hotelzimmers. Diese Unterkünfte sind stets auf Nachhaltigkeit und maximale Einpassung in die natürliche Umgebung konzentriert.

Zu den luxuriösesten Glamping-Unterkünften zählt das Longitude 131° mit Blick auf den Uluru. Die schönsten Glamping-Unterkünfte sind in diesem Buch beschrieben. Einen guten Überblick verschafft 🖥 https://glampinghub.com/australia.

Ferienwohnungen

Ferienwohnungen *(Holiday Units, Holiday Flats* oder *Holiday Apartments)* und Ferienhäuser *(Cottages; Houses)* kommen für Gruppen ab drei Personen meist nicht viel teurer als Hotelzimmer und bieten deutlich mehr Komfort und Platz. Ein *Studio Apartment* bietet Kochecke *(Kitchenette),* Sitzgelegenheiten und Bett in einem Raum, ein *1 Bedroom Apartment* hat Kochecke oder Küche, Wohnzimmer und ein separates Schlafzimmer. Die meisten Holiday Apartments haben ein bis zwei Schlafzimmer, aber auch bis zu vier Schlafzimmer sind zu finden.

Während der Schulferien werden fast alle Ferienwohnungen nur wochenweise vermietet; in beliebten Ferienorten sind sie schon seit langem ausgebucht. Eine Wohnung kostet $120–500 pro Tag, je nach Saison, Größe, Ausstattung und Lage. Ein besonderes Australienerlebnis sind Ferien auf dem Bauernhof *(farm stays)*. Die Art der Unterbringung und die Preise schwanken beträchtlich; die Bandbreite reicht von Doppelstockbetten für $20–40 pro Bett in Schafscherer-Unterkünften bis zu stilvollen Zimmern im Herrenhaus ab $170 pro Person. In der ersteren Kategorie sind Kinder willkommen, in letzterer selten.

Hervorragende Infoquellen für Ferienwohnungen und -häuser von privat sind 🖥 www.airbnb.com.au sowie 🖥 www.stayz.com.au.

Übernachtungsmöglichkeiten für Naturfreunde

Zeltplätze in den Nationalparks werden von den Nationalpark-Verbänden der Bundesstaaten verwaltet. Die beliebtesten müssen für die Zeit der australischen Schulferien, v. a. Ostern und Weihnachten, vorgebucht werden – einige sind allerdings so begehrt, dass sie z. B. für die Sommerferien ein Jahr im Voraus ausgebucht sind oder das Losverfahren entscheidet, wer einen Platz kriegt. Fast alle bieten mittlerweile Online-Buchung, die auf den Webseiten der Nationalparkbehörden erledigt wird. Vor Ort zu bezahlen wird immer unüblicher. Vor allem in den weniger überlaufenen Nationalparks gibt es noch immer zahlreiche kostenlose Zeltplätze, die nach dem Motto *First-come-first-serve* belegt werden.

(Bio-)Farmen und Naturschutzprojekte

WWOOF (Willing Workers On Organic Farms)

📞 (03) 5155 0218

🖥 www.wwoof.com.au

Die Organisation gibt es u. a. auch in Dänemark, Deutschland, Neuseeland, Österreich, USA und in der Schweiz. Man lebt als mithelfender Gast auf kleinen Farmen auf dem Land (dazu gehören auch Bio-Gemüseläden, Gärtnereien und alternative Schulen). Für 4–6 Arbeitsstunden pro Tag erhält man Verpflegung und Unterkunft. Alles andere ist Verhandlungssache. Da kein Geld bezahlt wird, ist keine Arbeitserlaubnis erforderlich. Alkohol und Drogen sind tabu; ein Grundinteresse an alternativer Landwirtschaft bzw. Alternativprojekten wird vorausgesetzt. Wer körperliche Arbeit nicht scheut, hat eine ausgezeichnete Gelegenheit, australisches Land- und Farmleben kennenzulernen.

Australian Trust for Conservation Volunteers (ATCV)

National Office

📞 1800 032 501 oder (03) 5330 0200

🖥 www.conservationvolunteers.com.au

Der gemeinnützige Verein organisiert jährlich tausend Naturschutzprojekte (v. a. Anlegen von Wanderwegen in Nationalparks, Bäume pflanzen, Unkraut beseitigen, Maßnahmen zur Bekämpfung von Erosion und Landversalzung), die von freiwilligen Helfern unentgeltlich durchgeführt werden. Für Transport, Unterkunft und Verpflegung wird ein kleiner Unkostenbeitrag berechnet. Die Projekte dauern von einem Tag bis zu mehreren Wochen.

Homestay und Wohnungs- oder Haustausch

Die Idee, die eigenen vier Wände für einige Wochen oder Monate zum Tausch anzubieten und diese im Heim des Tauschpartners zu verbringen, ist keineswegs neu. Im Internet finden sich Adressen mit Angeboten aus aller Welt. Manche Websites funktionieren nach dem Prinzip des Gebens und Nehmens, d. h. man bekommt Adressen von potenziellen Gastgebern vermittelt, bei denen man umsonst wohnen kann. Dafür wird aber erwartet, dass man bereit ist, für eine etwa gleiche Anzahl von Tagen einen Gast (oder Gäste) bei sich wohnen zu lassen. Alles andere ist Verhandlungssache.

Andere Websites vermitteln „Homestay", d. h. man wohnt bei einer Privatperson oder Familie und bezahlt dafür weniger als für ein kommerzielles Hotel oder B&B. Billig reisen und Geld sparen ist aber nur ein Aspekt; diese Websites richten sich explizit an Leute, die Kontakte knüpfen, Freundschaften aufbauen und ein Land oder eine Stadt aus der Perspektive von Insidern erfahren wollen. Die Vermittlung läuft über eine Mitgliedschaft (kostenlos oder gebührenpflichtig). Die Überprüfung von Mitgliedern bzw. Qualitätskontrollen werden unterschiedlich, d. h. mehr oder weniger lax gehandhabt – Details s. Websites.

Das System scheint im Großen und Ganzen sehr gut zu funktionieren, aber ein paar schwarze Schafe gibt es immer. Ein wenig Vorsicht (und die Anwendung gesunden Menschenverstandes) ist angeraten: ein Informationsaustausch per E-Mail und/oder ein Interview per Telefon, bei dem man auf evtl. auftretende Ungereimtheiten achtet, sowie das Hinterlassen der Kontaktdetails des/der Gastgeber bei Bekannten sind sinnvoll.

Adressen

Airbnb

🖥 www.airbnb.com.au

Hier werden nicht nur Ferienwohnungen und -häuser, sondern auch Zimmer bei Privatpersonen angeboten. Grundsätzlich wird die persönliche Betreuung bei Airbnb betont. Die Bewertungen sind oberstes Auswahlkriterium, deshalb sind Gastgeber redlich bemüht, ihren Gästen jeglichen Wunsch zu erfüllen. In Australien ist das Netz an Airbnb-Unterkünften riesig, und man kann getrost den ganzen Urlaub damit planen. Dabei lernt man das Land mit Sicherheit intensiver kennen als in anonymen Hotels und Motels.

Couchsurfing

🖥 www.couchsurfing.org

Die Couchsurfer-Community hat mittlerweile 15 Mio. Mitglieder. Ziel ist es, Menschen aus aller Welt miteinander zu verbinden und Reisenden die Möglichkeit zu geben, das Reiseziel aus Sicht der Einheimischen kennenzulernen. Nach der Anmeldung muss man zunächst an einem örtlichen Info-Event teilnehmen, bevor man sich auf die Suche nach einer (kostenlosen) Übernachtungsgelegenheit machen darf. Das Aufnehmen von Gästen in der eigenen Wohnung ist nicht zwingend nötig.

Global Freeloaders

🖥 www.globalfreeloaders.com

Gleiches Prinzip wie Couchsurfing. Wird von einem jungen Australier betrieben; die Mitgliedschaft ist kostenlos.

Intervac

🖥 http://au.intervac-homeexchange.com

Nach Abschließen der Mitgliedschaft ($100 pro Jahr) kann man sein eigenes Haus zum Tausch anbieten und nach Häusern im Gastland/ Tauschpartnern suchen.

Verhaltenstipps

BBQ-Etikette

Gäste bringen zu einer Grillparty meist ihre eigenen Getränke mit. Jeder stellt dann seinen Esky (Kühlbox) mit Wein, Bier und Softdrinks auf der Terrasse oder im Garten ab und bedient sich daraus. *„Bring a plate"* bedeutet: „Bring auch was zu essen mit". Manchmal wird erwartet, dass die Gäste ihr Grillfleisch mitbringen, zuweilen sogar Stühle! Am besten fragt man vorher nach.

Schlange stehen

Wie in Großbritannien ist es auch in Australien üblich, sich überall ordentlich in eine Warteschlange einzureihen *(to queue; to join the line)* und zu warten, bis man an der Reihe ist, z. B. im Supermarkt, am Bahnsteig oder in der Bank. Zum guten Ton gehört es, von der vor einem stehenden Person etwas Abstand zu halten, anstatt ihr auf die Pelle zu rücken. Oft zieht man eine Nummer; bei Banken und Behörden sind die Wartelinien markiert. Wer drängelt oder gar Ellenbogen benutzt, outet sich als ungehobelter Ausländer.

Small Talk

Small Talk spielt eine wichtige Rolle im australischen Alltagsleben. Ein kurzer Austausch gehört zum Ritual, wenn man Leuten begegnet, die man kennt. Ob gut oder nur ganz flüchtig tut nichts zur Sache: *How are you?*; vielleicht ein Kompliment: *You're looking well!* (= gesund und munter) und, je nach Situation, eine Plauderei über das Wetter, über die Arbeit *(Are you / Have you been busy?)* oder über das vergangene oder kommende Wochenende. Wenn man weiß, dass das Gegenüber ein Tennis-, Cricket- oder Footy-Fan ist, umso besser! Es ist wohl dieser Hang zur unverbindlichen Plauderei, der Australier aus mitteleuropäischer Sicht so freundlich und zugänglich erscheinen lässt. Umgekehrt können Small-Talk-unerprobte Europäer, die es bei einem *Good morning* oder *G'Day* bewenden lassen (man kennt sich ja nicht richtig …), auf Australier steif und zugeknöpft, ja geradezu unfreundlich wirken.

Umgang mit Lob und Kritik

Well done, gut gemacht, hört man viel öfter in Australien als bei uns. Was jemand geleistet hat, mag noch lange nicht perfekt sein, aber die Anstrengung wird honoriert. Erst mal das Positive herausstreichen, ist die Strategie bei Bewertungen aller Art. Auf diese Weise schafft man ein angenehmes zwischenmenschliches Klima und vermeidet unnötige Reibereien. Mit Kritik tut man sich hingegen schwerer.

Das hat zum einen mit einer Scheu vor Konfrontationen zu tun. Sich in einem Restaurant lauthals über schlechten Service zu beschweren oder deutlich zu sagen, dass die Suppe versalzen war, fällt den meisten Australiern nicht leicht. Sie sind lieber still, schimpfen auf dem Nachhauseweg – und besuchen das Restaurant nie wieder. Zum anderen hat es mit dem eingefleischten angelsächsischen Individualismus zu tun: Wer bin ich, dass ich meinem Nachbarn sagen kann/soll, wann er seine Musik hören darf? Wer bin ich, dass ich der Fußgängerin sagen kann, dass sie bei Rot nicht über die Straße gehen soll?

Sicher gibt es Grundregeln des Zusammenlebens, die eigentlich alle beherzigen sollten: Abends um elf Heavy Metal zu hören ist nicht sehr rücksichtsvoll, wenn man in einem Apartmentblock wohnt. „Rot" für den Fußgänger bedeutet, dass jederzeit ein Auto um die Ecke fegen könnte. Dass ein Australier lautstark die Einhaltung von Regeln (oder gar Vorschriften oder Hausordnungen) einfordert, ist jedoch fast undenkbar. Man lässt die anderen lieber machen. Die werden schon sehen …

Mit dem Eindruck, „Australier sind alle so herrlich locker und ungezwungen" – basierend auf Small Talk und flapsigem Pub Talk, können Mitteleuropäer gehörig ins Fettnäpfchen treten. „Ehrlich seine Meinung sagen", gilt bei uns als Tugend. In Australien kommt solche „Direktheit" nur an, wenn man sie in eine gehörige Portion Humor und Selbstironie verpackt. Die korrekte Antwort auf die Frage *How do you like it here?* lautet erst mal*: It's a great country, mate.* Oder Ähnliches.

Leider kann man als Ausländer wiederholt in solche und andere Fettnäpfchen treten, ohne dass man von anderen diskret darauf hingewiesen wird. Schlimmstenfalls ziehen sich Kollegen oder flüchtige Bekannte von einem zurück, und man hat keine Ahnung warum.

Trinkgelder

Ein *tip* ist die Anerkennung für einen besonders guten Service. Es ist nicht allgemein üblich, ein Trinkgeld zu geben und wird daher auch nicht erwartet. Es kann sogar passieren, dass ein Taxifahrer das Fahrgeld abrundet.

Versicherungen

Reisekrankenversicherung

Wichtig ist eine ausreichende Reisekrankenversicherung. Nur wenige private Krankenkassen bieten weltweiten Schutz im Krankheitsfall, d. h. jeder muss für seine Reise nach Australien eine Auslandskrankenversicherung abschließen. Die meisten Reisebüros und viele Kreditkartenorganisationen bieten derartige Versicherungen an. Wer eine Kreditkarte besitzt, sollte vor der Reise prüfen, ob eine Auslandskrankenversicherung enthalten ist und was genau sie beinhaltet (z. B. auch Rücktransport). Auch sollte man checken, ob diese Versicherung nur greift, wenn man die Reise ganz oder zum Teil mit dieser Karte bezahlt hat. Bei Krankheit – speziell Krankenhausaufenthalten – kann sehr schnell eine erhebliche Summe zusammenkommen, die aus eigener Tasche bezahlt werden müsste. Ist man versichert, kann man die Kosten gegen Vorlage der Rechnungen zu Hause geltend machen. Einschränkungen gibt es natürlich auch hier, besonders bezüglich Zahnbehandlungen (nur Notfallbehandlung) und chronischen Krankheiten (Bedingungen durchlesen).

Die später bei der Versicherung einzureichende Rechnung sollte folgende Angaben enthalten:

- Name, Vorname, Geburtsdatum
- Behandlungsort und -datum
- Diagnose
- erbrachte Leistungen in detaillierter Aufstellung (Beratung, Untersuchungen, Behandlungen, Medikamente, Injektionen, Laborkosten, Krankenhausaufenthalt)
- Unterschrift des behandelnden Arztes und Stempel

Wer im Ausland schwer erkrankt, wird zu Lasten der Versicherung heimgeholt, wenn er plausibel darlegen kann, dass am Urlaubsort keine ausreichende Versorgung gewährleistet ist. Dann geht es mit Linienmaschinen oder auch mit eigens losgeschickten Ambulanzflugzeugen nach Hause.

Reiserücktrittskosten-versicherung

Bei einer pauschal gebuchten Reise ist die Reiserücktrittsversicherung meist im Preis inbegriffen. Es empfiehlt sich zur Sicherheit nachzufragen. Eine individuelle Reise kann ebenfalls versichert werden. Manche Reisebüros vermitteln derartige Versicherungen. Eine Reiserücktrittsversicherung muss kurz nach Buchung (normalerweise spätestens 14 Tage danach) abgeschlossen werden. Bei Krankheit oder Tod eines Familienmitglieds oder Reisepartners ersetzt die Versicherung in der Regel die anfallenden Stornokosten der Reise. Bei einer Reiseunfähigkeit wegen Krankheit ist ein ärztliches Attest vorzuweisen. Die Kosten der Versicherung richten sich nach dem Preis der Reise und der damit verbundenen Höhe der Stornogebühren, zum Teil mit Selbstbeteiligung.

Reisegepäckversicherung

Viele Versicherungen bieten auch eine Absicherung des Gepäcks. Die Bedingungen für den Ersatz der verlorenen Gegenstände sind sehr eng gefasst. Daher sollten die Versicherungsbedingungen genau gelesen werden. Gepäck darf z. B. nicht unbewacht in Fahrzeugen zurückgelassen werden und Kameras und Fotoapparate müssen quer über der Brust und nicht nur über der Schulter getragen werden. Bargeld ist nie versichert und auch bei Schmuck und Foto- und Videogeräten wird meist nur ein Bruchteil des Wertes ersetzt.

Wer sich für eine Reisegepäckversicherung entscheidet, sollte darauf achten, dass diese Weltgeltung besitzt und die Reisedauer in ausreichender Höhe absichert. Bei einem Schadensfall muss der Verlust bei der Polizei gemeldet werden. Hilfreich ist hierbei eine vorher angefertigte **Checkliste**, auf der alle Wertgegenstände verzeichnet und beschrieben sind. Alle wichtigen Gegenstände im Handgepäck befördern. Eine Reisegepäckversicherung mit einer Deckung von etwa 1000 € kostet für 24 Tage ca. 30 €.

Fotoversicherung

Da Foto- und Videogeräte selten ganz abgesichert sind, bietet sich bei der Mitnahme einer guten Kamera eine zusätzliche Fotoapparate-Versicherung an. Diese ist relativ teuer, die Gebühr richtet sich nach dem Wert der Ausrüstung oder der angesetzten Versicherungssumme.

Visa

Aktuelle Informationen und weiterführende Links im **eXTra [11417]**.

Normalerweise benötigt man zur Einreise einen Reisepass, der mindestens drei Monate über den geplanten Aufenthalt hinaus gültig sein muss. Je nach Länge des Aufenthalts und Absichten (Reise nur zu touristischen Zwecken oder will man in Australien auch arbeiten oder studieren?) gibt es verschiedene Visa-Optionen.

Wer sich als Tourist oder Geschäftsreisender maximal drei Monate in Australien aufhalten will, kann kostenlos ein sogenanntes **eVisitor-Visum** (subclass 651) beantragen. Dieses gilt für alle EU-Bürger (und andere europäische Länder) und berechtigt zur mehrfachen Einreise nach Australien innerhalb von zwölf Monaten für jeweils bis zu drei Monate. Das eVisitor kann kostenlos online beantragt werden unter 🖵 www.border.gov.au. In der Regel dauert die Ausstellung nur wenige Minuten, dann erhält man die Bestätigung per E-Mail.

Für längere Aufenthalte zu touristischen Zwecken bietet sich ein **Visitor Visa** (subclass 600) an. Auch dieses kann online beantragt werden, allerdings ist der Antrag aufwendiger, die Bearbeitungszeit länger (normalerweise drei bis sechs Wochen) und das Visum kostenpflichtig (je nach Gültigkeit von 3–12 Monaten ab $365 plus Bearbeitungsgebühr von $20). Ein Visitor Visa gilt maximal zwölf Monate und schließt die Arbeitsaufnahme in Australien aus.

Junge Leute aus Deutschland im Alter von 18–30 Jahren können ein **Working Holiday Visa** (subclass 417) für $485 beantragen. Es wird von der australischen Botschaft in begrenzter Zahl ausgestellt, berechtigt zu einem Aufenthalt von bis zu einem Jahr und schließt die Möglichkeit ein, im Land mit einfachen Jobs (Obst ernten, Kellnern u. Ä., maximal sechs Monate pro Job) die Reisekasse aufzubessern. Da die Bearbeitungsdauer ca. vier bis sechs Wochen beträgt und nicht jeder Antrag genehmigt wird, sollte man das Flugticket erst nach der Visaerteilung kaufen. Inhaber eines Working-Holiday-Visa, die nachweislich mindestens drei Monate als Saisonarbeiter in Regional Australia (d.h. außerhalb des Großraums von Brisbane, Canberra, Melbourne, Perth, Sydney) gearbeitet haben, können in Australien ein **zweites Working-Holiday-Visa** beantragen. Dieses ist dann weitere zwölf Monate gültig. Interessante **Websites** für Reisende mit einem Working-Holiday-Visum sind 🖳 www.bluecollarpeople. com, www.jobsearch.gov.au, www.anyworkany where.com, www.pickingjobs.com.

Impfzwang besteht nur für Personen, die sich sechs Tage vor der Einreise nach Australien in einem Land aufgehalten haben, in dem Gelbfieber oder Cholera herrschen. Dann ist ein gültiges Impfzeugnis vorzuweisen.

Alle Visa können online beantragt werden (🖳 www.immi.gov.au). Oder man lässt sich von einer Agentur helfen:

Australia Shopping World
📞 0221-12 16 17
🖳 www.australiashop.com
Berät bei Visafragen und erledigt Anträge.

Zeit und Kalender

Zeitzonen

In Australien gibt es drei Zeitzonen: Die Western Standard Time (WST), die Central Standard Time (CST) und die Eastern Standard Time (EST).

Die **Western Standard Time** gilt für ganz Western Australia: MEZ plus 7 Stunden.

Die **Central Standard Time** gilt für South Australia und das Northern Territory: MEZ plus 7 1/2 Std. (CST-Sommerzeit plus 9 1/2 Std.).

Die **Eastern Standard Time** gilt für die Oststaaten Tasmanien, Victoria, New South Wales und Queensland: MEZ plus 8 Stunden (EST-Sommerzeit plus 10 Std.).

Meist liegt die Zeitumstellung von Sommer- auf Winterzeit (bzw. umgekehrt) in Deutschland und Australien um ein oder zwei Wochen versetzt. Während dieser Zeit beträgt die Differenz entsprechend eine Stunde mehr oder weniger.

Während des australischen Sommers stellen die meisten Bundesstaaten an einem Sonntag die Uhr für die **Sommerzeit** *(Daylight Saving Time)* eine Stunde vor; ausgenommen Queensland, Western Australia und das Northern Territory. Landesweit einheitliche Termine gibt es nicht. In New South Wales, Victoria, South Australia, Tasmanien und im Australian Capital Territory (Canberra) dauert die Sommerzeit von Oktober bis Ende März.

Zoll

Die Ein- und Ausfuhr von **Tieren** und **Pflanzen** (auch Obst!) ist strengstens verboten, das Gleiche gilt für **tierische** und **pflanzliche Produkte** (dazu gehören z. B. Wurst, Eier, aber auch Daunendecken).

Auf die Einhaltung dieser Bestimmung wird sorgfältig geachtet, die Zollkontrollen sind mit Schnüffelhunden in der Regel äußerst gründlich. Siehe auch unter „Einreisebestimmungen" S. 42.

Land und Leute

Der kleinste Kontinent ist gleichzeitig die größte Insel der Welt. Seine Ausmaße wirken noch unermesslicher, wenn man bedenkt, dass das Landesinnere durchschnittlich von weniger als einer Person pro Quadratkilometer besiedelt wird. Eine Leere voller Faszination.

SPIT TO MANLY WALK, SYDNEY, © TOURISM AUSTRALIA / ELLENOR ARGYROPOULOS

Inhalt

Steckbrief Australien

Offizieller Name Commonwealth of Australia

Staatsform Konstitutionelle Monarchie

Hauptstadt Canberra

Staatsoberhaupt Königin Elizabeth II., vertreten durch Generalgouverneur David Hurley (seit 2019)

Regierungschef Scott Morrison (seit August 2018)

Fläche 7 692 030 km²

Einwohnerzahl 25,7 Mio.

Anteil der Stadtbevölkerung 86,1 %

Sprache Englisch

Religionen mehrheitlich Christen

Einkommen pro Haushalt 110 000 $

Touristen pro Jahr 9 Mio. in 2019

Updates und eure **Kommentare** zu diesem Kapitel auf 🖥 www.stefan-loose.de unter **eXTra [11415]**

Geografie

Fläche: 7 692 030 km^2

Nord-Süd-Ausdehnung: 3700 km

Ost-West-Ausdehnung: 4000 km

Einwohner: 25,7 Mio.

Größte Städte: Sydney (5,23 Mio.), Melbourne (4,93 Mio.), Brisbane (2,3 Mio.), Perth (1,98 Mio.)

Längster Fluss: River Murray (2375 km)

Höchster Berg: Mount Kosciuszko (2228 m)

Bei der Beschreibung Australiens kommt man um Superlative nicht herum: Rund 20 000 km von Deutschland entfernt, liegt das Land buchstäblich am entgegengesetzten Ende der Welt. Von Europa aus gesehen, strecken uns die Australier die Füße entgegen, daher auch die Bezeichnung Antipoden (von lat. *anti* = gegen und *pedes* = Füße).

Australien ist der fünfte und kleinste Kontinent. Der einzige Staat der Welt, der eine gesamte Kontinentalmasse in Anspruch nimmt, ist mit 7 692 030 km^2 **Fläche** nach Russland, Kanada, der Volksrepublik China, den USA und Brasilien das sechstgrößte Land der Erde und rund 21-mal so groß wie Deutschland.

Australien erstreckt sich in Nord-Süd-Richtung von 10° (Spitze von Cape York) bis 43° südlicher Breite (South Cape in Tasmanien) und in Ost-West-Richtung von 153° (Cape Byron in New South Wales) bis 113° östlicher Länge (Steep Point in Western Australia). Die gesamte Küstenlinie des Kontinents (Tasmanien mitgerechnet) beträgt 36 735 km – fast so lang wie der Erdumfang. Die größte Nord-Süd-Entfernung beträgt 3680 km, an der breitesten Stelle misst das Land 4000 km – Dimensionen, die man sich vergegenwärtigen sollte, wenn man eine Karte von Australien vor Augen hat! Der südliche Wendekreis *(Tropic of Capricorn)* verläuft fast durch die Mitte des Kontinents, 40 % von Australien liegen in den Tropen. Ein Blick auf den Globus zeigt: Melbourne liegt südlicher als Kapstadt und Buenos Aires.

25,7 Mio. Menschen leben in diesem Riesenland (zum Vergleich: Niederlande 17,2 Mio.;

Belgien 11,4 Mio.). An der Bevölkerungszahl gemessen, steht Australien an 55. Stelle – an erster Stelle steht die VR China mit 1,44 Mrd. Einwohnern, dicht gefolgt von Indien mit 1,38 Mrd. Deutschland nimmt mit 83,8 Mio. Platz 19 ein. In puncto Bevölkerungsdichte steht Australien ganz unten auf der Liste: nur 3 Menschen pro km^2 leben hier. Diese Zahl sagt allerdings nichts über die **Bevölkerungsverteilung** aus. Die meisten Europäer assoziieren mit Australien riesige, menschenleere Weiten, in denen verstreut einige Bauernhöfe und kleine Siedlungen liegen. Dies trifft zwar zu, zugleich aber ist Australien eine der am stärksten verstädterten Gesellschaften der Welt.

Die Hälfte der australischen Landfläche wird von 0,3 % der Bevölkerung bewohnt und ist damit praktisch menschenleer. Das am dichtesten besiedelte 1 % der Landfläche jedoch beheimatet 85 % der australischen Bevölkerung; fast die Hälfte aller Australier wohnt in den Ballungszentren um Sydney, Melbourne und Brisbane. Mehr als drei Viertel drängen sich höchstens 50 km von der Küste entfernt auf dem Küstenstreifen zwischen Cairns und Adelaide. Ein weiteres kleines Ballungszentrum umgibt Perth an der Südwestecke des Kontinents. Das roterdige Zentrum ist hingegen nicht nur das Rote Herz, sondern auch das Tote Herz des Kontinents.

Die australische Bezeichnung *Outback* für die fast menschenleeren Steppen und Wüsten hängt ebenfalls mit der dem Meer zugewandten Perspektive der Küstenbewohner zusammen. Für sie ist Outback alles *out there behind our back* – die unermessliche Weite hinter unserem Rücken. Dörfer, wie wir sie aus Europa kennen, gibt es in Australien kaum – von der Insel Tasmanien einmal abgesehen. Typisch für ländliche Gebiete sind einzelne Bauernhöfe *(farms)*, die v. a. in Queensland, Western Australia und im Northern Territory oft von riesigen Ländereien umgeben sind. In diesem Falle spricht man von einer *station*. Die Bewohner der *sheep* oder *cattle stations* führen ein einsames Leben, denn die nächste *station* kann zig Kilometer entfernt sein, von der nächsten Siedlung ganz zu schweigen. Die Orte im Outback sind Versorgungszentren für die umliegenden Höfe und bestehen oft nur aus einer langen Straße, an der

Supermarkt, Tankstelle, Pubs und Polizeistation aufgereiht sind.

Die riesigen Entfernungen und die Isolation vieler Siedlungen und Städte haben einen ausgeprägten Regionalchauvinismus gefördert. Vom Dialekt, vom Aussehen oder von kulinarischen Spezialitäten her gibt es sehr wenige Unterschiede zwischen beispielsweise einem Queenslander und einem West-Australier. Dennoch bespötteln die einen die queensländischen Landsleute als *Bananabenders* (Bananenkrummbieger), was diese den West-Vettern mit der Bezeichnung *Sandgropers* (Sandwühler) heimzahlen. Und alle zusammen blicken sie auf die *Tassies* herunter, die Hinterwäldler aus Tasmanien. Die ungleiche Bevölkerungsverteilung hat historische Gründe, ist aber auch auf das Klima, die Böden und die Lage zurückzuführen.

Australien ist der trockenste Kontinent, fruchtbar waren ursprünglich nur schmale Küstenstreifen. Ein Blick auf eine Reliefkarte verdeutlicht die Gründe: Es gibt kaum Berge, an denen sich Wolken abregnen könnten. Australien ist ein flacher Kontinent mit einer durchschnittlichen Höhe von nur 300 m. 90 % der Landmasse sind weniger als 500 m hoch. Der einzige nennenswerte Gebirgszug ist die durchschnittlich 600–1000 m hohe Great Dividing Range am Ostrand des Kontinents, die von der Cape-York-Halbinsel bis nach Victoria mehr oder weniger parallel zur Küste verläuft. Im Norden erreichen die Berge vereinzelt eine Höhe von 1500–1600 m. Nur im Südosten des Kontinents erheben sich 1800–2200 m hohe Gebirge von alpiner Höhe, die **Australian Alps**. Hier, an der Grenze zwischen New South Wales und Victoria, befindet sich der höchste Berg Australiens, der 2228 m hohe Mt Kosciuszko.

Die **Great Dividing Range** bildet ein oft von engen, steilwandigen Schluchten und Tälern durchzogenes Hochplateau, das nach Westen hin in welliges Hügelland ausläuft, welches weiter im Westen in die flache Ebene der Großen Australischen Senke übergeht. Die Berge und der größte Teil der Küste waren bei der Ankunft der Europäer von dichten Wäldern bedeckt, die nach Westen hin in Savannen und Steppen übergingen. Der Boden unter der Großen Australischen Senke birgt ein riesiges Wasserreservoir. Bohrstellen, die artesische Brunnen anzapfen, ermöglichen die Existenz von Rinderherden und Schaffarmen selbst im trockensten Outback.

Das Zentrum des Kontinents durchzieht von Osten nach Westen die verwitterte, abgerundete Bergkette der **MacDonnell Ranges**, 400 km weiter südlich erheben sich der Monolithfelsen Uluru (Ayers Rock) und die Felsgruppe Kata Tjuta (The Olgas). Der Rest ist topfeben, nur im Nordwesten wölben sich das Kimberley-Plateau und die Pilbara-Ranges zu einer Art Tellerrand, das südwestliche Pendant dazu bilden die Darling Ranges bei Perth.

In das ausgedehnte System von riesigen, verkrusteten **Salzseen** in der Mitte Australiens münden lange **Flüsse**, die die Seen nur drei- bis viermal in einem Jahrhundert mit frischem Wasser füllen. Ein Fluss im Outback besteht normalerweise aus einem ausgetrockneten Flussbett, durchsetzt von einigen Wasserstellen *(Billabongs)*. Nach ungewöhnlich heftigen, lang anhaltenden Monsunregenfällen im Nordosten erreichen die Wassermengen trotz hoher Verdunstung Monate später die Hunderte von Kilometern entfernten Salzseen im Zentrum. Solche „Geisterflüsse" mit einem meist ausgetrockneten Flussbett sind u. a. der Diamantina und Warburton Creek, Thomson und Barcoo River und Cooper Creek, die alle in den Salzsee Lake Eyre münden; der Darling River, der in den Murray River fließt; und viele andere, die im Nichts versanden, wie der zentralaustralische Finke River.

Die einzige gut bewässerte Region ist der Küstenstreifen an der Ost- und Südostküste mit vielen wasserreichen, schnell fließenden Flüssen, die im bergigen Hinterland entspringen. Dieser fruchtbare, 20–100 km breite Landstrich wird landwirtschaftlich intensiv genutzt. Feucht und fruchtbar sind ebenfalls das Grüne Dreieck südöstlich von Adelaide an der Grenze zu Victoria und der Südwesten von Western Australia zwischen Perth und Albany.

Der **Wassermangel** ist eines der größten Probleme für die australische Landwirtschaft. In den 1950er-Jahren wurden im Rahmen gigantischer Bewässerungssysteme, wie des Snowy-Mountains-Projekts, das ganze Flüsse der australischen Alpen umleitete, neue Landstriche im Landesinneren in ertragreiches Ackerland für den Obst- und Gemüseanbau umgewandelt. Die künstliche Bewässerung macht sogar den Nassreisanbau in vormals knochentrockenen Steppenregionen (z. B. Riverina-Region und Nordwesten von NSW) möglich. Die Probleme des damit verbundenen gewaltigen Wasserverbrauchs versucht man seit Beginn dieses Jahrtausends unter anderem durch den Bau von Entsalzungsanlagen *(desalination plants)* zu beheben.

Von 2003 bis 2009 war ein Großteil der besiedelten Gegenden des Kontinents von so extremer Dürre betroffen, dass von einer Jahrhundert-, wenn nicht gar Jahrtausenddürre die Rede war. Regenfälle brachten zwar hie und da Erleichterung – darunter schwere Sommerregen mit Überflutungen entlang der Ostküste im Januar und Februar 2010 und 2013 –, aber viele landwirtschaftliche Regionen sahen weiterer Dürrejahren entgegen. Mit der anhaltenden Trockenheit steigt das Risiko von Buschfeuern.

Trockenheit und **Dürren** treten in Australien immer wieder auf, in halbwegs regelmäßigen Abständen, und hängen mit dem **El Niño** genannten, globalen klimatischen Phänomen zusammen (s. Kasten S. 92/93). Die Regulierung des Wasserverbrauchs ist prinzipiell Sache der Bundesstaaten, die allerdings in der Vergangenheit ihre Partikularinteressen zu vertreten pflegten und auf ihre Privilegien pochten.

Ein weiteres Problem der australischen Landwirtschaft ist die zunehmende Bodenversalzung *(soil salinity)*, die sich besonders stark im Westen und Süden des Kontinents bemerkbar macht. Die Salzböden entstehen zunehmend auch auf abgeholzten Flächen, die für die landwirtschaftliche Nutzung vorgesehen waren.

Flora und Fauna

Auch im Pflanzen- und Tierreich von *Downunder* finden Europäer eine verkehrte Welt vor. Anstatt in jahreszeitlichem Rhythmus ihre Blätter abzuwerfen, schälen Australiens Eukalypten regelmäßig, aber unkoordiniert ihre Rinde. Gräser und Farne kommen in Baumgröße vor, Bäume und Sträucher blühen in Form von grellfarbigen Knollen oder „Flaschenbürsten". Die Schwäne sind schwarz, und auch die beiden Wappentiere Australiens, das Känguru und der Emu, zeichnen sich durch Merkwürdigkeiten aus. Der Emu kann nicht fliegen, sondern flitzt – ähnlich wie der Vogel Strauß – in großen Laufschritten über die Steppe, und das Känguru macht große Sprünge, anstatt sich wie „normale" Säugetiere auf allen Vieren fortzubewegen.

Den ersten europäischen Neuankömmlingen, die ja größtenteils nicht freiwillig nach Australien gekommen waren, erschien ihre neue Umwelt fremd und feindlich. Diese Einstellung der Pioniere gegenüber der Natur klingt bis heute in den australischen Wörtern *bush* und *scrub* nach. Beide Wörter sind undifferenzierte Bezeichnungen für jede Art von Land, das nicht zu Siedlungszwecken, als Viehweide oder Feld genutzt wird. Solcherart von Gräsern, Strauchwerk, Gehölz oder dichtem Wald bedecktes Land galt und gilt noch immer als nutzlose Wildnis. *Clearing the Scrub* – das Roden von Land – galt denn auch bis in die 1960er-Jahre als positive, zivilisatorische Aktivität. Erst in den 1970er-Jahren gab es erste grüne Bewegungen.

Lebende Fossilien

Nach der Abtrennung vom Urkontinent Gondwanaland vor etwa 200 Mio. Jahren hatte Australiens Fauna und Flora genügend Zeit, ihren eigenen Entwicklungsgang zu beschreiten. Einige wenige Pflanzen, z. B. die in Tasmanien wachsende Südbuche *(Southern beech, Nothofagus)*, die auch in Neuseeland, Madagaskar, Afrika und Südamerika vorkommt, weisen noch auf den gemeinsamen Ursprung hin. Zur Zeit der Abtrennung lebten in Australien Eier legende Kloakentiere und altertümliche Beuteltiere.

Australien war nicht immer so trocken wie heute. Bis vor 10 000 Jahren bestanden Landverbindungen nach Neuguinea. Breite Flüsse entwässerten Neuguinea und den Nordosten von Queensland; ihre Wassermassen speisten riesige Seen im Zentrum Australiens. Im feucht-tropischen Klima wuchsen dichte Nadel- und Regenwälder sowie Palmenhaine, die

LAND UND LEUTE

El Niño oder ENSO (El Niño Southern Oscillation) bezeichnet das in mehrjährigen Abständen vorkommende Umschlagen der normalen Klimaverhältnisse auf der Südhalbkugel um die Weihnachtszeit (daher der Name *el niño*, span. „das Christkind"). Über dem weiten Pazifik südlich des Äquators wirken sich die ständig in westlicher Richtung wehenden Passatwinde auch auf die Meeresströmungen aus. Aus dem kalten Süden kommend, fließt der Humboldtstrom (auch Perustrom genannt) entlang der südamerikanischen Westküste Richtung Norden. Die ablandigen Passatwinde, die vom Gebirge aufs Meer hinabwehen, drücken das Oberflächenwasser von der Küste weg Richtung Westen, wodurch kaltes, nährstoffreicheres Auftriebswasser an die Oberfläche gelangt. Das als Südäquatorialstrom in westlicher Richtung weiter fließende Wasser heizt sich durch die intensive tropische Sonneneinstrahlung zunehmend auf, sodass es an der indonesischen Küste badewannenwarm ankommt. Die darüber liegenden Luftmassen werden dadurch ebenfalls erwärmt, dehnen sich aus und steigen auf. Wenn sie sich mit zunehmender Höhe abkühlen, kondensiert die Feuchtigkeit und regnet sich ab. Dieses große Tiefdruckgebiet bewirkt starke Niederschläge im australischen und indonesischen Raum. Doch was aufsteigt, kommt irgendwo wieder herab. In großer Höhe strömen über dem Ozean die aufgestiegenen Luftmassen zurück nach Osten und sinken an der südamerikanischen Küste ab, dabei erwärmen sie sich und dehnen sich aus. Innerhalb dieses kräftigen Hochdruckgebietes ist es so trocken, dass sich in Meeresnähe sogar Wüsten gebildet haben.

In einem **El-Niño-Jahr** schiebt sich im heißen Südsommer von Norden her eine warme Meeresströmung entlang der südamerikanischen Küste nach Süden und drängt den kühlen Humboldtstrom in tiefere Gewässer ab. Das Hochdruckgebiet schwächt sich durch die Erwärmung so stark ab, dass es zu einer Umkehrung der Strömungs- und Windverhältnisse kommt.

Wenn plötzlich kaltes, nährstoffreiches Wasser durch warmes, nährstoffärmeres Wasser ersetzt wird, zieht dieses ein Algen- und Fischsterben nach sich. Zudem gelangen durch das warme Wasser feuchte Luftmassen auf das Land, es kommt in Südamerika zu heftigen Niederschlägen, katastrophalen Überschwemmungen und Erdrutschen. El Niño hat aber auch in anderen Regionen der Südhalbkugel weitreichende Auswirkungen. Da sich die Wolken nun bereits an der südamerikanischen Küste abregnen, bleiben im **australisch-indonesischen Raum** die **Niederschläge** aus und werden schmerzlich vermisst. Durch die **Trockenheit** kommt es im Osten Australiens zu erheblichen Ernteausfällen, erhöhter Wald- und Buschbrandgefahr sowie stärkerer Bodenerosion. Selbst an der Ostküste Südamerikas bleibt der Südostpassat aus, und sogar an der Ostküste Afrikas kommt es zu Dürren.

Auf El Niño folgt oft sein Gegenpart: **La Niña**. Dann ist der Druckunterschied zwischen dem Hochdruckgebiet vor Südamerika und dem Tiefdruckgebiet bei Indonesien besonders groß. Das verstärkt die Passatwinde ebenso wie die damit einhergehende westliche Meeresströmung. An der Westküste Südamerikas steigt mehr kaltes Tiefenwasser an die Oberfläche, sodass die Wassertemperaturen im Ostpazifik unter dem Normalwert, im Westpazifik hingegen darüber liegen. Die Folgen: erhöhte Trockenheit an der Westküste Südamerikas und sintflutartige **Regenfälle und Überschwemmungen** in Ost- und Nord-Australien.

Die Stärke von El Niño wird im Southern Oscillation Index (SOI) angegeben. Man misst den mittleren monatlichen Luftdruck in Darwin und zieht diesen Wert von dem in Tahiti ab. Da der Luftdruck in Tahiti normalerweise höher ist als in Darwin, ist der SOI normalerweise positiv, in Zeiten des El Niño sinkt dieser Wert jedoch und kann sogar negativ sein.

Menschliche Einflüsse

Wissenschaftler sind sich darüber einig, dass das Naturphänomen El Niño bereits seit langer Zeit existiert und unabhängig von den von Menschen verursachten Klimaveränderungen ist. Ob und wie sich diese auf El Niño auswirken, ist umstritten. Tatsache ist jedoch, dass El Niño und La Niña in den letzten Jahrzehnten (seit dem Ende des letzten Jahrtausends) öfter als früher wiederkehrten. Die El Niños 1997/98 sowie 2014–2016 zählen zudem zu den stärksten, die je dokumentiert wurden. Deren negativer Effekt potenzierte sich durch insgesamt erhöhte Durchschnittstemperaturen (insbesondere öfter auftretende und länger andauernde Hitzewellen) und das Ausbleiben feuchterer Perioden nach dem Abklingen eines El Niños: Anstatt sich wieder teilweise zu füllen, sank der Wasserspiegel der Reservoire und Talsperren, die der Trinkwasserversorgung der Städte dienen, beständig weiter, zahlreiche Bäche und Flüsse trockneten aus oder schrumpften zu Rinnsalen. Der sehr starke La Niña 2007/2008 löste u. a. eine besonders ausgeprägte Hurrikansaison über dem Atlantik aus. Auch die verheerenden Fluten in Queensland der Jahre 2010 bis 2013 lassen sich auf das Wechselspiel von El Niño und La Niña zurückführen.

Die Auswirkungen anhaltender Dürreperioden in Australien

In Australien ziehen lang anhaltende Dürreperioden viele Probleme nach sich: Wenn die Pflanzen vertrocknen, bieten ihre Wurzeln dem fruchtbaren Humus keinen Halt mehr, der meist nur in einer sehr dünnen Schicht die ansonsten unfruchtbaren australischen Böden bedeckt. Er wird vom Wind abgetragen. **Sand- und Staubstürme** wehen Wolken rotbrauner Erde über Hunderte von Kilometern, lagern sie über Australiens Städten ab oder tragen sie ins Meer hinaus. Die Sommer im Süden Australiens sind in der Regel regenarm, und das Thermometer kann dann in einigen Regionen wochenlang bis auf über 40 °C ansteigen.

Aufgrund der hohen Temperaturen sind dann nicht nur die Wälder, sondern auch das Busch- und Grasland im Süden Australiens stark feuergefährdet. Wenn in dieser Phase noch eine anhaltende Trockenheit hinzukommt, erhöht sich die Gefahr immens. Brennbares Material findet sich überall, in den Wäldern trockenes Gestrüpp, Zweige, Äste und Blätter sowie die von den Eukalypten abgeworfene Baumrinde, im Weide- und Steppenland strohtrockene Grasstoppeln. Kommen in den heißen Tagen mit geringer Luftfeuchtigkeit noch starke Winde – oder sogar ein Wüstenwind aus Zentralaustralien – dazu, sind die Bedingungen für einen **Wald- oder Buschbrand** perfekt. Es bedarf dann nur noch eines Blitzeinschlags, und ein Wald oder Grasland geht in Flammen auf. Wenn mehrere Feuer nicht gelöscht oder eingedämmt werden können und sich vereinigen, entsteht eine Feuerwalze, die mit ungeahnter Geschwindigkeit durch das Land rast.

Seit diesem Jahrtausend treten immer mehr und immer heftigere Brände auf. Am *Black Saturday* im Februar 2009 fielen im Bundesstaat Victoria 171 Menschen den Flammen zum Opfer und eine Fläche von 4500 km^2 wurde dem Erdboden gleichgemacht. Hunderte von Bränden vereinten sich im Sommer 2019/20 zu einer Feuerfront von einem Ausmaß wie es die Welt noch nie gesehen hatte: Schätzungen zufolge legten die Brände insgesamt eine Fläche von 186 000 km^2 in Schutt und Asche. 34 Menschen und mehr als eine Milliarde Säugetiere, Vögel und Reptilien verloren ihr Leben, einige ikonische Vertreter der australischen Tierwelt – darunter der Koala – könnten vom Aussterben bedroht sein.

Wo zuvor die Wurzeln der Bäume das Wasser aus tieferen Erdschichten aufnahmen, dringt nun das stark salzhaltige Grundwasser durch feine Kapillare im Boden nach oben. Hier verdunstet das Wasser, aber das Salz bleibt zurück. Die sich ablagernde Salzschicht macht das Land zu völlig unfruchtbarem Ödland. Laut Website der unabhängigen australischen Forschungsorganisation CSIRO (Commonwealth Research and Scientific Organisation) sind australienweit bereits 5,7 Mio. Hektar von **Bodenversalzung** betroffen und ein Großteil davon gehört zu Australiens ertragsreichsten Böden. Potenziell kann sich das Problem bis 2050 auf bis zu 17 Mio. Hektar ausweiten.

– heute kaum vorstellbar – einst auch das wüstenähnliche Rote Zentrum bedeckten. Ausgrabungen förderten Fossilien von überdimensionaler Größe zutage: 3 m große Kängurus und Riesenkoalas, die diese prähistorischen Wälder und Savannen bevölkerten.

Einige prähistorische Tiere und Pflanzen haben als „lebende Fossilien" bis heute überlebt. Zu diesen zählt der Lungenfisch *(lungfish)*, der nur im Mary River und einigen Flüssen im Südosten Queenslands anzutreffen ist. Er ähnelt europäischen Vettern, die schon vor 200 Millionen Jahren ausstarben. Mit den in Südamerika und Südafrika beheimateten Lungenfischen verbindet ihn hingegen wenig. Weitere lebende Fossilien sind das Schnabeltier *(platypus)*, der Schnabeligel *(echidna)* und die Marienpalmen im Palm Valley sowie die Macrozamia-Palmen und Cycadeen in Zentral-Australien.

Vegetationszonen

Das heutige Australien kann man grob in drei unterschiedliche Vegetationszonen einteilen:

Die **tropische Zone** umfasst einen schmalen Streifen **tropischen Regenwaldes** an der Nordostküste sowie vereinzelte Flecken im Northern Territory. Der tropische Regenwald Australiens nimmt nur einen winzig kleinen Teil der australischen Landmasse ein, etwa ein Tausendstel, aber wie alle anderen tropischen Regenwälder der Erde zeichnet er sich durch eine ungeheure Artenvielfalt aus. Viele Tiere und Pflanzen kommen nur in dieser Region vor, einige Bewohner Nordost-Queenslands hingegen wie Kuskus, Baumkängurus und Kasuare sowie die insektenfressende Kannenpflanze sind auch in Neuguinea anzutreffen. Vereinzelt gibt es an der Küste im tropischen Norden **Mangrovenwälder** und **Mangrovensümpfe**. Zum Landesinnern hin gehen die Wälder oder Mangrovensümpfe in von Hartlaubgehölz bewachsene **Savannen** über, im Top End des Northern Territorys sind sie durchsetzt von ebenen **Floodplains** (Feuchtgebieten), die sich in der Regenzeit in riesige Seen verwandeln. Weiter landeinwärts weichen die Savannen langsam dem Grasland und der Steppe.

Typisch australische Vegetationsformen sind in der **gemäßigten Zone** anzutreffen. Hier finden wir die weiten, trockenen Eukalyptusbusch-Ebenen vor, die in Australien **Mallee** heißen, sowie **Heiden**, trockene und feuchte **Hartlaubgehölze** wie *Tea Trees* und *Paperbark Trees*, lichte **Eukalyptuswälder**, stellenweise Sümpfe und Moore, und in der Küstenregion von New South Wales und Victoria sowie im Südwesten von Tasmanien **Regenwälder** der gemäßigten Zone. In den feuchten Schluchten der Regenwälder des Südostens wachsen mannshohe Baumfarne und die höchsten Eukalypten Australiens, wie Victorias *Mountain Ash*, in Tasmanien *Swamp Gum* genannt (Rieseneukalyptus, *Eucalyptus regnans*). In den winzigen Überresten des Regenwaldes der gemäßigten Zone im Südwesten Western Australias überragt der Karri-Baum *(Eucalyptus diversicolor)* die Grasbäume (dickstämmige, gedrungene *Black Boys* oder hochgewachsene *Black Gins*), die dort an die Stelle der Baumfarne treten. Mit 60–100 m Höhe sind Eukalypten die höchsten Laubbäume der Welt. Der Südwesten von Western Australia verdient wegen seines Reichtums an Pflanzenarten, die nur dort beheimatet sind, besondere Erwähnung.

Die **trockene oder eremäische Zone** umfasst die Wüsten, Halbwüsten und Trockensteppen des Landesinnern. Im Westen und Süden Australiens reicht die Zone bis an die Küste. Diese Gegenden sind von widerstandsfähigen Salzsträuchern *(Salt Bush)* und von den kugeligen Stachelbüscheln *(Hummocks)* des Spinifex-Grases bedeckt, bei den Bäumen und Sträuchern überwiegen Kasuarinen und Akazien. Vereinzelt sind auch hitze- und trockenheitsresistente Eukalypten wie der Puderrindenbaum *(Coolabah)* und der *Ghost Gum* anzutreffen.

Flora

Mit rund 600 Arten zählt der bekannteste Baum Australiens, der **Eukalyptus**, zu den artenreichsten Laubbaumgattungen der Erde. Der in Australien meist pauschal als *gum tree* bezeichnete Baum hat sich hervorragend an die gegensätzlichen klimatischen Bedingungen und unter-

LAND UND LEUTE

schiedlichen Böden seines Heimatlandes angepasst. So treffen wir in den Australischen Alpen im Südosten den kälte- und schneefesten *Snow Gum* und im trocken-heißen Outback den *Coolabah* oder den *Ghost Gum*. In der Nähe von Flüssen oder Wasserläufen ragen die mächtigen *River Red Gums* oder die kleineren *Manna Gums* empor, weite Ebenen werden von dem *Mallee* genannten Eukalyptus-Strauchwerk bedeckt, und in den südöstlichen Regenwäldern ragt der Baumriese, *Mountain Ash*, bis zu 90 m in die Höhe. Eukalypten wie *Karri*, *Jarrah*, *Marri* und *Red Tingle* gibt es hingegen nur im Südwesten von Western Australia. Die Farbskala der ledrigen Eukalyptusblätter reicht von silbrig-olivgrün über blaugrün bis hin zu einem staubigen grünbraun. Eukalyptusbäume sind keine guten Schattenspender, da sie ihre Blätter wegen der intensiven Sonneneinstrahlung mit der Schmalseite nach der Sonne ausrichten.

Die rund 600 Arten von Eukalypten werden kurz als *gum trees* zusammengefasst.

Ebenso wie der Eukalyptus gehört die **Melaleuca**-Gattung zur Familie der Myrtengewächse. Fast überall in der gemäßigten Zone wachsen die Melaleuca-Arten *Tea Tree* (Teebaum, so genannt, weil die Pioniere aus der Rinde einen Tee brauten) oder *Paperbark* (Papierrindenbaum; die Rinde dieses Baumes wird von Aborigines für ihre Baumrindengemälde benutzt).

Akazien, in Australien *Wattle* genannt, sind ebenfalls zahlreich in Australien vertreten. Die Erscheinungsformen reichen vom struppigen **Mulga-Gebüsch** bis zu **Bäumen** wie der *Karri Wattle*. Die *Golden Wattle* ist Australiens nationales Blumenemblem. Von den rund 40 Arten der **Kasuarinen** *(Casuarina*, deutscher Name: Keulenbaum oder Kängurubaum) begegnet man in Australien häufig der Strandkasuarine *(Casuarina equisetifolia)*, ein immergrüner Baum mit dünnen, überhängenden Zweigen und Blättern, die fast wie Nadeln aussehen, und der oft zur Strandbefestigung angepflanzt wird.

Die Pflanzen mit den eigenartigen, knollenartig geformten Blüten, die oft noch in grellen Neonfarben leuchten, sind wie die Eukalypten typisch australisch. Sie gehören der Familie der **Protoaceen** an, der man vier Gattungen und viele Arten zuordnet. Die Sträucher oder Bäume mit den knollenförmigen Blüten sind **Banksia**, eine weitere Gattung mit meist großen, fleischigen Blüten heißt **Dryandra**, während die Pflanzen mit den hakenförmigen Blüten zu den Gattungen **Hakea** und **Grevillea** gehören. Einen eigenartigen Anblick bieten die **Grasbäume** *(Xanthorroea)*, von denen es in Australien drei Gattungen gibt.

Der Stamm der Grasbäume Western Australias *(X. preisii)* ist meist vom Buschfeuer verkohlt, weshalb man sie dort auch *Black Boys* nennt. Nach jedem Buschfeuer machen diese Grasbäume einen Wachstumsschub durch. Bis sie ihre maximale Höhe von 5 m erreicht haben, können bis zu 200 Jahre vergehen. Der schlankere *Kingia Australis* ist ein weiterer Grasbaum.

Im Nordwesten Australiens trifft man auf Flaschenbäume (*Bottle Tree*, auch *Boab* genannt). In der Trockenzeit werfen die *Boabs* ihre Blätter ab. In ihren dicken Stämmen können diese Bäume bis zu 300 l Wasser speichern und so auch lange Trockenzeiten überstehen.

Fauna

Betrachten wir die Tierwelt Australiens, so sticht sofort der **Mangel an Säugetieren** ins Auge. Von Robben und Walen, Fledermäusen und Ratten einmal abgesehen, ist die einzige größere Säugetierart der australische Wildhund, der **Dingo,** den Aborigines vor etwa 10 000 Jahren bei ihrer Einwanderung auf das australische Festland mitbrachten.

Beuteltiere

Der Platz, den auf anderen Kontinenten die Säugetiere einnehmen, wird in Australien von den **Beuteltieren** *(Marsupialia)* ausgefüllt, einer altertümlichen Säugetierunterklasse. Die Marsupialia sind nicht direkt mit irgendeiner Spezies oder mit Fossilien anderer Kontinente verwandt. Die Jungen der Beuteltiere werden als unfertige Embryos geboren und kriechen nach der Geburt in den Beutel des Muttertieres, wo sie ihre Entwicklung fortsetzen.

Viele Besucher Australiens sind enttäuscht, wenn sie auf dem Lande nur eingewanderten Tieren wie Schafen oder Rindern begegnen, sich aber weit und breit kein Känguru oder wenigstens ein anderes Beuteltier blicken lässt. Die meisten Beuteltiere werden erst in der Abend-dämmerung oder nachts aktiv und sind nur auf einer nächtlichen Spotlight-Tour zu erspähen.

Das bekannteste Beuteltier, das **Känguru**, ist so etwas wie ein australisches Wahrzeichen. Etwa 50 Känguruarten gibt es, vom Roten oder Grauen Riesenkänguru, das aufgerichtet bis zu 2 m messen kann, bis zu Tieren von Rattengröße. **Wallabies** zeichnen sich durch eine kleinere Körpergröße, einen langen, schmalen Kopf und große Ohren aus. **Baumkängurus** leben in den Baumkronen des tropischen Regenwaldes von Nordost-Queensland.

Das **Possum** gehört zur Familie der Kletterbeutler. Die etwa katzengroßen Possums leben auf Bäumen und werden vorwiegend nachts aktiv. Sie ernähren sich von Baumfrüchten, aber auch von kleineren Tieren und Vögeln.

Die putzig aussehenden **Koalas**, die unseren Teddybären Modell standen, haben mit Bären überhaupt nichts zu tun, sondern gehören zu den **Kletterbeutlern**. Die wählerischen Tiere ernähren sich von Eukalyptusblättern, aber nur etwa zwölf Sorten sind ihnen gut genug. Jeden Tag verputzen sie davon etwa ein Kilo. Die öligen, für andere Tiere giftigen Blätter verdauen sie in ihrem 2 1/2 m langen Magen-Darm-Trakt. Kein Wunder, dass die Koalas 18 Stunden täglich träge und schläfrig in einer Astgabel

Das australische Wappentier ist fast im ganzen Land anzutreffen.

hocken! Die anhaltenden Dürreperioden und erhöhten Temperaturen machen den Beuteltieren schon seit Jahrzehnten zu schaffen. Während der Buschbrände im Sommer 2019/20 flüchteten sie in die hohen Astgabeln ihrer Eukalypten – eine tödliche Sackgasse. Einige Nationalparks in Victoria, Queensland und NSW wurden praktisch ihrer gesamten Koala-Bevölkerung beraubt. Experten schätzen, dass der landesweite Bestand auf nur 43 000–100 000 Tiere gesunken sein könnte.

Die **Gleit- oder Flugbeutler** haben eine Haut an den Körperseiten, die es ihnen ermöglicht, in lichten Eukalyptuswäldern von Baum zu Baum zu segeln. Der Rumpf der Riesengleitbeutler kann bis zu 50 cm lang sein; die kleinsten Gleitbeutler sind etwa mausgroß. Größere Tiere können bis zu 100 m weit „fliegen". Ein häufig anzutreffender Gleitbeutler ist der *sugar glider*.

Der **Plumpbeutler** (Wombat) hat etwa die Größe eines Dackels, kann aber bis zu 35 kg schwer werden. Mit langen Krallen graben diese Pflanzenfresser wie Maulwürfe lange Gänge unter der Erde und richten sich dort wohnlich ein. Weitere Angehörige der Beuteltierfamilie sind der **Bandlcoot** (Nasenbeutler oder Beuteldachs), der **Numbat** (Ameisenbeutler), der nur in Süd- und Südwestaustralien vorkommt und der **Beutelmarder**, der in der australischen Fauna als Hühnerdieb gilt.

Nach dem Auftauchen des Dingos starben der **Tasmanische Teufel** *(Tasmanian Devil)* und der **Tasmanische Tiger** (*Thylacine*, auch Beutelwolf genannt) auf dem australischen Festland aus. Der Tasmanische Teufel lebt noch immer in Tasmanien, den Tasmanischen Tiger ereilte jedoch nach einer beispiellosen Jagd durch weiße Siedler Anfang des 20. Jhs. das Schicksal seiner Artgenossen auf dem Festland.

Kloakentiere

Die **Monotremata** gehören sicher zu den größten Absonderlichkeiten des an Kuriositäten nicht armen Kontinents: Sie sind Säugetiere, die Eier legen und einige Reptilienmerkmale besitzen. Auf Deutsch wurden sie mit dem unschönen Namen Kloakentiere bedacht, da sie nur einen einzigen Ausgang für Urin, Kot und Geschlechtsprodukte – die Kloake – besitzen. Zu ihnen gehören die **Schnabeltiere** *(Platypus, Orithorhynchus anatinus)*. Diese Tiere mit dem Leib eines Fischotters, Schwimmflossen und einem breiten Entenschnabel sind in den Binnengewässern Ost-Australiens und Tasmaniens anzutreffen, sowohl in kühlen Klimazonen als auch in tropischen Breiten. Die Männchen haben einen Giftstachel an den Fußknöcheln, dessen Gift stark genug ist, um ein kleines Säugetier zu töten. Die **Schnabeligel** (*Echidna*, in Tasmanien *porcupine* genannt, *Tachyglossus*) kommen in ganz Australien vor. Sowohl das Schnabeltier als auch der Schnabeligel zählen zu Australiens lebenden Fossilien.

Vögel

Die Armut an Säugetieren kompensiert Australien mit seinem großen Reichtum an **Vogelarten**. Von 745 dort beheimateten Vogelarten brüten mindestens 600 auf dem Festland und den benachbarten Inseln. Der größte Vogel ist das zweite australische Wappentier, der flugunfähige **Emu**, ein 1,80 m großer Laufvogel, der über längere Zeit eine Laufgeschwindigkeit von 60 km/h durchhalten kann, sowie der **Kasuar** *(cassowary)*, der sowohl im Nordosten Queenslands als auch in Neuguinea und auf den östlichen indonesischen Inseln zu Hause ist. Sehr bekannt ist auch der **Kookaburra** (Lachender Hans), der den gesamten australischen Busch mit seinem meckernden, scheppernden Gelächter erfüllt. Der Kookaburra ist ein ziemlich großer, 40 cm langer Vertreter der Familie der Eisvögel.

Die **Bellbirds** sind mit ihrem glockenhellen Ton etwas wohlklingender als der Kookaburra. Die größte musikalische Begabung muss dem **Leierschwanz** *(lyrebird)* zugesprochen werden, der andere Vögel imitiert und bei der Balz sein silbernes Gefieder spreizt.

Australien ist ein Papageienland, über 300 **Papageienarten** sind hier heimisch: unzählige *cockatoos* (Kakadus) in allen Farben, wie *Pink Galah* (Rosenkakadu), *Corella* (weißer Kakadu), *Black Cockatoo* (Rabenkakadu), *Sulphur Crested Cockatoo* (Schwefelhaubenkakadu) und der imposante *Major Mitchell Cockatoo* mit seinem weiß, rot und gelb gestreiften Kamm. Europas beliebteste Stubenvögel, wie der **Wellensit-**

Nicht zu überhören: der Gelbhaubenkakadu

tich und **Nymphensittich**, stammen ebenfalls aus Australien – dort nennt man sie *budgerigars.*

Die auch in Neuseeland, Neuguinea und Ozeanien lebenden **Honigfresser** sind die artenreichste Vogelfamilie Australiens; sie bestäuben Eukalyptusblüten.

Ibisse und **Pelikane** trifft man auf Wasserläufen in ganz Australien an, ebenso **Trauerschwäne**. Die monsunabhängigen Feuchtgebiete des Northern Territorys sind ein Vogelparadies. Am eindrucksvollsten sind dort der **Jabiru-Storch** und der tanzende **Brolgakranich**. An der Südostküste Australiens nisten die kleinen **Zwergpinguine** *(fairy penguins).*

In den trockenen Mallee-Gebieten baut das **Thermometerhuhn** *(mallee fowl)* seinen „Brutofen" – eine tiefe Grube, die mit verrotteten Pflanzenteilen aufgefüllt wird. Dort legt das Weibchen seine Eier ab; das Männchen ist während der folgenden siebenmonatigen Brutzeit für Feuchtigkeits- und Temperaturregelung zuständig. Die Temperatur des Brutofens darf nicht mehr als 1 °C von der Idealtemperatur von 33,5 °C abweichen. Die unscheinbaren Männchen der **Laubenvögel** *(bower birds)* errichten eine kleine, mit Steinen, Zweigen, Gräsern und Blüten geschmückte Laube, um die Auserwählte für sich zu gewinnen.

Insekten und Frösche

Im trockenen Australien sind die feuchtigkeitsliebenden **Amphibien** nicht allzu zahlreich vertreten. Einige der 70 einheimischen Frosch- und Krötenarten graben sich in den Boden ein, um genügend Feuchtigkeit zu finden. Bei Korumburra in Südost-Gippsland in Victoria durchwühlen **Giant Earthworms** die Erde. Diese ellenlangen Regenwürmer können bis zu 3 m lang werden.

Leider sind in Australien giftige Tiere mehr als reichlich vertreten. Dazu zählen zwei Spinnen: die im ganzen Land beheimatete **Rotrückenspinne** (*redback spider*, eine australische Version der Schwarzen Witwe) und die **Trichterspinne** *(funnel web spider)*, die es nur in Sydney und Umgebung sowie in Südost-Victoria gibt. Andere sind harmlos, aber oft erschreckend groß, z. B. die handtellergroßen **Jägerspinnen** *(huntsmen)* mit ihren fleischigen, behaarten Beinen.

Von den Ameisenarten sind die etwa 3 cm langen **Bullants** (Bulldogameisen) zu fürchten. Ihr Biss ist zwar nicht gefährlich, aber er kann ganz schön schmerzhaft sein. Die Termiten hingegen brauchen Reisende nicht zu fürchten. Bemerkenswert sind die **Kompasstermiten** *(Antidermes meridionalis)* im tropischen Norden, die ihre großen, Grabsteinen gleichenden

Bauten immer exakt in Nord-Süd-Richtung ausrichten.

Reptilien und Meeresbewohner

In den tropischen Gewässern und Sümpfen Nord-Australiens, vom Kimberley-Gebiet in Western Australia bis Rockhampton an der Ostküste sind **Krokodile** heimisch. Man unterscheidet zwischen dem kleineren, schmalschnauzigen Süßwasserkrokodil *(Crocodylus johnsonii)*, das als harmlos gilt, und dem Salzwasserkrokodil *(Crocodylus porosus)*. Mit dem Letzteren ist nicht zu spaßen: Salzwasserkrokodile können, trotz ihres Namens, auch in Brack- und Süßwasser leben. Sie wandern mit den Gezeiten flussaufwärts und verstecken sich in vom Meer weit entfernten Wasserlöchern, wo sie dann ihrer Beute auflauern. Man lasse sich von der scheinbaren Trägheit dieser Kolosse nicht täuschen. In einer blitzschnellen Attacke ergreifen sie ihre Beute, die nichtsahnend am Ufer weilt, ziehen sie ins Wasser und ertränken sie, bevor sie sie verzehren. Auch Menschen, ja sogar Rinder, gehören zur Beute der Salzwasserkrokodile. Im September 2002 wurde auf diese Weise eine deutsche Touristin im Northern Territory, die sich von der lauen Nacht zu einem Bad im Fluss verleiten ließ, von einem Krokodil getötet. Bevor man im Norden im Meer, Fluss oder in einem Wasserloch badet, sollte man sich deshalb vorher bei Einheimischen danach erkundigen, ob es dort Krokodile gibt, und Warnungen und Warnschilder ernst nehmen. Auch Zelten, ein Spaziergang, Picknick oder Angeln an einem trüben Wasserlauf sind im Norden nicht anzuraten – auch wenn manche Einheimische, aus Ignoranz oder Machismo, das Schicksal herausfordern und diesen Grundregeln zuwiderhandeln.

Andere Tiere, vor denen man sich in Australiens Gewässern unbedingt hüten muss, sind hochgiftige **Quallen**, die in der Regenzeit, etwa von Oktober bis Mai, das Baden an der gesamten nordaustralischen Küste unmöglich machen. Das Gift der großen **Würfelqualle** *(box jellyfish)* löst sofort nach Kontakt intensive Schmerzen aus und kann schlimmstenfalls, wenn eine größere Körperfläche betroffen ist und nicht schnell genug ein Gegengift verabreicht wird, den Herzmuskel lähmen und damit zum Tode

führen. Die **Irukandji-Qualle** ist mit dem *box jellyfish* verwandt und wie dieser durchsichtig, aber nur etwa erbsengroß und weist vier kaum sichtbare, kurze Tentakel auf. Der Kontakt ist anfangs wenig schmerzhaft, aber 20–30 Minuten später, wenn sich das Gift durch den Kreislauf im Körper des Opfers verbreitet hat, setzen die Symptome ein und eine höllische Tortur beginnt. Die im Wasser aufgespannten Netze *(stinger nets)* halten nur die Würfelquallen fern, aber nicht die winzigen Irukandji.

Ebenfalls nicht zu spaßen ist mit **Stachelrochen** *(stingray)*, den potenziell tödlichen **Steinfischen** *(stonefish)* und den ebenso letalen, länglichen, schwarz-weiß gezeichneten Muscheln **Coneshell** sowie mit der **Blauringelkrake** *(blue ringed octopus)*. Die **Haifischarten** reichen von den nur 0,5 m langen *cat sharks* bis hin zu den 18 m langen *whale sharks*. Viele Arten sollen Menschen meiden, die *white pointer, blue pointer, whaler, tiger* und *hammerhead sharks* sind dafür bekannt, dass sie Menschen angreifen und schwer verletzen. Haiattacken kommen v. a. in den kühleren Gewässern der Ost- und Südküste vor. Australien hat weltweit die zweithöchste Anzahl an Haiattacken (nur die USA haben mehr), aber die höchste Anzahl an tödlichen Attacken.

Vier Fünftel aller Tiere der Gattung *Varanus*, etwa 20 Arten, sind in Australien beheimatet. Die **Goannas**, wie man sie dort nennt, gibt es sowohl im Miniformat von 20 cm (Kurzschwanzwaran) bis zu einer Länge von immerhin mehr als zwei Metern (Riesenwaran). Einige Arten leben auf dem Boden oder teilweise im Wasser. In Ost-Gippsland, im Osten Victorias, leben *tree goannas* in den Bäumen. Hinzu kommen **Agamen** wie die *frill necked lizard* (Kragenechse), die bei drohender Gefahr eine riesige Halskrause aufbläst, um Angreifer zu erschrecken, der harmlose, aber schrecklich anzusehende Dornenmoloch *(thorny devil)* sowie Skinke wie der *blue tongued lizard* (Blauzungenskink).

Schlangen

Knapp zwei Drittel aller australischen Schlangen gehören der Familie der **Giftnattern** an. Einige zählen zu den giftigsten der Welt. Die Taipan, die Tigerschlange *(tiger snake)*, die Braunschlange *(king brown)*, die Todesotter *(death* adder) und die Kupferkopfschlange (copper head) sind wegen ihres tödlichen Giftes besonders gefürchtet. Die inland taipan (auch bekannt unter den Namen Western taipan, fierce snake, small-scaled snake oder Lignum snake; lat. Name Oxyuranus microlepidotus) ist die tödlichste Landschlange der Welt, eine Dosis ihres Giftes (ca. 40–50 mg) reicht aus, um etwa 218 000 Mäuse zu töten. (Zum Vergleich: eine Dosis der zweittödlichsten Schlange, der taipan, tötet 95 000 Mäuse, eine Dosis der an dritter Stelle stehenden Reevesby Island tiger snake tötet 18 000 Mäuse). Allerdings kommt die inland taipan nur in der abgelegenen Gegend um den Cooper Creek (extremer Nordosten von South Australia) und im Channel Country (extremer Südwesten von Queensland) vor.

Die Gefahr eines Schlangenbisses ist in Australien recht gering. Schlangen greifen i. d. R. nur an, wenn sie sich gestört fühlen. Etwas Vorsicht und angemessene Kleidung beim bushwalking sind dennoch angebracht.

Importierte Tiere und Pflanzen

Da sich Australien schon sehr früh von den anderen Erdteilen abgetrennt hatte, entwickelten sich in der dort entstandenen Isolation hoch spezialisierte Tier- und Pflanzenarten. Solche Arten sind in der Regel nicht sehr widerstandsfähig, wenn sie sich mit anderen, plötzlich eingeführten Formen auseinandersetzen müssen. Die weißen Siedler, denen ihre neue australische Umwelt von Anfang an nicht ganz geheuer gewesen war, waren sich bis in die Mitte des letzten Jahrhunderts nicht im Klaren darüber, wie sehr sie mit den aus ihrer Heimat mitgebrachten Tieren und Pflanzen die Umwelt verändert, oft sogar zerstört hatten. Viele Beuteltiere sind seitdem ausgestorben, andere vom Aussterben bedroht. Herden wilder Esel, Pferde, Dromedare, im Northern Territory auch Büffel, durchstreifen das Land. Die Kamele haben sich Anfang des dritten Jahrtausends zu einer wahren Landplage entwickelt. Füchse und entlaufene Katzen sind Wilderer ohne natürliche Feinde. Einige Tiere und Pflanzen gleichen den bösen Geistern, die, einmal gerufen, nur schwer wieder loszuwerden sind.

Das bekannteste Beispiel sind die Kaninchen und Hasen, die zu Jagdzwecken von einem Briten nach Australien gebracht wurden. Mangels natürlicher Feinde vermehrten sie sich explosionsartig; die Jäger kamen mit dem Schießen nicht mehr nach. Erst nach der Einführung des für diese Pelztiere tödlichen Myxomatose-Virus gelang es, der Landplage ein wenig Herr zu werden. Inzwischen nimmt die Zahl der Hasen und Kaninchen schon wieder zu, da sich langsam eine Resistenz gegen das Virus entwickelt hat.

Eine ähnlich tragisch-bizarre Geschichte lässt sich von der Agakröte (cane toad, Bufo marinus) erzählen, die 1935 in guter Absicht als Schädlingsbekämpfer in die queensländischen Zuckerrohrfelder gebracht wurde und sich stattdessen zu einer Landplage entwickelte, derer man sich noch immer nicht erwehren kann. Rasch breiteten sich die hochgiftigen Kröten aus, nach Süden und Norden entlang der Küste und seit den 80er-Jahren quer durch Queensland und das Northern Territory. Trotz des energischen Kampfs von Freiwilligenorganisationen wie den Kimberley Toad Busters ist der Invasion dieser Schädlinge in so fragilen Regionen wie dem Kakadu Nationalpark oder der Kimberley-Region kaum Einhalt zu gebieten. Der WWF schätzt, dass die Agakröte bis 2022 die Westküste erreicht haben könnte.

Eine eingeführte Kakteenart, die Stachelbirne (prickly pear, Opuntia stricta), machte 1925 im Osten Australiens ein Gebiet von 240 000 km^2 nutzlos. Erst die Raupe des argentinischen Schmetterlings Cactoplastis cactorum brachte das enorme Wachstum der Stachelbirne unter Kontrolle. Rinder, die Australien ernähren, wird man wohl nicht sofort als Schädlinge einstufen. Vor der Einführung von Mistkäfern, die den Dung beseitigen, bereitete die Viehhaltung der australischen Umwelt jedoch große Probleme, denn die Kuhfladen blieben jahrelang trocken auf den Weiden liegen. Die landesweit verbreitete, jeden irritierende Plage aufdringlicher Fliegen ist v. a. den Rindern zu verdanken.

Die scheinbar harmlosen europäischen Hauskatzen richten ebenfalls großen Schaden bei der australischen Tierwelt an, v. a. wenn sie (was oft vorkommt) verwildern und vom Aussterben bedrohte Vogel- oder Beuteltiere jagen.

Geschichte

Die aufgezeichnete Geschichte Australiens beginnt mit der europäischen Besiedlung und umfasst nur eine kurze Periode von rund 250 Jahren. Die „neue australische Gesellschaft" trägt noch immer die Eierschalen hinter den Ohren. Das Land selbst ist jedoch uralt. Wahrscheinlich bildete sich Australien vor 2–3 Mrd. Jahren in der Erdurzeit, im Präkambrium. Damals war es noch ein Teil des Urkontinents Gondwanaland, der die Vorläufer des heutigen Südamerika, Afrika, Indien, Australien und der Antarktis umfasste. Granitgestein aus der präkambrischen Zeit findet man in ganz Australien, ausgenommen Victoria.

Zu Beginn des Mesozoikums, vor etwa 200 Mio. Jahren, brach Gondwanaland auseinander, Australien und die Antarktis spalteten sich von den anderen Kontinenten ab. Der mittlere Teil von Australien senkte sich langsam ab. Im Laufe seiner Entwicklung war die Große Australische Senke mehrmals vom Meer bedeckt, in das wasserreiche Flüsse mündeten. Gebirge und Erhebungen wurden im Laufe von Jahrmillionen durch Erosion abgetragen. Während der letzten Eiszeit vor etwa 50 000 Jahren bestanden Landbrücken nach Neuguinea und Tasmanien, da der Meeresspiegel wegen der Eiskappenbildung an den Polen einige Meter niedriger lag als heute.

Erste Kontakte der Europäer

Schon den Chinesen und Arabern war die Existenz einer großen Landmasse im Süden bekannt. In Europa spukte die Kunde von einer *Terra australis incognita* – einem unbekannten Südland – immerhin seit dem 12. Jh. herum. Die Portugiesen und nach ihnen die Spanier waren die ersten Europäer, die (wahrscheinlich ohne es zu wissen) die Nordküste des Südkontinents sichteten.

Anfang des 17. Jhs. gerieten holländische Handelsschiffe auf dem Weg um das Kap der Guten Hoffnung nach Java vom Kurs ab und gelangten zur Westküste Australiens. Der Holländer **Abel Tasman** „entdeckte" 1642 während einer Forschungsexpedition Tasmanien, das er nach einem holländischen Gouverneur Van Diemen's Land nannte – ohne zu merken, dass es sich um eine Insel handelte. Das neue Südland tauften die Holländer mit Blick auf eine etwaige spätere Verwendung auf den Namen Neu-Holland. Viel scheinen sie sich aber von ihrer „Entdeckung" nicht versprochen zu haben, denn bald hatten sie jegliches Interesse an Neu-Holland verloren.

Auch der erste britische Besucher der Region, **William Dampier**, fasste über seine Expedition entlang der Westküste 1699–1700 einen wenig begeisterten Bericht ab: Das Land erschien ihm *useless* – zu nichts zu gebrauchen.

Kolonisten

Nur 70 Jahre später sah die Lage ganz anders aus. **Captain Cook** hatte während seiner Weltumsegelung 1768–70 die Ostküste von Australien gesichtet. Ihm gefiel, was er sah, so proklamierte er gleich die gesamte Osthälfte des Kontinents als Eigentum der britischen Krone und taufte die neue Provinz New South Wales.

www.stefan-loose.de/australien

ZEITLEISTE

vor ca. 200 Mio. Jahren	vor 40 000–120 000 Jahren
Die Antarktis und Australien spalten sich vom Urkontinent Gondwana ab.	Über Landbrücken und Meeresstraßen zwischen Südostasien und dem Norden Australiens gelangen die Ureinwohner ins Land.

Eile war geboten, denn die Franzosen hatten ebenfalls begonnen, Expeditionen nach Süden zu entsenden.

Am 26. Januar 1788 wurde an der Bucht Sydney Cove am Naturhafen **Port Jackson** die erste britische Niederlassung in Australien gegründet. Dieses Datum gilt als der offizielle Beginn der europäischen Besiedlung Australiens und wird heute mit dem Nationalfeiertag Australia Day gefeiert.

Die Siedlung war zunächst primär als Verbannungsort für Sträflinge aus Großbritannien gedacht. Die britischen Gefängnisse platzten zu jener Zeit aus allen Nähten. Nachdem die amerikanischen Staaten unabhängig geworden waren, konnten die Briten ihnen unliebsam gewordene Elemente dort nicht mehr abladen. Aber auch kommerzielle Interessen spielten bei der Gründung von Sydney eine Rolle: Die Siedlung sollte als britischer Handelsposten im Südpazifik dienen. Die neue Kolonie wurde zunächst durch einen Gouverneur regiert, der meist der Armee angehörte und fast absolute Macht hatte. Bald kam es zu Machtkämpfen innerhalb der Armee. Das New South Wales Corps, dessen Angehörige den lukrativen Rumhandel – die inoffizielle Währung der Kolonie – kontrollierten, tat sich dabei besonders hervor.

Bis 1830 waren 58 000 **Sträflinge**, 50 000 davon männlich, nach Australien verschifft worden. Die meisten hatten sich minderer Eigentumsdelikte schuldig gemacht. Ein Drittel der irischen Sträflinge waren jedoch politische Strafgefangene, die sich in Irland gegen die englische Herrschaft aufgelehnt hatten. Die vehement antienglische Haltung vieler Iren war denn auch während der gesamten Geschichte ein kontinuierlicher Störfaktor in der sonst eher konformen australischen Gesellschaft.

Um die Selbstversorgung der neuen Kolonie zu ermöglichen, wurden freigelassene Sträflinge und freie Siedler ermutigt, auf Farmen im Umkreis von Sydney Getreide, Obst und Gemüse anzubauen. Am profitabelsten war der **Robben- und Walfang**, an dem sich mangels Kapital anfangs nur wenige „Neue Australier" beteiligten. Um 1830 begann der australische Wollboom. Großbauern (in Australien Pastoralisten oder *squatters* genannt) besetzten riesige Ländereien, ließen ihre Schafe weiden und wurden durch den Verkauf der Wolle steinreich.

Weitere Kolonien und Niederlassungen entstanden. Zwischen 1829 und 1859 bildeten sich die Vorläufer fünf weiterer Bundesstaaten heraus: 1829 wurde die neue Kolonie Western Australia gegründet, 1842 folgte South Australia und 1851 löste sich Victoria von New South Wales, gefolgt von Queensland, das sich 1859 von New South Wales trennte. Auch Van Diemen's Land spaltete sich 1856 als Tasmanien endgültig von New South Wales ab.

Bald nach dem Wollboom stellte sich die zweite Glückssträhne für die australischen Kolonien ein. 1842 und 1845 stieß man in der Kolonie Süd-Australien auf Kupfervorkommen. Goldfunde, 1851 in New South Wales und 1852 in Victoria, lösten einen **Goldrausch** aus, der in Wellen ganz Australien überrollte und bis in die 1890er-Jahre andauerte. Hinzu kam die Entdeckung größerer Zinnlager und Silbervorkommen. Schlagartig verwandelte sich Australien von einem trübseligen Ort der Verbannung in das begehrte Einwanderungsland, das es bis heute geblieben ist.

ab dem 12. Jh.	1642	1768–70
Die Kunde von einem „unbekannten Südland" verbreitet sich von China über Arabien bis nach Europa.	Der Holländer Abel Tasman „entdeckt" Tasmanien und das heutige Australien. Er tauft es „Neu-Holland".	Captain James Cook proklamiert die Ostküste Australiens als britisches Eigentum. Der Staat New South Wales ist geboren.

In den 40er-Jahren des 19. Jhs. wurden in Australien Stimmen gegen die Deportation von Sträflingen immer lauter. Das Zuteilungssystem, das freien Siedlern Sträflinge zuwies, wurde als Quasi-Sklavensystem kritisiert und 1840 abgeschafft. Danach machte die Sträflingsverschiffung für die Australier noch weniger Sinn als zuvor. 1852 wurde sie für das östliche Australien eingestellt. In Western Australia hingegen kamen die wenigen freien Siedler auf keinen grünen Zweig und forderten schließlich Sträflinge an: Zwischen 1850 bis 1868 wurden 10 000 Sträflinge von Großbritannien nach Western Australia transportiert. Nach Ost-Australien waren zwischen 1788 und 1852 insgesamt etwa 150 000 Strafgefangene verschifft worden.

Die Mitte des 19. Jhs. war die Zeit der großen **Expeditionen und Kontinentdurchquerungen**: Edward John Eyre wanderte von Adelaide an der Südküste entlang nach Albany; nach vergeblichen Anläufen von Eyre und John McDouall Stuart gelang Letzterem schließlich die Durchquerung des Kontinents von Adelaide nach Norden, und der deutschstämmige Ludwig Leichhardt durchreiste von Sydney und Südost-Queensland aus den Nordosten und Norden des Kontinents.

Zwischen 1850 und 1890 ging es mit der wirtschaftlichen Entwicklung der Kolonien sprunghaft bergauf. Exporterlöse wurden durch den Verkauf von Wolle und Mineralien erzielt. **Goldfunde** hatten Tausende von Neueinwanderern angelockt. Nach dem Abklingen des Goldfiebers blieben viele Glücksritter im Land und gründeten entweder eine kleine Farm oder arbeiteten in den Industriebetrieben von Sydney oder Melbourne, die inzwischen entstanden waren, und

Werkzeuge, Möbel, Kleidung und Gebrauchsgegenstände produzierten sowie Lebensmittel verarbeiteten. Die *squatters* drangen bis in die entferntesten Gebiete des Outbacks vor und bildeten mit ihrem Großgrundbesitz eine inoffizielle Kolonialaristokratie.

Trotz einer Tendenz zur Eigenbrötelei der einzelnen Kolonien fasste der Gedanke einer politischen Vereinigung ab der Mitte der 90er-Jahre des 19. Jhs. langsam Fuß. Ein geeinter australischer Staat bot den Vorteil freien Handels zwischen den australischen Kolonien und besserer Verteidigung. Seit der Masseneinwanderung von Chinesen während des Goldbooms in Victoria und seit dem Krimkrieg, in dem die Briten und die Franzosen gegen die Russen gekämpft hatten, fürchteten die Australier eine Invasion aus dem Norden, sei es von Asiaten oder Europäern.

Am 1. Januar 1901 übertrugen die Kolonien einen Teil ihrer Zuständigkeiten auf eine australische Bundesregierung und bildeten damit den Australischen Bund **Commonwealth of Australia**. Er hatte eine föderalistische Verfassung, und aus den ursprünglich sechs Kolonien gingen die Bundesstaaten hervor, die einige Machtbereiche wie Außenpolitik, Verteidigung, Zoll und Immigration der Bundesregierung übertrugen. Das Frauenwahlrecht, das schon 1894 in South Australia eingeführt worden war, wurde auf alle anderen Bundesstaaten übertragen. Für die damalige Zeit war Australien damit in Bezug auf Gleichberechtigung von Frauen und Männern eines der fortschrittlichsten Länder der Welt. In späteren Jahren wurde die Macht der Zentralregierung weiter ausgebaut – ab 1942 oblag die Steuererhebung allein der Bundesregierung.

26.1.1788	1788	bis Mitte 1789
Das erste Schiff mit Strafgefangenen *(First Fleet)* aus England geht im Naturhafen Port Jackson vor Anker. Die Kolonie Sydney ist gegründet.	Australien wird zum „Terra Nullius" – Land ohne rechtmäßige Besitzer – deklariert.	Von den Europäern eingeschleppte Pocken kosten 50–90 % der Ureinwohner im Port Jackson das Leben.

1900–1945

Nach einer Rezession um 1890 ging die wirtschaftliche Entwicklung Australiens nur zögernd voran. Das Eisenbahnnetz wurde ausgebaut und ermöglichte den Transport der landwirtschaftlichen Produkte aus dem Hinterland zu den Häfen an der Küste. Zum klassischen australischen Exportschlager Schafwolle gesellten sich Weizen, Fleisch und Zucker. Metalle, v. a. Gold, spielten wirtschaftlich eine abnehmende Rolle. Die Industrialisierung wurde im Großraum Sydney und Melbourne weiter vorangetrieben. Die Weltwirtschaftskrise erfasste Anfang der 30er-Jahre auch Australien und führte zu einer zehnjährigen Stagnation bis zum Zweiten Weltkrieg.

Im **Ersten Weltkrieg** war Australien nicht direkt bedroht. Wie Jahrzehnte vorher schon australische Kolonialtruppen an den Auseinandersetzungen der Briten im Sudan und im Burenkrieg beteiligt gewesen waren, kämpften auch jetzt australische Truppen aus Loyalität zum ehemaligen Mutterland auf britischer Seite auf den Schlachtfeldern Europas. Die Australier schickten 330 000 Soldaten, von denen 60 000 starben und 165 000 verwundet wurden – hohe Zahlen für eine Nation von knapp 6 Mio. Einwohnern.

Auch im **Zweiten Weltkrieg** ging es zunächst nur um eine Unterstützung der Alliierten auf entfernten Kriegsschauplätzen. Als die Japaner jedoch am 7. Dezember 1941 Pearl Harbour und am 19. Februar 1942 Darwin bombardierten, fand der Krieg auf einmal im eigenen Hinterhof statt. Beim Fall der bis dato als uneinnehmbar geltenden britischen Festung Singapur am 15. Februar 1942 fielen unter anderen auch 15 000 Australier in die Hände der Japaner. Kurz darauf landeten die Japaner in Neuguinea und marschierten auf Port Moresby zu.

Die alte Furcht der Australier vor einer Invasion aus dem Norden drohte Wirklichkeit zu werden. Die Briten waren auf ihren Kriegsschauplätzen in Europa, Afrika und Burma (Myanmar) beschäftigt und weder geneigt noch in der Lage, Australien zu unterstützen. Neue Verbündete waren die USA, mit deren Hilfe es im Mai 1942 gelang, die Japaner in der Schlacht in der Korallensee zu schlagen und die japanische Invasion abzuwenden.

Nachkriegszeit

Einwanderung

Die japanischen Angriffe machten den Australiern ihre Verwundbarkeit bewusst. Der Ausbau der Infrastruktur, besonders von Straßen, dichtere Besiedlung und größeres Bevölkerungswachstum erschienen geboten. Aus eigener Kraft war dies nicht zu schaffen, so wurde das riesige **Einwanderungsprogramm** der Nachkriegszeit eingeleitet. Bis Ende der 1970er-Jahre galt dabei die ungeschriebene Richtlinie der **White Australia Policy**, die Nichteuropäern den Weg nach Australien versperrte. Ab 1946 wanderten jedes Jahr durchschnittlich 100 000 Personen ein, weniger als ein Drittel kam aus Großbritannien, ein Sechstel aus Italien und je ein Zehntel aus Deutschland und den Niederlanden.

In den 70er-Jahren nahm die Einwanderungsbehörde endgültig Abschied von der Vorstellung eines „weißen Australien" und nahm außer Asiaten verstärkt Flüchtlinge aus verschiedenen Ländern auf. Die Einwanderung erhöhte nicht

1829–59	1851–52	Mitte 19. Jh.
Die Kolonien Western Australia und South Australia werden gegründet. Nach und nach lösen sich Victoria, Queensland und Tasmanien von NSW ab.	Die ersten Goldfunde in NSW und Victoria lösen einen beispiellosen Goldrausch aus. Australien mausert sich zum begehrten Einwanderungsland.	Bahnbrechende Expeditionen helfen bei der Erschließung Australiens.

nur die Bevölkerungszahl drastisch, sondern änderte nachhaltig deren Zusammensetzung. 1947 zählte Australien 7,4 Mio. Einwohner, 1988 lebten dort knapp 16 Mio., heute (2021) etwa 25,7 Mio. Menschen. 2018 waren nur 71 % der australischen Bevölkerung gebürtige Australier, und fast die Hälfte aller Australier hatte mindestens einen Elternteil, der im Ausland geboren wurde.

Ein australischer „Zeitreisender" aus den 50er-Jahren, der dem heutigen Australien einen Besuch abstattete, würde sein Land kaum wiedererkennen. Die von den Engländern und Iren (in geringerem Maß auch von den Schotten) geprägte australische Kultur und Lebensweise, vormals ziemlich homogen, wurde durch den Einfluss immer neuer Wellen von Migranten um zahlreiche Facetten erweitert; das Leben ist bunter, schillernder, aufregender geworden. Gemessen an seiner Einwohnerzahl hat Australien im Laufe von knapp 70 Jahren eine ungeheure Zahl an Menschen aus fremden Kulturen aufgenommen. Dies lief zwar keinesfalls ohne Spannungen ab, aber im Großen und Ganzen ist die Eingliederung Fremder bisher geglückt.

Multikulturalismus ist hier offizielles Glaubensbekenntnis und die kulturelle, sprachliche und ethnische Vielfalt als Kern der nationalen Identität in einem Grundsatzpapier der Regierung verankert. Die Einwanderungsbedingungen haben sich in den letzten Jahren zwar drastisch verschärft und auf gezielte Berufsgruppen ausgerichtet, dennoch soll sich die Einwohnerzahl bis ins Jahr 2050 verdoppeln.

Flüchtlingspolitik

Von dem Zustrom von Asylbewerbern, mit dem sich europäische Länder konfrontiert sehen, blieb der Inselkontinent aufgrund seiner geografischen Lage lange verschont – bis Menschenschmuggler den Fluchtweg von Indonesien zur Nordküste Australiens „erschlossen" und nach der Jahrtausendwende immer mehr mit Flüchtlingen überladene, meist kaum seetüchtige Fischerkutter in australischen Gewässern aufkreuzten. Die damalige liberal-konservative Regierung unter John Howard reagierte darauf mit kompromissloser Härte. Unter Berufung auf ein 1992 (von der vorherigen Labor-Regierung) verabschiedetes Gesetz wurden alle Flüchtlinge, im australischen Sprachgebrauch als *boat people* bezeichnet, festgenommen und in Internierungslager gesteckt – sogenannte **Immigration Detention Centres**, einige davon befanden sich in den abgelegensten, unwirtlichsten Gebieten Australiens (u. a. Woomera in der Wüste von South Australia und Port Hedland im Nordwesten von Western Australia).

Darüber hinaus wurden, wenn irgend möglich, Flüchtlingsboote zur Rückkehr in indonesische Gewässer gezwungen; 2001 wurde australisches Hoheitsgebiet in den Gewässern nördlich des Festlands (u. a. Christmas Island, Cocos Islands, Ashmore Reef) von der australischen „Einwanderungszone" ausgeschlossen. Dort eintreffenden Flüchtlingen wurde das Recht verwehrt, einen Asylantrag für Australien zu stellen. Sie wurden stattdessen in **Auffanglager** auf Nauru (ein winziger pazifischer Inselstaat) und in Papua-Neuguinea verfrachtet und von der Öffentlichkeit abgeschirmt. Medien und Hilfsorganisationen wurde nur selten Zutritt gewährt. Stolz verkündete die Howard-Regierung die „pazifische Lösung" des Flüchtlingsproblems. Aus den Augen, aus dem Sinn.

1.1.1901	1909–70	1914–18
Die Kolonien vereinigen sich zum Commonwealth of Australia mit föderalistischer Verfassung.	Mischlingskinder, später auch reine Aborigine-Kinder, werden ihren Eltern weggenommen und zu weißen Adoptiveltern oder in Heime gegeben.	Australien entsendet 330 000 Soldaten, um Großbritannien im Ersten Weltkrieg zu unterstützen. 60 000 Australier verlieren auf den Schlachtfeldern ihr Leben.

Kritik an der Asylpolitik und ihrer Umsetzung, insbesondere an den Missständen in den zum Teil privatisierten Internierungslagern in Australien, stieß bei der Regierung jahrelang auf taube Ohren. Die harte Linie gegenüber allen „unautorisierten Ausländern" wurde rigide und ohne einen Funken Mitgefühls befolgt. Ob die intendierte Abschreckung ihre Wirkung zeigte oder ob andere Faktoren im Spiel waren: Nach 2002 sank die Zahl der in Booten einreisenden Flüchtlinge auf ein Minimum. 2005 wurde die Flüchtlingspolitik schließlich gelockert: Familien mit Kindern kamen nicht mehr in Lager, sondern in ausgewiesene Flüchtlingssiedlungen und die besonders berüchtigten Lager im Outback (Woomera, Baxter, Port Hedland) wurden sukzessive geschlossen.

Die neue Labor-Regierung unter Kevin Rudd gab sich nach ihrem Wahlsieg im Dezember 2007 in der Flüchtlingsfrage aufgeschlossen, und mit der Schließung des Lagers auf Nauru im Februar 2008 signalisierte sie das Ende der „pazifischen Lösung". Die zwangsweise Inhaftierung aller Flüchtlinge und Asylsuchenden, die ohne gültige Papiere in Australien eintreffen, wurde allerdings nicht infrage gestellt.

Stattdessen kehrte man ab 2012 nach und nach zur pazifischen Lösung zurück: Die Internierungslager in Nauru und auf Manus Island wurden wiedereröffnet und platzten aufgrund der wesentlich höheren Flüchtlingszahlen innerhalb weniger Monate aus allen Nähten. 2013 erklärte Kevin Rudd (der inzwischen wieder den Regierungsvorsitz übernommen hatte), dass keinem, der ohne Visum per Boot australischen Boden erreiche, je Asyl gewährt würde. Diese Aussage wurde von internationalen Menschenrechtsorganisationen wie Amnesty International heftig kritisiert. 2016 erklärte das Oberste Gericht von Papua-Neuguinea die Internierung von Flüchtlingen auf Manus Island für illegal. Abermals weigerte sich die australische Regierung, die Flüchtlinge im eigenen Land aufzunehmen. Stattdessen handelte sie kontroverse Abkommen mit anderen Staaten aus; die meisten der insgesamt 1600 Internierten wurden in die USA geschickt.

Außenpolitik und Wirtschaft

Der Zweite Weltkrieg zeigte, dass Australien sich nicht mehr auf den Schutz der britischen Royal Navy verlassen konnte. Auch für den Handel schienen die USA der geeignetere Bündnispartner. Der Koreakrieg und der Vietnamkrieg rührten wieder einmal an Ängsten vor einer Invasion, diesmal von asiatischen Kommunisten.

Australien schloss 1951 mit Neuseeland und den USA den **ANZUS-Pakt** ab, der US-Beistand im Falle eines Angriffs garantierte. 1954 trat Australien der SEATO (South East Asia Treaty Organization) bei, die die Anwesenheit US-amerikanischer Truppen im Fernen Osten verstärkte. Gemäß der alten australischen Tradition der Waffenhilfe entsandte Australien zur Unterstützung der Amerikaner Freiwillige und Rekruten in den Vietnamkrieg. Während des Golfkriegs 1991 stellte es zwei Kriegsschiffe und amerikanische Spähstationen konnten von australischem Boden aus Aufklärungsarbeit leisten. Nach dem 11. September 2001 kämpften australische Truppen sowohl in Afghanistan als auch im Irak an der Seite der Amerikaner.

Auf wirtschaftlichem Gebiet setzte mit der Entdeckung riesiger **Eisenerzlager** in der Pil-

25.4.1915	19.2.1942	3.6.1992
16 000 australische Soldaten landen im türkischen Galipoli. Es folgt eine Schlacht, die sich zum größten militärischen Desaster der australischen Geschichte entwickelt.	Japanische Bomben fallen auf Darwin. Mit amerikanischer Hilfe kann eine japanische Invasion abgewendet werden.	Mit der Mabo Decision widerlegt zum ersten Mal ein Gericht die *Terra-Nullius*-Fiktion.

bara-Region von Western Australia in den 1960er-Jahren eine der Glückssträhnen ein, die viele Australier fast als selbstverständlich hinnehmen. Funde von Bauxit, Blei, Kupfer, Silber, Zinn und Zink, später sogar Uran ergänzten die Bergwerksbonanza. Bei der Erschließung dieser und anderer Rohstoffquellen war japanisches Kapital maßgeblich beteiligt.

Nach dem Börsenkrach von 1987 befand sich die australische Wirtschaft auf einer Talfahrt, von der sie sich erst fünf Jahre später zu erholen begann. Danach ging es aber stetig aufwärts. 2007 verzeichnete Australien sein 16. Wachstumsjahr in Folge, durchschnittlich 3,5 % legte die Wirtschaft jährlich zu. Die Arbeitslosigkeit lag im Mai 2007 bei 4,2 %, der tiefste Stand seit 30 Jahren. Während der globalen Finanzkrise 2008/2009 ging das Wirtschaftswachstum zwar zurück, von einer Rezession sprach man in Australien aber nicht. Die Howard-Regierung schrieb die **kontinuierliche wirtschaftliche Expansion** ihrer marktliberalen Politik zu. Sicherlich trug die blühende Wirtschaft maßgeblich zu ihrer Langlebigkeit bei (Howard wurde dreimal wiedergewählt).

Vor allem treibt jedoch seit Anfang des Jahrtausends ein unglaublicher Rohstoffboom das Wirtschaftswachstum. 2011 wurden 10 % des Bruttoinlandsprodukts im Bergbau erwirtschaftet, weitere 9 % entfielen auf mit dem Bergbau verwandte Wirtschaftszweige. 2018 sorgten Rohstoffe für 35 % aller Exporteinnahmen.

Der Großteil der abgebauten Rohstoffe wird nach Asien exportiert; der Hauptabnehmer ist nach wie vor China (v. a. Eisenerz und Kohle), auch wenn die Nachfrage in den letzten Jahren abgeklungen ist, was sich vor allem auf die Wirtschaft in Western Australia auswirkte. Die reichhaltigen Kohlelager – Australien verschifft weltweit die größte Menge an Kohle – erweisen sich auch als Fluch. 85 % seiner Energie gewinnt Australien aus Kohle.

Von der weltweiten Rezession infolge der **Covid-19-Pandemie** blieb auch Australien nicht verschont. Die Quote der Arbeitslosen im Land stieg im Juli 2020 auf 7,5 %, weitere 11,2 % galten als unterbeschäftigt. Am schwersten betroffen waren Berufseinsteiger (und damit die Gruppe der 15–24-Jährigen), von denen mehr als 16 % arbeitslos gemeldet waren.

Die Ureinwohner

Vor der Ankunft der Europäer

Die Ureinwohner kamen vermutlich vor 50 000 bis 65 000 Jahren von der Inselwelt Südostasiens in den Norden Australiens, wobei sie etliche Meeresstraßen mit seetüchtigen Booten überquert haben müssen. Damit können die australischen Aborigines die älteste kontinuierliche Kultur der Erde ihr eigen nennen. Nichts anderes besagt auch ihr Name. Er leitet sich vom lateinischen *ab origine* ab, was in freier Übersetzung bedeutet: jemand, der von Anfang an da war. Die Ureinwohner sahen sich nicht als ein einziges Volk, sondern benutzten für ihre eigene Gruppe und andere Völker Eigennamen, ähnlich wie wir von Deutschen, Polen und Franzosen sprechen.

Es gibt einige Sammelnamen, die aber immer nur für die Ureinwohner bestimmter Gebiete verwendet werden – *Koori* für die Ureinwohner

13.2.2008	Ende 2019/Anfang 2020	2020–2021
Mit seiner historischen „Sorry-Ansprache" entschuldigt sich Premierminister Kevin Rudd offiziell bei den Opfern der Stolen Generation.	Die schlimmsten Buschbrände der australischen Geschichte vernichten 180 000 km² Land und töten eine Milliarde Tiere.	In ganz Australien werden während der Covid-19-Pandemie immer wieder Lockdown-Maßnahmen verordnet, die zu den strengsten weltweit zählen.

Süd- und Südost-Australiens, *Murri* für jene Nordost-Australiens und *Noongah* (manchmal auch *Nyungar* geschrieben) für jene Südwest-Australiens. Die Bewohner der Inseln in der Torres Strait, der Meeresstraße zwischen Neuguinea und Australien, bezeichnet man als *Torres Strait Islanders.* In diesem Buch werden für die indigenen Australier die Begriffe Ureinwohner, Aborigines bzw. Torres Strait Islanders verwendet.

Darüber, wie viele Ureinwohner bei der Ankunft der Europäer in Australien lebten, gehen die Schätzungen stark auseinander: zwischen 300 000 und 700 000. Sie bildeten etwa 500 Völker (oft wird der ungenaue Ausdruck „Stamm" gebraucht) und weitere Untergruppen. Sie waren semi-nomadisierende **Jäger und Sammler**, deren materiell-technologische Kultur auf das Nötigste beschränkt war. Sie hatten jedoch ein äußerst komplexes soziales sowie spirituell-religiöses System entwickelt, das den Menschen als einen Bestandteil der natürlichen Welt betrachtete. Demnach ist jeder Mensch ein direkter Nachfahre mythischer Vorfahren, die in der Urzeit das Land und alle Lebewesen erschufen.

Diese **Schöpfungsgeschichte**, ungenau mit *Dreamtime* (Traumzeit) übersetzt, wurde in Liedern und Versen überliefert, die Initiierten bekannt waren. Jeder Teil der Landschaft, sei er noch so unscheinbar, jeder einzelne Felsen, Hügel, Baum oder Strauch, jede Wasserstelle oder Düne, hat für traditionell denkende Ureinwohner eine konkrete Bedeutung und bildet für sie einen unverrückbaren Teil ihrer Identität. Sie und das Land ihrer Vorfahren gehören als organisches Ganzes zusammen. Nichts ist dieser Sichtweise fremder als die Vorstellung, dass man Land besitzen und für Geld kaufen und verkaufen kann, denn demnach betrachtet die gegenwärtige Generation sich in einer langen Kette von Vorfahren und Nachfahren als die gegenwärtigen Hüter „ihres" Landes.

Ihre Spiritualität ermöglichte es den Ureinwohnern, 40 000 Jahre (anderen Schätzungen nach sogar 60 000 Jahre) in Frieden und Einklang mit der Natur zu leben. Allerdings wirkten sie durchaus auch auf die Natur ein. Da Savannen und offene, lichte Wälder sich besser zum Jagen eigneten als dichte Urwälder, brannten sie regelmäßig ihre Jagdgründe ab. Vor 10 000 Jahren brachten sie den Dingo, den australischen Wildhund nach Australien, der zum Aussterben des Tasmanischen Teufels und des Tasmanischen Tigers (*Thylacene,* auch Beutelwolf genannt) auf dem Festland führte. Die im Norden lebenden Aborigines hatten vor Ankunft der Europäer zwei- bis vierhundert Jahre lang sporadische Kontakte mit Seeleuten aus dem indonesischen Archipel und Völkern aus Neuguinea; auf eine große Invasion von Fremden waren sie jedoch nicht vorbereitet.

Kolonisierung und die Folgen

Für die britischen Neuankömmlinge galt die Doktrin *Australia, Terra Nullius* – sie betrachteten Australien als Land, das keinem gehörte und deshalb auch ohne Weiteres in Besitz genommen werden konnte. Die paar dunkelhäutigen Ureinwohner fielen nach dieser Auffassung nicht weiter ins Gewicht. Sie streiften ja nur, mit Steinzeitwerkzeugen ausgerüstet, durch das Land, betrieben keinen für europäische Augen erkennbaren Ackerbau, hatten keine erkennbaren permanenten Siedlungen aufzuweisen – von „Besitz" konnte also, so lautete die bequeme Legitimation der Landnahme, keine Rede sein. Die *Terra-Nullius*-Fiktion wurde erst 1992 in einem Gerichtsurteil des High Court aufgehoben (S. 110).

Viele Ureinwohner fielen den von europäischen Siedlern eingeschleppten **Krankheiten** zum Opfer, gegen die sie in ihrer jahrtausendelangen geografischen Isolation keinerlei Abwehrkräfte entwickelt hatten: Pocken, Grippe, Diphterie, Masern, Typhus, Geschlechtskrankheiten. Die erste Pockenepidemie brach im April 1789 aus, 15 Monate nach der Gründung der ersten Siedlung am Sydney Cove, und raffte die meisten Ureinwohner in der Umgebung dahin.

Als die Pastoralisten ab Anfang des 19. Jhs. auf der Suche nach Weideland für ihre riesigen Viehherden immer weiter von den Küsten ins Hinterland vordrangen, wurden Aborigines vom Land ihrer Vorfahren vertrieben. Sie verloren damit ihre Heimat, den zentralen Bezugspunkt ihrer Identität, aber auch ihre Nahrungs- und

Trinkwasserquellen. Rinder und Schafe fraßen den Kängurus, Wallabies und anderen einheimischen Tieren das Gras weg, verschmutzten Wasserlöcher und Bäche und wühlten mit ihren harten Hufen die dünne fruchtbare Erdschicht an der Oberfläche auf. Bäume wurden gefällt, ganze Wälder gerodet; Pflanzen, die in der Ernährung der Ureinwohner eine wichtige Rolle gespielt hatten (z. B. *myrnong*, wilde Yams, im Westen Victorias) verschwanden.

Mit den Folgen der Einführung europäischer Tiere und der bedenkenlosen Abholzung ganzer Landstriche – zunehmende Erosion und Versalzung der Böden – muss sich Australien bis heute auseinandersetzen, S. 100. Aborigines setzten sich mit Viehdiebstählen zur Wehr, auch mit guerillaartigen Überfällen auf weiße Siedler, und bestätigten damit nur deren Überzeugung, die „Schwarzen" seien hinterhältig und eine Bedrohung. Die nächsten gedanklichen Schritte lagen nahe: Die „primitiven" Ureinwohner trügen kaum noch menschliche Züge, glichen eher wilden Tieren, seien wie Ungeziefer.

So waren, wie ein britischer Hochkommissar im Jahre 1883 über die in Queensland weitverbreitete Einstellung gegenüber den Aborigines berichtete, selbst äußerst gebildete und kultivierte Gentlemen in der Lage, über das Töten einzelner Ureinwohner zu sprechen, als redeten sie über die Erlegung eines Raubtieres oder über eine sportliche Jagd. Bei Verfolgungs- und Vergeltungsjagden wurde oft **Native Police** eingesetzt, die von der Kolonialadministration aus orts- und stammesfremden Aborigines rekrutiert wurde. Diese „schwarzen Polizisten" waren bei den verfolgten Aborigines besonders gefürchtet, da sie sich – im Gegensatz zu den meisten Weißen – bestens im Busch auskannten, über einen hervorragenden Spürsinn verfügten und darüber hinaus die Sache ihrer weißen Vorgesetzten zu ihrer eigenen gemacht hatten.

Angesichts der weitverbreiteten mörderischen Praktiken der Siedler gewann man in der Kolonialverwaltung die Überzeugung, dass die Ureinwohner des Schutzes bedürften. Da der Erlass von Schutzgesetzen wenig bewirkte, bot sich die Lösung an, sie physisch von den potenziellen Mördern, Vergewaltigern, Opium- und Alkoholverkäufern fernzuhalten. **Reservate** und

christliche Missionsstationen wurden gegründet, meist in abgelegenen, schwer zugänglichen Gebieten (in Queensland u. a. auf Palm Island, Mornington Island und der Yarrabah Peninsula), und Ureinwohner wurden teils überredet und mit Versprechungen angelockt, teils gezwungen, sich „zu ihrem eigenen Schutz" dort anzusiedeln. Meist fand sich in diesen Siedlungen ein bunt zusammengewürfelter Haufen von Menschen zusammen, die aus ihrem traditionellen Familien- und Stammeszusammenhang herausgerissen waren, keine Beziehung zur neuen „Heimat" und wenig oder gar nichts mit den anderen Ureinwohnern gemeinsam hatten, auch keine Sprache.

Die Missionare ließen Äcker, Gemüse- und Obstgärten anlegen, Schlafräume, Schulen und Kapellen errichten, sorgten für Wasserzufuhr und Abwasserentsorgung, und in dieser Hinsicht stellten ihre Missionsstationen in der Tat eine Zuflucht dar. Sie hatten dort aber auch die unumschränkte Autorität inne; waren praktisch Gesetzgeber, Polizei und Richter in einem. Sie waren der rechtliche Vormund jedes Kindes und jedes Erwachsenen, kontrollierten jedermanns Einkommen, erließen strikte Verhaltens- und Kleidungsvorschriften. Englisch war die einzig akzeptierte Sprache; die Muttersprachen, alle Geschichten oder Verhaltensweisen, die an die alten „heidnischen" Gewohnheiten erinnerten, waren verboten und Zuwiderhandlungen wurden nach Gutdünken bestraft.

Die Zufluchtsstätte wurde buchstäblich zum Gefängnis, denn es war den „Insassen" untersagt, sich unerlaubt aus der Siedlung zu entfernen. Die Unterweisung der Aborigines in der christlichen Lehre (bzw. in der Version, der die Missionare jeweils angehörten), war von zentraler Bedeutung. Die Kombination von Fertigkeiten im Bereich von Haus- und Landarbeit, Gewöhnung an Disziplin und Unterordnung und eine „fromme" (d. h. fügsame) Einstellung war sehr begehrt bei potenziellen weißen Arbeitgebern. Ab Ende des 19. Jhs. versorgten die Missionen viele *outback stations* mit schwarzen Dienstmädchen und Landarbeitsgehilfen, die für kaum mehr als Kost und Logis arbeiteten.

Staatliche Wohlfahrtsämter setzten die paternalistische „Fürsorge" für die Aborigines fort: 1869 wurde in Victoria der Board for the Protection of Aborigines gegründet, 1883 in New South Wales, 1897 wurde in Queensland das Gesetz zur Aboriginal Protection and Restriction of the Sale of Opium erlassen, gefolgt vom Aborigines Act 1905 in Western Australia und 1911 in South Australia. Mehr oder weniger sahen sie alle das Gleiche vor: Die Behörde bestimmte, wer in den Reservaten leben durfte und wer nicht, und hatte das Recht, Unerwünschte in ein anderes Reservat umzusiedeln, ohne Rücksicht auf Familienbindungen oder die eigenen Wünsche der Betroffenen (Queensland). In den anderen Staaten bezog sich dieses Recht v. a. auf Kinder, die ohne Zustimmung der Eltern und ohne Gerichtsurteil aus der Familie entfernt und in eine „Reformschule" oder Wohnheim gesteckt werden konnten.

In einigen Staaten war der an der Spitze der Behörde stehende Beamte („Governor" oder „Chief Protector") der gesetzliche Vormund für alle Kinder von Ureinwohnern, egal ob ihre Eltern lebten oder nicht. Erklärtes Ziel der „Eingeborenenpolitik" war weit bis in die Mitte des 20. Jhs. die **Assimilation**. Die Überlebenden der alten Aboriginal-Völker betrachtete man als Angehörige einer sterbenden Rasse; viele Missionare und andere Wohlmeinende (u. a. Daisy Bates) sahen ihre Aufgabe darin, den dem Untergang Geweihten an ihrem Sterbebett beizustehen („to smooth their dying pillow").

Ganz anders die **Mischlingskinder**, die viele Aboriginal-Frauen zur Welt brachten. Diese Kinder, so lautete die vorherrschende Meinung, hatten das Potenzial, in der vorherrschenden anglo-irischen Kultur aufzugehen, wenn man sie nur – so früh wie möglich – aus ihren Aboriginal-Familien entfernte. So kam es dazu, dass Vertreter der staatlichen Fürsorge Aboriginal-Frauen, die ein Kind von einem Weißen bekommen hatten, ihr Baby wegnahmen und es entweder in ein Waisenhaus steckten oder zur Adoption an weiße Familien freigaben. Bald waren auch reine Aboriginal-Kinder betroffen, also solche, die keinen weißen Elternteil hatten. Kindern, die sich nicht mehr an ihre Aboriginal-Familie erinnern konnten, wurde meistens erzählt, ihre Mutter lebe nicht mehr oder habe sie freiwillig weggegeben.

Diese Praxis wurde in allen australischen Bundesstaaten durchgeführt, mehr oder weniger systematisch, und hielt bis Anfang der 1970er-Jahre des 20. Jhs. an. Insgesamt 110 000 bis 130 000 Aboriginal-Kinder waren davon betroffen. Zahlreiche ihrer erschütternden Schicksale sind in dem 1997 erschienenen Bericht *Bringing Them Home* (manchmal auch *The Stolen Children Report* genannt) einer staatlichen Untersuchungskommission dokumentiert. Die betroffenen Kinder gingen als die sogenannte „Stolen Generation" in die australische Geschichte ein.

Die Situation seit 1967

Bis 1967 galten Aborigines als Mündel des Staates; dann erst wurden ihnen Bürgerrechte verliehen, was sie u. a. dazu berechtigte, an Wahlen teilzunehmen, ihren Wohnsitz und ihre Ehepartner frei zu wählen und Alkohol zu konsumieren. Der Erwerb des vormaligen „Whitefella"-Privilegs, sich nach Lust und Laune volllaufen zu lassen, erwies sich für die Aborigines jedoch als Fluch, mit dessen zerstörerischen und selbstzerstörerischen Auswirkungen sie bis heute zu kämpfen haben. Die Rechte auf dem Papier haben die Lebensverhältnisse der Ureinwohner ebenso wenig grundsätzlich verbessert wie finanzielle staatliche Zuwendungen.

Native Title und Reconciliation

Seit den 1990er-Jahren wird die Beziehung zwischen den Ureinwohnern und dem weißen Australien durch Entwicklungen und Auseinandersetzungen geprägt, die sich um diese zwei Begriffe drehen. Bei der **Native-Title**-Diskussion geht es um die Frage, ob und unter welchen Bedingungen „traditionelle Eigentümer" einen Anspruch auf Land haben, und ob dieser Native-Title-Anspruch gleichzusetzen ist mit einem Besitzrecht *(title)* im europäisch-australischen Sinn.

Von bahnbrechender Bedeutung war das Grundsatzurteil des High Court of Australia vom 3. Juni 1992 in der Klage des Torres Strait Islanders Eddie Mabo gegen die queensländische

Einrichtungen wie Karrke Aboriginal Culture Experience nahe dem Kings Canyon erlauben Touristen einen Einblick in die Kultur der australischen Ureinwohner.

Regierung, die sogenannte **Mabo Decision**, mit dem die bis dato unangefochtene *Terra-Nullius-*Fiktion zurückgewiesen wurde. Zum ersten Mal erkannte ein australischer Gerichtshof an, dass Australien, das durch die britische Krone ab 1788 in Besitz genommen worden war, sehr wohl besiedelt gewesen war, und dass die traditionellen Rechte der Ureinwohner auf das Land ihrer Vorfahren durch die Inbesitznahme keineswegs erloschen waren.

Recht hastig und ohne nähere Konsultation betroffener Aboriginal-Gruppen wurde im Anschluss an diese Gerichtsentscheidung im Dezember 1993 der **Native Title Act** (oder: Mabo-Gesetz) vom australischen Parlament verabschiedet, ein Landrechtsgesetz, das mögliche Rechtsansprüche traditioneller Eigentümer auf Grundbesitz regelt. Während die konservativen Oppositionsparteien, insbesondere in Western Australia und Queensland, sowie Vertreter der Bergbauindustrie daraufhin den wirtschaftlichen Untergang ihrer Unternehmen (und damit – so wurde impliziert – der einzelnen Bundesstaaten und Australiens) kommen sahen, betrachteten viele Aborigines und Torres Strait Islander das Mabo-Gesetz als eine hohle Geste

der Versöhnung, die die Frage der Kompensation für den Verlust ihrer traditionellen Stammesgebiete außer Acht lasse und somit die ursprüngliche Enteignung zementiere.

Im Jahre 1996 sorgte ein weiteres High-Court-Urteil, die sogenannte **Wik Decision**, erneut für Furore. Diesmal ging es um *pastoral leases*, von der Krone gepachtetes Land, das meist als Viehweide genutzt wird. Das Wik-Volk von der Cape York Peninsula hatte Native Title für ein verpachtetes Stück Land eingeklagt. Ihnen wurde in letzter Instanz recht gegeben: Ein Native Title sei nicht automatisch durch die Verpachtung des Landes erloschen, sondern könne mit dem Pachtrecht koexistieren. Dem Urteil wurde aber auch hinzugefügt, dass im Falle eines Konflikts zwischen dem Recht des Pächters und dem Recht der traditionellen Eigentümer dem Recht des Pächters der Vorrang einzuräumen sei.

Daraufhin wurde 1998 ein weiterer umstrittener Native Title Act, die **Wik Legislation**, verabschiedet, der das Urteil aufgriff und die möglichen Ansprüche traditioneller Eigentümer weiter einschränkte. Wenige Landrechtsklagen haben Aussicht auf Erfolg. Ein Native Title

Tribunal prüft jeden einzelnen Fall, das Verfahren ist äußerst langwierig und komplex und die rechtlichen Hürden enorm. Unter anderem haben traditionelle Eigentümer eine bis zum heutigen Tag andauernde Verbindung zu dem fraglichen Landgebiet nachzuweisen – Pech, wenn die Generation der Großeltern oder Urgroßeltern vertrieben wurde.

Reconciliation – Versöhnung – war in den 90er-Jahren ein weiteres Schlüsselwort in allen Debatten über die Beziehungen zwischen Weiß und Schwarz. Wie die Resonanz auf die 1997 von Pauline Hanson gegründete rechtslastige One Nation Party zeigte, tat (und tut) sich eine Minderheit von Australiern schwer damit, von einem Gefühl der Überlegenheit Abschied zu nehmen. Zwar fehlten Pauline Hanson Sachwissen und ein kohärentes politisches Konzept, aber ihre populistischen Reden von der heilen Welt der Vergangenheit, als „die Schwarzen noch genügsam und bescheiden waren" und noch keine „Massen von Einwanderern" aus Asien das Land „überschwemmten", fanden eine Zeit lang durchaus Gehör, ihre Partei Anhänger und Sitze in einigen Parlamenten der Bundesstaaten. Zu Anfang des Jahrtausends war die One Nation Party dann wieder von der politischen Bildfläche verschwunden.

Die *prinzipielle* Anerkennung der Landrechte der Ureinwohner auf juristischer und politischer Ebene nach mehr als 200 Jahren war ein erster Schritt in Richtung Versöhnung. Den nächsten Schritt – ein offizielles Eingeständnis des in der Vergangenheit den Ureinwohnern zugefügten staatlichen Unrechts und ein Reuebekenntnis – wies die Regierung John Howard (1996–2007) weit von sich. Die von ihm verächtlich als „Black Armband History" bezeichnete Geschichtsauffassung, formuliert von professionellen Schwarzsehern, war ihm zutiefst zuwider. Howards konservatives Geschichtsbild konzentrierte sich auf die Leistungen der Pioniere und die zivilisatorische Erschließung des Kontinents durch die (primär) angelsächsischen Siedler. Hinter der Ablehnung stand aber auch die konkrete Befürchtung, ein offizielles Schuldbekenntnis könnte enorme Schadenersatzforderungen der Aborigines nach sich ziehen. So wurde das Thema *Stolen Generation* von ihm

und seiner Regierung entweder geleugnet oder heruntergespielt.

Seit 1998 wird jedes Jahr am „Sorry Day" der Stolen Generation gedacht. Doch erst der klare Wahlsieg der Labor Party im November 2007 brachte einen Wandel in dieser Frage mit sich. Anfang Februar 2008 eröffnete Howards Nachfolger Kevin Rudd die erste parlamentarische Sitzungsperiode seiner Amtszeit mit seiner historischen **„Sorry"-Ansprache**. Eine wichtige symbolische Geste, die zum Heilen tiefer Wunden beitragen mag, sowohl in der Psyche der Betroffenen als auch in der kollektiven Psyche der Nation. Kompensationszahlungen lehnte aber auch die Labor-Regierung ab.

Notstandsgesetzgebung – die Northern Territory Intervention

Mit seinem Amtsantritt übernahm Rudd die Notstandsgesetzgebung für das Northern Territory, die seine Partei knapp ein halbes Jahr zuvor unterstützt hatte. Im Juni 2007 hatte sich die Howard-Regierung zutiefst erschüttert und empört gezeigt über den Bericht einer Untersuchungskommission über weitverbreiteten **Alkoholismus und Kindesmissbrauch** in Aboriginal-Siedlungen im Northern Territory. Dass in den Siedlungen sehr viel im Argen lag, war eigentlich schon seit Langem bekannt. Ein paar Monate vor der offiziellen Ankündigung des Wahlkampfes hieß es nun, man könne da nicht tatenlos zusehen.

So wurde eilig eine Notstandsgesetzgebung (die NT Emergency Response Legislation) verabschiedet, die australische Anti-Diskriminierungs-Gesetze vorübergehend außer Kraft setzte und die Bundesregierung zu drastischen Eingriffen berechtigte, so u. a. die **Übernahme der Verwaltung von Aboriginal-Siedlungen** und ein striktes Verbot von Alkohol und pornografischem Material. Sozialhilfe sollte teilweise einbehalten werden, stattdessen sollten Lebensmittelgutscheine ausgeteilt werden, einzulösen in Siedlungsläden oder Supermärkten der am nächsten gelegenen Stadt (aber nicht im *bottle shop*). Innerhalb der folgenden Wochen rückten Soldaten, Polizisten, Krankenschwestern, Ärzte und Sozialarbeiter in den ersten Siedlungen ein.

Die Reaktion auf die NT-Intervention war zwiespältig. Die Maßnahmen, allen voran das **Alkoholverbot** und eine **verstärkte Polizeipräsenz**, wurden in den Siedlungen und Town Camps durchaus begrüßt, und viele Mütter und Großmütter freuten sich, dass ihre Familie durch das Prinzip der Lebensmittelgutscheine endlich mehr zu essen hatte.

Aber selbst Befürworter der Intervention bemängelten den blitzartigen Überrumpelungscharakter der Intervention, den Mangel an Abstimmung und Konsultation mit Behörden auf allen Ebenen, ganz zu schweigen von der Zusammenarbeit mit Repräsentanten der betroffenen Siedlungen. Der Rechtsanwalt Noel Pearson, ein Ureinwohner von der Cape York Peninsula in Queensland und unermüdlicher Kämpfer für die Verbesserung der Lebensbedingungen aller indigenen Australier, vertritt ähnliche Ansichten wie die Howard-Regierung: Aboriginal-Siedlungen müssen „trocken" sein, Einbehaltung der Sozialhilfe für Lebensmittel ist eine gute Sache.

Der Unterschied: Er pocht auf Selbstbestimmung und besteht auf der Verantwortung der Einzelnen und der Gemeinschaft. Diese muss sich ihre Vorschriften selbst auferlegen und deren Durchführung selbst kontrollieren. Genau dies hat sein Volk auch gemacht (🖵 https://capeyorkpartnership.org.au). Im Vergleich dazu war die NT-Intervention eine Top-down-Aktion, die wie in der Vergangenheit auf eine **Bevormundung** der Betroffenen hinausläuft und sie zum Gegenstand bürokratischer Entscheidungen degradiert. Dass die Notstandsgesetze zudem nur für Aborigines gelten, macht sie zu Rassengesetzen.

Nach dem Machtwechsel in der Regierung setzte Kevin Rudd mit seiner Initiative *Closing the Gap: NT National Partnership Agreements* auf einen ähnlichen Kurs. Die Intervention wurde beibehalten, aber ihr Charakter schien sich gewandelt zu haben – von einer Strafmaßnahme gegen Alkoholiker und Pädophile in eine konzertierte Aktion zur praktischen Verbesserung der Lebensbedingungen in den entlegenen Siedlungen und den Town Camps.

Mehr als zehn Jahre nach dem Start der ursprünglichen NT-Intervention betrachten die meisten Australier das Programm als gescheitert: Neuen Studien zufolge sind die Fälle von Kindesmissbrauch sogar noch gestiegen. Beanstandet wird vor allem, dass die Interventionen nach wie vor ohne die Konsultation der Aborigine-Communities weiterlaufen.

Regierung und Politik

Australien ist als **parlamentarische Monarchie** Mitglied im britischen Commonwealth of Nations. Das offizielle Staatsoberhaupt ist somit die britische Queen, die in Australien durch einen **Governor General** (Generalgouverneur) vertreten wird. Seit Juli 2019 ist das der pensionierte General David Hurley. Seit 1986 ist ein Gesetz in Kraft, das die früheren verfassungsmäßigen Bindungen an Großbritannien aufhebt.

Die konservative Howard-Regierung (1996–2007) tat ihr Möglichstes, die vom Labor-Vorgänger in Bewegung gesetzte Loslösung Australiens von der britischen Krone und die Einrichtung einer Republik zu bremsen, wenn nicht gar zu sabotieren, sodass der zu diesem Thema 1999 durchgeführte Volksentscheid scheiterte.

Australien besteht aus den sechs **Bundesstaaten** New South Wales, Queensland, Western Australia, South Australia, Victoria und Tasmania, außerdem zwei internen Territorien, dem Australian Capital Territory um die Hauptstadt Canberra und dem Northern Territory, sowie sieben externen Territorien – Inselgruppen im Indischen Ozean und im Pazifik sowie einem Teil der Antarktis.

Die momentane **Verfassung** sieht eine föderative Regierungsform vor und kann nur durch einen Volksentscheid geändert werden. Einer Verfassungsänderung müssen die Mehrheit aller Wähler des Landes sowie die Mehrheit der Wähler in allen Bundesstaaten zustimmen.

In Australien besteht **Wahlpflicht**, sowohl für **Wahlen** für den australischen Bund als auch auf der Bundesstaatsebene, vereinzelt sogar für Wahlen auf lokaler Council-Ebene. Die Bundeswahl findet etwa alle drei Jahre statt. Wahlberechtigt sind erwachsene Bürger Australiens ab 18 Jahren.

Das **Parlament** besteht aus zwei Kammern, dem House of Representatives (Unterhaus) und dem Senate (Oberhaus). Das australische Wahlsystem ist ziemlich kompliziert. Bei Wahlen zum House of Representatives auf Bundes- oder Bundesstaatsebene gilt zumeist das System der Vorzugswahl, für den Senat und für die Wahlen zum House of Representatives in Tasmanien hingegen wird das Verhältniswahlsystem angewendet.

Das Äquivalent des deutschen Bundeskanzlers ist der **Prime Minister**. Seit August 2018 nimmt dieses Amt der konservative Scott Morrison ein, nachdem sein Vorgänger Malcolm Turnbull (ebenfalls von der Liberal Party) aus dem Amt gedrängt wurde. Turnbull war selbst 2014 durch einen sogenannten *leadership spill,* der seinen Vorgänger des Amtes enthob, zu seiner Position gekommen. Im Hinblick auf die vielen innerparteilichen Plänkeleien des vergangenen Jahrzehnts blicken viele Australier mit wenig Zuversicht auf ihre politischen Führer.

Die **Regierenden der Bundesstaaten** werden Premier genannt; im Northern Territory heißt das Amt Chief Minister. Der Prime Minister ist Mitglied des House of Representatives. Einige Mitglieder des Kabinetts gehören dem Senat an. Die Abgeordneten werden proportional zum Bevölkerungsanteil der Bundesstaaten gewählt. Eine Mindestzahl von fünf Abgeordneten vertritt jeden Bundesstaat. In den **Senat** entsendet jeder Bundesstaat unabhängig von seiner Bevölkerungszahl die gleiche Anzahl von Senatoren; der Senat hat 76 Sitze. Ihm kommt eine Kontrollfunktion zu, indem er den Bundesstaaten mit geringer Bevölkerungszahl die Möglichkeit gibt, sich gegen das Übergewicht bevölkerungsreicher Bundesstaaten zu wehren.

Die politische Geschichte Australiens ist vom Tauziehen um Machtbereiche zwischen den Bundesstaaten und der Bundesregierung geprägt. So begrenzten die Verfassungsgeber die Kompetenzbereiche des Bundes und übertrugen dem Senat eine Kontrollfunktion über die Rechte der Bundesstaaten. Da sich zu den bundesstaatlichen und Bundesbehörden noch viele Dienststellen lokaler Behörden auf Stadt- oder Kreisebene hinzugesellen, ergibt sich ein Behördendschungel, der viele Australier zu der Kritik veranlasst, ihr Land sei *overgoverned* – überbürokratisiert – und die Steuergelder, die zur Bezahlung

Canberra schlichtete den Streit zwischen Melbourne und Sydney um den Regierungssitz.

© ANNE DEHNE

LAND UND LEUTE

der Heerscharen von *public servants* verwendet werden, seien zu weiten Teilen zum Fenster hinausgeworfen.

Politische Parteien

Das politische Geschehen in Australien wird von zwei Gruppen (bestehend aus drei Parteien) dominiert: der **Australian Labor Party (ALP)**, der **Liberal Party (LP)** und der **Liberal National Party (LNP**, nur in Queensland). Liberal Party und National Party koalieren miteinander und werden, wenn es um nationale Angelegenheiten geht, unter dem Begriff *The Coalition* zusammengefasst.

Die ALP ist eng mit den Gewerkschaften verflochten. Die LP ist trotz ihres Namens konservativ. Die beiden großen Rivalen ALP und LP unterscheiden sich in vielen politischen Fragen, v. a. in Hinblick auf Wirtschaftspolitik, viel weniger als ihre Vertreter glauben machen.

Die drittgrößte Partei stellen die **Australian Greens**, die regelmäßig auf immerhin 7–13 % kommen, Tendenz steigend.

Fahne und Nationalhymne

Die ehemalige Zugehörigkeit zu Großbritannien drückt sich in der Nationalflagge aus: Sie ist blaugrundig, oben der britische Union Jack, darunter ein weißer, siebenstrahliger Stern und daneben das Kreuz des Südens, das aus fünf Sternen besteht. Diskussionen um die Einführung einer neuen Flagge, die anstatt der britischen Verbindung das Erbe der Ureinwohner widerspiegelt, flammen immer wieder auf – bislang blieben diese Debatten aber folgenlos.

Bis 1972 galt *God save the Queen* als Nationalhymne. Diese Weise wird jetzt nur noch auf königlichen bzw. vizeköniglichen Veranstaltungen gespielt. Ansonsten ist *Advance Australia Fair* an ihre Stelle getreten, deren holperige, schwülstig-pathetische Verse sich kaum ein Australier merken kann oder will. Beliebter ist da die alte Ballade vom Tramp, der ein Schaf stiehlt und sich lieber in einem *Billabong* ertränkt, als sich von den ihn verfolgenden Polizisten verhaften zu lassen. *Waltzing Matilda* kennt in Australien jedes Kind und ist mit Sicherheit die inoffizielle Nationalhymne.

REGIERUNG UND POLITIK **115**

SYDNEY OPERA HOUSE; © TOURISM AUSTRALIA / ANDREW SMITH

New South Wales

Sydney ist für viele Traveller das Tor zu Australien. Aber New South Wales hat noch viel mehr zu bieten: die touristisch gut ausgebaute Nordküste mit dem Surfer-Mekka Byron Bay; die ruhige, bildhübsche Südküste oder auch das weite Outback mit seinen faszinierenden Landschaften wie der im Mungo National Park.

Stefan Loose Traveltipps

1 **Sydney** Australiens bunteste, lebendigste und schillerndste Metropole – und für viele Besucher zweifellos eine der schönsten Städte der Welt. S. 123

2 **Blue Mountains** Unzählige Wanderwege schlängeln sich durch die dramatische Berglandschaft; in der Luft liegt der Duft der Eukalypten. S. 153

3 **Jervis Bay** In der traumhaften Bucht tummeln sich das ganze Jahr über Delphine und das vor dem angeblich weißesten Strand der Welt. S. 169

4 **Byron Bay** Dichte Regenwälder, lange Sandstrände, fast immer Sonnenschein und dazu eine partywütige Alternativkultur. S. 197

5 **Broken Hill** Die eindrucksvolle Outback-Landschaft rund um die Bergwerkstadt ist Inspiration für Generationen von Künstlern. S. 216

Mungo National Park In der surrealen Mondlandschaft wurden einige der ältesten menschlichen Überreste der Welt gefunden. S. 220

MANLY BEACH: © JAN DÜKER

PEBBLY BEACH: © TOURISM AUSTRALIA / ANDREW SMITH

Wann fahren? Nov–März ist toll zum Baden. Wale sieht man von Mai–Nov. Am teuersten ist es während der Sommerferien (Dez–Feb).

Wie lange? Sydney mind. 3–4 Tage, Südküste 1–2 Wochen, Nordküste 1–2 Wochen

Bekannt für Sydney, Surfkultur, Kängurus am Strand, exorbitante Immobilienpreise

Updates und eure **Kommentare** zu diesem Kapitel auf 🖥 www. stefan-loose.de unter **eXTra [11414]**

New South Wales ist der älteste Bundesstaat und der Staat mit der höchsten Einwohnerzahl. Seine Hauptstadt Sydney ist die älteste und größte Stadt Australiens. Wegen der ewigen Rivalität zwischen Sydney und Melbourne wurde im Südosten das Australian Capital Territory, abgekürzt ACT, aus dem Bundesstaat New South Wales herausgelöst und die dort neu gegründete Stadt Canberra 1927 zum offiziellen Regierungssitz und zur Hauptstadt von Australien ernannt.

Für australische Verhältnisse ist New South Wales mit 801 200 km^2 – 10 % des australischen Kontinents – kein besonders großer, dafür aber ein dicht bevölkerter Staat: Rund 8 Mio. Menschen wohnen hier, mehr als ein Drittel der Gesamtbevölkerung Australiens. Die Verteilung ist höchst ungleichmäßig: Das Outback im Westen ist äußerst spärlich und ländliche Gegenden im mittleren Westen und Südwesten sind dünn besiedelt, während sich in und um Sydney über 5 Mio. Einwohner zusammendrängen.

Die Küstenstrecke von Sydney hinauf in den Norden bis an die Grenze zu Queensland ist bei Touristen von nah und fern äußerst beliebt. Und das nicht ohne Grund, denkt man nur an die Bilderbuchbucht von Port Stephens, das idyllische Weinbaugebiet Hunter Valley, das Wassersportzentrum Great Lakes, die küstennahen Nationalparks und natürlich das quirlig-alternative Surf-Mekka Byron Bay. Aber wer nicht unbedingt weiter in den Sonnenstaat Queensland muss, sollte auch die Südküste in Betracht ziehen: Die Buchten, Strände und Nationalparks sind nicht minder spektakulär, dafür geht es hier wesentlich ruhiger zu. Delphine und (in der Saison) Wale bekommt man übrigens an der gesamten Küste zu sehen.

Skifahren dürfte bei den wenigsten Reisenden aus Europa auf dem Tourplan stehen (und ist aufgrund der deftigen Preise in der Wintersaison auch nicht übermäßig empfehlenswert). Dafür sind die Snowy Mountains im Südwesten an der Grenze zu Victoria auch ohne Schnee attraktiv. Hier liegt übrigens auch der Mount Kosciuszko, mit 2228 m Australiens höchster Berg.

Und dann wäre da natürlich noch die endlose Weite des Outbacks *back of Bourke* (Bourke ist zwar tatsächlich eine Stadt im tiefen Nordwesten von NSW; mit „back of Bourke" – jenseits von Bourke – bezeichnen die Locals aber so ziemlich alles, was aus ihrer Sicht ab vom Schuss ist). Und wer Zeit und Muße hat, sollte das wirklich mal erleben, sei es wegen der unvergesslichen Charaktere, die vielleicht nur einer entlegenen, vom Opalrausch besessenen Kommune entspringen können, oder sei es wegen des gewaltigen funkelnden Firmaments, das sich in lauen Outbacknächten über dem Zeltplatz erhebt und alles andere verschwindend klein erscheinen lässt.

New South Wales war von den Buschbränden im Sommer 2019/20 stark betroffen. Eine Fläche von 5,5 Mio. Hektar – knapp 7 % des Bundesstaates – brannte nieder. Besonders heftig traf es die Region rund um die Blue Mountains, wo 80 % der Eukalyptuswälder den Flammen zum Opfer fielen. Auch große Teile der Gondwana Rainforests of Australia, die u. a. die Nationalparks der Barrington Tops, Dorrigo und Border Ranges einschließen, nahmen großen Schaden: Hier brannte mehr als 50 % der Fläche ab. Zudem standen riesige Teile der Südküste in Flammen. Viele Tierarten könnten vom Aussterben bedroht sein, darunter das Kaninchenkänguru *(long-footed potoroo)* und das Bürstenschwanz-Felskänguru *(brush-tailed rock-wallaby)*.

Klima

An der Küste sind die Winter mild. Im Juli liegt die Tageshöchsttemperatur in Sydney bei durchschnittlich 17 °C. Nachts sinkt das Thermometer auf durchschnittlich 8 °C.

Entlang der Great Dividing Range ist das Klima merklich kühler – im Sommer erfrischend, im Winter kalt. Zwischen Juni und August/September schneit es in größeren Höhen. Westlich der Great Dividing Range ist es trockener und kontinentaler als an der Küste, aber im Winter milder als in den Höhen der Great Dividing Range.

Das Outback prägen die für diese Gegend übliche Trockenheit und extreme Temperaturen: heiße Sommertage (bis über 40 °C), im Winter folgen milden Tagen eisig kalte Nächte.

New South Wales

N
0   200 km

NT
QLD
WA
SA
NSW
VIC
TAS

New England Plateau
203-206

Die Nordküste
179-203

Country NSW
209-213

Brisbane ●

Lismore

Tenterfield
Glen Innes
Armidale
Tamworth
Murrurundi
Coonabarabran
Port Stephens

Coffs Harbour
Port Macquarie
Taree

Outback
213-221

Bourke
Lightning Ridge

White Cliffs
Tibooburra
Mutawintji NP
Wilcannia
Broken Hill
Kinchega NP
Cobar

Dubbo

Newcastle

Bathurst
Blue Mountains

Windsor

Penrith

Sydney
123-152

Bundanoon
Kiama

Sydney Umgebung
152-163

Blue Mountains
153-162

Canberra
Kosciuszko NP
Cooma
Thredbo

Nowra
Ulladulla
Narooma
Merimbula
Eden

Melbourne ●

Die Südküste
164-179

Snowy Mountains
206-209

In Sydney fällt der meiste Regen normalerweise zwischen März und Juni. Allerdings ist die Niederschlagsvariabilität von einem Jahr zum nächsten sehr hoch.

Flora und Fauna

New South Wales verfügt über eine äußerst vielseitige Flora und Fauna, die in rund 870 **National Parks** und **Reserves** unter Schutz steht. Entlang der Küste erstrecken sich dichte Wälder und Eukalyptuswälder mit einigen der höchsten Bäumen der Welt, z. B. in den Blue Mountains. Diese Wälder sind die Heimat vieler Papageienarten sowie von Laubenvögeln, Buschhühnern (brush turkeys), Gewöhnlichen Ringbeutlern (ringtail possums) und kleinen Beuteltierarten wie Langnasenbeut-

ler (bandicoots) und Filander (pademelons). Inwiefern sich die Flora und Fauna von den verheerenden Buschbränden im Sommer 2019/20 erholen kann, bleibt abzuwarten. Auch rechnet man mit weiteren ausgedehnten Dürreperioden, die die Brandgefahr erhöhen.

In den höheren Lagen der Great Dividing Range herrschen lichte Eukalyptuswälder vor, in denen sich u. a. Fuchskusus (brushtail possums), Koalas, Wombats, Wallabies, Schnabeligel (echidnas) und etliche Beutelmausarten wohlfühlen. Auf den Höhen der Snowy Mountains wachsen Snow Gums, eine kältebeständige Eukalyptusart.

Auch in NSW leben einige unangenehme Vertreter aus der australischen Tierwelt: Neben Haien und Giftschlangen, ist auch mit der Trichterspinne (funnel web spider) nicht zu spaßen. Die unscheinbare Spinne kommt v. a. in der

Gegend um Sydney und Zentral-NSW vor und ist an ihrem trichterförmigen Netz zu erkennen. Mit ihrem Biss injiziert sie ein lähmendes Nervengift, das auch bei Menschen zum Tode führen kann, wenn nicht schnell Hilfe zur Stelle ist.

NSW National Parks and Wildlife Service ist für den Schutz der Nationalparks sowie für die Infrastruktur verantwortlich. Für einige Nationalparks und Naturschutzgebiete wird eine Eintrittsgebühr verlangt – für die meisten $8 pro Fahrzeug/Tag, für einige sehr beliebte $12 und für den Kosciuszko National Park $29. Die Gebühr wird entweder an einer Eingangsschranke kassiert (☉ üblicherweise Sonnenauf- bis Sonnenuntergang), oder man legt das Geld in eine *Honesty Box*. Bei mehreren Besuchen kommt eine Jahreskarte günstiger (Annual Pass; verschiedene Gültigkeitsbereiche; $45–190). Man erhält sie online unter 🖥 http://pass.nationalparks.nsw.gov.au.

Geschichte

Nachdem die Briten 1783 im Unabhängigkeitskrieg die amerikanischen Kolonien und damit wichtige Rohstoffquellen, Absatzmärkte und Siedlungsgebiete verloren hatten, entschieden sie sich, in der von James Cook „entdeckten" Botany Bay an der Ostküste von „Neu-Holland" eine **Sträflingskolonie** einzurichten. Die britischen Gefängnisse waren seinerzeit überfüllt, selbst die als Ausweichmöglichkeit benutzten Gefängnisschiffe auf den Flüssen platzten aus allen Nähten.

Im Januar 1788 erreichte der erste Sträflingstransport *(First Fleet)* die Botany Bay. Man siedelte aber gleich nach Norden zum geschützteren Naturhafen Port Jackson um. Die Niederlassung wurde nach dem damaligen britischen Innenminister Lord Sydney benannt. Weitere Sträflingstransporte trafen ein, und langsam breitete sich die Siedlung aus. Die meisten Deportierten wurden früher oder später entlassen und als Arbeitskräfte einem Farmer, Unternehmer oder der Regierung überlassen. Der über die Jahre wachsende Anteil an freigelassenen Strafgefangenen und an freien Einwanderern, die für die Abschaffung der Sträflingstransporte

eintraten, führte zu deren schrittweiser Einstellung.

Erst 1813 fanden die Entdecker Blaxland, Lawson und Wentworth einen Weg über die lange als unüberwindlich geltenden Felsklippen der Blue Mountains. Von dem Land im Westen, das sich als ausgezeichnetes Weideland erwies, eigneten sich reiche Siedler große Flächen an. Sie ließen Schafherden darauf weiden und verdienten ein Vermögen mit dem Verkauf der **Wolle**.

1851 lösten **Goldfunde** bei Bathurst den ersten Goldrausch in New South Wales aus, wodurch die Bevölkerung rasch zunahm und die Wirtschaft boomte. Um etwa die gleiche Zeit wurden Sträflingstransporte nach New South Wales endgültig eingestellt. Victoria löste sich 1851 als separate Kolonie von New South Wales, 1859 folgte Queensland, und seit 1863 besteht NSW in seinen heutigen Grenzen.

Die Prinzipien der Selbstverwaltung wurden in einem gesetzgebenden Rat (Legislative Council) verwirklicht. Gegen Ende des 19. Jhs. gewann das „Federal Movement" an Einfluss in allen Kolonien des Kontinents, und 1901 schließlich wurde der australische Bundesstaat gegründet.

Praktische Tipps

Übernachtung

Generell ist es ratsam, mindestens ein paar Tage im Voraus zu buchen, vor allem an Wochenenden und in den Schulferien. Im Budget-Bereich gibt es insbesondere an der Küste zahlreiche Backpacker-Hostels – die Sydney–Cairns-Route ist der beliebteste Trampelpfad der Rucksackreisenden. Dabei stellen sich Unterkünfte immer mehr auf die modernen Backpacker ein: den sogenannten Flashpacker, der zwar immer noch die Gesellschaft anderer Traveller sucht und sich gerne selbst gut und günstig versorgt, aber im Vergleich zur vorherigen Backpacker-Generation höhere Ansprüche an die Bleibe hat. Viele Hostels entlang der Ostküste sind hochmodern, sauber, schier und komfortabel; allerdings legt man oft schon für ein Bett im Dormitory über $40 hin, in Sydney bis zu $65.

Für New South Wales gilt die Telefonvorwahl 02, nur in der Gegend um Broken Hill gilt 08 und im Südwesten um Wentworth 03.

Wer wirklich auf den Cent achten muss, verschafft sich am besten ein eigenes Transportmittel (Campervan bzw. Auto und Campingausrüstung) und nutzt die zahlreichen kostenlosen bis sehr preiswerten Zeltplätze in den vielen Nationalparks und Reservaten.

Ein paar mehr Annehmlichkeiten bieten Caravanparks (S. 81), auch hieran herrscht v. a. an der Küste kein Mangel. Besonders schön sind die vielen B&B-Unterkünfte, die man oft außerhalb der großen Zentren findet. Gute Adressen für günstige Angebote an Ferienwohnungen und -zimmern sind ⌨ www.airbnb.com und www.stayz.com.au.

Busse

Die beiden überregionalen Busunternehmen Premier MS und Greyhound decken zwischen Sydney und Brisbane die Küstenstrecke ab (S. 554–557). Die Greyhound-Busse von Sydney nach Melbourne fahren auf dem landschaftlich weniger reizvollen Hume Highway über Canberra (hier Umstieg). Premier Motor Service befährt die schönere Küstenstrecke Princes Highway zwischen Sydney und Eden (S. 552/553), von hier aus erhält man Anschluss über Gippsland nach Melbourne (S. 520, Sale). Mehr zu den Bus Passes s. Kasten S. 73.

Eisenbahn

Von Sydney gibt es Verbindungen mit Expresszügen (XPT = Express Train) nach Melbourne und Brisbane – gemessen an europäischen Standards verdienen diese Züge jedoch kaum ihren Namen. Weitere Züge fahren nach Canberra, Griffith, Broken Hill, Dubbo, Moree und Armidale, von den Endstationen aus werden oft weitere Bahnbusverbindungen angeboten (Details in den einzelnen Städten).

Ausländische Touristen können mit dem Discovery Pass das gesamte NSW TrainLink-Transportnetz in NSW benutzen. Es gibt ihn mit einer Gültigkeitsdauer von 14 Tagen ($232), einem Monat ($275), drei Monaten ($298) und sechs Monaten ($420). Infos unter ✆ 13 22 32 oder ⌨ www.nswtrainlink.info.

Der Langstreckenzug *Indian Pacific* fährt von Sydney nach Perth über Broken Hill und Adelaide. Weiteres auf S. 71.

Flüge

Der Kingsford Smith Airport von Sydney ist der einzige internationale Flughafen des Staates; vor der Corona-Pandemie war er am Rande seiner Kapazität angelangt. So entsteht derzeit etwa 60 km westlich der City der Western Sydney Airport, der 2026 in Betrieb gehen soll. Inlandsflughäfen liegen über den ganzen Staat verteilt und werden von Qantas, Jetstar, Virgin Australia sowie Regional Express angeflogen.

Auto

Die meisten Autovermietungen bieten One-way-Vermietungen zwischen Sydney und den anderen Hauptstädten oder größeren Städten an der Ostküste an. Sydney ist aufgrund des großen Angebots ein günstiger Ort, um einen Gebrauchtwagen zu kaufen. Für den Verkauf muss man genug Zeit einplanen. Wenn man seinen in New South Wales gekauften Wagen in einem anderen Bundesstaat verkaufen will, ist mit mehr bürokratischen Hürden zu rechnen. Allgemeine Tipps zum Autokauf s. S. 75.

Die Straßenverhältnisse sind im Großen und Ganzen gut, mit Ausnahme des überlasteten nördlichen Pacific Highway, der landschaftlich jedoch sehr reizvoll ist. Die Strecke durchs Landesinnere von Sydney nach Brisbane, der New England Highway via Muswellbrook, Tamworth und Armidale, ist weniger stark befahren und landschaftlich ebenfalls sehr schön.

Der Newell Highway im Landesinneren, die direkteste Verbindung zwischen Brisbane und Melbourne, ist wenig befahren, aber ziemlich eintönig. Größere Attraktionen auf dieser Strecke sind der Warrumbungle NP und der Western Plains Zoo in Dubbo.

Der Hume Highway zwischen Sydney und Melbourne ist sehr stark befahren und landschaftlich wenig interessant – es sei denn, man baut Abstecher ins Bergland (Snowy

Mountains; High Country in Victoria) mit ein. Eine reizvolle Alternative bietet die längere Küstenroute, der Princes Highway. Wer durchfährt, rechnet für die Fahrt nach Melbourne am besten mit zwei Tagen, mindestens eine Woche braucht, wer was von den schönen Stränden, Ferienzentren und Nationalparks sehen will.

---

1 HIGHLIGHT

Sydney

Gäbe es einen Miss-Universe-Wettbewerb der Städte, würde Sydney ganz sicher zu den Favoritinnen zählen. Der Blick auf das ikonische **Sydney Opera House** vor dem Hintergrund der **Sydney Harbour Bridge** und der modernen City-Skyline, umgeben vom Wasser des **Port Jackson** mit seinen unzähligen Booten, kann Besuchern wie alteingesessenen „Sydneysidern" geradezu den Atem rauben. Hinter dem geschäftigen Treiben einer Weltmetropole strahlt Sydney mit seinen gepflegten grünen Oasen, seinen vielen Sonnentagen und der legendären Strandkultur eine einladende Eleganz und Gelassenheit aus.

Für die meisten ausländischen Touristen ist Sydney das Tor zu Australien. Drei bis vier Tage sollte man sich für die Stadt mindestens Zeit nehmen, denn neben der City und dem Hafen gibt es viele weitere interessante Ziele. Darunter die alternativen, hippen oder kosmopolitischen Stadtteile **Glebe**, **Newtown**, **Surry Hills** und **Paddington**, das ehemalige Rotlichtviertel **Kings Cross** und die angrenzenden Stadtteile **Wooloomooloo** und **Potts Point**. Nicht zu vergessen die Zentren der Strandkultur **Bondi Beach**, **Coogee** oder **Manly**. Auch ein Ausflug in die Blue Mountains ist unbedingt zu empfehlen.

Zurzeit leben rund 5,3 Mio. Menschen im Großraum Sydney; ein Häusermeer erstreckt sich über eine Fläche von über 12 000 km^2. Zum Vergleich: Berlin deckt mit einer Einwohnerzahl von 3,65 Mio. eine Fläche von gerade mal 891 km^2 ab, damit ist Sydney fast 14-mal so groß.

Discount-Karte

€ Wer innerhalb einer begrenzten Zeit viel unternehmen möchte, kann mit einer Discount-Karte, der „**iVenture Card**" Geld sparen. Es gibt sie jeweils mit oder ohne Nutzung der öffentlichen Verkehrsmittel mit einer Gültigkeitsdauer von drei bis sieben Tagen und sie berechtigt zum Eintritt zu Sehenswürdigkeiten bzw. zur Teilnahme an Kreuzfahrten und Führungen – je nach Umfang $99–270.
Erhältlich unter ▢ www.iventurecard.com/au.

Die urbane Schönheitskönigin verlangt allerdings ihren Preis: Sydney hat mit Abstand den unerschwinglichsten Immobilienmarkt in Australien und gemessen am durchschnittlichen Einkommen (nach Hong Kong) den zweitteuersten weltweit. Der Durchschnittspreis für eine Immobilie lag 2019 bei $880 000.

Geschichte

Eora lautet der ursprüngliche Name des heutigen Sydney. Hier, zwischen der Botany Bay, dem Sydney Harbour und Parramatta im Westen, hatten australische **Ureinwohner** bereits seit mindestens 40 000 Jahren gelebt, als die erste Bootsladung Strafgefangener aus England (*First Fleet*) 1788 Anker setzte. Nur 15 Monate nach der Invasion der Fremdlinge brach eine Pocken-Epidemie aus, die 50 bis 90 Prozent der Aborigines das Leben kostete. Die weißen Siedler nannten bald Landstücke ihr Eigen, die den Ureinwohnern Jahrtausende lang als wichtige Nahrungsquellen gedient hatten. Blutige Auseinandersetzungen waren so vorprogrammiert und reduzierten die Zahl der Aborigines weiter. Dennoch haben einige der Gadigal-Ureinwohner überlebt, und die Stadt bemüht sich heute, ihr kulturelles Erbe zu ehren. Die Integration bleibt allerdings ein kontroverses Thema.

Noch im 19. Jh. waren viele Stadtviertel rings um die Innenstadt, heute gefragte Wohnbezirke, praktisch Slums mit überalterten Fabriken und Werkstätten sowie dunklen, feuchten Reihenhäusern, in denen Sydneys Arbeiterklasse hauste. Das 20. Jh. veränderte das Gesicht der Stadt grundlegend. Beeindruckt blickte man auf die Boomstädte in den USA wie New York. Der Bau der gigantischen **Sydney Harbour Bridge** in den 20er-Jahren als Hauptverbindung zwischen den südlichen und nördlichen Vororten stand symbolisch für die Entwicklung des modernen Sydney. Mit der Eröffnung des architektonisch gewagten Opernhauses war das Stadtbild perfekt; Sydney genoss fortan den Ruhm einer glänzenden Weltstadt, in der nichts unmöglich ist.

Circular Quay und The Rocks

Für die meisten frisch angereisten Australien-Besucher ist dies der Einstieg in Australien: Nach langer Anreise steigt man übermüdet am Circular Quay aus Bus oder Bahn und plötzlich liegt es da: das weiß glänzende unverkennbare Dach des Opernhauses. Willkommen in Sydney!

Am Circular Quay befinden sich die Terminals der meisten Busse zu den östlichen und südlichen Vororten sowie die Jettys der öffentlichen Fähren und der Schiffe für Hafenrundfahrten. Von hier aus ist es nur ein kurzer Spaziergang entlang der Sydney Cove zu Australiens bekanntester Sehenswürdigkeit.

Sydney Opera House

Das Gebäude auf dem Landvorsprung Bennelong Point scheint mit seinen segelförmigen Dächern auf dem Wasser zu treiben – ein Anblick, der Einheimische wie Besucher fasziniert. Hunderte Architekten aus aller Welt bewarben sich in den 1950er-Jahren um das prestigeträchtige Bauprojekt. Der unrealistische Vorschlag eines dänischen Architekten mit wenig Berufserfahrung fesselte die Jury: Jørn Utzon gewann den Vertrag zum Bau des Opernhauses. Das Projekt war mit einem Budget von 7 Mio. Dollar auf drei Jahre geplant. Doch schon bald standen die Ingenieure vor unüberwindbaren Hürden; mehrmals wurden die Arbeiten eingestellt; Utzon geriet aufgrund der steigenden Kosten unter immer stärkeren Druck. In den 60er-Jahren kündigte er schließlich und kehrte nach Dänemark zurück. Er soll das fertige Opernhaus nie gesehen haben. Im Oktober 1973, 16 Jahre nach Baubeginn, wurde das Gebäude schließlich eingeweiht und über Nacht

zur Weltsensation. Die Baukosten von 102 Mio. Dollar waren nach nur 18 Monaten in die Kassen gespült. Aufgeführt werden Opern, Konzerte (von Klassik bis Rock), Filme sowie Zirkusvorstellungen, Boxkämpfe und vieles mehr.

Auf der Sydney Opera House Tour werden so manche Geschichten aus früheren Vorführungen zum Besten gegeben (ca. 1 Std., tgl. 9–17 Uhr alle 30 Min., $42; deutsche Touren Mo–Fr 11 Uhr). Die Backstage Tour vermittelt einen Einblick in das Geschehen hinter den Kulissen (2 Std., tgl. um 7 Uhr, $175 inkl. Frühstück). Die Tourtickets berechtigen zu Vergünstigungen bei den Abendvorstellungen. Weiteres unter ℘ 9250 7250, ⌨ www.sydneyoperahouse.com. Sydney Explorer Bus Stop 8.

Für schöne Fotos von der Oper und der dahinter liegenden Sydney Harbour Bridge lohnt es sich, ein paar Schritte entlang der **Farm Cove** Richtung **Mrs Macquaries Point** zu gehen (S. 127). Den Rückweg zum Circular Quay kann man durch die Botanical Gardens vorbei am Government House abkürzen.

Museum of Contemporary Art

Ein Spaziergang zur Westseite von Sydney Cove führt zum Museum of Contemporary Art (MCA), 140 George St, 🖳 www.mca.com.au. Die Sammlung umfasst internationale Kunst des 20. Jhs. wie auch traditionelle Aboriginal-Kunstwerke. Außer Gemälden und Zeichnungen gibt es Skulpturen, Filme und Videos zu sehen sowie Arrangements zu Themen des 20. Jhs. und Wanderausstellungen. Vom Museumscafé auf dem Dach hat man einen hervorragenden Blick auf die Oper. ⏱ tgl. 10–17, Mi bis 21 Uhr, Eintritt frei (außer bei Sonderausstellungen).

The Rocks und Sydney Harbour Bridge

Der felsige Landvorsprung, der hier in den Naturhafen ragt, ist das Herzstück des historischen Sydney. In The Rocks gründeten die Leute der *First Fleet* die erste ständige europäische Niederlassung Australiens. Heute ist The Rocks ein beliebtes Ausgehviertel voller Läden, Pubs, Restaurants und Nachtclubs – touristisch, aber dennoch gemütlich. Sydney Explorer Bus Stop 21, 22 und 23.

Ausgezeichnete geführte Spaziergänge bringen Interessierten das Viertel nahe (s. S. 147, Stadtrundgänge). An der Ecke von George und Argyle St befindet sich **Cadmans Cottage**, das älteste Haus in Sydney (1816 für John Cadman erbaut). Eintritt frei.

Am Ausgang zur George St bieten unter Sonnensegeln über 150 Verkaufsstände des **Rocks Market** samstags und sonntags von 10–17 Uhr Kunsthandwerk, Antiquitäten und Schmuck an. Die alten, oft gut restaurierten Lagerschuppen beherbergen einige zum Teil sehr vornehme Restaurants mit herrlicher Aussicht auf Oper und Sydney Harbour. Ein guter Fotospot ist auch der **Dawes Point Park** an der Hickson Rd unter dem südlichen Ende der Hafenbrücke.

Noch besser ist der **Pylon Lookout** (⏱ tgl. 10–17 Uhr, $19), die Aussichtsplattform im Südturm

der **Harbour Bridge**, in Sydney liebevoll *Coathanger* (Kleiderbügel) genannt. Die Plattform erreichen Fußgänger über die Treppen in der Cumberland St nahe der **Argyle Street**. Im **Sydney Harbour Bridge Visitor Centre**, 3 Cumberland St, gibt es eine Ausstellung mit Infos zur Brücke und zu ihrem Bau sowie zwei kurze Filme (⏱ tgl., abhängig von den Bridge Climb Touren). Hier starten auch die beliebten Touren entlang des Brückenbogens (S. 146).

Am **Millers Point** beanspruchen gleich zwei Eckkneipen den Titel „Sydneys oldest Pub" für sich, aber nur wenige Straßen dahinter macht die Städtesanierung vor nichts mehr Halt (s. unten, Barangaroo).

Vom Hügel des **Observatory Hill** hat man einen tollen Blick auf die Harbour Bridge, v. a. bei Nacht. Das **Observatory** (Sternwarte), 1858 in Betrieb genommen, beherbergt ein Astronomie-Museum. Im 3 D Space Theatre kann man einer dreidimensionalen Präsentation einer Reise durch unser Sonnensystem und zu ähnlichen Themen beiwohnen. ⏱ tgl. 10–17 Uhr, Museum Eintritt frei, nächtliche Touren $27. Die Zeiten ändern sich je nach Jahreszeit, Genaueres online 🖳 http://maas.museum/sydney-observatory.

Barangaroo

An der nordwestlichen Flanke des Central Business Districs, westlich der Sussex Street, entsteht gerade unter viel Wirbel ein neuer, exklusiver Stadtteil. Barangaroo soll das frühere East Darling Harbour von einem schmuddeligen Hafenbezirk in ein hochmodernes Kommerz- und Erholungsviertel verwandeln. Die Bauarbeiten sollen bis 2023 abgeschlossen sein.

Die Innenstadt

Farm Cove und Botanic Gardens

Ein Spaziergang von der Oper am Wasser entlang um die weiter östlich gelegene Bucht **Farm Cove** führt zum Aussichtspunkt **Mrs Macquaries Chair** – der Überlieferung zufolge ein beliebter Rückzugsort der Frau des Gouverneurs Macquarie. Dies ist der ideale Fotospot mit Blick auf Oper, Sydney Harbour und **Fort Denison**, eine Festung auf einer kleinen Insel

im Hafen. In den 1850er-Jahren fühlte man sich in Sydney unzureichend vor einer feindlichen Invasion geschützt. So wurde auf der Insel ein Fort errichtet, das als Teil ausgedehnter Befestigungsanlagen im Port Jackson Eindringlinge abwehren sollte. Eine feindliche Kugel wurde von hier aus jedoch nie abgefeuert.

Im Januar und Februar wird bei Fleets Steps in der Nähe von Mrs Macquaries Chair eine Riesenleinwand für ein **Open Air Cinema** errichtet – mit Wasser, Oper und Hafenbrücke im Hintergrund ist dies ein doppelt eindrucksvolles Erlebnis. Karten $38, Vorführungen tgl. ab Sonnenuntergang; Infos und Buchung ab etwa Dez unter 🖥 www.stgeorgeopenair.com.au. Sydney Explorer Bus Stop 9.

Die **Royal Botanic Gardens**, sind eine grüne, belebte Oase mitten in der Metropole. 🕐 tgl. 7 Uhr bis Abenddämmerung. Kostenlose Führungen beginnen beim Garden Shop, Details, S. 147 (Stadtrundgänge). Der Cahill Expressway trennt den Botanischen Garten von **The Domain** – dieser Park wird ebenfalls oft im Sommer für Open-Air-Konzerte und anderes genutzt.

Die riesige **Art Gallery NSW**, 🖥 www.art gallery.nsw.gov.au, die staatliche Kunstgalerie am Ostrand des Domain-Parks, lohnt einen Besuch. In verschiedenen Flügeln hängen Kunstwerke von der Gotik bis zum 21. Jh. Für Besucher aus dem Ausland sind v. a. die Sammlung australischer Kunst u. a. mit Werken von Sydney Nolan und Brett Whiteley sowie die Ausstellung **Yiribana** von Interesse. Das Wort aus der Sprache der Gadigal (Ureinwohner der Region) bedeutet „in diese Richtung"; Yiribana ist die größte permanente Ausstellung von Kunst der Aborigines und Torres Strait Islander. 🕐 tgl. 10–17 Uhr, Eintritt frei, außer Sonderausstellungen. Sydney Explorer Bus Stop 10.

Hyde Park und Macquarie Street

Die Dauerausstellung des **Australian Museum** an der William St, Ecke College St, Australiens größtem Naturkundemuseum, befasst sich mit der Welt der Vögel, Reptilien, Insekten und Mineralien – v. a. der in Australien vorkommenden – sowie mit Themen wie Biodiversität, Evolution, Kultur und Geschichte der australischen Ureinwohner. Das Programm wird ergänzt durch

Sydneys lebendige Geschichte

Sydney blickt zwar nicht auf eine lange, dafür aber umso turbulentere Geschichte zurück. Spannende Einblicke bieten die 12 Häuser und Museen, die vom Historic Houses Trust of NSW als **Sydney Living Museums** verwaltet werden, darunter die Hyde Park Barracks, das Government House, Museum of Sydney, Justice & Police Museum und The Mint. Die Sammelkarte für $35 gewährt Zutritt zu allen Gebäuden und ist einen Monat lang gültig. Näheres unter 🖥 http://sydneylivingmuseums. com.au.

faszinierende Sonderausstellungen, Führungen und Vorträge. 🕐 tgl. 9.30–17 Uhr, Eintritt $12, mehr für Sonderausstellungen. 🖥 www.austra lianmuseum.net.au. Sydney Explorer Bus Stop 3.

Im **Hyde Park** verbringen Angestellte ihre Mittagspause; er wird aber auch für Festivals und Ausstellungen genutzt. Am Nordende befindet sich am Eingang zur Maquarie Street die ehemalige Sträflingsunterkunft **Hyde Park Barracks**, jetzt ein sozialgeschichtliches Museum, und links die anglikanische **St James Church** – beide das Werk des Sträflingsarchitekten Francis Greenway, dessen „Handschrift" fast alle Gebäude der damaligen Sträflingssiedlung tragen. Die Hyde Park Barracks werden derzeit umfassend renoviert; die Wiedereröffnung ist für 2020 geplant. Das Museum ist eines von zwölf „Sydney Living Museums" (Sammelkarte, s. Kasten S. 123) und wird von der Unesco als Weltkulturerbe gelistet.

City-Quadratmeile

Im **Museum of Sydney** geben Ausstellungen und Multimedia-Shows einen Einblick in die Etappen der Geschichte von Sydney. Besonders interessant ist eine Serie digitaler Bilder des Sydney Harbours und der City von 1788 bis heute. 🕐 tgl. 9.30–17 Uhr, Eintritt $12. Das Museum wird vom Historic Houses Trust of NSW geführt (Sammelkarte, S. 123).

Bilder vom **Martin Place** gingen im Dezember 2014 um die ganze Welt, als das dort ansässige Lindt Café Schauplatz eines Geiseldramas

◀ Das Opernhaus machte Sydney über Nacht zur modernen Weltmetropole.

NEW SOUTH WALES

■ ÜBERNACHTUNG
1. Lord Nelson Brewery Hotel
2. Sydney Harbour YHA
3. B&B Sydney Harbour
4. Mariners Court Hotel
5. The Jensen
6. Blue Parrot
7. The Village
8. Springfield Lodge
9. Original Backpackers
10. Quest Potts Point
11. 1831 Boutique Hotel
12. Big Hostel
13. Sydney Central YHA
14. wake up!
15. Alishan International Guesthouse

■ ESSEN
1. Opera Bar
2. Quay
3. Hero of Waterloo
4. Lord Nelson Brewery Hotel
5. Munich Brauhaus
6. Orient Hotel
7. Australian Hotel
8. Philip's Foote
9. Cafe Sydney
10. Rockpool Bar & Grill
11. Otto
12. Luneburger Bakery (2x)
13. Bambini Trust Wine Room
14. Home Thai
15. Govinda's
16. Bar Reggio
17. Una's Continental
18. Pizza Autentico
19. Swiss Bakerz
20. Golden Century
21. AB Hotel
22. Paddington Inn Bistro
23. Friend in Hand
24. Gigi Pizzeria
25. Himalaya

■ SONSTIGES
1. Bridge Climb
2. Argyle Centre
3. Tribal Warrior Aboriginal Cultural Cruises
4. Customs House
5. Artspace
6. David Jones
7. Centrepoint
8. Queen Victoria Building
9. Harbourside
10. Imax
11. Fischmarkt
12. St Vincents Hospital
13. Paddy's Market & Market City

wurde, dem am Ende zwei Geiseln zum Opfer fielen. Zwei Kunstblumen im Pflaster erinnern seit 2017 an diesen Anschlag auf die australische Gesellschaft. Das GPO (ehemaliges Hauptpostamt) am **Martin Place**, ein beeindruckendes Sandsteingebäude von 1887, wurde umgebaut und durch zwei 26-stöckige, moderne Hochhaustürme „ergänzt". **GPO Grand** zählt zu den Gourmetadressen der Stadt.

Die **Haupteinkaufszone** im Rechteck zwischen Elizabeth, King, George und Park St, umfasst die Fußgängerzone **Pitt Street Mall**, prächtige, fein restaurierte Gebäude wie das **Queen Victoria Building**, die Ladenpassage **Strand Arcade**, das Nobelkaufhaus **David Jones** sowie moderne Shopping-Zentren mit vielen kleinen Läden unter einem Dach, u. a. **Centrepoint** unter dem 309 m hohen Sydney Tower.

Bei klarem Wetter ist der Besuch des **Sydney Tower**, 🖥 www.sydneytowereye.com.au, ein Muss; Zugang vom Centrepoint Podium Level, 100 Market St über die Rolltreppe. Die Wartezeit wird mit einem Rundum-Panorama von 70–100 km belohnt. ☉ tgl. 9–21 Uhr, Eintritt $29, bei Online-Buchung $23. Das Ticket schließt **OzTrek** ein, eine virtuelle 4-D-Reise um Australien. Der **Skywalk**, eine Tour in 260 m Höhe außen um den Tower herum, ist seit dem tödlichen Sturz einer Teilnehmerin Anfang 2018 bis auf weiteres gesperrt. Sydney Explorer Bus Stop 2. Oder man genießt den Ausblick vom rotierenden Sydney Tower Buffet Restaurant aus, ✆ 8223 3800.

Die **Town Hall**, ein imposantes Sandsteingebäude in der George St, wurde in der wirtschaftlichen Blütezeit der 1870er- und 1880er-Jahre errichtet. Häufig finden hier Konzerte und andere Aufführungen statt. Aus der Wende vom 19. zum 20. Jh. datiert auch das stattliche Gebäude schräg gegenüber, das **QVB (Queen Victoria Building)**, ein prunkvoll restaurierter Konsumtempel voll exklusiver Mode- und Antiquitätengeschäfte. Sydney Explorer Bus Stop 2.

Rund um Chinatown

Südlich der City befindet sich die **Chinatown**. Ende Januar/Anfang Februar wird dort das chinesische Neujahrsfest mit Löwentänzen, Foodfestivals und vielen anderen Aktivitäten gefei-

ert. Zwischen den chinesischen Eingangstoren am Nord- und Südende der **Dixon Street Mall** und angrenzenden Straßen drängen sich auf engem Raum asiatische Spezialitätenläden, billige Cafés und Restaurants, in denen von morgens bis spät in die Nacht hinein Betrieb herrscht.

Der **Chinese Garden of Friendship** markiert den Übergang von Chinatown zum Darling Harbour und erstreckt sich entlang der Harbour St. Das Teehaus, eine Oase der Ruhe, lädt zu einer Verschnaufpause bei Kuchen und Tee ein. ☉ tgl. 9.30–17 Uhr.

Bei **Paddy's Market**, in einem Gebäudekomplex in der Hay St, Ecke Thomas St, im **Haymarket**-Bezirk sind frisches Obst und Gemüse, Kleidung, Kleinkram und Souvenirs besonders preiswert. ☉ Mi–Mo 9–17 Uhr. Über Paddy's Market liegt **Market City** mit drei Etagen voller Souvenir- und Klamottenläden, Essenständen und Restaurants; die meisten sind tgl. 10–19 Uhr geöffnet, manche auch durchgehend.

Darling Harbour und Sydney Fish Market

Darling Harbour ist eines von Sydneys beliebtesten Vergnügungsvierteln; rings um das Wasser reihen sich elegante Restaurants, Nachtclubs, Boutiquen und andere Attraktionen. Details unter 🖥 www.darlingharbour.com. Sydney Explorer Bus Stop 15 und 16. Mit der **Fähre** vom Circular Quay kann man in Balmain einen Zwischenstopp einlegen.

Im Süden neben dem Chinesischen Garten ist der **Tumbalong Park** während des Sydney Festivals und an anderen Feiertagen der Schauplatz von Open-Air-Konzerten und Volksvergnügungen aller Art. Dahinter befinden sich ein großer Spielplatz mit Wasserspielen und das Visitor Centre. Nicht weit davon liegt am Südende der Cockle Bay das riesige **IMAX-Theatre** mit der angeblich größten Leinwand der Welt.

Cockle Bay Wharf, an der Ostseite der Cockle Bay, ist eine einzige Fress- und Vergnügungsmeile; von Take-aways über Bars bis hin zu Sydneys größtem Nightclub ist alles vertreten, 🖥 www.cocklebaywharf.com. Die Hauptattraktion des **Sea Life Sydney Aquarium**, ☎ 1800-19 96 57, 🖥 www.sydneyaquarium.com.au, sind die beiden Dugongs (Seekühe), eine weltweite Seltenheit sowohl in freier Natur als auch im Aquarium. Außerdem kann man in Acrylglas-Tunneln „zwischen" Süß- und Salzwasserfischen, Haien, Stachelrochen und Korallen spazieren gehen. ☉ tgl. 9.30–19 Uhr, Eintritt $48 (bei Online-Buchung $38).

Direkt daneben liegt die **Sydney Wildlife World**, 🖥 www.wildlifesydney.com.au. Auf drei Stockwerken sind in neun Abteilungen über 130 Tier- und Pflanzenarten aus ganz Australien zu sehen. ☉ tgl. 9–20 Uhr, Eintritt $46 (bei Online-Buchung $37).

Von **Harbourside** an der Westseite der Cockle Bay hat man einen schönen Blick auf die City-Skyline der Innenstadt; dafür sind die Restaurants und Cafés auch teurer. Nördlich der Pyrmont Bridge befindet sich das **National Maritime Museum**, 🖥 www.sea.museum, dessen Exponate die Geschichte und Gegenwart der Seefahrernation Australien aufzeigen. Dazu gehört auch eine kleine Flotte von alten Schiffen bei der Museums-Jetty. ☉ tgl. 9.30–17 Uhr; Eintritt zur Dauerausstellung kostenlos, Sonderausstellungen und Events $32.

Das **Star City-Casino**, westlich vom Maritime Museum in der Pyrmont St, rundet die Palette des Unterhaltungsangebots von Darling Harbour ab. Vom **Sydney Entertainment Centre** am Südende von Darling Harbour gelangt man über eine Fußgängerbrücke zum **Powerhouse Museum**, 500 Harris St, Ultimo, 🖥 www.powerhousemuseum.com. Das „Museum zum Anfassen" im ehemaligen Kraftwerk mit Ausstellungen zu verschiedenen Themen wie Technologie, Sozialgeschichte und Kunst ist besonders bei Kindern beliebt. ☉ tgl. 10–17 Uhr, Eintritt $15, Sydney Explorer Bus Stop 13 oder mit dem Bus Nr. 501 ab George St.

Der populäre **Sydney Fish Market**, Blackwattle Bay in Pyrmont, liegt westlich von Darling Harbour. Die Markthalle versorgt tgl. 7–16 Uhr Sydney mit frischem Fisch und Meeresfrüchten, die an zahlreichen Ständen zubereitet oder frisch zu vergleichsweise günstigen Preisen angeboten werden. Im Freien stehen Tische und Bänke, und der Ausblick auf die Fischerboote

und die Anzac Bridge lädt zum Verweilen ein. Es werden auch Kochkurse und Führungen angeboten. Sydney Explorer Bus Stop 14.

Stadtteile in Citynähe

Glebe

Glebe ist wegen seiner Nähe zur Sydney University ein Studentenviertel mit alternativem Flair. In der zentralen Glebe Point Rd mit alternativen Klamotten- und Buchläden und preiswerten Cafés, Restaurants und Kneipen stehen viele zweistöckige, historische Reihenhäuser mit verschnörkelten, schmiedeeisernen Balkonen – schmuck, aber nicht ganz so gestylt wie in Paddington. Hier kann man während des Sydney-Aufenthaltes etwas ruhiger, interessant und trotzdem zentral wohnen.

Schön für Spaziergänger ist der **Glebe Foreshore Walk**, der vom nördlichen Ende der Glebe Point Road am Wasser entlang bis zum Fish Market führt. Bus Nr. 431 und 433 von Town Hall, George St, entlang der Glebe Point Road.

Balmain

Sydneys ältestes Arbeiterviertel präsentiert sich heute als ein bunter, künstlerisch angehauchter Stadtteil. Hier wohnen einige in Australien bekannte Buchautoren, Schauspieler, Filmdirektoren, Musiker und Künstler. Die Darling St lohnt einen kleinen Rummel: Hier finden sich trendige Cafés, Bistros, Restaurants und historische Pubs und einige interessante Läden. Am Samstag bieten rund 140 Verkaufsstände auf den **Balmain Markets** eine bunte Auswahl an Kleidung, Kulinarischem und Kunst; Darling Street, Ecke Curtis Rd., ☉ 9–15 Uhr. Mit der Fähre von Circular Quay, Ferry Wharf 5, zum Darling Street Wharf alle 10–20 Min., oder Bus Nr. 442 von Queen Victoria Building, York St, Stand B.

Surry Hills

Das quirlige Trendviertel Surry Hills ist der hippe Treffpunkt junger Geschäftsleute, Angestellter und Künstler. Zahlreiche Cafés laden zum Frühstück oder Kaffee und Kuchen ein. Am Freitag- und Samstagabend haben die angesagten Restaurants und Kneipen Hochkonjunktur; ohne

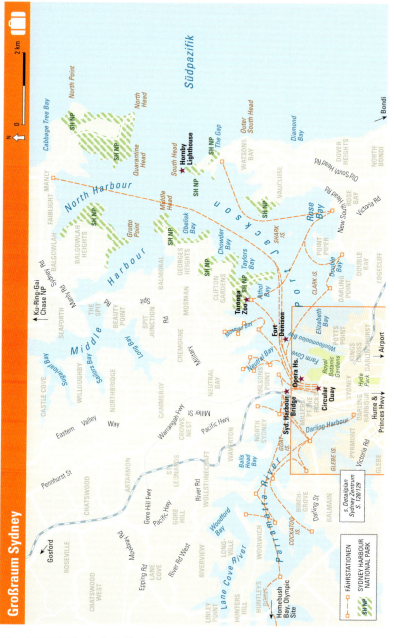

Großraum Sydney

Südpazifik

Cabbage Tree Bay
North Point
SH NP
North Head
North Point

Quarantine Head
SH NP
South Head
Hornby Lighthouse
SH NP
The Gap
SH NP
Outer South Head
Diamond Bay

North Harbour

WATSONS BAY
VAUCLUSE

Old South Head Rd
New South Head Rd
Victoria Rd

NORTH BONDI
DOVER HEIGHTS
ROSE BAY
EDGECLIFF

→ Bondi

Middle Head
SH NP
Obelisk Bay
Grotto Point
Chowder Bay
Taylors Bay
SHARK IS.

Rose Bay
POINT PIPER
DOUBLE BAY
Double Bay

MANLY
FAIRLIGHT
BALGOWLAH
BALGOWLAH HEIGHTS

Harbour

SH NP
GEORGES HEIGHTS
SH NP
CLIFTON GARDENS
Athol Bay
Taronga Zoo
SH NP

Fort Denison

CLARK IS.
DARLING POINT

Port Jackson

Elizabeth Bay
POTTS POINT
KINGS CROSS
DARLINGHURST

→ Airport

Ku-Ring-Gai Chase NP
Manly Rd
Sydney Rd

SEAFORTH
THE SPIT
BEAUTY POINT
SPIT JUNCTION
BALMORAL
MOSMAN
CREMORNE

Spit
Spit Rd
Military Rd

Mosman Bay
Neutral Bay
NEUTRAL BAY

Woolloomooloo Bay
Farm Cove
Royal Botanic Gardens
Hyde Park

SYDNEY
DARLING HARBOUR
PYRMONT

Middle Harbour

CASTLE COVE
WILLOUGHBY
Sugarloaf Bay
Sailors Bay
Long Bay
NORTHBRIDGE
CAMMERAY

WILSONS BAY
Opera Hs.
Circular Quay
Syd. Harbour Bridge

THE ROCKS
MILLERS POINT

Hume & Princes Hwy

Eastern Valley Way
Warringah Fwy
Miller St
Pacific Hwy

CROWS NEST
WAVERTON
NORTH SYDNEY

GOAT IS.

Darling Harbour

GLEBE IS.
Victoria Rd
GLEBE

Pennhurst St
Gore Hill Fwy
Pacific Hwy
River Rd

CHATSWOOD
ARTARMON
GORE HILL
ST LEONARDS
WOLLSTONECRAFT

Balls Head Bay

Parramatta River

BIRCHGROVE

s. Detailplan
Sydney Zentrum
S. 128/129

ROSEVILLE
CHATSWOOD WEST
LANE COVE
LANE COVE WEST

Epping Rd
River Rd West
Mowbray Rd

RIVERVIEW
LONGUEVILLE
LINLEY POINT
HUNTERS HILL
HUNTLEYS

Woodford Bay
Lane Cove River

WOOLWICH

COCKATOO IS.
Darling St
BALMAIN

→ Gosford
← Homebush Bay, Olympic Site

FÄHRSTATIONEN
SYDNEY HARBOUR NATIONAL PARK
SH NP

N
0   2 km

Reservierung ist hier kaum ein Platz zu finden. Besonders interessant ist die Crown Street mit ihren kleinen Galerien, Boutiquen und Fashion-Läden.

Das Viertel lässt sich von der Central Station leicht zu Fuß erreichen: bergauf entlang der Fauveaux Street mit ihren duftenden Bäckereien, gemütlichen Cafés und authentischen Restaurants.

Newtown

Newtown südlich von Glebe ist ein beliebtes Multi-Kulti-Viertel mit alternativem Flair. Junge Leute, Immigranten, Ärzte und Professoren, Yuppies, Alternative, Schwule und Lesben stöbern hier in den Spezialitäten-, Buch- und Secondhand-Läden. Das Herz dieses Vororts ist die Kings Street mit ihren bunten Lokalen, zahlreichen Cafés und Restaurants. Das kulinarische Angebot reicht von Thai bis Afrikanisch – man kann hier auch für verhältnismäßig wenig Geld gut essen. Mit der Inner West Line bis Newtown oder Bus 423 ab Circular Quay oder Castlereagh St.

Darlinghurst, Paddington, Woollahra

Paddington ist einer der modischsten und elegantesten Vororte Sydneys. Heutzutage ist das ehemalige Hippiezentrum ein Schickimicki-Viertel mit zu Schmuckkästchen veredelten Reihenhäusern in den Seitenstraßen.

Die **Oxford Street** mit ihren Seitenstraßen um den Taylor Square ist das Zentrum von Sydneys aktiver Schwulen- und Lesbenbewegung. Entlang der gesamten Strecke von Hyde Park bis nach Paddington gibt es ein reges Nachtleben mit vielen interessanten Restaurants und Nightclubs. Hier zieht jeden März die LGBTQ-Szene auf der **Mardi-Gras-Parade** entlang.

Sehenswert ist samstags der **Paddington Market**, ein bunter Klamotten- und Kunsthandwerksmarkt, 395 Oxford St (Details S. 143). Außerdem kann Paddington mit einigen guten Kunstgalerien und Buchläden aufwarten.

Südlich von Paddington/Woollahra erstreckt sich das weitläufige Parkgelände der **Centennial Parklands**: Moore Park, Centennial Park und der kleine Queens Park, alle von Sonnenauf- bis Sonnenuntergang geöffnet. Auf dem Gelände des Moore Park befinden sich außer dem Cricketstadion (Sydney Cricket Ground) und

dem Aussie Football Stadium auch die **Fox Studios Australia**, die den Aufstieg Sydneys zur uneingeschränkten australischen Filmmetropole bewirkten. Bus Nr. 333 und 392 von Circular Quay oder Elisabeth Street.

Der Centennial Park, zur 100-Jahr-Feier 1888 den Bürgern von Sydney übergeben, ist wie ein englischer Landpark angelegt. Mit etwas Glück bekommt man in den Morgen- und Abendstunden Possums und Fledermäuse zu Gesicht. Entlang der Clovelly Road werden Fahrräder und Inline-Skates verliehen. Im Sommer zeigt das **Moonlight Cinema** von Dezember bis März Filme unter freiem Himmel. Genaueres im Sydney Visitor Centre oder unter ⌨ www.moonlight.com.au.

Das frühere Jewish War Memorial Maccabean Institute („The Macc"), ein Treffpunkt jüdischer Veteranen aus dem Ersten Weltkrieg, 148 Darlinghurst Rd, Ecke Burton St, in Darlinghurst beherbergt nun das **Sydney Jewish Museum**, ⌨ www.sydneyjewishmuseum.com.au, das die Geschichte der Juden in Australien und den Holocaust dokumentiert. Außerhalb von Australien ist wenig bekannt, dass Australien nach dem Zweiten Weltkrieg – gemessen an der eigenen Einwohnerzahl – die (nach Israel) zweitgrößte Zahl an Überlebenden des Holocaust aufnahm. ⌚ Mi–Fr 10–16.30, So 10–16 Uhr, Eintritt $15. Sydney Explorer Bus Stop 5 und einfach die Darlinghurst Road Richtung Süden laufen.

Kings Cross

„The Cross" erweckt bei vielen Australiern gemischte Gefühle: Vergnügen und Verbrechen, Verlockung und Vergehen, Faszination und Abscheu liegen hier dicht beieinander. Zwar macht die innerstädtische Veredelung auch hier nicht halt, und Boutiquehotels und elegante Restaurants gehören heute zum Stadtbild. Dennoch beherbergt das Cross die größte Ansammlung an Bordellen, Spielhöllen, Nachtclubs und sonstigen Vergnügungszentren der Stadt. Es ist außerdem ein Travellerzentrum mit vielen preiswerten Unterkünften, Fastfood-Läden und Restaurants jeglicher Preisklasse.

Im frühen 19. Jh. zählte Kings Cross zu Sydneys nobelsten Vierteln. Einige heutzutage legendäre Charaktere veränderten rund 100 Jahre später das Gesicht des Vororts: Die beiden Bordellwirtinnen und Rivalinnen Tilly Devine und Kate Leigh verdienten ein Vermögen mit dem illegalen Verkauf von Alkohol *(sly grog)* und Drogen. Offiziell durfte Alkohol nach 18 Uhr nicht mehr ausgeschenkt werden. Das organisierte Verbrechen im Cross (und anderswo) löst in Australien eine bedenkliche Faszination aus und viele neuzeitliche TV-Serien erheben die Gangsterbosse geradezu zu Idolen.

Woolloomooloo und Potts Point

Das angrenzende **Potts Point** ist wesentlich ruhiger, gutbürgerlich und wird immer feiner, je weiter man in Richtung Elizabeth Bay kommt. **Woolloomooloo**, ein altes, kleines Hafenviertel zwischen Kaischuppen und William St, hat sich seit Beginn des 21. Jhs. stark herausgeputzt. Nach der aufwendigen Renovierung der alten **Fingerwharf** in der Woolloomooloo Bay findet man hier diverse Nobelrestaurants, Luxusapartments und ein Nobelhotel, sodass die Chance, australische oder internationale Prominente zu treffen, hier groß ist. Zug der blauen Linie (Illawara Line) Richtung Bondi Junction bis Kings Cross.

Beach-Vororte

Southhead

Die hügeligen Vororte an den Hafenbuchten östlich der City, **Double Bay**, **Rose Bay**, **Vaucluse** und **Watsons Bay**, sind wunderschön gelegen, nobel und exklusiv. Der Bondi Explorer Bus fährt sie teilweise an (Details S. 150). Außerdem die Sydney Ferry 7 ab Circular Quay. Hier gibt es zahlreiche schöne Badebuchten mit Blick auf den Hafen. Von den Spazierwegen des Naturreservats **South Head** (Teil des Sydney Harbour Nationalparks) hat man einen tollen Ausblick auf die Hafenbucht und die City. Die weiter südlich gelegenen Felsklippen von **The Gap** haben durch zahlreiche Selbstmörder makabre Berühmtheit erlangt.

Bondi Beach

Der wohl bekannteste Strand-Vorort Australiens gehört so fest zum Selbstverständnis Sydneys wie die Oper oder die Harbour Bridge. Nach der

Zu Fuß von Bondi nach Coogee

Der **Great Coastal Walk** führt von Barrenjoey im Norden von Sydney bis zum Royal National Park. Die gesamte Tour dauert mindestens sieben Tage (200 km), man kann aber auch bequem nur einen Ausschnitt abklappern. Ein sehr schöner Spaziergang entlang der Route führt vom südlichen Ende des Bondi Beach bis nach Coogee entlang der Küste (ca. 1 1/2 Std.). Unterwegs kommt man an den Stränden von Tamarama, Bronte und Clovelly vorbei. Mehr Infos: 🖳 www.sydneycoastwalks.com.au.

Arbeit Anzug und Schlips gegen Neoprenanzug und Surfboard zu tauschen, gehört für viele Sydneysiders zur Lebensphilosophie. Zwar mag Bondi nicht der beste Surfstrand in Sydney sein, aber eine gute Brandung, die Weite von Bucht und Strand und der Ruhm seines Namens sorgen für beständige Besucherzahlen im Sommer wie im Winter.

Entlang der **Campbell Parade** reihen sich Cafés, Seafood-Restaurants und kleine Läden aneinander. Am Südende des Strands befindet sich ein ins Meer gebauter Pool. Dahinter beginnt der **Bondi to Bronte Coastal Walk** (s. Kasten).

Nach Bondi Beach kommt man mit Bus Nr. 333 und 380 ab Circular Quay oder Elisabeth St, oder mit dem Zug mit der blauen Linie (Illawarra Line) bis Bondi Junction und weiter mit den Bussen Nr. 333 und 380–382. Bondi Explorer Bus Stop 30.

Coogee

Coogee weiter im Süden eignet sich für Familien und weniger erfahrene Schwimmer, da die Strömung hier etwas ruhiger ist. Entlang der Arden Street und der Coogee Bay Road gibt es einige gute Bistros, Cafés und Restaurants, außerdem das beliebte Coogee Bay Hotel mit großem Biergarten. Nach Coogee mit Bus Nr. 373 ab Circular Quay oder Nr. 372 ab Railway Square (Central Station).

Manly

Ein Ausflug nach Manly mit der Fähre (30 Min., mit der Fast Ferry 17 Min.) gehört auf jeden

Besuchsplan. Am besten man plant gleich einen ganzen Tag ein und verbindet den Besuch mit einem Spaziergang durch das Northhead Sanctuary oder einen Ausflug zum Taronga Zoo. Vom Anlegeplatz der Fähre geht es auf der Fußgängerzone vorbei an Take-aways und Souvenir-Läden zum berühmten **Manly Beach**, der teilweise von Rettungsschwimmern patrouilliert wird.

Der **Manly Scenic Walkway** führt vom Südende des Strands in knapp zehn Minuten zum ruhigen **Shelly Beach**. Wer gern läuft, steigt von hier die Treppen hoch zum **Sydney Harbour National Park** mit dem spektakulären **Northhead Sanctuary**. Im Gatehouse Visitor Centre verschafft eine riesige 3-D-Karte einen guten Überblick, hier gibt es außerdem Infos und Kartenmaterial zum Mitnehmen.

Viele Spazierwege führen zu sensationellen Aussichtspunkten. Am North Fort kann man im **Bella Vista Cafe**, das seinen Namen wirklich verdient, etwas trinken (frische Säfte!) oder gut zu Mittag essen. ⊙ Mo–Fr 9–16, Sa und So 8–17 Uhr. Der Northhead Scenic Drive endet ein paar hundert Meter hinter dem Café, zu Fuß kann man direkt bis zum Kap laufen.

Taronga Zoo

Wo auf der Welt genießen die Giraffen einen prominenteren Ausblick? Der Zoo, 🖥 www.taronga.org.au, auf einem Hügel am Nordufer mit Blick auf die City-Skyline, Bradley Head Rd, Mossman, ist nur eine kurze Fahrt mit der Fähre vom Circular Quay entfernt. Auf dem 58 ha großen Gelände sind alle bekannten Beuteltiere vertreten, im Vogelhaus leben Kookaburras, Galahs und Kakadus. Die Tierwelt

Die besten Fotospots

Vom **Cremorne Point** aus, zu erreichen mit der Mosman Ferry F6, bietet sich ein toller Blick auf Oper, Harbour Bridge und City Skyline. In den nördlichen Vororten lohnt ein Stopp am **Georges Heights Lookout** am Memorial Park. Wer den Taronga Zoo besucht, folgt für tolle Ausblicke dem Pfad von der Fähranlegestelle zum **Bradleys Head**.

des subantarktischen Raumes ist mit Robben und Seehunden vertreten.

Der Zoo setzt sich weltweit für den Schutz vieler Tierarten ein und unterstützt die Forschung und den Erhalt einiger bedrohter Spezies. Aktuell laufen z. B. Forschungsprojekte, die nachhaltig den Schutz des Great Barrier Reefs gewähren sollen. Nach den Buschbränden im Sommer 2019/20 fanden viele Koalas aus den schwer betroffenen Eukalyptuswäldern der Blue Mountains im Zoo eine neue Heimat. Soweit möglich, wurden die Tiere nach ihrer Genesung zurück in die Wildnis entlassen. ⊙ tgl. 9–17 Uhr, Eintritt $48 (online günstiger). In den Sommermonaten gibt es am Wochenende Open-Air-Abendkonzerte (Twilight Zoo). Sammelkarten: Zoo Pass und Zoo Express mit Matilda Cruises $59; Details s. „Fähren".

ÜBERNACHTUNG

Sydney ist, vor allem was Unterkünfte angeht, die teuerste Stadt Australiens. Moderne **Flashpacker-Hostels** – auch für Familien geeignet – konkurrieren in der City miteinander. Sie bieten einen sehr guten Standard auf Hotelniveau – allerdings zu hohen Preisen. **Günstigere Hostels** lassen in puncto Hygiene, Ausstattung und Service oft zu wünschen übrig. Internetzugang und Tourbuchung/Information gehören praktisch zum Standard und sind hier nicht extra erwähnt. Viele bieten auch kostenlose Abholung vom Flughafen an. Zwischen Weihnachten und Neujahr heben manche Hostels die Preise in geradezu astronomische Bereiche an. Vorbuchen sollte man zu praktisch jeder Zeit. Gute Angebote finden sich auf **Hotelbuchungsseiten** wie 🖥 www.wotif.com. **Ferienwohnungen und Zimmer in Privathäusern** findet man bei: 🖥 www.stayz.com.au oder 🖥 www.airbnb.com.

City und Surry Hills
Hostels

Big Hostel, 212 Elisabeth St, 📞 9281 6030, 🖥 www.bighostel.com. Den Namen trägt dieses Hostel zu Recht – es wirkt eher wie ein freundliches, sehr funktionales Hotel. Unten befinden sich Küche, Sofas, TV- und Computerzimmer, oben auf der Dachterrasse gibt es

© CORINNA MELVILLE

Ein Penthouse für Tiere – nirgendwo sonst haben Giraffen einen besseren Ausblick als im Taronga Zoo.

weitere Sitzgelegenheiten. Große und saubere DZ mit Bad und Dorms mit 4–6 Betten (ab $35), alle mit AC. ❸

Sydney Central YHA, 11 Rawson Place, ✆ 9218 9000, 🖥 www.yha.com.au. Sehr gut ausgestattetes, freundliches Hostel mit Wohlfühlgarantie. In den riesigen Gemeinschaftsräumen schmökern Rucksackreisende in ihren Büchern, schlummern vor der Kinoleinwand oder spielen Billard. Auch Küche und Essensbereich sind groß und sauber. Dachterrasse mit Pool, Sauna und BBQ. 4–8-Bett-Dorms (ab $35), alle Betten mit eigenen Leselampen und Schließfächern. Außerdem einige DZ. Gute Wahl! ❸–❹

🧳 **Sydney Harbour YHA**, 110 Cumberland St, The Rocks, ✆ 8272 0900, 🖥 www.yha. com.au. Die einzige Herberge in The Rocks ist eine Luxus-Oase mit Wohlfühlatmosphäre in neuem Komplex mit modernster Ausstattung. Riesiger Rezeptions-/Gemeinschaftsbereich mit sauberer Küche (separate Kochnischen), Tischen, Sofas, Computer, Telefon und extra TV-Raum. Das Programm reicht von Yoga über Stadtführungen bis hin zu Burrito und BBQ Nights. Helle Dorms (Bett ab $64) und DZ, alle

mit Bad, Schließfächern und AC. Weite Dachterrasse mit Blick auf die Oper und die City-Skyline. ❼

wake up!, 509 Pitt St, ✆ 9288 7888, 🖥 www.wakeup.com.au. Riesiges, modernes Gebäude; in puncto Design, Ausstattung und Service eine Luxusherberge. Bar, Jobvermittlung; viele Aktivitäten und 24-Std.-Rezeption. Viele Dorms (4–10 Betten, $42–50) und DZ, z. T. mit eigenem Bad. Auch mit dieser Unterkunft kann man nichts falsch machen. ❸

Hotels und B&Bs

🧳 **B&B Sydney Harbour**, 142 Cumberland St, The Rocks, ✆ 9247 1130, 🖥 www.bbsydneyharbour.com.au. Freundliche und gemütliche Zimmer in einem alten Heritage-Gebäude. Unten in der Küche und im hübschen kleinen Garten hinter dem Haus morgens warmes Frühstück sowie Obst und Joghurt. Einige Zimmer mit eigenem Bad, andere teilen sich ein Bad mit einem weiteren Zimmer. ❻

Lord Nelson Brewery Hotel, 19 Kent St, ✆ 9251 4044, 🖥 www.lordnelsonbrewery.com. Eines der ältesten Pubs in The Rocks bietet 9 einfache, aber saubere Zimmer, mit und ohne

Bad. Urig und super zentral. Kleines Frühstück eingeschlossen. Lang im Voraus buchen! Unten im Pub gibt es gute Countermeals und frisches Bier. ❼

 1831 Boutique Hotel, 631-635 George St, City, ✆ 9265 8888, 1800-88 58 86. Historisches Boutiquehotel mit modernem Dekor. Gemütliche Lounge und kleine Küche für Selbstverpfleger. ❺

Glebe

Anreise vom Flughafen mit dem Airbus Shuttle für $18 (🖥 www.airbussydney.com.au) oder bis Central Station und dann mit Bus 431 weiter.

Alishan International Guest House, 100 Glebe Point Rd, ✆ 9566 4048, 🖥 alishan.com.au. Viktorianische Villa, hauptsächlich DZ mit Bad – eins auch behindertengerecht, einige EZ und 4–6-Bett-Dorms (ab $46). Gemütlicher Gemeinschaftsraum/Küche. ❸

Kings Cross, Potts Point und Woolloomooloo

Hostels

🏨 **Blue Parrot**, 87 Macleay St, Potts Point, ✆ 9356 4888, 🖥 www.blueparrot.com.au. Kleines, freundliches Hostel in Familienbesitz, schöner Hinterhof. Gemütliche Dorms, z. T. mit Bad (ab $23). Mindestaufenthalt 3 Nächte. Von Lesern empfohlen.

Original Backpackers, 160 Victoria St, ✆ 9356 3232, 🖥 www.originalbackpackers. com.au. Sehr freundlicher Hostelbetrieb in einer ansehnlichen viktorianischen Villa. Geräumige 4–10-Bett-Dorms, ab $25, sowie EZ und DZ. Alle mit TV. Besonders erwähnenswert ist der Anbau mit DZ, die von der Ausstattung her einem Boutiquehotel ähneln. ❶ – ❷ The **Village**, 6-8 Orwell St, Kings Cross, ✆ 9358 2185, 🖥 https://thevillagehostels.com. au. 4–10-Bett-Dorms (ab $23) und DZ, im EG mit eigenem Bad. Einfach, aber sauber. Angenehme Dachterrasse mit Grillstelle. ❷

Hotels und Motels

The Jensen, 71 Macleay St, Potts Point, ✆ 9368 0660, 🖥 https://thejensenpottspoint.com. Gutes Budget-Hotel mit einfachen DZ mit TV, Kühlschrank, Kochnische und Waschbecken, alle mit Bad auf dem Gang. ❹

Mariners Court Hotel, 44-50 McElhone St, Woolloomooloo ✆ 9358 3888, 🖥 www. marinerscourt.com.au. Ruhig und zentral, behindertengerecht. City in Spaziernähe. Frühstück inkl. ❻

Quest Potts Point, 15 Springfield Ave, Potts Point, ✆ 8988 6999, 🖥 www.questpottspoint. com.au. Stilvoll und mit allem Komfort ausgestattete Apartments (z. T. behindertengerecht) in ruhiger Seitenstraße. ❽

Springfield Lodge, 9 Springfield Ave, Kings Cross, ✆ 8307 4000, 🖥 www.springfieldlodge. com.au. Renovierte Unterkunft in ruhiger Seitenstraße; helle, gut ausgestattete Zimmer mit Bad. Alle Räume mit Internetanschluss, Kühlschrank und Ventilator. Häufig günstige Angebote (z. B. 3 Nächte zum Preis von 2). ❹

Bondi Beach und Coogee

 Bondi Beachside YHA, Ecke Fletcher St und Dellview St, ✆ 9365 2088, 🖥 www. yha.com.au. Schönes Art-déco-Gebäude mit 4 Stockwerken; 4–8-Bett-Dorms (ab $30) und DZ; einige davon mit Bad. Kostenlose Benutzung von Surf- und Bodyboards sowie Schnorchelausrüstung; Dachterrasse mit Blick über die Küste, TV-Raum mit AC, viele Aktivitäten. Sehr freundliche Atmosphäre. ❷

🏨 **Dive Hotel**, 234 Arden St, Coogee, ✆ 9665 5538, 🖥 www.divehotel.com.au. Modernes, familienbetriebenes Boutiquehotel am Strand, mit 16 hervorragend ausgestatteten Zimmern. Am tollsten (und teuersten) sind die Zimmer zum Wasser hin. Kleiner Hinterhof, hier wird morgens kostenlos Frühstück serviert. Sehr empfehlenswert! ❽

Manly

🏨 **Ivanhoe House**, 10 Birkley Rd, ✆ 9977 6476, 🖥 www.manlybandb.com.au. 2 moderne Gästezimmer in gemütlichem B&B in ruhiger Lage am Park, nur 5 Min. zur Fähranlagestelle. Gutes Frühstück inkl. Je nach Saison ❻ – ❽

Manly Bunkhouse (VIP), 35 Pine St, ✆ 9976 0472, 1800-65 71 22, 🖥 www.bunkhouse.com. au. In ruhiger Seitenstraße, 15 Min. zu Fuß vom Hafen. 4–6-Bett-Dorms ($38) und DZ, alle mit TV, Kühlschrank, Mikrowelle sowie Bad. Großer

Inselcamping mit Hafenblick

Cockatoo Island, Sydney Harbour, ☎ 8898 9774, 🖥 www.cockatooisland.gov.au. Die Insel am Zusammenfluss von Parramatta und Lane Cove bietet rustikale Campingmöglichkeiten mit atemberaubender Aussicht ($45 pro Zelt; kein Strom). Camping inkl. der vollen und bereits aufgebauten Ausrüstung (Zelt, 2 Matratzen, 2 Stühle, Laterne) ist für $89 erhältlich, im Glamping-Zelt für $150. Außerdem gibt es luxuriöse Apartments, teils mit grandiosem Blick auf den Hafen ❽. Die ehemaligen Werftanlagen der Insel sind der perfekte Ort für Kunstausstellungen und Konzerte. Regelmäßig Fähren von Circular Quay, Wharf 5 oder Darling Harbour, King St.

Garten mit schattigen Sitzgelegenheiten. Hilfe bei Jobsuche. Sauber und freundlich – kein Party-Hostel. ❸

Camping

Die Caravanparks sind alle ziemlich weit von der City entfernt oder in Flughafennähe.

🌲 **Lane Cove River Tourist Park**, Plassey Rd, North Ryde, 14 km nordwestl., ☎ 9888 9133, 🖥 www.lanecoverivertouristpark.com. Umweltfreundliche Anlage im Lane Cove NP. Cabins mit Küche, Bad. Stell- und Zeltplätze mit und ohne Strom ($43/41) und Cabins ❺. Pool, Kinderspielplatz, Fahrradvermietung. Regelmäßige Busverbindung zum Chatswood-Bahnhof.

Sydney Lakeside Holiday Park (BIG 4), 38 Lake Park Rd, North Narrabeen, 26 km nördlich, ☎ 9913 7845, 1800-00 88 45, 🖥 www.sydney lakeside.com.au. Einzigartige Lage zwischen Narrabeen Lakes und Strand. Zelt- und Stellplätze ohne und mit Strom ($45/57), auch mit eigenem Bad ($71). Viele moderne Cabins. Große Campküche, Spielplatz, Wassersportaktivitäten. ❹–❽

ESSEN

Sydney hat sich im letzten Jahrzehnt zum Feinschmeckerzentrum entwickelt. Sehr gute und authentische Restaurants aus aller Welt wetteifern um die Kundschaft. In der Innenstadt und an den beliebtesten Stränden kann es am Wochenende dennoch schwer werden, einen Tisch zu finden. Reservierung wird dringend empfohlen. Die Locals gehen zum Essen eher in die zentrumsnahen Viertel wie Surry Hills, Glebe oder Newtown; auch hier sollte man reservieren.

Ein Tipp zur Kleiderordnung: Sydneysider kleiden sich tagsüber und besonders abends auffällig gut. Je später der Abend, desto kürzer die Röcke und höher die Absätze. Wer nicht gleich als Tourist entlarvt werden will, wirft sich lieber etwas in Schale. Das gilt besonders für Frauen; die männlichen Begleiter sind hingegen oft erstaunlich „casual" gekleidet.

The Rocks

Im Stadtviertel The Rocks gibt es neben zahlreichen Restaurants und Cafés einige gute **Pubs**, u. a. die beiden historischen **Hero of Waterloo**, 81 Lower Fort St, und **Lord Nelson Brewery Hotel**, 19 Kent St, Ecke Argyle St, Miller's Point. Letzteres ist berühmt für seine hausgebrauten Ale-Sorten. Sehr beliebt ist das **Orient Hotel**, 89 George St, mit moderner australischer Küche und das **Australian Hotel**, 100 Cumberland St, mit außergewöhnlich guten Pizzen und einer großen Auswahl an Craft-Bier. Das **Munich Brauhaus**, Argyle St, Ecke Playfair St, macht auf bayrische Bierzelt-Atmosphäre: mit Kapelle, Bierkrügen, Sauerkraut und Schnitzel.

🧳 **Phillip's Foote**, 101 George St, ☎ 9241 1485. Das Restaurant, in dem man das ausgewählte Fleisch selbst grillen kann, wurde auch schon von Lesern empfohlen. Zum Fleisch gibt es Beilagen und Salat.

Circular Quay und die City

🧳 **Bambini Trust Wine Room**, St James Trust Building, 185 Elisabeth St, ☎ 9283 7098. Sehr guter Italiener. ⊕ Frühstück und Lunch Mo–Fr. Abendessen Mo–Sa.

Golden Century Seafood, 393 Sussex St, Haymarket, ☎ 9212 3901. Sehr beliebtes Chinarestaurant mit langer Tradition. Hervorragende Auswahl an frischen Meeresfrüchten bester Qualität. Schanklizenz und BYO. Reservieren! ☺ tgl. Mittag- und Abendessen.

 Home Thai, Shop 1, 299 Sussex St, ✆ 9261 5058. Eins der besten Thai-Restaurants in der Innenstadt. Sehr schmackhaft, guter, schneller Service. Allerdings kann es schwer sein, einen Tisch zu bekommen. ☺ tgl. Abendessen.

Rockpool Bar & Grill, 66 Hunter St, ✆ 8078 1900. Nicht ganz günstig, aber sehr gut. Australische Küche, Steak und Seafood in gehobenem Ambiente. ☺ tgl. Abendessen. Mo–Fr auch Mittagstisch.

Glebe

In der Glebe Point Rd und in einigen Seitenstraßen gibt es zahlreiche gute Restaurants, dazu gesellen sich Imbisse, Delis, Cafés und Kneipen.

AB Hotel, 225 Glebe Point Rd, ✆ 9660 1417, 🖥 www.abhotel.com.au. Renoviertes Pub mit Bistro, Restaurant und Cocktailbar. Preisgekrönte moderne australische Küche mit asiatischem Einfluss, gute Auswahl an Hausweinen. ☺ tgl. 10–ca. 24 Uhr.

Friend in Hand, 58 Cowper St, ✆ 9660 2326. Dei Dackpackern beliobtoc Pub mit preiswertem No-Name-Restaurant und abwechslungsreichem Unterhaltungsprogramm von Comedy- oder Literaturabenden bis Krabbenrennen. ☺ tgl. ab 10 Uhr.

Newtown

In der Kings Street gibt es unzählige Thai-Restaurants; dazwischen mischen sich etliche indische, indonesische, libanesische und italienische Lokale.

Gigi Pizzeria, 379 King St, ✆ 9557 2224, 🖥 www.gigipizzeria.com.au. Gute Pizza ist Down Under nicht immer leicht zu finden. Kein Wunder also, dass man hier oft Schlange steht, bevor man sein Stückchen Neapel aus dem Holzkohleofen serviert bekommt. Pizzen ($20–30) sowie Salate und Antipasti. ☺ tgl. 12–21 Uhr.

Thai Potong, 294 King St, ✆ 9550 6277. Frisch, saftig und unwiderstehlich lecker. Freundlicher Service und nettes Ambiente. Kein Wunder dass das Lokal schon seit Jahren als bester Thai in Newtown angepriesen wird. ☺ tgl. Mittag- und Abendessen.

Essen mit Blick aufs Wasser

Wer sich mal was Besonderes gönnen möchte, besucht eine dieser exklusiven Feinschmeckeradressen:

Quay, 5 Hickson Rd, The Rocks, ✆ 9251 5600. Eine der Top-Gastronomieadressen von ganz Australien. Toller Blick auf den Hafen, aber zu deftigen Preisen: 6 Gänge $240 p. P. ☺ tgl. Abendessen, Fr–So auch Mittagstisch.

Im 5. Stock des Customs House am Circular Quay bietet das **Cafe Sydney** ein reichhaltiges Angebot an Fisch und Meeresfrüchten, kombiniert mit einem fantastischen Ausblick auf Sydney Cove und die Hafenbrücke von der großen Terrasse. Hauptgerichte ca. $40. 31 Alfred St, ✆ 9251 8683.

Gut und trotzdem einigermaßen günstig isst man in der **Opera Bar** unterhalb der Oper, direkt am Wasser. Hauptgerichte $26–32.

Surry Hills

Die **Crown Street** ist eine Flanierstraße mit vielen ethnischen Restaurants.

 Himalaya, 396 Elizabeth St, ✆ 8068 6088. Gute indische und pakistanische Küche zu sehr akzeptablen Preisen. ☺ Sa und So ab 16 Uhr, Mo–Fr auch Mittagstisch.

Pizza Autentico, 15 Brisbane St, ✆ 9267 9992. Gute Pizzen und Pastagerichte. ☺ tgl. abends.

Darlinghurst und Paddington

Die Oxford St ist von Anfang bis Ende eine Restaurant- und Flanierstraße.

 Bar Reggio, 135 Crown St, Darlinghurst, ✆ 9332 1129. Italienisches Ambiente der 50er-Jahre kombiniert mit fantastischer Pizza – Wartezeit muss in Kauf genommen werden. Hauptgerichte $15–30. BYO. ☺ Mo–Sa Mittag- und Abendessen.

Paddington Inn Bistro, 338 Oxford St, Paddington, ✆ 9380 5913. In Sydney sehr bekannt und beliebt. Gutes Seafood. ☺ tgl. Mittag- und Abendessen.

Kings Cross und Woolloomooloo

Govinda's im Hare Krishna Centre, 112 Darlinghurst Rd, ✆ 9380 5155, 🖥 www.govindas.com.au.

Mi–So gibt es hier ein leckeres, vegetarisches Büffet für ca. \$25; kein Alkohol. Anschließend lässt man sich satt in die gemütlichen Liegematten des angeschlossenen Kinos plumpsen. Programm und Zeiten s. Website.
Otto, Shop 8, 6 Cowper Wharf, Woolloomooloo, ☎ 9368 7488. Italienische Küche; Hauptgerichte \$30–60; die schöne Lage in der alten Finger-wharf der Woolloomooloo Bay sowie die exzellente Qualität rechtfertigen die Preise. Ein sehr beliebter Prominententreff. ⏱ tgl. 12–22 Uhr, Schanklizenz.

Östliche Vororte, Bondi und Coogee

Doyles Seafood Restaurant ist eine Sydneyer Institution; im pittoresken Watson's Bay gibt es derer zwei: das Originalrestaurant **Doyles on the Beach**, 11 Marine Parade, ☎ 9337 2007, und **Doyles on the Wharf**, ☎ 9337 1572. Toller Blick über das Wasser auf die City. Mo–Fr ca. halb-stündlicher Zubringerservice mit der Fähre vom Circular Quay.
Bondi's Best Seafood, 39-53 Campbell Parade, ☎ 9300 9886. Serviert was der Name verspricht, zum Essen im Restaurant oder Take-away. ⏱ tgl. 12–21 Uhr.

Rösti und Körnerbrot wie zu Hause

Luneburger Bakery, backt gutes Brot, Brötchen und Brezeln aus deutschem Teig. Mehrere Standorte in Sydney, u. a. Syd-ney Central (am Ausgang Richtung George St) und im QVB (am Ausgang zur Metro).
Swiss Bakerz, Fine Food Company, 101 Oxford St, Darlinghurst, ☎ 9361 5643. Ausgezeich-nete Brotsorten und Backwaren – ein Genuss (nicht nur) für mitteleuropäische Gaumen. Der freundliche Service lädt zum Drinnen- und Draußensitzen ein. 10 Min. vom Hyde Park. ⏱ tgl. 6–20 Uhr.
Una's Continental, 340 Victoria St, Darlinghurst, ☎ 9360 6885. Herzhafte mitteleuropäisch-„ger-manische" Speisen (Rösti besonders gut). ⏱ tgl. Frühstück, Mittag- und Abendessen. Schanklizenz und BYO. Ca. 10 Min. zu Fuß von Kings Cross Station.

Gertrude & Alice, 46 Hall St, Bondi, ☎ 9130 5155, 🖥 www.gertrudeandalice.com.au. Toller Secondhand-Buchladen und Café; gut zum Frühstücken, zum Mittag- und Abendessen leichte mediterrane Küche. ⏱ tgl. 7–20.30 Uhr.

Trio, 56 Campbell Parade, Bondi Beach, ☎ 9365 6044. In dem gut besuchten Café werden leckeres Frühstück und Lunch serviert. Ideal zum Probieren ist das Breakfast Tasting Plate.

Nordufer / Manly

Die **Military Road**, die sich von Neutral Bay bis nach Mossman erstreckt, kann mühelos allen Flanier- und Gourmetstraßen südlich des Hafens Paroli bieten. Neben ausgezeichneten Restaurants findet man gut sortierte Delis, Bäckereien und Cafés. Manly bietet ebenfalls Gaumenfreuden für jeden Geschmack und jeden Geldbeutel.
4 Pines Brewing Company, 45 East Espl, ☎ 9976 2300, 🖥 www.4pinesbeer.com.au. Gute australische Küche in lebhaftem Pub. Gutes Bier. Livemusik an vielen Abenden.

Yok Thai, 21 Wentworth St, ☎ 9976 6488. Kleines Restaurant, bei den Locals sehr beliebt. ⏱ Di–So Abendessen.

UNTERHALTUNG

Eine gute Informationsquelle für aktuelle Events in Sydney ist 🖥 whatson.cityofsydney.nsw.gov. au. Freitags enthält die Tageszeitung *Sydney Morning Herald* die wöchentliche Kultur- und Unterhaltungsbeilage *Metro*, genauso *Time Out*, die donnerstags erscheint. Kostenlose Zeitun-gen liegen in vielen Cafés, Kneipen und Musik-läden aus. Der *Sydney Star Observer* ist das wichtigste Infoblatt für die LGBT-Szene.
Karten für Opern, Musicals, Konzerte und Theaterstücke gibt es bei **ticketmaster**, ☎ 13 61 00, 🖥 www.ticketmaster.com.au, oder **Ticketek**, ☎ 13 28 49, 🖥 premier.ticketek. com.au.
Half Tix, 🖥 www.halftix.com.au. Kurzent-schlossene bekommen hier Karten zum halben Preis für Vorstellungen, die am selben Tag stattfinden, sowie für Museen, Hafenfahrten und Bustouren in Sydney und Umgebung.

Livemusik, Pubs und Nightclubs

Aktuelle Termine und Veranstaltungsorte in *Metro, Time Out* oder unter ⌨ https://whatson. cityofsydney.nsw.gov.au/tags/nightlife.

City und The Rocks

Rund um Sussex St und George St gibt es viele Clubs und Kneipen. Hier eine kleine Auswahl:
Chinese Laundry, 111 Sussuex St, ⌨ www. chineselaundryclub.com.au. Einer der größten, ältesten und bekanntesten Clubs in Sydney mit Schwerpunkt auf House, Electro und Techno. Nationale und internationale DJs.
Metro Theatre, 624 George St, ⌨ www.metro theatre.com.au. Riesiger Club; bekannte Namen aus der Rock- und Indie-Szene. Bringt u. a. viele australische Newcomer-Bands auf die Bühne.
The Basement, 29 Reiby Place, Circular Quay, ⌨ www.thebasement.com.au. Profiliertester Veranstaltungsort für Jazz, Funk und Rock; hier spielen große Namen schon seit Anfang der 70er-Jahre. Die Events sind oft lange im Voraus ausverkauft.
The Retro, 81 Sussex St, ⌨ www.theretro. au. In diesem Club mit seinen 7 Bars, Restaurant und Dachterrasse steigt Fr und Sa abends eigentlich immer eine gute Party. Viele Themenpartys (z. B. „Baywatch Night"). Wer im Kostüm kommt (in diesem Fall Bikini oder Boardshorts) kommt umsonst rein, sonst Fr $10, Sa $20.
In **The Rocks** gibt es viele gute Kneipen, die auch oft Programm (Trivia Nights oder Karaoke) bieten. U. a. **The Australian Heritage Hotel**, 100 Cumberland St, oder direkt daneben das **Glenmore Hotel**. Letzteres hat eine Dachterrasse mit grandiosem Blick auf die Oper.

Darlinghurst, Paddington und Kings Cross

Candys Apartment, 22 Bayswater Rd, Kings Cross. Einer der ältesten Clubs in Sydney. Livemusic und Dance-Partys. Guter Mix aus Techno, Mainstream und Rock. Fr kostenloser Eintritt vor 22 Uhr.
Club 77, 77 William St. Grunge-Underground-Club mit großer Tanzfläche und einigen Bars.
Oxford Art Factory, 38 Oxford St, Darlinghurst. Eine der letzten Konzerthallen in der Oxford Street. Hier spielten schon Lady Gaga und Dave Grohl.

Darling Harbour

Darling Harbour ist bei Tag und Nacht eine einzige Vergnügungsmeile. Das Angebot reicht von guten Restaurants, Nachtclubs und Bars bis zum Star Casino mit seinen Restaurants, Cocktailbars, Kneipen, Nightclubs und Spielhalle.
Cargo Bar, 52 The Promenade, King St Wharf. Sydneyweit bekannte Bar mit großem Biergarten. Hier trifft sich Sydneys Jugend zum Essen, Trinken, Tanzen und Gesehenwerden.
Home, Cockle Bay Wharf, Wheat Rd, ⌨ www. homesydney.com. Sydneys größter Dance Club.
Pontoon Bar, 201 Sussex St, ⌨ www.pontoon bar.com. Stylische Bar im Herzen von Darling Harbour.

Surry Hills

Crown Hotel, 589 Crown St, ⌨ www.crown hotel.com.au. Klassisches Pub im EG. Oben gibt's eine etwas schickere Cocktail-Bar.
The Gaelic, 64 Devonshire St, ⌨ www.the gaelic.com; auch DJs. Es spielen bekannte australische Bands sowie Newcomer der Rock- und Popszene.

Klassische Musik

Das größte australische Orchester, das **Sydney Symphony Orchestra**, hat seinen Sitz im Konzertsaal des Opernhauses. Es tritt wöchentlich mit internationalen Dirigenten und Solisten auf. Tickets und Infos ⌨ www. sydneysymphony.com.
Eine weitere Institution ist das **Sydney Conservatorium of Music**, eine Elite-Musikschule mit Sitz in den Royal Botanical Gardens. Konzerte am Freitag- und Samstagabend. Infos und Tickets ⌨ https://sydney.edu.au/music.
Des Weiteren finden in der Town Hall und in verschiedenen Kirchen oft klassische Konzerte statt. Mehr Infos unter ⌨ www. whatsonsydney.com.

Tanz, Theater und Musical

Die **Sydney Dance Company** zählt zu den erfolgreichsten ihrer Art in Australien. Das ganze Jahr über bietet sie Vorführungen (und Tanzstunden zum Mittrainieren) an verschiedenen Veranstaltungsorten, darunter **The Wharf Theatre**, Pier 4, Hickson Rd, Walsh Bay

(auch Sitz der Aboriginal-Tanzgruppe Bangarra, s. Kasten), im **Sydney Theatre**, gegenüber Pier 6/7 Hickson Road, The Wharf, und im **Carriageworks**, 245 Wilson St, Eveleigh. Infos: 🖥 www.sydneydancecompany.com.
Im **Playhouse** und **Drama Theatre** des Opera House gibt es weitere klassische und moderne Theaterstücke oder Tanzaufführungen.

Die **Sydney Theatre Company**, 🖥 www.sydney theatre.com.au, hat ihren Sitz im o. g. Wharf Theatre. Zu ihren sehenswerten Aufführungen zählen zeitgenössische und klassische Theaterstücke angelsächsischer und internationaler Autoren.

Ballett, Musicals und Theater gibt's im **Capitol Theatre**, 13 Campbell St, Haymarket, Buchungen unter 📞 1300-55 88 78, 🖥 www.capitol theatre.com.au.

Das **Belvoir Street Theatre**, 25 Belvoir St, Surry Hills, 🖥 www.belvoir.com.au, bietet Avantgarde-Theater.

Die alternative Theaterszene ist lebendig und vielfältig. Komödie und Kabarett erfreuen sich großer Beliebtheit; Veranstaltungsorte sind meist Pubs, Restaurants oder Nightclubs.

Kinos

Mo oder Di gibt es in den meisten Kinos verbilligte Karten.
Kommerzkinos finden sich u. a. in der George St, südl. der Town Hall, darunter **Event Cinemas**, 📞 13 34 56, 🖥 www.event cinemas.com.au.
Einige Filmkunsttheater: **Chauvel**, 249 Oxford St, Ecke Oatley St, Paddington, 📞 9361 5398, **Dendy**, 261 King St, Newtown, 📞 9550 5699; 2 East Circular Quay, 📞 9247 3800, 🖥 www. dendy.com.au.

Palace Verona, 17 Oxford St, Ecke Verona St, Paddington, 📞 9360 6099, für beide: 🖥 www. palacecinemas.com.au.

Freilichtkino wird saisonal beim Aussichtspunkt MrsMacquarie's Chair (S. 127) und im Centennial Park (S. 133) geboten.

LGBT-Szene

Infos und Adressen (auch für gay-friendly Hotels) unter 🖥 http://sydney.gaycities.com und 🖥 www.nighttours.com/sydney.

Modernes Aboriginal-Tanztheater

Das **Bangarra Dance Theatre**, eine der innovativsten Theatergruppen des Landes, erlangte mit „Awakenings" anlässlich der Olympischen Sommerspiele 2000 internationale Berühmtheit. Pier 4/15 Hickson Rd in Walsh Bay, The Rocks, 🖥 www.bangarra.com.au.

ARQ, 16 Flinders St, Taylor Square, 🖥 www. arqsydney.com.au. Einer der größten Clubs mit riesiger Tanzfläche. Viele Themenpartys.
Imperial Hotel, 35 Erskineville Rd, Erskineville, 🖥 www.theimperialhotel.com.au. Gemischtes Publikum, nach Mitternacht Drag Shows.
Stonewall, 175 Oxford St, Darlinghurst, 🖥 www.stonewallhotel.com. Fashion-Shows, Karaoke, Drag-Shows usw.
The Colombian, 117 Oxford St, 🖥 www. colombian.com.au. Unten Bar, oben Nightclub.

KUNST

Galerien und Ausstellungen
Viele Galerien befinden sich in der City, in The Rocks, in Surry Hills und Paddington. Hier eine Auswahl:
Artspace, 43-51 Cowper Wharf Rd, Woolloomooloo, 🖥 www.artspace.org.au. Monatlich wechselnde Ausstellungen mit Installationen und Medienkunst. 🕐 Mo–Fr 11–17, Sa und So ab 10 Uhr, Eintritt frei.
Museum of Contemporary Art, S. 125.
The Ken Done Gallery, 1 Hickson Rd, The Rocks, 🖥 www.kendone.com. Werke des zeitgenössischen Designers und Künstlers Ken Done. 🕐 tgl. 10–17.30 Uhr.

Aboriginal-Kunst
Cooee Aboriginal Art, 31 Lamrock Ave, Ecke Chambers Ave, Bondi Beach sowie 326 Oxford St, Paddington, 🖥 www.cooeeart.com.au. Die Besitzer arbeiten seit Langem mit Aboriginal-Künstlern und ihren Communities zusammen. 🕐 Di–Sa 10–17 Uhr.
Karlangu Aboriginal Art Centre, 47 York St, 🖥 www.karlangu.com. Eine der größten Sammlungen von Aboriginal-Kunst. 🕐 tgl. 9.30–18 Uhr.

Utopia Art Sydney, 983 Bourke St, Waterloo, südl. von Redfern, 🖳 www.utopiaartsydney. com.au. Repräsentiert bekannte Aboriginal-Künstler aus der Kimberley und Zentral-Australien. ☉ Di–Sa 10–17 Uhr.

Yiribana in der Art Gallery of NSW (S. 127).

EINKAUFEN

Öffnungszeiten für Geschäfte in der City: Mo–Mi und Fr von 9–18, Do bis 21 Uhr (in den Shopping Centres der Vororte ist oft auch noch Fr Spät-einkaufstag), Sa 9–16 Uhr. In der City und in größeren Einkaufszentren sind So viele Geschäfte von etwa 10–16 Uhr geöffnet. Milkbars und dergleichen in den Vororten sind meist tgl. von morgens früh bis spät in die Nacht geöffnet.

Campingzubehör

Bekannte Qualitätsnamen finden sich in der Town Hall Arcade hinter der Town Hall: **Paddy Pallin**, 507 Kent St, Ecke Bathurst St, 🖳 www. paddypallin.com.au. **Kathmandu**, Shop 35, Town Hall Arcade und Oxford St, 🖳 www.kathmandu. com.au.

Mountain Designs, 499 Kent St, 🖳 www. mountaindesigns.com.

Shopping Centre

Pitt Street Mall, 🖳 www.pittstreetmall.com.au. Umfasst viele Shoppingzentren und einzelne Läden; viele Designerlabels.

Queen Victoria Building, George St, gegen-über der Town Hall, 🖳 www.qvb.com.au. Ein Konsumtempel in sehenswertem historischem Ambiente.

The Argyle, 12-18 Argyle St, The Rocks. Eine Ansammlung kleiner Boutiquen in einem Gebäude aus dem 19. Jh.

The Strand Arcade, 412 George St, 🖳 www. strandarcade.com.au. Elegante Passage von 1892 mit herrlichen Verzierungen und Glas. Hippe australische Designer im 2. und 3. Stock, weiter unten Cafés und Schmuckgeschäfte.

Märkte

Balmain Market, bei der St. Marys Church, Darling St, Ecke Curtis Rd. Kleinerer Markt mit gemütlicher Atmosphäre. Kunsthandwerk,

Antiquitäten, Pflanzen, Obst und Gemüse, auch Essenstände. ☉ Sa 9–15 Uhr.

Bondi Markets, Bondi Beach Public School, Campbell Parade und Warners Ave, 🖳 www. bondimarkets.com.au, ☉ Sa 9–13, So 10–16 Uhr.

Glebe Market, Glebe Public School, Glebe Point Rd, 🖳 www.glebemarkets.com.au. Kunsthand-werk, Schmuck, Lederwaren, Klamotten, Trödel; von alternativem Flair bis zu innovativem Design. Essen und Livemusik. ☉ Sa 10–16 Uhr.

Paddington Market, bei der Uniting Church, 395 Oxford St, Ecke Newcombe St, 🖳 www. paddingtonmarkets.com.au. Nicht gerade preiswert, aber wegen seiner Atmosphäre lohnt dieser Markt mit 250 Ständen einen Besuch. ☉ Sa 10–16 Uhr.

Paddy's Market, Thomas St, Ecke Hay St, Haymarket, 🖳 www.paddysmarkets.com.au. Billige Klamotten, Souvenirs, Obst, Gemüse, Pflanzen, ☉ Mi–So 10–18 Uhr.

Rozelle Market, Rozelle School, Ende Darling St, Ecke Victoria Rd, 🖳 www.rozellemarkets. com.au. Flohmarkt-Atmosphäre an ca. 100 Stän-den mit Trödel, Antiquitäten, Klamotten, Pflan-zen und Essenständen. ☉ Sa und So 9–15 Uhr, Livemusik jeweils 11–14 Uhr.

Sydney Opera House Market, Western Boardwalk, Sydney Opera House. Etwa 40 Kunsthandwerker und Künstler präsentieren Schmuck und Kunsthandwerk. ☉ So 9–17 Uhr.

The Rocks Market, nördl. Ende der George St, The Rocks, von einer Zeltplane überdacht. Mehr als 150 Stände mit Kunsthandwerk, Schmuck, Antiquitäten, viel Entertainment. Freitags findet der Rocks Farmers' Market statt mit frischem Obst und Gemüse aus der Region. Wegen der touristischen Lage etwas teurer. ☉ Sa und So 10–17 Uhr.

Souvenirs

Auf den Märkten bekommt man wahrscheinlich originellere (und oft auch billigere) Sachen als in den kommerziellen Souvenirshops im Darling Harbour, der City und The Rocks.

Australian Geographic Shop, unter anderem in der Westfield Mall in Bondi Junction. 🖳 www. australiangeographic.com.au. Kreative Souve-nirs, Kunsthandwerk, Karten und Bücher über Australien, auch Spielsachen für Jung und Alt.

Viele Läden bieten für teures Geld Akubra-Hüte, Driza-Bone-Jacken, R.-M.-Williams-Lederstiefel und andere typisch australische Markenartikel; billiger sind sie in sogenannten Disposal Shops. Für Didgeridoos, Aboriginal-Kunsthandwerk oder -gemälde sind die Aboriginal Art Galleries (S. 142) die beste Quelle.

Etablierte **Opal-Spezialisten** sind **Australian Opal Cutters**, 295-301 Pitt St, Ecke Park St, 3. Etage, und die **National Opal Collection**, 60 Pitt St Mall.

AKTIVITÄTEN

Jetboat
Harbourjet, Darling Harbour, ✆ 1300-88 73 73, 🖥 www.harbourjet.com. Mit 75 km/h, 270°-Umdrehungen und anderen wilden Stunts gleicht dies einer Achterbahnfahrt im Sydney Harbour. $50 für 30 Min. (bei Online-Buchung).
OZ Jetboating, Sydney Harbour, ✆ 9808 3700, 🖥 www.ozjetboating.com.au. Ein ähnliches Programm. $69 für 30 Min.

Radfahren und Rollerbladen
Noch immer sind die meisten Straßen in Sydney nicht ungefährlich für Radfahrer, doch das Netzwerk an Radstrecken wird immer weiter ausgebaut. Es besteht Helmpflicht. Transport NSW betreibt eine gute Website und App mit Karten zu allen Radwegen in NSW: 🖥 www.transport.nsw.gov.au/projects/programs/walking-and-cycling.

Verleihfirmen
Bike Hire @ Sydney Olympic Park, Shop 1 Bicentennial Dr, Bicentennial Park, ✆ 9746 1572, 🖥 www.bikehiresydneyolympicpark.com.au. Fahrrad ab $50/Tag, $15 für jeden weiteren Tag.
Centennial Park Cycle Hire, 50 Clovelly Rd, Randwick, ✆ 9398 5027, sowie Federation Valley, Grand Drive, Centennial Park, ✆ 0401 357 419, 🖥 www.cyclehire.com.au; Fahrrad ab $50/Tag, $15 für jeden weiteren Tag.

Seekajakfahren und Stand-up-Paddeln
Manly Kayak Centre, auf der Ostseite der Fähranlegestelle Manly, ✆ 1300-52 92 57, 🖥 www.manlykayakcentre.com.au. Kajak- und SUP-Verleih ($45 für 2 Std.) und Kajaktouren ($125 für 4 Std. inkl. Kajak und Lunch).
Sydney Harbour Kayaks, Spit Bridge, Mosman, ✆ 9969 4389, 🖥 www.sydneyharbourkayaks.com. Kajak-Verleih ab $20 (1 Std.), Touren-Kurse.

Segeln
Pacific Sailing School, 1 New Beach Rd, Rushcutters Bay, ✆ 9326 2399, 🖥 www.pacificsailingschool.com.au. Sailing Workshops.

Surfen
An den bekannten Stränden von Bondi und Manly werden natürlich Surfkurse geboten. Alternativ empfehlen sich für einen Kurs aber auch die etwas weniger touristischen Strände an der Nord- oder Südküste, z. B. Wollongong (S. 166).
Let's Go Surfing, 128 Ramsgate Ave, Bondi Beach, ✆ 9365 1800, 🖥 www.letsgosurfing.com.au. Unterricht im Wellenreiten, 2-stündige Einführung am Bondi Beach $100, 5x 2 Std. $375.
Manly Surf School, North Steyne Rd, Manly, ✆ 9932 7000, 🖥 www.manlysurfschool.com.au; $70 pro Unterrichtseinheit (2 Std.). Tagesprogramme und -touren.

Tauchen
Tauchkurse dauern meist 4 Tage und kosten rund $500. Website mit Anbietern: 🖥 www.

Kraxelei auf dem „Kleiderbügel"

Eine von der Firma **BridgeClimb** veranstaltete Kletterpartie auf die Sydney Harbour Bridge ist zweifellos ein Highlight eines Sydney-Besuchs. Auch Leute mit Höhenangst zählen zu den zahlreichen zufriedenen Kunden; auf Sicherheit wird peinlichst genau geachtet. Die Touren mit verschiedenen Schwerpunkten – vom traditionellen Bridge Climb über Touren ins Innere der Brücke bis hin zum Express Climb für Eilige – finden vom Morgengrauen bis in die Nacht statt und dauern 1 1/2 bis 3 1/2 Std. Je nach Tageszeit und Saison kosten sie $180–280. Reservierung wird dringend empfohlen: 3 Cumberland St, The Rocks, ✆ 8274 7777, 🖥 www.bridgeclimb.com.

Surfaris, eine von erfahrenen Profisurfern betriebene Firma, bringt in ihren Surfcamps Leuten seit Jahrzehnten das Wellenreiten bei, mit ihrem eigenen erprobten Konzept. Man übernachtet in einer Unterkunft nahe Kempsey, auf halbem Weg zwischen Sydney und Byron Bay. Essen, Unterkunft und Surfkurse sind im Preis eingeschlossen (2 Tage $300). Auch Camps für erfahrene Surfer. ℡ 6566 0009, 🖥 www.surfaris.com.

Mojosurf, ℡ 6639 5100, 🖥 www.mojosurf.com, betreibt Surfschulen in Sydney, Crescent Head, bei Coffs Harbour und Byron Bay. Jede Menge verschiedene Surf-Touren/Unterricht von einer Stunde bis zu einem Monat.

underwater.com.au. Viele verleihen auch Ausrüstung, u. a.:
Dive Centre Bondi, 198 Bondi Rd, ℡ 9369 3855, 🖥 www.divebondi.com.au.
Dive Centre Manly, 10 Belgrave St, ℡ 9977 4355, 🖥 www.divesydney.com.

Wandern

Streifen der Küste rund um Sydney Harbour stehen als Nationalparks unter Naturschutz und bieten Gelegenheit zu Wanderungen und Spaziergängen unweit der City. Die schönsten Parks in der weiteren Umgebung sind der Royal National Park im Süden (S. 163) und der Ku-Ring-Gai Chase National Park im Norden (S. 153). Außerdem natürlich die Blue Mountains (S. 153). Weitere Infos unter 🖥 www. nationalparks.nsw.gov.au.

Whalewatching

Zwischen Juni und August sind nahe Sydney Harbour und Manly immer wieder Wale zu sehen, 3- bis 4-stündige Bootstouren werden u. a. angeboten von: **Whale Watching Sydney**, ℡ 9583 1199, 🖥 www.whalewatching sydney.net; **Captain Cook Cruises**, ℡ 1800-80 48 43, 🖥 www.captaincook.com.au; **itours-ntix**, ℡ 1800-35 55 37, 🖥 www.itoursntix.com.

TOUREN

Zu Redaktionsschluss war das Angebot aufgrund der Grenzschließungen noch stark beschränkt. Aktuelle Infos jeweils auf den Webseiten. Fast alle Veranstalter, gleichgültig ob sie zu den großen kommerziellen Anbietern gehören oder auf Backpacker spezialisiert sind,

geben Travellern Ermäßigung (YHA, VIP etc.) Für Ausflüge in die **Blue Mountains** bietet Transport NSW TrainLink die Sonderfahrkarte **Blue Mountains Explorer Link**; im Preis inkl. ist eine Rundfahrt mit dem Blue Mountains Explorer Bus. Details S. 162.

Bustouren

AAT Kings Tours, ℡ 1300-22 85 46, 🖥 www. aatkings.com und **Great Sights**, ℡ 1300-85 08 50, 🖥 www.greatsights.com.au, bieten Stadtrundfahrten, Touren in die Wildlife Parks und zu anderen Sehenswürdigkeiten in den westlichen und nördlichen Vororten, in die Blue Mountains, zum Hawkesbury River und ins Hunter Valley. Ihre Prospekte liegen in allen Hotels und Touristeninformationsstellen aus. **Sydney Explorer**, S. 150.

Hafenrundfahrten

Rundfahrten beginnen am Circular Quay. Wer keinen Wert auf einen Kommentar legt und nur die Aussicht genießen will, kann die öffentlichen Harbour City Fähren (S. 150) nehmen und damit eine Menge Geld sparen. Der größte kommerzielle Veranstalter, **Captain Cook Cruises**, ℡ 9206 1111, 1800-80 48 43, 🖥 www.captaincook.com.au, bietet u. a. einen Harbour Highlights Cruise (tgl. 75 Min., $35), verschiedene Kaffee-, Lunch- und teurere abendliche Candlelight Dinner Cruises; Boote ab Jetty 6, Circular Quay, einige auch ab Darling Harbour. Der Harbour Explorer von Captain Cook Cruises funktioniert nach dem Hop-On-Hop-Off-Prinzip: Stopps in Darling Harbour, Circular Quay, Taronga Zoo, Watson Bay, Luna Park, Manly, Fort Denison, Shark Island und Garden

Bombastische Aussichten und einen Schuss Adrenalin bietet ein Bridge Climb.

Island. Einzelfahrten ab $8, 2-Tages-Tickets $50, oder Kombi-Tickets inkl. Einlass zu verschiedenen Attraktionen, erhältlich beim Ticket Office, Jetty 6 Circular Quay, Pier 26 Darling Harbour und Nr. 1 King St Wharf.

Motorradtouren

Easyrider Motorbike Tours, The Rocks Market, ✆ 1300-88 20 65, 🖥 www.easyrider.com.au. Tgl. Touren mit Harley-Davidson-Motorrädern und Trikes, 15 Min. auf die Harbour Bridge für $35, einstündige Touren ab $110 inkl. Ausrüstung und Versicherung; auch 6-stündige Touren zu den Blue Mountains ($350) und 2-tägige Touren ins Outback ($950).

One-way-Touren

Adventure Tours Australia, ✆ 08 8132 8230, 1800-068 886, 🖥 www.adventuretours.com.au. Aktivtouren für Backpacker (max. 16 Teilnehmer) in allen Teilen Australiens. Von Sydney nach Brisbane in 7 Tagen ($2300) oder in 14 Tagen nach Cairns ($5400), inkl. Übernachtung im DZ, vielen Aktivitäten wie Cruises und Trip nach Fraser Island sowie Verpflegung (teilweise).

Oz Experience, ✆ 1300-30 00 28, 🖥 www.ozexperience.com. Der langjährige Anbieter von Backpacker-Touren gehört heute zu Greyhound Australia. Man bucht sogenannte „Packages" von A nach B, die je nach Preisklasse unterschiedliche Aktivitäten wie Touren, Übernachtung, Segeln, Surfstunde, Schnorcheltour etc. beinhalten. Die Nutzung der Greyhound-Busse auf der jeweiligen Strecke mit beliebigem Ein- und Aussteigen ist bei allen Paketen inklusive (je nach Package für 60 oder 90 Tage). Zum Beispiel von Sydney nach Cairns inkl. Surfstunde und Übernachtung in Byron Bay sowie 4 Übernachtungen und Geländewagentour auf Fraser Island für $1140. Oder Touren ans Great Barrier Reef, zum Uluru, an die Great Ocean Road oder in den Kakadu National Park.

Rundflüge

Ein 15-minütiger Hafenrundflug mit einem Seaplane kostet $190–200, 30 Min. $260–290. **Australia by Air**, ✆ 1300-35 95 38, 🖥 www.australiabyair.com.au. 80 Min. Rundflug über Sydney und die Blue Mountains, $480 inkl. Transport vom/zum Hotel.

Blue Sky Helicopters, ☎ 9700 7888, 🖥 www.
blueskyhelicopters.com. 20-minütige Hubschrauberflüge ab Kingsford Smith Airport über
den Hafen ab $175.
Sydney by Seaplane, ☎ 1300-72 09 95,
🖥 https://sydneybyseaplane.com.au. Rundflüge
über Sydney (15 Min. $ 210 oder 30 Min. $295).

Segeltörns
Sydney Harbour Tall Ships, ☎ 1800-82 55 74,
🖥 www.sydneytallships.com.au. Segeltörns in
klassischem Stil, ab $110.
Sydney Heritage Fleet, ☎ 9298 3888, 🖥 www.
shf.org.au. Auf dem 1874 gebauten Segelschiff
James Craig, das originalgetreu restauriert
wurde, kann man selbst Hand anlegen oder aber
einfach nur die Aussicht genießen. 3 Std. $48.

 Tribal Warrior, Aboriginal Cultural
Cruises, ☎ 9699 3491, 🖥 https://
tribalwarrior.org. Während der zweistündigen
Cruises durch den Sydney Harbour geben
Aborigines Einblicke in ihre Kultur des
vorkolonialen Sydneys; $66.

Stadtrundgänge
€ **Kostenlose Touren**: *The Rocks*, tgl.
ab 18 Uhr vor dem Cadman's Cottage
(ca. 1 1/2 Std.) und *Sydney Sights*, tgl. um 10.30
und 14.30 an der Anker-Skulptur am Town Hall
Square (knapp 3 Std.). Infos 🖥 www.imfree.
com.au. *Botanical Gardens Free Walk*, tgl. ab
10.30 Uhr. Ab Garden Shop (ca. 1 1/2 Std.),
Reservierung nötig, ☎ 9231 8317, 🖥 www.
rbgsyd.nsw.gov.au/whatson/Free-Guided-Walks.
The Rocks Pub Tours, ☎ 9318 0853, 🖥 https://
daves.com.au. Pub Crawl durch 4 der ältesten
Kneipen Sydneys inkl. Getränk in jedem Pub.
Garantie für einen feucht-fröhlichen Abend!
🕑 tgl. ab 18 Uhr, $95.
The Rocks Walking Tours, ☎ 9247 6678,
🖥 www.rockswalkingtours.com.au. Bietet einen
guten Einblick in die Geburtsstätte von Sydney
und das Leben der ersten weißen Siedler. 🕑 tgl.
ab 10.30 und 13.30 Uhr, ca. 1 1/2 Std., $28.

Touren in die Umgebung
Einige ausgezeichnete Tourveranstalter sind in
den Blue Mountains beheimatet und bieten ihre
Touren von dort aus an, insbesondere der

Aboriginal-Tourveranstalter **Blue Mountains
Walkabout** (S. 160, Blue Mountains). Vor allem
während der Sommermonate veranstaltet die
Nationalparkbehörde (S. 121) in einigen
Nationalparks kostenlos oder gegen geringes
Entgelt empfehlenswerte Aktivitäten für Kinder
sowie Vorträge, Führungen und Wanderungen.
Activity Tours, ☎ 1800-99 04 57, 🖥 www.
activitytours.com.au. Tagestouren in die Blue
Mountains mit Besuch im Featherdale Wildlife
Park, Scenic Skyways (kostet extra), Spazier-
gang und Flussfahrt zurück nach Sydney
entlang des Parramatta River ($139). Außerdem
Tour ins Hunter Valley ($149).

🌲 **Ecotreasures**, ☎ 0415 121 648, 🖥 www.
ecotreasures.com.au. Viele Aktivtouren
an den Northern Beaches mit Fokus auf Nachhaltigkeit und Aboriginal-Kultur, z. B. Tageswanderungen entlang der Küste sowie
Schnorcheltrips und Tagestouren in den
Ku-ring Gai Chase National Park mit Kajak/SUP.
Die Guides (darunter auch Aborigine-Guides)
studieren dabei den Zustand der örtlichen
Gewässer und Wälder und informieren die
Nationalparkbehörde.

🎒 **Real Sydney Tours**, ☎ 0402 049 426,
🖥 http://realsydneytours.com.au. Sehr
gut organisierte und geführte Tagestouren durch
Sydney, in die Blue Mountains, die nördlichen
Vororte Sydneys, ins Hunter Valley oder zu
anderen, selbst ausgewählten Destinationen. Die
Preise orientieren sich an der Gruppengröße.
Sydney Adventure Tours, ☎ 0438 883 006,
🖥 https://sydneyadventuretours.com. Tgl. mit
4WD-Kleinbus in die Blue Mountains, abseits
ausgetretener Pfade, auf individuelle Bedürfnisse zugeschnitten. Außerdem Sydney-
Erkundungstour und individuelle Touren, auch
ins Outback und ins Hunter Valley.

SONSTIGES

Autovermietungen
Pkw: Viele Autovermietungen liegen in der
William St, Darlinghurst, Nähe Kings Cross. Die
größeren Firmen verleihen auch one-way zu den
größeren Städten und sind am Flughafen vertreten. Details zu den großen Firmen mit zahlreichen
australienweit vertretenen Filialen, die Autos,

Campervans und Geländewagen vermieten, finden sich auf S. 74. Hier nur eine Auswahl an lokalen Autovermietungen. Eine Website, die die Angebote der großen Firmen vergleicht, ist ☐ www.vroomvroomvroom.com.au.

 Bayswater, 180 William St, Ecke Dowling St, Kings Cross, ☎ 9360 3622, ☐ www. bayswatercarrental.com.au. Preiswert, zuverlässig und in allen Bereichen hervorragend.

Rent a Bomb, ☎ 9667 1110, ☐ www.rentabomb. com.au, am Flughafen, australienweit auch andere Filialen. Preisgünstige ältere und neue Fahrzeuge.

Spaceships, 1-1545 Botany Rd, Botany, ☎ 8556 2900, ☐ www.spaceshipsrentals.com.au. Autos und Vans mit hervorragender Ausstattung.

Wicked Campers, 320 Botany Rd, Botany, ☎ 1800-24 68 69, ☐ www.wickedcampers.com. Bunt bemalte, komplett ausgestattete Camper für Budget-Reisende.

Autokauf und -verkauf

Wer viel Zeit hat, mag vielleicht den Kauf eines Autos oder Campervans in Erwägung ziehen. Das Online-Portal ☐ www.cars4backpackers. com.au richtet sich speziell an Backpacker. Für Leute mit weniger Zeit ist es überlegenswert, nicht von Privat, sondern bei einem verlässlichen Händler ein Auto mit **Rückkauf-Garantie** *(guaranteed buyback)* zu kaufen (Autokauf S. 75). Ein Anbieter, der eine solche Garantie bietet, ist **Travellers Auto Barn**, 177 William St, Kings Cross, ☎ 1800-67 43 74, ☐ www.travellers-autobarn.com.au. Schon seit vielen Jahren im Geschäft mit weiteren Filialen in Brisbane, Cairns, Melbourne, Perth und Darwin. Auch Vorbestellung und Kauf online. Allgemeine Tipps zum Autokauf auf S. 75.

Behinderte Menschen

Auf ☐ www.disabledholidays.com findet man Infos über behindertengerechte Unterkünfte. Alle Taxigesellschaften verfügen über Wagen, die Rollstühle transportieren können: **Wheelchair Accessible Taxi Service**, ☎ 8332 0200.

Englischkurse

Die Sprachschulen bieten i. d. R. Kurse für alle Stufen an, von Anfängern bis zu weit Fortge-schrittenen, sowie Vorbereitungskurse für die in Australien üblichen Prüfungen (IELTS, TOEFL usw.), oft auch die in Europa gängigen Cambridge Certificates oder Business English mit entsprechender Prüfung. Kursdauer 4–48 Wochen. Preise auf Anfrage. Näheres S. 70, Sprachkurse.

Kaplan International College, 98-104 Goulburn St, City, ☎ 9283 8055, außerdem in Manly, ☐ www.kaplaninternational.com. Business-Englisch, IELTS, Cambridge Certificates. Von der australischen Regierung anerkannt.

Specialty Language Centre, Level 6, 815 George St, ☎ 9212 3861, ☐ www.specialty-language. com.au. Ferienkurse, auch Prüfungen für die Cambridge Certificates. Von der australischen Regierung anerkannt.

Sydney College of English, Harris St, Ultimo, ☎ 9281 5211, ☐ www.sce.edu.au. Von der australischen Regierung anerkannt. Organisiert Unterkunft.

Sydney English Academy, Level 1, La Gallerie, Shop 19, 74-78 The Corso, Manly, ☎ 9976 6988, ☐ www.sea-english.com. Kleine, offiziell anerkannte Schule, bietet u. a. Feriensprachkurse in Kombination mit Surfen, Tauchen oder Golf; organisiert Unterkunft.

Feste und Feiertage

Zusätzlich zu den australienweiten Feiertagen gelten für NSW folgende:
Queen's Birthday: 2. Mo im Juni;
Labour Day: 1. Mo im Okt.

Es gibt zu viele Festivals, um sie hier alle aufzu-führen, hier nur die bekanntesten. Weitere unter ☐ www.sydney.com/events-festivals-and-celebrations.

Festival of the Winds: Multi-Kulti-Festival in Bondi Beach mit Drachenfliegern aller Art, Sep.

Manly International Jazz Festival: Am Labour-Day-Wochenende Ende Sep/Anfang Okt.

Sculpture by the Sea: Internationale Skulpturenausstellung entlang der Küste zwischen Bondi und Bronte Ende Okt/Anfang Nov, ☐ www.sculpturebythesea.com.

Sydney to Hobart Yacht Race: Halb Sydney besucht am 26.12. den Hafen, um die Teilnehmer der klassischen Segelregatta nach Tasmanien gebührend zu verabschieden. Am gleichen Tag findet auch das „Wettrennen" der Fähren statt, das Great Ferry Boat Race.

Sydney Festival: Kulturfestival im Januar. Riesiges Angebot an Opern, Konzerten aller Art, Theatervorführungen, Ausstellungen, Dichter-lesungen, Diskussionen, Zirkus usw., viele (z. B. Straßentheater und Konzerte in der Domain) kostenlos, 🖳 www.sydneyfestival.org.au. Parallel dazu findet das Fringe Festival statt: Diese Veranstaltungen sind meistens kleiner mit einem jüngeren, alternativen Touch.

Sydney Gay & Lesbian Mardi Gras: Festival der Schwulen- und Lesbenbewegung im Feb/März, mittlerweile weltbekannt ist der bunte Umzug entlang der Oxford St in Darlinghurst. Viele kulturelle Veranstaltungen und Partys, 🖳 www.mardigras.org.au.

Sydney Royal Easter Show: Viel besuchte Landwirtschafts- und Gartenausstellung, 14 Tage Ende März/Anfang April; auf dem Olympiagelände in der Homebush Bay, 🖳 www.eastershow.com.au.

Golden Slipper und **Sydney Cup**: Die wichtigsten Pferderennen in Sydney finden im März und April statt.

Sydney Film Festival: Australische und internationale Filme werden in verschiedenen Theatern der Innenstadt im Juni vorgestellt, 🖳 www.sydneyfilmfestival.org.

City2Surf Race: An dem 8 km langen Wettlauf von der City nach Bondi nehmen am zweiten So im August ca. 80 000 Menschen teil.

Informationen

Sydney Visitor Centre: Argyle St, Ecke Playfair St, The Rocks, 1800-06 76 76. Umfassende Beratung; Broschüren, Karten, Buchung von Transport und Unterkunft in Sydney und ganz NSW. ⏱ tgl. 9.30–17.30 Uhr.

Manly Visitors Information Centre, auf dem Vorplatz der Fähranlegestelle, Manly, ☎ 9976 1430, ⏱ Mo–Fr 9–17, Sa und So 10–16 Uhr.

Infos im Internet über Sydney und NSW: 🖳 www.destinationnsw.com.au, 🖳 www.sydney.com, 🖳 www.cityofsydney.nsw.gov.au oder 🖳 www.discoversydney.com.au.

Internet und Telefon

Praktisch alle Hostels und Hotels bieten WLAN, meist kostenlos, manchmal gegen Gebühr ($3–10/Tag). Die YHA-Hostels bieten i. d. R. kostenloses WLAN in den Gemeinschafts-räumen. Wer schnelleren Zugang auch auf dem Zimmer haben will, kann sich an der Rezeption *Premium Access* besorgen. Auch im Café, Pub oder Restaurant dürfen Gäste normalerweise das WLAN nutzen (nach Passwort fragen). Kostenloses WLAN gibt es darüber hinaus in den öffentlichen Bibliotheken (z. B. State Library in der Mac-quarie Street), auf den Fähren, am Darling Harbour, am Circular Quay, im Museum of Sydney sowie bei sämtlichen McDonald's- und Starbucks-Filialen.

Wer länger in Australien bleibt, besorgt sich am besten eine australische SIM-Karte. Näheres dazu S. 70, Mobiltelefone.

Konsulate

Deutsches Generalkonsulat, 13 Trelawney St, Woollahra, ☎ 9328 7733.

Österreichisches Generalkonsulat, 10. Etage, 1 York St, ☎ 8261 3363.

Schweizer Generalkonsulat, 101 Grafton St, Ecke Grosvenor St, Tower 2, Level 23, Bondi Junction, ☎ 8383 4000.

Reisebüros

Backpackers World, ☎ 1800-67 67 63 (australienweit), 🖳 www.backpackersworld.com; 812 George St und in der Town Hall. Buchungen aller Art, Reiseversicherung, Campervan-Vermietung usw.

Flight Centre, zahlreiche Filialen, ☎ 13 31 33, 🖳 www.flightcentre.com.au.

STA Travel, ☎ 1300-36 09 60 (australienweit), 🖳 www.statravel.com.au. Viele Filialen, u. a. 464 Kent St und 841 George St, beide in der City; 308 King St, Newtown; Shop 6, 127-139 Mackay St, Kings Cross/Potts Point.

Travellers Contact Point, 2/2 Lee St, ☎ 9211 7900, 🖳 www.travellers.com.au. Buchungen von Unterkunft, Transport und Touren; viele weitere Serviceleistungen, u. a. Gepäck-aufbewahrung, Postnachsendung, wwoof-Mitgliedschaft (Willing Workers on Organic

Farms, S. 83). Filialen in Adelaide, Cairns, Darwin, Melbourne und Perth. ⊙ Mo–Fr 9–17, Sa 10–16 Uhr.

NAHVERKEHR

Das öffentliche Verkehrsnetz umfasst Busse, Vorortzüge (City Rail) und Fähren. Auskunft über sämtliche Fahrpläne, Preise und Routen bei **Transport NSW**, ✆ 13 15 00, 🖥 www.transport nsw.info.
Die wichtigsten Bus- und Zugverbindungen sind bei der Beschreibung der Stadtteile angegeben.

Explorerbusse

Hält man sich nur ein oder zwei Tage in Sydney auf, ist eine kommentierte Stadtbesichtigung mit dem **Sydney Explorer Big BusBus Sydney** zu empfehlen, ✆ 9567 8400, 🖥 http://theaustralianexplorer.com.au. Die roten Doppeldeckerbusse drehen tgl. von Circular Quay aus zwischen 8.30 und 19.30 Uhr (im Winter 18.30 Uhr) in 30-minütigem Abstand ihre Runden durch die Innenstadt und angrenzende Stadtteile. Von den 23 Halte-stellen erreicht man die wichtigsten Sehens-würdigkeiten. Die gesamte Rundfahrt dauert etwa 1 1/2 Std.; man kann beliebig oft aus- und einsteigen. Der **Bondi Explorer** fährt zwischen 9 und ca. 19.30 Uhr (letzter Halt) ca. alle 30 Min. ab Central Station Terminal entlang der Oxford St zum Bondi Beach und weiter an der Küste entlang nach North Bondi, Vaucluse nach Rose Bay und Double Bay (insgesamt 10 Haltestellen). Die Fahrkarten gelten für beide Routen: 1 Tag $58, 2 Tage $75. Man bekommt sie u. a. im Explorer Bus, im Queen Victoria Building und bei der Fähranlegestelle in Manly.

Kombinationstickets

Für eine intensive Stadterkundung über mehrere Tage lohnt ein Attractions Pass von iVenture Card, ✆ 8594 7200, 🖥 www.iventure card.com/au/sydney. Details s. Kasten S. 123.

Öffentliches Transportsystem

Im gesamten Großraum Sydney gilt das **Opal-Ticketsystem**. Es schließt Züge, Busse, Fähren

und die Light Rail ein und reicht im Süden bis in die Southern Highlands, im Norden bis New-castle und im Westen bis in die Blue Mountains. Wer die öffentlichen Verkehrsmittel nur ein- oder zweimal nutzt, kann sein Fahrkarten-automaten ein *Opal Single Trip Ticket* kaufen. Alle anderen besorgen sich eine aufladbare *Opal Card*, mit der man zu vergünstigten Preisen reist. Die Karte selbst ist kostenlos, muss aber mit einem Wert von mind. $10 (für Kinder $5) aufgeladen werden. Anschließend muss sie durch kurzes Berühren an einem der Kontakt-punkte an jeder Haltestelle oder direkt im Bus „abgestempelt" werden – und zwar sowohl beim Ein- als auch beim Aussteigen *(touch on and touch off)*. Die Fahrtkosten werden nach Strecke berechnet. Alle Fahrten innerhalb von 60 Min. gelten als eine Fahrt. Pro Tag werden im gesamten Netz max. $16,10 berechnet, danach fährt man kostenlos. Pro Woche gilt ein maximaler Betrag von $50 und sonntags werden nur $2,80 für den gesamten Tag berechnet.

Fähren

Fähren sind die schnellste Verbindung zwischen Circular Quay und dem Nordufer. Eine einfache Fahrt nach Manly mit der Fähre kostet $8,70. Die wichtigsten **Verbindungen von Circular Quay**: nach Neutral Bay (via Kirribilli, North Sydney und Kurraba Point); nach Balmain (Darling St Jetty) und Darling Harbour; nach Woolwich (via Balmain und Birchgrove); nach Cremorne und Mosman; zum Taronga Zoo; nach Manly; nach Watsons Bay via Double Bay und Rose Bay sowie mit dem RiverCat den Parra-matta River hinauf nach Parramatta im Westen.

Taxis

13CABS, ✆ 13 22 27, 🖥 http://sydney.13cabs. com.au.
Silver Service Taxi, ✆ 13 31 00, 🖥 www. silverservice.com.au. Auch für Rollstuhlfahrer.

Wassertaxis

Watertaxis Combined, ✆ 9555 8888, 🖥 www. watertaxis.com.au.
Yellow Water Taxis, ✆ 1300-13 88 40, 🖥 www. yellowwatertaxis.com.au.

NEW SOUTH WALES

TRANSPORT

Busse

Die Langstreckenbusse halten alle bei der Central Station: entweder im Sydney Coach Terminal an der Eddy Street oder um die Ecke am Busbahnhof in der 490 Pitt Street. Transport NSW-Bahnbusse s. „Eisenbahn".

Firefly Express, ℰ 1300-73 07 40, ⌨ www. fireflyexpress.com.au. 1x tgl. auf dem Hume Hwy nach MELBOURNE von dort weiter nach ADELAIDE.

Greyhound Australia, ℰ 1300-47 39 46, ⌨ www.greyhound.com.au. 2x tgl. nach BRISBANE auf der Küstenstrecke Pacific Highway,. Mehrmals tgl. nach CANBERRA; von hier aus Anschluss nach MELBOURNE; im Winter tgl. nach THREDBO.

Murray's Coaches, ℰ 13 22 59, ⌨ www. murrays.com.au. Häufige Verbindung nach CANBERRA, von hier Anschluss nach BATEMANS BAY und NAROOMA.

Port Stephens Coaches, ℰ 4982 2940, ⌨ www. pscoaches.com.au. 1x tgl. um 14 Uhr nach PORT STEPHENS via Raymond Terrace.

Premier Motor Services, ℰ 13 34 10, ⌨ wwww. premierms.com.au. Tgl. nach BRISBANE, von dort weiter nach CAIRNS. 1x tgl. nach EDEN ($71) auf der Küstenstrecke Princes Highway, S. 552/553. Es gibt auch Hop-on-hop-off Travel Passes, z. B. Sydney–Eden mit einer Gültigkeit von 6 Monaten für $92 oder Sydney–Cairns mit 1 Monat Gültigkeit für $320.

Eisenbahn

Fernzüge sollten so früh wie möglich gebucht werden, da sie nicht oft verkehren. Vor allem der *Indian Pacific* und die Züge nach Brisbane sind meist lange im Voraus ausgebucht. Die regulären Züge von **Transport NSW TrainLink** fahren ab Central Station. Auskunft und Reservierung unter ℰ 13 22 32 (6.30– 22 Uhr), ⌨ https://transportnsw.info. Nach MELBOURNE: Ein Nachtzug und ein Zug tagsüber, etwa 11 Std., Economy-Sitzplatz $94.

Nach CANBERRA: 3x tgl., ca. 4 Std., Economy-Sitzplatz $41. Von hier aus Bahnbus nach EDEN und BOMBALA.

Nach BRISBANE: 2x tgl., 14 Std., Economy-Sitzplatz $90. Von hier aus Bahnbus zur GOLD COAST.

Weitere Verbindungen nach ARMIDALE, MOREE, DUBBO (Anschluss nach LIGHTNING RIDGE), BROKEN HILL und GRIFFITH.

Flüge

Der **Sydney Kingsford Smith Airport** befindet sich in Mascot, etwa 8 km südl. der Innenstadt, in der Nähe von Botany Bay. Zwischen Auslands- und Inlandsterminal verkehrt von 6–22 Uhr regelmäßig ein Shuttlezug ($6). Die Taxifahrt vom Flughafen in die City kostet ca. $50, nach Manly ca. $95.

Der **AirportLink-Zug** fährt vom Auslands- und vom Inlandsterminal in etwa 10 Min. in die City, die Shuttles brauchen wesentlich länger; auch Anschluss an andere Vorortzüge. Eine Einzelfahrkarte kostet $20, ⌨ www.airportlink. com.au.

Airport Shuttle North, ℰ 9997 7767, 1300-50 51 00, ⌨ www.airportshuttlenorth.com. Dieser Anbieter bedient von 3–23 Uhr die nördlichen Suburbs.

KST Sydney Airportr, ℰ 9666 9988, ⌨ wwww kst.com.au. Verkehrt zwischen Flughafen und Hotels sowie den Backpacker-Hostels in der City, Kings Cross, Darling Harbour und Glebe. 5–18.30 Uhr Abholung vom Hotel. Ca. $18 einfach, $30 hin und zurück; die Fahrt zum Flughafen muss reserviert werden.

Manly Express, ℰ 8068 8473, ⌨ www.manly express.com.au. Shuttleservice von und nach Manly, $40. Unbedingt reservieren!

Fluggesellschaften für Inlandflüge

Jetstar, ℰ 13 15 38, ⌨ www.jetstar.com. Nationale und internationale Billigflüge ohne Extras

Qantas, ℰ 13 13 13, ⌨ www.qantas.com.au. **Rex** (Regional Express), ℰ 13 17 13, ⌨ www.rex.com.au. Zahlreiche Verbindungen innerhalb Australiens zu Flughäfen, die von den größeren Fluggesellschaften nicht angesteuert werden.

Virgin Australia, ℰ 13 67 89, ⌨ www.virgin australia.com. Tgl. in die meisten australischen Großstädte, auch internationale Flüge.

Die Umgebung von Sydney

Ein Ring von Nationalparks und State Forests um Metropolitan Sydney bietet gestressten Großstädtern Erholungsmöglichkeiten. Folgende Ziele lassen sich in einem Tagesausflug besuchen.

Im Norden locken die schönen **Northern Beaches** auf der Barrenjoey-Halbinsel, die im Süden die **Broken Bay** begrenzt. Diese weit ins Landesinnere reichende Bucht wird vom **Ku-ring-gai Chase National Park** im Süden und dem **Brisbane Water National Park** im Norden eingerahmt. Die Weingüter des **Hunter Valley** (S. 183) erreicht man über Landstraßen von Newcastle oder Sydney.

Im Westen liegen die **Blue Mountains**, zu den meistbesuchten Destinationen in Australien zählen. Durch die fantastische Berglandschaft führen unzählige Wanderwege, und über die kleinen Landstädtchen verteilen sich gemütliche B&Bs.

Südlich der Großstadt locken Australiens größter **botanischer Garten** sowie der zweitälteste Nationalpark der Welt: Der **Royal National Park** bietet spektakuläre Wanderungen, natürliche Pools und Aboriginal-Felsmalereien.

Broken Bay

Vor seiner Mündung in den Pazifik verästelt sich der Hawkesbury River und weitet sich zur Broken Bay aus. Dieses Wassernetz mit den Seitenarmen **Berowra Creek**, **Cowan Creek**, **Pittwater** und **Brisbane Water** ist ein Paradies für Segler, Windsurfer und Bootsfahrer. Die Buschlandschaft an den Flussarmen und Buchten ist durch mehrere Nationalparks geschützt. Dort kann man gut spazieren gehen oder zelten.

Northern Beaches

Diese Strände liegen an der dem Meer zugewandten Seite der Barrenjoey-Halbinsel zwischen Manly und Palm Beach. **Palm Beach** gilt als Sommertreff der Hautevolee von Sydney. Von hier kann man die Fähre zum Ku-ring-gai Chase National Park oder ins gemütliche Ettalong an der Central Coast nehmen. In **Whale Beach** besteht die Wahl zwischen der wilden Brandung des Pazifiks und den ruhigen, kinderfreundlichen Stränden des Pittwater-Meeresarms.

Avalon hat eine gemütliche Flaniermeile, die zum Shoppen und Kaffee trinken einlädt. Außerdem gibt es einen guten Surfstrand. Spätestens am ikonischen **Narrabeen Beach** beginnt man sich zu überlegen, wie man den Wohnort nach Sydney verlegen könnte. Von **Church Point** legt eine Fähre 1x stdl. zur **Scotland Island** ab, einer kleinen bewohnten Insel im Pittwater-Meeresarm des Hawkesbury River.

ÜBERNACHTUNG

Pittwater YHA, Morning Bay via Halls Wharf, ☎ 9999 5748, ✉ pittwater@yha. com.au. Beliebtes Hostel im Ku-ring-gai Chase NP, nur mit Fähre oder Wassertaxi ab Church Point erreichbar. Essen und Bettzeug mitbringen (Laken können geliehen werden), im Nationalpark gibt's keine Läden. 4–6-Bett-Dorms ($33) und 2 DZ. Ab und zu Aktionen zum Schutz der Vegetation, an denen sich Reisende beteiligen können. Reservierung erforderlich, ⏱ Rezeption 8–11 und 17–20 Uhr. ❶

Whale Beach B&B, 36 Careel Head Rd, Avalon, ☎ 9918 0268, 🖥 http://whalebeachbandb.com. au. Hübsches renoviertes Ferienhaus mit 3 Schlafzimmern in Whale Beach (man kann das ganze Haus oder nur ein Zimmer mieten); ab ❹. Außerdem 2 sehr hübsche Ferienhäuser in Manly und in Avalon mit jeweils drei Schlafzimmern.

TRANSPORT

Church Point Ferry, ☎ 0408 296 997, 🖥 church pointferryservice.com. Umrundet stdl. (Mo–Fr öfter) zwischen 8.30 und 18.30 Uhr ab Church Point Scotland Island. Hält an vier Stellen auf der Insel sowie am Western Foreshore, z. B. Pittwater YHA. Einfach $8,70, hin und zurück $15; Tickets an Bord.

Palm Beach Ferry Services, ☎ 9974 2411, 🖥 www.fantasea.com.au/palmbeachferries.

Reguläre Fährverbindungen ab Pittwater Park, Barrenjoey Rd, Palm Beach, nach ETTALONG an der Central Coast ($11,80 einfach) und THE BASIN auf der gegenüberliegenden Halbinsel des Ku-ring-gai Chase NP ($8,20 einfach). **Palm Beach & Hawkesbury River Cruises**, ℡ 9974 2159, 🖳 www.palmbeachrivercruises.com.au. Verkehrt auf dem Hawkesbury River zwischen Palm Beach Wharf und Bobbin Head.

Ku-ring-gai Chase National Park

Der Ku-ring-gai Chase NP zieht sich von der Pazifikküste bis zum Hawkesbury River – ein idyllisches Stückchen freier Natur mit geheimnisvollen Bächen, geschützten Sandstränden, verborgenen Buchten und tiefblauem Wasser.

Autofahrer nehmen von Sydney die Mona Vale Road und biegen bei Terrey Hills auf die West Head Road ab, die quer durch den Nationalpark bis zum Aussichtspunkt West Heads führt. Das Wald- und Buschland ist von Wanderwegen durchzogen. An einigen Stellen sind Felsgravuren (*rock engravings*) erhalten geblieben.

Ein anderer Parkzugang ist über die Bobbin Head Road zu erreichen. Wer in Pymble vom Pacific Highway nach Norden abbiegt, erreicht den Bobbin Head, Startpunkt vieler Wanderungen. Hier befindet sich auch das **Visitor Centre**, in dem man die Nationalparkgebühr von $12/Auto entrichtet ⏲ tgl. 10–16 Uhr.

Bei The Basin, erreichbar per Fähre ab Pittwater Park (S. 152), gibt es einen **Campingplatz** mit Duschen, WC und Trinkwasser. $34/Zelt.

Ecotreasures (S. 147) bietet interessante Aktivtouren in den Park.

Windsor

In einem der am besten erhaltenen historischen Städtchen der Riverlands stehen in der George Street und am Thompson Square die meisten alten Gebäude. Das **Hawkesbury Regional Museum** am Thompson Square, ist der Pionierzeit gewidmet. ⏲ Mi–Mo 10–16 Uhr, Eintritt frei.

Im 6 km entfernten **Richmond** stehen ebenfalls einige private und öffentliche Gebäude aus der Pionierzeit. Von Richmond gelangt man via Kurrajong über die Bells Line Road in die Blue Mountains, eine schöne Strecke. Vom **Bellbird Lookout** bei Kurrajong Heights am Rande der Blue Mountains bietet sich ein schöner Blick auf das obere Hawkesbury-Tal.

INFORMATIONEN

Hawkesbury Visitor Information Centre, Hawkesbury Valley Way, Richmond, ℡ 4560 4620, 🖳 www.hawkesburytourism.com.au. ⏲ Mo–Fr 9–17, Sa und So bis 16 Uhr.

Featherdale Wildlife Park

Mehr als 330 australische Tierarten sind hier in Buschlandumgebung untergebracht, darunter 30 vom Aussterben bedrohte oder sehr seltene Arten. Eine große Auswahl an Vogelarten, von Cockatoos über Keilschwanzadler bis hin zu Laubenvögeln, außerdem Reptilien, z. B. Krageneidechsen und Leistenkrokodile, sowie Dingos, Tasmanische Teufel, Wombats, Wallabies und Kängurus und als unbestrittene Stars die Koalas, mit denen man sich fotografieren lassen kann. Im Nocturnal House kann man Ghost Bats, eine vom Aussterben bedrohte Fledermausart, bestaunen. Leider kann es im Park unangenehm voll werden. Anfahrt: 217-229 Kildare Rd, Doonside (bei Blacktown), ℡ 9622 1644, 🖳 www.featherdale.com.au. ⏲ tgl. 9–17 Uhr, Eintritt $34, Studenten $29, Kinder $19. Mit dem Zug bis Blacktown; dort weiter mit Busway Nr. 729 vom Bus Bay E bis zum Wildlife Park.

2 HIGHLIGHT

Blue Mountains

Dichte Eukalyptuswälder, die im strahlenden Sonnenlicht bläulich schimmern, haben diesem Weltnaturerbe ihren Namen verliehen. In die

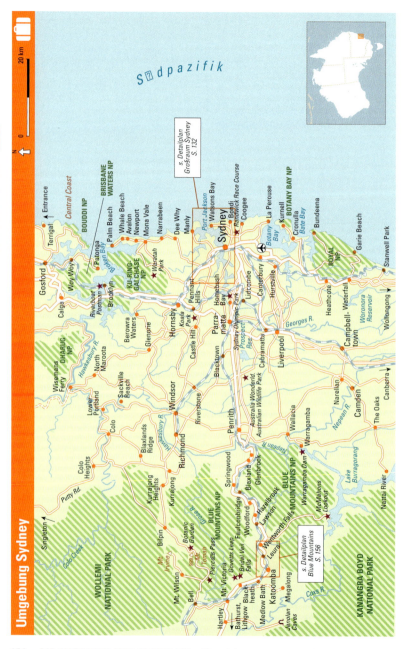

S💧dpazifik

Central Coast

Entrance
Terrigal
Gosford
Calga
Woy Woy
Brisken Bay
Patonga
Palm Beach
Whale Beach
Avalon
Newport
Mona Vale
Narrabeen
Dee Why
Manly
Port Jackson
Watsons Bay
Sydney

BOUDDI NP

BRISBANE WATERS NP

Riverboat Postman
Brooklyn
Waratah Park

KU-RING-GAI CHASE NP

Botany Bay
Randwick Race Course
Bondi
Coogee
La Perouse
Kurnell
Cronulla
Bate Bay
Bundeena

BOTANY BAY NP

Garie Beach
Stanwell Park

ROYAL NP

s. Detailplan Großraum Sydney S. 132

Singleton
Wisemans Ferry

DHARUG NP

Hawkesbury R.
North Maroota
Lower Portland
Colo
Colo Heights
Putty Rd.
Berowra Waters
Glenorie
Sackville Beach
Windsor
Riverstone
Richmond
Blaxlands Ridge
Kurrajong Heights
Kurrajong
Springwood

Hornsby
Koala Park
Castle Hill
Parramatta
Pennant Hills
Homebush Bay
Sydney Olympic Park
Lidcombe
Canterbury
Hurstville
Heathcote
Campbell-town
Georges R.
Liverpool
Cabramatta
Prospect Res.
Blacktown
Penrith
Nepean R.

Woronora Reservoir
Wollongong

Australia Wonderld.
Australian Wildlife Park
Wallacia
Warragamba
Warragamba Dam
McMahons Lookout
Camden
The Oaks
Narellan
Lake Burragorang
Nattai River

WOLLEMI NATIONAL PARK

Colo Creek
Mt. Wilson
Bilpin
Mt. Irvine
Botanic Garden
Mt. Tomah
Bell
Mt. Victoria
Govetts Leap
Bridal Veil Falls
Pierce's Pass
Blackheath
Mt. Tomah 999
Hartley
Lithgow
Bathurst
Medlow Bath
Katoomba
Megalong
Coxs R.
Jenolan Caves

BLUE MOUNTAINS NP

Faulconbridge
Woodford
Hazelbrook
Lawson
Wentworth Falls
Leura
Glenbrook
Blaxland

s. Detailplan Blue Mountains S. 156

KANANGRA BOYD NATIONAL PARK

N ← 0 — 20 km

Blue Mountains, ein etwa 1000 m hohes Plateau, haben zahlreiche Bäche im Laufe von Jahrmillionen ihr Bett eingekerbt. Wind und Wetter setzten dem weichen Sandstein ebenfalls zu und formten die von steilen Felswänden begrenzten Canyons, Schluchten, weiten Täler und schmalen Höhenrücken, die heute zu sehen sind. Alle Ortschaften liegen auf dem Höhenrücken entlang des Great Western Highway A32 (die Verlängerung des M4 aus Sydney); die Landschaft nördlich und südlich davon steht als **Blue Mountains National Park** unter Naturschutz.

Kaum ein Nationalpark hatte bei den Bränden im Sommer 2019/20 höhere Verluste zu melden als die Blue Mountains. Rund 80 % der Eukalyptuswälder gingen in Flammen auf, Millionen von Tieren verloren ihr Leben. Viele Wander- und Radwege blieben lange Zeit geschlossen, die Regenerierung der Wälder wird noch lange Zeit andauern. Bevor man sich in die Wälder aufmacht, sollte man sich im Visitor Centre (s. u.) nach dem aktuellen Stand erkundigen und Absperrungen/Campingverbote unbedingt ernst nehmen!

Die Blue Mountains bieten alle Vorteile eines erschlossenen, von der Großstadt leicht zugänglichen Ausflugsgebiets und neben einer grandiosen Landschaft auch ein großes Angebot an Unterkünften, Cafés, Restaurants und Unterhaltung. Viele Künstler haben sich in der inspirierenden Landschaft der Blue Mountains niedergelassen und die Orte in dynamische Künstlerzentren verwandelt. Während der australischen Wintermonate Juni bis August wird in vielen Restaurants und Unterkünften der Region das Yulefest gefeiert. Entstanden aus der Sehnsucht nach europäischen „weißen" Weihnachten wurde dieser Brauch mit Truthahnessen, Weihnachtsmann und Glühwein von irischen Reisenden eingeführt.

An den Wochenenden und in den Ferien treten sich Ausflügler in den Hauptorten **Katoomba**, **Leura** und **Wentworth Falls** fast auf die Füße. Auch die Spazier- und Wanderwege ab Katoomba und Leura im südlichen Teil der Blue Mountains sind in dieser Zeit stark frequentiert. Nicht so überlaufen ist der nördliche Teil des Blue-Mountains-Nationalparks, v. a.

die beschwerlicher zu bewältigenden Wanderwege durch das Grose Valley sowie der sich nördlich anschließende **Wollemi National Park**.

Ebenso wie der südwestlich angrenzende Kanangra-Boyd-Nationalpark sind große Teile der nördlichen Blue Mountains Wildnis – entsprechende Ausrüstung ist mitzunehmen, und Sicherheitsvorkehrungen sind zu beachten. Wanderer sollten sich an- und abmelden. Es empfiehlt sich, gute Landkarten bzw. **Walking Guides** zu besorgen; man bekommt sie im Blue Mountains Heritage Centre der Nationalparkbehörde in Blackheath oder bei einem der Blue Mountains Visitor Centres (S. 161). Neben Bushwalking sind auch Abseilen, Klettern, Rafting und Kanufahren sehr beliebt. Zahlreiche lokale Veranstalter bieten Kurse und Touren an.

Zwar klappert ein Explorerbus alle wichtigen Sehenswürdigkeiten ab, aber wie immer ist man mit einem Auto viel beweglicher und kann nach Lust und Laune Abstecher zu Aussichtspunkten über die Felsklippen sowie zu den vielen Gärten und Cottages machen, für die das Gebiet berühmt ist. Der **Greater Blue Mountains Heritage Drive** umschließt das gesamte Gebiet sowie zahlreiche Abzweige zu den Sehenswürdigkeiten der Region. Karten bei den Visitor Centres oder unter 🖥 www.greaterbluemountainsdrive.com.au.

Geschichte

Bei den ersten Kolonisten galten die „Blauen Berge" 25 Jahre lang als unüberwindliche Barriere nach Westen. Die ersten Expeditionen folgten den Wasserwegen in den Tälern und mussten immer wieder vor senkrecht aufragenden Felswänden kehrtmachen. 1813 kamen die drei Forscher Wentworth, Blaxland und Lawson auf die Idee, dem Höhenrücken zu folgen – damit war der Durchbruch geschafft, und nachfolgende Siedler konnten in das weiter westlich gelegene Land vorstoßen. Der Great Western Highway folgt heute weitgehend der Expeditionsroute.

Glenbrook

Das hübsche 5000-Einwohner-Städtchen ist das östliche Tor zu den „Blauen Bergen". Einige attraktive Wanderungen beginnen hier, z. B.

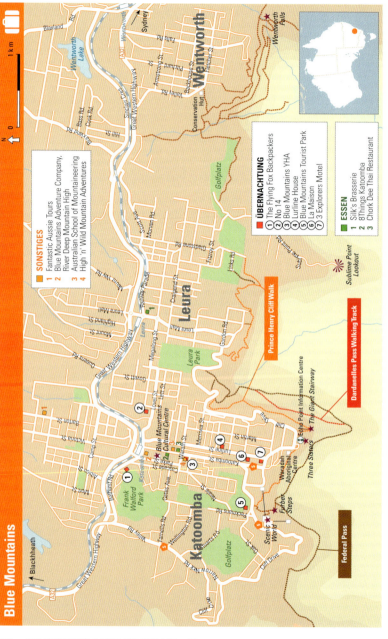

Blue Mountains

SONSTIGES
- Fantastic Aussie Tours
1. Blue Mountains Adventure Company, River Deep Mountain High
2. Australian School of Mountaineering
3. High 'n' Wild Mountain Adventures

ÜBERNACHTUNG
1. The Flying Fox Backpackers
2. No 14
3. Blue Mountains YHA
4. Lurline House
5. Blue Mountains Tourist Park
6. La Maison
7. 3 Explorers Motel

ESSEN
1. Silk's Brasserie
2. 8Things Katoomba
3. Chork Dee Thai Restaurant

Wentworth
Leura
Katoomba

Prince Henry Cliff Walk
Dardanelles Pass Walking Track
Federal Pass

Sublime Point Lookout
The Giant Stairway
Three Sisters
Echo Point Information Centre
Waradah Aboriginal Centre
Scenic World
Furber Steps

1 km

der leichte, 6 km lange Rundweg zur **Red Hands Cave** mit einigen gut erhaltenen Felsmalereien (Nationalparkgebühr $8). Eine ideale Stelle, um den Sonnenuntergang zu genießen, ist **Chalmers Lookout** am südlichen Ende der Emu Road.

Springwood

In Springwood, 11 km weiter, kann man in Kunstgewerbe und Antiquitätenläden stöbern. Bei **Faulconbridge** sind in der **Norman Lindsay Gallery**, 14 Norman Lindsay Crescent, 🖳 www.normanlindsay.com.au, Werke des australischen Malers und Dichters ausgestellt, der viele Jahre in diesem Landhaus verbrachte. Der Weg ist ausgeschildert. ⊕ tgl. 10–16 Uhr, Eintritt $17.

Wentworth Falls und Leura

In **Wentworth Falls** beginnen einige der besten Wanderwege in den Blue Mountains (S. 158), darunter der Overcliff-Undercliff Walk sowie die Wanderung zum Valley of the Waters. In **Leura** befinden sich viele Galerien, die v. a. ansässigen Künstlern Ausstellungsfläche bieten. In der Nähe liegen die reizvollen Gordon Falls. Im Oktober findet das **Leura Gardens Festival** statt, eines der berühmtesten Gartenfestivals Australiens. Biegt man bei Leura vom Great Western Highway nach links in die Sublime Point Road ab, gelangt man zum **Sublime Point Lookout**, einem Aussichtspunkt mit fantastischem Blick auf das Jamison Valley.

Katoomba

Katoomba ist das touristische Zentrum der Blue Mountains. Hier reihen sich kleine Hotels und idyllische B&Bs aneinander. Der **Blue Mountains Cultural Centre**, 30 Parke St, 🖳 http://bluemountainsculturalcentre.com.au, beherbergt die City Art Gallery und eine interaktive Ausstellung zu den Blue Mountains und ihre Stellung als Welterbe. ⊕ Mo–Fr 10–17, Sa und So bis 16 Uhr.

Beim Aussichtspunkt **Echo Point** südlich des Ortes steht man am Rande der Felsenklippen und blickt auf die viel fotografierten drei Felsnadeln **Three Sisters** und das **Jamison Valley** in der Tiefe. Die „Drei Schwestern" werden abends von Flutlicht angestrahlt. Auch von hier starten einige beliebte Wanderungen, u. a. zu den Katoomba Falls.

Westlich davon, am Ende der Violet Street und am Rande der Felsklippen, befindet sich **Scenic World**, wo man von drei verschiedenen Bahnen die schwindelerregende Aussicht in die Tiefe genießen oder alle drei kombinieren kann. Die **Scenic Skyway** ist eine moderne Kabine, vom Fußboden bis zur Decke aus Glas, die in etwa sechs Minuten von der Felswand zum Orphan Rock in der Mitte eines Taleinschnitts und wieder zurück gondelt, wobei sich ein herrlicher Blick auf die Katoomba Falls und das Jamison-Tal eröffnet.

In der **Scenic Railway**, einer von Kabeln gezogenen Berg- und Talbahn, fährt man in kleinen, oben offenen Waggons scheinbar in den Abgrund. An der steilsten Stelle fährt sie mit 52° Gefälle zur 450 m tiefer gelegenen Talstation hinab. Dort unten wurde gegen Ende des 19. Jhs. in der Glen Shale Mine 20 Jahre lang Kohle abgebaut und mit der Bahn nach oben transportiert. Einige Exponate nahe der Talstation erinnern an jene Zeit.

Die dritte im Bunde ist **Scenic Cableway**, eine Kabinenbahn, die zwischen den Felsklippen oben und der 545 m tiefer gelegenen Talstation hin- und herpendelt. Die beiden Talstationen sind über den **Scenic Walkway**, einen Plankenweg, der durch Regenwald führt, miteinander verbunden. Man kann also mit der Kabelbahn in die Tiefe fahren und mit der Kabinenbahn wieder zurück oder umgekehrt. Tagesticket für alle drei $44, am Wochenende und während der Schulferien $49. ⊕ tgl. 9–17 Uhr. Scenic Cableway und 380 m des Bretterwegs sind Rollstuhlfahrern zugänglich. Weiteres unter 🖳 www.scenicworld.com.au.

Wer Zeit und Energie hat, kann vom unteren Ende der Scenic Railway zwischen den Felsklippen wieder hinaufsteigen. Die leichtere Variante führt in 35–45 Min. über die **Furber Steps** zum Blue Mountains Tourist Park, die anstrengendere in etwa 2 Std. über den Federal Pass und die unregelmäßigen, sehr steilen Stufen der **Giant Stairway** hinauf zu den Three Sisters. Leuten mit Höhenangst ist von der Giant Stairway abzuraten.

Nördliche Blue Mountains

Die Aussichtspunkte bei **Blackheath**, 11 km nördlich von Katoomba, sind nicht so überlaufen, aber mindestens genauso beeindru-

Rundwanderung zu den Wentworth Falls

- **Start und Ziel**: Conservation Hut, Wentworth Falls
- **Länge**: 5 km
- **Dauer**: 3–4 Std.
- **Schwierigkeitsgrad**: einfach

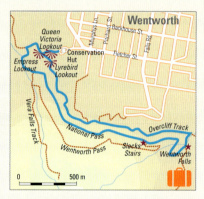

Die Klippenwanderung zu den imposanten Wentworth Falls ist sehr gut ausgebaut, einfach zu bezwingen und bietet tolle Aussichten. Vor allem am Wochenende geht man am besten früh los, um den Massen zu entkommen.

Von der **Conservation Hut** an der Ecke Valley Rd und Fletcher St in Wentworth Falls führt der rechte Pfad in Richtung Valley of the Waters. Nach kurzer Wanderung sind der **Queen Victoria Lookout** und etwas weiter der **Empress Lookout** erreicht, Letzterer bietet Aussicht auf die **Empress Falls**. Steile Treppen führen hinunter zu den Fällen. Hier geht es weiter auf dem **National Pass** bis zum Grund der Fälle. Achtung, bei nassem Wetter kann es hier rutschig sein! Bei der Abzweigung zu den Vera Falls links halten und weiter dem National Pass folgen (wer die Wanderung zu einem Tagesausflug ausweiten möchte, kann von hier aus in zweieinhalb bis drei Stunden zu den Fällen und zurück laufen, eine etwas schwerere, aber

© JOSEPH 0IK/123RF.COM

sehr schöne Wanderung mit weitaus weniger Wanderverkehr).

Die folgenden Kilometer entlang des National Pass gehören zu den spektakulärsten der Wanderung. Die Route verläuft durch farbenprächtigen **Sandstein**, nach unten eröffnen sich sagenhafte Blicke auf das Jamison Valley. Nach 45 Minuten ist die Abzweigung zu den **Slacks Stairs** erreicht. Steile Metalltreppen führen hinunter zu einem idyllischen natürlichen Pool mit kleinem Sandstrand am unteren Ende der **Lower Wentworth Falls** – eine der besten Abkühlungsmöglichkeiten auf der Route. Der anschließende Aufstieg zurück zur Hauptroute setzt allerdings gute Fitness voraus.

Wieder auf dem National Pass, sind nun nach nur ein paar Hundert Metern die **Wentworth Falls** erreicht. Ein steiler, aber recht kurzer Anstieg führt zum oberen Ende der Wasserfälle, von wo aus ein kurzer, lohnender Exkurs zum **Rocket Point** führt. Jetzt geht es weiter entlang des **Overcliff-Undercliff Tracks**. Auf den letzten Kilometern zurück bis zur Conservation Hut führen zahlreiche kleine Abstecher zu lohnenswerten Aussichtspunkten. Der **Lyrebird Lookout** bietet eine letzte Gelegenheit, die Schönheit des Tals zu genießen.

ckend wie Echo Point. Beim Blue Mountains Heritage Centre am **Govett's Leap** beginnt der 1,8 km lange Naturlehrpfad **Fairfax Heritage Track**, der auch rollstuhlgerecht ist. **Govett's Leap Lookout**, **Evans Lookout**, **Pulpit Rock** und **Perry's Lookout**, die letzten beiden via Hat Hill Road zu Fuß erreichbar, bieten atemberaubende Ausblicke auf das **Grose Valley**. Attraktiv ist der **Grand Canyon Track**, ein Rundweg von drei bis vier Std., der auf dem Plateau beginnt und zum Greaves Creek hinunterführt, in dem man im Sommer baden kann. In Blackheath zweigt hinter den Bahngleisen die Megalong Road ins malerisch von Felsklippen umrahmte **Megalong Valley** ab.

Für den Rückweg nach Sydney bietet sich die **Bells Line of Road** via Bilpin und Kurrajong an. Sie führt am **Mount Tomah Botanic Garden**, 🖥 www.bluemountainsbotanicgarden.com.au, vorbei. Die ehemalige Blumenfarm am Mount Tomah, was in der Sprache der hier beheimateten Darug-Aborigines Baumfarn bedeutet, wurde zu einem wunderschönen Botanischen Garten umgestaltet (behindertengerecht), der auf die Flora der gemäßigten Breiten spezialisiert ist. Dort befinden sich auch ein Café, Restaurant und Picknicktische. 🕐 tgl. 9–17.30 Uhr, Eintritt frei.

ÜBERNACHTUNG

An Übernachtungsmöglichkeiten überwiegen B&B-Unterkünfte, Gästehäuser und Lodges. Im Hostelbereich gibt es einige empfehlenswerte Unterkünfte. Am Wochenende und in den Sommerferien unbedingt vorbuchen. Viele bestehen am Wochenende auf zwei Übernachtungen, die Preise sind dann höher.

Hostels

🧳 **Blue Mountains YHA**, 207 Katoomba St, Katoomba, 📞 4782 1416, 📧 bluemountains@yha.com.au. Die Herberge in einem renovierten alten Gebäude ist zentral gelegen und besticht außerdem mit sauberen Zimmern, gemütlichem Ambiente und freundlichen Mitarbeitern. Viele Dorms, die meisten mit 4–8 Betten (ab $27), DZ, fast alle Zimmer mit Bad und kleinen Heizgeräten, großer Aufent-

haltsraum mit offenem Kamin. Viele Touren. 🕐 Rezeption 7–22 Uhr. ❸

🏛 **Hawkesbury Heights YHA**, 836 Hawkesbury Rd, Hawkesbury Heights, 📞 4754 5621. Die Anlage wurde nach umweltfreundlichen Kriterien gebaut und wird mit Solarenergie betrieben. 40 km von Katoomba nahe Springfield und dem Hawkesbury Heights Lookout. 6 Zimmer für jeweils 2 Pers. (ab $32 p. P. oder ab $74 pro Zimmer). 4 km zum nächsten Lebensmittelladen. Vorher anrufen, da man Schlüssel abholen muss: 7–8 und 17–21 Uhr.

€ **No 14**, 14 Lovel St, Katoomba, 📞 4782 7104, 🖥 www.14lovelst.com. Gemütliches und ruhiges Hostel ohne TV. Beheizt; gut ausgestattete Küche. 4 Dorms mit 3–4 Betten ($30) und 7 DZ, davon eins mit Bad. ❶

The Flying Fox, 190 Bathurst Rd, Katoomba, 📞 4782 4226, 🖥 www.theflyingfox.com.au. Preisgekröntes Hostel in einem bunt angemaltem alten Haus unweit des Bahnhofs; gemütlich und sauber. Dorms ($28) und DZ, alle beheizt. Aufenthaltsraum mit Kamin; schöner Garten. Frühstück, Internet und Parken kostenlos. Die wwoof-Gastgeber wissen gut Bescheid über Gastronomie und Aktivitäten in der Region. ❶

Camping und Caravanparks

Zahlreiche **Zeltplätze** verteilen sich über den Nationalpark. Einige sind nur zu Fuß zu erreichen. Die meisten sind kostenlos, nur für den Euroka Campground gilt eine Übernachtungsgebühr von $24 für bis zu 6 Pers. Einige Zeltplätze waren zur Zeit der Recherche noch geschlossen; aktuelle Infos unter 🖥 www.nationalparks.nsw.gov.au/camping-and-accommodation/campgrounds/euroka-campground/local-alerts.

Blackheath Glen Tourist Park, Prince Edward St, 📞 4787 8101, 🖥 www.bmtp.com.au. 1 km von Blackheath. Cabins mit und ohne Bad; Kiosk. Stell- und Zeltplätze ohne und mit Strom ($35–45/43–53) sowie mit Bad ($54–64). Im Memorial Park gegenüber kostenloser Swimmingpool. ❹–❼

Blue Mountains Tourist Park, Katoomba Falls Rd, 📞 4782 1835, 🖥 www.bmtp.com.au. Ruhige Lage ca. 2 km südl. vom Highway (via

Katoomba St). In der Nähe des Wasserfalls. Cabins mit Bad. Stell- und Zeltplätze ohne und mit Strom ($35–45/43–53) sowie mit Bad ($55–65). Kiosk. ❸–❺

Andere
Katoomba
La Maison, 175-177 Lurline St, ☎ 4782 4996, 🖳 www.lamaison.com.au. B&B Guesthouse mit 10 DZ und einigen Familienräumen. Zentralheizung, Parkmöglichkeit, Sauna und Jacuzzi. ❷–❼

 Lurline House, 122 Lurline St, ☎ 4782 4609, 🖳 www.lurlinehouse.com.au. Sehr elegant eingerichtete und gemütliche Zimmer im alt-englischen Stil. Wohlfühlen garantiert. Einige Zimmer mit Spa. Gutes Frühstück. ❹–❼
3 Explorers Motel, 197 Lurline St, ☎ 4782 1733, 🖳 http://3explorers.com.au. Eines der besten Motels in Katoomba mit sauberen, großen und modernen Zimmern sowie freundlichen Mitarbeitern. ❹–❼

ESSEN

In **Katoomba** reihen sich viele Cafés und Restaurants entlang der Katoomba St. Viele Restaurants öffnen erst abends.

 Chork Dee Thai Restaurant, 216 Katoomba St, ☎ 4782 1913. Ausgezeichnete Thai-Küche. BYO, keine Entkorkungsgebühr.
8Things Katoomba, 133 Katoomba St, 🖳 https://8things.com.au. Von Tacos über Laksa und indisches Dosa bis hin zum Hamburger – hier ist für jeden was im Angebot. ⊕ Mo–Sa 17–20 Uhr.

Besonders schön ist die Hauptstraße von **Leura**, in der sich Cafés und Restaurants aneinander reihen. ⊕ tgl. ab 17 Uhr.
Silk's Brasserie, 128 Leura Mall, ☎ 4784 2534. Preisgekrönte Gerichte und hervorragende Weinauswahl in einladendem Ambiente. ⊕ tgl. Mittag- und Abendessen.

AKTIVITÄTEN UND TOUREN

Die meisten Anbieter befinden sich gegenüber. dem Bahnhof in Katoomba. Touren ab Sydney S. 145.

Abseilen und Klettern
Australian School of Mountaineering, 166 Katoomba St, Katoomba, ☎ 4782 2014, 🖳 http://climbingadventures.com.au. Abseilen, Climbing, Canyoning.
Blue Mountains Adventure Company, 84a Bathurst Rd, Katoomba, ☎ 4782 1271, 🖳 www.bmac.com.au. Touren und Kurse im Abseilen, Canyoning, Rock Climbing und Bush Walking.
High 'n' Wild Mountain Adventures, 3/5 Katoomba St, Katoomba, ☎ 4782 6224, 🖳 www.highandwild.com.au. Abseilen, Klettern, Canyoning, Survival-Kurse (auch mehrtägig), Mountainbike-Fahrten.

Bus- und Geländewagentouren
Fantastic Aussie Tours, 91 Barton St, Katoomba, ☎ 4780 0700, 🖳 www.fantastic-aussie-tours.com.au. Tagesfahrten zu den Wentworth Falls, 3 Sisters, Leura

Auf den Spuren der Ureinwohner

Evan Yanna Muru, ein Aboriginal-Guide aus den Blue Mountains, bringt den Teilnehmern auf seiner Tour abseits der ausgetretenen Pfade die Kultur seiner Vorfahren nahe. Er ist Mitglied des Darug Custodian Aboriginal Clan, ausgewiesener Wilderness Guide und hat früher als Ranger für die Nationalparkbehörde gearbeitet.
Die Wanderung (4 Std.) verläuft teilweise über Stock und Stein; Teilnehmer sollten fit sein. Für die Anstrengung wird man mit einem Bad in einem Billabong belohnt. Lunch und entsprechende Kleidung (feste Schuhe, Badezeug, wetterfeste Kleidung usw.) mitbringen. Sehr empfehlenswert. Tagestouren tgl. ab Falconbridge Railway Station $95.
Kontakt: **Blue Mountains Walkabout**, ☎ 0408 44 38 22, 🖳 www.bluemountainswalkabout.com.

Blue Mountains: blau schimmernder Eukalyptuswald hinter schroffen Felsformationen

Village und Scenic World. Auch kürzere 2-Std.-Tour.

Hellarewe Adventures, 173 Chatham Valley, Oberon, ☏ 0438 43 41 51, 🖥 www.hellareweadventures.com.au. Verschiedene persönlich zugeschnittene Tagestouren im Geländewagen. Fahren auch zu den eher verborgenen Schönheiten des Parks. Preise je nach Teilnehmerzahl.

Reiten

Megalong Valley Farm, Megalong Rd, ☏ 4787 8188, 🖥 www.megalongcc.com.au. Ausritte von 30 Min. bis zu Tagestouren.

Wanderungen

Tread Lightly Eco Tours, ☏ 0414 97 67 52, 🖥 www.treadlightly.com.au. Empfehlenswerte Wilderness Walks mit Fokus auf die vielfältige Tier- und Pflanzenwelt sowie Einblicke in die indigene Vergangenheit; auch Geländewagen- und Nachttouren.

INFORMATIONEN

Es gibt vier **Blue Mountains Information Centres**:
Glenbrook, Great Western Highway, ☏ 1300-65 34 08. ⏲ Mo–Sa 8.30–16, So bis 15 Uhr.
Katoomba, Echo Point, ☏ 1300-65 34 08, für beide: 🖥 www.bmcc.nsw.gov.au. ⏲ tgl. 9–17 Uhr.
Lithgow, Great Western Highway, ☏ 1300-76 02 76, 🖥 https://tourism.lithgow.com. ⏲ tgl. 9–17 Uhr.
Oberon, Ross St, Ecke Edith Rd, ☏ 6329 8210, 🖥 www.oberonaustralia.com. ⏲ tgl. 10–16 Uhr.

Nationalparkverwaltung

Blue Mountains Heritage Centre, Govett's Leap Rd, Blackheath, ☏ 4787 8877. Detaillierte Informationen über die Nationalparks Blue Mountains, Wollemi und Kanangra Boyd nebst Wanderkarten; im Souvenirshop Poster, CDs, Bücher, T-Shirts. ⏲ tgl. 9–16.30 Uhr.

NAHVERKEHR

Blue Mountains Explorer Bus, ☎ 1300-30 09 15, 🖥 www.explorerbus.com.au, fährt tgl. zwischen 9.45 und 16.45 Uhr jede halbe Stunde die Sehenswürdigkeiten um Katoomba und Leura ab. 29 Haltestellen, man kann beliebig oft ein- und aussteigen. Das Ticket ($55 p. P. oder $138 für eine Familie) ist bis zu 7 Tage gültig. Auch Kombi-Tickets inkl. Eintritt zur Scenic World ab $100.

TRANSPORT

Transport NSW, ☎ 13 15 00 (6–22 Uhr), 🖥 www.transportnsw.info. Häufige Verbindungen von Sydney Central nach KATOOMBA und LITHGOW auf der Blue Mountains Line, Fahrzeit nach Katoomba 2 Std., nach Lithgow knapp 3 Std. Mit dem Zug um 7:23 Uhr ab Central (Sa und So 7.11 Uhr) erhält man direkten Anschluss an den ersten Explorer Bus in Katoomba um 9.45 Uhr.

Kanangra Boyd National Park und Jenolan Caves

Der sich südwestlich an den Blue Mountains National Park anschließende, 80 km von Katoomba entfernt liegende und 68 000 ha große **Kanangra-Boyd National Park** besteht wie der Blue Mountains National Park aus zwei verschiedenen Landschaftsformen: dem Boyd Plateau sowie einem Labyrinth von Bächen, Flüssen und tief eingeschnittenen Tälern. Der Park wird erreicht von Blackheath über Mount Victoria und Hartley, wo die Jenolan Caves Road nach Süden abzweigt.

Die **Jenolan Caves** sind das bekannteste Tropfsteinhöhlensystem Australiens. Täglich von 9–18 Uhr werden Führungen durch neun Höhlen durchgeführt, der Preis liegt je nach Höhle zwischen $42 und 47. In den Sommermonaten kommt man am besten frühmorgens her, da die Touren durch einige Höhlen schnell

ausgebucht sein können. Jeden Monat werden auch klassische Konzerte, Theaterstücke, Messen und andere Veranstaltungen in den Caves gegeben. Weiteres unter 🖥 www.jenolan caves.org.au.

Durch den Park führt eine größtenteils ungeteerte Straße von den **Jenolan Caves** zu den beeindruckenden **Kanangra Walls**, wo mehrere Wanderwege und Bike Tracks beginnen. Informationen gibt es im Oberon Visitor Information Centre in Oberon (S. 161).

ÜBERNACHTUNG UND ESSEN

Jenolan Caves, ☎ 6359 3911, 1300-76 33 11, 🖥 www.jenolancaves.org.au. Große Auswahl an unterschiedlichen Übernachtungsmöglichkeiten: Dorms im Gatehouse für bis zu 6 Pers. ❶, Bush Cottages ❻, Standardzimmer im Cave House ❷, Motelzimmer in der Mountain Lodge ❹ oder Luxus-Suiten ❽. Das **Chisolm's Restaurant** gehört zu den gehobenen Adressen.

Camping

Jenolan CP, 7 Cunynghame St, Oberon, ☎ 6336 0344, 🖥 www.jenolancaravanpark.com.au. Pool, Tennis. Cabins ab ❸ sowie Zelt- und Stellplätze ($30/40).
Der kostenlose **Boyd River Campground**, zu erreichen über den Kanangra Walls Car Park, liegt wunderschön zwischen *snow gum*-Bäumen. Picknicktische und Plumpsklos vorhanden.

TRANSPORT

Einige Veranstalter bieten Bustouren mit unterschiedlichen Programmen von Sydney aus an, darunter **Gray Line**, ☎ 1300-85 86 87 und **A.A.T. Kings**, ☎ 9700 0133.
CDC Tours, ☎ 4782 7999, 🖥 www.cdcbus.com. au. Fährt tgl. um 10.35 Uhr von Katoomba zu den Caves, die Rückfahrt startet um 15.30 Uhr. $90 hin und zurück Es gibt auch Kombi-Tickets, die den Eintritt zu einer oder mehreren Höhlen einschließen.

Mount Annan Botanic Garden

Der größte Botanische Garten Australiens bietet einen hervorragenden Überblick über die australische Flora. Er liegt 57 km südwestlich von Sydney am Mount Annan Drive, Mount Annan, nahe dem Freeway F5 zwischen Campbelltown und Camden. Infos: ⌨ www.rbgsyd.nsw.gov. au. ⏰ tgl. 10–17 Uhr, Eintritt frei. Es gibt keine öffentlichen Verkehrsmittel direkt zum Park.

Royal National Park

Das Naturrefugium 32 km südlich von Sydney erstreckt sich vor den Toren der Großstadt; der 1879 eingerichtete Nationalpark ist der zweitälteste in der Welt. Die 16 000 ha umfassen ein von Heide, Buschland und waldgesäumten Flussauen geprägtes Sandsteinplateau, das im Norden von Port Hacking, im Westen vom Princes Highway und im Osten vom Pazifik begrenzt wird. Zum Ozean hin wird das abfallende Plateau von geschützten Buchten mit Sandstränden unterbrochen. Die Wellen des Pazifiks erodieren den weichen Sandstein und haben spektakuläre Küstenklippen geschaffen. Außerdem gibt es Wasserfälle, natürliche Pools und Aboriginal-Felsmalereien (u. a. am Jibbon Beach östl. von Bundeena). Eintritt $12 pro Fahrzeug/Tag.

Das Visitors Centre der Nationalparkbehörde an der Flussoase **Audley** am Hacking River ist ein beliebter Rast- und Picknickplatz. Dort kann man mit gemieteten Kanus auf dem Hacking River paddeln. Von Audley erreicht man auf dem Bertram Stevens Drive die Abzweigungen zu den Stränden **Wattamolla Beach** und **Garie Beach**. Ein Küstenwanderweg verbindet die Buchten und Strände am Pazifik.

Wer weiter nach Süden will, bleibt auf dem Sir Bertrum Stevens Drive (Abfahrt Farnell Ave vom Princes Highway südlich von Loftus). Hier beginnt der **Great Ocean Drive** (S. 497).

ÜBERNACHTUNG

Bushcamps an vom NPWS markierten Stellen im Nationalpark kosten $12 für 2 Pers. Der

Bonnie Vale Campground, ⌨ www. nationalparks.nsw.gov.au, verfügt über Duschen und Toiletten. $34 für 2 Pers.

AKTIVITÄTEN

Drachenfliegen, Paragleiten

In Stanwell Park bieten **Sydney Hang Gliding Centre**, ☎ 0400-25 82 58, ⌨ www.hanggliding.com.au, und **Hangglideoz**, ☎ 0417 93 92 00, ⌨ www. hangglideoz.com.au, Anfängerunterricht und Tandemflüge mit erfahrenen Drachenfliegern.

Wanderungen

Der **Jibbon Aboriginal Carvings Track**, ⌨ www.sydneycoastwalks.com.au/jibbon-aboriginal-carvings, startet vom Bundeena Ferry Wharf und führt durch die Buschlandschaft und entlang des Jibbon Beach vorbei an bis zu 1000 Jahre alten Felsmalereien der hier beheimateten Dharawal-Aborigines. Eine Karte ist online erhältlich ($3).

INFORMATIONEN

Visitors Centre, 2 Lady Carrington Dr, Audley, ☎ 9542 0648, ⌨ www.nationalparks.nsw.gov. au. ⏰ tgl. 8.30–16.30 Uhr.

TRANSPORT

Eisenbahn

Häufig fahren Züge der Illawarra-Linie, ☎ 131 500, ⌨ www.transportnsw.info, zwischen SYDNEY und Wollongong. Von den Bahnhöfen Loftus, Engadine, Heathcote, Waterfall und Otford führen Wanderwege in den Park.

Fähren

Cronulla Ferries, ☎ 9523 2990, ⌨ www.cronullaferries.com.au. Stdl. Fährdienst von CRONULLA nach Bundeena am Nordostende des Parks, Mo–Fr 5.30–18.30, Sa und So sowie im Winter ab 8.30 Uhr. $6,80; ca. 30 Min.

Die Südküste

Die Südküste von New South Wales verdient mehr als einen flüchtigen Blick aus dem Fenster eines Mietwagens oder Reisebusses. Viel mehr! Obwohl der Princes Highway zwischen Sydney und Melbourne viele traumhafte Küstenorte und fantastische Nationalparks miteinander verbindet, geht es hier wesentlich ruhiger zu als auf der Küstenstrecke zwischen Sydney und Cairns.

Die Buschfeuer des Black Summers 2019/20 brannten gewaltige Flächen der Südküste nieder: In New South Wales wurden insgesamt fast 3000 Wohnhäuser, Schulen und andere Gebäude zerstört, 26 Menschen und eine wohl nie erfassbare Zahl an Tieren verloren ihr Leben. Die auch als **Sapphire Coast** bekannte Küste offenbart einen Einblick in das Ausmaß der Katastrophe, sei es in den schwarzen Wäldern oder in den Gesichtern der Einwohner. Mit ungeheurer Resilienz erheben sich Natur, Infrastruktur und die Wirtschaft heute aus der Asche.

Der **Grand Pacific Drive** zwischen Royal National Park und Bomaderry mit der viel fotografierten Sea Cliff Bridge ist so grandios wie sein Name verspricht. Die Route führt vorbei an zahllosen Surfstränden und verträumten Küsten-

Grand Pacific Drive

Der Grand Pacific Drive ist NSWs Antwort auf die viktorianische Great Ocean Road. Die Route führt über 140 km vorbei an einigen der besten Surfstränden der Südküste und über idyllisches Hügelland bis nach Nowra. Autofahrer auf dem Princes Highway nehmen von Sydney kommend die Ausfahrt Farnell Avenue, die durch den Royal National Park führt. Nicht entgehen lassen darf man sich einen Halt am **Bald Hill Lookout**, von dem aus man über die spektakuläre **Sea Cliff Bridge** blickt. Die Route ist gut ausgeschildert.
Auch ein Rad- und Wanderweg entlang der Strecke, der **Grand Pacific Walk**, ist in Planung und teilweise schon freigegeben.

orten. Im Binnenland warten schattige Regenwälder und spektakuläre Wasserfälle.

In der atemberaubenden **Jervis Bay** liegt der angeblich weißeste Sandstrand der Welt, und das ganze Jahr über tummeln sich Delphine in der Bucht. Die Ferienorte **Ulladulla**, **Batemans Bay**, **Narooma** und **Merimbula** haben alle das Zeug zu einem perfekten Sommerurlaub für jedermann, vom Faulenzer bis zum Aktivurlauber und Adrenalinjunkie: In den beiden Letzteren hat man die Qual der Wahl zwischen Bushwalking, Reiten, Surfen, Schnorcheln, Wasserski fahren, Stehpaddeln, Wakeboarding und Drachenfliegen.

Buckelwale *(Humpback Whales)* und Südkaper *(Southern Right Whales)* ziehen zwischen Juni und August die Küste hoch nach Queensland, um dort ihre Jungen zu gebären. Zwischen September und November kehren sie mit dem Nachwuchs an der Küste entlang zurück zur Antarktis. Entlang der gesamten Südküste gibt es gute Beobachtungsplattformen, und es werden Bootstouren angeboten.

Doch der besondere Zauber der Südküste liegt nicht in den Ferienzentren und auch an keinem anderen der hier (oder in den Touristenbroschüren) beschriebenen Orte. Er findet sich am Ende einer navigationslosen Wanderung durch dichten Regenwald, der sich plötzlich zu einer einsamen türkisblauen Lagune hin öffnet. Oder im Morgengrauen im Nationalpark, wenn ein Känguru verstohlen den Campingplatz nach den Überresten des Abendessens absucht. Australienbesuchern sei empfohlen, sich unbedingt raus auf abgelegene Wege zu trauen und die Südküste auf eigene Faust zu entdecken, vor allem in den grandiosen Nationalparks!

TRANSPORT

Eisenbahn
Transport Sydney Trains, ℡ 131 500, 🖥 www.sydneytrains.info, fahren häufig von BONDI Junction über SYDNEY Central nach WOLLONGONG; 1 3/4 Std, $6,20. Manche Züge fahren weiter über Minnamurra, Kiama und Gerringong zur Endstation der blauen South Coast Line, BOMADERRY, 5 km nördl. von Nowra. Preisgünstigere Off-peak-Tickets. Südlich von Bomaderry verkehren keine Züge.

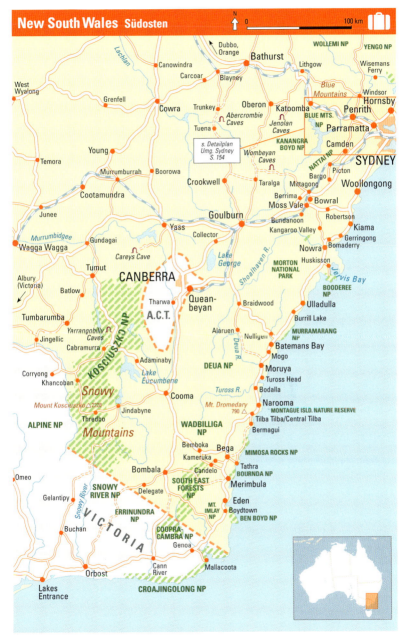

N

0   100 km

WOLLEMI NP   YENGO NP

Dubbo, Orange

Bathurst   Lithgow   Wisemans Ferry

Canowindra

Carcoar   Blayney   Blue Mountains   Windsor

West Wyalong   Grenfell   Oberon   Katoomba   Hornsby

Cowra   Trunkey   BLUE MTS. NP   Penrith

Abercrombie Caves   Jenolan Caves   Parramatta

Temora   Young   Tuena   KANANGRA BOYD NP   Camden

s. Detailplan Umg. Sydney S. 154   Wombeyan Caves   NATTAI NP   SYDNEY

Murrumburrah   Boorowa   Bargo   Picton

Crookwell   Taralga   Mittagong   Woollongong

Cootamundra   Berrima   Bowral

Moss Vale

Junee   Goulburn   Bundanoon   Robertson

Yass   Kangaroo Valley   Kiama

Collector   Gerringong

Murrumbidgee   Lake George   Nowra   Bomaderry

Wagga Wagga   Gundagai   Shoalhaven R.   Huskisson   Jervis Bay

Careys Cave   MORTON NATIONAL PARK

Tumut   CANBERRA   BOODEREE NP

Albury (Victoria)   Batlow   Tharwa   Quean-beyan   Braidwood   Ulladulla

A.C.T.   Burrill Lake

Tumbarumba   Alaruen   Nelligen   MURRAMARANG NP

Yarrangobilly Caves   Deua R.   Batemans Bay

Jingellic   Cabramurra   Adaminaby   DEUA NP   Mogo

Corryong   Lake Eucumbene   Moruya

Khancoban   Tuross R.   Tuross Head

Snowy   Cooma   Bodalla

Mount Kosciuszko △2228   Mt. Dromedary 790 △   Narooma

Jindabyne   MONTAGUE ISLD. NATURE RESERVE

ALPINE NP   Thredbo   Tilba Tilba/Central Tilba

Mountains   WADBILLIGA NP   Bermagui

Bemboka   Bega   MIMOSA ROCKS NP

Kameruka

Bombala   Candelo   Tathra

Omeo   SOUTH EAST FORESTS NP   BOURNDA NP

Gelantipy   SNOWY RIVER NP   Delegate   Merimbula

Snowy River   ERRINUNDRA NP   MT. IMLAY NP   Eden   Boydtown

VICTORIA   Buchan   COOPRA-CAMBRA NP   BEN BOYD NP

Genoa

Cann River   Mallacoota

Orbost

Lakes Entrance   CROAJINGOLONG NP

NEW SOUTH WALES

Wollongong

„The Gong" haftet das Image einer Industriestadt zwar noch immer an. Aber die Surfstrände sind beneidenswert, das Stadtzentrum ist gepflegt und übersichtlich, die Restaurantszene vielfältig und die Umgebung reizvoll. Am Hafen gibt es einen geschützten Strand. Während man dem Treiben zusieht, am besten mal die Fish & Chips oder Burger von Levendi (s. rechts) probieren.

Die Strände nördlich der Innenstadt sind traumhaft bis legendär. Zu den bekanntesten zählen **Stanwell Park, Austinmer, Thirroul** und **Bulli Beach**, aber alle anderen sind nicht minder lohnenswert. Die Brandung eignet sich v. a. für Surfer (und die, die es werden wollen, s. S. 145) und Stehpaddler.

Nan Tien Temple

Die Hauptattraktion der Stadt ist der Nan Tien Temple, Berkeley Road, Berkeley (vom M1 Hwy ausgeschildert), 🖳 www.nantien.org.au, der größte buddhistische Tempel auf der Südhalbkugel. Der Besuch lohnt sich auch für Nichtspirituelle. Tempel und Garten sind erstklassig gepflegt, und ein Spaziergang durch die große Anlage entspannt die Seele auch ganz ohne buddhistische Neigungen. Wie bei allen Tempeln gilt allerdings: Keine Shorts, ärmellosen Shirts oder Flipflops. Das ganze Jahr über finden ein- und mehrtägige Meditationskurse, Tai Chi und Buddhismus-Workshops und viele andere Veranstaltungen statt. ⊕ Di–So 9–17 Uhr, Eintritt frei.

Wollongong Botanical Garden

Der **Botanical Garden**, Murphys Ave, 4 km westl. des Hafens, eignet sich perfekt für ein Familienpicknick: An den Teichen gibt es einen großen Spielplatz. Der Rose Garden steht von Okt. bis April in voller Blüte. ⊕ tgl. 7–18 Uhr, Eintritt frei.

ÜBERNACHTUNG

Keiraleagh Backpackers, 60 Kembla St, ✆ 4228 6765, 🖳 www.backpack.net.au. Im idyllischen Garten des zentralen Hostels fühlt man sich als wäre man in Bali gelandet. Zum Angebot zählen Dorms (Bett ab $25). EZ und DZ ❷

Tudor Lodge Bed & Breakfast, 3 Old Coast Rd, Stanwell Park, ✆ 4294 4899. Gemütliche Zimmer, schöne Lage. Einige günstigere Zimmer mit Bad auf dem Flur. ❻

Bulli Beach Tourist Park, 1 Farrell Rd, Bulli, ✆ 4285 5677, 🖳 www.wollongongtouristparks.com.au/bulli. Tolle Lage am Strand, Kiosk, Café, große Campküche, Spielplatz. Zelt- und Stellplätze $32/40, Cabins mit 1–3 Schlafzimmern ❺

ESSEN

Levendi, am Hafen, ✆ 4227 2989. Gute Fish & Chips, Burger, Kaffee und Eis. Im Sommer oft lange Wartezeiten. ⊕ tgl. 7–18 Uhr.
The Illawarra Brewery, Crown Street, Ecke Harbour Street, ✆ 4220 2854. Hier wird seit dem Jahr 2000 das einzige lokale Bier gebraut. Dazu gibt es typische Pubmeals für $16–28. Die Dachterrasse mit Blick aufs Meer ist sehr einladend, außerdem gibt es ein Spielzimmer für die Kleinen. ⊕ tgl. ab 11 Uhr.

AKTIVITÄTEN

Pines Surfing Academy, ✆ 0410 645 981, 🖳 www.pinessurfingacademy.com.au. Surfunterricht am Wollongong City Beach, in Shellharbour und im Killalea State Park. 2 Std. Gruppenunterricht $50.
Skydive the Beach and beyond, ✆ 1300-66 36 34, 🖳 www.skydive.com.au. Ein Tandemsprung kostet je nach Saison $209–440.
Sydney Hang Gliding Centre, ✆ 0400 258 258, 🖳 www.hanggliding.com.au. Tandem-Drachenflüge am Bald Hill für $260 (Mo–Fr) oder $285 (Sa, So). Ein echtes Erlebnis! Auch Kurse.

INFORMATIONEN

Southern Gateway Centre, Princes Hwy, Bulli Tops. ⊕ tgl. 9–17 Uhr.
Wollongong Visitor Information Centre, 93 Crown St. ⊕ Mo–Sa 9–17, So bis 16 Uhr. Für beide: ✆ 1800-24 07 37, 🖳 www.visit wollongong.com.au.

Tgl. viele Zug- und Busverbindungen, Details S. 552/553.

Lake Illawarra

Der Grand Pacific Drive führt über den Lake Illawarra mit seinen ruhigen Badeständen. Der Salzwassersee zieht Fischer, Segler und Windsurfer an. Gemütlich geht es auch im südlich gelegenen **Shellharbour** zu. Das nicht zu verfehlende **Ocean Beach Hotel**, 2 Addison St, ✆ 4296 1399, 🖵 www.oceanbeachhotel.com.au, bietet hervorragendes Seafood gepaart mit dem gefragten Blick aufs Meer. Freitagabends legt ein DJ auf. Besser kann man den Tag kaum ausklingen lassen. ⊙ tgl. 10 Uhr bis spät.

ÜBERNACHTUNG

Linga Longa Homestay, 9 Kotari Place, Lake Illawarra, ✆ 0412 777 713, ✉ lingalongahomestay@gmail.com. Wer aufgeschlossen ist und gern Locals kennenlernt, quartiert sich bei Debbie ein. In ihrem Homestay vermietet sie 1–2 Zimmer mit Bad und Wohnzimmer. Küche, Garten und Pool werden mit der Haushälterin und ihrem kleinen Hund geteilt. Frühstück und herzlichste Gastfreundschaft inbegriffen. ❶

Kiama

Die Hauptattraktion im kleinen, touristischen Kiama ist **The Blowhole** in der Nähe des Hafens. Bei starkem Seegang und entsprechenden Windverhältnissen steigt dort eine bis zu 60 m hohe Wasserfontäne aus einem Tunnel an der Felsküste. Das Blowhole und der alte Leuchtturm im Hintergrund werden abends angestrahlt. Bei den **Cathedral Rocks**, 3 km weiter nördlich bei Bombo, fallen die Felsklippen jäh zum Meer hin ab. Die Felsenküste wird von kleinen Badebuchten unterbrochen. Gleich daneben fühlt man sich in den **Bombo Headlands** in eine gespenstische Mondlandschaft versetzt.

Auf dem spektakulären **Kiama Coast Walk** kann man das viele gute Seafood der letzten Tage (oder auch die *Tim Tams*) wieder abtrainieren. Der Weg ist teils geteert, teils Trampelpfad, teils Sandstrand und eignet sich zum Joggen, Spazierengehen, teilweise auch zum Radfahren. Der Walk beginnt in Minnamurra und führt vorbei an Cathedral Rocks, Bombo Headlands und Kiama Blowhole nach Gerringong; insgesamt 22 km. In den Visitor Centers liegt ein Faltplan mit guter Karte aus.

ÜBERNACHTUNG

Kiama Shores Motel, 45 Collins St, ✆ 4233 1100, 🖵 www.kiamashores.com.au. Saubere und geräumige Motelzimmer in zentraler Lage und dazu freundliches Personal. Ab ❹
Easts Beach Holiday Park (Big 4), Ocean St, Easts Beach, ab South Kiama Drive, 2 km südl. von Kiama, ✆ 4232 2124, 🖵 http://eastsbeach.com.au. Tolle Lage am Strand. Tennisplätze, großer Pool, Hüpfkissen, Spielplatz und viele weitere Einrichtungen. Gepflegte Anlage, modern und riesig, mit großer Auswahl an Übernachtungsmöglichkeiten: Stellplätze ($53/80 mit eigenem Bad); Standard-Cabins ❺ sowie luxuriöse, moderne Villen mit 1–3 Schlafzimmern ab ❼
Seven Mile Beach Holiday Park, 200 Crooked River Rd, Gerroa, 3 km südl. von Gerringong, am Nordende von Seven Mile Beach, ✆ 4234 1340, 1800-66 66 65, 🖵 www.kiamacoast.com.au/seven-mile-beach-holiday-park. Kiosk, Kanuvermietung, Pool, tolle Lage zwischen Crooked River und Sandstrand. Viele Cabins mit Bad ❽, außerdem Safari-Zelte ❼ und Surf Shaks ❻. Auch Caravan-Stellplätze mit eigenem Bad ($60).

ESSEN

@MilkandHoney Café, beim Blowhole, ✆ 0432 1365. Leckeres Frühstück (frische Säfte, Pancakes usw.) und Mittagessen (u. a. Burger). ⊙ tgl. 7–16 Uhr.
Harbourview Thai, 48 Terralong St, ✆ 4232 1448. Take-away oder gemütliche Tische hinten. BYO. Gut und günstig. ⊙ Mo–Sa Mittag- und Abendessen.

Kiama Visitors Information Centre, Blowhole Point, ℡ 4232 3322, 🖳 www.kiama.com.au. ⏰ tgl. 9–17 Uhr.

S. 552/553 (Wollongong).

Southern Highlands

Von Kiama aus bietet sich eine Tagestour durch die Southern Highlands an. Wer kein Navi hat, besorgt sich eine kostenlose, detaillierte Karte vom Visitor Centre. Reisenden mit wenig Zeit sei geraten, zumindest einen Stopp bei den Carrington oder Fitzroy Falls einzulegen.

Saddleback Mountain Lookout

Die Tour beginnt 6 km südlich von Kiama, wo die steile Saddleback Mountain Road zum gleichnamigen Lookout hochführt. An klaren Tagen hat man einen Ausblick über die gesamte Küste vom Royal National Park bis nach Jervis Bay.

Minnamurra Rainforest

Die Fahrt geht weiter durch hügeliges Weideland Richtung Jamberoo. Eine Stichstraße biegt von der Jamberoo Mountain Rd zum Minnamurra Rainforest im **Budderoo National Park** ab. Das Visitor Centre enthält eine sehenswerte Ausstellung. Der einfache **Rainforest Loop Walk** ist auch für Rollstuhlfahrer/Kinderwagen geeignet und dauert etwa 30 Min. Gegen Ende zweigt der **Falls Walk** ab, ein etwas schwierigerer Weg zu den Wasserfällen, für den etwa 45 Min. hin und zurück einzuplanen sind. Im Lyrebird Café gibt es Mittagessen, außerdem stehen schattige Picknicktische bereit. ⏰ Mo–Fr 11–14, Sa und So 9–16 Uhr, Eintritt $12 pro Auto.

Illawarra Fly

Etwas weiter westlich gelangt man auf dem Tourist Drive Nr. 9 zum **Illawarra Fly Tree Top Walk**, ℡ 1300-36 28 81, 🖳 www.illawarrafly.com.au, auf dem Knights Hill. Eine Stahlkonstruktion mit zwei Seitenauslegern und Aussichtsturm er-

hebt sich 25 m hoch über dem Waldboden und bietet einen wunderbaren Panoramablick auf den umliegenden Regenwald bis hin zur Küste von Shellharbour und zum Illawarra-See. Prickelnd ist die **Illawarra Fly Zipline Tour**: An Kabeln hängend schwingt man wie Tarzan 35 m über dem Boden von Baum zu Baum. Die Touren starten regelmäßig, dauern insgesamt 2 1/2 Std. und kosten $75 (Eintritt zum Tree Top Walk inkl.). ⏰ tgl. 9–17 Uhr; $25, Kind $14. Bei Online-Buchung 10–20 % Rabatt.

Carrington Falls

Dieser Wasserfall, an dem der Kangaroo River 50 m in die Tiefe stürzt, ist ein verborgener Schatz im **Booderoo National Park** (der auch den Minnamurra Rainforest und Illawarra Fly einschließt). Ein kurzer Spazierweg mit einigen steilen Treppen führt vom Parkplatz aus zum oberen Ende des Wasserfalls, hier kann man auf den Steinen picknicken oder die Füße ins Wasser hängen, am besten beides gleichzeitig. Andere ausgeschilderte kurze und längere Wanderungen führen zu weiteren Lookouts auf die Falls.

Morton National Park

Die **Fitzroy Falls** nahe der gleichnamigen Ortschaft sind das Highlight des Morton National Parks, eines von Tälern und Schluchten durchzogenen Sandsteinplateaus. Vom Fitzroy Falls Visitor Information Centre führt ein rollstuhlgerechter Bretterweg zu Aussichtspunkten auf den Wasserfall, der sich hier 80 m in die Tiefe ergießt. Hier beginnen auch einige Spazier- und Wanderwege. Zum Informationszentrum gehört ein gutes Café. Nationalpark: ⏰ tgl. 9–17.30 Uhr, Eintritt $4 pro Fahrzeug/Tag.

Kangaroo Valley

Von den Fitzroy Falls geht es Richtung Süden über die historische Hängebrücke **Hampden Bridge** in das romantische Dorf Kangaroo Valley. Hier kann man sich in den Tea Rooms erfrischen, Fudge oder Eiscreme kosten oder einfach die Aussicht genießen.

Berry

Etwas touristischer geht es im niedlichen Landstädtchen Berry am Princes Highway zu. Trotz-

Lunch-Stopp in Robertson

Pies gehören in Australien genauso fest zur Fastfood-Kultur wie Burger oder Pizza und werden teilweise sogar als Nationalgericht angepriesen. In der Regel ist *Pie* ein mit Rindfleisch gefülltes Teigtörtchen *(Meat Pie)*, das mit Ketchup aus der Hand gegessen wird. Im **Robertson Pie Shop** reicht die Auswahl weit über das Grundrezept hinaus. Hier werden *Pies* von klassisch bis vegetarisch und sogar süß angeboten. Jambaroo Rd, Ecke Illawarra Hwy. ⊙ Mo–Do 7–17, Fr bis 18, Sa und So 8–18 Uhr.

dem lohnt sich ein kurzer Bummel durch die Hauptstraße mit ihren Tearooms und Antiquitäten- und Kunsthandwerksläden. Östlich von Berry und südlich von Gerringong befindet sich der **Seven Mile Beach**, ein sehr schöner Sandstrand.

Weinliebhaber sollten sich auf keinen Fall die **Coolangatta Estate Winery**, 1335 Bolong Rd, Shoalhaven Heads, ✆ 4448 7131, 🖥 www.coolangattaestate.com.au, 9 km südöstlich von Berry entgehen lassen. Hier kann man am Cellar Door preisgekrönte Weine verkosten, im Distro eine köstliche *Lunch Platter* aus frischem Fisch, Fleisch oder Käse selbst zusammenstellen oder etwas von der Burger und Oyster Bar bestellen. Gehobenes Abendessen bietet Alexanders Restaurant, ⊙ Di–Sa ab 18 Uhr. Außerdem gibt es gemütliche Cottages zum Übernachten ❺.

Tagesausflügler kommen von Berry aus auf dem Princes Hwy zurück nach Kiama (47 km).

ÜBERNACHTUNG

€ **Bendeela Recreation Area**, Kangaroo Riverland (von der Moss Vale Rd ca. 1 km nördl. von Kangaroo Valley nach Westen in die Bendeela Rd abbiegen, ab da noch etwa 7 km). Idyllisch am Fluss; mit WC und Trinkwasser, aber ohne Strom. Zelten oder Campervan kostenlos.

Killalea State Park, Killalea Dr, Shell Cove (südl. von Shellharbour), ✆ 4237 8589. Hübsch gelegene Zeltplätze ($26–36) nur 10 Min. vom Mystics Beach entfernt. Außerdem Zimmer im Bunkhouse ❷ und gute Ausstattung, inklusive warmer Duschen, Kiosk und Campingküche.

AKTIVITÄTEN UND TOUREN

Mountainbiking

Zahlreiche Bike-Trails machen die Southern Highlands zu einem beliebten Ziel für Radfahrer. Der Wingello State Forest bietet gute Pisten, v. a. für erfahrene Mountainbiker, aber auch einige für Anfänger. Auch im Morton National Park gibt es ausgezeichnete Bike-Trails. Interessierte fragen im Visitor Centre nach der Karte *Mountain Bike Trails of the Southern Highlands*. Radverleih u. a. bei: **Kangaroo Valley Canoe Safaris** (s. „Touren"), **Ye Olde Bicycle Shop**, 9 Church St, Bundanoon, ✆ 4883 6043.

Touren

Kangaroo Valley Canoe Safaris, 2031 Moss Vale Rd, Kangaroo Valley, ✆ 4465 1502, 🖥 www.kangaroovalleycanoes.com.au. Verschiedene Kanu- und Kajaktouren von 2 Std. bis mehreren Tagen. Bietet auch Fahrradverleih. **South Coast Scenic Tours**, ✆ 0288 0749, 🖥 http://southcoastjourneys.com.au. Verschiedene Tagestouren entlang des Grand Pacific Drives, in die Southern Highlands und zu diversen Wineries.

INFORMATIONEN

Fitzroy Falls Visitor Centre, 1301 Nowra Rd, Fitzroy Falls, ✆ 4887 7270. Detaillierte Informationen über alle Nationalparks im Süden von NSW, Verkauf von Büchern, Landkarten und Souvenirs. ⊙ tgl. 9–17 Uhr. **Shoalhaven Visitor Centre**, Princes Highway, Nowra, ✆ 4421 0778, 1300-66 28 08, 🖥 www.shoalhaven.com. ⊙ tgl. 9–17 Uhr.

3 HIGHLIGHT

Jervis Bay

Man packe ein: Sonnencreme, Fernglas, Schnorchel und Bodyboard, und dann auf nach Jervis Bay, dem unübertrefflichen Urlaubsparadies am gleichnamigen Marine Park. Ein paar Tage kann man es sich hier ruhig gut gehen lassen, denn es gibt weitaus mehr zu tun als braun zu werden. Es gibt tolle Rad- und Wanderwege, Kajaks und Stehpaddel zum Leihen, eine fantastische Unterwasserwelt inklusive Delphinen und Walen, eingestürzte Leuchttürme und nicht zuletzt den angeblich weißesten Sandstrand der Welt.

Die Bundesregierung kaufte das südliche Gebiet um Jervis Bay 1915 dem Bundesstaat New South Wales ab, um der damals neuen Hauptstadt Canberra Zugang zum Meer zu verschaffen. Es zählt seitdem zum Australian Capital Territory (ACT).

Huskisson

Der kleine, idyllische Ort mit seinem hübschen Hafen ist das Tor zur Jervis Bay. Hier kann man sich im Visitor Centre kostenloses Kartenmaterial besorgen oder über Touren und Aktivitäten informieren. Die **Hawke Street** lädt zum Bummeln und Shoppen ein. Außerdem starten hier das ganze Jahr über **Delphin- und Walbeobachtungstouren** sowie **Kajaktouren**. In Huskisson beginnt auch der gut ausgebaute **Radweg** zum St. Georges Basin.

Strände

Die Strände an der Jervis Bay sind alle reizvoll, aber keiner ist so berühmt wie der **Hyams Beach**, von dem man munkelt, er habe den weißesten Sand der Welt. Doch mit dem Ruhm kommt auch der Rummel: im Sommer ist es fast unmöglich hier einen Parkplatz zu finden. Besser man parkt etwas weiter nördlich am **Greenfields Beach** und läuft die 15 Min. entlang eines Trampelpfads und über den **Chinamans Beach** rüber zum Hyams Beach. Die nördlichen Strände wie der **Callala Beach** sind weniger überlaufen und ebenso spektakulär. Schnorchel mitbringen!

Sanctuary Point

Die kleine Ortschaft liegt idyllisch am Georges Basin und ist besonders für Familien geeignet. Die meisten Aktivitäten spielen sich natürlich auf dem Wasser ab und reichen vom Schwimmen und Schnorcheln über Kajak und Wasserski fahren bis zum Segeln.

Booderee National Park

Die südliche Landzunge von Jervis Bay gehört zum Booderee National Park, der wiederum Teil des ACT ist. Nach der Rückgabe an die traditionellen Eigentümer der Wreck Bay Aboriginal Community steht der Nationalpark unter gemeinsamer Verwaltung mit der Nationalparkbehörde. Die Nationalparkgebühr von $12 pro Auto ist direkt an der Einfahrt zum Park zu bezahlen. Hier befindet sich auch das Visitor Centre.

Entlang der Cave Beach Road geht es zum **Botanischen Garten**, durch den zahlreiche Spazierwege führen. Im Frühjahr ist das Blumenwahrzeichen von New South Wales, die leuchtend rot blühende Waratah, zu sehen. ⊙ Mai–Sep tgl. 8–16, Okt–April Mo–Fr 8–17, Sa und So 8–19 Uhr.

Eine Schotterpiste führt zum Parkplatz am **Ruined Lighthouse**, von dem aus sich ein toller Ausblick auf die Küste bietet. In der Saison von April–Juni und September–November kann man hier mit etwas Glück und viel Geduld Buckelwale und Südkaper beobachten.

An der Nordküste des Nationalparks befinden sich weitere umwerfend schöne Sandstrände, darunter **Green Patch**, **Murrays Beach** und **Iluka**. Am imposanten **Hole in the Wall** kann man gut schnorcheln. Über den gesamten Nationalpark verteilen sich gute Wanderwege, lohnenswert ist z. B. der etwa einstündige Spaziergang vom Steamers Beach Car Park zum gleichnamigen Strand. Im Nationalpark gibt es auch drei Campingplätze.

ÜBERNACHTUNG

Die Orte um Jervis Bay sind sehr beliebt, daher unbedingt im Voraus buchen. Eine gute Adresse für Ferienwohnungen und Zimmer von privat ist auch hier 🖳 www.airbnb.com.

Booderee National Park

€ Die drei Campingplätze im Nationalpark müssen frühzeitig gebucht werden; während der Sommerferien entscheidet das Los, wer den Platz bekommt.
Der Green Patch Zeltplatz ist am besten ausgestattet, mit warmen Duschen und vielen Grill- und Picknickplätzen ($25 pro Zelt bei 2 Pers. zur HS).

Auch am **Bristol Point** Zeltplatz gibt es fließend Wasser und einige Gasgrills ($25 pro Zelt bei 2 Pers. zur HS).

Am **Cave Beach** muss man auf diesen Luxus verzichten, dieser Zeltplatz ist außerdem für Caravans und Camper nicht geeignet ($14 pro Zelt bei 2 Pers. zur HS). Buchung für alle 📞 4443 0977, 💻 www.booderee.gov.au.

Huskisson

Jervis Bay Motel, 41 Owen St, 📞 4441 5781, 💻 www.jervisbaymotel.com.au. Pool, schöner Blick auf die Jervis Bay, modern eingerichtet. ❺

Huskisson Beach Holiday Haven, Beach St, 📞 1300-73 30 27, 💻 www.holidayhaven. com.au. Viele Cabins unterschiedlicher Preisklassen, Zelt-/Stellplätze ($45/50), Tennisplatz, Pool, Volleyball, Kiosk. ❹–❽

🧳 **Huskisson White Sands Tourist Park**, Beach St, Ecke Nowra St, 📞 4406 2045, 💻 www.holidayhaven.com.au. Zelt-/Stellplätze ($35/42), mit Bad $67. Cabins direkt am Wasser, Lookout zum Beobachten der Delphine. Preise verdoppeln sich in der Hochsaison und am Wochenende. ❺–❽

Woollamia

🏕 **Paperbark Camp**, 571 Woollamia Rd, knapp 1 Std. nordwestlich von Huskisson, 📞 4441 6066, 💻 www.paperbarkcamp. com.au. In Buschlandschaft eingebettete, mit Solarenergie betriebene Luxus-Safarizelte. Eine Unterkunft der ganz besonderen Art, aber natürlich zu ihrem Preis: Die „einfacheren" Zelte kosten $395 pro Nacht, extra Luxus gibt's ab $525. Zur Anlage gehört auch ein Restaurant, das weitgehend Produkte aus eigenem oder regionalem Anbau verwertet.

ESSEN

🍴 **Stonegrill**, 48 Owen St, 📞 4441 7070, 💻 www.stonegrill.net.au. Hier brät man Fleisch durch fast selbst auf dem heißen Stein direkt am Tisch. Nicht nur Essen, sondern auch Erlebnis. Hauptgerichte $30–40.

Wild Ginger, 42 Owen St, 📞 4441 5577, 💻 www.wild-ginger.com.au. Nicht ganz billig, aber sehr gut. U. a. Seafood und prima Weinkarte. ⏱ Di–Sa 16–23.30 Uhr.

AKTIVITÄTEN UND TOUREN

Dive Jervis Bay, 64 Owen St, Huskisson, 📞 4441 5255, 💻 www.divejervisbay.com. Schnorchel- und Tauchtouren sowie Kurse.

Jervis Bay Bike Hire, 37 Owen St, Huskisson, 📞 8118 1773, 0410 335 015, 💻 www.jervis baybikehire.com. Räder ab $40 pro Tag. Auch Zubehör wie Babysitze und Anhänger.

Jervis Bay Kayak & Paddlesports, 13 Hawke St, Huskisson, 📞 4441 7157, 💻 www.jervisbay kayaks.com.au. Verschiedene Kajaktouren für Anfänger und erfahrene Paddler. Zum Beispiel Halbtagestour inkl. Lunch am Strand für $109. Auch Ganz- und Mehrtagestouren sowie Kurse.

Jervis Bay Surf School, 📞 0449 266 994, 💻 www. jbsurfschool.com.au. 2 Std. in der Gruppe $55. Auch mehrtägige Kurse und Privatstunden.

Jervis Bay Wild, 58 Owen St, Huskisson, 📞 4441 7002, 💻 www.jervisbaywild.com.au. Sehr beliebte 2-stündige Delphintouren das ganze Jahr über ($35); während der Saison (Mai–Nov) auch Walbeobachtungstouren ($65). Außerdem Kajak- und SUP-Touren.

INFORMATIONEN

Booderee NP Visitor Centre, Village Rd, am Eingang zum Nationalpark, 📞 4443 0977, 💻 https:// parksaustralia.gov.au/booderee. Informationen über Geologie, Flora und Fauna der Region, Buchung von Zeltplätzen. ⏱ tgl. 9–16 Uhr.

Jervis Bay Visitor Information Centre, Woollamia Rd, Husskisson, 📞 4441 5999. ⏱ tgl. 10–16 Uhr.

Shoalhaven Visitors Centre, Princes Highway, Ecke Bridge Rd, Nowra, 📞 4421 0778, 💻 www. shoalhaven.com. ⏱ tgl. 9–17 Uhr.

TRANSPORT

Nowra Coaches, 📞 4423 5244, 💻 www. nowracoaches.com.au. Busverbindungen zwischen BOMADERRY, Nowra, Huskisson,

Vincentia, Hyams Beach, St Georges Basin und Jervis Bay.

Von Bomaderry gibt es tgl. mehrere Verbindungen nach SYDNEY mit der **Eisenbahn**.

Ulladulla

In den 1930er-Jahren ließen sich italienische Fischer in dem kleinen Ort nieder. Der Brauch des *Blessing of the Fleet*, der zu Ostern gefeiert wird, geht auf sie zurück. Spaziergänger können dem 30-minütigen **Coomie Nulunga Cultural Trail** folgen, der an Infoposten vorbeiführt, die über die heimische Flora und Fauna informieren. Den vom Aboriginal Land Council errichteten Pfad begeht man am besten bei Sonnenauf- oder Sonnenuntergang, dann ist die Wahrscheinlichkeit, Tiere zu entdecken am größten. Westlich des Ortes erhebt sich das Sandsteinplateau des **Morton National Parks** (zur Zeit der Recherche aufgrund der Buschfeuer gesperrt).

Milton, 7 km nördl. von Ulladulla, ist eines von mehreren hübschen Landstädtchen mit historischem Flair an der Südküste. Einige Flüsse und Seen bieten Gelegenheit zum Angeln und zu allerlei Wassersportarten: 10 km nördlich von Ulladulla liegt der landschaftlich reizvolle **Lake Conjola**, 5 km südlich **Lake Burrill** und 13 km südlich **Lake Tabourie**. Schöne Strände sind u. a. im Norden **Bendalong**, **Narrawallee** und **Mollymook**, der als einer der schönsten Strände an der Ostküste Australiens gilt. Er wird im Sommer von Lebensrettern überwacht. **Wairo Beach** erstreckt sich beim Lake Tabourie.

ÜBERNACHTUNG

Mollymook Beach House B&B, 3 Golf Ave, Mollymook, ☎ 4455 1966, 🖥 www.beach housemollymook.com. 16 Zimmer mit verschiedenen Ausstattungen und Preisklassen; freundlich. Abholservice von Ulladulla auf Anfrage. Strandnähe, Salzwasserpool. ❹–❽

€ **Lake Conjola Entrance Tourist Park**, Lake Conjola Entrance Rd, ☎ 4456 1141, 🖥 https://lakeconjola.holidayhaven.com.au.

Tolle Lage direkt am See, nicht weit vom Meer. Gute geschlossene Campküche, Spielplatz, Tennisplatz. Manchmal hüpfen Kängurus über die Anlage. Stellplätze mit Strom ($40), saubere, moderne Cabins ab ❹

INFORMATIONEN

Ulladulla Visitors Centre, Civic Centre, Princes Highway, ☎ 4444 8820, 🖥 www.ulladulla.info. ◷ Mo–Fr 9–17, Sa und So bis 14 Uhr.

TRANSPORT

Siehe Busfahrplan S. 552/553.

Batemans Bay

Der beliebte Badeort am Clyde River bietet gute Surfstrände, ruhige Rockpools und frisches Seafood. Vor allem die Umgebung ist attraktiv.

Murramarang National Park

Zum **Murramarang National Park** nördlich von Batemans Bay gehören einsame Strandbuchten und ein spektakulärer küstennaher Eukalyptuswald, der allerdings während der Buschbrände im Sommer 2019/20 weitgehend niederbrannte. Teile des Parks waren zu Recherchezeiten noch geschlossen. Es bleibt zu hoffen, dass die zutraulichen Kängurus, die hier einst die Strände des **Pretty Beach**, **Pebbly Beach** und **Durras North**, **Durras Lake** und **Durras South Beach** besuchten, bald wieder in größeren Zahlen vertreten sind. Aktuelle Infos unter 🖥 www.nationalparks.nsw.gov.au/visit-a-park/parks/murramarang-national-park.

Batemans Marine Park

Die Gewässer zwischen dem Nordende des **Murramarang Beach** und des **Wallaga Lake** stehen unter Naturschutz. Der Batemans Marine Park reicht bis auf drei Seemeilen ins Meer hinaus und soll die einzigartige Unterwasserwelt – z. B. den Ammenhai – vor Überfischung bewahren. Informationen unter 🖥 www.mpa.nsw. gov.au/bmp.html. Auf dem **Clyde River** schippern Ausflugsboote; viele halten im historischen Nelligen. In der Nähe befindet sich der sehenswerte Mogo Zoo (s. Kasten).

Mogo

Die historische Goldgräberkommune Mogo fiel zu großen Teilen den Buschbränden des Black Summers zum Opfer. Manche Galerien und Cafés empfingen Besucher zur Zeit der Recherche in provisorischen Wellblechcontainern, die wie vielerorts entlang der Südküste das Stadtbild prägten.

ÜBERNACHTUNG

Batemans Bay YHA im **Shady Willows CP**, Old Princes Highway, Ecke South St, ☎ 4472 4972, 🖥 www.shadywillows.com.au. Angenehmer Caravanpark. Zeltplätze ($30) oder Hostelunterkünfte in Units (Bett ab $28), außerdem gibt es DZ in Caravans ohne Bad ❶–❷. Waschräume und Küche/Aufenthaltsraum in separatem Gebäude. Pool, Grillstellen und Kiosk.

Camping

 Kostenlos campen kann man in mehreren **Buschcamps im Murramarang National Park**, etwa 20 Min. nordöstl. von Batemans Bay. Einige Zeltplätze und Wanderwege sind bis auf Weiteres geschlossen; aktuelle Infos unter 🖥 www.nationalparks.nsw.gov.au.

Durras Lake North CP, 57 Durras North Rd, ☎ 4478 6072, 🖥 www.durrasnorthpark.com.au. 25 km nördl. von Batemans Bay, Zelt-/Stellplätze ($33/38), Cabins, Cottages, Kiosk und … Kängurus! ❷–❺

ESSEN

Kohli's Indian Restaurant, 11 Beach Rd, ☎ 4472 2002, 🖥 www.kohlis.com.au. Dieser Inder genießt bei den *Locals* einen sehr guten Ruf. ⏰ Mo–So 17–21 Uhr, Do–So auch Mittagstisch.

Starfish Deli, Promenade Plaza, ☎ 4472 4880, 🖥 www.starfishwaterfront.com. Direkt am Wasser darf man hier frisches Seafood, leckere Pizza sowie bunte Salate

genießen. ⏰ tgl. 9–14 Uhr, Sa und So auch Abendessen.

INFORMATIONEN

Batemans Bay Visitors Centre, Princes Highway, Ecke Beach Rd, ☎ 4472 6900, 1800-80 25 28, 🖥 http://eurobodalla.com.au, ⏰ tgl. 9–17 Uhr.
Braidwood Tourist Information Centre, im National Theatre, Wallace St, ☎ 4842 1144, 🖥 www.visitbraidwood.com.au, ⏰ tgl. 10–16 Uhr.

TRANSPORT

Busse
Siehe Busfahrplan S. 552/553.

Eisenbahn und Bahnbus
Sapphire Coast Link der victorianischen **V/Line**, ☎ 13 61 96, 🖥 www.vline.com.au: Tgl. Zug von MELBOURNE bis BAIRNSDALE (ca. 4 Std.); weiter mit dem **Bus** den Princes Highway entlang nach EDEN, MERIMBULA, BEGA, NAROOMA und BATEMANS BAY (ca. 7 Std.)

Siehe Busfahrplan S. 552/553.

Exoten im australischen Exil

Der private, idyllische **Mogo Zoo**, ☎ 4474 4930, 🖥 www.mogozoo.com.au, machte Silvester 2019 Schlagzeilen, als seine Tierpfleger sich der Evakuierung widersetzten und die Zootiere mit mobilen Wassertanks vor den wütenden Buschfeuern schützten. Tatsächlich blieben alle Tiere verschont; der Klang der Feuersirenen aber hat sich so tief in die Köpfe der Zoobewohner eingebrannt, dass die Gibbonaffen das Alarmgeheul bis heute imitieren. Die „Stars" der Einrichtung sind Exoten wie Rote Pandas und Großkatzen wie ein Schneeleopard, ein Sibirischer Tiger und ein Puma *(cougar)*; aber auch Koalas, Zwergpinguine und Brolgakraniche leben hier. Ein Besuch lohnt besonders zur Fütterungszeit um 10.30 Uhr. ⏰ tgl. 9–17 Uhr, Eintritt $32, Student $26, Kind $17.
Adresse: 222 Tomakin Rd, Mogo, ca. 10 km südl. von Batemans Bay am Princes Hwy.

Narooma und Umgebung

Der schön gelegene Fischerort Narooma musste während der Buschbrände im Januar 2020 evakuiert werden, blieb aber vom Schlimmsten verschont und heißt heute wieder Besucher willkommen. Die Gegend ist für die Qualität ihrer *mud oysters* (Schlammaustern) bekannt. In Narooma kann man auf dem **Wagonga Inlet** herumschippern oder zur **Montague Island** segeln. Vom **Bar Rock Lookout** eröffnet sich ein toller Blick auf das Meer und die bildhübsche Bucht; mit etwas Glück bekommt man Delphine oder sogar Wale zu Gesicht. Ein Spazierweg führt hinunter zum fotogenen **Australia Rock**, einem Felsspalt in der Form Australiens. Am südlichen Ende des **Surf Beach** liegen weitere spektakuläre Felsformationen: die **Glasshouse Rocks**.

Montague Island

Die kleine Insel vor der Küste ist einem Refugium für Vögel, Robben und Zwergpinguine. Der Zutritt zur Insel ist stark eingeschränkt. Es gibt Touren, die von Rangern begleitet werden. Empfehlenswert ist die Abendtour, bei der man während der Saison Zwergpinguine aus dem Meer zu ihren Nestern kommen sieht. Infos und Buchung beim Narooma Visitors Centre. Von Juni bis Ende Juli sowie von Mitte September bis Mitte November werden Whale-Watching-Touren angeboten, die ebenfalls Montague Island einschließen.

Tilba Tilba und Central Tilba

In den Bergdörfern **Tilba Tilba** und **Central Tilba**, 17 km südlich von Narooma, sehen die Holzhäuser an den buckligen Dorfstraßen aus wie vor 100 Jahren. In Central Tilba verleihen einige Kleingewerbebetriebe dem Ort ein alternatives Flair. Die Gegend ist für ihre Molkereiprodukte bekannt; Kostproben gibt es in der ABC Cheese Factory (s. rechts unten).

Bermagui und Mimosa Rocks

Bermagui zieht Angler und Taucher an. Von hier führt die Küstenstraße nach Tathra am schönen Nationalpark **Mimosa Rocks** vorbei. Relativ steile, steinige Abzweigungen führen zu Buchten an der Steilküste, wo man schwimmen und schnorcheln kann. Wer Campingausrüstung hat, kann hier für ein paar Tage komplett in die Natur abtauchen. Einfache Buschzeltplätze liegen über den Park verteilt – Trinkwasser mitbringen!

ÜBERNACHTUNG

Eine Übersicht über alle Übernachtungsmöglichkeiten gibt ⌨ www.narooma.org.au/accommodation.html, ✆ 1800-24 00 03.

Narooma

Amooran Oceanside Motel, 30 Montague St, ✆ 4476 2198, ⌨ www.amooran.com.au. Der große, moderne Motelkomplex bietet komfortable, geräumige Zimmer und Apartments, teils mit schönem Ausblick über den Golfplatz nebenan. Zur Anlage gehören auch ein großer Pool und ein Restaurant. Ab ❻

Das **Ecotel**, 44 Princes Highway, North Narooma, ✆ 4476 2217, ⌨ www.ecotel.com.au, ist ein schlichtes Motel, das sich dem Umweltschutz verschrieben hat. Warmes Wasser wird durch Solarenergie gewonnen. Und von der Seife bis zum Waschmittel für die Bettwäsche werden nur ökologisch abbaubare Produkte verwendet. Sehr gutes Preis-Leistungs-Verhältnis. ❷

Tilba Tilba

Tilba Waterfront Cottages, 8851 Princes Highway, Bermagui, ✆ 4473 7322. 4 gut ausgestattete Cottages auf einer Farm mit Privatzugang zum Wallaga Lake. Herrliche Lage, günstige Wochenpreise. ❺

Mimosa Rocks

Einfache **Zeltplätze**, die auch für Campervans geeignet sind, gibt es bei Aragunnu (kein Strandzugang), am Gillards und Middle Beach sowie am Picnic Point. Alle haben einfache Buschtoiletten, aber kein Trinkwasser. Gebühren für alle: $12 pro Erw., $6 pro Kind.

ESSEN

Die Region bietet Käse und Wein. In Central Tilba kann man in der **ABC Cheese Factory** leckere, auch außergewöhnliche Käsesorten

kosten und kaufen. ⊕ tgl. 9–17 Uhr. Auch dort: **Tilba Bakery** für Kaffee und Kuchen und leichte Mahlzeiten.

🧳 **Narooma Quarterdeck Marina**, Riverside Dr, Narooma, ✆ 4476 2723. Die wenig edle Einrichtung des Mittags-Lokals täuscht: Das Essen hier ist hervorragend und von höchster Qualität. Dazu gibt es eine fabelhafte Aussicht. Tapas und Seafood. ⊕ Do–So 11.30–15, Fr und Sa bis 21 Uhr.

TOUREN

🥾 **Gulaga Creation Tour**, ✆ 0408 272 121, 🖥 https://ngaranaboriginalculture.rezdy. com. Der Gulaga Mountain und die Region um Narooma haben für die indigenen Yuin Aborigines eine große Bedeutung. Etwa jeden zweiten Monat veranstalten die Nachfahren der Yuin 2-tägige Touren, die einen sehr guten Einblick in Kultur und Geschichte der Aborigines bieten. Tour inkl. 2 Übernachtungen (Freitagabend bis Sonntagmorgen) und aller Mahlzeiten ab $605 p. P.

INFORMATIONEN

Bermagui Tourist Information Centre, Bunga St, Bermagui, ✆ 6493 3054, 🖥 www.visitbermagui. com.au. ⊕ Mo–Sa 10–16.30, So bis 14 Uhr.
Narooma Visitors Centre, Princes Highway, Narooma, ✆ 1800-24 00 03, 🖥 http://narooma. org.au. ⊕ tgl. 9–17 Uhr.

TRANSPORT

Busse
Siehe Busfahrplan S. 552/553.

Eisenbahn und Bahnbus
S. 173 (Batemans Bay).

Bega und Umgebung

Das ländliche Hinterland der Sapphire Coast ist das Allgäu Australiens – grüne Hügel, Kühe und im Hintergrund Berge und guter Käse! In der **Bega Cheese Factory & Heritage Centre**, 11-13

Lagoon St, 🖥 http://heritagecentre.com.au, erfährt man so einiges über die Käseherstellung. Auch leckere Kostproben, ⊕ tgl. 9–17 Uhr.

Auf der Fahrt nach Merimbula ist die Küstenroute über den Badeort **Tathra** eine Alternative. Im **Bournda National Park**, 🖥 www.national parks.nsw.gov.au/visit-a-park/parks/bournda-national-park, mit seinen schönen Stränden, Lagunen, Brack- und Süßwasserseen südlich von Tathra an der Küste gibt es bei Hobart Beach am Südende des Wallagoot Lake auch Zeltplätze ($25/2 Pers.).

ÜBERNACHTUNG

Rock Lily Cottages, 864 Warrigal Range Rd, ✆ 6492 7364, 🖥 rocklily.com.au. Gut ausgestattete Cottages in idyllischer Lage mit Blick auf die Berge. **❺–❻**

TRANSPORT

Busse
Siehe Busfahrplan S. 552/553.

Eisenbahn und Bahnbus
S. 174 (Batemans Bay).

Merimbula

Man kann es den zahllosen Urlaubern (v. a. aus Victoria) nicht verübeln, dass sie den sonst so gemütlichen Ort in den Sommerferien überfluten. Die Strände reichen von familienfreundlich bis surftauglich, es gibt eine gute Auswahl an Restaurants und Cafés, und im Umland liegen jede Menge Attraktionen und Vergnügungszentren. Wasseraktivitäten reichen von schwimmen und surfen bis zu windsurfen und Bootfahren. Wal- und Delphinbeobachtungstouren gehören auch hier zu den Highlights. Der **Boardwalk** zwischen der Brücke am Causeway und dem Jetty lohnt sich besonders bei Sonnenuntergang.

Strände

Die beiden ruhigen Strände **Bar Beach** und **Spencer Park Beach** sind besonders bei Familien mit kleinen Kindern beliebt. **Main Beach** und

Middle Beach eignen sich zum Surfen. Eine tolle Aussicht bietet sich vom **Short Point Beach**, wo man windsurfen und tauchen kann. Auch **Pambula Beach**, 10 Min. südlich, mit seinen schönen Muscheln lohnt einen Besuch.

Potoroo Palace

Der kleine, gut geführte Privatzoo, 2372 Princes Hwy, Yellow Pinch, ✆ 6494 9225, 🖥 www.potoroopalace.com, hat sich den Schutz der örtlichen Fauna auf die Fahne geschrieben. Zu den Bewohnern gehören Kängurus, Koalas, Wombats, Emus, Pythons und Dingos. ⊙ tgl. 10–16 Uhr, Eintritt $22, Kind $16, Familie $65.

ÜBERNACHTUNG

Norfolk Pine Motel, 58 Merimbula Drive, ✆ 6495 2181, 🖥 www.norfolkpinemotel.com. Vom Äußeren gibt das alte Gebäude nicht allzu viel her. Aber die Zimmer sind sauber und komfortabel, der Manager äußerst auskunftsfreudig und die Preise in der Nebensaison oder bei rechtzeitiger Buchung sehr günstig. Ab ❷

Merimbula Beach Holiday Park, 2 Short Point Rd, ✆ 1300 787 837, 🖥 www.merimbulabeachholidaypark.com.au. Perfekt ausgestatteter Ferienpark, ideal für Familien. Camping mit und ohne Strom ($32/37). Cabins, Bungalows und Villen; Pool, Tennisplatz, Trampolins, Volleyball, BBQ, gute Campküche, Laden. ❹–❽

ESSEN

Ritzy Wine Tapas Bar, 56 Market St, ✆ 6495 1085. Frische Tapas und Austern aus den lokalen Gewässern. ⊙ Sa und So ab 16 Uhr.

The Waterfront Cafe, Shop 1, The Promenade, ✆ 6495 2211. Gutes Essen zu herausragendem Blick. In den Ferien sehr voll. ⊙ tgl. 8–22.30 Uhr.

INFORMATIONEN

Merimbula Tourist Information Centre, Beach St, Merimbula, ✆ 6495 1129, 🖥 www.sapphirecoast.com.au. ⊙ Mo–Fr 9–17, Sa 9–16, So 10–16 Uhr.

TRANSPORT

Busse
Siehe Busfahrplan S. 552/553.

Eisenbahn und Bahnbus
S. 174 (Batemans Bay).

Flüge
Rex (Regional Express), 🖥 www.rex.com.au. Fliegt Mo–Sa von MELBOURNE und SYDNEY nach Merimbula.

Eden und Umgebung

Wer vom **Lookout** auf die Bucht und den Ozean blickt, kann sich vorstellen, wie dieser paradiesische Ort zu seinem Namen kam. Der Walfang machte die Umgebung Ende des 18. Jhs. für die europäischen Siedler attraktiv. Die erste Walstation wurde 1828 errichtet; die schmutzige Arbeit wurde oft von Aborigines verrichtet. Heute ist Eden bekannt für Hochseefischen, Whale Watching und Holzindustrie. Traumhaft schön und ruhig ist der **Cocora Beach**; nur für erfahrene Schwimmer und Surfer dagegen der **Aslings Beach**.

Am 5. Januar 2020 wurde Eden wegen Buschbränden evakuiert. Am Tag darauf brannte das Sägewerk am Stadtrand nieder, die meisten anderen Gebäude blieben verschont. Bereits im Februar 2020 öffnete Eden seine Pforten erneut für Besucher.

Killer Whale Museum

Das sehenswerte Museum in der Imlay St, ✆ 6496 2094, 🖥 www.killerwhalemuseum.com.au, erinnert an die Walfangtage, die erst 1920 endeten. Am besten besucht man es zu Beginn des Eden-Aufenthalts; danach sieht man den Ort mit anderen Augen. ⊙ Mo–Sa 9.15–15.45, So 11.15–15.45 Uhr, Eintritt $10.

Ben Boyd National Park

In südlicher Richtung führen Abfahrten vom Princes Highway zum herrlichen Küstennationalpark Ben Boyd. Die einst dichten Wälder befinden sich nach den Bränden im Januar 2020 in

Im Ben Boyd National Park führen einsame Wanderpfade zu wilden Buchten.

der Regeneration, der Park wurde aber bereits im März wiedereröffnet. Fernab der Zivilisation kann man hier spektakuläre Küstenabschnitte entdecken, Wanderungen unternehmen und in einem der Busch-Camps das wahre Australien erleben. Die Parkgebühr von $8 pro Fahrzeug kann am **Disaster Bay Lookout**, am **Boyds Tower** und an den Campingplätzen bezahlt werden.

ÜBERNACHTUNG

Eden

Cocora Cottage, 2 Cocora St, ☎ 0427 218 859. Schönes B&B, untergebracht in einem ehemaligen Polizeigebäude. 2 sehr schön eingerichtete Zimmer mit Blick auf Twofold Bay und die Wharf. ❼
Garden of Eden CP, Princes Hwy, Ecke Barclay St, ☎ 6496 1172, 🖥 www.edengarden.biz. Camping ohne und mit Strom ($29/39). Cabins mit Heizung, von einfach bis luxuriös. Salzwasserpool. In der Hochsaison verdoppeln sich die Preise. ❷–❻

Ben Boyd

€ Einfache Buschcamps gibt es bei **Saltwater Creek** und am **Bittangabee Bay**. Beide verfügen über Buschtoiletten, Gasgrills und Picknicktische, Trinkwasser gibt es aber keins. $24 für 2 Pers., $12 für jede weitere Pers.

SONSTIGES

Informationen
Eden Visitors Centre, Princes Hwy, ☎ 6496 1953, 🖥 www.visiteden.com.au. 🕐 tgl. 10–16 Uhr.

Touren
Cat Balou Cruises, ☎ 0427 962 027, 🖥 www.catbalou.com.au, bietet von Sep–Nov Whale Watching Cruises ($95) und das ganze Jahr über Kreuzfahrten zum Beobachten von Robben, Delphinen und Pinguinen ($45).

Der Aufstieg ist beschwerlich, aber wer sich auf den Weg zur Spitze des **Mount Imlay** aufmacht, wird mit einem spektakulären Rundblick über die endlosen Wälder im Hinterland, auf die Monaro-Hochebene und die Küste belohnt. Für Hin- und Rückweg sollte man insgesamt mind. vier Stunden einplanen. Unbedingt Trinkwasser mitnehmen! Anfahrt: 19 km südl. von Eden biegt vom Princes Hwy die Burrawang Forest Rd ab. Sie führt durch den East Boyd State Forest zum Ausgangspunkt der Wanderung.

TRANSPORT

Busse
Siehe Busfahrplan S. 552/553.

Eisenbahn und Bahnbus
S. 174 (Batemans Bay).

Die Nordküste

Die Nordküste ist dichter bevölkert und touristischer als die Südküste; Ferienzentren wie **Port Stephens**, **Port Macquarie**, **Coffs Harbour** und die Doppelstadt Tweed Heads-Coolangatta sind auf einheimische und auf ausländische Gäste eingestellt. Das Dreieck **Lismore – Byron Bay – Murwillumbah** zieht seit den 70er-Jahren Aussteiger aus den Großstädten an. Das Ergebnis sind mehr oder weniger desillusionierte Landkommunen, aber auch eine etablierte, florierende Alternativkultur.

Die Nordküste ist in Buchten, küstennahe Seen und Haffs zergliedert; es gibt viele lange, weiße Sandstrände und felsige Landvorsprünge. Parallel zur Küste erheben sich die Felsplateaus der Great Dividing Range, die zum größten Teil von dichtem Urwald bedeckt sind. Die Regenwälder schienen den Pioniersiedlern einst unerschöpflich, entsprechend unerbittlich und zügig gingen sie mit dem Holzeinschlag zu Werke, v. a. an der Küste. Die meisten Waldgebiete stehen nun aber unter Naturschutz.

Die subtropischen und gemäßigten Regenwald-Nationalparks dieser Küstenregion, eine Schatzkammer zoologischer und botanischer Raritäten, wurden unter dem Sammelbegriff **Gond-**wana Rainforests of Australia** als einzigartiges Naturdenkmal in die Liste des Unesco-Weltnaturerbes aufgenommen. In den fruchtbaren Flusstälern wird Viehzucht, im Norden tropische und subtropische Landwirtschaft betrieben.

TRANSPORT

Siehe Busfahrplan S. 552–553.

Central Coast

Eine Kette von Haffs, die nur durch kleine Öffnungen in der Nehrung mit dem Ozean verbunden sind, zieht sich zwischen Broken Bay und Newcastle an der Küste entlang. Das nördlichste Haff, **Lake Macquarie**, ist der größte Salzwassersee von NSW. Autofahrer sehen mehr von der reizvollen Küstenlandschaft, wenn sie vom Freeway Richtung Norden nach Gosford abbiegen und über Terrigal und The Entrance an der Küste entlang bis Newcastle fahren.

Angesichts der astronomischen Immobilienpreise in Sydney verlegen immer mehr Leute ihren Wohnsitz nach **Gosford**. Hinzu kommen in den Sommermonaten Zehntausende von Feriengästen. Die Umwelt leidet dementsprechend unter Überentwicklung der bebauten Umgebung. Dennoch hat die Central Coast ihren hohen Erholungswert mit schönen Stränden und ursprünglichen Küstenwäldern erhalten, wenn auch viele der Unterkunftsmöglichkeiten nicht gerade preiswert sind.

Australian Reptile Park
In dem Reptilienpark an der Pacific Coast Touring Route, abgehend vom Pacific Highway, Sommersby, nahe Gosford, ☎ 4340 1022, 🖥 http://

reptilepark.com.au, sind Krokodile, Schlangen, Schildkröten, Spinnen und andere australische Tiere wie Schnabeltiere, Dingos, Kängurus und Tasmanische Teufel in Buschlandschaft zu sehen. Es gibt mehrmals täglich Fütterungen, Shows, Fotosessions und viele weitere Aktivitäten, besonders für Kinder. ⊕ tgl. 9–17 Uhr, Eintritt $39, Kind (3–15 J.) $21, Familie $105.

SONSTIGES

Informationen

Ettalong Diggers Visitor Information Centre, 52 The Esplanade, Ettalong Beach, ✆ 4343 0140, 🖳 www.visitcentralcoast.com.au. ⊕ tgl. 9–17 Uhr.
The Entrance Visitor Information Centre, 46 Marine Parade, The Entrance, ✆ 4343 4213, 🖳 www.theentrance.org.au. ⊕ tgl. 9–17 Uhr.

Reiten

Glenworth Valley Riding, 69 Cooks Rd, Glenworth Valley, ✆ 4375 1222, 🖳 glenworth. com.au. Jede Menge Aktivitäten in freier Natur. 2-stündige Ausritte ab $100 p. P., außerdem Abseilen, Quadbiken, Mountainbike-Fahren, Kajakfahrten und weitere Naturerlebnisse.

TRANSPORT

Zum Australian Reptile Park mit dem **Zug** ab Sydney Central nach Gosford, von dort weiter mit dem Taxi. **Autofahrer** nehmen für die einstündige Fahrt den Newcastle Express Freeway, Ausfahrt Gosford, von dort sind es 7 km.

Newcastle

Newcastle, mit 400 000 Einwohnern die zweitgrößte und zweitälteste Stadt von NSW, kratzte vor etlichen Jahren den Ruß von den Gebäuden, begrünte seine Uferanlagen und baute eine alte Schiffsanlegestelle zu einem Unterhaltungszentrum mit zahlreichen Cafés und Restaurants um, von denen das geschäftige Treiben im Hafen und in den Werftanlagen verfolgt werden kann. Restaurierte historische Gebäude wie das

Customs House und das **Civic Theatre** erstrahlen in neuem Glanz. Dennoch ist Newcastle primär eine Industrie- und Hafenstadt – von hier wird die im nahegelegenen Hunter Valley massenhaft abgebaute Steinkohle verschifft; der Port Hunter von Newcastle ist der größte Kohle-Exporthafen der Welt.

Schöne, ausgedehnte **Sandstrände** erstrecken sich beiderseits des Landvorsprungs, auf dem die Innenstadt liegt. Besonders schön sind die Strände im Westen an der Pazifikküste. Neben dem von Rettungsschwimmern überwachten Newcastle Beach liegt ein kleiner Rock Pool.

Die **Queens Wharf** ist eine sehr schön hergerichtete Uferpromenade mit Restaurants, Boutiquen und einem Aussichtsturm. Von hier aus führt ein Fußweg zur **Hunter Mall**, der Haupteinkaufsstraße.

Die dauerhaften Ausstellungen im **Newcastle Museum**, Workshop Way, ✆ 4974 1400, 🖳 www. newcastlemuseum.com.au, befassen sich mit der Geschichte Newcastles und mit dem harten Arbeitsalltag in der Kohleindustrie früher und heute. Außerdem gibt es ein gut aufgemachtes Wissenschaftscenter. ⊕ Di–So 10–17 Uhr, Eintritt frei.

Fort Scratchley

Die ehemalige Befestigungsanlage in der Nobbys Rd, 🖳 www.fortscratchley.com.au, wurde 2008 nach aufwendiger Renovierung wiedereröffnet. Man kann die Baracken auf eigene Faust erkunden oder sich einer Tour anschließen, $13. Von der Anlage bietet sich ein toller Blick auf **Nobby's Lighthouse**; mit etwas Glück lassen sich Delphine oder sogar Wale beobachten. ⊕ Mi–Mo 10–16 Uhr, Eintritt frei.

Bathers Way

Dieser 5 km lange Spaziergang führt an der Pazifikküste entlang vom **Lighthouse** bis zum **Glenrock Reserve**. Die gesamte Strecke dauert etwa zwei Stunden, man kann aber auch auf halber Strecke in die Parkway Ave rechts abbiegen und entlang der Shopping- und Fressmeile **Darby Street** zurücklaufen. Unterwegs gibt es unzählige Gelegenheiten für einen Kaffee oder auch einen Sprung ins kühle Wasser. Der Weg ist mit gelben Infotafeln ausgeschildert.

QUEENSLAND

Stanthorpe

Wooden-bong
BORDER RANGES NP
MT WARNING NP
Coolangatta
Tweed Heads
Murwillumbah

Kyogle
NIGHTCAP NP
Brunswick Heads

Nimbin
Mullumbimby

BALD ROCK NP
GIRRAWEEN NP
Lismore
Byron Bay

Tenterfield
Casino
Ballina

Moree
Warialda
Emmaville
WASHPOOL NP
s. Stadtplan Byron Bay S. 199

BROAD-WATER NP

BUNDJALUNG NP

Clarence

Iluka

Bingara
Inverell
Glen Innes
GIBRALTAR RANGE NP
Yamba

Tingha
NYMBOIDA NP
Maclean

Narrabri
Ben Lomond
Grafton
YURAYGIR NP

GUYFAWKES RIVER NP

Guyra

Ebor
Dorrigo
Woolgoolga

Armidale
Wollomombi
DORRIGO NP
Coffs Harbour

Uralla
NEW ENGLAND NP
Bellingen

Manilla
OXLEY
Urunga

Gunnedah
Bowraville
Nambucca Heads
Macksville
South West Rocks

Walcha
WILD RIVERS NP
Arakoon

Tamworth
Macleay
HAT HEAD NP

Kempsey

Quirindi
Nundle
WERRIKIMBE NP

Murrurundi
Wauchope
LIMEBURNERS CREEK NATURE RESERVE

Ellenborough Falls
Port Macquarie

Wingen
Wingham
North Haven

Scone
Gloucester
CROWDY BAY NP

Merriwa
1555△ Gloucester Falls
Taree
Old Bar

Muswellbrook
BARRINGTON TOPS NP
Krambach
Tuncurry

Dungog
Wallis Lake
Forster
BOOTI BOOTI NP
Seven Mile Beach

Hunter Valley
Stroud

Singleton
Bulahdelah
Seal Rocks

Maitland
Karuah
MYALL LAKES NP
Mungo Beach

Cessnock
Port Stephens
Raymond Terrace
Nelson Bay

Lake Macquarie
TOMAREE NP

Newcastle
s. Detailplan Port Stephens S. 186

Lithgow

Gosford
Terrigal

Katoomba
Windsor
KU-RING GAI CHASE NP

Penrith
Hornsby

Parramatta
Sydney

Camden
s. Detailplan Umg. Sydney S. 154

Picton

Mittagong
ROYAL NP

Bowral
Woollongong

Robertson

Moss Vale
Kiama

Plateau
England
Namoi
New
Hunter
WOLLEMI NATIONAL PARK

ÜBERNACHTUNG

Newcastle Beach YHA, 30 Pacific St, Ecke King St, Newcastle, ✆ 4925 3544, ✉ newcastle@yhansw.org.au. Schönes altes Gebäude mit Ballsaal und offenem Kamin. 4–8-Bett-Dorms (ab $38), EZ und DZ. Schöner Hinterhof. 150 m vom Busbahnhof, nicht weit vom Strand. ❷

Tudor Inn Motel, Tudor St, Ecke Steel St, Hamilton, ✆ 4969 2533, 🖥 www.tudorinnmotel.com.au. Große Zimmer mit WLAN, zentrale Lage. ❹

📖 **Stockton Beach Holiday Park**, 3 Pitt St, Stockton, ✆ 1800 778 562, 🖥 www.nrmaparksandresorts.com.au/stockton-beach. Schöne Anlage direkt am Strand, ideal für Familien. Große Küche und Essbereich, Spielplatz. Moderne, luxuriöse Villas mit 2 oder 3 Schlafzimmern ❼. Außerdem Zelt- und Stellplätze ($40/49); mit eigenem Bad $603.

ESSEN

One Penny Black, 196 Hunter St, ✆ 4929 3169. Kaffee in bester Qualität, dazu Frühstück und Mittagessen aus lokalen Zutaten. ⏱ tgl. 7–16.30 Uhr.

Una Volta, 110 King St, ✆ 0434 700 257. Sehr guter Italiener. Reservieren! ⏱ Do–Sa 18–23 Uhr.

INFORMATIONEN

Newcastle Visitor Centre, Workshop Way, ✆ 4974 2109, 🖥 www.visitnewcastle.com.au. ⏱ tgl. 9–17 Uhr.

TRANSPORT

Busse

Greyhound und **Premier**, Busfahrplan S. 554–557. **Port Stephens Coaches**, ✆ 4982 2940, 🖥 www.pscoaches.com.au, fahren tgl. von der Newcastle Railway Station nach PORT STEPHENS (Nelson Bay): Mo–Fr ab 7 Uhr ca. stdl., Sa und So ca. alle 2 Std.

Eisenbahn

Häufige Verbindungen von Sydney Central Station in ca. 2–3 Std. ✆ 131 500, 🖥 http://transportnsw.info.

Hunter Valley

Das Hunter Valley wird in Australien mit Wein und Kohle assoziiert. Als gegen 1820 hier die ersten Weinreben gepflanzt wurden, konnte sich sicher niemand vorstellen, dass heute ungefähr 150 Weingüter und -keller sowie unzählige Restaurants und Übernachtungsmöglichkeiten in jeder Preislage die Region zu einem der beliebtesten Ausflugsziele im Großraum Sydney machen würden. Viele preisgekrönte rote und weiße Qualitätsweine stammen aus dieser Gegend. Ein Großteil der bekanntesten Weingüter befindet sich in der Lower-Hunter-Region nahe Cessnock. Die Weingüter der Upper-Hunter-Region liegen weit verstreut in den Tälern westlich von Muswellbrook. Die beste Art, das Hunter Valley zu erkunden und guten Wein zu verkosten, ist auf einer Bustour (S. 183).

Der untere Teil des Tals macht fast überall einen ländlichen Eindruck: sattgrüne Wiesen, Pferdekoppeln, Weingüter, Getreide- und Gemüsefelder. Alte Herrenhäuser und verschlafene Weiler aus der Kolonialzeit vervollständigen das Idyll. Nicht so idyllisch sieht es im Upper Hunter Valley in der Umgebung von Singleton und Muswellbrook aus, wo in zahlreichen Gruben Kohle im Tagebau gefördert wird – der Kohleabbau im Huntertal hat eine mehr als hundertjährige Tradition. Angesichts des Kohlexportbooms (v. a. nach Asien) setzen die Bergbaufirmen auf Expansion – Klimawandel hin oder her.

Die Landstädte **Cessnock**, **Maitland** und **Singleton** sind die Zentren des Tals. Ihre historischen Gebäude strahlen noch ein wenig Kolonialatmosphäre aus. Wer von Sydney durchs Hinterland via Mangrove anreist, den Freeway bei Calga verlässt und auf dem Highway Nr. 1 bis Peats Ridge fährt, erreicht das Hunter Valley bei der historischen Siedlung **Wollombi**.

ÜBERNACHTUNG

An den Wochenenden verlangen die meisten Unterkünfte heftige Aufpreise.

Hunter Valley

Elfin Hill B&B Motel, 250 Marrowbone Rd, Pokolbin, ✆ 4998 7543, 🖥 www.elfinhill.com.au.

Ein liebevoll geführtes B&B mit schönen Zimmern in Buschlandumgebung; ausgezeichnetes Frühstück mit regionalen Produkten. Die Gastgeber kennen sich bestens in der Region aus. **❽**

Hunter Valley YHA, 100 Wine Country Dr, Nulkaba, ✆ 4991 3278, ✉ huntervalley@yhansw.org.au. Kleines, gemütliches Hostel mit 4–8-Bett-Dorms ($34) sowie DZ mit und ohne Bad. Pool, eigene Weintouren. Ab **❷**

€ **The Australia Hotel**, 136 Wollombi Rd, Cessnock, ✆ 4990 1256, 🖥 www.australiahotel.com.au. Preiswerte Pub-Unterkunft im Herzen von Cessnock. B&B mit Bad auf dem Flur. Auch saubere Motelzimmer. Ausgezeichnetes Essen im hauseigenen Bistro. **❶–❹**

Camping

Ingenia Holidays Hunter Valley, 137 Mount View Rd, Cessnock, ✆ 4058 4674, 🖥 www.ingeniaholidays.com.au/hunter-valley. Weingüter können zu Fuß erreicht werden. Stell-/Zeltplätze ab $35 ($45 mit Bad). Viele Cabins unterschiedlicher Preisklasse, 2 barrierefrei; Restaurant; 2 Pools. **❸–❺**

AKTIVITÄTEN UND TOUREN

Fesselballonfahrten

Fesselballonfahrten sind hier besonders beliebt. Hier nur zwei von vielen Anbietern.

Balloon Aloft, 1443 Wine Country Drive, North Rothbury, ✆ 1300 723 279, 🖥 www.balloonaloft.com; alteingesessener Veranstalter. Tgl. Aufstiege und Flug übers Hunter Valley bei Sonnenaufgang, ab $270 p. P. bei Online-Buchung.

Balloon Safaris, ✆ 1800-81 81 91, 🖥 www.balloonsafaris.com.au. 1-stündige Flüge bei Sonnenaufgang, ab $269 p. P.

Radfahren

Grapemobile Bicycle Hire, McDonalds Rd, Ecke Palmers Lane, Pokolbin, ✆ 4998 7660, 🖥 www.grapemobile.com.au. Mountainbikes und Tandems $50 pro Tag.

Hunter Valley Cycling, ✆ 0418-28 14 80, 🖥 www.huntervalleycycling.com.au. Verleih von Mountainbikes $35 pro Tag oder $50 für 2 Tage. Tandems $60 pro Tag. Kostenlose Anlieferung und Abholung; Helme, Reparaturwerkzeug und Karten für selbst geführte Touren inkl.; Reservierung erforderlich.

Weintouren

Winery Tours ermöglichen sorgenfreie Weinproben. Busse fahren ab Sydney, einige ab Newcastle, Cessnock oder Maitland; manche holen von der Unterkunft im Tal ab. Die Visitor Centres im Hunter Valley erledigen Buchungen.

Weingüter

Es empfiehlt sich, eine Weinprobe unter der Woche einzuplanen, denn am Wochenende strömen die Massen ins Tal. Eine komplette Liste der zahlreichen Weingüter und Restaurants bekommt man bei den Visitor Centres. Die meisten der hier erwähnten liegen in der Nähe von Pokolbin.

De Bortoli Wines, 532 Wine Country Dr, ✆ 4993 8800, 🖥 www.debortoli.com.au. Die Firma betreibt drei erfolgreiche Kellereien im Hunter Valley, in der Riverina und in Melbournes Yarra Valley; alle bringen preisgekrönte Weine hervor. ⏱ tgl. 10–17 Uhr.

Hungerford Hill, 2450 Broke Rd, ✆ 4998 7666, 🖥 www.hungerfordhill.com.au. Weinprobe in architektonisch beeindruckendem Gebäude. Dazu gehört das Muse Restaurant. ⏱ So–Do 10–17, Fr und Sa 10–16 Uhr.

Lindemans Wines, 119 McDonalds Rd, ✆ 4993 3700, 🖥 www.lindemans.com.au. Einer der bekanntesten Namen im Hunter Valley. ⏱ tgl. 10–17 Uhr.

McWilliams Mount Pleasant, 401 Marrowbone Rd, ✆ 4998 7505, 🖥 www.mountpleasantwines.com.au. Schön gelegenes Weingut mit Café. Preisgekrönte Weine. ⏱ tgl. 10–16.30 Uhr.

Small Winemakers Centre, 426 McDonalds Rd, ✆ 4998 7668, 🖥 www.smallwinemakerscentre.com.au. Weine von kleinen Weingütern. Ausgezeichnetes Café-Restaurant. ⏱ tgl. 10–17 Uhr.

Tyrrells Vineyards, 1838 Broke Rd, ✆ 4993 7028, 🖥 www.tyrrells.com.au. 1858 gegründet; noch immer in Familienbesitz. ⏱ Mo–Sa 9–17, So 10–16 Uhr.

Hunter Valley Wine Tasting Tours, ✆ 9550 2100, ⌨ www.huntervalleywinetastingtours.com.au. Halbtages- und Tagestouren mit Abholung von der Unterkunft im Hunter Valley. Die Halbtagestour (tgl. um 10 Uhr, $60) schließt 3 Weingüter sowie entweder einen Schokoladen- oder Käseladen ein. Bei der Tagestour ($80) sind Weinproben in vier Weingütern inbegriffen, Mittagessen gibt's extra für $25. Alle Touren in Kleingruppen.

Vineyard Shuttle Service, ✆ 4991 3655, ⌨ www.vineyardshuttle.com.au. Auf individuellen Bedarf zugeschnittene Touren und Transportservice, Tagestour ab $68, Halbtagestour $55.

SONSTIGES

Festivals
Hunter Valley Harvest Festival: März/April. 2-wöchiges Erntefest mit vielen kulinarischen Freuden und kulturellen Veranstaltungen.
Lovedale Long Lunch: 3. Maiwochenende. Lunch mit Stationen entlang des Lovedale Trails. Zahlreiche weitere kleinere und größere Events unter ⌨ www.winecountry.com.au.

Informationen
Hunter Valley Wine Country Visitor Information Centre, 455 Wine Country Dr, Pokolbin, ✆ 4993 6700, ⌨ www.winecountry.com.au. ⏱ Mo–Sa 9–17, So 9–16 Uhr.
Maitland Visitor Information Centre, New England Hwy, Ecke High St, Maitland, ✆ 4931 2800, ⌨ www.mymaitland.com.au. ⏱ tgl. 10–15 Uhr.
Singleton Visitor Information Centre, Civic Ave, Singleton, ✆ 6571 5888, 1800-49 98 88, ⌨ www.visitsingleton.com. ⏱ tgl. 9–17 Uhr.

TRANSPORT

Busse
Rover Coaches, ✆ 4990 1699, ⌨ www.rover coaches.com.au. Busse 2x tgl. von Morisset am Lake Macquarie nach CESSNOCK. Von Sydney Central operieren regelmäßig Züge nach Morisset. Auch mehrmals tgl. von Cessnock und Newcastle nach Maitland.

Eisenbahn
Mit **Sydney Trains**, ✆ 131 500, ⌨ www.sydney trains.info, von Sydney nach MAITLAND und SINGLETON in ca. 3 1/2 Std.

Port Stephens

Port Stephens, ein 25 km ins Landesinnere reichender Naturhafen mit ruhigen Badebuchten an der Hafenseite und langen weißen Sandstränden ist ein ideales Gebiet für Wassersportler und Fischer. Zu den tollen Stränden der Gegend gehört der 32 km lange **Stockton Beach**, der sich von Anna Bay im Norden nach Newcastle im Süden erstreckt und die größten Sanddünen an der Ostküste Australiens hat. In der Hafenbucht leben etwa 140 Große Tümmler *(bottle nose dolphins). Dolphin cruises* erfreuen sich großer Beliebtheit, ebenso wie *whale watching cruises* im Juni/Juli sowie Oktober/November.

Rund 30 000 Wale wandern alljährlich entlang des „Humpback Highways" an der Küste vor NSW, zwischen Mai und Juli nach Norden und zwischen September und November nach Süden. In Port Stephens führt ihr Weg nahe am Festland vorbei. Auch stehen die Chancen nicht schlecht, in der Gegend wilde Koalas zu sehen, v. a. in **Lemon Tree Passage** und im **Tomaree National Park**. Schöne Spaziergänge führen entlang der Küste, wo sich herrliche Ausblicke bieten.

Port Stephens ist auch der Sammelname für den Hauptort **Nelson Bay** und die anderen, ruhigeren Orte Anna Bay, Boat Harbour, Fingal Bay, Shoal Bay, Salamander Bay und Soldiers Point, alle auf der **Tomaree Peninsula** an der Südseite des Naturhafens gelegen.

Tilligerry Habitat

Die benachbarte kleinere Halbinsel **Tilligerry** ist v. a. für die große Zahl an Koalas bekannt. In dem idyllischen Naturreservat Tilligerry Habitat in Tanilba Bay bekommt man mit etwas Glück einen frei lebenden Koala zu Gesicht. Das Reservat verdankt seine Existenz einem engagierten Non-Profit-Verband, der das Gebiet mit Hilfe unzähliger Ehrenamtlicher nach seiner Zerstörung durch den Bergbau zu seinem natürlichen Gleichgewicht zurück verhalf.

🖥 www.tilligerryhabitat.org.au, ⏰ Visitor Centre tgl. 9–15 Uhr; das Habitat steht durchgehend offen; Eintritt frei.

Oakvale Farm and Fauna World

Auf dieser Farm bekommt man v. a. australische Tiere wie Kängurus, Koalas, Emus, Dingos und Schlangen in ihrer natürlichen Umgebung zu Gesicht. Einige Tiere dürfen gefüttert werden. Außerdem gibt es jede Menge Fütterungen, Shows und Fotosessions mit den Koalas. 3 Oakvale Drive, Salt Ash, 🖥 www.oakvalefarm.com.au, ⏰ tgl. 10–17 Uhr, Eintritt $30, Kind $18.

ÜBERNACHTUNG

In der Feriensaison werden die unzähligen Motels und Ferienwohnungen nur wochenweise (und teuer) vermietet.

Nelson Bay

Marty's at Little Beach, Gowrie Ave, Ecke Intrepid Close, 📞 4984 9100, 🖥 www.martys.net.au. Moderne Zimmer und Apartments, alle mit AC, Kühlschrank, WLAN. Sehr freundliches Personal. Ab ❺

 Nelson Bay B&B, 81 Stockton St, 📞 4984 3655, 🖥 www.nelsonbaybandb.com.au. 3 sehr komfortabel eingerichtete Zimmer, alle mit Bad, Kühlschrank und AC ausgestattet. Die freundlichen Betreiber bereiten morgens ein leckeres Frühstück zu. Je nach Saison ❹–❽

Halifax Holiday Park, Beach Rd, Little Beach, 📞 4988 0900, 🖥 www.beachsideholidays.com.au. Stellplätze ab $49, moderne Cabins und Villas. Direkt am Strand. ❻–❽

Anna Bay und Lemon Tree Passage

€ **Port Stephens YHA-Samurai Beach Bungalows**, Frost Rd, 📞 4982 1921, 🖥 www.samuraiportstephens.com. Mehr als nur ein Platz zum Übernachten: Das Hostel liegt mitten im Regenwald, gleich an der Haltestelle der Busse aus Sydney und Newcastle, und wird von einem netten Ehepaar geleitet, das einen besonderen Kontakt zur lokalen Tierwelt pflegt. In den Bäumen zwischen den Bungalows, in denen die komfortablen Dorms (Bett ab $31)

und DZ untergebracht sind, können Koalas beobachtet werden. ❸–❺

Big4 Discovery Holiday Park, 2 Oyster Farm Rd, Lemon Tree Passage, 📞 1800 463 029, 🖥 www.koalashores.com.au. Camping ab $42. Auch Stellplätze mit Bad ($75). Cabins, tropischer Pool, Kiosk. Toller Caravanpark unter Bäumen

Weltbekannte Sanddünen

Der **Stockton Beach** ist ein beliebtes Ziel für 4WD-Fahrer. Die scheinbar endlosen Sanddünen gehören zu den am schwierigsten zu befahrenen Regionen in Australien. Unter dem Sand verrotten an einigen Stellen Bäume, die schnell zur Falle für Autofahrer werden können, wenn sie unter dem plötzlichen Gewicht des Fahrzeugs nachgeben. Für die Tierwelt bieten die Dünen jedoch gute Voraussetzungen. In den Gräsern nisten seltene Vogelarten, und Delphine und Schildkröten nutzen den Küstenstreifen als Paarungsplatz. Auch historisch betrachtet hat der Stockton Beach Bedeutung. Während des Zweiten Weltkriegs diente der Strand als Militärstützpunkt zur Abwehr gegen die Japaner. Die alten Baracken sind heute unter dem Namen Tin City bekannt und werden noch immer bewohnt. Der Stockton Beach hat das Zeug zur Kulisse und wird immer wieder gern von Filmteams aufgesucht.

Auf eine noch viel ältere Geschichte deuten die Ansammlungen von Muscheln im Sand hin, die alte Grabstätten von Aborigines markieren. Für die australischen Ureinwohner ist der Stockton Beach daher ein heiliger Ort und das Aufsammeln von Steinen und Muscheln ist untersagt. Der Strand ist Teil des **Worimi National Parks** und wird von der Aboriginal-Gemeinschaft und der Nationalparkbehörde gemeinsam verwaltet. Wer am Strand fahren will, braucht dafür eine Genehmigung: Die Beach Vehicle Permit erhält man für $33/3 Tage beim Visitor Centre in Nelson Bay oder an der BP-Tankstelle in Anna Bay. Der Zustand der Pisten ändert sich laufend und oft werden sie teilweise vorübergehend gesperrt. Unbedingt vorher ausgiebig informieren! Weitere Infos unter 🖥 www.worimiconservationlands.com.

Port Stephens

Yacaaba
Head

2 km

0

N

ÜBERNACHTUNG
1 Halifax Holiday Park
2 Marty's at Little Beach
3 Nelson Bay B&B
4 BIG4 Discovery Holiday Park
5 Port Stephens YHA

ESSEN
1 The Point Restaurant
2 Pasta Di Porto

SONSTIGES
1 Dolphin Swim
2 Moonshadow
3 Port Stephens
Ferry Service

Tomaree
Head

Zenith Beach
Paradise Beach
Wreck Beach
Box Beach

Shoal
Bay

Shoal Bay

Fingal
Bay

Fingal
Bay

Nelson Head

Nelson Bay

Nelson Bay

Golfplatz

TOMAREE
NATIONAL PARK

Boulder
Bay

Corlette

Salamander
Bay

Samurai
Beach

One Mile
Beach

Corlette
Point

Salamander
Bay

Golfplatz

Salamander Way

Nelson Bay Rd

One Mile

Boat
Harbour

Soldiers
Point

Sadie's Point Rd

Frost Rd

Gan Gan Rd

Fishermans
Bay

Anna Bay

BOONDABAH ISLD.

Cromartys Bay

Mud Point

ONE TREE
ISLD.
BUSHY
ISLD.
DOWARDEE ISLD.

Taylors
Beach

Nelson Bay Rd

Port Stephens Dr

Anna Bay

SCHNAPPER
ISLD.

BULL
ISLD.

STUARTS
ISLD.

Lemon Tree
Passage

Mallabula

Tilligerry
Habitat

Taniba
Bay

Taniba Bay

Golfplatz

Tilligerry Creek

Tilligerry Peninsula

UPTONS
ISLD.

Bobs Farm

Nelson Bay Rd

Stockton Beach

Oakvale Farm & Fauna World,
Newcastle,
Sydney

direkt am Strand mit wild lebenden Koalas.

Pasta Di Porto, Shop 4/134, Gan Gan Rd, Anna Bay, ✆ 0414 482 004. Hervorragendes italienisches Restaurant mit frischer Pasta. ⊕ tgl. Frühstück und Mittagstisch.

The Point Restaurant, Soldiers Point Marina, ✆ 4984 7111. Sehr gutes Seafood-Restaurant in toller Lage. Am schönsten sind die Tische draußen. 3 Gänge $58. ⊕ tgl. 11.30–21 Uhr.

TOUREN

Bootstouren

Viele Dolphin Watch Cruises (um $25 für 90 Min.) tgl., u. a. mit

Dophin Swim, ✆ 1300-72 13 58, 🖥 www. dolphinswimaustralia.com.au. Bietet als einziger Anbieter Schwimmen mit Delphinen ($330). Touren starten Sa und So um 6 Uhr, bei Bedarf auch unter der Woche.

Moonshadow, ✆ 4984 9388, 🖥 www.moonshadow-tqc.com.au. Auch Trips nach Broughton Island.

Port Stephens Ferry Service, ✆ 4981 3400, 🖥 www.portstephensferryservice.com.au, fährt 3–4x tgl. von Nelson Bay nach Tea Gardens ($26 hin und zurück). Auf dem Weg bestehen gute Chancen, Delphine zu sehen.

Sanddünentouren

Dawson Scenic Tours, ✆ 4982 0602, 🖥 port stephensbookings.com.au/activities/bus-tours/dawson. Touren am Stockton Beach inkl. Sandboarding ($25 für 1 Std. Sandboarding) sowie Touren zum Sygna Shipwreck ($85).

Port Stephens 4WD Tours, ✆ 4984 4760, 🖥 www.portstephens4wd.com.au. Sanddünentour in speziell entwickelten 4WDs. Sandboarding ab $28.

INFORMATIONEN

Port Stephens Visitors Centre, 60 Victoria Parade, Nelson Bay, ✆ 4980 6900, 1800-80 89 00, 🖥 www.portstephens.org.au. ⊕ tgl. 9–16 Uhr.

TRANSPORT

Port Stephens Coaches, ✆ 4982 2940, 🖥 www.pscoaches.com.au. Verkehrt 1x tgl. zwischen SYDNEY (Sydney Coach Terminal, Eddy Ave, Bay 14, nahe Central Station) und Port Stephens ($43; ca. 4 Std.) sowie mehrmals tgl. zwischen NEWCASTLE und Port Stephens. Von Port Stephens nach RAYMOND TERRACE fährt ein Bus Mo–Fr morgens und nachmittags.

Great Lakes

Das riesige Gebiet der Great Lakes erstreckt sich von Bulahdelah im Westen bis zur Küste und von Hawks Nest im Süden bis nach Foster-Tuncurry im Norden. Türkisfarbenes Wasser, weiße Sandstrände, dichte Wälder voller Zikaden, ruhige Seen und tolle Wanderpfade – es lohnt sich, hier mindestens ein paar Tage zu verweilen. Die Hauptattraktion sind die State Forests und die Küstenseen Myall Lakes. Die Seen sind vom Meer durch Sanddünen und schöne Strände getrennt.

Myall Lakes und Booti Booti National Parks

Im weitläufigen **Myall Lakes National Park** sind insgesamt 10 000 ha Wasserwege geschützt – kein Wunder also, dass er mit insgesamt 40 km Strand aufwarten kann. Es gibt viele gute Campingplätze, man kann schwimmen, Kanu fahren oder auch surfen.

Der **Grandis Tree** im Bulahdelah State Forest, ein etwa 400 Jahre alter *Flooded-Gum*-Eukalyptus, mit etwa 76 m der höchste Baum in New South Wales, blieb von den Holzfälleräxten der Pioniere verschont und ist heute eine Touristenattraktion. In der Nähe führt ein Rainforest Walk durch den Wald. Die Zufahrt ist vom Lakes Way ausgeschildert.

Wer Zeit hat, sollte den **Lakes Way** befahren, der 4 km nördlich von Bulahdelah abzweigt und an den Küstenseen Myall Lake und Wallis Lake mit der 200–300 m breiten Landzunge des **Booti Booti National Park** vorbei zu dem 60 km von Bulahdelah entfernten Ferienort Forster-

Tuncurry führt. Bei Bungwahl biegt eine Straße zum Fischerort **Seal Rocks** ab, der einzigen
Siedlung im Myall Lakes National Park. Vom
Leuchtturm dort bietet sich eine herrliche Aussicht über die Küste. Nationalparkgebühr je $8
pro Fahrzeug/Tag. Camping $17 für 2 Pers.

Forster-Tuncurry

Eine Brücke verbindet beim Doppelort Forster-
Tuncurry das Ende der Nehrung mit dem Festland. Forster hat im Norden einen schönen
Stadtstrand mit Naturpool. Am Picknickplatz
über dem Strand beginnt der **Bicentennial
Walk**, der über den Bennett Head Lookout bis
zum Ende des One Mile Beach führt. Mit Glück
entdeckt man unterwegs Delphine.

Barrington Tops National Park

Auch das Hinterland hat seinen Reiz. Ein schöner Tagesausflug von Forster ist die Fahrt über
Nabiac und Krambach, durch eine sanft gewellte
Landschaft zum Landstädtchen **Gloucester** und
weiter über den Bucketts Way und z. T. unbefestigte Seitenstraßen zum **Barrington Tops National Park**.

Das Bergmassiv mit Höhen bis 1590 m bildet
die Wasserscheide zwischen dem Hunter River
im Süden und dem Manning River im Norden,
deren Quellflüsse sich in hohen Wasserfällen –
gut erreichbar die **Gloucester Falls** – ins Tal
ergießen. Aufgrund der großen Höhenunter-
schiede sind hier auf engstem Raum verschiedene Vegetationszonen anzutreffen: von subtropischem Regenwald in geschützten Lagen über
kühlen, gemäßigten Regenwald bis zu nebel-
verhangenen, von *Snowgums* und Moosen bewachsenen Hochplateaus und Hochmooren. Es
gibt eine große Auswahl an Wanderwegen und
Campingmöglichkeiten, Informationen dazu unter 🖳 www.nationalparks.nsw.gov.au/visit-a-
park/parks/barrington-tops-national-park.

Autofahrer nehmen ab Gloucester den
Bucketts Way Richtung Dungog, zweigen dann
etwa 10 km nach Westen in die Gloucester
Tops Rd ab und erreichen damit den südwestlichen Abschnitt des Nationalparks. Alternativ
kann der Barrington Tops National Park über
Dungog oder East Gresford von Süden erreicht
werden.

Das Angebot an Übernachtungsmöglichkeiten,
v. a. Holiday Parks, ist überwältigend. Auch in
den Nationalparks gibt es überall schlichte
Zeltplätze; die meisten haben Toiletten und kalte
Duschen. Hostels gibt es nicht.

Forster-Tuncurry

Hotel Forster, 26 The Lakes Way, Forster,
📞 6554 8100, 🖳 http://hotelforster.com.au. Sau-
bere und moderne Zimmer in Zentrumsnähe. Zur
Anlage gehören ein Pool und ein Restaurant.
Auch Familienzimmer und Apartments. Ab ❹
Tuncurry Beach Motel, 57 Manning St, Tun-
curry, 📞 6554 7044, 🖳 tuncurrybeachmotel.
com.au. Saubere Motelzimmer mit Kühlschrank,
Mikrowelle, TV. Auch eins mit Küche. Beheizter
Pool und BBQ. ❸ – ❹

Camping

🏕️ **Great Lakes Caravan Park**, 1 Baird St,
Tuncurry, 📞 6554 6827, 🖳 www.great
lakes.com.au. Sehr schöne, saubere Anlage.
Zelt- und Stellplätze mit und ohne Strom
($50/45); auch mit Bad ($65). Pool mit großem
Kinderbereich. Moderne Cabins, teilweise
direkt am See. Ab ❸
Smuggler's Cove Holiday Village, 45 The Lakes
Way, Forster, 📞 6554 6666, 1800-85 47 31,
🖳 www.smugglerscove.com.au. 2 km südl. von
Forster am See. Zelt-/Stellplätze ($35/43), viele
Cabins. Außerdem: Großer Pool, Minigolf und
Kiosk. Ab ❸
Sundowner Tiona Tourist Park, 4451 The Lakes
Way, Tiona, 📞 6554 0291, 🖳 www.tionapalms
holidaypark.com.au. Tolle Lage auf dem
schmalen Landstrich zwischen Forster und
Elisabeth Beach. Zelt-/Stellplätze (ab $35). Auf
der anderen Straßenseite Cottages und Cabins
verschiedener Standards. Ab ❹

Barrington Tops National Park

Riverwood Downs Of Barrington Tops, 311
Upper Monkerai Rd, Monkerai, 📞 1800-80 97 72,
🖳 www.riverwooddowns.com.au. Die abgeschiedene Unterkunft am Rande des Nationalparks erstreckt sich über ein riesiges Busch-
landgebiet, in dem Platypus und Koalas

Rundblick über die Great Lakes

Etwas südlich von Forster entlang des Lakes Way biegt eine Straße Richtung Osten zum **Cape Hawk** (ausgeschildert) ab. Ein kurzer Spaziergang führt durch dichten Wald hoch zum Kap, wo sich vom Aussichtsturm ein grandioser 360°-Blick über das Meer und die gesamte Great-Lakes-Region eröffnet.

heimisch sind. Moderne Motelzimmer ab sowie schlichte Cabins 🄯

Camping

🄮 Im und um den Nationalpark gibt es zahlreiche kostenlose schlichte Campingplätze. Schön gelegen ist z. B. der **Dingo Tops Campground**. Unbedingt Trinkwasser mitbringen!
Gloucester Holiday Park, Denison St, Gloucester, ☎ 6558 1720, ▭ www.gloucester holidaypark.com. Guter Ausgangspunkt für den östl. Teil des Barrington Tops National Park. 17 unterschiedlich ausgestattete Cabins, die meisten mit Bad. Zelt-/Stellplätze ($28/$35). Auch 2 Bunk Rooms ($20 p. P.).

INFORMATIONEN

Bulahdelah Visitors Centre, 8 Crawford St, Ecke Pacific Hwy, Bulahdelah, ☎ 4997 4981, 1800-80 26 92, ⊕ Mo–Sa 9–16 Uhr.
Forster Visitors Centre, 2 Little St, Forster, ☎ 1800-80 26 92, ▭ www.greatlakes.org.au. U. a. Auskunft über die Dolphin und Whale Watching Tours. ⊕ Mo–Fr 9–17, Sa und So 9–16 Uhr.

TRANSPORT

Busse
Greyhound, s. Busfahrplan S. 556–557.
Forster Buslines, ☎ 6554 6431, ▭ http:// buslinesgroup.com.au. Regionaler Busservice, verkehrt tgl. zwischen FORSTER, TUNCURRY, GLOUCESTER und COOMBA PARK.

Eisenbahn
Transport NSW TrainLink, ☎ 13 22 32, ▭ transportnsw.info. Alle Nordküstenzüge halten in DUNGOG und TAREE, in GLOUCESTER halten nur der Sydney-Casino XPT und der Sydney-Grafton XPT.

Taree und Umgebung

Das Städtchen am Manning River ist das Zentrum des landwirtschaftlich geprägten Manning-Valley-Distrikts. Forest Drives führen zum Hochplateau mit seinen vielen Wasserfällen. Zu den eindrucksvollsten zählen die 200 m hohen **Ellenborough Falls**, über den Bulga Forest Drive via Wingham zu erreichen.

Von **Crowdy Head**, 7 km nordöstlich von Harrington an der Nordseite der Mündung des Manning River, bietet sich eine hervorragende Aussicht über den langen Sandstrand im **Crowdy Bay National Park**, der sich bis Diamond Head im Norden erstreckt. Im Park gibt es hervorragende Wandermöglichkeiten. Eintritt $8 pro Fahrzeug/Tag. Außerdem liegen in der Gegend um Taroo woitoro oindrucksvollo State Forests und Nationalparks mit tollen Lookouts und Wanderwegen, u. a. der **Middle Brother State Forest** und der **Coorabakh National Park**.

ÜBERNACHTUNG

Pacific Motel, 51 Victoria St (Pacific Hwy), Taree, ☎ 6552 1977, ▭ www.pacificmotel taree.com.au. Motelunits, Familiensuiten, Pool. ❸
Einfache **Buschcampingplätze** gibt's an drei Orten im Crowdy Bay NP; die beste Ausstattung (Toiletten, Duschen, BBQ und Picknicktische) hat der Platz am Diamond Head; Trinkwasser mitbringen! $24/2 Pers.

INFORMATIONEN

Manning Valley Tourist Office, 21 Manning River Dr, Taree North, ☎ 6592 5444, 1800-18 27 33. ⊕ tgl. 9–16.30 Uhr.

Busse
Greyhound, s. Busfahrplan S. 556–557.

Eisenbahn
Transport NSW TrainLink, ✆ 13 22 32, 🖥 trans portnsw.info. Die Nordküstenzüge halten 3x tgl. in TAREE. Fahrzeit von SYDNEY ca. 5 1/2 Std. Alle fahren weiter über NAMBUCCA HEADS und COFFS HARBOUR nach CASINO. Von hier aus Anschluss an den Zug nach BRISBANE.

Port Macquarie

Die Hafenstadt wurde 1821 als Verbannungsort für Wiederholungsstraftäter gegründet. Seit den 1970er-Jahren erlebt sie einen anhaltenden Touristenboom – und das nicht zu Unrecht: Port Macquarie ist von schönen Stränden sowie dichten Regen- und Mangrovenwäldern umgeben. Im Gegensatz zum Umland blieb der Ort von den Bränden im Sommer 2019/20 verschont.

Zentrum
Zeugen der Vergangenheit sind die **St-Thomas-Kirche**, das **Court House** von 1869 in der Clarence St und schräg gegenüber das **Historical Museum**, 🖥 http://portmuseum.org.au. ⏱ Mo–Sa 9.30–16.30 Uhr, Eintritt $7.

Schön zum Spazierengehen ist der **Kooloonbung Creek Nature Park**, nur wenige Minuten vom Stadtzentrum entfernt, ein 50 ha großes Buschlandreservat mit Kasuarinen, Eukalypten, Mangroven und einem kleinen Stück Regenwald am gleichnamigen Bach. Der Haupteingang befindet sich am Ende der Horton St, Ecke Gordon St, Eintritt frei.

Zum Besuchsprogramm zählt auch ein **Cruise** auf dem **Hasting River**. Zahllose Anbieter wetteifern um die Kunden. Die meisten bieten Delphintouren und von Mai bis September Walbeobachtungen (s. Touren).

Sea Acres Rainforest Centre

Im 72 ha großen, besuchenswerten Rainforest Centre, 159 Pacific Drive, 🖥 www. portmacquarieinfo.com.au, steht ein winziger Teil des im Verschwinden begriffenen Küstenregenwaldes von New South Wales unter Naturschutz. Ein 1,3 km langer Bretterpfad (auch für Rollstuhlfahrer geeignet) führt durch das Gelände, das 275 Pflanzen- und mehr als 140 Vogel- sowie andere Tierarten beheimatet. Das Visitors Centre bietet Führungen und viele Infos, auch zur Geschichte der Aborigines. ⏱ tgl. 9–16.30 Uhr, Eintritt $9.

Koala Hospital

Die Pflegestation in der Lord St, ✆ 6584 1522, 🖥 www.koalahospital.org.au, kümmert sich um kranke und verletzte Tiere und heißt dabei Besucher willkommen. Internationale Backpacker haben die Möglichkeit, hier für einen Monat mitzuhelfen, die Plätze sind allerdings oft schon zwölf Monate im Voraus ausgebucht. ⏱ tgl. 8–16.30 Uhr, Eintritt: Es wird um eine Spende von $5 p. P. gebeten.

ÜBERNACHTUNG

Hostels
Alle Hostels in „Port" sind klein, freundlich, bieten die kostenlose Benutzung von Boogie- und Surfboards sowie Fahrrädern an und holen Gäste vom Busterminal tagsüber und abends ab.

Ozzie Pozzie Backpackers / Port Macquarie YHA, 36 Waugh St, ✆ 6583 8133, 1800-62 00 20. Komplett renoviertes Gebäude, sehr sauber und freundlich. Die meisten Zimmer verfügen über ein eigenes Bad. 2 große Terrassen mit Pool, Billard und guter Stimmung. Dorms (Bett ab $30) mit Schließfächern, auch DZ; zentrale Lage. Preise inkl. einfachem Frühstück. ❷

Port Macquarie Backpackers, 2 Hasting River Dr, ✆ 6583 1791, 🖥 www.portbackpackers. com.au. Buntes Hostel in einem alten Heritage-Gebäude. Billard, Hängematten, BBQ. Dorms ($33), EZ und DZ, teilweise auch mit Bad ❷–❸

Andere
Flynn's Beach Caravan Park, 22 Ocean St, ✆ 6583 5754, 🖥 www.flynnsbeachcaravanpark. com.au. Von Bäumen umgeben. Schattige Zeltplätze ohne und mit Strom ($25/29) und Cabins. ❷–❻

Le George Motel, 4 Hollingworth St, ✆ 6583 3288, 🖳 www.legeorge.com.au. Einfache Motelunterkunft direkt am Fluss. ❷

ESSEN

Port Macquarie hat eine gute Auswahl an Restaurants mit italienischen, mexikanischen und verschiedenen asiatischen Küchen, ferner einige gute Seafood-Restaurants, u. a. **The Stunned Mullet**, 24 William St, ✆ 6584 7757. Günstig und gut: **The Big Oyster**, Hastings River Drive, ✆ 6584 3803, frische Austern sowie Hummer, Garnelen und Fisch.

TOUREN

Kajak- und Bootstouren

Cruise Port Macquarie, ✆ 0434 393 199. Auf dem Katamaran geht es entlang des Hastings River zu den Mangrovensümpfen von Limeburners Creek. Unterwegs Delphin- bzw. Walbeobachtungen (ab $25).
Port Jet, ✆ 6583 8811, 🖳 portjet.com.au. Delphintouren entlang des Hasting River im kleinen Boot ($20). Außerdem Waltouren und Verleih von Jetski.

Wassersport

Port Macquarie Surf School, ✆ 0432 857 719, 🖳 www.portmacquariesurfschool.com.au. Gruppen- und Einzelunterricht.

INFORMATIONEN

Port Macquarie Visitor Centre, Clarence St, Ecke Hay St, ✆ 6581 8000, 1300-30 31 55, 🖳 www.portmacquarieinfo.com.au. ⊕ Mo–Fr 9–17.30, Sa und So 9–16 Uhr.

TRANSPORT

Busse

Greyhound und **Premier**, s. Busfahrplan S. 554–557.

Eisenbahn und Bahnbus

Transport NSW TrainLink, ✆ 13 22 32, 🖳 transportnsw.info. Die Nordküstenzüge

Schlemmen am Hastings River

Gute Weine gibt es in der **Cassegrain Hastings River Winery**, Pacific Highway, Ecke Fernbank Creek Rd, Port Macquarie, ✆ 6582 8377, 🖳 www.cassegrainwines.com.au. Das Weingut zählt zu den bekanntesten und besten der Region. Zur Anlage gehört auch ein Restaurant, ⊕ tgl. 10–17 Uhr.

halten aus beiden Richtungen kommend in WAUCHOPE, 22 km westl. von Port Macquarie (Fahrzeit von Sydney ca. 6 1/2 Std.). Von Wauchope aus fährt der Bus 335 Mo–Sa ca. alle 2 Std. nach Port Macquarie, am So nur 2x tgl. Genaueres unter 🖳 www.busways.com.au.

Flüge

QantasLink fliegt mehrmals tgl. direkt von und nach SYDNEY. **Virgin Australia** fliegt tgl. direkt von und nach SYDNEY und BRISBANE.

Nambucca Heads und Dorrigo National Park

Der beschauliche Badeort **Nambucca Heads** mit herrlicher Aussicht auf die Mündung des Nambucca River, im Norden und Süden von kilometerlangen, breiten Sandstränden umgeben, ist (noch) nicht ganz so überlaufen wie seine größeren Nachbarn Coffs Harbour und Port Macquarie. An der **V-Wall** – oder Graffiti Gallery – haben sich Verliebte, Künstler, Familien und Reisende aus aller Welt verewigt: Die bunt bemalte Steinmauer säumt den Weg zwischen Ozean und Lagune am Ende des Wellington Drive. **Nambucca Rivercruises**, ✆ 6569 4055, bieten Touren über den Nambucca River mit Frühstück, BBQ oder Seafood-Dinner. $35–45.

Dorrigo National Park

Der schöne Nationalpark ging im Sommer 2019/20 in Flammen auf und verlor dabei einen gewaltigen Teil seiner prachtvollen Tier- und Pflanzenwelt. Zur Zeit der Recherche waren Teile des Parks noch geschlossen; aktuelle Infos findet man unter 🖳 www.nationalparks.nsw.gov.au. Auch das hübsche **Bellingen**, ein Dorf mit alternativem Flair, hat große Verluste erlitten. Die Straße windet sich hinter Thora an zwei Wasserfällen vorbei auf das Hochplateau. Der Nationalpark zählt als Teil der Gondwana Rainforests zum Unesco-Weltnaturerbe und umfasst Bestände subtropischen, kühl-gemäßigten und des nur noch selten vorkommenden warmgemäßigten Regenwaldes.

Das **Dorrigo Rainforest Centre** südlich von Dorrigo bietet eine Ausstellung zum Thema sowie Infos über Spazier- und Wanderwege. ⊕ Mo–Sa 9–16.30 Uhr.

Ein kurzer, kostenloser **Skywalk** führt von hier zu einem Aussichtspunkt am Rand des Hochplateaus. Sehr lohnenswert ist auch der **Rainforest Walk**, der neben dem Skywalk beginnt.

1 km nördlich des Städtchens Dorrigo kann man bis zum oberen Lookout der **Dangar Falls** fahren. An sonnigen Tagen lässt es sich unter den Wasserfällen schwimmen. Von Dorrigo gelangt man über den Waterfall Way (Hwy Nr. 78) nach **Armidale**, dem Zentrum des New England Plateaus; Abzweigungen führen zu weiteren Aussichtspunkten, Wasserfällen und Wanderwegen in Nationalparks und State Forests (S. 152).

ÜBERNACHTUNG

Nambucca Heads

Übernachtungen sind hier billiger als in den Touristenzentren Port Macquarie und Coffs Harbour.

Marcel Towers Holiday Apartments, 12-14 Wellington Dr, 📞 6568 7041, 🖳 www.marceltowers.com.au. Voll ausgestattete, moderne Apartments mit 1 und 2 Schlafzimmern. Alle mit Balkon und Fluss- oder Meerblick. Verleih von Kanus, Surf Ski, Body Boards und Strandutensilien. **❹**

Riverview Lodge B&B, 4 Wellington Dr, 📞 6568 6386, 🖳 www.riverviewlodgenambucca.com.au. Schöne, große Zimmer, gemütlich. Alle Zimmer mit Balkon. Blick auf die Flussmündung. **❺**–**❻**

Camping

White Albatross Holiday Centre, 52 Wellington Dr, 📞 1300-79 07 58, 🖳 www.ingeniaholidays.com.au/white-albatross. Tolle Lage an der Lagune nahe V-Wall und Strand. Stellplätze (ab $35) und Cabins in allen Größen und mit unterschiedlich guter Ausstattung. Am Wochenende deutlich teurer. **❷**–**❼**

Bellingen und Dorrigo

🔶 **The Belfry Guesthouse**, 2 Short St, Bellingen, 📞 6655 1116, 🖳 www.thebelfrybellingen.com.au. Originelles Gästehaus, das schon einige Preise gewonnen hat. Die zur einen Seite offenen Zimmer überblicken den Fluss. Yoga- und Meditationskurse. **❷**

Lookout Mountain Retreat, 15 Maynards Plains Rd, Dorrigo, 📞 6657 2511, 🖳 www.lookoutmountainretreat.com.au. Gemütliche Zimmer, alle mit Blick in die Berge. Im rustikalen Restaurant gibt's Frühstück und Abendessen. **❻**

INFORMATIONEN

Bellingen Visitor Information Centre, 29 Hyde St, 📞 6655 1522, 🖳 www.visitnsw.com. ⊕ Mo–Sa 9–16.30, So bis 14.30 Uhr.

Nambucca Valley Information Centre, Giinagay Way, Ecke Riverside Dr, 📞 6568 6954, 🖳 www.nambuccatourism.com.au. ⊕ tgl. 9.45–16 Uhr.

TRANSPORT

Busse

Greyhound, s. Busfahrplan S. 556–557
Lokale Busse operieren zwischen Coffs Harbour und Bellingen, außerdem zwischen Numbucca Heads und Bellingen. Details s. 🖳 www.busways.com.au.

Eisenbahn

Transport NSW TrainLink, 📞 13 22 32, 🖳 transportnsw.info. Die Nordküstenzüge halten mehrmals tgl. in Nambucca Heads. Fahrtdauer von SYDNEY 8 Std.

In Nambucca Heads mündet der gleichnamige Fluss in den Pazifik. ▶

Coffs Harbour

Die subtropische Ferienstadt liegt idyllisch zwischen Küste und Bananenplantagen. Die Berge der Great Dividing Range reichen hier fast bis an den Pazifik, und der Küste sind einige Inseln mit Korallenriffen vorgelagert. Wahrzeichen der Stadt ist die **Big Banana** am Pacific Hwy 💻 www.big banana.com, eine überdimensionale Banane mit einer Ausstellung über den Bananenanbau, einen der wichtigsten Wirtschaftszweige der Region. Dazu gehört auch ein Themenpark mit Rutschen, Rodelbahn, Eislaufbahn, Minigolf etc. ⏱ tgl. 9–16.30 Uhr, Eintritt abhängig von Parknutzung.

Der sehenswerte **Botanische Garten** auf einem Landdreieck, das vom Coffs Creek umflossen wird, ist eine Oase der Ruhe. Zum Eingang gelangt man über die Curacoa St oder die Hardacre St (beide abgehend von der High St), nur Minuten von der Fußgängerzone entfernt. ⏱ tgl. 9–17 Uhr.

Von der nördlichen Hafenbefestigung gelangt man auf einem Damm zur **Muttonbird Island**, einer kleinen, dem Hafen vorgelagerten Insel. Von hier aus bietet sich ein fantastischer Ausblick auf Coffs Harbour und die Küste.

Der **Jetty Beach** ist geschützt und daher bei Familien beliebt. Die Strände weiter südlich eignen sich zum Surfen. Märchenhafte Atmosphäre herrscht im **Butterfly House** in der Strouds Rd, 📞 6653 4766, 💻 www.butterfly house.com.au. Hier können australische Schmetterlinge ganz aus der Nähe betrachtet und fotografiert werden. Zum Haus gehören auch ein Irrgarten und ein Café. ⏱ Di–So 9–16 Uhr, Eintritt $18, Kind $9.

ÜBERNACHTUNG

Hostels

Aussitel Backpackers (VIP), 312 Harbour Dr, 📞 6651 1871, 💻 http://aussitel.com. Ordentliches Hostel zwischen der Stadt und dem Strand. Enge Dorms (ab $30), auch DZ. Große Küche und beheizter Pool. Zahlreiche Aktivitäten: Tauch- und Surfunterricht, Tourbuchungen, Vermittlung von preiswerten Tauch- und Flugkursen, Wildwasserfahrten, Reiten und Rock Climbing. ❶

Coffs Harbour YHA Backpacker Resort, 51 Collingwood St, 📞 6652 6462, ✉ coffsharbour@ yhansw.org.au. Modernes, gepflegtes Hostel in der Nähe von Bahnhof, Strand und Jetty. Geräumige 4–6-Bett-Dorms mit Schließfächern ($27–30) und DZ. Pool, Grillstellen. Verleih von Fahrrädern, Boogie- und Surfboards. Sehr gute Ausstattung. Ab ❷

Andere

 Opal Cove Resort, Pacific Highway, 5 km nördl., 📞 1800-00 81 98, 💻 www.opal cove.com.au. Wunderschöne Lage am Meer. Große Anlage mit Zimmern, Suiten, Villas und Units. ❹

Camping

Park Beach Holiday Park, 1 Ocean Parade, 📞 6648 4888, 💻 www.coffscoastholidayparks. com.au. Große Anlage mit schönem Pool und schattigen Campingplätzen ohne und mit Strom ($36/45); gute Campküche. Cabins und Villas. ❸–❼

ESSEN

CreAsian, Harbour Drive, 📞 6652 4368. Gutes, lizensiertes asiatisches Restaurant mit großem Außenbereich. ⏱ Mo–Sa Mittag- und Abendessen.

The Happy Frog, 16 Park Ave, 📞 6651 6518. Hier gibt's leckeres Frühstück und Mittagessen und guten Kaffee. ⏱ Mo–Sa.

SONSTIGES

Informationen

Visitor Information Centre, in Coffs Central, 61 Harbour Dr, 📞 5622 8900, 💻 www.coffscoast. com.au. ⏱ tgl. 9–15 Uhr.

Tauchen

Jetty Dive Centre, 398 Harbour Drive, 📞 6651 1611, 💻 www.jettydive.com.au. Tauchkurse, Schnorcheln.

Touren

Whale Watch Experience, 📞 0422 210 338, 💻 http://whalewatchexperience.com.au.

Veranstaltet zwischen Juni und Nov halbtägige Walbeobachtungstouren ($65). Von Dez bis April werden kürzere Delphintouren angeboten, zum Teil auch mit der Option zu den Meeressäugern ins Wasser zu springen ($45, für Schnorchler $70).

TRANSPORT

Busse
Greyhound und **Premier**, s. Busfahrplan S. 554–557.

Eisenbahn
Transport NSW TrainLink, ✆ 13 22 32, 🖥 transportnsw.info. Alle Nordküstenzüge halten hier. Der Sydney-Brisbane XPT kommt nachts an. Fahrtdauer von SYDNEY knapp 9 Std.

Flüge
Qantas und **Virgin Australia** fliegen mehrmals tgl. nach SYDNEY.

Grafton und Yamba

Etwas landeinwärts am Clarence River gelegen, ist **Grafton** ein provinzielles Landstädtchen mit etwa 19 000 Einwohnern. In der Gegend wird überwiegend Zuckerrohr angebaut. Zur Abenddämmerung geht man am besten zum Clarence River am Ende der Prince St runter. Hier hat man einen guten Blick auf **Susan Island**, von wo aus kurz nach Sonnenuntergang ganze Scharen von Fledermäusen losfliegen und wie ein schwarzes Band über den Himmel ziehen. Derzeit gibt es keinen öffentlichen Transfer zur Insel. Ende Oktober, wenn die Jacarandabäume und *Flame Trees* in leuchtenden Lila- und Rottönen blühen, feiert die Stadt das **Jacaranda Festival**.

Das aufstrebende Touristenzentrum **Yamba** ist ein hübscher Ort an der Küste, rund eine Autostunde von Grafton. Hier mündet der Clarence River in den Pazifik. Die Küstenstrände sind besonders bei Surfern beliebt. Ruhiger geht es an der familienfreundlichen **Yamba Bay** zu. Der **Main Beach** wird im Sommer von Rettungsschwimmern bewacht. Hier gibt es auch einen ins Meer gebauten Pool. **Angourie**, ca. 5 km

südlich von Yamba, ist bei Surfern weltweit bekannt. Das kleine Dorf liegt im Yuraygir National Park. Am **Blue Pool** und **Green Pool** kann man von den Klippen ins Wasser springen.

ÜBERNACHTUNG

Grafton
 The Gateway Lifestyle Holiday Park, 598 Summerland Way, ✆ 6642 4225, 🖥 http:// glhp.com.au/parks/grafton. Schöner Park mit tropischem Garten, Cabins und Motelunits. Schattige Campingplätze ab $24. ❹–❼

Yamba
Big4 Saltwater, 286 O'Keefes Lane, Palmers Island, ✆ 6646 0255, 🖥 www.big4saltwater. com.au. Schöne Lage an der Yamba Bay. Camping (ab $36), Cabins. ❺–❽

💶 **Yamba YHA**, 26 Coldstream St, ✆ 6646 3997, ✉ yamba@yhansw.org.au. Modernes, freundliches Hostel – hier lernt man leicht andere Reisende kennen. Große Küche und Gemeinschaftsraum. Dachterrasse mit Pool. Geräumige 4–8-Bett-Dorms ($32–36) sowie DZ mit Bad. Empfehlenswerte Touren in die Umgebung und Surfunterricht. ❹

INFORMATIONEN

Clarence Valley Visitor Information, in der Regional Gallery, 158 Fitzroy St, ✆ 6643 0800. 🕐 tgl. 10–16 Uhr.

TRANSPORT

Busse
Greyhound und **Premier**, s. Busfahrplan S. 554–557.
Busways, ✆ 6642 2954, 🖥 www.bus ways.com.au. Route 380 führt von GRAFTON nach MACLEAN und YAMBA, Mo–Fr ca. alle 2 Std., am Wochenende seltener; Bus Nr. 386 fährt von Maclean nach Iluka.

Eisenbahn und Bahnbus
Transport NSW TrainLink, ✆ 13 22 32, 🖥 transportnsw.info. Tgl. Verbindung

nach SYDNEY (10 Std.). In Richtung Norden abends nach CASINO (dort Busanschluss nach MURWILLUMBAH oder nach BRISBANE).

Fähren
Clarence River Ferries, ✆ 0408 664 556, 🖳 www.clarenceriverferries.com.au. Verkehrt 4–5x tgl. zwischen Yamba und Iluka (ca. $9 p. P.).

Lismore

Lismore ist mit knapp 29 000 Einwohnern die größte Stadt des nordöstlichen New South Wales und eine prosperierende Universitätsstadt. Seit den 70er-Jahren ließen sich Aussteiger aus den südlichen Großstädten hier nieder und bereicherten die Region mit einer blühenden Alternativkultur. Goldschmiede, Töpfer und andere Kunsthandwerker, Maler, Grafiker und Bildhauer verkaufen ihre Arbeiten in den zahllosen, über die gesamte Region verstreuten Kunstgewerbeläden.

Lismore selbst bietet eine gute Auswahl an Cafés, Restaurants, Galerien und Veranstaltungsorten mit Livemusik. Mitten in der Innenstadt erinnert der **Rotary Park** – 6 ha tropischen Regenwalds mit insgesamt 3 km Fußpfaden – an das dichte Buschland, das die ersten Siedler hier einst vorfanden. Auch das **Visitor Centre** enthält eine sehenswerte Ausstellung über die Regenwälder des Nordostens (Details s. unten, Informationen).

ÜBERNACHTUNG

🛏 **Lakeside Lodge Motel**, 100 Bruxner Hwy, ✆ 6621 7376, 🖳 http://lismoremotel. com.au. Schöne Motelzimmer, freundliche Betreuung und gutes Essen aufs Zimmer. Ab ❸
Lismore Lake Holiday Park, 156 Bruxner Hwy, 2 km südl. von Lismore am Wilson River, ✆ 6621 2585, 🖳 www.lismorelakeholidaypark. com.au. Camping- und Stellplätze ($20/40 mit Bad). Cabins für bis zu 6 Personen, Pool, Kiosk. ❷

ESSEN

The Bank, 67 Molesworth St, ✆ 6622 6100, 🖳 http://thebankcafe.com.au. Im gemütlichen Café gibt's Frühstück und Mittagessen. ⏲ tgl. 7.30–16 Uhr.

🛏 **The Flavour Of India**, 106 Keen St, ✆ 6621 7799, 🖳 www.foilismore.com.au. Zwar nicht ganz günstig, dafür wird hier erstklassige, authentisch indische Küche serviert. Große Auswahl an vegetarischen und veganen Gerichten. ⏲ tgl. 16.30–21.30 Uhr, Mo–Fr auch Mittagstisch.

INFORMATIONEN

Lismore Visitor Information and Heritage Centre, 207 Molesworth St, Ecke Ballina St, ✆ 1300-36 97 95, 🖳 www.visitlismore.com.au. ⏲ tgl. 9.30–16 Uhr.

TRANSPORT

Busse
Greyhound und **Premier**, s. Busfahrplan S. 554–557.
Northern River Buslines, ✆ 6626 1499, 🖳 www.nrbuslines.com.au. Busse nach BALLINA.

Eisenbahn und Bahnbus
Transport NSW TrainLink, ✆ 13 22 32, 🖳 transportnsw.info. Von Sydney mit dem Casino XPT bis CASINO, dort weiter mit dem **Bus** via Lismore und Ballina nach MURWILLUMBAH oder TWEED HEADS. Fahrtdauer von Sydney nach Lismore 12 Std.; jeden Abend Bus von Lismore nach BRISBANE (3 Std.).

Die Umgebung von Lismore

Seit dem legendären Aquarius-Festival von 1973 gilt **Nimbin** als Zentrum alternativen Lebens. Nimbin kann man im Rahmen einer Tour einen Kurzbesuch abstatten: Eine Führung bezieht den Besuch von ökologisch-dynamischen Mischkulturgärten und anderen positiven Manifestationen der Alternativkultur ebenso ein wie die herrlichen Regenwaldparks in der Umgebung, z. B. den **Nightcap National Park** mit subtropischem Regenwald und Wasserfällen. Einen Besuch wert sind die **Djanbung Gardens**, die zu den weltweit bekanntesten Zentren der Permakultur zählen. ⊕ Mi–Sa 10–16 Uhr, Eintritt $5. Geführte Touren auf Anfrage.

In Nimbins Hauptstraße reiht sich eine bunt bemalte Fassade an die andere. Geschäfte locken mit alternativen Klamotten, Pfeifen und anderen Raucherutensilien. Das urige **Nimbin Museum** fiel im August 2014 einem Brand zum Opfer; sein Wiederaufbau ist noch ungewiss. Die **Nimbin Hemp Embassy** (Hanf-Botschaft) in der Cullen St setzt sich für die Legalisierung von Cannabis zu medizinischen Zwecken ein. Der Hanfpflanze ist im Mai ein ganzes Festival gewidmet: der berühmt-berüchtigte **Nimbin Mardi Grass**.

In **The Channon**, einem weiteren Dorf mit alternativem Flair in den Hügeln nördlich von Lismore, laden ein gemütliches Tea House, einige Galerien und die historische Butter Factory Tavern zum Besuch ein.

Die bunten **Wochenendmärkte**, die abwechselnd in jeweils einem anderen Dort stattfinden (in The Channon jeden 2. So im Monat, in Nimbin jeden 4. So), sind ein Treffpunkt für die ganze Region (s. Byron Bay).

ÜBERNACHTUNG

€ **Grey Gum Lodge**, 2 High St, Nimbin, ☎ 6689 1713, ▭ www.greygumlodge. com. Das kleine, freundliche Gästehaus liegt nur 5 Min. zu Fuß vom Zentrum entfernt. Die sechs DZ sind alle schön bunt und individuell eingerichtet. ❷

Nimbin Rox YHA, 74 Thorburn St, Nimbin, ☎ 6689 0022, ▭ www.nimbinrox.com.au. Schönes Hostel mit Pool, Dorms (ab $27); außerdem Glamping-Zelte ❷, Jurten ❶ und DZ ❶.

INFORMATIONEN

Nimbin Visistor Information Centre, 3/46 Cullen St, ☎ 6689 1388, ▭ www.visitnimbin.com.au. ⊕ tgl. 10–16 Uhr.

TRANSPORT

Nimbin Tours & Shuttle Bus, ☎ 6680 9189, ▭ www.nimbinaustralia.com/nimbinshuttle. Tgl. zwischen NIMBIN und BYRON BAY. Ab Byron Bay um 11 Uhr (Ankunft in Nimbin um 12.30 Uhr), Rückfahrt ab Nimbin um 15 Uhr über Uki (Mt Warning); einfach $20.

Byron Bay

Endlose Traumstrände, athletische Surfer, eine ausgedehnte Partyszene, kühles Bier und fast immer Sonnenschein: Kein Wunder dass Byron Bay seit Jahrzehnten *der* Zufluchtsort für Rucksackreisende und in die Jahre gekommene Hippies aus aller Welt ist. „Byron" gilt nicht nur als Hüter der Alternativkultur, sondern auch als Trendsetter des australischen Boho-Schicks. Surfer schätzen die idealen Wellen, Nicht-Surfer die hohen Surfkünste und alles, was sonst noch mit Strandkultur verbunden ist. Damit sein alternatives Flair erhalten bleibt, rühmt sich Byron, keine Verkehrsampeln, Parkuhren, Häuser mit mehr als drei Stockwerken und multinationale Fastfood-Ketten zu haben. Stattdessen gibt es über 100 Cafés und Restaurants sowie zahlreiche Kunstgalerien, alternative Klamottenläden und Surfshops.

Die felsige Landzunge **Cape Byron** mit dem weithin sichtbaren **Leuchtturm** markiert den östlichsten Punkt des australischen Festlandes. Man kann mit dem Auto bis zum Parkplatz fahren oder den schönen **Cape Byron Walking Track** nehmen; die gesamte Rundwanderung dauert etwa zwei Stunden.

Viele Besucher pilgern in aller Herrgottsfrühe zum Kap, um als Erste in Australien die aufgehende Sonne zu begrüßen. Der Ausblick ist zu jeder Tageszeit fantastisch. Mit etwas Glück sieht man Delphine und Wale (Letztere im Juni/Juli sowie Sep–Nov). Das Gelände um den Leuchtturm ist ein Naturreservat und nur von

8 Uhr bis Sonnenuntergang geöffnet ($8 pro Auto plus $4 pro Std. Parkgebühr).

Watego's Beach, direkt am Kap, einer der wenigen nach Norden ausgerichteten Strände an der NSW-Küste, ist ein exzellenter Surfstrand. Ein schöner Spaziergang führt durch das **Broken Head Nature Reserve**, 6 km südlich des Ortes, nicht weit von Suffolk Park. Ein kurzer Pfad verläuft vom Parkplatz zum einsamen **King's Beach**.

ÜBERNACHTUNG

In Byron Bay gibt es unzählige Übernachtungsmöglichkeiten. Eine gute Übersicht findet man unter 🖳 www.byronbayaccom.net. Wer im Campingbus übernachtet, sollte sich entweder einen Campingplatz nehmen oder außerhalb übernachten. Fast überall gilt nachts Parkverbot, die Polizei kontrolliert häufig.

Hostels

Die Preise liegen einige Dollar über dem australischen Durchschnitt. Im Sommer ist eine Reservierung ein Muss. Wenn nicht anders vermerkt, bieten alle Hostels Abholservice, Internet, z. T. kostenlose Vermietung von Fahrrädern, Surf- und Boogieboards, und buchen Touren und Ausflüge.

Arts Factory Backpackers Lodge (Nomads), 1 Skinners Shoot Rd, ✆ 6685 7709, 🖳 www.artsfactory.com.au. Das Hostel ist toll gelegen, etwas außerhalb auf einem Buschareal mit Mischkultur-Garten. Über eine Abkürzung auf einem Trampelpfad gelangt man in 10 Min. zu Fuß in den Ort. Die Unterkunft im Holzgebäude mit Veranden um einen großen, beheizten Salzwasserpool mit 4–12-Bett-Dorms (ab $30) ist zugleich eines der Zentren der hiesigen Alternativkultur. Neben den Dorms gibt es DZ sowie separate Hütten und Tipis (als Dorm), oder man stellt sein eigenes Zelt auf ($20 p. P.). Buchungen ab 3 Übernachtungen werden bevorzugt. Zum Haus gehört ein Bistro mit günstigem Essen. Außerdem werden Workshops angeboten. Jeden Morgen Shuttleservice zum Lighthouse für $5. Ab ❸

Backpackers Inn on the Beach (VIP), 29 Shirley St, ✆ 6685 8231, 🖳 www.backpackersinnbyronbay.com.au. Riesige Anlage mit Pool, Hängematten, BBQ und Beachvolleyball. 4–9-Bett-Dorms (ab $28), außerdem DZ. ❷

Cape Byron YHA, Byron St, Ecke Middleton St, ✆ 6685 8788, 1800-65 26 27, 🖳 www.yha.com.au. Großes, 2-stöckiges, modernes Gebäude um einen Innenhof mit geheiztem Pool in der Mitte. Unten Dining Room und Café, oben große funktionale Küche und viele Sitzgelegenheiten auf der Terrasse. Dorm-Bett ab $46, auch DZ. ❷ – ❸

€ **Holiday Village Backpackers**, 116 Jonson St, ✆ 6685 8888, 1800-35 03 88, 🖳 www.byronbaybackpackers.com.au. Sympathisches Hostel. Zimmer rund um den Pool. 4–8-Bett-Dorms ab $25, Apartments und DZ. ❶ – ❷

Andere

🛄 **Byron Springs Guesthouse**, 2 Oodgeroo Gardens, etwas südl. vom Zentrum, ✆ 0457 80 81 01, 🖳 www.byronspringsguesthouse.com. Sehr schönes, freundliches Guesthouse mit großen, sauberen DZ, auch für Rollstuhlfahrer. Einige Zimmer mit Bad. Ab ❹

Byron Sunseeker Motel, 100 Bangalow Rd, 2 km südl., nahe Tallow Beach, ✆ 6685 7369, 🖳 www.byronsun.com.au. Hübsches Motel, alle Zimmer mit Balkon oder Veranda. Salzwasserpool. Auch 6 Holzcottages mit einem Schlafzimmer. ❽

Camping

Broken Head Holiday Park, Beach Rd, Broken Head, 7 km südl., ✆ 6685 3245, 🖳 www.brokenheadholidaypark.com.au. Zelt- und Stellplätze ($37/41), Cabins sowie moderne Strandhütten und Villas; Kiosk. Schöne Lage am Rand des Nationalparks mit Meerblick. Ab ❹

Reflections Holiday Park Clarkes Beach, bei der Lighthouse Rd, 1 km östl., ✆ 6685 6496, 🖳 http://reflectionsholidayparks.com.au/park/clarkes-beach. Sehr schöner Park am Strand. Saubere Campküche, viele Essgelegenheiten mit Blick übers Meer. Zelt-/Stellplätze ($60/68). Cabins. ❻ – ❽

SONSTIGES
1 Byron Bay Surf School
2 Surf & Bike Hire
3 Black Dog Surfing, Sundive
4 Go Sea Kayak Byron Bay
5 Byron Bay Dive Centre

Wategos Beach

Clarkes Beach

Cape Byron Lighthouse

Captain Cook's Lookout

Main Beach

Apex Park

C a p e

B y r o n

Cape Byron Walking Track

Lighthouse Rd

ÜBERNACHTUNG
1 BP's Inn on the Beach
2 Reflections Holiday Park
3 Cape Byron YHA
4 Byron Bay Sandals
5 Arts Factory Backpackers Lodge
6 Holiday Village BP
7 Sunseeker Motel
8 Byron Springs Guesthouse
9 Broken Head Holiday Park

Arakwal NP

Tallow Beach

ESSEN
1 Beach Hotel
2 Il Buco
3 Bay Kebab
4 Beach Cafe
5 In the Pink
6 Railway Friendly Bar
7 Beloporto Burger Bar

Shirley St, Shirley Ln, Byron St, Bay St, Lawson St, Byron St, Fletcher St, Marvell St, Tennyson St, Carlyle St, Kingsley St, Cowper St, Ruskin St, Browning St, Massinger St, Seaview St, Paterson St, Bangalow Rd, Cooper St, Pacific Vista Dr, Beachcomber Dr, Coral Ct, Ocean St, Scott St, Mackay St, Oodgeroo Gdn, Mahogany Dr, Cemetery Rd, Old Bangalow Rd, Kendall St, Butler St, Wordsworth St, Burns St, Wentworth St, Jonson St, Middleton St, Bahnhof

ESSEN UND UNTERHALTUNG

Große Auswahl an Restaurants – die meisten sind in der Jonson St zwischen Bay St und Lawson St.

Nach dem rituellen Sonnenaufgangsbesuch am Cape Byron kann man gut im **Beach Cafe** am Clarks Beach frühstücken. Nicht billig, aber berühmt für fantasievolle, reichhaltige Frühstücksmenüs. ⏲ tgl. ab 7.30 Uhr.

Bay Kebab, 8 Jonson St, ✆ 6685 5596. Hat die besten Kebabs der Stadt. ⏲ tgl. von früh bis spät.

Beloporto Burger Bar, 73-75 Jonson St, ✆ 6680 8989. Ist für Burger verschiedenster Arten (auch vegetarische) bekannt. ⏲ tgl. 10–20 Uhr.

Weitere Favoriten sind die **Railway Friendly Bar** neben dem Bahnhof und das **Beach Hotel** am Main Beach; bei den Biergärten große Auswahl an Bieren und kleinen Speisen, oft spielen Bands.

Als Nachtisch sollte man sich die ausgefallenen Eissorten bei **In the Pink** (z. B. Mango Macadamia), 20a Jonsons St, nicht entgehen lassen. Sehr gute Pizzen gibt es im

© JAN DÜKER

Leere Strände und eine gute Brandung locken Backpacker und Surfer das ganze Jahr über nach Byron Bay.

Il Buco, 4/4 Bay Lane, ✆ 6680 9186.
🕐 tgl. 17.30–22 Uhr.
Die **Arts Factory Backpackers Lodge** fungiert als (alternatives) Kulturzentrum; u. a. gehören dazu ein Café und die **Byron Bay Brewery and Buddha Bar** (Schanklizenz; Abendessen); und das mit Sitzkissen ausgestattete Kino **Pighouse Flicks**. Zusätzlich zahlreiche Veranstaltungen: Talentshows, Aboriginal-Culture-Vorstellungen, DJs und Bands. Details unter 🖥 www.byron baybrewery.com.au.

AKTIVITÄTEN

An esoterischen und alternativen Aktivitäten besteht kein Mangel: Es gibt unzählige Tarotkarten- und Handlinienleser, Yogakurse, Massagestudios usw. Die Hostels beraten über die riesige Palette an sportlichen und anderen Aktivitäten.
Für günstige Workshops (Didgeridoo-Herstellung, Trommeln, Bushtucker Walks, etc.) ist die Arts Factory Backpackers Lodge (s. Hostels) eine gute Anlaufstelle.

Fallschirmspringen

Skydive Byron Bay, ✆ 1300-81 10 38, 🖥 www.skydive.com.au/byron-bay. Tandemflüge ab $320 – die Preise richten sich nach der Absprunghöhe.

Kajakfahren

Go Sea Kayak Byron Bay, 56 Lawson St, ✆ 6685 8880, 🖥 www.goseakayak byronbay.com.au. Verschiedene Kajaktouren in Begleitung mehrerer sehr erfahrener Guides, darunter auch ein Aborigine, der die Geschichte der Ureinwohner vermittelt. Unterwegs kann man schnorcheln und bekommt man mit etwas Glück Delphine und sogar Wale zu sehen. Halbtagestouren inkl. kleinem Lunch $75 p. P.

Surfen

Black Dog Surfing, 11 Byron St, ✆ 6680 9828, 🖥 www.blackdogsurfing.com. Kurse in Kleingruppen (max. 5 Pers. pro Trainer), stundenweise (3 Std. $65) oder über mehrere

Tage; auch Kurse nur für Frauen; z. B. 3-Tage-Kurs $165.

Byron Bay Surf School, 29 Shirley St, ✆ 1800-70 72 74, 🖳 www.byronbaysurfschool.com. Unterricht um $65 pro UE von 3 1/2 Std. inkl. Verleih von Wetsuits und Malibu-Surfbrettern, billiger bei Buchung mehrerer Unterrichtseinheiten.

Tauchen

Byron Bay Dive Centre, 9 Marvell St, ✆ 6685 8333, 1800-24 34 83, 🖳 www.byronbay divecentre.com.au. Tauchtrips zum Julian Rocks Marine Reserve, 3 km vor Main Beach (tolle Fische, Haie, Wasserschildkröten und Korallenriffe), Tauchgang ab $70 inkl. Ausstattung; auch Schnorcheltouren und Tauchzertifikate. Auch Tauchkurse.

Sundive Scuba Dive Centre, 9-11 Byron St, ✆ 6685 7755, 🖳 www.sundive.com.au. PADI-Tauchschule. Von Anfängerkursen (PADI Open Water; 4 Tage; um $600) bis zur Ausbildung als Tauchlehrer.

TOUREN

 Byron Bay Adventure Tours, ✆ 1300-12 00 28, 🖳 byronbayadventuretours. com.au. Großer, deutschsprachiger Anbieter von Touren in und um Byron Bay. Das Angebot reicht von Gyrocopter-Flügen, Kajaktouren, Mt-Warning-Besteigungen bis zu Ausfahrten in den Regenwald und ins Hinterland. Touren werden auch auf Deutsch angeboten.

Achtung Touristenfalle

Auch die Polizei in Byron Bay kennt die schönen Sonnenauf- und Sonnenuntergänge am **Leuchtturm**. Gerade morgens sollten Autofahrer ihr Fahrzeug hier mit großer Sorgfalt parken. Vor Sonnenaufgang ist die Schranke zur Straße, die zum Parkplatz direkt am Leuchtturm führt, noch geschlossen. Wer seinen Wagen im Halteverbot abstellt, riskiert einen deftigen Strafzettel – die Polizei kommt hier (fast) jeden Morgen vorbei! Lieber etwas früher aufstehen und ein paar Minuten Fußweg in Kauf nehmen.

Mountain Bike Tours, ✆ Handy 0429 122 504, 🖳 www.mountainbiketours.com.au. Professionell geführte Öko-Radtouren in die Regenwälder der Umgebung (z. B. mit Adventure Rainforest Tour 1gl. in den Nightcap NP. Auch Organisation von mehrtägigen selbst geführten Touren. Die Firma wird von einem englisch-schweizerischen Paar betrieben.

Vision Walks, ✆ 0405 275 743, 🖳 www. visionwalks.com. Sehr empfehlenswerte Touren mit Schwerpunkt auf Wildlife. Erfahrene und passionierte Guides; sehr kleine Gruppen von max. 6 Pers. Wildlife-Tagestour in die umliegenden Regenwälder $145. Außerdem Night Vision Walk ($145) und viele weitere Touren.

SONSTIGES

Fahrrad- und Surfbrettverleih

Viele Hostels vermieten Fahrräder an ihre Gäste, teilweise kostenlos.

Surf & Bike Hire, Shop 1, 31 Lawson St, ✆ 6680 7066, 🖳 www.byronbaysurfandbikehire.com.au. Fahrräder und Surfbretter ab $10 pro Tag. Bodyboards und Neoprenanzüge $5 pro Tag. ⏱ tgl. 9–17 Uhr.

Festivals

Byron Bay Bluefest, 🖳 www.bluesfest.com.au. Wurde bereits 1990 das erste Mal zelebriert. 5 Tage um Ostern; u. a. international bekannte Namen.

Byron Bay Writers Festival, 🖳 www.byron baywritersfestival.com.au. Anfang August.

Informationen

Byron Bay Visitor Information Centre, 80 Jonson St, ✆ 6680 8558, 🖳 www. visitbyronbay.com. ⏱ tgl. 9–17 Uhr.

Märkte

Interessante *community markets* finden abwechselnd jedes Wochenende an einem anderen Ort der Nordküste statt: in Byron Bay jeden 1. So im Monat in Dening Park, Main Beachfront.

Auf dem **Farmers Market** gibt es Obst und Gemüse von lokalen Bauern. ⏱ Do 7–11 Uhr.

Busse

Greyhound und **Premier**, s. Busfahrplan S. 554–557.

Blanch's Coaches, ☎ 6686 2144, 🖥 www.blanchs.com.au. Nach BALLINA via Suffolk Park, Bangalow/Lennox Head und nach MULLUMBIMBY.

Flughafen-Transfers von und nach BALLINA s. S. 554–557.

Brisbane 2 Byron, ☎ 1800-62 62 22, 🖥 www.brisbane2byron.com, Expressbusservice von und nach BRISBANE ($42, ca. 3 Std.) via Coolangatta. Mo–Sa.

Byron Easy Bus, ☎ 6685 7447, 🖥 www.byronbayshuttle.com.au. Von und nach COOLANGATTA AIRPORT mehrmals tgl. ($32).

Eisenbahn und Bahnbus

Transport NSW TrainLink, ☎ 13 22 32, 🖥 transportnsw.info. Sydney-Casino XPT hält abends in CASINO, dort Busanschluss nach MURWILLUMBAH via Byron Bay. In umgekehrter Richtung tgl. morgens und nachmittags von Byron Bay mit dem Bus nach CASINO, dort Anschluss an einen Zug nach SYDNEY.

Flüge

Byron Bay ist mit dem Auto ca. 90 Min. vom Flughafen in COOLANGATTA und ca. 20 Min. vom Flughafen in BALLINA entfernt.

Trendige Geschenkidee

Trendige Urlaubsandenken gibt es bei **2481**. Die lokale Klamottenmarke kommt ursprünglich aus Byron Bay und hat den Postcode des Ortes zu seinem Markennamen gemacht. In dem kleinen Laden gibt es coole Straßenkleidung (Kapuzenpullover, Baseballcaps, T-Shirts etc.) mit dem stilisierten Symbol des östlichsten Punktes von Australien. 2/4 Cavanbah Arcade, Jonson St, ☎ 6680 8008, 🖥 www.2481.com.au.

Murwillumbah

Die Landstadt mit 9000 Einwohnern liegt am Tweed River, dessen Tal zu den schönsten in New South Wales zählt. In der Flussniederung werden Zuckerrohr, Macadamianüsse und tropische Früchte angebaut, sogar eine Teeplantage gibt es. Der Bergring um das Tweed-Tal ist der Überrest eines längst erloschenen, riesigen Schildvulkans, dessen Schlot einst die markant geformte Felsen des 1150 m hohen **Mount Warning** im **Wollumbin State Forrest** bildete. Ein Wanderweg führt vom Regenwald beim Breakfast-Creek-Parkplatz auf den Berg hinauf (je nach Kondition vier bis fünf Stunden hin und zurück). An klaren Tagen sieht man bis Byron Bay und zur Gold Coast.

Zu den anderen sehenswerten Nationalparks der Umgebung gehören der **Border Ranges National Park** und der **Nightcap National Park**. In beiden Parks gibt es Wanderwege und einfache Campsites. Ein Scenic Drive (64 km) durch das **Tweed Valley** ist ausgeschildert.

ÜBERNACHTUNG

€ **Murwillumbah YHA**, 1 Tumbulgum Rd, Murwillumbah, ☎ 6672 3763. Kleines Hostel direkt am Tweed River, etwas beengt, aber gemütlich, mit persönlicher Atmosphäre. Dorms (ab $32) und DZ. Preiswerte Vermietung von Booten, Kanus und guten Fahrrädern, 2x pro Woche Touren zum Mt Warning. ❷–❶

🧳 Der **Mount Warning Rainforest Park**, 153 Mt Warning Rd, 10 km südwestl. von Murwillumbah, ☎ 6679 5120, 🖥 www.mtwarningrainforestpark.com, liegt umrahmt vom Regenwald am Fuß des Mt. Warning. Zeltplätze ab $30. Der Caravanpark hat einen Salzwasserpool und einen Tennisplatz. Ab ❹

Hillcrest Mountain View Retreat, Upper Crystal Creek Rd, Crystal Creek, 12 km nordwestl. von Murwillumbah, ☎ 6679 1023, 🖥 www.hillcrestbb.com. Freundliches B&B mit luxuriösen Zimmern. Von der Straße nach Chillingham nach Norden abbiegen. ❼

Murwillumbah Visitor Information Centre, Alma St, Ecke Tweed Valley Way, ✆ 6672 1340, 🖥 www.murwillumbah.com.au. ⏰ Mo–Sa 9–16.30, So 9.30–16 Uhr.

Busse

Greyhound und **Premier**, s. Busfahrplan S. 554–557.

Eisenbahn

Transport NSW TrainLink, ✆ 13 22 32, 🖥 www. nswtrainlink.info. Sydney-Casino XPT hält abends in CASINO, dort Busanschluss nach MURWILLUMBAH via Byron Bay. In umgekehrter Richtung tgl. morgens und nachmittags von Murwillumbah mit dem Bus nach CASINO, dort Anschluss an einen Zug nach SYDNEY.

New England Plateau

Das New England Plateau, ein 1000–1400 m hohes Hochplateau im Nordosten von New South Wales, erstreckt sich parallel zur Küste vom oberen Ende des Hunter Valley bis zur Grenze von Queensland. Zur Küste hin fällt das Hochplateau steil ab. Diese Gegend ist von Felsklippen und tiefen Schluchten durchzogen, dicht bewaldet und meist schwer zugänglich. Die Bäche und Flüsschen des Plateaus ergießen sich über hohe Wasserfälle in enge Schluchten. Das ehemals bewaldete hügelige Hochland wurde in Weideland für Schafe und Rinder umgewandelt. Trotz des Namens waren es hauptsächlich Schotten, die diese Gegend während des 19. Jhs. besiedelten.

Bedingt durch die Höhenlage unterscheidet sich das Klima fundamental von der nur 140–180 km entfernten Küste. Die Winter sind frostig, mit vereinzelten Schneefällen; im Sommer ist die frische, trockene Luft eine Wohltat. Es ist eine

der wenigen Regionen Australiens mit vier ausgeprägten Jahreszeiten. Die wichtigsten Orte, Tamworth, Armidale, Glen Innes und Tenterfield, liegen am New England Highway, einer der Hauptverbindungen zwischen Brisbane und Sydney. Von all diesen Orten gibt es gute Querverbindungen zur Küste; Abzweigungen führen zu Schluchten, Wasserfällen und Aussichtspunkten in den Nationalparks.

Große Flächen des New England Plateaus waren von den Buschbränden 2019/20 betroffen und viele der umliegenden Nationalparks waren zur Zeit der Recherche noch immer geschlossen. Das gesamte Ausmaß der Katastrophe für die Tier- und Pflanzenwelt der Region war noch ungewiss.

Tamworth

Die rund 62 000 Einwohner zählende Stadt im Peel Valley am südlichen Rand des New-England-Plateaus gilt als Country-&-Western-Hauptstadt Australiens. Jedes Jahr Mitte Januar treffen sich hier die Fans aus ganz Australien zum **Country Music Festival**. Nicht zu übersehen ist die 12 m hohe Goldene Gitarre vor dem **Big Golden Guitar Tourist Centre**, die Tamworths Vorliebe für diese Musikrichtung signalisiert. Im Inneren gibt es wechselnde Ausstellungen zur Musikgeschichte, ein gutes Bistro und einen Souvenirshop.

Zur Zeit des Country Music Festivals steigen die Preise stark an.
Tamworth YHA, 169 Marius St, Bahnhofsnähe, ✆ 6761 2600, ✉ tamworth@yhanws.org.au. Freundlicher kleiner Betrieb, 6–8-Bett-Dorms ($30–35) und DZ. Abholservice. Rezeption ⏰ 8–12.30, 16–21.30 Uhr. ❶
Motels sind zahlreich vertreten; die meisten von ihnen befinden sich am New England Highway:

€ **Country Capital Motel**, 193 Goonoo Goonoo Rd (New England Hwy), ✆ 6765 5966, 🖥 www.countrycapitalmotel.com.au. Große, komfortable und saubere Zimmer zu guten Preisen. ❸–❹

Paradise Tourist Park (BIG4), Peel St, ✆ 6766 3120, 🖥 www.paradisetouristpark.com.au. Camping- und Stellplätze ($37/40, $50 mit Bad); Bunkrooms ($120 für 4 Pers.) sowie Cabins ❷–❹ und luxuriöse Villas ab ❺. Pool.

ESSEN

The Pig and Tinder Box, 429 Peel St, ✆ 6766 1541, 🖥 http://thepigandtinderbox.com.au. Gemütliches Pub mit guter Speisekarte; hier ist eigentlich immer was los. ⏰ tgl. ab 12 Uhr.
Your Thai Place, 297 Peel St, ✆ 6766 2222. Wer Thai-Küche mag, kann hier nichts falsch machen. ⏰ tgl. Abendessen; Mittagessen nur Mo–Fr.

INFORMATIONEN

Tamworth Visitor Centre, 2 Ringers Rd, ✆ 6767 5300, 🖥 www.destinationtamworth.com.au. ⏰ tgl. 9–17 Uhr.

TRANSPORT

Eisenbahn
Transport NSW TrainLink, ✆ 13 22 32, 🖥 transportnsw.info. Tgl. von SYDNEY um 9.30 Uhr mit dem Armidale XPL über Tamworth (15.37 Uhr) nach ARMIDALE (17.35 Uhr), dort direkter Busanschluss nach GLEN INNES (Ankunft 19.18 Uhr) und weiter nach TENTERFIELD (Ankunft: 20.21 Uhr). In umgekehrter Richtung ab Tenterfield um 5.40 Uhr über Glenn Innes (7 Uhr) nach Armidale (8.20 Uhr). Von dort mit dem Zug über Tamworth (10.27 Uhr) nach Sydney (16.39 Uhr).

Flüge
Flugverbindungen zwischen SYDNEY und Tamworth mehrmals tgl. mit **QantasLink**, 🖥 www.quantas.com.au, sowie **Virgin Australia**, 🖥 www.virginaustralia.com.au.

Armidale

Die Universitätsstadt ist eine australische Rarität, denn im Gegensatz zu Deutschland befinden sich in Australien fast alle Hochschulen in den Hauptstädten oder deren Umkreis. An Armidales University of New England studieren rund 22 500 Studenten. Hinzu kommen zwei Fachhochschulen und einige renommierte Internate. Besonders im Herbst erinnert die Stadt mit ihren Kirchtürmen und dem flammend rot und gelb gefärbten Laub ihrer „europäischen" Bäume in den Parks an Mitteleuropa. Armidale hat ein ansehnliches Kulturangebot. Die Stadt lässt sich gut mit dem Fahrrad erkunden – es gibt eine ausgeschilderte City Tour.

Im Zentrum gilt das **New England Regional Art Museum** in der Kentucky St, 🖥 www.neram.com.au, als die am besten ausgestattete australische Kunstgalerie in der Provinz. ⏰ Di–So 10–16 Uhr, Spende erwünscht.

🔦 Ebenfalls in der Kentucky St befindet sich das **Aboriginal Centre and Keeping Place**, ✆ 6771 3606, 🖥 www.acckp.com.au, ein Aboriginal-Kulturzentrum, das in regelmäßigen Abständen Ausstellungen bietet. 70 Aboriginal-Künstler aus NSW präsentieren und verkaufen hier ihre Werke. Dazu gehört auch ein Souvenir-Shop. ⏰ Mo–Fr 9–16, Sa 10–14 Uhr, Spende erwünscht.

ÜBERNACHTUNG

🧳 **Moore Park Inn** (Best Western), 63 Moore Park Lane, ✆ 6772 2358, 🖥 www.mooreparkinn.com.au. Boutiquemotel mit großzügig angelegtem Garten und Park. Entspannte Atmosphäre, gutes Preis-Leistungs-Verhältnis. ❻
Armidale Tourist Park (Top Tourist), 39 Waterfall Way, ✆ 6772 6470, 🖥 www.armidaletouristpark.com.au. Campingplatz mit Pool und Tennisplatz. Zelt- und Stellplätze ohne Strom/mit Strom/mit Bad ($20/33/49) sowie Cabins ab ❸

ESSEN

Azka Restaurant, Wine & Tapas Bar, 31 Marsh St, ✆ 6772 7788. Leckere Tapas in schönem Lokal. Freundlicher Service, allerdings nicht ganz günstig. ⏰ tgl. 6.30–22 Uhr.
Whitebull Hotel, 117 Marsh St, ✆ 6772 3833. Gute typisch australische Countermeals von Steak bis Barramundi. ⏰ tgl. bis spät.

INFORMATIONEN

Armidale Visitor Information Centre, 82 Marsh St, ☎ 6770 3888, 🖥 www.armidaletourism.com. au. ⏰ tgl. 9–17 Uhr.

 Das Visitor Centre bietet tgl. um 10 Uhr 2-stündige Stadtrundfahrten an, Spende erwünscht.

TRANSPORT

Busse und Eisenbahn
S. 204 (Tamworth).

Flüge
Direkte Flugverbindung mehrmals tgl. zwischen Armidale und SYDNEY mit **QantasLink**, ☎ 13 13 13, 🖥 www.qantas.com.au, und **Rex**, 🖥 www. rex.com.au.

Die Umgebung von Armidale

Armidale eignet sich gut als Ausgangspunkt für Ausflüge in die Umgebung. Am Rand des Plateaus im Osten liegen zwei Nationalparks.

Wie ein Flickenteppich erstrecken sich die Gebiete des **Oxley Wild Rivers National Park** mit vielen beeindruckenden Wasserfällen, u. a. den **Wollomombi Falls**, mit 220 m einer der höchsten Wasserfälle Australiens, und in der Nähe die **Chandler Falls**, beide 40 km östlich von Armidale nahe dem Waterfall Way (Highway Nr. 78). Andere Highlights des Nationalparks sind **Long Point**, **Dangars Gorge** und **Apsley Gorge**.

Vom 1564 m hoch gelegenen Point Lookout im **New England National Park** (85 km östl. von Armidale) schweift der Blick unendlich weit über Bergkämme, Schluchten und Täler. Dieser Nationalpark umfasst eine Wildnis aus zerklüfteter Flusslandschaft mit vielen Wasserfällen; ein Paradies für wohltrainierte Bushwalker.

Vom Waterfall Way führt ein unbefestigter Abzweig zum Aussichtspunkt und weiter durch den **Styx River State Forest**. Der Point Lookout ist auch Rollstuhlfahrern zugänglich. In der Nähe des Aussichtspunktes kann man in Holzhütten übernachten oder auf einem Busch-campingplatz zelten. Weitere Nationalparks in der Umgebung sind **Cathedral Rock National Park** und **Guy Fawkes River National Park**.

Glen Innes und Umgebung

Das 1070 m hoch gelegene Städtchen mit etwa 6200 Einwohnern im Zentrum des Hochlandes hat viele Parks und Gärten; in der Grey St stehen viele restaurierte alte Gebäude. Der Spitzname dieser Gegend – „Land of the Beardies" – nach zwei bärtigen *stockmen* aus dem 19. Jh. wird vom Heimatmuseum **Land of the Beardies History House**, Ferguson St, Ecke West Avenue, 🖥 www.beardieshistoryhouse.info, aufgegriffen. ⏰ Mo–Fr 10–12 und 13–16, Sa und So 13–16 Uhr, Eintritt $10.

Am Ostrand der Stadt am Gwydir Highway in Richtung Grafton befinden sich in den Centennial Parklands die **Australian Standing Stones**, ein Monument, das den Siedlern keltischer Herkunft in Australien gewidmet ist.

Das Gebiet zwischen Glen Innes und dem 67 km weiter westlich gelegenen **Inverell** ist das **Edelsteinfeld** von New South Wales. Hier schürft man nach Granaten, Topas, Zirkon, Quarzkristallen und v. a. nach Saphiren – Inverell nennt sich auch Sapphire City und ist eines der größten Saphirzentren der Welt.

ÜBERNACHTUNG

Blair Athol B&B, Warialda Rd, Inverell, ☎ 6722 4288. Beherbergt in einem alten Herrenhaus fühlen sich Besucher hier wahrlich in eine andere Zeit versetzt. Alle 6 Gästezimmer sind geräumig, mit Bad und offenem Kamin. Inkl. „Cooked Breakfast" mit 3 Gängen. ❼
Fossiker Caravan Park, 96 Church St, ☎ 6732 4246, 🖥 www.fossickercaravanpark.com.au. Zelt- und Stellplätze sowie Cabins und Cottages auf großer Anlage. Ab ❷

INFORMATIONEN

Glen Innes Visitor Centre, 152 Church St, ☎ 6730 2400, 🖥 www.gleninnestourism.com. ⏰ Mo–Fr 9–17, Sa 9–15, So 9–13 Uhr.

Inverell Visitor Information Centre, Campbell St, ☏ 6728 8161, 🖳 www.inverell.com.au. ⏰ Mo–Fr 9–17, Sa und So 9–14 Uhr.

Zur Bahnverbindung s. S. 204 (Tamworth).

Snowy Mountains

Die schneebedeckten Berge sind Teil des alpinen Hochlandes im äußersten Südosten, das sich von Victorias Mt Buller, Mt Bogong und Mt Beauty über die Crackenback Range in NSW bis nach Cooma erstreckt. Mt Kosciuszko, mit 2228 m höchster Berg Australiens, erhebt sich nahe der Grenze zu Victoria und kann auf einem einfachen Spaziergang „bestiegen" werden. Der größte Teil der Snowy Mountains steht als **Kosciuszko National Park** unter Schutz. Östlich und nördlich von Cooma erstreckt sich die baumlose Monaro-Hochebene.

Im Gegensatz zu den Gebirgen anderer Kontinente besteht das Dach Australiens aus relativ niedrigen, abgerundeten Bergrücken knapp oberhalb der Schneegrenze. Von Ende Juni bis September strömen Urlauber aus Südost-Australien in die Skiresorts, die dann Wintersport zu Wucherpreisen bieten. Die wichtigsten sind Thredbo und Perisher Blue in der Nähe von Mt Kosciuszko und weiter nördlich in der Nähe von Cabramurra die Selwyn Snowfields. Im Sommer gibt es weniger Gedränge, die Unterkünfte sind erschwinglich und viele Skilifts

Akademischer Ausflug

Ein schöner Radweg führt zum 5 km außerhalb der Stadt gelegenen **Universitätscampus**. Dort erwarten Besucher einige **Spezialmuseen** sowie das alte Herrenhaus **Booloominbah**, in dem heute ein sehr gemütliches Café, ein Restaurant und eine Brasserie untergebracht sind.

noch immer in Betrieb. Der Snowy Mountains Highway von Cooma bis zum Hume Highway führt direkt durch die Berge. Wer mehr von der Landschaft sehen möchte, unternimmt eine Rundfahrt auf dem **Alpine Way** von Kiandra nach Thredbo.

Im Winter sollte man sich bei der Nationalparkbehörde (🖳 www.nationalparks.nsw.gov.au/things-to-do/driving-routes/snowy-mountains-highway/local-alerts) nach den Verhältnissen auf dem Snowy Mountains Highway erkundigen. Für den Alpine Way und für die Kosciuszko Road (hinter Sawpit Creek) sind von Juni bis Oktober Schneeketten vorgeschrieben. Für den National Park wird eine Eintrittsgebühr von $17 pro Fahrzeug/Tag erhoben (Buspassagiere $6,60), in der Skisaison von Anfang Juni bis Ende Oktober beträgt die Gebühr sogar $29 pro Fahrzeug/Tag (Buspassagiere $11,45).

Im Januar 2020 brannten in den Snowy Mountains riesige Flächen. Ein Anwohner und Millionen von Tieren wie die ohnehin schon gefährdeten Corroboree-Scheinkröten und Rauchmäuse verloren in den Flammen ihr Leben. Einige Parks und Wanderwege waren zur Zeit der Recherche noch geschlossen. Aktuelle Informationen auf 🖳 www.nationalparks.nsw.gov.au.

Cooma

Wegen seiner Lage am Schnittpunkt von zwei Highways ist Cooma (6700 Einwohner) Ausgangspunkt für die Snowy Mountains. Wer weiter in die Berge fährt, tankt hier besser noch einmal auf und deckt sich mit Proviant ein. Als in den 1950er-Jahren das riesige Ingenieursprojekt Snowy Mountains Hydro-Electric Scheme in Angriff genommen wurde, ließen sich viele europäische Arbeiter im Ort nieder, und zeitweise galt Cooma als die kosmopolitischste Stadt Australiens.

ÜBERNACHTUNG

€ **Bunkhouse Motel**, 28 Soho St, ☏ 6452 2983, 🖳 www.bunkhousemotel.com.au. Mit Gemeinschaftsküche und Wohnzimmer wirkt das Motel eher wie ein Hostel. Günstige EZ, DZ und Familienzimmer. ❷

White Manor Motel, 252 Sharp St, ✆ 6452 1152, 🖳 www.whitemanor.com.au. Saubere, gemütliche Zimmer zu guten Preisen. ❹

ESSEN

Den besten Kaffee bekommt man im **Kettle & Seed**, 47 Vale St, ✆ 6452 5882. ⊕ Mo–Fr 7–16, Sa 8–14 Uhr.
Gute Adressen für Mittag- und Abendessen: **Pha's Thai Kitchen**, 121 Sharp St, ✆ 6452 5489. ⊕ Di–So.
Rose's Lebanese Restaurant, 69 Massie St, ✆ 6452 4512. ⊕ Mo–Sa Mittag- und Abendessen.

SONSTIGES

Aktivitäten
Village Ski & Snowboard, 54 Sharp St, ✆ 1800-18 88 87, 🖳 www.villageski.com.au. Hier bekommt man Ski-, Snowboard- und Rodelausrüstung. Außerdem Autokettenverleih mit Montage.

Informationen
Cooma Visitors Centre, 119 Sharp St, ✆ 1800-63 65 25, 🖳 www.snowymountains.com.au, visitcooma.com.au. ⊕ Winter tgl. 7–17 Uhr, Sommer tgl. 9–17 Uhr.
Snowy Mountains Hydro Scheme and Information Centre, Monaro Highway, ✆ 1800-62 37 76, 🖳 www.snowyhydro.com.au. ⊕ Mo–Fr 8–17, Sa und So 9–14 Uhr.

TRANSPORT

Busse
Im Winter gibt es mehrere Busverbindungen ab Canberra und Sydney zu den Skigebieten um Thredbo und Perisher; genaue Fahrpläne werden meist erst kurz vor der Skisaison bekannt gegeben; Infos unter 🖳 www.snowy mountains.com.au/getting-here/transport-services.
Greyhound, 🖳 www.greyhound.com.au. Im Winter tgl. morgens von SYDNEY via Canberra, Cooma, Jindabyne, Bullocks Flats Ski Tube Terminal bis THREDBO und zurück.

Eisenbahn und Bahnbus
NSW TrainLink, ✆ 13 22 32, 🖳 transportnsw. info. Ab SYDNEY um 7.12 und 12.08 Uhr nach CANBERRA, dort direkter Anschluss an den Bus nach EDEN via COOMA (Fahrzeit insgesamt 6 1/4 Std.). Ab Canberra fährt außerdem ein Bus nach BOMBALA via JINDABYNE.

Thredbo

Alpenflair mit australischer Note: Das 1370 m hoch gelegene Dorf mit seinen dicht beieinanderstehenden Häusern im europäischen Berghüttenstil eignet sich gut als Basis für Tageswanderungen im Tal und auf dem Mt-Kosciuszko-Plateau und als Ausgangspunkt für eine Rundfahrt durch den Nationalpark auf dem **Alpine Way** (s. rechts). Im Winter ist Thredbo eines der vielen überteuerten Ski-Resorts Australiens; zu den zahlreichen umliegenden Pisten für Anfänger wie erfahrene Skifahrer zählt auch die Route zum **Dead Horse Gap**.

ÜBERNACHTUNG

Boali Lodge, Mowamba Place, ✆ 6457 6064, B&B, 🖳 www.boali.com.au. Preise für VP (im Sommer: $150 p. P). Im Winter erheblich teurer. Sauna, offener Kamin. ❽
Thredbo YHA, 2 Buckwong Place, ✆ 6457 6376, ✉ thredbo@yha.org.au. Sauberes, modernes Hostel, 4–6-Bett-Dorms ($36) und DZ. Von Juni–Sep doppelte bis dreifache Preise! ❷

INFORMATIONEN

Thredbo Information Centre, ✆ 6459 4100, 🖳 www.thredbo.com.au. ⊕ tgl. 9–17 Uhr.

Kosciuszko National Park

Als Alpine Country vermarktet sich der Nationalpark prahlerisch: Immerhin bringt sein höchster Gipfel es auf 2228 Höhenmeter. Der Park erstreckt sich über 200 km von Tumut bis zur Gren-

ze nach Victoria und ist mit rund 690 000 ha Fläche der größte in New South Wales. Die Landschaft umfasst beinahe das gesamte alpine Hochplateau mit zehn Gipfeln über 2100 m, bewaldeten Tälern und baumlosem Hochland mit Gletscherseen. Eintritt $17 pro Auto/Tag (in der Skisaison $29).

Eine Rundfahrt führt von Cooma auf dem Snowy Mountains Highway am Nordostufer des Stausees **Lake Eucumbene** entlang, bis man bei Kiandra nach links (Südwesten) in die Straße nach **Khancoban** abbiegt. In Khancoban ist die Parkeintrittsgebühr zu entrichten. Mit dem **Alpine Way** beginnt hier der landschaftlich reizvollste Teil der Rundfahrt durch dicht bewaldetes Gebiet mit herrlichen Aussichtspunkten am Südwestrand der Snowy Mountains entlang bis nach Thredbo. Einfache Zeltplätze der Nationalparkverwaltung gibt es bei **Geehi**. Die 78 km lange Strecke ist vollständig geteert. Im Winter ist der Alpine Way evtl. gesperrt – Auskunft bei den Informationszentren (s. rechts).

Durch die Snowy Mountains führen auch einige schöne Wanderpfade. Lohnenswert und leicht zugänglich ist der **Mount Kosciuszko Walk** auf der abgeflachten Berghöhe, mit dem Kosciuszko Express Chairlift ab Thredbo zu erreichen. Ab der Endstation des Sessellifts (Eagles Nest) zum Mt Kosciuszko Lookout und zurück sind es 4 km, zum eigentlichen Gipfel hin und zurück 12 km (etwa 5 Std.).

Im Nordwesten des Nationalparks befinden sich die **Yarrangobilly Caves**, ein sehenswertes **Höhlensystem** von etwa 60 Tropfsteinhöhlen am Rande eines Felsplateaus. Die Höhlen liegen bei Kiandra, 6,5 km westlich vom Snowy Mountains Highway über eine ungeteerte Straße – im Winter ist sie unter Umständen gesperrt. Eintritt $4 pro Fahrzeug/Tag.

Zur Jersey und Jillabenan Cave werden mehrmals tgl. Führungen angeboten, Informationen beim Yarrangobilly Caves Visitor Centre in Tumut, ✆ 6454 9597, ⏱ tgl. 9–17 Uhr.

Von Spazierwegen eröffnen sich Aussichten über die Yarrangobilly-Schlucht. Über einen steilen Pfad gelangt man vom Glory-Hole-Parkplatz zum **Thermalbad** neben dem Yarrangobilly River, das von einer 27 °C warmen Quelle gespeist wird.

ÜBERNACHTUNG

Im Winter verlangen die meisten Unterkünfte einen Mindestaufenthalt von 2 Nächten.
Snowy Mountains Backpackers, 7 und 8, Gippsland St, Jindabyne, ✆ 1800-33 34 68, 🖥 www.snowybackpackers.com.au. 6–8-Bett-Dorms (Sommer ab $30, Winter $50) und DZ (Sommer ❸, Winter ❺). Café, Internet, Skiverleih, Touren zum Mt Kosciuszko.

🧳 **Kosciuszko Tourist Park**, 14 km nordwestl. von Jindabyne an der Straße zum Perisher Valley und Charlottes Pass, ✆ 6456 2224, 🖥 www.kosipark.com.au. Die Anlage wird regelmäßig von Wombats und Wallabies heimgesucht. Gäste haben die Wahl zwischen komfortablen Chalets ❹, einfachen Cabins ❷ sowie Zeltplätzen (ab $28). Im Winter etwa doppelte Preise.

INFORMATIONEN

Khancoban Visitor Centre, Scott St, ✆ 6076 9373. ⏱ Mo-Fr. 9–12.30 und 13–16 Uhr.
Snowy Region Visitors Centre in Jindabyne, ✆ 6450 5600. Ausstellung über die Flora und Fauna. ⏱ tgl. 8.30–17 Uhr.
Yarrangobilly Caves Visitor Centre, bei den Höhlen, ✆ 6454 9597. ⏱ tgl. 9–17 Uhr.

TRANSPORT

Eine Rundfahrt über die Snowy Mountains, Besichtigung der Höhlen usw. ist nur per **Auto** möglich, oder man bucht eine One-way-Tour von Melbourne nach Sydney (s. dort). Infos zu **Eisenbahn** und **Bahnbus** s. S. 207 (Cooma).

Country NSW

Im Hinterland von NSW – westlich der Great Dividing Range – liegen verschlafene, ehemalige Goldgräberkommunen und naturbelassene Nationalparks, über denen nachts die Sterne funkeln. Ein wenig erschlossenes Abenteuerland für Outdoorfreunde und Vogelbeobachter.

◀ Im Winter Skigebiet, im Sommer Radsportterrain: die Snowy Mountains   **209**

Bathurst

Der 1815 von Governor Macquarie zur Siedlung proklamierte Ort entwickelte sich erst mit den ersten **Goldfunden** im nahe gelegenen Lewis Ponds Creek (Ophir) 1851. Der anschließende Goldrausch weckte den Ort und damit auch die Kolonie aus dem Dornröschenschlaf. Bald stieß man in der gesamten Umgebung auf reichhaltige Vorkommen von Waschgold, und da Bathurst die den Goldfeldern am nächsten gelegene Stadt war, in der sich die Goldgräber mit allem Lebensnotwendigen versorgten, gedieh der Ort prächtig. 1885 wurde Bathurst zur Stadt (City) erklärt.

Heute präsentiert sich der 209 km westlich von Sydney an den westlichen Hängen der Great Dividing Range gelegene Ort als schönes Landstädtchen mit historischen Gebäuden. Zwar bergen die Bäche und Flüsse in der Umgebung wohl noch immer einige Körnchen Gold und sogar Edelsteine (Saphire), doch bildet die Landwirtschaft, insbesondere Viehzucht, Obst- und Getreideanbau, die wirtschaftliche Basis des Distrikts.

Zum **Court House** von 1880 in der Russell St, dem schönsten öffentlichen Gebäude von Bathurst, gehört ein kleines **Historical Museum**. ⏲ Di–Fr 10–16, Sa und So 11–14 Uhr, Eintritt $5.
Bathurst Gold Fields, 🖥 http://bathurstgold fields.com.au, in der Conrod Straight in der Nähe des Museums ist ein nachgebautes Goldgräberfeld, wo Methoden der Goldgewinnung vorgeführt werden – man bekommt Unterricht im Goldwaschen. Anfang Oktober findet in der Stadt das Bathurst 1000 statt, ein großes Autorennen auf dem **Mount Panomara Motor Racing Circuit**. Die Übernachtungskosten verdoppeln bis verdreifachen sich zu dieser Zeit.

ÜBERNACHTUNG

Bathurst Explorers Motel (Budget), 357 Stewart St, ☎ 6331 2966, 🖥 www.bathurstexplorers motel.com. Etwas alt, aber sauber und preiswert. Günstiges Frühstück. ❸

📖 **Bathurst Heights B&B**, 9 John Norton Pl, ☎ 6331 6330, 🖥 www.bathurstheightsbb. com.au. Saubere Zimmer, beste Gastfreundschaft und leckeres Frühstück. Jedes der

6 Zimmer hat ein Bad. Hier kann man sich wie zu Hause fühlen. ❺
Bathurst Panorama Holiday Park (BIG4), 250 Sydney Rd (Great Western Hwy), ☎ 6331 8286. Zelt- und Stellplätze ohne und mit Strom ($30/35 oder $48 mit Bad). Beheizter Pool mit Rutsche, Spielplatz und große überdachte Küche, außerdem Cabins ❹ und Cottages mit 2 Zimmern. ❺

ESSEN

The Hub, 52 Keppel St, ☎ 6332 1565. Guter Kaffee sowie Frühstück und Mittagessen, auch für Veggies. Gemütlicher, schattiger Hinterhof. ⏲ tgl. 7–15.30 Uhr.
Chef Li, 177 Howick St, ☎ 6332 6588, chinesisch, und **Saffron**, 195 Howick St, ☎ 6332 2889, indische Küche, sind ebenfalls zu empfehlen.

INFORMATIONEN

Bathurst Visitor Information Centre, 1 Kendall Ave, ☎ 1800-68 10 00, 🖥 www.visitbathurst. com.au. ⏲ tgl. 9–17 Uhr.

TRANSPORT

Eisenbahn und Bahnbus
NSW TrainLink, ☎ 13 22 32, 🖥 transportnsw. info. Von SYDNEY fahren die Züge über Bathurst nach ORANGE und DUBBO. Von Dubbo gibt es Busverbindungen nach BOURKE (tgl. um 16.45 Uhr, 4 1/2 Std.), LIGHTNING RIDGE (ab Dubbo tgl. um 14.20 Uhr, 4 1/2 Std.) und über Cobar und Wilcannia nach BROKEN HILL (ab Dubbo tgl. um 14.15 Uhr, 5 Std.).
Indian Pacific zwischen SYDNEY und PERTH, Details s. S. 151.

Flüge
Tgl. Flugverbindung zwischen SYDNEY und Bathurst mit **Rex**, 🖥 www.rex.com.au.

Die Umgebung von Bathurst

Kleine Dörfer und Städte aus der Goldrauschzeit des 19. Jhs. liegen über die ganze Umgebung von Bathurst verstreut. Eine schöne Fahrt führt via Peel und Wattle Flat nach **Sofala**, 35 km nördlich von Bathurst am Turon River gelegen. Hier stieß man 1851, nur drei Wochen nach dem allerersten Goldfund in Australien, auf Edelmetallvorkommen. In den 1950er-Jahren zählte Sofala für einige Zeit um die 40 000 Einwohner, darunter 10 000 Einwanderer aus China – mit rund 200 Einwohnern ist es heute fast eine Geisterstadt. Campingmöglichkeiten bestehen entlang des Turon Rivers.

Eine unbefestigte Straße folgt dem Flüsschen in Richtung Nordosten nach **Hill End**, einer vormals bedeutenderen Goldgräberstadt, 85 km nördlich von Bathurst auf einem Plateau über dem Turon Valley. Hill End erlebte zwischen 1871 und 1874 einen kurzfristigen Boom. Mit 8000 Einwohnern und 28 Pubs war es damals der größte Ort im Landesinnern von New South Wales. Zehn Jahre später waren die Goldvorkommen ausgebeutet, der Reichtum zerronnen. Mithilfe eines Infoblatts vom Visitors Centre kann man einen Rundgang durch den Ort machen: **Hill End Historic Site Office**, Beyers Ave, ☏ 6370 9050, ⊕ tgl. 8.30–16 Uhr.

Ein schöner Ausflug führt von Bathurst aus via Rockley und Trunkey Creek zu den 72 km südlich von Bathurst gelegenen, von einem Naturreservat umgebenen **Abercrombie Caves**. Die größte und eindrucksvollste Höhle dieses Höhlensystems, **The Archway**, ist 221 m lang, am Nord- wie am Südeingang etwa 40 m breit und an einigen Stellen über 30 m hoch. Auf eigene Faust kann man sie tgl. zwischen 9 und 16 Uhr erkunden, Eintritt $20. Führungen in die anderen Höhlen $33, auch spezielle Führungen für Kids $15. Nähere Informationen und Buchung unter ☏ 6368 8603, 🖳 www.abercrombiecaves.com. Der durch das Reservat fließende Grove Creek stürzt am südlichen Rand des Reservats als **Grove Creek Falls** 70 m in die Tiefe.

Dubbo

Die 420 km nordwestlich von Sydney gelegene Stadt am Macquarie River ist das regionale Zentrum für den ländlichen Westen von New South Wales. Für viele Langzeitreisende wird Dubbo auf der Reiseroute liegen, da sich hier

die Hauptverkehrsadern **Newell Highway**, die Nord-Süd-Verbindung zwischen Brisbane und Melbourne, und **Mitchell Highway**, die Verbindung zwischen Bourke und Bathurst, kreuzen.

Die Hauptattraktionen sind der **Taronga Western Plains Zoo** (s. Kasten) sowie das **Western Plains Cultural Centre**, 76 Wingewarra St, das eine Kunstgalerie und das Dubbo Regional Museum beinhaltet. Letzteres dokumentiert die Geschichte der Stadt, u. a. anhand einer chronologischen Fotoserie der Straßen Dubbos. ⊕ tgl. 10–16, Fr bis 18 Uhr.

ÜBERNACHTUNG

NRMA Dubbo City Holiday Park, Whylandra St, ☏ 6884 8633, 🖳 www.nrmaparksandresorts.com.au/dubbo. Großer Park neben dem Zoo mit Spielplätzen, Hüpfkissen, Basketballplatz und

Outback-Safari

Eine Attraktion rechtfertigt den Zwischenstopp in Dubbo: Der ca. 300 ha große Freilandzoo **Taronga Western Plains Zoo** zählt zu den besten von Australien. Er umfasst 5 km südlich der Stadt in der Obey Rd ein riesiges Areal an Buschland, Wiesen, Bächen und Inseln, durchzogen von Wander- und Radwegen. Viele australische Tiere leben frei im Zoo; Tiere aus allen Kontinenten sind in großen Freigehegen untergebracht und so weit wie möglich von den Besuchern durch natürliche Barrieren wie Wassergräben getrennt. Während der Sommermonate empfiehlt es sich, früh aufzustehen und mit dem Auto oder Fahrrad (Leihgebühr $15 pro Tag) gleich zum Zoo zu fahren, denn spätestens gegen Mittag ist die Hitze unerträglich. ⊕ tgl. 9–16 Uhr, Eintritt $47, Kind $28 (2 Tage gültig). Online erhält man die Tickets günstiger.

Man kann auch im Zoo übernachten und dort ein Fahrrad mieten (s. u.). Frühmorgens finden 2–3x die Woche ausgezeichnete Führungen durch den Zoo statt. Der Zoo unterstützt weltweit Projekte zur Erforschung und zum Schutz bedrohter Tierarten. Näheres unter ☏ 9969 2777 oder 🖳 www.taronga.org.au.

Pool. Zelt-/Stellplätze ab $18/31 oder $53 mit eigenem Bad; Cabins und Suiten, Pool, Kiosk. Ab **②**

Tallarook Motor Inn, 17 Stonehaven Ave, ✆ 6882 7066, 🖥 www.tmidubbo.com.au. Große, saubere Zimmer, alle mit Küchenzeile, Bad und AC. **④**

🛄 **Zoofari Lodge**, Western Plains Zoo, Obley Rd, ✆ 6881 1488, 🖥 https:// taronga.org.au/accommodation. Unterbringung in zeltartigen Lodges inmitten der Tiergehege, in einfacheren Cabins oder in Zelten. Afrikanisches Savannengefühl. **⑧**

ESSEN

Dahab Cafe, 197 Brisbane St, ✆ 6884 5320. ⊕ tgl. für gutes Frühstück und Mittagsmahlzeiten.

Old Bank Restaurant, 232 Macquarie St, ✆ 6884 7728. In diesem typischen Outback-Pub wird erstaunlich gutes Essen serviert – und das zu frisch gezapftem Bier und in guter Stimmung. ⊕ Di–Sa ab 12 Uhr.

INFORMATIONEN

Dubbo Visitor Centre, Newell Hwy, Ecke Macquarie St, ✆ 6801 4450, 🖥 http://dubbo. com.au. ⊕ tgl. 9–17 Uhr.

TRANSPORT

Zu Bus und Bahn s. S. 210 (Bathurst).

Flüge

QantasLink fliegt tgl. nach SYDNEY, **Rex** mehrmals tgl. nach SYDNEY und BROKEN HILL und **FlyPelican** fliegt nach NEWCASTLE.

Warrumbungle National Park

Coonabarabran am Castlereagh River, 160 km nördlich von Dubbo und etwa 465 km nordwestlich von Sydney an der Kreuzung des Newell Highway mit dem Oxley Highway, ist das Eingangstor zu den Warrumbungles. Dies ist ein zerklüfteter Gebirgszug vulkanischen Ursprungs, der sich mit seinen Klippen, Felsnadeln und anderen eigenartigen Felsformationen mit Namen wie **The Breadknife** und **Crater Bluff** westlich des Ortes erhebt. Eintritt $8 pro Fahrzeug/Tag.

In der Region spielt die Astronomie eine bedeutende Rolle: Der Nationalpark ist Australiens bislang einziger Dark Sky Park und zeichnet sich durch die geringe Lichtverschmutzung und erstklassigen Sichtbedingungen aus. Auf der Straße zum Warrumbungle National Park steht das **Siding Spring Observatory** mit einem Riesen-Radioteleskop, das zu den größten der Welt gehört. ⊕ Mo–Sa 10–16 Uhr.

In Parkes befindet sich das **Parkes Radio Telescope** – in Australien bekannt als „The Dish"– von dem aus die erste Mondlandung 1969 übertragen wurde. Die Teleskope in Coonabarabran, Parkes und weitere in Narrabri können zusammengeschaltet werden und bilden dann eine Teleskopschüssel von über 300 km Durchmesser, das **Australia Telescope**. Deutsche Ingenieure und Präzisionswerkzeuge waren am Entstehen der Teleskope beteiligt.

ÜBERNACHTUNG

Warrumbungles Mountain Motel, Timor Rd, 9 km westl. von Coonabarabran, ✆ 6842 1832, 🖥 www.warrumbungle.com. Das Motel ist von Wald umgeben und bietet zahlreiche sportliche Aktivitäten. Auf dem großen Grundstück befindet sich auch ein Salzwasserpool. Die Zimmer sind gut ausgestattet und preisgünstig. Außerdem sind preiswerte Mahlzeiten erhältlich. **❸**

Camping

Im Nationalpark gibt es zahlreiche **Campingplätze**. Einige sind nur zu Fuß zu erreichen, spärlich ausgestattet und kostenlos. Für alle anderen gilt eine Gebühr von $6 p. P., $3,50 pro Kind. Der größte und komfortabelste Zeltplatz (auch für Campervans und Wohnmobile) ist das **Camp Blackman**. Von hier aus beginnen zahlreiche Wanderungen. Der Campingplatz wird oft von Kängurus aufgesucht.

Coonabarabran Visitors Centre, Newell Hwy, ☎ 6849 2144, 1800-24 28 81. ⏰ tgl. 9–17 Uhr.

Eisenbahn und Bahnbus

NSW TrainLink, ☎ 13 22 32, ⌨ transportnsw.info. Tgl. von SYDNEY um 7.1s9 Uhr mit dem Zug Richtung DUBBO bis nach LITHGOW, von dort weiter mit dem Bus via Mudgee und Gulgong nach COONABARABRAN. Oder ebenfalls um 7.19 Uhr mit dem Zug nach ORANGE, dann mit dem Bahnbus nach PARKES.

Das Outback

Westlich des Newell Highways beginnt die endlose Weite des Outback – ein Gebiet, das sich über mehr als die Hälfte von New South Wales erstreckt. Die Entfernungen zwischen den kleinen bewohnten Zentren sind schwindelerregend: Eine Fläche so eintönig wie vielfältig, so öde wie faszinierend.

Bourke

„Back o' Bourke" (hinter Bourke gelegen) ist in Australien der sprichwörtliche Ausdruck für alles, was sich hinter dem Mond, das heißt im Outback, befindet. Dabei ist schon Bourke (2000 Einwohner) recht abgelegen: 370 km von Dubbo und 780 km von Sydney entfernt, ist es der einzige Ort weit und breit. 1860 wurde die Siedlung am Darling River als Versorgungszentrum für die Schaf- und Rinderfarmen in der Umgebung gegründet.

Der Fluss war die Hauptverkehrsader. Auf ihm transportierten Raddampfer die Wolle nach Süden. Schafzucht und Wollproduktion sind bis heute ein wichtiger Erwerbszweig. Trotz großer Hitze wurden hier bis zum Ende des 20. Jhs. Weizen, Zitrusfrüchte, Viehfutter und sogar wasserhungrige Baumwolle angebaut, ermög-

licht durch künstliche Bewässerung aus dem Darling River.

Sehr zu empfehlen ist das moderne **Back O' Bourke Exhibition Centre**, Kidman Way. Hier wird die Geschichte des NSW Outbacks von der Dreamtime bis ins 22. Jh. (re-)konstruiert. Mindestens zwei Stunden für den Besuch einplanen und am besten gleich als Erstes besuchen. ⏰ 9–17 Uhr, Eintritt $23 (2 Tage).

In dem 4,3 Mio. ha großen Verwaltungsbezirk Bourke Shire leben über eine Million Rote Riesenkängurus. Attraktionen im **Gundabooka National Park**, zwischen Bourke und Cobar, sind **Aboriginal-Felsmalereien** und Ausblicke über die weiten, offenen Ebenen.

ÜBERNACHTUNG UND ESSEN

Darling River Motel, 74 Mitchell St, ☎ 6872 2288, ⌨ www.darlingrivermotel.com.au. Sehr freundliches, günstiges Motel mit kleinem Pool. Zimmer, alle mit Bad und AC, teilweise auch mit Küche ❸–❺
Im Gundabooka National Park gibt es zwei Zeltplätze: je $6 p. P., $3,50 pro Kind. Schön gelegen ist der **Yanda Campground** direkt am Darling River (auch für Campervans und Wohnwagen) mit Toiletten und elektrischen BBQs. Am besten Angel und unbedingt Trinkwasser mitbringen! Ein echtes Outback-Erlebnis.
Diggers on the Darling, 23 Sturt St, ☎ 6870 1988. ⏰ zum Frühstück, Mittag- und Abendessen im typischen Pub-Stil.

Camping zwischen Kamelen

Wüstenatmosphäre herrscht auf der **Comeroo Camel Farm**, 150 km nordwestlich von Bourke, nahe Yantabulla, nur über eine ungeteerte Straße zu erreichen, ☎ 6874 7735, ⌨ www.comeroo.com. Auf der Farm werden viele verschiedene Tiere gehalten (unter anderem Kamele, Wasserbüffel und Ziegen). Halbpension ist ab $110 p. P. erhältlich. Zelten kostet $20. Es werden auch Touren und verschiedene Aktivitäten wie Angeln, Kamelritte und Kanufahrten angeboten.

INFORMATIONEN

Bourke Visitors Centre, im Exhibition Centre, Kidman Way, ☎ 6872 1321, 🖥 www.visitbourke. com.au. ⏰ tgl. 9–17 Uhr.

TRANSPORT

S. 210 (Bathurst).

Lightning Ridge

Der allgegenwärtige Traum vom großen Reichtum – vom Fund eines wertvollen Edelsteins – verleiht dieser Opal-Gemeinde einen ganz besonderen Reiz. Ein Schild vor dem Visitor Centre warnt, schon viele seien nur für ein paar Tage hierhergekommen und mittlerweile seit 25 Jahren hier. Tatsächlich trifft man überall in dem 2300-Seelen-Ort Gestalten aus aller Welt, die nicht nur ihre Faszination für die edlen Schmucksteine, sondern auch ein aufgeschlossenes und unerschütterlich fröhliches Gemüt vereint.

„The Ridge" ist einer der wenigen Orte der Welt, an denen man schwarze Opale finden kann. Bei der **Walk In Mine**, ☎ 6829 0473, 🖥 www.walkinmine.com.au, etwa 3 km südlich auf dem Bald Hill Opal Field gelegen, kann man an einer Führung durch eine unterirdische Opalmine teilnehmen und beim Schleifen von Opalen zusehen. ⏰ tgl. 9–17 Uhr, Nov–März 8.30–12.30 Uhr, Eintritt $20.

Weitere Opalgalerien im Ort sind u. a. **Opal Cave** und **Down to Earth Opals** in der Morilla St und **Lost Sea Opals** in der Harlequin St.

In **John Murray's Art Gallery** in der Opal Street kann man die Outback-Motive des bekanntesten Künstlers aus Lightning Ridge bewundern. ⏰ tgl. 9–17 Uhr, im Sommer 10–14 Uhr.

In den **Chambers of the Black Hand**, 3 Mile Rd, ☎ 6829 0221, 🖥 www.chambersoftheblack hand.com.au, hat ein Künstler in 18-jähriger Arbeit Skulpturen in die 100 Jahre alte Mine eingraviert und bemalt. Die Skulpturen reichen von ägyptischen Göttern bis zu Elvis. Und das Werk ist noch längst nicht fertig. Eintritt $42 inkl. Tour (Tourzeiten auf 🖥 www.chambersoftheblack-

Opale frisch aus dem Grund werden in Lightning Ridge verkauft.

hand.com.au). Teuer, aber man sollte es trotzdem nicht verpassen!

Ein Bad im warmen Wasser der **Artesian
Bore Baths** in der Pandora St – ein artesischer
Brunnen – sorgt für Entspannung. ⏰ rund um
die Uhr, Eintritt frei.

ÜBERNACHTUNG

Bluey Motel, 32 Morilla St, ✆ 6829 0380,
🖥 http://blueymotel.com.au. Saubere
Zimmer zu guten Preisen. Freundliche Mit-
arbeiter. ❷
Lightning Ridge Outback Resort and CP,
1 Onyx St, ✆ 6829 0304, 🖥 www.lightning
ridgecaravanpark.com.au. Große Anlage,
Hotel mit Bar und Biergarten, Pool und
Spielplatz. Zelt- und Stellplätze ($18/33) und
Cabins ❷, DZ ❸
Sonja's B&B, 60 Butterfly Ave, ✆ 6829 2010.
Gemütliche Zimmer mit AC und kleiner Küchen-
zeile. Die Gastgeberin stellt im Haus ihre
eigenen Kunstwerke zur Schau. ❺

ESSEN

Bruno's Italian Restaurant, 38 Morilla St,
✆ 6829 4157. Die Speisekarte geht weit
über Pasta und Pizza hinaus. ⏰ Mo–Sa
17–21 Uhr.
Guten Kaffee und Kuchen gibt es in **Morillas
Cafe**, Mozilla St.

INFORMATIONEN

Lightning Ridge Visitor Information Centre,
Morilla St im Lion's Park, ✆ 6829 1670, 🖥 www.
lightningridgeinfo.com.au. ⏰ tgl. 9–17 Uhr.

TRANSPORT

S. 210 (Bathurst).

Cobar

Cobar ist nicht nur ein boomendes Zentrum
des Bergbaus und der Weidewirtschaft, sondern auch ein wichtiges Touristenziel mit guter

Infrastruktur. Im **Great Cobar Heritage Centre**,
ebenfalls in einem über 100 Jahre alten, imposanten Gebäude untergebracht, kann man
sich über die Regionalgeschichte informieren.
Hier ist auch das **Visitor Information Centre**,
Marshall St (Barrier Highway), ✆ 6836 2448,
untergebracht. ⏰ Mo–Fr 8.30–17, Sa und So
9–17 Uhr. Knapp 4 km südlich des Stadtkerns
blickt man vom **Fort Bourke Hill Lookout**, einer
gesicherten Aussichtsplattform, in die Goldmine
hinab.

Mount Grenfell Historic Site

Etwa 70 km nordwestlich von Cobar befindet sich bei der Mt Grenfell Historic Site
eine der bedeutendsten **Aboriginal-Felsgalerien**
in New South Wales, die der Öffentlichkeit zugänglich sind. Auf Felswände und Überhänge
sind hier über 1000 Motive aus rotem, gelbem
und schwarzem Ocker und weißem Lehm ge-
zeichnet – Menschen und Tiere sowie Umrisse
von Händen und „Strichmännchen". Das Land
um die Felsgalerien wurde erst 2005 wieder den
hiesigen Aborigines, den Ngiyampaa Wangaay-
puwan, zurückgegeben, die sich seitdem um
dessen Verwaltung kümmern. Der kurze und einfache **Mount Grenfell Art Site Walk** führt zu den
Galerien.

Von Cobar fährt man auf dem Barrier Highway 40 km nach Westen in Richtung Wilcannia,
dann nimmt man die ausgeschilderte Abzweigung nach rechts (Norden) und folgt weitere
31 km der ungeteerten Straße. Beim Parkplatz gibt es Toiletten, Picknicktische und einen
Wassertank. Zelten ist nicht erlaubt.

ÜBERNACHTUNG

Cobar Central Motor Inn, 18 Murray St, ✆ 6830
2000, 🖥 www.cobarcentralmotorinn.com.au.
Saubere, moderne Zimmer mit AC in ruhiger
Lage. Frühstück und Abendessen (extra). ❹
Cobar CP, 101 Barrier Highway, ✆ 6836 2425,
🖥 www.cobarcaravanpark.com.au. Cabins mit
AC, Kiosk und Stellplätze ($29/37). ❹

TRANSPORT

S. 210 (Bathurst).

Wilcannia und White Cliffs

260 km westlich von Cobar liegt **Wilcannia**, ehemals ein bedeutender Hafenort am Darling River. Heutzutage dient der Ort als Versorgungszentrum für die verstreut liegenden Schaffarmen und weist einige der besten Beispiele von Kolonialarchitektur im Outback auf. Von hier biegt eine geteerte Straße zum etwa 100 km entfernten Opalgräberort **White Cliffs** im Norden ab.

Wie in Coober Pedy in South Australia flüchten die meisten der rund 200 Bewohner des Ortes vor der glühenden Sommerhitze und der Kälte eisiger Winternächte in ihre *dug-outs*, unterirdische Wohnhöhlen mit einem komfortableren Klima. Von Broken Hill aus kann man ein- bis zweitägige Touren nach White Cliffs buchen.

ÜBERNACHTUNG

 PJ's Underground B&B, Dugout 72, Turley's Hill, 1,5 km östl. von White Cliffs, ✆ 08 8091 6626. Hier gewinnt der Gast einen Eindruck vom Leben unter der Erde. Das recht ungewöhnliche Gästehaus verfügt über 6 Zimmer. ❹
White Cliffs Underground Motel, Smith Hill, ✆ 08 8091 6677, 🖳 www.undergroundmotel. com.au. Dugout-Hotel. Saubere Zimmer, aber die unterirdische Atmosphäre mag etwas gewöhnungsbedürftig sein. Countermeals. Preise inkl. Frühstück. ❻
Opal Pioneer Tourist Park, Johnston St, ✆ 08 8091 6688. Nur Zelten/Campervan.

INFORMATIONEN

White Cliffs General Store, Ecke Johnston St und Keraro Rd, White Cliffs. Zugleich Café und Tankstelle.

TRANSPORT

Nach Wilcannia mit dem Bahnbus (S. 210). Nach White Cliffs gelangt man nur mit dem eigenen Auto oder einer Tour ab Broken Hill (S. 219).

5 HIGHLIGHT

Broken Hill

Als Charles Sturt diese einsame Gegend entdeckte, beschrieb er sie als das unfruchtbarste und trostloseste Land, das er je gesehen hatte. Schon die Lage in dieser unerbittlichen Wüste macht Broken Hill so faszinierend. Die Begeisterung für die Region nahm schlagartig zu, als hier Silber entdeckt wurde. Heute ist Broken Hill zu einem Synonym für Bergbau geworden. Die berühmte Line of Lode, die reichhaltigste Blei-Silber-Zink-Ader der Welt, wird nun schon seit über 130 Jahren abgebaut. Zu Bestzeiten arbeiteten hier 9000 Menschen im Bergbau, heute sind es noch etwa 400.

Auch wenn der Tourismus nun mehr als doppelt so viele Menschen beschäftigt, trägt die Stadt ihr Erbe als „Mining Town" mit Stolz. Der starke Bezug zu den Elementen lässt sich schon an den Straßennamen wie Bromide, Sulphide oder Cobalt Street erkennen. Angezogen von den leuchtenden Farben und dem Licht des Outbacks ließen sich ab Ende der 1970er-Jahre australische Künstler in Broken Hill nieder und gründeten die Bewegung der „Brushmen of the Bush". So entwickelte sich in der Bergbaustadt eine florierende Kunstszene. Von März bis November starten jeden Morgen um 10 Uhr kostenlose **Heritage Walk Tours** beim Visitor Centre – eine gute Einführung in die Stadt und ihren geschichtlichen Reichtum.

Railway & Historical Museum

Das Museum mit seinem großen Innenhof beherbergt die alte Lokomotive der Silverton Tramway. Zudem liegt hier die Geschichte der frühen Siedler dokumentiert und man bekommt einen Einblick davon wie trüb und finster der Alltag für die Minenarbeiter früherer Zeiten gewesen sein muss. Eintritt $7, Kind $5. ⏰ tgl.10–15 Uhr, im Jan und Feb 9–13 Uhr.

Line of Lode Memorial

Das auf einem Hügel hinter dem Bahnhof gelegene Denkmal am Ende des Federation Way ist den vielen Bergarbeitern gewidmet, die ihr Leben in einer der Minen ließen: 800 meist junge Männer kamen in dem Bergwerk seit seiner Eröffnung im Jahr 1883 um. Von der Aussichtsplattform bietet sich ein Blick über die Stadt.

Albert Kersten Mining & Minerals Museum

Das sehenswerte Museum dokumentiert anschaulich die geologische Geschichte der Erde und der Line of Lode. Außerdem befindet sich hier die umfangreiche und faszinierende Mineraliensammlung der Stadt, u. a. mit dem 8,5 kg schweren Silver Tree aus reinem Silber. Bromide St, Ecke Crystal St, ⏱ Mo–Sa 10–16 Uhr, Spende erwünscht.

Silver City Mint & Art Centre

Eine sehenswerte Kunstgalerie der ganz eigenen Art. Hier ist *The Big Picture* des Künstlers Peter Anderson ausgestellt – ein 360°-Landschaftpanorama von Broken Hill, eingebettet in Tonnen von Sand, Pflanzen und Gestein. 66 Chloride St, ⏱ tgl. 10–16 Uhr, Eintritt $7,50.

Whites Mineral Art and Living Mining Museum

In diesem etwas düsteren Museum hat ein ehemaliger Bergarbeiter einen Bergwerkstunnel realistisch rekonstruiert. Ein interessanter Vortrag informiert dort über die Geschichte von Broken Hill, das Bergwerk und die Bergleute. Der Besitzer stellt außerdem Bilder aus Mineralien her, die zusammen mit anderen Gestei-

nen, Opalen, Schmuck und Töpferwaren zum Verkauf stehen. 1 Allendale St. ⏱ tgl. 9–17 Uhr, Eintritt $6.

Pro Hart Gallery

Die Galerie des verstorbenen Künstlers und Erfinders Pro Hart, 108 Wyman St, 🖵 www.prohart.com.au, zählt zu den größten Privatsammlungen Australiens. ⏱ Mo–Sa 9–17, So ab 10 Uhr.

Daydream Mine

Zur Stadtbesichtigung gehört natürlich ein Bergwerksbesuch. Die einzige zugängliche Mine, liegt 28 km außerhalb von Broken Hill im Apollyon Valley; man fährt in Richtung Silverton und ab der ausgeschilderten Abzweigung 13 km über eine unbefestigte Straße (ab Broken Hill mindestens 45 Minuten Fahrzeit einplanen). Die Führungen zur vollen Stunde geben einen guten Einblick in den harten Alltag der frühen Bergleute. Touren tgl. um 10 und 11.30 Uhr, in den Schulferien häufiger; $32. Buchungen unter ☎ 0427 885 682 oder über das Visitor Centre. Die Bergwerkstour lässt sich gut mit einem Abstecher nach Silverton verbinden (S. 220).

Living Desert State Park

Dieses Naturschutzgebiet sollte man auf keinen Fall verpassen: Im dazugehörigen **John Simons Flora and Fauna Sanctuary**, gelegen auf einem Hügel mit eindrucksvoller Aussicht über das karge Tal, spaziert man an verschiedenen Stationen vorbei, die die Tier- und Pflanzenwelt sowie die Kultur der Ureinwohner veranschaulichen. Die 1 1/2-stündige Tour eignet sich auch hervorragend für Wildlife-Beobachtungen. Die **Sculptures** nebenan sind zwölf Sandsteinskulpturen, die 1993 im Rahmen eines Symposiums entstanden und sich majestätisch vor dem Horizont erheben. ⏱ tgl. bis nach Sonnenuntergang, Eintritt $6 p. P.

Autofahrer nehmen die Kaolin Rd und deren Fortsetzung in Richtung Norden. Vom Parkplatz am Picknickplatz sind es ca. 20 Min. Fußweg bergauf zu den Skulpturen. Man kann von hier aus den Rundweg durch das Sanctuary starten oder näher heranfahren; das Gate wird allerdings kurz nach Sonnenuntergang geschlossen.

NEW SOUTH WALES

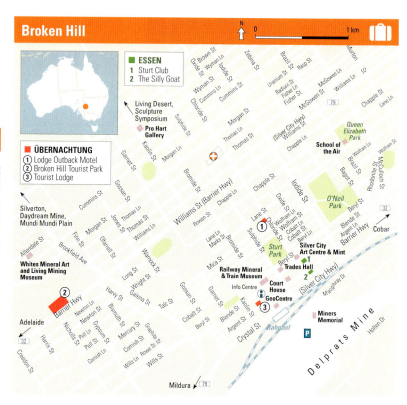

Broken Hill

N   0 ——————— 1 km

■ ESSEN
1 Sturt Club
2 The Silly Goat

Living Desert, Sculpture Symposium
Pro Hart Gallery

■ ÜBERNACHTUNG
① Lodge Outback Motel
② Broken Hill Tourist Park
③ Tourist Lodge

Silverton, Daydream Mine, Mundi Mundi Plain

Whites Mineral Art and Living Mining Museum

Adelaide

Barrier Hwy

Williams St (Barrier Hwy)

School of the Air

Queen Elizabeth Park

O'Neil Park

Sturt Park

Silver City Art Centre & Mint

Trades Hall

Railway Mineral & Train Museum

Info Centre   Court House
GeoCentre

Miners Memorial

Bahnhof

Delprats Mine

Mildura

Cobar

NEW SOUTH WALES

Royal Flying Doctor und School of the Air

Die beiden überlebenswichtigen Institutionen des Outback, der **Royal Flying Doctor Service** und die **School of the Air** bieten Besuchern an, sich über ihre Arbeit zu informieren. Führungen durch den RFDS Mo–Fr 9–17, Sa und So 10–15 Uhr, $10. Bei der **School of the Air** in der Lane St kann man während der Unterrichtszeit Mo–Fr ab 8.15 Uhr eine Stunde lang zuhören. Buchungen für beide beim Visitor Centre.

ÜBERNACHTUNG

Broken Hill Tourist Park, 142 Rakow St, ✆ 1800-80 38 42, 🖳 www.brokenhilltouristpark.com.au. Zelt-/Stellplätze ($34/42). Viele verschiedene Cabins. ❷–❻

Lodge Outback Motel, 252 Mica St, ✆ 08 8088 2722, 🖳 www.lodgemotel.com.au. Vielleicht etwas altmodisch, aber dafür sind die Zimmer sauber, bequem und günstig. ❸

€ Tourist Lodge, 100 Argent St, ✆ 08 8088 2086, 🖳 www.brokenhilltouristlodge. com.au. Sehr angenehme Atmosphäre, die Sitzgelegenheiten um den Pool eignen sich gut, um ins Gespräch zu kommen. Der auskunftsfreudige Besitzer kennt die Region hervorragend. Preiswerte DZ, z. T. mit AC. Zentrale Lage nahe Visitor Centre. ❷

ESSEN

The Silly Goat, 425 Argent St, ✆ 8088 7210. Guter Kaffee, tgl. Frühstück und Mittagessen.

Die Geschichte von Broken Hill

Im September 1883 entnahm der bei der Mount Gipps Station beschäftigte deutsche Farmgehilfe Charles Rasp einem zerklüfteten Hügel Gesteinsproben in der Hoffnung, Zinn zu finden. Stattdessen war er auf eine Blei-Silber-Zink-Ader gestoßen, die sich als eine der größten der Welt erwies. Rasp formte mit Freunden das Syndicate of Seven, deren Firma, die Broken Hill Proprietary (BHP), sich alsbald daran machte, das gewaltige Erzlager unter dem „gebrochenen Hügel" abzubauen. BHP wurde eine der erfolgreichsten Firmen Australiens und trug zum Wohlstand der Nation bei. Im Jahre 1939 verließ BHP die Stadt, und seither haben sich zahlreiche verschiedene Minenunternehmen in Broken Hill niedergelassen.

Die Line of Lode, wie das Erzlager bezeichnet wird, ist 7 km lang und stellenweise bis zu 250 m breit. Der ursprüngliche Umfang wird auf etwa 200 Mio. Tonnen Sulfiderz geschätzt.

In den Anfangsjahren waren die Bedingungen für die Bergarbeiter unglaublich hart. Zu Arbeitsrisiken wie die ständigen Unfälle unter Tage und Bleivergiftungen kamen die Belastungen durch das Wüstenklima, inadäquate Unterkünfte in Blechhütten und mangelhafte Ernährung. Ansteckende Krankheiten wie Diphtherie, Scharlach und Dysenterie grassierten. Die Sterberate in Broken Hill war fast doppelt so hoch wie im übrigen NSW. Aufgrund des Brennholzbedarfs des Bergwerks waren bald alle Bäume in der Umgebung abgeholzt. Es gab nichts mehr, was die lockere Erdkrume und den Wüstensand noch hätte halten können. Heftige Sandstürme waren die Folge.

So überrascht es nicht, dass die Arbeiter von Broken Hill Vorreiter der **Gewerkschaftsbewegung** in Australien waren. Die Bergarbeiter, viele von ihnen Einwanderer, mussten sich eine Verbesserung ihrer Lebensbedingungen hart erkämpfen. Erst nach dem großen Streik von 1919–1920, als die Kumpels und ihre Familien 18 Monate lang trotz bitterster Not Polizei und Streikbrechern widerstanden, wurden der BHP entscheidende Konzessionen abgerungen.

Allzu sehr glorifizieren sollte man die Gewerkschaftsbewegung in Broken Hill aber nicht. Der in der Folgezeit sehr einflussreiche Barrier Industrial Council, ein Zusammenschluss von Einzelgewerkschaften, vertrat die Interessen der weißen, männlichen Arbeiter und bestimmte nach deren rassistischen, chauvinistischen Vorstellungen jahrzehntelang das gesamte Leben in der Stadt. Nicht-Weiße wurden praktisch nicht geduldet, Frauen hatten bei Eheschließung ihre Arbeitsstelle aufzugeben – diese Regelung galt bis 1981!

Erst seit Ende der 1980er-Jahre vollzog sich in Broken Hill langsam ein Wandel in der Einstellung gegenüber Frauen und Menschen nichteuropäischer Herkunft.

Gute Countermeals gibt's im **Sturt Club**, Blende St, Ecke Chloride St.

SONSTIGES

Informationen

Broken Hill Visitor Information Centre, Blende St, Ecke Bromide St, ✆ 08 8080 3560, ⌨ www. brokenhill.nsw.gov.au. Tourbuchung. ⏰ tgl. 8.30–17, im Sommer bis 15 Uhr. Busterminal/ Travellers Centre mit Duschen im Gebäude.

Rundflüge

Silver City Scenic Flights, ✆ 0457 155 393, ⌨ www.scsf.com.au. Rundflüge über Silverton und Broken Hill.

Touren

Das Visitor Information Centre berät und erledigt Buchungen.

Silver City Tours, 380 Argent St, ✆ 08 8087 6956, ⌨ www.silvercitytours.com.au. Halbtagestouren u. a. durch Broken Hill ($45), nach Silverton und zum Mundi Mundi Plain ($80). Auch Tagestouren Menindee/Kinchega ($180) und zum Royal Flying Doctor Service ($48).

TriState Safaris, ✆ 1300 688 225, ⌨ http:// tristate.com.au. Tagestouren in den Mutawintji National Park sowie nach Silverton (je $230); außerdem zahlreiche mehrtägige Touren nach White Cliffs, in den Kinchega NP oder zum Mungo NP. Details s. Website.

Reservierungen können beim Visitor Information Centre vorgenommen werden.

Flüge

Rex, 🖥 www.rex.com.au. Verbindungen nach ADELAIDE, SYDNEY und DUBBO.

Silverton

Das beliebteste Tagesausflugsziel von Broken Hill ist die 25 km nordwestlich gelegene Fast-Geisterstadt Silverton, die über eine asphaltierte Straße zu erreichen ist. Von den einst 3800 Einwohnern sind heute nur noch 40 da.

Das mitten in den roten Sand gesetzte **Silverton Hotel** mit seiner blechüberdachten Veranda ist eine Outback-Ikone. Zahlreiche australische Filme wurden hier gedreht, Fotos an den Wänden erzählen von den Dreharbeiten. Das **Silverton Gaol** im ehemaligen Gefängnis birgt viele Schätze – interessant sind vor allem die vielen Fotos aus alten Zeiten. ⏲ tgl. 9.30–16.30 Uhr, Eintritt $4.

Sehenswert sind auch die Kunstgalerien, u. a. **Peter Browne's Gallery** und **John Dynon Gallery**. Vom etwa 8 km westlich von Silverton gelegenen **Mundi Mundi Lookout** behaupten Einheimische, könne man die Erdkrümmung erkennen. Fest steht, dass der Blick wohl selten so weit in die Ferne schweifen kann wie hier. Sonnenuntergänge sind hier besonders beeindruckend. Mehr Informationen unter 🖥 www.silverton.org.au.

Mutawintji National Park

Der 130 km nordöstlich von Broken Hill gelegene Nationalpark in den Bynguano Ranges bietet verwitterte Sandsteinfelsen, Täler, Schluchten und wunderschöne, grüne Oasen mit *Red Gum Trees* und anderen Bäumen um Wasserlöcher, die vielen Tieren als Tränke dienen. Solch geschützte, mit Wasser und Nahrungsquellen versorgte Stellen waren geeignete Aufenthalts- und Versammlungsorte für die Ureinwohner; hier hielten sie über Jahrtausende Zeremonien und Feste ab. Zahlreiche **Felsgravuren** und **Felsmalereien** zeugen von ihrer früheren Anwesenheit und gehören zu den Hauptattraktionen des Nationalparks. Die Straße zum Park ist unbefestigt und kann schon nach leichten Niederschlägen unpassierbar werden.

Zugänglich ist der Westteil des Parks um **Homestead Creek**, dort gibt es ein Visitor Centre (allerdings ohne Personal) und einen schönen Campground unter River Red Gums mit Gasgrillstellen, Picknicktischen, Toiletten und Warmwasserduschen, $6 p. P., Kind $3,50. **Tristate Safaris** bieten Touren mit Aboriginal Guides in den Park (S. 219, Broken Hill, Touren).

Mungo National Park

Der Mungo National Park ist einer der bekanntesten Outback-Nationalparks in New South Wales. Am östlichen Ende eines riesigen Seenbetts, das vor etwa 15 000 Jahren austrocknete, erhebt sich eine lange Sanddüne mit pittoresken, vom Wind erodierten Formationen, die **Walls of China**. Der **Lake Mungo** ist ein Teil des ausgetrockneten Seensystems **Willandra Lakes** und eine der bedeutendsten archäologischen Fundstellen der Welt. Die im Sand vergrabenen Menschen- und Tierknochen, Steinwerkzeuge und Muschelhaufen gehören zu den ältesten Zeugnissen, die man bisher zum Leben des modernen Menschen *(Homo sapiens sapiens)* gefunden hat. Aus diesem Grund stehen die Willandra Lakes auf der Unesco-Liste des Welt-naturerbes.

Der **Mungo National Park** liegt 110 km nordöstlich von **Mildura/Wentworth** und ist am besten von dort aus zu erreichen. Nach heftigen Regenfällen ist der Eingang in den Park unpassierbar. Auskünfte über den Straßenzustand bei der Nationalparkbehörde in Buronga, Sturt Highway, Ecke Malaleuca St, 📞 03 5021 8900. Das Visitors Centre im Park bietet eine sehenswerte Ausstellung über Flora und Fauna, Geologie und Geschichte der Region. ⏲ i. d. R. tgl. 8.30–18.30 Uhr, Eintrittsgebühr in den Nationalpark $8 pro Fahrzeug/Tag.

Wiege der Menschheit? Im Mungo NP wurden die ältesten menschlichen Überreste der Welt gefunden.

ÜBERNACHTUNG

Mungo Lodge, Arumpo Rd (Straße nach Mildura), 2 km vor dem Parkeingang, ℘ 03 5029 7297, 🖥 www.mungolodge.com.au. Einziges Hotel im Park, mit eigener Landebahn. Cottages mit unterschiedlicher Ausstattung ❼–❽.

Außerdem Dorms (Bett $45) und Zeltplätze. Die Lodge organisiert auch Rundflüge und Touren zur Walls of China.
Der **Campingplatz** der Nationalparkbehörde hat lediglich Plumpsklos und Duschen mit kaltem Wasser; $8,50 p. P. Trinkwasser ist mitzubringen.

NEUES PARLAMENTSGEBÄUDE, CANBERRA; © DUMONT BILDARCHIV / THOMAS P. WIDMANN

Australian Capital Territory

Eine Hauptstadt im Busch: Mitten im Outback zwischen Sydney und Melbourne erhebt sich die präzise geplante australische Kapitale aus der rauen Natur. Ein Besuch lohnt sich vor allem für diejenigen, die mehr über die Geschichte der jungen Nation erfahren möchten.

Stefan Loose Traveltipps

National Museum of Australia Topaktuell, Denkanstöße gebend und voller Symbolkraft – eine Reise durch die facettenreiche Kultur und Geschichte Australiens. S. 225

Parliament House In diesem futuristischen Gebäude wird australische Geschichte geschrieben. S. 227

Museum of Australian Democracy Im ehemaligen Parlament wird der politische und gesellschaftliche Werdegang der jungen Nation beleuchtet. S. 227

National Gallery of Australia Von Aborigine-Kunst bis Sidney Nolan – eine der besten Kunstgalerien Australiens. S. 227

Tidbinbilla Nature Reserve Koalas in den Bäumen, Schnabeltiere in den Gewässern. Die Wildnis vor den Toren der Hauptstadt. S. 235

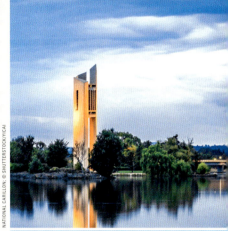

NATIONAL CARILLON; © SHUTTERSTOCK/YICAI

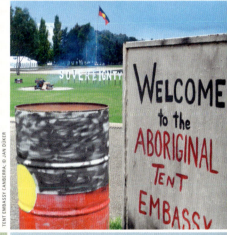

TENT EMBASSY CANBERRA; © JAN DÜKER

- Canberra
- Tidbinbilla Nature Reserve

Wann fahren? Nov–April. Im Winter wird's bis zu 0 °C kalt.

Wie lange? 2–3 Tage für Canberra, Museen und Galerien, plus ein Tag für die umliegende Natur.

Bekannt für hochklassige Museen, ungestüme Parlamentsdebatten, riesige Parkanlangen

Updates und eure **Kommentare** zu diesem Kapitel auf 🖥 www. stefan-loose.de unter **eXTra [11424]**

Canberra steht auf den Bucket-Lists der meisten Besucher von Übersee (und aus dem Inland) ziemlich weit unten. Und zugegeben – Australien hat so imposante Naturschätze zu bieten, dass der junge Regierungssitz mit seinen durchaus sehenswerten Museen und Kulturstätten daneben etwas verblasst. Doch wer Canberra besucht, gewinnt tiefe Einblicke in eine Gesellschaft, die die älteste Kultur der Menschheit mit der jüngsten Demokratie der westlichen Welt verbindet.

Geschichte

Der Blick auf die Landkarte mag verwundern: Knapp 300 km von Sydney entfernt grenzt sich am Fuß der Snowy Mountains das Gebiet des Australian Capital Territorys ab. Und auch die Geschichtsschreibung lässt viele Fragen zur Standortwahl der australischen Hauptstadt offen. Als sich die sechs Kolonien 1901 zum Commonwealth of Australia zusammenschlossen, wurde zum ersten Mal der Bedarf nach einem eigenen **Regierungssitz** wach. Die älteste und lange Zeit einwohnerstärkste Stadt Sydney sah sich berufen, aber das durch Goldfunde im 19. Jh. zur wohlhabenden Großstadt aufgestiegene Melbourne wollte nicht zustimmen. So beschloss man nach dem Modell von Washington D.C. eine eigene, zweckmäßig geplante Hauptstadt zu gründen, die von allen Australiern gleichermaßen akzeptiert werden sollte.

Der **Landgutachter Charles Scrivener** wurde beauftragt, einen geeigneten Standort zu bestimmen, und 1908 wurde eine von Bergen umgebene Ebene südlich von Yass als zukünftiger Regierungssitz auserwählt. Eine kuriose Wahl, denn bis auf die etwa 2000 Viehzüchter sowie rund 200 000 Schafe und etwa nochmal so viele Kühe war das Gebiet nichts als raues, unerschlossenes Buschland. Bis heute umgehen die größten Highways Canberra um rund 60 km.

Eine 2368 km^2 große Fläche wurde als Australian Capital Territory (ACT) aus dem Bundesstaat New South Wales herausgelöst. Dazu gehört auch Jervis Bay südlich von Nowra an der Küste von New South Wales, denn Australiens Hauptstadt sollte Zugang zum Meer haben. Nach langem Namensfindungsprozess wurde entschieden, den **Aborigine-Namen der Region** beizubehalten: Canberra (früher manchmal auch Canberry geschrieben) – „der Treffpunkt".

Der amerikanische **Architekt Walter Burley Griffin** gewann 1912 den Wettbewerb um die Gestaltung der zukünftigen Hauptstadt. Sein Entwurf, der größtenteils der Feder seiner Partnerin und Ehefrau **Marion Mahony Griffin** entsprang, bezog die natürliche Umgebung mit ein. Das Architektenpaar sah eine offene Gartenstadt für 25 000 Einwohner vor. Politische Grabenkämpfe und der Erste Weltkrieg lähmten jedoch den Aufbau der Hauptstadt. Erst 1927 weihte man das provisorische Parlamentsgebäude ein.

1963 staute man mitten im Stadtgebiet den Molonglo River zu einem 11 km langen See: **Lake Burley Griffin** (warum der zweite und nicht der erste Vorname des Architekten gewählt wurde, bleibt eines der vielen Rätsel Canberras). Zahlreiche öffentliche Anlagen und Gebäude wurden entlang seiner Ufer erbaut. Bis heute haben Canberras Stadtplaner das ursprüngliche Konzept mit einem Geschäftsviertel nördlich des Sees, dem Regierungsviertel südlich und einer Achse vom War Memorial zum Parlamentsgebäude prinzipiell beibehalten.

Die Einwohnerzahl stieg rapide von 15 000 im Jahr 1947 auf über 100 000 im Jahr 1967. Im Jahr 2019 lebten rund 400 000 Menschen im Großraum Canberra.

Klima

Canberra liegt 600 m hoch auf einer Hochebene und hat im Gegensatz zu den Städten an der Küste vier ausgeprägte Jahreszeiten. Im Sommer schwanken die Durchschnittstemperaturen zwischen 27 °C am Tag und 12 °C in der Nacht, und im Winter sinken sie von 12 °C am Tag nachts bis auf den Gefrierpunkt ab. Die bis zu 1900 m hohen Bergrücken im Westen und Süden von Canberra sind im Winter schneebedeckt.

Vorwahl

Das Capital Territory hat dieselbe Vorwahl wie New South Wales: ✆ 02.

Umgebung Canberra 235

ACT

Canberra 225-234

Im Januar und Februar 2020 loderte vor den südlichen Toren der Hauptstadt eine gewaltige Feuerfront. Im und um den Namadgi National Park brannte eine Fläche von mehr als 24 000 ha nieder. Australlens Hauptstadt verzeichnete Temperaturen von über 40 °C, dazu kamen starke Winde, die die Löscharbeiten fast unmöglich machten.

rus nur ein paar Gehminuten vom Zentrum entfernt durch die Landschaft? Man brauche ein Fahrzeug, um von einer Attraktion zur nächsten zu gelangen, beklagen kritische Besucher. Und überhaupt, ist hier irgendwo was los? Mehr als anderswo ist das Ausgehen in der Hauptstadt eine Frage von „gewusst wo", denn das Angebot an Restaurants, Kneipen und Nachtclubs ist vielfältig und durchaus angesagt.

Canberra

Canberra sucht man zwar meist vergeblich auf diversen Highlight-Listen Australiens (die in diesem Buch eingeschlossen). Aber die künstliche Stadt, die den australischen Regierungssitz umgibt, ist nicht so farblos wie ihr nachgesagt wird. Hier liegen zweifelsohne einige der besten Museen des Landes, und je tiefer man in die Geschichte und Kultur Australiens eintauchen möchte, umso imposanter die Entdeckungen.

Vieles liegt im Auge des Betrachters: Canberra sei eine Stadt in einem Naturpark, schwärmen die Einheimischen. Wo sonst gibt es schon so viele Grünanlagen und hoppeln Kängu-

Die Innenstadt (Civic)

Selbst die Sehenswürdigkeiten der Innenstadt nördlich des Lake Burley Griffin – Civic Centre oder kurz Civic genannt – verteilen sich auf einen relativ großen Raum, sodass sich für die Besichtigung ein Auto oder Fahrrad (S. 233) empfiehlt. Außerdem fahren die öffentlichen ACTION-Busse (S. 233) die Sehenswürdigkeiten an.

National Museum of Australia

Schon von außen wirkt das auf einer Halbinsel gelegene Museum beachtenswert. Die stählernen oder aufgemalten „Seile", die das Museum ringsherum umgeben, sollen die unzähligen verwobenen Geschichten darstellen, die die austra-

© SHUTTERSTOCK.COM/INAVANHATEREN

Wie das Land so auch sein Museum: das bunte Mosaik des National Museum

lische Gesellschaft ausmachen. Im Zentrum verbinden sie sich zu einem „Knoten", in dem das eigentliche Museum liegt. Für die Ausstellungen sollte man sich ein paar Stunden Zeit nehmen, denn sie gewähren tiefe Einblicke in die Aborigine-Kultur bis zur Ankunft der Europäer, die Eindrücke der ersten Siedler sowie deren schwerwiegende Auswirkungen auf die natürliche und soziale Entwicklung Australiens. Acton Peninsula, ⏲ tgl. 9–17 Uhr, Eintritt frei, 🖳 www.nma.gov.au.

National Film & Sound Archive
Das Staatsarchiv für Film- und Tonaufnahmen im McCoy Circuit in der Nähe des Uni-Campus bewahrt Audio- und Videoaufnahmen von den ersten Dokumenten aus dem späten 19. Jh. bis in die Gegenwart. In einem kleinen Theatersaal werden interessante geschichtliche Kurzfilme gezeigt. ⏲ tgl. 10–16 Uhr, Eintritt frei.

National Capital Exhibition
Die National Capital Exhibition ist Visitor Centre und Museum in einem. Die Ausstellung dokumentiert die Entwicklung Canberras vom Weidegebiet zur modernen, künstlich angelegten Hauptstadt auf anschauliche und interessante Weise. Hier sind übrigens auch die Pläne der

Architekten ausgestellt, die den 2. und 3. Platz des internationalen Wettbewerbs um Canberras Erbauung einnahmen. ⏲ Mo–Fr 9–17, Sa und So 10–16 Uhr, Eintritt frei.

Der Ausstellungspavillon liegt am Regatta Point, einer Bucht östlich der Commonwealth-Avenue-Brücke. Von der Terrasse kann man die Aussicht genießen, darunter auf die Wasserfontäne des **Captain Cook Memorial Jet**, die zwischen 14 und 16 Uhr aus dem See direkt vor dem Ausstellungsgelände 147 m in die Höhe schießt.

Australian War Memorial
Das klotzige Kuppelgebäude, das auf dem Hügel gegenüber vom Parliament House am Ende der Anzac Parade thront, ist die nationale Gedenkstätte für Australiens 102 000 Gefallene seit dem Ersten Weltkrieg und zugleich ein Militärmuseum. Hier wird eine heroische Vergangenheit konstruiert, deren deutlichster Ausdruck die Anzac-Story vom Ersten Weltkrieg ist (s. Kasten S. 230). In wessen Kriegen die australischen Soldaten so tapfer starben, wird nicht hinterfragt. Jeden Tag um 16.55 Uhr startet die öffentlich zugängliche **Last Post Ceremony**, bei der mit einer kurzen Lesung zur Lebensgeschichte und der Kranzniederlegung eines gefallenen Solda-

ten gedacht wird. ⊕ tgl. 10–17 Uhr, Eintritt frei, ⌨ www.awm.gov.au.

Regierungsviertel

Das Regierungsviertel mit unzähligen öffentlichen Gebäuden liegt am Südufer des Sees. Vom Civic aus erreicht man es über die Brücken der Commonwealth Avenue oder der Kings Avenue, die gemeinsam mit der Constitution Avenue die Basis des „Parlamentarischen Dreiecks" formen. Die Spitze dieses Dreiecks bildet der **Capital Hill** mit dem augenfälligen Neuen Parlament.

Parliament House

Der erst 1988 eingeweihte Sitz des Parlaments ist Canberras Hauptattraktion. Die imposante Eingangshalle, die Säle und Wandelgänge sind mit Gemälden, Wandteppichen, Fotografien und Keramiken geschmückt. Wenn das Repräsentantenhaus oder der Senat tagen, dürfen nur die Viewing Galleries betreten werden. ⊕ tgl. 9–17 Uhr. Um 9.30, 11, 13, 14 und 15.30 Uhr gibt es kostenlose Führungen, die in der sitzungsfreien Zeit etwa 45 Min. dauern und in der Sitzungszeit des Parlaments kürzer ausfallen. Oder man bezahlt am Eingang $2 für eine Audiotour (auch auf Deutsch). Auskunft, auch über Sitzungszeiten, unter ⌨ www.aph.gov.au.

Old Parliament House

Das alte Parlament, eines der architektonisch reizvollsten Gebäude Canberras im neoklassizistischen Stil am Fuße des Capital Hill, beheimatet heute das sehenswerte **Museum of Australian Democracy**. Eine kostenlose 45-minütige Führung vermittelt einen Einblick in die bedeutsamen politischen Ereignisse, die sich von 1927–88 innerhalb dieser Mauern abspielten (Zeiten vor Ort erfragen). Aber auch die Ausstellung zur Geschichte der australischen Demokratie von den ersten Entwürfen der Magna Carta bis zur heutigen Gesellschaft ist durchaus einen Blick wert. King George Terrace, ⊕ tgl. 9–17 Uhr, Eintritt $2.

Auf der Wiese vor dem Alten Parlamentsgebäude haben Aborigines 1972 zum ersten Mal

als Zeichen des Protestes gegen soziale und ökonomische Ungerechtigkeit ihre Zelte aufgeschlagen. Die **Tent Embassy** (s. Kasten S. 234) ist mittlerweile fester Bestandteil des politischen Geschehens in Australien, auch wenn sie offiziell noch nicht als Institution anerkannt worden ist.

National Gallery of Australia

Wie das Parlamentshaus sollte auch die Nationalgalerie bei jedem Canberra-Besuch weit oben auf der Besuchsliste stehen. Sie beherbergt über 160 000 Werke. Permanent zu sehen ist eine große Sammlung australischer Künstler, u. a. Sidney Nolans Ned-Kelly-Serie, Werke von Russell Drysdale und Albert Tucker. Daneben hat sich die Galerie auf asiatische, internationale und Aboriginal- bzw. Torres-Strait-Islander-Kunst spezialisiert. Sehenswert sind das Aboriginal Memorial und die Aboriginal-Gemälde auf Baumrinde. Vom Skulpturengarten blickt man auf den Lake Burley Griffin und den Carillon-Glockenturm. Parkes Pl, ⊕ tgl. 10–17 Uhr, Eintritt frei. Tgl. kostenlose Führungen um 10.30, 11.30, 12.30, 13.30 und 14.30 Uhr, ⌨ www.nga.gov.au.

National Portrait Gallery

Eine Fußgängerbrücke verbindet die Nationalgalerie mit der National Portrait Gallery. Hier sind Porträts berühmter Australier zu sehen. Sie reichen von der Totenmaske des Buschganoven Ned Kelly bis zum Ölgemälde der in Tasmanien geborenen Mary Elizabeth, Kronprinzessin von Dänemark. King Edward Terrace, ⊕ tgl. 10–17 Uhr, Eintritt frei. Tgl. kostenlose Führungen um 11.30 und 14.30 Uhr.

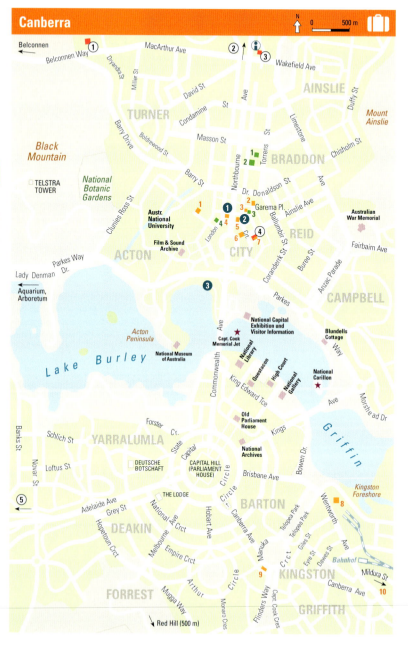

Canberra

N 0 500 m

Belconnen
Belconnen Way ①
MacArthur Ave
② ③
Wakefield Ave
AINSLIE
Dryandra St
Miller St
David St
Condamine
St
Ave
St
Mount
Ainslie
Duffy St
TURNER
Barry Drive
Boldrewood St
Masson St
Limestone
Chisholm St
Torrens
BRADDON
Black
Mountain
Barry St
Northbourne
St
1 1
□ TELSTRA
TOWER
National
Botanic
Gardens
Dr. Donaldson St
Garema Pl.
Ainslie Ave
Ballumbir St
Australian
War Memorial
Clunies Ross St
Austr.
National
University
1
② ① 3 2
4 4
3
2 3
REID
Fairbairn Ave
London
5
6 2 Crt.
7
④
Corandérrk St
Buree St
Anzac Parade
ACTON
Film & Sound
Archive
CITY
Parkes Way Dr.
③
Parkes
CAMPBELL
Lady Denman Dr.
Aquarium,
Arboretum
Acton
Peninsula
Ave
National Capital
Exhibition und
Visitor Information
Capt. Cook
Memorial Jet
Blundells
Cottage
Way
L a k e B u r l e y
National Museum
of Australia
National
Library
Questacon
High Court
National
Gallery
National
Carillon
Commonwealth
King Edward Tce
Banks St
Novar St
Schlich St
Loftus St
Forster
Cr.
State
Capital
YARRALUMLA
□ DEUTSCHE
BOTSCHAFT
Old
Parliament
House
Kings
National
Archives
CAPITAL HILL
(PARLIAMENT
HOUSE)
Brisbane Ave
Circle
Morshead Dr
Kingston
Foreshore
G r i f f i n
⑤
THE LODGE
Adelaide Ave
Grey St
Hopetoun Crct
DEAKIN
National Ave
Melbourne
Empire Crct
Crct
Circle
Hobart Ave
Circle
Canberra Ave
BARTON
Manuka
Wentworth
8
Telopea Park
Telopea Park
Giles St
Eyre St
Dawes St
Ave
Bahnhof □
Mildura St
Canberra Ave
10
FORREST
Mugga Way
Arthur
Monaro Cres
Circle
Flinders Way
9
Capt. Cook Cres
KINGSTON
Canberra Ave
GRIFFITH
↓ Red Hill (500 m)

Questacon

Das Questacon – National Science and Technology Centre ist ein „Museum zum Anfassen" und besonders – aber nicht nur – für Kinder interessant. Die Betonung liegt auf Naturwissenschaft und Technik. Die Ausstellungen erklären auf anschauliche Weise physikalische Phänomene. 35 King Edward Terrace, ⏱ tgl. 9–17 Uhr, Eintritt $25, Kind $19, Familie $73, ⌨ www.questacon.edu.au.

Diplomatenviertel

Nach der Parlamentsbesichtigung bietet sich eine Rundfahrt durch Canberras Diplomatenviertel Yarralumla und Forrest an. Etliche Botschaften fallen durch im Stil ihrer Heimatländer errichtete Gebäude auf, z. B. die Häuser von Indonesien und Papua Neuguinea. An der Adelaide Avenue am Fuße des Capital Hill residiert zeitweise der Premierminister in **The Lodge**.

In Zentrumsnähe

Mount Ainslie

Von keinem anderen Punkt der Stadt bietet sich ein besserer Blick auf das Regierungsviertel als vom 843 m hohen Mount Ainslie. Man erreicht die Aussichtsplattform mit dem Auto über einen Abzweig von der Fairbairn Avenue (ausgeschildert), oder zu Fuß über den 4 km langen Mount Ainslie Summit Trail, der hinter dem Australian War Memorial beginnt (ca. 1 1/2 Std.).

Botanischer Garten und Black Mountain

Die **Australian National Botanic Gardens** an den Hängen des Black Mountain bieten einen hervorragenden Überblick über die Flora Australiens: 6000 einheimische Spezies wurden angepflanzt, von Hunderten verschiedener Eukalyptusarten über *Banksia* und *Proteacea* bis hin zu Pflanzen des Regenwaldes. ⏱ tgl. 9.30–16.30 Uhr, Eintritt frei, Parkgebühr $3,40 pro Std. Clunies Ross St. Zum Garten gehören auch ein Informationszentrum und Café. ⌨ www.anbg.gov.au.

Den Besuch des Botanischen Gartens kombiniert man am besten mit einer Fahrt auf den **Black Mountain**, der sich 250 m über Canberra erhebt. Von der 58 m hohen Aussichtsplattform des **Black Mountain Tower** (auch Telstra Tower genannt, Fernsehturm) hat man bei klarem Wetter einen fantastischen Ausblick. Dort oben gibt es auch eine Cafeteria. ⏱ Plattform tgl. 9–22 Uhr, Eintritt $7,60.

National Arboretum

Das 2013 eröffnete Arboretum verdankt seine Existenz den Buschbränden, die dieses 250 ha große Gelände 2001 verwüsteten. Heute spazieren Besucher durch 94 Wälder von teils bedrohten Baumarten aus Australien und der ganzen Welt. Von den über das Gelände verteilten Skulpturen bieten sich gute Ausblicke auf die Stadt. Im Zentrum liegt das Village Centre mit Café, Restaurant und Souvenirladen. Hier liegen auch Infoblätter und Karten aus. Eintritt frei, Parkgebühr $2,10 pro Std. Zu erreichen über den Tuggeranong Parkway, ca. 15 Min. Fahrt vom Zentrum; 5x tgl. mit dem ACTION-Bus ab Platform 10 am Busbahnhof, ⏱ Arboretum tgl. 6–20.30 Uhr, Village Centre 9–16 Uhr, ⌨ www.nationalarboretum.act.gov.au.

National Zoo and Aquarium

Der Privatzoo am Stadtrand Canberras beinhaltet mehrere Süßwasserbecken mit bunten Fischen des Korallenriffs, Seeschlangen und

In jeder größeren australischen Stadt steht ein Kriegsdenkmal, das den Anzac-Soldaten gewidmet ist. Diese australischen und neuseeländischen Streitkräfte kämpften im **Ersten Weltkrieg** an der Seite Großbritanniens. Als 1914 in Europa der Erste Weltkrieg ausbrach, wurde Australien von einer Welle probritischen Patriotismus ergriffen. „When the Empire is at war so Australia is at war", fasste am 5. August 1914, einen Tag nach der Kriegserklärung Großbritanniens an das deutsche Kaiserreich, der damalige australische Premierminister Joseph Cook die Stimmung der Mehrheit seiner Landsleute zusammen. Am 1. November 1914 stach eine Truppe von 20 000 australischen und neuseeländischen Freiwilligen von Albany, Western Australia, in See, um dem Mutterland zu Hilfe zu eilen. Diese Truppe wurde als **Australia and New Zealand Army Corps**, abgekürzt ANZAC, bekannt. Im Oktober 1914 waren auf der gegnerischen Seite die Türken in den Krieg eingetreten. Anfang 1915 heckten Militärstrategen in London den Plan aus, in einem **Blitzangriff** die türkische Dardanellen-Halbinsel bei **Gallipoli** (Türkisch: *anakkale*) zu erobern und damit die Dardanellen unter alliierte Kontrolle zu bringen. In der Morgendämmerung des 25. April 1915 landeten 16 000 Australier in einer von steilen Felsen begrenzten Bucht. Bei Anbruch der Nacht waren schon 2000 Mann im Kugelhagel der Türken gefallen. Das Vorhaben war eindeutig zum Scheitern verurteilt, dennoch wurden weitere **acht Monate** lang alliierte Soldaten beim Kampf um die Halbinsel verheizt, ohne jemals wesentlich Boden zu gewinnen.

Im Dezember endlich kam aus London der Befehl zum **Rückzug**. Die scheinbar geniale Strategie hatte sich als militärisches **Desaster** erwiesen. 11 000 Australier und Neuseeländer hatten ihr Leben verloren, die Franzosen hatten genauso viele Tote zu beklagen, die britischen Truppen fast dreimal so viele. Die Türken zählten 86 000 Gefallene – hatten aber erfolgreich ihr Land verteidigt.

Von australischer Seite wird bis heute beklagt, dass Australiens Kriegsbeitrag von britischer Seite nur ungenügend anerkannt worden ist. Fast 60 000 Australier verloren ihr Leben, was im Verhältnis zur Gesamtbevölkerung den höchsten Verlust an Leben im gesamten britischen Königreich darstellte. Seit 1916 wird die strategisch gesehen unsinnige Landung in Gallipoli jedes Jahr am 25. April, dem sogenannten **Anzac Day**, mit landesweiten Paraden und Gedenkfeiern gefeiert. Der vergebliche Kampf um Gallipoli ist in der australischen Geschichtsschreibung ebenso wie in der Literatur und der Kunst zum Identität stiftenden **Nationalmythos** verklärt worden. Demnach bewährten sich die Anzac-Soldaten in der Feuertaufe des Krieges als heldenhafte Söhne Australiens, auf die die neue Nation zu Recht stolz sein könnte.

Mehr als hundert Jahre später ist die Anzac-Story noch immer Angelpunkt des australischen Nationalstolzes. Etwa 85 000 Personen nahmen 2015 zur Hundertjahrfeier an den Anzac-Gedenkfeiern in Melbourne teil, weitere 30 000 versammelten sich in Sydney. Gallipoli ist eine Art Wallfahrtsort geworden: Etwa 8000 Australier reisten 2015 in die Türkei.

Seeschildkröten sowie das Wildlife Sanctuary, in dem neben Koalas, Kängurus und Wombats auch Dingos und Zwergpinguine leben. Die abenteuerlichste Attraktion des Zoos ist jedoch eigentlich nicht in Australien beheimatet. Unter Aufsicht und nach Voranmeldung kann man tgl. mit wechselnden Tieren (darunter Affen, Löwen, Haie, Pandas und Giraffen) auf Tuchfühlung gehen. Der exklusive Besuch im Gehege der edlen Raubtiere kostet je nach Tier $55–175 p. P. ⊙ tgl. 9.30–17 Uhr, Eintritt $47, Kind 4–15 J. $26.

Lady Denman Drive, Scrivener Dam, nahe Yarralumla; 5x tgl. mit dem ACTION-Bus ab Platform 10 am Busbahnhof, 🖳 www.nationalzoo.com.au.

Zur Anlage gehört auch die 2015 eröffnete **Jamala Wildlife Lodge**, in deren 5-Sterne-Zimmern nur eine Glaswand zwischen Gästen und Zoobewohnern wie Braunbären, Löwen oder Tigern steht. Ein einmaliges Erlebnis, allerdings zu seinem Preis: Eine Übernachtung inkl. VP und zwei Safari-Touren gibt es ab $1350.

ÜBERNACHTUNG

Hostels

Canberra City YHA, 7 Akuna St, ☎ 6248 9155, ✉ canberracity@yha.com.au, 🖥 www.yha.com.au. Großes Hostel in superzentraler Lage; 4–10-Bett-Dorms (Bett ab $45) sowie DZ, einige mit Bad. Viele Annehmlichkeiten, u. a. ein kleines geheiztes Hallenbad, Sauna und Whirlpool, Dachterrasse mit Grillstelle und hauseigenes Café mit günstigen Preisen für Frühstück und Mittagessen. Budget-Unterkünfte sind hier rar, also vorbuchen! ❸

Andere

🧳 **Adina Apartments Canberra**, 45 Dooring St, Dickson, ☎ 6279 7000, 🖥 www.adinahotels.com. Komfortables 4-Sterne-Hotel mit oft guten Deals im Internet. Moderne Zimmer sowie Apartments mit Küche. Kostenlose Tiefgarage für Gäste. Bar, Restaurant, Pool und Fitnessstudio (teilweise im gegenüberliegenden Pavilion on Northborne). ❹

💶 **Blue and White Lodge**, 524 Northbourne Ave, Downer, ☎ 6248 0498, 🖥 www.blueandwhitelodge.com.au. Eine gute und günstige Alternative zu den Hotels sind die 19 gemütlichen Zimmer mit Bad, Kühlschrank und AC/Heizung dieser freundlichen Lodge. Die Zimmer im 1. Stock haben einen Balkon mit Blick auf den Black Mountain. ❸

Cabins und Camping

Freicampen/Übernachten im Fahrzeug ist im ACT verboten und wird mit deftigen Bußgeldern bestraft.

Alivio Tourist Park, 20 Kunzea St, O'Connor, knapp 5 km nordwestl., ☎ 6247 5466, 🖥 http://aliviogroup.com.au. Die große, gepflegte Anlage ist der dem Zentrum nahe gelegenste Caravanpark. Stellplätze $55, mit Bad $75, sowie Cabins mit 1–3 Schlafzimmern. Pluspunkte sind der große Pool, Volleyball-, Tennis- und Basketballplätze und die große, moderne Campküche. Ab ❻

Cotter Campground, Cotter Rd, Cotter Reserve, ca. 25 Min. vom Zentrum, ☎ 132 281, 🖥 www.environment.act.gov.au. Das Cotter Reserve ist seit 100 Jahren beliebtes Ausflugsziel der Canberrans (S. 235). Der Campingplatz am Fluss ist hervorragend ausgestattet mit Duschen, Toiletten, Picknicktischen und Spielplatz. Allerdings kann es voll werden, also rechtzeitig online buchen. $15 p. P., Kinder bis 15 J. frei.

ESSEN

Braddon hat sich zum kleinen, aber hippen Ausgehzentrum gemausert. Schön am Wasser gelegen isst man an der Promenade in **Kingston Foreshore**.

Akiba, 40 Bunda St, Civic, ☎ 6162 0602, 🖥 www.akiba.com.au. Man fühlt sich etwas wie in den lauten asiatischen Imbisshallen. Hier wird ostasiatische Küche mit westlichen Einflüssen gemischt. Das Ergebnis ist äußerst schmackhaft und das Akiba hat schon zahlreiche Preise abgeräumt. Man wählt zwischen Streetfood und authentischen Nudel- und Reisgerichten, je ca. $5–21. ⏰ tgl. 11.30–24 Uhr.

Bent Spoke Brewing Company, 48 Mort St, Braddon, ☎ 6257 5220, 🖥 www.bentspokebrewing.com.au. Da soll nochmal jemand sagen, in Canberra sei nichts los. In dem Brauereipub, in dem der Brauprozess praktisch auf Museumsniveau erhoben wird, herrscht zwischen glänzenden Kesseln und Zapfhähnen immer gute Stimmung. Nicht nur das Bier, auch das Essen ist hervorragend. ⏰ tgl. ab 11–24 Uhr.

Frugii Dessert Laboratory, 28 Londsdale St, Bradon, ☎ 6248 5748, 🖥 www.frugii.com. Die Schlange kann schon mal bis auf die Straße hinausreichen, wenn sich hier abends die Schleckermäuler Canberras versammeln. Verpassen sollte man das mundwässernde Angebot aus hausgemachten Eiscremes und Sorbets trotzdem nicht. ⏰ tgl. 12–23 Uhr.

Two Before Ten, 1 Hobart Place, Civic, 🖥 www.twobeforeten.com.au. Das kleine Café hat den besten Kaffee der Stadt. Dazu gibt's Frühstück und Mittagessen mit frischem Sauerteigbrot. ⏰ Mo–Fr 7–16 Uhr.

EINKAUFEN

Die **Geschäfte** sind i. d. R. Mo–Do von 9–17, Fr bis 21, Sa bis 17 und So 10–16 Uhr geöffnet.

Märkte

Fyshwick Fresh Food Markets, Dalby St, Fyshwick. Großer Lebensmittelmarkt mit vielen Obst- und Gemüsesorten, z. T. aus ökologischem Anbau; Käse, Fleisch, Fisch, Brot usw. ⏰ Do–So 7–17.30 Uhr.

Hartley Hall Markets, Hall Village Showground. Gehört zu den größten Kunsthandwerk- und Eigenerzeugermärkten Australiens. ⏰ außer im Jan an jedem 1. So im Monat 11–15 Uhr.

Old Bus Depot Markets, Wentworth Ave, Kingston. Hier gibt es Kunsthandwerk, Schmuck und Klamotten. ⏰ So 10–16 Uhr.

Souvenirs

Gute Fundgruben sind die Souvenirläden in den großen Touristenattraktionen wie Arboretum oder National Gallery of Australia.

TOUREN

Touren zu Fuß oder im Bus

📖 **Canberra Secrets**, ☎ 0419 209 703, 🖥 www.canberrasecrets.com.au. Die Canberra-Expertin Marg Wade führt Besucher auf individuell zugeschnittenen Touren durch ihre Stadt. Nicht billig, aber die beste Art einen tiefen Einblick in die Stadt zu gewinnen. Halbtagestour $190, ganzer Tag $220.

Gondwana Dreaming Tours, ☎ 6285 1872, 🖥 www.gondwana-dreaming.com. Ein- bis sechstägige Touren in die Umgebung mit Betonung auf Geschichte und Geologie. U. a. *Fossil-Dig*-Tour bei Canowindra.

Bootstouren

Lake Burley Griffin Cruises, ☎ 0419 418 846, 🖥 www.lakecruises.com.au. Einstündige Fahrten mehrmals tgl. im Sommer ab Acton Park Ferry Terminal, Barrine Drive an der Nordseite des Sees, in der Nähe von Commonwealth Ave und Parkes Way; $20.

Ballonfahrten

Dawn Drifters, ☎ 6285 4450, 🖥 www.dawndrifters.com.au. Flug mit dem Fesselballon, 60 Min., werktags $310, am Wochenende $360.

Über das Kultur- und Unterhaltungsangebot informieren die Infozeitungen, z. B. *This Week In Canberra* sowie der *Canberra Visitor Guide* (kostenlos beim Visitor Centre und in Unterkünften). Nützliche Website: 🖥 www.outincanberra.com.au.

Aboriginal-Kunst und -Kultur

In der **Aboriginal Dreamings Gallery**, 19 O'Hanlon Place, Gold Creek Village, 🖥 www.aboriginaldream.com, werden Kunst und Kunsthandwerk der Aborigines ausgestellt. ⏰ tgl. 10–17 Uhr.

Kino

Das kommerzielle **Event Cinema**, 6 Franklin St, Manuka, 🖥 www.eventcinemas.com.au, zeigt amerikanische Blockbuster.

Im **Dendy Cinema**, 148 Bunda St, Canberra City, ☎ 6221 8900, flackern Filme aus Europa und Interessantes außerhalb des Mainstreams über die Leinwand. Klassiker und Kultfilme gibt es im **Arc** im National Film and Sound Archive (S. 226), 🖥 www.nfsa.gov.au.

Musik

Klassische Musik wird häufig im **Canberra Theatre Centre**, London Circuit, 🖥 www.canberratheatrecentre.com.au, gezeigt. Livemusik aller Richtungen gibt es Do–Sa abends in der **Pot Belly Bar**, Weedon Close, Belconnen sowie im beliebten **Smith's Alternative**, 76 Alinga St, City, wo zwei Klaviere und weitere Musikinstrumente Gästen zur freien Verfügung stehen.

Nachtleben

Das Nachtleben ist natürlich nicht vergleichbar mit dem von Sydney oder Melbourne, aber lebhafter als sein Ruf, so z. B. im Civic. In Braddon und am Kingston Foreshore liegen einige schöne Pubs. **Bent Spoke Brewing Company** (S. 231, Essen). **King O'Malley's**, City Walk Ecke Mort St. Irish Pub, in dem auch unter der Woche einiges geboten wird.

Mooseheads,105 London Circuit. Altbewährtes großes Pub und Nightclub.

Transit Bar, 7 Akuna St, gleich neben dem YHA. Hier ist eigentlich immer was los. Dienstags ist Karaoke-Nacht und am Wochenende greifen verschiedene Musiker und Comedians zum Mikrofon.

Theater

Vorstellungen in unregelmäßigen Abständen im **Canberra Theatre Centre,** s. oben unter „Musik".

Unabhängiges Performancetheater und Kabarett gibt es im **The Street Theatre,** Childers St, City West, ⌨ www.thestreet.org.au.

SONSTIGES

Autovermietungen

Die großen Mietwagenfirmen haben alle eine Filiale in Canberra. Hilfreiche Websites zum Vergleichen der Preise sind ⌨ www.carhire.com.au und vroomvroomvroom.com.au. Günstige Alternative: **Airport Rent a Car,** ☎ 1800-33 10 01, ⌨ www.airportrentacar.com.au.

Botschaften

Deutschland: 119 Empire Circuit, Yarralumla, ☎ 6270 1911, ⌨ www.canberra.diplo.de. **Österreich:** 12 Talbot St, Forrest, ☎ 6295 1533, ⌨ www.bmeia.gv.at/botschaft/canberra. **Schweiz:** 7 Melbourne Ave, Forrest, ☎ 6162 8400, ⌨ www.eda.admin.ch/australia.

Fahrradverleih

Cycle Canberra, ☎ 0449 557 838, ⌨ www.cyclecanberra.com.au. Kostenlose Anlieferung und Abholung von Mieträdern. $50 pro Tag oder $85 für 3 Tage. Helm und Schloss inbegriffen.

Feste

Enlighten Canberra, Kunst- und Kulturfestival, zu dem jedes Jahr im März die Bauwerke in buntem Scheinwerferlicht erstrahlen. Infos und Daten ⌨ https://enlightencanberra.com. **Floriade,** Frühlingsfest mit Blumenausstellung im Commonwealth Park; Theater, Musik usw., Mitte Sep–Mitte Okt.

Informationen

Canberra Visitors Centre, Regatta Point, ☎ 1300-55 41 14, ⌨ www.visitcanberra.com.au. ⊕ Mo–Fr 9–17, Sa, So 9–16 Uhr.

Internet

Außerhalb der Unterkünfte, Cafés, Pubs und Restaurant kann man sich in den Vororten Belconnen, Dickson, Kingston, Manuka, Weston Creek, Woden, New Acton, Tuggeranong und in weiten Teilen des Civic kostenlos einloggen.

NAHVERKEHR

Stadtbusse

Rund um das Zentrum (Civic) und Braddon operiert Mo–Fr von 7–19 Uhr etwa alle 10 Min. der kostenlose **Bus 101 (Free City Loop). Route 81 oder 981** (auch ACTION genannt) klappert alle Sehenswürdigkeiten in und um Canberra ab, inkl. Zoo und Arboretum. Fahrplaninformation zum ganzen Netz unter ☎ 13 17 10, ⌨ www.transport.act.gov.au. Der Busbahnhof **City Bus Interchange** befindet sich in dem Straßenkreuz von East Row, Alinga St und Bunda St. Das ACTION Information Office findet man in der East Row zwischen Platform 1 und 2.

Wie in allen Großstädten kommt man auch in Canberra am günstigsten mit einer aufladbaren Chipkarte herum, hier MyWay genannt. Deren Anschaffung kostet allerdings $5. Ansonsten gibt es auch Einzel- und Tagestickets. Ein Einzelticket ist 90 Min. lang im gesamten Netz gültig und kostet $5. Eine Tageskarte für alle Zonen kostet $9,60. Fahrkarten und Fahrpläne für einzelne Busrouten bekommt man bei Zeitungsläden (newsagents) und an Busbahnhöfen (Bus Interchanges); Fahrkarten auch beim Busfahrer.

Taxis

ACT Cabs, ☎ 6280 0077, ⌨ www.actcabs.com.au.

TRANSPORT

Busse

Greyhound Australia, Jolimont Centre, 65-67 Northbourne Ave, ☎ 1300-47 39 46, ⌨ www.

Die Aboriginal Tent Embassy

Am Australia Day 1972, dem Tag, an dem sich jeder Australier gern auf seinen Nationalstolz besinnt, errichtete eine Gruppe Aborigines erstmals ein Zelt auf der Wiese vor dem Old Parliament House und erinnerte mit diesem Protest an die unrühmliche Seite der australischen Geschichte. Ausschlaggebend für den Aufbau des Camps war neben der Frustration über die nicht eingehaltenen Versprechen nach dem Referendum von 1967 – den Aborigines wurden damals erstmals offiziell Bürgerrechte zugesprochen, von denen bis dato aber nur wenige in die Tat umgesetzt worden waren – v. a. die Weigerung der damaligen Regierung, den australischen Ureinwohnern Rechte auf Land oder finanzielle Entschädigung zu gewähren.

Mehrere Male ist die Tent Embassy seitdem an unterschiedlichen Orten ab- und wieder aufgebaut worden. 1974 zerstörte ein Sturm das Protestcamp, einige Male richteten Feuer, teils durch Brandstiftung verursacht, erhebliche Schäden an. Zum 20-jährigen Bestehen der Botschaft baute man die Zelte wieder an ihrem ursprünglichen Standort vor dem alten Parlamentsgebäude auf. Das *Sacred Fire* bildet den spirituellen Mittelpunkt der Protestbewegung. Das Feuer steht für Frieden, Gerechtigkeit und Souveränität.

Zentrales Streitthema in der Öffentlichkeit ist nach wie vor die Forderung der Aborigines nach Landrechten und der Souveränität über ihre Verwaltung. Gegner der Bewegung argumentieren, dass der Tent Embassy eine legitime demokratische Grundlage fehlt. Dennoch ist die Tent Embassy seit 1995 der einzige Ort in Australien, der im Nationalregister offiziell als Symbol für den politischen Kampf der Ureinwohner steht, und gewinnt zunehmend an institutioneller Bedeutung. Im Februar 2008 kamen Hunderte Aborigines und Nicht-Aborigines aus ganz Australien vor dem alten Parlamentsgebäude zusammen, um gemeinsam die „Sorry-Rede" des neu gewählten Premierministers Kevin Rudd vor dem Parlament zu verfolgen. Mit dieser historischen Ansprache wandte sich Rudd an die „Stolen Generations" – Generationen von Mischlingskindern, die im Rahmen einer grausamen Assimilierungspolitik aus ihren Aboriginal-Familien gerissen worden waren. Näheres auf S. 110.

greyhound.com.au. Mehrmals tgl. nach SYDNEY (3 1/4 Std.) und MELBOURNE (8 Std.).
Murrays, Jolimont Centre, Northbourne Ave, ☎ 13 22 51, 🖥 www.murrays.com.au. Mehrmals tgl. nach SYDNEY (ab $38, 3 1/2 Std.), 1x tgl. zur SOUTH COAST und nach WOLLONGONG. Im Winter auch in die SNOWY MOUNTAINS.

Eisenbahn

Das ACT hat keinen eigenen Bahnservice, aber die Züge von NSW Trainlink und V/Line halten in Canberra. Der Bahnhof von Canberra liegt in Kingston, Züge halten auch in Queanbeyan.
NSW Trainlink, ☎ 13 22 32, 🖥 www.nsw trainlink.info.
Nach COOMA und BOMBALA über BERRIDALE und JINDABYNE. Fahrzeit nach Cooma 1 1/4 Std.; nach Bombala 3 3/4 Std.
An die NSW-Südküste: Busverbindung tgl. über COOMA (1 1/2 Std.) und MERIMBULA (4 Std.) nach EDEN (4 1/2 Std.).

Nach SYDNEY: mehrmals tgl. direkte Zugverbindung (Xplorer, 4 1/4 Std.).
Nach MELBOURNE: 1x tgl. Busverbindung tgl. bis COOTAMUNDRA, dort Anschluss an den Zug (Melbourne XPT).
V/Line, ☎ 13 61 96, 🖥 www.vline.com.au.
Nach MELBOURNE: per Bus geht es ab Jolimont Centre mehrmals tgl. nach ALBURY; dort gibt es Anschluss an den Zug. Die Fahrzeit nach Melbourne beträgt etwa 8 Std.

Flüge

Nur Inlandflüge: **Qantas**, 🖥 www.qantas.com. au, und **Virgin Australia**, 🖥 www.virgin australia.com, fliegen direkt nach SYDNEY, MELBOURNE und ADELAIDE.
Royale Coach, ☎ 1300-36 88 97, 🖥 www. royalecoach.com.au. Verkehrt zwischen Flughafen und Innenstadt; Ticket $12; hin und zurück $20.

Die Umgebung von Canberra

Die Einwohner Canberras haben die Natur direkt vor der Haustür. Nach einer halbstündigen Autofahrt sind Picknickplätze und Buschwanderwege in den State Reserves und Nationalparks erreicht. Bei Gefahr von Buschfeuern sind die Naturreservate gesperrt. Außerdem finden sich in der Region historische Farmen und Dörfer, Privatzoos sowie Weingüter.

Die Parks und Reserves südlich von Canberra waren zur Zeit der Recherche aufgrund der Buschbrände noch auf unbestimmte Zeit geschlossen.

Südlich von Canberra

Namadgi National Park

Dieser 106 000 ha große Nationalpark nimmt fast die Hälfte des gesamten ACT ein. Im Januar und Februar 2020 standen mehr als 80 Prozent seiner Fläche in Flammen. Und damit nicht genug. In den Monaten darauf folgten verheerende Überflutungen. Bis heute ist der Park nur teilweise zugänglich, während sich Flora und Fauna regenerieren und die Infrastruktur erneuert wird. Die Yankee Hat Rock Art Site mit den alten Felsgravuren bleibt bis auf Weiteres geschlossen.

Südwestlich von Canberra

Tidbinbilla Nature Reserve

Das 5700 ha große Naturreservat westlich von Tuggeranong bietet Naturerlebnisse sowie Einblicke in die Kultur der Ureinwohner. ☉ tgl. 9–18 Uhr, Eintritt $14 pro Auto. In einem Freigehege leben *rock wallabies* und Koalas und überall im Reservat sind Emus beheimatet. Vor allem bei Sonnenuntergang bekommt man in den Dämmen Schnabeltiere zu Gesicht. Das

Visitors Centre nahe dem Parkeingang informiert über Wanderwege und Aktivitäten. Hier entrichtet man auch die Parkgebühr und erhält eine Karte. ☉ tgl. 9–17 Uhr, 🖥 www.tidbinbilla. act.gov.au, Fahrzeit von der City ca. 45 Min.

In der Nähe des Reservats befindet sich auch das **Canberra Space Centre**, 🖥 www.cdscc. nasa.gov. Seine „Schüsseln" sind imstande, die obskursten Signale von Lichtjahre entfernten Sternen aufzufangen. Nur zwei andere Weltraumpähstationen auf der Welt haben die gleiche Reichweite wie Tidbinbilla – die eine in Madrid, die andere in Goldstone, Kalifornien. ☉ tgl. 9–17 Uhr. Hier gibt es auch ein Café. Eintritt frei.

Cotter Reserve

Die Picknickplätze, ein Spielplatz und ein schön gelegener Campingplatz in der Nähe des Cotter-Staudamms, 22 km westlich von Canberra, sind ein beliebtes Ausflugsziel. Der Staudamm war der erste Trinkwasserspeicher Canberras. Am Parkplatz ist eine Broschüre mit Beschreibungen von Wanderwegen unterschiedlicher Dauer erhältlich. Baden kann man in der Nähe im Murrumbidgee River.

Nördlich von Canberra

Canberra Wine Region

In der Canberra Wine Region befinden sich rund 30 Weingüter, bei denen man Wein vom Erzeuger kaufen kann. Das Visitors Centre hat eine Karte, auf der alle Weingüter verzeichnet sind. Die meisten liegen nördlich der Stadt am Federal Highway in Richtung Sydney und am Barton Highway in Richtung Yass und sind in 30 Minuten mit dem Auto vom Zentrum Canberras zu erreichen. Einige Weingüter bieten kostenlose Weinproben an, andere haben Restaurants. **Canberra Guided Tours**, 🖥 www.canberra guidedtours.com.au, führt ganztägige individuell zugeschnittene Touren zu den Weingütern durch ($150).

HILL INLET, WHITSUNDAY ISLANDS; © TOURISM WHITSUNDAYS / PAUL PICHUGIN

Queensland

Australiens Sunshine State ist ein Fest der Farben: Das satte Grün der Wet Tropics, das einladende Türkis am Great Barrier Reef oder die Rot- und Ockertöne des Outbacks sorgen für kontrastreiche Eindrücke. Segeln in den Whitsundays, Surfen an der Gold Coast und Schnorcheln am Riff zählen ebenso zu den Highlights wie Tierbeobachtungen im Nationalpark und schlemmen in einem der unzähligen Seafood-Restaurants.

Stefan Loose Traveltipps

MILLAA MILLAA FALLS, ATHERTON TABLELAND; © DUMONT BILDARCHIV / HOLGER LEUE

6 **Brisbane** In der subtropischen Metropole blühen die üppigen Parkanlagen ebenso wie eine quirlige Restaurant- und Kneipenszene. S. 245

7 **Whitsunday Islands** Wer in diesem Archipel seinen Cocktail in der Hängematte genießt oder im Segelboot das Meer durchstreift, macht einen Traum wahr. S. 318

Hinchinbrook Island Ausdauernde Wanderer werden hier mit einer märchenhaften Berglandschaft und einsamen Sandstränden belohnt. S. 333

8 **Great Barrier Reef** Die größte lebende Struktur der Erde lädt Schnorchler und Taucher ein in eine faszinierende Unterwasserwelt voller bunter Fische und Korallen. S. 350

Atherton Tableland Tiefe Vulkanseen, spektakuläre Wasserfälle und uralte Bäume bieten hier eine willkommene Abkühlung vom Küstenklima. S. 358

9 **Daintree National Park** Tosende Flüsse und spektakuläre Schluchten im ältesten Regenwald der Welt. S. 372

CITY HALL, BRISBANE © JAN DÜKER

Daintree onal Park
Atherton Tableland
Great Barrier Reef
Hinchinbrook Island
Whitsunday Islands
Brisbane

Wann fahren? In den Süden jederzeit, in den Norden am besten Mai–Sep, wenn keine Gefahr durch Quallen und Wirbelstürme besteht

Wie lange? 2 Wochen bis mehrere Monate

Bekannt für unvergessliche Tauch- und Schnorchelerlebnisse, Segeltörns, Sonnenschein und durchzechte Nächte

Updates und eure **Kommentare** zu diesem Kapitel auf 🖥 www. stefan-loose.de unter **eXTra [11425]**

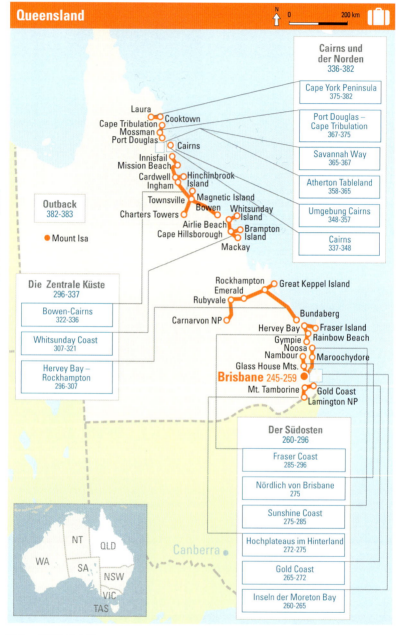

QUEENSLAND

Laura
Cooktown
Cape Tribulation
Mossman
Port Douglas
Cairns
Innisfail
Mission Beach
Cardwell
Hinchinbrook
Ingham
Island
Townsville
Magnetic Island
Bowen
Charters Towers
Whitsunday
Island
Airlie Beach
Brampton
Cape Hillsborough
Island
Mackay

Rockhampton
Great Keppel Island
Emerald
Rubyvale
Bundaberg
Carnarvon NP
Hervey Bay
Fraser Island
Gympie
Rainbow Beach
Noosa
Nambour
Maroochydore
Glass House Mts.
Brisbane 245-259
Mt. Tamborine
Gold Coast
Lamington NP

NT
QLD
WA
SA
NSW
VIC
TAS
Canberra ●

www.stefan-loose.de/australien

Queensland ist *das* Ferienparadies Australiens, vor allem die 2300 km lange Ostküste zwischen Coolangatta und Cooktown. Im Winter strömen Sonnenhungrige aus Australiens kühlem Südosten und Besucher aus Übersee in Scharen dorthin. Für die meisten ist Queensland gleichbedeutend mit den vier großen „S": Sun, Sand, Surf and Sailing. Und in der Tat besteht auf diesem Gebiet kein Mangel.

Queensland ist mit 1,730 Mio. km² nach Western Australia der zweitgrößte Bundesstaat im Commonwealth of Australia. Er umfasst 22,5 % der australischen Landfläche und ist fast fünfmal so groß wie Deutschland. Mehr als die Hälfte liegt nördlich des südlichen Wendekreises. Die weiteste Ost-West-Ausdehnung beträgt 1450 km, von Norden nach Süden sind es 2100 km mit einer Küstenlänge von knapp 7000 km.

In diesem Staat leben rund 5,2 Mio. Einwohner, etwa 20 % der australischen Gesamtbevölkerung, ein Großteil davon in einem Radius von 200 km um Brisbane, das allein schon über 2,3 Mio. Einwohner hat. Wie überall ist das Landesinnere nur spärlich besiedelt. Weniger als 0,4 % der Bevölkerung sind Aborigines oder Bewohner der Torres-Strait-Inseln.

Von Sydney bis Cairns verläuft Australiens beliebtester **Backpacker-Pfad**, weshalb sich Rucksackreisenden hier eine große Auswahl von oft ausgezeichneten Hostels, Tourveranstalter und Segelboot-, Auto- und anderen Verleihfirmen bietet.

Im Süden liegen die **Gold Coast** – eine etwas ordinäre Version von Miami – die pulsierende, attraktive Metropole **Brisbane** sowie die bildschöne, aber stark frequentierte **Sunshine Coast**. Über die große, unbewohnte **Fraser Island** trampeln jeden Tag Tausende von Touristen, eine Tagestour ist sie dennoch wert.

Das **Great Barrier Reef** vor der Ostküste ist eine der größten touristischen Attraktionen und steht auf der Unesco-Liste des Weltnaturerbes. Mit einer Gesamtfläche von 344 000 km² ist es in etwa so groß wie Deutschland und bildet das ausgedehnteste Riff der Erde. Aber die größte lebende Struktur der Welt leidet schwer an den Auswirkungen der globalen Erwärmung, was sich in den Jahren 2016 und 2017 vor allem an den Korallenbleichen zeigte, die an sehr großen

Teilen des Riffs beobachtet wurden (mehr dazu s. Kasten S. 350/351.

Die 74 größtenteils unbewohnten Inseln der **Whitsundays** sind ein Paradies für Segler und Sonnenanbeter. Auch von hier aus starten Bootstouren zum Riff, weshalb man mindestens drei bis vier Tage für diese Region einplanen sollte.

An der **Nordostküste** Queenslands ist ein kleiner Teil des weltweit ältesten Regenwalds erhalten geblieben: Die laut Schätzungen bis zu 180 Mio. Jahre alten Wälder der Wet Tropics werden von der Unesco als Weltnaturerbe gelistet. Die tropische Metropole **Cairns** liegt strategisch günstig zwischen Regenwald und Riff und verdankt ihren Glanz in erster Linie dem Tourismus.

Die **Cape-York-Halbinsel** im hohen Norden und die Küstenregion am **Gulf of Carpentaria** zählen zu den abgelegensten Gegenden Australiens. Neben Resten tropischen Regenwaldes sind hier Feuchtsavannen und sumpfige Mangrovenwälder anzutreffen. Tiefe Flüsse machten schon den ersten Weißen auf ihren Expeditionen zu schaffen und bilden noch heute ein Hindernis für Abenteuerreisende.

Die Höhenzüge der **Great Dividing Range** verlaufen in einem Bogen von der Cape-York-Halbinsel bis nach Brisbane und setzen sich parallel zur Küste in New South Wales fort. Sie trennen den Küstenstreifen vom fruchtbaren **Tafelland** im Landesinneren. Das Hinterland, vor allem im Norden, mit seinen urzeitlichen Regenwäldern, Schluchten, Wasserfällen und reißenden Gebirgsbächen ist von beeindruckender Schönheit. Jenseits des Tafellands erstreckt sich das weite **Outback**: Eine flache, trockene und heiße Weite, deren Eintönigkeit faszinierend wirkt.

Klima und Reisezeit

Nicht ganz ohne Grund trägt Queensland den Beinamen „The Sunshine State". Dennoch können Besucher auch zwei Wochen Dauerregen erleben, wenn sie zur falschen Zeit reisen. Der **Südosten** Queenslands wirbt mit 300 Sonnentagen im Jahr – und tatsächlich stehen hier die Chancen auf blauen Himmel und angenehme Temperaturen das ganze Jahr über nicht schlecht. Die durchschnittlichen 1400 mm Regen pro Jahr (in Brisbane) fallen größtenteils im Sommer (Nov–März). Während dieser Monate steigt das Thermometer auf eine durchschnittliche Höchsttemperatur von 27–29 °C in Brisbane; durch die feuchte Luft kann es allerdings heißer erscheinen. Im Winter (Mai–Sep) ist es an der Südküste relativ trocken und mild bis warm, in Brisbane liegt die durchschnittliche Höchsttemperatur in dieser Zeit bei 21–23 °C.

Je weiter man nach **Norden** kommt, umso wärmer und feuchter wird es. Etwa auf Höhe von Ingham passiert man die Grenze zu den feuchten Tropen. Sie zählen zu den niederschlagreichsten Gegenden Australiens. Rund um Innisfail fallen jährlich 3500 mm Regen, der Großteil zwischen Dezember und März. In Cairns ist es im Sommer meist unerträglich heiß und schwül, die durchschnittlichen Höchstwerte liegen dann bei 31 °C, die Luftfeuchtigkeit bewegt sich zwischen 70 und 80 %. Zwischen Dezember und März ist auch Zyklon-Saison und nicht selten werden Landstraßen und sogar Teile des Bruce Highway überschwemmt.

Wer seine Queensland-Reise in die nassen Sommermonate legt, kann zwar reduzierte Preise in den meisten Unterkünften und weniger überfüllte Touristenattraktionen genießen, riskiert aber unvorhersehbare tropische Duschen im Freien sowie unpassierbare Straßen. Im Wasser droht eine weitere Gefahr: Von Oktober bis Mai treiben verstärkt die hochgiftigen *box jellyfish* (S. 55) im warmen Wasser entlang der Küste nördlich von Rockhampton. Baden kann man in dieser Zeit nur in Neoprenanzügen oder innerhalb von Schutznetzen *(stinger nets)*, die entlang der beliebtesten Strände aufgebaut werden. Diese schützen allerdings nicht komplett vor den kleinen Irukandji-Quallen (S. 55).

Die **Cape-York-Halbinsel** kann während der Wet Saison meist überhaupt nicht befahren werden; hier fallen dann rund 90 % des jährlichen Niederschlags. Die beste Reisezeit für den tropischen Norden ist von Mai–Okt. Im Outback, der gesamten Gegend westlich der Dividing Range, ausgenommen dem Gulf of Carpentaria, herrscht Wüstenklima: An Sommertagen wird es glühend heiß, Winternächte sind kalt bis frostig. Die durchschnittliche Tageshöchsttemperatur in Mt Isa beträgt im Sommer 38 °C, im Winter kann es auf 10 °C abkühlen. Frühjahr (Sep–Nov) und Herbst (April–Mai) sind die besten Reisezeiten

Hochwasser 2011 und 2013

Heftiger anhaltender Regen sorgten zwischen November 2010 und Anfang 2011 für gewaltige Überschwemmungen im Südosten Queenslands. Drei Viertel der Fläche Queenslands wurden zur *disaster zone* erklärt. Den Höhepunkt der Naturkatastrophe erreichten die Fluten am 10. Januar 2011, als die kleine Landstadt Towoomba überraschend von einer Flutwelle regelrecht überrollt wurde. Mindestens 34 Menschen kamen ums Leben, ein großer Teil der Infrastruktur wurde von der sogenannten „Inland Tsunami" zerstört. Auf seinem Weg Richtung Osten drohten die Wassermassen den Wivenhoe Dam, der nach der letzten Flut 1974 gebaut wurde, zu überlasten. Um einer noch größeren Katastrophe vorzubeugen, öffnete man sämtliche Schleusentore, auch wenn dies zwangsläufig zur Überschwemmung der Millionenmetropole Brisbane führen sollte. Am 13. Januar erreichte der Brisbane River schließlich seinen Höchststand von 4,46 m; mehr als 30 Vororte Brisbanes und die Innenstadt, die größtenteils evakuiert waren, standen unter Wasser.

Zum Schrecken der ganzen Nation drohten sich die Ereignisse im Januar 2013 zu wiederholen. Zyklon Oswald sorgte erneut für gewaltige Stürme, Tornados und Überschwemmungen. Am schlimmsten betroffen war die Region um Bundaberg. Hier mussten 7500 Menschen evakuiert werden, darunter die Patienten des örtlichen Krankenhauses. Ganze Häuser wurden von den Fluten weggespült. geschätzt. Zum Glück forderte der Sturm diesmal keine Menschenleben.

für das Landesinnere. Infos über das aktuelle Wetter: ⌨ www.bom.gov.au/qld/.

Nach jahrelanger, anhaltender Dürre und bei extrem heißen Temperaturen und starken Winden entflammten in Australien im Sommer 2019/20 die schlimmsten Buschbrände seiner Geschichte. In Queensland waren vor allem die Wälder rund um Towoomba 130 km westlich von Brisbane betroffen. Großflächige Brände loderten zudem auf der Moreton Island, die im November 2019 größtenteils evakuiert werden musste.

Flora und Fauna

Ein großer Teil von Queenslands Wäldern, Bergen, Buschland und Riffs liegt geschützt in den 326 National- und Marineparks, die vom Department of Environment and Science, ⌨ https://parks.des.qld.gov.au, verwaltet werden. Besonders die **tropischen Regenwälder** im Norden Queenslands sind die Heimat unzähliger, teils einzigartiger Pflanzen- und Tierarten. Hier sollte man um den **Stinging Tree** (Brennnesselbaum, *Dendrocnide moroides*), einen Strauch mit großen, herzförmigen Blättern, einen großen Bogen machen. Bei Berührung spritzen die feinen Brennhaare der Blätter eine giftige Flüssigkeit in die Haut, die einen intensiven Schmerz verursacht, der wochen- und monatelang anhalten kann und durch Kontakt mit Wasser reaktiviert wird.

Beuteltiere

Baumkängurus sind nachtaktive Pflanzenfresser, die vornehmlich auf Bäumen leben. Der **Große Streifenbeutler** *(striped possum)* gleicht in Größe und Lebensweise etwas unseren Eichhörnchen, hat jedoch Streifen und den Geruch der amerikanischen *skunks*. Ähnlich wie ein Specht klopft er Baumrinden ab und ernährt sich von Insekten und Larven. Die **Kuskus** sind etwa katzengroße Tiere mit einem dichten, wolligen Fell und hervortretenden Augen. Wie Faultiere bewegen sie sich langsam und ernähren sich von Früchten, Blättern, Insekten, manchmal auch von kleinen Säugetieren und Vögeln. Auch Kuskus und Possums sind Nachttiere.

Vögel

Ideal für Vogelbeobachtungen sind die Mareeba Wetlands in den Atherton Tablelands (S. 358). Bei den **Paradiesvögeln** nutzen die Männchen ihr prachtvolles Gefieder zur Brautwerbung, die schlichteren Männchen der **Laubenvögel** *(bower birds)* werben mit kunstvoll errichteten „Liebeslauben" aus Zweigen und Gräsern, geschmückt mit Federn, Beeren, bunten Steinchen und anderem Flitter. **Kasuare** *(cassowaries)* sind wie Emus flugunfähige Vögel. Sie werden 50–60 kg schwer, erreichen eine Höhe von etwa 1,50 m und kommen nur in den tropischen Regenwäldern von Ost-Indonesien, Neuguinea und Nordost-Australien vor. Wenn sie sich bedroht fühlen, können sie sehr gefährlich werden.

Reptilien und Amphibien

Außer der **Grünen Python**, die nur im Regenwald lebt, sind in Queensland noch andere Schlangen anzutreffen, z. B. der hochgiftige **Taipan**. In den Gewässern und Sümpfen der Cape York Peninsula tummeln sich **Leistenkrokodile** (*saltwater* bzw. *estuarine crocodiles)*. Unübersehbar warnen Tafeln zu Recht vor dem Schwimmen in Wasserlochern, Flüssen und an der Küste. Der **Lungenfisch**, den man zu den „lebenden Fossilien" zählt, ist in ganz Südost-Queensland verbreitet, v. a. aber lebt er im Mary River.

Ein in den 30er-Jahren aus Hawaii eingeführtes Tier hat sich inzwischen zur Landplage entwickelt, die **Agakröte** *(cane toad, Bufo marinus)*. Sie sollte schädliche Käfer in den Zuckerrohrplantagen vernichten, zeigte sich aber mehr an nützlichen Insekten als an Käfern interessiert. Im Zuckerrohr war es zu heiß, also zog sie sich in den umliegenden Busch zurück. Potenzielle Feinde wie Hunde, Schlangen und größere Vögel ließen bald von diesen hochgiftigen Neueinwanderern ab. So vermehrten sich die Kröten mit unerhörter Geschwindigkeit und begannen sich weiter auszubreiten. Mittlerweile sind sie schon bis nach Sydney und Darwin vorgedrungen.

Meeresbewohner

Buckelwale *(hump back whales)* verbringen den Sommer in der Antarktis und schwimmen dann nach Norden zum Great Barrier Reef, wo sie im Winter kalben. Gegen Ende des Winters beginnen sie zusammen mit den Jungen ihre jährliche Wanderung zurück nach Süden, wobei sie zwei, manchmal bis zu drei Monate in den warmen Gewässern bei Hervey Bay halt- machen. Der Grund für diese jährliche Wan- derung von 5000 km ist die Tatsache, dass die Jungen ohne die wärmeisolierende Fettschicht („Blubber" genannt) geboren werden, die die erwachsenen Tiere gegen die Kälte der antarkti- schen Gewässer schützt. Tausende von Touris- ten stellen sich von August bis Oktober in Her- vey Bay zum *whale watching* ein.

Ein paar Monate später, etwa zwischen Ende November und Anfang Februar, kommen im Schutz der Dunkelheit bei Ebbe **Meeresschild- kröten** an die Strände, um ihre Eier abzulegen. Einer der bekanntesten Plätze ist **Mon Repos** bei Bundaberg, wo Ranger die Touristen in Gruppen zum Strand begleiten.

Wirtschaft

Bergbau, Tourismus und **Landwirtschaft** bilden die Grundpfeiler der Wirtschaft in Queensland. **Steinkohle**, das wichtigste Bergbauprodukt, wird hauptsächlich in Zentral-Queensland west- lich von Rockhampton im Tagebau abgebaut und nach China exportiert. In Mt Isa befindet sich Australiens größte **Kupfermine**, auch **Silber**, **Blei** und **Zink** werden dort gewonnen.

Als man 1955 in Weipa, auf der Westseite der Cape-York-Halbinsel, **Bauxitvorkommen** entdeckte, wurden die dort ansässigen Abori- gines einfach zwangsumgesiedelt. Auch **Opal**- und andere **Edelsteinfelder** gibt es in Queens- land. Bei einer Fahrt nach Anakie und Rubyvale (westlich von Rockhampton) kann man sogar selbst Saphire schürfen.

Die wichtigsten **landwirtschaftlichen Produk- te** sind Fleisch (v. a. Rindfleisch), Rohzucker und Getreide. Auf den fruchtbaren Böden an der Küs- te werden neben Zuckerrohr subtropische und tropische Früchte wie Macadamia-Nüsse, Zapo- te, Bananen, Lychees, Avocados, Mangos und Ananas angebaut. Die Arbeit wird oft von Back- packern mit *Working Holiday Visum* verrichtet.

Geschichte

1823 ließ der damalige Gouverneur von New South Wales, Sir Thomas Brisbane, im Norden einen Ort suchen, an den man unverbesserli- che Sträflinge aus der Sträflingssiedlung von Sydney abschieben konnte. 1824 wurde am Brisbane River eine permanente Siedlung gegründet, die bis 1839 Strafkolonie blieb. In den 30- und 40er-Jahren des 19. Jhs. ließen sich **freie Siedler** als Rinder- und Schafzüchter in der Gegend um Brisbane nieder. Die isolierte Lage förderte eine eigenständige Verwaltung und 1859 schließlich wurde Queensland eine separate Kolonie.

In Queensland begann der **Goldrausch** in den 1860er-Jahren. Bald wurden Eisenbahn- trassen gebaut, um die weit über das Hinter- land verstreuten Goldfelder, und später auch die Zinnminen, mit der Küste zu verbinden. Um diese Zeit fand man auch heraus, dass sich der fruchtbare Küstenstreifen ideal zum **Zuckerrohr- anbau** eignete. Melanesier von den benach- barten Südseeinseln arbeiteten bald als billige Arbeitskräfte auf den Zuckerrohrfeldern. Zwi- schen 1847 und 1900 wurden etwa 57 000 Insu- laner verschleppt, wie Sklaven gehalten und zur Arbeit gezwungen. Als später der Zuckerexport zurückging, versuchte man, sie und ihre Familien auf ihre Inseln zurückzuschicken – Repatriie- rung auf queensländische Art.

Die regionalen Zentren drängten zuneh- mend auf Autonomie vom weit entfernten Bris- bane. Die **sezessionistische Bewegung** der 1880er-Jahre drohte Queensland in drei Teile zu spalten: den hohen Norden (Cairns–Townsville), Zentral-Queensland um Rockhampton (Capri- cornia) und den Süden um Brisbane. Das Parla- ment von Queensland lehnte 1886 einen offiziel- len Antrag auf Unabhängigkeit ab.

Praktische Tipps

Übernachtung

Entlang der Küste gibt es eine große Auswahl an Unterkünften, die meist preiswerter sind als in anderen Staaten, aber auch viele luxuriöse Fünf-Sterne-Resorts. Praktisch jeder Ort von Be-

N
0   200 km

Torres Strait

PAPUA NEUGUINEA

Seisia
Bamaga
Cape York
JARDINE RIVER NP

s. Detailplan Cape York Peninsula S. 376

Weipa

IRON RANGE NP

MUNGKAN KANDJU NP

Gulf of Carpentaria

LAKEFIELD NP

Laura
Lakeland
Cooktown
Cape Tribulation

DAINTREE NP
Mossman
Port Douglas

STAATEN RIVER NP

Mareeba
Atherton
Mt. Bartle Frere △ 1612
Cairns
WOOROONOORAN NP
Innisfail

Karumba
Burketown
Normanton
Mt. Garnet
Tully

BOOD-JAMULLA NP
Croydon
Mt. Surprise
Cardwell
Ingham
HINCHINBROOK ISLD.
MAGNETIC ISLD.
Townsville
BOWLING GREEN BAY NP

Great Barrier Reef

Coral Sea

s. Detailplan Von Bowen nach Cairns S. 323

Camooweal
Barkly Hwy.
Julia Creek
Richmond
Charters Towers
Ayr
Bowen
WHITSUNDAY ISLANDS NP

CAMOOWEAL CAVES NP
Cloncurry
Hughenden
WHITE MTS. NP
Proserpine
Airlie Beach
CONWAY NP

Mount Isa
Flinders Hwy.
Matilda Hwy.
Kennedy Hwy.
EUNGELLA NP
Mackay

HOMEVALE NP

s. Detailplan Whitsunday Coast S. 310

Winton

NORTHERN TERRITORY

Donohue Hwy.
Boulia
Kenedy Developmental Hwy.

Barcaldine
Emerald
Longreach
BYFIELD NP
Yeppoon
KEPPEL ISLD.
Rockhampton

s. Detailplan Von Hervey Bay bis Rockhampton S. 298

Blackall
BLACKDOWN TABLELAND NP
Rolleston
Mt. Morgan
Gladstone
CANIA GORGE NP

Windorah
CARNARVON GORGE NP
ISLA GORGE NP
Biloela
Bundaberg

ROBINSON GORGE NP
Childers
Hervey Bay
FRASER ISLD.

Birdsville
Maryborough
MT. WALSH NP

s. Detailplan Fraser Coast S. 287

Quilpie
Charleville
Mitchell
Roma
Miles
Noosa
BUNYA MTS. NP
Dalby
Sunshine Coast

Cunnamulla
Toowoomba
Brisbane

SOUTH AUSTRALIA

Saint George
Goondiwindi
Warwick
Gold Coast

s. Detailplan Sunshine Coast S. 276

Marree
Stanthorpe
Moree
Tenterfield
Glen Innes

s. Detailplan Moreton Bay S. 263

s. Detailplan Gold Coast S. 266

NEW SOUTH WALES

deutung an der Ostküste hat ein oder mehrere Backpacker-Hostels. Serviceleistungen wie Gepäckaufbewahrung, WLAN, kleines Frühstück und Bettlaken sind meist im Preis inbegriffen. Für Abholung von der Bushaltestelle und Waschmaschinennutzung zahlt man dagegen meist extra. Die Übernachtungskosten schwanken sehr stark je nach Saison.

Die Unterkünfte auf den Inseln sind – von sehr wenigen Ausnahmen abgesehen – ziemlich teuer. Meist wurden Luxus-Resorts errichtet, die eine gut betuchte Kundschaft ansprechen, zudem sind der Transport von Baumaterialien und Lebensmitteln sowie die Entsorgung von Müll und Abwasser sehr kostenintensiv.

Camping

In allen Nationalparks gibt es Campingplätze. Die Ausstattung variiert stark; die meisten haben Buschtoiletten und fließend Wasser und sind auch für Campervans geeignet, andere sind nur zu Fuß oder mit dem Boot zu erreichen. Grundsätzlich braucht man ein **Camping Permit**, das online unter ⌨ https://parks.des.qld.gov.au/ experiences/camping/camping_fees.html oder bei den Info-Zentren der Nationalparkbehörde erhältlich ist. Nur in wenigen Parks kann man noch per *self registration* vor Ort bezahlen. I. d. R. liegen die Gebühren bei $6,65 p. P./Nacht. Viele Campsites sind in den jeweiligen Regionen beschrieben.

Transport

Auch in Queensland – *dem* Reiseziel für Backpacker – ist ein Auto oder Campervan das ideale Transportmittel für alle, die mehr als die touristischen Zentren an der Küste erkunden wollen. Der Bruce Highway (Highway One) entlang der Küste ist in gutem Zustand und vor allem im Norden wenig befahren. Die Highways, die ins Landesinnere Richtung Northern Territory führen, verdienen zwar aus deutscher Sicht ihren Namen nicht, sind aber dennoch gut befahrbar. Schnellfahrer, Achtung: Auf den meisten Highways gilt eine Geschwindigkeitsbeschränkung von 100 oder 110 km/h. Wer sich nicht daran hält, wird mit deftigen *speeding fines* von $180 aufwärts bestraft; eventuell klatscht die Mietwagenfirma auch noch eine Bearbeitungsgebühr drauf.

Trampen ist in Queensland offiziell verboten und auf keinen Fall anzuraten.

Busse

Zwei Busgesellschaften unterhalten Langstreckenbusdienste in Queensland: **Greyhound Australia** (⌨ www.greyhound.com.au) und **Premier Motor Service** (⌨ www.premierms.com.au).

Premier fährt 1x tgl. die Küste rauf und runter, allerdings hält der Bus an vielen Orten mitten in der Nacht, und nicht immer sind die Hostels von den Haltestellen aus zu Fuß zu erreichen. Greyhound fährt die Strecke mehrmals tgl., sodass die Planung u. U. einfacher ist. Beide bieten verschiedene *bus passes* an, die beliebiges Ein- und Aussteigen in eine Richtung innerhalb eines bestimmten Zeitraums erlauben. Ein Brisbane–Cairns-Pass mit einer Gültigkeit von sechs Monaten kostet bei Premier z. B. $258. Sydney–Cairns-Pässe gibt es ab $230 (Gültigkeit 1 Monat). Fahrplan s. S. 554–557.

Ein Hop-on-Hop-off-Pass von Greyhound funktioniert nach dem gleichen Prinzip. Brisbane–Cairns wird hier für ab $365 angeboten (Gültigkeit 3 Monate). Greyhound bietet außerdem Kombinationstickets in Verbindung mit Übernachtung. Lokale Busgesellschaften fahren kleinere Orte an.

Eisenbahn

Das Eisenbahnnetz ist für australische Verhältnisse recht dicht. Von Brisbane nach Sydney fährt täglich ein Zug (morgens hin, nachmittags zurück). Bahnbusse über Surfers Paradise stellen zudem eine Verbindung von Brisbane zum Casino–Sydney XPT her (täglich nachmittags hin, morgens zurück). Diese Verbindungen betreibt Countrylink aus NSW, ⌨ www.countrylink.info.

Alle anderen Verbindungen werden von Queensland Rail (⌨ www.queenslandrail.com. au) unterhalten. Zur Auswahl stehen der *Tilt Train* und der *Spirit of Queensland* entlang der Küste von Brisbane über Rockhampton und Townsville nach Cairns sowie drei Outback-Strecken: der *Westlander* von Brisbane nach Charleville, von dort weiter mit Bahnbussen nach Cunnamulla und Quilpie; der *Spirit of the Outback* von Brisbane via Rockhampton nach Longreach, von dort weiter mit Bahnbussen nach Winton; und der *Inlander* von Townsville nach Mt Isa. Weitere Details s. Brisbane, Transport S. 259.

Flüge
In Queensland gibt es zwei internationale Flughäfen: Brisbane und Cairns. Die Fluggesellschaften **Virgin Australia** (🖳 www.virginaustralia.com.au), **Qantas** (🖳 www.qantas.com.au) und deren Budget-Tochtergesellschaft **Jetstar** (🖳 www.jetstar.com.au) fliegen die bedeutendsten Ziele an Queenslands Küste an. Kleinere Orte und Zentren im Outback werden von der regionalen Fluglinie **Qantaslink** (Buchung über Qantas) bedient. Wer nur ein paar Wochen Zeit hat, an der Ostküste entlangreisen möchte und vom gleichen Flughafen wieder zurück nach Europa fliegen muss, sollte eine Strecke per Flugzeug zurücklegen.

Informationen

🖳 www.queensland.com, 🖳 www.adventurequeensland.com.au,

---

6 HIGHLIGHT

Brisbane

Brisbane, die Hauptstadt des „Sonnenstaates" Queensland, ist eine moderne, boomende Großstadt. Mit rund 2,3 Mio. Einwohnern ist „Brissie" die drittgrößte Stadt Australiens. Mit ihrem subtropisch warmen Klima, einer lebendigen Café- und Kneipenszene und dem Fluss, der sich durch die Stadt windet, hat Brisbane trotz seiner stetigen Entwicklung nichts von seinem Charme verloren: Es geht hier nach wie vor gemütlicher zu als in den meisten Metropolen.

Geschichte

Die Moreton Bay – bei den Aborigines als *Quandamooka* bekannt – wurde schon lange vor der Ankunft der Weißen von Aborigines besiedelt. Drei Strafgefangene erlitten 1823 vor der Küste

Schiffbruch und lebten mit den Einheimischen auf Moreton Island. Der Landvermesser John Oxley erkundete die Region 1823 und gab Brisbane seinen heutigen Namen. Zu dieser Zeit war man auf der Suche nach Gebieten für neue Strafkolonien. Der „Bigge Report" von 1822 hatte die liberale Politik der NSW-Verwaltung unter Lachlan Macquarie scharf kritisiert; Strafe eines Abtransports nach Australien sollte als „Maßnahme wahren Terrors" wieder bekräftigt werden.

1824 erreichten die ersten Sträflinge das heutige Redcliffe; die Siedlung wurde aber schon bald in die heutige City verlegt. Von den ursprünglichen, von Strafgefangenen erbauten Gebäuden stehen heute noch zwei: Die **Old Windmill** an der Wickham Terrace und das **Commissariat Store** am Fluss. 1842 wurde Brisbane offiziell zur freien Besiedlung freigegeben; im Jahr 1859 spaltete sich Queensland von NSW ab. Der Goldrausch in Queensland sorgte auch in Brisbane für Wohlstand, einige grandiose viktorianische Gebäude zeugen heute noch von dieser Epoche.

Die Innenstadt

Die schlechte Nachricht vorweg: Anders als die meisten australischen Metropolen liegt „Brissie" nicht direkt am Meer. Das soziale Leben spielt sich stattdessen auf dem und um den Brisbane River ab, der das Dreieck der Innenstadt zu zwei Seiten einbettet. Die kompakte City lässt sich gut zu Fuß erforschen; es gibt aber auch einen kostenlosen Bus (s. Brisbane City Loop S. 258). Oder man schwingt sich auf den Sattel eines der Räder, die an den zahlreichen Stationen der CityCycle Bike Hire bereitstehen. Die ersten 30 Minuten sind kostenlos, sonst $2 pro Tag. Infos unter 🖳 www.citycycle.com.au. Auf den Cat-Fähren dürfen Räder übrigens kostenlos mitgenommen werden.

King George Square

Am King George Square schlägt das Herz der Metropole. Hier finden regelmäßig Märkte, Konzerte und andere Veranstaltungen statt. Die protzige **City Hall** mit ihrer Säulenfassade be-

QUEENSLAND

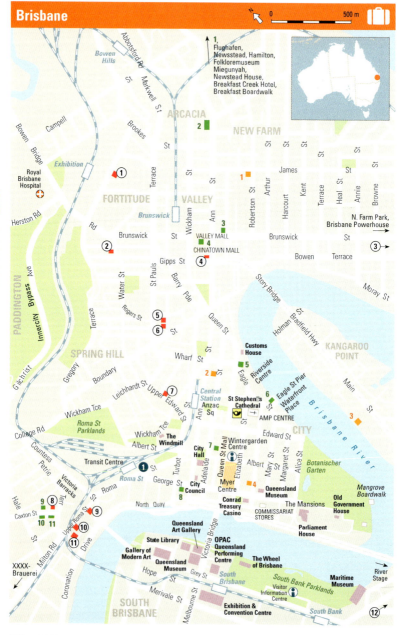

Brisbane

0 — 500 m

1, Flughafen, Newsstead, Hamilton, Folkloremuseum Miegunyah, Newstead House, Breakfast Creek Hotel, Breakfast Boardwalk

Bowen Hills

Abbotsford Rd

Markwell St

ARCACIA

NEW FARM

Campell

Brookes

St

James

St

St

St

Bowen Bridge

Exhibition

Terrace

St

St

Arthur

Kent

Terrace

Heal St

Annie

Browne

Royal Brisbane Hospital

FORTITUDE VALLEY

Robertson St

Harcourt

N. Farm Park, Brisbane Powerhouse

Herston Rd

Brunswick

Wickham

Ann

St

VALLEY MALL

Brunswick

St

Rd

Brunswick

St

CHINATOWN MALL

Bowen

Terrace

PADDINGTON

Innercity Bypass

Ave

Gilchrist

Water St

St Pauls

Gipps St

Barry

Pde

St

Story Bridge

Moray St

Terrace

Rogers St

Queen St

Holman St

Bradfield Hwy

KANGAROO POINT

SPRING HILL

Gregory

Boundary

Wharf St

Customs House

Riverside Centre

Eagle

Eagle St Pier Waterfront Place

Main

St

Leichhardt St

Upper Edward St

Central Station

Anzac Sq

St Stephen's Cathedral

AMP CENTRE

Brisbane River

Wickham Tce

Ann

Roma St Parklands

Wickham Tce

Albert St

The Windmill

Edward St

CITY

College Rd

Transit Centre

Roma St

George St

Turbot

Wintergarden Centre

City Hall

Queen St Mall

Elizabeth

Albert

Mary St

Margaret St

Alice St

Botanischer Garten

Countess

Petrie

Victoria Barracks

Roma

St

Adelaide

City Council

Myer Centre

Queensland Museum

The Mansions

Old Government House

Mangrove Boardwalk

Hale

North Quay

Conrad Treasury Casino

COMMISSARIAT STORES

Parliament House

Caxton St

Queensland Art Gallery

Upper Roma St

State Library

OPAC Queensland Performing Centre

Victoria Bridge

Milton Rd

Drive

Gallery of Modern Art

Queensland Museum

The Wheel of Brisbane

River Stage

XXXX-Brauerei

Coronation

Hope St

Grey St

South Brisbane

South Bank Parklands

Maritime Museum

Merivale St

Melbourne St

Visitor Information Centre

SOUTH BRISBANE

Exhibition & Convention Centre

South Bank

QUEENSLAND

herbergt im dritten Stock das **Museum of Brisbane**. Die sehenswerte permanente Ausstellung *Perspectives of Brisbane* taucht tief in die Geschichte der Region ein und informiert über Brisbanes wichtigste Persönlichkeiten und Orte. ⌨ www.museumofbrisbane.com.au, ⏱ tgl. 10–17 Uhr, Eintritt frei.

Entlang der Queen Street

Die Queen Street ist die zentrale Geschäftsstraße der Stadt. Zwischen Edward St und George St ist sie eine Fußgängerzone (Queen Street Mall), von der kleine *arcades* (Ladenpassagen) abzweigen. Die **Rowes Arcade**, die von der Edward St zwischen Adelaide St und Queen St abgeht, ist eine der prachtvollsten Ladenpassagen Brisbanes. Eine weitere Schönheit ist die Brisbane Arcade zwischen Queen St Mall und Adelaide St. In der Mall befinden sich das

Visitor Information Centre (Details S. 257) sowie große Einkaufszentren wie das **Wintergarden Centre**.

Hinter der imposanten Renaissancefassade des früheren Treasury Building verbirgt sich das **Conrad Treasury Casino**. Das eindrucksvolle, große Gebäude auf der anderen Seite der Queens Gardens mit dem Denkmal der britischen Königin Victoria, das ehemalige Lands Administration Building, gehört ebenfalls zum Kasino und wurde in ein Nobelhotel umgewandelt. Vor dem Haupteingang zum Kasino findet jeden Mittwoch der **City Farmer's Market** statt, auf dem es viele leckere hausgemachte Spezialitäten sowie frisches Obst und Gemüse zu kaufen gibt. ⏱ Mi 10–18 Uhr.

Die **Queens Wharf** wird derzeit zu einer neuen Vergnügungsmeile umgebaut: Ein künstlicher Strand soll Besucher an den Fluss locken und bis 2025 droht ein monströses Star Casino die alten Bauten zu verdrängen.

Ein Speichergebäude, **Commissariat Store**, 115 William St, ⌨ https://commissariatstore.org.au, ist neben der Old Windmill das einzige andere Gebäude aus der Sträflingszeit, das in Brisbane noch erhalten ist. Die Royal Historical Society of Queensland zeigt hier eine kleine Ausstellung mit Gebrauchsgegenständen der Ureinwohner und Exponaten aus der Sträflingszeit und frühen Pionierzeit. ⏱ Di–Fr 10–16 Uhr, Eintritt $7.

Entlang des Brisbane River

Umrahmt vom Brisbane River liegt der **Botanische Garten**. Mit seinen imposanten Großblättrigen Feigen *(moreton bay figs)*, die mit ihren wuchernden Wurzelsystemen bis über die Grenzen des Gartens hinauswachsen, ist er ein absolutes Muss für Brisbane-Besucher. ⏱ tgl. 24 Std., Eintritt frei. Von Feb–Mitte Dez bietet die Stadt Mo–Sa zweimal täglich kostenlose geführte Spaziergänge an; Treffpunkt am Parkeingang Alice Street um 11 und 13 Uhr.

Nördlich des Parks wendet sich die City dem Fluss zu: Von Food-Courts, Cafés und (teuren) Restaurants hat man Aussicht auf die Story-Bridge-Hängebrücke, die den Stadtteil Fortitude Valley mit der Landzunge Kangaroo Point und East Brisbane verbindet.

Bridge Climb Brisbane

Story Bridge Adventure Climb ist Brisbanes Antwort auf eine von Sydneys größten Touristenattraktionen. Ähnlich wie am *Coathanger* erklimmen Besucher an Seilen befestigt die Stahlkonstruktion über die Story Bridge, die Kangaroo Point mit dem Fortitude Valley verbindet. Abenteuerlustige können sich die letzten 30 m zurück zum Boden abseilen. $129 oder $159 mit Abseilen. Oft günstigere Online-Angebote. Touren tgl., häufig, genaue Zeiten erfragen unter ⌨ https://storybridgeadventure climb.com.au.

Ein Stückchen flussabwärts vom Riverside Centre ist das historische **Customs House** ⌨ www.customshouse.com.au, mit seiner Dachkuppel aus Kupfer nicht zu übersehen. Das Gebäude beherbergt ein nobles Restaurant. ⊙ tgl. 12–16, Di–Sa ab 18 Uhr.

South Bank

Einen ganzen oder wenigstens halben Tag kann man problemlos an Brisbanes beliebter **South Bank** verbringen, von der Queen Street aus in nur wenigen Minuten zu Fuß über die Victoria Bridge oder südlich über die Fußgängerbrücke Goodwill Bridge zu erreichen. Der Stadtteil umfasst die South Bank Parklands mit einem künstlich angelegten Badestrand, an dem man kostenlos Sonne tanken und im Wasser planschen kann – mit Blick auf die City-Skyline. Zum Park gehört auch das kilometerlange **Arbour**, ein von leuchtend blühenden Bougainvilleen überwachsener Pfad.

An der **Little Stanley Street** liegen Tavernen, Restaurants und Läden. Am Wochenende baut hier der Kunsthandwerkermarkt seine Stände auf (S. 255).

Im **Queensland Performing Arts Centre (QPAC)** werden wechselnde Musicals, Theaterstücke, Opern, Konzerte und Ballett aufgeführt.

Das **Queensland Museum**, ✆ 3840 7555, ⌨ www.qm.qld.gov.au, enthält auf drei Etagen Ausstellungen zu naturgeschichtlichen und ethnologischen Themen mit dem Schwerpunkt auf Queensland und Melanesien. Reisende, die ihre Queensland-Tour noch vor sich haben, können

hier gute Tipps für die Routenplanung finden. Teil des Museums ist das **Sciencentre**, das auf interaktive und unterhaltsame Weise naturwissenschaftliche Phänomene erklärt. ⊙ tgl. 9.30–17 Uhr; Eintritt frei, ausgenommen Sciencentre: $15,50, Student $13,50, Kind ab 3 J. $12,50.

In der **Queensland Art Gallery** sind alte und neue australische, aber auch einige europäische Kunstwerke ausgestellt (Eingang Melbourne St). Die **Gallery of Modern Art (GoMa)**, ✆ 3840 7303, ⌨ www.qagoma.qld.gov.au, schräg dahinter widmet sich v. a. der Kunst des 20. und 21. Jhs. und den „bewegten Bildern", also Videos und Filmen (Eingang Stanley Place). ⊙ tgl. 10–17 Uhr, Eintritt frei, ausgenommen Sonderausstellungen.

Das zwischen den beiden Galerien liegende Gebäude mit der Vorderfront direkt am Brisbane River ist die **State Library of Queensland**, ⌨ www.slq.qld.gov.au; dort sind Tageszeitungen einzusehen und es gibt Internetzugang. ⊙ Mo–Do 10–20, Fr–So 10–17 Uhr.

Das Riesenrad **Wheel of Brisbane**, ⌨ http://thewheelofbrisbane.com.au, dreht seit 2008 seine Runden über den Dächern Brisbanes. Aus den modernen, komplett geschlossenen Gondeln für bis zu acht Personen bietet sich ein fantastischer Ausblick. ⊙ Mo–Do 11–21.30, Fr und Sa 10–23, So 10–22 Uhr; Fahrt $19, Student $17, Kind ab 4 J. $14.

Nördlich und nordöstlich der Innenstadt

Fortitude Valley

Das Zentrum des „Valley" bilden die **Fußgängerzone** und die **Brunswick Street** in Richtung New Farm – ein lebendiges Multikulti-Ausgehzentrum mit Straßencafés, Restaurants, Galerien und Nightclubs, die ein bunt gemischtes Publikum von Rucksackreisenden, Studenten und Hippies anlocken. Samstagsmorgens wird hier ein bunter Flohmarkt abgehalten.

Im 19. Jh. zelteten hier Emigranten, die mit dem Segelschiff *Fortitude* nach Brisbane gekommen waren. Im Laufe der Zeit zog es immer wieder Einwanderer ins „Valley". Nach dem

Zweiten Weltkrieg ließen sich Griechen und Italiener dort nieder, schließlich kamen Chinesen und errichteten eine **Chinatown**. Diese bildet heute die Fußgängerzone zwischen Wickham St und Ann St und wird von Torbögen im chinesischen Stil begrenzt.

Anfahrt mit dem Zug oder mit allen Bussen, die nach New Farm oder Newstead und Hamilton fahren, Abfahrt braune Bushaltestelle 1 in der Adelaide St. Zu Fuß sind es 15 Minuten von der City.

New Farm

Hier befinden sich einige günstige Traveller-Unterkünfte sowie viele Motels, ein eigenes Einkaufszentrum und etliche Lokale und Galerien. Der **New Farm Park** direkt am Fluss ist im Frühjahr (Sep–Dez) ein Farbenrausch aus blühenden Rosensträuchern, Jacarandabüschen und Poincianabäumen. Sonntagnachmittags werden oft kostenlose Konzerte im Park geboten. Das alte Elektrizitätswerk dort wurde zu einem Kulturzentrum mit Theater und Museum ausgebaut, dem **Brisbane Powerhouse**, ℰ 3358 8622, ⌨ www.brisbanepowerhouse.org.

Anfahrt mit Bus Nr. 196 von der braunen Bushaltestelle in der Adelaide St oder mit der City-Cat-Fähre.

Newstead und Hamilton

Kurz vor Breakfast Creek steht in einem Park das **Newstead House**, ⌨ www.newsteadhouse.com.au. Die 1846 erbaute Residenz ist das älteste Gebäude Brisbanes. ⏲ Fr und Sa 10–14, So 10–16 Uhr, Eintritt $12.

Das 100 Jahre alte, im viktorianischen Stil erbaute **Breakfast Creek Hotel**, Kingsford Smith Drive, ⌨ www.breakfastcreekhotel.com, ist wegen seiner Atmosphäre, seines Biergartens und seiner Steaks bei Einheimischen beliebt. ⏲ tgl. 10–2 Uhr.

Am **Breakfast Creek Boardwalk**, einem kleinen Einkaufszentrum im Kolonialstil an der Durong St direkt am Wasser, lässt es sich gut bummeln. Auf den **East Street Markets** wird jeden Freitag- und Samstagabend an zahlreichen Ständen gutes Essen geboten, dazu gibt's oft Live-Entertainment und gute Stimmung.

Newstead und Hamilton liegen zwischen Zentrum und Flughafen. Anfahrt mit den Bussen

Die St. John's Cathedral wurde erst 2009, 108 Jahre nach Baubeginn, geweiht.

© JAN DÜKER

Nr. 300 oder 302 von der gelben Bushaltestelle 1 an der Adelaide St (City Plaza), alle Busse in Richtung Hamilton.

Nordwestlich der Innenstadt

Roma Street Parklands und Spring Hill

Die **Roma Street Parklands**, direkt nördlich des Transit Centre, sind optimal für eine schattige Auszeit vom Treiben im Zentrum. Im Herzen dieser grünen Oase liegen ein See und ein Feuchtgebiet mit Pandanus- und Papierrindenbäumen; man kann durch einen subtropischen Regenwald und Palmenhain schlendern und die üppigen Blumenrabatten im Spectacle Garden bewundern. ⊕ tgl. rund um die Uhr, ausgenommen Spectacle Garden (Sonnenauf- bis Sonnenuntergang).

Die Leichhardt St in **Spring Hill**, fünf Minuten zu Fuß von Roma Street Parklands, ist eine Straße voller Antiquitätengeschäfte und Galerien.

Petrie Terrace

Dieser Stadtteil ist vorwiegend Wohnviertel mit schönen alten Holzhäusern aus dem ausgehenden 19. Jh.; es gibt ein paar gute Kneipen. Ein Pluspunkt ist die Citynähe: Zum Roma St Transit Centre sind es nur knapp zehn Minuten zu Fuß.

XXXX-Brauerei

In der Milton Street im Vorort Milton steht weithin sichtbar eines der beliebtesten Gebäude von Queensland: die Brauerei des Queenslander Nationalgesöffs XXXX (sprich: „Four Ex"). Die Queenslander lieben ihr Bier so sehr, dass sie die riesige Neonreklame auf dem Dach der Brauerei sogar unter Denkmalschutz gestellt haben. ⊕ Führungen durch die Brauerei gibt es Di–Do um 11, 13, 15 und 17 Uhr, Fr zusätzlich um 17 Uhr, Sa häufiger; $32. Buchung 🖵 https://fareharbor.com/embeds/book/xxxx.

Erreichbar mit dem Zug ab Central bis Milton Station (Ipswich Line; 2 Stationen) oder Bus Nr. 470 (in Richtung Toowong) oder Nr. 476 (in Richtung Rainworth) ab King George Square, City. Haltestellen 5 oder 6 befinden sich in der Nähe der Brauerei.

Paddington

Im hübschen Vorot Paddington haben sich unzählige Kneipen, Restaurants und Boutiquen niedergelassen, die ihr Angebot mit vollem Eifer betreiben. Ob man nun nach authentisch-indischem Curry, frisch gemachter Eiscreme, *craft beer* oder gepflegten Antiquitäten sucht, entlang der Caxton Street kommt jeder auf seine Kosten. Das **Caxton Hotel** ist praktisch Teil von Brisbanes Identitiät, wird hier doch schon seit 150 Jahren Bier gezapft. Anfahrt mit Bus Nr. 375.

Mount Coot-tha

Mt Coot-tha, eine etwa 250 m hohe Erhebung 10 km westlich der City, lohnt den Besuch wegen der tollen Aussicht und des sehr schön angelegten, 52 ha großen **Botanischen Gartens**. Er umfasst eine große Sammlung subtropischer Pflanzen und Bäume aus aller Welt, einen Palmenwald, einen japanischen Garten mit Bonsai-Haus und ein von einer Glaskuppel überwölbtes tropisches Gewächshaus. Am Eingang ist an einem Infocenter eine gute Karte für drei informative Rundgänge erhältlich. ⊕ tgl. 8–17.30, im Winter bis 17 Uhr, Eintritt frei.

In dem angrenzenden **Sir Thomas Brisbane Planetarium** begibt sich das Publikum in verschiedenen Astronomie-Shows auf eine virtuelle Reise durchs Universum. Auch Programme für Kinder. ⊕ Di–Do 10–16, Fr 10–19.30, Sa 11–19.30, So 11–16 Uhr, Eintritt $16, Kind $10. Informationen und Programm unter ✆ 3403 2578, 🖵 www.brisbane.qld.gov.au.

Anfahrt zum Botanischen Garten und dem Aussichtspunkt mit Bus Nr. 471 ab der Adelaide St, nahe Albert St.

D'Aguilar National Park

Nur 15 km von der Innenstadt entfernt liegen in Brisbanes Westen schöne Wälder, die sich für kleine Wanderungen und zum Mountainbike fahren eignen. Den südlichen Teil des D'Aguilar National Park erreicht man mit dem Auto über die Stadtteile Paddington, St. Johns Wood und The Gap.

In einem großen Holzhaus an der Mount Nebo Rd, in der Nähe des Enoggera Reservoir, befindet sich das Hauptquartier der Brisbane

Forest Park Authority. Der kleine dazugehörige Zoo ist nach den Buschbränden Ende 2019 vorrübergehend geschlossen. Das Informationszentrum erteilt Auskunft über Wander- und Radwege; manche sind aufgrund der Feuer bis auf Weiteres gesperrt. ☉ tgl. 9–16.30 Uhr.

Südwestlich der Innenstadt

University of Queensland

Auf dem Weg zur Universität von Queensland in St Lucia kommt man durch Auchenflower und Toowong, beide begehrte, teure Wohnorte am Nordwestufer des Brisbane River. Die Sandsteingebäude und das parkähnliche Gelände der Universität sind einen Abstecher wert, wenn man ein Auto hat. Auch für Radfahrer ist dies ein schönes Ausflugsziel, erreichbar auf dem Fahrradweg vom Botanischen Garten in der City am Fluss entlang.

Lone Pine Koala Sanctuary

Unter dem Motto „Die Erde gehört nicht dem Menschen allein" setzt sich der idyllische Tierpark für den Schutz von Koalas und anderer australischer Tiere ein. Der Park unterstützt Forschungsprojekte von Universitäten und der Regierung; aktuell wird z. B. ein Impfstoff gegen die die Koala-Bevölkerung bedrohenden Chlamydien entwickelt. Das älteste Koala-Refugium Australiens bietet mehr als 130 Koalas eine Heimat, gegen Bezahlung darf man sie auf den Arm nehmen und sich mit ihnen fotografieren lassen. Auf dem Gelände gibt es außerdem Kängurus, Tasmanische Teufel und andere australische Tiere. ☉ tgl. 9–17 Uhr, Eintritt $49, Kind ab 3 J. $35. 708 Jesmond Rd, Fig Tree Pocket, am

Brisbane River, 12 km südwestlich der Innenstadt, 🖳 www.koala.net.

Zum Park mit Bus Nr. 430 oder 445. Außerdem Mirimar Boat Cruise tgl. um 10 Uhr ab Cultural Centre Pontoon, am Holzsteg vor der Staatsbibliothek, Fahrt 1 1/4 Std., 🖳 https://mirimarcruises.com.au.

ÜBERNACHTUNG

Im **Backpacker**-Bereich ist Brisbane eher überversorgt, der Standard ist nicht ganz so hoch wie in Sydney, dafür sind die Unterkünfte im Allgemeinen wesentlich günstiger. Übliche Leistungen sind Tourbuchungen, ein Safe und Gepäckaufbewahrung sowie WLAN (meist kostenlos). Viele Hostels vermitteln Jobs (z. T. gegen Gebühr) oder helfen zumindest beim Papierkram.

Preisgünstige **Hotels**, **Motels** und **Ferienwohnungen** findet man v. a. nördlich der Innenstadt in Spring Hill, einige in New Farm, viele in Woolloongabba und Kangaroo Point. Zwischen Flughafen und City, entlang des Kingford Smith Drive, gibt es ebenfalls preiswerte Motels.

City
Hostels

Brisbane City YHA, 392 Upper Roma St, 📞 3236 1004, 🖳 www.yha.com.au. Modernes und luxuriöses Hostel. Von den Gemeinschaftsräumen über Küche und Zimmer samt Betten und Bädern ist alles sauber und schlicht, aber geschmackvoll gestaltet. Alle Zimmer mit AC. Schließfächer in den Dorms mit Steckdose. Dormbett $34–41. Dachterrasse mit Pool, TV-Zimmer, Spieleraum. ❷

Chill Backpackers, 328 Upper Roma St, 📞 3236 0088, 1800 85 18 75, 🖳 www.chillbackpackers.com. Trotz seiner Größe hat sich das Hostel eine persönliche Atmosphäre bewahrt. 3–10-Bett-Dorms ($30–35), alle sauber und bequem, alle mit AC. Auf der unteren der beiden Dachterrassen steigt abends die Party, mit Blick über die City. Ab ❶

City Backpackers HQ, 380 Upper Roma St, 📞 3211 3221, 🖳 www.citybackpackershq.com. Freundliches, buntes Hostel mit großen, sauberen Gemeinschaftsräumen, inkl. Hauskino und Pool. 4–16-Bett-Dorms ($27–33), teilweise mit AC. Auch Frauen-Dorms, DZ und EZ, teilweise mit Bad. Kostenloses WLAN. In der hauseigenen Bar gibt es jeden Abend Programm von der Quiznacht bis hin zum Karaoke oder Pokerturnier. ❷

Spring Hill und New Farm
B&B
Brisbane Quarters, 413 Upper Edward St, ☎ 3832 1663, 🖳 https://brisbanequarters.com.au. Sehr einfaches, günstiges Hotel, gute Alternative zu den Hostels. Alle Zimmer mit AC, TV, Kühlschrank und Wasserkocher. Gemeinschaftsbad und kleine Küche; auch einige Zimmer mit Bad. Einfaches Frühstück inkl. ❶

 Edward Lodge, 75 Sydney St, Ecke Lower Bowen Terrace, ☎ 3358 2680, 🖳 www.edwardlodge.com.au. Ein sehr freundliches Guesthouse mit asiatischem Flair, bietet 10 schön möblierte Zimmer mit AC und Bad sowie eine Gästeküche und einen idyllischen kleinen Garten. Preise inkl. Frühstück und WLAN. ❹. Auch ein Apartment mit Küche ❼

 Kookaburra Inn, 41 Phillips St, ☎ 3832 1303, 1800-73 35 33, 🖳 www.kookaburra-inn.com.au. Freundliches Guesthouse mit einfachen, sehr preiswerten EZ und DZ mit Kühlschrank; Gemeinschaftsküche und Gemeinschaftsraum mit TV. ❷

Motels und Apartments
Dahrl Court, 45 Phillips St, ☎ 3831 9553, 🖳 www.dahrlcourt.com. Die stilvollen, hervorragend ausgestatteten 1–2-Zimmer-Apartments sind gemütlich und geräumig. Einige befinden sich im historischen Gebäude, weitere im Anbau. Günstige Wochenpreise. ❸–❹

Spring Hill Terraces, 260 Water St, ☎ 3257 4292, 🖳 https://springhillterracesmotel.com. Standard-Motelunits mit AC, Bad, TV, Kühlschrank. Auch einfache Budget-Zimmer mit Ventilator und Bad auf dem Gang. Beliebt sind die besseren Studioapartments und 2-stöckigen Terrace Houses mit kompletter Ausstattung. Pool. Ab ❷

Fortitude Valley
 Brisbane Manor Hotel (BMH), 555 Gregory Terrace, ☎ 3252 4171, 1800 800 589, 🖳 http://brisbanemanor.com.au. Gute Budget-Unterkunft in einem großen Queenslander-Haus; gemütlich und trotz der Lage ruhig. EZ und DZ mit Ventilator oder mit AC und Bad. Alle Zimmer mit TV und Kühlschrank. Großes Plus: Sundeck Bar (Schanklizenz), z. T. überdacht und schön gestaltet mit Pflanzen und Miniwasserfall. Ab ❷

Bunk Brisbane (VIP), Gipps St, Ecke Ann St, ☎ 1800 68 28 65, 🖳 www.bunkbrisbane.com.au. Modernes Hostel mit 4–20-Bett-Dorms (Bett $27–35), alle mit Schließfächern, AC und Bad, sowie EZ und DZ. Dachterrasse mit Pool und Grillstelle; Café. Tgl. billiges Abendessen, Do kostenloses BBQ. Hilfe bei der Jobsuche. Parkplatz. In der hauseigenen Bar geht jeden Abend die Post ab. Gut zum Leute treffen, aber sehr laut. ❷

West End
Brisbane Backpackers Resort (VIP), 110 Vulture St, East Brisbane, ☎ 3844 9956, 1800 626 452, 🖳 www.brisbanebackpacker.com.au. Riesige Anlage im Motelstil; viele 4–16-Bett-Dorms (Bett $23–31) und DZ, alle mit Bad, TV, Kühlschrank und AC. 24-Std.-Rezeption. Viele Extras: u. a. Pool, Tennisplatz, Sauna und Jacuzzi, billiges Bier und Mahlzeiten in Restaurant und Bar. Kostenloser Zubringerbus in die City stdl. 7–22 Uhr. ❷

Petrie Terrace
Banana Bender, 118 Petrie Terrace, ☎ 3367 1157, 🖳 www.bananabenders.com. Kleines Hostel mit familiärer Atmosphäre, 4–6-Bett-Dorms (Bett $22–26), Frauen-Dorms und einige DZ – alle mit Ventilator. Große Terrasse. Hilfe bei der Jobsuche, viele Aktivitäten. ❶

Caravanparks
Brisbane Gateway Resort, 200 School Rd, Rochedale South, 19 km südl., ☎ 3341 6333, 🖳 www.brisbanegateway.com.au. Schöner, moderner Park mit Cabins mit Bad, AC und Stellplätzen ($44). Salzwasserpool, Tennisplatz. Ab ❸

ESSEN

Zum Dinner schwärmen die Brisbaner in die citynahen Vororte aus: Ins Fortitude Valley, nach New Farm oder Paddington; hier ist immer was los.

Auch in vielen Pubs kann man ganz gut und teils günstig essen, nebenan in der Bar spielen abends oft Bands. Gewöhnlich sind Pubs tgl. von 10–24 Uhr geöffnet.

Die Spezialität Brisbanes ist **Seafood**; Liebhaber sollten hier die berühmten *mudcrabs* (Krebse), *moreton bay bugs* (Flusskrebse) oder Barramundi-Fisch probieren.

CBD

Zum Frühstücken und Mittagessen gibt es dort eine große Auswahl an Cafés, Sandwich- und Fruchtsaftbars.

Brew, Lower Burnett Lane, ℡ 3211 4242. Guter Kaffee. ⊕ tgl. Frühstück und Mittagessen, Di–Sa auch Abendessen.

 Govinda's Restaurant, 358 George St, ⌨ http://brisbanegovindas.com.au. Authentisches indisch-vegetarisches Buffet für $12,90. ⊕ Mo–Sa bis 20 Uhr.

Riverside

Entlang der Flusspromenade zwischen Botanischem Garten und Riverside Centre liegen zahlreiche nette Restaurants und Bars.

Alchemy Restaurant, 175 Eagle St, ℡ 3229 3175, ⌨ www.alchemyrestaurant.com.au. Gehobene Küche mit Blick auf die Story Bridge. Sehr zu empfehlen ist das Seafood. Chefkoch Brad Jolly hat schon einige Preise gewonnen und mehrere Restaurants geleitet. ⊕ Mo–Sa 18–22 Uhr, Mo–Fr auch Mittagstisch.

George's Paragon Seafood, ℡ 3211 8111. Serviert gutes Seafood. ⊕ tgl. mittags und abends.

Fortitude Valley

Chinatown ist natürlich auf **asiatisches Essen** spezialisiert. Die Restaurants konzentrieren sich in der Duncan St, der sogenannten **Chinatown Mall**, die von der Wickham St abgeht, und am Central Brunswick Town Square; einige auch in der Brunswick St Mall (Fußgängerzone)

zwischen Wickham und Ann St. In der Brunswick St Richtung New Farm reiht sich ein Restaurant und Straßencafé ans andere.

Der **Emporium Complex**, 1000 Ann St, umfasst neben Hotels, Apartments und Geschäften auch mehrere Restaurants und Cafés.

Giardinetto, 366 Brunswick St, ℡ 3252 4750. Alteingesessener Italiener; Buffet und à la carte. ⊕ Di–Fr Mittagessen, tgl. Abendessen.

Wagaya, 315 Brunswick St, ℡ 3252 8888. Die innovativen Touchscreen-Speisekarten machen es leicht, sich nach und nach durch das riesige japanische Menü zu essen. Am besten mit kleinen Portionen beginnen. ⊕ Mo–Sa 12–15 und 17.30–22 Uhr, So durchgehend.

New Farm

Hier konzentriert sich das Treiben rings um die Kreuzung Annie und Brunswick St.

Pablo, 220 James St, ℡ 3254 4900. Frühstück und Mittagessen. Besonders empfehlenswert: Brioche French Toast.

Vine, 158 Moray St, ℡ 3358 6658. Gute, gehobene italienische Küche. ⊕ Di–Sa Mittag- und Abendessen, Sa auch Frühstück, So Frühstück und Mittagessen.

Breakfast Creek

Am Breakfast Creek gibt es einige Lokale, die den Trip nach Norden wert sind: The Boardwalk an der Breakfast Creek Wharf ist eine hübsch gestaltete Anlage an der Bootsanlegestelle mit kleinen Läden, Takeaways, Cafés, Bars und Restaurants.

Breakfast Creek Hotel, 2 Kingsford Smith Drive, ℡ 3262 5988. Die Steaks, die in dem schönen alten Pub mit Biergarten serviert werden, haben seit Langem einen guten Ruf. ⊕ tgl. Mittag- und Abendessen.

Petrie Terrace und Paddington

Paddington, westlich des Transit Centre, ist ein beliebtes Ausgehviertel. Auch einige interessante Pubs und Clubs befinden sich hier.

€ **Brewski**, 22 Caxton St, Petrie Terrace. Sehr beliebtes Pub mit einer hervorragenden Auswahl an Bieren. Außerdem

Blick auf die Lichter der Großstadt

Vom **Summit Restaurant** und dem **Kuta Café** auf dem Mt Coot-tha blickt man auf die über viele Hügel verteilte Stadt. Dies ist ein sehr beliebter Ort bei Sonnenuntergang. Im Café werden Frühstück sowie ab Mittag Salate, kleine Mahlzeiten und Burger serviert, und man kann schön auf der Terrasse sitzen. Das Summit Restaurant zählt zu Brisbanes Gourmet-Adressen und ist täglich ab 11.30 Uhr bis spät geöffnet. Wer vor 17.30 Uhr bestellt, erhält ein 3-Gänge-Menü für $43 p. P. Ansonsten gibt es Hauptgerichte ab ca. $38. Tischreservierung im Restaurant ✆ 3369 9922, 🖥 www.brisbane lookout.com.

gibt es leckere, günstige Pizzen. Oft Livemusik, immer voll. ◷ Di–So 12–24, Mo ab 16 Uhr.
Café de Siam, 6/147 Latrobe Terrace, Paddington, ✆ 3369 4893. Guter Thai. ◷ tgl. Mittag- und Abendessen.
Caxton Hotel, Caxton St, Petrie Terrace, beliebtes Pub, befindet sich im dazugehörigen **Caxton Thai**, 47b Caxton St, Petrie Terrace, ✆ 3367 0300, 🖥 www.caxtonthai.com.au. Traditionelle Thai-Küche und Nudelgerichte aus Südostasien. ◷ tgl. Abendessen und Takeaway.
Fundies Wholefood Cafe, 219 Given Terrace, Paddington, ✆ 3368 1855. Guter Kaffee sowie viel Vegetarisches. ◷ tgl. Frühstück, Mittagessen und Takeaway.

South Bank

In den **South Bank Parklands** befinden sich sowohl Fastfood-Läden als auch viele bessere Restaurants und einige Kneipen.
Next Door Kitchen & Bar, Little Stanley St, ✆ 3846 6678. Gute australische Küche. ◷ tgl. 11.30 bis spät, Sa und So ab 7.30 Uhr.

UNTERHALTUNG UND KULTUR

Die **Courier Mail** und die **Sunday Mail** informieren über das aktuelle Kultur- und Unterhaltungsprogramm, am umfassendsten ist die Donnerstagsausgabe der *Courier Mail* mit der Rubrik *What's On In Town*. Weitere Infoquellen

sind Touristenbroschüren sowie **Time Off** und **Rave**, die in Cafés und Kneipen ausliegen. Nützliche Websites: 🖥 www.visitbrisbane.com. au/Whats-on, 🖥 www.liveguide.com.au/brisbane.
Im **Queensland Performing Arts Complex** (**QPAC**), Stanley St, South Bank, ist die etablierte Kultur heimisch. 🖥 www.qpac.com.au. Karten beim dortigen **Qtix Box Office** (Kasse) Mo–Sa 9–21 Uhr oder gegen Aufpreis telefonisch per Kreditkarte, ✆ 13 62 46, oder über 🖥 www.qtix.com.au.
Buchungen von Konzerten, Theater-, Unterhaltungs- und Sportveranstaltungen in ganz Brisbane per Kreditkarte bei **Ticketek**, ✆ 13 28 49, 🖥 http://premier.ticketek.com.au, oder bei **Ticketmaster**, ✆ 13 61 00, 🖥 www. ticketmaster.com.au.
Im Sommer finden in den Parks von Brisbane des Öfteren öffentliche **kostenlose Konzerte** statt – meist im Botanischen Garten in der City, am Mt Coot-tha oder im New Farm Park; die Bandbreite reicht von Heilsarmeekapellen bis hin zum Symphonieorchester.

Livemusik, Pubs, Nachtclubs

Brisbane hat eine lebendige Kneipen- und Musikszene; in vielen Pubs, deren Namen oft wechseln, spielt am Wochenende Livemusik und es wird getanzt. Aktuelle Details in den Zeitungsbeilagen, kostenlosen Magazinen oder online (s. o.).
Brisbanes Clubszene konzentriert sich auf das **Fortitude Valley** ("The Valley"), wo sich an der **Brunswick Street, Ecke Ann Street** ein Club an den nächsten reiht. Ausweise werden fast grundsätzlich kontrolliert; letzter Einlass ist um 3 Uhr. Alternativer geht es im **West End** zu. Im **Rosies** in der Little Edward St im Zentrum spielen oft Livebands. In der Caxton St bei Petrie Terrace gibt es jede Menge Bars.

Klassische Musik

Klassische Musik spielt oft im **QPAC**, South Bank; mitunter gibt es auch Konzerte im **Queensland Conservatorium of Music**, South Brisbane, oder kostenlose Konzerte in der **City Hall**.

Theater

Theater wird vor allem im **QPAC**, South Bank, gespielt. Die alteingesessene und preisgekrönte **La Boite Theatre Company**, Roundhouse Theatre, 6 Musk St, Kelvin Grove, ℡ 3007 8600, 🖥 www.laboite.com.au, führt primär Stücke von australischen Dramatikern auf.
Brisbane Powerhouse, 119 Lamington St, New Farm, ℡ 3358 8600, 🖥 www.brisbanepower house.org, bietet ein gemischtes Programm an Theaterstücken, Ausstellungen und Vorträgen.

Kinos

Die Mainstream-Kinokette **Event Cinemas** hat in der City mehrere Theater, s. 🖥 www.event cinemas.com.au.
Filmkunsttheater: u. a. **Palace Centro Cinema**, 39 James St, Fortitude Valley, ℡ 3852 4488, 🖥 www.palace.net.au, und **Schonell Twin Cinemas**, University of Queensland, Union Drive, St Lucia, ℡ 3221 7690.

Galerien

Außer der **Queensland Art Gallery** im Cultural Centre, Southbank, sind u. a. noch sehenswert: **Art Gallery & Museum** in der City Hall und das **Metro Arts Centre**, 109 Edward St, City, sowie die

 Birrunga Gallery, 300 Adelaide Street, die Aboriginal-Gemälde und -Kunsthandwerk ausstellt und verkauft und ausschließlich von Ureinwohnern betrieben wird.

EINKAUFEN

Offizielle Ladenöffnungszeiten in der **City**: Mo– Do 9–17.30, Fr 9–21, Sa 9–17, So 10–17 Uhr; kleinere Geschäfte schließen am Wochenende früher.

Campingausrüstung

Viele Ausrüstungsläden liegen weiter draußen in den Vororten, z. B. in Strathpine. In der Stadt und im Fortitude Valley findet man unter anderem:
Kathmandu, G04 Q&A Building, 193 Albert St, City, ℡ 3210 2777, 🖥 www.kathmandu.com.au.
Paddy Pallin, 120 Wickham St, Fortitude Valley, ℡ 3839 3811, 🖥 www.paddypallin.com.au.

Märkte

Rund um die City

BrisStyle Twilight Market, King George Square. Lokales Kunsthandwerk. ⏰ etwa alle 2 Monate Fr 16–21 Uhr.
City Farmer's Market, vor dem Kasino. ⏰ Mi 10–18 Uhr.
Eat Street North, Macarthur Ave, Hamilton. Aus 180 Schiffscontainern werden leckere Spezialitäten aus aller Welt serviert. Dazu gibt es Livemusik. Eintritt $3. ⏰ Fr und Sa 16– 22, So 12–20 Uhr.
South Bank Lifestyle Market, Stanley St Plaza. ⏰ Sa und So 10–17, Fr 17–22 Uhr.

Am Stadtrand

Cleveland Bayside Market, Bloomfield St. Kunsthandwerk. ⏰ So 8–15 Uhr.
Ipswich Showplace Markets, Showgrounds Warwick Rd, Ecke Salisbury Rd, Ipswich. Kunst- handwerk, hausgemachte Marmeladen u. Ä., Pflanzen. ⏰ So 6.30–12 Uhr.
Manly Creative Markets, Little Bayside Park, Esplanade in Manly. Kunsthandwerk, ⏰ So 8–15 Uhr.

Souvenirs

Eine gute Fundgrube sind die Märkte, auch in der Umgebung (s. Tamborine Mountain, Blackall Range; Eumundi Markets bei Noosa. Edel- steine, besonders Saphire, können „an der Quelle" – Lightning Ridge (NSW) und Coobor Pedy (SA) für Opale – billiger sein. Bei etab- lierten Opalhändlern in Brisbane, z. B. **Quilpie Opals**, Brisbane Square, George St, ist die Beratung seriös. Saphire werden bei Anakie und Rubyvale, westlich von Rockhampton, geschürft und geschliffen.

AKTIVITÄTEN

Riverlife, Naval Stores, Lower River Terrace, ℡ 3891 5766, 🖥 www.riverlife.com.au. Im Zentrum von Brisbane kann man sich an den Klippen von Kangaroo Point tgl. ab 17 Uhr für $55 abseilen. Die Firma bietet außerdem Klettern (ebenfalls am Kangaroo Point), Paddeln, Kajak fahren, Stehpaddeln und Rollerblading. Zudem Verleih von Mountainbikes, BMX und Kick Bikes ab $55 pro Tag inkl. Helm.

TOUREN

Bootsfahrten auf dem Brisbane River

Wer nur mal schnell vom Wasser aus einen Blick auf die City werfen möchte, kann mit der City-Cat-Fähre den Fluss entlangfahren. Stilvoller, aber auch teurer, sind Bootstouren mit dem Raddampfer **Kookaburra River Queens**, 📞 3221 1300, 🖥 www.kookaburrariverqueens.com. Tgl. ab Eagle St Pier, z. B. Sightseeing Cruise Do–So um 12 Uhr ($40, Student $38, Kind $20); auch Lunch oder Dinner Cruises.

Mirimar Cruises, 📞 0412 749 426, 🖥 https://mirimarcruises.com.au. Fahren tgl. ab der Anlegestelle des Cultural Centre vor der Staatsbibliothek 20 km den Brisbane River hinauf zum Lone Pine Koala Sanctuary. Tickets $80 (Student $65; Kind bis 13 J. $48) hin und zurück inkl. Eintritt in den Park, auch einfache Fahrten möglich.

Bus- und Wandertouren

Tourveranstalter bieten Busfahrten durch Brisbane und in die nähere Umgebung, darüber hinaus umfasst das Programm auch Noosa und die Sunshine Coast, die Darling Downs und Toowoomba, die Gold Coast und das sehenswerte Hinterland der Gold Coast (Mt Tamborine, Lamington und Springbrook NP).

Bushwacker Ecotours, 📞 1300 559 355, 🖥 www.bushwacker-ecotours.com.au. 1–3-Tagestouren für Backpacker und aktive Leute in Regenwaldgebiete in der Umgebung von Brisbane: Springbrook NP, Glasshouse Mountains, Blackall Range, Mt Glorious sowie zur Moreton Island und Fraser Island.

Experience OZ, 📞 1300 93 55 32, 🖥 www.experienceoz.com.au. Große Auswahl an Tages- und Mehrtagestouren. Z. B. zur Moreton Island inkl. Schnorcheltour, $159.

Gray Line, 📞 1300 858 687, 🖥 www.grayline.com.au. Tagestouren durch Brisbane und Umgebung (z. T. mit Wheel of Brisbane und Koala Sanctuary) ab $110. Außerdem Trips zur Goldcoast, ins Hinterland und zum Australia Zoo.

SONSTIGES

Autovermietungen

Die großen und internationalen Autovermietungen haben Büros am Flughafen, von wo aus man direkt in die Mietwagen steigen kann; kleinere lokale Anbieter sind häufig preiswerter und bieten einen Abholservice vom Flughafen an. Details zu den großen Firmen mit zahlreichen, australienweit vertretenen Filialen, die Autos, Campervans und Geländewagen vermieten (s. Transport S. 75). Hier nur zwei lokale Autovermietungen:

East Coast Car Rentals, am Flughafen und in der City, 📞 1800 02 88 81, 🖥 www.eastcoastcarrentals.com.au. Filialen entlang der Küste Queenslands sowie in Sydney und Melbourne.

Rent a Bomb, Flughafen, 📞 13 15 53, 🖥 www.rentabomb.com.au. Neue und ältere Modelle. Filialen in Queensland, Victoria und Sydney.

Englisch lernen

Eurocentres Brisbane, 55 Adelaide St,
✆ 3214 3600, 🖵 www.eurocentres-brisbane.
com. Grund- und Fortgeschrittenenkurse.

Feiertage und Festivals

Labour Day: 1. Mo im Mai, Feiertag in ganz
Queensland.
Queens Birthday: 2. Mo im Juni.
Queensland Day Celebrations: im Juni.
Royal Queensland Show
(Ekka): Landwirtschaftsausstellung 10 Tage
Mitte Aug auf dem zentralen Messegelände.
🖵 www.ekka.com.au.
Brisbane International Film Festival: 11 Tage
Anfang Aug. 🖵 www.biff.com.au.
Brisbane Festival: 3 Wochen im Sep. Feuer-
werk, Livemusik, Tanz und viele andere Events
am Brisbane River. 🖵 www.brisbanefestival.
com.au.

Informationen

Brisbane Visitor Information Centre, Queen St
Mall, ✆ 3006 6290, 🖵 www.visitbrisbane.com.
au. Hier erhält man auch Camping Permits der
Nationalparkbehörde. ⏱ tgl. 9–18 Uhr.

Internet

Jede Unterkunft bietet WLAN, teilweise muss
man noch dafür bezahlen. In der Stadt wird in
allen staatlichen Büchereien sowie in der
Queen Street Mall, Victoria Bridge, Southbank
und in den meisten Parks, darunter auch im
botanischen Garten, kostenloses WLAN
geboten. Der Service wird ständig erweitert.

Konsulate

Deutsches Honorarkonsulat, 10 Eagle St,
City, ✆ 3221 7819, 🖵 www.australien.diplo.de,
⏱ Mo–Fr 9–12 Uhr.
Österreichisches Honorarkonsulat, 71 Eagle St,
City, ✆ 0487 144 185, 🖵 www.bmeia.gv.at,
⏱ Di 10.30–12.30 Uhr.

Nationalparkbehörde

Queensland Parks and Wildlife Services,
🖵 https://parks.des.qld.gov.au. Infos über die
Nationalparks in Queensland sowie Camping
Permits.

Öffentliche Verkehrsmittel (Busse, die Vorortzüge von QR Citytrain sowie die City-Cat Fähren
auf dem Brisbane River) sind im Verkehrsverbund **TransLink** zusammengefasst. Dieser
bedient den Großraum Brisbane und ganz
Südost-Queensland, von Gympie/Noosa an der
Sunshine Coast im Norden bis nach Coolan-
gatta/Gold Coast im Süden und Helidon westlich
von Brisbane. Es gibt 8 Tarifzonen; Brisbane City
ist in Zone 1, die restlichen Zonen erstrecken
sich halbkreis- bzw. kreisförmig von angrenzenden Stadtteilen bis Noosa (Zone 8) und
Coolangatta (Zone 6). Weiteres bei **Transinfo**,
✆ 13 12 30, tgl. rund um die Uhr, 🖵 www.
translink.com.au.
Der Fahrpreis orientiert sich an der Anzahl an
Zonen, die man passiert. Ein **Einzelfahrschein**
(single trip) ist 2 Std. gültig; Umsteigen in Fahrtrichtung erlaubt. Eine Zone kostet $4,90, 2 Zonen
kosten $6, 8 Zonen $29,50. Günstiger ist es, sich
eine **go card** zu besorgen. Diese ist erhältlich
online sowie bei sämtlichen 7-Eleven Shops
oder an den meisten Bahnhöfen gegen eine
Pfandgebühr von $10. Sie muss vor der Fahrt mit
einem bestimmten Betrag aufgeladen werden,
gilt im gesamten Netzwerk und ist bis zu 30 %
billiger als Einzeltickets. Wer mehr von der
Umgebung sehen möchte, für den lohnt sich
die **go seeQ-Card** mit einer Gültigkeit von
3–5 aufeinanderfolgenden Tagen ($79–129).
Sie schließt den gesamten Südosten von
Queensland ein (Bahn, Bus und Fähren sowie
2 Fahrten mit dem Airtrain vom/zum Flughafen)
und gewährt Rabatt zu zahlreichen Sehenswürdigkeiten.
Kinder von 5–14 J. fahren zum halben Preis;
die Ermäßigungen für Studenten und Rentner
gelten leider nicht für Besucher aus Übersee.

Stadtbusse

Die beiden kostenlosen Busse von **Brisbane
City Loop** drehen Mo–Fr von 7–17.50 Uhr
ständig ihre Runden durch die Straßen
der Innenstadt: Parliament/Queensland
University of Technology (QUT), Adelaide St
(City Hall), Central Station, Wharf St, Eagle St
Pier, Botanischer Garten; entgegen dem

QUEENSLAND

Ob Fähre oder Raddampfer: Vom Wasser aus bietet sich ein schöner Blick auf die Stadt.

oder im Uhrzeigersinn. Die Busse halten an den rot und gelb markierten „Loop"-Haltestellen.
Private Buslinien sind mit TransLink assoziiert und fahren in die Außenbezirke.

Vorortzüge

Das QR-Citytrain-Netzwerk erstreckt sich über den gesamten **Translink**-Geltungsbereich. Die Züge eignen sich v. a. für den Besuch der weiter außerhalb liegenden Sehenswürdigkeiten, z. B. des Australian Woolshed in Ferny Grove; Manly, Cleveland (für North Stradbroke Island), Ipswich und des Australia Zoo an der Sunshine Coast.
Alle Züge halten im Roma St Transit Centre, in der Central Station und der Brunswick St Station in Fortitude Valley.

Fähren

TransLink bietet verschiedene Fährrouten:
Cross River Ferries fahren vom Thornton St Pier zum Eagle St Pier und weiter zum Holman St Pier.
City Cat Ferries fahren den gesamten Fluss entlang von der Queensland University in St Lucia via West End, Guyatt Park, Regatta, North Quay, South Bank, Riverside, Sydney St, Mowbary Park, New Farm Park, Hawthorne, Teneriffe, Bulimba, Bretts Whar zum Apollo Rd Terminal und zurück.
Norman Park to New Farm Park Cross River Ferry verbindet, wie der Name schon sagt, Norman Park und New Farm.
City Hopper fahren den Fluss im City-Bereich entlang: von Sydney St via Anlegestellen Dockside, Holman St, Eagle St, Thornton St, Maritime Museum, Southbank 3 nach North Quay und zurück.
Die Schiffe verkehren tgl. zwischen 5.30 und 23.30 Uhr, ungefähr alle 30 Min. 🖥 www.translink.com.au.

TRANSPORT

Busse

Das Terminal aller Langstreckenbusse ist das **Transit Centre** in der Roma St, ✆ 3235 1331. Ungefähre Fahrzeiten: nach Hervey Bay 5–6 Std., Sydney 12 Std., Rockhampton 12 Std., Airlie Beach 18 Std., Longreach 18 Std., Townsville 23 Std., Cairns 29–30 Std.

Greyhound, ℡ 1300 473 946, 🖥 www.grey
hound.com.au, fährt nach:
CAIRNS, s. S. 558–559. Außerdem nach
TOWOOMBA und SYDNEY (S. 556–557).
Premier, ℡ 133 410, 🖥 www.premierms.com.
au, fährt nach:
CAIRNS: 1x tgl. über die Küstenroute (S. 560–561).
LISMORE: 1x tgl. via Gold Coast und Byron Bay.
SYDNEY: 1x tgl. auf dem Pacific Hwy. (S. 554).

Eisenbahn

In der Roma St Station im EG des **Transit Centre**,
℡ 3235 1331, halten sowohl Vorortzüge als
auch die Züge nach Sydney, nach Cairns und
nach Westen. Auskunft und Buchung unter
℡ 131 617, 🖥 www.queenslandrail.com.au.

Nach Süden: Der North Coast NSW Zug von
Brisbane nach Sydney fährt jeden Morgen
um 5.55 Uhr ab, ca. 14 Std. Nachmittags
fährt tgl. ein Bahnbus via Surfers Paradise
nach CASINO, dort am Abend Anschluss
an den Nachtzug Casino–Sydney XPT nach
SYDNEY.

Nach Norden: Bis CAIRNS (via Rockhampton
und Townsville) mit dem *Spirit of Queensland*:
Mo, Di, Mi, Fr und Sa um 15.45 Uhr ab Brisbane;
Fahrzeit 24 Std.
Mit dem *Tilt Train* Do–Di um 11 Uhr nach
ROCKHAMPTON ab Brisbane. Fahrzeit 7 1/2 Std.
Auch nach BUNDABERG So–Fr um 16.45 Uhr ab
Brisbane, Fahrzeit 4 1/2 Std. Früh reservieren –
v. a. die Liegewagen sind sehr begehrt!

Nach Westen: Nach CHARLEVILLE mit dem
Westlander Di und Do um 19.15 Uhr ab Brisbane, zurück Mi und Fr um 18.15 Uhr. Fahrzeit
17 Std., ab Charleville Bahnbusse nach QUILPIE
und CUNNAMULLA (jeweils um 2 1/2 Std.).
Nach LONGREACH via Rockhampton und
Emerald mit dem *Spirit of the Outback* Di um
18.10, Sa um 13.55 Uhr ab Brisbane. Fahrzeit
26 Std. Ab Longreach Bahnbusse nach
WINTON (2 Std.).

In die Umgebung: Hier gilt der **TransLink**-
Verkehrsverbund. Zur GOLD COAST häufige
Citytrain-Verbindungen ab Central Station oder

Roma St Transit Centre bis NERANG, dort
Anschluss an einen Bus nach SURFERS
PARADISE.
Nach Norden Citytrain über CABOOLTURE (Bus
nach Bribie Island), GLASSHOUSE MOUNTAINS
nach NAMBOUR (Bus nach Noosa) 7–11x tgl.,
nur 1–2 fahren weiter nach EUMUNDI und
GYMPIE NORTH. Details bei **Transinfo**,
℡ 13 12 30, tgl. rund um die Uhr, 🖥 www.
translink.com.au.

Flüge

Der internationale **Flughafen** liegt 13 km
nordöstl. der City. Der **Airtrain**, 🖥 www.airtrain.
com.au, verkehrt ca. alle 15 Min. zwischen 5.30
und 23.30 Uhr zwischen dem Airport und der
City ($18) sowie halbstdl. zur Gold Coast ($30,
online günstiger). Wer eine go seeQ-Card hat
(S. 257) fährt kostenlos mit. Auch Transfers zu
Unterkünften an der Gold Coast.

Fähren

Zur **Stradbroke Island** (S. 265, unter Transport:
nach North Stradbroke Island).
Zur **Moreton Island** (S. 261, unter Transport:
Moreton Island Adventures)

Der Südosten

Die Umgebung von Brisbane bietet fast alles,
was das Urlauberherz begehrt. An der Küste
reicht das Angebot vom Amüsierzentrum der
Gold Coast über stille Inseln in der **Moreton
Bay** bis zur **Sunshine Coast**, ebenfalls ein sehr
beliebtes, aber im Gegensatz zur Gold Coast
edleres Feriengebiet.
   Nördlich von Brisbane wendet sich die Bergkette der Great Dividing Range der Küste zu, sodass die Stadt vom Nordwesten bis zur Küste im
Südosten von Bergzügen und Hochplateaus umgeben ist. An der Grenze zu New South Wales
erstreckt sich zur Küste hin eine zum großen
Teil wilde, von Regenwäldern bedeckte und mit
tiefen Schluchten durchzogene Berglandschaft.
   Die **Glasshouse Mountains**, 60 km nördlich
von Brisbane, hingegen sind seltsam geformte

Überreste einstiger Vulkane, die vereinzelt aus der hügeligen Landschaft ragen.

Die Inseln der Moreton Bay

In der Bucht liegen mehr als 350 Inseln. Auch die größeren Inseln mit Übernachtungsmöglichkeiten sind vergleichsweise still und unberührt, für Trubel ist die Gold Coast zuständig. Ideales Ausflugsziel für Budget-Reisende ist North Stradbroke Island, denn dort bieten ein Hostel/Guesthouse und Campingplätze billige Übernachtungsmöglichkeiten, und der Transport von Brisbane ist einfach und preiswert. Auf der kleineren südlichen Insel werden sich hingegen sportbegeisterte und umweltorientierte Urlauber mit gut gefüllter Reisekasse mit Sicherheit wohlfühlen.

Bribie Island

Wer etwas Abstand braucht vom Trubel in Brisbane oder vom Massentourismus entlang der Küste, der ist auf Bribie Island genau richtig. Abgesehen von den Sommerferien (Dez–Jan), geht es hier ruhig zu. Schöne lange Sandstrände, Lagunen und *paperbark wetlands* (Sumpfgebiete mit Myrtenheide) warten auf ihre Entdeckung.

Eine Brücke verbindet Bribie Island mit dem Festland. Von Brisbane aus dauert die Fahrt nur etwa eine Stunde, und mit dem Auto sind die vier Orte im Süden **Banksia Beach, Bellara, Bongaree** und **Woorim** gut zu erreichen. Dieser bebaute Teil der Insel lässt sich auch mit dem Fahrrad erkunden, die flache Insel verfügt sogar über einige Radwege. Einkaufsmöglichkeiten gibt es in Bellara und Bungaree, wo sich auch die meisten Unterkünfte befinden. Die Strände entlang der Ostküste eignen sich zum Surfen; im Sommer wird der Strand bei Woorim überwacht. Wesentlich ruhiger ist jedoch das Wasser auf der Westseite der Insel.

Die restlichen Teile der Insel stehen unter Naturschutz und können nur zu Fuß oder mit

dem Geländewagen erkundet werden. Zahlreiche Wanderwege führen über die ganze Insel. Bribie Island ist die Heimat für viele Vogelarten, in den Sommermonaten gesellen sich außerdem viele Zugvögel dazu. Im **Buckley's Hole Conservation Park** am Südzipfel können die Tiere von einem Vogelsitz aus beobachtet werden.

ÜBERNACHTUNG

Bribie Island Caravan Park (Top Tourist), Jacana Ave, Woorim, ☎ 3408 1134, 🖥 www.bribieislandcaravanpark.com.au. Zelt- und Stellplätze ab $40 sowie 4 Cabins und eine „Suite". ❸ – ❺
Bribie Waterways Motel, 155 Welsby Parade, Bongaree, ☎ 3408 3000, 🖥 www.bribiewaterways.com.au. Saubere Motelzimmer mit AC, TV und Kühlschrank. ❹
Die **Campingplätze** im Nationalpark sind nur mit Geländewagen zu erreichen. Camping Permits gibt es bei Gateway Bait & Tackle, 1383 Bribie Island Road sowie bei Surfside News, 10 North St.

AKTIVITÄTEN UND TOUREN

Ferryman, ☎ 0404 214 980, 🖥 www.ferryman.com.au, ab Sylvan Beach Esplanade, westl. der Brücke. Cruises, auch mit Mittag- oder Abendessen, ab $39.
G'Day Adventure Tours, ☎ 0403 728 261, 🖥 www.gdayadventuretours.com. Touren mit dem Geländewagen sowie Kajaktouren auf der Insel ab $80. Auch Kajakverleih.

INFORMATIONEN

Bribie Visitor Information Centre, 48 Benabrow Ave, Bellara, ☎ 3408 9026, 🖥 https://visitbribieisland.com.au. Nähere Infos zu den Wanderwegen. ⏱ tgl. 9–16 Uhr.

TRANSPORT

Citytrain von BRISBANE bis zum 19 km von Bribie Island entfernten CABOOLTURE. Von dort gibt es einen Busanschluss über die Brücke zur Insel. Auskunft bei **Transinfo**, ☎ 13 12 30, 🖥 www.translink.com.au.

Moreton Island

Diese lang gezogene, 190 000 ha große Insel 30 km vor dem Festland, größtenteils ein Nationalpark, ist ein vielfältiges Naturparadies mit hohen Sanddünen, Wäldern und unberührter Buschlandschaft. Der Norden der Insel ist von Sümpfen und Süßwasserseen wie dem Lake Jabiru, der Blue Lagoon und dem kleinen Lake Honeyeater durchsetzt. Befestigte Straßen gibt es nicht.

Im Januar 2020 fegten Buschfeuer über den nördlichen Teil Insel und brannten große Teile der Vegetation nieder; die Straßen und Wege werden nach und nach wiedereröffnet, während sich die Natur regeneriert. Mit Geländewagen (Permit erforderlich, erhältlich bei Moreton Island Adventures, s. unten, für $53 pro Auto für bis zu 1 Monat) kann man am Strand entlang und über einige Tracks quer über die Insel fahren, oder man erforscht die Insel auf Schusters Rappen.

Moreton Island ist ebenso wie Fraser Island eine Sandinsel, aber längst nicht so überlaufen wie der nördliche Nachbar und daher eine gute Alternative für alle, denen Fraser zu kommerziell ist. An der mittleren Westküste bietet **Tangalooma** verschiedene Übernachtungsmöglichkeiten, Touren und Informationen. Abends können in der Bucht Delphine gefüttert werden; von August bis Oktober gibt es Touren zum Wale beobachten, außerdem Wassersport und andere Aktivitäten. Von einem ausgeschilderten Abzweig von der Middle Road führt ein Walking Track (ca. 3 km; steil) zur höchsten Erhebung der Insel, der Düne **Mount Tempest**, mit 285 m die höchste der Welt. An mehreren Stellen auf der Insel kann man die Dünen hinunterrodeln *(sand tobogganing)*.

ÜBERNACHTUNG

Hotel und Apartments

Tangalooma, ☎ 3268 63233, 🖥 www.tanga looma.com. Gehobenes, familienorientiertes Resort im Zentrum der Westküste: Hotelzimmer, Units, Ferienwohnungen und Luxusapartments. 2 Pools, Tennisplatz, Squash-Court, Restaurant. ❻–❽

Camping

Es gibt mehrere einfache Nationalpark-Zeltplätze mit kaltem Wasser und Plumpsklo. Camping Permits ($6,65 p. P./Tag) sowie eine Landkarte sind im Visitor Centre in Brisbane (S. 257), bei Moreton Island Adventures (s. unten) oder online unter 🖥 www.moretonisland adventures.com.au erhältlich. Feuer darf nur in den dafür vorgesehenen Feuerstellen gemacht, Feuerholz muss allerdings mitgebracht werden, da Holzsammeln auf der Insel verboten ist. Wasser muss vor dem Verzehr abgekocht werden.

ESSEN

Castaways bei Bulwer betreibt ein Restaurant, ⏱ tgl. Frühstück und Mittagessen, Fr und Sa auch Abendessen, sowie einen kleinen Shop. **Tangalooma** hat mehrere Cafés, Restaurants und Bars, u. a. das **Beach Café**, in dem man Burger, Pizza und Salate bekommt, Blick aufs Meer inklusive.

TOUREN

Sunrover Tours, ☎ 3203 4241, 🖥 www.sun rover.com.au. 1–3-Tagestouren inkl. vieler Aktivitäten wie Schnorcheln und Sandboarding. Tagestour ab Brisbane inkl. Picknick-Lunch $145 ($135 für Studenten und Backpacker). 2 Tage inkl. Camping $215 (ermäßigt $205). Das **Tangalooma Resort** (s. o.) bietet das ganze Jahr über Lunch-Cruises und in der Saison auch Walbeobachtungstouren. Außerdem Tagestouren ab Brisbane inkl. Lunch, Delphinfütterung, Sandboarding und Zutritt zum Resort $200. Nur Transfer ab und nach Brisbane sowie Zutritt zum Resort $89 inkl. $20-Lunch-Voucher.

TRANSPORT

Moreton Island Adventures, ☎ 3909 3333, 🖥 www.moretonislandadventures.com.au, betreibt die *Micat*, eine **Autofähre** ab 14 Howard Smith Drive, Port of Brisbane nach Tangalooma Wrecks (nördl. vom Resort) Autofähre im Sommer tgl. um 8.30 Uhr, Fr und So zusätzliche Fähre nachmittags. Fußgänger-Rückfahrkarte ab $58. Autos (inkl. 2 Insassen) ab $150. Vorbuchen!

Stradbroke Islands

Vor den Toren Brisbanes erstrecken sich die beiden langgestreckten Sandinseln South und North Stradbroke Island. Die beiden Inseln wurden 1898 durch einen Wirbelsturm voneinander getrennt, nachdem vier Jahre zuvor hier ein mit explosivem Material beladenes Schiffswrack gesprengt und damit die schmale Landverbindung stark beschädigt worden war. Zwischen beiden Inseln erstreckt sich nun der schmale Jumpinpin Channel. Archäologische Funde belegen, dass die Ureinwohner vom Stamm der Quandamooka die Insel seit mindestens 21 000 Jahren bewohnen.

North Stradbroke Island

Bequem in nur 30 Minuten mit der Fähre von Cleveland (ca. 30 km südöstlich von Brisbane) zu erreichen, bietet „Straddie" ein beliebtes Urlaubs- und Ausflugsziel für *Brisbane-sider*. Die ruhige Insel ist ein Naturparadies und zieht Sportfischer auf der Suche nach Schwertfischen *(black marlin)* an, aber auch Surfer, die die starke Brandung auf der Pazifikseite nutzen.

Dunwich, wo die Fähre anlegt, lohnt an sich keinen Stopp. **Point Lookout** an der Nordwestküste ist der größte Ort der Insel und hat einige Restaurants, einen Supermarkt und eine Bäckerei. Das Meer am langen weißen **Main Beach** eignet sich zum Surfen, ist allerdings aufgrund der Unterströmungen nicht ungefährlich, sodass man nur an den von Rettungsschwimmern überwachten Strandabschnitten ins Wasser gehen sollte. Zwei schöne Wanderwege mit Meerblick führen durch den **Headland Park**. Die beiden Pfade gehen ineinander über, insgesamt sollte man ca. 30 Minuten einplanen. Zur Walsaison zwischen Juni und November lassen sich die Meeresriesen oft an der Wasseroberfläche blicken.

Zum ruhigen Baden eignet sich der Strand bei **Amity**. Das kleine Fischerdorf besteht fast ausschließlich aus Wohnhäusern, einige werden an Urlauber vermietet. Hier sind mit etwas

Glück Delphine und zwischen Juni und Oktober auch Buckelwale zu sehen.

Für Naturfreunde lohnt sich die Fahrt zum **Brown Lake** und weiter in den **Blue Lake National Park**. Ein 5,5 km langer ebener Pfad führt vom Parkplatz aus zum See.

South Stradbroke Island

Die kleinere der beiden Inseln ist schneller von der nördlichen Gold Coast aus zu erreichen. Fahrzeuge sind nicht erlaubt. Neben zwei Resorts lockt die 20 km lange Insel mit einem ausgedehnten Netz an Wanderwegen.

ÜBERNACHTUNG

North Stradbroke Island

€ **Manta Lodge YHA & Scuba Centre**, 1 East Coast Rd, ✆ 3409 8888, 🖥 www.mantalodge.com.au. Gemütliches Hostel in Strandnähe mit 4–8-Bett-Dorms (Bett ab $34) und DZ; alle mit Bad auf dem Flur. Gäste können kostenlos Boogieboards benutzen. Mo und Fr gibt es einen Zubringerbus ab Brisbane – reservieren! Das dazugehörige Dive Centre bietet Tauchkurse sowie Schnorchel- und Tauchexkursionen. ➋

🛏 **Pandanus Palms**, 21 Cumming Pde, ✆ 3409 8106, 🖥 www.pandanuspalmsresort.com. Schöne Units, alle individuell gestaltet mit 2–3 Schlafzimmern, teilweise mit Strandblick. Unterschiedliche Standards, aber alle sauber. ➍–➐

Stradbroke Island Beach Hotel, East Coast Rd, ✆ 3409 8188, 🖥 www.stradbrokehotel.com.au. Sehr schönes, modernes Gebäude mit tollen, renovierten Zimmern. Zum Hotel gehören auch eine Bar und ein Bistro, beide mit herrlicher Aussicht über das Meer. Mind. 2 Übernachtungen. ➐–➑

Camping

Adder Rock Campground, Home Beach, am Eingang zum Point Lookout, ✆ 3409 9555. In Strandnähe, Grillstellen. Zelt- und Caravanstellplätze ($49/59) sowie fest installierte Glampingzelte. Ab ➌

Cylinder Beach Camping Ground, Mooloomba Rd, noch weiter östlich, nahe Cylinder Head-

Sunshine Coast

Maleny

Mary Cairncross Park

Landsborough

Caloundra

Beerwah

GLASS HOUSE MOUNTAINS NP

Beerburrum

Bruce Hwy.

Pumicestone Channel

D'Aguilar

Hwy.

BRIBIE ISLAND

BRIBIE ISLAND NATIONAL PARK

Banskia Beach

Bellara

Woorim

Bongaree

Bulwer

Cape Moreton

Caboolture

Buckley's Hole Conservation Park

Beachmere

Deception Bay

Tangalooma

△ 280 *Mr Tempest*

MORETON

ISLD. NP

MORETON ISLAND

Dayboro

Lake Samson-vale

Redcliffe

Moreton Bay

Petrie

B.-Brighton

MUD IS.

Strathpine

Samford

Kooringal

B.-Gee-bung

B.-Stafford

ST. HELENA ISLD. NP

Amity

BRISBANE FOREST PARK

Mt Cootha

Wellington Point

Point Lookout

Mount Crosby

Brisbane

B.-Toowong

Brisbane River

Pacific Hwy.

Capalaba

B.-Darling Point

Cleve-land

BIRD ISLD.

Dunwich

BLUE LAKE NP

Main Beach

COOCHIE-MUDLO ISLD.

NORTH STRADBROKE ISLAND

B.-Goodna

Victoria Point

B.-Logan

Redland Bay

s. Detailplan Brisbane S. 246

Carbrook

B.-Browns Plains

Bethania Junction

Beenleigh

↓ Beaudesert

land, 📞 1300 55 12 53. Am Strand mit Bade-
möglichkeit. Zeltplätze mit und ohne Strom ab
$59 sowie ein Ferienhaus. ❽
Auch an den Stränden Flinders und Main
Beach, die nur mit Geländewagen zu erreichen
sind, kann mit Permit ($20 für 2 Pers.) gezeltet
werden.
Weitere Campingplätze und Buchung unter
🖳 www.minjerribahcamping.com.au.

South Stradbroke Island

Couran Cove Island Resort, Rezeption in Run-
away Bay, 247 Bayview St (Marina), 📞 1800
26 87 26, 🖳 www.courancove.com.au. Luxus-
Resort im Zentrum von South Stradbroke Island.
Die Anlage umfasst Zimmer im direkt in die
Bucht hineingebauten Marine Resort Hotel und
Cabins im Buschland. Mehrere gute Restau-
rants und ein vielfältiges Sport- und Aktivitäten-
Angebot; die Nutzung der meisten Freizeit-
einrichtungen ist inkl. ❽

ESSEN UND UNTERHALTUNG

Auf **North Stradbroke Island** gibt es einige
Lebensmittelgeschäfte, Takeaways und kleine
Café-Restaurants, die meisten in Point Lookout.

Die Preise auf der Insel sind höher – Selbst-
versorger bringen am besten Lebensmittel vom
Festland mit. Abends ist der Biergarten des
auf einer Anhöhe gelegenen **Stradbroke
Island Beach Hotels** *der* Treffpunkt der Insel.
Gute Countermeals; am Wochenende spielen
Bands.
Auf South Stradbroke Island gibt es nur das
unter „Übernachtung" angegebene Resort.

SONSTIGES

Aktivitäten

Möglichkeiten zum Surfen sowie zum Rodeln
auf den Sanddünen. Einige Tracks können nur
mit Geländewagen befahren werden, für die ein
Permit von den Informationsbüros oder den
Rangern benötigt wird.
Stradbroke Island Scuba Centre, 1 East Coast
Rd, 📞 3409 8888 (beim Manta Lodge YHA).
5-Sterne-PADI-Dive-Centre. Tauchexkursionen
zu 12 verschiedenen Dive Sites; Geräteverleih
und Tauchkurse (von Open Water bis Divemaster).
Straddie Adventures, 📞 0433 171 477, 🖳 www.
straddieadventures.com.au. Vermietet Surfboards, Kajaks, Bodyboards und Schnorchel-

Wer zur Walsaison anreist, sollte sich eine Bootstour nicht entgehen lassen.

© CORINNA MELVILLE

ausrüstung und bietet verschiedene Touren für sämtliche Aktivitäten, darunter auch Kajaktouren mit Aborigine-Guide.

Quandamooka Coast, ✆ 0418 973 695, 🖳 quandamookacoast.com.au. Die erste von Ureinwohnern geführte Walbeobachtungstour stach erst 2019 in See. Auf den 7-stündigen Touren sieht man nicht nur unzählige Wale – *yalingbila* in der Sprache der Ureinwohner –, sondern erhält auch tiefe Einblicke in die Kultur der Quandamooka ($135 ab Cleveland oder Dunwich; $165 ab Brisbane). Außerhalb der Walsaison werden auf die Kultur der Ureinwohner ausgerichtete *guided walks* über North Stradbroke Island geboten ($35).

Informationen
Auf dem Festland
Redlands Coast Visitor Centre, Shore St W, Cleveland, ✆ 1300 667 386, 🖳 https://stradbrokeisland.com. 🕘 tgl. 10–16 Uhr.

TRANSPORT

Nach North Stradbroke Island
Zug nach CLEVELAND, dann den Zubringerbus zu den Anlegestellen am Toondah Harbour (Ende der Middle Street) nehmen; weiter mit Autofähre oder Wassertaxis nach DUNWICH. Für alle Verbindungen ist eine Reservierung erforderlich.

Stradbroke Ferries, ✆ 1300 787 232, 🖳 www.stradbrokeferries.com.au. Von Cleveland nach Dunwich tgl. von 6–19.30 Uhr etwa stdl. hin und zurück. Fahrzeit ca. 45 Min. Auto inkl. Insassen ab $130, Passagiere $20, jeweils retour.

Stradbroke Flyer, ✆ 3286 1964, 🖳 www.flyer.com.au. Wassertaxi tgl. stdl. ab Cleveland von 4.55–13.55 sowie 15.25–19.25 Uhr. Ab Dunwich jeweils 30 Min. später, $20 retour.

Auf North Stradbroke Island
Stradbroke Island Buses, ✆ 3415 2417, 🖳 www.stradbrokeislandbuses.com.au, verkehren zwischen Dunwich (Anlegestelle von Fähren und Wassertaxi) und Point Lookout sowie zwischen Dunwich und Amity. Fahrdauer ca. 20 Min., Fahrpreis $10 hin und zurück.

Nach South Stradbroke Island
Broadwater Taxi, ✆ 0403 58 78 04, 🖳 www.broadwatertaxi.com.au. Preise und Zeiten auf Anfrage.

Gold Coast

Die Gold Coast ist hauptsächlich ein kommerzielles Ferien- und Amüsierzentrum, bestehend aus Apartmentsilos, Motels, Nightclubs, einem Kasino und Vergnügungs- und Themenparks à la Disneyland – eine Mischung aus Las Vegas und Miami. Dank ihres milden Klimas hat die Gold Coast praktisch immer Saison. Die Region verzeichnet jährlich über 11 Mio. Besucher.

Viele Pauschaltouristen und Rentner aus dem Süden Australiens reisen von Mai bis August zum Überwintern an die Gold Coast, eine vergleichsweise ruhige Zeit. Lebhafter wird es im Januar/Februar, wenn Chinesen aus Singapur, Malaysia und Hongkong hier ihre Neujahrsferien verbringen. Ende November wird besonders Surfer's Paradise zum Mekka der australischen Schulabgänger *(schoolies)*, die hier geräuschvoll und feuchtfröhlich das Ende ihrer Schulzeit feiern.

Viele australische Familien kommen in den langen Sommerferien von Ende Dezember bis Ende Januar; preiswerte Unterkünfte sind dann schwer zu finden. Am meisten los ist im Oktober, wenn hier ein internationales Autorennen stattfindet, die Gold Coast 600: Dann wird für vier Tage noch heftiger als sonst gefeiert, und die Rennwagen rasen mit 300 Sachen durch die abgesperrten Straßen.

Surfers Paradise

Der Betondschungel von Surfers Paradise ist das Zentrum der Gold Coast. Auf dem schmalen Streifen Land zwischen dem Nerang River und dem kilometerlangen Strand türmen sich Hotels und Apartmentblocks auf, in ihrem Schatten drängen sich Motels, Geschäfte, Restaurants und Nightclubs.

Das städtisch wirkende Zentrum bildet die Fußgängerzone **Cavill Avenue** mit einem Info-

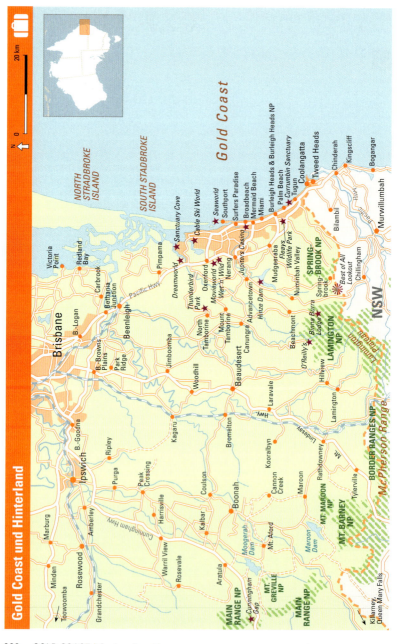

Gold Coast und Hinterland

N 0   20 km

Gold Coast

NORTH STRADBROKE ISLAND

SOUTH STADBROKE ISLAND

Brisbane

B-Logan

Victoria Point

Redland Bay

Carbrook

Bethania Junction

Pacific Hwy.

Pimpama

Beenleigh

B-Browns Plains

Park Ridge

Jimboomba

Dreamworld

Sanctuary Cove

Cable Ski World

Seaworld

Southport

Surfers Paradise

Broadbeach

Mermaid Beach

Miami

Burleigh Heads & Burleigh Heads NP

Palm Beach

Currumbin Sanctuary

Tugun

Coolangatta

Tweed Heads

Chinderah

Kingscliff

Bogangar

Thunderbird Park

Oxenford

Movieworld

Wet 'n' Wild

Nerang

Jupiter's Casino

Mudgeeraba

Fleays Wildlife Park

SPRING-BROOK NP

Spring-brook

Best of All Lookout

Chillingham

Bilambil

Murwillumbah

North Tamborine

Mount Tamborine

Canungra

Advancetown

Hinze Dam

Numinbah Valley

Beachmont

Beaudesert

Woodhill

Binna Burra Lodge

O'Reilly's

LAMINGTON NP

Hillview

Lamington

NSW

Nerang-brook Hwy

Laravale

Kagaru

Bromelton

Hwy

Lindesay

Mt

BORDER RANGES NP

McPherson Range

B-Goodna

Ripley

Purga

Peak Crossing

Koorulbyn

Rathdowney

Tylerville

Ipswich

Marburg

Amberley

Harrisville

Kalbar

Coulson

Boonah

Cannon Creek

Maroon

MT. MAROON NP

MT. BARNEY NP

Cunningham Hwy

Minden

Rosewood

Grandchester

Toowoomba

Warril View

Rosevale

Aratula

Moogerah Dam

Mt. Alford

Maroon Dam

MAIN RANGE NP

Cunningham's Gap

MT. GREVILLE NP

MAIN RANGE NP

Killarney, Queen Mary Falls

Kiosk und dem Konsumtempel **Raptis Plaza** mit rund 200 Einkaufsläden und ein paar Restaurants. Das **Ripley's Believe It or Not**, Cavill Mall, 🖥 www.ripleys.com/surfersparadise, widmet sich ungeheuren und ungewöhnlichen Fakten, Menschen und Geschichten. ⊙ tgl. 9–23 Uhr, Eintritt $30.

Am Surfers Paradise Blvd steht ein weiterer Konsumtempel.

Ein 360°-Blick auf die gesamte Gold Coast bietet sich an klaren Tagen vom **SkyPoint**, Surfers Paradise Blvd, 🖥 www.skypoint.com.au. ⊙ So–Do 7.30–20, Fr und Sa bis 21 Uhr, Eintritt $27. Waghalsige können für $77 außen entlang der Stahlkonstruktion bis zur Spitze des Gebäudes klettern. Livemusik gibt's abends entlang der **Orchid Avenue**.

Von Broadbeach bis Burleigh Heads

Wenn man in den südlicher gelegenen Orten der Gold Coast die großen, dicht aneinandergedrängten Hotels von „Surfers" hinter sich lässt, geht es wesentlich ruhiger zu. Noch immer finden sich in der zersiedelten Landschaft erstaunlicherweise einige Fleckchen Natur: Im **Burleigh Head National Park** steht an der Mündung des Tallebudgera Creek ein winziger Überrest der einstigen Dusch- und Regenwaldvegetation unter Naturschutz. Hier kann man schöne Spaziergänge entlang der Küste oder durch den Regenwald machen. Informationen unter 🖥 https://parks.des.qld.gov.au/parks/burleigh-head. Die meisten Wanderwege beginnen am Parkplatz direkt an der Küste nördlich der Landzunge, Anfahrt über Goodwin Terrace.

Der Küstenabschnitt vor dem Park ist am besten zum Surfen geeignet. Hier finden im März Wettkämpfe australischer Rettungsschwimmer statt. Da das Schwimmen entlang der Küste wegen der starken Unterströmungen und hohen Wellen nicht ganz ungefährlich ist, bevorzugen Familien mit Kindern die ruhigeren Gewässer an der Mündung des **Tallebudgera Creek**. Wegen seiner starken Brandung zieht Burleigh Heads die besten Surfer Australiens an, Anfänger soll-

ten sich hier jedoch aufs Zuschauen beschränken (Felsen im Wasser).

Von Palm Beach bis Coolangatta

Die schönsten Strandabschnitte befinden sich im Norden der Bucht am Tallebudgera Creek, vor dem riesigen Gold Coast Tourist Park, und im Süden, an der Mündung des Currumbin Creek. Die Küste ist durchsetzt von aufragenden bizarren Basaltfelsen, darunter dem **Elephant Rock** und dem **View Rock**, der als Aussichtsturm dient.

Das 27 ha große **Currumbin Sanctuary**, 🖥 https://currumbinsanctuary.com.au, umfasst lichten Eukalyptuswald, Wiesen, kleine Seen und Feuchtgebiete. Eine kleine Bahn transportiert Besucher über einen Teil des Geländes. Bekannte einheimische Tiere sind hier ebenso zu Hause wie die nur im hohen Norden von Queensland vorkommenden Baumkängurus und Kasuare sowie Tasmanische Teufel. Zur Fütterungszeit der farbenfroh gefiederten *rainbow lorikeets* von 8–9.30 und 16–17.30 Uhr stellen sich reichlich Besucher ein. Eingang von der Tomewin St, Currumbin, ⊙ tgl. 8–17 Uhr, Eintritt $50.

Hinter der schützenden Landzunge von **Kirra Point** finden Surfer optimale Bedingungen vor. Auch Anfänger können mit gemieteten Brettern vor der weit entfernten Hochhauskulisse von Surfers Paradise ihre Künste erproben. Vom Aussichtspunkt auf der felsigen Landzunge, die Kirra von Coolangatta trennt, bietet sich ein guter Überblick.

Coolangatta und Tweed Heads

Coolangatta ist der Drehort von *Muriels Hochzeit*, für alle ABBA-Fans ein Kultfilm und einer der erfolgreichsten australischen Filme in Europa. Südlich der Bucht von Coolangatta bildet die Boundary Road die Grenze zwischen Queensland und New South Wales und damit die Grenze zwischen den ineinander übergehenden Zwillingsstädten Coolangatta und Tweed Heads

Buschlandzoo und Tierrefugium

Im **David Fleay Wildlife Park**, einem wunderschönen Buschlandzoo, sind zahlreiche australische Tiere untergebracht, z. B. Koalas, Wallabies, Dingos, Krokodile und Schlangen; die Vogelwelt ist u. a. mit Jabiru-Störchen, Papageien und Wasservögeln vertreten. Man bekommt vom Aussterben bedrohte Tiere wie Helmkasuare *(cassowaries)* und Baumkängurus zu Gesicht und im Nocturnal House Schnabeltiere, Schlangen und seltene nachtaktive Beuteltiere. Der Zoo hat sich insbesondere dem Schutz von bedrohten Tierarten und der Aufklärung der Öffentlichkeit verschrieben, daher geht es bei den Vorführungen durch die Ranger um unterhaltsame Informationsvermittlung. West Burleigh Rd, Burleigh Heads ✆ 5576 2411, ⌨ www.fleays wildlife.com.au, ⏱ tgl. 9–17 Uhr, Eintritt $25, Familien $63 inkl. Führungen. Busse von Trans-info, ✆ 13 12 30, fahren hierher.

(NSW). Das große **Twin Towns Resort und Casino** in Tweed Heads ist ein Relikt aus der Zeit, als das Glücksspiel in Queensland illegal war und man hier schnell über die Grenze nach New South Wales zum Roulette gehen konnte. Vor der felsigen Landzunge von **Point Danger** bietet die Brandung geübten Surfern ausgezeichnete Bedingungen.

Das **Minjungbal Aboriginal Cultural Centre**, 5 km hinter der Grenze am Ende der Kirkwood Rd, ab Pacific Highway, ✆ 5524 2109, informiert anhand von Videos und einer Ausstellung über das Leben der ursprünglichen Bewohner. Auf dem Wald- und Buschgelände um das Holzhaus befindet sich ein Bora-Ring, ein zeremonieller Festplatz. Das Zentrum verkauft Aboriginal-Kunsthandwerk. ⏱ Mo–Do 10–15 Uhr, Eintritt $15.

ÜBERNACHTUNG

Entlang der Küste steht ein Motel neben dem anderen. Hier sind nur einige Backpacker-Unterkünfte sowie nette Hotels und Ferienwohnungen aufgelistet.

Hostels

Praktisch alle Hostels bieten Internetzugang, Tourenbuchung und Rabatte für Attraktionen und Nachtclubs.

Nördlich von Surfers Paradise
Aquarius Backpackers, 44 Queen St, Southport, ✆ 5527 1300, ⌨ www.aquariusgoldcoast.com.au. Zweistöckiges Party-Hostel, geräumige 4–6-Bett-Dorms (Bett ab $28), vielen DZ und Balkon. Großer Pool, hauseigene Bar. Zubringerbus nach Surfers. Sehr sauber. ❶

In Surfers Paradise
Bunk Surfers Paradise, 6 Beach Rd, ✆ 5676 6418, ⌨ https://bunksurfersparadise.com.au. Die moderne Flashpacker-Unterkunft steht im Zentrum des Geschehens. Zur Ausstattung gehören eine große, moderne Küche, Fernsehzimmer und ein Sonnendach mit Pool und Blick über die Stadt. Alle Zimmer mit AC. DZ sowie 4–8-Bett-Zimmer (Bett ab $22). ❹

Südlich von Surfers Paradise
Coolangatta - Kirra Beach YHA, 230 Coolangatta Rd, Bilinga, ✆ 5536 7644, ✉ coolangatta@yha.com.au. 4–6-Bett-Dorms (Bett $31–33) und DZ, alle mit Ventilator. Inkl. Frühstück. Pool, Fahrradverleih. Abholservice vom Busterminal in Coolangatta oder vom Flughafen; reservieren! Gut ausgestattet. ❷–❸

Hotels und Ferienwohnungen
Nördlich von Surfers Paradise
Runaway Bay Motor Inn, 429 Oxley Drive, Runaway Bay, ✆ 5537 5555, ⌨ www.runaway baymotorinn.com.au. Gutes Motel mit solarbeheiztem Salzwasserpool und Restaurant. ❺

In Surfers Paradise
Anchor Down Apartments, 27 Peninsular Drive, ✆ 5592 0914, ⌨ www.anchordown.com.au. 29 Apartments (1–3 Zimmer) in einer 3-stöckigen Anlage, alle mit Kitchenette. Whirlpool, Salzwasserpool. Zentral. Minimum 2 Nächte, bei längerem Aufenthalt viel günstiger. ❺–❼
Mari Court, 23 Wharf Rd, ✆ 5592 2122, ⌨ www.maricourt.com.au. Apartmentanlage in ruhiger Lage südl. vom Ortszentrum; nicht weit vom

Strand. Salzwasserpool, Whirlpool. Bei längerem Aufenthalt bis zu 50 % billiger. ❽

Südlich von Surfers Paradise

Wer etwas Ruhe und familiäre Atmosphäre
liebt, ist mit einer Unterkunft in Coolangatta gut
beraten.

Bombora Resort Motel, 4 Carmichael Close,
Goodwin Park (abgehend von der Dixon St)
Coolangatta, ☎ 5536 1888, 1800-07 43 63,
🖥 www.bomboraresort.com.au. 35 große
Motelunits für bis zu 6 Pers. Salzwasserpool,
Restaurant. Günstige Online-Angebote. Ab ❸

🎒 **Sunset Strip Budget Resort**, 199-203
Boundary Rd, Coolangatta, ☎ 5599 5517,
🖥 https://sunsetstrip.com.au. Das renovierte,
freundliche Guesthouse bietet sehr preiswerte
EZ und DZ, dazu eine riesige Küche und einen
großen Pool. Zentrale Lage, etwa 5 Min. zu Fuß
von der Hauptstraße, und Strand um die Ecke.
Es gibt auch kleine Apartments (max. 5 Pers.).
Mind. 2 Übernachtungen. Ab ❸

Caravanparks

In Gold Coast City und der näheren Umgebung
gibt es sehr viele Caravanparks. Die meisten
sind nur auf Caravans eingestellt und im Winter
oft sehr voll mit Dauercampern. Die erwähnten
bieten aber auch Zeltplätze und Cabins. Für die
Zeit während der Schulferien unbedingt frühzeitig reservieren.

Broadwater Tourist Park, Gold Coast Highway,
Southport ☎ 5667 2730, 🖥 www.goldcoast
touristparks.com.au/broadwater-parkhome.
Stellplätze mit Stromanschluss ab $48 oder $64
mit Bad, am Wochenende teurer. Cabins,
Salzwasserpool, Kiosk. ❺ – ❽

Kirra Beach Tourist Park, Charlotte St, ☎ 5667
2740, 🖥 www.goldcoasttouristparks.com.au/
kirrabeach-parkhome. Stell- und Zeltplätze
ohne und mit Strom ($37/41). Salzwasserpool,
Kiosk und große Spielplätze. Auch einfache
EZ und DZ ❶ sowie eine Villa mit 2 Schlafzimmern ❹

Treasure Island Holiday Park, 117 Brisbane Rd,
Biggera Waters, ☎ 5537 1511, 🖥 www.nrma
parksandresorts.com.au/treasure-island.
Großer Platz, ideal für Besucher der Themenparks. Stellplätze ab $47, $65 mit Bad. Cabins,

Units, Cottages und Safarizelte. Großer Pool,
Sportmöglichkeiten, Kiosk. ❷ – ❽

ESSEN

Der Bootshafen Marina Mirage am Seaworld
Drive in Main Beach hat edle Seafood-Restaurants, Cafés und Bars.

Clubs

Man kann recht günstig in Clubs essen, in
denen Besucher aus Übersee normalerweise
als vorübergehende Mitglieder willkommen
sind, z. B. in den Clubhäusern der **Surf Life
Saving Clubs**, die zudem am Meer liegen und
oft mit einer schönen Aussicht aufwarten.
Aufgrund der riesigen Gewinne, die die
zahlreichen dort aufgestellten Glücksspiel-
automaten („Pokies") abwerfen, können es sich
die Clubs in Tweed Heads leisten, die Gerichte
in ihren Restaurants zu subventionieren:
Seagulls Club, Gollan Drive, ☎ 5536 3433,
🖥 www.seagullsclub.com.au, **Twin Towns
Services Club**, Wharf St, ☎ 5536 2277,
🖥 www.twintowns.com.au, **Tweed Heads
Bowls Club**, Wharf St, Ecke Florence St,
☎ 5536 3800.

Surfers Paradise

Seascape Restaurant, 4 The Esplanade,
☎ 5527 6655. Hervorragendes Seafood-
restaurant. Neben frischen Meeresfrüchten
gibt es aber auch Huhn oder Känguru.
Von der breiten Fensterfront blickt man
direkt aufs Meer. Das Bistro im 1. Stock
hat Cocktails und kleinere Speisen.
🕑 tgl. 12–23 Uhr.

Shiraz Authentic Persian Restaurant, 3106
Surfers Paradise Blvd, ☎ 5679 3941. Gutes
Essen zu günstigen Preisen, auch eine Auswahl
an vegetarischen Gerichten. 🕑 tgl. 11.30–
21.30 Uhr.

Burleigh Heads

🎒 **Plantation House Cafe**, 1/43 Tallebudgera
Creek Rd, ☎ 5520 0583. Guter Kaffee
und frische Säfte sowie Frühstück und
Burger. Auch Sitzgelegenheiten im Freien.
🕑 tgl. 6–14.30 Uhr.

Gold Coast: gute Surfbedingungen und 365 Tage im Jahr Vergnügungs- und Konsumrausch

Coolangatta

Top Noodle, 80 Marine Pde, ☏ 5536 2300. Schlicht und günstig, aber sehr gute asiatische Gerichte. ⏲ tgl. Mittag- und Abendessen.

Zambrero, 56 Griffith St, ☏ 5536 4319. Preiswerte und gute mexikanische Küche, auch für Vegetarier geeignet. ⏲ tgl. Mittag- und Abendessen.

SONSTIGES

Aktivitäten

Auf dem Programm stehen unter anderem Bungee Jumping und Kabel-Wasserski-Fahren. Beratung und Buchung bei den Visitor Information Centres und Unterkünften, insbesondere Backpacker-Hostels.

Surfen: An allen Stränden bestehen Möglichkeiten, wobei Coolangatta den beliebtesten Zielen (Kirra Point und Point Danger) am nächsten liegt. Wer Wellenreiten richtig lernen will, kann bei einem ehemaligen Weltmeister einen Kurs buchen: Munga Barry's **Godfathers of the Oceans Surf School**, Surfers Paradise, ☏ 0402 911 146, 🖥 www.godfathersoftheocean. com.

Autovermietungen

Die kleinen Anbieter sind zwar oft günstiger, zeigen sich im Schadensfall u. U. aber auch weniger kulant. Hier einige örtliche Anbieter.
Bargain Wheels, ☏ 1800 861 060, 🖥 www.bargainwheels.com.au. Viele Filialen in ganz QLD. Abholservice von Unterkunft oder Flughafen.
East Coast Car Rentals, ☏ 1800 327 826, 🖥 www.eastcoastcarrentals.com.au. Sehr günstige Angebote, auch One-way-Vermietungen.
Surfers Rent a Car, 2/11 Northview St, Mermaid Waters und in Brisbane. ☏ 5572 0600, 🖥 www.surfersrentacar.com.au. Auch Campervans.

Märkte

Hier nur eine kleine Auswahl:
Broadbeach Markets, Kurrawa Park, Broadbeach. Art & Craft Market. ⏲ 1. und 3. So im Monat 8–14 Uhr.
Burleigh Markets, Justin Park, Burleigh Heads. Art & Craft Market. ⏲ letzter So im Monat 8–14.30 Uhr.
Surfers Paradise Beachfront Market, The Esplanade, Surfers Paradise. Souvenirs, Schmuck und Kunsthandwerk. Oft Straßenkünstler. ⏲ Mi, Fr und So 17–22, Mai–Aug 16–21 Uhr.1

Englisch lernen

Australian International College of Language, 66 Marine Parade, Southport, ☎ 5531 1990, 🖥 www.aicol.com.au. Verschiedene Kurse von Anfängern bis zu Spezialkursen.

Informationen

Gold Coast Tourism Bureau, 🖥 www.visit goldcoast.com.

Visitor Information Centre: Cavill Mall, Surfers Paradise, ☎ 1300 309 440, ⏲ Mo–Fr 8.30–17, Sa 9–18, So 9–16 Uhr.

Tweed Heads Tourist Information Centre, Wharf St, ☎ 1800 674 414, 🖥 https://visitthetweed. com.au. ⏲ Mo–Sa 9–16.30, So 9.30–16 Uhr.

Touren

Nicht alle Tourangebote werden dem aufgeklärten Individualreisenden zusagen. Empfehlenswert ist ein Ausflug in die Nationalparks des Hinterlands mit einer kleinen Gruppe.

Aquaduck, Surfers Paradise Blvd, ☎ 5539 0222, 🖥 www.aquaduck.com.au. Bus- und Bootstour durch und um Surfers Paradise. Das Tour-Vehikel konvertiert dabei von Bus zu Boot. Einstündige Touren, mehrmals tgl., Tickets $40, Kind $30.

Cork 'n Fork Winery Tours, ☎ 0415 454 313, 🖥 http://corknforktours.com. Tagestour zu Weingütern in der Mount-Tamborine-Gegend, mit Weinprobe und Mittagessen, $175.

Themenparks und andere Touristenattraktionen

Einige der Touristenattraktionen der Gold Coast seien hier kurz erwähnt. Die Beschreibung folgt einer Route von Norden nach Süden. Wer mehrere Parks besuchen möchte, bucht am besten ein Kombiticket: Der 3 Day Super Pass gewährt z. B. Eintritt zu 3 Attraktionen, $130. Am besten man bucht online im Voraus. Alle Themenparks verfügen über mehrere Takeaways und Restaurants.

Dreamworld am Pacific Highway in Coomera, 🖥 www.dreamworld.com.au, ist ein Disneyland nachempfundener Unterhaltungspark mit australischem Touch. Es gibt unzählige verschiedene Shows und Attraktionen, eingeschlossen Koala Country, ein Wildlife Park mit den üblichen australischen Tieren (Koalas, Kangurus etc.), eine Achterbahn mit doppeltem Looping, Dreamworks Experience und das topmoderne RealD Cinema, dessen Leinwand dem Betrachter die perfekte Illusion vermittelt, Teil des Geschehens zu sein. Zu Fuß von der Coomera Railway Station zu erreichen (Vorortzug von Brisbane). ⏲ tgl. 10–17 Uhr, Eintritt $99, Kind 3–13 J. $89.

In **Movieworld** von Warner Bros., 🖥 www.movieworld.com.au, am Pacific Highway in Oxenford, können Besucher Filmemachern hinter die Kulissen gucken und bekommen vorgeführt, wie ein Film gedreht wird und wie Trickaufnahmen entstehen. Eine Truppe von Stuntmen und Unterhaltungsshows wirbeln mächtig Staub auf. Hinzu kommen „Fun Rides" (z. B. mit dem Batmobile) u. a. Attraktionen. Oft sehr voll, über 2 Mio. Besucher im Jahr! ⏲ tgl. 10–17.30 Uhr, Eintritt $99, Kind 3–13 J. $89.

Wet 'n' Wild, nebenan, 🖥 www.wetnwild.com.au, ist eine riesige Anlage mit einem großen Wellenbad und verschiedenen, z. T. haarsträubend steilen Wasserrutschen mit Namen wie „The Double Screamer" oder „White Water Mountain". Beliebt, weil kühl, ist auch das Kino im Pool, in dem man Filme gucken kann, während man auf Gummireifen schwimmt. Im Winter werden die Pools und Rutschen geheizt. ⏲ tgl. ab 10 Uhr, die Tore schließen je nach Jahreszeit zwischen 16 und 21 Uhr. Eintritt $79, Kind 3–13 J. $74.

Sea World, Seaworld Drive, 🖥 www.seaworld.com.au, ist ein seit Langem etablierter Vergnügungspark, in dem Delphine, Seelöwen und Schwertwale *(orcas)* in täglichen Shows ihre Kunststückchen vorführen. Weitere Attraktionen sind eine Monorailbahn und eine steile Wasserrutsche. ⏲ tgl. 10–17.30 Uhr, Eintritt $79, Kind 3–13 J. $74.

Australian Outback Spectacular, 🖥 www.outbackspectacular.com.au, zwischen Movie World und Wet 'n' Wild, präsentiert vor einer imposanten Outback-Kulisse eine Show mit vielen australischen Tieren und Liedern. Zur Show gibt es ein dreigängiges australisches Dinner (auch vegetarische Auswahl). Wechselnde Shows. Eintritt $100.

Southern Cross 4WD Tours, ✆ 5574 5041, 🖳 www.sc4wd.com.au. Interessante Touren, z. T. abseits der üblichen Touristenpfade, z.B. Tagestouren (ca. $150) zum Lamington National Park und in den Tamborine National Park. Auch Halbtagestouren (ca. $90) – positives Leser-feedback.

NAHVERKEHR

Die Gold Coast ist Teil des Verkehrsverbunds **TransLink**, der den Großraum Brisbane inklu-sive Gold Coast (bis Tweed Heads) und Sun-shine Coast/Cooloola-Region (bis Gympie North) umfasst. Man kann innerhalb dieses Bereichs unbegrenzt umsteigen; die Fahrkarten werden nach Zonen berechnet. Weitere Auskunft erteilt **Transinfo**, ✆ 13 12 30, tgl. rund um die Uhr, 🖳 www.translink.com.au. S. 257 (Brisbane).

Busse

Gold Coast Tourist Shuttle, 🖳 www.gcshuttle.com.au. Busverbindung zwischen Unterkünften entlang der Gold Coast und den Themenparks. Auch Abholung vom Flughafen.

Eisenbahn

Citytrains von und nach BRISBANE gehören zum TransLink-System; Gold-Coast-Bahnhöfe in Coomera, Helensvale, Nerang und Robina; es gibt direkten Busanschluss nach Surfers Paradise und nach Coolangatta/Tweed Heads.

Taxis

Regent Taxis, ✆ 13 10 08; **Yellow Cabs**, ✆ 13 19 24.

TRANSPORT

Busse
Haltestellen an der Gold Coast
In Southport halten alle Buslinien im **Southport Transit Centre**, Scarborough St, in Surfers Paradise im **Surfers Paradise Transit Centre**, Beach Rd, Ecke Cambridge Rd. In Tweed Heads/Coolangatta halten die Busse von Premier vor **Video Ezy**, Bay St, die von Greyhound bei der Bushaltestelle in der Warner St.

Nach Süden
Greyhound, nach SYDNEY (S. 556–557).
Nach Norden
Von Surfers nach BRISBANE: mit **Greyhound** häufige Verbindung; mit **Premier** 1x tgl. (s. S. 554).

Eisenbahn

Translink, 🖳 www.translink.com.au. Die Gold Coast Line verbindet BRISBANE mit Varsity Lakes; von hier aus operiert die G link Tram über BROADBEACH nach SURFERS PARADISE.

Nach Süden / Sydney
Countrylink-Bahnbusse, tgl. um 5 und 15 Uhr ab Surfers Paradise nach CASINO, dort Anschluss an den (Nacht-)Expresszug nach SYDNEY.

Flüge

Gold Coast International Airport, Bilinga, 2 km nördl. von Coolangatta, ✆ 5589 1100. Terminal für Inland- und Auslandsflüge. Zahlreiche Verbindungen in alle Großstädte.
Gold Coast Tourist Shuttle, ✆ 5574 5111, 🖳 www.gcshuttle.com.au. Transfers vom Flughafen zur Unterkunft.
Con-x-ion, ✆ 1300 951 204, 🖳 www.con-x-ion.com. Transfers vom Brisbane Airport zur Unterkunft an der Gold Coast, $22 einfach.

Hochplateaus im Hinterland

Das Hinterland der Gold Coast ist wunderschön und bietet – in Anbetracht des Massentouris-mus an der Küste – noch immer erstaunlich viel Natur. Ein Ausflugsziel im nördlichen Hinterland ist das kleine Hochplateau des **Mount Tambo-rine**. Weiter südlich finden sich zum Teil sogar echte Wildnis und kaum berührte Regenwälder.

Mount Tamborine

Vom 50 km westlich von Southport gelegenen Hochplateau blickt man an klaren Tagen nach Osten auf die futuristische Silhouette von Surfers Paradise und auf die gesamte Gold Coast, nach Westen und Süden auf die Berghänge des Scenic Rim bis zu den Hochplateaus des Springbrook und Lamington NP. Man kann sich in „Arts and Crafts"-Galerien und Obstgärten umschauen und in den *tearooms* erfrischen. An jedem zweiten Sonntag des Monats ist Markttag.

Das bis auf 550 m Höhe steil aufragende, 8 km lange und 4 km breite Hochplateau ist vulkanischen Ursprungs. Auf der roten, fruchtbaren Erde gedeihen bei reichhaltigen Niederschlägen von 1200 mm, die v. a. im Sommer fallen, subtropische Regenwälder. In den Bächen leben Schnabeltiere.

Curtis Falls wartet mit zahlreichen Glühwürmchen auf. Die Wanderung zu den Wasserfällen mit mehr als 100 Stufen dauert knapp eine Stunde hin und zurück. Im Tamborine National Park liegen außerdem zahlreiche weitere Wanderwege und schöne Wasserfälle.

Glühwürmchen gibt es auch in den **Glow Worm Caves** beim Cedar Creek Estate zu sehen, 104-144 Hartley Rd, 🖥 www.glowwormcave tamborinemountain.com.au. Die beiden miteinander verbundenen Höhlenkammern können auf einer geführten Tour besichtigt werden. 🕐 tgl. 10–16 Uhr, Eintritt $14, Student $9, Kind $6.

In **North Tamborine** lohnt die **Witches Chase Cheese Company**, 165-185 Long Rd, North Tamborine, einen Besuch. Die zahlreichen Käsesorten können hier alle gratis verkostet werden, zudem gibt es Joghurt und Eiscreme, beides hausgemacht. 🕐 tgl. 10–16 Uhr.

Auf dem **Tamborine Rainforest Skywalk**, 333 Geissmann Dr, North Tamborine, 🖥 www.rain forestskywalk.com.au, können Besucher den Regenwald aus verschiedenen Perspektiven erleben. Der 1,5 km lange Weg kombiniert Waldboden mit einer 300 m langen erhöhten Stahlbrücke sowie einer scheinbar schwebenden Aussichtsrampe, die 30 m über dem Boden tief in den Regenwald hineinragt. Zur Anlage gehören auch eine kleine Ausstellung sowie ein Café. 🕐 tgl. 9.30–17, letzter Einlass 16 Uhr, Eintritt $19,50, Student $16,50, Kind $9,50.

Aber auch im Hinterland der Gold Coast sollen Besucher nicht auf Geschwindigkeitsrausch verzichten müssen. Zugegeben, die zwölf Seilrutschen (insgesamt über 130 m) des

Treetop Challenge, Cedar Creek Falls Rd, North Tamborine, 🖥 www.treetopchallenge.com.au, sind ein Heidenspaß. Wie Tarzan schwingt man – sicher an Seilen befestigt – von einem Baum zum anderen, balanciert über Hängebrücken, kriecht durch Fässer oder klettert über Netze – insgesamt 100 Hindernisse. 🕐 Mo–Fr 10–17, Sa und So 9.30–17 Uhr, letzter Einlass 15 Uhr. Eintritt $60, Kind 7–17 J. $50, Famile $200.

SONSTIGES

Informationen

Visitors Centre, Doughty Park, 📞 5545 3200, 🖥 https://visittamborinemountain.com. 🕐 Mo–Fr 9.30–15.30, Sa und So bis 16 Uhr.

Weingüter

Heritage Wines of Mount Tamborine, Eagle Heights, 📞 5545 3144, 🖥 http://tamborine mtncc.org.au/wineries/name/heritage-wines. Auch Restaurant (Lunch). 🕐 tgl. 10–16 Uhr.
Albert River Wines, Mundoloon Connection Rd, 📞 5543 6622, 🖥 www.albertriverwines.com.au. 🕐 tgl. 10–16 Uhr, Restaurant tgl. 11.30–14.30, Fr und Sa auch 18–21 Uhr.

TRANSPORT

Das Plateau erkundet man am besten mit eigenem Wagen oder im Rahmen einer Tour (S. 271, unter: Coolangatta und Tweed Heads).

Springbrook Plateau

Der **Springbrook National Park** erstreckt sich wie ein Flickenteppich über das Bergmassiv. Abzweige von der Springbrook Rd führen zu Aussichtspunkten und Picknickplätzen sowie zu Ausgangspunkten von Wanderwegen. Im **Springbrook Information Centre** direkt an der Springbrook Rd, 🖥 http://explorespringbrook. com, gibt es Karten und Informationen. 🕐 tgl. 8–17 Uhr.

Kurz dahinter kommt die Abzweigung von der Springbrook Rd nach rechts zum **Best of All Lookout**. Nach einem Spaziergang vom Parkplatz durch einen Wald von Südbuchen bietet

QUEENSLAND

sich ein Panoramablick vom Rande des Hochplateaus weit ins Tweed Valley und zur im Dunst schimmernden Küste.

Ein weiterer Abschnitt des Nationalparks, die **Natural Bridge** an der Westflanke des Bergmassivs, ist – obwohl nicht weit vom Best-of-All-Aussichtspunkt gelegen – nur über die Straße Nr. 97 durch das Numinbah Valley zu erreichen. Inmitten von üppigem subtropischen Regenwald gibt es hier eine Glühwürmchenhöhle, in die sich ein Wasserfall ergießt, und einen den Cave Creek überbrückenden Felsbogen – daher der Name. Beim Gwongorella-Picknickplatz beginnt der 4 km lange Wanderweg zu den **Purling Brook Falls**, der mit 100 m der höchste Wasserfall der Gegend ist.

Nach dem Besuch des Springbrook Plateaus bietet es sich an, weiter durch das **Numinbah Valley**, eine Senke zwischen dem Hochplateau des Lamington NP und des Springbrook NP, zur winzigen Ortschaft **Chillingham** im Tweed Valley zu fahren und von dort via Murwillumbah wieder zurück zur Gold Coast.

Lamington National Park

Insgesamt 160 km Wanderwege führen durch verschlungenen Regenwald, über vulkanische Hügelketten und vorbei an tosenden Wasserfällen. Ausgangspunkte für Spaziergänge und Wanderungen im Nationalpark sind zwei Guesthouses, die man über zwei separate Stichstraßen erreicht und die nur über einen Wanderweg, den 23 km langen **Main Border Track**, miteinander verbunden sind.

Die **Binna Burra Mountain Lodge** an den Hängen des Mt Roberts am östlichen Rande des Nationalparks fiel einem Buschfeuer im September 2019 zum Opfer; der Wiederaufbau ist noch ungewiss. Auch einige Wanderwege waren zur Zeit der Recherche noch geschlossen; aktuelle Infos bieten die Informationszentren.

Bei Beechmont eröffnet sich vom **Rosins Lookout** eine schöne Aussicht über das Numinbah Valley. Ein Rundweg führt vom Picknickplatz am Ende der Straße durch den Regenwald. Beliebt ist zudem der Weg zum **Bellbird Lookout**. Der **Main Boarder Track** zu O'Reilly's

ist von geübten Wanderern an einem Tag zu bewältigen.

Im Green-Mountains-Abschnitt des Nationalparks liegt **O'Reilly's Guesthouse**, das bereits seit 1926 Feriengäste beherbergt. An Feiertagen und in den Ferien herrscht in der Cafeteria und dem Shop eine Menge Trubel. Ein Netzwerk ausgeschilderter Wanderwege bietet Gelegenheit zu kurzen Wanderungen und ausgedehnten Touren. Auch für Rollstuhlfahrer geeignet ist der 800 m lange Weg zum **Botanischen Garten**, von dem ein Abstecher zum **Tree Top Walk** führt. Über neun schwingende Hängebrücken kann man auf Baumhöhe durch den Regenwald spazieren und an einer Aussichtsplattform bis zu den oberen Ästen einer Würgefeige hinauf klettern.

Ein weiterer, 18 m hoher Beobachtungsturm, **Mick's Tower**, liegt 500 m vom Guesthouse entfernt am beliebten Wanderweg zum **Wishing Tree**. Sehr schön und für alle Altersgruppen geeignet ist die Wanderung auf dem **Python Rock Track** durch Regenwald zum Rock-Wasserfall und Tuff's Bluff, von dem man eine herrliche Aussicht hat.

Anstrengender ist der **Tooloona Creek Circuit** (18 km) durch eine Schlucht, vorbei an zahlreichen Wasserfällen zu Aussichtspunkten über das Tweed Valley, zurück auf einem Bergkamm zum O'Reilly's.

ÜBERNACHTUNG

O'Reilly's Rainforest Guesthouse, Lamington National Park Rd, ☏ 5502 4911, ▢ www.oreillys.com.au. Haus mit langer Familientradition. Units mit Bad ❽, Suiten mit Kamin, Bad, Balkon und traumhafter Aussicht $385–660, bei längerem Aufenthalt gibt es erhebliche Rabatte. Bibliothek, Kamin- und Billardzimmer, Pool, Sauna und Massagen. Restaurant nur für Hausgäste. Interessante geführte Wanderungen verschiedener Schwierigkeitsgrade. Alles unbedingt reservieren!

Green Mountains Campground, betrieben von der Nationalparkverwaltung. Reservierung erforderlich für Wochenenden (3–4 Wochen im Voraus) und Schulferien (2–3 Monate im Voraus) unter ☏ 13 74 68 oder ▢ https://parks.

des.qld.gov.au/parks/lamington/camping.html. Zeltplatz $6,85 p. P./Nacht.

Nördlich von Brisbane

Die gewellte, hügelige Landschaft hinter der Küste wird als ertragreiches Weide- und Ackerland genutzt. Hier befinden sich die südlichsten Zuckerrohrfelder Queenslands; auf den Plantagen wachsen Ananas, Ingwer, Bananen, Macadamianüsse und Zitrusfrüchte.

Glass House Mountains

Die getrennt stehenden, seltsam geformten Felsen, Überreste ehemaliger Vulkane, ragen 60–75 km nördlich von Brisbane aus der welligen Ackerlandschaft. **Mount Beerwah** ist mit 556 m der höchste von ihnen. Captain Cook, der sie bei seiner Ostküstenfahrt 1770 erblickte, erinnerten die Felsen an die Glasschmelzerhütten seiner Heimat Yorkshire – daher stammt der kuriose Name.

10 km hinter Caboolture zweigt die Glass House Mountains Tourist Rd vom Bruce Highway ab. Autofahrer haben auf diesem 5 km längeren Umweg via Beerburrum und Landsborough einen besseren Blick auf die Berge. Kleinere, ausgeschilderte Abzweigungen (scenic drives) führen zu schönen Aussichtspunkten auf verschiedenen Bergen. **Mount Ngungun**, **Mount Beerburrum** und **Mount Coochin** sind einfach zu besteigen, die anderen Gipfel sind nur etwas für erfahrene Bergsteiger. Ab Brisbane und der Gold Coast werden Klettertouren angeboten.

Sunshine Coast

Die Sunshine Coast ist ein weiteres beliebtes Urlaubsziel bei Queenslandern und Touristen aus aller Welt. Hier geht es (noch) etwas ruhiger zu als weiter südlich an der Gold Coast. Dennoch ist der Tourismus auch hier wichtigster Industriezweig, und die Strände sind voll von Familien, sonnenbadenden Pärchen und Rucksackreisenden auf der Suche nach dem nächsten Abenteuer unter der australischen Sonne. Neben kilometerlangen Sandstränden bietet die Sunshine Coast eine gute Surf-Brandung und naturbelassene Nationalparks.

Die Sunshine Coast erstreckt sich von Caloundra im Süden über 70 km bis nach Noosa Heads im Norden. Die Küstenstraße führt an vielen schönen Stränden vorbei. Noosa mit seinen geschützten Stränden an der Flussmündung ist der meistbesuchte Ort. Weiter nördlich beginnt der Great Sandy National Park (Cooloola Section) mit zahlreichen Seen, Feuchtgebieten und kilometerlangen Sanddünen.

Wer den Massen entkommen will, ist in einem der kleineren Orte wie Caloundra oder Coolum am besten aufgehoben. Am Bruce Highway im Hinterland liegt Nambour, ein idealer Ausgangspunkt für eine Rundfahrt durch die Blackall Range.

Caloundra

Der gemütliche kleine Badeort verfügt über einen traumhaften Sandstrand an einem flachen Küstenabschnitt. Ein Holzsteg führt vom ruhigen, familienfreundlichen **Bulcock Beach** bis zum **Kings Beach**, der besonders bei Surfern beliebt ist. Andere schöne Strände sind **Shelly**, **Moffat** und **Dicky Beach**.

Südlich des Ortes erstreckt sich die **Pumicestone Passage**; ein Kanal zwischen dem Festland und Bribie Island, der gern von Anglern, Seglern und Wasserskifahrern aufgesucht wird. Das Caloundra Visitor Information Centre, 7 Caloundra Rd, ☎ 5458 8846, ist in einem kleinen Kiosk untergebracht, ⏰ tgl. 9–15 Uhr. In der **Bulcock Street** gibt es außerdem einige Geschäfte, Cafés und Restaurants.

Mooloolaba und Maroochydore

Mooloolaba ist der große Nachbar Caloundras. Hier geht es etwas betriebsamer zu, dennoch ist auch Mooloolaba ein idyllischer Badeort mit ei-

QUEENSLAND

Upper Widgee
Glastonbury
Gympie
Wolvi
Coondoo
GREAT SANDY NATIONAL PARK
Kin Kin
Wahpunga
Lake Cootharaba
Boreen
Cooloothin
Green Ridge
Travestion
MT. PINBARREN NP
Teewah
Amamoor
Cooran
Lake Cooroibah
Lake Laguna Bay
s. Detailkarte Noosa S. 278
Kandanga
Pomona
Lake MacDonald
Tewantin
Noosa Head
Carters Ridge
Cooroy
Noosaville
Noosa Heads
Sunshine Beach
Castaways Beach
Imbil
Doonan
Lake Weyba
NOOSA NATIONAL PARK
Eerwah Vale
Brooloo
Belli Park
North Arm
Eumundi
Peregian Beach
Lake Borumba
Wapin Dam
Ginger Factory
Coolum Beach
Pt. Arkwright
Yaroomba Beach
Kenilworth
Yandina
Mapleton Falls
Nambour
Bli Bli
Marcoola
SUNSHINE COAST AIRPORT
Mudjimba
Jimna
Obi Obi
Mapleton
Big Pineapple
Maroochydore
KONDALILLA NP
Woombye
Alexandra Headland
Mountville
Palm-woods
Buderim
Mooloolaba
CONONDALE NP
Lake Baroon
Eudlo
Conondale
Maleny
Mooloolah
MOOLOOLAH RIVER NP
Currimundi
Yednia
Mary Cairncross Scenic Reserve
Landsborough
Caloundra
Cedarton
Australia Zoo
Beerwah
Kalangare
Glass House Mountains
BRIBIE ISLD. NATIONAL PARK
Kilcoy
Winya
D'Aguilar
GLASS HOUSE MOUNTAINS NP
Woodford
Beerburrum
BRIBIE ISLAND
Gregor's Creek
Ville-neuve
Neurum
D'Aguilar
Donnybrook
Hazeldean
Lake Somerset
Wamuran
Elimbah
Toorbul
Bellara
Woorim
Mount Mee
The Spit
Somerset Dam
Caboolture
Moraville
Ning
Bonagree
Brisbane
Beachmere
Deception Bay

Sunshine Coast

nem schönen überwachten Strand. Die **Moo-loolaba Wharf** ist ein Unterhaltungskomplex am Wasser, mit Bootsstegen und vor allem Cafés, Restaurants und Geschäften.

Bei der großen Anlage von **Sea Life**, Parkyn Parade, 🖥 www.sealifesunshinecoast.com.au, führt ein 80 m langer Plexiglastunnel durch ein riesiges Aquarium – Haie, Rochen und Schwärme von Fischen gleiten nur Zentimeter entfernt über die Köpfe der Besucher. In anderen Becken sind u. a. Quallen und ein Korallenriff mit tropischen Fischen zu sehen. Mehrmals tgl. führen Robben und Seehunde bei der Seal Trainer Presentation Kunststückchen vor. Besucher können der Fütterung von Süßwasserkrokodilen und Stachelrochen beiwohnen. Vorträge und Kurzfilme über Korallen und andere Meeresbewohner ergänzen das Programm.

⊙ tgl. 9–16 Uhr, Eintritt $40, Kind $28 – online billiger.

Maroochydore ist das Finanz- und Geschäftszentrum der Sunshine Coast. Seine Lage, am Maroochy River im Norden und dem Pazifik im Westen, eignet sich hervorragend für Wassersport. Nach Süden hin geht Maroochydore annähernd nahtlos in Alexandra Headland und Mooloolaba über.

Noosa

Noosa am nördlichen Ende der Sunshine Coast ist der Sammelname für die Orte Tewantin, Noosaville, Noosa Heads am Noosa River und die Küstenorte Sunshine Beach, Marcus Beach und Peregian. Die wichtigsten Ferienorte sind **Noosaville** und **Noosa Heads**. Beim Schwimmen und Sonnenbaden hat man die Qual der Wahl zwischen den Surfstränden am Meer und den geschützteren Stränden am Noosa River. Die bewaldete Landzunge Noosa Headland ist als Nationalpark vor Grundstücksinvestoren geschützt.

Tewantin und Umgebung

Von der Marina in **Tewantin** verkehren Boote (S. 281, Bootstouren) weiter nach Norden über den **Lake Cooroibah** in die Mangroven- und Paperbark-Sümpfe der **Everglades**, wo sie in Harrys Hut einen Stopp einlegen und man im Kajak durch die Sumpflandschaft paddeln darf. Die Everglades beheimaten 60 % aller australischen Vogelarten, darunter Kookaburras, Kormorane und die rothälsigen Buschhühner. Informationen erhält man im Informationszentrum in Kinaba direkt am See. Nordöstlich von Tewantin stellt die Fähre (Noosa North Shore Ferries) die einzige Verbindung über den Noosa River in den **Great Sandy National Park** (S. 284) dar. Sie verkehrt von 5.30–22.20 Uhr, Fr und Sa bis 0.20 Uhr, $7 pro Auto. 🖥 www.noosacarferries.com.

Noosaville und Noosa Heads

Südlich des Noosa River erstreckt sich über etwa 2 km der Ortsteil **Noosaville** mit seiner gepflegten Promenade und hübschen Boutiquen entlang der Uferstraße **Gympie Terrace**.

Noosa Heads hat das Flair gewisser Nobelorte in Florida. Der lange, hübsche **Noosa Main Beach** wird manchmal von heftigen Strömungen abgetragen und danach wieder künstlich aufgeschüttet. Parallel zum Strand verläuft die Haupteinkaufsstraße, die **Hastings Street** mit vielen Boutiquen, teuren Straßencafés und Nobelrestaurants. Östlich des Strandes erheben sich die bewaldeten Hügel des **Noosa National Parks**, durch den viele schöne Spazierwege führen. Infos und Karten findet man am Eingang zum Park; mit etwas Glück entdeckt man Koalas in den Bäumen. Noch nahe genug an Noosa Heads bietet **Noosa Junction** weiter landeinwärts Ferienapartments und Restaurants sowie einen großen Kinokomplex in der Sunshine Beach Rd, das große Noosa Fair Shopping Centre am Lanyana Way und andere touristische Einrichtungen.

Südlich des Nationalparks beginnt der kilometerlange, dem offenen Meer zugewandte und von hohen Dünen gesäumte Sandstrand, der an kühlen Tagen zu langen Spaziergängen einlädt. Die Strände sind beliebt bei Surfern, denen Wind und Wellen nicht heftig genug sein können. Durchschnittliche Schwimmer sollten jedoch in Anbetracht der hohen Wellen und starken Unterströmungen sehr vorsichtig sein und nur an den von Rettungsschwimmern bewachten Strandabschnitten baden.

Die Hänge an der steilen Küste von **Sunshine Beach** und **Sunrise Beach** säumen Apartmentanlagen mit Traumblick aufs Meer, während im Hinterland Einfamilienhäuser vorherrschen. Nur wenige Resorts haben sich hier angesiedelt, auch die Einkaufs- und Essensmöglichkeiten sind begrenzt, sodass man aufs Auto oder den regelmäßig verkehrenden Bus angewiesen ist.

Noch weiter im Süden, am **Peregian Beach** und **Marcus Beach**, trennt der südliche Noosa National Park den schmalen, erschlossenen Küstenstreifen am David Low Highway vom Lake Weyba und dem Hinterland. Dieses ist die am wenigsten touristisch erschlossene Gegend.

ÜBERNACHTUNG

Die Preise können sich während der Hochsaison durchaus verdoppeln; dann wird oft ein Mindestaufenthalt von 2–7 Tagen verlangt.

Noosa

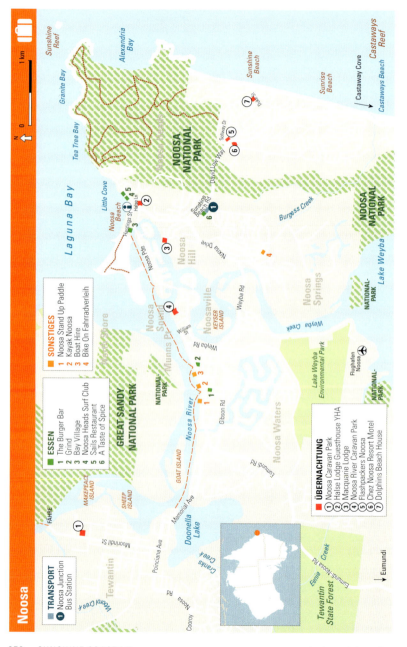

TRANSPORT
🟦 Noosa Junction Bus Station

ESSEN
1 The Burger Bar
2 Grind
3 Bay Village
4 Noosa Heads Surf Club
5 Sails Restaurant
6 A Taste of Spice

SONSTIGES
1 Noosa Stand Up Paddle
2 Kayak Noosa
3 Boat Hire
4 Bike On Fahrradverleih

ÜBERNACHTUNG
① Noosa Caravan Park
② Halse Lodge Guesthouse YHA
③ Macquarie Lodge
④ Noosa River Caravan Park
⑤ Flashpackers Noosa
⑥ Chez Noosa Resort Motel
⑦ Dolphins Beach House

Nahe der Ortschaft **Beerwah** liegt der sehenswerte Australia Zoo, ein privater Tierpark, gegründet vom populären Tierschützer und TV-Krokodilbändiger Steve Irwin. Steve wurde 2006 beim Tauchen durch einen Stachelrochen tödlich verletzt. Seitdem wird der Zoo von seiner Familie betrieben; Tochter Bindi und Sohn Robert – beim Tod des Vaters gerade mal acht und drei Jahre alt – sind in die Fußstapfen ihres Vaters getreten, und die fantastischen Tiershows gehen weiter. Dabei werden den ganzen Tag über zu bestimmten Zeiten Fischotter, Elefanten, Greifvögel, Kamele, Schildkröten und Koalas vorgeführt. ⊕ tgl. 9–17 Uhr, Eintritt $59; Familie (mit 2 Kindern) $172. ▭ www.australia zoo.com.au. Croc Express betreibt einen Zubringerbus von der Gold Coast über Brisbane bis zum Zoo, Details unter ▭ www.croctours.com.au.

Caloundra und Mooloolaba
Hostels
Alle bieten kostenlose Benutzung von Fahrrädern, Surfboards, Kajaks u. Ä.
Caloundra City Backpackers, 84 Omrah Ave, Caloundra, ☎ 5499 7655, ▭ www.caloundra backpackers.com.au. Das kleine Hostel (max. 55 Gäste) ist urgemütlich und superfreundlich. Die 3–6-Bett-Dorms (Bett ab $28) und DZ (mit Bad) sind alle blitzsauber, die Küche ist sehr gut ausgestattet und der Hinterhof lädt zum Entspannen ein. Abholservice vom Bus. Fahrrad- und Surf-/ Boogieboardverleih sowie Surfunterricht kostenlos. ❷

Mooloolaba Backpackers, 75 Brisbane Rd, Mooloolaba, ☎ 5444 3399, ▭ www.mooloolaba backpackers.com. Die Atmosphäre wird meist von den vielen Langzeitgästen geprägt, die sich hier zur Saisonarbeit einrichten. Moderne Anlage um einen großen Pool. Jede Etage mit Küche. Große, saubere 4-Bett-Dorms, zum Teil mit eigenem Bad, (Bett $30–34) und DZ. Sa kostenloses BBQ. ❷

Sonstige
Die Auswahl ist riesig, v. a. an Ferienwohnungen, trotzdem kann es hier besonders während der australischen Schulferien sehr voll (und teuer) werden.
Alex Beach Cabins & Tourist Park, 21-23 Okinja Rd, Alexander Headland, ☎ 1800 629 292, ▭ www.alexbeach.com.au. Stellplätze ab $40. Schön angelegter Caravan Park mit Cabins und Villen verschiedener Standards. Die besseren Cabins kosten oft nur wenig mehr.

Besonders luxuriös und modern sind die 1–2-Zimmer-Villas. Ab ❸
Maroochy River Park (BIG4), 1 Diura St, ☎ 5443 3033, ▭ www.big4.com.au. Große, renovierte Anlage mit vielen Zelt- und Stellplätzen ($37) und modernen Cabins. Großer Spielplatz und ein schöner Pool. Ab ❸

Noosa
Hostels
Die Hostels in Noosa sind recht schnell ausgebucht – frühzeitig reservieren! Alle arrangieren Campingtrips nach Fraser Island. Weitere Budget-Unterkünfte nördl. des Noosa River s. u.

Dolphins Beach House, 14-16 Duke St, Sunshine Beach, ☎ 5447 2100, 1800-45 44 56, ▭ www.dolphinsbeachhouse.com. In dem gediegensten und ruhigsten Hostel Noosas sind laute Partys und Trinkspiele verboten. Das bunte Haus hat 6 Apartments, jeweils mit zwei 4–5-Bett-Dorms (Bett ab $38), Küche, Bad, Wohnzimmer. Außerdem gibt es einige DZ, z. T. mit Bad. Die Anlage hat einen indisch/buddhistischen Stil, morgens gibt es Yogaunterricht. ❷

Flashpackers Noosa, 102 Pacific Ave, Sunshine Beach, ☎ 5455 4088, ▭ www. flashpackersnoosa.com. Modernes Hostel mit allem Komfort. 4–6-Bett-Dorms (Bett ab $39) und DZ, teilweise mit Bad; Preis inkl. Internet, Boogieboards und Shuttleservice sowie Frühstück. Kleiner Pool mit schöner Veranda. Alles sehr sauber. Ab ❹

Halse Lodge Guesthouse YHA, 2 Halse Lane, Noosa Heads, ☎ 5447 3377, ▭ www.halselodge.com.au. Das schöne historische Guesthouse auf einer Anhöhe, umgeben von dichtem Wald, wirkt auf den ersten Blick wie eine Nobelunterkunft. Verteilt über mehrere Häuser mit breiten Veranden; sehr zentrale Lage. 3–6-Bett-Dorms (Bett $38) und ein paar DZ. Frühstück und Abendessen in lizenziertem Restaurant. Kostenlose Benutzung von Fahrrädern, Surf- und Boogieboards. Sehr empfehlenswerte Unterkunft. ❷ – ❸

Andere

Ferienwohnungen herrschen vor, je näher zur exklusiven Hastings St, desto teurer. Mit Auto sind auch Tewantin im Westen sowie Sunshine Beach und Peregian sehr angenehme und z. T. wesentlich preiswertere Alternativen. Unterkunft vermitteln: **Accom Noosa**, 47 Hastings St, ☎ 1800 072 078, 🖥 https://accomnoosa.com.au, **Holiday Noosa**, 12 Hastings St, ☎ 5447 2021, 🖥 www.holidaynoosa.com.au, **Chez Noosa Resort Motel**, 263 Edward St, Noosa, ☎ 5447 2027, 🖥 www.cheznoosa.com. au. Zwar weniger luxuriös als einige der Nachbar-Resorts, dafür gutes Preis-Leistungs-Verhältnis. Voll ausgestattete Apartments, alle mit Balkon oder Terrasse. Pool. ❹ – ❻

🏨 **Macquarie Lodge**, 53 Banksia Ave, Noosa, ☎ 5448 0822, 🖥 www.macquarie lodge.com.au. Hier bekommt man jeden Luxus, den man sich wünschen kann. Die 1–3-Zimmer-Apartments sind bestens ausgestattet und modern. Jeweils mit Balkon oder großer Terrasse; Pool. Bei längerem Aufenthalt gute Rabatte. ❼ – ❽

Camping

Noosa CP, 143 Moorindil St, in Flussnähe, Tewantin, ☎ 5449 8060, 🖥 www.noosacaravanpark. com.au. Zelt- und Stellplätze ab $44. Cbins mit 1–2 Schlafzimmern und Bad. Pool, Laden. Ab ❹
Noosa River CP, 4 Russell St, Noosaville, ☎ 5449 7050, 🖥 www.noosaholidayparks.com. au. Nur Zelt- und Stellplätze ab $46. Sehr zentral gelegen in einem schönen Park direkt am Fluss mit eigenem Strand, Bootssteg, Laden.

ESSEN

Noosaville

Die Restaurants und Cafés konzentrieren sich rings um die Gympie Terrace, viele haben Tische im Freien mit Blick auf den Fluss.

In Noosa Heads findet man noch manches ruhige Fleckchen.

© CORINNA MELVILLE

Grind, 255 Gympie Terrace, ℡ 5449 8833. Australisches Frühstück und Mittagessen, man kann auch draußen sitzen. Guter Kaffee.
The Burger Bar, Shop 4 Thomas St, ℡ 5474 4189. Große, leckere Burger, auch Veggie-Burger; $10–15. ⏰ tgl. Mittag- und Abendessen.

Noosa Heads

Hier sind Restaurants ebenso zahlreich wie teuer, aber teils auch überdurchschnittlich gut. Im Einkaufszentrum **Bay Village** befindet sich ein billiger Food-Court. Vom **Sails Restaurant**, ℡ 5447 4235, 🖥 www.sailsnoosa.com.au, blickt man auf die Laguna Bay. Daher sollte man sich einen Tisch mit Aussicht reservieren. ⏰ tgl. mittags und abends.
A Taste of Spice, 36 Sunshine Beach Rd, ℡ 5448 0311. Beliebtes, günstiges asiatisches Restaurant. ⏰ tgl. Abendessen, Mo–Fr auch Mittagessen.
Noosa Heads Surf Club, 69 Hastings St, am Strand nahe dem Kreisverkehr, ℡ 5474 5688, 🖥 www.noosasurfclub.com.au. Ein Besuch lohnt sich schon wegen der Aussicht von der Terrasse. ⏰ tgl. ab Mittag, an den Wochenenden Livemusik.

AKTIVITÄTEN UND TOUREN

Boots- und Kajaktouren
Geruhsam ist ein Ausflug über den Lake Cootharaba zu den Everglades.
Noosa Everglades Discovery, ℡ 5449 0393, 🖥 www.thecovenoosa.com.au. Im kleinen Schiff geht es über den Lake Cooroibah in die Mangroven- und Paperbark-Sümpfe der Everglades und von hier dann im Kajak weiter.
Kayak Noosa, The Boathouse, 194 Gympie Tce, Noosaville, ℡ 5455 5651, 🖥 www.kayaknoosa. com. Geführte Kajaktouren, Kajakfischen und Kajakverleih.
Noosa Stand Up Paddle, ℡ 0423 869 962, 🖥 www.noosastanduppaddle.com.au. Führt Wassersportfans in die Kunst des Stehpaddelns ein.

Bootsverleih
An mehreren Bootsstegen an der Gympie Terrace in Noosaville; Bootsführerschein

nicht erforderlich. **O Boat Hire**, 222 Gympie Terrace, Noosaville ℡ 5449 7513, 🖥 www. oboathire.com. Verschiedene Boote zum Ausleihen, zwischen 1 Std. und einer Woche.

Fahrräder
Bike On, mehrere Niederlassungen u. a. in Noosa Heads, Noosaville, Peregian Beach und Caloundra ℡ 5474 3322, 🖥 www.bikeon.com. au. Mountainbikes ab $30 pro Tag.

Geländewagentouren
Viele fahren an einem Tag mit dem Geländewagen von Noosa Heads via Teewah, Rainbow Beach, Inskip Point nach Fraser Island und zurück – eine Strecke von über 300 km, und nur etwas für ganz Eilige.
Great Beach Drive Tours, ℡ 5486 3131, 🖥 www.greatbeachdrive4wdtours.com. Tagestour über den 40 Mile Beach, zum Red Canyon, nach Coloured Sands und Honeymoon Bay; $195.

Tauchen
Blue Water Dive, 110 Brisbane Rd, Mooloolaba, ℡ 5444 5656, 🖥 www.bluewaterdive.com.au. 5-Sterne-Padi-Tauchzentrum. Tauchkurse und Tauchgänge.

SONSTIGES

Autovermietungen
Die bekannten Firmen haben Filialen am Flughafen. Preiswerte lokale Vermieter:
East Coast Car Rentals, Sunshine Coast Airport, ℡ 5592 0444, 🖥 www.eastcoastcarrentals. com.au.
Sunshine Coast Hire Cars, 976-982 David Low Way, Marcoola, ℡ 5448 9686, 🖥 www.carhire sunshinecoast.com.au. Kostenloser Abholservice, auch vom Flughafen.

Informationen
Tourism Noosa, 61 Hastings St, am großen Kreisverkehr, ℡ 5430 5000, 🖥 www.visit noosa.com.au, ⏰ tgl. 9–17 Uhr, sowie Noosa Marina, 2 Parkyn Court, Tewantin, ⏰ Mo–Fr 9–17 Uhr.

Die Sunshine Coast ist Teil des integrierten Verkehrsverbunds **TransLink**, der den Großraum Brisbane einschließlich Gold Coast (bis Tweed Heads) und Sunshine Coast/Cooloola-Region (bis Gympie North) umfasst. Man kann innerhalb dieses Bereichs unbegrenzt umsteigen; die Fahrkarten werden nach Zonen berechnet. Weitere Auskunft unter ☎ 13 12 30, tgl. rund um die Uhr, 🖥 www.translink.com.au.

Busse
Sunbus, ☎ 5450 7888, 🖥 www.sunbus.com.au, betreibt den Busservice für TransLink. Busse verkehren entlang der gesamten Küste zwischen Noosa Heads und Maroochydore; von dort weiter nach Caloundra sowie zwischen Noosa Heads, Eumundi und Nambour Station.

Fähren
Noosa Ferry Cruise, ☎ 5449 8442, 🖥 www.noosaferry.com. Gehört nicht zu TransLink, verkehrt zwischen Tewantin (Noosa Harbour Marine Village), Noosaville (T-Boats, Big Pelican, Yacht Club), Noosa Sound (Wharf) und Noosa Heads (Sheraton) 6x tgl. zwischen 8.30 und 17.15 Uhr, Fr–So häufiger; Tagesticket $25, Kind $7.

TRANSPORT
Busse
Greyhound (S. 558–559).
Premier (S. 560–561).

Eisenbahn
Die Eisenbahn verläuft ca. 20 km weiter landeinwärts über Landsborough, Nambour und Cooroy. Von hier aus hat man Anschluss an Busse nach Noosa Heads, Noosa Junction, Tewantin, Maroochydore und Caloundra. Auskunft unter 🖥 http://translink.com.au. Fernzüge halten ebenfalls in Nambour. Auskunft bei **Queensland Rail**, ☎ 131 617, 🖥 www.queenslandrail.com.au.

Flüge
Der **Sunshine Coast Airport** befindet sich in Marcoola bei Maroochydoore, 14 km nördl. vom Maroochy River. Transfer vom Flughafen mit **Henry's Airport Shuttle**, ☎ 5474 0199, 🖥 www.henrys.com.au, zu den Orten nördl. des Flughafens oder mit **Sun Air Bus Service**, ☎ 5477 0888, 🖥 www.sunair.com.au, zu den südlichen und nördlichen Orten. Auch vom Flughafen Brisbane.

Mit **Qantas**, **Jetstar** und **Virgin Australia** Verbindungen nach ADELAIDE, MELBOURNE und SYDNEY.

Entlang des Bruce Highways

Ginger Factory
Bei Buderim wird seit Anfang des 20. Jhs. Ingwer angebaut. In der Ginger Factory in Yandina, 50 Pioneer Rd, 🖥 www.gingerfactory.com.au, gibt es neben unzähligen Ingwerprodukten auch jede Menge tolle Ingwergewächse zu bewundern. Für Kinder dreht der Ginger Train tgl. seine Runden durch den Ingwer-Garten (Ticket $9); außerdem wird eine Show an Bord eines Spielschiffes geboten (Ticket $13). ⏰ tgl. 9–17 Uhr. Gegenüber, in der Macadamia-Fabrik, werden von April bis Dezember die leckeren Nüsse verarbeitet.

Eumundi
Der nette kleine Ort im Hinterland der Sunshine Coast lohnt einen kurzen Bummel. Die Hauptstraße säumen zahlreiche zwischen 1890 und 1930 errichtete Häuser, die nun Cafés und Kunstgewerbeläden sowie ein kleines **Museum** beheimaten. Das Museum dient auch als Informationszentrum (⏰ Mo–Fr 10–15, Sa bis 15 Uhr, Eintritt frei). Das **Imperial Hotel** ist ein restauriertes Countrypub.

Jeden Samstag von 7 bis etwa 14 Uhr (und in einem etwas kleineren Rahmen mittwochs von 8–13.30 Uhr) verwandelt sich das Zentrum in einen **Open-Air-Market**. Zwischen viel Kitsch lässt sich so manches rare Mitbringsel entdecken. Kreative Kunsthandwerker bieten ihre Produkte aus Keramik, Glas, Leder, Holz oder Textilien feil, in die Jahre gekommene Hippies offerieren bunte Gewänder, Schmuck und Räucherstäbchen, und Farmer aus der Umgebung verkaufen Macadamianüsse, Obst und Blumen.

Busse

Bus Nr. 631 fährt von Eumundi nach NOOSA HEADS.

Eisenbahn

Der Zug zwischen BRISBANE und GYMPIE hält in Eumundi.

Blackall Range

Dieser 500 m hohe, liebliche Höhenzug westlich von Nambour erstreckt sich von Landsborough im Süden bis nach Eumundi im Norden. Vor der Ankunft der Europäer waren die Hügel mit dichtem Regenwald und feuchten Eukalyptuswäldern bedeckt, die Überreste der ursprünglichen Vegetation sind heute in Nationalparks und State Forests geschützt.

Von Nambour bietet sich eine wundervolle Rundfahrt durch die Blackall Range über die Dörfer **Mapleton**, **Montville** und **Maleny** nach Landsborough an. Abzweige führen zu Wasserfällen, Aussichtspunkten und Spazierwegen durch den Wald. In den hübschen Ortschaften gibt es Töpfereien, Kunstgewerbeläden, Galerien sowie Countrypubs, v. a. eröffnen sich immer wieder herrliche Ausblicke auf die Küstenebene und die Sunshine Coast in der Ferne.

Zu den **Mapleton Falls**, 4 km westlich von Mapleton, wo der Pencil Creek über 120 m ins Tal stürzt, führt ein leicht begehbarer Wanderweg. Die Wasserfälle sind vom Parkplatz in zehn Minuten zu erreichen. Ein kurzer Rundgang führt durch den Wald zu zwei Aussichtspunkten. 2,5 km nordwestlich von Montville fällt der Obi Obi Creek als **Kondalilla Falls** 76 m tief in ein mit Palmen und anderen subtropischen Bäumen bestandenes Tal, in das man nach einem ein- bis zweistündigen Fußmarsch auf einem Wanderweg gelangt.

Nicht verpassen sollte man das **Mary Cairncross Scenic Reserve**, südöstlich von Maleny. Hier bietet sich der herrlichste Ausblick auf die Glasshouse Mountains im Süden und die Küste im Osten. Zudem befinden sich am Parkplatz ein Café und das lohnenswerte **Regenwaldzentrum**

Woodford Folk Festival

Der kleine Ort Woodford im Süden der Blackall Range ist jedes Jahr zwischen Weihnachten und Silvester Schauplatz des **Woodford Folk Festivals**, eines der beliebtesten Musikfestivals Australiens. Die breite Angebotspalette umfasst unter anderem World Music, Blues and Roots und Jazz, ferner Comedy-, Jonglier- und Akrobatikvorführungen, Workshops, Maskenbälle und Partys – das Besondere an diesem Festival sind die zahlreichen Gelegenheiten zum Mitmachen. Das Festivalgelände liegt nahe Woodford auf einem Privatgrundstück, dort gibt es auch Campingmöglichkeiten. Im November kommt immer das neue Programm heraus. Details unter 💻 www.wood fordfolkfestival.com.

mit dem dazugehörigen Education Centre, das von freiwilligen Helfern betreut wird. Wanderwege führen durch einen der größten ursprünglichen subtropischen Regenwälder auf der Range mit zahlreichen Farnen und Palmen, Würgefeigen und Zedern. Kein Eintritt, eine Spende jedoch ist erwünscht.

ÜBERNACHTUNG UND ESSEN

In allen Dörfern auf der Range laden nette B&Bs zum Bleiben ein. Einige befinden sich in alten Häusern im Queenslander-Stil, andere in einsamen Cabins oder stilvoll eingerichteten Villen. Während der Woche sind sie bezahlbar. Eine vollständige Liste bekommt man im Tourist Office, hilfreich sind außerdem die Websites 💻 https://visitsunshinecoasthinterland.com.au und 💻 www.montvilleaccommodation.com.au. **King Ludwigs Restaurant and Bar**, 401 Mountainview Rd, Maleny, 📞 5499 9377, 💻 www. kingludwigs.com.au. Preisgekrönte, authentische schwäbisch-bayerische Küche (u. a. Jägerschnitzel mit Spätzle, Hirschgulasch, Blaukraut und Spätzle, hausgemachter Apfelstrudel), deutsche Biere und eigene deutsche Weine. Herrliche Aussicht auf die Glass House Mountains. Zum Abendessen reservieren! ⏰ Mi–So Mittagessen, Fr–Sa Abendessen.

© CORINNA MELVILLE

Entlang der Great Sandy Bay darf man zwischen Meer und roten Klippen durch den Sand fahren.

Lilyponds Holiday Park, 26 Warruga St, Mapleton, ☎ 5445 7238, 🖥 https://lilyponds.com.au. Cabins mit kleiner Kochecke, Bad und Heizung. Auch einfache Lodges (Bunk Bed $35) und Campingplätze ($40). Zudem Cabins verschiedener Standards. Schattige Anlage auf ehemaliger Avocadoplantage. Pool, Spielplatz. ❸–❺

INFORMATIONEN

Montville Information Centre, 198 Main St, im Zentrum, ☎ 5459 9050, 🖥 www.montvilleguide. com.au. ⏰ tgl. 10–16 Uhr.
Die Blackall Range kann nur mit eigenem Fahrzeug erkundet werden

Great Sandy National Park

Zu diesem Nationalpark gehören zwei Teile: Direkt vor Noosas Haustür beginnt die **Cooloola Recreation Area**, die den Küstenstreifen und sein Hinterland nördlich von Noosa umfasst. Den zweiten Teil bildet die weiter nördlich gelegene, lang gestreckte Sandinsel **K'gari (Fraser Island)**. Die Landschaft des Nationalparks besteht aus großen, bewaldeten oder von Busch-

land bewachsenen Sanddünen, durchzogen von Flüssen, Seen, Mangrovensümpfen, Regenwäldern und gesäumt von herrlichen Sandstränden.
Im Süden bestimmen der Noosa River mit seinen Seitenarmen sowie Seen und Feuchtgebiete die Landschaft. Bei **Tewantin** kreuzt die Fähre den Noosa River. Safarijeeps fahren von dort aus weiter am Strand entlang zu den bis zu 200 m hohen, leuchtend rot-orangefarbenen Sanddünen bei Teewah **Coloured Sands**. Der 50 km lange Sandstrand reicht von **North Head** am nördlichen Ufer des Noosa River bis nach **Double Island Point** im Norden. Mit einem Geländewagen kann man von dort bei Ebbe am Strand entlang nach Rainbow Beach und Inskip Point fahren und mit der Fähre nach Fraser Island übersetzen (s. Touren S. 295).
Markierte Abzweigungen führen von der Küste durch die Sand- und Buschlandschaft der Cooloola Recreation Area.

ÜBERNACHTUNG

Noosa North Shore Retreat, Beach Rd, ☎ 5447 1225, 🖥 www.noosanorthshoreretreat. com.au. Riesige Anlage im Buschland am Lake Cooroibah mit Motelunits, Cottages, Cabins,

Zelt- und Campervan-Stellplätzen ($32/42), Bar und Bistro, 3 Pools, Tennisplatz und Kiosk. Viele sportliche Betätigungsmöglichkeiten werden angeboten, darunter Reiten, Tennis, Golf, Kanu und Kajak fahren, geführte Bushwalks. In der Hauptsaison und an Wochenenden Mindestaufenthalt von 2–5 Nächten. **5**–**8**

Fraser Coast

Die besondere Attraktion dieses Küstenabschnitts ist die größte Sandinsel der Welt, Fraser Island, ein Naturparadies an der Ostküste mit einem breiten, schier endlos erscheinenden Sandstrand und hohen Dünen, im Innern mit dichten Regenwäldern, kristallklaren Bächen und Seen. Auf dem Festland gibt es entlang der Küste einige Badeorte, v. a. bei Hervey Bay. Informationen über die Region: 🖥 www.visitfrasercoast.com.

Rainbow Beach

Immer mehr Besucher wählen den kleinen Ort alternativ zu Hervey Bay als Ausgangspunkt für eine Fahrt nach Fraser Island – und das mit gutem Grund: Rainbow Beach hat die entspannte Atmosphäre eines beschaulichen Küstenorts, dazu kilometerlange, unberührte Sandstrände und spektakuläre bunte Klippen, die dem Ort seinen Namen geben. Hinter den Klippen erstreckt sich eine Sanddüne auf 120 m Höhe von der aus sich ein toller Blick auf die Küste und Rainbow Beach bietet. Mit der starken Brandung des Pazifiks und seiner Sanddüne ist Rainbow Beach ideal für Wellenreiter und Sandboarder.

ÜBERNACHTUNG

Beide Hostels bieten entweder eigene Touren nach Fraser Island oder helfen diese zu organisieren. Auch Campingtrips für Selbstfahrer.
€ **Freedom Hostel**, 18 Spectrum St, 📞 8131 5750, 🖥 https://dingosfraser.com. Das bunte, große Hostel ist viel mehr als Schlafgelegenheit. Zum Programm gehören die

beliebten Frasertouren, Frühstück, günstige Mahlzeiten am Abend und allabendliches Unterhaltungsprogramm. 7-Bett-Dorms (Bett ab $24) mit Bad und AC. Kostenlose Boogieboards, WLAN, Pool, Garten, Bar und Restaurant. Auch Verleih von Geländewagen.
Pippies Beachhouse, 22 Spectrum St, 📞 5486 8503, 🖥 www.pippiesbeachhouse.com.au. Kleines, sauberes Hostel mit 4- bis 8-Bett-Dorms (Bett ab $27) und DZ, alle AC, inkl. Continental Breakfast. Pool und kleiner Garten. Unterricht in Bumerang- und Didgeridoo-Herstellung, kostenlose Benutzung von Bodyboards. **2**–**3**
Rainbow Beach Holiday Village, 13 Rainbow Beach Rd, 📞 5486 3222, 🖥 www.rainbowbeachholidayvillage.com. Gute Anlage in Strandnähe. Camping ab $44. Pool, Holzhütten vom ehemaligen Olympiadorf in Sydney und kleinere, etwas abseits gelegene Hütten; alle mit Küche und komplett ausgestattet, inkl. TV. Kiosk, nahe dem Surfstrand. Ab **6**
🏨 **Rainbow Ocean Palms Resort**, 103 Cooloola Drive, 📞 5486 3211, 🖥 www.rainbowoceanpalms.com.au. Moderne, helle Apartments mit 1–3 Schlafzimmern, ideal für Familien. Jedes Apartment verfügt über einen Balkon, von dem aus man auf den Strand blickt. Großer, gepflegter Pool und sehr freundlicher Service. **8**

AKTIVITÄTEN UND TOUREN

Geführte 1–3-Tagestouren zur Fraser Island organisiert z. B. das Dingo's Hostel, s. o. Tagestour ca. $150, 3 Tage $470.
Paragliding Rainbow, 📞 5486 3048, 🖥 www.paraglidingrainbow.com. Tandemflüge mit Landung auf der Sanddüne ($200). Auch Kurse.
Safari 4x4 Hire, 5 Karoonda Rd, 📞 4124 4244, 🖥 www.safari4wdhire.com.au. Vermietet Geländewagen vom Suzuki Sierra (2 Pers.) bis zu Toyota Landcruiser Troop Carriers (max. 11 Pers.). Auf Anfrage auch Permits und Fährtransport, Vermietung von Campingausrüstung. Hauptniederlassung in Hervey Bay.
Wolf Rock Dive Centre, 20 Karoonda Rd, 📞 5486 8004, 🖥 www.wolfrockdive.com.au. Tauchkurse von Open Water bis Divemaster.

INFORMATIONEN

Tourist Centre Rainbow Beach, 6 Rainbow Beach Rd, ✆ 5486 3227, ⌨ www.rainbow beachinfo.info. Auskunft, Buchungen aller Art, Vermietung von Geländewagen und Camping-ausrüstung. ⊕ tgl. 7–17 Uhr.

TRANSPORT

Busse
Greyhound (S. 558–559).
Premier (S. 560–561).
Polleys, ✆ 5482 9455, ⌨ www.polleys.com.au. 2x tgl. von Rainbow Beach nach TIN CAN BAY, 1x tgl. weiter nach GYMPIE.

Fähren
Manta Ray Fraser Island Barges, ✆ 5486 3935, ⌨ http://mantarayfraserislandbarge.com.au. Die Fähre setzt tgl. zwischen 6 und 17.30 Uhr von Inskip Point in Rainbow Beach zur Fraser Island über. Die Überfahrt dauert nur etwa 10 Min. Reservierung nicht nötig, meist ist die Wartezeit sehr kurz. Auto (inkl. aller Insassen) $130, Motorrad $60, jeweils hin und zurück.

Tin Can Bay

Im ruhigen Tin Can Bay (50 km ab Gympie) an der Ostseite des Wasserarms Tin Can Inlet machen vor allem passionierte Angler Ferien. Eine der Hauptattraktionen sind die zahmen Del-phine, die sich normalerweise morgens in der Nähe der Bootsrampe am Norman Point einstel-len und unter Aufsicht gefüttert werden können. Wer dabei sein will, sollte von 7 bis etwa 8 Uhr dort sein, die Armbanduhr ablegen und sich gut die Hände waschen, um das Risiko der Übertra-gung von Krankheiten auf die Tiere zu verrin-gern. $10 inkl. der Fische für die Delphine.

Freiwillige Helfer informieren über die **Indo-pazifischen Buckeldelphine** *(Sousa chinensis)* und achten darauf, dass die Tiere artgerecht be-handelt werden. Infos unter ⌨ www.tincanbay tourism.org.au und ⌨ www.barnaclesdolphins. com.au.

TRANSPORT

Polleys, ✆ 5482 9455, ⌨ www.polleys.com.au. 1x tgl. nach GYMPIE und 2x tgl. nach RAINBOW BEACH.
Greyhound (S. 558–559).

Maryborough

Die Provinzstadt (27 000 Einw.) ist zu Recht stolz auf ihre zahlreichen, liebevoll restaurierten öf-fentlichen Gebäude und stattlichen Holzhäu-ser im Queenslander-Stil; die meisten sind über 100 Jahre alt.

Maryborough ist der Geburtsort von *Mary-Poppins*-Autorin Pamela Lyndon Travers. Ihr zu Ehren wurde Anfang des Jahrtausends eine Statue der Supernanny im Ortszentrum errichtet. Das **Maryborough Visitor Information Centre** (s. u.) berichtet mit einigen Infotafeln vom Leben der Autorin.

SONSTIGES

Informationen
Maryborough Visitor Centre, 388 Kent St, ✆ 1800 214 789, ⌨ www.visitfrasercoast.com. ⊕ tgl. 9–17 Uhr.

Märkte
Heritage City Markets, Adelaide St und Ellena St. Historischer Markt. ⊕ Do 8–13 Uhr. Gegen 13 Uhr wird mit einem Kanonenschuss das Ende des Verkaufsgeschehens ange-kündigt.

TRANSPORT

Busse
Greyhound (S. 558–559).
Premier (S. 560–561).
Wide Bay Transit, ✆ 4121 3719, ⌨ www. widebaytransit.com.au. Verkehrt tgl. häufig zwischen Maryborough und HERVEY BAY.

Eisenbahn
Der Bahnhof liegt in Maryborough-West, von dort kostenloser Bustransfer ins Orts-

N
0   20 km

Moore Park
Burnett Heads
★ Mon Repos
Bargara
Kellys Beach
Bundaberg
Elliott Heads
Elliott
Burnett R.
Elliott R.

Sandy Cape
Lighthouse
Rooney Point

Platypus Bay

Marloo-
Schiffswrack
★ Waddy
Point
Orchid Beach
Wathumba
Indian
Head

FRASER ISLAND

SANDY

GREAT

NATIONAL PARK

Hervey Bay

Cordalba
Goodwood
Woodgate Beach
BURRUM COAST
NATIONAL PARK
Burrum Heads
Burrum R.

Childers
Toogoom
Howard
Torbanlea

Lake Bowarrady
Lake Allom

Dundubara

Cathedral
Beach
Pinnacles
Coloured Sands
Maheno-
Schiffswrack
Happy Valley
Yidney Rocks
Lake Garawongera
Poyungan Rocks
Lake McKenzie
Lake Wabby

s. Stadtplan
Hervey Bay
S. 290/291

Moon
Point

Hervey
Bay

FÄHRE

WOODY
ISLD.

FÄHRE

River Heads
Kingfisher
Bay
Wanggoolba
Creek

WALSH
ISLD.

Central Station
Lake Jonnings
Eurong
Lake Birrabeen
Lake Boomanjin
Dilli Village
Figtree Lagoon

Eli
Creek

Maryborough

POONA
NATIONAL
PARK

Brooweena
Aramara
Mungar
Maaroom
Boonooroo
Tuan

Lake Garry

Biggenden,
Mt. Walsh NP
Tiaro

MT. BAUPLE
NATIONAL PARK
Bauple

Bruce Hwy

Hook Point
FÄHRE
Inskip Point

Theebine
Gunalda

Tin Can Bay
Rainbow Beach

Woologa
Goomborian
Kilkivan

GREAT SANDY
NATIONAL PARK

COOLOOLA SECTION

Gympie
Wolvi
Eulama
Kin Kin
Boreen
Point
Lake Cootharaba

QUEENSLAND

zentrum. Hier halten alle Züge, die zwischen BRISBANE und ROCKHAMPTON / CAIRNS verkehren *(Tilt Train)*; es gibt auch einen auf die Zugfahrpläne abgestimmten Busanschluss (Trainlink Bus) nach HERVEY BAY. Fahrzeit von Brisbane 4 Std. Weitere Auskünfte bei **Queensland Rail**, ☎ 13 16 17, 🖥 www.queenslandrail. com.au.

Hervey Bay

Hervey Bay (sprich: Harvey Bay) ist der Sammelname für die Orte **Point Vernon**, **Pialba**, **Scarness**, **Torquay** und **Urangan**, die sich von Westen nach Osten entlang der über 34 km langen Hervey-Bucht erstrecken. Die Sehenswürdigkeiten sind schnell besichtigt, und die meisten Besucher nutzen den Ort ohnehin nur als Sprungbrett für Fraser Island. Dennoch ist Hervey Bay ein idyllisches Ferienziel, dessen Strandpromenade – mit hübschen Cafés, Restaurants und Läden – sich von einem Ort zum nächsten zieht.

Die größte Attraktion sind die **Buckelwale**, die zwischen Mitte August und Mitte Oktober in der Platypus Bay nordwestlich von Fraser Island verweilen. Die Insel hält Wind und Wetter von der Hervey-Bucht ab, sodass sich neben Buckelwalen dort auch Delphine, *Dugongs* (Seekühe) und Meeresschildkröten zum scheinbar sorglosen Verweilen versammeln. Die Gewässer der Great Sandy Strait zwischen der südlichen Hälfte von Fraser Island und dem Festland sind in Anglerkreisen berühmt für ihren Fischreichtum.

Torquay und Pialba bilden – soweit man davon sprechen kann – kleine Zentren. Im **Hafen** von Urangan liegen viele Boote vor Anker, die zum Hochseefischen oder für Ausflüge gechartert werden können, Touren zum Walebeobachten oder Fahrten nach Fraser Island anbieten.

Wer das Ruhige und Atmosphärische liebt und über einen fahrbaren Untersatz verfügt, kann auf die verschlafenen Fischerorte **Toogoom** oder **Burrum Heads** weiter nordwestlich ausweichen.

Unterkünfte in Hervey Bay weisen im Vergleich zu anderen Küstenorten ein sehr gutes Preis-Leistungs-Verhältnis auf. Die Hostels haben einen überdurchschnittlich guten Standard. Die meisten bieten kostenloses WLAN, Schließfächer oder Gepäckverwahrung für mehrere Tage und organisieren Touren nach Fraser Island. Fast alle Hostels befinden sich in Scarness und Torquay.

Hostels

Flashpackers Hervey Bay, 195 Torquay Terrace, ☎ 4124 1366, 🖥 www.flashpackersherveybay. com. Das saubere, moderne Hostel hält was der Name verspricht: Bequeme Betten, eine große Küche und Gemeinschaftsräume und dazu eine freundliche Atmosphäre – alles in zentraler Lage. 4–6-Bett-Dorms teilweise mit Bad ($22–26), dazu ein paar DZ mit eigenem Bad. Das Hostel organisiert Walbeobachtungs- und Reittouren sowie Ausflüge nach Fraser Island. ❶

🧳 **Hervey Bay YHA**, 820 Boat Harbour Drive, ☎ 4125 1844. Das einzige Hostel weiter draußen in Urangan; Abholservice vom Transit Centre. Große und angenehme, sehr gut ausgestattete Anlage in weitläufiger Buschlandumgebung. 3–8-Bett-Dorms – aber keine Stockbetten! – (Bett $25–28) oder DZ, teilweise mit Bad. Zudem gibt es einige Cabins für bis zu 5 Pers. mit Bad ❺. Auch Cabins mit Bad und TV sowie Zeltplatz. Küche, Aufenthaltsraum mit TV und Video; Pool, Tennis- und Basketballplatz, Bar und Restaurant. Internetzugang. Fraser-Island-Trips (1–3 Tage). ❷

€ **Mango Tourist Hostel**, 110 Torqay Rd, ☎ 4124 2832, 🖥 http://mangohostel. com. Mit nur zwei 3-Bett-Dorms (Bett $26) und einem DZ erinnert das alte renovierte Queenslander-Haus eher an eine Wohngemeinschaft. Liebevoll eingerichtet, schöne Küche und Veranda mit Hängematten. Kostenloses WLAN. Der auskunftsfreudige Besitzer bietet bei ausreichender Nachfrage Segeltouren nach Fraser Island an. ❶

QUEENSLAND

Vom Jetty im hübschen Hervey Bay starten die Boote zur Fraser Island.

Andere

Alle genannten Unterkünfte bieten bei mehr als 2 Übernachtungen großzügige Vergünstigungen.

Boat Harbour Resort, 651 Charlton Esplanade, Urangan, ☎ 4125 5079, 🖥 www.boatharbour resort.com.au. Schöne Studioapartments mit AC und eigenem Balkon; sehr gepflegte Anlage mit großem Pool im Garten. ❹

Comfort Resort Kondari, 49 Elizabeth St, Urangan, ☎ 4125 5477, 🖥 www.kondari. com.au. Die weitläufige Anlage neben dem Botanischen Garten kann fast als dessen Fortsetzung betrachtet werden. Außer den günstigen Motelzimmern nahe der Rezeption liegen alle Unterkünfte rings um einen See mit vielen Vögeln. Motelzimmer mit Seeblick und Kochnische sowie Familien-bungalows mit großer Terrasse am Wasser. Restaurant, Bars, Tennisplatz, Pool. ❷–❸

Emeraldene Inn & Eco Lodge, 166 Urraween Rd, Pialba, ☎ 4124 5500, 🖥 www. emeraldene.com.au. Angenehmes, von einer Familie geführtes Motel mit schönen großen Zimmern und Apartments in tropischer Atmosphäre. Ab ❸

Oaks Resort & Spa, 569 Charlton Esplanade, ☎ 4194 9700, 🖥 www.oceansherveybay. au. Große, helle Apartments mit Balkon gegenüber dem Urangan Beach Pier. Fitnesscentre, 2 Pools, Bistro und Café. Organisiert Touren nach Fraser Island und ans Great Barrier Reef. Ab ❼

Caravanparks

Rings um Hervey Bay gibt es wohl mehr als 20 Caravanparks, trotzdem kann es hier in der HS (Walsaison von Aug–Okt) voll werden, sodass man v. a. Campervan-Stellplätze vorher reservieren sollte. Zu dieser Zeit gelten erheblich höhere Preise.

Discovery Park Fraser Street, 20 Fraser St, Torquay, ☎ 4124 9999, 🖥 www.discovery holidayparks.com.au. Camping- und Stellplätze ($38/43), Cabins unterschiedlicher Standards mit AC sowie neue Safarizelte mit allem Luxus. 2 Pools, Küche und Internet. 3 Min. zu Fuß von Strand und Shops entfernt. ❹–❼

Hervey Bay CP, 85 Margaret St, Urangan, ☎ 4128 9553, 🖥 www.hervey-bay-park.com.au. Camping- und Stellplätze ($29–44); Cabins, z. T. mit Bad und AC; Pool. ❸–❹

■ ÜBERNACHTUNG
① Point Vernon Holiday Park
② Oaks Resort & Spa
③ Comfort Resort Kondari
④ Mango Tourist Hostel
⑤ Flashpackers Hervey Bay

⑥ Discovery Park Fraser Street
⑦ Hervey Bay CP
⑧ Hervey Bay YHA
⑨ Boat Harbour Resort
⑩ Emeraldene Inn & Eco Lodge

QUEENSLAND

Point Vernon Holiday Park (Big 4), 26 Corser St, Point Vernon, ✆ 4128 1423, 🖵 www.pvhp.com. au. Zelt- und Stellplätze ($36–55) sowie Cabins. Pool, Küche. ③–⑤

ESSEN

Entlang der Esplanade gibt es einige Restaurants und Bistros.

Aqua Vue, 415a Esplanade, gegenüber der Post, Torquay, ✆ 4125 5528, 🖵 www.aquavue. com.au. Leckeres Frühstück (bis 15 Uhr) und Mittagessen zu günstigen Preisen. Schöne Lage direkt am Wasser mit großer Terrasse. ⏱ tgl. 6–18 Uhr, Do–So auch Abendessen.

📖 **Enzo's on the Beach**, 351 Charlton Esplanade, ✆ 4124 6375, 🖵 www. enzosonthebeach.com.au. Hier schlürft man Cappuccino oder leckere Cocktails unter Palmen mit Blick aufs Meer. Frisches Seafood und viele vegetarische Gerichte. ⏱ tgl. Frühstück und Mittagessen, Do–So auch Abendessen.

Maddigan's Seafood, 1/401 Esplanade, ✆ 4128 4202. Sehr gute Fish & Chips, die Calamari sind ebenfalls hervorragend und alles ist sehr frisch. ⏱ tgl. 8–20 Uhr.

AKTIVITÄTEN

Rundflüge

Ein Flug über Fraser Island ist ein eindrucksvolles Erlebnis.

Air Fraser Island, ✆ 4125 3600, 🖵 www.air fraserisland.com.au. Tagestouren (Hin- und Rückflug mit ganztägigem Aufenthalt auf Fraser Island); $150 für 30 Min.

Tauchen

Das südliche Ende des Great Barrier Reef liegt nur 40 km nördlich von Fraser Island – ein ideales Tauchrevier. Außerdem liegen in der Bucht einige interessante Wracks, die sich für erfahrene Taucher lohnen. Die Preise für Tauchkurse sind ähnlich wie weiter nördlich, aber es herrscht noch nicht so ein Massenbetrieb. Bessere Ausgangsbasen sind jedoch die Inseln.

Hervey Bay Downunder, ✆ 4128 3229, 🖵 www. herveybaydownunder.com.au. Informationen und Ausrüstungsverleih.

TOUREN

Nach Fraser Island

Tagestouren mit großen Bussen auf Standardrouten, die von fast allen Veranstaltern angeboten werden, kosten $160–190, 🖵 www.

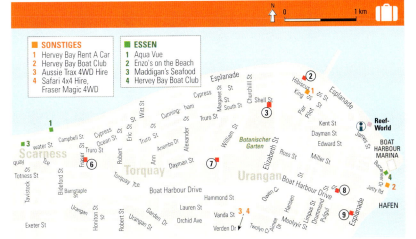

seefraserisland.com. Viele Leser haben bei diesen Touren bemängelt, dass die Zeit viel zu knapp ist und man am Ende des Tages zwar einiges gesehen, aber nichts gewürdigt hat. Man sollte schon mindestens zwei, besser drei oder vier Tage einplanen, um die schöne Insel richtig zu genießen.

Cool Dingo Tour, ☎ 4120 3333, 🖳 www.cool dingotour.com. 2- und 3-tägige Backpacker-Touren mit Übernachtung in der komfortablen Wilderness Lodge nahe dem -$550/595 (3 Tage); alle Preise inkl. Mahlzeiten, Nationalparkgebühr und *fuel levy*.

Fraser Explorer Tours, ☎ 4194 9222, 🖳 www. fraserexplorertours.com.au. Tagestouren ($239) sowie 2-Tagestouren mit Übernachtung in Motelunit im Eurong Beach Resort, Verlängerung möglich, Abfahrt tgl., mit Übernachtung im Dorm $399, im DZ $459, inkl. Mahlzeiten, Nationalparkgebühr und *fuel levy*.

Kingfisher Bay Ranger Guided Tours, ☎ 1800 07 25 55, 🖳 www.kingfisherbay.com. Fähre zum Kingfisher Bay Resort, Transfers von und zur Unterkunft in Hervey Bay. Vom Resort starten viele Tagestouren mit Bussen und einem Ranger zu Zielen auf der Insel für $239. Die Touren lassen sich auch mit einer Übernachtung im Resort kombinieren; Preise variieren je nach Saison. Auch deutschsprachige Touren!

Remote Fraser Island Tour, ☎ 4128 1847, 🖳 www.tasmanventure.com.au. Touren von Juli–Okt zur unberührten Westküste von Fraser Island. Unterwegs lassen sich Wale und Delphine beobachten. An der Westküste von K'gari angekommen kann man dann ins Kajak umsteigen, mit Schnorchel ins Wasser springen oder die Sanddünen erklimmen. Ein wirklich besonderes Erlebnis! Tagestour $205 inkl. Lunch.

Hervey Bay Eco Marine Tours, ☎ 4125 5454, 🖳 www.herveybayecomarinetours. com.au. An Bord der *Milbi* geht es zu Sekt und Seafood mit Aborigine-Tourguide entlang der Great Sandy Strait zur unbewohnten Round Island, auf der man zu Sonnenuntergang die Didgeridooklängen und Geschichten der Ureinwohner lauscht. Sunset-Tour (90 Min.) $85.

Self-Drive-Touren

In den letzten Jahren haben sich die Autounfälle auf Fraser Island gehäuft, einige davon endeten sogar tödlich. Wer sich für eine Self-Drive-Tour entscheidet, sollte die Gefahren nicht unterschätzen und idealerweise bereits Erfahrung im Fahren auf Sand mitbringen. Um Kosten zu sparen, schließt man sich am besten mit anderen Reisenden zusammen. Die meisten Geländewagen werden inkl. Permit vermietet.

QUEENSLAND

Preise für einen Geländewagen ab ca. $660 für 2 Tage, s. u.

Walbeobachtung

Während der Walsaison (Aug–Okt) werden zahlreiche *Whale Watch Cruises* angeboten. Da man in dieser Zeit mit großer Sicherheit das eindrucksvolle Erlebnis geboten bekommt, Wale aus der Nähe zu sehen, lohnen die Touren. Während der Schulferien, etwa ab Mitte Sep, sind sie schon Tage im Voraus ausgebucht. Große Boote (bis zu 260 Passagiere) bieten viel Platz und eine gute Aussicht, dafür herrscht aber oft Massenbetrieb. Auf kleinen Booten für 20–50 Passagiere ist man näher dran am Geschehen. Wer leicht seekrank wird, sollte ein mittleres Boot (um 100 Passagiere) wählen. Die Kosten betragen je nach Tour $120–150. Einige Boote haben Unterwassermikrofone, die die einzigartigen „Gesänge" der Buckelwale auf Lautsprecher im Boot übertragen.

Blue Dolphin, ☎ 4124 9600, 🖥 www. bluedolphintours.com.au. Altein-gesessener, preisgekrönter Anbieter. Man ist auf langsamen, motorunterstützten Segelbooten unterwegs, z. B. auf dem 10,5-m-Katamaran *Blue Dolphin* mit max. 24 Passagieren. Tages-tour inkl. Lunch, Snacks und einem alkoholi-schen Getränk $160. Von den ins Wasser ragenden Plattformen aus kann man mit den riesigen Säugetieren auf Tuchfühlung gehen – ein unvergessliches Erlebnis.

Autovermietungen

Geländewagen werden für Fraser Island benötigt. Entsprechend viele Angebote gibt es. Ausschlaggebend sollte sein, dass Wartung und Sicherheit großgeschrieben werden, z. B. indem ausführlich über das Fahren auf der Insel beraten wird. Vermietet werden verschiedene Größen zwischen 2 und 11 Sitzen; die Preise variieren stark, je nach Größe und Mietdauer. Hinzu kommen Versicherung und Kaution. Sinnvoll sind Pauschalarrangements. Zahl-reiche Anbieter vermieten Campingausrüstung (checken, wie praktisch, komplett und alt die Ausrüstung ist), bieten Packages inkl. Camping-ausrüstung, Permit und Fähre oder sogar inkl. Unterkunft in einfachen Schlafsälen oder Cabins an.

Die **Permits** sind leicht selbst zu besorgen (🖥 https://parks.des.qld.gov.au/recreation-areas/vehicle_access_permit_fees.html), auch die Campingausrüstung. Alle Vermieter ver-langen eine **Kaution**, die bei etwa $1000 liegen kann und meist auf der Kreditkarte festgehalten wird. Viele Vermieter sind sehr genau mit der Nachinspektion und ziehen schnell was von dieser Summe ab, wenn sie z. B. feststellen, dass entgegen den Vertragsbedingungen im Salzwasser gefahren worden ist. Die Standard-Versicherungspolicen sehen eine sehr hohe **Selbstbeteiligung** von um die $3000–5000 vor, die man für eine höhere Versicherungsrate auf ein paar Hundert Dollar reduzieren kann.

Aussie Trax 4x4 Rental, 38 Southern Cross Circuit, Urangan, ☎ 4124 4433, 🖥 www. fraserisland4wd.com.au. Gute Beratung. Die Website hat gute Infos für Selbstfahrer.

Fraser Magic 4WD Hire, 5 Kruger Court, Hervey Bay, ☎ 4125 6612, 🖥 www.fraser4 wdhire.com.au. Spezialist für Paare und sehr kleine Gruppen. Informationen auch auf Deutsch.

Safari 4x4 Hire, 102 Boat Habour Drive, Pialba, ☎ 4124 4244, 🖥 www.safari4wdhire.com.au. Suzuki Jimmy (2 Pers.) bis zu Toyota Land-cruiser (max. 11 Pers.). Auf Anfrage auch Vermietung von Campingausrüstung. Filiale in Rainbow Beach.

Fahrrad-, Jet-Ski-, Scooter-Verleih

Stadtbusse fahren nur selten, sodass es lohnt, ein Rad zu mieten, entweder in Backpacker Hostels oder bei **Aqua Vue Watersports**, gegenüber der Post in Torquay, ☎ 4125 5528, 🖥 www.aquavue.com.au. Vermietung von SUPs, Kajaks und Jet Ski.

Hervey Bay Rent A Car, 6 Pier Street, Urangan, ☎ 4194 6626. Vermietet Roller *(scooter)*, Fahrräder und Autos.

Informationen

Hervey Bay Visitor Centre, 227 Maryborough Rd, Hervey Bay, ☎ 4125 9855, 1800 811 728, 🖥 www.visitfrasercoast.com. ⏰ tgl. 9–17 Uhr.

Hinzu kommen zahlreiche weitere private Buchungsagenturen.

TRANSPORT

Busse

Greyhound (S. 558–559).
Premier (S. 560–561).
Wide Bay Transit, ✆ 4121 3719, 🖥 www.widebaytransit.com.au. Verkehrt tgl. häufig zwischen MARYBOROUGH und Hervey Bay.

Eisenbahn

Abgestimmt auf die Abfahrtszeiten des *Tilt Train* fahren tgl. Trainlink-Busse vom Bahnhof MARYBOROUGH WEST nach Hervey Bay (S. 286).

Fähren

Fraser Island Barges, ✆ 1800 249 122, 🖥 www.fraserislandferry.com.au. Infos über sämtliche Autofähren von Hervey Bay. Alle Fähren $180–205 retour pro Auto inkl. 4 Pers.:
Fraser Venture Barge ab River Heads (an der Mündung des Mary River, südl. von Urangan) nach WANGGOOLBA CREEK (Westseite von Fraser Island), tgl. um 8.30, 10.15 und 16 Uhr, zurück um 9, 15 und 17 Uhr.
Kingfisher Bay Ferry, ab River Heads um 6.45, 9, 12.30, 15.30 und 18.45 Uhr nach KINGFISHER BAY, zurück um 7.50, 10.30, 17 und 21 Uhr.

Fraser Island (K'gari)

K'gari, Paradies, nennen Ureinwohner des Butchulla-Stamms ihre Heimat, und diesen Namen wird Fraser Island möglicherweise bald wieder erhalten. Seit Ende 1992 steht die Insel auf der Unesco-Liste des Weltnaturerbes. Etwa 380 000 Besucher kommen jährlich hierher, allein zu Ostern bevölkern bis zu 40 000 Menschen und 10 000 Autos die Insel, deren Strände dann leider einer Rennstrecke für Geländewagen gleichen. Im Inselinneren ist es etwas ruhiger und besonders still und abgelegen ist die Westküste; am besten kommt man jedoch außerhalb der Schulferien. Auf der Standardroute (Eli Creek, Maheno-Schiffswrack, Pinnacles, Lake Jennings, Birraben, McKenzie oder Lake Wabby, der Central Station mit Wanggool-

Auf Fraser Island wird der Strand mitunter zum Highway.

© CORINNA MELVILLE

ba Creek und Valley of the Giants) ist man allerdings nie allein.

Die gesamten 180 000 ha der lang gestreckten Insel bestehen aus Sand, damit ist K'gari die größte Sandinsel der Welt. Die Entstehung des sandigen Cooloola-Gebietes weiter südlich und der Sandinseln in der Moreton Bay vor Brisbane ist auf Erosion zurückzuführen. Seit 700 000 Jahren werden die Berge der Great Dividing Range von Wind und Wasser abgeschliffen und das zu Sand zermahlene Gestein von den Küstenflüssen zum Meer transportiert. Der an der Küste vorherrschende Südostwind weht die feinen Sandkörnen nach Norden, wo sie an felsigen Stellen Halt finden und sich bis zu 240 m hoch auftürmen. Auf der 125 km langen, aber nur 5–25 km breiten Insel ist so eine einzigartige Landschaft entstanden.

Der schier endlose Strand aus fest gepresstem Sand, **Seventy Five Mile Beach**, an der Ostseite der Insel dient vielen Geländewagen und Touristenbussen als Autobahn. Enttäuschend ist auch die Tatsache, dass wegen starker Unterströmungen Baden im Meer nicht angeraten ist, außerdem schwimmen hier neben harmlosen Leoparden-Haien, Delphinen und Schildkröten einige menschenfressende Haie in den Gewässern. Zum Trost gibt es im Inland 60 unterschiedlich große Süßwasserseen, in deren kristallklarem Wasser man herrlich baden kann. Der große, 5 m tiefe **Lake McKenzie** ist Ziel vieler Tourgruppen, die etwas kleineren Seen **Birrabeen** und **Jennings** sind genauso schön und ruhiger.

Zum bis zu 12 m tiefen **Lake Wabby**, auch Window Lake genannt, führen zwei Wanderrouten, eine durch einen schönen Eukalyptuswald, eine andere über die Dünen, die auf dem Rückweg jedoch die Gefahr birgt, in der weiten Dünenlandschaft vom Weg abzukommen. Vor allem beim Baden in den Seen ist darauf zu achten, dass kein Sand von den Dünen in die Seen getrampelt wird und keine Sonnencreme ins Wasser gelangt.

Auch **Eli Creek** bietet eine willkommene Abkühlung. Vor allem im Sommer finden sich hier Hunderte von Besuchern ein. Ein Plankenweg führt am Bach entlang, von dessen oberem Ende man sich vom kühlen, schnell fließenden Wasser zum Strand hinab treiben lassen kann. Bei Flut und schlechtem Wetter stellt die Mündung eine gefährliche Barriere auf dem Weg nach Norden dar. Hinter dem Strand erheben sich Sandklippen, von weiß über grau, schwarz und rosa bis leuchtend rotorangefarben, manchmal zu bizarren Hügeln und Schluchten geformt – am schönsten wirken sie kurz nach Sonnenaufgang im warmen Morgenlicht. Am eindrucksvollsten sind die **Pinnacles** im Norden der Insel am Cathedral Beach, die aber bei Flut oft nicht zugänglich sind.

Landeinwärts sind die weißen Sanddünen von Busch- und Heideland, lichten Eukalyptuswäldern und stellenweise sogar von dichtem subtropischen **Regenwald** bedeckt – ein Viertel der gesamten Insel ist bewaldet! Seit der Zeit der ersten Pioniere wurden viele wertvolle Urwaldbäume gefällt, obwohl einige, beispielsweise der Satinay (Syncarpia hilii), nur hier in der Great Sandy Region wachsen. Wunderschön ist ein Spaziergang von der Central Station an dem mit Farnen und Palmen bewachsenen **Wanggoolba Creek** entlang zum **Valley of the Giants** mit seinen gigantischen Satinay-Bäumen. An der Westküste erstrecken sich Lagunen und **Mangrovensümpfe**.

Die Untiefen der Great Sandy Region wurden so manchem Schiff zum Verhängnis. Zwei rostende Schiffswracks liegen heute noch am Strand: die 1935 auf Grund gelaufene **Maheno** in der Mitte der Ostküste, 3,5 km nördlich von Eli Creek, und die 1914 gesunkene **Marloo** im Nordosten. Es ist sehr gefährlich, auf dem leicht erreichbaren Maheno-Schiffswrack herumzuklettern.

Manchmal bekommt man wilde **Dingos** zu Gesicht. Die Vorfahren der rund 200 hier lebenden Dingos wurden von den Ureinwohnern auf die Insel gebracht. Aufgrund der geografischen Isolation gelten diese Dingos als die reinrassigsten in Australien.

ÜBERNACHTUNG

Während der Schulferien, v. a. um Ostern und Weihnachten, werden die meisten Cabins und Apartments nur wochenweise vermietet.

Im Norden
Cathedrals on Fraser, 10 km nördl. von Eli Creek, ℡ 4127 9177, 🖵 www.cathedralsonfraser.com.

au. Zeltplätze ($29–39 für 2 Pers.), permanent aufgestellte Zelte ❶, Cabins und kleines Lebensmittelgeschäft, Internet, Tankstelle und öffentlicher Fernsprecher. ❼

K'gari Cottages, Orchid Beach, ☎ 0411 519 614, 🖥 www.kgari.com. Modern eingerichtetes, großes Holzhaus mit schöner Veranda für bis zu 6 Pers. Ab 5 Übernachtungen. ❽

Fraser Island Retreat, ☎ 4127 9144, 🖥 www. fraserislandretreatqld.com.au. 9 Cabins, jeweils mit Bad. Küche, Bar und Bistro. ❺

Eurong

Eurong Beach Resort, ☎ 1800 678 623, 🖥 www. eurong.com. Großes Ferienzentrum direkt am Strand. Motelzimmer und 2-Zimmer-Apartments mit kompletter Ausstattung. Außerdem 2 riesige Pools, Restaurant, 2 Bars, Bäckerei mit Café, kleiner Supermarkt, Tankstelle. ❹–❽

An der Westküste

🏕 **Kingfisher Bay Resort**, ☎ 4120 3333, 1800-07 25 55, 🖥 www.kingfisherbay. com. Ein nach umweltfreundlichen Maßstäben errichtetes Resorthotel – und eine der angenehmsten Anlagen dieser Art in ganz Queensland. DZ mit Balkon, in einer Gruppe und bei mind. 3 Übernachtungen ist eine der Villa Units mit 2 oder 3 Schlafzimmern für 4–8 Pers. erschwinglicher. 3 Restaurants, 4 Bars, großer Pool sowie Shopping Village mit Tankstelle. Geboten werden Wassersport, Geländewagenvermietung und diverse interessante, von Rangern geleitete Tagestouren (s. Hervey Bay). ❻–❽

Camping

Zeltplätze der Nationalparkbehörde mit fließend Wasser und Toiletten gibt es bei Lake Boomanjin, Central Station, Dundubara, Waddy Point, Ungowa und Wathumba Beach im Nordwesten; man kann aber auch an anderen, designierten Stellen an der Ostküste zelten. Auch dafür wird ein Camping Permit benötigt (Details s. unten). Offene Lagerfeuer sind nur an bestimmten Stellen auf den Zeltplätzen Dundubara, Waddy Point und Waddy Point Beachfront erlaubt, das Feuerholz muss man mitbringen: Nur Holzreste von Sägewerken (offcuts) sind

erlaubt, keinesfalls im Busch aufgelesene Äste und Zweige! Bei den Rastplätzen für Tagesausflügler (day use areas) von Central Station und Waddy Point sowie beim Dundubara Campground gibt es Gas-Grillstellen; am besten bringt man seinen eigenen **Gaskocher** mit. Weiterhin sollte man nicht vergessen: Münzen ($1 und $2), die man für die Gasgrills, die Warmwasserduschen bei den Zeltplätzen Central Station, Waddy Point und Dundubara benötigt; große, robuste **Müllsäcke**, denn man muss allen Abfall wieder zurück zum Festland bringen; außerdem ausreichend **Insektenschutz** – Mücken und Bremsen sind oft ziemliche Quälgeister. Deshalb ist es auch angebracht, dunkle Kleidung zu vermeiden. Mehr unter 🖥 https://parks.des.qld.gov.au/parks/fraser/camping.html.

TOUREN

Einige Veranstalter in Hervey Bay (S. 290) und Rainbow Beach (S. 285) bieten **Safaritouren** an. Auf den Touren erhält man mehr Informationen, als wenn man selbst fährt. Der Nachteil: Die Gruppen sind groß, v. a. während der Ferien.

Fähren
Siehe Hervey Bay oder Rainbow Beach.

Geländewagen
Für die Insel braucht man einen Geländewagen, den man in Noosa, Rainbow Beach oder Hervey Bay mieten kann (s. dort). Die langen Sandstrände von Cooloola und Fraser Island mit ihrem festen Sand lassen sich meist wie eine asphaltierte Straße befahren. Man kann aber leicht in Sandlöchern stecken bleiben. Zudem ist der Strand während der Flut streckenweise überspült. Fahrer sollten darauf achten, die Höchstgeschwindigkeit von 35 km/h im Inselinneren und 80 km/h auf dem Strand einzuhalten (regelmäßige Kontrollen mit teuren Strafzetteln!). Alle Vermieter verbieten das Fahren im Salzwasser, weil es zum Korrodieren der sehr empfindlichen Elektrik führt. Wer's doch tut, wird in den meisten Fällen entdeckt und muss mit hohen Abzügen von der Kaution rechnen.

Permits
Selbstfahrer müssen sich *vor* dem Übersetzen ein Vehicle Service Permit ($53 pro Fahrzeug, 1 Monat gültig) sowie ein Camping Permit ($6,65 p. P./Nacht) besorgen. Bestellung der Permits unter ⌨ https://parks.des.qld.gov.au/recreation-areas/vehicle_access_permit_fees.html.

Reisezeit
Wenn möglich, nicht während der Schulferien, an langen Wochenenden und Feiertagen fahren. Der meiste Regen fällt von Januar bis März.

Die Zentrale Küste

Dieser Teil der Küste und des Hinterlandes ist das provinzielle Herz Queenslands. Touristisch hat die zentrale Küste weniger zu bieten als der Süden und Norden Queenslands, aber viele Backpacker finden hier Saisonarbeit in der Land-

wirtschaft. Die meisten Hostels sind daher auf Langzeitgäste ausgerichtet. In den drei prosperierenden Städten Bundaberg, Gladstone und Rockhampton werden die Produkte des Umlandes verarbeitet und verschifft: Zucker, Rindfleisch, Baumwolle, Getreide und v. a. Kohle.

Das Bowen Basin erstreckt sich über 500 km in Nord-Süd-Richtung im Hinterland von Mackay bis Gladstone und birgt die reichhaltigsten Steinkohlereserven Australiens. Die noch immer hohe Nachfrage aus dem Ausland nach Steinkohle hat der Region einen beispiellosen Boom beschert (s. Geschichte, S. 107). Der Boden hält aber auch noch andere Schätze bereit: Westlich von Rockhampton, in den Central Highlands bei Rubyvale, findet man Saphire, Diamanten und Rubine.

Von Hervey Bay bis Rockhampton

Zwischen Ende November und Anfang Februar suchen Meeresschildkröten die Küste zwischen Bundaberg und Gladstone auf, um ihre Eier abzulegen. Zu dieser Zeit sind die Unterkünfte in den Küstenorten vielfach ausgebucht. Die Küste ist flach, zwischen den vereinzelten Stränden erstrecken sich ausgedehnte Mangrovensümpfe.

Bundaberg

Bundaberg wurde in den letzten Jahren von heftigen Unwettern geplagt: Im Januar 2013 erlebte die Stadt die schlimmste Überflutung in ihrer Geschichte. Mehr als 2000 Gebäude standen unter Wasser, einige Anwohner mussten mit Militärhubschraubern gerettet werden.

Wer zwischen Januar und März durch Bundaberg reist, sollte es nicht verpassen, den frisch geschlüpften Schildkröten von Mon Repos bei ihrem ersten Gang ins Wasser zuzusehen (s. Kasten). Abgesehen von diesen Monaten sieht die Stadt aber recht wenige Besucher. Viele Backpacker finden auf den umliegenden Farmen Arbeit. Neben Zuckerrohr wachsen in der Gegend auch Tomaten, Zucchini, Paprika, Kürbisse, Melonen und viele andere Feldfrüchte – das Land um Bundaberg zählt zu den produktivsten Gemüseanbaugebieten Australiens. Die Haupterntezeit liegt zwischen September und Dezember.

In Australien ist Bundaberg ein Synonym für Rum. Eine der Hauptattraktionen ist die **Rum Distillery**, Avenue St, East Bundaberg, 🖥 www.bundabergrum.com.au, die das ganze Land mit dem Tropfen versorgt. ⊙ Mo–Fr 10–15, Sa, So 10–14 Uhr, stündliche Führungen (mit Videofilm). Im dazugehörigen Shop gibt's allerlei Rum-Souvenirs. Touren ab $20. Hübsche Souvenirs aus Holz und Glas von lokalen Künstlern findet man in **Schmeider's Cooperage**, 5 Alexandra St, East Bundaberg.

Bundaberg liegt nicht direkt an der Küste. Beliebte Badeorte im Umkreis von etwa 15 km sind bei **Moore Park** im Norden, **Mon Repos** bei Bargara, **Kelly's Beach**, ein ruhiger Surfstrand, und **Elliott Heads** im Süden. Von Bargara beginnen Bootstouren, um die **Buckelwale**, die etwa zwischen Mitte August und Mitte Oktober in diesen Gewässern verweilen, zu beobachten.

ÜBERNACHTUNG

Die Backpacker-Unterkünfte sind „Working Hostels", die Erntehelfern Arbeit vermitteln. Der Standard lässt leider erheblich zu wünschen übrig (alte Einrichtung; ungenügende sanitäre Ausstattung und Küchen; Sauberkeit und Sicherheit werden nicht gerade großgeschrieben); die meisten befinden sich über Pubs. Wenn man Glück hat, versöhnen nette Leute und gute Jobs mit der unzureichenden Ausstattung. **Acacia Motor Inn**, 248 Bourbong St, ✆ 4152 3411, 🖥 www.acaciamotorinn.com.au. Saubere Motelzimmer mit AC, Kühlschrank, TV. Hübscher Pool mit Sitzgelegenheiten. ❸ **Bunk Inn**, 25 Barolin St, ✆ 0497 055 350, 🖥 www.bunkinnhostel.com.au. Die saubere, freundliche Herberge hebt sich deutlich von den anderen Hostels der Stadt ab. Einfache 4- und 10-Bett-Dorms ($30/35) und großer Gemeinschaftsraum. **Villa Mirasol Motor Inn**, 225 Bourbong St, ✆ 4154 4311, 🖥 www.villa.net.au. Eins der

An diesem Küstenabschnitt legen **Meeresschildkröten** von November bis Ende Februar ihre Eier ab. Ab Januar schlüpfen die ersten kleinen Schildkröten aus und streben hastig dem Meer zu. Jedes Jahr stellen sich Tausende von Besuchern ein, um diesem Ereignis beizuwohnen. Im **Mon Repos Conservation Park** bei **Bargara**, 15 km nordöstlich der Stadt, informiert das Mon Repos Turtle Centre mit Diashows, Filmen und einer Ausstellung über die Tiere. Der Strand dort wird von Anfang November bis Ende März von Rangern kontrolliert; jeden Abend ab 19 Uhr bieten sie Führungen an. Eine Karte ($27, Kind $14) schließt den Besuch des Turtle Visitor Centre ein. ⊙ tgl. von April bis Nov Mo–Fr 9–16 Uhr, während der Schulferien in dieser Zeit tgl. Die Führungen sind schnell ausverkauft, v. a. am Wochenende und in den Schulferien – am besten bucht man sie mindestens eine Woche im Voraus beim Bundaberg Visitor Centre. Während der Saison fahren Shuttlebusse nach Mon Repos. Info und Buchung beim Visitor Centre.

schönsten Motels in Bundaberg. Zimmer alle sehr groß mit TV, AC und Kühlschrank. Pool und Frühstückssaal. Kostenloses WLAN. ❺ **Oakwood CP**, 15 Old Gin Gin Rd, 6 km nordöstlich, ✆ 0499 652 849, 🖥 www.oakwoodvanpark.com.au. Zelt- und Stellplätze ab $30. Passable Cabins zu günstigen Preisen, Pool, Kiosk. ❷

SONSTIGES

Erntearbeit

Außer im Feb gibt es für Erntehelfer immer etwas zu tun; Hauptsaison ist Sep–Dez. Infos: 🖥 www.fruitpickingjobs.com.au/bundaberg.

Informationen

Visitor Centre, 36 Avenue St, ✆ 4153 8888, 🖥 www.bundabergregion.org. ⊙ tgl. 9–17 Uhr.

Tauchen

Bundaberg Aqua Scuba, 239 Bourbong St, ✆ 4153 5761, 🖥 www.aquascuba.com.au.

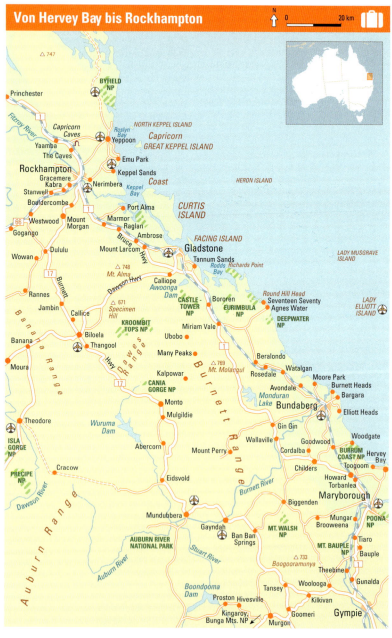

N
0   20 km

QUEENSLAND

△ 747

Princhester

BYFIELD NP

NORTH KEPPEL ISLAND

Capricorn Caves
Yaamba
The Caves
Roslyn Bay
Yeppoon
Capricorn
GREAT KEPPEL ISLAND

Rockhampton
Gracemere
Kabra
Stanwell
Boulercombe
Nerimbera

Emu Park

Keppel Sands

Coast

Keppel Bay

HERON ISLAND

Fitzroy River

Westwood
Gogango
66

Mount Morgan

Wowan
Dululu

Rannes

Jambin

Callice

Banana

Moura

Port Alma

Marmor
Raglan
Ambrose

Mount Larcom

CURTIS ISLAND

FACING ISLAND

Gladstone

Bruce Hwy

Tannum Sands
Rodds Richards Point Bay

△ 748
Mt. Alma

Calliope
Awoonga Dam

Dawson Hwy

△ 671
Specimen Hill

KROOMBIT TOPS NP

CASTLE-TOWER NP

EURIMBULA NP

Bororen

Round Hill Head
Seventeen Seventy
Agnes Water

LADY MUSGRAVE ISLAND

LADY ELLIOTT ISLAND

DEEPWATER NP

Miriam Vale

Biloela
Thangool

Ubobo

Many Peaks

Beralondo

△ 769
Mt. Molangul

Watalgan

Moore Park
Burnett Heads
Bargara

Kalpawor
Rosedale

Dawes Ranges

Burnett Range

Theodore
ISLA GORGE NP

CANIA GORGE NP
17

Monto

Mulgildie

Avondale
Monduran Lake

Bundaberg

Elliott Heads

Gin Gin

Wuruma Dam

Abercorn

Mount Perry

Wallaville
Goodwood
Cordalba

Woodgate

BURRUM COAST NP

Hervey Bay
Toogoom

PRECIPE NP

Cracow

Eidsvold

Childers

Howard
Torbanlea

Dawson River

Burnett River

Biggenden

Maryborough

Auburn Range

Mundubbera

Gayndah

MT. WALSH NP

Mungar
Brooweena

POONA NP

AUBURN RIVER NATIONAL PARK

Ban Ban Springs

△ 733
Boogooramunya

MT. BAUPLE NP

Tiaro

Bauple

Stuart River

Theebine

Gunalda

Boondooma Dam

Proston Hivesville

Tansey

Woolooga

Auburn River

Kingaroy, Bunga Mts. NP
Murgon
Goomeri

Kilkivan

Gympie

Kurse (PADI) und Touren bei Lady Musgrave Island.

TRANSPORT

Busse
Greyhound (S. 558–559).
Premier (S. 560–561).
Duffy's Coaches, 28 Barolin St, Bundaberg,
📞 4151 4226, 🖥 www.duffysbuses.com.au.
Mo–Sa etwa stdl. nach BARGARA und
BURNETT HEADS.

Eisenbahn
Hier halten alle Züge, die zwischen BRISBANE
und ROCKHAMPTON / CAIRNS verkehren.
Fahrzeit von Brisbane 4 1/2 Std. Weitere
Auskünfte bei **Queensland Rail**, 📞 13 16 17,
🖥 www.queenslandrail.com.au.

Flüge
Tgl. von und nach BRISBANE mit **Qantas** und
Virgin Australia.

Agnes Water und Town of 1770

Die beiden kleinen Küstenorte Agnes Water und
Town of 1770 (Seventeen Seventy) abseits des
Highway waren früher nur einigen Queenslandern bekannt. Seit dem Ausbau der Zufahrts-
straßen ist diese Zeit vorbei, dennoch geht es
hier im Vergleich zu Noosa oder Airlie Beach
sehr gemächlich zu.

Man kann bei **Agnes Water** noch richtig
Wellenreiten – weiter nördlich hält das Barriereriff den Anprall der Wellen ab. Angler und Familien bevorzugen hingegen die windgeschützte
Bucht. Aber Vorsicht: Auch hier kommen mittlerweile die gefährlichen Würfelquallen vor, die im
Sommer (Okt–April) die nördliche Küste heim-
suchen.

Die **Town of 1770** erhielt ihren ungewöhnlichen Namen im Jahre 1970, in Gedenken an
Captain Cook, der hier 1770 an Land ging. Von
der Marina werden Bootstouren auf vorgelagerte Koralleninseln und Fahrten mit einem Amphibienfahrzeug zum **Eurimbula National Park**
angeboten. Bei einem Spaziergang entlang der

steil aufragenden Küste hinaus zur Landzunge
bieten sich schöne Ausblicke auf die weite
Bucht und kleine, geschützte Strände unterhalb
des Felsens.

ÜBERNACHTUNG UND ESSEN

Agnes Water
Die Hostels arrangieren Surfunterricht, Tauch-,
Kajak- und Kanuexkursionen, Mopedtouren und
Rundflüge. Bei Buchung holen einige Hostels
Gäste, die mit dem Premier Motor Bus unter-
wegs sind, nachts vom Highway ab (Gebühr
$17 p. P.)

 1770 Southern Cross Backpackers, 2694
Round Hill Rd, 📞 4974 7225,
🖥 www.1770southerncross.com. Die modernen
Holzcabins – alle nach europäischen Ländern
benannt – verteilen sich über eine große
Grünanlage. Die Cabins – Dorms (Bett $26) und
DZ – sind alle schön eingerichtet, jeweils mit
Bad und Veranda. Gute Atmosphäre am Pool
und in den offenen Gemeinschaftsräumen.
Achtung: Cabins sind nicht verschließbar.
Arbeitsmöglichkeit für Wwoofers. ❷

 Cool Bananas Backpackers, 2 Springs
Rd, 📞 4974 7660, 🖥 https://coolbananas
backpackers.com. Das moderne, saubere
Hostel setzt den Standard sehr hoch. Die
8-Bett-Dorms (Bett $29) sind geräumig und
komfortabel. Großer Gemeinschaftsraum mit TV
und (schnellem!) kostenlosem WLAN. Familiäre
Atmosphäre. Abholung von der Greyhound-
Haltestelle. Günstiges Abendessen. Kostenlose
Benutzung von Boogieboards. Einziges Manko:
Keine AC, nur Ventilatoren.
Mango Tree Motel, 7 Agnes St, 📞 4974 9132,
🖥 www.mangotreemotel.com. Schöne Motel-
zimmer nur 1 Gehminute vom Strand, alle haben
AC, TV, Kühlschrank, einige auch Herdplatten.
Abendessen und Frühstück kann aus dem
Restaurant aufs Zimmer gebracht werden. ❹

Camping
Agnes Water Beach Holidays, Jeffery Court,
📞 4974 7279, 🖥 www.agneswaterbeach.com.
au. Supergemütliche, moderne, erhöhte Zelt-
apartments, alle voll ausgestattet mit Küche,
Bad, Sofa und Doppelbett. Die meisten mit Blick

aufs Meer. Auch Campingplätze (ab $45).
❹–**❼**
Agnes Water Tavern, 1 Tavern Rd. Das Bistro mit Garten hat mittags und abends geöffnet.

Town of 1770
Captain Cook Holiday Village (Top Tourist), 384 Captain Cook Drive, kurz vor dem Ort, ℘ 4974 9219, ⌨ www.1770holidayvillage.com. au. Ruhige Zeltplätze unter Bäumen (ab $32), Cabins mit AC und Bad. **❸**–**❺**
The Tree 1770, 576 Captain Cook Drive, ℘ 4974 7446, tgl. Abendessen (u. a. frischer Fisch) direkt am Wasser.

SONSTIGES
Informationen
Agnes Water & Town of 1770 Visitor Centre, 71 Springs Rd, Agnes Water, ℘ 4902 1533. ☉ Mo–Fr 8.30–16.30, Sa 9–16 und So 9–13 Uhr.

Touren
Lady Musgrave Cruises, ab Roundhill Head, Town of 1770, ℘ 1800 631 770, ⌨ www. lmcruises.com.au. Angeboten wird eine Tagesfahrt zur Lady Musgrave Island, tgl. für $190, inkl. Mittagessen, Glasbodenboot, Eintritt zum Unterwasser-Observatorium, Schnorchelausrüstung und Inselbesuch. Tauchen kostet extra ($80 oder $95 Schnuppertauchgang für Anfänger). Bus-Zubringerservice von Bundaberg $10 extra.
LARC, 535 Captain Cook Drive, Town of 1770, ℘ 4974 9422, ⌨ www.1770larctours.com.au. Ein wasser- und geländegängiges Amphibienfahrzeug fährt über die Bucht zum Landvorsprung Bustard Head im Eurimbula National Park, dort Besuch des Leuchtturms. Kurztour $40, auch längere Cruises. Auf der Goolimbil Walkabout Tour begleiten Besucher einen Aborigineguide auf Nahrungssuche im Eurimbula National Park (2 Std., $85).

TRANSPORT
Busse
Greyhound (S. 558–559).

Premier, die Busse setzen Passagiere auf Anfrage am Bruce Highway bei der Abzweigung nach Agnes Water ab, allerdings in beide Richtungen zu nachtschlafender Zeit – unbedingt Abholservice (s. S. 299) vorbuchen!

Straßenzustand
Sowohl die Fingerboard Road, die vom Bruce Highway nach Agnes Water/1770 führt, als auch eine landeinwärts verlaufende Verbindung von Bundaberg (Tableland Rd und Round Hill Rd) sind durchgängig geteert.
Der Eurimbula National Park westlich des Ortes ist in der Trockenzeit normalerweise auch mit einfachen Pkw zugänglich.

Lady Elliot Island

Eine Reise zur 40 ha großen Lady Elliot Island ist nicht gerade günstig, aber wo sonst liegt einem das Great Barrier Reef direkt vor den Füßen? Während riesige Teile des nördlichen Riffs der Korallenbleiche zum Opfer fielen (s. S. 350–351), blieb hier die Unterwasserwelt hier am südlichen Riff größtenteils verschont. Kein Wunder also, dass sich hier fantastische Tauch- und Schnorchelerlebnisse bieten. Im Gegensatz zu den Inseln der Whitsunday-Gruppe sind Lady Elliot und die benachbarte Lady Musgrave Island echte Korallenatolle *(Coral Cays)*.

Man erreicht die Insel nur mit dem Flugzeug von Bundaberg oder Hervey Bay. Das Korallenriff ist bei Flut auch schön zum Schnorcheln und eignet sich bei Ebbe für ungewöhnliche Riff-Spaziergänge. Zudem ist die Insel ein Vogelparadies und beheimatet 88 Vogelarten, darunter Fregattvögel, Tölpelseeschwalben und einige sehr seltene Arten. Die meisten sind Zugvögel aus kühleren Gefilden, die hier zu Tausenden überwintern und ihre Jungen aufziehen. Diese Insel steht als Teil des Unesco-Weltnaturerbes (World Heritage Marine Park) unter Naturschutz; die Zahl der Besucher wird deshalb kontrolliert. Von November bis Februar besuchen Meeresschildkröten die Küste, um ihre Eier in den Sand zu legen. Die Jungen schlüpfen etwa zwei Monate später, um gleich ins Meer zurückzukehren.

Auf Lady Elliot Island liegt Besuchern das Riff zu Füßen. ▶

Das Lady Elliot Island Resort (s. u.) organisiert Tagestouren von Bundaberg, Hervey Bay, Brisbane und der Gold Coast. Tagesbesucher können alle Einrichtungen des Resorts nutzen. Zudem stehen ihnen Schnorchelausrüstung, Handtücher, Sonnencreme, Schließfächer und Duschen zur Verfügung. Eine Tagestour ab Bundaberg inkl. Hin- und Rückflug, Mittagsbuffet und Wanderung mit Guide kostet z. B. $375 p. P.

ÜBERNACHTUNG UND ESSEN

Lady Elliot Island Resort, ☎ 1800 072 200, 🖥 www.ladyelliot.com.au. Unterkunft in Glampingzelten, Cabins und Units ($190–390 p. P./Nacht, inkl. HP, Schnorchelausrüstung, Fahrt mit Glasbodenboot und mind. einer geführten Wanderung). Bei längerem Aufenthalt günstigere Pakete. Es lohnt sich, wenigstens 2 Übernachtungen einzuplanen, um einen ganzen Tag auf der Insel zu verbringen. Neben dem Restaurant mit Bar serviert ein Bistro am Pool Snacks. Da die Insel unter Naturschutz steht, unterliegt das Resort strengen Auflagen, was Umweltschutz und Energieeffizienz betrifft. So wird der Strom z. B. teilweise aus einer modernen Solarstation gewonnen; außerdem werden Initiativen zum Schutz der Flora und Fauna unterstützt.

SONSTIGES

Reisezeit

Im Winter, wenn der kühle „Southeasterly" übers Meer fegt, kann es recht kühl werden. Die meisten Niederschläge fallen zwischen Dez und April, dann können auch vereinzelt Wirbelstürme auftreten. Wer Vögel beobachten möchte, sollte zwischen Oktober und Mai kommen.

Tauchen

Ein gut ausgerüsteter Tauchshop bietet alles Notwendige und organisiert 2x tgl. Tauchgänge zu zahlreichen guten Tauchplätzen rings um die Insel. Die Hauptattraktion sind zahlreiche Wracks, unter anderem die *Bolton Abbey*, ein 1851 gesunkener Frachter, allerdings nicht für

Anfänger geeignet. Auch Nachttauchen und Kurse. Die Tauchreviere sind vom Strand aus oder nach einer kurzen Bootsfahrt zu erreichen und liegen in 8–25 m Tiefe. Bei einer Sicht, die zumeist über 20 m beträgt, fällt es nicht schwer, Mantas, Riffhaie, Meeresschildkröten, Seeschlangen und andere Meeresbewohner zu entdecken. Es werden auch Tauchkurse geboten.

TRANSPORT

Flüge ab BUNDABERG, HERVEY BAY, REDCLIFFE oder COOLANGATTA können nur im Zusammenhang mit einer Tagestour oder einem Übernachtungspaket gebucht werden. Achtung: max. 15 kg Gepäck.

Weitere Inseln

Lady Musgrave Island

Zur etwa 70 km von der Küste entfernten, nur 14 ha großen Koralleninsel Lady Musgrave Island mit ihrer schönen Lagune werden Tagesausflüge mit Booten ab Agnes Water/Town of 1770 angeboten (Details S. 300). Die Boote ankern an einem Ponton mit Unterwasser-Observatorium. Auch auf dieser Insel wurde die natürliche Vegetation durch Guano-Abbau und Ziegen zerstört, bis sie 1938 unter Naturschutz gestellt wurde. Maximal 40 Personen dürfen auf dem Campingplatz im Nordwesten der Insel zelten.

Permits bei **NPRSR**, 🖥 https://parks.des. qld.gov.au/parks/capricornia-cays. Die komplette Ausrüstung, Wasser, Lebensmittel und Gaskocher müssen mitgebracht werden. Die Ausflugsboote von Agnes Water/1770 bringen Camper auf die Insel. Preise auf Anfrage.

Heron Island

Gladstone ist der ideale Ausgangspunkt für einen Besuch von Heron Island, 75 km vor der Küste. Das winzig kleine Atoll – es hat nur 1 km Durchmesser – steht unter Naturschutz. Unzählige Vögel kommen hierher, darunter der Reiher, nach dem die Insel benannt ist. Das Meer ist ein gutes Tauch- und Schnorchelgebiet. In den Lagunen leben mehr als 1000 Fischarten, und von Oktober bis Februar legen Meeresschild-kröten hier am Strand ihre Eier ab.

Ein Besuch von Heron Island ist nur im Rahmen einer Übernachtung im luxuriösen **Heron Island Resort** möglich – Tagesausflügler werden nicht zugelassen. Suiten und geräumige DZ kosten ab $348 aufwärts inkl. Frühstück. Etwas günstiger sind Pakete (z. B. 4 Übernachtungen, VP, Tauchen). Pool, Tennisplatz und Wellnesszone (Aqua Soul Spa). Transfer von Gladstone $150 retour per Schiff; $700 retour per Wasserflugzeug. Buchung: ✆ 1800 875 343, 🖥 www.heronisland.com.

Rockhampton und Umgebung

„Rocky" ist eine prosperierende Stadt an den Ufern des Fitzroy Rivers, die sich selbst stolz „Beef Capital of Australia" nennt. Geschätzte 2,5 Mio. Stück Vieh sollen in der Region leben. An die Fleischlieferanten erinnern in der Stadt Statuen mächtiger Bullen verschiedener Rassen. Bergzüge trennen Rockhampton von der etwa 30 km entfernten Küste. Entsprechend drückend heiß wird es hier im Sommer, denn keine Meeresbrise verschafft Linderung. An sich ist Rockhampton keine besonders attraktive Stadt: Der breite Fitzroy River zieht sich durch das Zentrum, und an dessen Südufer entlang der **Quay Street** findet man einige imposante, alte Gebäude. Doch eine Innenstadt zum Einkaufen und Bummeln sucht man hier vergebens.

Auf keinen Fall verpassen sollte man den beeindruckenden, tropischen **Botanischen Garten** in South Rockhampton, ⊕ tgl. 6–18 Uhr, Eintritt frei. Für einen Besuch sollte man mindestens zwei Stunden einplanen. Der Garten beheimatet viele einheimische, aber auch nichteinheimische Pflanzen. Die Vögel haben den Garten längst für sich beansprucht und veranstalten teilweise ohrenbetäubende Konzerte. Im eingebetteten Zoo (⊕ tgl. 8–16.30 Uhr, Eintritt frei) leben einheimische Tiere wie Koalas, Kängurus und Kasuare, aber auch zwei Schimpansen. Der Capricorn Sunbus 4A fährt vom Zentrum hierher.

Ein Besuch des **Dreamtime Cultural Centre**, Bruce Hwy, North Rockhampton, ✆ 4936 1655, 🖥 www.dreamtimecentre.com.au,

inmitten von 75 ha Buschland, lohnt sich, wenn man an einer der eineinhalbstündigen Führungen durch das Museum und das Torres Strait Island Village teilnimmt (Mo–Fr regelmäßig ab 10.30 Uhr). ⊕ Mo–Fr 9–15.30 Uhr, Eintritt $15,50 (inkl. Führung).

Auf dem Weg nach Norden kann man den **Capricorn Caves**, 23 km nördlich der Stadt an einem Abzweig vom Bruce Highway, ✆ 4934 2883, 🖥 www.capricorncaves.com.au, einen Besuch abstatten. Für ihre gute Akustik berühmt ist die **Cathedral Cave**; zu den Führungen wird den Besuchern stimmungsvolle Musik vorgespielt. Führungen tgl. jede Stunde 9–16 Uhr, $35, Kind 5–15 J. $17.

Capricorn Coast

An der 30–40 km von Rockhampton entfernten Küste locken die beliebten Badeorte der 43 km langen Capricorn Coast zwischen **Yeppoon** und **Emu Park** – eine herrliche, vom Tourismus noch wenig berührte Ecke der queensländischen Küste.

Die **Koorana Crocodile Farm** in der Savages Rd, Coowonga, 13 km westlich von Emu Park, ✆ 4934 4749, 🖥 www.koorana.com.au, ist eine der lokalen Touristenattraktionen. ⊕ tgl. 10–15 Uhr, tgl. um 13 Uhr werden die Krokodile gefüttert. Im Mai und Juni kann man den Krokodilbabys beim Schlüpfen aus ihren Eiern zusehen. Die Führungen beginnen um 10.30 und 13 Uhr und dauern etwa 1 1/2 Std. Eintritt inkl. Tour $30, Kind 3–16 J. $13.

Auf dem Weg zum **Byfield National Park** liegt 14 km nördlich von Yeppoon ein kleiner Privatzoo mit australischen Tieren, der **Cooberrie Park**, Woodbury Rd, 🖥 www.cooberriepark.com.au, ⊕ tgl. 10–15 Uhr, um 13 Uhr können die Koalas gestreichelt werden, Eintritt $30, Kind 3–14 J. $15.

ÜBERNACHTUNG

Rockhampton
Citywalk Motor Inn, 129 William St, ✆ 4922 6009, 🖥 www.citywalkmotorinn.com.au. Einfache, aber bequeme und saubere Zimmer mit kostenlosem WLAN in zentraler Lage. Ab ❸
Motel 98, 98 Victoria Parade, ✆ 4920 1000, 🖥 www.98.com.au. Gut ausgestattetes, zentral

gelegenes Haus, Units mit AC, Pool in schönem Garten; gutes (Steak-)Restaurant. Ab **❹**
Rockhampton YHA, 60 McFarlane St, North Rockhampton, ☎ 4927 5288, ⌨ www.rockhamptonbackpackers.com.au. Kleines, ruhig gelegenes Hostel, etwas abseits vom Zentrum. 4–8-Bett-Dorms (Bett $25) und DZ. Preiswerte 2-Pers.-Cabins mit Bad. Internet. **❶**

Caravanparks
Southside Holiday Village, Lower Dawson Rd, ☎ 4927 3013, ⌨ www.southsidevillage.com.au. Camping ab $32. Cabins verschiedener Preisklassen. Salzwasserpool, Tennisplatz, Kiosk. **❸–❹**
Discovery Holiday Park, 394 Yaamba Rd (Bruce Highway), North Rockhampton, ☎ 4926 3822, ⌨ www.discoveryholidayparks.com.au/qld/capricorn/rockhampton. Stellplätze ab $36, viele Cabins, Pool, Tennisplatz. Schöne Anlage. **❹–❺**

Yeppoon
Wenn man nicht nur auf der Durchfahrt ist, bietet Yeppoon zum Übernachten eine gute Alternative zu Rockhampton.
Seaspray Beachfront Holiday Units, 45 Wattle Grove, Cooee Bay, 2 km südl., ☎ 4939 1421, ⌨ www.seasprayunits.com.au. Direkt am Strand, nahe dem großen Kreisverkehr. Sehr nett, leider etwas nahe an der Hauptstraße. **❺–❻**
Capricorn Palms Holiday Village (Big 4), Wildin Way, Mulambin Beach, 9 km südl., ☎ 4933 6144, ⌨ www.big4.com.au/caravan-parks/qld/capricorn/capricorn-palms-holiday-village. Schöne grüne Anlage mit Pool und großer Wasserrutsche, ideal für Reisende mit Kindern. Cabins und Holidayunits, AC, einige mit eigenem Bad. Pool, Kiosk. Ab **❹**

ESSEN UND UNTERHALTUNG

Rockhampton
In einer „Beef Capital" werden natürlich überall Steaks zubereitet.
Besonders gut sind sie im **Great Western Hotel**, Stanley St, Ecke Denison St. Die seit 1862 bestehende Kneipe, ein Wahrzeichen von Rocky, umfasst auch eine Entertainmenthalle, in der häufig Country & Western- und Rockbands

gastieren, und eine Rodeohalle, wo Mutige sich jeden Mittwoch und Freitag im Stierreiten versuchen können. An den Wochenenden wird dort meist eine Rodeoshow veranstaltet, ☎ 4922 3888, ⌨ www.greatwesternhotel.com.au.
Der enthusiastische Wirt im **Stonegrill**, 177 Musgrave St, North Rockhampton, ☎ 4922 4719, ⌨ www.ascothotel.com.au, serviert ebenso gute Steaks vom Rind, Känguru, Emu und Krokodil, aber auch Lachs. Serviert wird auf heißen Vulkansteinen, der Gast kann am Tisch selbst darüber verfügen, wie gar er sein Steak braten lässt.
Im Zentrum ist das **Coffee House**, 51 William St, eine gute Adresse für Frühstück, herzhafte Aussie-Küche (Mittag- und Abendessen) sowie guten Kaffee und Weine.

Yeppoon
Afishionados, 22 Anzac Parade, ☎ 4939 5200. Das kleine Restaurant serviert die besten Fish & Chips der Stadt und wurde von Lesern empfohlen. ⏱ Mi–Mo 11–20.30 Uhr.

SONSTIGES

Informationen
Capricorn Spire Visitor Centre, Curtis Park, Gladstone Rd, am südl. Ortseingang am Hwy, ☎ 4936 8000, ⌨ www.advancerockhampton.com.au. ⏱ tgl. 9–17 Uhr.
Capricorn Coast Information Centre, Scenic Highway, Yeppoon, ☎ 1800 675 785, ⌨ www.capricorncoast.com.au. ⏱ Mo–So 9–17 Uhr.

Tauchen
Getaucht wird um Great Keppel Island, am besten bucht man seine Trips und Kurse direkt vor Ort (S. 305, Great Keppel Island).

Touren
Freedom Fast Cats, Rosslyn Boat Harbour, ☎ 4933 6888, ⌨ www.freedomfastcats.com. Transfer zur Great Keppel Island sowie Whale Watching und Adventure Cruises.

NAHVERKEHR

Young's Coaches, ☎ 4922 3810, ⌨ www.youngsbusservice.com.au. Service entlang der

Capricorn Coast, nach Yeppoon, zum Emu Park
und nach Keppel Sands.

TRANSPORT

Busse
Greyhound (S. 558–559).
Premier (S. 560–561).

Eisenbahn
Schnellzug **Tilt Train**: Von BRISBANE nach
Rockhampton tgl. außer Mi Abfahrt in Brisbane
um 11, Di und So auch um 16.55 Uhr, Fahrzeit ca.
10 Std. In Rockhampton hat man Anschluss an
den Zug nach YEPPOON (ca. 1 Std. 40 Min). Von
Rockhampton nach Brisbane tgl. um 7.10 Uhr.
Spirit of Queensland: Von Brisbane nach
CAIRNS Mo, Di, Mi, Fr und Sa Abfahrt Brisbane
um 15.45 Uhr, Ankunft Rockhampton um
23.41 Uhr. Zug fährt weiter nach CAIRNS. Von
Rockhampton nach BRISBANE: Mo, Di, Do, Fr
und Sa um 1.10 Uhr.
Spirit of the Outback: Von BRISBANE via
Rockhampton, Emerald und Alpha Di um
18.10 Uhr, Sa um 13.55 Uhr nach LONGREACH in
24 Std. Dort Busanschluss nach WINTON.
Zurück ab Longreach Mo und Do um 10 Uhr, ab
Rockhampton Di und Fr um 12.37 Uhr, Ankunft in
Brisbane um 11.55 Uhr. Nähere Auskunft und
Buchung bei **Queensland Rail**, ☏ 1300 131 722,
🖥 www.queenslandrailtravel.com.au.

Flüge
Qantas, ☏ 13 13 13, 🖥 www.qantas.com.au.
Mehrmals tgl. Flüge nach BRISBANE,
GLADSTONE und MACKAY.
Virgin Australia, ☏ 13 67 89, 🖥 www.virgin
australia.com. Verbindungen nach BRISBANE.

Great Keppel Island

Diese Insel gehört zur Gruppe der Keppel
Islands, die keine Koralleninseln sind, sondern
nahe am Festland liegen. Die Great Keppel
Island hält in jeder Hinsicht einem Vergleich
mit den weiter nördlich gelegenen Whitsunday
Islands stand, ist leichter zugänglich und bietet
im Gegensatz zu den meist hochexklusiven

Resorts auf jenen Inseln auch billige Unterkünfte.
Sie ist mit 1454 ha groß genug für Tageswanderungen. Vor allem an der Nordostküste, der win-
digen Wetterseite, ist es sehr gefährlich, über
die Klippen zu klettern. Bei Strandspaziergängen
sollte man sich über die Gezeiten informieren,
denn der Tidenhub beträgt bis zu 4 m. Eine Wan-
derkarte ist in den Unterkünften erhältlich.
   Die schönsten Strände **Fisherman's Beach**,
Long Beach und **Putney Beach** liegen alle an der
Ostseite. Vom Fisherman's Beach führt ein Wanderpfad zum **Lighthouse** bei **Bald Rock Point**.

ÜBERNACHTUNG

Great Keppel Island Holiday Village, ☏ 4939
8655, 🖥 www.gkiholidayvillage.com.au. Unterkunft in Dorms (Bett $35) und DZ sowie Safari-
zelte, alle ohne eigenes Bad ❹ und Camping
($50). Zudem Übernachtung in Cabins mit Bad
❸ oder im Bungalow ❻. Ruhig und freundlich.
Svendsens Beach, ☏ 4938 3717, 🖥 www.svend
sensbeach.com. Kleines Luxus-Camp mit komfortablen Ökozelten ❹, 1 Studio-Cabin ❺ und
1 Fewo ❽. Direkt am Strand. Gemeinschaftsküche; manchmal wird den Gästen frisch gefan-
gener Fisch geboten. Mind. 3 Übernachtungen.

SONSTIGES

Informationen
Eine gute Informationsquelle ist die **Website**
🖥 www.gkiholidayvillage.com.au.

Touren und Aktivitäten
Great Keppel Island Adventures, ☏ 0432 483
652, 🖥 www.greatkeppelislandadventures.com.
Verleiht Schnorchelausrüstung, Kajaks, SUPs,
Boogie Boards und Angelausrüstung. Außerdem werden jede Menge Touren geboten,
darunter Kajak-, Schnorchel, und Wandertouren, aber auch verschiedene Cruises.

TRANSPORT

Freedom Fast Cats, ☏ 4933 6888, 🖥 www.
freedomfastcats.com. Fährdienst tgl. ab
ROSSLYN BAY TERMINAL Mo und Di 10.30,
Mi–So 9.15 Uhr; ab Keppel Mo, Mi, Do, Sa und

So 15.45, Di und Fr 14.30 Uhr, $45 retour. Vorausbuchung nicht erforderlich, allerdings sollte man mind. 45 Min. vor der Abfahrt am Pier sein.

Edelsteinfelder und Nationalparks

Die Central Highlands sind eine der produktivsten Regionen in ganz Australien. Auf künstlich bewässerten, fruchtbaren Böden wachsen auf riesigen Feldern Baumwolle, Sorghum, Orangen und Sonnenblumen, die im April/Mai blühen. Rinder- und Schafzucht sind ebenfalls bedeutende Wirtschaftsfaktoren. Unter der Erde lagern riesige Steinkohlereserven, die meist im Tagebau abgebaut werden. Für Besucher sind Bodenschätze anderer Art wesentlich interessanter: Edelsteine, hauptsächlich Saphire, die man seit 1875 in der Gemfields-Region bei Anakie, Sapphire, dem Willows Gemfield und Rubyvale schürft.

Die Edelsteinfelder in und um **Sapphire, Rubyvale** und **Annakie** locken in der Hauptsaison (April bis September) Scharen von Touristen an, die kommen, um die edlen Saphire zu bewundern und selbst ihr Glück beim *fossicking* – dem sorgfältigen Waschen und Aussortieren der Edelsteine – zu versuchen. Das restliche Jahr über geht es hier sehr ruhig zu, viele Schmuckläden und einige Touristenminen schließen dann sogar ihre Pforten.

In der Hauptsaison können in Rubyvale einige Saphirminen besichtigt werden, u. a. die **Bobby Dazzler Underground Sapphire Mine**, ℡ 4981 0000, 🖳 www.bobbydazzlerminetours.com. au, und die **Miners Heritage Walk-in Mine**, ℡ 4985 4444, 🖳 www.minersheritage.com.au. Beide ⏰ tgl. 9–17 Uhr, Eintritt $20; am besten erkundigt man sich telefonisch nach den genauen Tour-Terminen. Für ein paar Dollar kann man sich hier verschieden große Behälter mit Abfallsteinen aus der Mine abfüllen lassen und selber die kleinen Edelsteine herauswaschen – falls welche darunter sind. Viel Glück!

Emerald ist eine größere Provinzstadt mit schmuckem Bahnhof und schönen Queenslander-Holzhäusern. Durch den Bau des **Fairbairn-Damms** südwestlich von Emerald wurde der 16 370 km² große **Lake Maraboon** gestaut, der die Bewässerung der riesigen Felder sicherstellt. Die Zufahrtstraße zweigt am östlichen Ortseingang von Emerald ab und verläuft 18 km durch eine riesige Zitrusplantage (2PH Farm).

Etwa 160 km westlich von Rockhampton erheben sich jäh aus der Ebene die 60–300 m hohen Felsklippen des **Blackdown Tablelands**, die ein leicht gewelltes, von Schluchten durchfurchtes, etwa 600 m hohes Sandsteinplateau begrenzen. Die Zufahrtstraße zweigt vom Capricorn Highway 11 km westlich von Dingo ab. Noch sind große Strecken der 22 km langen Zufahrt bis zum **Picknickplatz** auf der Anhöhe ungeteert, aber es ist kein Geländewagen erforderlich. Vorsicht vor Holzfällertrucks! Vom Picknickplatz führen kurze Wanderwege zu zwei **Aussichtspunkten** und ein 2 km langer Weg zu den **Two Miles Falls**.

Die **Carnarvon Gorge** liegt wie eine grüne Oase im braunen Hinterland. Der **Carnarvon National Park** mit seinen Sandsteinklippen, feuchten Eukalyptuswäldern, Wasserstellen zwischen Felsen, tiefen Schluchten und v. a. seinen Felsgalerien mit Aboriginal-Gemälden zählt zu den beliebtesten im Landesinneren von Queensland.

ÜBERNACHTUNG

Emerald

A&A Lodge Motel, 109 Clermont St, ℡ 4982 2355, 🖳 www.aandamotel.com.au. Einfache, saubere Motelzimmer in zentraler Lage. ❸
Emerald Cabin & Caravan Village, 64 Opal St, ℡ 4982 1300, 🖳 www.emeraldcabinand caravanvillage.com.au. Cabins verschiedener Standards, teilweise mit Bad und AC. Gepflegte Anlage in zentraler Lage. Schattige Zeltplätze ohne und mit Strom ($25/35). ❷
Lake Maraboon Holiday Village, Selma Rd, Lake Maraboon, ca. 15 km südl., ℡ 4982 3677. Stell- und Zeltplätze ohne und mit Strom ($30/38). Große Cabins mit Veranda und Blick über den Stausee. Zahlreiche Vögel bevölkern den Park. Kajakverleih. ❸ – ❻

Edelsteinfelder

Einige Edelsteinläden bieten auch Zimmer an, meist sehr klein und familiär.

Rubyvale Motel & Holiday Units, 35 Heritage Rd, Rubyvale, ℰ 4985 4518, ⌨ www.rubyvale holiday.com.au. Voll ausgestattete, moderne Units sowie luxuriöse Motelzimmer, alle mit AC. Große Grünanlage mit Pool. ❹ – ❺
Blue Gem Tourist Park, Sapphire Rd, Sapphire, ℰ 4985 4162, ⌨ http://bluegemtouristpark.com. au. Camping- und Stellplätze ab $26 und einige Cabins (teilweise mit Bad). Camp-Küche, Kiosk, Laundromat und Pool. ❸

Nationalparks

Nationalpark-Zeltplätze ($6,65 p. P.) sind in den Schulferien auf Monate im Voraus ausgebucht. Weitere Informationen und Buchung bei der Nationalparkbehörde, ⌨ https://parks.des.qld. gov.au/experiences/camping.
Blackdown Tableland: Im Nationalpark Zelt-möglichkeit im Munall Campground; Permit im Voraus einholen; der Platz ist in den Schulferien und an langen Wochenenden meist ausgebucht.
Carnarvon NP: **Carnarvon Gorge Wilderness Lodge**, 75 km südl. von Rolleston, am Anfang der Carnarvon Gorge (wenn man von Rolleston kommt), ℰ 4984 4503, ⌨ www.carnarvon-gorge.com. Wunderschöne Anlage in Busch-landumgebung, 3,5 km vom Schluchteingang. 30 große Cabins mit Heizung und Ventilator. Restaurant und Bar, kleiner Lebensmittelladen, Pool; geführte Wanderungen. ❽
Takarakka Bush Resort, nahe der Wilderness Lodge, ℰ 4984 4535, ⌨ www.takarakka.com. au. Zeltplatz (ab $30), einfache Zelt-Unterkünfte ohne ❹ und mit Bad ❺, Cabins ❼ und neue Cottages mit Bad ❽; warme Duschen. Küche und Gasgrills vorhanden. Kleiner Laden, herrliche Lage, zahlreiche Spazierwege.

SONSTIGES

Erntesaison

Bis auf die Monate Aug/Sep gibt es für Ernte-helfer immer etwas zu tun, allerdings benötigt man einen eigenen fahrbaren Untersatz.

Informationen

Visitor Information Centre Emerald, 3 Clermont St, ℰ 4982 4142, ⌨ https://centralhighlands. com.au. ⊙ Mo–Fr 9–16, Sa und So 10–14 Uhr.

Reisezeit und Wetter

In den Schulferien, insbesondere im Winter, ist der Carnarvon National Park besonders beliebt; Zeltplätze und andere Unterkünfte müssen für diese Zeit schon lange im Voraus reserviert werden. Im Hinterland, v. a. in den höheren Lagen, sind die Nächte dann empfindlich kalt – bis um 0 °C.

TRANSPORT

Busse

Mackay Transit Coaches, ℰ 4957 3330, ⌨ www.mackaytransit.com.au. Tgl. um 5.45 Uhr von Emerald (Bahnhof) über Clermont, Moran-bah, Nebo und Walkerston nach MACKAY (Fahrzeit 5 3/4 Std.). In umgekehrter Richtung um 13.45 Uhr ab Mackay, Ankunft in Emerald um 19.20 Uhr, $74 einfach.

Eisenbahn

Der **Spirit of the Outback** von BRISBANE und ROCKHAMPTON nach LONGREACH hält Mi vormittags und So in den Morgen-stunden in Emerald und Anakie, auf der Rückfahrt Mo und Do abends. Fahrdauer von Rockhampton nach Emerald 5 Std.; von Brisbane nach Emerald 15 Std.; jeweils einfach, Sitzplatz Economy, online günstiger. Weitere Auskünfte: **Queensland Rail**, ℰ 1300 131 722, ⌨ www.queensland railtravel.com.au.

Whitsunday Coast

Mackay und Umgebung

Mackay ist eine verschlafene Provinzstadt mit einer überschaubaren Anzahl an Sehenswürdig-keiten und einem sehr angenehmen und ruhigen Küstenflair. Besonders reizvoll sind die Sand-strände der **Northern Beaches** in den Vororten **Eimeo, Dolphin Heads** und **Blacks Beach**. Mit dem Great Barrier Reef vor der Küste und eini-gen beeindruckenden Nationalparks im Landes-inneren ist Mackay außerdem ein idealer Aus-gangspunkt für Ausflüge.

© CORINNA MELVILLE

Vom One Tree Hill auf Hamilton Island bietet sich ein grandioser Blick auf die Inseln der Whitsundays.

Der **Botanische Garten**, Haupteingang an der Lagoon St, erstreckt sich über ein 33 ha großes Gebiet entlang verschiedener Lagunen, in denen sich sehr gut Vögel beobachten lassen. Die kleine Kunstgalerie **Artspace Mackay**, Gordon St, 🖥 www.artspacemackay.com.au, stellt Werke lokaler Künstler aus. ⊕ Di–Fr 10–17, Sa und So bis 15 Uhr, Eintritt frei.

Abkühlung findet man in der künstlichen **Bluewater Lagoon**, einem schön angelegten Wasserpark nahe Caneland Central. ⊕ Mai–Aug tgl. 9–16.45, Sep–April bis 17.45 Uhr; Eintritt frei.

In Australien ist Mackay als Zuckerhauptstadt bekannt, denn aus der Region stammt ein Drittel der gesamten australischen Zuckerproduktion. Für die städtische Wirtschaft ist heute allerdings ein anderer Industriezweig relevanter: die Verschiffung von Kohle. Die schwarze Fracht wird von den Minen aus ganz Zentral-Queensland in kilometerlangen Zügen zum **Hay Point**, etwa 35 km südlich von Mackay, transportiert. Hier wird die Kohle auf Frachtschiffe verladen und in die ganze Welt exportiert. Vom Bruce Hwy führt bei Aligator Creek eine Straße ab zur **Hay Point Viewing Platform**, von der aus sich ein imposanter Blick auf die immensen Ausmaße des größten Kohlehafens der Südhalbkugel bietet.

ÜBERNACHTUNG

Im Ort

€ **Gecko's Rest**, 34 Sydney St, ✆ 4944 1230, 🖥 www.geckosrest.com.au. Die einzig verbliebene Backpacker-Unterkunft in Mackay ist beliebter Szene-Treff. Die 3–4-Bett-Dorms (Bett $28), EZ ($45) und DZ, alle mit AC, sind sauber, aber fensterlos. Die große Dachterrasse mit Grillstelle ist ideal zum Entspannen oder für feucht-fröhliche Abende. WLAN. Kostenloser Abholservice. ❶

Mackay Motor Inn, 208-212 Nebo Rd, ✆ 4952 2822, 🖥 www.mackaymotorinn.com.au. Saubere Motelzimmer. Für Reisende, die selbst kochen wollen, lohnt es sich, nach den Familienzimmern zu fragen, die meist wenig teurer sind. Pool. Frühstück und Abendessen auf Wunsch aufs Zimmer. ❷

Ocean International, 1 Bridge Rd, Illawong Beach, ✆ 4957 2044, 🖥 www.oceaninternational.com.au. Luxuriöse Hotelzimmer mit viel

Platz. Die Zimmer ab dem 3. Stock haben Blick aufs Meer. Auch Familienzimmer mit Küchenzeile. Unten gutes Restaurant. **5** – **7**

Camping
Central Tourist Park, 15 Malcomson St, ✆ 4957 6141. Die Cabins sind alle etwas in die Jahre gekommen, aber sauber und sehr günstig. Vor allem die „Villas" mit Küche, Bad, AC und TV erfüllen ihren Zweck. Auch Zelt- und Stellplätze (ab $25/30) vorhanden. **1** – **2**
Andergrove Van Park, Beaconsfield Rd, Andergrove, ✆ 4942 4922, 🖳 www.andergrove vanpark.com. Die gepflegte, grüne Anlage mit dem Pool wirkt einladend. Die Cabins sind schlicht, aber hell und freundlich, und alle haben Bad und AC. Stellplätze ohne/mit Strom ($28/40 oder $45 mit Bad). Pool. **2**

Northern Beaches
📙 **Dolphin Heads Resort**, Dolphin Heads, Beach Rd, ✆ 4944 4777, 🖳 www.dolphin headsresort.com.au. Tropische Resortanlage am Meer mit riesigem Pool. Moderne Zimmer mit AC, Bad, TV, Kühlschrank und Mikrowelle. Gutes Restaurant und Bar am Pool. Am Wochenende manchmal Livemusik. **5**
Blacks Beach Holiday Park, 16 Bourke St, Blacks Beach, ✆ 4954 9334, 🖳 www.mackay blacksbeachholidaypark.com.au. Direkt am Wasser. Cabins mit AC, Zelt- und Stellplätze ab $33. **6**

ESSEN UND UNTERHALTUNG

Eimeo Pacific Hotel, 1 Mango Ave, Eimeo, ✆ 4954 6106. Altes Pub, bei Einheimischen sehr beliebt. Tische auf Terrasse überblicken Meer und Inseln. Pubmeals. ⏲ tgl. 10–20 Uhr. In der **Sails Sport Bar** nebenan gibt's Countermeals und am Wochenende Livemusik.
Foodspace, Gordon St. Nettes Café im Artspace Mackay. ⏲ Mo–So 8–14 Uhr.

SONSTIGES

Erntearbeit
Von Mai–Nov werden Erntehelfer auf den Zockerrohrplantagen benötigt. Zu anderen

Jahreszeiten werden Erdbeeren und Knoblauch geerntet. Auch in der Fleischverarbeitung finden Backpacker Arbeit.

Informationen
Mackay Visitor Information Centre, The Mill, 320 Nebo Rd, südl. vom Zentrum, ✆ 1300 130 001, 🖳 www.mackayregion.com. ⏲ Mo–Fr 9–17 Uhr.

Touren
Reeforest Adventure Tours, ✆ 4959 8360, 🖳 https://reeforest.com.au. Tagestouren zum Eungella NP inkl. Schwimmen im Finch Hatton Gorge und Mittagessen. Preis je nach Gruppengröße.

NAHVERKEHR

Mackay Transit Coaches, ✆ 4957 3330, 🖳 www.mackaytransit.com.au. Busservice in der City und zu den Northern Beaches.

TRANSPORT

Busse
Das Busterminal liegt im Stadtzentrum: Macalister St, Ecke Victoria St. Alle Busse von **Greyhound** und **Premier** entlang der Küste zwischen BRISBANE und CAIRNS halten hier.
Mackay Transit Coaches, ✆ 4957 3330, 🖳 www.mackaytransit.com.au. Tgl. um 5.45 Uhr von EMERALD (Bahnhof) über Clermont, Moranbah, Nebo und Walkerston nach Mackay (Fahrzeit 5 3/4 Std.). In umgekehrter Richtung um 13.45 Uhr ab Mackay, Ankunft in Emerald um 19.20 Uhr, $73 einfach.

Eisenbahn
Der Bahnhof befindet sich 3 km südl. des Zentrums in der Connors Rd, Padget. Weitere Auskunft und Buchung auch bei **Queensland Rail**, ✆ 1300 131 722, 🖳 www.queenslandrail travel.com.au.
Spirit of Queensland von BRISBANE nach CAIRNS, Abfahrt in Brisbane Mo, Di, Mi, Fr und Sa um 15.45 Uhr, Ankunft in Mackay am darauffolgenden Tag um 4.04 Uhr. In südlicher Richtung hält der Zug Mo, Mi, Do, Fr und So um 20.05 Uhr in Mackay.

N

0   20 km

QUEENSLAND

Queens Beach
Delta
Don
Bowen
STONE ISLD.
MIDDLE ISLD.
GLOUCESTER ISLAND
ESHELBY ISLD.
HAYMAN ISLD.
Port of Bowen
Dingo Beach
Bowen
ARMIT ISLD.
Earlando
DOUBLE CONE ISLD.
HOOK ISLD.
WHITSUNDAY ISLANDS
Whitsunday
DELORAINE ISLD.
BORDER ISLD.
DAYDREAM ISLD.
NORTH MOLLE ISLD.
DRYANDER NP
WHITSUNDAY ISLAND
HAROLD ISLD.
Airlie Beach
Cannonvale
SOUTH MOLLE ISLD.
NATIONAL PARK
Group
Whitsunday
Shute Harbour
HASLEWOOD ISLD.
Crystal Brook
Mount Julian
LONG ISLD.
Whitsunday Islands
HAMILTON ISLD.
Foxdale
CONWAY NP
Prosperine
Conway
PENTECOST ISLD.
MAHER ISLD.
Dittmer
LINDEMAN ISLD.
Lindeman Group
MANSELL ISLD.
Conway Beach
SHAW ISLD.
Lethebrook
Cape Conway
THOMAS ISLD.
Repulse Bay
REPULSE ISLD.
Midge Point
BLACKSMITH ISLD.
Sir James Smith Group
GOLDSMITH ISLD.
LINNE ISLD.
TINSMITH ISLD.
WIGTON ISLD.
Bloomsbury
CARLISLE ISLD.
COCKERMOUTH ISLD.
Yalboroo
St. Helens
RABBIT ISLD.
BRAMPTON ISLD.
Wagoora
NEWRY ISLD.
O'Connell River
Halliday Bay
Hibiscus
ST. BEES ISLD.
Pindi Pindi
Mount Pellon
CAPE HILLSBOROUGH
EUNGELLA NATIONAL PARK
Calen
Seaforth
C. Hillsborough Andrews Point
Ball Bay
Sand Bay
Coast
Silent Grove
Mount Ossa
GREEN ISLD.
Mt. Charlton
Kuttabul
Bucasia
Dolphin Heads
Habana
Blacks Beach
Mt. Martin
Eimeo
Finch Hatton
Farleigh
Slade Point
Eungella
Marian
Andergrove
Eungella Dam
Gargett
Playstowe
Mackay
Pinnacle
Mirani
Walkerston
ROUND TOP ISLAND
Broken River
Dundula
Bakers Creek
Rosella
Mia Mia
Homebush
Hector
Hay Point
Half Tide Beach
Salonika Beach
Oakenden
VICTOR ISLET
Hannaville
The Chase
Cliftonville
Grasstree Beach
Campwin Beach
Sarina Beach
HOMEVALE NP
Epsom
Sarina
Armstrongs Beach
IRVING ISLET
Elphinstone
Shinfield
Ince Bay
Lake Elphinstone
Bowen R.
Blue Mtn.
CAPE PALMERSTON NP
TEMPLE ISLD.
Koumala
Green Hill
Nebo
Hatfield
Strathfield
Balook
Ilbilbie

s. Detailplan Whitsundays S. 320

s. Detailplan Airlie Beach S. 316

Flüge

Der Flughafen liegt südlich der Stadt.
Qantas fliegt tgl. nach BRISBANE, TOWNS-
VILLE, und ROCKHAMPTON.
Virgin Australia fliegt tgl. nach BRISBANE.
Mackay Taxi Service, ℡ 131 008, 🖥 www.
mackaytaxi.com.au.
Whitsundays 2 Everywhere, ℡ 0447 997 111,
🖥 www.whitsundaytransfers.com, fährt abge-
stimmt auf die Flüge vom Flughafen nach
Airlie Beach und zurück ($380 einfach für bis
zu 4 Pers.).

Pioneer Valley und Eungella National Park

Tropischer Regenwald, kilometerlange Spazierwege, seltene Pflanzen und Tiere sowie die
Chance, ein Schnabeltier in freier Wildbahn zu
entdecken – dafür lohnt der Abstecher von der
Küste in den subtropischen **Eungella National
Park** (sprich: *Jan-gella*). Die Eungella Road verläuft durch die Zuckerrohrfelder und Sugar
Towns des Pioneer Valley westlich von Mackay
und windet sich am Ende des Tals auf das Plateau hinauf zur Ortschaft **Eungella**.

20 km vor Eungella zweigt von der Hauptstraße eine 12 km lange Straße durch ein Tal
hinauf zur **Finch Hatton Gorge** ab, einer schönen Schlucht mit Wasserfällen und Badestellen
im Fluss. Auf den letzten unbefestigten 6 km gilt
es, zwei kleinere Furten zu durchfahren. Nahe
des Parkplatzes gibt es Picknickstellen mit Grills
und einen Kiosk; von dort führt ein Pfad (1,7 km)
zu einer tollen Badestelle bei den **Araluen Falls**.

Am Ende des Tals windet sich die Straße in
steilen Serpentinen die Straße hinauf durch den
Wald nach Eungella. Vom 20-minütigen **Sky-
Window-Rundweg**, etwa. 3 km hinter Eungella
auf dem Weg nach Broken River, hat man einen
herrlichen Ausblick über das Pioneer Valley.

Das knapp 600 m hohe, von Regenwald bedeckte Plateau durchziehen Schluchten und
Wasserfälle. Im **Broken River** in einigen Bächen leben **Schnabeltiere**, die man am besten
von der **Platypus Viewing Plattform** beim Informationszentrum des Nationalparks in Broken

River, 5 km südlich von Eungella, erspähen
kann. Es lohnt sich auch, auf dem Fußweg
dorthin unter der kleinen Brücke zu schauen,
wo sich die Säugetiere gerne aufhalten. Die
beste Zeit dafür ist die Morgen- und Abenddämmerung.

ÜBERNACHTUNG UND ESSEN

Finch Hatton Gorge

€ **Platypus Bush Camp**, ℡ 4958 3204,
🖥 www.bushcamp.net. 3 luftige, offene
Baumhäuser aus Holz für 3–4 Pers. (um $75 pro
Hütte oder $25 p. P.), mit Moskitonetzen. Man
kann auch sein Zelt aufschlagen ($7,50 p. P.).
Toiletten, warme Duschen und Kochgelegenheit
auf Gaskochern; Lagerfeuer. Lebensmittel und
Insektenschutzmittel mitbringen. Ein wunder-
voller Ort für Naturliebhaber.

Eungella

Historic Eungella Chalet, Dalrymple Heights,
℡ 4958 4509, 🖥 www.eungellachalet.com.au.
Altes Pub auf einer Anhöhe am Rand des
Pioneer Valley; Pubzimmer ❷ und schöne, gut
ausgestattete Cabins mit wunderbarem Blick
über das Tal ❹. Dazu gehört auch ein Restaurant mit Dachterrasse. Das Personal kennt die
besten Stellen für Schnabeltierbeobachtungen.

Broken River

Broken River Mountain Resort, Eungella Dam
Rd, ℡ 4958 4000, 🖥 www.brokenrivermr.com.
au. „Resort" ist eigentlich zu großspurig für die
kleine Anlage, aber die Lage am Broken River
ist idyllisch. Dazu gehört das gemütliche
Possum's Table Restaurant mit Bar. Unterkunft
in Holzcabins mit Veranda; Pool, Grillstelle;
geführte Spaziergänge. Abends kommen
Possums auf die Terrasse und können gefüttert
werden. Oft ausgebucht, daher frühzeitig
reservieren! ❺–❼
Fern Flat Campground, Broken River. Zugang
über die Broken River Picnic Area; von hier aus
zu Fuß den Schildern zum Zeltplatz folgen.
Einfacher Zeltplatz mit Toiletten, Gas-Grills und
Tische gibt es am Picknickplatz. Unbedingt
Trinkwasser und Gaskocher mitbringen, offene
Feuer sind nicht gestattet. Online-Buchung

QUEENSLAND

unter 🖥 https://parks.des.qld.gov.au/parks/
eungella/camping.html ($6,65 p. P.).

Informationen
Melba House Visitor Information Centre,
Eungella Rd, Marian, ☎ 4954 4299, 🖥 www.
mackayregion.com, ⏲ tgl. 9–15 Uhr.

Reisezeit und Klima
Zwischen Aug und Okt ist Hochsaison. Sa und
die Ferien meidet man besser, denn dann sind
die besten Übernachtungsmöglichkeiten schon
lange im Voraus ausgebucht. Im Winter (Ende
Mai–Ende Aug) ist es hier oben ziemlich kühl;
nachts sinkt das Thermometer bis auf den
Gefrierpunkt. Entsprechend kalt sind die
Gewässer!

Touren
Siehe S. 309 (Mackay).

TRANSPORT

Für **Autofahrer** hält das Visitor Information
Centre in Mackay eine Karte bereit. Die
Eungella Dam Rd hinter Broken River ist nicht
befestigt. Es gibt keine öffentlichen Transportmittel.

Cape Hillsborough
National Park

Der 816 ha große Nationalpark 47 km nördlich
von Mackay umfasst einen felsigen Küstenabschnitt vulkanischen Ursprungs. Dicht bewaldete, von Höhlen durchzogene Felsklippen fallen
hier ins Meer ab. In Buchten verborgen liegen
Sandstrände. Von der 10 km langen Zufahrtsstraße zum Kap zweigt ein ausgeschilderter
Plankenrundweg durch die Mangroven ab. Am
Picknickplatz oberhalb des Strandes, neben
dem städtischen Campingplatz, grasen gern
Kängurus, die regelrecht aufdringlich werden
können. Wenn es heiß wird, nehmen sie manchmal ein abkühlendes Bad im Meer. Wie in Airlie

Beach können auch am Cape Hillsborough
Sandfliegen zuweilen zur Plage werden – Insektenschutzmittel auftragen!

ÜBERNACHTUNG

Bei Smalleys Beach gibt es nahe des Resorts
einen **Zeltplatz** der Nationalparkbehörde
(Online-Registrierung; $6,65 p. P.).
Cape Hillsborough Nature Resort, 51 Risley
Parade, Cape Hillsborough, ☎ 4959 0152,
🖥 www.capehillsboroughresort.com.au. Ältere
Anlage mit großer Bandbreite an Unterkünften.
Viele der Motelunits, Cabins und Hütten sind
renoviert; alle haben AC. Auch Zelt- und Cara-
vanstellplätze ($29/34). 23 m langer Pool, Camp
Kitchen, Grillstellen und Laden, Internet. ❸–❽
Halliday Bay Holiday & Golf Resort, 1 Headland
Drive, Halliday Bay, am Kap, am Ende der Straße,
☎ 4959 0322, 🖥 www.hallidaybayresort.com.au.
Komplett ausgestattete Cabins mit AC und kleiner Veranda. Pool, Bar und Restaurant. Tennis-,
Volleyball- und Golfplatz (9 Löcher). Schöne Lage
an einer kleinen Bucht mit Sandstrand. Abholservice von Mackay (reservieren). Ab ❹

Proserpine

Die Zuckerstadt Proserpine ist nur ein Durch-
gangsort. Hier zweigt die Straße nach Airlie Beach ab, dem Sprungbrett zu den 74 Inseln der
Whitsunday Inselgruppe. Es lohnt sich aber zumindest kurz im **Whitsunday Region Information Centre**, 192 Main St, ☎ 4945 3967, ⏲ Mo–
Fr 9–16 Uhr, vorbeizuschauen, um sich mit allen
nötigen Infos für den Aufenthalt in Airlie Beach
und auf den Whitsundays auszustatten.

TRANSPORT

Busse
Whitsunday Transit, ☎ 4946 1800, 🖥 www.
whitsundaytransit.com.au. Verkehrt mehrmals
tgl. 6–18 Uhr zwischen Proserpine und AIRLIE
BEACH / SHUTE HARBOUR. Fahrplan s.
Website. Transfers vom / zum Flughafen und
Bahnhof sind 24 Std. im Voraus zu reservieren.
Nach Airlie Beach $22 einfach.

Der bunte Tante-Emma-Laden **Colour Me Crazy**, 2B Dobbins Lane, Proserpine, lohnt den Besuch auch für Reisende mit kleinem Budget. Das Sortiment reicht von kreativem Schmuck, ungewöhnlicher Kleidung, handgemachten Holz- und Steinarbeiten bis hin zu originellen Wohnungsaccessoires. ⏱ Mo–Fr 8.30–17, Sa 8.30–15.30, So 9.30–14.30 Uhr.

Greyhound (S. 558–559).
Premier (S. 560–561).

Eisenbahn
Alle Nordküstenzüge halten in Proserpine. Auskunft und Buchung bei **Queensland Rail**, 📞 1300 131 722, 🖥 www.queenslandrailtravel.com.au.

Flüge
Auf dem **Whitsunday Coast Airport** (nicht zu verwechseln mit dem kleinen Whitsunday Airport in Airlie Beach!) landen große Jets. **Jetstar**, 🖥 www.jetstar.com.au, und **Virgin Australia**, 🖥 www.virginaustralia.com, fliegen tgl. von und nach BRISBANE, MELBOURNE UND SYDNEY.

Airlie Beach

Das Tor zu den Whitsundays ist schon seit Jahrzehnten Treffpunkt globetrottender Backpacker, die in den großen Biergärten und alteingesessenen Hostels entlang der Hauptstraße Billard spielen, Livemusik lauschen und dabei meist tief ins Glas schauen. Spätestens seit der Pandemie zieht „Airlie" immer größere Scharen von Familien und betuchteren Gästen an, die Quartier in den Boutiquehotels und Resorts der Außenbezirke beziehen.

Der moderne **Port of Airlie** bezeugt diesen Trend hin zum stilvollen, gepflegten Luxustourismus. Neben erstklassigen Ferienapartments, Wellnesszentren und Boutiquen reihen sich gehobene Restaurants, schicke Bars und Cafés aneinander. Man sitzt mit Blick auf die privaten Jachten und die Ausflugsdampfer von Cruise Whitsundays.

Einen nennenswerten Badestrand, wie der Ortsname ihn suggeriert, gibt es in Airlie gar nicht. Dafür wurde vor dem Zentrum eine große, geschützte **Salzwasserlagune** künstlich angelegt, wo man gefahrlos und quallenfrei baden kann. Sandfliegen können in Wassernähe zur Plage werden – Insektenschutzmittel auftragen! Ein schöner Spazierweg führt entlang der neuen Boardwalk entlang und durch palmengesäumte Parks von der Lagune bis zum Cannonvale Beach.

Fast alle Ausflugsschiffe legen heute vom **Port of Airlie** oder von der **Abel Point Marina** ab, nur wenige Touren und Wassertaxis starten noch im rund 15 Minuten entfernten **Shute Harbour**, zu erreichen mit Whitsunday 2 Everywhere, S. 318.

Airlie Beach liegt von der Natur begünstigt am nördlichen Ende einer ins Meer ragenden Halbinsel, die südlich des Städtchens fast vollständig vom **Conway National Park** eingenommen wird. Ein Ausflug lohnt sich, denn die langen Strände und Wanderpfade durch den Regenwald sind trotz der Nähe zu Airlie wenig besucht. Beeindruckend (und meist völlig menschenleer) sind auch die etwa 30 km von Airlie Beach gelegenen **Cedar Creek Falls**, die sich während und kurz nach der Regenzeit in einen Naturpool ergießen (zu erreichen über die Saltwater Creek Road). Für beide Ziele ist ein eigener fahrbarer Untersatz nötig.

Im März 2017 fegte Zyklon Debbie mit zerstörerischer Wucht mitten über Airlie Beach und richtete Schäden im Wert von insgesamt $2,4 Milliarden an. Die Aufräumarbeiten gingen zwar mit erstaunlichem Tempo voran, doch zeugen noch immer einige unwettergepeitsche Häuser und Boote, die hunderte Meter vom Strand entfernt im Wald vor sich hin rotten, vom Ausmaß der Naturkatastrophe.

ÜBERNACHTUNG

Das Angebot an Ferienwohnungen und Hostels ist riesig und konnte sich auch über die Pandemie hinweg retten. Wer Luxus liebt, findet hier attraktive Unterkünfte. Wer nicht gut zu Fuß ist, sollte nicht allzu weit den Hang hinauf ziehen, denn die Wege sind recht steil.

Hostels

Airlie Beach ist für Backpacker einer *der* Party-orte an der Ostküste. So gut wie alle Hostels buchen Touren und Segeltrips – eine weitere Einkommensquelle der Hostels.

Airlie Beach YHA, 394 Shute Harbour Rd, ✆ 4946 6312, 1800-24 72 51, ✉ airliebeach@yha.com.au. Große 6-Bett-Dorms (Bett ab $33) mit Bad und Schließfächern; außerdem DZ mit Balkon und teilweise mit Bad. Große Küche, Courtyard mit Pool und Grillstellen. Sauber und angenehm. ❶–❷

💶 **Backpackers by the Bay**, 12 Hermitage Drive, ✆ 4946 7267, 🖥 www.back packersbythebay.com. Das kleine, gemütliche Haus ist mehr Wohngemeinschaft als Hostel. Neue Gäste werden mit einem Glas Wein begrüßt, am Abend Quiz- oder Filmnacht im hauseigenen Pub. Gutes, günstiges Frühstücks-buffet. Die 4–5-Bett-Dorms (Bett $24–28) und DZ sind einfach, aber gemütlich, alle mit AC. Salzwasserpool. In Richtung Shute Harbour auf einer Anhöhe; Zubringerbus zur Bushalte-stelle (10 Min. zu Fuß) 6–20 Uhr. Gute, unab-hängige Beratung über Bootstouren und Tauchkurse. ❶

Bush Village, 2 St. Martins Rd, abgehend von der Shute Harbour Rd, 1 km von Airlie Beach, Cannonvale, ✆ 4946 6177, 🖥 www.bushvillage.com.au. Die 4–5-Bett-Dorms (Bett $35) und DZ sind alle in sauberen Cabins untergebracht mit jeweils eigener Küche und Bad. 2 DZ pro Cabin, alle mit AC. Außerdem Deluxe-Studios mit Hotelstandard. Die Anlage liegt im Grünen, es gibt jede Menge Vögel und mit Glück auch Wallabies. Ruhiges Hostel, gemischtes Feed-back. Busshuttle nach Airlie Beach 1x stdl. zwischen 6.30 und 24 Uhr. Frühstück inkl. ❸–❻

Andere

Airlie Beach Motor Lodge, 6 Lamond St, ✆ 4946 6418, 🖥 www.airliebeachmotorlodge.com.au. Das Hotel am Hügel überzeugt mit freundlichem Personal und sehr geschmackvoll eingerich-teten Zimmern und 1–2-Zimmer-Apartments mit Balkon und AC. Ruhige, aber sehr zentrale Lage oberhalb des Zentrums. ❻–❼

Heart Hotel and Gallery, 277 Shute Harbour Rd, ✆ 1300 847 244, 🖥 www.hearthotelwhit sundays.com.au. Die stilvollen, luxuriösen Zimmer mit Balkon und modernen Badezimmern

Ob im Segelkatamaran oder auf dem Stehpaddel-Board, Airlie Beach ist vom Wasser aus am schönsten.

© CORINNA MELVILLE

bestechen vor allem durch die superkomfor-
tablen Betten. Das kleine, elegante Hotel liegt
mitten im Zentrum. **8**

Mango House Resort, Shute Harbour Dr, Ecke
Erromango Dr, ✆ 1800 673 835, 🖥 www.
mangohouseresort.com.au. Moderne, luxuriöse
Zimmer und Apartments, alle mit AC und
Balkon/Terrasse. Großer Pool. **5**

🧳 **Mantra Club Croc**, Shute Harbour Rd,
Cannonvale, ✆ 4940 2300, 🖥 www.
clubcroc.com.au. Großes, freundliches
Resort mit großem Poolbereich, Fitnessstudio,
Waschraum und großem Restaurant, wo
morgens und abends gute Buffets locken.
Die Zimmer sind hell und komfortabel,
alle mit AC. Ab **4**

Ferienwohnungen

Shingley Beach Resort, Shingley Drive,
✆ 4948 8300, 🖥 www.shingleybeachresort.
com. Apartmenthotel mit Units mit Balkon und
Meerblick, Pool, Tauchschule. Mind. 2 Übernachtungen. **6**–**7**

Whitehaven Beachfront, 285 Shute Harbour Rd,
✆ 4946 5710, 🖥 www.whitehavenunits.com.au.
Einfache, aber saubere Units mit Küchenzeile,
Bad, Sofa, Waschmaschine und Balkon/
Veranda liegen nur einen Katzensprung vom
Wasser entfernt. **4**

Caravanparks

Die Caravanparks liegen alle etwas außerhalb,
oft in schönen Gartenanlagen mit Pool. Hier nur
eine Auswahl.

Airlie Beach Holiday & Caravan Park
(Discovery Park), Shute Harbour Rd, Ecke
Ferntree Rd, ✆ 4946 6727, 🖥 www.airliecove.
com.au. Liegt schön im Grünen Richtung
Shute Harbour. Zelt- und Stellplätze ($25/33
oder $50 mit Bad), unterschiedlich große Cabins
mit AC, Salzwasserpool, Tennisplatz, Kiosk.
2–**8**

Island Gateway Holiday Park, Shute Harbour
Rd, Ecke Jubilee Pocket Rd, ✆ 4946 6228,
🖥 www.islandgateway.com.au. Große Anlage
mit Stellplätzen ($28/38 mit Bad), permanent
aufgestellten Zelten ($50) sowie Cabins und
Units mit AC. Pool, Minigolf, Tennis, Kiosk.
Ab **2**

ESSEN UND UNTERHALTUNG

In Airlie bleibt man nicht lange hungrig. Entlang
der Shute Harbour Road gibt es einige Restaurants, Cafés und Nachtclubs und die Biergärten
und Bars der Hostels **Magnums** und **Beaches**
mitten im Ort, die bei Backpackern rund um
die Uhr beliebt sind, denn dort werden auch
preiswerte Mahlzeiten aufgetischt.

🧳 **The Deck**, 277 Shute Harbour Rd, ✆ 4948
2721. Das stilvolle, zum Meer hin offene
Lokal serviert die besten Pizzen der Stadt, aber
auch hervorragende Fleisch- und Fischgerichte.
Gute Weinkarte. ⏱ tgl. 7–21 Uhr.

Fish D'vine, 303 Shute Harbour Rd, Ecke Coconut Grove, ✆ 4948 0088. Sehr gute Meeres-
spezialitäten in modernem Ambiente. Dazu
gehört auch eine Cocktailbar. ⏱ tgl. 17–21 Uhr.

€ **Little Vegas Burger and Bar**, 259 Shute
Harbour Rd, ✆ 4948 2853. Günstige und
leckere Burger mit „Chips" in rockiger Bar; am
Wochenende oft Livemusik. ⏱ Mi–Mo mittags
und abends.

Bohemian Raw, Abel Point Marina, ✆ 4948
0274. In dem alternativen Café sitzt man mit
Blick auf den Hafen. Es gibt kleine vegane und
vegetarische Speisen, Milkshakes und guten
Kaffee. ⏱ tgl. 7–14 Uhr.

AKTIVITÄTEN UND TOUREN

Bootstouren und Transfer zu den Inseln

Die Auswahl an Touren mit Segel- oder Motorbooten bleibt überwältigend. Viele Anbieter in
Airlie Beach haben ein- bis mehrtägige Touren
auf mehr oder weniger luxuriösen Jachten im
Angebot, einige sind speziell auf Backpacker
zugeschnitten. Bei mehrtägigen Touren
übernachtet man an Bord oder im Zelt auf einer
der Inseln, von denen einige unbewohnt sind.
Mahlzeiten, Touren im Glasbodenboot und
Schnorchelausrüstung sind im Preis inbegriffen.
Extras gegen Aufpreis sind geführte
Schnorcheltouren, Tauchen und Hubschrauberflüge über das Riff.

Etablierte Anbieter

Cruise Whitsundays, ✆ 4946 7000, 🖥 www.
cruisewhitsundays.com.au. Der größte Anbieter

QUEENSLAND

Airlie Beach

Shute Harbour

Shute Harbour Rd

Errromango Dr

Jubilee Pocket Rd

Mandalay Rd

Boat Haven

The Beacons

Port of Airlie

Shute Harbour Rd

Hermitage Dr

Airlie Bay

Lagune

Esplanade

Annies

Airlie Creek

Waterson Way

Broadwater Ave

Begley St

Waterson Way

Coral Sea View Rd

Nara Ave

Cr

Airlie

Esplanade

Abel Point Marina

Shingley Dr

Shingley Beach

POLIZEI

Altmann Ave

Shute Harbour Rd

Jones Rd

Eshelby Dr

Whitsunday Shopping Centre

Coral Esplanade

Island Dr

Beach Rd

→ Proserpine

Cannonvale Beach

N

1 km

von Touren und Transfer zwischen den Inseln betreibt große, komfortable Fähren ab dem Port of Airlie. Oft sind ausgebildete Meeresbiologen an Bord, die Präsentationen geben und gegen Aufpreis geführte Schnorcheltouren bieten. Zu den Tagestouren zählen eine Fahrt zum Ponton Reefworld im äußeren Riff ($269); eine Rundfahrt inklusive Strandspaziergang am Whitehaven Beach ($229 oder $115 als Halbtagestour) sowie viele weitere Tagestouren. Außerdem Segelturns zum Whitehaven Beach auf der Camira (Tagestour $209).

Explore Whitsundays, ℅ 4946 5932, 🖥 www. explorewhitsundays.com. Tagestouren auf der SV *Southern Cross* inkl. Bush Walk am Hill Inlet und Besuch des Whitehaven Beach sowie Möglichkeit zum Schnorcheln bei Dumbell Island, $180, Kind $90. Auch mehrtägige Segeltouren.

Providence Sailing, ℅ 0427 882 062, 🖥 www.whitsundaysailing.com.au. Auf der *Providence V* segelt man zu Häppchen und Wein in den Sonnenuntergang (ab Abel Point Marine, $75). Außerdem Tagestouren zum Whitehaven Beach, $179.

Fallschirmspringen

Skydive Airlie Beach, ℅ 1300 815 953, 🖥 www. skydive.com.au/locations/airlie-beach. Tandemsprünge aus verschiedenen Höhen. Je höher der Absprung, desto länger der freie Fall. Die Aussicht ist natürlich sensationell, vorausgesetzt man schafft es, seine Aufmerksamkeit auf was anderes als den eigenen Atem und den Adrenalinrausch zu lenken. Ab $269.

Rundflüge

Die Inseln und das Riff sind aus der Vogelperspektive mindestens so beeindruckend wie vom Wasser aus. Ein Rundflug – wenn auch nicht ganz billig – wird lebenslange Erinnerungen hinterlassen.

Air Whitsunday, ℅ 4946 9111, 🖥 www.air whitsunday.com.au. Rundflüge sowie Tages- und Halbtagstouren ab Whitsunday Airport in Airlie Beach zum äußeren Riff, Whitehaven Beach Hayman und Hamilton Island in Wasserflugzeugen; z. B. 3 Std. inkl. Landung am Whithaven Beach, $330 p. P.

GSL Aviation, ℅ 1300 47 52 47, 🖥 http:// gslaviation.com.au. Die halbstündigen Rundflüge führen nur über die Inseln, noch toller sind die einstündigen Flüge, die bis zum Riff rausführen ($249). Auch Helikopterflüge.

Seekajak fahren

Salty Dog Sea Kayaking, ℅ 4946 1388, 🖥 www.saltydog.com.au. Seekajaktouren ab Shute Harbour; halber Tag ($90) oder ganzer Tag ($145); beide 3x die Woche. Ab und zu 6-Tagestouren ($1750) um die nördlichen Whitsunday Islands. Preise inkl. Essen. Auch Kajakverleih (ab $60 pro halber Tag oder $90 pro Tag) und gute Informationen.

SUP

Östlich der Abel Point Marina kann man wunderbar stehpaddeln.

Whitsunday Stand Up Paddle & Kayak, an der Abel Point Marina, ℅ 0446 3188, 🖥 www. whitsundaystanduppaddle.com.au. SUPs und Kajaks ab $80 für 2 Std. Auch Kurse.

Tauchen

Annähernd alle Schiffe, die Tagesfahrten oder längere Segeltörns im Programm haben, bieten auch Gelegenheit zum Tauchen und stellen Ausrüstung usw. Auch Anfänger können einen Schnuppertauchgang unternehmen. Ein Open-Water-Tauchkurs dauert normalerweise 3–4 Tage und kostet ab $750. Es lohnt sich zu vergleichen, wie viele Tauchgänge pro Kurs angeboten werden und vor allem wo. Es hat schon Anbieter gegeben, die die Trainingstauchgänge im Pool mitzählen. Auch die Teilnehmerzahl pro Kurs ist ein Faktor, der über Erfolg oder Misserfolg entscheiden kann. Ein altbewährter und renommierter Anbieter offeriert (u. a.) PADI-Open-Water-Kurse:

Whitsunday Dive Adventures, 2579 Shute Harbour Rd, ℅ 4948 1239, 🖥 www.whit sundaydivecentre.com.

SONSTIGES

Autovermietungen

Hertz Car Rental, 342 Shute Harbour Rd, ℅ 4946 4687.

Englisch lernen
SACE Whitsundays College of English,
Cannonvale Campus, 121 Shute Harbour Rd,
📞 4946 5655, 💻 www.collegeofenglish.
com.au. Englischkurse; viele Ausflüge und
Aktivitäten.

Informationen
Es gibt unzählige Läden, die Besucher
mit Broschüren überhäufen – viele von
ihnen bezeichnen sich als Tourist Office,
sind aber nur Agenturen, die Touren
verkaufen.
Airlie Beach Tourist Information,
277 Shute Harbour Rd, 📞 4946 5299,
💻 www.whitsundaytourism.com.au.
Offizielles Informationszentrum.

NAHVERKEHR

Stadtbusse
Whitsunday Transit, 📞 4946 1800,
💻 www.whitsundaytransit.com.au.
Die Busse verkehren zwischen PROSERPINE
und Airlie Beach/Shute Harbour und bieten
Transfers zum Airport und Bahnhof in
Proserpine (S. 312).
Zahlreiche Unterkünfte unterhalten einen
kostenlosen Zubringerbus von Cannonvale
nach Airlie Beach und Shute Harbour/Abel
Point Marina.
Whitsunday 2 Everywhere, 📞 0447
997 111, 💻 www.whitsundaytransfers.
com. Zubringerservice zwischen den
Flughäfen und Airlie Beach/Shute
Harbour.

Taxi
Whitsunday Taxi, Cannonvale,
📞 13 10 08.

TRANSPORT

Busse
Greyhound (S. 558–559).
Premier (S. 560–561).

Fähren
Siehe S. 315 (Bootstouren).

Whitsunday Islands

Die Whitsunday Islands sind tatsächlich
so paradiesisch wie die Bilder versprechen:
Palmengesäumte Inseln mit weißen Sandstränden umgeben von türkisgrünem Wasser mit
wuchernden Korallen und bunten Meeresbewoh-
nern. Die meisten der 74 Inseln sind vulkanischen
Ursprungs – was heute noch aus dem Wasser
ragt, sind also die Gipfel ehemaliger Berge. Einige sind deshalb ziemlich hügelig und beheimaten
dichten subtropischen Regenwald. Nur acht der
Inseln sind bewohnt; manche davon bieten Urlaubern die Möglichkeit, sich in zumeist exklusiven Resorts zu erholen. Manche Inseln sind vollständig im Besitz eines Resorts und damit nur für
Übernachtungsgäste zugänglich. Andere Inseln
können nur im Rahmen einer organisierten Tour
oder auf eigene Faust besichtigt werden.

Der bedenkliche Zustand des Great Barrier
Reefs und verheerende Wirbelstürme haben die
Tourismusbranche in den letzten zehn Jahren
gehemmt. Nach Zyklon Debbie, der im März 2017
über die Whitsundays und Airlie Beach fegte,
blieben manche Resorts jahrelang geschlossen.
Besucher der Whitsunday-Region und des Riffs
sollten sich ihrer Verantwortung für den Erhalt dieses Natur-Eldorados bewusst sein: Das
Riff darf zwar von nah und fern bewundert,
aber nicht berührt werden. Auf den Inseln gilt
der Grundsatz: „Take nothing but photos, leave
nothing but footprints."

Long Island
Auf der schlanken, lang gestreckten Long Island
mit ihren hübschen Stränden und dicht bewach-
senem Inneren kann einen schon mal das Gefühl
überkommen, man sei ganz alleine hier. Das
freundliche und familiäre **Palm Bay Resort**
ist erste Anlaufstelle, auch für Tagesgäste. Das
Resort kann bis zu 50 Gäste beherbergen, die
sich allerdings auf die supergemütlichen, isoliert stehenden Strandhütten in der Bucht verteilen. Nur am Abend kommen alle zusammen
in die saubere, offene Gemeinschaftsküche

mit bewirtschafteter Bar und großem Ess-bereich, um sich ihr Essen zuzubereiten. Im Süden der Insel liegt das Luxusresort Elysian Retreat. 13 km Spazierwege führen über die In-sel, zudem kann man Schnorchel oder Kajaks leihen und das Riff direkt vor der Insel erkunden. Auch eine begrenzte Anzahl von Tagesgästen ist willkommen.

Hamilton Island

Hamilton ist die „zivilisierteste" aller Whit-sunday Inseln, sie hat einen eigenen Flugplatz, Einkaufszentren und sogar einige Hochhäuser und feste Straßen, die allerdings nur mit Golf Buggies befahren werden dürfen. Gegen Vor-lage eines regulären Führerscheins kann man diese am Flughafen oder rund fünf Minuten von der Marina entfernt am Resort Drive mieten ($59 für 2 Std oder $87 pro Tag). Eine „Spritztour" lohnt sich, denn die Insel ist gar nicht so klein und ganz schön hügelig. Der **Cats-eye Beach** ist das Zentrum des Geschehens. Hier kann man Schnorchel, Kajaks und SUPs leihen, am feinsandigen Strand flanieren oder in einem der schönen Pools baden. Eine über-ragende Aussicht bietet sich vom **One Tree Hill** mit dem gleichnamigen Café, ⏱ tgl. 10–19 Uhr. Gästen auf Hamilton Island bietet sich ein umfangreiches Resort-Programm, vom Minigolf und Kids Club bis hin zu geführten Schnorchel- und Jetskitouren. Im Süden der Insel liegen eini-ge weniger überlaufene kleine Buchten.

Whitsunday Island

Die größte Insel der Gruppe ist zwar unbewohnt, wird aber jeden Tag von vielen Ausflugsschif-fen und Segelbooten angefahren, die am wun-derbaren **Whitehaven Beach** an der Ostküste Halt machen. Man kann es ihnen nicht verübeln: Mit seinem grellweißen Pulversand (der einen besonders hohen Quarzgehalt aufweist) wird der Strand jedes Jahr erneut von verschiedenen Or-ganisationen zu einem der schönsten Strände der Welt gekürt. Man kann sogar übernachten, denn es gibt einen Zeltplatz der Nationalparkbehörde.

Hook Island

Die zweitgrößte Insel der Gruppe ist von Buch-ten und Fjorden zergliedert und bietet gute

Inselhopping auf eigene Faust

Auf dem **Ngaro Sea Trail** können Out-door-Freunde die Whitsundays und das Riff auf eigene Faust erkunden. Die mehrtägige Kajakroute umschließt South Molle Island, Whitsunday Island und Hook Island. Zum Trail gehörende Wanderwege führen zu Aborigi-nes-Stätten auf den Inseln. Kampiert wird auf den Zeltplätzen der Nationalparkbehörde. Eine sehr eindrucksvolle und individuelle Alterna-tive für Reisende mit genügend Zeit, Fitness und Abenteuerlust. 🖥 https://parks.des.qld. gov.au/parks/whitsunday-ngaro-sea-trail.

Schnorchelmöglichkeiten. Das Resort auf der Insel wurde 2013 von einem Zyklon weitgehend zerstört und wurde bis heute nicht wieder auf-gebaut. Das herrliche **Nara Inlet**, ein tief in die Inselmitte hineinreichender Fjord, ist nur per Boot erreichbar. Der Strand lädt zum Baden ein – Schwimmer sollten sich vor gefährlichen Unterströmungen hüten. Ein Wanderweg führt zu einer **Höhle**, in der Felszeichnungen der Ureinwohner zu erkennen sind.

South Molle Island

Nordöstlich von Shute Harbour liegt die 4 km lange und 2 km breite, kompakte und sehr hüge-lige South Molle Island. Wanderwege führen durch den Nationalpark und zu einsamen Strän-den. Das einzige Resort ist auf unbestimmte Zeit geschlossen und die Insel kann nur per Charter-boot oder im Kajak besucht werden (s. unten, Übernachtung und Transport).

Daydream Island

Gerade mal 10 ha groß, besteht Daydream Island praktisch nur aus einem Resort, einem harten Korallenstrand fast um die ganze Insel, und einem bewaldeten Hügel hinter dem Hotel. Die Insel, auf der es eine große Lagune mit reichhaltiger Fauna gibt, befindet sich in Privat-besitz. Das Luxus-Resort wurde in den letzten Jahren aufwendig renoviert und ist erst seit 2018 wieder in Betrieb. Mehrere Restaurants, Bars (eine davon im Pool) und ein Open-Air-Kino sorgen für Unterhaltung; dazu werden viele Akti-

N
0   10 km

- - - Whitsunday Ngaro Sea Trail

Coral

Sea

HAYMAN
ISLD.

LANGFORD
ISLD.

HOOK
ISLD.

Ngaro Cultural Site

Nara Inlet

Curlew
Beach

BORDER
ISLD.

DELORAINE
ISLD.

DUMBELL
ISLD.

Pieter Bay

NORTH
MOLLE
ISLD.

Funnel
Bay

Whitsunday
Airport

DAYDREAM
ISLD.

CID
ISLD.

Dugong
Beach

HASLEWOOD
ISLAND

HAROLD
ISLD.

EDWARD
ISLD.

WORKINGTON
ISLD.

Airlie
Beach

Shute
Harbour

Sandy Bay

SOUTH
MOLLE
ISLD.

SHUTE
ISLD.

WHITSUNDAY
ISLAND

Whitehaven
Beach

Chance Bay

LUPTON
ISLD.

TEAGUE
ISLD.

HENNING
ISLD.

LONG
ISLAND

DENT
ISLAND

PERSEVERANCE
ISLD.

Hamilton Island Airport

PINE
ISLD.

HAMILTON
ISLAND

PENTECOST
ISLD.

QUEENSLAND

vitäten geboten – vom SUP und Kajakfahren bis hin zum Schnorcheln im riesigen offenen Aquariumspool.

Reefworld

Das Ponton auf dem Hardy Reef, das von Cruise Whitsundays angefahren wird (s. S. 315, Airlie Beach, Bootstouren), bietet auch Nichtschwimmern und Familien mit kleinen Kindern die Gelegenheit, auf komfortable Weise das Riff zu besichtigen. Vom Ponton aus kann man beliebig schnorcheln, tauchen, einen Helikopterflug oder eine Tour in den sogenannten Semi-submersibles unternehmen (halb unter der Wasseroberfläche treibende Boote mit gläsernem Untersatz).

ÜBERNACHTUNG UND TRANSPORT

Wo es keine Resorts gibt, kann man meist auf **Zeltplätzen der Nationalparkbehörde** zelten. Permits und Informationen unter https://parks.des.qld.gov.au/parks/ whitsunday-islands/camping.html#camping_ in_whitsunday_islands_national. Camper müssen Trinkwasser und einen (Gas-) Campingkocher mitbringen – offene Feuer sind im Nationalpark verboten.
Salty Dog Sea Kayaking (s. S. 317, Airlie Beach, Touren und Aktivitäten) verleiht Kajaks und eine Grundausrüstung. Schlafsack, Zelt und Isomatte sind allerdings nicht enthalten.

Long Island

Palm Bay Resort, ☏ 1300 655 126, 🖳 www.palmbayresort.com.au. Die Strandhütten mit Bad, kleiner Küche (nur Mikrowelle und Wasserkocher) und Veranda blicken fast alle über die wunderschöne Bucht. Das sehr freundliche Resort besteht sonst nur aus einem großen offenen Essbereich mit Gemeinschaftsküche, Bar und Pool. An der Rezeption gibt es ein paar Lebensmittel zu kaufen, aber es ist besser, sich vor der Ankunft mit allem Erforderlichen einzudecken. Familiäre und superentspannte Atmosphäre. Beachfront Villa ab $269.

Long Island ist nur mit dem Wassertaxi zu erreichen: **Island Transfers**, ☏ 0488 022 868, 🖳 www.islandtransfers.com, $110 ab Airlie Beach, retour.

Hamilton Island

Hamilton Island bietet fünf verschiedene Unterkünfte, leider keine davon für Budget-Reisende: **Hamilton Island Holiday Homes** (ab $390) ist ideal für Familien, da alle 100 Apartments komplett ausgestattet sind. **Palm Bungalows** (ab $430) hat idyllisch gelegene Cabins mit Balkon und Blick über den tropischen Garten. Das **Reef View Hotel** (ab $490) hat luxuriöse Zimmer, z. T. mit Blick auf das Riff. Sehr exklusiv sind der 5-Sterne-**Beach Club** (ab $770) sowie die Pavillons von **Qualia** (ab $1400) mit Privatpool auf dem Sonnendeck und jedem erdenklichen Luxus.

Allen Gästen stehen zur Verfügung: Restaurants, Coffeeshops, Bars und Nightclubs, riesige Pools (mit Bar in der Mitte), ein kleiner Zoo, Dienstleistungen vom Arzt über Friseur und Masseur bis zur eigenen Hochzeitskapelle; natürlich alle erdenklichen Sport- und Wassersportmöglichkeiten u. Ä. Eltern können ihre Kinder im Betreuungszentrum bespaßen lassen, Kids essen zudem kostenlos.

Auf dem **Great Barrier Reef Airport** auf Hamilton Island landen Jets. **Jetstar** und **Virgin Australia** fliegen tgl. von und nach MELBOURNE, SYDNEY und BRISBANE; Qantas fliegt von und nach Cairns. **Cruise Whitsundays**, ☏ 4846 7000. 4–5x tgl. ab Port of Airlie in ca. 45 Min. zum Hamilton Island Airport, $62 einfach.

South Molle Island

Das einzige Resort der Insel wurde von Zyklon Debbie im März 2017 praktisch dem Erdboden gleichgemacht, und das, kurz nachdem es von einer Investmentfirma aufgekauft worden war, die der alten Backpacker-Unterkunft neues Leben einhauchen wollte. **Campen** ist aber immer noch möglich, z. B. an der Sandy Bay direkt am Strand ($6,65 p. P.). South Molle kann im Charterboot oder im Kajak erreicht werden. Letzteres dauert etwa 1 Std. und sollte gut geplant sein. Nützliche Infos und Kajaks bietet Salty Dog Sea Kayaking (s. S. 317, Airlie Beach, Touren und Aktivitäten).

Daydream Island

Daydream Island Resort & Spa, ☏ 1800 07 50 40, 🖳 www.daydreamisland.com. Das große, etablierte Resort mit 4 Pools, Tennisplätzen, Fitnesszentrum, Freiluftkino, Restaurants, Bars, Wellness-Bereich und knapp 300 Zimmern wurde nach umfangreicher Renovierung 2018 neu eröffnet. Die Zimmer und Suiten sind alle großflächig, hell und luxuriös. ❽ **Cruise Whitsundays**, 🖳 https://cruise whitsundays.com. Fährt tgl. häufig ab Port of Airlie zur Daydream Island und zurück, $37 einfach.

Von Bowen bis Cairns

Das Dreieck zwischen Bowen, Townsville und Charters Towers im Westen liegt im Regenschatten. Das Klima ist heiß und trocken, die Hitze wird allerdings durch das Meer etwas gemäßigt. Bei Ingham, nur 60 km nördlich von Townsville, beginnt die feuchttropische Zone mit üppiger, saftig grüner Natur. Hier beginnt der schönste, landschaftlich abwechslungsreichste Teil der Ostküste Queenslands.

Von den tropischen Regenwäldern, die einst einen großen Teil der Küstenregion bedeckten, ist nur noch ein kleiner Streifen an der Küste übrig geblieben. Viele Gebirgsbäche bahnen sich ihren Weg durch tiefe Schluchten zur Küste hin, wo sich herrliche Sandstrände mit mangrovenbestandenen Flussdeltas abwechseln. Ein großer Teil des Küstenstreifens von Nord-Queensland wird von Zuckerrohrfeldern eingenommen. Vor der Küste liegen kleine Inseln und Korallenatolle.

Townsville

Das Stadtbild von Townsville mag nur wenige Höhepunkte aufweisen; tatsächlich aber bietet die 178 000-Einwohner-Stadt einige interessante Sehenswürdigkeiten. Dazu kommen eine hübsche Strandpromenade und ein im Stadtzentrum aufragender Granitfelsen, von dem man bis zur Magnetic Island blickt.

Neuer Besuchermagnet ist das im August 2020 eröffnete **Museum of Underwater Art (MOUA)**, 🖥 www.moua.com.au, ein Kunstmuseum unter Wasser, dessen Schätze nur von Tauchern (bei guter Sicht auch von Schnorchlern) erkundet werden können. Die ca. 70 km vor Townsville an der Küste versenkten Kunstwerke in 10–18 m Tiefe darf man auf einer organisierten Tour mit **Adrenalin Snorkel & Dive** bestaunen (Tagestour für Schnorchler $275, für Taucher $315). Die einfache Bootsfahrt zum MOUA dauert drei Stunden; je nach Wetterlage kann das Boot ganz schön ins Schwanken geraten. Am besten schluckt man vor der Fahrt ein Übelkeit hemmendes Medikament. Weitere Informationen auf der Webseite des Museums.

Für das **Museum of Tropical Queensland**, 70-102 Flinders St, 🖥 www.mtq.qm.qld.gov.au, sollte man wenigstens zwei Stunden veranschlagen. Der erste Stock widmet sich der Geschichte der *Pandora* – eines Schiffes, das die Welt umsegelte, um die Meuterer der berühmten *Bounty* dingfest zu machen. Die Meuterer wurden gefasst und in einen fensterlosen Holzverschlag im Schiff – die sogenannte Pandora's Box – gesperrt. Die Pandora krachte 1791 bei Townsville auf das Great Barrier Reef und sank. Seit den 1970er-Jahren bringen Taucher immer wieder Teile des mittlerweile im Sand versunkenen Wracks an die Oberfläche. Im zweiten Stock des Museums wird das tropische Queensland dargestellt mit besonderem Augenmerk auf Flora und Fauna. ⏱ tgl. 9.30–17 Uhr, Eintritt $15, Kind 3–15 J. $8,80.

Entlang der Strandpromenade **The Strand** reihen sich Hotels, Restaurants und Cafés aneinander. Am Ende der Promenade befindet sich der idyllische **Rockpool**, der auch während der Quallensaison im Sommer einen sicheren Badeort bietet.

Eine lange kurvige Straße führt hoch zum **Castle Hill**, dem Granitfelsen, der von der ganzen Stadt aus zu sehen ist. Autofahrer sollten besonders vorsichtig sein, denn vor allem am Morgen und frühen Abend ist der Weg voller Jogger, Radler und Spaziergänger. Wer selbst zu Fuß unterwegs ist, kann auch einem der Wanderwege nach oben folgen: Am kürzesten, aber auch am steilsten, ist der Goat Track mit seinen 1360 Stufen. Diese mögen vielleicht der Grund sein, warum die meisten Locals doch lieber der Straße folgen.

Von oben bietet sich ein Ausblick auf die ganze Region und die vor der Küste liegende **Magnetic Island**.

Ein sehenswertes Ausflugsziel ist das 11 ha große **Billabong Sanctuary** am Bruce Highway, 🖥 www.billabongsanctuary.com.au, 17 km südlich von Townsville. Die Anlage umfasst Regenwald, Eukalyptus-Buschland, ein riesiges Feuchtgebiet für Wasservögel, Lagunen für Süßwasser- und Leistenkrokodile, Gehege für Koalas, Kasuare *(cassowaries)*, Echidnas, Wombats und ein Areal für Dingos. Über den ganzen Tag verteilt führen Ranger Tiere vor; die Präsentationen sind sehr informativ und – im Gegensatz zu vielen anderen privaten Tierparks – nicht reißerisch aufgemacht. ⏱ tgl. 9–16 Uhr, Eintritt $36, Kind 4–16 J. $25. Broschüre auch auf Deutsch.

ÜBERNACHTUNG

Hostels

€ **Orchid Guest House** (VIP), 34 Hale St, 📞 0418 738 867, 🖥 www.orchidguesthouse.com.au. Das kleine, freundliche Hostel bietet ein vorübergehendes Zuhause zum Wohlfühlen. 4-Bett-Dorms (Bett $26), alle mit AC und Kühlschrank. Besonders gemütlich sind die EZ ($60) und DZ mit Bad, AC, Kühlschrank. Garten und Grillstellen. Die nette Betreiberin bringt Gäste sogar kostenlos zur Fähre. ❶ – ❷

N   0   100 km

QUEENSLAND

Reef Lodge, 4 Wickham St, um die Ecke von Flinders St East, ✆ 4721 1112, 🖥 www.reef lodge.com.au. Etwas größer, aber dennoch ruhig und freundlich. Sehr zentrale Lage, mit begrüntem Innenhof. EZ und DZ mit AC und Ventilator ❶. Außerdem 2–6-Bett-Dorms (Bett je nach Ausstattung und Dorm-Größe $24–37). Ein guter Deal sind die beiden Motelzimmer mit eigenem Bad ❷. Auf Anfrage Abholservice von Busterminal und Bahnhof.

Townsville

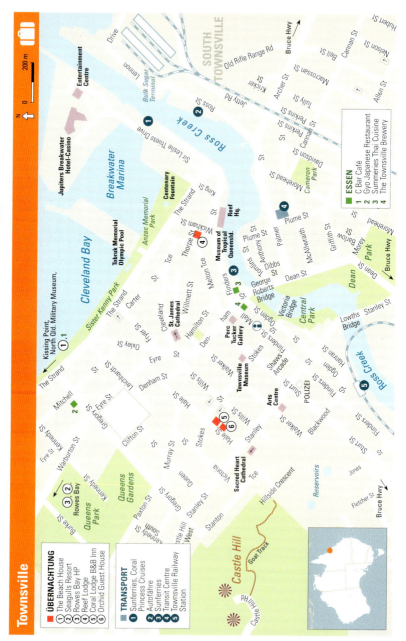

N 0 200 m

SOUTH TOWNSVILLE

Cleveland Bay

Breakwater Marina

Ross Creek

Ross Creek

Castle Hill

Queens Gardens

Queens Park

Rowes Bay

Dean Park

Central Park

Anzac Memorial Park

Sister Kenny Park

Jupiters Breakwater Hotel-Casino

Entertainment Centre

Bulk Sugar Terminal

Centenary Fountain

Reef Hq.

Museum of Tropical Queensld.

Tobruk Memorial Olympic Pool

St. James Cathedral

Perc Tucker Gallery

Townsville Museum

Arts Centre

Sacred Heart Cathedral

POLIZEI

Kissing Point, North Qld. Military Museum,

Reservoirs

Goat Track

ÜBERNACHTUNG
1 The Beach House
2 Seagulls Resort
3 Rowes Bay HP
4 Reef Lodge
5 Coral Lodge B&B Inn
6 Orchid Guest House

TRANSPORT
1 Sunferries, Coral Princess Cruises
2 Autofähre
3 Sunferries
4 Transit Centre
5 Townsville Railway Station

ESSEN
1 C Bar Café
2 Gyo Japanese Restaurant
3 Summeries Thai Cuisine
4 The Townsville Brewery

Trockenen Fußes zu einem lebenden Korallenriff

An das Museum of Tropical Queensland grenzt der moderne Bau des **Reef HQ Aquariums**, ☎ 4750 0800, 🖥 www.reefHQ.com.au. Mit seinem 2,5 Mio. l fassenden Becken und einem lebendigen Riff ist es eines der größten Korallenaquarien der Welt. Im Acryltunnel können Besucher Nase an Nase mit zahlreichen Riffbewohnern wie Haien, Rochen und Clownfischen auf Tuchfühlung gehen. Sehr empfehlenswert sind auch die über den ganzen Tag verteilten Präsentationen. Im Turtle Hospital werden kranke und verletzte Tiere geheilt und auf ihre Rückkehr ins Meer vorbereitet. ⏲ tgl. 9.30–17 Uhr, Eintritt $28, Student $22, Kind 5–15 J. $14. Tickets sind den ganzen Tag gültig. Die Wartezeit zwischen den Veranstaltungen überbrückt man am besten im Museum.

Andere

Coral Lodge B&B Inn, 32 Hale St, ☎ 1800 614 613, 🖥 www.corallodge.com.au. Einfaches, aber freundliches Guesthouse in zentraler Lage; 8 Zimmer und 2 Studiounits mit Kochecke, alle mit AC, TV. Küche für alle. ❷

Seagulls Resort, 74 The Esplanade, Belgian Gardens, ☎ 4721 3111, 🖥 www.seagulls.com. au. Modern eingerichtete Zimmer um tropischen Garten mit großem Pool und Bar gereiht, alle AC. Tennisplatz. ❷–❹

The Beach House, 66 The Strand, ☎ 4721 1333, 🖥 www.beachhousemotel.com.au. Helle Motelzimmer, alle mit Kühlschrank, Fernseher und Klimaanlage. Auch größere Familienzimmer. ❹

Caravanparks

Die meisten liegen außerhalb von Townsville entlang des Bruce Highway.

Magnetic Gateway Holiday Village, 88 Minehane St, Cullen, 9 km südl. vom Zentrum, ☎ 4778 2412, 🖥 www.securalifestyle.com.au/ parks/magnetic. Schöne Anlage mit vielen schattigen Zelt- und Stellplätzen ($27/33) sowie einigen Cabins. Pool, Kiosk. ❸–❹

Rowes Bay Holiday Park, Heatley Parade, 3 km außerhalb am Strand, Rowes Bay, ☎ 4771 3576, 🖥 www.rowesbayholidaypark.com.au. Zelt- und Stellplätze mit teilweise neuen sanitären Anlagen ($35/43). Cabins unterschiedlicher Standards mit AC, Pool, Kiosk, schöne Lage am Strand. ❷–❺

ESSEN UND UNTERHALTUNG

Viele Lokale befinden sich entlang der Flinders St und Flinders St East sowie an der Strandpromenade.

C Bar Café, Gregory St Headlands, The Strand, North Ward, ☎ 4724 0333, 🖥 www.cbar.com. au. Schöner Blick aufs Wasser und gutes Frühstück.

Gyo Japanese Restaurant, 2/48 Gregory St, ☎ 4771 5151. Frisches Sushi und andere japanische Gerichte. ⏲ Di–Sa 11.30–14.30 und 17.30–21.30 Uhr.

Summeries Thai Cuisine, 228-232 Flinders St East, ☎ 4420 1281. Schneller Service, authentisches Essen. ⏲ Di–So Mittag- und Abendessen.

The Townsville Brewery, 252 Flinders St, ☎ 4724 2999. Die Brauerei befindet sich im alten Postamt. Interessant für Bierliebhaber sind die „Tasting Trays". Im Brauhaus sind das hervorragende Malt Restaurant (⏲ Mo–Fr 12–14 und 18–22 Uhr, Sa nur abends) und ein Pub untergebracht, wo es neben Countermeals Mo–Fr 17–18 Uhr Pizzen zum halben Preis und am Samstagabend Livemusik gibt. ⏲ Mo–Sa ab 11.30 Uhr bis spät.

TOUREN

Tour Townsville, ☎ 0408 555 887, 🖥 www.tour townsville.com.au. Tourguide Toby führt Besucher in Kleingruppen durch seine Heimatstadt und in die Umgebung. Halbtagestour ab $55.

SONSTIGES

Informationen

Townsville Visitor Centre, Bulletin Square, ☎ 4721 3660, 🖥 www.townsvillenorthqueens land.com.au, ⏲ Mo–Sa 9–17, So 9–13 Uhr.

Internet

Praktisch alle Unterkünfte bietet Internet-zugang. Kostenloses WLAN gibt es außerdem u. a. in allen öffentlichen Bibliotheken, am Flinders Square und am Civic Theatre.

Tauchen

Neben Kursen und Touren zum Riff wird auch Wracktauchen angeboten. Das 1911 gesunkene **Yongala-Schiffswrack** in 15–33 m Tiefe, 13 km vor der Küste, gilt als das beste Taucherlebnis in ganz Australien, das sich Taucher mit aus-reichend Erfahrung nicht entgehen lassen sollten. Das Wrack ist bevölkert von Dutzenden giftiger Seeschlangen, die glücklicherweise nicht besonders angriffslustig sind. Rings um das Wrack ist die Meeresfauna und -flora lebendiger als in den benachbarten Riffen. Allerdings können schlechte Sicht, starke Strömungen und hohe Wellen Tauchern zu schaffen machen.

Adrenalin Dive, 252 Walker St, ✆ 4724 0600, 🖥 http://adrenalindive.com.au. Tagestouren zum Wrack der *Yongala* und zum Riff, außerdem PADI-Kurse, z. B. 5 Tage Open Water auf dem Live-aboard-Tauchboot.

TRANSPORT

Busse

Greyhound, tgl. nach CAIRNS und BRISBANE via Townsville, (S. 558–559). Nach **Westen**: Mi um 7 Uhr via MT ISA (Ankunft 18.15 Uhr) nach TENNANT CREEK (Ankunft um 2 Uhr am nächsten Tag).
Premier s. S. 562–563.

Eisenbahn

Der Bahnhof liegt in der 502 Flinders St. Auskunft und Buchung bei **Queensland Rail**, ✆ 131 617, 🖥 www.queenslandrail. com.au.

Nach Norden / Süden

Spirit of Queensland von BRISBANE nach Townsville Mo, Di, Mi, Fr und Sa um 15.45 Uhr, Ankunft in Townsville am darauffolgenden Tag um 9.08 Uhr. Weiter nach CAIRNS um 9.23 Uhr.

In südliche Richtung ab Cairns Mo, Mi, Do, Fr und So um 9 Uhr, Ankunft in Townsville um 15.09 Uhr.

Nach Westen

Inlander von Townsville via CHARTERS TOWERS nach MT ISA, Abfahrt Mi und Sa um 12.40 Uhr, Ankunft Mo und Fr um 9.35 Uhr. In umgekehrter Richtung Abfahrt in Mt Isa Do und So um 13.30 Uhr.

Fähren

Sealink Queensland, ✆ 4726 0800, 🖥 www. sealinkqld.com.au. Verkehrt zwischen Townsville (Breakwater Terminal beim Reef HQ) und NELLY BAY auf Magnetic Island, tgl. 5.30–23.30 Uhr alle 30–90 Min.; $33 retour.
Fantasea Cruising Magnetic, ✆ 4796 9300, 🖥 www.fantaseacruisingmagnetic.com.au. Etwa alle 2 Std. ab Ross St, South Townsville, nach NELLY BAY. Fahrzeug inkl. 4 Pers. $210–260 retour. Nur Passagier $26 retour.

Flüge

Der **Flughafen** befindet sich etwa 4 km westl. der Stadt in Garbutt. Mit Bus oder Taxi vom Flughafen in die Stadt in 15–20 Min. Das **Airport Shuttle** deckt alle Flüge ab, Buchung erforderlich, tgl. 8–18 Uhr, ✆ 4728 5078.
Qantas, Direktflüge nach BRISBANE, MT ISA, CAIRNS, MACKAY und ROCKHAMPTON. Mit **Jetstar** mehrmals die Woche nach BRISBANE, SYDNEY und MELBOURNE.
Virgin Australia, Flüge nach BRISBANE und SYDNEY.
Weitere Verbindungen nach DARWIN, TOOWOOMBA und zur GOLD COAST.

Magnetic Island

Die „Magnetische Insel" erhielt ihren Namen 1770 von Captain Cook auf seiner Forschungs-fahrt. In der Nähe der Insel spielte der Schiffs-kompass der *Endeavour* verrückt, wofür Cook die seiner Meinung nach eisenhaltige Insel ver-antwortlich machte. In Wirklichkeit waren mag-netische Anomalien auf dem Meeresgrund die Ursache.

Heutzutage wirkt die Insel auf andere Art wie ein Magnet: Ausflügler, Feriengäste und Rucksackreisende strömen in Scharen nach „Maggie". Die Fähren verkehren tagsüber fast stündlich. Die Insel ist landschaftlich reizvoll, groß und abwechslungsreich genug, um neben Faulenzen am Strand auch viele Aktivitäten zu ermöglichen. Abends spielt sich in Restaurants, Pubs und Resorts sogar ein bisschen Nachtleben ab.

Die 5184 ha große, kompakte Insel hat die Form eines gleichschenkligen Dreiecks, dessen Spitze nach Süden zeigt. Eine 10 km lange, asphaltierte Straße verläuft vom Südzipfel entlang der Ostküste bis zur nördlichen Horseshoe Bay. In der ruhigen **Picnic Bay** gibt es in der Fußgängerzone einige Cafés und andere Angebote. Ein *stinger net* ermöglicht quallenfreies Schwimmen im Meer. Sowohl die Personen- als auch die Autofähre legt im Harbour Terminal in **Nelly Bay**, nordöstlich von Picnic Bay, an. Hier finden sich auch ein großer Supermarkt sowie die meisten Unterkünfte der Insel.

Die schönsten Buchten und Strände liegen an der Ost- und Nordküste. Besonders gut zum Schnorcheln eignen sich **Alma Bay, Arthur Bay** und **Florence Bay** an der Ostküste. Ein guter Ausgangspunkt ist der idyllische, kleine Ort **Arcadia**, nur einen kurzen Fußmarsch von der von Felsen umrahmten Alma Bay entfernt. In der Nähe der **Geoffrey Bay**, die ebenfalls zu Arcadia gehört, werden zahlreiche Ferienwohnungen und Apartments vermietet.

Etwas weiter nördlich hält der Bus im Landesinneren am Eingang zu den **Forts**. Von hier aus läuft man in ca. 40 Minuten hinauf zu den Festungen, die im Zweiten Weltkrieg zum Schutz vor einer japanischen Invasion errichtet wurden. Oben bietet sich eine herrliche Aussicht über die Insel. Auf dem Weg dorthin findet man mit etwas Glück Koalas in den Astgabeln. Von der **Radical Bay** führt ein kleiner Pfad via **Balding Bay** zur Horseshoe Bay (1,7 km, ca. 30 Min.). Die kleine Balding Bay ist ein inoffizieller FKK-Strand.

Horseshoe Bay im Norden ist eine kilometerlange, hufeisenförmige Bucht mit breitem Sandstrand, wo viele Segelboote ankern und Windsurfbretter sowie Wasserscooter vermietet werden. Hier ist das zweite Quallennetz befes-

tigt, sodass man auch hier im Sommer unbedenklich schwimmen kann.

West Point an der Westküste erreicht man mit einem gemieteten Fahrzeug oder der Bustour von Magnetic Island Bus Service. Vor Nelly Bay, Geoffrey Bay, im Osten der Horseshoe Bay und vor den Mangrovensümpfen im Südwesten liegen Korallenriffe. Das Gebiet zwischen Magnetic Island und der Küste sowie die Buchten weiter im Süden bis Cape Bowling Green sind Schutzgebiete für Seekühe *(Dugong)*.

ÜBERNACHTUNG

Hostels

Die Hostels auf der Insel bieten oft günstige Pauschalangebote für Fähre und Übernachtung; manchmal auch inkl. Fahrzeugvermietung oder Tauchkurs.

Base Backpackers, 1 Nelly Beach Rd, zwischen Nelly Beach und Picnic Bay, ☎ 4778 5777, 🖥 www.stayatbase.com/hostels/australia-hostels/base-magnetic-island. Tolle Lage direkt am Wasser. 8-Bett-Dorms (ab $32), auch nur für Frauen, sowie DZ (z. T. mit Bad). Große Bar mit BBQ und Pool. Auch Zeltplätze ($20 für 2 Pers.). Einmal monatlich Full Moon Partys. ❹

🏕 **Bungalow Bay Koala Village YHA**, 40 Horseshoe Bay Rd, Horseshoe Bay, ☎ 4778 5777, 🖥 www.bungalowbay.com.au. Die Hütten im „Koaladorf" liegen über eine ausgedehnte Buschlandschaft verteilt. Dazu gehört u. a. ein Koalapark, durch den Führungen geboten werden ($30). Übernachtung in Holzhütten als Dorm (Bett ab $29) oder als DZ, teils mit Bad. Außerdem Camping für $16 p. P. Tropischer Pool, Restaurant und Freiluftbar (billige Mahlzeiten), WLAN, Fahrrad- und Kajakvermietung sowie großes Angebot an Aktivitäten und Touren. Für seine nachhaltige Bauweise, Energieeffizienz und v. a. für den Einsatz zum Schutz der lokalen Fauna erhielt das Hostel das Advanced Eco Certificate von Ecotourism Australia. ❶–❷

€ **Cstay**, 32 Picnic St, Picnic Bay, ☎ 4758 1616, 🖥 http://cstay.com.au. Das kleine, gemütliche Hostel hat 10 DZ mit AC und Kühlschrank, die auch auf Share-Basis vermietet werden (Bett $25). Kleiner Pool und Garten. ❶

Magnetic Island

N 0   5 km

(Map labels:) Five Beach Bay, Horseshoe Bay, Balding Bay, Radical Bay, Orchard Rocks, NATIONAL PARK, West Point, Mt Cook, Florence Bay, Arthur Bay, Arcadia, Alma Bay, Nelly Bay, Bremner Point, Bright Point, Rocky Bay, Picnic Bay, Cockle Bay, Hawkings Point, Townsville (8 km)

■ ESSEN
1 Marlin Bar
2 Brasserie and Take-Away @Nelly

■ ÜBERNACHTUNG
1 Sails on Horseshoe
2 Bungalow Bay YHA
3 Base Backpackers
4 Tropical Palms Inn
5 Island Leisure Resort
6 Arcadia Beach Guest House

■ SONSTIGES
1 Horseshoe Bay Ranch
2 Moke Magnetic

Picnic Bay *(inset map)*: West Point, NP-Verwaltung/EPA, Hurst St, Yule St, Birt St, Granite St, Nelly Bay, Yule St, POLIZEI, Picnic St, Mall, The Island Travel Centre, JETTY, Rocky Bay, Hawkings Point

Nelly Bay *(inset map)*: Mandalay Ave, Elena St, Barton St, Kelly St, Sooning St, Memorial Pool, Arcadia, Arcadia Rd, MEDICAL CENTRE, Yates St, Sooning St, Esplanade, Picnic Bay, HELI PAD, FERRY TERMINAL (alle Fähren), Bright Point

Arcadia *(inset map)*: Walking Track (Nelly Bay), Horseshoe Bay, Way, Ave, Alma Bay, Hayles, Pde, Marine, Geoffrey Bay, Bremner Point, Nelly Bay

Andere
Picnic Bay
Tropical Palms Inn, 34 Picnic St, ☎ 4778 5076, 🖥 https://tpmi.com.au. Kleine, einfache Units (2–5 Betten) mit Küchenzeile, Bad und AC. Salzwasserpool. Vermietung von Geländewagen. Gutes Preis-Leistungs-Verhältnis. ❺

Nelly Bay
Island Leisure Resort, 4 Kelly St, ☎ 4778 5000, 🖥 www.islandleisure.com.au. Geräumige Chalets mit Doppelbett und Etagenbetten; schöne Gartenanlage, Tennisplatz, lagunen-artiger Pool, Fitnessraum. Familienfreundlich. Großes Angebot an Touren. ❼

Arcadia
🧳 **Arcadia Beach Guest House**, 27 Marine Parade, Geoffrey Bay, ☎ 4778 5668, 🖥 www.arcadiabeachguesthouse.com.au. Ansprechende, bunte Zimmer, alle mit AC, z. T. mit Bad, Frühstück inkl., auf 2 Häuser verteilt, sowie Safarizelte mit Holzboden ❶. Komplett ausgestattete Gästeküche. Freundlich und sehr empfehlenswert. Auch Autovermie-tung und Aktivitäten. ❶ – ❺

Horseshoe Bay
Sails On Horseshoe, 13 Pacific Drive, ☎ 4778 5117, 🖥 www.sailsonhorseshoe.com.au. Super Lage in der Bucht. Einige der gut ausgestatteten Studios und Apartments mit Meerblick. ❼ – ❽

ESSEN

Brasserie and Take-Away @Nelly, 98-100
Sooning St, Nelly Bay, ✆ 4778 5044. Das Lokal
serviert australisch-italienische Küche und hat
eine gemütliche Terrasse. ⊙ Di–Sa ab 11 Uhr.
Marlin Bar, 3 Pacific Dr, Horseshoe Bay,
✆ 4758 1588. Herzhaftes Kneipenessen; fantastischer Blick aufs Wasser. ⊙ tgl. Mittag- und
Abendessen, Sa und So auch Frühstück.

AKTIVITÄTEN

Reiten

Horseshoe Bay Ranch, 38 Gifford St, Horseshoe
Bay, ✆ 4778 5109, 🖥 www.horseshoebayranch.
com.au. 90-minütige Ausritte am Strand entlang
und durch den Busch ($100).

Schnorcheln und Tauchen

Pleasure Divers, Arcadia Resort, ✆ 4778 5788,
🖥 www.pleasuredivers.com.au. 5-Sterne-PADI-
Zentrum. Ausrüstung, Tauchtrips, PADI-Unter-
richt in Arcadia, Tauchgänge vor der Insel und
am Riff.

Wassersport

Horseshoe Bay Water Sports, ✆ 4758 1336.
Jet Skis, Aqua Bikes, Segel- und Motorboote,
Kanus, Dinghies, Windsurfbretter. Auch Para-
flying, Wasserski und Tube Rides (kleine
Schlauchboote, von einem Motorboot gezogen).

TOUREN

Magnetic Island Sea Kayaks, Horseshoe
Bay, ✆ 4778 5424, 🖥 www.seakayak.
com.au. Halbtägige Kajaktour (inkl. Frühstück)
ab Horseshoe Bay, $95 p. P. im Zweisitzer und
Touren am Nachmittag. Der Anbieter hat schon
mehrere Auszeichnungen für nachhaltigen
Tourismus erhalten.

TRANSPORT

Busse

Sunbus, 🖥 www.sunbus.com.au/magnetic-
island/bus-timetable. Von ca. 6–21 Uhr, am
Wochenende länger. Regelmäßiger Service von
Picnic Bay nach Horseshoe Bay und zurück,
hält am Ferry Terminal, an festgelegten Haltestellen in den Orten, bei Unterkünften und am
Beginn der Wanderwege. Tagesticket $8.

Fähren

Siehe S. 326 (Townsville).

Taxis

Magnetic Island Taxis, ✆ 13 10 08. Die Taxis
warten meist an der Fähre.

Charters Towers

1871 fand ein junger Aborigine glitzerndes
Gestein in einem Bach nahe des heutigen Charters Towers. Der Goldfund sprach sich herum,
und sofort begann der Run auf das begehrte
Metall. Die Ausbeute belief sich zwischen
1872 und 1916 auf rund 100 Mio. Dollar. Im neu
gegründeten Ort waren die Straßen zu jener
Zeit buchstäblich mit Gold gepflastert, und die
damals 30 000 Einwohner nannten ihre Stadt
bescheiden „The World".

Nachdem die Goldvorkommen erschöpft
waren, wandten sich die Einwohner anderen
Aktivitäten zu. Heute sind die Rinderzucht und
der Anbau von Zitrusfrüchten und Trauben die
Haupterwerbsquellen, hinzu kommt ein blühen-
des Bildungsgewerbe mit mehreren Internaten.
Ende der 80er-Jahre erlebte Charters Towers einen zweiten Goldrausch, seit Ende des 20. Jhs.
wird allerdings kein Gold mehr gefördert. Heute
leben noch 8000 Menschen hier.

Für eine Provinzstadt im Outback ziemlich
grandiose Gebäude aus der Goldrauschzeit des
19. Jhs. finden sich in der Gill St und Mossman
St, z. B. die **City Hall** und die **Stock Exchange
Arcade**, eine renovierte viktorianische Einkaufs-
passage. Ein historisches Bankgebäude in der
Mossman St wurde renoviert und dient nun als
Eingangshalle und Lobby für das **World Theatre**,
eine Anlage mit zwei Kinos und einem Theatersaal.

In der **Venus Gold Battery**, Millchester Rd,
✆ 4761 5533, 🖥 www.historytoursaustralia.
com.au, wurde 100 Jahre lang mit heute vor-
sintflutlich anmutenden Maschinen Gestein

zerkleinert und daraus mithilfe von Wasser, Quecksilber, Zyanid und Schwefel Gold extrahiert. Die Führung (Dauer: etwa 75 Min.) lohnt sich. ⏰ Nov–Mai Mi, Fr und Sa 10 Uhr, Juni–Okt tgl. um 10 Uhr, Mo, Mi und Fr auch 11.45 und 14.30 Uhr. Eintritt inkl. Tour $25.

Wer sich für die Geschichte des Orts interessiert, sollte sich den **Ghosts of Gold Heritage Trail** ansehen. Die selbst geführte Tour beginnt am Visitor Centre (s. u.) mit einem kurzen Infofilm und führt zum Stock Exchange, zur Venus Battery und schließlich auf den **Towers Hill**.

ÜBERNACHTUNG UND ESSEN

Park Motel, 1 Mossman St, ✆ 4787 1022, 🖥 www.parkmotel.com.au. Units mit AC. Salzwasserpool. Im Restaurant gibt's tgl. Frühstück und Abendessen. ❸

Royal Private Hotel, 100 Mosman St, ✆ 4787 8688, 🖥 www.royalprivate-hotel.com. Das historische Hotel kommt einem Hostel am nächsten. Budget-DZ und -EZ ohne Bad und DZ mit Bad. Küche und schöne Veranda. Sehr zentral. ❶–❸

Aussie Outback Oasis (Big 4), 76 Flinders Hwy, ✆ 4787 8722, 🖥 www.big4.com.au/caravan-parks/qld/townsville-surrounds/aussie-outback-oasis-holiday-park. Rund 3 km östl. des Zentrums. Schöne Anlage mit Cabins und Zeltplätzen (ab $30). Ab ❹

Irish Molly's, 120 Gill St, im Court House Hotel. Gute Countermeals. Am Wochenende oft Livemusik.

SONSTIGES

Feste
Goldfields Ashes Cricket Carnival am Australia-Day-Wochenende um den 26. Jan., wenn 100 Cricket-Teams aus ganz Australien gegeneinander antreten.

Informationen
Charters Towers Visitor Information Centre, 74 Mossman St, ✆ 4761 5533. ⏰ tgl. 9–17 Uhr.

Das Bankgebäude in Charters Towers zeugt vom kurzlebigen Goldrausch der 1870er-Jahre.

© DUMONT BILDARCHIV / HOLGER LEUE

Busse

Greyhound, Mi um 8.45 Uhr über MOUNT ISA nach TENNANT CREEK. Richtung Osten: Do um 11.30 Uhr nach TOWNSVILLE.

Eisenbahn

Mi und Sa hält der **Inlander** um 15.30 Uhr in Richtung MT ISA; Mo und Fr um 7.05 Uhr in Richtung TOWNSVILLE in Charters Towers. Auskunft und Buchung bei **Queensland Rail**, ☎ 1300 131 722, 🖥 www.queenslandrail. com.au.

Paluma Range National Park

Der **Paluma Range National Park** ist das südliche Tor zu den **Wet Tropics**. Dichter Regenwald, Scharen einheimischer Vögel und viele Wanderwege machen den Park zu einem beliebten Ausflugsziel. In der Regenzeit lassen die Wolken ungeheure Wassermassen auf den 1000 m hohen Gebirgskamm niedergehen – es fallen 4 m Regen pro Jahr. Das Ergebnis ist eine Flora, in der durstige Bäume und Farne mit den faszinierendsten Mitteln der Natur um das Sonnenlicht wetteifern.

Von der asphaltierten Straße, die einen Abschnitt des alten Bruce Highway entlastet, zweigt 61 km nördlich von Townsville und 40 km südlich von Ingham die Mt Spec Rd (auf manchen Karten Paluma Range Rd), eine schmale, asphaltierte Straße, nach Westen ab und windet sich die Paluma Range hinauf. Die Ortschaft Paluma besteht nur aus ein paar Häusern, einer Schule, einem Hotel mit Restaurant und einer **Pottery**, 29 Lennox Crescent, in der ein Töpfer seit Jahrzehnten schönes Geschirr und Skulpturen nach alter Handwerkskunst herstellt und zum Kauf anbietet.

Ein kurzer Spaziergang führt von Paluma zum **McClelland's Lookout**, von wo aus sich ein toller Blick über das Tal bis nach Magnetic und Hinchinbrook Island bietet. In weiteren ca. 20 Minuten gelangt man von hier aus zum **Witt's Lookout**. Einen Einblick in den tropischen Regenwald bietet auch der **Paluma Rainforest Walk** (Rundweg, ca. 15 Min.).

Der **Lake Paluma** eignet sich zum Schwimmen. Hier gibt es auch Picknicktische und einen Campingplatz. Unten im Tal und nur wenige Kilometer entfernt von Mutarnee am Bruce Hwy liegen **Big Crystal Creek** und **Little Crystal Creek**, in deren Gewässern man sich erfrischen kann. Am nördlichen Ende von Mutarnee lohnt **Frosty Mango** einen kurzen Stopp. In dem kleinen Laden und Café werden fruchtige Säfte sowie Fruchteis aller Geschmacksrichtungen verkauft. ⏱ tgl. 9–17 Uhr, 🖥 www.frostymango.com.au.

ÜBERNACHTUNG

🏕 Wer den Weg hier raus zu den **Hidden Valley Cabins**, ☎ 4770 8088, 🖥 www. hiddenvalleycabins.com.au, findet, wird von den freundlichen McLennans in Empfang genommen. Die rustikalen und gemütlichen Holzcabins ➏ und Zimmer ➋ sowie die gesamte Anlage werden zu 100 % mit Solarenergie versorgt. Die Gastgeber bereiten ein köstliches Frühstück und Abendessen zu und bieten Touren durch den Nationalpark an; mit etwas Glück bekommt man dabei sogar ein Schnabeltier zu schon. Garantiert ein unvergessliches Erlebnis!

Rainforest Inn, 1 Mt Spec Rd, ☎ 4770 8688, 🖥 www.rainforestinnpaluma.com. Große und moderne Hotelzimmer mit TV und AC direkt in Paluma. Rollstuhltauglich. Zum Hotel gehört ein Restaurant, das tgl. Frühstück und Abendessen bietet, Mi–Mo auch Mittagessen. ➎

Zeltplätze im Nationalpark

Big Crystal Creek, erreichbar über die Straße nach Paluma (2 km nach dem Abzweig vom Bruce Highway biegt eine unbefestigte Straße von der Paluma Rd ab). Außerdem bei den **Jourama Falls**. Beide mit Duschen, Toiletten, Picknicktischen und Grillstellen. In den Schulferien schon auf viele Wochen vorher ausgebucht – die Permits unbedingt im Voraus besorgen, unter 🖥 https://parks.des.qld.gov.au/experiences/camping/camping_bookings.html. Je $6,65 p. P.

TRANSPORT

Der Nationalpark ist nur mit dem eigenen Fahrzeug zu erreichen.

Ingham

Wer mit dem Auto von Süden kommt, wird kurz vor Ingham die drastische Veränderung der Vegetation bemerken: Alles ist üppig und grün, denn nun sind die feuchten Tropen erreicht. Die 5000 Einwohner zählende Stadt Ingham ist das kommerzielle Zentrum der Hinchinbrook-Region. Ingham ist stolz auf sein italienisches Erbe, das alljährlich im Mai während des Australian Italian Festivals zelebriert wird. Hauptattraktion der Stadt sind die **Tyto Wetlands**, eine Lagune, die 200 Vogelarten sowie Schmetterlingen, Säugetieren und Reptilien ein Zuhause bietet. Dazu gehört auch ein gutes Informationszentrum, siehe unten. Der **Forrest Beach**, 18 km östlich von Ingham, bietet Gelegenheit zum Abkühlen; das *stinger net* macht ihn auch im Sommer quallensicher. Die **Wallaman Falls**, 51 km westlich von Ingham, sind mit 268 m die höchsten Wasserfälle Australiens. Wanderwege führen durch die Wälder, in den Bächen und Flüssen schwimmen Schnabeltiere.

SONSTIGES

Bootstouren

Hinchinbrook Island Cruises, ℡ 0499 335 383, 🖥 www.hinchinbrookislandcruises.com.au. Transportservice für Wanderer des Thorsborne Trail von Cardwell oder Lucinda nach GEORGE POINT auf Hinchinbrook; $150 hin und zurück, inkl. Taxi vom Hotel und Gepäckaufbewahrung. Auch Touren durch den Hinchinbrook Channel, z. B. 3-stündige Mangroventour um $60. Transfers mind. 2 Tage im Voraus buchen!

Informationen

Tyto Wetlands Centre, Bruce Highway, Ecke Cooper St, Ingham, ℡ 4776 4792. Mit guter Ausstellung über die Wet-Tropics-Region. ⊙ tgl. 9–17 Uhr.

Cardwell

Das ruhige Städtchen Cardwell, auf halber Strecke zwischen Townsville und Cairns, ist das Tor zur **Hinchinbrook Island**, Australiens größtem

Insel-Nationalpark. Ein toller Blick auf die Insel und die Mangrovensümpfe des **Hinchinbrook Channels** bietet sich schon vom **Scenic Lookout**, etwas nördlich von Ingham. 6,5 km südlich von Cardwell lädt das **Five Mile Swimming Hole** mit seinem angenehm kühlen Wasser zu einer Picknick- und Badepause ein.

Das **Rainforest and Reef Centre**, Bruce Hwy, ℡ 4066 8601, 🖥 www.greatgreenwaytourism.com, zeigt eine anschauliche Ausstellung über die verschiedenen Vegetationszonen der Wet Tropics und des Riffs. Dort gibt es auch Informationen über Hinchinbrook Island, Permits für den Thorsborne Trail und Camping auf Nationalpark-Zeltplätzen; für die Zeit von Ostern bis September und in den Schulferien schon sechs Monate im Voraus buchen. ⊙ Mo–Fr 8.30–17, Sa und So 9–13 Uhr, Eintritt frei.

Südlich des Ortes liegt **Port Hinchinbrook**, ein großer Jachthafen nebst Hotelkomplex und Golfplatz. Von hier kann man zur Hinchinbrook Island übersetzen und dort kurze Spaziergänge unternehmen oder den Thorsborne Trail an der Ostküste entlangwandern (s. unten).

Von der Brasenose St führt der **Cardwell Forest Drive** ins Landesinnere und trifft nach wenigen Kilometern wieder auf den Bruce Hwy Richtung Cairns. Vom Forest Drive (Informationsbroschüre beim Visitor Centre) zweigen mehrere Wege ab: Der erste führt zum **Cardwell Lookout**, von dem sich ein guter Blick auf Hinchinbrook Island bietet. Zwei weitere Abzweigungen führen zu den **Attie Creek Falls** und zum **Dead Horse Creek** – beide sind nur mit dem Geländewagen zu erreichen. Der **Spa Pool** am Ende des Drives bietet eine angenehme Abkühlung.

Etwas nördlich von Cardwell lohnt der **Edmund Kennedy, Girramay National Park** einen Stopp. Mit dem Auto gelangt man bis zum Picknickplatz an der Rockingham Bay. Wanderpfade und ein Brettersteg führen von hier durch Mangrovensümpfe und am Wasser entlang (Insektenschutz auftragen!).

ÜBERNACHTUNG

Cardwell ist trotz des Jachthafens Port Hinchinbrook ein eher verschlafenes Fischerdorf; die Unterkünfte sind sehr preiswert.

Cardwell Beachfront Motel, 1 Scott St, ℡ 4066 8776, 🖥 http://cardwellbeach motel.net. Das Motel besticht durch seine unschlagbare Lage direkt am Strand. Moderne Motelzimmer und voll ausgestattete Units, alle mit AC, Bad und Blick aufs Meer. Tropischer Pool und kostenloser Shuttleservice. ❸–❺

Cardwell Central Backpackers, 6 Brasenose St, ℡ 4066 8404, 🖥 www.cardwellbackpackers. com.au. Hostel in zentraler Lage für Erntehelfer; die Betreiber helfen bei der Arbeitssuche (vor allem *fruit picking*). 4-Bett-Dorms und DZ. Pool, BBQ, Billard und Internet.

Kookaburra Holiday Park,175 Bruce Highway, ℡ 4066 8648, 🖥 www.kooka burraholidaypark.com.au. Villas, Units, Cabins und Hostel-Abteilung mit Dorms (Bett $31) und einfachen, aber sauberen DZ. Pool. Kostenloser Verleih von Fahrrädern, Angeln, Campingausrüstung für Wanderungen auf Hinchinbrook. Auskünfte über lokale Attraktionen; Tourbuchungen; außerdem werden Jobs vermittelt. Gepflegte Anlage. ❷

Hinchinbrook Island National Park

Von allen Inseln Queenslands bietet Hinchinbrook wohl die dramatischste Landschaft. Tropischer Regenwald säumt die weißen Sandstrände der Westküste und bedeckt die Klippen, dahinter erheben sich die zerklüfteten Berggipfel des Mt Diamantina, Mt Straloch und dem **Mount Bowen**, mit 1120 m der höchste Gipfel. Die gesamte, 39 350 ha große Insel steht als Nationalpark unter Naturschutz.

Der **Thorsborne Trail** von Ramsay Bay zum George Point an der Ostküste gilt als einer der schönsten Wanderwege Australiens. Für die 32 km lange Wanderung durch Regenwald, Grasland und Mangrovenfeuchtgebiete braucht man drei bis fünf Tage; aus klimatischen Gründen bietet sich die Zeit von April–September an. Wanderer benötigen ein Permit vom **Rainforest and Reef Information Centre** in Cardwell, Bruce Highway, ℡ 4066 8334. Infos unter

🖥 https://parks.des.qld.gov.au/parks/hinchin brook-thorsborne/about.html.

Aus Naturschutzgründen werden jeweils nur 40 Leute auf den Trail gelassen. Es muss mindestens sechs bis acht Wochen, in der Hochsaison bereits sechs Monate im Voraus gebucht werden. Für das Unternehmen braucht man gute Kondition und Kraft, denn die gesamte Ausrüstung inklusive Verpflegung, Zelt, Moskitonetz und Gaskocher ist mitzuschleppen. Moskitos, Sandfliegen und Frühjahrsfliegen können lästig werden (genügend Insektenschutzmittel mitnehmen). Auch in der Trockenzeit fällt mitunter heftiger Regen.

ÜBERNACHTUNG

Bei Cape Richards im Nordosten bietet das kleine, ruhige und auf Naturschutz bedachte **Hinchinbrook Resort**, ℡ 4798 3029, 🖥 www. hinchinbrookresort.com.au, für max. 50 Leute Unterkunft in komfortablen, voll ausgestatteten Apartments und Poolside Villas ❽ sowie Motelzimmern ❺. Kleiner Pool, Restaurant und Bar; Benutzung von Kanus, Schnorchelausrüstung und Angelgeräten. Im Feb und März ist das Resort u. U. wegen der Regenzeit geschlossen.

TRANSPORT

Hinchinbrook Island Cruises, 131 Bruce Hwy, ℡ 0499 335 383, 🖥 www.hinchin brookislandcruises.com.au. Transfer zur Hinchinbrook Island, s. S. 332.

Mission Beach

Hinter Tully biegt eine Straße vom Bruce Highway Richtung Osten nach Mission Beach ab. Unter diesem Namen sind (von Süden nach Norden) **South Mission Beach**, **Wongaling Beach**, **Mission Beach**, **Clump Point**, **Bingil Bay** und **Garners Beach** zusammengefasst. Sie erstrecken sich über 23 km an einem breiten, langen Sandstrand, der in mehrere Buchten untergliedert ist und sich gut zum Entspannen eignet. Dichter tropischer Regenwald reichte einst bis zum Strand, nur noch Reste davon sind erhalten. Das Ortszentrum von Mission Beach mit dem Visitor Centre, einem Supermarkt (Geldautomat), Läden, und Restaurants befindet sich auf der Porter Promenade – dort halten auch die Busse.

Von der Tully Mission Beach Rd zweigt 4 km vor Wongaling Beach ein Wanderpfad durch den **Tam O'Shanter State Forest** ab. Auf dem Lacey Creek Forest Walk, der an einem Parkplatz an der El Arish Rd beginnt, muss mehrfach der Lacey Creek überquert werden. Autofahrer: Achtung, hier laufen Kasuare frei herum! Ihre Zahl wurde in letzten Jahrzehnten stark dezimiert, die meisten Tiere wurden von Autos überfahren.

Durch den **Licuala State Forest** verläuft ein einfacher Wanderweg, der von der Tully Rd in South Mission abgeht und nach 6 km an der El Arish Rd in North Mission endet. Am Beginn des Weges lohnt ein kleiner Umweg auf dem kurzen Plankenweg durch den Palmenhain mit 10–15 m hohen Licuala-Palmen. Für alle Wanderungen Insektenschutz auftragen!

ÜBERNACHTUNG

Hostels

 Absolute Backpackers, 28 Wongaling Beach Rd, ✆ 4068 8317, 1800-68 83 16, 🖳 www.absolutebackpackers.com.au. Sauberes, weißes Gebäude, beherbergt bis zu 80 Pers. Die 4–10-Bett-Dorms (Bett ab $25) sind schlicht, aber ordentlich, einige mit AC. Außerdem kleine, helle DZ mit AC und Waschbecken. Alle Zimmer im 1. Stock, Küche und Bad im EG. Rund um den Pool wird gut und gern gefeiert. Sa kostenloses BBQ. ❶

Mission Beach YHA, 49 Porter Promenade, Mission Beach, ✆ 4088 6229, 🖳 www.mission beachretreat.com.au. Die zentrale Unterkunft ist klein, familiär und freundlich. Die 4-Bett-Dorms (Bett $30) und DZ haben alle AC. ❶

Motels und Hotels

Mission Beach Eco Village, Clump Point Rd, ✆ 4068 7534, 🖳 www.ecovillage.com.au. Schöne Anlage im Regenwald auf einer Anhöhe nördl. von Mission Beach Village. Geräumige, geschmackvoll ausgestattete Cabins mit Bad;

einige mit Jacuzzi. Pool und Bar/Restaurant. In Laufweite von Strand (2 Min.) und Shops (5 Min.). Ab ❹

 Rainforest Motel, 9 Endeavour Ave, Mission Beach ✆ 4088 6787, 🖳 www.rainforestmotel.com. Saubere Motelunits in einem tropischen Garten mit Pool. Zentrale Lage. Sehr gutes Preis-Leistungs-Verhältnis. Ab ❷

Ferienwohnungen

Die meisten verlangen einen Mindestaufenthalt von 2–7 Nächten.

Eine gute Adresse ist die Agentur **Mission Beach Holidays and Rentals**, 8 Porter Promenade, Mission Beach, ✆ 4088 6699, 🖳 www.missionbeachholidays.com.au.

The Wongalinga, 64 Reid Rd, Wongaling Beach, ✆ 4068 8221, 🖳 www.wongalinga.com.au. Luxuriöse und stilvolle 1-, 2- und 3-Zimmer-Apartments, mit Terrasse oder Balkon und Blick aufs Meer. Tropische Anlage mit Pool. ❽

Caravanparks

Beachcomber Coconut Caravan Village (BIG4), Kennedy Esplanade, Mission Beach, South, ✆ 4068 8129, 🖳 www.beachcomsbercoconut.com.au. Zelt- und Stellplätze ab $45. Cabins verschiedener Größe und Ausstattung, alle mit Ventilator und AC, viele auch mit Bad. Kiosk, Salzwasserpool, Tennisplatz. Schöner Park mit Kasuaren. Direkt am Strand. ❸ – ❼

Mission Beach Hideaway Holiday Village, 58-60 Porter Promenade, Mission Beach, ✆ 4068 7104, 🖳 www.missionbeachhideaway.com.au. Viele Cabins verschiedener Preisklassen sowie Zelt- und Stellplätze ($29/35). ❸ – ❼

ESSEN

Im Mission Beach Village an der Porter Promenade gegenüber der Post findet man eine Menge Cafés und Restaurants.

The Garage Bar & Grill, Donkin Lane, ✆ 4088 6280. Der Biergarten ist der perfekte Ort für die lauen tropischen Abende. Zum Bier gibt's gute Pubmeals und am Wochenende auch Livemusik. ⊕ Mi–So 16–22 Uhr.

SONSTIGES

Bootsvermietungen

Mission Beach Boat Hire, am Strand-ende der Seaview St in Mission Beach, ✆ 0438 689 555, 🖥 http://missionbeachboathire.com.au. Motorboote halber Tag ab $135.

Informationen

Mission Beach Visitor Information Centre, 55 Porter Promenade, am nördl. Ende von Mission Beach, ✆ 4068 7099, 🖥 www.mission beachtourism.com. ⊕ tgl. 9–17 Uhr.

Wet Tropics Environment Centre, direkt dane-ben, ✆ 4068 7099. Viele Informationen zu Kasuaren und deren Schutz. ⊕ Mo–Sa 9–16.45, So 10–16 Uhr.

Wildwasserfahrten und Kajaktouren

Rafting auf dem **Tully River** kostet ab Mission Beach annähernd das Gleiche wie ab Cairns (Tagestour um $190), allerdings entfällt hier die lange Anfahrt.

Die nachstehend genannten Veranstalter aus Cairns bieten außerdem zahlreiche andere Aktivitäten in der Region; u. a. Aufstiege im Fesselballon, Bungee Jumping, Fallschirm-springen.

Raging Thunder, ✆ 4030 7990, 🖥 www. ragingthunder.com.au.

R 'n' R White Water Rafting, ✆ 4030 7944, 🖥 www.raft.com.au.

Coral Sea Kayaking, 2 Wall St, South Mission Beach, ✆ 0484 791 829, 🖥 www.coralsea kayaking.com. Paddeltouren unter anderem zur Dunk Island und Kajakverleih.

TRANSPORT

Busse

Greyhound (S. 558–559).
Premier (S. 560–561).

Eisenbahn

Die Küstenzüge fahren weiter landeinwärts; man muss in TULLY oder INNISFAIL aussteigen und ein Taxi nehmen. Buchung für die Züge un-ter ✆ 131 617, 🖥 www.queenslandrail.com.au.

Fähren

Mission Beach Water Taxi, ✆ 4068 8310, 🖥 www.missionbeachwatertaxi.com. Tgl. um 9, 10 und 11 Uhr vom Wongaling Beach nach Dunk Island; zurück um 12 und 15.30 Uhr. $40 hin und zurück.

Dunk Island

Die kleine, hügelige Insel, 5 km vor der Küste, ist von tropischem Regenwald bedeckt. An der Südseite befindet sich ein Korallenriff. Von den Aborigines wird sie Coonanglebah, Insel des Friedens und Überflusses, genannt. Zwischen 1897 und 1913 richtete sich hier Australiens ers-ter „Aussteiger", E. J. Bradfield, sein Inselpara-dies ein, seine Erlebnisse kann man in dem Buch *The Confession of a Beachcomber* nachlesen – viele Buchläden verkaufen Nachdrucke.

Mit Ausnahme eines kleinen Landstreifens an der Nordwestseite, wo sich ein Resort und der Airstrip befinden, sind Dreiviertel der Insel Na-tionalpark. Er eignet sich wunderbar für einen Tagesausflug. In dem Park hat man insgesamt 13 km Spazierwege angelegt. Neben rund 150 Vo-gelarten zieht besonders der seltene blaue Ulys-ses-Schmetterling die Aufmerksamkeit auf sich.

Innisfail und Umgebung

Am Fluss und über mehrere Hügel erstreckt sich Innisfail, das mit 10 000 Einwohnern wie Ingham eine Zuckerstadt ist; die Plantagen wurden ge-gen Ende des 19. Jhs. angelegt. Nach dem Ende des Zweiten Weltkriegs ließen sich hier viele italienische Einwanderer nieder.

Eine sehr schöne Fahrt führt durch Zucker-rohrfelder und Bananenplantagen zur winzigen Ortschaft Mena Creek, 19 km südwestlich von Innisfail, wo der **Paronella Park**, ✆ 4065 0000, 🖥 www.paronellapark.com.au, einen Besuch lohnt. Umgeben von einer tropischen Park-anlage mit dichtem Bambushain, Hängebrücken, Wasserfall und Brunnen, findet man ein Schlösschen wie im Märchen – mit unermüd-licher Energie verwirklichten katalanische Ein-wanderer hier in den 1930er-Jahren ihren roman-

Im Paronella Park erfüllten katalanische Einwanderer sich ihren Traum von einem Märchenschloss.

tischen Traum. Zu der Anlage gehören ein gemütliches Café und ein angenehmer kleiner Caravanpark mit Grillstellen (Frühstück im Café). ⏰ tgl. 9–19.30 Uhr, der Eintritt von $47, Kind 5–15 J. $26, schließt verschiedene Führungen tagsüber und abends sowie eine Übernachtung im Caravanpark ein. Gegen Aufpreis kann man in modernen Cabins übernachten. Ein Informationsblatt auf Deutsch ist erhältlich.

ÜBERNACHTUNG UND ESSEN

Die Unterkünfte und die Auswahl sind eher bescheiden.
Moondarra Motel, 21 Ernest St, ☎ 4061 7077, 🖥 www.moondarramotel.com.au. Gilt als das annehmbarste Motel der Stadt. ❷
Etty Bay CP, Etty Bay, ☎ 4063 2314, 🖥 www.ettybaycaravanpark.com.au. Einfacher, schön gelegener Campingplatz (ab $27) in einer kleinen Bucht. Auch Cabins. Kiosk. ❷–❹
Oliveri's Deli, 41 Edith St, ☎ 4061 3354. Seit den 1930er-Jahren von einer talienischen Familie betrieben. Lecker belegte Panini und einige

andere Picknick-Köstlichkeiten. ⏰ Mo–Sa 8.30–17 Uhr.

TRANSPORT

Die Nordküstenbusse halten auf dem Weg von und nach CAIRNS in Innisfail, ebenso die Züge.

Cairns und der Norden

Queenslands Norden zieht alljährlich Heerscharen von Besuchern aus aller Welt an. Vom Backpacker, Abenteuerjunkie, Aktivreisenden bis hin zum Luxusurlauber kommt jeder in dieser Tropenidylle auf seine Kosten. Nördlich von Cairns ziehen sich traumhafte **Strände** an der Küste entlang. Davor lockt noch immer – mit unverminderter Faszination – die vielseitige Unterwasserwelt am **Great Barrier Reef**. Im Inland liegt der dichte **Daintree Rainforest**, der älteste Regenwald der Welt. Die Fahrt von Cairns über Mossman zum Cape Tribulation ist eine der schönsten Küstenstrecken Queenslands.

Cairns

Die quirlige Tropenstadt Cairns verdankt ihre Existenz einem dieser unwahrscheinlichen Goldfunde, vor denen australische Geschichtsbücher nur so strotzen. Aber erst Mitte des 20. Jahrhunderts wurde die Stadt auf die unerschöpfliche Goldquelle aufmerksam, die vor ihren Ufern lag: das größte **Korallenriff** der Erde. Seitdem dreht sich alles um das Riff und die Touristen, die aus aller Welt hierher strömen, um einmal mit Nemo und Co abzutauchen. So konnte sich Cairns von einer schwülen, moskitogeplagten Pionierskommune zu einer glänzenden Touristenmetropole entwickeln.

Sinnbild des **modernen Cairns** ist die künstliche, palmenumsäumte Lagune an der Küste, an deren Strand sich Urlauber aus aller Welt in der Sonne räkeln. In den Restaurants und Bars entlang der Esplanade ist eigentlich immer Happy Hour, und über das ganze Zentrum verteilt werben zahllose Anbieter mit Touren zum Great Barrier Reef und in den Regenwald vor den Toren der Stadt.

Cairns liegt zwar am Wasser, hat aber keinen innerstädtischen Strand, und bei Ebbe erstreckt sich vor der Esplanade ein schlammiges Watt. Das ganze Jahr über kann man vor der Esplanade Scharen von Pelikanen, Ibissen, Silberreihern *(egrets)* und andere Wasservögel beobachten.

Esplanade und Lagune

Die Küste vor der Esplanade wurde mit großem Aufwand landschaftlich gestaltet, dabei entstanden der **Harbour Walk** und die große **Badelagune** mit Liegewiesen, Kinderspielplatz und Grillstellen. Der Abschnitt der **Esplanade** zwischen Shields St und Aplin St ist der belebteste Teil von Cairns, das ansonsten für seine Größe recht geruhsam wirkt. Dicht an dicht reihen sich hier Unterkünfte aller

Preisklassen, Food Halls, Restaurants, Reisebüros und Dive Shops aneinander. Auf dem **Night Market** an der Esplanade wird viel Souvenir-Ramsch verkauft, darüber hinaus gibt es Imbissbuden, die asiatisches Fastfood bieten, günstig, aber nicht unbedingt gut; Der Markt findet jeden Abend von etwa 17–23 Uhr statt.

City

Das Herzstück der Stadt – **City Place** – ist eine Fußgängerzone, die nachts kunstvoll bunt beleuchtet wird. Wer geschichtlich interessiert ist, sollte auf keinen Fall das 2017 komplett renovierte, gut aufgemachte **Cairns Museum**, Lake St, Ecke Shields St, ✆ 4051 5582, 🖥 www.cairnsmuseum.org.au, verpassen. Hier spaziert man von den Jahrhunderten totaler Naturbelassenheit unter den Einheimischen über Cooks Südseereise und den Goldrausch bis in die Gegenwart des heutigen Cairns als Touristenmagnet. Spannend sind die Touren mit ehrenamtlichen Guides, die noch einen Schuss des typischen Queenslandhumors dazugeben. ⊙ Mo–Sa 10–16 Uhr, Eintritt $15.

Kunstliebhaber schauen in der **Cairns Regional Gallery** vorbei, Shields St, Ecke Abbott St, ✆ 4046 4800, 🖥 www.cairnsregionalgallery.com.au, spezialisiert auf Werke von Künstlern aus dem Norden Australiens und dem asiatisch-pazifischen Raum; außerdem wechselnde Ausstellungen und ein kleiner Laden mit Werken einheimischer Künstler. ⊙ Mo–Fr 9–17, Sa 10–17, So 10–14 Uhr, Eintritt frei.

Das 2017 eröffnete **Cairns Aquarium**, Lake St, Ecke Florence St, ✆ 4044 7300, 🖥 www.cairnsaquarium.com.au, ist der bedrohten Tier- und Pflanzenwelt am Great Barrier Reef und in den Wet Tropics gewidmet. Im Tunnel durch den tiefsten Wassertank der Südhalbkugel reist man durch die unterschiedlichen Ökosysteme (Süßwasser, Regenwald, Mangrovenwald, Riff). Am besten kommt man am Morgen, wenn Taucher durch das riesige Becken schwimmen und die Tiere füttern. Beachtlich: Die Fische wurden darauf trainiert, auf bestimmte Signale zu warten, die ihnen zeigen, dass sie an der Reihe sind. Das Aquarium beheimatet ausschließlich Tiere aus Queenslands hohem Norden, darunter auch bedrohte Arten. Zur Anlage gehört

Aufgeklärt abtauchen

Die informativen und unterhaltsamen Vorträge von **Reef Teach** im zweiten Stock der Mainstreet Acarde, Ecke Lake Street, sind die perfekte Vorbereitung auf einen Besuch des Great Barrier Reefs. Man lernt nicht nur, welchen Geschöpfen man am Riff begegnen kann, sondern auch, wie wir zum Schutz dieses gewaltigen, bedrohten Ökosystems beitragen können. Wer viel Zeit hat, kann auf ehrenamtlicher Basis am 2–4-wöchigen Marine Discovery Program teilnehmen. Reef Teach bezahlt einen Teil der Übernachtungen sowie die Touren zum Riff – mit Sicherheit eine unvergessliche Erfahrung; mehr dazu auf der Website. ⏱ Vortrag: Mo, Mi und Fr ab 18.30 Uhr, Eintritt $23, ✆ 4031 7794, 🖥 www.reefteach.com.au.

auch eine Reha-Klinik, in der verletzte Tiere gepflegt und, wenn möglich, zurück in die freie Natur ausgesetzt werden. ⏱ tgl. 9–17.30 Uhr, Eintritt $42, Kind $28.

Von Freitag bis Sonntag wird hinter Gilligan's Backpacker Hotel in der Grafton St der farbenfrohe Wochenmarkt **Rusty's Market** abgehalten. Freitag ist der lebhafteste Tag. Ergänzt wird das Angebot durch Blumenstände und Musikanten. Ein tropisches Erlebnis, das man nicht verpassen sollte, v. a. nicht in der Mangosaison von November bis Februar!

Botanischer Garten und Centenary Lakes

Weiter nördlich sind die beiden kleinen **Centenary Lakes** (ein Süßwasser- und ein Salzwas-

sersee) bei Joggern beliebt, während ernsthafte Wanderer zum 360 m hohen **Mount Whitfield** hinaufsteigen. Die **Flecker Botanic Gardens** zwischen Collins Ave und Greenslopes Rd vermitteln einen guten Überblick über die einheimische Fauna und Flora, v. a. die Abteilung, die sich mit der Nutzung der Pflanzen durch Aborigines beschäftigt. Das Café im Park bietet tgl. von 7–16.30 Uhr leckere Waffeln und kleine Gerichte. ⏱ Mo–Fr 7–17.30, Sa und So 8.30–17.30 Uhr, Eintritt frei.

Nebenan stehen drei riesige Betontanks aus der Zeit des Zweiten Weltkriegs. Heute befindet sich dort das **Tanks Arts Centre**, ✆ 4032 6600, 🖥 www.tanksartscentre.com, in dem es wechselnde Kunstausstellungen zu sehen gibt. In den riesigen Hallen werden auch Tanzkurse und

Cairns

N
0   500 m

ÜBERNACHTUNG
1 Castaways
2 Bay Village Tropical Retreat
3 The Balinese
4 Coral Tree Inn
5 Dreamtime
6 Bounce
7 Travellers Oasis Backpackers
8 Cairns Central YHA
9 Gilligan's BP Hotel & Resort
10 Pacific Hotel
11 Tropic Days

ESSEN
1 Caffiend
2 Waterbar & Grill
3 Ganbaranba Noodle
4 Mondo
5 Ochre Restaurant

SONSTIGES
1 Cruising Car Rental
2 East Coast Car Rentals
3 The Woolshed
4 Cairns Scooter & Bicycle Hire
5 NP-Verwaltung
6 Cairns Boat Hire

TRANSPORT
1 Taxis
2 Bahnhof
3 Reef Fleet Terminal (Greyhound-Busse, Ausflugsboote)

James St
Centenary Lakes, Botanischer Garten,
McKenzie St
Thomas   St
Sheridan St
Digger St
Esplanade

Charles St   Charles St
McLeod St   Lake St
Grove St
Martyn
Draper St
Parramatta St
St
St
Water
CAIRNS BASE HOSPITAL
Trinity Bay
PIONEER CEMETERY
St
The Esplanade
Gatton St
Upward   St
St
CAIRNS PRIVATE HOSPITAL

QUEENSLAND

Minnie St
Severin St
Clare St
Martyn
St
Grafton St
Abbott
Cairns Aquarium
CIVIC CENTRE
Lake St
Mulgrave Rd
Bruce
Florence St
The Esplanade
Harbour Walk
Gordonvale, Innisfail
Para-Matta Park
Victoria St
Highway
McLeod
Aplin St
Loeven St
Grimshaw St
Terminus St
Cairns Central Shopping Centre
NIGHT MARKET
Scott St
Cairns Museum
CITY PLACE
Art Gallery
The Pier Shopping Centre
Bade-lagune
Lumley St
Palm Ave.
Shields St
Orchid Plaza
Wool-worth
St
POLIZEI
Rusty's Market
Main Arcade
Spence St
Reef Casino
Draper St
Bunda
Dutton St
Sheridan
Grafton
Lake St
The Conservatory
Abbott
St
Reef Fleet Terminal
TRINITY WHARF
CONVENTION CENTRE
Wharf
Trinity Inlet
Kenny St

Konzerte abgehalten; von April bis November findet an jedem letzten Sonntag des Monats ein kleiner, interessanter Kunstgewerbemarkt statt.

ÜBERNACHTUNG

Eine hervorragende Alternative zu den Unterkünften in der City bieten die Vororte an den 20–30 Min. entfernten Northern Beaches wie Yorkeys Knob, Trinity Beach und Palm Cove (S. 356).

Hostels und Budget-Unterkünfte

Etliche Backpacker-Hostels und Billigunterkünfte konkurrieren um Gäste. In der Feriensaison sind beliebte, kleinere Hostels bereits Tage oder sogar Wochen im Voraus ausgebucht – rechtzeitig reservieren! Der Standard ist sehr zufriedenstellend; zwar nicht ganz so luxuriös wie in Sydney oder Brisbane, dafür aber günstiger. Außerdem herrschen meist eine familiäre Atmosphäre und tropische Feierlaune. WLAN und Gepäckaufbewahrung sind quasi immer im Preis inbegriffen. Für fast alle Hostels sind Tourbuchungen ein wesentlicher Bestandteil des Geschäfts.

Bounce, 117 Grafton St, ℘ 4047 7200, 🖥 https://bouncehostels.com. Modernes Gebäude mit großer, schattiger Dachterrasse und Pool; komfortabel und sauber. Geräumige 6-Bett-Dorms (Bett ab $21) sowie DZ mit gehobenem Hotelstandard, alle mit Bad, Balkon und AC. Preis inkl. Frühstück und WLAN. Tgl. kostenlose Aktivitäten, sonntagabends kostenloses BBQ. ❷

Cairns Central YHA, 20-26 McLeod St, ℘ 4051 0772, ✉ cairnscentral@yha.com.au. Komfortables, großes Haus in der Nähe des Bahnhofs; die sozialen Aktivitäten spielen sich im Innenhof mit Pool und Grillstellen ab. 4–10-Bett-Dorms (Bett $23–31) mit Schließfächern und DZ, z. T. mit Bad. Alle Zimmer mit AC. Behindertengerecht. Guter, sauberer YHA-Standard. ❷–❷

Castaways, 207 Sheridan St, ℘ 4051 1238, 🖥 www.castawaysbackpackers. com.au. Das kleine Hostel legt Wert auf Sauberkeit und beherbergt eine freundliche, ruhigere Klientel. Gemütliche Zimmer, hauptsächlich EZ/DZ mit Kühlschrank, Regal, AC,

einige auch mit Bad. Kleine Dorms (Bett ab $19; keine Etagenbetten). Pool; Preis inkl. Abendessen und Internet. 2x wöchentl. „Wine und Cheese Tasting". ❶

Dreamtime, 4 Terminus St, ℘ 4031 6753, 🖥 www.dreamtimehostel.com. Renoviertes, liebevoll eingerichtetes Queenslander-Haus, 10 Min. zu Fuß vom Zentrum. Pool, Hängematten, Billard und TV-Zimmer; ruhige, freundliche Atmosphäre. 3–6-Bett-Dorms (Bett ab $19), einige DZ, mit AC. Jeden Mi Feuershow, BBQ und Didgeridoo-Unterricht ($10); Abholservice vom Flughafen. Solarpanele und energieeffiziente Heizgeräte. Gäste können sich auf Wunsch an lokalen Tierschutzprojekten beteiligen. Reservieren! ❶

Gilligan's Backpackers Hotel & Resort, 57-89 Grafton St, ℘ 4041 6566, 🖥 https://gilligans. com.au. In diesem Megahostel mit 500 Betten und allen erdenklichen Einrichtungen spielt sich auch das Nachtleben der Backpacker-Szene ab. Geräumige 4–10-Bett-Dorms (je nach Größe und Ausstattung Bett $18–39) und DZ von Hotelstandard, alle mit AC und Bad, die meisten mit Balkon. Großer Pool mit Wasserfall, mehrere Restaurants, Bars und Biergarten, Letzterer auch der Öffentlichkeit zugänglich. Livemusik und DJs. ❺

Travellers Oasis Backpackers, 8-10 Scott St, ℘ 1800 621 353, 🖥 http://travellers oasis.com.au. Modern, sauber, geschmackvoll eingerichtet und mehrfach preisgekrönt – kein Wunder also, dass es zu den beliebtesten Adressen in Cairns zählt. Alle 3- bis 6-Bett-Dorms (keine Etagenbetten; Bett ab $20) mit Ventilatoren, AC ($1 für 3 Std.), Handtüchern und Schließfächern. Die DZ haben zusätzlich Kühlschrank und TV, z. T. sogar einen gemütlichen privaten Balkon. Schöner Pool und zwei saubere Küchen. Ausgesprochen freundlich. Gute Wahl, aber unbedingt rechtzeitig buchen. ❶

Tropic Days, 26-28 Bunting St, ℘ 4041 1521, 🖥 https://tropicdays.com.au. Sehr gemütliches Hostel in Familienbesitz. 3–4-Bett-Dorms (Bett ab $19; keine Stockbetten) und EZ/DZ, alle mit AC. Schöner Garten mit großem Pool. Preis inkl. Abendessen. Abholservice vom Flughafen; 20 Min. zu Fuß ins Zentrum, aber kostenloser Shuttle. Sehr beliebt – reservieren! ❶

Andere

Bay Village Tropical Retreat, 227 Lake St, ☎ 4051 4622, 🖥 www.bayvillage.com.au. Sehr gepflegte Anlage, DZ und Apartments mit Kitchenette. Großer Pool, ausgezeichnetes balinesisches Restaurant. ⑤–⑥

Coral Tree Inn, 166-172 Grafton St, ☎ 4031 3744, 🖥 www.coraltreeinn.com.au. Moderne Anlage mit gut ausgestatteten Studioapartments sowie DZ mit AC und Balkon. Gästeküche, tropischer Pool und BBQ. Günstige Pakete inkl. Übernachtung und Touren zum Riff und nach Kuranda. Frühstück $12 p. P. ④–⑦

 Pacific Hotel, 43 The Esplanade, ☎ 4051 7888, 🖥 http://pacifichotelcairns.com. Der 11-stöckige Hotelkomplex mit Dachpool und dem hervorragenden Bushfire Flame Grill Restaurant besticht vor allem durch seine Lage nur einen Katzensprung von der Lagune entfernt. Die Zimmer sind alle geräumig und komfortabel. Sehr gutes Frühstücksbüffet (nicht inbegriffen). Auf Online-Sonderangebote achten. ⑥–⑧

The Balinese, 215 Lake St, ☎ 4051 9922, 🖥 www.balinese.com.au. 18 komfortable Zimmer mit AC und Bad; inkl. Frühstuck. Pool. Abholservice vom Flughafen 7–19 Uhr. Entspannte Atmosphäre. ②

Caravanparks

BIG4 Cairns Coconut, 23-51 Anderson Rd, Woree, ca. 5 km südwestl. vom Zentrum, ☎ 4580 4625, 🖥 www.ingeniaholidays.com.au/cairns-coconut. Zelt- und Stellplätze ($30/32 oder $39 mit Bad). Units und etwa 80 Cabins verschiedener Größe und Ausstattung auf großem Gartengelände, alle mit AC und Bad. Tennis- und Volleyballplatz, großer Pool mit Rutschen, Restaurant. Ab ❸

Coolwaters Holiday Park, 2 Shale St, Brinsmead, 9 km nordwestl. vom Zentrum, ☎ 4034 1949, 🖥 www.coolwatersholidaypark.com.au. Zelt- und Stellplätze (ab $36) sowie Cabins und Units in idyllischer, tropischer Anlage am Freshwater Creek. Zu den Aktivitäten zählen Schildkröten füttern, Vogelbeobachtungen und geführte Spaziergänge. Morgens kostenlose Scones. Spielplatz, Kiosk, Pool. ❶–❺

ESSEN

Das billigste Essen gibt es in diversen Food Courts, z. B. im **Night Market**, und an der Esplanade. In den Backpacker-Pubs werden hungrige Rucksacktouristen abgefüttert – viele Hostels bieten „Übernachtung und Abend-essen"-Pakete an, häufig gibt es sogar einen kostenlosen Zubringerbus dorthin. Allzu viel darf man von dem „kostenlosen" Abendessen nicht erwarten, aber für ein paar Dollar Aufpreis gibt's durchaus anständige, sättigende Mahlzeiten.

Caffiend, 72 Grafton St, ☎ 4051 5522. Aromatischer Kaffee, leckeres Frühstück und Mittagessen. WLAN. ⊙ tgl. 8–15 Uhr.

€ **Ganbaranba Noodle**, 12-20 Spence St, ☎ 4031 2522. Asiatische Gerichte, frisch und leckerer als auf dem Night Market. ⊙ tgl. Mittag- und Abendessen.

Mondo, 34 Esplanade, im Hilton Hotel. Der beste Ort in Cairns für einen gepflegten Drink zum Sonnenuntergang, auch gute Küche, asiatisch-australisch angehaucht, ⊙ mittags und abends.

Ochre Restaurant, 6/1 Marlin Parade, ☎ 4051 0100, 🖥 www.ochrerestaurant.com.au (dort auch Rezepte). Serviert innovative australische Küche in asiatisch-europäisch-australischem Fusion-Stil unter Verwendung einheimischer Zutaten (Bushfood wie *Quandong* und *Bush Tomato*); neben Hühnchen, Lamm usw. auch Känguru-, Emu- und Krokodilfleisch sowie Seafood. Alteingesessen, ausgezeichnet. Gehobene Preislage. Reservieren. ⊙ tgl. 11.30–21.30 Uhr.

Waterbar & Grill, Pierpoint Shopping Centre, ☎ 4031 1199, 🖥 www.waterbarandgrill.com.au. *Die* Adresse für Fleischliebhaber. Neben großen Steaks wird aber auch sehr gutes Seafood serviert. Hauptgerichte $25–40. Gute Auswahl an Wein, Craftbier und Cocktails. ⊙ tgl. Mittag- und Abendessen.

UNTERHALTUNG

Aktuelle Veranstaltungshinweise sind der Freitagsbeilage *Time Out* der *Cairns Post* zu entnehmen.

Queensland ist für Seafood-Liebhaber ein Schlaraffenland!

Musik und Nightclubs

Backpacker schlagen sich in Cairns gern die Nächte um die Ohren. In puncto Kriminalität ist Vorsicht angeraten: Taschendiebstahl und auch Gewaltverbrechen kommen immer wieder vor. Einige Hostels bieten einen Abholservice; ansonsten ein Taxi nehmen.

Im **Gilligan's** (s. o., Übernachtung) ist jede Nacht was los. Club-Nächte und Livemusik.
The Woolshed, 24 Shields St. Die Backpacker-Institution macht auf „Schurhütte"; Billard; billiges Essen, tgl. Partys bis 3 Uhr.

EINKAUFEN

Bücher

Exchange Bookshop, 78 Grafton St, 🖥 www. exchangebookshop.com. Alteingesessener Secondhand-Buchladen. Unter anderem findet man auch einige Bücher in deutscher Sprache.

Campingzubehör

Anaconda, Ecke Draper und Kenny St, 🖥 www. anacondastores.com. ⏱ Mo–Fr 8–21, Sa und So 8.30–17 Uhr.

Kathmandu, 51 Lake St, 🖥 www.kathmandu. com.au. ⏱ tgl. 8.30–18 Uhr, Do länger.

Märkte

Cairns Night Market, Esplanade. Souvenirs, Schmuck, billige T-Shirts, ⏱ tgl. 18–23 Uhr.
Rustys Market, 57 Grafton St, hinter Gilligan's Backpacker Hotel. Alteingesessener Gemüse- und Lebensmittelmarkt; auch einige Stände mit Klamotten und Kunsthandwerk. ⏱ Fr 5–18, Sa 6–15, So 6–14 Uhr.

AKTIVITÄTEN

Ballonfahrten

Alle Veranstalter bieten Ballonfahrten in der Morgendämmerung auf dem Tableland in der Nähe von Mareeba. Preis ab $260 p. P. für 30 Min. inkl. Zubringerservice von und nach Cairns und Champagnerfrühstück.
Hot Air Ballooning, 📞 4039 9900, 🖥 www. hotair.com.au.
Raging Thunder Balloon Adventures, 📞 4030 7990, 🖥 www.ragingthunder. com.au.

Bootsvermietungen

An der Marlin Jetty können Boote jeder Größenordnung gechartert werden.
Cairns Boat Hire, Marlin Wharf, ☎ 4051 4139, 🖥 www.boathirecairns.com.au. Vermietet kleine Boote für 4 bis 8 Pers. ab $65 pro Std. oder $400 pro Tag, die man auch ohne Bootsschein bedienen kann. Sie eignen sich gut für eine Tour vorbei an Mangroven und Wracks durchs Inlet und um Admirality Island. ⏲ tgl. 8–18 Uhr.

Bungee-Jumping

A J Hackett Bungy, nordwestl. von Smithfield in der McGregor Rd, ☎ 1300 084 032, 🖥 www.ajhackett.com/cairns. Bungeejumps vom 50 m hohen Turm; Sprung $139. Minjin Swing (in einem engen Gurt hängend wird man von einer Leine 45 m in die Höhe gezogen, nach dem Loslassen der Leine pendelt man mit rasender Geschwindigkeit hin und her).

Fallschirmspringen

Skydive Cairns, ☎ 1300 811 039, 🖥 www.skydive.com.au/cairns. Tandem-Sprung ab $309 p. P.

Tauchen

Bevor man einen **Kurs** bucht, sollte man sich umhören, evtl. sogar die Schulungsräume besichtigen, und sicherstellen, dass man einen anerkannten Tauchschein bekommt, z. B. ein PADI- oder NAUI-Zertifikat.

Aktivitäten zu besten Preisen

💶 Ein Info Centre konzentriert sich auf Last-Minute-Specials, Pakete und Sondertarife: **Cairns Discount Tours**, 8 Rutherford St, Yorkeys Knob, ☎ 4055 7158, 🖥 www.cairnsdiscounttours.com.au, bietet tgl. eine Auswahl zwischen rund 400 Touren und Aktivitäten, alle um 5–15 % reduziert. Selbst wenn man sich schon für eine bestimmte Tour entschieden hat, lohnt es sich zu prüfen, ob Discount Tours diese günstiger anbietet. Auch günstige Auto- und Campervanvermietung.

Die meisten Tauchschulen bieten mehr oder weniger das Gleiche: 4- bis 6-tägige Tauchkurse: 2 Tage Theorie und Unterricht im Pool, dem die erforderlichen Tauchgänge im Meer folgen. Anfänger-Budget-Kurse *(open water)* werden ab $700 angeboten, etwas ausführlichere Open-Water-Kurse kosten bis zu $2000, bei den teuren ist dann die Übernachtung im Boot dabei. Ein Dumpingpreis muss irgendwo eingespart werden, z. B. durch Massenabfertigung, mangelnde Gerätepflege, mieses Boot, unzureichendes Training des Personals o. Ä. Bei allen Touren zum Riff kommen zum Katalogpreis meist noch weitere Gebühren dazu: Reef Tax, Port Tax, Benzinunkostenzuschlag *(fuel levy)* – insgesamt um $20.

Cairns Dive Centre, 121 Abbott St, ☎ 4051 0294, 🖥 www.cairnsdive.com.au. SSI-5-Sterne-Tauchschule; auch Tagestouren zum Riff und Live-aboard-Touren mit Schnorcheln oder Tauchen.

Deep Sea Divers Den, 319 Draper St, ☎ 4046 7333, 🖥 www.diversden.com.au. Eigener Pool, Kurse und Tauchexkursionen für Anfänger und Fortgeschrittene. Lang etablierte Firma mit gutem Ruf. Positive Leserkommentare.

Mike Ball Dive Expeditions, 3 Abbott St, ☎ 4053 0500, 🖥 www.mikeball.com. Etablierte Tauchschule mit hervorragendem Ruf, bietet komfortable Tauchtouren und Live-aboard-Touren zum Riff und bis nach Papua-Neuguinea.

Pro Dive Cairns, Shields St, ☎ 4031 6681, 🖥 https://prodivecairns.com. 5-Sterne-Tauchschule; außerdem sehr gute mehrtägige Live-aboard-Touren.

Tusa Dive, Shields St, Ecke The Esplanade, ☎ 4047 9100, 🖥 www.tusadive.com. PADI-Tauchkurse und Tagestouren zum Riff. Der Kapitän kann tagesaktuell aus vielen Stellen am Riff auswählen. Von Reisenden empfohlen.

Wildwasserfahrten

Raging Thunder, ☎ 4030 7990, 🖥 www.ragingthunder.com.au. Wildwasserfahrten auf dem Tully River, $200. Zusteigen in Mission Beach möglich; oder auf dem North Johnstone River und Barron River.

Wildwasserfahrten sind auf dem Tully River besonders beliebt.

TOUREN

Ein riesiges Angebot mit vergleichsweise niedrigen Preisen. Eine Tagestour in die Gegend vom Daintree NP/Cape Tribulation lohnt sich nur für sehr Eilige, denn man kann dort gut und preiswert übernachten.

Zahlreiche Veranstalter decken die Palette an Ausflugszielen ab, von Kuranda und Atherton Tablelands bis Daintree NP, Cape Tribulation und Cooktown, z. T. auch Chillagoe und Outback, so u. a. die Reise-busunternehmen.

Einzelne Regionen

Atherton Tablelands und südlich von Cairns
Northern Experience, ✆ 4058 0268, 🖳 www.northernexperience.com.au. Täglich Besuch von Paronella Park (S. 335) südlich von Cairns sowie des südlichen Tafellands (Yungaburra, Malanda, Millaa Millaa Falls, etc.), ab $195.

On The Wallaby Adventure Tours, ✆ 4033 6575, 🖳 www.onthewallaby.com. Tagestouren ab Cairns zu den Wasserfällen und Seen auf dem Tableland inkl. vieler Aktivitäten (Spaziergänge, Kanu-/Mountainbike-Fahren, Platypus-Beobachtung), $120. Zudem 1–2-Tagestouren zum Cape Tribulation.

Uncle Brian's Fun, Falls & Forest Tours, ✆ 4033 6575, 🖳 www.unclebrian.com.au. Bus-Tagestour ab Cairns Mo–Sa zu den Wasser-fällen des Tafellands und Lake Eacham, $130 inkl. Mittagessen. Max. 22 Pers. Informative, unterhaltsame Tour, seit Langem beliebt bei Backpackern.

Cape Tribulation / Bloomfield Track

Von eintägigen Touren entlang des Bloomfield Tracks bis nach Cooktown ist abzuraten. Auf diesen verbringt man fast die komplette Zeit im Bus. Wer Daintree, Cape Tribulation und Cooktown erleben möchte, bucht eine 2- oder besser 3-Tagestour.

Adventure North Australia, ✆ 4047 9075, 🖳 www.adventurenorthaustralia.com. Verschiedene 1–3-Tagestouren. Z. B. zum Mossman Gorge mit einem Tourguide vom Stamm der hier einheimischen Kuku Yalanji, ein sehr spezielles Erlebnis, $260. Zwei Tage inkl. Sunset-Cruise und Übernachtung in Cooktown ab $550.

Billy Tea Bush Safaris, ☎ 4032 0077, 🖳 www.
billytea.com.au. Alteingesessener Veranstalter,
eintägige Geländewagentour zum Cape
Tribulation und Bloomfield Track. $205 inkl.
1 Std. Bootsfahrt auf dem Daintree River und
Mittagessen. Kleine Gruppen. Man ist fast
12 Std. unterwegs. Besser beraten ist man mit
der 3-tägigen Tour nach Cooktown.

Trek North Safaris and Day Tours, ☎ 1800 316
787, 🖳 https://treknorth.com.au. Tagestouren
zum Cape Trib inkl. Mittagessen, Bootsfahrt im
Daintree River, Krokodile und Kasuare sichten
und schwimmen in der Mossman Gorge, $195.

Zur Spitze der Cape-York-Halbinsel

Die Preise für Touren schwanken je nach
Saison und Zielgruppe erheblich.

Heritage Tours, ☎ 1800 775 533, 🖳 www.
heritagetours.com.au. Großes Tourenangebot
mit Fly/Drive und Sea/Drive-Kombinationen;
z. B. 7-tägige Fly/Drive-Budget-Tour $1500 inkl.
Übernachtung im Zelt und alle Mahlzeiten.

Oz Tours Safaris, ☎ 1800 079 006, 🖳 www.
oztours.com.au. Geländewagentouren hin und
zurück (z. B. 8 Tage: $4000 im DZ p. P.), auch Fly/
Drive und Bootstour/Drive-Kombinationen oder
Flüge, bis zur Halbinselspitze und zur Thursday
Island.

Bootstouren

Überwältigendes Angebot, angefangen mit
Bootstouren zu den nahe gelegenen Inseln (z. B.
Green Island) bis zum äußeren Rand des Great
Barrier Reef. Die großen Veranstalter bieten alle
mehr oder weniger das Gleiche: Bootstour zum
Riff mit mehr oder minder großen Booten und
Gelegenheit zum ausgiebigen Tauchen und
Schnorcheln. Der Preis schließt Erfrischungen
und ein üppiges Mittagessen sowie die
Schnorchelausrüstung und die Fahrt mit dem
Glasbodenboot ein, gegen Aufpreis werden
Flüge mit dem Hubschrauber über das Riff (lohnt
sich!), geführte Schnorcheltouren und Tauch-
gänge (auch Einführungs-Tauchgänge für
Anfänger ohne Tauchschein) geboten.
Auch hier gilt: je preiswerter, desto mehr
Massenabfertigung und Zeitdruck. Es lohnt sich
zu fragen, ob der Veranstalter die Wahl
zwischen verschiedenen Riffs hat oder nur ein

Wer die Tierwelt des Regenwalds in ihrer
natürlichen Umgebung erleben möchte, sollte
sich einer nächtlichen Spotlight-Tour anschließen, denn die meisten Tiere sind nachtaktiv.

Wait-a-While Rainforest Tours, ein alteingesessener Veranstalter mit ausgezeichne-
tem Ruf, bietet kompetent geführte Spotlight-
Touren in kleinen Gruppen im Atherton Tableland oder in abgelegener Wildnis in der Dain-
tree-Region. Ab Cairns tgl. 14 bis ca. 23 Uhr;
$200. ☎ 0429 083 338, 🖳 www.waitawhile.
com.au.

bestimmtes Riff anlaufen darf (mehr Auswahl ist
besser, dann kann der Kapitän tgl. das Riff mit
den jeweils günstigsten Tauchbedingungen
aussuchen).
Wenn der Wind über 20 Knoten stark bläst,
kann es für Landratten v. a. auf den kleineren
Booten schon zu viel schaukeln. Größere Boote
und Katamarane liegen da besser im Wasser!
Hier eine Auswahl; weitere auf S. 343 unter
„Tauchen".

Frankland Islands Cruise & Dive, ☎ 4033 0081,
🖳 www.franklandislands.com.au. Schöne
Tagestour mit einem kleinen Schiff ab Deeral
Landing am Mulgrave River zu den Frankland
Islands südl. von Cairns (Details S. 352) – nur
dieser Veranstalter hat eine Besuchslizenz.
Schnorcheltouren und Tauchen; sehr gutes
BBQ-Picknick. $204.

Great Adventures, ☎ 4044 9944, 🖳 https://great
adventures.com.au. Tgl. ab Reef Fleet Terminal
auf einem großen Katamaran (max. 340 Pers.) zu
einer komfortablen Plattform im äußeren Riff
($250), gegen Aufpreis u. a. Tauchgang (auch für
Nicht-Taucher), Schnorcheln mit Tourguide,
Helikopterflug und mehr. Zudem Halb- und
Ganztagestouren zur Green Island (je $124).

Sunlover Cruises, ☎ 4050 1333, 🖳 www.
sunlover.com.au. Tgl. um 10 Uhr ab Reef Fleet
Terminal zu einer komfortablen Plattform am
Moore Reef; zudem Trips zum Arlington Reef, je
$212. Jede Menge Extras wie Schnorchel-
touren, Tauchgänge, Helikopterflug etc. Auch
Transfer zur Fitzroy Island, $79 retour.

QUEENSLAND

Rundflüge

Flüge über das Riff sind eine wunderbare Möglichkeit, die Dimensionen dieses Natur-wunders zu erahnen.

Daintree Air Service, ℘ 4034 9300, 🖳 www.daintreeair.com.au. Kleiner Veranstalter, gute Touren; 30 Min. Rundflug über das Riff ab Cairns um $180; oder 60 Min. um $260.

gbr helicopters, ℘ 4081 8888, 🖳 www.gbrhelicopters.com.au. Hubschrauberflüge über das Riff für 2–6 Pers.: 10 Min. Rundflug $189, 30 Min. $400, oder 1 Std. inkl. Flug über den Regenwald für $700.

SONSTIGES

Automobilclub

RACQ, 537 Mulgrave Rd, Earlville, ℘ 4042 3100, 🖳 www.racq.com.au. Auch Reisebüro.

Autokauf und One-way-Vermietung

Wer es riskiert, von anderen Reisenden zu kaufen, sollte u. a. darauf achten, dass der Wagen ein gültiges Roadworthiness Certificate (RWC) hat, das von anerkannten Werkstätten nach ausgiebigem Check ausgestellt wird.
Travellers Autobarn, 123 Bunda St, gegenüber dem Bahnhof, ℘ 1800 674 374, 🖳 www.travellers-autobarn.com.au. Autos mit Rück-kauf-Garantie in Sydney, Brisbane oder Cairns. Auch One-way-Vermietungen. ⊕ Mo–Fr 9–16, Sa 9–12.10 Uhr.

Autovermietungen

Viele Mietwagen sind auf einen gewissen Radius um Cairns beschränkt und dürfen nicht auf unasphaltierten Straßen *(unsealed roads)* fahren. Unbedingt Mietbedingungen checken, falls man das Cape Tribulation ansteuern will! Einige Firmen bieten One-way-Vermietungen die Küste entlang nach Süden an. Gute Website zum Preisvergleich der großen internationalen Anbieter: 🖳 www.vroomvroomvroom.com.au. Nachstehend eine Auswahl an lokalen Anbietern.
Cruising Car Rental, 196a Sheridan St, ℘ 4041 4666, 🖳 www.cruisingcarrental.com.au.

East Coast Car Rentals, 146-148 Sheridan St, ℘ 4031 6055, 🖳 www.eastcoastcarrentals.com.au.

Sugarland Car Rentals, 314 Sheridan St, ℘ 4052 1300; Filiale auch in Mission Beach, ℘ 4068 8272; 🖳 www.sugarland.com.au.

Geländewagen und Campervans

Apollo Campers, 432 Sheridan St, ℘ 1800 777 779, 🖳 www.apollocampers.com. Australien-weites Netz.

Britz, 419 Sheridan St, ℘ 1800 331 454, 🖳 www.britz.com.au. Autos, Geländewagen und Campervans. One-way-Vermietung in ganz Australien.

Maui Campers, 419 Sheridan St, ℘ 4032 2611, 🖳 www.maui-rentals.com. Große Auswahl.

Wicked Campers, 75 Sheridan St, ℘ 1800 246 869, 🖳 www.wickedcampers.com.au.

Englisch lernen

Cairns College of English, 27 Aplin St, ℘ 4041 2322, 🖳 www.cce.qld.edu.au. Verschiedene Kurse, auch Cambridge-Prüfungen.

Cairns Language Centre, 91-97 Mulgrave Rd, ℘ 4054 8690, 🖳 www.clcaustralia.com. Altein-gesessen; Sprachkurse in Verbindung mit Tauchkursen und anderen Sportarten; Cambridge-Prüfungen.

Holmes Institute, 18 Lake St, ℘ 4041 2855, 🖳 www.holmes.edu.au. Englisch für akademi-sche Zwecke, Wirtschaftsenglisch; Kombination Sprach- und Tauchkurs; Prüfungsvorbereitungen.

Fahrrad- und Motorradvermietungen

Einige Hostels vermieten Fahrräder. Mountain-bikes kosten etwa $25 pro Tag.
Cairns Scooter & Bicycle Hire, 3/47 Shields St, ℘ 4031 3444, 🖳 www.cairnsbicyclehire.com.au.

Informationen

Die meisten Büros mit offiziell klingenden Namen sind private Buchungsbüros, die von der Provision leben, die sie für die Vermittlung von Touren und Zimmern erhalten. Das offizielle, von der Regierung betriebene Informationszentrum ist **Cairns & Tropical North Visitor Information Centre**, 51 The Esplanade, ℘ 4031 7676,

🖥 www.tropicalnorthqueensland.org.au.
Zuständig für den ganzen Norden von Queensland; Informationen und kostenlose Buchungen
aller Art. 🕑 Mo–Fr 8.30–17 Uhr.
Weitere Infos unter 🖥 www.cairnstoday.com.
au, 🖥 www.cairnsweb.com.au, 🖥 www.
cairnsinfo.com, 🖥 www.cairnsconnect.com.
Auf Backpacker spezialisiert ist **Backpackers
World**, 90 Lake St, 📞 4032 7901, 🖥 www.
backpackersworld.com.au. 🕑 tgl. 9–19 Uhr.
Bucht Transport, Touren und Unterkünfte, bietet
Internetzugang und Anschlagbrett (Mitfahr-
gelegenheiten; v. a. nach Darwin).

Internet
Alle Unterkünfte und Lokale bieten Internetzugang, meist kostenlos für Gäste. Zusätzlich
gibt es im gesamten CBD Gratis-WLAN. Es wird
ständig erweitert und verbessert. Außerdem
bieten die Büchereien WLAN und Computer mit
Internetzugang.

Nationalparkbehörde
NPRSR, 5B Sheridan St, 📞 4222 5303, 🖨 https://
parks.des.qld.gov.au. Informationen über die
Parks in Queensland sowie Camping Permits.
🕑 Mo–Fr 8.30–16.30 Uhr.

NAHVERKEHR

Stadtbusse
Sun Bus, 📞 4057 7411, 🖥 www.sunbus.com.au.
Ab City Place. Das Transportnetz deckt alle
Vororte ab, inkl. Northern Beaches bis Palm
Cove. Nach Palm Cove alle 30 Min.; Mo–Fr bis
18.50, Sa bis nach 24, So bis 22.20 Uhr.

Taxis
Black And White Cabs, 📞 133 222, 🖥 www.
blackandwhitecabs.com.au.

TRANSPORT

Busse
Nach Norden
Für Busse nach Norden ist eine Reservierung
unbedingt erforderlich (24 Std. im Voraus).
Coral Reef Coaches, 📞 4041 9410, 🖥 www.
coralreefcoaches.com.au. Tgl. zwischen

8.30 und 17.30 Uhr von Cairns nach PORT
DOUGLAS und MOSSMAN sowie Flughafen-
transfers (siehe Flüge).
Trans North, 📞 4095 8644, 🖥 www.transnorth
bus.com. Mo, Mi und Fr um 7 Uhr von Cairns via
Port Douglas und Mossman nach COOKTOWN
(Ankunft 12.50 Uhr). In umgekehrter Richtung Di,
Do und Sa um 7.30 Uhr ab Cooktown. Außerdem
über die Inlandsroute So, Mi und Fr um 7 Uhr
von Cairns nach Cooktown (Ankunft 12.15 Uhr)
über KURANDA, MAREEBA, MT MOLLOY,
MT CARBINE, PALMER RIVER und LAKELAND.
In umgekehrter Richtung ab Cooktown So, Mi, Fr
um 13.30 Uhr. Ticket Cairns–Cooktown um $84.

Aufs Atherton Tableland
Trans North Bus, s. o. Mehrmals tgl. von Cairns
nach ATHERTON ($25) via KURANDA ($7) und
MAREEBA ($20). Außerdem von Cairns nach
KARUMBA via HERBERTON und RAVENSHOE.

Langstreckenbusse
Greyhound, Reef St Terminal, Stop D, Bucht 16
und 17, 📞 13 14 99, 🖥 www.greyhound.com.au.
Nach BRISBANE (S. 558–559); zusätzlich nach
TOWNSVILLE (S. 550 550). Nach MT ISA: in
Townsville umsteigen.
Premier, Haltestelle am Hauptbahnhof,
📞 13 34 10, 🖥 www.premierms.com.au.
1x tgl. nach BRISBANE, Fahrzeit etwa 29 Std.
(S. 562–563).

Eisenbahn
Der **Bahnhof** befindet sich in der Bunda St
hinter dem Cairns Central Shopping Centre.
Auskunft und Buchung beim QR Travel Centre
im Bahnhof, 📞 4036 9250, Mo–Fr 9–17, Sa 8.30–
12 Uhr, sowie unter 📞 13 16 17, 🖥 www.queens
landrail.com.au. V. a. die Liegewagen nach
Brisbane sind heiß begehrt – am besten
2–3 Monate im Voraus buchen!

Die Küste entlang
Spirit of Queensland: Nach BRISBANE: Abfahrt
Mo, Mi, Do, Fr und So um 8.35 Uhr.

Touristische Bummelbahnen
Kuranda Scenic Railway, sehr touristisch, aber
trotzdem empfehlenswert. Am besten in Kombi-

nation mit der Skyrail Cableway (Näheres unter Kuranda, S. 356).

Savannahlander, 🖥 www.savannahlander.com.au. Die historische Buscheisenbahn fährt von Cairns nach FORSAYTH im Outback, 423 km südwestl. von Cairns. Eine mehrtägige Tour startet Mi um 6.30 Uhr in Cairns. Es gibt verschiedene Pakete und Übernachtungsmöglich-keiten.

Flüge

Der **Flughafen** liegt 8 km nördl. der Stadt. Er hat separate Terminals für Inland- und Auslands-flüge.

Shuttlebusse operieren von beiden Terminals, Infos und Buchung unter 🖥 www.cairnsairport.com.au/travelling/parking-and-transport/transport-options/shuttle-bus.

Qantas fliegt u. a. tgl. direkt nach BRISBANE, SYDNEY, MELBOURNE, ROCK und HAMILTON ISLAND.

Mit **Jetstar** Flüge nach ADELAIDE, BRISBANE, DARWIN, GOLD COAST, PERTH, MELBOURNE UND SYDNEY.

Skytrans Airlines, 📞 1300 759 872, 🖥 www.skytrans.com.au. Mit kleinen Maschinen tgl. nach HORN ISLAND (TORRES STRAIT); auch Flüge zu weiteren Zielen auf der Cape-York-Halbinsel und im Outback.

Virgin Australia fliegt tgl. direkt nach BRISBANE, SYDNEY und MELBOURNE.

Die Umgebung von Cairns

Während die Sehenswürdigkeiten der City schnell besichtigt sind, findet man in der nahen Umgebung genügend Abwechslung, um eine oder mehrere Wochen erlebnisreich zu füllen. Die hier beschriebenen Ziele können alle in einem Tagesausflug ab Cairns besichtigt wer-den, viele bieten aber wunderschöne Übernach-tungsgelegenheiten.

Inseln vor Cairns

Frankland Islands National Park

Diese aus fünf Inseln bestehende Inselgruppe liegt vor der Küste bei Deeral, südöstlich von Cairns an der Mündung des Mulgrave River. Die teilweise von Mangroven gesäumten und mit Regenwald bedeckten Inseln und die sie umge-benden Gewässer sind weitgehend unberührt. Die Korallengärten mit riesigen Klaffmuscheln *(clams)* und Schwärmen tropischer Fische kann man beim Tauchen und Schnorcheln erkunden; oder man betrachtet sie auf einer Fahrt mit dem Glasbodenboot.

Die **Normanby Island**, die auf Wanderwegen umrundet werden kann, ist Schutzgebiet für Meeresschildkröten. Nur **Frankland Islands Cruise & Dive** (s. u.) darf die Inseln ansteuern – die Anreise schließt eine 25-minütige Kreuzfahrt auf dem Mulgrave River ein. Auf Russell Island und High Island ist Campen erlaubt (im Voraus ein Permit besorgen!).

Fitzroy Island National Park

Die 340 ha große Insel liegt 29 km südöstlich von Cairns, nur 6 km vor der Küste. Sie ist das Relikt einer ehemaligen Bergkette, deren bis zu 266 m aufragende Höhenzüge aus Granit von Dschun-gel bedeckt sind. Bereits in früher Zeit ka-men Gungandji-Aborigines zur Jagd hierher. Im 20. Jh. wurden auf der Insel Seegurken *(Tre-pang)* für den chinesischen Markt verarbeitet, und 1876 richtete man hier eine Quarantäne-station für chinesische Goldsucher ein.

Heute beherbergt die Insel das Turtle Rehabi-litation Centre, in dem verletzte Schildkröten ge-sund gepflegt und zurück in die freie Natur ge-bracht werden. Touren finden tgl. ab 13 Uhr statt und kosten $12.

Die Insel bietet einige schöne Spazierwege, unter anderem führt der 3,6 km lange **Lighthouse and Peak Circuit** mit einigen starken Steigungen vom Fitzroy Island Resort durch den Regenwald quer über die Insel zum Leuchtturm (2 Std. hin und zurück).

Die Strände eignen sich wegen der Koral-len eher zum Schnorcheln als zum Sonnenba-den. Achtung: Manchmal liegen am Strand gif-tige *cone shells.*

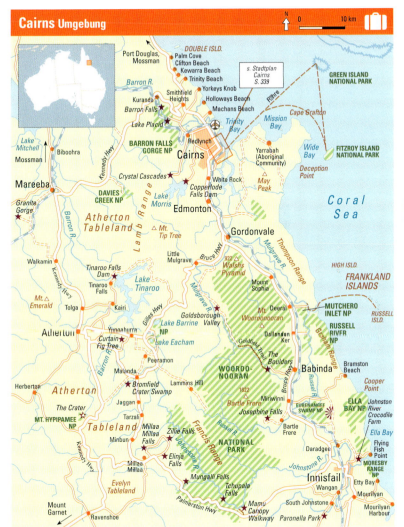

QUEENSLAND

Green Island National Park

Dieses 15 ha große Korallenatoll liegt 30 km östlich von Cairns. Green Island hat weiße, feinsandige Strände, türkisblaues Wasser und eine grün bewaldete Mitte, die Heimat von zahlreichen Vögeln ist; aber jeden Tag wird das hübsche Inselchen von zahllosen Booten und Urlaubern angesteuert. Von einsamer Idylle kann also keine Rede sein – wer sich nicht daran stört, kann einen Tagesausflug hierher machen, v. a. zum Baden und Spazierengehen. Vom einst prächtigen Korallenriff ist nicht mehr viel übrig – Schnorcheln und Tauchen lohnen sich an anderen Stellen mehr, z. B. im Outer Reef oder in der

QUEENSLAND

Mit über 2300 km Länge ist das Great Barrier Reef die einzige von Organismen errichtete natürliche Struktur, die vom Weltall aus sichtbar ist. Sie umfasst 2900 Riffsysteme und isolierte Atolle und erstreckt sich entlang Queenslands Ostküste von Bundaberg bis über die Spitze des Cape York hinaus. Seine gesamte Fläche entspricht fast der Größe Deutschlands. Rund 25 % aller Meerestiere sind hier vertreten. Bis heute ist es *die* Ikone des Tourismus in Queensland; daran vermögen auch die weltweiten Medienberichte, die das Riff längst für tot erklärten, nichts zu ändern. Große Teile des Riffs stehen im Great Barrier Reef Marine Park unter Naturschutz. Das Australian Institute of Marine Science (AIMS) untersucht den aktuellen Zustand, beobachtet drohende Gefahren und reguliert Fischerei und Schifffahrt am Riff. Dazu kommen etliche kommunale Initiativen und Gruppen wie die Citizens of the Great Barrier Reef, denen man auch als Tourist aus Übersee beitreten kann. Seit 2015 wird der *Reef 2050 Long-Term Sustainability Plan* umgesetzt, der mit zusätzlichen Hilfsmitteln den Schutz des fragilen Ökosystems gewähren soll.

Die sichtbaren Teile des viele Millionen Jahre alten Riffs sind höchstens 15 000 Jahre alt. Während der letzten Eiszeit lag der Meeresspiegel etwa 100 m tiefer, sodass der obere Teil des Riffs aus dem Wasser ragte und verkarstete. Noch immer wächst es jährlich um einige Zentimeter. Seine „Erbauer" sind **Steinkorallen** und **Kalkalgen**, die nur ab einer Wassertemperatur von mindestens 20 °C gedeihen, ideal sind 24 °C. Das Wasser muss sauerstoffreich sein und einen bestimmten Salzgehalt haben.

Die etwa 600 Korallenarten bilden die Lebensgrundlage für ein kompliziertes Ökosystem aus Mikroorganismen, Muscheln, Schnecken, Quallen, Seesternen und Fischen. Etwa 100 Quallen-, 3000 Weichtier- und 500 Wurmarten sind vertreten, dazu kommen über 1600 Fischsorten, 133 Hai- und Rochenarten und 30 Gattungen an Walen und Delphinen. Meeresschildkröten wie die Suppenschildkröte *(green turtle)* oder die *leatherback turtle* suchen zwischen April und Mai zur Eiablage einige Strände und Inseln an der Ostküste auf.

Die größte lebende oder sterbende Struktur der Erde?

Leider ist diese Naturschönheit von Umweltverschmutzung und Klimawandel bedroht. Die Ozeanübersäuerung, die auf die erhöhten CO_2-Werte in der Atmosphäre zurückgeht, wirkt sich auf das Verhalten der Tiere und Pflanzen unter Wasser aus. Außerdem verschlechtern die immer häufigeren Überflutungen und Zyklone die Wasserqualität und richten gewaltigen Schaden an. Sogenannte Dornenkronenseesterne *(crown-of-thorn starfish)* haben sich infolgedessen stark vermehrt – eine weitere Bedrohung für das Riff. Diese Seestern-Art ernährt sich vornehmlich von schnell wachsenden Korallen und ist fester Bestandteil eines gesunden Riffs. Zu hohe Bevölkerungszahlen bilden allerdings eine große Gefahr, da die Korallen nicht schnell genug nachwachsen können.

Die aufrüttelndste Wirkung aber haben die Massenkorallenbleichen, die hier zuletzt in den Jahren 2016, 2017 und 2020 beobachtet wurden. Gesunde Korallen leben in einer symbiotischen Lebensgemeinschaft mit Zooxanthellen, die den Korallen ihre Farbe verleihen. Wird die Wassertemperatur zu hoch, stoßen die Korallen diese Einzeller ab. Ohne die Zooxanthellen aber sterben die Korallen in wenigen Monaten ab. Riesige Gebiete waren 2020 von der Bleiche betroffen, einige konnten sich erholen, andere starben ab. Während das Riff im Ganzen noch immer die Lebensgrundlage für komplette Nahrungsketten vom Einzeller bis zum Buckelwal bildet, blicken die Meeresforscher mit Sorge in die Zukunft: Eine Erholung des Riffs ist derzeit zwar noch denkbar, aber nur wenn wir einen weiteren Anstieg der Wassertemperaturen verhindern können. Leider zeigt sich die australische Regierung in Sachen Klimaschutz alles andere als fortschrittlich.

Tourismus

Das Great Barrier Reef lockt sowohl Schnorchler und Tauchanfänger als auch Profis. Tourveranstalter sind auf bestimmte Regionen beschränkt, und für die Teilnehmer gelten gewisse Verhaltensvorschriften. Von Veranstaltern angefahren werden **Tauchziele** zwischen Lizard Island im Norden und den Inseln der Capricorn-Gruppe, die noch zum Marine Park gehören, der 40 km nördlich von Fraser Island endet. Die meisten Korallen reichen von 30 m Tiefe bis an die Oberfläche und sind auch Schnorchlern gut zugänglich.

Gute **Gebiete zum Schnorcheln**, die sich auch für Tauchanfänger eignen, sind die meisten Ziele um Keppel und Heron Island, die Whitsundays und Riffe nördlich von Townsville sowie die meisten Riffe vor Cairns und Cooktown, die meist bis 25 m tief liegen. An den Riffen weiter im hohen Norden und Osten erheben sich unter Wasser ganze Gebirgszüge. Im Osten wartet das Central Barrier Reef mit dramatischen *drop-offs*, Überhängen und Höhlen auf. Zudem kommen Wracktaucher auf ihre Kosten, Highlight ist hier die *Yongala* (1911 vor Townsville gesunken). Tauchmöglichkeiten bestehen das ganze Jahr über, optimale Bedingungen bietet das Wetter zwischen Juli und November.

Das Riff birgt auch Gefahren, denn einige seiner Bewohner sind lebensgefährlich. Da gibt es z.B. den **Steinfisch** *(stonefish, Synanceja verrucosa)* mit seinen Giftstacheln, der perfekt als Stein getarnt im Schlamm liegt. Eine Berührung verursacht sofort heftigste Schmerzen, führt zur Lähmung und zum Tod. Gut getarnt ist auch der **Stachelrochen** *(stingray)*, der sich unter dem Sand verbirgt; er ergreift aber schnell die Flucht, wenn man den Sand ein bisschen aufwirbelt. Muschelsammler sollten sich vor der **Coneshell** hüten. Diese längliche Muschel mit ihrer hübschen schwarz-braun-weißen Musterung ist mit einer langen Harpune ausgestattet, die ein schmerzhaft-lähmendes Gift absondert, das tödlich sein kann. Ein weiteres gefährliches Lebewesen ist die **Blauringelkrake** *(blue ringed octopus)*. Die **Würfelqualle** *(box jellyfish)* tritt von etwa Ende Okt–Ende Mai entlang der gesamten tropischen Küste auf, vom Norden West-Australiens bis nach Queensland. An beliebten tropischen Stränden wird in der fraglichen Zeit ein kleines Areal im Meer durch feinmaschige Schutznetze *(stinger nets)* abgetrennt, um das Baden zu ermöglichen. Diese Netze stellen zwar eine undurchdringliche Barriere für Würfelquallen dar, nicht aber für ihre kleinen und ebenfalls hochgiftigen Verwandten: die **Irukandji-Quallen** (S. 55). Selbst wenn an der Küste wegen der giftigen Quallen nicht gebadet werden kann, sind die weiter entfernten Tauchgebiete sicher. Taucher begegnen zumeist nur den harmlosen Riffhaien *(black* oder *white tip reef sharks)*.

Nähe von Cape Tribulation und Cooktown. Das Resort ist nach umweltfreundlichen Gesichtspunkten erbaut worden und integriert sich gut in die Landschaft. Da so viele Tagesbesucher vorbeikommen, verfügt es über einen Food-Court, wo man zu akzeptablen Inselpreisen essen kann. Zudem gibt es Schließfächer für Wertsachen.

Neben dem Pier erstrecken sich ein breiter, sauberer Sandstrand und ein Korallenriff, hinter dem Resort säumt ein weiterer langer Sandstrand die Westküste. Dieser wird teilweise von Rettungsschwimmern patrouilliert. Ein Wanderweg verläuft durch das Naturschutzgebiet bis zum Ende des Strandes.

ÜBERNACHTUNG UND TRANSPORT

Frankland Islands
Frankland Islands Cruise & Dive, ✆ 4033 0081, 🖵 www.franklandislands.com.au. Tagestrip in den Nationalpark inkl. Bootsfahrt entlang des Mulgrave River, Schnorcheln, Tauchen, Schwimmen, Spaziergängen und Mittagessen, $204.

Fitzroy Island
Fitzroy Island Resort, ✆ 4044 6700, 🖵 www. fitzroyisland.com.au. Betreibt die Fitzroy-Flyer-Fähren vom Cairns Reef Fleet Terminal zum Fitzroy Jetty: hin um 8, 11 und 13.30 Uhr; zurück um 9.30, 12.15 und 17 Uhr; Fahrzeit 45 Min., Ticket $80 p. P. hin und zurück. Das Resort verfügt über ein Restaurant, Pool, Kino und ein Spielzimmer für Kinder; außerdem gibt es einen Tauchladen, der Touren organisiert und Ausrüstung verleiht (Schnorchel- und Tauchausrüstung sowie Neoprenanzüge und Kajaks), einen kleinen Lebensmittelladen und Foxy's Bar & Cafe, das auch Tagesausflüglern zur Verfügung steht. Apartments und Zimmer im renovierten Resort ❼–❽ oder Campen auf dem Zeltplatz ($37). Viele Pakete, die Transport, Unterkunft, Mahlzeiten und Aktivitäten einschließen.
Raging Thunder, in Cairns, ✆ 4030 7990, 🖵 www.ragingthunder.com.au. Tagestrip zur Insel auf kleiner Fähre (hin ab Cairns um 9 Uhr, zurück ab Fitzroy Island um 16.30), $120 inkl. Mittagessen, Schnorchelausrüstung sowie Kajak- und SUP-Verleih.

Green Island
Big Cat Green Island, ✆ 4051 0444, 🖵 http://greenisland.com.au. Ab Reef Fleet Terminal, neben dem Pier Market Place, Spence St. Tagestour (Abfahrt tgl. 9 und 11 Uhr, zurück mittags oder nachmittags), $100; gegen Aufpreis Mittagessen, Schnorcheltouren, Tauchgänge.
Great Adventures, ✆ 4044 9944, 🖵 http://greatadventures.com.au. Tagestouren in schnellen Katamaranen, ab $99 inkl. Glasbodenboot oder Schnorchelausrüstung.
Green Island Resort, ✆ 4031 3300, 🖵 www.greenislandresort.com.au. Luxusresort (Suite ab $570). Zur Anlage gehören mehrere Restaurants und Bars, ein Tauchladen, ein Pool für Gäste sowie einer für Tagesbesucher.

Wooroonooran National Park und die Küste südlich von Cairns

Der 1622 m hohe **Mount Bartle Frere**, der höchste Berg in Queensland, erhebt sich fast immer von Wolken umhüllt über die waldbedeckte Bergkette, die sich über 50 km parallel zur Küste erstreckt und als Wooroonooran National Park unter Schutz gestellt wurde. Wie andere Nationalparks an der Küste von Nord-Queensland gehört auch dieser zum Gebiet der **Wet Tropics of Queensland**, das auf die Unesco-Liste des Welterbes der Menschheit gesetzt wurde. Es ist mit 90 000 ha das größte zusammenhängende Gebiet mit Hochlandregenwald in ganz Australien.

Von Norden kommend fällt zunächst ein kleinerer Berg wegen seiner Pyramidenform ins Auge, die **Walshs Pyramid**. Vom Parkplatz am Bruce Hwy kann man den 922 m hohen Gipfel in 4 Std. hin und zurück erklimmen. Wer mit der wunderbaren Aussicht über die Küste und das bewaldete Hinterland belohnt werden möchte, sollte gut trainiert sein und dieses Unternehmen auf die kühlen Morgenstunden verlegen, denn die Akazien, Eukalypten und Zykadeen spenden mittags kaum Schatten. Alljährlich im August wird ein Wettrennen auf den Gipfel ausgetragen. In **Deeral** legen die Ausflugsschiffe zu den Frankland Islands ab. Von der Jetty östlich des Ortes **Bellenden Ker** starten Bootstouren auf dem Russell River nach Russell Heads.

In **Babinda**, am Fuß des Mt Bartle Frere, gibt eine der großen Zuckermühlen des Nordens den 450 Einwohnern ein Auskommen. Von der Hauptgeschäftsstraße des Ortes führt die schmale Straße weiter zu **The Boulders**, einer schönen Schwimmstelle mit großen Felsen in einer Schlucht. Vorsicht, die schlüpfrigen Steine und Strudel in den schmalen Passagen haben schon einige Leben gefordert.

21 km von Innisfail und 68 km vor Cairns zweigt die Straße zu den **Josephine Falls** am Fuße des Mt Bartle Frere ab. Vom Parkplatz am Ende der Straße sind nach einem 15-minütigen Spaziergang durch ursprünglichen Regenwald die Kaskaden erreicht. Allerdings ist die Wassertemperatur hier v. a. im Winter alles andere als tropisch: Immerhin strömt das Wasser vom zweithöchsten Berg Queenslands.

Der Wooroonooran NP wird im Süden vom **Palmerston Highway** begrenzt, der von Millaa Millaa hinunter in die Küstenebene nach Innisfail führt. Beiderseits der Straße verlaufen Wanderwege durch den tropischen Regenwald zu einigen Wasserfällen. 30 km westlich von Innisfail führt der **Mamu Canopy Walkway** – eine luftige Metallkonstruktion, ähnlich wie der Tahune Air Walk in Tasmanien und die Otway Fly in Victoria – auf Baumwipfelhöhe durch den Regenwald und bietet einen herrlichen Ausblick über Regenwald und die Schlucht des Johnstone River. ⊙ tgl. 9.30–17.30 Uhr, Eintritt $26.

Der Besuch des Wooroonooran National Parks lässt sich auch gut mit einem Ausflug zum Paronella Park (S. 335, Innisfail und Umgebung) verbinden.

ÜBERNACHTUNG

Im **Goldsborough Valley** gibt es beim Mulgrave River einen einfachen Campingplatz (mit Toiletten und BBQ) für Selbstversorger; Permit $6,65 p. P.

Alle **Busse** in den Süden fahren auf dem Bruce Hwy am Rande des Parks entlang. Von dort lassen sich einige Ziele zu Fuß erreichen.

Im Westen

In der „Stinger Season" sind die **Crystal Cascades** westlich der Stadt am Ende der Redlynch Intake Rd eine angenehme Alternative zum Meer: schöne, von Regenwald umgebene Badestellen in der Nähe der Wasserfälle **Wongalee Falls**. Eine landschaftlich reizvolle Strecke ist die weiter südlich parallel verlaufende Lake Morris Rd, die von der Brinsmead Reservoir Rd abzweigt und über 16 km, vorbei an schönen Aussichtspunkten, über Cairns und das Freshwater Valley zum **Copperlode Falls Dam** am **Lake Morris** führt.

Ein ausgeschilderter Abstecher vom Highway 1 auf dem Weg nach Norden führt zum **Lake Placid** 15 km nordwestlich von Cairns, der den Barron River staut. Hier kann man ebenfalls schwimmen, am Kiosk werden von 9–17 Uhr Kanus vermietet. Alle diese Ziele sind leider nur mit eigenem Fahrzeug erreichbar.

Tjapukai Aboriginal Cultural Park

Das Aborigine Centre in Smithfield fiel 2020 der Pandemie zum Opfer und war zur Zeit der Recherche noch geschlossen, könnte 2022 aber wiedereröffnet werden.

Tjapukai nennen sich die traditionellen Bewohner der Regenwälder westlich von Cairns–Port Douglas. In den großen Räumlichkeiten des Zentrums sind eine Ausstellung und audiovisuelle Shows dem Glaubenssystem der Tjapukai sowie weiteren Aspekten ihrer Kultur und Geschichte seit der Invasion der Europäer gewidmet. In einem überdachten Amphitheater führen Mitglieder des Tjapukai Dance Theatre Teile traditioneller *Corroborees* vor. Besucher können sich im dazugehörigen Park im Speer- und Bumerangwerfen sowie im Didgeridoospielen üben.

Im Touristenmekka Cairns, für viele das Eingangstor zu Australien, nahm der Tjapukai Park als modernes Schaufenster in diese andere Welt einen wichtigen Platz ein. Das 1987 gegründete Privatunternehmen, zu großen Teilen im Besitz von Ureinwohnern und praktisch vollständig von diesen betrieben, galt als eins der erfolgreichsten dieser Art in Australien.

Kuranda

Aufgrund der Nähe zu Cairns kommen die meisten Besucher für einen Tagesausflug in das idyllisch von Regenwald umgebene Dorf. Tagsüber geht es hoch her, ganze Busladungen vereinter Nationen werden zum Einkaufen und Essen abgeladen. Am Spätnachmittag, wenn die Reisebusse abgefahren sind, wird es wieder ruhiger. In der Trockenzeit finden Open-Air-Konzerte im Amphitheater **The Billabong** (🖥 www.thebillabong.com.au) statt, die man sich schon wegen der Atmosphäre nicht entgehen lassen sollte.

Die Scenic Railway kommt im mit vielen blühenden Pflanzen geschmückten Bahnhof an – ein gebührender Willkommensgruß. In der Coondoo St, der Hauptstraße des Dorfes, verlocken zahlreiche kleine Galerien zum Stöbern, hübsche Cafés und Gartenrestaurants zum Verweilen.

Die Stände des **Rainforest Market** sind am Ende der Therwine St aufgebaut. Hier findet man allerlei Essbares, von frisch zubereiteten Falafeln bis hin zu französischen Crêpes. Gegenüber, am Rob Veivers Drive, liegt unter Bäumen der **Heritage Market**. Anfang der 1970er-Jahre ließen sich Hippies und andere Aussteiger im idyllischen Kuranda nieder. Nun unterscheidet die Kuranda Markets nur noch die hübsche Lage im Dorf am Rande des Regenwaldes von anderen kommerziellen Touristenmärkten. Verkauft werden Akubra-Hüte, Bumerangs und Didgeridoos, Schmuck, Lederwaren u. a. Kunsthandwerk sowie Gemüse und Früchte. 🕐 tgl. 9.30–15.30 Uhr.

Hinter dem Heritage Market können drei Tierpark-Attraktionen besucht werden: Im **Butterfly Sanctuary**, ☎ 4093 7575, 🖥 https://australianbutterflies.com, wurde in einem großen Glashaus mit hohem Dach eine Regenwaldlandschaft mit Bäumen, Palmen, Felsen, Wasserfällen und Teichen angelegt, durch die 35 verschiedene Arten australischer Schmetterlinge flattern. Dies ist *die* Chance, die leuchtend

kobaltblauen **Ulysses-** oder die großen **Cairns Birdwing-Schmetterlinge** zu sehen. 🕐 tgl. 10–16 Uhr, kostenlose Führungen auch auf Deutsch, Eintritt $20, Kind 4–14 J. $10.

Nebenan in **Bird World**, ☎ 4093 9188, 🖥 www.birdworldkuranda.com, schwirren australische und exotische Vogelarten durch ein künstlich angelegtes kleines Regenwald-Ökotop mit Bach und Wasserfall, hoch oben von einem Netzdach überspannt. Besonders die Papageien kennen keine Scheu und lassen sich gerne auf den Schultern oder Köpfen der Besucher nieder. 🕐 tgl. 9–16 Uhr, Eintritt $19, Kind 4–15 J. $9,50.

In **Kuranda Koala Gardens**, ☎ 4093 9953, 🖥 www.koalagardens.com, bekommt man außer den putzigen Beuteltieren auch Wombats und Wallabies, Schlangen und Krokodile zu Gesicht. Der Park ist allerdings recht schnell besichtigt. Für $20 kann man sich hier sein obligatorisches Foto mit Koala auf dem Arm abholen. 🕐 tgl. 9–16 Uhr, Eintritt $19, Kind 4–15 J. $9,50.

Kuranda Scenic Railway und Skyrail Rainforest Cableway

Die 34 km lange Strecke der **Kuranda Railway** von Cairns nach Kuranda wurde Ende des 19. Jhs. in die steilen Berghänge gehauen. Mit der Eröffnung der Eisenbahnlinie für den Fracht- und Personenverkehr im Jahre 1891 festigte sich die Position von Cairns als Versorgungsbasis für die Zinnminen und die ländlichen Zentren des Atherton Tableland.

Bei der ersten Steigung hinter **Jungara** bietet sich ein Panoramablick über die Zuckerrohrfelder um Smithfield, auf den Mt Whitfield und über Trinity Bay bis hin zum False Cape und Green Island. An der fotogenen Kurve bei der **Stoney-Creek-Brücke** kommt man an Wasserfällen vorbei, danach kriecht der Zug den Berghang hinauf zur **Barron-River-Schlucht**. Die Bahn fährt am Rand der beeindruckend tiefen, steilen Schlucht weiter. Von der Barron Falls Station blickt man auf die Wasserfälle des Barron River – in der Trockenzeit allerdings kaum mehr als ein Rinnsal. Daher hilft man in der Power Station nach und lässt etwas mehr Wasser ab, wenn die Bahn den Wasserfall passiert. Nach etwa zwei Stunden Fahrt (ab Cairns) ist Kuranda erreicht.

© FOTOLIA / EVGENY VOSTRIKOV

Mit der Kuranda Railway von Cairns in die Atherton Tablelands: eine reizvolle Fahrt

Mit der **Skyrail Rainforest Cableway** schwebt man von Kuranda in einer sechs Personen fassenden, geschlossenen Kabine über die Baumwipfel des Regenwaldes. Nach etwa 30 Minuten ist die Caravonica Lakes Station in Smithfield, einem Vorort nördlich von Cairns, erreicht. Man sollte jedoch nicht versäumen, unterwegs bei den beiden Stationen im Regenwald auszusteigen: An der ersten Station nach Kuranda, **Deans Peak Barron Falls Station**, kann man bei einem 20-minütigen Stopp das Infozentrum über den Regenwald Nord-Queenslands (Rainforest Interpretive Centre) besuchen. Wanderwege führen zu zwei Aussichtspunkten über die Barron Falls. Von der **Red Peak Rainforest Station** führt ein hölzerner Steg durch dichten Urwald. Details zu beiden Fahrtangeboten s. u., „Transport".

ÜBERNACHTUNG

 Ronday-voo B&B, 55 Veivers Drive, etwa 8 km südwestl. von Kuranda entlang des Kennedy Hwys, ✆ 4093 0456. Beste Gastfreundschaft genießt man in einem der beiden gemütlichen DZ mit Bad, die beide den idylli-

schen Garten am Rand des Regenwalds überblicken. Gäste dürfen den Pool und Tennisplatz benutzen. Hervorragendes Frühstück im Carton, manchmal inkl. Besuch von Papageien und Wallabies. ❺
Kuranda Rainforest Accommodation Park, 88 Kuranda Heights Rd, 2 km vom Kennedy Hwy, ✆ 4093 7316, 🖥 www.kurandarainforestpark. com.au. Zelt- und Stellplätze ohne und mit Strom ($30/37) sowie Cottages und Budget-Cabins. Pool. Angenehme Anlage. ❶–❸

AKTIVITÄTEN UND TOUREN

Reiten und Touren
Blazing Saddles, ✆ 4085 0197, 🖥 www. blazingsaddles.com.au. Halbtägige Ausritte durch das Buschland und den Regenwald, $135. Zudem Touren mit Quadbikes, $145.
Kuranda Riverboat Cruise, 1 Therwine St, ✆ 4093 7476, 🖥 www.kurandariverboat.com. Bootsfahrt auf dem Barron River ab dem Steg unterhalb des Bahnhofs, 45 Min., 5x tgl., $20, Kind 5–15 J. $10.

Rainforestation Nature Park, Kennedy Highway, ✆ 4085 5008, 🖥 www.rainforest.com.au. Fahrten mit dem Amphibienfahrzeug Army Duck durch den Regenwald und auf Bächen des 40 ha großen Geländes, Besuch einer Plantage mit tropischen Früchten und eines Koala- und Wildlife-Parks, außerdem Pamagirri Aboriginal Experience mit geführten Spaziergängen, Bumerang- und Speerwerfen, Didgeridoo-spielen und Tanzdarbietungen. Touren je nach Umfang $50–250.

INFORMATIONEN

Kuranda Visitor Information Centre, Centenary Park, ✆ 4093 9311, 🖥 www.kuranda.org. ⊕ tgl. 10–16 Uhr.

TRANSPORT

Busse
Trans North Bus, ✆ 4068 7400, 🖥 www. transnorthbus.com. Shuttlebusse nach CAIRNS 5x tgl., $6,70. Zusätzliche Busse 3x tgl. ab Cairns über Kuranda und MAREEBA nach ATHERTON. Außerdem von Cairns nach KARUMBA via Kuranda, Herberton und Ravenshoe Mo, Mi und Fr; zurück Di, Do und Sa. Am Wochenende eingeschränkter Fahrdienst.

Eisenbahn und Cableway
Kuranda Scenic Railway, ✆ 4036 9333, 🖥 www.skyrail.com.au. Tgl. um 8.30 und 9.30 Uhr ab Cairns, zurück um 14 und 15.30 Uhr; Fahrzeit knapp 2 Std., Fahrpreis $50 einfach, $76 hin und zurück. Bei der Fahrt von Cairns nach Kuranda zum Fotografieren den Fensterplatz rechts in Fahrtrichtung reservieren! Auf der Rückfahrt ist der Zug oft leerer.
Skyrail Rainforest Cableway, ✆ 4038 5555, 🖥 www.skyrail.com.au. Sykrail hin und zurück $82 oder inkl. Transfer ab Cairns $105, ab Port Douglas $134. Oder Kombiticket Cable-way/Railway hin und zurück ab $115. Reservieren! Die Cableway ist tgl. von 9–17.15 Uhr in Betrieb; die letzte Buchung für eine Rückfahrt von Kuranda zur Talstation wird bis 14.45 Uhr angenommen für eine einfache

Fahrt von der Talstation nach Kuranda bis 15.30 Uhr.
Pauschalangebote von Tourveranstaltern mit Sightseeing sind oft günstiger – Unterkünfte und Reisebüros in Cairns beraten.

Im Norden

Nördlich von Holloways Beach erstrecken sich die über Stichstraßen zugänglichen wunder-schönen Sandstrände der **Northern Beaches**. Zu diesen zählen Yorkeys Knob, Trinity Beach, Clifton Beach, Palm Cove und Ellis Beach. Wo sie durch Netze gesichert sind, ist Baden im Meer das ganze Jahr über möglich. In **Trini-ty Beach** verläuft parallel zur Uferstraße der lange, gelbe Sandstrand mit vielen Picknick-tischen. Hier spenden Palmen und andere Bäu-me Schatten.

Das bildhübsche **Palm Cove** besteht haupt-sächlich aus Hotels und Resorts der gehobenen Preisklasse. In der attraktiven Bucht mit einem langen Sandstrand und ruhiger See werden ver-schiedene Wassersportmöglichkeiten und an-dere Aktivitäten angeboten. Ein Netz schützt vor Quallen. An beiden Orten fallen die dickstämmi-gen Melaleuca-Bäume (*Melaleuca quinquener-via*) mit ihrer markanten Papierrinde ins Auge. Diese stehen unter strengem Schutz und dürfen nur von den örtlichen Behörden gestutzt wer-den, selbst wenn sie sich auf Privatgrund befin-den. Und sie sind noch auf eine weitere Weise stadtbildprägend: Laut Bauordnung darf kein Gebäude höher sein als der nächste Melaleuca-Baum.

Am **Ellis Beach** führt der Highway direkt an der Küste entlang und lockt Autofahrer mit schönen Ausblicken auf einen kilometerlangen Strand, der von dem bewaldeten Hinterland ge-säumt und von Dünen sowie dunklen Granitfel-sen unterbrochen wird. Danach schmiegt sich die Küstenstraße dicht an die Küstenberge.

Hartley's Creek Crocodile Adventures, 20 km südlich von Port Douglas am Cook High-way, ✆ 4055 3576, 🖥 crocodileadventures.com, präsentiert sich auf einem großen, landschaft-lich schönen Gelände in Wangetti. Die Haupttat-traktion ist ein simulierter Krokodilangriff

(15 Uhr), aber man kann auch der Fütterung von Kasuaren, Koalas und Schildkröten beiwohnen sowie einer Schlangenshow (14 Uhr). ⊕ tgl. 8.30–17 Uhr, Eintritt $41, Kind 4–15 J. $20,50. Transfers von Port Douglas und Cairns; Details s. Website.

Der Aussichtspunkt **Rex Lookout** nördlich von Wangetti ist ein beliebter Fotospot. Am Wochenende treffen sich hier Drachenflieger.

ÜBERNACHTUNG UND ESSEN

Wer nicht unbedingt in der City übernachten muss, findet an den Northern Beaches hervorragende Alternativen, viele direkt am Strand.

Yorkeys Knob

 Von vielen Lesern heiß empfohlen wurden die Holidayunits mit 1–2 Schlafzimmern von **Villa Marine Seaside Villas**, 8 Rutherford St, Yorkeys Knob, ✆ 4055 7158, 🖥 www.villamarine.com.au. Die Units mit Küche und Bad sind wunderschön gelegen, nur 50 m vom Strand entfernt und mit Blick auf den tropischen Regenwald. Auf der Veranda und um den großen, lagunenartigen Pool herum lassen sich tropische Vögel beobachten. Paradiesische Idylle nur 20 Min. vom Stadtzentrum. ❺–❽

Trinity Beach

Marlin Cove Resort, 2 Keem St, etwas abseits vom Strand am Kreisverkehr, ✆ 4057 8299, 🖥 www.marlincoveresort.com.au. Gut ausgestattete Ferienwohnungen mit 1–3 Schlafzimmern, um einen tropischen Swimming Pool gruppiert. ❼
Vue Trinity Beach, 78-86 Moore St, ✆ 4058 4400, 🖥 www.vuetrinitybeach. com.au. Zugegeben, die Unterkunft ist nicht billig, aber die topmodernen, luxuriösen und top-ausgestatteten 1–4-Zimmer-Apartments sind tatsächlich jeden Cent wert. Alle Apartments sind freundlich und hell, blicken aufs Meer und den großen Pool direkt davor und haben alle einen aussichtsreichen, großen Balkon. Urlaubsfeeling pur! ❽

Blue Moon Grill, Trinity Beach Rd, direkt gegenüber vom Strand, ✆ 4057 8957, 🖥 www. bluemoongrill.com.au. Das vielfach ausgezeichnete Restaurant ist vor allem auf Seafood spezialisiert. Aber die Speisekarte bietet auch viele Pasta- und asiatische Gerichte. Gute Cocktailkarte. Hauptgerichte ab $25. ⊕ tgl. ab 17 Uhr, Sa und So auch Frühstück und Mittagstisch.

Palm Cove

Der exklusivste der Beach-Vororte von Cairns. Die meisten Unterkünfte kosten von $350 aufwärts.
The Palms, 32 Veivers Rd, die südliche Einfahrtstraße, 300 m vom Strand, ✆ 4055 3831, 🖥 www.silvesterpalms.com.au. Saubere, komfortable Ferienwohnungen mit 1–3 Schlafzimmern. Pool. ❻
The Reef House and Spa, 99 Williams Esplanade, ✆ 4080 2600, 🖥 www.reef house.com.au. Das luxuriöse Boutique-Resort direkt an der Esplanade ist eines der ältesten seiner Art in Palm Cove. Gäste können sich im tropischen Pool mit Wasserfall aalen oder sich von den hauseigenen Wellnessrezepturen pampern lassen. Wem der Aufenthalt zu teuer ist, kann sich zumindest ein leckeres Mittagessen ($20–30) oder Abendessen (Hauptgerichte ab $35) gönnen, denn die Aussicht von der offenen Terasse ist berauschend. ❽
Palm Cove Camping Ground, 149 Williams Esplanade, ✆ 1800 736 741, 🖥 www.palm covehp.com.au. Am nördlichen Pier; sehr zentral und schön gelegener Platz mit Zelt- und Stellplätzen ohne und mit Strom ($29/36). Kiosk.

Ellis Beach

Ellis Beach Oceanfront Bungalows and Leisure Park, ✆ 1800 637 036, 🖥 www. ellisbeach.com. Direkt am Meer, in der Saison *stinger net*, 25 Cabins, alle mit kleiner Küche, AC. Zelt- und Stellplätze ohne und mit Strom (ab $36/43). Großer Pool, Restaurant/ Bar. In der Hauptsaison Mindestaufenthalt 3 Nächte. Ab ❸

Atherton Tableland

Westlich der steilen Küstenberge der Bellenden Ker Range erstreckt sich ein fruchtbares, hügeliges Hochplateau, das 600–1000 m hohe **Atherton Tableland**. Die ersten Weißen, die in dieses Gebiet vordrangen, fanden dichten, undurchdringlichen Dschungel mit mächtigen Zedern und Kauri-Bäumen vor. Im Norden fürchtete man die Attacken der Aborigines, die erbittert ihr Land verteidigten. Es kam zu Massakern.

Der Entdeckung von Gold am Palmer River 1873 folgte drei Jahre später der Fund eines weiteren Goldfeldes am Hodgkinson River. Einige Jahre später löste der Abbau von Zinnvorkommen am Herbert River die Goldförderung ab. Siedler rodeten die Urwälder und bebauten die Vulkanerde. Die Besucher finden heute eine liebliche Kulturlandschaft vor: Abgeschliffene Bergkegel – die Überreste einstiger Vulkane – ragen aus der sanft gewellten Ebene. An einigen Stellen gibt es noch Überreste des einst undurchdringlichen Regenwaldes. Oft verlocken Wasserfälle mit kleinen, natürlichen Pools zum Baden.

Auf dem Hochland ist es kühler – im Sommer eine Erleichterung nach dem feucht-heißen Klima an der Küste. Die Winternächte können empfindlich kalt werden; man sollte Pullover und lange Hosen mitnehmen. Nach Westen hin wird die Landschaft trockener und steiniger und nimmt langsam den typischen Outback-Charakter an.

Das nördliche Tafelland

Davies Creek National Park
Vom Kennedy Highway zweigen zwischen Kuranda und Mareeba drei unbefestigte, jeweils rund 6 km lange Stichstraßen in den schönen kleinen Davies Creek National Park ab. Am Ende der Trockenzeit können diese auch mit normalem Pkw befahren werden; am besten erkundigt man sich in den Informationszentren von Kuranda oder Mareeba nach dem aktuellen Straßenzustand.

Von mehreren Parkplätzen aus starten ausgeschilderte Wanderungen durch den Park, von der 20-minütigen Rundwanderung zum Aussichtspunkt auf die **Davies Creek Falls** bis hin zu Tageswanderungen.

Sensationelle Aussichten bieten sich bei gutem Wetter auf dem **Turtle Rock Circuit Trail** (8 km, 3–4 Std.) sowie vom **Kahlpahlim Rock Trail** zum Lamb Head (12 km, ca. 7 Std.). Beide sind nur in der Trockenzeit begehbar. Von der Davies Creek Road startet eine weitere sportliche Herausforderung: der ausgeschilderte **Davies Creek Mountain Bike Trail**.

Im Bach selbst kann man an mehreren Stellen baden. An zwei schönen Plätzen am Flussufer kann man mit Voranmeldung campen (🖥 https://parks.des.qld.gov.au/experiences/camping/camping_bookings.html, $6,65 p. P.); beide verfügen über Toiletten und Picknicktische. Offene Feuer sind verboten.

Mareeba
Die Gegend von Mareeba wird seit Jahrhunderten intensiv zur Landwirtschaft genutzt. Nachdem der Tabakanbau Ende der 80er-Jahre unrentabel wurde, stiegen die Farmer auf Zuckerrohr und Kaffee um, auch Tee und Mangos werden angebaut. Für Besucher sind vor allem die **Mareeba Tropical Savanna and Wetlands** von Interesse.

Die Ausstellung im **Mareeba Heritage Museum and Information Centre**, die bis in den Hinterhof des kleinen Centres hinausgewachsen ist, wirkt etwas angestaubt, hält aber einige interessante Geschichten aus der Vergangenheit bereit. 345 Byrnes St, Centenary Park, ✆ 4092 5674, 🖥 www.mareebaheritagecentre.com.au, ⏰ tgl. 9–17 Uhr.

Kaffeeliebhaber schauen bei **The Coffee Works** vorbei, 136 Mason St, 🖥 www.coffeeworks.com.au. Hier wird feinster Arabica-Kaffee geröstet und verschickt, dazu gibt's hausgemachte Schokolade und einen bunten Krimskramsladen mit allerlei hochwertigen Souvenirs. Ein kleines Museum beleuchtet die Geschichte des Koffeinsafts, dazu gehört auch eine Verkostung von einheimischen, importierten und gemischten Kaffeesorten. Eintritt zum Museum (inkl. Verkostung) $19, im Information Centre liegen Broschüren mit $5-Rabatt-Coupons aus. ⊕ tgl. 9–14 Uhr.

An der Dimbulah Rd nordwestlich von Maree-ba lädt **North Queensland Gold Coffee Planta-tion**, 🖥 www.nqgoldcoffee.com.au, zu einem Besuch ein. Hier werden Kaffeebohnen der Sorte Arabica angebaut, gepflückt, sortiert und geröstet. Führungen tgl. 8–17 Uhr, $5.

Auf dem Weg nach Atherton kann man bei der **Mount Uncle Distillery** in Walkamin, 🖥 www.mtuncle.com, hereinschauen und die hier hergestellten Liköre kosten (verschiedene Geschmacksrichtungen, z. B. Banane, Kaffee, Maulbeere). Wenn man in Richtung Atherton fährt, man rechts vom Highway in die Hansen Rd abbiegen und wieder nach rechts in die Chewko Rd.

Zum Abkühlen eignet sich die 13 km westlich von Mareeba gelegene Granitfelsenschlucht **Granite Gorge**. Dort gibt es Badestellen, einen Wanderpfad durch die Schlucht und zahme Felswallabies, die man füttern kann. Die Schlucht liegt auf Privatgrund, daher Eintritt $13. Zelten auf dem kleinen Campingplatz (ab $32 für 2 Pers.). ☎ 4093 2259, 🖥 www.granite gorge.com.au.

ÜBERNACHTUNG

Jackaroo Motel, 340 Byrnes St, ☎ 4092 2677, 🖥 www.jackaroomotel.com. Modernes Motel mit sauberen Zimmern mit AC. Salzwasserpool. ❻

TRANSPORT

Trans North, ☎ 4068 7400, 🖥 www. transnorthbus.com. Busse von CAIRNS via MAREEBA nach ATHERTON und retour; Details s. S. 356 (Kuranda).

Chillagoe

Der Ort liegt schon im Outback, 200 km westlich von Cairns und 140 km westlich von Mareeba. Seit Ende des 19. Jhs. wurden hier Vorkommen von Zink, Kupfer, Silber und etwas Gold abgebaut. Von der ehemals blühenden Kleinstadt sind nur noch zwei Pubs und ein paar Wohnhäuser geblieben, in denen knapp 150 Einwohner

leben. Von der alten Metallschmelze **Old State Smelters** stehen nur noch zwei hohe Schornsteine. Marmor aus einem Steinbruch in der Nähe des Ortes wird sogar nach Italien exportiert.

Besucher machen sich v. a. auf den weiten Weg, um die Tropfsteinhöhlen im **Chillagoe-Mungana Caves National Park** in der Nähe des Ortes zu besichtigen. Die Höhlen sind der Überrest eines uralten Korallenriffs. Die Nationalparkverwaltung veranstaltet jeweils einmal täglich Führungen durch die Donna Cave, Trezkinn Cave und Royal Arche Cave. In den Ferien und an langen Wochenenden herrscht viel Andrang, sodass nummerierte Tickets verkauft werden. Auf jeden Fall schon einige Tage im Voraus beim Info Center **The Hub** anmelden (s. u.). Tour $29; $46 für zwei oder $58 für alle drei Höhlen.

ÜBERNACHTUNG UND ESSEN

Chillagoe Guesthouse, 16-18 Queen St, ☎ 0408 515 267, 🖥 www.chillagoeguesthouse. com.au. Units und einfache Zimmer, AC. Countermeals. ❼

🏠 **Chillagoe Observatory & Eco Lodge**, 1 Hospital Ave, ☎ 4094 7155, 🖥 www.coel.com.au. Renovierte Cabins und Zimmer, teilweise mit AC und Bad. Zeltplatz ($10 p. P.) und Restaurant. Astronomie-Abende im hauseigenen Observatorium. ❸ – ❹

INFORMATIONEN

The Hub, 21-23 Queen St; ☎ 4094 7111, 🖥 www.qwe.com.au/chillagoe/the_ hub.html. Infozentrum mit einer Ausstellung zur Geologie und Geschichte der Region; Café. Verkauf von Eintrittskarten für die Tropfsteinhöhlen; Buchung von Unterkunft. ⊕ tgl. 8–15.30 Uhr.

TRANSPORT

Der **Savannahlander** (Details S. 348) hält in ALMADEN, von hier aus Anschluss nach Chillagoe.

Per Rad durch die Atherton Tablelands

- **Länge:** ca. 230 km
- **Dauer:** 5 Tage
- **Schwierigkeitsgrad:** mittelschwer
- **Anreise und Planung:** Cairns Scooter & Bicycle Hire (S. 346) vermietet Fahrräder (rund $150 pro Woche) und organisiert den Transport nach Kuranda. Auch das Busunternehmen Trans North (s. Cairns, Transport) befördert Fahrräder für die Strecke Cairns – Kuranda. In der Scenic Railway sind Fahrräder leider nicht mehr erlaubt.

Obwohl das Klima im Tafelland deutlich kühler ist als an der Küste, lohnt es sich, morgens früh auf den Sattel zu steigen, damit die Tagesetappe bis zum Mittag geschafft ist. Unterwegs gibt es gute Campingplätze, aber auch viele Unterkünfte. Alle Städte bieten zumindest kleine Lebensmittelläden.

Tag 1: Kuranda – Mareeba

- 39 km, 2–4 Std.

Mit dem Bus geht es um 8.30 Uhr von Cairns nach **Kuranda** (Fahrtzeit 40 Min.). Nach einem kurzen Bummel über den Heritage Market beginnt die Radtour mit einem gemächlichen Aufstieg entlang des Kennedy Highways. Nach etwa 23 km zweigt die **Davies Creek** Road in den gleichnamigen Nationalpark ab. Hier gibt es einige gute Mountainbike-Tracks, zudem Picknicktische und zwei Zeltplätze, oder man erfrischt sich in einem

der Wasserlöcher. Zurück an der Hauptstraße ist nach weiteren 11 km **Mareeba** erreicht.

Tag 2: Mareeba – Herberton
■ 53 km, 4–5 Std.
Stetig (aber erträglich) geht es bergauf, bis nach 2–2 1/2 Stunden **Atherton** erreicht ist. Hier gibt es einige Läden und Restaurants. Dann geht's entlang der Atherton-Herberton Road ins verschlafene **Herberton**. Erst auf den letzten Kilometern wird der harte Aufstieg belohnt. Wer die Tour abkürzen möchte, biegt in Atherton links Richtung Malanda ab und folgt der Straße nach Millaa Millaa.

Tag 3: Herberton – Millaa Millaa
■ 39 km, 3–4 Std.
Die Longlands Gap-Herberton Road steigt stetig bergauf, bis sie kurz hinter dem Abzweig zum **Mount Hypipamee National Park** ihren höchsten Punkt erreicht. Auf keinen Fall verpassen sollte man den kurzen Abstecher zum **Millaa Millaa Lookout**. Jetzt beginnt die berauschende Abfahrt ins idyllische **Millaa Millaa** , wo man sich für die Nacht einrichtet.

Tag 4: Millaa Millaa – Yungaburra
■ 38 km, 2–4 Std.
Die 12 m hohen **Millaa Millaa Falls** lohnen einen Besuch. Anschließend geht es nach einem kurzen Anstieg relativ flach über **Malanda** nach **Yungaburra** oder auch direkt zum **Lake Echam**, wo man im Tourist Park im Cabin übernachten oder zelten kann.

Tag 5: Yungaburra – Cairns
■ 66 km, 4–6 Std.
Die harte Arbeit der letzten Tage wird heute mit einer beflügelnden Abwärtsfahrt in der **Gillies Range** belohnt: Auf nur wenigen Kilometern fällt die Straße bis nach Little Mulgrave 800 m ab. Anschließend geht es neben dem Bruce Highway zurück nach **Cairns**.

Das zentrale Tafelland

Lake Tinaroo

In **Tolga**, einem ehemaligen Zentrum der Holzwirtschaft, verkauft Tolga Woodworks täglich 9–17 Uhr sehr schöne gedrechselte Holzgegenstände, nebenan serviert ein gemütliches Café leckere Milchshakes und kleine Gerichte. Nach ein paar Kilometern ist man am malerischen **Lake Tinaroo** angelangt, der bei Familien ebenso beliebt ist wie bei Fischern, die hier leckere Barramundis aus dem Wasser ziehen. Der gestaute Barron River dient der Bewässerung der Felder von Mareeba und Dimbulah.

Atherton

Das heutige Zentrum des Tafellandes lockt mit einigen hübschen, alten Gebäuden, die Anfang des 20. Jhs. erbaut worden sind. Ein schrägkitschiges Erlebnis sind die **Crystal Caves**, 69 Main St, ⌨ www.crystalcaves.com.au, künstlich angelegte Höhlen voller Kristalle wie Quarz, Amethyst, Achat usw. in beeindruckenden Farben und Formen. ⊙ tgl. 9–17 Uhr, Eintritt $25.

Nicht ganz so glitzernd, dafür kulturell bedeutender ist die **Atherton Chinatown**. Viel ist nicht übrig geblieben von der 100-jährigen Geschichte chinesischer Siedler, eine kleine Ausstellung und der restaurierte **Hou Wang Tempel** sind die einzigen Zeugen. Die einmalige Kombination von schlichtem Wellblech für die Außenfassade und prächtigen rot-goldenen Schnitzereien ist schon einen Besuch wert, ⌨ www.houwang.org.au. ⊙ Mi–Fr 9–16, Sa 9–13 Uhr, Eintritt $10.

Yungaburra

Das ehemalige Holzfällerdorf hat sich mittlerweile für Touristen herausgeputzt. Mit zahlreichen in der Nähe gelegenen Sehenswürdigkeiten, guten Übernachtungsmöglichkeiten und friedlicher Idylle bietet Yungaburra einen optimalen Ausgangspunkt zur Erkundung des Tafellands. Ein 1,2 km langer, ausgeschilderter Abstecher führt westlich vom Ort Yungaburra zum **Curtain Fig Tree**, einer Würgefeige, die aus 15 m Höhe ihre Wurzeln nach unten getrieben hat. Der ursprüngliche Wirtsbaum stürzte zur Seite und hat einen Vorhang aus Wurzeln gebildet. Weniger bekannt, aber nicht weniger spektakulär ist der **Cathedral Fig Tree**, in den man hineingehen kann. Man erreicht ihn auf der Straße Richtung Gordonvale, der Abzweig ist beschildert.

Crater Lakes National Park: Lake Eacham

Einige Kilometer südöstlich von Yungaburra liegt der kleine Lake Eacham – ein schöner Badesee, eigentlich ein 67 m tiefes Maar in einem ehemaligen Vulkankrater. Ein 4 km langer Spazierweg führt durch den Regenwald um den See herum. Auf der Fahrt zum See lohnt ein kleiner Umweg über den Ort **Peeramon**, eine reizvolle Fahrt über das Land zu einem rustikalen Holzfällerpub.

Crater Lakes National Park: Lake Barrine

Lake Barrine, das zweite Maar, liegt in der Nähe des Gilles Highway, der von Yungaburra nach Gordonvale führt. Nahe dem Parkplatz wachsen zwei riesige Kauri-Bäume, dort beginnt der 6 km lange Rundweg um den See. Wer sich nicht anstrengen will, kann auf der **Rainforest and Wildlife Cruise** vom kleinen Schiff einen Blick auf den Regenwald um den See werfen. Abfahrt 9.30 und 11.30 Uhr, $18. Infos und Buchung unter ⌨ www.lakebarrine.com.au/cruises.

Das Teehaus beim Bootssteg serviert deftige Speisen und ist berühmt für seine leckeren *scones* (sprich: skons), kleine süße Brötchen, die mit Erdbeermarmelade und Schlagsahne gegessen werden. Für Rundfahrt und Teehaus ✆ 4095 3847, ⌨ www.lakebarrine.com.au/teahouse.

ÜBERNACHTUNG UND ESSEN

Atherton

Atherton Travellers Lodge, 37 Alice St, ✆ 4091 3552, ⌨ www.atlodge.com.au. Kleines, sauberes Hostel für Farmarbeiter. Vermittlung von Arbeit auf Farmen in der Umgebung. Unterkunft in Dorms und DZ, Preise abhängig von den Arbeitstagen. Fahrradvermietung.
Atherton Blue Gum B&B, 36 Twelfth Ave, ✆ 4091 5149, ⌨ www.athertonbluegum.com. Große Zimmer verschiedener Ausstattung, alle mit Bad und herrlichem Ausblick, deftiges

QUEENSLAND

Frühstück. Auch Cabins und ein luxuriöses Haus (max. 12 Pers.). Ab

Carrington Hotel, 77 Main St, ✆ 4091 1139. Countermeals.

BIG4 NRMA Atherton Tablelands Holiday Park, 141 Herberton Rd, ✆ 1800 041 441, 🖵 www.nrmaparksandresorts.com.au/atherton-tablelands. Schöne Buschlandanlage, Cabins, Van- und Zeltplätze ($28 oder $40 mit Strom), Pool. Ab

Yungaburra

Viele Unterkünfte in allen Preisklassen sowie Cafés und Restaurants.

€ **On The Wallaby**, 34 Eacham Rd, Yungaburra, ✆ 4095 2031, 🖵 www.onthewallaby.com. Das freundliche und gemütliche Hostel hat DZ und Dorms (Bett $28). Von hier oder ab Cairns werden tgl. Tages-touren über das Tafelland geboten (Details S. 344). ❶

Kookaburra Lodge, Eacham St, Ecke Oak St, ✆ 4095 3222, 🖵 www.kookaburra-lodge.com. Nett angelegtes Motel mit Pool, tropischem Garten und Grillplatz inkl. Geschirr für Selbst-versorger. ❹

Lake Eacham Tourist Park, Lakes Drive, südöstl. vom Lake Eacham, ✆ 4095 3730, 🖵 www.lakeeachamtouristpark.com. Zeltplätze ($24–29) und Cabins mit Bad und Kochecke; Kanuverleih, Camp-Küche, Kiosk, Café. ❹

Nick's Restaurant, ✆ 4095 3330, 🖵 https://nicksrestaurant.com.au. Schweizerisch-italienisch-australische Küche und alpen-ländische Atmosphäre. ⏲ Fr–So 11.30–15 und Di–So 17.30–21 Uhr.

SONSTIGES

Einkaufen

Yungaburra Markets, 🖵 www.yungaburramarkets.com. Kunstgewerbe, Eingemachtes und Flohmarktware. ⏲ an jedem 4. Sa des Monats 7.30–12.30 Uhr.

Erntearbeit

In der Region werden Mangos, Avocados und Bananen geerntet. Die besten Chancen auf Arbeit hat man von Nov–Mai.

Informationen

Atherton Tableland Information Centre, Main St, Ecke Silo St, gegenüber von McDonalds, ✆ 4091 4222, 🖵 www.athertontablelands.com.au. ⏲ tgl. 9–17 Uhr.

Yungaburra Visitor Information Centre, Kehoe Place, ✆ 4089 2254, 🖵 www.yungaburra.com. ⏲ Mo–Sa 9–17, So 10–16 Uhr.

TRANSPORT

Trans North Bus, ✆ 4068 7400, 🖵 www.transnorthbus.com. Busse von Cairns via MAREEBA nach ATHERTON und retour, Details S. 356, Kuranda.

Herberton und Ravenshoe

Herberton, das friedliche Dorf in den Hügeln auf 1000 m Höhe, war die erste Siedlung in den Tablelands. Zur Gründung 1880 mussten die Baumaterialien für die **Great Northern Tin Mine** (mittlerweile geschlossen) noch mühsam mit Pferd und Wagen über die steilen Hänge ge-schaffen werden. Erst die Erweiterung der Kuranda-Cairns-Eisenbahnlinie mit dem An-schluss von Herberton in den 1890er-Jahren er-leichterte den Transport. Das ruhige Landstäd-chen bietet nun etliche historische Gebäude aus der Blütezeit des Ortes.

In der Historic Village Herberton, 6 Broad-way, reist man zurück in die Zeit, als Herber-ton eine umtriebige Minenstadt war. 50 Schup-pen wurden auf dem Gelände nachgebaut oder restauriert, von Apotheke, Schule und Super-markt bis zum Country Pub. Täglich stehen hier zahlreiche Aktivitäten auf dem Programm. Mindestens 2 Std. für den Besuch einplanen! 🖵 www.historicvillageherberton.com.au. ⏲ tgl. 9–17 Uhr, in der Regenzeit 9.30–16 Uhr, Eintritt $32, Kind $16.

In dem ehemaligen Holzfällerort **Ravenshoe** (sprich: Ravens-hoe) haben sich einige Künstler und Kunsthandwerker niedergelassen.

Das **Nganyaji Interpretive Centre** in der Moore St zeigt eine kleine Ausstellung über die Jirrbal-Ureinwohner der Gegend, die Hüttendörfer im Regenwald anlegten und Aale räucherten. Hier befindet sich auch das **Visitor Information Centre** (s. u.).

Südlich von Ravenshoe erreicht man über die Tully Falls Road die **Little Millstream Falls** (angeblich die breitesten Wasserfälle Australiens) und einen Aussichtspunkt über die **Tully Falls** (25 km). Letztere führen allerdings wegen der Talsperre Koombooloomba Dam nur nach sehr heftigen Regenfällen Wasser.

ÜBERNACHTUNG UND ESSEN

Wild River CP, 23 Holdcroft Drive, Herberton, ☎ 4096 2121, 🖥 www.wildrivercaravan park.com.au. Zelt- und Stellplätze ($25/30) sowie einfache Units mit Küchenzeile und Bad. ❷
Royal Hotel, Grace St, Herberton, ☎ 4096 2231, 🖥 http://royalhotel.net.au. Historisches Pub. Zimmer mit Bad auf dem Flur; inkl. Frühstück. Im Pub gibt es günstige Counter-meals. ❷

INFORMATIONEN

Herberton Visitor Information Centre, 1 Jacks Rd, ☎ 4096 3474, 🖥 www.herbertonvisitor centre.com.au. ⏱ 9–16 Uhr.

Ravenshoe Visitor Centre, 24 Moore St, ☎ 4097 7700, 🖥 www.ravenshoevisitorcentre. com.au. ⏱ tgl. 9–16 Uhr.

TRANSPORT

Trans North Bus, ☎ 4068 7400, 🖥 www.transnorthbus.com. Von CAIRNS nach KARUMBA via KURANDA und RAVENSHOE Mo, Mi und Fr; zurück Di, Do und Sa.

Das südliche Tafelland

Malanda

Das südliche Tafelland ist ein Zentrum der Milchwirtschaft. Auf den grünen, vormals von dichtem Wald bedeckten Hängen weiden zahllose Kühe.

Im Ort bietet das **Malanda Dairy Centre** in der James St eine Ausstellung zur Geschichte der Milchwirtschaft, Führungen durch die Malanda Dairy Farmers Factory nebenan und ein auf die regionalen Erzeugnisse spezialisiertes Café.

Am Ende der Regenzeit sind die Millaa Millaa Falls am beeindruckendsten.

© SHUTTERSTOCK.COM/DARREN TIERNEY

Im alten **Majestic Theatre** werden Fr und Sa Filme gezeigt. Die **Malanda Falls** am nördlichen Ortseingang sind weniger beeindruckend als die anderen Wasserfällen der Umgebung, aber man kann in der Nähe von einer *Platypus Viewing Platform* Schnabeltiere beobachten.

Die vulkanische Vergangenheit der Region wird in zwei landschaftlichen Besonderheiten deutlich: Der **Bromfield Swamp** südwestlich von Malanda bedeckt einen riesigen ehemaligen Vulkankrater. Noch weiter südwestlich in der Nähe des Kennedy Highway liegt der **Mount Hypipamee National Park**. Dort befindet sich ein Vulkankrater mit einem Eruptionskanal. Spazierwege führen vom Parkplatz durch Regenwald zum Kraterrand (400 m), wo Granitwände steil zu einem 85 m tiefer gelegenen Kratersee abfallen, und weiter zu den Dinner Falls (500 m).

Millaa Millaa

Vom **Millaa Millaa Lookout** am Hwy 24, 6 km westlich von Millaa Millaa, bietet sich ein herrlicher Panoramablick über die mit grünen Weiden bedeckten Hügel und auf den Mt Bartle Frere im Hintergrund, mit 1622 m der höchste Berg Queenslands. Nur in den schmalen Tälern sind noch Reste der ursprünglichen Regenwälder erhalten geblieben.

Hier gibt es einige hübsche Wasserfälle. Der **Waterfall Circuit** östlich von Millaa Millaa zweigt vom Palmerston Highway ab. Diese 15 km lange Ringstraße führt zu drei Wasserfällen. Das Wasser der gezähmten, fotogenen **Millaa Millaa Falls** stürzt gleich neben dem Parkplatz in einem breiten Band über die Felsen in einen Pool.

An den **Zillie Falls**, nicht weit von der Brücke, führt ein kurzer Weg an den Beginn und ein weiterer zum Fuß des Falls. Die wilden, düsteren **Elinjaa Falls** jenseits des Picknickplatzes sind von oben kaum zu sehen. Ein Fußweg führt ins Tal hinab zu einem Badeplatz.

Etwa 8 km östlich von Millaa Millaa zweigt die Brooks Rd vom Palmerston Highway ab, nach weiteren 2,5 km gelangt man zur **Mungalli Creek Dairy**, einer Biomolkerei. ⊙ tgl. 10–16 Uhr werden Kostproben der hauseigenen Produkte gereicht, superleckerer Joghurt!

River Song Retreat, 289 Mullins Rd, Millaa Millaa, ✆ 0402 208 377, ⌨ www.riverson gretreat.com.au. Gemütliches Cottage im Regenwald für max. 4 Pers. Als Extras können Lunch- oder BBQ-Packages gebucht werden, außerdem gibt es Yoga, geführte Spaziergänge und Wellness-behandlungen. ❺
Malanda Falls CP, 38 Park Ave, am Weg zum Wasserfall, ✆ 4096 5314, ⌨ www.malandafalls. com.au. Schöne Anlage mit kleiner Farm. Zelt- und Stellplätze ($24/30) sowie einfache, sehr günstige Lodges, Units (einige mit Bad) und moderne, komfortable Villas. ❶–❸

SONSTIGES

Einkaufen

Malanda Markets. Tropische Früchte, Lebensmittel, Kunsthandwerk. ⊙ jeden 3. Sa des Monats 7.30–12.30 Uhr.

Informationen

Malanda Falls Visitor Centre, 132 Malanda Atherton Rd, ✆ 4089 2583, ⌨ www.trc.qld.gov. au. ⊙ tgl. 9–16.30 Uhr.

Savannah Way

Auf einer Strecke von 3700 km verbindet der Savannah Way Broome in Western Australia mit Cairns im tropischen Norden von Queensland. Entlang der Route liegen gleich fünf Unesco-Welterbestätten. Hier nur die Highlights von Queensland. Für diese Ziele ist ein eigenes Fahrzeug erforderlich.

Undara Lava Tubes

Vor 90 Millionen Jahren, so schätzt man, begannen zwei tektonische Platten auseinanderzudriften, und gaben damit das Startsignal für die vulkanische Aktivität unter dieser uralten Erde. Nachdem der Vulkan vor 190 000 Jahren

© CORINNA MELVILLE

Undara, „weiter Weg", tauften die Ureinwohner das Netz von Tunneln und Höhlen.

schließlich explodiert war, kühlte sich die Lava auf der Oberfläche rasch ab und erstarrte, darunter aber floss der glühend heiße Strom weiter ins Tal. Dadurch entstand das mit 160 km Länge und bis zu 20 m Breite größte Lavatunnel-System der Erde. Undara, „weiter Weg", tauften die Ureinwohner ihn. In über 300 Senken, die durch eingestürzte Tunnel entstanden, wächst in der schattigen, feuchten Umgebung heute tropischer Regenwald. Die Tunnel und Höhlen – viele davon noch längst nicht gänzlich erforscht – sind die Heimat verschiedener Fledermausarten, die hier nach Sonnenuntergang in Scharen ins Freie flattern. Die Tubes können nur auf einer Tour mit Ranger besichtigt werden. Wer den Weg hier raus nimmt, bucht sich am besten gleich für die zweistündige Archway-Tour bei Tageslicht ($61, Kind $30) sowie die Wildlife-Tour zu Sonnenuntergang ($63, Kind $30) ein. Alle Touren sind während der Hauptsaison von Mai bis Oktober schnell ausgebucht.

ÜBERNACHTUNG UND ESSEN

Undara Experience, ☎ 4097 1900, 🖥 www.undara.com.au. Die ursprünglichen Zimmer dieses idyllischen Outback-Resorts sind in umgebauten Eisenbahnwaggons untergebracht ($188). Dazu gibt es auch klimatisierte Zimmer mit Bad ($195) ❼ sowie typisch australische Swag-Zelte ($80). Außerdem Zeltplätze ($17 p. P. oder $20 mit Strom), Pool, Kiosk, Bar und Restaurant, Tankstelle sowie öffentliches Telefon. Unterkunft unbedingt reservieren!

Bedrock Village Caravan Park, ☎ 4062 3193, 🖥 bedrockvillage.com.au. Gut ausgestatteter Caravanpark, Zelt- oder Stellplatz ($24/32). Auch Units und Cabins; Campküche, Pool. In der Trockenzeit Lagerfeuer, abends Grillmahlzeiten und Touren zu den Höhlen (Tagestour $128). ❷–❺

Talaroo Hot Springs

Die natürlichen heißen Quellen liegen im Land der Ewamian-Ureinwohner, und die Anlage rund um die Bäder einschließlich Campingplatz, Boardwalk und kleiner Privatpools werden von Angehörigen dieses Volkes betreut. Zugang zu den Bädern ist nur mit Ureinwohner-Guide erlaubt (Touren mehrmals tgl. $35). Besucher sollten sich unbedingt an die Regeln halten. Wer etwas Offenheit mitbringt, wird mit einem tiefen Einblick in die Kultur der Ewamian belohnt. Das Camp ist nur von Mai bis Oktober geöffnet. ℡ 0456 793764, (W) www.talaroo.com.au, Zelt- und Stellplätze $32/40.

Cobbold Gorge

Queenslands jüngste Schlucht – die heutigen Formationen sollen sich erst vor rund 10 000 Jahren gebildet haben – schlängelt sich hier durch imposante, farbenreiche Sandsteinformationen. Ein buntes Labyrinth, das seine imposante Wirkung sowohl dank seinen Tiefen als auch aus der Luftperspektive entfaltet. 80 km^2 nehmen die steilen Klippen und Wasserwege insgesamt ein. Zugang zur Schlucht hat man nur im Rahmen einer geführten Tour, entweder in einem kleinen Boot oder auf dem SUP-Brett. Touren ab Cobbold Village (3 Std., $98) inkl. Zugang zur neuen Glasbrücke oder auf dem SUP (3 Std., $54) Für weitere Touren, Helikopterflüge und Packages 🖥 www.cobboldgorge.com.au.

ÜBERNACHTUNG UND ESSEN

Cobbold Gorge, ℡ 4062 5470, 🖥 www.cobboldgorge.com.au. Moderne klimatisierte Cottages, vom Buschland umgeben ($160). Zelt- und Stellplätze ab $42. Geräumige Campküche sowie großes, offenes Restaurant mit Schanklizenz.

Von Port Douglas zum Cape Tribulation

Port Douglas

Obwohl Port Douglas mit seinem herrlichen Strand, den Bergen und dem Regenwald des Daintree-Nationalparks vor der Haustür ideal gelegen ist, kamen bis Ende der 70er-Jahre nur wenige Feriengäste hierher. Heute ist „Port" ein exklusiver, fast ein wenig snobistischer Ferienort mit ausgezeichneten Restaurants, vielen Boutiquen und dem geschäftigen Hafen, von dem aus jeden Tag die Ausflugsschiffe zum Riff ablegen. Immer mehr schicke Apartmentanlagen werden hochgezogen. Das Städtchen ist aber auch für Budget-Traveller eine überlegenswerte Alternative zu Cairns.

Um 1870 war Port Douglas der Haupthafen des Hohen Nordens und der Ausgangspunkt zu den Goldfeldern am Palmer River und am Hodgkinson River. Nachdem Cairns den Zuschlag für die Eisenbahn ins Hinterland erhielt, fiel der Ort erstmal in die Bedeutungslosigkeit zurück.

Die Lage, 6 km vom Cook Highway entfernt auf einem schmalen Landvorsprung, ist einmalig. Den Osten der Halbinsel nimmt ein 6 km langer Tropenstrand wie aus dem Bilderbuch ein. Vom **4 Mile Beach Lookout** am südöstlichen Zipfel der Stadt blickt man auf türkisblaues Wasser und die dschungelbewachsenen, hohen Berge im Hintergrund herab. Zentrum des Geschehens ist die **Macrossan Street** mit zahlreichen Unterkünften, Restaurants, Bars und kleinen Läden.

Der Name des **Wildlife Habitat** am Ortseingang ist Programm: In den fünf großen, künstlich angelegten Zonen – Waldgebiet, Feuchtgebiet, Regenwald, Savannah und Vogelgehege – leben jeweils die in diesem Habitat vorkommenden Tiere und Pflanzen. Vor allem gibt es viele Vögel zu beobachten, aber auch Pythons und Süßwasserkrokodile. Plankenwege führen durch das Gelände; sie sind auch Rollstuhlfahrern und Kinderwagen zugänglich. Tagsüber gibt es Führungen und Gelegenheiten, sich mit einigen Tieren fotografieren zu lassen. Sehr begehrt sind „Breakfast with the Birds" und „Lunch with the Lorikeets". Zur Anlage gehört auch eine „Krankenstation", in der verletzte oder kranke Tiere versorgt und auf ihre Rückkehr in die freie Natur vorbereitet werden. ⊙ tgl. 8–17 Uhr, Eintritt $37, $60–62 inkl. Frühstück oder Mittagessen. ℡ 4099 3235, 🖥 www. wildlifehabitat.com.au.

Das älteste, von zerstörerischen Zyklonen verschont gebliebene Gebäude ist das **Old Court**

N   0   500 m

ÜBERNACHTUNG
1. Port Douglas Backpackers
2. Dream Catcher Apartments
3. Coral Beach Lodge
4. Pandanus Caravan Park
5. Dougies Backpackers Resort
6. Lazy Lizard Motor Inn
7. Paradise Links Resort

ESSEN
1. Court House Hotel
2. Iron Bar
3. Star of Siam
4. Salsa Bar & Grill
5. 2 Fish Restaurant

SONSTIGES
1. Sunday Market
2. Bike Hire
3. Port Douglas Bike Hire
4. Comet Car Hire
5. Marina Mirage

TRANSPORT
1. Coral Coaches Terminal
2. Bally Hooley Railway Station

Anzac Park · Leuchtturm · Old Court House · Island Point Rd · Ben Cropp's Museum · Prince's Wharf Public Jetty · Murphy · St · Macrossan · 4 Mile Beach Lookout · BOAT RAMP · Warner · Wharf · The Clink Theatre · Grant · Owen · St · St · Mowbray St · Esplanade · Surf Lifesaving Club · NETZ · Garrick · Sand St · Mudlo · St · Davidson · Four Mile Beach · Coral Sea · Port · Craven Cl · St · Davidson · Mahogany St · Port Douglas Rd · Sheraton Mirage Resort · Mirage Country Club · Captain Cook Hwy., Rainforest Habitat · Golf Course

QUEENSLAND

House an der Wharf, Ecke Murphy St, von 1879, in dem ein kleines Museum untergebracht ist. Di, Do, Sa und So 10–13 Uhr, Eintritt $2.

ÜBERNACHTUNG

Hostels
Die Backpacker-Unterkünfte hier sind sehr beliebt – in der Hochsaison Mai–Okt/Nov unbedingt vorbuchen!

Coral Beach Lodge, 1-7 Craven Close, 4099 5422, http://coralbeachlodge.com. Schöne Anlage etwas weiter draußen mit gemütlichen DZ mit Bad; in der Hostel-Abteilung 4–5-Bett-Dorms mit Bad (Bett ab $25). Budget-Restaurant, Pool. 3

€ **Dougies Backpackers Resort**, 111 Davidson St, 4099 6200, www.dougies.com.au. Sehr angenehmes Hostel im Resortstil. 3–8-Bett-Dorms

(Bett $25–28), DZ mit Kühlschrank und TV, alle mit AC; 2-Mann-Zelte im Garten (mit Matratzen und elektr. Licht, $26 p. P.) oder Bungalows für 2 Pers ❶. Pool, Fahrradverleih. Mo, Mi und Sa kostenloser Zubringerbus von Cairns. ❷

Port Douglas Backpackers, 37 Warner St, ✆ 4099 5011, 🖥 http://portdouglasbackpackers. com.au. Geschmackvoll und gut ausgestattetes Hostel im Resortstil. 6–10-Bett-Dorms (Bett $22–34), DZ, beide teilweise mit Bad, alle AC. Pool, Restaurant und Bar für preiswerte Mahlzeiten und Getränke, zentrale Lage; 3 Min. vom Strand. Kostenloser Shuttlebus von und nach Cairns Di, Do und So. ❷

Andere

Besonders in den Schulferien ist es oft schwer, eine preiswerte Unterkunft zu bekommen. In der Regenzeit gibt es evtl. Rabatt, vor allem wenn man etwas länger bleibt. Weitere Informationen und Buchungen bei **Port Douglas Accommo-dation**, ✆ 4098 5222, 🖥 www.portdouglas accom.com.au.

Dream Catcher Apartments, 26 Reef St, ✆ 4099 1800, 🖥 www.dcapd.com. Farbenfrohe, kleinere Anlage mit schönem Garten und gut ausgestatteten kleinen Apartments, Pool. ❼–❽

🧳 **Lazy Lizard Motor Inn**, 121 Davison St, ✆ 4099 5900, 🖥 www.lazylizardinn.com. au. Große, moderne Zimmer und voll ausge-stattete Studioapartments zu im lokalen Ver-gleich sensationellen Preisen. Sehr freundliche Betreiber. Pool und Fahrradverleih. Ab ❻

Paradise Links Resort, 70 Nautilus St, Craiglie, gegenüber von Wildlife Habitat, ✆ 4099 1511, 🖥 http://paradiselinks.com.au. Schön gestal-tete Resortanlage mit tropischem Garten und 2 lagunenartigen Pools. Hotelzimmer mit Bad und Terrasse sowie gut ausgestattete Apart-ments mit 1–4 Schlafzimmern. Man kann entlang des 4 Mile Beachs in ca. 40 Min. ins Zentrum schlendern. ❼–❽

Caravanparks

Glengarry Holiday Park (Big 4), Mowbray River Rd, ✆ 4098 5922, 🖥 www.glengarrypark.com. au. Schöne Anlage, 7 km von Port Douglas.

Schattige Zelt- und Stellplätze ($44/54 oder $64 mit Bad), Cabins und Villas. Pool. ❺–❽

Pandanus Caravan Park, 97-107 Davidson St, ✆ 4099 5944, 🖥 www.pandanuscp.com.au. Zelt- und Stellplätze ($44/50) sowie Cabins für bis zu 5 Pers. mit Bad und Kochecke sowie Units. Pool, Kiosk. ❹

ESSEN

Die Macrossan St ist die Ausgehzentrum von „Port". Im **Court House Hotel** gibt es gute Countermeals.

Die **Iron Bar** daneben macht auf Outback-Pub und bietet gute Aussicht auf das Treiben in der Straße, deftige Speisen, und ab und zu Enter-tainment wie Krötenrennen.

🧳 Das **2 Fish Restaurant**, 56-64 Macrossan St, ✆ 4099 6350, 🖥 www.2fishrestaurant. com.au, wurde schon mehrfach ausgezeichnet (Hauptgerichte ca. $36). Wer Geld sparen möchte, geht mittags (2 Gänge $29) essen. 🕐 tgl. 12–21 Uhr.

Salsa Bar & Grill, 26 Wharf St, ✆ 4099 4922, ist der Ort zum Sehen und Gesehenwerden, East-meets-West-Küchenkreationen, die schon Bill Clinton erfreut haben. Vorbestellen! 🕐 tgl. 12–22 Uhr.

Star of Siam, 12 Macrossan St, ✆ 4099 6912. Gutes und verhältnismäßig günstiges Thai-Food. BYO. 🕐 tgl. 17–22 Uhr.

TOUREN

Bootstouren

Die meisten Anbieter haben eine Niederlassung am Hafen von Port Douglas. Hier kann man bequem das Angebot vergleichen. Viel falsch machen kann man nicht: Oberstes Anliegen aller Anbieter ist der Erhalt des Great Barrier Reefs und die Vermittlung von akkuraten Informationen darüber, wie jeder seinen Teil dazu beitragen kann. Die Preise schließen einen Vortrag über das Riff, Schnorcheln, Erfrischung und ein gutes Mittagessen ein; Tauchen gegen Aufpreis (ca. $80 für 2 Tauchgänge).

Poseidon, ✆ 4099 4772, 🖥 www.poseidon-cruises.com.au. Katamaran; max. 90 Passagiere. Tgl. zu 3 verschiedenen Stellen im Agincourt Reef; $254, inkl. Schnorcheltour mit einem Meeresbiologen. Hilfsbereit und gut.

Quicksilver, ☎ 4087 2100, 🖳 www. quicksilver-cruises.com. Tgl. mit dem Katamaran zum Outer Reef, $264. Es werden 3 verschiedene Tauchreviere am Agincourt Reef nordöstlich von Port Douglas angefahren. Große Boote und viele Passagiere, aber super-professionell organisiert und mehrfach von Lesern empfohlen.

Sailaway, ☎ 4099 4200, 🖳 http:// sailawayportdouglas.com. Segeltouren im Luxuskatamaran zum Outer Reef oder zu den Low Isles, als Tagestour oder nachmittags (13–18.30 Uhr), je $282. Auch Sunset-Cruises, $68, sowie Reef&Rainforest-Touren, bei denen man den Morgen mit einem Aborigine-Guide am Mossman Gorge verbringt und dann zum Riff segelt, $407. Freundlich und professionell.

Bustouren

Die meisten Touren ab Cairns zum Cape Tribulation entlang des Bloomfield Tracks oder hoch zur Cape York Peninsula holen unterwegs Gäste in Port Douglas ab. Details S. 344.
BTS Tours, ☎ 4099 5665, 🖳 www.btstours.com. au. Tagestouren in den Daintree NP ($175) sowie Touren zum Mossman Gorge.
Reef & Rainforest Coast Connections, ☎ 4047 9085, 🖳 www.reefandrainforest.com.au. Das Reisebusunternehmen deckt in verschiedenen Kombinationen alle gängigen Ausflugsziele ab. Z. B. Tagestour zum Mossman Gorge und weiter zum Cape Tribulation ($203).

SONSTIGES

Autovermietungen
Comet Car Hire, 11 Warner St, ☎ 4099 6407, 🖳 http://cometcarhire.com.au. Autos, 4WD sowie Fahrräder ($35 pro Tag).

Fahrräder
Comet Car Hire, s. o.
Port Douglas Bike Hire, Warner St, Ecke Wharf St, ☎ 4099 5799, 🖳 www.portdouglasbikehire. com. Vermietung von Rädern aller Art; Anlieferung bei mehrtägigenVermietungen gratis.

Kleines Schiff für Schnorcheltrips

Die **Wavelength** fährt tgl. zu 3 verschiedenen Stellen im Agincourt Reef und ist auf Schnorchel-Exkursionen spezialisiert. Das kleine Schiff bietet Platz für max. 30 Pers. $240 inkl. Mahlzeiten. ☎ 4099 5031, 🖳 www.wavelength. com.au. Die Websites bieten gute, aktuelle Infos zum Zustand des Riffs.

Informationen
Port Douglas Daintree Tourism, 40 Macrossan St, ☎ 4099 4588, 🖳 www.pddt.com.au.
Port Douglas Visitor Information Centre, 23 Macrossan St, ☎ 4099 5599, 🖳 www.info portdouglas.com.au. ☉ tgl. 8.30–17.30 Uhr.

Internet
Sämtliche Unterkünfte haben WLAN; zudem gibt es entlang der Macrossan St jede Menge kostenlose *Wifi Spots*.

Tauchen und Schnorcheln
Bei den Bootstouren (s. o.) stehen tauchen und schnorcheln natürlich ganz oben auf dem Programm.
Blue Dive, ☎ 0427 983 907, 🖳 http://bluedive. com.au. Renommierte Padi-Tauchschule. Dreitägiger Open Water-Kurs (1 Tag im Pool, 2 Tage am Agincourt Ribbon Reef), $875. Außerdem Fortgeschrittenenkurse, Rettungskurse und Unterwasserfotografie-Kurse sowie Touren zum Outer Reef für erfahrene Taucher.

Taxi
Port Douglas Taxi Service, ☎ 131 008.

TRANSPORT

Coral Reef Coaches, ☎ 4098 2800. 4x tgl. zwischen 8 und 16 Uhr von CAIRNS nach PORT DOUGLAS und 8x tgl. vom Flughafen nach MOSSMAN via Port Douglas und zurück.
Trans North, ☎ 4095 8644, 🖳 www.transnorth bus.com. Mo, Mi und Fr um 7 Uhr von CAIRNS via Port Douglas (Ankunft 8.10 Uhr), Mossman und Daintree nach COOKTOWN (Ankunft 12.50 Uhr). In umgekehrter Richtung Di, Do und

Sa um 7.30 Uhr ab Cooktown, Ankunft in Port Douglas (zur Weiterfahrt nach Cairns) um 12.05 Uhr. Tickets: Cairns–Port Douglas $31, Port Douglas–Cooktown $74, Port Douglas–Mossman $15,50.

Mossman

Der schläfrige kleine Ort am Fuße des 1058 m hohen Mt Demi ist die nördlichste Zuckerstadt von Queensland. Das Städtchen eignet sich für einen kurzen Bummel, doch die meisten Touristen kommen hierher, um sich in der malerischen Mossman Gorge zu erfrischen.

Die Schlucht liegt westlich des Ortes im 56 500 ha großen **Daintree National Park**, der vor allem die Bergregion rings um den Mt Carbine und Mt Windsor umfasst, eine der wichtigsten und nur schwer zugänglichen Schutzzonen der Wet Tropics. Am leichtesten zu erreichen ist die **Mossman Gorge** am südlichen Ende des Nationalparks. Vom Parkplatz am Ende der Straße führen Pfade am Ufer des Mossman River entlang durch den Regenwald. Entlang des **Manjal Jimalji Trail** erklären auf rund 4 km Schilder den Gebrauch, den die Ureinwohner von bestimmten Pflanzen machten. An einigen sicheren Stellen im Fluss kann man ein Bad nehmen.

Am Parkplatz liegt das **Mossman Gorge Centre** der **Kuku Yalanji**, der traditionellen Bewohner des Regenwalds. Von hier aus bieten sie geführte Spaziergänge durch den Wald, wobei sie Einblicke in ihre jahrtausendealten Traditionen und Überlieferungen geben. Am Ende werden zu Didgeridoo-Musik Billy Tea und Damper serviert. 2 Std. $78. Auch längere Touren ab Port Douglas, Auskunft: ✆ 4099 7000, 🖥 www.mossmangorge.com.au.

Mossman Gorge B&B, Lot 15, Gorge View Crescent, ✆ 4098 2497, 🖥 bnbnq.com.au/mossgorge. 2 schön eingerichtete Gästezimmer mit Bad und AC in einem von einem Garten umgebenen Holzhaus. Es gibt auch einen Salzwasserpool. ❹–❻

Newell Beach CP, 44 Marine Parade, Newell Beach, ✆ 4098 1331, 🖥 www.newellbeachcaravanpark.com.au. Stellplätze ab $32. Auch Units mit Bad; Salzwasserpool. Am Strand. ❹

Pinnacle Village Holiday Park, Wonga Beach, 24 km nördl. von Mossman, am Strand, ✆ 4098 7566, 🖥 www.pinnaclevillage.com. Cabins und Units, die meisten mit Bad und AC; Zelt- und Stellplätze (ab $38/46). 2 Pools, Kiosk. Herrliche, ruhige Lage am Strand. ❹–❻

TRANSPORT

Siehe Port Douglas.

Daintree Village

Die hübsche kleine Ortschaft liegt 11 km westlich der Fähre über den Daintree River, etwa 33 km nördlich von Mossman, aber nicht, wie viele vermuten, mitten im Regenwald – dem begegnet man erst nach der Überquerung des Daintree River. Rings um Daintree Village sieht man vielmehr saftiges Weideland mit friedlich grasenden Kühen.

Zwischen der Fähre und dem Ort haben viele **Ausflugsboote** ihre Anlegestellen, die entweder flussaufwärts durch die Wildnis des anders kaum zugänglichen Nationalparks fahren oder flussabwärts durch die Mangrovensümpfe. Die meisten Veranstalter fahren auf einer Standardroute und unterscheiden sich höchstens durch den Bootstyp.

Flussabwärts durch die Mangroven sind im Winter die Chancen groß, auf Sandbänken im Brackwasser-Gebiet **Krokodile** jeder Größe zu sehen.

ÜBERNACHTUNG

Blaue Schilder weisen auf B&B-Unterkünfte in mehreren Privathäusern hin.
Daintree Village B&B, 8 Stewart Creek Rd, ✆ 0400 709 395, 🖥 www.daintreevillagebnb.com.au. Schöne Gästezimmer mit Bad bei freundlichem Ehepaar. Mind. 2 Übernachtungen. Das Frühstück wird auf der Veranda serviert. ❽

QUEENSLAND

Red Mill House B&B, 11 Stewart St, Daintree, ✆ 4098 6233, 🖥 www.redmill house.com.au. 2-stöckiges altes Queenslander-Haus; Gästezimmer und ein Apartment mit 2 Schlafzimmern, alle mit Bad und AC. Schöner Garten, Swimming Pool und kleine Bibliothek mit Informationen zur Flora und Fauna. Ab ❺

Daintree Riverview CP, Stewart St, Daintree, ✆ 0409 627 434, 🖥 www.daintreeriverview. com. Cabins mit Bad sowie Zeltplätze (ab $12 p. P.); gute Lage neben den Restaurants und mit Aussicht auf den Fluss. Der Besitzer bietet geführte Spaziergänge und Flussfahrten sowie Bootsverleih. ❹

TOUREN

Auf dem Daintree River werden von zahlreichen Veranstaltern zumeist 2-stündige Bootsfahrten angeboten. Keiner kann garantieren, dass man auch ein Krokodil zu Gesicht bekommt, aber die Chancen stehen vor allem im Winter (Mai–Sep) gut, wenn das Wasser im Fluss so kalt ist, dass sich die Tiere am sonnigen Ufer aufwärmen.

Daintree River Nature Cruises, ✆ 0417 651 929, 🖥 www.daintreerivertours.com.au. Jeden Morgen zu Sonnenaufgang 2-stündige Touren flussaufwärts in den Regenwald; ab Daintree Jetty – die beste Zeit zur Vogelbeobachtung. Außerdem Cruise am Nachmittag, jeweils $65. Renommierter Anbieter.

Dan Irby Mangrove Adventures, ✆ 4090 7017, 🖥 mangroveadventures.com.au. Empfehlenswerte 2-stündige Touren mit Kennern der Mangrovenlandschaft, die durch Seitenarme und bis ins Mündungsgebiet führen, zu Sonnenuntergang sowie vor- und nachmittags. Alle $60.

Heritage & Interpretive Tours, ✆ 4098 7897, 🖥 www.nqhit.com.au. Spaziergänge durch den Regenwald mit vielen Informationen zur Flora und Fauna sowie der traditionellen „Busch-Medizin" ($200). Auch 1-tägige Geländewagentouren ($700 für bis zu 6 Pers.). Von Reisenden empfohlen.

TRANSPORT

Die Busse zwischen CAIRNS / PORT DOUGLAS und CAPE TRIBULATION halten auf Anfrage im Daintree Village. Näheres s. S. 370 (Port Douglas).

 9 | HIGHLIGHT

Daintree National Park und Cape Tribulation

Im Daintree National Park steht der älteste Regenwald der Welt unter Naturschutz – ein dichter Dschungel aus friedlich plätschernden Flüssen, moosbewachsenen Felsbrocken und uralten Bäumen, der sich bis zur Küste erstreckt. Die vom Aussterben bedrohten Kasuare sind hier noch immer beheimatet. Doch weitaus wahrscheinlicher ist die Begegnung mit einem Leistenkrokodil (hoffentlich aus sicherer Entfernung), weshalb man sich von Wasserstellen, an denen das Baden nicht ausdrücklich gestattet ist, besser fernhalten sollte.

Während der südliche Teil des Nationalparks um die Mossman Gorge leichter zugänglich ist, findet man in den abgelegenen Teilen nördlich

Kap des Trübsals

Ein Schiffsunglück war namensgebend für das lieblos getaufte Cape Tribulation (Kap des Trübsals). Kapitän James Cook lief hier auf seiner ersten Südseereise 1770 auf Grund, ein Ereignis, das beinahe die Geschichte Australiens verändert hätte. Doch nach einmonatigen Reparaturen war das Schiff wieder flott. Die Besatzung setzte ihre Erkundungsreise fort und der Kartograf verewigte die schlechten Erinnerungen an diesen Ort des Unglücks.

Das Kap ist längst nicht der einzige Ort, der seinen unglücklichen Namen den Launen seiner weißen Entdecker zu verdanken hat. Zu den Spitzenreitern zählen die „Eggs and Bacon Bay" (TAS), das „Useless Inlet" (WA), der „Mount Dissappointment" (VIC) und das tasmanische „Nowhere else", das es ironischerweise auch in South Australia gibt.

QUEENSLAND

des Daintree Rivers dichten, nahezu unberührten Regenwald.

Obwohl „The Daintree" als Nationalpark ausgewiesen ist und bereits 1988 auf die Unesco-Liste des Weltnaturerbes der Menschheit gesetzt wurden (Wet Tropics of Queensland), sind noch immer viele Grundstücke in Privatbesitz. Seit dem „Buy Back"-Plan (1994) der Regierung Queenslands werden, soweit irgendwie möglich, Privatgrundstücke zurückgekauft und nach und nach in den Nationalpark inkorporiert.

In den Jahren 1983/84 wurde der 30 km lange **Bloomfield Track** von Cape Tribulation nach Cooktown quer durch den Regenwald geschlagen, um eine durchgehende Küstenverbindung nach Cooktown zu schaffen. Die Protestaktionen von Umweltschützern waren vergeblich. Um die Jahrtausendwende wurde die Straße teilweise asphaltiert und mehrere Brücken gebaut, die das Kap auch in der Regenzeit zugänglich machen. Dennoch sollte der Bloomfield Track nur mit 4WD befahren werden.

In die Cape-Tribulation-Region gelangt man nur mit der Fähre über den **Daintree River**. Die **Fähre**, ℰ 1099 9444, ⌨ www.daintreeinfo.com/info/daintree-river-ferry, ist tgl. von 6–24 Uhr in Betrieb; Autos $28 hin und zurück. Achtung: Kartenzahlung ist nur von 8.30–17 Uhr möglich, ansonsten nur Barzahlung.

Nördlich der Fähre ist die Straße bis Cape Tribulation durchgehend asphaltiert. Die Zahl der Übernachtungsmöglichkeiten in der Cape Tribulation-Region nimmt zu, jedoch sind alle in kleinem Rahmen gehalten und fast alle sind sehr auf Umweltschutz bedacht.

Am besten bucht man im Voraus und plant einige Tage Aufenthalt ein. Die Hostels und die meisten anderen Unterkünfte bieten viele Aktivitäten an.

Alexandra Range Lookout

Nördlich des Flusses führt die Straße über 30 km durch dichten Regenwald zwischen dem hohen Küstengebirge und den Stränden zum Cape Tribulation. Der Alexandra Range Lookout ist der erste Haltepunkt nach der Fähre; von hier bietet sich ein herrlicher Ausblick über den Regenwald bis zur Mündung des Daintree River.

Daintree NP
N 0 5 km

ÜBERNACHTUNG
1 Cape Trib Beach House YHA
2 Wildwood Cape Tribulation
3 PK's Jungle Village
4 Cape Tribulation Camping
5 Noah Beach Camping Area
6 Lync Haven
7 Daintree Wilderness Lodge
8 Crocodylus Village
9 Rainforest Retreat Motel
10 The Epiphyte

SONSTIGES
1 Cape Tribulation Shopping Village
2 Cape Trib Shop (Mason's Shore)
3 Cape Trib Wilderness Cruises
4 Daintree Icecream Company
5 Cow Bay Shop

ESSEN
1 Dragonfly Restaurant
2 Cafe on Sea

QUEENSLAND

Daintree Discovery Centre

Das Daintree Discovery Centre, 10 km nördlich der Fähre, sollte man unbedingt besuchen. Das *Display Centre* informiert umfassend und anschaulich über die Tier- und Pflanzenwelt des Regenwaldes. Man kann den Regenwald auf einem Plankensteg *(boardwalk)* und, sozusagen ein Stockwerk höher, von einem *aerial walkway* begutachten – dabei informieren Schilder über die Bäume, Lianen, Sträucher und Blumen. Die regelmäßig angebotenen Führungen lohnen.

Wer den **Canopy Tower** (Aussichtsturm) hinaufsteigt, wird durch die unterschiedlichen Höhenschichten des Waldes geleitet und oben staunend feststellen, wie groß der Helligkeitsunterschied zwischen dem Boden und dem Blätterdach des Regenwaldes ist. ⊕ tgl. 8.30–17 Uhr, Eintritt $35, Kind 5–17 J. $16, ✆ 4098 9171, 🖥 www.discoverthedaintree.com.

Zum Cape Tribulation

Die **Daintree Icecream Company** weiter nördlich produziert sehr leckeres Eis, ⊕ tgl. 11–17 Uhr. Dann geht es an der **Daintree-Teeplantage**, wo seit 1978 schwarzer Tee produziert wird, vorbei und über den **Cooper Creek** zum regenwaldgesäumten **Thornton Beach**.

Weiter nördlich führt ein 1,1 km langer Plankenweg, der **Marrdja Boardwalk**, ein Stück durch den Küstenregenwald und die Mangroven entlang des Noah Creek. Bis zum Cape Tribulation verläuft die Straße in Küstennähe. Ein weiterer Plankenweg, der 1,2 km lange **Dubuji Boardwalk**, verläuft vom Picknickplatz durch Regenwald, Sumpf und Mangroven zum **Myall Beach**.

Die von freiwilligen Helfern der Australian Tropic Research Foundation betriebene **Research Station** und das **Bat House** haben sich dem Naturschutz verschrieben. Hier kann man sich über das Riff, den Regenwald und dessen Zukunft sowie über mögliche Aktivitäten informieren. Die Mitarbeiter verarzten auch kranke und verwaiste Fruitbats – große Flughunde, die sich von Früchten ernähren. 🖥 www.austrop.org.au. Das Bat House wurde zur Zeit der Recherche renoviert, sollte aber bei Erscheinen dieses Buches wieder geöffnet sein.

ÜBERNACHTUNG UND ESSEN

Von Mai–Okt sind die Unterkünfte am Cape Tribulation oft voll, reservieren! Von Süden nach Norden:

Daintree Rainforest Retreat, 336 Cape Tribulation Rd, Cow Bay, ✆ 4098 9101, 🖥 www.daintreeretreat.com.au. 10 km nördl. der Fähre. Schön gestaltete Zimmer und Units mit Ventilator und Kochecke. Großer Pool, Waschmaschinen. B&B. ❺–❽

🌳 **Daintree Wilderness Lodge**, 1780 Cape Tribulation Rd, Alexandra Bay, 13 km nördl. der Fähre, ✆ 4098 9105, 🖥 www.daintreewildernesslodge.com.au. Das erste konsequent umweltfreundliche Resort in der Gegend, das seitdem viele Nachahmer gefunden hat. Ein Teil des Profits kommt der Rescue Rainforest Foundation zugute. 7 luxuriöse Bungalows mitten im Regenwald, durch Plankenwege miteinander verbunden. Sehr gutes Essen nach Voranmeldung. Spazierwege um die Lodge (oft bekommt man Kasuare zu Gesicht). B&B ab $330 für 2 Pers.

€ **Crocodylus Village**, Lot 5, Buchanan Creek Rd, 2 km von der Cape Tribulation Rd, ✆ 4098 9166, 🖥 www.daintreecrocodylus.com.au. Schön angelegtes Hüttendorf mitten im Regenwald. 4–6-Bett-Dorms (Bett $32) in luftigen Hütten sowie DZ-Cabins mit Bad. Pool, Küche, Restaurant und Bar, Internet, kleiner Kiosk. Fahrrad- und Kanuverleih; Zahlreiche Aktivitäten und Touren. Mehrmals tgl. Zubringerbus zum 3 km entfernten Strand. Günstige Pauschalangebote ab Cairns mit Tourveranstaltern. Sehr beliebt, in der Hochsaison unbedingt reservieren! ❷–❹

🌳 **The Epiphyte**, 22 Silkwood Rd, Cow Bay, ✆ 4098 9039, 🖥 rainforestbb.com. Mehrere Gästezimmer mit Bad. Man benutzt Regenwasser und Solarenergie; Wwoofing möglich. Idyllisch gelegen und preiswert. ❹–❺

Lync Haven, Lot 44, Cape Tribulation Rd, Diwan, 16 km nördl. der Fähre, ✆ 4098 9155, 🖥 www.lynchaven.com.au. Weitläufige, aber kleinere Anlage, rustikale Cabins für bis zu 6 Pers. mit Ventilator; Kiosk, Restaurant und Bar. Vogelbeobachtungstouren nach Voranmeldung. ❹–❻

Noah Beach Camping Area, Nationalpark-Zeltplatz am Noah Beach, 8 km südl. von Cape Tribulation. Flließend Wasser, das aber vor dem Trinken gefiltert werden muss. Permit per Online-Buchung unter 🖥 https://parks.des. qld.gov.au/parks/daintree-cape-tribulation/ camping.html ($6,65 p. P.).

Cape Tribulation Camping, Myall Beach, 📞 4098 0077, 🖥 www.capetribcamping.com.au. Sehr schöner Campingplatz praktisch direkt am Strand; Zelt- und Campervanstellplätze (ab $34). Campküche, Kiosk.

🌳 **Wildwood Cape Tribulation**, Lot 4, Nicole Dr, Cape Tribulation, 🖥 www.capetrib. com.au. 2 sehr schöne Holzcottages auf Stelzen mit Bad sowie ein gut ausgestattetes Holzhaus für 4 Gäste auf einer riesigen Obstplantage. Gäste dürfen sich an den lokalen und exotischen Früchten bedienen. Solarenergie. ❼–❽

🧳 **Cape Trib Beach House**, 152 Rykers Rd, 2 km nördl. vom Kap, 📞 4098 0030, 🖥 www.capetribbeach.com.au. Schönes Resort mit eigenem Strand. Dorms (Bett ab $35) sowie Cabins und Apartments mit bis zu 2 Schlafzimmern, alle mit AC. Küche, Internet, Pool, und Alfresco Restaurant Distro-Bar. Viele Aktivitäten wie Reiten und Touren. ❻–❽

€ **PK's Jungle Village**, Cape Tribulation Rd, Myall Beach, 📞 4098 0040, 🖥 www. pksjunglevillage.com.au. Hüttendorf für Budget-Traveller mit 5–8-Bett-Dorms (Bett $18–25) und Cabins (max. 4 Pers.), alle mit AC, einige mit Bad; auch Zelt- und Caravanstellplätze (ab $15 p. P.). Jede Menge Unterhaltung in der Jungle Bar; preiswertes Restaurant. Viele Aktivitäten und Touren, Fahrradverleih. ❶–❹

EINKAUFEN

General Stores mit Tankstelle gibt es in Cow Bay, beim Rainforest Village und am Cape Tribulation. Der kleine Shopping Complex am Kap hat außer dem Lebensmittelladen auch einen Takeaway, einen Geldautomaten, Reisebüro und Internetzugang.

Der **Mason's Shop**, 2 km südl. des Kaps, verkauft ebenfalls Lebensmittel; es gibt dort auch einen Bottleshop und einen Takeaway – die Fish & Chips sind sehr gut. ⊕ tgl. 8.30–17 Uhr.

AKTIVITÄTEN UND TOUREN

Bootstouren

Cape Trib Wilderness Cruises, 📞 0457 731 000, 🖥 www.capetribcruises.com. Tgl. 1-stündige Fahrt auf dem von Mangroven gesäumten Cooper Creek – nur dieses Boot darf dort verkehren; $30. Auch Nachttouren ($30).

Schwimmen

Krokodile und von Okt–Mai Würfel- und Irukandji-Quallen machen das Baden im Meer gefährlich. Am besten die Einheimischen nach sicheren Badestellen fragen.

Wanderungen und andere Touren

Crocodylus Village, Details s. Übernachtung. Nächtliche Spaziergänge durch den Regenwald ($39).

🌳 **Cooper Creek Wilderness Experience**, 📞 4098 9126, 🖥 http://coopercreek.com. au. 2-stündige geführte, naturkundliche Tages- oder Nachtwanderungen durch ein sonst nicht zugängliches Stück Regenwald; sehr kleine Gruppen; $115. Die Einheimischen, die diese Touren leiten, sind engagierte Umweltschützer und können viel über die Natur, die Geschichte der Region und die Menschen erzählen.

Jungle Surfing Adventures, 📞 4098 0043, 🖥 www.junglesurfing.com.au. Geführte Tages- und Nachtwanderungen durch den Regenwald ($45) und „Jungle Surfing" (2-stündiger Hindernis-Parcours mit Hamsterrad und Seilrutsche; engl. *flying fox*) in Baumwipfelhöhe; $109.

TRANSPORT

Trans North, Details s. S. 370 (Port Douglas). Der Bus hält an allen Unterkünften.

Cape York Peninsula

Wie ein Dreieck ragt die Cape-York-Halbinsel in die Arafura-See. Sie umfasst 207 120 km², auch für australische Verhältnisse ein riesiges Gebiet. Noch besteht die Halbinsel überwiegend aus Wildnis – trotz der 30 000 Geländewagen, die sich

Cape York Peninsula

N
0   200 km

QUEENSLAND

MULGRAVE ISLD.   BANKS ISLD.

PRINCE OF WALES ISLD.   THURSDAY ISLD.

Cape York

Seisia
Bamaga

JARDINE RIVER NP

Weipa

IRON RANGE NP

Lockhart River (Aborig. Community)

Great Barrier Reef

MUNGKAN KANDJU NP

Coen

Princess Charlotte Bay

CAPE MELVILLE NP

Gulf of Carpentaria

Musgrave

LIZARD ISLD.

LAKEFIELD NP

Hope Vale (Ab. Community)

MITCHELL AND ALICE RIVERS NP

Mitchell

Laura

ENDEAVOUR RIVER NP
Cooktown
BLACK MTN. NP
Helenvale
CEDAR BAY NP
Cape Tribulation

Lakeland

MORNINGTON ISLD.

Gununa

BENTINCK ISLD.

STAATEN RIVER NP

s. Detailplan Daintree NP S. 372

DAINTREE NP

Mt. Carbine   Mossman
Mt. Molloy   Pt. Douglas
Mareeba   Cairns

Karumba

Chillagoe
CHILLAGOE MUNGANA NP

WOOROONOORAN NP

Atherton   Innisfail
Ravenshoe
Mount Garnet

Burketown

Normanton

Mission Beach
Tully

Gregory Downs

Croydon   Georgetown

Undara Lava Tubes ★ UNDARA VOLCANIC NP

Norman

Forsayth   Einasleigh

LUMHOLTZ NP

Ingham

BOODJAMULLA (LAWN HILL) NP

Burke & Wills Road House

Gunpowder

Kennedy Dev. Rd.

Cammoweal

CAMMOWEAL CAVES NP

Cammoweal Caves

GREAT BASALT WALL NP

Charters Towers

Flinders Hwy

PORCUPINE GORGE NP

WHITE MOUNTAINS NP

Mount Isa   Cloncurry   Julia Creek   Richmond   Hughenden

jedes Jahr zur Trockenzeit auf die lange Tour zur Spitze begeben. Für diese Tour muss man mit Zubehör und Lebensmittel-, Wasser- und Benzinvorräten ausgerüstet sein. Beim RACQ gibt es ein Informationsblatt für die Region.

Von Lakeland bis zum Cape sind es 700 km – man sollte auf eine lange, holperige Fahrt vorbereitet sein. Zwischen Archer River Station, Weipa und Bamaga an der Spitze der Landzunge gibt es auf rund 500 km kein Benzin. Auf der Fahrt sind viele Flüsse zu überqueren; als problematisch gilt der Wenlock River. Auf dem Jardine River verkehrt eine Fähre für Jeeps.

ÜBERNACHTUNG

Die **Zeltplätze der Nationalparkbehörde** (NPRSR) auf der Cape York Halbinsel müssen per E-permit unter ⌨ https://parks.des.qld.gov.au/parks/list.php?region=59 gebucht werden. Insgesamt 10 Campingplätze mit unterschiedlicher Ausstattung; genaue Infos unter ⌨ https://parks.des.qld.gov.au.

Von Cape Tribulation nach Cooktown

Bloomfield Track

Vom Cape Tribulation kann man mit Geländewagen die Küstenroute via Bloomfield, Rossville und Helenvale nehmen. Hinter Cape Tribulation beginnt der berühmt-berüchtigte Bloomfield Track, eine steile, staubige Piste. Nach heftigen, lang andauernden Regenfällen kann dieser Straßenabschnitt unpassierbar werden – vorher beim RACQ nachfragen! Normale Pkw können noch bis zum **Emmagen Creek** fahren, wo eine 300 Jahre alte, hohe Würgefeige steht.

Nur Geländewagen dürfen den folgenden Straßenabschnitt befahren, denn auch in der Trockenzeit kann man einige Steigungen der **Donovan** und v. a. der **Cowie Range** nicht mit einem normalen Pkw bewältigen. Von der ersten Passhöhe blickt man weit hinab auf die Küste. Im Regenschatten der Bergkette werden nun die Palmen und Farne von Eukalypten und Pinien abgelöst. Sobald die Cowie Range genommen

ist, geht es weiter landeinwärts und steil hinab ins Tal des Bloomfield River.

Nach insgesamt etwa 40 km ist die Furt des gezeitenabhängigen Flusses erreicht. Die Überquerung des **Bloomfield River** bereitet wegen des Causeway meist keine Probleme – nur bei hoher Flut mit heftigen Regenfällen liegt die Betonpiste durch den Fluss tief unter Wasser. Dann sollte jeder daran denken, dass selbst ein Geländewagen kein U-Boot ist und durch den Auftrieb an Bodenhaftung verliert und davongeschwemmt wird.

Jenseits der Furt führt eine unbefestigte, schlecht ausgeschilderte Straße zum **Bloomfield-Wasserfall** (Wujal Wujal). Nach einem kurzen Spaziergang vom Parkplatz ist am Ende des Tals der Wasserfall erreicht, der sogar während der Trockenzeit beeindruckt. Wegen der Krokodile ist Baden im Fluss nicht angeraten. Östlich der Furt liegt die Siedlung **Wujal Wujal**, wo Angehörige der Yalanji-Sprachgruppe leben.

Lakeland

Kommt man dagegen von Cairns oder Mareeba über die mehr im Landesinnern verlaufende Route, die **Mulligan Highway**, führt der Weg über Mt Molloy und Mt Carbine nach Lakeland und von dort in nordöstlicher Richtung nach Cooktown. Im Gegensatz zum Bloomfield Track, der meist durch saftig grünen Regenwald verläuft, ist die Inlandroute eher ein Outback-Trip. Im Palmer River Roadhouse gibt es ein kleines Pioniermuseum. Der Ort Lakeland spielte im 19. Jh. eine wichtige Rolle als Versorgungsstation für die Goldgräber des nahe gelegenen Goldfeldes am Palmer River weiter südlich. Im **Lakeland Coffee House & Store** bekommt man Kaffee aus dem Tafelland.

Black Mountain

24 km südlich von Cooktown ragen drei kahle, pechschwarze Hügel wie Kohlenhalden empor. Sie bestehen aus vielen großen Felsbrocken. Dies ist der sagenumwobene Black Mountain. Viele Neugierige sollen in den Felsspalten auf Nimmerwiedersehen verschwunden sein. Dem Berg werden seltsame magnetische und von den Ureinwohnern auch magische Kräfte zugeschrieben. Wissenschaftler führen die Ent-

stehung des Steinhaufens auf eine Eiszeit vor vielen Jahrmillionen zurück.

ÜBERNACHTUNG UND ESSEN

Bloomfield Track

Bloomfield Beach Camp, 1 km nördl. von Ayton an der Weary Bay, ℡ 4060 8207, 🖳 http://bloom fieldbeach.com.au. Die erste Unterkunft nördl. des Bloomfield Track, 7 km von der Furt. Zeltplatz ($32) und einfache Cabins ❷, Safarizelte ❷ und 1 Cottage ❻.

Home Rule Rainforest Lodge, ℡ 4060 3925, 🖳 www.homerule.com.au. 3 km außerhalb von Rossville am Hartley Creek. Zeltplatz ($10 p. P.) und sehr einfache Cabins. Ausritte zu Pferde. Kanuverleih, Tankstelle, General Store, billige Mahlzeiten, Bar. ❶ Im Sep findet auf dem Gelände der Lodge das **Wallaby Creek Festival** statt (alle möglichen Musikrichtungen; viele Bands aus der Region), 🖳 www.wallabycreek festival.org.au.

Lion's Den Pub, ℡ 4060 3911, 🖳 www.lions denhotel.com.au. In Helenvale, 27 km südl. von Cooktown; Pub aus Wellblech mit einer Prise rustikaler Outback-Atmosphäre, hat wegen der dort versammelten Buschcharaktere und den Graffiti lokale Berühmtheit erlangt. Übernach-

tung in Safarihütten ❷, schlichten Dongas ❶ (beide mit AC) oder Zelten am Fluss hinter dem Pub ($14 p. P.).

Mungumby Wilderness Lodge, vom Lion's Den 1 km Richtung Cooktown, dann 4 km rechts ab, ℡ 4060 3158, 🖳 www.mungumby.com. 10 Holzcabins mit Bad, 1 Cottage mit 2 Zimmern und Küche in großem, tropischem Garten. Wanderwege führen zu Wasserfällen und Relikten aus der Zeit des Goldrauschs. ❽

Cooktown

Die (relative) Abgelegenheit des verschlafenen, 2600 Einwohner zählenden Städtchens macht seinen großen Reiz aus, und es ist kaum zu glauben, dass es um 1880 eine der größten Städte in Queensland war. Ein paar zweistöckige Gebäude mit verschnörkelten Veranden in der Charlotte St haben ein Feuer und mehrere Zyklone überstanden und erinnern noch heute an den kurzlebigen Glanz der Goldrauschzeit.

Das Zentrum des Treibens ist die **Charlotte Street**, in der alle Läden, die Post und Bank sowie die alten Pubs und das im Kolonialstil wieder hergerichtete Sovereign Hotel aufgereiht sind. Jenseits der Polizeistation steht am Ufer

Cooks Statue markiert die Stelle, an der Ureinwohner und Europäer erstmals aufeinandertrafen.

© SHUTTERSTOCK.COM/DANITA DELMONT

QUEENSLAND

Goldrausch am Palmer River

Das erste Mal bekamen die Aborigines der Gegend Weiße zu Gesicht, als Captain Cook 1770 für mehrere Wochen beim heutigen Cooktown an der Ostküste verweilte, um sein leckgeschlagenes Schiff zu reparieren. Den Ureinwohnern der Cape-York-Halbinsel war danach noch eine Gnadenfrist von 100 Jahren beschieden.

Als sich im Juni 1873 die Kunde vom „River of Gold", dem Palmer River, wie ein Lauffeuer verbreitete, machten sich mobile Glücksritter sofort auf den beschwerlichen Überlandweg. Ein Hafen wurde dringend benötigt. Noch im gleichen Jahr schlug eine Schiffsbesatzung an der gleichen Stelle wie Captain Cook 103 Jahre zuvor ein Zeltlager auf – die Hafenstadt Cooktown war gegründet. Ein paar Monate später legten hier täglich Schiffe an, die Zelte waren zweistöckigen Bauten gewichen. Es gab Lebensmittelgeschäfte und Handwerksbetriebe, vier Banken, 98 Kneipen sowie mehrere Spielsaloons und Bordelle – und alle verdienten prächtig am Boom. Innerhalb von drei Jahren waren 15 000 Weiße und 20 000 Chinesen nach Cooktown und von dort weiter zum Goldfeld geströmt. Die Aborigines wehrten sich mit guerillaähnlichen Überraschungsattacken gegen die Invasoren. Bei den Weißen waren sie als unerbittliche Kämpfer und Kannibalen gefürchtet. Einigen weißen Buschmännern, die mit anderen Aboriginal-Völkern zusammengelebt hatten und mit deren Lebens- und Denkweise vertraut waren, gelang es, Aborigines zu Überfällen auf Chinesencamps zu überreden. Als Revanche für Überfälle auf Weiße wurden dagegen ganze Gruppen meist unschuldiger Ureinwohner, vom Kind bis zum Greis, hingemetzelt. Über die Zahl der Todesopfer gibt es nur ungenaue Schätzungen. Diesen zufolge brachten Aborigines in der Goldrauschzeit etwa 500 Weiße und Chinesen um, während etwa zehn Mal so viele Aborigines ihr Leben lassen mussten. Ortsnamen in der Gegend von Cooktown zeugen noch von der blutigen Vergangenheit: Murdering Gully, Rifle Creek, Battlecamp, Revolver Point und Cannibal River.

des Flusses in einem kleinen Park das **Bronzedenkmal** von James Cook und markiert die Stelle, an der er 1770 mit seinem stark beschädigten Schiff angelegt haben soll. Fast sieben Wochen verbrachten Cook und seine Besatzung hier, bis die *Endeavour* wieder seetüchtig war. Die Interaktionen mit den lokalen Ureinwohnern zählen zu den ersten gut dokumentierten Begegnungen zwischen Europäern und australischen Aborigines. Ein älteres, von Kanonen umgebenes Denkmal neben dem Brunnen erinnert ebenfalls an den berühmten Entdecker. Auf dem Bootssteg, der Wharf, treffen sich Fischer zum Angeln.

Die Sammlung des **James Cook Museum**, ein ehemaliger Konvent in der Helen St, informiert über die früher hier lebenden Ureinwohner, die Quinkan-Felsgalerien bei Laura, James Cooks Segelfahrt, den Palmer River Goldrush und zahlreiche andere Ereignisse. Zu den Ausstellungsstücken gehören Cooks Tagebucheinträge sowie der originale Anker der *Endeavour*. ✆ 4069 5386, ⏰ tgl. 9–16 Uhr, Eintritt $15.

Ein Spaziergang die Walker St hinauf führt in zehn Minuten zum schattigen **Botanischen Gar-**ten, einem der ältesten in Queensland. Von dort erreicht man über schmale, am Anfang ausgeschilderte Pfade die Strände **Finch Bay** und **Cherry Tree Bay**. Von der Cherry Tree Bay gelangt man über einen Fußweg oder von Westen über eine teilweise unbefestigte Straße zum Leuchtturm auf Grassy Hill – ein schöner Platz für den Sonnenuntergang, aber warm anziehen, denn hier bläst fast immer ein heftiger Wind!

Von der Melaleuca St führt ein 3 km langer Trail durch dichtes Buschland auf den **Mount Cook** (431 m, 3 Std. retour). Wenn man einen der großen Felsen erklimmt, eröffnet sich eine gute Aussicht über die gesamte Bucht. Mittags kann man bei ruhiger See sogar die Korallenriffe unter Wasser sehen.

In einem 15-minütigen Bummel auf der Charlotte St gelangt man am Ortsausgang Richtung Hopevale zum **Pionierfriedhof** in der Boundary St. Die Inschriften auf den bis über 100 Jahre alten Grabsteinen unter duftenden Frangipani-Bäumen berichten über viele bewegende, manchmal zudem kuriose Schicksale auch einiger deutscher Pioniere. Jede Religionsgemeinschaft – Christen,

Juden und Chinesen – hat ihre eigene Abteilung. Ein chinesischer Schrein erinnert an die verstorbenen chinesischen Goldgräber, die damals in der Mehrheit waren, deren Gebeine jedoch meist in die Heimat überführt wurden.

ÜBERNACHTUNG

Cooktown Motel, 9 Boundary St, ☎ 4069 5166, 🖳 http://cooktownmotel.com. Einfache DZ mit Bad auf dem Flur ❶, alle mit Ventilator und AC, außerdem eine große und gut ausgestattete Küche. Zudem bequemere DZ mit Bad ❸. Zu der Anlage gehört ein kleiner tropischer Garten mit einem Pool. Viele Informationen.

 River of Gold Motel, Hope St, Ecke Walker St, ☎ 4069 5222, 🖳 www.riverofgold motel.com.au. Angenehme Motelunits sowie voll ausgestattete Apartments; Pool und Restaurant. Gutes Preis-Leistungs-Verhältnis. ❹–❺
Seaview Motel, 178 Charlotte St, ☎ 4069 5377, 🖳 www.cooktownseaviewmotel.com.au. Motelunits und Apartments mit 2 Schlafzimmern, alle AC, Pool. Schöne Aussicht auf das Meer. ❷–❻
Cooktown Peninsula CP, 64 Howard St, ☎ 4069 5107. Schattige Zeltplätze (ab $25). 12 Cabins mit AC ❸ sowie günstige Bunkhouse-Zimmer ❶

ESSEN

Balcony Restaurant, im Sovereign Hotel, Charlotte St, Ecke Green St, ☎ 4043 0500. Bestes Restaurant im Ort, gehobene Küche und Preise. Im **RSL Memorial Club** und im **Bowls Club** isst man recht gut – beide Clubs liegen fast nebeneinander in der Charlotte St, schräg gegenüber dem Sovereign Resort.

TOUREN

Bootstouren
Riverbend Cruises, ☎ 4069 6897, 🖳 www. riverbendtours.com.au. Sunset-Cruise auf dem Endeavour River mit kleinen Häppchen und BYO. ⊕ tgl. um 17 Uhr ab Cooktown Boat Ramp, $49.

Rundflüge
Cape Air Transport, ☎ 4090 3661, 🖳 www. cape-air-transport.com. U. a. Flüge die Küste

entlang zum Bloomfield River und zurück über den Black Mountain NP, zu verschiedenen Inseln der Torres Strait oder zur Spitze des Cape York. Preise auf Anfrage.

SONSTIGES

Nature's Powerhouse, Walker St, am Eingang des Botanischen Gartens, ☎ 4069 6004, 🖳 www.naturespowerhouse.com.au. Galerie mit Ausstellungen einheimischer Künstler, kleiner Laden mit ausgefallenen Souvenirs und nettes Café. ⊕ tgl. 9.30–16.30 Uhr; außerhalb der Feriensaison eingeschränkte Öffnungszeiten.

TRANSPORT

Die **Küstenstraße nach Süden** in Richtung Cape Tribulation (Bloomfield Track) ist wegen einiger Steigungen und Furten auch in der Trockenzeit nur mit Geländewagen befahrbar, nach heftigen Regenfällen ist sie unter Umständen unpassierbar. Der RACQ informiert über den Straßenzustand. Die **Inlandsroute** (Mulligan Highway) über Lakeland, Mount Carbine und Mount Molloy ist durchgehend asphaltiert und auch in der Regenzeit befahrbar.
Die **Straße** via Lakeland und die Peninsula Developmental Road zu den Aboriginal-Felsgalerien von Split Rock südlich von Laura ist zwar nicht durchgehend befestigt, aber meist mit normalen Fahrzeugen befahrbar.
Nördlich von Cooktown endet nach 15 km jenseits des Flughafens die Asphaltstraße, und die Pisten beginnen. Der Old Battle Camp Track durch den südlichen Lakefield-Nationalpark, am Old Laura Homestead vorbei nach Laura, ist nur mit Geländewagen befahrbar.

Busse
Trans North, ☎ 4095 8644, 🖳 www.transnorth bus.com. Mo, Mi und Fr um 7 Uhr von CAIRNS via Port Douglas (Ankunft 8.10 Uhr), Mossman und Daintree nach COOKTOWN (Ankunft 12.50 Uhr). In umgekehrter Richtung Di, Do und Sa um 7.30 Uhr ab Cooktown. Entlang des Mulligan Highways Mi, Fr und So um 7 Uhr von Cairns über KURANDA, MAREEBA, MT MOLLOY und PALMER RIVER

nach Cooktown (Ankunft 12.15 Uhr). Zurück ab Cooktown an denselben Tagen um 13.30 Uhr, Ankunft in Cairns um 18 Uhr. Tickets: Cairns–Cooktown $84. Port Douglas–Cooktown $71.

Flüge

Der Flugplatz nördlich des Endeavour River ist bei Überflutungen der Brücke unzugänglich. **Hinterland Aviation**, ℡ 4040 1333, 🖳 www. hinterlandaviation.com.au. Mit kleinen Maschinen tgl. von und nach CAIRNS; ab $140 einfach.

Die Umgebung von Cooktown

8 km südwestlich von Cooktown steht im **Mulbabidgee (Keatings Lagoon Conservation Park)** ein Feuchtgebiet unter Naturschutz. Vom Parkplatz führt ein Naturlehrpfad zu einem Picknickplatz; nicht weit davon entfernt kann man von einem Versteck *(bird hide)* am Rande des Feuchtgebiets Wasservögel beobachten. Entlang des Pfades sind Pflanzen ausgeschildert, die von den Ureinwohnern, den Gungarde, als Nahrungsmittel und Heilpflanzen genutzt wurden.

32 km nördlich von Cooktown liegt der **Endeavour Falls Tourist Park**, ℡ 4069 5431, 🖳 http://endeavourfallstouristpark.com.au, wo man mit Erlaubnis in der Wasserstelle am Fuß der Endeavour Falls, die auf Privatgelände liegen, baden kann – keine Krokodile. In der Trockenzeit sind die Kaskaden nur ein Rinnsal.

Lizard Island

Die 1000 ha große, felsige Insel, in deren Buchten 24 (fast) einsame Strände locken, liegt etwa 90 km nordöstlich von Cooktown. Captain Cook strandete 1770 mit seinem Schiff auf dem vorgelagerten Riff und benannte die Insel nach den hier vorkommenden Waranen *(monitor lizards)*. Der mit 359 m zweithöchste Berg der Insel trägt ihm zu Ehren den Namen **Cooks Look**. Bis auf einen kleinen Teil, in dem sich ein exklusives Resort befindet, ist die Insel ein Nationalpark.

Die kristallklare **Blue Lagoon** südlich des Airstrip eignet sich zum Schnorcheln und Kanufahren. Eines der besten Tauchgebiete, das **Cod Hole**, mit riesigen Kabeljauen *(potato cod)* und über 150 Jahre alten Klaffmuscheln, liegt in

der Nähe. Im Sommer wird es voll auf der Insel, dann kommen Sportfischer, um sich beim Hochseefischen des Black Marlin zu messen.

ÜBERNACHTUNG UND TRANSPORT

Lizard Island Resort, 🖳 www.lizardisland.com. au. Die Superluxuszimmer kosten ab $2000. Buchung über die Website oder unter ℡ 1800 837 204.

Der **Watson-Bay-Zeltplatz** der Nationalparkbehörde hat Plumpsklos und eine Wasserpumpe, deren Wasser allerdings gefiltert werden muss. Informationen und Buchung unter 🖳 https://parks.des.qld.gov.au/parks/lizard-island/camping.html.

Daintee Air Services, ℡ 4034 9300, 🖳 www. daintreeair.com.au. Transfer und Tagestouren in kleinen Flugzeugen ab CAIRNS.

Laura und Quinkan Rock Art Galleries

Den rund 340 km nördlich von Cairns gelegenen Outback-Ort kann man gewöhnlich in der Trockenzeit über Lakeland mit einem normalen Fahrzeug erreichen. Im Umland liegen im **Quinkan Reserve** verborgene Felsmalereien, die zu den eindrucksvollsten in ganz Australien zählen. Nur der Split Rock ist frei zugänglich (den Eintritt von $30 gibt man am Parkplatz in die *honesty box*), alle weiteren Felsmalereien sind nur mit indigenem Tourguide zu erreichen, s. Touren.

Alle zwei Jahre (ungerade Jahreszahl) treffen sich Ureinwohner für zwei Tage im Juni 16 km südlich von Laura in dem natürlichen Amphitheater Bora Ground zum **Laura Aboriginal Dance & Cultural Festival**, das weit über die Grenzen von Cape York hinaus bekannt ist.

An der Abzweigung der unbefestigten Straße Richtung Norden in Lakeland weist eine Hinweistafel auf gesperrte Furten hin.

TOUREN

Jarramali Rock Art Tours, ℡ 0402 805 821, 🖳 https://jarramalirockarttours. au. Johnny Murison vom Volk der Kuku Yalanji bringt Besucher im Kleinbus die steinige Piste hinauf zu seinem „Bush Hilton": Eine offene Hütte mit Küche und Terrasse direkt an der

Klippe. Ringsherum stehen Zelte und eine Busch-Toilette. Direkt am Abhang darf man sich im natürlichen Infinity-Pool abkühlen. Die Felsmalereien, von hier aus auf einem kurzen Spaziergang zu erreichen, sind mindestens 20 000 Jahre alt und erzählen die Geschichte der einstigen Bewohner. Drumherum liegen unzählige weitere Rock Art Sites, die man je nach Fitness auf Anfrage abwandern kann. Ein unvergessliches, authentisches Erlebnis! 2-Tage-Tour $1000, 3 Tage $1500. Wer wirklich sicher im Offroad-Fahren ist, kann die „Tag-along-Tour" buchen (eigenes 4WD, Zelt und Essen mitbringen), $350/$500 für ein/zwei Nächte.

Outback

Das weite, flache Land westlich der Höhenzüge der Great Dividing Range, vom Gulf of Carpentaria bis zum Channel Country an der Grenze zu South Australia, ist von Straßen und Pisten durchzogen. Die Orte und landschaftlichen Attraktionen liegen jedoch isoliert voneinander über das gesamte Land verstreut. Einen Eindruck vom Outback Queenslands gewährt die Durchreise von Townsville ins Northern Territory über den **Barkly** und **Flinders Highway**. Parallel dazu verläuft im Süden der **Capricorn** und **Landsborough Highway** über Emerald (S. 306), Longreach und Winton. Wer Zeit hat und ein anderes Queensland erleben möchte, sollte sich hier etwas umsehen.

Im Sommer (Dez–Feb) kann es hier im Landesinneren unerträglich heiß werden, 45 °C sind keine Seltenheit. Im Winter dagegen sind die Nächte empfindlich kalt. In der Regenzeit werden die Pisten im Gulf Country unpassierbar. Weiter im Landesinneren sind die Niederschläge unregelmäßiger, aber wenn es regnet, treten im Channel Country unzählige Flüsse über die Ufer.

Aus **Winton**, wo die australische Fluggesellschaft Qantas gegründet wurde, stammt auch das überall bekannte Lied *Waltzing Matilda*. Diesen beiden uraustralischen Ikonen ist das große **Waltzing Matilda Centre** gewidmet, das Mitte 2015 komplett niederbrannte und erst kürzlich seine Pforten wiedereröffnet hat, 🖵 www.

matildacentre.com.au. Eintritt $30, Kind $10. ⏱ Mo–Fr 9–17, Sa und So 9–15 Uhr.

So ausgedörrt das Land westlich der Great Dividing Range auch erscheinen mag, tief unter dem Spinifex-Gras, dem Sand und den Steinen liegt ein riesiges Wasserreservoir. Artesische Brunnen garantieren auch den abgelegenen Cattle Stations eine ständige Wasserversorgung. Die Windräder der Bohrstellen, die man in jeder Siedlung sieht, sind das Symbol des Outback. Die größte Stadt und das Zentrum des Westens ist die Bergwerksstadt Mt Isa. Viele andere Orte sind Überbleibsel prosperierender Bergwerkssiedlungen und heute Versorgungszentren für die Cattle Stations.

Mount Isa

Mt Isa liegt auf halbem Weg zwischen Townsville und Tennant Creek. Nach langer Fahrt durch die eintönige Outback-Landschaft haben die am Horizont auftauchenden, hohen, rauchenden Schlote der Mt Isa Mines auf müde Fahrer den gleichen Effekt wie sonst nur die Dattelpalmen einer Oase – Erleichterung, nun ist es nur noch ein Katzensprung zu den Annehmlichkeiten der Zivilisation. Etwa 18 500 Einwohner aus fast 50 Nationen hat die Stadt, und so lohnen sich mitten im Outback auch so urbane Dinge wie ein 4-Sterne-Hotel, ein Theater und eine abwechslungsreiche Restaurantszene.

Die Stadt liegt auf riesigen Vorkommen von Kupfer, Zink, Blei und Silber. Diese Ressourcen werden seit 1924 in einem der größten Untertagebergwerke der Welt abgetragen. **Mount Isa Mines** ist der größte Einzelproduzent der Welt von Silber und Blei. Rund 11 Mio. t Erz werden hier jährlich gefördert, z. T. verarbeitet und mit der Eisenbahn zum 900 km entfernten Townsville transportiert, wo die Mineralien weiter verarbeitet und verschifft werden.

Führungen unter Tage gibt es dort nicht, stattdessen beim **Outback at Isa Centre**, 19 Marian St, 🖵 www.mietv.com.au, durch die Touristenmine **Hard Times Mine**: ⏱ tgl., genaue Zeiten erfragen (2 Std. $85). Unbedingt reservieren!

Teil des Zentrums sind auch die **Isa Experience Gallery** ($22), ein modernes, interaktives

Regionalmuseum, der 3 ha große **Outback Park** mit Lagune und Wasserfall und das eindrucksvolle **Riversleigh Fossils Centre** ($15), das Fossilienfunde der Riversleigh Station am Gregory River präsentiert. Dort werden seit 1982 die Knochen prähistorischer Tiere – unter anderem fleischfressende Riesenvögel und Fledermäuse, Beutellöwen und riesige Pythonschlangen – ausgegraben, die ein Fenster in eine seit viele Millionen Jahren vergangene Welt eröffnen.

Man sollte auch einen Blick in den kleinen Laden **Arilla Paper** werfen, der Papierwaren verkauft, die von Ureinwohnern aus einheimischen Gräsern hergestellt werden. Auch das Visitor Information Centre, das Busterminal und ein Café befinden sich im **Outback at Isa**, alle Auskünfte und Buchungen dort (Details s. u.).

Während der Schulzeit kann man um 10 Uhr die **School of the Air**, Abel Smith Parade, https://mtisasde.eq.edu.au, besuchen und den Fernunterricht per Radio miterleben.

Im Gegensatz zu den Company Towns in der Pilbara Range in Western Australia, wo sich die Arbeiter und Angestellten meist nur für einige Jahre niederlassen, leben in Mt Isa viele Bergleute schon in der zweiten Generation, über 50 verschiedene Nationalitäten sollen hier vertreten sein. Aufgrund des Bergwerkbooms lohnt es sich sogar für Küstenbewohner, zwischen Mt Isa und Townsville zu pendeln. Sie fliegen für eine Woche Maloche ein und kehren am Wochenende zu ihren Familien zurück. Am Wochenende ist die Stadt deshalb wie ausgestorben.

ÜBERNACHTUNG

Ein Großteil der Unterkünfte in Mt Isa ist während der Woche von Bergleuten belegt – Besuchern wird geraten, für diese Zeit im Voraus ein Zimmer oder eine Cabin in dem Caravanpark zu reservieren.

Travellers Haven Backpacker Hostel, Ecke Spence und Pamela St, ☎ 4743 0313, 🖥 http://travellershaven.com.au. Einfaches, älteres Hostel, das hauptsächlich Arbeiter beherbergt. 3–5-Bett-Dorms (Bett ab $30), EZ und DZ mit Bad auf dem Flur. Alle mit AC. ❷

Ibis Styles Verona, Rodeo Dr, Ecke Camooweal St, ☎ 4743 3024, 🖥 www.ibis.com. Saubere,

geräumige Zimmer. Pool, Restaurant und Großstadtflair. ❻

Sunset Top Tourist Park, 14 Sunset Drive, ☎ 4743 7668. Zelt- und Stellplätze ($30/38). Außerdem Cabins und Holidayunits, alle mit AC, Pool, Kiosk. ❶ – ❹

SONSTIGES

Festivals

Das **Mount Isa Rodeo**, 🖥 www.isarodeo.com.au, zieht jedes Jahr im August bis zu 25 000 Zuschauer und über 300 Jackaroos an – es gilt als das größte in Australien.

Informationen

Outback at Isa, 19 Marian St, ☎ 4749 1555, 🖥 www.mietv.com.au. ⏱ tgl. 8.30–17 Uhr.

TRANSPORT

Busse

Greyhound, Outback at Isa Centre, Marian St, ☎ 131 499, 🖥 www.greyhound.com.au. Mi um 7 Uhr von TOWNSVILLE nach TENNANT CREEK (Ankunft Do 2 Uhr) mit Halt in Mount Isa um 18.15 Uhr. In umgekehrter Richtung Do um 4 Uhr ab Tennant Creek nach Mount Isa (Ankunft 12.15 Uhr), Weiterfahrt nach Townsville um 13 Uhr.

Eisenbahn

Der Bahnhof befindet sich in der Station St. Informationen und Buchung bei: **Queensland Rail**, ☎ 1300 131 722, 🖥 www.queensland railtravel.com.au.

Inlander via Charters Towers nach TOWNSVILLE, Abfahrt Do und So um 13.30 Uhr, Ankunft Fr und Mo um 10.10 Uhr. Ab $108 einfach (Economy Seat).

Flüge

Qantas, 🖥 www.qantas.com.au. Unterhält Verbindungen nach BRISBANE, CLONCURRY und TOWNSVILLE.

Rex, 🖥 www.rex.com.au. Verbindungen nach CAIRNS, TOWNVILLE, BRISBANE und viele kleine Städte in Queensland.

Virgin Australia, 🖥 www.virginaustralia.com. Verbindungen nach BRISBANE und CLONCURRY.

Zentral-Australien

Der riesige rote Fels, der sich aus der öden Wüste erhebt, ist das Wahrzeichen Australiens und ein Anblick, der selbst den abgebrühtesten Reisenden mit Ehrfurcht erfüllt. Für die Ureinwohner haben der Uluru, die benachbarten Olgas (Kata Tjuta) und der Kings Canyon große Bedeutung. Hier in Zentral-Australien erhalten Besucher einen seltenen Einblick in die Tiefe und Komplexität der uralten Aborigine-Kultur.

Stefan Loose Traveltipps

Kangaroo Sanctuary In der Känguru-Rettungsstation mit eigenem Tierkrankenhaus pflegen Freiwillige angefahrene und verwaiste Kängurus gesund. S. 396

MacDonnell Ranges Schluchten und verwitterte Bergketten, die Besucher mit ihren Farbspielen beeindrucken. S. 402

10 **Watarrka National Park (Kings Canyon)** Eine Wanderung auf dem Kraterrand dieses Millionen Jahre alten Canyons zählt zu den eindrucksvollsten Erlebnissen im australischen Outback. S. 412

11 **Uluru (Ayers Rock)** Wer um den Uluru wandert, beginnt die uralte Welt Zentral-Australiens zu verstehen. S. 417

Valley of the Winds Am schönsten ist die Wanderung zwischen den Felsen von Kata Tjuta zum Sonnenaufgang. S. 419

ROSAKAKADU; © FOTOLIA / ANDREA IZZOTTI

DIDGERIDOOS; © DUMONT BILDARCHIV / CL. MENS EMMLER

MacDonnell Ranges

Kangaroo Sanctuary

Kings Canyon

Valley of the Winds

Uluru (Ayers Rock)

Wann fahren? Im Herbst und Winter (April–Sep) ist das Klima am angenehmsten

Wie lange? 7–14 Tage

Bekannt für Aborigine-Kultur, zauberhafte Farbspiele in den Felsen und Schluchten, wilde Kamele, flirrende Hitze und Fliegen

Updates und eure **Kommentare** zu diesem Kapitel auf 🖥 www. stefan-loose.de unter **eXTra [11426]**

Der riesige rote Felsmonolith, der so unerwartet aus dem kargen Flachland herausragt, ist seit jeher Wahrzeichen und Lockvogel des australischen Tourismus. Viele haben Australien erst so richtig gesehen, wenn sie einmal um den **Uluru** gewandert sind (der Aufstieg ist seit 2019 verboten). Kein Wunder, dass der Felsen zum Ort des Massentourismus geworden ist, daran mag auch seine unfassbar abgeschiedene Lage, 470 km von Alice Springs und jeweils mehr als 2000 km von Sydney und Perth entfernt, nichts ändern.

Dabei hat Zentral-Australien viel mehr zu bieten als den Uluru – so eindrucksvoll der rote Fels auch sein mag. Nur 50 km westlich laden die kuriosen Formationen von **Kata Tjuta** zu tollen Wanderungen zwischen senkrechten Felswänden ein. Auch den **Kings Canyon**, von Yulara in etwa drei Autostunden zu erreichen, sollte man sich auf keinen Fall entgehen lassen.

Alice Springs ist ein kleiner Flecken urbaner Zivilisation in einem fast menschenleeren Land von herber Schönheit. Außerhalb der Stadt kann man die Stille, den weiten Himmel und das intensive Licht der Wüste auf sich wirken lassen – auch die unangenehmeren Seiten wie die lästigen Fliegen, die Tageshitze und die Eiseskälte der Winternächte gehören dazu.

Die Wüste besteht nicht nur aus endlosen, mit Spinifex-Gras bedeckten Ebenen: Mitten in Zentral-Australien erstreckt sich in West-Ost-Richtung über 400 km ein altertümlicher, verwitterter, schmaler Gebirgsrücken, der sich vor Millionen von Jahren am Meeresboden befand, die **MacDonnell Ranges**. Alice Springs liegt auf einem 600 m hohen Plateau fast in der Mitte dieser nur noch 400–800 m hohen Berge. Die Felsformationen, Schluchten, Täler, Canyons und eine Palmenoase mit überall sonst in der Welt ausgestorbenen Palmen in den MacDonnell Ranges sind Uluru als Besuchsziel ebenbürtig.

Klima und Reisezeit

Die beste Zeit für einen Besuch ist der Spätherbst (April/Mai) oder Frühlingsbeginn (Sep/Okt), wenn die Tages- und Nachttemperaturen

Vorwahl

Für das gesamte Northern Territory gilt die Vorwahl ✆ 08.

nicht allzu extrem sind. Regen, in Form überraschender Sturzbächen, fällt v. a. im Winter. Für kurze Zeit füllt sich dann das Bett des Todd River und anderer ausgetrockneter Flüsse (deshalb sollten Camper die Warnung, nie in ausgetrockneten Flussbetten zu zelten, ernst nehmen). Bei langen, heftigen Güssen wird Alice überflutet, Wege und Straßen sind dann unpassierbar und gesperrt.

Im Winter wird es nachts eisig kalt, in Alice Springs und beim Uluru (Ayers Rock) sinkt das Thermometer bis auf den Gefrierpunkt. Tagsüber steigt es auf knapp über 20 °C bei fast ständig klarem Himmel und Sonnenschein. Die Sommer sind heiß mit nächtlichen Temperaturen um 20 °C und Tagestemperaturen bis zu 45 °C, oft kommen dann Staubstürme auf.

Flora und Fauna

Im trockenen Süden des Northern Territorys geht grüne Savanne langsam in Steppe, im Osten und Westen in baumloses Grasland und schließlich in Sandwüste über. Im Sandboden Zentral-Australiens wachsen zähe **Wüstenpflanzen** wie das widerstandsfähige Spinifex-Gras, Mulga-Sträucher sowie vereinzelt Wüsteneichen *(desert oak)* und dem Wüstenklima angepasste Eukalypten wie die Ghost Gums. Die leuchtend rote Farbe des Sandes rührt von seinem Eisenoxidgehalt her.

Nach Regenfällen im Frühjahr grünt und blüht es in der Wüste, der rote Sand ist dann von einem bunten Blumenteppich bedeckt. Aber auch die Insekten lieben das Nass: Moskitos und Fliegen können Besuchern die Wanderungen vermiesen; Fliegennetze, die das Gesicht abdecken, gibt's in sämtlichen Souvenirläden und Informationszentren, oft sogar an der Tankstelle zu kaufen. An **Termiten** hingegen brauchen sich Reisende nicht zu stören; die mehrere

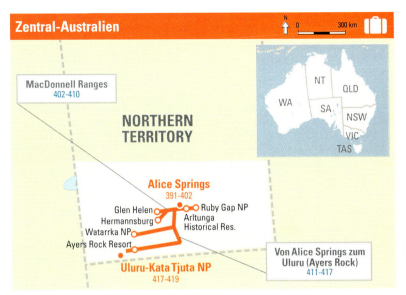

MacDonnell Ranges
402-410

NORTHERN TERRITORY

NT
QLD
WA
SA
NSW
VIC
TAS

Alice Springs
391-402

Glen Helen ○ ○○ ○ Ruby Gap NP
Hermannsburg ○   Arltunga
Watarrka NP ○   Historical Res.
Ayers Rock Resort

Von Alice Springs zum Uluru (Ayers Rock)
411-417

Uluru-Kata Tjuta NP
417-419

Meter hohen Termitenhügel des Northern Territorys sind sogar ein beeindruckender Anblick.

Zugegeben: Es gibt auch viele giftige und ungiftige **Schlangen**, in der Regel nehmen sie aber Reißaus. Festes Schuhwerk (Wanderschuhe mit dicken Socken) ist für *bushwalking* trotzdem angebracht. Oft wird man auch *Goannas* begegnen, einer harmlosen, großen **Eidechsenart** (anderswo Leguan oder Iguana genannt). Skurril sieht die Kragenechse *(frill neck lizard)* aus, wenn sie vor Aufregung und zur Abschreckung ihren Kragen aufbläst. Das bedrohliche Aussehen des Dornteufels *(thorny devil; Moloch Horridus)* ist nur Fassade, das Tier tut höchstens einer Fliege etwas zuleide – und das kann nur willkommen sein! Mit etwas Glück kreuzt man im Roten Zentrum den Weg eines **Riesenwaran**: eine bis zu 2 m große Echse von erstaunlicher Gemütlichkeit.

Neben weiteren Eidechsenarten, Schlangen, Dingos, Kängurus und Wallabies streifen in Zentral-Australien Herden wilder **Pferde**, *brumbies* genannt, wilder **Kamele** und wilder **Esel** durch das Land – Nachkommen der von Forschern auf ihren Inlandsexpeditionen mitgebrachten Tiere.

Die wilden Kamele vermehrten sich so stark, dass sie ein ernsthaftes Umweltproblem darstellten. Laut Schätzungen beheimaten Australiens Wüsten über eine Million wilder Kamele, mehr als jedes andere Land der Welt. „Selektive Schlachtungen" lösen immer wieder große Entrüstung aus, aber die Kamelpopulation nimmt weiterhin zu.

Wirtschaft

Obwohl Zentral-Australien etwa 40 % der Fläche des Northern Territorys einnimmt, trägt es mit nur 18 % zum Bruttosozialprodukt des Territoriums bei. Hauptwirtschaftszweige sind Bergbau, Tourismus und Landwirtschaft.

Die **Cattle Stations** des Northern Territorys erstrecken sich über immense Gebiete, manche sind so groß wie ein kleiner europäischer Staat. Einige **Kamelfarmen** in Zentral-Australien fangen, trainieren und exportieren wilde Kamele, die in Arabien aufgrund ihres reinen Blutes und ausgezeichneten Gesundheitszustands sehr begehrt sind.

Geschichte

Wissenschaftler vermuten, dass die **Aborigines** vor mindestens 65 000 Jahren über eine damals bestehende Landverbindung zwischen Neuguinea und dem Top End nach Australien einwanderten und sich dann über den Kontinent verteilten. Das Zentrum um Uluru (Ayers Rock) erreichten sie wahrscheinlich „erst" vor 10 000 Jahren. Die Aboriginal-Völker im Northern Territory unterscheiden sich durch ihre Hautfarbe und ihren Körperbau voneinander. Die Kinder der Pitjantjatjara in Zentral-Australien fallen durch ihre oft strohblonden Haare auf.

Im 17. und 18. Jh. führte die Suche nach *Trepang* (Seegurken) Bugis von der Insel Celebes (jetzt Sulawesi) an die Nordküste Australiens von Broome bis zum Gulf of Carpentaria. Fast 200 Jahre lang unterhielten die **Südostasiaten** Handelsbeziehungen mit den australischen Küstenvölkern. Die ersten **Europäer**, die im Northern Territory ihre Spuren hinterließen, waren holländische Seefahrer, die im 17. Jh. bis zur Nordküste Australiens gelangten und einige Gebiete nach ihren Schiffen benannten. Namen wie Arnhem Land und Groote Eylandt (Große Insel) erinnern noch heute an sie.

Die Mitte des 19. Jhs. war die Zeit der großen Forschungsexpeditionen und Kontinentaldurchquerungen, in deren Gefolge weiße Siedler und Rinderfarmer kamen. Der deutschstämmige **Ludwig Leichhardt** bahnte sich in einer 15 Monate dauernden Expedition mit einigen Begleitern einen Weg von Jimbour in der Nähe des heutigen Brisbane durch Ost- und Nord-Queensland bis zur Siedlung Port Essington im nördlichen Northern Territory, die er am 17. Dezember 1845 erreichte.

Charles Sturt erforschte Zentral-Australien vom Süden her. 1845 gelangte seine Expedition bis in die Nähe des heutigen Alice Springs. Er war so überzeugt von der Existenz eines großen Binnensees, dass sich in seiner Ausrüstung sogar ein Boot befand! Die erste Süd-Nord-Durchquerung des Kontinents wurde zum Wettrennen: Die Regierung von South Australia hatte einen Preis für denjenigen ausgesetzt, der Australien in dieser Richtung zuerst durchqueren würde. Der Gewinner war Sturts Freund **John McDouall**

Stuart, der die Nordküste nach zwei vergeblichen Anläufen am 24. Juli 1862 erreichte. Sein Kollege Burke, der von Melbourne aus gestartet war, hatte ihn zwar um mehr als ein Jahr geschlagen, war aber in der Wüste gestorben.

1871 wurde unter der Leitung von **Charles Todd** der Bau einer Überland-Telegrafenleitung von Adelaide nach Palmerston (Darwin) in Angriff genommen – das bis dahin ehrgeizigste und wagemutigste Projekt Australiens. Die Telegrafenstation bei Alice Springs wurde nach Todds Frau Alice benannt. 1872 war die 3200 km lange Überlandleitung fertig gestellt. Sie ermöglichte die direkte Kommunikation nach Europa und Asien sowie zwischen entfernteren Gebieten im hohen Norden und dem dichter besiedelten Süden Australiens und folgte weitgehend der Route, die Stuart bei seiner Kontinentdurchquerung eingeschlagen hatte.

Weitere Forschungsreisen durch Zentral-Australien folgten: 1872 „entdeckte" **Ernest Giles** als erster Europäer die Felsendome Kata Tjuta (Olgas), ein Jahr später besuchte **William Gosse** den riesigen Felsmonolith in der Nähe, dem er zu Ehren des Gouverneurs von South Australia den Namen Ayers Rock gab. In den 1970er-Jahren kamen die *Overlanders* auf der Suche nach neuen Weidegründen mit ihren Rinderherden aus Queensland. Viele von ihnen gründeten in den Barkly Tablelands und in der westaustralischen Kimberley-Region riesige *cattle stations*, die zum Teil heute noch bestehen. Die Aborigines wehrten sich oft heftig gegen die Eindringlinge.

Die **Weltwirtschaftskrise** wirkte sich auch auf dieses Gebiet aus. Tausende von Männern aus den Zentren im Süden Australiens wanderten nach Norden ab in der Hoffnung, sich ihr Brot als Farmgehilfen verdienen zu können. Während der jahrelangen Wanderschaft manövrierten sich viele mit Mühe am Hungertod vorbei. Der langsam aufkommende Flugverkehr war ein Segen für das abgelegene Land. Der **Royal Flying Doctor Service** wurde gegründet; auch die Bewohner der *cattle stations* im Busch konnten auf diese Weise medizinisch betreut werden.

Als am 19. Februar 1942 japanische Flugzeuge Darwin und Broome in Western Australia bom-

ZENTRAL-AUSTRALIEN

bardierten, wurde den Australiern schlagartig ihre Verwundbarkeit im Falle einer „Invasion durch die Hintertür" bewusst. Um dem
entgegenzutreten, waren gute Straßenverbin-
dungen notwendig, auf denen gegebenenfalls
Truppen in den Norden transportiert werden
konnten. Nach dem Zweiten Weltkrieg wurden
daher die **Highways** gebaut, die das Northern
Territory mit Western Australia, Queensland und
South Australia verbinden.

Ursprünglich war das Northern Territory Teil
der Kolonie von New South Wales, 1863 wurde
es South Australia zugesprochen, und 1911,
zehn Jahre nach der Gründung des Australischen Bundes (Commonwealth of Australia),
wurde es schließlich der Bundesregierung in
Canberra unterstellt. Erst 1968 errangen die
Bewohner volles Wahlrecht, 1978 wurde ihnen
die **Selbstverwaltung** *(self-government)* zuge-
standen. Nach wie vor hat die Bundesregierung
in Canberra jedoch die Entscheidungsgewalt in
den Ressorts Aboriginal Affairs, Landrecht (Land
Rights, d. h. für Aborigines) und Uranabbau.

Praktische Tipps

Alle Reiseinformationen stellt Tourism NT auch
auf Deutsch zur Verfügung: 🖥 http://northern
territory.com/de. Aktuelle Infos zu den Nationalparks, zu Wanderwegen sowie Campingplatz-
buchung bietet **Parks and Wildlife NT** unter
🖥 https://nt.gov.au/leisure/parks-reserves.

Unterkunft

In Alice Springs gibt es ein breites Angebot an
Unterkünften zu – im inneraustralischen Vergleich – günstigen Preisen. Man findet sowohl
akzeptable Hostels und Caravan Parks als auch
komfortable Hotels und Resorts, die meisten mit
Pool. Fast alle Unterkünfte organisieren oder
verkaufen Touren zu den Sehenswürdigkeiten
des Roten Zentrums.

In Yulara (in der Nähe des Uluru und Kata
Tjutas) hat man nur die Wahl zwischen teuren
bis sehr teuren Luxusunterkünften und Campingplätzen (auch für Caravans/Camper). Auch
bei den Schluchten in den MacDonnell Ranges
östlich und westlich von Alice Springs befinden

sich einfache, meist sehr schön gelegene **Campingplätze**. Eine Übernachtung im Busch unter
dem klaren, sternenübersäten Nachthimmel
sollte man sich nicht entgehen lassen. Im Winter
müssen sich Camper allerdings auf eiskalte
Nächte mit Temperaturen bis einige Grad unter
dem Gefrierpunkt einstellen.

Essen und Trinken

Lebensmittel sind in Zentral-Australien teurer
als im Süden oder an der Ostküste, da sie von
anderen Staaten hierher transportiert werden
müssen. Alice Springs weist in Anbetracht seiner Größe eine bunte Vielfalt an Cafés und Restaurants auf. Auch in Yulara gibt's ein erstaun-
liches Angebot an Essgelegenheiten – vom
Pub bis hin zum Feinschmeckerrestaurant.
Abenteuerlustige können bei Gelegenheit *Bush
Tucker*, die Nahrung der Aborigines, kosten:
Schlangen, Eidechsen, *witchetty grubs* (gerös-
tete Larven), Wurzeln und Buschtomaten.

Transport

Reisende mit engem Zeitbudget sollten unbedingt mindestens einen Inlandsflug von der
Küste ins Zentrum nehmen. Die Fahrt von Cairns,
Brisbane oder Sydney aus dauert mindestens
3–4 Tage und lohnt sich nur, wenn man sich Zeit
für die Sehenswürdigkeiten unterwegs nimmt.

Busse

Die Buslinie Greyhound Australia verbindet
Alice Springs mit **Darwin** (über Tennant Creek,
Mataranka und Katherine) sowie **Adelaide**
(über Coober Pedy und Port Augusta). Wer nach
Queensland reisen will, steigt in Tennant Creek
in den Bus nach **Townsville** um (über Mount Isa
und Charters Towers).

Eisenbahn

Der *Ghan* durchquert den gesamten Kontinent
von Süden nach Norden: von Adelaide über Port
Augusta und Alice Springs nach Darwin und
zurück. Der Name erinnert an die afghanischen
Kameltreiber, die mit ihren Kamelkarawanen
Anfang des 20. Jhs. zwischen South Australia
und dem Northern Territory hin- und herwan-
derten und die kleinen Siedlungen im Outback
mit allem Lebensnotwendigen versorgten. Die

gesamte Fahrt (2 Nächte, 3 Tage) kostet in der einfachsten Kabinenklasse rund $2500 p. P.

Flüge
Qantas, Airnorth und Virgin Australia fliegen den Flughafen von Alice Springs an, Verbindungen u. a. nach Darwin, Cairns, Brisbane, Sydney, Melbourne, Adelaide, Perth und zum Uluru. Außerdem bieten Qantas, Jetstar und Virgin Australia Direktflüge nach Uluru von Sydney, Melbourne, Brisbane und Cairns.

Auto
Die Hauptverkehrsstraßen in die anderen Staaten sind asphaltiert und in gutem Zustand. Die Fahrt wird eher durch die Hitze, heftige Regenfälle in der Regenzeit, Fliegen, die abwechslungsarme Landschaft sowie durch *road trains* genannte Sattelschlepper mit zwei bis vier Anhängern erschwert. Da Tiere mitunter die Fahrbahn kreuzen, sollte man Fahrten bei Dämmerung sowie Nachtfahrten vermeiden. Es kann durchaus vorkommen, dass man bei einer Panne mehrere Stunden auf ein vorbeikommendes Fahrzeug warten muss – deshalb braucht man einen ausreichenden Wasser- und Lebensmittelvorrat. Abseits der Asphaltstraßen ist ein Geländewagen unbedingt zu empfehlen.

Mietwagenfirmen verbieten das Befahren unbefestigter Straßen mit einem normalen Pkw – wer plant, auf *gravel roads* zu fahren, muss sich einen teuren Geländewagen (4WD) mieten und unbedingt vorher nach den Mietbedingungen fragen!

Mietwagen, Campervans, Touren
Wer nicht mit dem eigenen Fahrzeug ins Rote Zentrum reist, für den stellt sich die Frage: Mietwagen, Camper oder Tour? Wer nur mal eben den Uluru auf seiner Reiseliste abhaken möchte, kann eine **Tagestour** ab Alice Springs unternehmen. Die gibt es ab etwa $225, zu empfehlen sind sie allerdings nicht. Einen wesentlich besseren Einblick bieten **2- bis 4-Tagestouren** mit Übernachtung. Geführte Touren haben den Vorteil, dass immer ein ortskundiger Guide dabei ist, durch den man oft mehr erfährt, als wenn man auf eigene Faust reist, für Unterkunft und Essen gesorgt ist, man oft nette Reisende trifft und meist gute Stimmung herrscht.

Mietwagen und Campervans bieten zwar mehr Freiheit bei der Routenplanung, bringen aber auch organisatorischen Aufwand mit sich. Selbstfahrer sollten unbedingt genügend Trinkwasser bei sich haben, am besten auch eine gute Grundausstattung an Lebensmitteln, denn

---

Routenplaner: mit dem Geländewagen durch das Rote Herz

■ 5 Tage, 4 Nächte
■ Start und Ziel: Alice Springs

Der viel beworbene **Red Centre Way Tourist Drive** verbindet die wichtigsten Highlights des Roten Zentrums, und das auf einer Abenteuerfahrt durch die West MacDonnell Ranges und entlang der Mereenie Loop Road zum Watarrka National Park (Kings Canyon). Die Sache hat allerdings einen Haken: Die 155 km zwischen dem Tnorala Conservation Reserve (Gosse Bluff) und Watarrka sind nicht geteert und nach Regenfällen können sich hier unpassierbare Seen bilden. Ein Geländewagen ist zu jeder Zeit nötig, zudem sollte man sich dringend vor der Reise nach den aktuellen Straßenbedingungen erkundigen. Aktuelle Infos unter 🖥 https://roadreport.nt.gov.au.

Von Alice Springs geht es durch die westlichen MacDonnell Ranges bis zum Glen Helen Gorge, wo man im Zelt aufschlägt oder es sich in einem der einfachen Zimmer bequem macht. Am nächsten Tag führt die Tour entlang des Mereenie Loops vorbei am Kometenkrater Gosse Bluff und weiter zum Kings Canyon. Diesen umrundet man am besten bei einer Wanderung gleich am nächsten Morgen, bevor es zur Abendröte zum Uluru geht. Tag 4 verbringt man zwischen Uluru und Kata Tjuta, je nach Vorliebe auf dem Rücken eines Kamels, dem Sattel eines Fahrrads oder Motorrads oder per pedes. Am 5. Tag geht es die 445 km zurück nach Alice Springs, eventuell mit Stopp am Henbury Meteorites Conservation Reserve.

diese sind außerhalb von Alice teuer. Die Fahrt von Alice Springs nach Uluru entlang des Stuart und Lasseter Highways dauert nonstop ca. 4 1/2 Stunden.

Einen kleinen **Mietwagen** gibt es in Alice Springs ab ca. $65 pro Tag, ohne Versicherung. Als zusätzliche Kosten fallen ggf. Leihgebühr für Campingausrüstung (Mietwagen mit Campingausrüstung z. B. bei Alice Camp'n'Drive, s. S. 401) bzw. Übernachtungskosten an sowie Sprit (deutlich teuer als an der Ostküste), Essen und Nationalparkgebühren ($25 p. P. für 3 Tage)

Einen kleinen **Camper** für 2 Personen gibt es ab $500 pro Woche, auch hier ohne Versicherung. Dafür spart man sich die Leihgebühr für die Campingausrüstung (bzw. die Übernachtungskosten) und schläft ggf. etwas komfortabler als im Zelt. Wer streng auf das Budget achten muss, campt am besten am Curtin Springs Roadhouse, 85 km vom Uluru. Zelt- oder Stellplätze ohne Stromanschluss sind hier kostenlos, allerdings sind die Plätze schnell belegt.

Auch in den MacDonnell Ranges gibt es viele Zeltplätze. Einige sind kostenlos oder verlangen eine geringe Gebühr.

Noch zwei Tipps für Selbstfahrer: Die grelle Sonne im Outback steht die meiste Zeit des Jahres zur Mittagszeit im Norden! Bei der Fahrt von Norden nach Süden hat man die Sonne im Rücken und damit weniger Blendwirkung als in entgegengesetzter Richtung. Für Fahrer von Campervans ist ein Rucksack einem Koffer unbedingt vorzuziehen. Denn der passt gut in den Stauraum unter den Sitzbänken im hinteren Teil des Wagens. Koffer dagegen sind sperrig und passen in keinen der Stauräume.

Alice Springs

Rund 1500 km nördlich von Adelaide und 1500 km südlich von Darwin sprießt aus den Tiefen des Outbacks das prosperierende Touristenzentrum Alice Springs. Die ehemalige Telegrafenstation verdankt ihr rasches Wachstum der atemberaubenden Natur, die sie umgibt: Die mythischen MacDonnell Ranges sowie die zum Wahrzeichen des Outbacks erkorenen Natur-

wunder Uluru und Kata Tjuta. „Alice" bietet Bars, Restaurants, imposante Galerien und viele Kunsthandwerksläden, überdachte Shopping Centres und zahlreiche Unterkünfte vom Hostel bis zum 5-Sterne-Resort. Nur die Aborigines, die im meist ausgetrockneten Flussbett des Todd River campen, passen nicht so ganz in diese aufgeräumte Touristenwelt.

Knapp 29 000 Menschen leben heute in und um Alice Springs, etwa 18 % davon sind Aborigines. Dazu kommen rund 400 000 Besucher aus dem In- und Ausland.

Tagsüber ist Alice Springs ein beschauliches Städtchen, nachts sollte man allerdings nicht allein durch die Stadt laufen. Alle interessanten Orte außerhalb der Innenstadt erreicht man nur mit eigenem Transportmittel; zum Desert Park fährt dreimal täglich ein Shuttle von Alice Wanderer, Details s. S. 399.

Die Innenstadt

Im Zentrum des Geschehens liegt die Einkaufs- und Bummelzone **Todd Mall** mit ihren zahlreichen Kunstläden. Wer nach Aborigine-Kunst (z. B. *dot paintings*) sucht, ist hier genau richtig. In einigen Galerien kann man den Künstlern sogar bei der Arbeit zusehen (s. S. 398, Einkaufen). Von März bis Dezember findet hier an jedem zweiten Sonntag im Monat von 9–13 Uhr ein **Trödel- und Kunstmarkt** statt.

Anzac Hill

Wer frisch in Alice angekommen ist, verschafft sich hier am besten erst mal einen groben Überblick. **Anzac Hill** ist in etwa zehn Minuten über den Lions Walk erreicht, der gegenüber der katholischen Kirche in der Wills Terrace beginnt. Frühmorgens und in der Abenddämmerung ist der Hügel ein guter Fotospot.

Adelaide House

Das **Adelaide House** beherbergte einst das erste Krankenhaus der Stadt, das 1920 vor dem Zeitalter der Klimaanlage erbaut und durch ein System von nassem Sackleinen und Luftkanälen kühl gehalten wurde. Im jetzigen **Museum** hängen Fotografien aus der Pionierzeit. Die Kirche dane-

Alice Springs

N 0 ———— 2 km

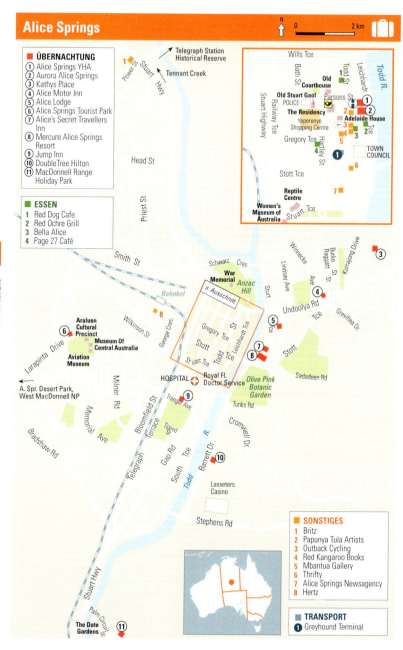

■ **ÜBERNACHTUNG**
1. Alice Springs YHA
2. Aurora Alice Springs
3. Kathys Place
4. Alice Motor Inn
5. Alice Lodge
6. Alice Springs Tourist Park
7. Alice's Secret Travellers Inn
8. Mercure Alice Springs Resort
9. Jump Inn
10. DoubleTree Hilton
11. MacDonnell Range Holiday Park

■ **ESSEN**
1. Red Dog Cafe
2. Red Ochre Grill
3. Bella Alice
4. Page 27 Café

■ **SONSTIGES**
1. Britz
2. Papunya Tula Artists
3. Outback Cycling
4. Red Kangaroo Books
5. Mbantua Gallery
6. Thrifty
7. Alice Springs Newsagency
8. Hertz

■ **TRANSPORT**
1. Greyhound Terminal

Telegraph Station Historical Reserve
Tennant Creek
Wills Tce
Bath St
Todd St
Leichhardt
Todd R.
Old Courthouse
Stuart Highway
Railway Tce
Old Stuart Gaol
POLICE
Parsons St
The Residency
Yeperenye Shopping Centre
Adelaide House
Gregory Tce
Hartley St
TOWN COUNCIL
Stott Tce
Reptile Centre
Women's Museum of Australia
Stuart Tce

Head St
Priest St
Smith St
Schwarz Cres
War Memorial
Anzac Hill
s. Ausschnitt
Bahnhof
Wilkinson St
Gregory Tce
Stott
St uart Tce
Todd Tce
Leichhardt Tce
Winnecke
Lindsay Ave
Stuart
Burke St
Raggatt St
Kuraljong Drive
Undoolya Rd
Grevillea Dr.
Stott
Sadadeen Rd

Araluen Cultural Precinct
Museum Of Central Australia
Aviation Museum
Larapinta Drive
A. Spr. Desert Park, West MacDonnell NP
George Cres.
HOSPITAL
Royal Fl. Doctor Service
Olive Pink Botanic Garden
Tunks Rd
Milner Rd
Bloomfield St
Terrace
Traeger Ave
Speed St
Cromwell Dr
Memorial Ave
Bradshaw Rd
Telegraph
Gap Rd
South Tce
Todd
Barrett Dr.
R.
Lasseters Casino
Stephens Rd
Stuart Hwy
Palm Circuit
The Date Gardens

ben, die **Flynn Memorial Church**, wurde zu Ehren von Reverend John Flynn, dem Gründer des Royal Flying Doctor Service, erbaut. 🖳 www.au museums.com, 🕐 März–Nov Mo–Fr 10–16, Sa bis 12 Uhr, um eine Spende wird gebeten.

Royal Flying Doctor Service

Nicht nur für Amateurfunker und Ärzte lohnt ein Besuch beim ersten Basissitz der **Royal Flying Doctors**, 8-10 Stuart Terrace. Neben der Betrachtung einer Dokumentation der Arbeit von Reverend John Flynn darf man auch mal selbst in eine fliegende Krankenstation eintreten. Zur Anlage gehört ein schönes Gartencafé, das leckere Mahlzeiten und Kuchen hat. 🕐 Mo–Sa 9–17, So und feiertags 13–17 Uhr, Eintritt $19, Kind $12.

Reptile Centre

Der liebevoll gepflegte **Privatzoo**, 9 Stuart Terrace, Ecke Bath St, 📞 8952 8900, 🖳 www. reptilecentre.com.au, rühmt sich der größten Reptiliensammlung des Northern Territory; u. a. kann man dort Salzwasserkrokodile unter Wasser beobachten. Ferner gibt es Pythons, Giftschlan-

Theodor Georg Heinrich Strehlow

T. G. H. Strehlow, der bedeutende Dokumentarist und Erforscher der Kultur des Arrernte-Volks, wurde 1908 als Sohn eines deutschstämmigen lutherischen Pastors in Hermannsburg geboren und wuchs mit seinen Aboriginal-Spielgefährten auf. Nach dem Abschluss seines Studiums der englischen Literatur und Sprache in Adelaide kehrte er nach Zentral-Australien zurück, um die Sprache und Kultur der Arrernte zu erforschen. Strehlow setzte sich für den Schutz der Arrernte und die Bewahrung der traditionellen Kultur ein, aber dennoch war er – wie viele seiner in der „Aborigine-Frage" für damalige Verhältnisse fortschrittlich denkenden Zeitgenossen – nicht ganz frei von Überheblichkeit. Auf der anderen Seite eckte er mit seinem Interesse und Einsatz für eine Aboriginal-Kultur bei vielen Australiern an, die davon nichts wissen wollten.

Alice für Radfahrer

Für viele Sehenswürdigkeiten rund um Alice bietet sich ein Mountainbike als Transportmittel an. Rings um Alice Springs gibt's zahlreiche, teilweise geteerte Radwege. Zu den populärsten Destinationen für Radfahrer zählen die Alice Springs Telegraph Station, Simpsons Gap und der Desert Park. Die Mittagshitze sollte man allerdings vermeiden. Mehr Infos unter 🖳 www.discovercentralaustralia.com/expe rience-attractions/mountain-biking. Details zum Fahrradverleih s. S. 401.

gen, Riesenwarane (perentie), Blauzungenskinken (bluetongued lizard) und den kleinen Dornteufel (thorny devil), für Mutige auch zum Streicheln. 🕐 tgl. 9.30–17 Uhr, Eintritt $17, Kind $9.

Women's Museum of Australia

Die Ausstellung, Old Alice Springs Gaol, 2 Stuart Terrace, ist den frühen Siedlerinnen und allen Frauen gewidmet, die mit ihrem Werk und ihrem Leben eine Pionierstellung einnahmen. Zwei Stunden sollte man sich für die faszinierenden Lebensgeschichten mindestens Zeit nehmen. 🖳 https://wmoa.com.au, 🕐 Mo–Sa 10–17 Uhr, Eintritt $15, Kind $5.

The Residency

Das Haus neben dem Hauptpostamt an der Hartley St, Ecke Parsons St, war früher das Wohnhaus des ersten Gouverneurs von Zentral-Australien. Heute beherbergt es ein Museum, dessen Sammlung die soziale und ökonomische Geschichte Zentral-Australiens aufzeigt und einige Kunstwerke enthält. 🖳 http://heritage alicesprings.com.au/locations/in-alice-springs/ the-residency, 🕐 März–Nov Mo–Fr 10–15 Uhr, Eintritt frei, um eine kleine Spende wird gebeten.

Nördlich des Zentrums

Alice Springs Telegraph Station

Die ehemalige **Telegrafenstation**, der die Stadt Alice Springs Existenz und Namen verdankt, liegt umgeben von einem 2000 ha großen Natur-

Die Geschichte der Telegrafenstation

In der isolierten, 1872 gegründeten Telegrafenstation lebte als erster Stationsmeister Johannes Müller mit seiner Familie, vier Telegrafisten und Personal. Die Niederlassung wuchs zu einer richtigen Siedlung mit Gemüsegärten, Rinderzucht, Pferdeställen und einer Dorfschmiede heran und diente weitere 60 Jahre lang der Nachrichtenübertragung. Danach befand sich hier ein Camp, in dem in einem Zeitraum von 30 Jahren Kinder aus Verbindungen von Europäern und Aborigines aufwuchsen. Bis in die 1960er-Jahre wurden zahlreiche sogenannte *Half-caste*-Kinder ihren (Aboriginal-) Familien entrissen und entweder zur Adoption an weiße Familien gegeben oder in Heimen großgezogen – nach damals vorherrschender Meinung ganz im Interesse des Wohls dieser Kinder. Die Ureinwohner wurden nämlich als eine „aussterbende Rasse" betrachtet. Kinder „gemischter" Herkunft in einem weiß-europäisch geprägten Umfeld aufwachsen zu lassen, bedeutete also nach dieser Sichtweise, ihnen eine Chance zu geben, sich in die Gesellschaft zu integrieren und „richtige" Australier zu werden.

Mit dieser Thematik beschäftigt sich auch der australische Film *Rabbit Proof Fence* (2002), der in Deutschland unter dem Titel *The Long Walk Home* lief.

reservat 2 km nördlich von Alice Springs. Die Anlage ist als Freilichtmuseum hergerichtet, im Park kann man in der kühlen Jahreszeit spazieren gehen und picknicken. Freilichtmuseum *(Historic Precinct)*, ⏲ tgl. 9–17 Uhr, Eintritt $15, Kind $9; Park ⏲ bis 21 Uhr, Eintritt frei. Führungen Mai–Sep tgl., ⌨ http://alicesprings telegraphstation.com.au. Die **Wasserstelle Alice Springs** befindet sich in der Nähe der Telegrafenstation und hat meistens genug Wasser zum Schwimmen.

School of the Air

Wie kann man Kinder, die an den abgelegensten Orten des australischen Outbacks leben, mit einer schulischen Ausbildung versorgen? Die Antwort darauf findet man in der School of the Air in der Head St. Von hier werden Kinder auf den entlegenen Farmen des Outbacks per Radio unterrichtet. Der Schulhof deckt eine Fläche von 1,3 Mio. km² ab! Besichtigung ⏲ Mo–Sa (außer feiertags) 8.30–16.30, So 13.30–16.30 Uhr, Eintritt $12, Kind $9, ⌨ www.schooloftheair.net.au.

Westlich des Zentrums

Araluen Cultural Precinct

Das Kulturviertel von Alice Springs am Larapinta Drive umfasst das Araluen Arts Centre, das sehenswerte Museum of Central Australia, das Strehlow Forschungszentrum, das sich der Kultur der Einheimischen verschrieben hat, ein Flugzeugmuseum, einen Kunsthandwerksladen sowie die 18 m lange, begehbare Skulptur einer Raupe. Der Precinct Pass ($15), erhältlich beim Arts Centre und den Museen, gilt für alle Sehenswürdigkeiten. ⏲ tgl. 10–16 Uhr, ⌨ www. araluenartscentre.nt.gov.au.

Für eine Stadt der Größe von Alice Springs ist das **Araluen Arts Centre** beeindruckend. Der stattliche Bau umfasst u. a. ein Theater mit 500 Sitzplätzen, das auch als Konzerthalle dient, dazu kommen eine Kunstgalerie mit einer festen Sammlung (Bilder von Albert Namatjira und zeitgenössische Aboriginal-Kunst), eine Galerie für Gastausstellungen, ein Skulpturengarten mit Wandmalerei sowie ein Restaurant und Café.

Nebenan befindet sich das **Museum of Central Australia** mit sehenswerter Sammlung zur Geologie und Fauna der Region. Darin integriert ist das Strehlow Research Centre, das sowohl dem Arrernte-Volk von Zentral-Australien gewidmet ist als auch Theodor Georg Heinrich Strehlow (s. Kasten S. 393), dem Mann, der ihre Kultur erforschte und aufzeichnete. Interessanter noch als die Darstellung der Lebensgeschichte Strehlows ist die Ausstellung über die Lebensweise und traditionelle Kultur der Arrernte.

Das **Aviation Museum** informiert über die Geschichte von Alice Springs und die Pionierzeit des Fliegens im Outback. Zu sehen gibt's u. a. eins der ersten Flugzeuge, das die „fliegenden Doktoren" benutzten.

Wer auf der Suche nach Aboriginal-Kunst und Kultur ist, wird in Alice Springs fündig.

Auf dem Friedhof hinter dem Museum, dem **Memorial Cemetery**, liegen berühmte Persönlichkeiten begraben, unter anderem der Aboriginal-Künstler Albert Namatjira (S. 408), der Goldsucher Harold Lasseter und Edward Connellan, der Gründer der ersten Fluggesellschaft des Northern Territory.

Die **Grand-Circle-Yeperenye-Skulptur** ist der wichtigsten der drei Raupen, die zu den mythologischen Ahnen von Alice Springs (Mparntwe) gehören, gewidmet. Die 18 m lange und 3 m hohe Skulptur ist begehbar; innen stellen von Kindern angefertigte Wandmalereien den Lebenszyklus, das Lebensumfeld und die kulturelle Bedeutung der Yeperenye-Raupe dar.

Alice Springs Desert Park

Wüste ist nicht gleich Wüste. In dem vom NT Parks and Wildlife Service geführten Wildlife-Park am Larapinta Drive wurden drei für Zentral-Australien typische Wüstenhabitate nachgebildet: **Sand Country** mit roten, von Spinifex-Gras bedeckten Sanddünen und Termitenhügeln, **Desert Rivers**, eine Region ausgetrockneter Flussbetten mit majestätischen River Redgums, und **Woodlands**, von Busch- und Strauchwerk bedecktes Land, in dem sich Emus und Kängurus wohlfühlen. Ein 2 km langer Pfad führt durch die verschiedenen Vegetationszonen.

Attraktionen sind das geräumige **Nocturnal House**, in dem u. a. vom Aussterben bedrohte australische Wüstenbewohner, Beuteltiere wie das Bilby und das Rote Hasen-Wallaby (engl. *rufous hare wallaby,* in Australien auch *mala*), zu sehen sind, sowie das **Nature Theatre**, in dem einheimische Greifvögel, u. a. der Keilschwanzadler, frei herumfliegen. Zu jeder vollen Stunde läuft im **Exhibition Centre** ein Film über die Entwicklung der Natur Zentral-Australiens. Nicht verpassen! ⏰ tgl. 7.30–18 Uhr, für einen Besuch sollte man 3–4 Std. einplanen. Larapinta Drive, etwa 10 km westlich des Zentrums, Eintritt $37, Kind ab 5 J. $19. 🖥 www.alicesprings desertpark.com.au.

Zur Anlage gehören ein Café und ein Shop mit einer guten Auswahl an Büchern zur Flora und Fauna Australiens. Ein besonderes Erlebnis ist die **Nocturnal Tour**, auf der man stark gefährdete Nachttiere mit einem kenntnisreichen Guide zu sehen bekommt. Tgl. ab 20 Uhr, $32.

Alice Wanderer bietet Transfers zwischen der Unterkunft und dem Desert Park, Reservierung unter ☎ 8952 2111. Wer sich von der Unterkunft ein Fahrrad leihen kann, erreicht den Park

ZENTRAL-AUSTRALIEN

🌳 Die Doku-Serie *Der Känguru-Mann* hat ihn weltberühmt gemacht, ihm aber dennoch nicht den staubigen Boden unter den Füßen geraubt. In seinem Rettungszentrum kümmert sich „Kangaroo Dundee" Chris Barns mit größter Hingabe um verletzte oder verwaiste (Baby-)Kängurus. Die Station verfügt sogar über ein eigenes Känguru-Krankenhaus, in dem freiwillige Helfer die meist von Autos angefahrenen Beuteltiere gesund pflegen. Besucher können (und sollten!) das **Kangaroo Sanctuary** am Rand von Alice Springs im Rahmen einer geführten Tour besichtigen. Man darf die kleinen *joeys* im Arm halten und manche der größeren Tiere streicheln und füttern. Am besten man bucht lange im Voraus, denn die Besucherzahlen sind beschränkt und die Touren sehr beliebt. Ca. 3-stündige Touren ab Alice Springs Di–Fr nachmittags, $85, Kind $65, inkl. Abholung an der Unterkunft. 📞 0400 141 070, 🖥 https://kangaroosanctuary.com.

auch bequem entlang des flachen Radwegs am Larapinta Drive.

Südlich des Zentrums

Olive Pink Botanic Garden
Ein Ziel für Hobby-Botaniker: In diesem hübschen Garten wurden einheimische Bäume und Büsche aus einem Radius von 500 km um Alice Springs angepflanzt, ein Informationszentrum zeigt Wissenswertes über die einheimische Flora. ⊕ tgl. 8–18 Uhr, Informationszentrum bis 16 Uhr, Eintritt frei, Spende erwünscht.

Old Ghan Museum
Bei MacDonnell Siding, 9 km südlich von Alice, zeigt dieses Museum Lokomotiven und Eisenbahnwaggons der alten Schmalspur-Ghan-Züge. ⊕ tgl. 9–16 Uhr, Eintritt $15.

ÜBERNACHTUNG

Die Hostels haben einen mittelmäßigen Standard. Für Autofahrer sind Cabins in den meist außerhalb gelegenen Caravanparks eine preiswerte Alternative. Alle Unterkünfte sind mit Klimaanlagen ausgestattet.

Backpacker-Hostels

Im Zentrum

Alice Springs YHA, Parsons St, Ecke Leichhardt Terrace, ℰ 8952 8855, ✉ alicesprings@yha. com.au. Das Hostel befindet sich in einem originell umgebauten Freilichtkino. Ein weiterer Flügel ist in einem historischen Gebäude untergebracht. 4–16-Bett-Dorms ($28–35), ein paar DZ bzw. Familienzimmer; alle mit AC und Heizung. Gute Waschräume. Kleiner Swimming Pool im Innenhof und Open-Air-Kino. Fahrradverleih. ➋

€ **Jump Inn**, 4 Traeger Ave, ℰ 8929 1609, 🖥 www.jumpinnalice.com. Das jüngste Hostel in Alice tut sich vor allem durch die persönliche Atmosphäre und die exzellente Gastfreundschaft hervor. Die Dorms mit 4–10 Betten ($24–34) sind klein, aber sauber, dazu kommen DZ mit und ohne Bad. Das Hostel bietet viele Touren von 1–3 Tagen an, sodass man bestimmt mit anderen Travellern in Kontakt kommt. Abends steigt die Stimmung im Biergarten des Craft Beer Bar & Restaurants. Ein Pool gehört auch zur Anlage. ➋

Östlich des Zentrums

Alice Lodge, 4 Mueller St, ℰ 8953 1975, 🖥 www.alicelodge.com.au. Freundliches kleines Hostel mit 4–10-Bett-Dorms, davon eines nur für Frauen (Bett $27–30) sowie DZ/EZ; alle mit AC und Ventilator, Heizung, Kühlschrank. Einfaches Frühstück inkl.; Garten und kleiner Salzwasserpool. Auf Anfrage Abholservice von Bahnhof und Busterminal; Zubringerbus in die Stadt. ➋

€ **Alice's Secret Travellers Inn**, 6 Khalick St, ℰ 8952 8686, 🖥 www.asecret.com. au. Wer's gern ruhig und freundlich mag, ist hier auch mit engem Budget richtig. Das Hostel bietet 3–6-Bett-Dorms (Bett $25–28), manche nur für Frauen. EZ und DZ; alle mit AC. Ein-

faches Frühstück. Pool, Tischtennis, Fahrradverleih, Trampolin, Didgeridoos. ➊

Hotels und Motels

€ **Alice Motor Inn**, 25 Undoolya Rd, ℰ 8952 2322, 🖥 www.alicemotorinn. com.au. Ruhige, freundliche Anlage, einfache Motelunits mit Kühlschrank und AC. Pool. Teilweise behindertengerecht. Kostenloses Internet und schlichtes Frühstück. Ab ➋

Aurora Alice Springs, 11 Leichhardt Terrace, ℰ 8950 6666, 🖥 www.auroraresorts.com.au. Gutes Mittelklassehotel an der Mall. Komfortable Zimmer; z. T. beschatteter Pool; im Haus des Red Ochre Grill (s. Essen). Gute Angebote für Frühbucher online. ➋–➎

🧳 **DoubleTree Hilton**, 82 Barrett Dr, ℰ 8950 8000, 🖥 https://doubletree3. hilton.com. Die noblen, großen Zimmer rund um den großen Pool im Innenhof sind gar nicht so teuer wie man erwarten würde. Zur großen Anlage direkt neben dem Golfplatz gehört das erstklassige Hanuman Restaurant (s. u.). Ab ➍

Mercure Alice Springs Resort, 34 Stott Terrace, direkt am Todd River, ℰ 8951 4545, 🖥 https://all. accor.com. 4-Sterne-Hotel in zentraler Lage. Ansprechende Räume mit allem Komfort, Deluxe-Zimmer mit Badewanne und Terrasse zum Fluss. Pool mit Bar. ➎–➐

B&B

Kathys Place, 4 Cassia Court, ℰ 8952 9791, 🖥 www.kathysplace.com.au. Ruhiges, gemütliches und sehr familiäres B&B mit 2 Gästezimmern. Küchenbenutzung, Pool. ➎

Caravanparks

Alice Springs Tourist Park, Larapinta Drive, ℰ 1300 823 404, 🖥 https://alicesprings touristpark.com.au. Zelt-/Stellplätze ($35/40) sowie Cabins aller Preisklassen, alle mit AC und Heizung. Kleiner Lebensmittelladen, Pool, Fahrradvermietung. ➋–➏

🧳 **MacDonnell Range Holiday Park** (Big 4), Palm Place, 5 km südl. des Zentrums, ℰ 1800 808 373, 🖥 www.macrange.com.au. Kleiner Lebensmittelladen, 2 Pools, viele weitere Einrichtungen und großes Angebot an Veranstaltungen, u. a. sonntags Pancake-Frühstück gratis; an anderen Tagen Musik (z. B. Didgeridoo), Erklärung des Sternenhimmels usw. Zelt- und Stellplätze ($41/46 oder $56 mit Bad), Budgetzimmer und Cabins, viele mit eigenem Bad, einige auch mit AC/Heizung.

②–⑧

ESSEN

Cafés

Page 27 Café, Todd Mall, 3 Fan Arcade, ✆ 8952 0191. Leckeres Frühstück sowie Wraps und Salate. Gute Auswahl auch für Vegetarier. ⏱ Frühstück und Mittagessen Di–So bis 14 Uhr.

Red Dog Cafe, 64 Todd Mall, ✆ 8953 1353. Krokodil- oder Känguruburger, aber auch Vegetarisches und gutes Frühstück. Man kann draußen sitzen oder drinnen im klimatisierten Café.

Restaurants

Bella Alice, 79 Railway Terrace, ✆ 0481 120 259, 🖥 www.bellaalice.com.au. Hervorragende Pizza frisch aus dem Steinofengrill eines Foodtrucks. Am Wochenende muss man hier oft Schlange stehen. ⏱ Mi–So 18–21 Uhr.

🧳 **Hanuman**, 82 Barrett Drive (im DoubleTree Hilton), ✆ 8953 7188, 🖥 www.hanuman.com.au. Auf der Speisekarte stehen indische und thailändische Gerichte vom Allerfeinsten. Allein schon die Samosas zur Vorspeise lohnen die Anfahrt, von den Currys ganz zu schweigen! ⏱ tgl. 18–22, Mo–Fr auch 12–14.30 Uhr.

Red Ochre Grill, 11 Leichhardt Terrace, ✆ 8952 9614. Fantasievolle australische Küche in gepflegter Atmosphäre. Schanklizenz. ⏱ Mo–Sa 7–21 Uhr.

UNTERHALTUNG

Im **Araluen Arts Centre** finden gelegentlich Konzerte, Theatergastspiele und Filmabende sowie einmal im Jahr ein Filmfestival statt. In der Todd Mall gibt es ein **Kino**.

In der **Rock Bar**, 74 Todd St, gibt es jeden Abend Livemusik, am Wochenende kann hier man auch tanzen.

Im **Lasseter's Casino**, 93 Barrett Drive, kann man bis 4 Uhr sein Geld aufs Spiel setzen. Dort und in den Bars der 5-Sterne-Hotels wird auf „adrette" Kleidung geachtet, Jackett und Krawatte sind aber nicht Pflicht.

EINKAUFEN

Bücher, Landkarten, Zeitschriften

Alice Springs Newsagency, 94 Todd St. Der Zeitungsladen verkauft auch Bücher und Landkarten über Zentral-Australien. ⏱ Mo–Fr 8.30–17.30 Uhr.

Red Kangaroo Books, 79 Todd Mall. Der kleine Buchladen ist spezialisiert auf australische Bücher und Bücher über Australien.

Souvenirs und Kunsthandwerk

Wer nach Aboriginal-Kunsthandwerk oder -Gemälden sucht, ist in Alice Springs genau richtig. Die meisten Galerien werden von Händlern nicht-indigener Herkunft betrieben. Sie holen die Kunstobjekte in den abgelegenen Aborigine-Communities des Northern Territorys ab und verkaufen sie an ihre Kunden in Alice Springs. Ein Teil der Einnahmen geht anschließend dem Künstler zu. Manche Galerien holen ihre Maler hin und wieder nach Alice Springs, wo man ihnen beim Erstellen ihrer Kunstwerke zuschauen darf.

Entlang der Todd Street reiht sich eine Galerie an die nächste, darunter:

Mbantua Gallery, 64 Todd Mall, 🖥 www. mbantua.com.au. Hier findet man Gemälde und Kunsthandwerk aus der Region Utopia nördlich von Alice Springs.

Papunya Tula Artists, 63 Todd Mall, 🖥 https://papunyatula.com.au. Die Galerie bezieht ihre Bilder aus den Communities der Western Deserts (WA) und ist den Besuch unbedingt wert.

🧳 **This is Aboriginal Art**, 87 Todd Mall, 🖥 https://thisisaboriginalart.com.au. Die freundliche Betreiberin hat die Aborigine-Kunstgeschichte intensiv studiert und bietet eine imposante Sammlung an Gemälden.

AKTIVITÄTEN UND TOUREN

Die Teilnahme an einer organisierten Tour, z. B. in die MacDonnell Ranges, zum Uluru und Kings Canyon, kann vor allem Alleinreisenden Zeit und Geld sparen. Eine Gruppe sollte nicht mehr als 15–20 Pers. zählen, sonst ist man Teil einer Touristenherde. Auf einer Campingsafari, die von einheimischen, erfahrenen Guides begleitet wird, bekommt man möglicherweise mehr Einblick in das Leben im Outback, mehr Informationen über das Ökosystem der ariden Zone Zentral-Australiens und über die lokalen Ureinwohner, als wenn man auf eigene Faust loszieht. Das Angebot an derartigen Touren ist überwältigend. Fast alle Hostels erledigen Tourbuchungen, einige sind dabei allerdings nicht unparteiisch. Hier nur einige bewährte Tourveranstalter. Umfassende Auskunft erteilt das Visitor Information Centre. Tagestouren ab Alice Springs zum Uluru und Kata Tjuta und zurück sind wirklich nur was für Leute, die es ganz eilig haben.

Bus- oder Geländewagen-Touren

Für eine Tour zu den gängigen Zielen Uluru/Kata Tjuta, Kings Canyon und den westlichen MacDonnell Ranges bis Glen Helen Gorge ist eigentlich kein Geländewagen erforderlich – es sei denn, der Tourveranstalter fährt auf „Bush Tracks" und macht Abstecher zu Zielen, die andere nicht ansteuern.

Adventure Tours Australia, ℡ 8192 7800, 🖥 www.adventuretours.com.au. Größter Anbieter von Aktiv-Touren (hauptsächlich für Backpacker) in Australien. Ab Alice Campingsafaris nach Kings Canyon/Uluru/Kata Tjuta: 3 Tage in der einfachen Variante ab $383, oder im Luxuszelt mit mehr Extras ab $672. Auch längere Touren. Je nach Tour max. 16–24 Pers. Man kann sie mit einer One-way-Tour nach Darwin oder Adelaide verbinden (s. u.).

Alice Wanderer, ℡ 8952 2111, 🖥 www.alicewanderer.com.au. Verschiedene Tagestouren in den Desert Park ($64 für Shuttle-Bus und Eintritt), in die West MacDonnell Ranges ($132), zum Uluru und Kata Tjuta ($239) oder ins Palm Valley ($155). Die Touren lassen sich auch mit einem Mehrtagespass kombinieren.

Emu Run, ℡ 1800 687 220, 🖥 www.emurun.com.au. Mit Kleinbussen (z. T. mit Allradantrieb) Tagestouren zum Uluru und Kata Tjuta ($225 mit BBQ-Dinner) oder zu den westlichen

Im Alice Springs Desert Park darf man Wüste im kleineren Format erleben.

© DUMONT BILDARCHIV / CLEMENS EMMLER

MacDonnell Ranges ($139) sowie 3 Tage Kings Canyon/Uluru/Kata Tjuta ($425) mit Übernachtung im Zelt. Lokaler Tourveranstalter, kleine Gruppen (14–20 Pers.). Von Lesern empfohlen.

The Rock Tour, ℘ 8953 1008, 1800 246 345, ⌨ www.therocktour.com.au. In 2, 3 oder 4 Tagen King's Cayon, Kata Tjuta, Sonnenauf- und -untergang am Uluru sowie ein optionaler Kamelritt für $395–580, alle Mahlzeiten inkl. Sehr gute Tour-Guides. Die Tourveranstalter haben sich auf Backpacker spezialisiert (Altersgruppe bis etwa 25) und bieten eine Mischung aus Informationen, Naturerlebnis und Bushcamping.

Wayoutback Desert Safaris, ℘ 8300 4900, ⌨ http://wayoutback.com.au. 1–5-Tagestouren durchs Rote Zentrum (u. a. Macdonnell Ranges, Uluru/Kata Tjuta/Kings Canyon). Wildlife, Fotografie, Aktivitäten oder anderer Schwerpunkt; auf allen Touren wird auf Nachhaltigkeit und minimalen Einfluss auf die Umwelt geachtet. Fährt auch auf Bush Tracks; kleine Gruppen (max. 13 Pers.). Von Lesern empfohlen.

Fahrradtouren

Outback Cycling, 6/63 Todd Mall, ℘ 8952 1541, ⌨ http://outbackcycling.com. Mountainbike-Touren für alle Fitnesslevels bei Tag oder Nacht. Auch Radverleih, s. Fahrräder.

Fesselballonfahrten

Sehr beliebt sind Balloon-Safaris (Aufstieg mit dem Fesselballon) in den frühen Morgen- oder späten Abendstunden, um $300 für eine halbe oder um $400 für eine ganze Stunde, z. T. mit Frühstück im Outback; alle geben Rabatt für Backpacker.

Outback Ballooning, ℘ 1800 809 790, ⌨ www.outbackballooning.com.au.

Spinifex Ballooning, ℘ 1800 677 893, ⌨ www.balloonflights.com.au. Gutes Feedback.

Kameltouren

Pyndan Camel Tracks, ℘ 8952 5800, ⌨ www.cameltracks.com. 1-stündige bis mehrtägige Ausritte nahe der MacDonnell Ranges. Ab $80 für 1 Std.

One-way-Touren

Adventure Tours Australia, s. o. Viele Angebote ab Alice Springs, u. a. in 6 Tagen nach Adelaide via Uluru/Kata Tjuta, Coober Pedy und Flinders Ranges, $880 inkl. Mahlzeiten, Zelt- oder Dormübernachtung. In 8 Tagen nach Darwin, $2700. Große Gruppen: 24–48 Teilnehmer. Abfahrt je nach Saison 3–4x wöchentl

Wayoutback Desert Safaris, s. o. In 3, 7 oder 10 Tagen von Alice Springs nach Darwin mit sehr guten Tour-Guides mit Übernachtung im Zelt oder Dorm. Tour führt via Uluru, Kata Tjuta, Kings Canyon, Devils Marbles, Mataranka, Nitmiluk zum Kakadu und Litchfield National Park. Weitere Touren siehe online.

Spaziergänge und Wanderungen

Alle Veranstalter betreiben ihre Führungen/Wanderungen in sehr kleinen Gruppen. Details s. jeweils Website oder telefonisch erfragen.

Epicurious Travel, ℘ 03 9486 5409, ⌨ www.epicurioustravel.com.au. Hervorragend organisierte 6-Tages-Wandertour entlang des Larapinta Trails. Wanderer werden am Abend mit einem exzellenten Outback-Dinner inkl. Wein belohnt und übernachten in komfortablen Swags. Der Luxus hat allerdings seinen Preis: $3300 p. P. Kleingruppen mit max. 10 Pers.

Trek Larapinta, ℘ 1300 724 795, ⌨ www.treklarapinta.com.au. Geführte Wanderungen April–Okt auf dem Larapinta Trail mit erfahrenen Naturkennern. 3, 6 und 9-Tagestouren, oder man wandert die komplette Strecke in 16 Tagen.

SONSTIGES

Automobilclub

AANT, Straßendienst, ℘ 8952 1087, ⌨ www.aant.com.au. Notruf ℘ 13 11 11.

Autovermietungen

Ein Mietwagen, besonders ein Geländewagen, sollte lange im Voraus gebucht werden, da die Nachfrage oft das Angebot übersteigt. Bei praktisch allen Mietwagenfirmen sind nur 100 km pro Tag im Mietpreis inbegriffen. Jeder weitere km kostet etwa $0,27 extra. Wer nur etwa eine Woche unterwegs ist und zum Uluru sowie zum Kings Canyon, eventuell auch noch durch die Eastern und/oder Western MacDonnell Ranges fahren will, legt ordentlich drauf.

Alice Camp'n'Drive, 76 Hartley St, ☎ 8952 0098, 🖥 www.alicecampndrive.com. Mietwagen und Geländewagen, auch Verleih von Camping-ausrüstung, keine One-way-Vermietung.

Britz, Stuart Highway, Ecke Power St, ☎ 1800 331 454, 🖥 www.britz.com. Große Auswahl an Geländewagen und Campervans. Auch „Camping Packages" und One-way-Verleih in andere Bundesstaaten.

Hertz, 8 Kidman St, ☎ 8953 6257, 🖥 www.hertz.com.au. Auch Geländewagen und „Camping Packages".

Thrifty, Stott Terrace, Ecke Hartley St, ☎ 8952 9999, 🖥 www.rentacar.com.au. Auch Geländewagen.

Fahrräder

Outback Cycling, 6/63 Todd Mall, ☎ 8952 1541, 🖥 http://outbackcycling.com. Fahrradverleih (ab $40 pro Tag) und viele gute Infos zu den Radwegen. Auch Touren, s. o.

Feste

Alice Springs Cup, Pferderennen im Pioneer Park, Ende April/Anfang Mai.

Bangtail Muster Parade, bunter Umzug jeden ersten Mo im Mai (May Day, Feiertag).

Beanie Festival, Anfang Juni; ungewöhnliche Kopfbedeckungen (ein *beanie* ist eine Pudel-mütze) im Cultural Precinct; buntes Treiben.

Finke Desert Race, über das Queens Birthday-Wochenende Mitte Juni; 🖥 www.finkedesert race.com.au. Motorrad- und Autorennen über Outbackpisten nach Finke, eine 240 km südöstl. von Alice gelegene Siedlung, und zurück.

Camel Cup, Anfang Juli, 🖥 www.camelcup. com.au. Anlass für eine Reihe oft komischer Veranstaltungen, in deren Mittelpunkt Kamel-rennen stehen.

Alice Desert Festival, Anfang Sep, Kultur- und Musikfestival.

Henleyon-Todd-Regatta, Mitte Sep, 🖥 www. henleyontodd.com.au. Die bekannteste der jährlich stattfindenden verrückten Veranstal-tungen, die über 10 000 Besucher anzieht. Im ausgetrockneten Bett des Todd River „kreuzen"

selbst gebaute Boote ohne Boden, die allein von der Beinmuskelkraft ihrer Mannschaften bewegt werden.

Informationen

Tourism Central Australia, Todd Mall, Ecke Parsons St, ☎ 8952 5800, 🖥 www.discover centralaustralia.com. Sehr gute Website; im Büro ebenfalls viele Informationen, gute Beratung und Buchungsservice. Hier bekommt man auch Tour Passes für die **Mereenie Loop Road** (Verbindung zwischen Hermannsburg und dem Watarrka NP für $5). ⏰ Mo–Fr 8–17, Sa, So und feiertags 9.30–16 Uhr.

Internet

Praktisch alle Unterkünfte bieten WLAN oder Internetzugang. In der Todd Mall gibt es Gratis-WLAN.

Permits für Land in Aboriginal-Besitz

Central Land Council, 31-33 Stuart Highway, ☎ 8951 6211, 🖥 www.clc.org.au. Erteilt Transit Permits für Fahrten durch Land in Aboriginal-Besitz und Besuchsgenehmigungen für Abori-ginal Communities. ⏰ Mo–Fr 9–12 und 14–16 Uhr.

Tour Passes für die **Mereenie Loop Road** sind beim Central Australian Visitor Information Centre in Alice Springs (s. „Informationen"), im Glen Helen Resort, in Hermannsburg oder im Kings Canyon Resort erhältlich.

NAHVERKEHR

Busse

Die öffentlichen Busse von **Asbus**, 🖥 https://nt.gov.au/driving/public-transport-cycling/public-bus-timetables-and-maps-alice-springs, fahren tgl. auf 4 verschiedenen Routen durch die Stadt. Die Linien 100 und 101 fahren an der School of the Air vorbei. Die Linien 300 und 301 fahren in den Süden zum Old Ghan Museum. Die Linien 400 und 401 fahren vom Zentrum zum Araluen Centre. Tagestickets $7, erhältlich im Bus.

Taxis

Alice Springs Taxis, ☎ 8952 1877. ⏰ tgl. rund um die Uhr.

Busse

Greyhound Australia, Busterminal im Coles Shopping Complex, Gregory Terrace, ✆ 8952 7888, 13 14 99, 🖥 www.greyhound.com.au. In **Richtung Süden**: Nach ADELAIDE via Coober Pedy und Port Augusta 1x tgl. (knapp 20 Std.). In **Richtung Norden**: Nach DARWIN über KATHERINE tgl. (knapp 22 Std.).

Eisenbahn

Bahnhof am George Crescent westl. des Stuart Highway; 15 Min. zu Fuß von der Fußgängerzone. Der **Ghan** verkehrt zwischen Darwin und Adelaide, seit 2017 verkehren allerdings nur noch Wagen der Gold- und Platinklasse (beide mit Schlafkabinen). Auskunft und Reservierungen unter ✆ 1800 703 357, 🖥 https://journeybeyondrail.com.au.
Nach ADELAIDE: Abfahrt Do um 12.45 Uhr. Ankunft in Adelaide am nächsten Tag um 13 Uhr. Nach DARWIN: Abfahrt Mo jeweils um 18.15 Uhr, Ankunft in Darwin am folgenden Tag um 17.30 Uhr.

Flüge

Der Flughafen befindet sich 15 km südwestlich der Stadt. Der **Airport Shuttle Service** von Alice Wanderer (s. o., „Touren") fährt nach der Ankunft sämtlicher Inlandflüge in die Stadt und setzt Passagiere bei der Unterkunft ab, $17 einfach. Die Fahrt zum Flughafen vorbuchen, ✆ 8952 2111.
Direkte Flugverbindungen nach ADELAIDE, AYERS ROCK, BRISBANE, DARWIN, MELBOURNE, PERTH und SYDNEY.
Qantas ✆ 13 13 13, 🖥 www.qantas.com.au.
Virgin Australia, ✆ 13 67 89, 🖥 www.virginaustralia.com.

MacDonnell Ranges

Von Alice Springs aus erstrecken sich die MacDonnell Ranges nach Westen und Osten – eine zerklüftete Bergkette, die sich vor 300–800 Mio. Jahren bildete. Damals prallten zwei Kontinentalplatten aufeinander und schossen horizontal in die Höhe. Von Norden nach Süden fließende Gewässer gruben im Lauf der Jahrtausende Schluchten in die Felsen. Was zurückblieb, ist ein mystisches Labyrinth aus engen Felsspalten und permanenten Wasserlöchern, die sich teilweise zum Baden eignen. Die Ureinwohner (Arrernte) erzählen eine andere Geschichte zur Entstehung ihrer Heimat. Sie betrachten sich als Nachfahren der **drei Raupen**, die als Schöpfer des Landes gelten: Yeperenye, Ntyarlke und Utnerrengatye. Die jahrtausendealten Felsmalereien der MacDonnell Ranges sind Zeugen dieser Schöpfungsgeschichte.

Hin und wieder verwandeln starke Regenfälle das Rote Zentrum in ein rot-grünes: Gräser und Sträucher bedecken dann die eisenoxidhaltige Erde. Nach Winterregenfällen im September breitet sich ein Teppich von leuchtenden Wildblumen aus. Aber auch zu anderen Jahreszeiten ist das Farbenspiel der Landschaft einzigartig: weite, fahlgelbe Grasebenen, aus denen oft ein Ghost-Gum-Baum mit seinem charakteristischen, leuchtend weißen Stamm emporragt, Bergrücken und Felsen, die je nach Tageszeit in allen möglichen Rot- und Goldtönen leuchten, überwölbt von einem tiefblauen, meist wolkenlosen Himmel. Diese Farben finden sich auch in den Aquarellen des Arrernte-Malers Albert Namatjira aus Hermannsburg wieder (S. 408).

Viele **Ausflugsziele**, wie z. B. die Schluchten und Wasserstellen im Tjoritja / West MacDonnell National Park und in den Nature Parks der östlichen MacDonnell Ranges, sind mit einem Tagesausflug von Alice Springs aus zu erreichen; es gibt aber auch Übernachtungsmöglichkeiten. Eine Nacht in einem Wüstencamp gehört zu den eindrucksvollsten Australienerlebnissen. Die meisten Ausflugsziele lassen sich gut mit normalen Fahrzeugen erreichen; Sportliche können rund um Alice Springs auch Fahrradtouren unternehmen, wenn es nicht zu heiß ist.

Bei etlichen Schluchten gibt es einfache Busch-**Zeltplätze**, die mit Picknicktischen und Buschtoiletten (Plumpsklos) ausgestattet sind, teilweise mit solargeheizten Duschen. Bei Simpsons Gap, The Ochre Pits und Ormiston Gorge gibt es gasbetriebene **Grillstellen**. Eine Lodge in den westlichen und ein Homestead in den öst-

ZENTRAL-AUSTRALIEN

Das Rote Zentrum ist berüchtigt für lange Dürreperioden sowie plötzliche Regengüsse, die längst ausgetrocknete Flussbetten innerhalb kürzester Zeit in reißende Flüsse verwandeln können. Vor allem in den Nationalparks und in den MacDonnell Ranges ist es ratsam, sich vor dem Besuch über Straßenzustand und Wetter zu informieren. Viele der hier beschriebenen Ziele sind nach Regengüssen nicht erreichbar. Eine gute Quelle für aktuelle Infos ist: 🖳 www.facebook.com/ParksandWildlifeNT.

lichen MacDonnell Ranges bieten neben Campingplätzen auch komfortablere **Unterkünfte** mit Bad und Heizung bzw. Klimaanlage. In der **Hauptsaison** veranstalten die Parkranger in den beliebtesten Ausflugsorten kostenlose Führungen oder abendliche *campfire talks*, bei denen sie die lokale Geschichte und die Fauna und Flora erklären. Mehr dazu unter 🖳 www.parksandwildlife.nt.gov.au/parks.

Die westlichen MacDonnell Ranges und der Larapinta Drive

Die meisten Schluchten dieser Bergkette stehen im **Tjoritja / West MacDonnell National Park** unter Naturschutz. Bei den Ochre Pits gibt es Vorkommen von rotem und gelbem Ocker an einem Bachbett, das von Aborigines für Zeremonien benutzt wird.

Die Abzweigungen vom Namatjira Drive zum Simpson Gap, Standley Chasm und Ormiston Gorge sind durchgängig asphaltiert. Die Zufahrt zu allen weiteren Schluchten sind *gravel roads*, aber normalerweise gut mit normalen Fahrzeugen zu bewältigen.

Beim bildhübschen Glen Helen Gorge, 130 km westlich von Alice, kann man übernachten. Im Geländewagen mit hoher Durchfahrtshöhe (*vehicle clearance*) fahren Abenteuerlustige von hier aus weiter entlang der Schotterpiste **Mereenie Loop Road** zum Kings Canyon. Unbedingt vorher nach dem Straßenzustand erkundigen, denn über diesen kann man keine allzeit gültige Aussage treffen: Was an einem Tag eine etwas holprige Piste ist, mag sich am nächsten in einen unpassierbaren See verwandelt haben. Aktuelle Infos unter 🖳 https://roadreport.nt.gov.au.

Alternativ fährt man entlang des Larapinta Drive zurück nach Alice Springs. Er führt zur ehemaligen lutheranischen Missionsstation **Hermannsburg** und zum landschaftlich reizvollen **Finke Gorge National Park** mit der Palmenoase **Palm Valley**. Die Straßen zu den beiden Letzteren sind nicht geteert und nur mit Geländewagen befahrbar.

Simpsons Gap

Nur 20 km von Alice entfernt kann man die hübsche Schlucht in kühleren Jahreszeiten (oder im Sommer früh am Morgen) gut mit dem Fahrrad entlang des **Radwegs** von Alice Springs besuchen. Der Weg beginnt am Larapinta Drive westlich von Alice Springs, gegenüber von John Flynn's Grave. Die Zufahrtsstraße zur Schlucht ist nur von 5–20 Uhr offen, Zelten und Übernachten ist nicht gestattet, dafür kann man an den Picknicktischen eine Rast einlegen (vorausgesetzt man stört sich nicht an den Tausenden von Fliegen).

Am besten kommt man frühmorgens oder spätnachmittags, denn zu dieser Zeit kann man mit etwas Glück schwarzfüßige *rock wallabies* sehen, die zwischen den Felsbrocken östlich der Schlucht leben.

Standley Chasm

Die imposante Schlucht – in der Sprache der Western Arrernte *Angkerle Atwatye* genannt – wird von den Ureinwohnern verwaltet und geschützt. Der Zugang erfolgt über das gemütliche Café mit Besucherzentrum (Eintritt zur Schlucht $12, ⏲ Zutritt 8–18 Uhr). Der Wanderweg führt in etwa 15 Minuten an einem von Palmfarnen gesäumten Bachbett entlang in die Schlucht, die sich zu einer spektakulären Felsspalte *(chasm)* verengt. Nur mittags, wenn die

Das Rote Zentrum

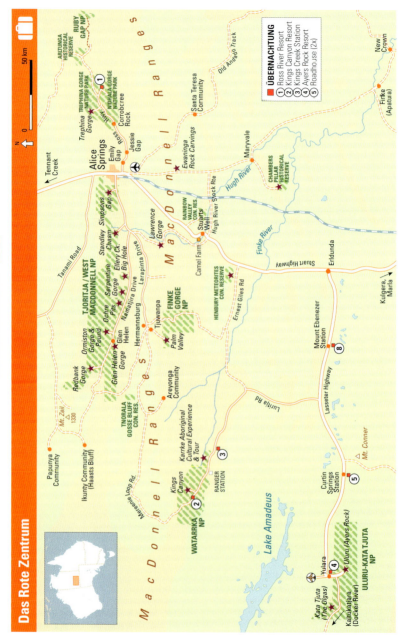

ÜBERNACHTUNG

1 Ross River Resort
2 Kings Canyon Resort
3 Kings Creek Station
4 Ayers Rock Resort
5 Roadhouse (2x)

0 50 km

MacDonnell Ranges

RUBY GAP NP

ARLTUNGA HISTORICAL RESERVE

Old Andado Track

New Crown

Finke (Apatula)

NDHALA GORGE NATURE PARK

TREPHINA GORGE NATURE PARK

Trephina Gorge

N'Dhala Gorge

Corrobcree Rock

Santa Teresa Community

Maryvale

CHAMBERS PILLAR HISTORICAL RESERVE

Emily Gap

Jessie Gap

Ewaninga Rock Carvings

Alice Springs

Tennant Creek

Simpsons Gap

Standley Chasm

Lawrence Gorge

Stuarts Well

RAINBOW VALLEY CON. RES.

Hugh River Stock Rte

Hugh River

Finke River

Erldunda

Kulgera, Marla

Stuart Highway

Tanami Road

TJORITJA / WEST MACDONNELL NP

Serpentine Gorge

Ochre Pits

Ellery Ck. Big Hole

Namatjira Drive

Larapinta Drive

FINKE GORGE NP

HENBURY METEORITES CON. RESERVE

Ernest Giles Rd

Camel Farm

Ormiston Gorge & Pound

Glen Helen

Glen Helen Gorge

Hermannsburg

Tjuwanpa

Palm Valley

Redbank Gorge

Mt. Zeil 1330

TNORALA GOSSE BLUFF CON. RES.

Areyonga Community

Papunya Community

Ikunty Community (Haasts Bluff)

Mereenie Loop Rd.

Kings Canyon

WATARRKA NP

RANGER STATION

2

Karrke Aboriginal Cultural Experience & Tour

3

Lake Amadeus

Mount Ebenezer Station

8

Lasseter Highway

Luritja Rd

Mt. Conner

Curtin Springs Station

5

Yulara

4

Uluru (Ayers Rock)

ULURU-KATA TJUTA NP

Kata Tjuta (The Olgas)

Kaltukatjara (Docker River)

404 MACDONNELL RANGES | Die westlichen MacDonnell Ranges und der Larapinta Drive

Sonne hoch genug steht, erstrahlen die Wände in verschiedenen Rottönen, aber die Schlucht ist zu jeder Zeit beeindruckend.

Ellery Creek Big Hole

Jetzt wird es aber Zeit für eine Abkühlung! Der Ellery Creek ist das größte, permanente Wasserloch Zentral Australiens. Es kann bis zu 18 m tief werden und ist meist ganz schön kalt – aber ein Bad sollte man sich dennoch nicht entgehen lassen. Am besten schwimmt man einmal durch den Felsspalt hindurch zum kleinen Strand unter den roten Klippen. Ellery Creek ist ein beliebter Angel- und Badeplatz der Einheimischen, es gibt Zeltplätze für $6,60 p. P., Grillstellen und Buschtoiletten.

Serpentine Gorge

Vom Aussichtspunkt am Ende dieses etwa 30-minütigen Wanderpfads genießt man einen herrlichen Ausblick über die schroffen Felsen, Wälder und Wasserlöcher (wenn sie denn gerade voll sind) unten in der Schlucht. Beim Parkplatz gibt es Picknickstellen und Toiletten. Bei Serpentine Chalet, weiter westlich auf der ausgeschilderten Abzweigung vom Namatjira Drive, gibt es einfa-

che Buschzeltplätze ohne jeglichen Komfort (keine Toiletten). Die ersten fünf Zeltplätze sind noch mit einem normalen Fahrzeug erreichbar, weitere sechs nur mit dem Geländewagen.

Ormiston Gorge und Pound

Die steilen, ockerfarbenen Felsen der Ormiston Gorge bilden eine der eindrucksvollsten Schluchten in den westlichen MacDonnell Ranges. Das Flussbett beherbergt eines der wenigen permanenten Wasserlöcher. Vom Parkplatz aus ist es in nur 5 Minuten zu erreichen und man darf hier baden. Das Wasser im bis zu 14 m tiefen Pound ist fast immer eisig kalt.

Einige tolle Wanderpfade führen durch die Schlucht und auf die Felsen; genaue Infos und Karten findet man an der Ranger-Station am Parkplatz. Den **Ormiston Pound Walk**, ein etwa 3-stündiger Rundweg, startet man am besten früh am Morgen. Er führt zunächst oberhalb der Schlucht bis hinunter ins Becken, wo man zwischen den Felsen hindurch zum Wasserloch läuft. Auch ein kürzerer Rundweg, der **Ghost Gum Walk** (ca. 1 1/2 Std.) ist lohnend. Der **Larapinta Trail** (s. Kasten S. 406) verläuft ebenfalls am Gorge.

Die Standley Chasm und andere Schluchten haben für die Ureinwohner eine besondere Bedeutung.

© DUMONT BILDARCHIV / THOMAS P. WIDMANN

Der Campground hat Zelt- und Caravanstellplätze, Toiletten und Duschen, Gasgrills und Picknicktische; $6,60 p. P. Die Ranger-Station und die Wasserstelle am Anfang der Schlucht sind auch Rollstuhlfahrern zugänglich.

Glen Helen Gorge

Der Finke River, der einzige nennenswerte Fluss in Zentral-Australien, hat diese Schlucht – von den Ureinwohnern *Yapulpa* genannt – in die Felsen gegraben. Am Ende der Glen Helen Gorge erheben sich am Westufer Felsformationen, die Orgelpfeifen ähneln und die man auf einem kurzen Spaziergang erreicht, nachdem man durch die Schlucht geschwommen ist. Klingt abenteuerlich – ist es auch und ungemein lohnenswert!

Dürren gibt's in Australiens trockenem Zentrum schon immer. In guten Zeiten versorgte der Finke River Menschen und Tiere mit Nahrung. Zu Zeiten extremer Dürre fanden sie an permanenten Wasserlöchern wie dem Glen Helen Gorge eine provianthaltige Zufluchtsstätte. *Black-footed rock wallabies* sind in den Felswänden zu Hause, am ehesten bekommt man sie in der Morgen- oder Abenddämmerung zu sehen.

ÜBERNACHTUNG UND ESSEN

Glen Helen Lodge, bei der Glen Helen Gorge, ✆ 1300 269 822, 💻 www.glenhelenlodge.com.au. Die Motelzimmer rings um den kleinen Pool sind nicht gerade modern, dafür aber sauber und unübertrefflich in ihrer Lage. Günstiger nächtigt man auf dem Zeltplatz ($12 p. P. oder $30 für einen Platz mit Stromanschluss). Zur Anlage gehören auch eine Tankstelle sowie ein

Herausforderung für Wanderer

© SHUTTERSTOCK/BENNY MARTY

Über 223 km zieht sich der **Larapinta Trail**, ein anspruchsvoller Wanderweg, durch die West Mac-Donnell Ranges. Wer die gesamte Strecke zurücklegen möchte, sollte dafür 12 Tage einplanen (Gehzeit zwischen 5 und 10 Std. pro Tag). Wanderer müssen ihre Zeltausrüstung mit sich tragen sowie Essen für mehrere Tage (nur am Glen Helen Resort, Ormiston Gorge und Standley Chasm gibt es ein paar Lebensmittel zu kaufen). Auch Wasser ist unterwegs nur beschränkt verfügbar, die Etappen müssen also gründlich geplant werden. Man kann auch nur Teilstrecken auswählen oder sich einer geführten Wanderung anschließen, s. S. 390. Transfer zum Startpunkt bietet **Alice Wanderer**, ✆ 8952 2111, 💻 www.alicewanderer.com.au. Ausführliche Infos zur Planung unter 💻 www.larapintatrail.com.au.

freundliches Restaurant mit Bar, wo man leckere Burger u. Ä. bekommt. An der Rezeption gibt's Auskunft über Wanderwege und Straßenzustand. ❻

Redbank Gorge

Das letzte Highlight in den West MacDonnell Ranges erreicht man über eine 5 km lange *gravel road*, für die ein Geländewagen nötig ist, da es einige Bäche zu durchqueren gibt. Die Redbank Gorge – *Rwetyepme* in der Sprache der Western Arrernte – ist eine lange, sehr enge Schlucht mit tiefen, permanenten und eisig kalten Wasserlöchern, die vom Redbank Creek gespeist werden. Man kann hier schwimmen, aber Achtung: kalt! Am Parkplatz gibt es Picknick- und Grillstellen. Auch einfache Zeltplätze für $3,30 p. P. und Toiletten.

Tnorala (Gosse Bluff) Conservation Reserve

Tnorala oder Gosse Bluff ist ein verwitterter Krater, der vor etwa 142 Mio. Jahren durch den Einschlag eines Kometen entstand. Die Ureinwohner haben ihre eigene Geschichte über die Schöpfung dieser eigenartigen Landschaftsformation.

Nahe der Felsen gibt es eine Picnic Area mit Toiletten, einem schattigen Unterstand, Picknicktischen und Informationstafeln sowie einen kurzen Wanderpfad zu einem Aussichtspunkt. Das Begehen des Kraterrandes, Zelten und Feueranzünden sind nicht erlaubt. Für die letzten 10 km auf dem Weg ins Naturreservat wird ein Geländewagen empfohlen; nach heftigen Regenfällen kann die Straße unpassierbar sein.

Mereenie Loop Road

Die Mereenie Loop Road, die Teil des Red Centre Ways ist (S. 390), zweigt südlich des Gosse Bluff vom Larapinta Drive ab und bietet auf 155 km eine direkte Verbindung zum Watarrka National Park (Kings Canyon). Die Straße ist unbefestigt und kann in der Regel mit Geländewagen befahren werden. Nach heftigen Regengüssen können sich entlang der Piste vor allem auf den letzten 50 km vor dem Kings Canyon ganze unpassierbare Seen bilden. Infos zum aktuellen Zustand gibt's hier: 🖥 https://roadreport.nt.gov.au.

1878 erreichte eine Gruppe von Siedlern, angeführt von den lutherischen Pastoren Schwarz und Kempe, nach einer strapaziösen Reise vom Barossa Valley in South Australia das Land des Arrernte-Volkes, wo sie die Missionssiedlung Hermannsburg gründeten. Es war die erste permanente europäische Siedlung in Zentral-Australien und die erste erfolgreiche Aborigines-Mission im Gebiet des heutigen Northern Territory. Die Missionare wollten eine sich selbst versorgende Gemeinde nach dem Vorbild der Bauernsiedlungen deutscher Altlutheraner in South Australia errichten. Aktivitäten wie Schafzucht und Getreide- und Gemüseanbau waren geplant, sowohl um Aborigines Beschäftigung zu verschaffen als auch um ihnen das Vorbild eines „tätigen christlichen Lebens" vorzuführen, das nach Meinung der Missionare eine Bekehrung zum lutherischen Glauben erleichtern würde.

Das Land war jedoch für die Schafzucht überhaupt nicht geeignet, und anfängliche Erfolge in der Landwirtschaft wurden später durch eine anhaltende Dürre zunichte gemacht. Auch die Missionierung stagnierte: Nur wenige Arrernte ließen sich taufen, die alten religiös-spirituellen Werte standen ungebrochen im Zentrum der Arrernte-Kultur. Nach Zwistigkeiten zwischen zwei kirchlichen Fraktionen wurde Hermannsburg 1894 von der Immanuel-Synode in South Australia übernommen und die nächsten 88 Jahre betrieben. Pastor Strehlow übernahm 1894 die heruntergekommene Gemeinde und baute sie zu einer erfolgreichen Siedlung, Rinderfarm und Mission aus. Die von seinem Nachfolger Pastor Albrecht 1935 gelegte Wasserleitung ermöglichte die Einrichtung einer Gerberei, die 50 Jahre lang erfolgreich Lederwaren und Schuhe produzierte – von hier wurden sogar Mokassins nach Kanada exportiert!

1982 gingen die Mission sowie die dazugehörigen 3807 km² Land in Übereinstimmung mit der Land-Rights-Gesetzgebung in den Besitz des Ntaria Council, des Rates des West-Arrernte-Volkes, über.

Mietwagenfirmen verbieten, mit normalen Mietwagen unbefestigte Straßen zu befahren. Ein Zuwiderhandeln kann sehr teuer werden. Da die Route durch Land in Aboriginal-Besitz führt, benötigt man einen Mereenie Loop Road Tour Pass. Man muss ihn im Voraus besorgen: in Alice Springs beim Visitor Information Centre oder in Hermannsburg (bei der Tankstelle), beim Glen Helen Resort oder im Kings Canyon Resort ($5, dafür bekommt man eine Karte und ein kleines Informationsheft).

Hermannsburg (Ntaria)

Wenn man sich auf den 128 km langen Weg von Alice Springs hierher macht, empfiehlt sich ein Geländewagen, damit man das eindrucksvolle

Albert Namatjira

Ein Denkmal außerhalb von Hermannsburg erinnert an den berühmtesten Sohn des Ortes, den 1902 geborenen Maler Albert Namatjira. Die Geschichte Namatjiras wird gern als tragisches Beispiel eines **Aboriginal-Genius** dargestellt, der, zerrissen zwischen der Welt der Weißen und der Schwarzen, im Alkohol Zuflucht suchte und mit 57 Jahren arm und zerrüttet starb. Schon der Name Albert Namatjiras spiegelt die gegensätzlichen Elemente seines Erbes wider. Der Arrernte wurde einerseits in der Missionssiedlung im lutherischen Glauben und nach **europäischen Wertmaßstäben** erzogen, wuchs andererseits aber auch in die **Arrernte-Gemeinschaft** hinein und durchlief alle traditionell erforderlichen Initiationsriten. 1936 nahm Albert bei einem australischen Künstler, der sich auf Exkursion in Zentral-Australien befand, acht Wochen lang Unterricht im Aquarellmalen; die einzige formale Unterweisung, die er je erhielt. Zehn Jahre später war sein Werk in ganz Australien bekannt. Albert Namatjira war der erste Aboriginal-Künstler, der in der Gesellschaft der Weißen anerkannt wurde – 40 Jahre, bevor sich die **internationale Kunstwelt** für Aboriginal-Kunst zu interessieren begann. Er wurde gefeiert, zu grandiosen Empfängen eingeladen und u. a. auch der Queen vorgestellt.

Das Finanzamt, auf Namatjiras öffentlichen Erfolg aufmerksam geworden, forderte bald eine riesige **Steuernachzahlung**. Dass Namatjira noch als Staatsmündel galt und keine Bürgerrechte besaß, schien dabei nicht weiter von Belang. Sein Status als **Nicht-Bürger** stand ihm jedoch in den späten 40er- und 50er-Jahren mehrmals im Wege, als er Land erwerben wollte. So war er gezwungen, sich mit seiner Familie in einem Lager außerhalb von Alice Springs niederzulassen. Reisen durfte er nur nach vorheriger Genehmigung, die ihm seine gesetzlichen Vertreter auch einmal verwehrten. 1957 wurde ihm und seiner Frau das Privileg der **Bürgerschaft** zugesprochen, seine Kinder blieben davon jedoch ausgenommen. Konflikte mit dem Gesetz (der Weißen) waren somit vorprogrammiert. Da Namatjira als Staatsbürger auch das Recht besaß, **Alkohol** zu kaufen, von dem Aborigines ausgeschlossen waren, baten ihn seine Angehörigen, für sie Alkohol zu besorgen. Genauso wie traditionell verpflichtet war, seinen Besitz mit dem weitverzweigten Familienclan zu teilen, musste er ihnen auch alle Wünsche erfüllen. So kam es, dass er in Zusammenhang mit einem Mord in seinem Camp verhaftet wurde, weil er Alkohol für die Bewohner gekauft hatte. Obwohl seine Strafe mild ausfiel, versetzte sie ihm einen psychischen Schlag, von dem er sich nie wieder erholte. Bald darauf, am 8. August 1959, starb Albert Namatjira.

Nach seinem Tod gerieten seine Werke in Vergessenheit. Kunstkritiker und Spezialisten hatten, im Gegensatz zum Publikum, immer Schwierigkeiten mit diesem Schwarzen gehabt, der keineswegs „exotische, primitive" Kunst machte, sondern sich in der typisch „weißen" Disziplin der **Aquarellmalerei** ausdrückte, die zudem vielfach mit Dilettantismus assoziiert wurde. Oft bezeichnete man Namatjira verächtlich als „**Maler für Touristen**". Erst 25 Jahre nach seinem Tod wurde mit einer umfassenden Namatjira-Ausstellung im neu eröffneten Araluen Arts Centre in Alice Springs eine Renaissance seines Werkes eingeleitet. Ob man Aquarelle mag oder nicht – Namatjiras Landschaftsbilder sind eine Liebeserklärung an seine Heimat, die den Betrachter in den Bann ziehen.

Palm Valley, etwa 30 km von Hermannsburg entfernt, im Finke Gorge National Park besuchen
kann (s. u.). Das Land der ehemaligen lutheranischen Missionsstation gehört dem Volk
der Arrernte und ist Geburtsort des Künstlers
Albert Namatjira. Knapp 90 % der Einwohner
sind Aborigines.

Man kann auf dem Gelände der ehemaligen
Mission herumspazieren. Es umfasst u. a. Schul-
häuser, eine Kirche, in der Inschriften auf Englisch, Deutsch und Arrernte zu lesen sind, eine
ehemalige Schmiedewerkstatt und einige
Wohnhäuser. Die **Manse** (Pfarrhaus) beherbergt
eine Galerie, die Bilder von Albert Namatjira
und anderen Malern ausstellt, die Aquarelle im
„Hermannsburger Stil" malten. Hermannsburg
hat auch eine Tankstelle, ⊕ tgl. 9–17 Uhr.

Finke Gorge National Park

Der Finke River – *Larapinta* in der Sprache der
Arrernte – gilt als einer der ältesten Flüsse der
Welt. Zugegeben, im hohen Alter von 350 Mio.
Jahren fließt das Wasser nur noch wenige Male
im Jahr durch sein Becken, mäandert Richtung
Südost und versickert schließlich im Sand der
Simpsonwüste. Das breite Flussbett, das gleich-
zeitig als Schotterpiste dient, führt durch diesen
46 000 ha großen Nationalpark mit seinen im-
posanten Palmen und Cycadeen – Überbleib-
sel der guten alten Tage, als das Flussufer einen
Tropenwald beheimatete.

Von Hermannsburg erreicht man mit dem
Geländewagen nach 22 km das **Palm Valley**
mit seinen einzigartigen *red cabbage palms*,
nach denen das Tal benannt ist. In der Nähe der
Cycad Gorge gibt es Campingplätze ($6,60 p. P.,
im Winter früh anreisen, da der Platz oft voll belegt wird). Der Zeltplatz ist mit Toiletten, warmen
Duschen, Gasgrills und Picknicktischen ausgestattet. Von hier starten einige schöne Wanderungen – eine Karte findet man auf der Infotafel.

Eine Route für Geländewagen führt von Hermannsburg in den Süden zum Illamurta Springs
Conservation Park und trifft weiter südlich auf
die Ernest Giles Rd. Auf etwa halber Strecke
ist das **Boggy Hole** erreicht, eines der wenigen
Wasserlöcher, die immer Wasser führen. Man
kann hier schwimmen und campen, es gibt allerdings keine sanitären Anlagen.

Die östlichen MacDonnell Ranges

Die „East Macs" sind das nicht minder imposante Gegenstück zu den westlichen MacDonnell Ranges. Bis zum Ross River Resort ist die
Straße asphaltiert, die weiteren 75 km bis zum
Ruby Gap Nature Park sind Schotterpiste. Trinkwasser gibt es nur bei Ross River, in der Trephina Gorge und beim Arltunga Historical Reserve.
Die östlichen MacDonnel Ranges lassen sich gut
in einem Tagesausflug von Alice aus besuchen.

Emily und Jessie Gaps Nature Park

Emily Gap, **Anthwerrke** in der Sprache der
Arrernte, und Jessie Gap, **Atherrke** in der
Sprache der Arrernte, sind für die Ureinwohner
Stätten von hoher kultureller Bedeutung. Die
Felsmalereien hier sind der Geschichte der drei
Raupen gewidmet, die die Arrernte als ihre Ur-
ahnen betrachten. Besucher werden darum
gebeten vom Fotografieren der Felsmalereien
abzusehen.

Corroboree Rock

Mit einer Kirche vergleichen die Ureinwohner
diesen imposanten Felsbrocken. Vermutlich
wurden hier heilige Gegenstände des Arrernte-
Volkes aufbewahrt und wichtige Zeremonien
durchgeführt. Entsprechend respektvoll sollten Besucher sich verhalten und unbedingt vom
Besteigen des Felsens absehen. Ein 15-minüti-
ger Rundweg führt rings herum.

Trephina Gorge Nature Park

Der 1771 ha große Naturpark ist das Highlight
der östlichen MacDonnell Ranges. Mit den drei
Campingplätzen (alle mit Picknicktischen, Gas-
Grills und Toiletten ausgestattet) bietet er sich
für eine Übernachtung unter dem umwerfen-
den Outback-Firmament an. Trinkwasser ist am
Infostand beim Trephina Gorge Campground,
aber nicht entlang der Wanderwege vorhanden.
Campinggebühr $3,30 p. P.

Mehrere tolle Wanderwege führen durch
den Naturpark, Karte und Infos gibt's am Infor-
mationsstand am Parkeingang. Die ausgezeichnet markierten Wege reichen von etwa

20-minütigen Spazierwegen durch die Schlucht bis zu Rundwegen von etwa vier Stunden. Eine Wanderung zu den Felsklippen oberhalb der Schlucht, der **Trephina Ridgetop Walk**, belohnt mit herrlicher Aussicht über die Schlucht und das Valley of the Eagles im Osten. Mit etwas Glück erblickt man vielleicht sogar einen der Keilschwanzadler *(wodgo tailed eagle)*, nach denen das Tal benannt wurde. Man kann auch über die 4 km lange, holprige Straße am John Hayes Creek entlang zum **John Hayes Rockhole** fahren (Geländewagen empfohlen).

Je nach Saison und Regenfällen ist das Wasserloch entweder versandet oder recht tief. Ein markierter Weg führt am Rand der Schlucht entlang und weiter zum Felsen **John Hayes Bluff** hinauf, der den östlichen Rand der Felsklippen bildet. Wenn man wieder den gleichen Weg zurück nimmt, benötigt man vier bis fünf Stunden. In der Saison (Mai–Sep) gibt es mittwochs und samstags *campfire talks*, bei denen Ranger über den Park und die Kultur der Aborigines erzählen, sowie donnerstags kurze Rangerführungen.

Ross River Resort

Das Homestead, eines der ältesten Farmhäuser im Northern Territory, bildet den Kern der Anlage und ist von rustikalen Holzcabins umgeben. Die gesamte Anlage ist im Outback-Konzept angelegt: einfach, aber gemütlich, sogar komfortabel. Die Cabins haben Bad und AC. Ferner gibt es Zeltplätze ab $27 pro Zelt, Caravanstellplätze mit Strom $35 und einen Pool. Im Hauptgebäude befindet sich ein uriges Café-Restaurant, das preiswerte Mahlzeiten serviert. Spazierwege führen in die nähere Umgebung des Homestead. Übernachtung sollte man während der Hauptsaison zwischen Juni und September im Voraus buchen: ☎ 8956 9711, 🖥 www.rossriverresort.com.au. Wer die MacDonnell Ranges aus der Vogelperspektive erleben will, kann halbstündige Rundflüge buchen. Außerdem werden Quadbiketouren geboten und es gibt eine Tankstelle. ❹

N'Dhala Gorge Nature Park

Diese schmale Schlucht, ca. 100 km östlich von Alice, auf deren Grund große Felsbrocken lie-

gen, wurde zum Schutz der alten Felsgravuren zum Naturpark erklärt. Der Pfad durch die Schlucht ist mit bunten Bändern markiert. Die nicht sehr beeindruckenden Felsgravuren, über deren Ursprung nichts bekannt ist, befinden sich an den Felsbrocken entlang des Weges, neben dem Bach und am Wasserloch. Es gibt hier auch einen kleinen Campingplatz mit Feuerstellen und Toiletten, aber ohne Trinkwasser. Der Weg zur Schlucht ist im Allgemeinen nur mit Geländewagen zu befahren – beim Ross River Homestead den aktuellen Pistenzustand checken!

Arltunga Historical Reserve

In den goldhungrigen Zeiten am Ende des 19. Jhs. wurde nahe diesem gottverlassenen Ort, 110 km östlich von Alice Springs, Gold gefunden, was einen kurzen Goldrausch auslöste. Die Blütezeit der Siedlung währte von 1887– 1912. Nur ein paar Ruinen sind erhalten, die im Auftrag der damaligen Conservation Commission für das hundertjährige Jubiläum 1987 restauriert wurden. Ausgeschilderte Wege führen über das weiträumige Gelände zu den Ruinen der ehemaligen Siedlung und zu alten Stollen.

Das Visitor Centre am Eingang des Reservats vermittelt einen anschaulichen Eindruck von den primitiven Lebensbedingungen der Goldschürfer in dieser harschen, wüstenhaften Gegend mit ihren klimatischen Extremen. Im Anschluss an den Besuch kann man sein Glück im Goldschürfen im für diese Zwecke eingerichteten Gold Fossicking Reserve versuchen. ⏲ tgl. 8–17 Uhr. In der Hauptsaison gibt es am Wochenende kostenlose Rangerführungen.

Ruby Gap Nature Park

In der Schlucht am östlichen Ende der Mac-Donnell Ranges wurden vermeintliche Rubine gefunden, die sich schließlich als wesentlich weniger wertvolle Granatsteine erwiesen. Der Hale River hat hier viele Schluchten in die Felsen geschnitten. Für die Fahrt in den Park braucht man unbedingt einen Geländewagen. Zelten ist erlaubt, es gibt jedoch keinerlei Einrichtungen. Ein Ziel für Abenteuerlustige.

Von Alice Springs zum Uluru (Ayers Rock)

Rainbow Valley Nature Park

Etwa 75 km südlich von Alice biegt eine etwa 22 km lange unbefestigte, oft sehr sandige Piste zum 2483 ha großen Rainbow Valley Nature Park ab. Ein Geländewagen ist nicht immer notwendig, wird aber empfohlen. Über dem mit Kasuarinen *(desert oaks)* bewachsenen Sanddünenland erheben sich bunte, oben abgeflachte Sandsteinfelsen. Vom sauberen und idyllischen **Rainbow Valley Campground** starten zwei kurze Rundwanderwege (jeweils knapp 1 Std.). Um das Farbenspiel in der späten Abendsonne würdigen zu können, schlägt man am besten ein Zelt auf. Am Picknickplatz sind eine Feuerstelle und Buschtoiletten vorhanden.

Ewaninga Rock Carvings und Chambers Pillar

Die Old South Road (Abzweigung von der Straße zum Flughafen südlich von Alice), eine sandige Piste, führt in die Simpson Desert und zur 119 km entfernten Aboriginal Community Finke. Zwei Sehenswürdigkeiten in dieser Gegend lassen sich entweder auf einer Rundfahrt von Alice Springs aus erkunden, mit Rückfahrt über das Rainbow Valley, oder als Abstecher auf dem Weg zum Kings Canyon oder Uluru. Die Anreise lohnt sich v. a. deshalb, weil sich nur wenige Touristen hierher verirren; für Chambers Pillar benötigt man aber unbedingt einen Geländewagen.

Bei den **Ewaninga Rock Carvings** (39 km südlich) sind rote, von Felsgravuren der Arrernte-Ureinwohner bedeckte Sandsteinwände zu sehen, deren genaues Alter nicht geklärt ist. Daneben befindet sich eine Lehmmulde *(clay pan)*, die sich nach Regenfällen mit Wasser füllt. Passionierte Fotografen kommen am besten kurz nach Sonnenauf- oder kurz vor Sonnenuntergang hierher.

Auf der sandigen Piste zum **Chambers Pillar** muss man sehr vorsichtig fahren und auf den ansteigenden Sanddünen mit plötzlich auftauchendem Gegenverkehr rechnen. Von einer Anhöhe ist Chambers Pillar als aus der Ebene herausragende Felsnadel schon von weitem zu sehen. Beim Näherkommen stellt man dann jedoch fest, dass es eigentlich mehrere „Pillars" gibt. Nach jahrtausendelanger Erosion durch Wind und Wetter sind diese Sandsteinsäulen der einzige Überrest mächtiger Tafelberge.

In der Arrernte-Schöpfungsmythologie stellen Chambers Pillar und die gegenüberliegende Felsnadel Castle Rock den Eidechsen-Ahnen Itirkawara und seine „verbotene" Geliebte dar. Beide hatten die strengen Heiratsstatus ihres Volkes missachtet und wurden zur Strafe versteinert. Vor der Schienenlegung der ersten Ghan-Eisenbahnstrecke in den 1920er-Jahren diente Chambers Pillar den Reisenden als Orientierungspunkt in der eintönigen Wüstenlandschaft, und viele von ihnen konnten der Versuchung nicht widerstehen, ihren Namen in den Sandstein zu meißeln. So sind unter anderem die Namen von John Ross und Ernst Giles und die Jahreszahl 1870 klar zu lesen. Verständlicherweise ist es nicht erlaubt, diese Tradition fortzuführen. Man kann im Reservat zelten ($6,60 p. P.), es gibt Buschtoiletten, Picknicktische und Gas-Grillstellen.

Auf den Spuren der Ureinwohner

Einen ganz speziellen Einblick in die einmalige Landschaft und die Felsmalereien des Rainbow Valleys erhält man auf einem Afternoon Cultural Walk mit Aboriginal-Guide Ricky. Die Tour führt durch Gebiete des Rainbow Valley und zu eindrucksvollen Felsmalereien, die sonst nur Ureinwohnern zugänglich sind. Touren starten Mo, Mi und Fr um 14 Uhr und enden bei Sonnenuntergang, $100. **Rainbow Valley Cultural Tours**, ℡ 8956 0661, 🖳 www.rainbowvalleyculturaltours.com.

Henbury Meteorites Conservation Reserve

133 km südlich von Alice Springs zweigt rechts die Ernest Giles Rd zum Kings Canyon ab, eine breite Schotterstraße in recht gutem Zustand, die jedoch öfters wegen Überflutungen gesperrt ist. Die zwölf Krater in diesem flachen Land wurden vor mehreren tausend Jahren durch den Aufprall von Meteoritenbruchstücken geformt. Der größte Krater ist 180 m breit und 15 m tief.

Ein ausgeschilderter Fußpfad führt vom Parkplatz zu den Kratern. Allzu viel darf man freilich nicht erwarten. Nur bei niedrig stehender Sonne sind mit etwas Fantasie die Umrisse kleinerer Einschlagkrater zu erkennen. Am Parkplatz sind Picknickstellen und Toiletten vorhanden, es gibt aber kein Trinkwasser. Man darf dort auch zelten ($3,30 p. P.).

10 HIGHLIGHT

Watarrka National Park (Kings Canyon)

Die Schlucht wird als eine der touristischen Hauptattraktionen im Roten Zentrum angepriesen und scheint schon fast den gleichen Rang wie Uluru einzunehmen. Folglich haben die meisten großen Tourenveranstalter dieses Ziel im Programm. Das sollte jedoch nicht davon abschrecken, diesen wirklich eindrucksvollen Canyon zu besuchen. Um einen Eindruck von den 100 m hohen, steilen Felsklippen und der bizarren Landschaft der verwitterten Sandsteinkuppeln zu gewinnen, kommt man um einen ausgiebigen Spaziergang nicht herum. Zum Canyonrand gelangt man nur über einen kurzen, recht steilen Pfad. An Tagen, an denen das Thermometer auf über 36 °C klettern soll, darf die Wanderung nicht später als 9 Uhr begonnen werden.

Der Rundwanderweg **Canyon Walk** (Ausschilderung: blaues Dreieck, 3–4 Std.) führt an den Felskuppeln der **Lost City** an der Nordseite des Canyons vorbei zu einem spektakulären Aussichtspunkt. Nach ca. 6 km kreuzt der Weg beim **Garden of Eden** das Bachbett. Hier lohnt ein Abstecher zum Wasserloch. Vom Baden wird abgeraten. Am Ende der Schlucht bildet sich nach Regenfällen oberhalb des Wasserlochs ein Wasserfall. Schließlich geht es hinauf zum Südrand der Schlucht und zurück zum Parkplatz. Der kürzere **Kings Creek Walk** (ca. 2,6 km vom Parkplatz hin und zurück, ca. 45 Min.), führt entlang des Bachbettes zu einer Aussichtsplattform in der Schlucht. Die ersten 700 m sind auch für Rollstuhlfahrer geeignet.

Für den 22 km langen **Giles Track** wird eine Übernachtung unter freiem Himmel dringend empfohlen. Informationen dazu sind in der Kings Creek Station oder im Kings Canyon Resort erhältlich. Wanderer sollten sich in das Logbuch am Reedy Creek ein- und austragen und wenn möglich ein Satellitentelefon bei sich tragen. Weitere Infos und Karte: 🖳 https://nt.gov.au/leisure/parks-reserves/plan-your-visit/bush walking-hiking/giles-track.

Alle Wanderungen sollte man frühmorgens beginnen, besonders in der heißen Jahreszeit. Wichtig sind gute Fitness, feste Schuhe, Sonnenschutz und ausreichend Wasservorräte. Die Abbruchkanten des Canyons sind nicht abgesichert. Kinder muss man deshalb unbedingt im Auge behalten. Wer nicht schwindelfrei ist, sollte einen ausreichenden Sicherheitsabstand zum Canyon einhalten. Entlang des Canyon Walks sind Notruftelefone installiert und der Wanderweg ist meist recht stark frequentiert. Im Kings Canyon Resort gibt es ein Infoblatt zu den Wanderungen.

Die Straße von Uluru zum Watarrka National Park (306 km) ist vollständig asphaltiert. Die unbefestigte **Mereenie Loop Road** (Permit erforderlich) ermöglicht die Durchfahrt zu den westlichen MacDonnell Ranges (S. 403).

Karrke Aboriginal Cultural Experience & Tour

Für die indigene Bevölkerung, denen der Watarrka National Park seit Jahrtausenden eine reichhaltige Heimat bietet, ist das karge Buschland Supermarkt, Apotheke und

Kulturstätte zugleich. Eine eindrucksvolle, authentische Einführung in ihre Kultur erhält man auf der einstündigen Aboriginal Cultural Tour, die 40 km südöstlich des Kings Canyon Resorts (auf der Straße zum Uluru) startet. Auf dem Programm stehen u. a. eine Einführung in die Buschmedizin und Nahrungszubereitung sowie in die Kunst der *dot paintings* und der Symbol-Interpretation. Ein sehr lohnenswertes Erlebnis! $65 p. P.

ÜBERNACHTUNG

Kings Canyon Resort, ☎ 1800 837 168, 🖥 www. kingscanyonresort.com.au. Die Anlage, 7 km vom Kings Canyon entfernt, bietet teure Zimmer mit allem Komfort ❽, gemütliche Glampingzelte mit Bad ❽ Budget-Unterkünfte in DZ ❺, einen Campingplatz (Caravanstellplatz mit Strom $25 p. P., Zeltplatz $20 p. P.). Außerdem 2 Pools, ein Restaurant mit Schanklizenz und abendlichem BBQ, 2 Bars und ein Takeaway. Kleiner Lebensmittelladen, Krankenstation, Tennisplatz, teure Tankstelle. Das Resort bietet außerdem viele verschiedene Aktivitäten, u. a. geführte Canyon-Walks, Kamelausritte, Quad-Touren, Vogelbeobachtungen und Helikopterflüge.
Kings Creek Station, Luritja Rd, 30 km östl. vom Kings Canyon, ☎ 8956 7474, 🖥 www.kings creekstation.com.au. 2-Bett-Safari-Cabins mit Gemeinschaftsbad ($108 p. P. inkl. *cooked breakfast*), Zeltplatz $22 p. P., Caravanstellplatz mit Strom $26. Pool, kleiner Laden, Tankstelle, Helikopterflüge und Quad-Touren.

SONSTIGES

Internet
Kostenloser WLAN-Service am Kings Canyon.

Touren
Siehe S. 399 (Alice Springs).

Mount Conner

Auf der Fahrt entlang des Lasseter Highways zum Uluru ragt am Horizont im Südwesten ein Tafelberg auf, der oft mit Ayers Rock verwech-

selt wird. Ein schöner Blick über den **Mount Conner** eröffnet sich vom Aussichtspunkt auf einer Sanddüne am Lasseter Highway. Nach Norden blickt man über einige ausgetrocknete Salzseen. Mt Conner gehört zur **Curtin Springs Cattle Station**.

ÜBERNACHTUNG

Curtin Springs Station, ☎ 8956 2906, 🖥 www. curtinsprings.com. Die riesige Farmanlage bietet ein paar saubere Motelunits ❼ und Budget-DZ mit Gemeinschaftsduschen ❸; Campervanstellplätze ($40) und Zelte (kostenlos; aber warme Dusche $2 p. P.), Tankstelle und Laden; im Homestead Kitchen gibt's Frühstück, Mittag- und Abendessen zu kaufen. Alles in bester Outback-Idylle!

TOUREN UND AKTIVITÄTEN

Seit Outback Australia, ☎ 8956 3156, 🖥 www. seitoutbackaustralia.com.au. Ganztägige Geländewagentouren zum Mt Conner inkl. Abendessen in der Curtin Springs Station. Abholung vom Ayers Rock Resort oder von der Curtin Springs Station; ab $175.

Yulara / Ayers Rock Resort

Das 200 Mio. Dollar teure Touristenresort Yulara erhebt sich wie eine Oase aus einer abgelegenen unzugänglichen Wüste. Die Planer waren sichtlich um eine harmonische Einpassung der Anlage in die Umgebung bemüht: Die flachen Gebäude im rosa Farbton wiederholen das Farbenspiel der umgebenden Sanddünen und des großen Felsens. Die weißen Sonnensegel in der Mitte der Anlage sehen nicht nur schön aus, sondern haben auch praktische Funktionen: Sie strahlen Wärme ab, spenden in der Mittagshitze Schatten und erleichtern das Aufkommen einer kühlenden Brise. Mithilfe der Sonnenkollektoren auf den Hausdächern werden etwa drei Viertel des benötigten Warmwassers und zwei Drittel der elektrischen Energie der Anlage produziert. Wie es sich für eine Resort-Anlage gehört, sind hier alle möglichen Dienstleistungsbetriebe

Das Lichtermeer vor dem Uluru

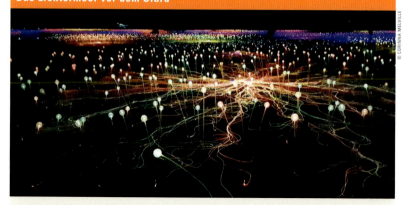

© CORINNA MELVILLE

Vor den Toren des Uluru-Kata Tjuta National Parks erstrahlt heute ein buntes Lichtermeer: Das **Field of Light** ist das ausgedehnte Meisterwerk des britischen Künstlers Bruce Munro – eine Installation aus 50 000 gläsernen Leuchtkugeln, die sich mit Solarenergie betrieben wie ein Teppich vor dem Uluru ausbreitet. Das gesamte Werk nimmt rund 49 000 m² ein, durch die Spazierwege führen. Der Besuch ist nur im Rahmen einer Tour erlaubt – zweifellos ein imposantes Erlebnis, dennoch erscheint es vor dem Hintergrund dieses für die Ureinwohner so spirituellen Orts etwas fehl am Platz. Die etwa 90-minütige Tour nach Sonnenuntergang mit Busservice ab/bis Unterkunft kostet $43. Bei den Touren zum Sonnenauf- oder -untergang ist jeweils ein Getränk inbegriffen ($75/95). Weitere Touren kombinieren das Lichtermeer mit einem Kamelritt oder Helikopterflug. Buchung bei allen Unterkünften oder über Voyages Travel Centre, ✆ 02 8296 8010, 🖥 www.ayersrockresort.com.au/events/detail/field-of-light-uluru.

zu finden: Bank, Post, Friseur, Shopping Centre, mehrere Cafés und Restaurants, sogar mit einem Tennisplatz wird aufgewartet.

ÜBERNACHTUNG

Ayers Rock Resort / Yulara gehört zu Voyages, einer Firma, die eine Reihe anderer, sehr schön gelegener Resort-Hotels in Australien betreibt. Zur Anlage gehören 7 verschiedene Unterkunftsmöglichkeiten, alle sind teuer. Alle haben als Mindestausstattung AC. Bei längerem Aufenthalt kräftige Rabatte. ✆ 1300 134 044 oder 🖥 www.ayersrockresort.com.au.
Sails In The Desert Hotel, DZ ab $460 bei mind. 2 Übernachtungen. Behindertengerechte 5-Sterne-Anlage mit allem Komfort. Geräumige Zimmer mit Balkon oder Veranda. Großer Pool nur für Hotelgäste mit Bar, Tennisplatz.

Kunstgalerien für den prallen Geldbeutel. Exklusive Atmosphäre.
Desert Gardens Hotel, DZ ab $400 bei mind. 2 Übernachtungen. 4-Sterne-Hotel in ruhiger Randlage. Luxuszimmer mit Badewanne und großem Balkon; von manchen genießt man den Blick auf den Uluru. Zur großen Anlage gehören außerdem ein Pool und zwei sehr gute Restaurants.
Emu Walk Apartments, ab $410 pro Apartment bei mind. 2 Übernachtungen. Komplett ausgestattete Ferienwohnungen für 4–8 Pers. in zentraler Lage mit 1–2 Schlafzimmern, auch Waschmaschine und Trockner. Ideal für Kleingruppen und Familien.
In separater Lage zu den anderen Unterkünften des Resorts (und bis auf das Longitude mit eher jüngerem und trinkfreudigerem Publikum):

The Lost Camel, hat bequeme Standardzimmer ab $330 bei mind. 2 Übernachtungen. Auch hier gibt es einen schönen Pool.

Die **Outback Pioneer Lodge** hat Dorms mit 20 Betten (Bett $76) und mit 4 Betten (Bett $92), Rabatt für YHA-Mitglieder. Bad in einem separaten Block. Einfach ausgestattete Küche, Grillstellen. Ein Kiosk verkauft preiswertes Frühstück, Mittag- und Abendessen sowie Essen zum Selbergrillen; Pool. Auch DZ, ab $290.

Longitude 131, 🖥 https://longitude131.com.au. Wie es sich für eine superexklusive Luxusunterkunft gehört, liegt die nach umweltfreundlichen Kriterien errichtete Anlage abseits vom Resort mitten in den Sanddünen und mit Blick auf Uluru. Maximal 30 Pers. können dort in klimatisierten, schön möblierten und mit allem Komfort ausgestatteten Safari-„Zelten" wohnen. DZ ab $3200 schließen immerhin alle Mahlzeiten und Getränke im Feinschmeckerrestaurant und alle vom Haus organisierten Touren ein. Mind. 2 Übernachtungen.

Ayers Rock Campground, 📞 8957 7001. Kann bis zu 2000 Besucher beherbergen. 300 Zeltplätze, $43; 200 Caravanstellplätze mit Stromanschluss, $50. Außerdem Cabins mit AC und Kochnische, max. 6 Pers., für $180. Pool, Grillstellen und Kiosk. Der Zeltplatz für Reisegruppen liegt separat.

ESSEN

Das Angebot ist sehr groß, aber grundsätzlich ist alles teurer als in Alice Springs. Wer sparen muss oder will, bringt besser Grundnahrungsmittel mit.

🛍 **Arnguli Grill & Restaurant**, Desert Garden Hotel, 📞 8296 8010. Hochklassiges Essen mitten im Outback. Der deutsche Chefkoch lässt sich von der reichhaltigen Umgebung und den kulinarischen Gewohnheiten der Pitjantjatjara inspirieren und serviert Fleisch und Fisch garniert mit lokalen Kräutern. Hauptgerichte ab $35. ⊙ tgl. 18–21 Uhr.

Bough House, Outback Pioneer Hotel, 📞 8296 8010. Zum Frühstück und Abendessen wird hier jeweils ein großzügiges Buffet aufgebaut, bei dem für jeden was dabei ist (Fleisch, Seafood,

Salate, auch viel Gemüse), Schanklizenz. ⊙ tgl. 6.30–10–30 und 18.30–21.30 Uhr.

In der **Pioneer BBQ und Bar**, ebenfalls im Outback Pioneer Hotel, darf sich jeder sein Steak selbst zubereiten – die Gelegenheit mal ein Känguru-Steak oder Emu-Wurst zu kosten. Oft gibt's dazu Livemusik. ⊙ tgl. ab 12 Uhr.

€ **Gecko's Café** im Shopping Centre ist nicht so teuer, serviert aber trotzdem leckere Gerichte. Auf der Speisekarte stehen Salate, Pizza oder Fish & Chips, je $10–20. Auch als Take-away. ⊙ tgl.

Sounds of Silence, ein Outback-Festmahl bei Sonnenuntergang mit Blick auf Uluru und unter dem Sternenhimmel der Wüste, $200 inkl. Getränke, mit Erläuterungen des Sternenhimmels durch Astronomen und einem Blick durch Fernrohre, Buchung bei jeder Unterkunft.

TOUREN

Fast alle Touren werden vom Ayers Rock Resort vertrieben. Das volle Angebot findet man auf der Website 🖥 www.ayersrockresort.com.au. Neben den Touren gibt es auch einige kostenlose Aktivitäten, die Besucher in die Welt der Ureinwohner einführen sollen. Infos online oder im Resort.

Bus- und Geländewagentouren

AAT Kings, 📞 1300 22 85 46, 🖥 www.aatkings. com. Viele verschiedene Halb- bis Zweitagestouren zu den Hauptattraktionen des Red Centres. Man reist mit Touristenscharen in großen Reisebussen.

Seit Outback, 📞 8956 3156, 🖥 www.seitout backaustralia.com.au. Touren im Sprinter in Kleingruppen zu den bekannten Zielen, z. B. Halbtagestour zum Uluru $169 p. P.

🏕 **Wayoutback Australian Safaris**, 📞 8952 4324, 🖥 www.wayoutback.com.au. 2–10-tägige Touren in Kleingruppen im Geländewagen mit Übernachtung in Safari-Zelten. Alteingesessener, bewährter Anbieter. Details s. S. 400.

Kamelreiten

Uluru Camel Tours, 📞 8956 3333, 🖥 www.uluru cameltours.com.au. Kamelsafaris zu verschiedenen Tageszeiten. Am beliebtesten sind die zu Sonnenauf- oder -untergang; morgens gibt's ein kleines Frühstück, abends ein kleines Abend-essen und alkoholische Getränke sowie die Möglichkeit, kleine Bush-Snacks zu probieren. Ausritt jeweils 1 Std., danach Essen, $132.

Motorradtouren

Uluru Motorcycle Tours. Erfahrene „Bikies" nehmen Passagiere auf dem Rücksitz ihrer Harley Davidson mit. U. a. Fahrt nach Uluru, 1 1/2 Std., $220 p. P., Auch Trike-Touren für 1–3 Mitfahrer. Buchungen über das Ayers Rock Resort.

Rundflüge

Ein Flug über Ayers Rock und Kata Tjuta, v. a. bei Sonnenauf- oder -untergang, ist ein-drucksvoll. 20-Min.-Rundflüge ab $120. Besonders imposant sind Helikopterflüge, z. B. zu Sonnenuntergang um Uluru und Kata Tjuta (36 Min., $320). Buchungen über das Ayers Rock Resort.

SONSTIGES

Einen Überblick über das gesamte Resort-Angebot gibt's online unter 🖵 www.ayersrock resort.com.au/around-the-resort/services-and-facilities.

Aboriginal-Kunst

Im **Maruku Arts Market Place** am Yulara Town Square wird Kunst- und Kunsthandwerk der Anangu verkauft. Oft darf man den Künstle-rinnen und Künstlern sogar bei der Kreation ihrer *dot paintings* zusehen. 🖵 https://maruku. com.au, ◷ Mo–Fr 7.30–17.30, Sa 9–17 Uhr. Die teure **Mulgara Gallery** im Sails of the Desert Hotel verkauft *arts and crafts* und Kunst der Ureinwohner. ◷ tgl. 8–20 Uhr.

Autovermietungen

Alle drei Firmen sind am Flughafen Ayers Rock vertreten und können im Tours & Information Centre im Resort gebucht werden.
Avis, ✆ 8956 2266
Hertz, ✆ 8956 2244
Thrifty, ✆ 8956 2556

Einkaufen

Der IGA im **Shopping Square** hat Lebensmittel, Getränke, frisches Gemüse und Obst, Milch, Fleisch und Fisch, tiefgefrorene Menüs sowie Drogerieartikel – alles aufgrund der Transport-kosten ziemlich teuer. ◷ tgl. 8–21 Uhr.

Geld

ANZ, Shopping Square, Geldautomat. **Commonwealth-Bank-Agentur** beim Postamt. ◷ Mo–Fr 9–17 Uhr.

Informationen

Yulara Visitor Centre, die Treppe hoch beim Desert Gardens Hotel, ✆ 8957 7324. Eine inte-ressante, kostenlose Ausstellung informiert über Geografie, Flora und Fauna der Region. Oben-drein gibt's hier schöne Souvenirs zu kaufen und hervorragende Beratung. ◷ tgl. 8–19 Uhr.

Internet

WLAN gibt es an den Hotelrezeptionen und z. T. in den Zimmern.

Tanken

Shell, am Yulara Drive nahe dem Campingplatz, ist erstaunlicherweise nicht teurer als die Tankstellen in Curtin Springs oder beim Erldunda Roadhouse. ◷ tgl. 6–21 Uhr.

NAHVERKEHR

Ein kostenloser **Shuttlebus** fährt tgl. von 10.30–0.30 Uhr etwa alle 20 Min. durch das Resort – eine gute Möglichkeit, von der Unterkunft zum Visitors Centre oder Shopping Square zu gelangen.

TRANSPORT

Busse

AAT King, ✆ 1300 228 546, 🖵 www.aatkings. com.au. Fährt tgl. um 7 Uhr von ALICE SPRINGS zum Ayers Rock Resort via Mt Ebenezer Roadhouse und Mt Conner. Ankunft in Yulara um 13 Uhr. $180. Rückfahrt nach Alice Springs von April–Sep um 15, sonst um 12.30 Uhr. **Uluru Express**, 🖵 www.ayersrockresort.com. au/experiences/detail/uluru-express. Minibusse fahren mehrmals tgl. zum Uluru ($49) und zu den 48 km entfernten Kata Tjuta ($95, jeweils retour). Auch als 1–3-Tagepass mit beliebigem Ein- und Aussteigen ab $120.

Flüge

Der **Ayers Rock Airport** liegt 7 km außerhalb vom Ayers Rock Resort. Kostenloser Transfer. 90 Min. vor Abflug fährt ein Shuttle-Bus zum Flughafen. **Qantas** und **Jetstar**, ℡ 13 13 13, 🖥 www. qantas.com.au. Direkte Flugverbindungen nach ADELAIDE, ALICE SPRINGS, BRISBANE, CAIRNS, DARWIN, MELBOURNE und SYDNEY. **Virgin Australia**, ℡ 13 67 89, 🖥 www. virginaustralia.com/au. Direkt nach SYDNEY.

Uluru-Kata Tjuta National Park

Im Oktober 1985 wurde der Nationalpark den traditionellen Eigentümern, dem Volk der Anangu, zurückgegeben, die ihn sofort an die australische Bundesregierung verpachteten. Wie alle Commonwealth National Parks (wozu u. a. auch der Kakadu NP gehört) ist der Uluru-Kata Tjuta NP nun der Bundesbehörde Department of Environment unterstellt. Der 1325 km^2 große Nationalpark war der erste in Australien, der Ureinwohnern übereignet wurde. Die Anangu und Vertreter der Bundesbehörde sind im Uluru-Kata Tjuta Board of Management zusammen an der Verwaltung beteiligt. „Anangu" bedeutet „Volk aus der westlichen Wüste"; die in vielen älteren Publikationen erwähnten Pitjantjatjara und Luritja sind eine Untergruppe der Anangu.

Uluru (Ayers Rock)

Der Riesenmonolith Uluru, der Anangu-Name für Ayers Rock, zählt neben dem Opernhaus von Sydney zu den inoffiziellen Wahrzeichen Australiens. Nach den Erläuterungen der Anangu ist Uluru ein Pitjantjatjara-Name ohne weitere Bedeutung. Der Uluru besteht aus 650 Mio. Jahre altem Arkose-Sandstein und hat an der Basis einen Umfang von 9 km. Er ist 3,5 km lang, 2,4 km breit und 348 m hoch. Wahrscheinlich setzt sich der Felsen noch einige 100 m unter der Erde fort. Erdbewegungen nach seiner Entstehung kippten den Felsen seitwärts. Wind und Wetter schliffen seine Form rund, aus der Luft sieht man deutlich die Spuren der Erosion in Form von tiefen Rillen und eigenartigen Mustern an der Felsoberfläche.

Der erste Weiße, der den plötzlich aus der Ebene aufragenden „gigantischen Kieselstein" sichtete, war Anfang der 1870er-Jahre Ernest Giles. Am 20. Juli 1873 bestieg ein anderer weißer „Entdecker", William Gosse, zusammen mit seinem afghanischen Begleiter Kamran den Felsen und begründete damit eine Tradition, die die Anangu mit Befremden zur Kenntnis nahmen. Gosse war es auch, der dem Fels-Monolithen den Namen Ayers Rock gab, nach dem damaligen Premierminister von South Australia, Henry Ayers. Mehr und mehr setzt sich der Anangu-Name Uluru (Betonung liegt auf der letzten Silbe) heute wieder durch.

Die Parkgebühr von $25 p. P. (3 Tage gültig) kann direkt am Schalter am Parkeingang beglichen werden.

Uluru-Kata Tjuta Cultural Centre

Das Kulturzentrum einen Kilometer vom Felsen entfernt ist die erste Anlaufstelle im Park.

Radtour um den heiligen Felsen

Eine tolle Art, Australiens berühmtesten Berg zu erleben: **Outback Cycling**, ℡ 8952 1541, 🖥 www.outbackcycling.com, vermietet von Mo–Sa von 6.30–11 Uhr (zwischen April und Okt länger) Fahrräder inkl. Helm und Karte. Die Räder können direkt vom Anhänger vor dem Cultural Centre gemietet werden, $50 für 3 Std oder $100 inkl. Transfer ab Ayers Rock Resort. Neben Rädern für Erwachsene werden auch Kinderräder, Kindersitze und Anhänger vermietet, es empfiehlt sich allerdings, diese im Voraus zu buchen.

Für die Ureinwohner manifestieren Uluru und Kata Tjuta, genauso wie unzählige andere unscheinbarere Landschaftsformen, Aspekte ihrer überlieferten Schöpfungsgeschichte, die sie mit dem Land verbinden und die Teil ihrer Gegenwart und Zukunft sind. So gelten einzelne Merkmale einer Landschaftsform, wie z. B. eine Höhle, eine Quelle, eine merkwürdig geformte Felsoberfläche, als Spur und Beweis für die Aktivitäten mythischer Vorfahren. Dieses für Außenstehende schwer fassbare Konzept wird von den Anangu mit dem Wort „Tjukurpa" bezeichnet. Der gemeinhin dafür verwendete englische Ausdruck „Dreamtime" (Traumzeit) ist eine unzulängliche, auf Missverständnissen beruhende Übersetzung, deren Verwendung sich leider eingebürgert hat, obwohl sie unzutreffende Assoziationen weckt. Wie alle Ureinwohner unterscheiden auch die Anangu zwischen religiösen Informationen, die zugänglich sind, und solchen, die nur für Eingeweihte bestimmt sind. Wer religiöses Wissen besitzt, ist bei der Weitergabe an bestimmte Tabus gebunden.

Ein Mann von 25 Jahren wird die gleiche Geschichte über die Reise eines mythischen Vorfahren, z. B. eines Kängurus, anders erzählen als eine 60-jährige Frau. So kommt es, dass oft mehrere Varianten einer Geschichte existieren, von denen keine „wahrer" ist als die andere. Viele der nur Eingeweihten zugänglichen Informationen beziehen sich auf heilige Orte, die für Außenstehende tabu sind. So „gehören" zwei heilige Orte am Fuße von Uluru initiierten Frauen, zu zwei anderen haben dagegen nur initiierte Männer Zutritt. Diese *sacred sites* sind durch Absperrungen vor dem Zutritt Fremder geschützt. Dass Besucher diese Tabus zu respektieren haben, sollte sich von selbst verstehen.

Das aus Holz und Adobe *(mudbrick)* errichtete Gebäude nimmt die Form zweier Schlangen an, die eine wichtige Rolle in der Schöpfungsmythologie spielen. Die Dachziegel repräsentieren dabei die Schuppen auf dem Rücken der Schlangen. Die Ausstellung mit interaktiven Exponaten gibt einen guten Überblick über die Kultur und Lebensweise der Anangu. Wichtige Erläuterungen gibt es auch auf Deutsch.

Zum Zentrum gehören **Walkatjara Gallery** und **Maruku Art**, wo Gebrauchs- und kunsthandwerkliche Gegenstände vorgeführt werden, die man auch kaufen kann. Im von Ureinwohnern betriebenen Ininti Cafe gibt es Frühstück, Mittagessen und Snacks, außerdem werden dort Souvenirs und Aboriginal-Musik verkauft. ⏰ tgl. 7–17 Uhr. Keine Foto- und Filmerlaubnis im gesamten Uluru-Kata Tjuta Cultural Centre! ⏰ tgl. 7–18 Uhr.

Aussichtspunkte und Wanderwege

Um den Felsen führt eine Ringstraße mit zwei Parkplätzen: Vom Mala Car Park aus starten von Okt–April tgl. um 8 und 10 Uhr kostenlose, von Rangern geführte Spaziergänge, die einen guten ersten Einblick verschaffen.

Von hier aus oder auch vom Kuniya Car Park im Süden des Felsen kann die **Wanderung um den Uluru** beginnen. Für die knapp 11 km lange Strecke (Base Walk) sollte man etwa drei Stunden veranschlagen – da es zur Mittagszeit sehr heiß werden kann, startet man am besten früh am Morgen. Von manchen heiligen Stellen um den Monolith werden Besucher gebeten, keine Fotos zu machen – dies gilt besonders für die Felsmalereien.

Jahrzehntelang ermahnten die Anangu mit Hilfe von Hinweistafeln Besucher zu mehr Respekt gegenüber diesem größten Heiligtum ihrer Kultur und baten sie, vom Beklettern des Uluru abzusehen – leider ohne großen Erfolg. Die **Besteigung** ist seit Ende 2019 nun gesetzlich verboten.

Ideal für Sonnenauf- und -untergang ist die **Aussichtsplattform Talinguru Nyakunytjaku** ein paar Kilometer südöstlich des Felsen.

SONSTIGES

Eintritt

Die Parkeintrittsgebühr von $25 p. P. (*multiple entry*, 3 Tage gültig) ist bei dem Häuschen am

Parkeingang zu entrichten. Dort bekommt man auch eine Karte und weitere Infos. Die Öffnungszeiten des Nationalparks variieren monatlich: Dez–Feb 5–21, März 5.30–20.30, April 6–20, Mai 6–19.30, Juni, Juli 6.30–19.30, Aug 6–19.30, Sep 5.30–19.30, Okt 5–20, Nov 5–20.30 Uhr.

Führungen
Siehe S. 418.

TRANSPORT

Die 20 km lange Straße vom Ayers Rock Resort zum Uluru ist asphaltiert. Damit Besucher nicht das Terrain zertrampeln, wurden 14 km weiter auf der Ayers Rock Road Aussichtspunkte für Autos und Busse geschaffen, wo sich kurz vor Sonnenunter- oder -aufgang die Touristen versammeln. Eine asphaltierte Straße führt in respektvollem Abstand um den Felsen herum.

Kata Tjuta (Olgas)

Die 36 mächtigen, kuppelartigen Felsen Kata Tjuta, 41 km westlich vom Ayers Rock Resort, ragen ebenso unvermittelt aus der Ebene wie der Uluru. Sie sind weniger bekannt, aber ebenfalls ein sehenswerter Teil des Nationalparks. Ihr Aborigine-Name bedeutet übersetzt „viele Köpfe". Den Namen Olgas erhielten die runden Felsen von dem europäischen Entdecker Ernest Giles, der sie 1872 aus der Ferne sah und nach der württembergischen Königin Olga benannte. Warum wohl?

Die aus der Ebene emporragenden „Inselberge" sind die Überreste eines riesigen Bettes aus grobem Sedimentgestein, sogenanntem Konglomerat, das im Laufe von Jahrmillionen verwitterte. Man nimmt an, dass die Felskuppeln von Kata Tjuta, die sich 8 km von Westen nach Osten und 5 km von Norden nach Sü-

den erstrecken, ursprünglich ein einziger, um ein Vielfaches größerer Felsblock als Uluru gewesen sein könnten. Der höchste Felsen, der **Mount Olga**, erhebt sich 546 m über der Ebene bzw. 1066 m über dem Meeresspiegel und ist damit um 198 m höher als der Uluru.

Wanderwege
Zwei Wanderwege führen durch die rote Felslandschaft der Kata Tjuta. Für den kurzen Weg in die **Walpa Gorge** (2,6 km) sollte man 30–60 Minuten einplanen. Vom Parkplatz am **Valley of the Winds** startet die gleichnamige, wunderschöne Wanderung, die zwischen den Felswänden hindurchführt (7,5 km, 3–4 Std.). Am schönsten ist die Route zu Sonnenaufgang. Wer nicht die ganze Runde machen will, kann bis zum Karu Lookout vorlaufen: Von hier aus bietet sich ein herrlicher Ausblick. Wenn die Tagestemperaturen über 36 Grad steigen sollen oder Sturm angesagt ist, ist der Wanderweg hinter dem Lookout ab 11 Uhr gesperrt. Unbedingt Sonnenschutz sowie ausreichend Wasser mitnehmen, denn bei Kata Tjuta gibt es kein Getränkekiosk und nur wenige Trinkwassertanks.

TRANSPORT

9 km hinter Yulara biegt rechts der asphaltierte Kata Tjuta Drive ab, der über 42 km zur Walpa Gorge in Kata Tjuta führt. Nach 39 km zweigt vom Kata Tjuta Drive die unbefestigte Docker River Road ab, die durch Aboriginal-Land zur 183 km entfernten Docker River Community führt (Permit!). Bleibt man auf der asphaltierten Straße, gelangt man beim ersten Abzweig links zum Sunset Viewing Point mit den einzigen Toiletten im gesamten Bereich der Kata Tjuta. Der zweite Abzweig nach links führt zu einem Parkplatz und zum Startpunkt des Spazierweges zum Valley of the Winds.

Victoria

Jahr für Jahr sichert sich Melbourne einen der obersten Plätze auf der Rangliste der lebenswertesten Städte der Welt. Klarer Vorteil der Multikulti-Metropole ist ihre Lage zwischen so unverzichtbaren Highlights wie der Great Ocean Road, den Grampians und dem Wilsons Promontory National Park sowie der Mornington Peninsula.

Stefan Loose Traveltipps

DOWNTOWN MELBOURNE; © DUMONT BILDARCHIV / CLEMENS EMMLER

12 **Melbourne** Australiens Kulturhauptstadt bietet europäisches Flair und einen prall gefüllten Veranstaltungskalender mit vielen Kulturfestivals und großen Sportereignissen. S. 428

Mornington Peninsula Schnorcheln mit Delphinen und Seehunden sowie Wein- und Käseverkostungen. S. 472

13 **Grampians National Park** Durch den Gebirgsnationalpark im Westen Victorias führt ein ausgedehntes Netz an ausgezeichneten Wanderwegen. S. 491

14 **Great Ocean Road** Eine der schönsten Autostrecken der Welt führt vorbei an dramatischer Küste, weltbekannten Surfstränden und uralten Regenwäldern. S. 497

Wilsons Promontory National Park Ein herrlicher Küstennationalpark mit Granitfelsen, Badebuchten und Eukalyptuswäldern S. 515

Lakes Entrance Raus aus dem Auto, rein ins Boot auf Victorias größtem Seensystem. S. 522

GRAMPIANS NATIONAL PARK; © FOTOLIA / ALFOTOKUNST

Grampians National Park · Melbourne · Lakes Entrance · Mornington Peninsula · Great Ocean Road · Wilsons Promontory National Park

Wann fahren? Nov–Dez und Ende Feb–April. Im Sommer ist es sehr heiß, im Winter kalt.

Wie lange? 3–4 Tage für Melbourne; eine Woche für Great Ocean Road und Grampians; eine Woche für East Gippsland

Bekannt für eine der schönsten Küstenstraßen der Welt und perfekte Cappuccinos

Updates und eure **Kommentare** zu diesem Kapitel auf 🖳 www. stefan-loose.de unter **eXTra [11427]**

Morgens schwimmen mit Delphinen, mittags surfen am Bells Beach, zum Sonnenuntergang per Helikopter über die ikonischen Twelve Apostles, abends Gourmet-Dinner auf einem Weingut. So könnte sich ein (wenn auch sehr vollgepackter) Tag in Victoria gestalten. Im kleinsten Bundesstaat des Festlands kommen auch Besucher mit engem Zeit-Budget auf ihre Kosten. Denn Victoria bietet viel mehr als die lebhafte Metropole **Melbourne** und die weltbekannte Steilküste mit den **Twelve Apostles**. Mit 36 Nationalparks ist der Staat von etwa der Größe Großbritanniens ein Paradies für Wanderer und Outdoor-Freunde, für Tierbeobachter und Naturschützer. Victoria bietet jahrtausendealten Regenwald und indigene Felsmalereien, die darauf hinweisen, dass Menschen bereits vor mindestens 40 000 Jahren hier lebten.

Mit 6,7 Mio. Einwohnern ist Victoria der am dichtesten bevölkerte Staat. Etwa ein Viertel aller Australier lebt in Victoria, dessen Fläche nur etwa 3 % der Gesamtfläche Australiens einnimmt. Ungefähr drei Viertel der Bevölkerung von Victoria wiederum, knapp 5,1 Mio. Menschen, leben im Großraum Melbourne. Die zweitgrößte Stadt ist die Hafenstadt Geelong (250 000 Einw.), 75 km südwestlich von Melbourne, gefolgt von den ehemaligen Goldgräber-Städten Ballarat (100 000 Einw.), 113 km westlich, und Bendigo (93 000 Einw.), 150 km nordwestlich von Melbourne sowie der Doppelstadt Albury-Wodonga (89 000 Einw.).

Victoria umfasst auf verhältnismäßig engem Raum verschiedenartige Landschaftsformen. Der **Murray River** bildet die Nordgrenze zu New South Wales. Ein umfangreiches Bewässerungssystem hat diese trocken-heiße Landschaft in ein ertragreiches Gebiet mit Obstgärten, Weingütern und Farmen verwandelt. Das Küstengebirge **Great Dividing Range** bildet mit den **Grampians** den letzten zusammenhängenden Höhenzug. Westlich und nördlich der Grampians beginnt die typisch australische, endlos weite, flache, trocken-heiße Savannen-

und Steppenlandschaft, in Victoria nach den dort vorherrschenden, niedrig wachsenden Eukalyptusarten Mallee benannt.

Die **Victorian Alps** im Nordosten bestehen aus weiten Tälern und sanft gerundeten, bis zu 2000 m hohen Bergen und Hochebenen. Hier werden im Winter die Skilifte in Betrieb gesetzt. Wälder bedecken große Teile von **Ost-Gippsland**, dem Südosten von Victoria. Die **Gippsland Lakes**, ein System von Haffs, verleiht der Küste rund um Lakes Entrance sein besonderes Flair.

Westlich von Melbourne erstreckt sich eine der spektakulärsten Küstenlandschaften Australiens – die Steilküste entlang der **Great Ocean Road** zwischen Anglesea und Port Campbell. Das Hinterland nördlich davon ist Teil einer alten, vulkanischen Ebene, die sich von Mount Gambier in South Australia bis nach Colac in Victoria erstreckt. Das Weide- und Buschland von **Zentral-Victoria** ist von attraktiven Kleinstädten und Dörfern übersät, die ihre Entstehung dem Goldrausch verdanken.

Klima und Reisezeit

Im Januar/Februar kommt es auch an der Küste zu Hitzewellen mit Temperaturen von über 40 °C. Jeder sehnt sich dann nach den feuchten, kühlen Winden aus dem Süden *(cool change)*. Sie können einen warmen, sonnigen Tag in Melbourne im Nu in einen nasskalten Regentag verwandeln. Mit einer durchschnittlichen Tageshöchsttemperatur von 13 °C im australischen Winter steht Melbourne gar nicht schlecht da, wären nicht die kühlen Winde. Nachts sinken die Temperaturen dort auf durchschnittlich 6 °C, im Juli und August in der höher gelegenen Umgebung Melbournes abseits der Küste zuweilen unter den Gefrierpunkt.

Regen fällt meist im Winter und Frühjahr, die Sommerhitze bringt eine erhöhte Buschfeuergefahr mit sich. Feuerwarnungen sollte man ernst nehmen, v. a. einen „Total Fire Ban", wenn jede Art von offenem Feuer verboten ist. Auf den Hochplateaus der australischen Alpen muss man auch im Sommer mit plötzlichen Wetterumschwüngen und eiskalten Niederschlägen rechnen; im Winter sind die Berge schneebedeckt.

Vorwahl

Die Vorwahl für ganz Victoria ist ✆ 03.

N   0   250 km

Zentral- und West-Victoria
483-513

Die Goldstädte
483-490

Das Hinterland von
West-Victoria
490-497

Die Küste von West-Victoria
497-513

NT
QLD
WA
SA
NSW
VIC
TAS

Canberra

Mildura

Murray River
533-539

Albury/Wodonga

Echuca

Beechworth

Bendigo

Mt. Buffalo NP

Horsham

Mansfield
Eildon

Bogong High
Plains

Stawell

Daylesford
Mt. Macedon

Grampians NP   Ararat   King Lake
NP

Mt. Buller

Marysville

Hamilton   Ballarat

Healesville
Upper Yarra Valley

Mallacoota

Melbourne 428-459

Geelong   Werribee

Moe   Orbost   Croajingolong NP

Lakes Entrance

Bairnsdale

Port Fairy   Torquay
Anglesea

Sale

Nelson   Lorne

Traralgon

Portland   Warrnambool   Port   Apollo Bay

Bellarine Peninsula
Mornington
Peninsula
French Island
Phillip Island

Latrobe-Tal   Yarram

Wilsons Promontory NP

Korumburra

VICTORIA

Umgebung Melbourne
459-483

Nach Osten
459-462

Nach Nordosten
462-465

Nach Nordwesten
465-468

Nach Südwesten
468-472

Nach Süden
472-483

Ost-Victoria
513-533

Süd-Gippsland
515-520

Zentral- und Ost-Gippsland
520-527

Nordosten und Victorian Alps
527-533

Hobart

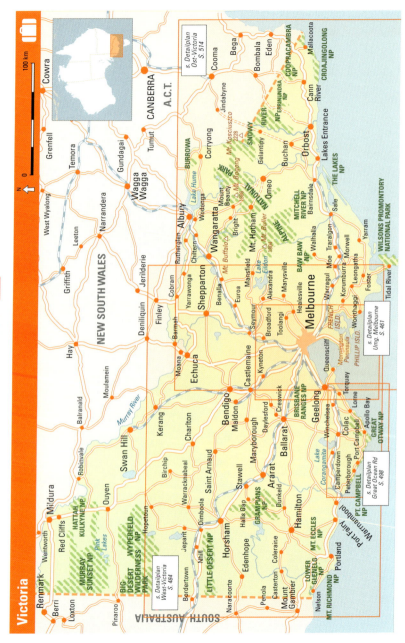

Victoria

100 km

N

0

s. Detailplan Ost-Victoria S. 514

s. Detailplan Umg. Melbourne S. 461

s. Detailplan Great Ocean Rd S. 498

s. Detailplan West-Victoria S. 484

Cowra
Grenfell
Temora
West Wyalong
Narrandera
Leeton
Griffith
Hay
Balranald
Robinvale
Moulamein
Deniliquin
Finley
Jerilderie
Cobram
Yarrawonga
Benalla
Euroa
Mansfield
Marysville
Alexandra
Seymour
Broadford
Toolangi
Healesville
Warragul
Korumburra
Leongatha
Foster

CANBERRA
A.C.T.
Gundagai
Tumut
Wagga Wagga
Albury
Corryong
Jindabyne
Cooma
Bega
Bombala
Eden
Mallacoota

NEW SOUTH WALES

Renmark
Berri
Loxton
Pinaroo

SOUTH AUSTRALIA

Mildura
Wentworth
Red Cliffs
Ouyen
Swan Hill
Kerang
Charlton
Birchip
Warracknabeal
Hopetoun
Jeparit
Dimboola
Nhill
Bordertown
Naracoorte
Penola
Casterton
Edenhope
Coleraine
Mount Gambier
Nelson
Portland
Hamilton
Port Fairy
Warrnambool
Camperdown
Peterborough
Port Campbell
Colac
Winchelsea
Apollo Bay
Lorne
Torquay
Queenscliff
Geelong
Ballarat
Daylesford
Creswick
Maryborough
Maldon
Castlemaine
Kyneton
Bendigo
Echuca
Moana
Barmah
Stawell
Ararat
Buninyong
Halls Gap
Saint Arnaud
Horsham

MURRAY SUNSET NP
BIG DESERT WILDERNESS PARK
WYPERFELD NP
HATTAH KULKYNE NP
Pink Lakes
LITTLE DESERT NP
GRAMPIANS NP
LOWER GLENELG NP
MT. ECCLES NP
MT. RICHMOND NP
PT. CAMPBELL NP
GREAT OTWAY NP
BRISBANE RANGES NP
Lake Corangamite

Melbourne
FRENCH ISLD
Mornington Peninsula
PHILLIP ISLD
Wonthaggi
Wangaratta
Rutherglen
Chiltern
Bright
Mount Beauty
Wodonga
Omeo
Gelantipy
Buchan
Orbost
Lakes Entrance
Sale
Bairnsdale
Traralgon
Morwell
Yarram
Moe
Walhalla
Tidal River

BURROWA
NATIONAL PARK
Lake Hume
Mt. Bogong 1986
SNOWY RIVER
Mt. Kosciuszko 2228
ERRINUNDRA NP
COOPRACAMBRA NP
CROAJINGOLONG NP
Cann River
THE LAKES NP
MITCHELL RIVER NP
ALPINE NATIONAL PARK
Mt. Buffalo
Mt. Hotham
Mt. Buller 1804
Lake Eildon
BAW BAW NP
WILSONS PROMONTORY NATIONAL PARK

Shepparton
Murray River

Murray River

Wald- und Buschbrände sind in Australien seit Millionen von Jahren Teil des natürlichen Zyklus. Im Lauf der Evolution passten sich Tiere und Pflanzen den regelmäßigen Feuern auf dem Kontinent an – einige Pflanzen wie Eukalypten und Banksien können ihre Samen zum Beispiel nur abgeben, nachdem ihre Kapseln vom Feuer geschmolzen wurden.

Die ersten Menschen, die Australien besiedelten, stellten das Feuer ins Zentrum ihrer Kultur. Mit **kontrollierten Bränden** kultivierten die Aborigines das Land, schafften Freiräume, die die Jagd ermöglichten und schützten ihren Lebensraum so vor großen unkontrollierten Bränden. Die ersten weißen Einsiedler verkannten die **sorgfältige Landespflege der Ureinwohner** völlig: Sie blickten auf ein Land, das keine sichtbaren Zeugnisse einer Bewirtschaftung aufwies, dessen riesige freie Flächen aber schwindelerregendes Potenzial für die Viehzucht und Landwirtschaft bereithielten.

In kürzester Zeit wurden die Ureinwohner aus ihrer Heimat vertrieben und das Brandlegen untersagt. Mit den Konsequenzen sahen sich die Siedler in ganz großem Ausmaß zum ersten Mal am „**Black Thursday**" im Jahr 1851 konfrontiert, als große Teile der Kolonie Victoria verheerenden Buschbränden zum Opfer fielen. Fast 90 Jahre später gingen im Januar 1939 erneut riesige Flächen Victorias in Flammen auf, fast alle Wälder der Great Dividing Range brannten nieder, 71 Menschen und unzählige Tiere verloren ihr Leben.

Am 7. Februar 2009, der als „**Black Saturday**" in die australische Geschichte einging, erreichte das Thermometer in Melbourne nachmittags den **Rekordwert von 46,4 °C**; eine **Feuerwand** von bis zu 50 m Höhe raste in der Region um Kinglake, Flowerdale und Marysville auf die Ortschaften zu, vernichtete Häuser, Schuppen, Ställe, Fahrzeuge, Tiere und Menschen. Mehr als 2000 Häuser brannten nieder, zahllose Tiere waren tot oder schwer verletzt und 173 Menschen verloren ihr Leben – mehr als zwei Drittel davon in ihren eigenen Häusern.

Die **Buschbrände im Frühling und Sommer 2019/20** sprengten flächenmäßig das Ausmaß aller bislang überstandenen Infernos. Australienweit schlossen die Buschbrände, von denen jeder einzelne Bundesstaat betroffen war, eine Fläche von fast 19 Millionen ha ein; 33 Menschen verloren Ihr Leben, über 3500 Häuser wurden vernichtet und eine wohl nie ganz erfassbare Menge an Tieren fiel den Flammen zum Opfer. Der aus den Bränden resultierende Mangel an Nahrung und Lebensraum stellt die überlebenden Tiere vor eine weitere große Bedrohung sodass viele Arten Gefahr laufen, auszusterben.

Im Bundesstaat Victoria brannte eine Fläche von 1,5 Mio. ha nieder, große Teile von East Gippsland wurden praktisch dem Erdboden gleichgemacht. Zahllose Einwohner und Urlauber konnten sich auf vorgelagerte Inseln retten, von wo aus sie mit Helikoptern und Rettungsbooten in Sicherheit gebracht wurden.

Im Kontext der globalen Erwärmung erwarten Australien auch in Zukunft Buschbrände von ähnlich katastrophalem Ausmaß: Den Studien der australischen Forschungsbehörde CSIRO und dem Bureau of Meteorology zufolge muss man selbst bei geringer globaler Erwärmung in einigen Gebieten Victorias alle drei bis vier Jahre mit gewaltigen Bränden rechnen.

Neben den globalen Debatten rund um die Klimaerwärmung wird in Australien der Aufruf immer lauter, uns auf die **jahrtausendelang bewährten Methoden der Landespflege**, wie sie einst von den Ureinwohnern betrieben wurden, zu berufen.

VICTORIA

Die Südostküste zwischen Lakes Entrance und Mallacoota ist mit einem milden, beständigen Klima gesegnet.

Im äußersten Westen und Norden des Staates hingegen, wo es in der Regel um 5–10 °C wärmer als in Melbourne ist, fühlt man sich im Sommer wie im Backofen.

Die ideale Reisezeit für Victoria ist der Frühling bis zum Frühsommer (Mitte September bis Weihnachten) oder der Spätsommer und Herbst

(Ende Februar bis Mitte Mai). April bis Oktober ist die günstigste Zeit für einen Besuch des Nordwestens (Mildura).

Flora und Fauna

Der landschaftlichen und klimatischen Vielfalt des Staates entsprechend umfassen Fauna und Flora viele Spezies. Der Nordwesten ist das Land der **Mallee**, einer mehrstämmigen, 3–8 m hohen Eukalyptusart, die aus einer Stammknolle *(lignotuber)* wächst. Die Mallee ist das einzige Gebiet in Victoria, wo außer dem Grauen Känguru auch das seltenere **Rote Känguru** vorkommt.

Die Tümpel und Feuchtgebiete um den Murray River sind ein Refugium für Wasservögel. Typisch sind die eindrucksvollen **Fluss-Eukalypten** *(river red gums)* mit ihren weitverzweigten Kronen. In den südöstlichen Wäldern wachsen **Königseukalypten** *(mountain ash, lat. Eucalyptus regnans)*, die bis zu 100 m hoch werden können. Die Baum- und Buschfarne in den unteren Lagen geben den Wäldern ein urzeitliches Gepräge. An einigen Küstenabschnitten bauen **Zwergpinguine** *(little penguins)* ihre Nester.

Geschichte

Die kleine Sträflingskolonie auf der Mornington-Halbinsel wurde 1804 nach nur sechs Monaten wieder aufgegeben, da das Gebiet zur Besiedlung ungeeignet erschien. 1835 „kaufte" **John Batman** – ein selbstgerechter Viehzüchter aus Tasmanien, der sich durch seine brutale, heimtückische Natur bei der Jagd auf Aborigines einen Namen gemacht hatte – den Aborigines aus dem Dougatalla-Volk für einige Decken, Tomahawks und Mehl 240 000 ha Land in der Port Phillip Bay ab. Der Kolonialregierung in New South Wales blieb nichts anderes übrig, als die **Niederlassung** zu legitimieren. 1837 wurde die Siedlung nach dem damaligen britischen Premierminister **Lord Melbourne** benannt. In den folgenden Jahren kamen *squatters*, landhungrige Rinder- und Schaffarmer, auf Überlandrouten aus South Australia und vom Murray River und eigneten sich Weideland an. 1840

zählte Victoria 10 000 Einwohner westlicher Herkunft (die Ureinwohner ließ der Zensus noch lange Zeit außen vor) und 800 000 Schafe. Bei der Besiedlung waren kommerzielle Interessen die treibende Kraft.

Von Anfang an strebten die Siedler eine Trennung von der „Mutterkolonie" New South Wales an, Sträflinge waren nicht erwünscht. Am 1. Juli 1851 wurde die Trennung des Port-Phillip-Bay-Distrikts von New South Wales amtlich. Zu Ehren der damaligen britischen Königin nannte man die neue Kolonie Victoria. Im gleichen Jahr wurde bei Ballarat **Gold** entdeckt, später bei Bendigo. Die Funde lösten die erste Welle des australischen Goldrausches aus. Die Goldfelder waren die ergiebigsten Australiens und machten die junge Kolonie im Handumdrehen reich. Die Bevölkerung verzehnfachte sich in den 1850er-Jahren auf 600 000 Einwohner.

Nachdem die Minen erschöpft waren, blieben viele Goldgräber in der Kolonie und gründeten Farmen oder suchten Arbeit im schnell wachsenden Melbourne. Gold war die Basis für die **industrielle Entwicklung**. Nach der Gründung des Commonwealth of Australia 1901 war Melbourne bis zur Fertigstellung des Parlaments in Canberra die **provisorische Hauptstadt** Australiens.

Während der **Corona-Pandemie** hatte Melbourne die mit Abstand meisten Covid-19-Fälle in Australien. Rund 21 000 Infizierte vermeldete der Bundesstaat bis August 2021. Unter Einsatz des Militärs wurde Victoria im Winter 2020 vom restlichen Australien abgeriegelt. Melbournes Einwohner mussten einen der strengsten Lockdowns weltweit erdulden und durften ihre Häuser monatelang nur für sehr begrenzte Zeit verlassen. Das ganze Ausmaß der wirtschaftlichen und sozialen Folgen bleibt abzuwarten.

Wirtschaft

Victoria hat nach New South Wales die zweitstärkste Wirtschaft des Landes, aber wie in allen Staaten schoss die Arbeitslosenzahl im Lauf des Jahres 2020 in die Höhe.

Abgesehen vom Gold, ist Victoria an **Bodenschätzen** nicht so reich wie andere Bundesstaaten. In der Bass Strait werden Erdgas und

Erdöl gefördert, und unter dem Latrobe-Tal befindet sich eines der größten Braunkohlevorkommen der Erde, das seit 1920 abgebaut wird.

Nach wie vor nehmen **landwirtschaftliche Erzeugnisse** einen wichtigen Stellenwert ein. Rund 60 % aller australischen Milchkühe leben auf den Farmen Victorias. Schwankende Nachfrage nach Weizen und Wolle, sinkende Rindfleischpreise sowie sporadisch auftretende Überflutungen, Dürren oder unzeitgemäßer Frost machen den Farmern das Leben schwer. Viele kleine, über den ganzen Staat verstreute Weingüter produzieren ausgezeichnete Tafelweine. Die **Wälder** im Südosten werden abgeholzt und zum Teil in Form von Holzchips zur Papierherstellung nach Japan verschifft. Die kommerzielle **Fischerei** konzentriert sich auf *scallops* (Jakobsmuscheln), *abalone* (Seeohren) und Austern.

Praktische Tipps

Übernachtung

Backpacker-Hostels sind über den ganzen Staat verteilt, ebenso Motels, Ferienwohnungen und Caravanparks. Die zahlreichen Bed & Breakfast-Unterkünfte sind eine empfehlenswerte Alternative. Viele befinden sich in edlen Herrenhäusern oder gemütlichen Cottages, oft in herrlicher Lage. Die Visitor Centres haben Informationshefte. In der Hochsaison zwischen Weihnachten und Ende Januar sind die meisten Unterkünfte und Zeltplätze ausgebucht, oft Monate im Voraus. Dies gilt auch für das Labour-Day-Wochenende im März, Ostern und die Schulferien.

Essen und Trinken

In Melbourne und Umgebung sowie in größeren Landstädten und Küstenorten gibt es zahlreiche gute bis ausgezeichnete Cafés und Restaurants, darunter einige bekannte Adressen für Feinschmecker. Ein besonderer Tipp zum Essen sind die Weingüter in der Umgebung von Melbourne (Mornington Peninsula, Yarra Valley), in Zentral-Victoria (Region Ararat: Great Western und Pyrenees; Umgebung von Bendigo) und im Nordosten (Rutherglen; King Valley bei Oxley / Milawa). Viele dieser Weingüter betreiben auch ein Restaurant oder kleines Café.

Busse

Greyhound Australia, ✆ 1300-47 39 46, ▢ www.greyhound.com.au, und **Firefly Express**, ✆ 1300-73 07 40, ▢ www.fireflyexpress.com.au, fahren tgl. von Melbourne nach Adelaide, Canberra und Sydney. Nach Sydney fahren die Busse über den Highway 31 (Hume Highway) – die direkteste, aber landschaftlich wenig interessante Strecke. Wer mit Greyhound reist, muss auf dieser Strecke in Canberra umsteigen. Eine Alternative zum Fahren mit einem Linienbus ist eine One-way-Tour. Näheres S. 458, Melbourne.

Eisenbahn

Victorias Transportgesellschaft **V/Line** ist für die Verkehrsverbindungen innerhalb von Victoria zuständig. Das Verkehrsnetz von Eisenbahn und Bahnbussen ist für australische Verhältnisse relativ gut und deckt auch einige Orte ab, die man mit Greyhound Australia nicht erreichen kann.

Von Melbourne gibt es täglich direkte Zugverbindungen nach Sydney und Adelaide, von dort weiter nach Alice Springs und Darwin (1–2x wöchentl.) oder Perth (1x wöchentl.) beziehungsweise Brisbane und Nord-Queensland (tgl.). Nach Canberra gibt es eine Bahn/Bus-Verbindung (2x tgl.). Die längeren Strecken nach Western Australia, ins Northern Territory und nach Queensland sollte man so früh wie möglich reservieren.

Flüge

Der Melbourne International Airport in Tullamarine ist einer der wichtigsten Flughäfen Australiens. **Qantas** und **Virgin Australia** verbinden Melbourne mit vielen anderen australischen Städten und einigen Inseln Queenslands sowie internationalen Destinationen. Der Discounter **Jetstar** nutzt neben dem Tullamarine Airport auch Avalon, einen kleinen Flughafen 55 km südwestlich von Melbourne nahe Geelong, als Basis für Flüge zu einigen australischen Zielen; ab Tullamarine fliegt Jetstar zu weiteren Destinationen.

Fähren

Zwischen Melbourne und Tasmanien (Devonport) verkehrt das ganze Jahr über die Autofähre **Spirit of Tasmania**; Auskunft und Buchung unter ✆ 1800-88 43 05 oder ▢ www.spiritof tasmania.com.au. Die Bass Strait kann sehr stürmisch sein – wer zur Seekrankheit neigt, sollte besser fliegen.

Auto

Etliche Firmen bieten One-way-Arrangements von Melbourne nach Adelaide, Sydney, Brisbane und Nord-Queensland an. Zwei auf den Backpacker-Markt ausgerichtete Autohändler in Melbourne verkaufen alte, generalüberholte Autos mit Rückkaufgarantie (S. 455, Autokauf). Ansonsten muss man auf Aushänge in den Backpacker-Hostels oder auf andere Autohändler zurückgreifen.

Victorias Straßennetz ist ausgedehnt; die Hauptrouten sind in sehr gutem Zustand. Der sehr dicht befahrene Hume Highway (Nr. 31) nach Sydney ist über weite Strecken eine vierspurige Autobahn mit Tempolimit 100 oder 110 km/h; in geringerem Ausmaß auch der Highway Nr. 8 nach Adelaide.

Informationen

Praktisch jede Stadt oder Region von touristischem Interesse hat ein oder mehrere Visitor Centres mit gutem Informationsmaterial und freundlichen Beratern, die auch Buchungen übernehmen.

Auskünfte über Nationalparks und State Forests erteilt **Parks Victoria**, ▢ www.parkweb.vic.gov.au. Kostenlose Infoblätter zu den Parks und State Forests mit Informationen zu Wanderwegen, Campingmöglichkeiten, etc. sowie einer Karte gibt es in den Informationszentren der Region sowie online.

12 HIGHLIGHT

Melbourne

Kaum eine andere Großstadt zelebriert ihr multikulturelles Erbe so hemmungslos wie Melbourne. „Multikulti" ist hier viel mehr als ein Modewort – die Vielfalt an Denkweisen, Religionen, Modestilen, Küchen und kulturellen Veranstaltungen, die hier aufeinandertrifft, verleiht Melbourne sei-

nen urbanen Charakter. Mit jeder neuen Einwanderungswelle wurde dieses städtische Mosaik erweitert – heute feiern *Melburnians* indische Kulturfestivals genauso wie das deutsche Oktoberfest (das hier in vielen Kneipen feucht-fröhlich zelebriert wird). Islamische Moscheen und hinduistische Tempel gehören ebenso ins Stadtbild wie katholische und orthodoxe Kirchen.

Melbourne gilt in Australien als „Garden City", und die Vielfalt an sorgfältig gepflegten Parkanlagen rund um die Innenstadt ist in der Tat bemerkenswert. Zur Mittagszeit füllen sich die Parks mit sonnenhungrigen Büroangestellten, bei denen ausgedehnte Mittagspausen zur Lebensphilosophie gehören.

In der eigentlichen City, die nur rund eine Quadratmeile groß ist, verlaufen die Straßen im Schachbrettmuster. Dazwischen verstecken sich viele enge, autofreie Gassen und Ladenpassagen *(laneways)* – die gemütlichsten und interessantesten Ecken der Stadt. Hier finden sich stimmungsvolle Cafés, authentische Restaurants, Boutiquen und kleine Galerien. Die Inner Suburbs, Vororte in einem 4-km-Umkreis, bilden kleine Zentren von eigenem Charakter. Mit ihrem lebendigen, kosmopolitischen Straßenleben gleichen sie eher europäischen Stadtvierteln als typisch australischen Vorstädten.

Das Stadtzentrum liegt an der nördlichen Port Phillip Bay, einer riesigen Bucht, die nur durch eine enge Öffnung, The Rip, mit der Bass Strait verbunden ist. Dem Wachstum von Melbourne stehen kaum natürliche Grenzen wie Bergketten oder breite Flüsse im Wege, so wuchert die Großstadt unaufhaltsam weiter. 4,9 Mio. Einwohner (mehr als ein Viertel davon sind Einwanderer aus Übersee) leben auf einer 6100 km² großen Fläche (zum Vergleich: Hamburg umfasst 755 km², Berlin 884 km²). Damit dürfte Melbourne eine der flächenmäßig größten Städte der Welt sein.

Die Innenstadt

Die Innenstadt sowie das Kulturviertel Southbank lassen sich bequem zu Fuß erkunden; wem die Füße wehtun, nimmt einfach die nächste Straßenbahn. Alle „Trams" sind im Viereck zwischen Flinders Street, Harbour Esplanade (und

Melbourne: Die Millionen-Metropole am Yarra River bildet ein urbanes Mosaik verschiedenster Kulturen.

bis zur Harbour City), La Trobe Street (und bis zum Queen Victoria Market) und Spring Street kostenlos. Die kostenlose **City Circle Tram** umfährt täglich von etwa 9.15–17.30 Uhr (Do bis 20.30 Uhr) alle 15 Minuten in beiden Richtungen das Areal der Innenstadt via Flinders St, Spring St, Latrobe St und Spencer St. Die Haltestellen, an denen auch andere Straßenbahnen halten, sind durch ein braunes Schild mit der Aufschrift „City Circle Tram Stop" markiert.

Die roten Doppeldeckerbusse von **City Sightseeing Melbourne** fahren im Gegensatz zur Straßenbahn auch Sehenswürdigkeiten außerhalb der Innenstadt an (z. B. den Melbourne Zoo). Tagesticket $35, Kind (4–14 J.) $15. Der Bus verkehrt täglich zwischen 9.30 und 16.10 Uhr. Auch Kombitickets (inkl. Eintritt zu einigen Attraktionen) und 2-Tagespässe. 🖥 www.citysightseeing.melbourne.

Flinders Street Station und Federation Square

Die viel abgebildete **Flinders Street Station**, der Bahnhof am Yarra River, ist ein guter Ausgangspunkt für Stadterkundungen. Der palastartige Bau mit dem großen Kuppeldach über dem Haupteingang und dem lang gestreckten „Seitenflügel" ist mit rund 120 Jahren der älteste Bahnhof Australiens. Die Uhren am Haupteingang sind ein beliebter Treffpunkt für Melburnians *(„meet under the clocks")*.

Der Bahnhof kontrastiert mit dem hypermodernen Gebäudeensemble des 2002 eröffneten **Federation Square** gegenüber. Quaderähnliche Gebäude, deren Wucht durch Fassaden aus schimmernden Oberflächen, schrägen Fensterschlitzen, Panelen und schiefen Winkeln gebrochen wird, begrenzen den Platz und fassen eine hügelige Plaza ein, die mit einem Kopfsteinpflaster aus beige-ockerfarbenem Sandstein bedeckt ist. Hier ragt der Eingang zum unterirdischen **Visitor Information Centre** auf.

Einige (überteuere) Bars, Cafés und Restaurants umgeben den „Fed Square". Die Plaza ist Schauplatz vieler Kulturevents und viele große Sportereignisse – wie die Australian Open Finale oder die Fußball-WM – werden auf der riesigen Leinwand übertragen. Außerdem befinden sich hier einige von Melbournes bekanntesten Museen: Das **Ian Potter Centre**: **NGV Australia**,

NORTH

VICTORIA

■ ÜBERNACHTUNG
1. The Nunnery
2. Carlton Terrace
3. Melbourne Metro YHA
4. Space Hotel
5. Jasper Hotel
6. City Tempo
7. City Centre Budget Hotel
8. Causeway Inn
9. King St Backpackers
10. City Square Motel
11. United Backpackers
12. Melbourne Central YHA

■ ESSEN
1. Bimbo Deluxe
2. Babka
3. The Fitz
4. Mario's
5. Jimmy Watson's Wine Bar
6. Tiamo 1 und 2
7. Brunetti
8. Gluttony
9. Warung Agus
10. Shark Fin Inn
11. Hofbräuhaus
12. Flower Drum Restaurant
13. Pellegrini's, Grossi Florentino's
14. Cafe Segovia
15. Gopal's
16. Hopetoun Tea Rooms

■ SONSTIGES
1. Evelyn Hotel
2. Cinema Nova
3. La Mama Theatre
4. Gabrielle Pizzi
5. Garners Hire Bike
6. The Comics Lounge
7. Peel
8. Alcaston Gallery
9. Bennetts Lane
10. Hoyts Cinema
11. Her Majesty's Theater
12. Princess Theatre
13. The Elephant & Wheelbarrow Pub
14. Brown Alley
15. Max Watt's
16. Athenaeum
17. Aboriginal Galleries of Australia
18. Fortyfivedownstairs
19. Ian Potter Centre
20. Transport
21. Rentabike
22. Melbourne River Cruises
23. The Corner Hotel
24. Bike Now

■ TRANSPORT
1. Southern Cross Bus Terminal

Royal Melbourne Hospital

Shiel St · Molesworth St · Chapman St · Flemington Rd
Langford St · Macaulay St · Dryburgh St · Harker St
Haines St
O'Shanassy St · Harcourt St · Courtney St · Wreckyn St · Royal Parade
Arden St
Curzon St · Errol St · Queensberry St · Chetwynd St · Howard St · Peel St · Elizabeth St
Laurens St · Munster Terr · Dryburgh St · Abbotsford St · Leveson St · William St · Capel St
Miller St
Ireland St · Spencer St · Hawke St · King St · Queen Victoria Market
Adderley St · Boden St · Walsh St · Franklin St
Stanley St · Franklin St
Railway Pl · Rosslyn St · Dudley St · A'Beckett St
Footscray Rd · Batman St · Flagstaff Gardens · Flagstaff
Dynon Rd

Wonderland Fun Park
WEST MELBOURNE
Melbourne Star
Harbour Town Shopping Centre
Docklands Drive
Plaza at Docklands

Jeffcott St · La Trobe St · Wurundjeri Way
Koorie Heritage Trust
Little Lonsdale St · Lonsdale St · King St · William St · Bourke St
BÖRSE
Cafe · 14

Marvel Stadium
Southern Cross

DOCKLANDS
Central Pier
New Wharf Rd
Harbour Esplanade
Bourke St · Navigation Dr · Collins St
Spencer St

12
Aquarium

Lorimer St
Ingles St · Rogers St · Boundary St
New Wharf Rd

Polly Woodside
South Wharf Promenade
Melbourne Exhibition Centre

Crown Entertainment Complex

PORT MELBOURNE
West Gate Freeway · Brady St
SOUTH WHARF
Whiteman St · White...

Fennell St · Bertie St · Boundary St · Johnson St · Normanby Rd · Gladstone St · Montague St · City Rd · Ferrars St · Haig St · Market St · York St · Cecil St
Bridge St
Williamstown Rd · Evans St · Station St

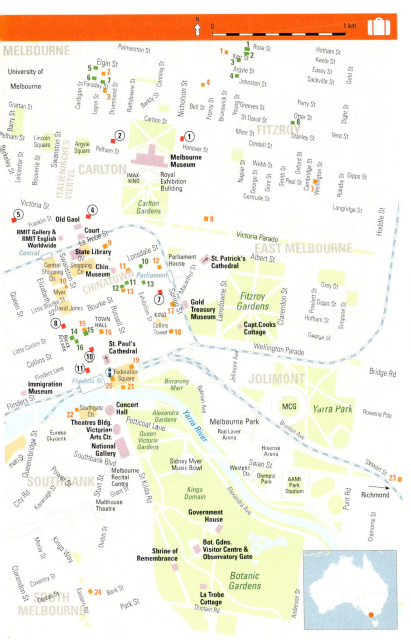

MELBOURNE

University of
Melbourne

Palmerston St
Elgin St
5 Elgin St
6 **2**
7 Faraday St
Cardigan St
Lygon St
Drummond St
Rathdowne St
3

Grattan St

Barry St
Pelham St
Lincoln
Square
Swanston St
Argyle
Square
Pelham St

Bouverie St
Berkeley St
Leicester St

ITALIENISCHES
VIERTEL

CARLTON

Victoria St
Franklin St
5 Old Gaol
Court
RMIT Gallery &
RMIT English
Worldwide
Central
State Library
Chin.
Museum

La Trobe St
Lonsdale St
11

Central
Shopping
Ctr.
Swanston St
Shopping
Ctr
Myer
David Jones
Little Bourke St
Elizabeth St
8
Bourke St
Russell St

15 TOWN
14 **15** HALL
16
16
Collins St
Little Collins St

Block
Arcade
10
11

Immigration
Museum

Flinders St

22
Southgate
Ctr.
Concert
Hall
Theatres Bldg.
Victorian
Arts Ctr.
National
Gallery
Southbank Blvd
Melbourne
Recital
Centre

Eureka
Skydeck

Queensbridge St
map A
City Rd
Power St
Kavanagh St
Sturt St
Grant St

SOUTHBANK

Malthouse
Theatre

Moray St
Kings Way
Dodds St
Coventry St

SOUTH
MELBOURNE

Clarendon St
Dorcas St
Easterly Rd
24
Bank St
Park St

Canning St
Barkly St
Carlton St

1
Rose St
Kerr St
3 **2** Argyle St
4 Johnston St

Nicholson St
Bell St
Fitzroy St
Brunswick St
Young St
4
Greeves St
St David St

Hotham St
Keele St
Easey St
Sackville St
Gold St

Perry St
Otter St
8
Stanley St

FITZROY
Moor St
Condell St
Webb St
Napier St
George St
Gore St
Smith St
Peel St
Oxford St
Cambridge St
Wellington St
Rokeby St
Gipps St
7
Gertrude St
Langridge St

Dight St
Vere St

Hoddle St

8

Victoria Parade

EAST MELBOURNE

10 **12**
Parliament
House
11
13
12 **13**
7
17
KINO
Collins
Tower
18

St. Patrick's
Cathedral
Albert St

Macarthur St
Spring St
Exhibition St
Lansdowne St
Gold
Treasury
Museum

Capt. Cooks
Cottage

Grey St

Powlett St
Gipps St

Hofman St
Clarendon St
George St

Fitzroy
Gardens

Simpson St

Wellington Parade

St. Paul's
Cathedral
19
Federation
Square
20 **21**
Birrarung
Marr
Yarra River
Batman Ave
Jolimont Ave

Bridge Rd

JOLIMONT

MCG
Yarra Park
Rowena Pde

Melbourne Park
Rod Laver
Arena

Alexandra
Gardens
Queen
Victoria
Gardens
Sidney Myer
Music Bowl

Petticoat Lane
St Kilda Rd

Hisense
Arena
Swan St
Westpac
Ctr.
Olympic
Park
AAMI
Park
Stadium

Stewart St
23

Richmond

Punt Rd
Cremorne St

Kings
Domain
Alexandra Ave
Anderson St

Government
House

Bot. Gdns.
Visitor Centre &
Observatory Gate

Shrine of
Remembrance

La Trobe
Cottage
Domain Rd

Botanic
Gardens

IMAX-
KINO
Melbourne Museum
Royal
Exhibition
Building

Carlton
Gardens

Hanover St
1

2

4

CHINATOWN
Parliament

9

2

Victoria St

7

9

VICTORIA

www.ngv.vic.gov.au, beheimatet die umfassendste Sammlung australischer Kunst weltweit. Kostenlose Führungen vermitteln einen ausgezeichneten Überblick. Auf drei Stockwerken und 20 Galerien verteilt, umfasst die Ausstellung traditionelle und zeitgenössische Kunstwerke der Ureinwohner *(indigenous art)* sowie australische Kunst; hinzu kommen besondere wechselnde Ausstellungen. ⊙ tgl. 10–17 Uhr, Eintritt frei, ausgenommen Sonderausstellungen.

Der **Australian Centre for the Moving Image** (ACMI) nebenan ist – wie der Name sagt – dem „sich bewegenden Bild" in jeder Form gewidmet: Film, Fernsehen, Videospiele, digitale Medien. Der allgemeine Zutritt ist kostenlos, ebenso viele Ausstellungen, Vorträge und Präsentationen. Das ganze Jahr über gibt es internationale Sonderausstellungen, Filme, Festivals und kreative Workshops; Details unter ▢ www.acmi.net.au. ⊙ tgl. 10–17 Uhr, Kinos und die Lobby auch abends.

Birrarung Marr und Melbourne Park

Über einen breiten Treppendurchgang an der Südseite des Federation Square gelangt man zu den Uferanlagen des Yarra River. Hier kann man bei **Rentabike**, ✆ 9654 2762, ▢ www.rentabike.net.au, Fahrräder leihen ($20 pro 2 Std., $40 pro Tag), was sich besonders empfiehlt, wenn man von hier aus Richtung Botanischer Garten (S. 467) weiterziehen möchte. Außerdem starten hier einige River Cruises; Details S. 454. Nach Osten führt ein breiter Spazierweg am Fluss entlang zur Parkanlage **Birrarung Marr**, einem weiteren Schauplatz auf Melbournes prall gefülltem Eventkalender. Die drei Anhöhen *(terraces)* bieten einen guten Blick auf die natürliche Bühne am Yarra. Neben der Fußgängerbrücke, die zum Melbourne Park führt, sollen die 39 auf dem Kopf stehenden Glocken – die **Federation Bells** – an den Zusammenschluss der australischen Kolonien *(Federation)* 1901 erinnern.

Von der Brücke und den Anhöhen bietet sich ein schöner Ausblick auf die Skyline der City nebst Princes Bridge und gen Osten auf die großen Sportarenen des Melbourne Park: die **Rod Laver Arena** und die **Hisense Arena**, wo jeden Januar die Tennismeisterschaften Australian Open ausgetragen werden, sowie das **Aami**

Park Stadium, das seit 2010 die bedeutendsten Rugby- und Fußballspiele beherbergt. Der Melbourne Cricket Ground – kurz **MCG** – nordöstlich der Hisense Arena hat im Herzen der sportverrückten Melburnians einen zentralen Platz inne: Es war der Hauptaustragungsort der Olympischen Spiele von 1956 und danach nationaler und internationaler Cricket-Meisterschaften sowie wichtiger Aussie-Rules-Spiele. Sportfreunde können dem **National Sports Museum** im MCG (▢ www.nsm.org.au) einen Besuch abstatten. Es beleuchtet Australiens beliebteste Sportarten und sportliche Errungenschaften. In der interaktiven Ausstellung „Game On!" können Besucher gegen nationale Champions in verschiedenen Sportarten antreten – natürlich virtuell. ⊙ tgl. 10–17 Uhr, Eintritt $25, Kind $14.

City-Quadratmeile
Einkaufsstraßen und Gassen

Das eigentliche Einkaufszentrum der Stadt ist die Fußgängerzone **Bourke Street Mall** zwischen Swanston und Elizabeth St mit den Kaufhäusern Myer und David Jones und Hunderten kleinerer, oft in Ladenpassagen versteckter Läden. Die von der Bourke St Mall abgehende **Royal Arcade** ist Melbournes älteste Ladenpassage; sie wurde schon 1869 im klassischen Stil erbaut.

Das riesige Shopping-Centre **Melbourne Central** nimmt mit fünf Stockwerken und über 300 Läden den gesamten Block zwischen Swanston St und Elizabeth St, Lonsdale St und Latrobe St ein. Ein riesiges Kegeldach aus Glas wölbt sich über dem alten **Shot Tower** von 1889, in dem früher Bleikugeln hergestellt wurden. (Man goss im Innern des Turms flüssiges Blei hinunter, das sich im freien Fall zu Kugeln formte und unten von Wasser aufgefangen wurde.)

Schräg gegenüber von Melbourne Central liegt an der Ecke von Swanston St und Lonsdale St der Gebäudekomplex **QV (Queen Victoria Village)**. Er nimmt fast das gesamte Areal zwischen Lonsdale, Russell, Latrobe und Swanston ein. Durch den Komplex verlaufen nach oben offene Gassen – ein architektonischer Anklang an den „Block" zwischen Bourke und Collins, Swanston und Elizabeth mit seinen zahlreichen Ladenpassagen und Gassen.

Die **Collins Street** gilt als die feinste Straße der Stadt. Vom Abschnitt zwischen Swanston St und Elizabeth St zweigen etliche Gassen und Ladenpassagen nach Norden und Süden ab: nach Norden in Richtung Little Collins St die L-förmige **Block Arcade**, eine Schönheit aus den 1890er-Jahren mit einem Fußboden aus schwarz-weißen Mosaiksteinen und einem gewölbten Glasdach. Die zum viktorianischen Ambiente der Ladenpassage passenden Geschäfte kontrastieren mit den hippen Cafés und Lädchen von **Block Place**, einer Gasse, die die Block Arcade mit der Little Collins St verbindet.

Nach Süden zur Flinders Lane hin zweigen weitere kleine, mit Cafés und Lädchen vollgestopfte Gassen ab, darunter **Centre Way**, **Centre Place** und **Manchester Lane**; und weiter zwischen Flinders Lane und Flinders St die Gasse **Degraves Street**. Im Westen wird die Grenze der Innenstadt von der **Southern Cross Railway Station** mit ihrem markanten gewellten Dach markiert.

Immigration Museum

Westlich der Flinders Street Station beherbergt das ehemalige Customs House (Zollhaus) an der Ecke von William St und Flinders St das sehenswerte **Immigration Museum**, 🖵 www.museum victoria.com.au/immigrationmuseum, das sich mit einem Zentralthema der australischen Geschichte befasst. Unter Zuhilfenahme moderner Multimedia-Technologien versetzt die Ausstellung Besucher in die Situation von Einwanderern, die in den letzten 200 Jahren nach Victoria kamen. Dargestellt werden die Gefahren der Überfahrt, die persönlichen Geschichten der Einwanderer, ihre Hoffnungen, Enttäuschungen und Erfolge. In einem Innenhof befindet sich der **Tribute Garden**; auf einem Marmorblock sind dort Namen von Einwanderern nach Victoria eingraviert. Die Namen der Ureinwohner, die Victoria vor der Ankunft der europäischen Siedler bewohnten, sind am Eingang zum Tribute Garden festgehalten. ⏱ tgl. 10–17 Uhr, Eintritt $15, Studenten und Kinder frei.

Melbourne Aquarium

Direkt am Yarra, Ecke Kings Way, liegt das Melbourne Aquarium, 🖵 www.melbourneaquarium.

com.au. In den verschiedenen Becken leben hauptsächlich Meeresbewohner aus den Gewässern um Australien, aber auch Tiere aus Mangrovensümpfen und den weiter landeinwärts gelegenen Wasserstellen (Billabongs). Stachelrochen, Haie, Tintenfische, Quallen, Seepferdchen, Murray Cod. Das Oceanarium ist in den Yarra eingelassen und fasst mehr als 2 Mio. Liter Wasser. Hinzu kommen viele kleinere Becken, ein künstliches Korallenatoll, Mangroven, ein flacher Rockpool und vieles mehr. Ähnlich wie in den Aquarien von Sydney und Perth kann man in einem Fiberglastunnel durch ein mit Haien gefülltes Wasserbecken gehen und die Fische an und über sich vorbeigleiten sehen. ⏱ tgl. 9.30–18 Uhr. Für einen Besuch sollte man 2–3 Std. veranschlagen. Eintritt $42, Kind $28, online günstiger.

Chinatown

Chinesische Torbögen vor der Little Bourke St, zwischen Swanston St und Exhibition St, markieren den Eingang zur Chinatown – einer Aneinanderreihung von chinesischen und asiatischen Restaurants und Lebensmittelläden entlang der Little Bourke St und in den davon abgehenden engen Seitengassen. Ende Januar/Anfang Februar ist Chinatown der Schauplatz des chinesischen Neujahrsfests mit Löwentänzen und Food Festivals. Das sehenswerte kleine **Chinese Museum**, 22 Cohen Place, ☎ 9662 2888, 🖵 www.chinesemuseum.com.au, vermittelt einen guten Überblick über die Geschichte der chinesischen Einwanderer in Melbourne. ⏱ tgl. 10–16 Uhr, Eintritt $11.

Staatsbibliothek

Die stattliche **State Library**, 🖵 www.slv.vic. gov.au, an der Swanston St, Ecke La Trobe St, beherbergt die größte allgemeine Referenzbibliothek des Staates Victoria. Das imposante Gebäude aus der Goldrauschzeit (1856) lässt keinen Zweifel daran, dass ihre Gründer nicht damit rechneten, in naher oder fernerer Zukunft in Finanznöte zu geraten. Ein kurzer Blick ins Innere lohnt. Von Interesse sind die **Cowen Gallery**, eine Gemäldesammlung, die die Entwicklung Melbournes von einer kleinen Kolonialsiedlung zur stolzen Metropole dokumentiert, und der **La Trobe Reading Room** mit seinen sechsstöckigen Buchregalen und 32 000 Büchern, überwölbt von einem gewaltigen Kuppeldach. Hier findet sich eine Sammlung von Karten, Büchern und Dokumenten über Australien. Als aktuelle deutschsprachige Nachrichtenpublikation liegt *Der Spiegel* vor. ☉ Mo–Do 10–21, Fr–So und feiertags 10–18 Uhr.

Die Treppenstufen und der Rasen vor der Bibliothek sind ein bei Besuchern und Einheimischen gleichermaßen beliebter Rastplatz. Hier finden auch viele Demonstrationen statt.

Old Melbourne Gaol

Das zwischen 1841 und 1864 erbaute Old Melbourne Gaol, Russell St, ⌨ www.oldmelbourne gaol.com.au, ist Victorias ältestes Gefängnis. Australiens bekanntester *bush ranger* und heimlicher Volksheld Ned Kelly wurde 1880 in diesem Gefängnis erhängt. Seine Totenmaske ist eine der makabren „Attraktionen". ☉ tgl. 9.30–17 Uhr, Eintritt $28, erm. $23. Abendliche Führungen bei Kerzenlicht legen es darauf an, die Teilnehmer zum Gruseln zu bringen (aktuelle Zeiten online, $38). Buchung ist unbedingt erforderlich.

Queen Victoria Market

Auf dem beliebten Markt trifft sich samstags halb Melbourne beim Lebensmitteleinkauf. Die 140 Jahre alte Anlage wird an der Victoria St und der Elizabeth St von renovierten Läden und Cafés begrenzt; dahinter erstrecken sich die Markthallen. Ein besonderer Vorteil des Marktes: Man findet hier – sozusagen unter einem Dach – Spezialitäten, für die man sonst quer durch Melbourne fahren müsste: polnische Wurst, italienisches Pan Forte, hausgemachte Gewürzsoßen und vieles mehr. Markttage sind Di, Do und Fr 6–15, Sa bis 16 Uhr. Sonntags (9–16 Uhr) werden hauptsächlich Kleidung, Schuhe, Modeschmuck und dergleichen verkauft.

Südlich des Yarra River

Southbank

Über die Princes Bridge hinter der Flinders Street Station erreicht man den inneren Stadtbezirk Southbank. Der Stadtteil wurde in den letzten Jahren von einem vernachlässigten Industrieviertel in eine moderne Freizeit-, Ausgeh- und Kulturmeile verwandelt. Das städtische Facelifting – noch immer nicht komplett vollendet – demonstriert Melbournes Leidenschaft für Kunst und Kultur – und seine Bereitschaft, viel Geld dafür auszugeben.

Kunst- und Kulturstätten

Das Hauptaugenmerk des Umbaus ist bis heute auf die Entwicklung des neuen **Southbank Arts Precinct** gerichtet. Dieses umfasst eine ganze Reihe an renommierten Kunst- und Kulturzentren: Das **Arts Centre Melbourne**, ⌨ www.art scentremelbourne.com.au, schließt die runde Konzerthalle **Hamer Hall** und das **Theatres Building** ein, von Weitem erkennbar an seinem spitz zulaufenden, abends angestrahlten Turm über dem gewellten Dach. Das Theatres Building beherbergt drei Theatersäle, wo das ganze Jahr über weltbekannte Musicals, Oper- und Ballettaufführungen stattfinden. Sonntags kann man während der 90-minütigen Backstage Tour um 11 Uhr einen Blick hinter die Kulissen werfen ($20). Auf dem Rasen hinter dem Arts Centre findet jeden Sonntag von 10–16 Uhr ein Kunsthandwerkermarkt statt.

In der **National Gallery of Victoria**, ⌨ www. ngv.vic.gov.au, sind internationale Werke sowie große Sonderausstellungen zu sehen; daher auch der Name: NGV International. ☉ tgl. 10–17 Uhr. Eintritt frei, ausgenommen Sonderausstellungen. Kostenlose Führungen tgl. 11, 12, 13 und 14 Uhr.

Wenige Minuten entfernt steht das moderne, auffällige **Melbourne Recital Centre & MTC Theatre**, Sturt St Ecke Southbank Ave. Das preisgekrönte Gebäude von 2009 beherbergt zwei Säle und dient als permanente Spielstätte der Melbourne Theatre Company; Termine online unter ⌨ www.melbournerecital.com.au.

Weiter südlich liegt in der Sturt St das **Malthouse**, Heimstatt der gleichnamigen Theatergruppe und Austragungsort des Melbourne Writers Festivals, und nebenan bietet das **Australian Centre for Contemporary Art** (ACCA), ⌨ www.accaonline.org.au, in einer architektonisch interessant gestalteten Behausung regelmäßig wechselnde Ausstellungen zeitgenössischer australischer und internationaler Kunst. ☉ Di–So 10–17 Uhr, Eintritt auf Spendenbasis.

Southgate-Komplex und Kasino

Entlang der Uferpromenade reihen sich zahlreiche Restaurants und Cafés aneinander. Im Erdgeschoss des **Southgate**-Gebäudekomplexes befindet sich ein Food Court, in dem man zur Mittagszeit gut und günstig essen kann. Die oberen Etagen beherbergen teure Restaurants, darunter einige von Melbournes exklusivsten Feinschmecker-Adressen. Alle bieten einen guten Ausblick über den Yarra auf die City. Ein Bummel entlang der Promenade lohnt sich vor allem abends, wenn die Lichter der City vom Wasser reflektiert werden. Zur szenischen Atmosphäre tragen dann acht Granittürme vor dem Kasino bei, die zwischen 20 und 24 Uhr (im Winter ab 21 Uhr) Feuer speien.

Von Southgate bummelt man am Flussufer entlang zum **Crown Casino**, dem angeblich größten Kasino außerhalb Nordamerikas. Das Innenleben des Gebäudes bietet die verschiedenartigsten Möglichkeiten, Geld auszugeben: Boutiquen und Geschäfte von international bekannten Designern, Cafés, Restaurants, Kinos und Bars sowie Nachtclubs und natürlich die gewaltige Spielhalle.

Eine Fußgängerbrücke, die **Sandridge Bridge**, verbindet Southbank mit der Flinders Street Station. Die großen Stahlfiguren auf der Brücke heißen *The Travellers* und sollen die verschiedenen Einwanderergruppen repräsentieren, die Melbourne zu der boomenden Großstadt gemacht haben, die sie heute ist.

Eureka Tower

Hinter Southgate, etwas vom Wasser entfernt, steht der riesige Eureka Tower, mit 300 m Melbourne's höchstes Gebäude. In den meisten der 91 Stockwerke befinden sich Wohnungen. Von der Aussichtsplattform Skydeck 88, 🖵 www. eurekaskydeck.com.au (Eintritt $25, Kind $15), bietet sich ein großartiger Blick über die Innenstadt und die gesamte Region. Wer schwindelfrei ist, kann sich auch in die Glaskabine The Edge (Eintritt $12 extra) wagen. In luftiger Höhe schiebt sich diese zu einem Soundtrack aus berstendem Glas 3 m aus dem Gebäude heraus;

Decken, Wände und Fußboden sind durchsichtig. Von der Straße 285 m weiter unten trennen den Betrachter nichts als ein paar Stahlträger und eine dicke Glasplatte. ☉ tgl. 10–22 Uhr.

South Wharf und Yarra Promenade

Westlich der Clarendon St erstreckt sich das **Melbourne Convention and Exhibition Centre**, schon von weitem erkennbar an der Betonplatte, die an eine hochgezogene Zugbrücke erinnert. Der neue Teil des Gebäudes wurde nach umweltfreundlichen Kriterien errichtet und räumte bereits einige Preise ab.

Das restaurierte Museumsschiff **Polly Woodside** kann besichtigt werden. Die Bark aus dem Jahr 1885 stammt ursprünglich aus Belfast und segelte in jungen Jahren mehrfach nach Südamerika, bevor sie nach Ozeanien übersetzte. Seit den 1950er-Jahren verbringt sie ihren Ruhestand am Ufer des Yarra und ist v. a. bei Schulgruppen beliebt, die hier die Seefahrtgeschichte aufleben lassen. ☉ Sa und So 10–16 Uhr, in den Schulferien tgl.; Eintritt $16, Student $13, Kind $9,50.

Ein Bummel am Ufer entlang Richtung Westen führt zu einer weiteren Restaurant- und Amüsiermeile: Die **South Wharf Promenade** beheimatet prominente kulinarische Adressen – alle mit Blick über den Yarra und Sitzgelegenheiten draußen, daher perfekt geeignet für ein gemütliches Bier in der Sonne. Dahinter befindet sich das **South Wharf DFO**, ein Einkaufszentrum mit bekannten internationalen Labels.

Das Ufer entlang der Marina mit ihren Luxus-Jachten und weiteren (teuren) Restaurants ist die **Yarra Promenade**. Von hier aus führt die **Webb Bridge** zu den Docklands nördlich des Yarra (S. 462).

Domain Parklands

Südlich des Yarra River und östlich der St. Kilda Rd erstrecken sich nur einen Katzensprung von der City entfernt ausgedehnte Parkanlagen – die Domain Parklands. Sie umfassen die **Alexandra Gardens**, die **Queen Victoria Gardens**, die **Kings Domain** sowie die **Royal Botanic Gardens**.

Die **Alexandra Gardens** sind gleich auf der anderen Seite der Brücke gegenüber dem Federation Square. Hier befinden sich die alten

Bootsschuppen für Ruderer und am Wochenende wird kräftig gepaddelt.

Auf der anderen Seite der Alexandra Avenue liegen die Queen Victoria Gardens und noch weiter südlich die Kings Domain mit der **Sidney Myer Music Bowl**, im Sommer Schauplatz vieler Konzerte, darunter Rockevents und kostenloser klassischer Konzerte. Das strahlend weiße Gebäude mit der australischen Flagge ist das **Government House**, seit Mitte der 1870er-Jahre die palastartige Residenz des Gouverneurs von Victoria.

Noch weiter südlich steht eine weitere Melbourner Ikone: das klotzige Monument des **Shrine of Remembrance**, 🖳 www.shrine.org.au. Das auf einer Anhöhe über der St. Kilda Rd thronende Kriegsdenkmal soll die Erinnerung an die verehrten Anzacs wachhalten – australische (und neuseeländische) Soldaten, die ihr Leben in verschiedenen Kriegen rund um die Welt ließen (S. 230, Canberra). Jedes Jahr am 25.4. – dem sogenannten ANZAC Day – wird hier der *Dawn Service* zu Ehren der Gefallenen abgehalten. Im Inneren des Monuments erläutert eine Ausstellung Australiens Kriegsvergangenheit. Die Statuen zweier Soldaten sollen die beiden Generationen an Militärs präsentieren, die im Ersten und Zweiten Weltkrieg dienten. 🕐 tgl. 10–17 Uhr, Eintritt frei. Führungen tgl. um 11 und 12.45 Uhr, $34.

Östlich des Schreins befindet sich das Observatory Gate, der Haupteingang zu den **Royal Botanic Gardens** mit großem Café und Visitor Centre. Hier gibt es eine kostenlose Landkarte vom Park. Diese herrliche, grüne Oase erstreckt sich über 36 ha. Kinder kommen im Ian Potter Children's Garden auf ihre Kosten. Das National Herbarium ist eine der ältesten wissenschaftlichen Institutionen Victorias. 🕐 tgl. 7.30–Sonnenuntergang. Im Sommer und Herbst werden verschiedene Touren für Kinder und Erwachsene geboten: 📞 0481 455 410, 🖳 www.rbg.vic.gov.au. Im Sommer werden im Moonlight Cinema Filme gezeigt: 🖳 www.moonlight.com.au.

Interessante Vororte

Die Inner Suburbs rings um die City bilden kleine Zentren für sich, jeder Stadtteil hat seinen eigenen Charakter. Die meisten liegen sehr verkehrsgünstig und sind deshalb eine gute Alternative zum Wohnen in der City.

Docklands

Das **Marvel Stadium** am Wurundjeri Way markiert den Beginn der Docklands. Zu Fuß ist das Stadion auch über die von überdimensionalen, rot-weißen „Mikadostäben" aus Stahl begrenzte Fußgängerbrücke von der Spencer St (auf der Höhe der Bourke St) zu erreichen. Das riesige Sport- und Großveranstaltungsstadion bietet 54 000 Zuschauern Platz. Mo–Fr um 11, 13 und 15 Uhr, an Veranstaltungstagen um 11 und 13 Uhr werden Führungen „hinter die Kulissen" geboten. $15, Buchung ratsam, 📞 8625 7277. Weitere Infos unter 🖳 http://marvelstadium.com.au.

Der Docklands-Bezirk – ehemals ein Gebiet ungenutzter Freiflächen, alter Lagerhallen und Docks – hat im letzten Jahrzehnt eine gravierende und sündhaft teure Umgestaltung erfahren. Am **New Quay** (schräg gegenüber der Verlängerung der Latrobe St) erheben sich neue Apartmentblöcke – einer wie der Bug eines Schiffes gestaltet. Man kann hier direkt am Wasser entlangflanieren, in einem der Cafés oder Restaurants einkehren und den Blick auf die Skyline der City im Osten und die Bolte Bridge im Westen genießen.

Waterfront City und das dahinter liegende **Harbour Town Shopping Centre** bieten unerschöpfliche Möglichkeiten, die Kreditkarte zu belasten. Straßenbahn Nr. 86 fährt von der Bourke St über Spencer St bis zur Waterfront City, ebenso die City Circle Tram.

Das **Melbourne Star Observation Wheel**, 🖳 www.melbournestar.com, am westlichen Ende der Docklands wurde im Dezember 2008 feierlich eröffnet, aber nur wenige Wochen später im Hitzemonat Januar 2009 aufgrund von Strukturfehlern wieder geschlossen. Seit Ende 2013 dreht es seine Bahnen über den Dächern Melbournes. 🕐 10–22 Uhr, Eintritt $27, Kind $16,50.

Carlton

In den 1960er-Jahren war Carlton Melbournes Bohèmeviertel. Italienische Einwanderer hatten Espressobars und italienische Restaurants eröffnet – zur damaligen Zeit umwälzende Neu-

VICTORIA

heiten. Diese waren bald der beliebteste Treffpunkt von Immigranten, Studenten der benachbarten Melbourner Uni und Künstlern. Die Bistros haben längst schicken Boutiquen, Friseursalons und Buchläden Platz gemacht, und die Preise in den verbliebenen italienischen Restaurants sind – oft im Gegensatz zur Qualität – erheblich gestiegen.

Heute wird die multikulturelle Landschaft durch Einwanderer bereichert, die hauptsächlich aus Asien und England stammen. Eine mediterrane Tradition wird aber noch immer hochgehalten: Man trifft sich nach dem Abendessen an Carltons Hauptstraße, der **Lygon Street**, zum Flanieren, auf ein Gelato oder einen Espresso. Mit den Straßenbahnen Nr. 1 und 22 kommt man von der Swanston St über die Elgin St zur Lygon St nördlich der Kaffeemeile.

Melbourne Museum

Das langgestreckte Gebäude des **Melbourne Museum**, 🖳 www.museumvictoria.com.au/ MelbourneMuseum, wirkt durch die Verwendung von viel Glas hell und luftig. Blickfänge sind das schräg aufragende „Zugbrückendach", ein architektonisches Leitmotiv, das sich in Melbourne oft wiederholt, und ein in den Primärfarben bemalter Würfel. Das Museum ist Themen aus Naturkunde, Geschichte und Sozialgeschichte gewidmet und in Galerien aufgeteilt. Es umfasst permanente und wechselnde Ausstellungen; besonders sehenswert ist die Aboriginal-Ausstellung. Für einen Besuch sollte man sich mindestens zwei bis drei Stunden Zeit nehmen. ⏲ tgl. 10–17 Uhr, Eintritt $15, Studenten und Kinder frei.

Zur Anlage gehört auch das **IMAX-Kino**, ☏ 9663 5454, 🖳 www.imaxmelbourne.com.au. Filme laufen von 10 bis 21 Uhr, einige davon in 3D. Ab Bourke St mit Straßenbahn Nr. 86 oder 96 in Richtung East Brunswick via Nicholson St oder kostenlose City Circle bis Victoria Parade.

North Melbourne und Parkville

North Melbourne ist ein alter, weitgehend intakter Stadtteil, der erstaunlicherweise von den Yuppies bisher noch ziemlich links liegen gelassen wurde. Das Leben spielt sich auf der Errol St, der Shopping-Meile, ab.

Den größten Teil von Parkville nehmen die Gebäude der **Melbourne University** und das riesige Parkgelände des **Royal Park** mit dem **Royal Melbourne Zoo** in seiner Mitte ein. Der 22 ha große Tierpark, der drittälteste der Welt, ist im ornamentalen viktorianischen Stil angelegt. Beim Bau der riesigen Anlage orientierte man sich am natürlichen Lebensraum ihrer Bewohner. ⏲ tgl. 9–17 Uhr, Eintritt $38, Kinder bis 15 J. am Wochenende und in den Schulferien kostenlos, sonst $19. Von Januar bis Anfang März finden hier Sa und So Konzerte statt; Details unter 🖳 www.zoo.org.au.

Anfahrt mit Straßenbahn Nr. 55 ab William St. Der Zoo liegt auch auf der Route des Melbourne Visitor Shuttle. Nach North Melbourne fahren Straßenbahnen Nr. 57 und 59 ab Elizabeth St.

Fitzroy und Collingwood

Fitzroy und Collingwood sind alte Arbeiterviertel. Entlang der **Brunswick Street** befinden sich Restaurants, trendy Bars und Cafés, Läden mit schräger Secondhand-Kleidung sowie Lifestyle-Geschäfte mit Kosmetika, Dekorationsgegenständen und Möbeln – alles schick und ein bisschen schräg.

In Collingwood ist die **Smith Street** der Ort des Geschehens. Dort und in den von ihr abgehenden Straßen, **Gertrude Street** und **Johnston Street**, gibt es interessante Pubs, Cafés, Galerien und Buchläden. Anfahrt mit den Straßenbahnen Nr. 96 von der Bourke St in Richtung East Brunswick via Nicholson St, Nr. 86 und 87 von Bourke St in Richtung Bundoora oder Latrobe Uni via Gertrude St und Smith St, Nr. 10 und 11 von Collins St in Richtung West Preston via Brunswick St.

East Melbourne

East Melbourne ist eine grüne Oase in unmittelbarer Nachbarschaft zur City mit einigen Straßenzügen eleganter, zweistöckiger Reihenhäuser aus dem 19. Jh. An zwei Seiten wird der Stadtteil von Parkanlagen gesäumt.

Auf einer Anhöhe (Eastern Hill) an der Spring St erhebt sich gegenüber der Bourke St das helle Sandsteingebäude des **Parliament House** von Victoria. Mit dem Bau wurde 1856 – in der Goldrauschzeit – begonnen; der Reichtum dieser Zeit manifestierte sich in einer opulenten Innenausstattung. Die Vorderfront an der Spring St mit den wuchtigen dorischen Säulen und der breiten Steintreppe davor wurde 1892 fertiggestellt. Bei Parlamentssitzungen ist die Public Viewing Gallery der Öffentlichkeit zugänglich. Termine unter ⌨ www.parliament.vic.gov.au/visit. Wenn das Parlament nicht tagt, steht das Gebäude auch Besuchern offen.

Ein weiteres stattliches Gebäude aus dem 19. Jh., das **Old Treasury Building** von 1857 (ehemaliges Finanzministerium), befindet sich südlich des Parlaments am Rande der **Treasury Gardens** und beherbergt heute ein geschichtliches Museum. ⏰ So–Fr 9–17 Uhr, Eintritt frei.

In den **Fitzroy Gardens** posieren oft Brautpaare für Hochzeitsfotos. Es gibt hier auch ein Visitor Centre sowie ein angenehmes Café. Schön sind die Blumenarrangements im **Conservatory** (Wintergarten). Die **Tudor Village**, ein englisches Miniaturdorf, steht im Zentrum des Gartens. Abends und nachts treiben sich in den Bäumen und auf den Rasenflächen in den Treasury und Fitzroy Gardens Possums herum; die meisten sind so zutraulich, dass sich Spaziergänger ihnen auf wenige Meter nähern können.

East Melbourne erreicht man zu Fuß, mit den Zügen via City Loop bis Parliament Station oder mit allen Straßenbahnen von der Collins St in Richtung Osten.

Richmond

Richmond lohnt den Besuch vor allem zum ungebremsten Marathon-Shopping in den unzähligen Factory Outlets, Secondhandläden und Designer-Boutiquen entlang der Bridge Road. Die Kreuzung von Swan St und Church St ist Richmonds **griechisches Viertel**; das Nordende, die Victoria St zwischen Hoddle St und Church St, ist das ständig wachsende **vietnamesische Viertel**. Der Bezirk ist auch bekannt für seine renovierten, alten Pubs mit gutem Essen und guten Bands. Die Straßenbahn Nr. 48 in Richtung North Balwyn fährt von der Collins St entlang der Bridge Road.

South Yarra, Toorak und Prahran

South Yarra und Toorak zählen zu den teuersten Adressen in Melbourne. „Man" residiert in viktorianischen Anwesen oder Luxusapartments und lässt sich im exklusiven **Toorak Village** in der Toorak Rd, Ecke Grange Rd, beim Einkaufen oder Lunchen sehen. Die Toorak Rd in South Yarra zwischen Chapel St und Punt Rd ist etwas bunter gemischt.

Gut zum Ausgehen: die Brunswick Street in Fitzroy mit ihrem alternativen Flair

© JAN DÜKER

VICTORIA

In den Geschäften, Cafés und Nightclubs der **Chapel Street** in **South Yarra**, zwischen Toorak Rd und Commercial Rd, trifft sich die junge Schickeria. In Chapel St Prahran, südlich der Commercial Rd und in der Seitenstraße **Greville Street**, mischen sich ein paar relaxtere Läden unter die Designer-Outlets.

Die **LGBT-Szene** in Melbourne ist nicht so sehr auf einen einzigen Stadtteil konzentriert; im Abschnitt der Commercial Rd um den **Prahran Market** (S. 450; Märkte) hat sich jedoch so etwas wie ein kleiner Szenetreff herausgebildet. Rings um den Markt liegen gemütliche Cafés und alternative Läden.

Straßenbahnen fahren ab Swanston St: Nr. 8 in Richtung Toorak via Toorak Rd, Nr. 72 in Richtung Camberwell via Commercial und Malvern Rd, Nr. 6 in Richtung Glen Iris via High St, Nr. 5 in Richtung Malvern via St. Kilda Rd und Dandenong Rd. In Nord-Süd-Richtung fahren die Straßenbahnen Nr. 78 und 79 die gesamte Chapel und Church St entlang nach St. Kilda.

South Melbourne, Albert Park und Port Melbourne

Die sauberen und freundlichen Stadtteile South Melbourne und Albert Park strahlen eine beinahe dörfliche Atmosphäre aus. Kein Wunder, dass sich hier viele junge Familien, aber auch reiche Geschäftsleute ansiedeln. Die alten zweistöckigen viktorianischen Häuschen wurden größtenteils sorgfältig renoviert; verwobene Kletterpflanzen dekorieren ihre Fassaden.

Das Gebiet um den **Albert Park Lake**, eine der grünen Lungen nahe der Innenstadt, ist der Austragungsort des Formel-1-Autorennens. Jedes Jahr Anfang März herrscht hier ein Riesenlärm, und Besucherscharen füllen die Tribünen rund um den See. Zu anderen Zeiten trainieren auf dem Albert Park Lake Ruderer und Segler, Jogger laufen um den See.

Wenn nicht gerade der Grand Prix stattfindet, sind die Einkaufs- und Bummelstraßen von South Melbourne angenehm ruhig und friedlich. Auf der **Bridport Street**, zwischen Montague und Merton Street, befinden sich einige nette Cafés und Bistros. Weiter südlich auf der Victoria Avenue gibt es Bio-Läden und weitere Restaurants. Ein weiteres Shopping-Mekka ist die breite Clarendon Street. Wer Richtung Westen auf die Coventry Street abbiegt, findet alternative Buch-, Möbel- und Souvenirläden.

Auf dem **South Melbourne Market** (seit 1864), einer großen Halle im Block zwischen Cecil, York und Coventry St, werden Lebensmittel, Textilien und einige Souvenirs verkauft. Markttage sind Mi, Fr, Sa und So 8–16, Fr bis 17 Uhr (So kein Fleischverkauf).

Straßenbahn Nr. 1 fährt ab Swanston St in Richtung South Melbourne Beach (Victoria Ave) via Sturt St; oder Straßenbahn Nr. 12 ab Collins St via Clarendon St, South Melbourne, in Richtung St. Kilda Beach.

St. Kilda

Melbournes bekannteste Vorstadt am Wasser bietet einen interessanten Mix: Retro und modern, traditionell und exzentrisch, schlampig und fein treffen hier aufeinander und vereinen sich zu einer schillernden Vorstadt mit einem Hang zur Überheblichkeit.

Die geschäftige **Acland Street** ist wie eine kulinarische Zusammenfassung Melbournes zu einer Shopping- und Fressmeile. In wenigen Schritten durchstreift man den einladenden Duft mediterraner Kochkünste, den fettigen Geruch brutzelnder Fish & Chips und das unwiderstehliche Aroma frisch gebackener Kuchen und Pasteten, die künstlerisch aufgetürmt im Schaufenster locken.

Designer-Boutiquen konkurrieren mit Secondhandläden. Kunstliebhaber können im **Linden Centre for Contemporary Arts**, 26 Acland Street, vorbeischauen, das hervorragend den schillernden Charakter dieses Vororts widerspiegelt. ⏰ Di–So 11–16 Uhr, Eintritt frei.

An der Bucht teilen sich Spaziergänger, Radfahrer und Skateboarder die palmenbestandene Esplanade; der Strand wird von Sonnenbadenden und Kitesurfern eingenommen. Ein Bummel über den wöchentlichen **Esplanade Market** mit über 150 Ständen (überwiegend Kunsthandwerk) gehört für viele Melburnians zum Sonntagsritual (⏰ So 10–16 Uhr).

Nicht verpassen sollte man einen Spaziergang auf dem **St. Kilda Pier** zum Café im ikonischen **Little Blue Restaurant and Kiosk**. Der kleine Damm dahinter beheimatet eine Kolonie

VICTORIA

Geschichte

Australian Rules Football, von den Australiern liebevoll **„Footy"** genannt, wurde 1859 in Melbourne, Victoria, erfunden. Die Regeln, die von einem vierköpfigen Komitee festgelegt wurden, basieren auf dem Fußballspiel der angelsächsisch-keltischen Heimat. Das Ziel war, ein Wettkampfspiel **für Cricketspieler im Winter** zu schaffen, denn Cricket wurde nur im Sommer gespielt.

Die ersten „Footy"-Clubs entstanden als Ableger von Cricketclubs, und die Spiele wurden auf Cricketfeldern ausgetragen. Die Wurundjeri, Ureinwohner aus Victoria, sollen eine ähnliche Art von Fußballspiel gekannt haben, von ihnen *marngrook* genannt, das möglicherweise als Inspiration für „Australian Rules" diente. Die prägenden Wurzeln des Spiels liegen jedoch unbestritten im englischen Rugbyspiel und im irischen Football.

Australian Rules setzte sich auch in den anderen australischen Bundesstaaten South Australia, Western Australia und Tasmanien als wichtigstes Ballspiel durch; selbst in Darwin, Nord-Queensland und im Australian Capital Territory (Canberra) gewann es viele Anhänger. In Bezug auf die Anzahl der Spieler und Vereine blieb Victoria jedoch für den längsten Teil seiner Geschichte das Epizentrum von „Aussie Rules".

In der 1897 gegründeten **Victorian Football League** traten zwölf Vereine gegeneinander an. Diese Footy Clubs waren jeweils in einem bestimmten Stadtteil von Melbourne beheimatet und mit dieser *Suburb* eng verwoben. Jeder **Footy Club** hatte seine eigenen Farben, Trikots, Clublieder, seinen Heimatspielplatz und Spitznamen sowie Anhänger, die *ihrem* Club auf Gedeih und Verderb, Gewinn und Verlust, die Treue hielten. So entstand eine Art von „Stammeskultur" – welchen Footy Club man anfeuerte *(to barrack for …)*, wurde meist dadurch bestimmt, wo man wohnte (z. B. Richmond oder Carlton) und welchen Club die Familie unterstützte.

Seit den 1980er-Jahren haben sich Vereine aus Perth, Sydney, Adelaide und Brisbane zusammen mit den Vereinen aus Victoria zu einer Bundesliga zusammengeschlossen: der aus heute 18 Mannschaften bestehenden Australian Football League (AFL).

Der Ablauf

Das Spielfeld für Aussie Rules Football ist oval und wesentlich größer als der Mitteleuropäern geläufige Fußballplatz *(soccer field)*. Eine Mannschaft besteht aus **18 Spielern**, 15 sind festgelegt als Verteidiger, Mittelfeldspieler und Stürmer, drei bewegen sich frei auf dem Spielfeld. Das Ziel des Spiels ist es, den ovalen Ball ins gegnerische Tor zu schießen. Außer Kicken mit dem Fuß dürfen dabei auch die Hände benutzt werden. Die zwei Tore bestehen aus jeweils zwei hohen Torpfosten, neben denen sich zwei kürzere *point*-Pfosten befinden. Wird der Ball ungehindert durch die zwei hohen Pfosten geschossen, gilt dies als Tor *(goal)* und ergibt sechs Punkte. Wird der Ball ungehindert zwischen

von Zwergpinguinen, die sich hier bei Sonnenuntergang blicken lassen.

In St. Kilda und den angrenzenden Bezirken Elsternwick, Ripponlea und Caulfield ließen sich während des Zweiten Weltkriegs und danach viele jüdische Einwanderer nieder. Das **Jewish Museum of Australia**, 26 Alma Rd, East St. Kilda, 🖳 www.jewishmuseum.com.au, erzählt die außergewöhnlichen Lebensgeschichten dieser jüdischen Siedler. 🕐 Di–Do 10–16, Fr bis 15, So bis 17 Uhr, Eintritt $12, Student/Kind

$6. Straßenbahn-Stopp Nr. 32 mit den Trams Nr. 3 oder 67.

St. Kilda gilt außerdem als Vergnügungs- und Party-Zentrum, und tatsächlich mangelt es nicht an vollen Kneipen, lebhaften Bars und schrillen Nachtclubs. In den letzten 100 Jahren hat sich die legendäre **Fitzroy Street** von einem feinen Boulevard für Melbournes Oberklasse über ein sündiges Pflaster für Prostituierte und ihr Klientel sowie Drogensüchtige und Obdachlose bis hin zu einer hippen Ausgehmeile entwickelt.

einen hohen und einen kürzeren Pfosten hindurch geschossen, ergibt dies einen Punkt. Ein Spielergebnis von zwölf Toren *(goals)* und neun Punkten ergibt also 81 Gesamtpunkte.

Ein Spiel wird in vier Quartale von je 20 Minuten aufgeteilt. Mehrere Schiedsrichter folgen dem schnell und fließend verlaufenden Spiel. Die wichtigen Unterschiede zu *soccer:* Es gibt kein Abseits. Ein mit dem Fuß gekickter Ball darf hoch in der Luft aufgefangen werden, bevor er auf dem Rasen landet – dies nennt man *a mark.* Ein vor seinen Gegnern in die Höhe springender oder sich in die Flugbahn des Balles werfender Spieler kann ein **eindrucksvoller Anblick** sein. Ein *marked ball* bedeutet ein Anhalten des Spiels und ein Freistoß. Das Landen eines *unmarkierten* Balls auf dem Rasen hat ein **intensives Gerangel** der Spieler zur Folge.

Auch im Umgang mit den gegnerischen Spielern sind **Handgreiflichkeiten** *(tackling)* erlaubt – innerhalb festgelegter Grenzen. So ist es erlaubt, einen Gegner in der Körperzone zwischen Hüfte und den Schultern festzuhalten, um ihn dazu zu bringen, den Ball entweder loszulassen oder zu lange festzuhalten, und auf diese Weise einen Freistoß zu erhalten. Wird jedoch der Spieler mit dem Ball am Hals festgehalten, in den Rücken gestoßen oder ihm wird ein Bein gestellt, dann bekommt er einen Freistoß.

In der „Footy"-Saison im Herbst und Winter werden zunächst 24 **AFL-Spielrunden** ausgetragen. Die acht Gewinner spielen danach in einer „Finals"-Serie vier Wochen lang gegeneinander, bis nur noch zwei Teams übrig bleiben. Zum „**Grand Final**" im September, dem Spiel um den Meistertitel *(Premiership)*, strömen etwa 100 000 Zuschauer in den Melbourne Cricket Ground. Mehr oder weniger der Rest der Nation lässt alles liegen und stehen und folgt der Übertragung des Spiels in Radio oder Fernsehen. Die Anhänger der Gewinner feiern tagelang *ihren* Sieg – laut und lärmend, aber meist ohne irgendwelche Sachschäden.

Aus europäischer Perspektive mag diese nur auf Australien begrenzte Variante des Fußballs kurios und sehr unbedeutend erscheinen. Sein Stellenwert für die sportbegeisterten, ja sportverrückten Australier kann jedoch nicht hoch genug eingeschätzt werden.

„Footy" ist ein integraler **Teil australischer Alltagskultur**, insbesondere in Victoria, und entsprechend breit und detailliert ist die Berichterstattung in den Medien. Die Begeisterung für „Footy" ist mitnichten eine Angelegenheit für junge Männer mit einem Hang zum Rowdytum aus unterprivilegierten Vororten. Ganz im Gegenteil, sie zieht sich durch alle sozialen Schichten und durchbricht traditionelle Rollenzuweisungen der Geschlechter. Neueinwanderer, die bei den Arbeitsplatzgesprächen in der Mittagspause ein Wörtchen mitreden und insgesamt von den Aussies für voll genommen werden wollen, sind gut beraten, ein Interesse an diesem Sport zu entwickeln.

Weitere Informationen: 🖥 www.afl.com.au.

Von Harry Zable; Übersetzung: Anne Dehne

Das **Esplanade Hotel** um die Ecke an der Esplanade, „*The Espy*", ist seit rund 140 Jahren *die* Adresse für Livemusik und feucht-fröhliche Abende. 2018 wurde das Pub renoviert.

Der historische **Luna Park** mischt Vergnügungspark mit Nostalgie. Die Anlage wurde bereits 1912 eröffnet und steht Besuchern noch immer offen. Das markante Eingangstor (der offene Mund des Mr Moon) hat seitdem seinen Weg auf unzählige Tourismusbroschüren gefunden. Ruhig geht es dagegen in den idyllischen

Botanic Gardens zu, einem guten Ort für ein gemütliches Picknick in der Sonne abseits der Menschenmassen.

Von der City fahren die Straßenbahnen Nr. 3, 16, 67 und 79 via St. Kilda Rd in Richtung St. Kilda Beach.

Williamstown

Aufgrund seiner isolierten Lage hat sich Williamstown bis heute den Charakter eines eigenständigen Dorfes bewahrt. Der Vorort liegt

10 km von der City entfernt auf einer Halbinsel an der westlichen Bucht. Von den Piers vor der Hauptstraße Nelson Place betrachtet, erscheint die Skyline der City jedoch Welten entfernt von diesem intakten kleinen Hafenviertel. Freitagabends und an Wochenenden ist Nelson Place proppenvoll mit Besuchern aus anderen Stadtvierteln, die hier die Straße entlangbummeln und die zahlreichen Cafés und Restaurants bevölkern.

Am Wochenende kann man einen Ausflug mit der Fähre von St. Kilda oder Southgate hierher unternehmen (Details S. 454, Bootstouren und Fähren); jeden dritten Sonntag im Monat findet von 10–16 Uhr auf dem Rasen vor Nelson Place der **Williamstown Crafts Market** statt.

Am Gem Pier befindet sich ein kleines Visitor Centre, wo Broschüren zu drei historischen Spaziergängen durch Williamstown ausliegen. Vor allem der Rundgang am Wasser entlang lohnt sich. Williamstown liegt auf einer Halbinsel; am südöstlichen Ende der Nelson Bay befindet sich der **Timeball Tower**, der einst Schiffen die Navigation erleichterte.

Von hier aus führt ein Weg am Ufer entlang durch den Botanischen Garten bis zum **Williamstown Beach**, wo man gut baden kann.

Zu erreichen mit dem Zug ab Flinders St nach Williamstown (Strand: Williamstown Beach aussteigen) oder mit der Fähre.

Western Suburbs

Footscray liegt im Schatten des Port of Melbourne, wo rund um die Uhr gewaltige Container verladen werden. Diese geografische Lage und seine geschichtliche Rolle als Arbeiterviertel verleihen Footscray noch immer den Ruf eines Industriebezirks, der einen eher rauen Menschenschlag beheimatet. Doch die zentrale Lage und wohl auch der Umbau der Docklands zu einem modernen Einkaufs- und Freizeitzentrum machen Footscray immer begehrter bei jungen Leuten, die aufgrund der hohen Immobilienpreise aus der City verdrängt werden. Diese neuen Einwohner und die oft asiatischstämmigen Alteingesessenen haben Footscray in eine multiethnische, wenig versnobte Gemeinde mit authentischen Esslokalen und guten Einkaufsmöglichkeiten verwandelt.

Unverkennbar asiatisch geht es noch immer auf den **Footscray Markets** zu, wo man preiswert Obst und Gemüse, aber auch allerlei asiatische Lebensmittel erstehen kann. ⊕ Di und Mi 7–16, Do und Sa bis 17, Fr bis 18 Uhr; zu erreichen mit den Vorortzügen Richtung Westen, Ausstieg Footscray Station.

Der **Maribyrnong River** – früher Lieferkanal für die Schwerindustrie – ist heute ein Erholungsgebiet. Ein Fahrradweg führt fast den gesamten Fluss entlang. **Yarraville** weiter südlich präsentiert sich angenehm locker und alternativ und beheimatet gute Cafés, Restaurants und Bars. Eine Institution ist das **Sun Theatre**, 8 Ballarat St, 🖥 www.suntheatre.com.au, von 1938 mit seinen gemütlichen Sofasitzen und nostalgischem Flair. Dazu gehört auch ein interessanter Buchladen.

Das Technologiemuseum **Scienceworks** in Spotswood, in einer ehemaligen Pumpstation in der Nähe der West Gate Bridge, 2 Booker St, ist ein weiterer Grund, sich in den Westen vorzuwagen. Themen sind u. a. Energie, Meteorologie, technische Erfindungen; man kann Hand anlegen, Maschinen bedienen und Experimente machen.

Zur Anlage gehört das **Melbourne Planetarium**, ✆ 9392 4800, 🖥 www.museumvictoria.com.au/Scienceworks; dort werden Besucher mithilfe der neuesten 3D-Digital-Technologie auf eine (virtuelle) Reise durch das Universum geschickt. Shows am Wochenende stündlich zwischen 11 und 15 Uhr, werktags um 14 Uhr – vorher anrufen, da oft Schulklassen alles gebucht haben.

Scienceworks ⊕ tgl. 10–16.30 Uhr, Eintritt $15, Kinder bis 16 J. und Studenten frei.

Vorortzüge in Richtung Williamstown oder Werribee, Spotswood Station aussteigen, dann ca. zehn Minuten zu Fuß, den Schildern an der Hudson St folgen.

ÜBERNACHTUNG

Wie in Sydney richten sich auch die Backpacker-Unterkünfte in Melbourne immer mehr auf die gehobenen Ansprüche der Flashpacker-Generation ein: Die guten Hostels der Stadt sind sauber, sicher, bequem und bieten allerlei

Extras. Die Preise liegen (noch) leicht unter denen in Sydney, im Vergleich zu anderen Hostels in Victoria sind sie dennoch sehr hoch. Im Winter gibt es oft günstigere Angebote. Bei längerem Aufenthalt wird es ebenfalls billiger, meist ist die 7. Nacht kostenlos. Dorms sind in der Regel m/w-gemischt, aber jedes Hostel hat mindestens ein für Frauen reserviertes Dorm. Übliche Serviceleistungen sind Bettzeug und Decken, Gepäckaufbewahrung, ein Safe für Wertsachen, Tourbuchungen, Internet; sie sind deshalb unten nicht extra erwähnt. Einige größere Hostels haben hauseigene Bars oder ein Pub nebenan.

In der **City** gibt es zahlreiche Backpacker-unterkünfte. Ziemlich zentral sind auch die an die City angrenzenden Stadtteile wie **North Melbourne**, **Carlton** und **Richmond**. **St. Kilda** ist ein wenig weiter draußen, bietet dafür aber den Vorteil der Strandnähe. **South Melbourne** und **Prahran/Windsor** sind beides interessante Stadtteile zwischen City und Strand; die Verkehrsanbindung ist ebenfalls gut.

City

Hostels

King St Backpackers, 197 King St, ☏ 9670 1111, 1800-67 11 15, 🖥 www.kingstreetbackpackers. com.au. Rundum freundliches, gemütliches und sauberes, wenn auch schlichtes, Hostel. Die hellen Zimmer sind alle mit AC und Heizung ausgestattet; 4–16-Bett Dorms (Bett $28–34) und einige DZ. Im Souterrain befindet sich neben der rund um die Uhr besetzten Rezeption eine gut ausgestattete Küche und ein Aufenthaltsraum mit TV; auf jeder Etage gibt es kleine Sitzecken, ebenfalls mit TV. Magnetkartenzugang sorgt für gute Security. Nur wenige Gehminuten von der Southern Cross Station und dem Queen Victoria Market. Preise inkl. Frühstück. Die Hostelbetreiber bieten viele Aktivitäten. ❸

Melbourne Central YHA, 562 Flinders St, ☏ 9621 2523, ✉ melbcentral@yha.com.au. Modernes Hostel in guter Lage zwischen Southern Cross Station und dem Yarra River mit sehr hilfsbereitem Personal. Große Dachterrasse mit vielen Sitzgelegenheiten. Kleine, aber saubere Küche. 3–8-Bett-Dorms

(Bett $34–38) und DZ, teilweise mit eigenem Bad; alle sehr sauber. Unten Bar. Tourbuchungen. ❷–❹

🧳 **Space Hotel**, 380 Russell St, ☏ 9662 3888, 🖥 www.spacehotel.com.au. Das moderne Luxus-Hostel bietet Hotelkomfort mit allen Extras: Von der Dachterrasse mit Whirlpool und Sitzbänken überblickt man die ganze City. Heimkino, Fitness-Studio, eigenes Internet-café und große komfortable Gemeinschaftsräume wie Essbereich und Küche. Die 4–8-Bett-Dorms ($38–48) haben äußerst komfortable Betten, außerdem große Schließfächer mit Lampen und Steckdosen. Die sehr gut ausgestatteten, modernen EZ und DZ, z. T. mit Bad, gehören zum Hotelbereich. ❷–❹

🧳 **United Backpackers**, 250 Flinders St, ☏ 9654 2616, 🖥 http://unitedback packers.com.au. Supermodernes, sehr sauberes Hostel für max. 280 Backpacker mit Designerküche, Heimkino und tgl. vielfältigem Programm: kostenlose Weinverkostungen, Taco- und Quiz-Nights und Touren um Melbourne. Die Betten in den 4–12-Bett-Dorms sind alle mit Steckdose und Nachtleselampe sowie gemütlichen Kissen ausgestattet ($38–52). Außerdem gibt es einige DZ mit und ohne Badezimmer. Genau richtig für alle, die gerade frisch in Australien angekommen sind, denn hier kommt man leicht mit anderen Travellern ins Gespräch. ❺–❻

Hotels und Motels

€ **Causeway Inn**, 327 Bourke St, ☏ 1800-65 06 88, 🖥 www.causeway.com.au. Das schmale Mittelklassehotel versteckt sich in einer kleinen Passage, die von der Bourke Street Mall abgeht (nur ein paar Schritte östlich der Royal Arcade). Saubere, wenn auch kleine Zimmer mit bequemen Betten, modernem Design, Wasserkocher, TV, Bad und Safe. Frühstücksbuffet inkl. ❷–❹

City Centre Budget Hotel, 22 Little Collins St, ☏ 9654 5401, 🖥 www.citycentrebudgethotel. com.au. Einfaches, renoviertes kleines Privathotel in zentraler Lage nahe dem Parlament. Preiswerte EZ und DZ, Bad auf dem Gang. Sehr schöne Dachterrasse und kleine Gemeinschaftsküche. ❷

City Square Motel, 67 Swanston St, ☎ 9654 7011, 🖥 www.citysquaremotel.com.au. Die superzentrale Lage macht dieses saubere Mittelklasse-Hotel so begehrt. Alle Zimmer sind mit Kühlschrank, Mikrowelle, TV und Bad ausgestattet; kleines Frühstück inbegriffen. EZ ($110), DZ sowie 3- und 4-Bett-Zimmer. **5**

🛄 **City Tempo**, 353 Queen St, ☎ 8256 7500, 🖥 www.citytempo.com.au. Moderne, zentrale und freundliche Apartments mit sehr gutem Preis-Leistungs-Verhältnis. Die Zimmer haben alle AC, Küchenzeile, bequeme Betten, TV, Bad und WLAN (gratis), einige auch Balkon, Waschmaschine und Sofa. Zur Hotelausstattung gehören außerdem Konferenzraum, Fitnessstudio und Sauna. Minimum 2 Nächte. **5**

Jasper Hotel, 489 Elizabeth St, ☎ 8327 2777, 1800-46 83 59, 🖥 www.jasperhotel.com.au. Komplett modernisiertes Boutique-Hotel mit Zimmern und Units in unterschiedlichen Kategorien. Moderne Ausstattung mit minimalistischem Design. Die Gäste können kostenlos Pool und Fitnesszentrum der nahen City Baths benutzen. Zum Hotel gehört ein Restaurant. **4**–**8**

Nördlich der City

Carlton

Carlton Terrace, 196 Drummond St, ☎ 0410-67 63 44, 🖥 www.carltonterrace.com.au. Kleines Boutiquehotel in schön renoviertem, 2-stöckigem viktorianischen Haus; einige Studiounits mit Bad und gut ausgestatteter Kitchenette. Frühstück auf Anfrage. **6**

North Melbourne

Melbourne Metro YHA, 78 Howard St, ☎ 9329 8599, ✉ melbmetro@yha.com.au. Großes und modernes Hostel: Dorms mit Schließfächern (Bett ab $34), EZ, DZ, auch mit Bad, alle Familienzimmer mit Bad. Behindertengerecht; Zentralheizung, mehrere TV-Lounges, Dachgarten mit Grillstelle, Café, Internet-Lounge, Reisebüro, Geldwechsel, Fahrradvermietung; viele Aktivitäten. Rezeption ⊕ 24 Std. Straßenbahn Nr. 19 oder 59 ab Elizabeth St, in der Flemington Rd, Ecke Blackwood St, aussteigen, die Blackwood St entlang und schräg nach links in die Howard St einbiegen. **3**–**4**

Fitzroy

The Nunnery, 116 Nicholson St, ☎ 9419 8637, 1800-03 26 35, 🖥 www.nunnery.com.au. Hostel in altem viktorianischen Haus; teils etwas beengte Dorms (4–12 Betten, Bett $36–40), einige einfache EZ und DZ **3**, kleiner Innenhof, gemütlicher Aufenthaltsraum mit offenem Kamin. Im Guesthouse (separates Gebäude nebenan) gibt's mehr Platz: alles EZ und DZ **4**, Bad auf dem Flur, eigene Küche und Aufenthaltsraum. Alle Preise inkl. Frühstück. Viele Infos und Aktivitäten. Straßenbahn Nr. 96 in Richtung Brunswick von Bourke St, Haltestelle 11 aussteigen.

Östlich der City

Richmond

Central Melbourne Accommodation, 21 Bromham Place (abgehend von der Highett St), ☎ 9427 9826, 🖥 www.centralma.com.au. Das kleine, familiäre Hostel (max. 30 Gäste) in einem modernen Wohnhaus in Citynähe gleicht eher einer sympathischen Wohngemeinschaft. Für Langzeitgäste (ab 7 Nächten), die Betreiber helfen bei der Jobsuche und lassen selten einen Wunsch unerfüllt. Hauptsächlich 4-Bett-Dorms ($210 pro Woche); auch einige DZ ($490 pro Woche).

Richmond Hill Hotel, 353 Church St, ☎ 9428 6501, 🖥 www.richmondhillhotel.com.au, in einer ansehnlichen viktorianischen Villa mit hübschem Vorgarten untergebracht. Die große Boutique-hotel-Abteilung bietet B&B in DZ. Die Budget-Abteilung im nach hinten an die Villa angrenzenden Wohnblock empfiehlt sich besonders für Leute, die sparen wollen, aber Backpacker-Hostels nicht besonders mögen: Einfache DZ, EZ und Familienzimmer, mit Bad auf dem Gang. Außerdem gibt es eine kleine Küche und einen Gemeinschaftsraum. Das Hotel liegt sehr zentral zwischen Bridge St und Swan St. Zum Haus gehört ein Parkplatz. **2**–**5**

St. Kilda

🛄 **Base Melbourne**, 17 Carlisle St, St Kilda, ☎ 8598 6200, 1800-24 22 73, 🖥 www.stayatbase.com. Die Designerherberge war die erste, die in Melbourne in puncto Ausstattung, Dienstleistungen und Sauberkeit neue Stan-

VICTORIA

dards setzte. Alle Dorms haben eigene Bäder, AC und abschließbaren Gepäckstauraum unter den Betten. Zahlreiche Computer, eine angenehme Bar, die gutes und preiswertes Essen serviert. Einziger Nachteil: Küche/TV-Lounge im Keller. Direkt um die Ecke der Acland St; Straßenbahn Nr. 96 von der City nehmen und eine Haltestelle vor Endstation aussteigen. Dorm-Bett $30–40. ❶–❹

Boutique Hotel Tolarno, 42 Fitzroy St, ☎ 9534 0200, 🖥 www.hoteltolarno.com.au. Renoviertes, stilvolles Boutiquehotel mit schönen Zimmern und Suiten in zentraler Lage. Jeder Raum ist mit Werken australischer Künstler ausgestattet. ❸–❻

Caravanpark

Melbourne Big4 Holiday Park, 265 Elizabeth St, Coburg, 10 km nördl., ☎ 1800-802 678, 🖥 https://melbournebig4.com.au. Zelt- und Stellplätze ($48/54) sowie viele Cabins verschiedener Preisklassen. Gute überdachte Campküche, Pool, TV-Zimmer, Spielplatz und Spielzimmer. ❹–❼

ESSEN

Wie in Sydney deckt das Angebot sämtliche kulinarischen Richtungen und Preisklassen ab. Es empfiehlt sich, einen Tisch zu reservieren, besonders an Wochenenden. Wer länger bleibt und sich intensiver den kulinarischen Genüssen Melbournes widmen möchte, sollte sich bei einem Zeitungshändler die neueste Ausgabe des *The Age Good Food Guide* besorgen. Eine gute App und Website ist 🖥 www.zomato.com.

City

City-Angestellte besorgen sich ihr Frühstück und Mittagessen in den zahlreichen Cafés und Take-aways. Besonders viele befinden sich in der Flinders Lane und Little Collins St westlich der Swanston St, ebenso entlang der Elizabeth und Swanston St sowie in den Ladenpassagen zwischen Collins und Bourke St.

€ **Gopal's**, 139 Swanston St, 1. und 2. Stock, ☎ 9650 1578. Sehr preiswertes vegetarisches Essen im indischen Stil (z. B. Buffet für etwa $12). Das Restaurant wird von Hare-

Krishna-Leuten geführt, kein Alkohol. ⏱ Mo–Sa 11.30–21 Uhr, So nur mittags.

In **Block Place**, einer versteckt gelegenen kleinen Gasse, die von der Little Collins St zwischen Elizabeth und Swanston St abgeht, gibt es eine Konzentration an trendy Cafés:

Cafe Segovia, mit spanisch angehauchtem Dekor. Ausgezeichneter Kaffee, Kuchen und auch leichte Speisen; gut zum Frühstücken. ⏱ Mo–Sa 7 Uhr bis spät, So 8–16.30 Uhr. BYO und Schanklizenz.

Hopetoun Tea Rooms, um die Ecke in der Block Arcade (abgehend von der Collins St), war schon vor über 100 Jahren Treffpunkt der feinen Melbourner Ladies zu Tee und *scones*, und auch heute muss man noch rechtzeitig kommen, um zum Fünf-Uhr-Tee nicht draußen in der Schlange zu stehen; es gibt auch Kuchen und leichte Speisen.

Pellegrini's, 66 Bourke St, ☎ 9662 1885, eines der ersten italienischen Cafés in Melbourne und deshalb heute eine Institution. Zur Straße hin eine Espressobar (guter Kaffee und Kuchen), im hinteren Raum preiswerte italienische Speisen. ⏱ tgl. 8–23 Uhr.

Grossi Florentino's Cellar Bar, 80 Bourke St, ☎ 9662 1811, 🖥 www.grossiflorentino.com. Ähnliche Tradition (s. o.) und ist heute ein Treffpunkt der Hautevolee von Melbourne; Schanklizenz. Die preiswerten Tellergerichte gibt es nur in der legeren Cellar Bar, das Restaurant oben ist teuer. ⏱ Mo–Sa 7–23 Uhr.

In der **griechischen** Ecke in der Lonsdale St, zwischen Swanston und Russell St, gibt es etliche griechische Kafenions und Souvlaki-Bars, die Kuchen in Sirup verkaufen.

Chinatown ist das Synonym für eine Anhäufung asiatischer Restaurants – entlang der Little Bourke St und in den Seitenstraßen und -gassen gibt es sie in allen Preisklassen. Chinesische und australische Familien treffen sich sonntags mittags gern zum **Yum Cha** (kantonesisches Wort für Dim Sum) – z. B. im **Shark Fin Inn**, 50 Little Bourke St, ☎ 9662 2681. ⏱ tgl. morgens bis spät, mit Schanklizenz. Zur gehobeneren bis teuren Preisklasse zählen u. a. das **Flower Drum Restaurant**, Market Lane, ☎ 9662 3655, welches seit vielen Jahren den Ruf als das beste unter vielen ausgezeichneten chinesischen Restaurants in Melbourne genießt. Die Qualität hat ihren Preis (Hauptgerichte ab $40; Menü mit 6 Gängen $150). Reservierung erforderlich. ⊕ Mittagessen Mo–Sa 12–15, Abendessen tgl. 18–22.30 Uhr. Heimwehkranke gehen gegenüber in das **Hofbräuhaus**, 24 Market Lane, ✆ 9663 3361. Im Stil einer bayerischen Gastwirtschaft eingerichtet; deutsche Küche, Hauptgerichte $25–35. ⊕ tgl. ab 12 Uhr bis spät.

Am Federation Square gibt es ebenfalls einige Cafés und Restaurants. Der große Publikumsmagnet am Platz ist die große Kneipe **Transport**.

Südufer des Yarra River

In den Cafés, Bars und Restaurants von **Southgate** sitzt es sich angenehm mit Blick auf den Yarra und die City-Skyline. Wer nur schnell einen Happen zu sich nehmen will, kann im **Food Court** im Erdgeschoss zwischen vielen Essenständen wählen. Im 1. Stock sitzt man gemütlicher bei **the deck** oder im **Bluetrain**; Letzteres bietet preiswerte kleine Speisen; deshalb wird es hier abends und um die Mittagszeit i. d. R. ziemlich voll.

Im Pub **P.J. O'Brien's** im Erdgeschoss kann man auch gut essen; abends gibt's Livemusik. Die anderen Restaurants in Southgate zählen zur gehobenen bis teuren Preisklasse. Am Wochenende sollte man bei allen Southgate-Restaurants einen Tisch reservieren.

Carlton

Zu den italienischen Restaurants und Espresso-Bars der **Lygon Street** haben sich auch andere Küchen gesellt. Das Preisgefälle ist groß, einige Etablissements sind Touristenfallen, in anderen essen und trinken Studenten der nahegelegenen Melbourne-Uni. Die Café-Bars der Lygon St sind gut zum Frühstücken.

Brunetti, 380 Lygon St, ✆ 9347 2801. Eine Institution in Carlton. Riesige Auswahl an himmlischen Törtchen, Kuchen, Eis und Sandwiches, dazu ausgezeichneter Kaffee. ⊕ tgl. 6–22, Fr und Sa bis 24 Uhr.

Das **Tiamo** gehört zu den Oldtimern unter den unzähligen italienischen Restaurants in Carlton. Noch immer stehen einfache, günstige Gerichte wie Gnocchi oder Pizza auf der Speisekarte.

Gerade am Wochenende empfiehlt es sich, rechtzeitig zu kommen, da spätestens um 20 Uhr alle Tische belegt sind. Gleich nebenan haben die Besitzer **Tiamo 2** eröffnet. Im Gegensatz zu den einfachen Gerichten des Originalrestaurants werden hier in schicker Atmosphäre modernere und auch etwas teurere Gourmetspeisen serviert. Beide ⊕ tgl. 7–23 Uhr. Tiamo, 303 Lygon St, ✆ 9347 5759; Tiamo 2, Nr. 305, ✆ 9347 0911.

Jimmy Watson's Wine Bar & Bistro, 333 Lygon St, mit Schanklizenz. Ausgezeichnete Auswahl an Weinen aus hauseigenem Weinkeller und gehobene Küche. ⊕ tgl. 11–21 Uhr.

Brunswick

Die Präsenz von Einwanderern aus dem Mittelmeerraum und Nordafrika hat den Stadtteil geprägt; **Sydney Road** war schon immer eine gute Adresse für türkisch-orientalische Restaurants und italienische Pasticcerias (Konditoreien) mit anspruchslosem Kitschdekor und spottbilligen Preisen. Aber schon reihen sich trendige Café-Restaurants und hippe Kneipen in die Straße ein.

Kao Thai, Nr. 347, ✆ 9380 5998. Gutes Thai-Essen zu sehr günstigen Preisen. Daher ist es auch oft schwer, einen Tisch zu bekommen. ⊕ Mi–Mo 17–22, Mi–Fr auch 12–16 Uhr.

Adanali, Nr. 835, ✆ 9384 0737, und **Golden Terrace**, Nr. 803, ✆ 9386 6729. Türkische Restaurants: beide ⊕ tgl.; samstags treten in beiden abends Bauchtänzerinnen auf.

North Melbourne

Warung Agus, 305 Victoria St, nicht weit vom Victoria Market, ✆ 9329 1737. Lang etabliertes, von einem australisch-balinesischen Paar geführtes Restaurant. Auf der kleinen Speisekarte stehen leckere indonesisch-balinesische Gerichte. Abendessen Mi–So. Schanklizenz und BYO.

Fitzroy und Collingwood

In der **Brunswick Street**, **Fitzroy**, befinden sich Tür an Tür Restaurants und angesagte Café-Bars zum Essen, Kaffeetrinken und Leute beobachten; immer wieder neue kommen hinzu. Auch in den Kneipen und Pubs in der Umgebung isst man gut (The Rainbow, The Provincial).

Schon länger zur Szene gehören die noch immer beliebten Cafés **Blackcat**, Nr. 252, **Mario's**, Nr. 303 und **The Fitz**, Nr. 347. Das Bäckerei-Café **Babka**, Nr. 358, bietet Di–So zwischen 7 und 18 Uhr Frühstück und andere Mahlzeiten (internationale, leicht russisch angehauchte Küche); ausgezeichnetes Brot und Kuchen. **Bimbo**, Nr. 376, ist eine laute Kneipe, aber die hier servierten Pizzen ($5) gehören zu den besten der Stadt.

Die **Smith Street** in Collingwood sowie die **Gertrude Street** um die Ecke bestehen aus einem Gemisch aus billigen „ethnischen" Obst- und Gemüseläden, Supermärkten, Kramläden, dazwischen eingesprenkelt australische Eck-kneipen und Café-Restaurants.

Richmond

In der **Bridge Rd** befinden sich einige inte-ressante kleine Cafés; u. a. **Tofu Shop**, Nr. 78, mit leckeren Snacks, ⏰ Mo–Fr 12–20 Uhr. Viele Pubs in Richmond servieren Countermeals von Restaurant-Standard; u. a. das **All Nations Hotel**, 64 Lennox St, ✆ 9428 1564, ⏰ tgl. 12–23 Uhr; sowie das **Kingston Hotel**, 55 Highett St, ✆ 9428 5841, ⏰ tgl. 12–24 Uhr. Beide mit Biergarten.

South Yarra, Toorak, Prahran, Windsor

Entlang der Toorak Rd gibt es zahlreiche Restaurants, da aber die meisten auf die South Yarra-Schickeria zugeschnitten sind, ist die Chapel St eine bessere Fundgrube für preis-wertes und keineswegs schlechteres Essen. Am oberen (South Yarra) Ende beherrschen Designerlabels das Bild; je weiter man nach Süden kommt, besonders nach dem Über-queren der High St (Windsor), desto bunt gemischt-alternativer wird die Szene.

An den Markttagen Di, Do, Fr, Sa und So kann man im **Prahran Market** in der Commercial Rd frühstücken oder zu Mittag essen.

St. Kilda

In St. Kildas **Acland Street** reihen sich dicht an dicht zahlreiche Cakeshops, Delis und Restau-rants aneinander. Man kann an Ort und Stelle frühstücken und Kaffee trinken, Tellergerichte verzehren oder Roggen- und Vollkornbrot, Streuselkuchen, Stollen, und jede Menge andere „kontinentale" Delikatessen einkaufen.

🧳 **Claypots Seafood Bar**, 213 Barkley St, ✆ 9534 1282. Das spartanisch einge-richtete Lokal macht von außen betrachtet wenig her. Umso überzeugender ist jedoch, was in dem Fischrestaurant auf den Teller kommt. Die Küche, in der tgl. fangfrische Meeres-spezialitäten zubereitet werden, wurde mehr-fach von Lesern empfohlen. Wer einen Platz ergattern will, sollte unbedingt vor 19 Uhr da sein, da keine Reservierungen angenommen werden. Das Restaurant erlaubt BYO, hat aber auch eine Schanklizenz. ⏰ tgl. 12–22 Uhr.

€ **Lentil as Anything**, 41 Blessington St, ✆ 0424 345 368, 🖥 www.lentilasany thing.com. Sehr gutes vegetarisches Restau-rant, von Freiwilligen geführt. Man bezahlt nach eigenem Abwägen, so viel wie man für richtig hält. ⏰ tgl. Mittag- und Abendessen.

Stokehouse, Jacka Boulevard, am Strand hinter dem Luna Park, ✆ 9525 5555, wegen seines Blicks aufs Wasser beliebt. Im Restaurant im Erdgeschoss hat man die Wahl zwischen ungewöhnlichen Pizzen und Nudelgerichten oder Kaffee und leckerem Kuchen; bei gutem Wetter ist es hier sehr voll. ⏰ 12–24 Uhr. Vom Restaurant im 1. Stock ist der Ausblick zwar besser, man bezahlt aber auch dafür.

Im Amüsierstrip **Fitzroy Street** herrschen Restaurants (manche sehr exklusiv), neu aufgepeppte Bars sowie billige Take-aways und Cafés vor.

Banff, Nr. 145, ✆ 9525 3899. Gemütliche italie-nische Ess-Kneipe serviert preiswerte und überdurchschnittlich gute Pizzen und Focca-cias, Schanklizenz. ⏰ 8–22 Uhr.

UNTERHALTUNG UND KULTUR

Informationen über das aktuelle Angebot unter 🖥 www.onlymelbourne.com.au/whats-on-melbourne-calendar.php oder 🖥 http://whatson.melbourne.vic.gov.au; in gedruckter Form in der Freitagsbeilage *EG (Entertainment Guide)* der Tageszeitung *The Age* oder in der

Samstagsausgabe von *Herald-Sun* mit der Beilage *Weekend*. Ebenfalls sehr nützlich ist *Melbourne Events*, ein monatlich erscheinendes, kostenloses Informationsmagazin, erhältlich beim Visitor Centre und in vielen Unterkünften. Infos über die Melbourner Schwulen- und Lesbenszene sind der wöchentlichen Zeitung *Star Observer Magazine* (🖳 www.starobserver.com.au) zu entnehmen.
Halftix, 208 Little Collins St, 🖳 www.halftix melbourne.com, verkauft Eintrittskarten zum halben Preis für Veranstaltungen (Theater, Konzerte, Festivals, aber auch Bustouren), die meist am gleichen Tag stattfinden; Sa sind Karten für Sa und So erhältlich – mit viel Glück erwischt man sogar einen halbwegs guten Platz. ⏲ Mo 10–14, Di–Do 11–18, Fr 11–18.30, Sa 10–16 Uhr. Keine telefonische Auskunft oder Internetbuchung.

Im Sommer (Dez–Feb) finden in den **Parkanlagen der Stadt** und an anderen Orten zahlreiche Konzerte, Open-Air-Filmvorführungen, Straßentheater, Kleinkunstdarbietungen und viele weitere Veranstaltungen statt; einige sind umsonst. Besonders beliebt sind die kostenlosen Konzerte des Melbourner Symphonieorchesters in der Sidney Myer Music Bowl (Anfang Feb). Zusätzlich gibt es abends Open-Air-Veranstaltungen im Melbourn und Werribee Zoo.

Galerien

Staatliche Kunstgalerien (Ian Potter Centre, NGV International und ACCA), S. 434.
Heide Museum of Modern Art, 7 Templestowe Rd, Bulleen, 🖳 www.heide.com.au. Ursprünglich befand sich auf dem schön gelegenen Anwesen das Farmhaus der Melbourner Kunstmäzene John und Sunday Reed, um die sich ein Zirkel moderner Maler gruppierte: (heute) bekannte Namen wie Albert Tucker, Sidney Nolan, John Perceval und Arthur Boyd. „Heide" war in jener Zeit (1934–1967) ihr Treffpunkt. Im heutigen Kunstmuseum sind Werke bekannter australischer Künstler der Moderne zu sehen. Dazu gehören auch ein Skulpturengarten und ein angenehmes Café. ⏲ Di–So 10–17 Uhr, Eintritt $20, Student $15. Mit dem Zug auf der Hurstbridge Line bis

Heidelberg, von dort Bus Nr. 903 zur Templestowe Rd nehmen.
RMIT Gallery, 344 Swanston St, City, 🖳 www. rmit.edu.au/rmitgallery. Interessantes Programm mit wechselnden Ausstellungen zu verschiedenen Themen; u. a. zeitgenössische australische und internationale Kunst, Design, Architektur und neue Medien. ⏲ Mo–Fr 11–17, Do bis 19, Sa 12–17 Uhr, Eintritt frei.
Eine Ansammlung sehenswerter Privatgalerien befindet sich in der Innenstadt in der Flinders Lane zwischen Swanston St und Spring St. Viele Galerien sind auf **Werke von Aboriginal-Künstlern** spezialisiert.
(ABOR) Von Koories (lokaler Name für die Ureinwohner) betrieben wird das Kulturzentrum des **Koorie Heritage Trust** am Federation Square, 🖳 www.koorieheritagetrust.com. Ausstellungen, ein Laden, der authentisches Kunsthandwerk und Souvenirs verkauft, sowie eine Referenzbibliothek. Das Programm wird ergänzt durch Workshops. ⏲ tgl. 10–17 Uhr, Eintritt: Spende.
Aboriginal-Kunst aus Zentral- und Nordaustralien zeigen und verkaufen folgende kommerzielle Galerien:
Alcaston Gallery, 11 Brunswick St, Fitzroy, 🖳 www.alcastongallery.com.au. ⏲ Mi–Sa 11–17 Uhr.
Linden Gallery, S. 439, St Kilda.

Kinos

Die City-Kommerzkinos befinden sich am Ostende der City:
Hoyts Cinema Melbourne, Lonsdale St. Ecke Swanston St, **Village Centre**, 206 Bourke St. Einige Filmkunsttheater haben ein breiter gefächertes Programm an Klassikern und Kult- bzw. weniger kommerziellen, internationalen Filmen, viele befinden sich in den Vororten:
Astor Cinema, Chapel St, Ecke Dandenong Rd, St. Kilda, 🖳 www.astortheatre.net.au, nahe Windsor Station, Zug in Richtung Sandringham. Billigste Tickets in ganz Melbourne, Mo und Do $15, sonst $18,50. Schönes Art-déco-Kino.
Como, im Como Centre, Chapel St, Ecke Toorak Rd, South Yarra, 🖳 www.palacecinemas.com.au.
Palace Kino, Collins Place, 45 Collins St, City, 🖳 www.palacecinemas.com.au.

Sun Theatre, 8 Ballarat St, Yarraville, 🖳 www.
suntheatre.com.au. Als das Kino 1938 eröffnete,
zählte es zu den luxuriösesten seiner Art. Heute
sitzt man in den 6 Jugendstilkinos noch immer
auf gemütlichen Sofasesseln.

The Classic, 9 Gordon St, Ecke Glenhuntly Rd,
Elsternwick, 🖳 www.classiccinemas.com.au.
Aktuelle internationale Filme. Zum Kino gehört
ein nettes Café-Restaurant mit Schanklizenz.
Zwei Minuten zu Fuß von der Elsternwick
Station.

Klassische Musik, Musicals

Klassische Musik wird in der **Hamer Hall** des
Arts Centre gespielt, Opern und Operetten
nebenan im **State Theatre**.
Musicals werden in den prächtigen
viktorianischen Theatern **Her Majesty's**,
219 Exhibition St, **Athenaeum**, 188 Collins St,
und **Princess**, 163 Spring St, aufgeführt.

Komödie und Kabarett

Ein ganzes Festival im April ist diesem Genre
gewidmet, 🖳 www.comedyfestival.com.au.
Ein ständiger Veranstaltungsort ist unter
anderem **The Comics Lounge**, 26 Erroll St, North
Melbourne, 📞 9348 9488, 🖳 www.thecomics
lounge.com.au.

Livemusik in Bars, Clubs und Pubs

Melbourne ist sehr stolz auf sein musikalisches
Erbe, hat es doch so große Namen wie AC/DC,
John Farnham, Crowded House, Men at Work,
Nick Cave und Olivia Newton John hervor-
gebracht. Das Angebot an **Livemusik** in Melbourne ist riesig und reicht von Rock und
Reggae bis Jazz und Blues. Einen guten Überblick erhält man unter 🖳 www.timeout.com/
melbourne/music oder 🖳 www.onlymelbourne.
com.au/whats-on-melbourne-gig-guide.php.

City und Richmond

Bennetts Lane Jazz Club, 25 Bennetts
Lane (der Club zieht derzeit ins Grand
Hyatt Hotel um), 📞 9663 2856. In der kleinen, von
einer Musikerkooperative betriebenen Jazzbar
treten bekannte Musiker und interessante
Newcomer aus Australien und Übersee auf.
🕐 tgl. ab 20.30 Uhr, Musik ab 21.30 Uhr bis spät.

Im **Brown Alley** im Colonial Hotel, 585 Lonsdale St, 🖳 www.brownalley.com, gibt es viele
Musik-Events, auch deutsche DJs.

Corner Hotel, 57 Swan St, Richmond, 🖳 www.
cornerhotel.com. Mehrmals die Woche lokale
und internationale Live-Acts. Auf der Dachterrasse kann man gut essen.

Fortyfivedownstairs, 45 Flinders Lane, 🖳 www.
fortyfivedownstairs.com. Kunstausstellungen,
aber auch viele Veranstaltungen wie Theater,
Konzerte und Cabaret.

Max Watt's, 125 Swanston St, 🖳 www.max
watts.com.au/melbourne. Konzerte meist
lokaler, aber teils auch internationaler Bands.

The Elephant & Wheelbarrow Pub, 94-96
Bourke St, 🖳 http://bourkest.elephantand
wheelbarrow.com.au. Traditionelles, britisches
Pub mit Countermeals und zahlreichen Bieren
vom Fass. Viele Backpacker, aber auch Einheimische. Do, Fr und Sa Livemusik und DJs.

Transport, Federation Square, 🖳 www.
transportpublicbar.com.au. In der zentral
gelegenen Bar ist immer was los. Man kann
auch draußen sitzen und das Treiben am Fed
Square beobachten. Do, Fr und Sa legen DJs
auf, So nachmittags Livemusik.

Fitzroy und Collingwood

Evelyn Hotel, 351 Brunswick St, 🖳 www.
evelynhotel.com.au. Alteingesessenes Pub mit
Band-Room, in dem oft lokale, aber auch internationale Bands spielen.

Peel, Peel St, Ecke Wellington St, 🖳 www.
thepeel.com.au. Schwulenbar.

Royal Derby, Brunswick St, Ecke Alexandra
Parade, 🖳 www.royalderbyhotel.com.au. Alteingesessenes Pub mit schönem Biergarten.

Prahran

Chapel off Chapel, 12 Little Chapel St,
(Nähe Malvern Rd, Ecke Commercial Rd),
🖳 www.chapeloffchapel.com.au, kleine
Galerie, Jazz-Gigs und lateinamerikanische
Tanzpartys.

Chaser's, 386 Chapel St, 🖳 www.chasersnight
club.com.au. Sehr junges, schickes Publikum.

Revolver Upstairs, 229 Chapel St, 🖳 www.
revolverupstairs.com.au. Spielt elektronische
Musik bis in die Morgenstunden und ist die

Anlaufstelle, wenn alle anderen Clubs bereits geschlossen haben. Oben befindet sich das sehr gute Colonel Tan's Thai Restaurant.

St. Kilda
Second Act, 37 Fitzroy St, 🖳 http://second actstkilda.com. Tapas- und Weinbar mit gemütlichem Ambiente. Auch Burger, Bier und Cider. Wer möchte, kann draußen sitzen. Livemusik (akustisch) Mi–So.

Palais Theatre, neben dem Luna Park, 🖳 http://palaistheatre.com.au. Bunt gemischtes Programm, typisch St. Kilda.

The Local Taphouse, 184 Carlisle St, 🖳 thelocal.com.au. Eines der beliebtesten Pubs in St. Kilda. Unzählige gute Biersorten vom Fass. Dazu gibt's ein umfangreiches Programm (Mo Comedy, Fr und Sa Livemusik).

VICTORIA

Theater
Außer den drei Bühnen im Arts Centre gibt es kleinere, unabhängige Theater:

La Mama Theatre, 205 Faraday St, Carlton, ☎ 9347 6948, 🖳 www.lamama.com.au. Leitete in den späten 60er-Jahren eine Renaissance des australischen Theaters ein. Theateraufführungen, Gastspiele, Lesungen von Theaterstücken und Lyrik.

Malthouse, 113 Sturt St, in der Nähe des Arts Centre, South Melbourne, ☎ 9685 5111, 🖳 www.malthousetheatre.com.au. Produziert zeitgenössisches australisches Theater – sehenswert.

Zusätzlich gibt es viele Stadtteil- und Amateurtheatergruppen, die meist während der Stadtteilfeste aktiv werden – Näheres im *Entertainment Guide*.

The Space, 318 Chapel St, (Eingang in der Carlton St), Prahran, 🖳 www.thespace.com.au. Alternatives Theater, Kleinkunst.

EINKAUFEN

Die meisten Geschäfte in der City öffnen Mo–Mi 9–18 Uhr, Do und Fr Late-night-Shopping bis 21 Uhr, Sa und So 9–16 Uhr.

Buchläden
Dymocks, Lower Ground/234 Collin St. Der letzte noch verbleibende große Buchladen.

Unabhängige Buchläden
Viele ausgezeichnet sortierte kleine Buchläden laden zum Stöbern ein. Im Folgenden ein paar Adressen, die alle auch sonntags geöffnet haben.

Hill of Content, 86 Bourke St, nicht weit davon. ⊙ Mo–Do 9–18, Fr 9–20, Sa und So 11–17 Uhr.

Paperback, 60 Bourke St. ⊙ Mo–Do 9.30–22, Fr 9.30–23, Sa 11–23, So 12–19 Uhr.

Readings, einer der besten Buchläden der Stadt mit Filialen u.a. in Carlton (309 Lygon St), St. Kilda (112 Acland St) und in der State Library. Ebenso bei **Mary Martin** im Southgate Einkaufszentrum, und in der City, 108 Bourke St.

Campingzubehör
Im Block Bourke St, Hardware St, Little Bourke St befinden sich etliche Camping- und Ski-Ausrüster; darunter **Paddy Pallin**, 152 Bourke St, und **Kathmandu**, 385 Bourke St. Eine riesige Auswahl an Camping-Ausrüstung hat **Ray's Outdoors**, 592-600 Elizabeth St.

Märkte
Die Märkte sind eine wahre Fundgrube für Souvenirs.

Prahran Market, 163 Commercial Rd. Großer Lebensmittelmarkt, gutes Salami-, Käse- und Brotangebot. Markttage: Di, Do, Fr und Sa 7–17, So 10–15 Uhr.

Queen Victoria Market, Elizabeth St, Ecke Victoria St. ⊙ Di, Do und Fr 6–15, Sa 6–16 Uhr. Sonntags sind die meisten Lebensmittelstände geschlossen, verkauft werden von 9–15 Uhr hauptsächlich Souvenirs und Klamotten (S. 434).

South Melbourne Market, Cecil St, Ecke Coventry St. Markttage Mi, Sa und So 8–16, Fr bis 17 Uhr, auch viele billige Klamotten.

Sonntag ist in Melbourne ein wichtiger Markttag für Kunsthandwerk, Trödel und Bücher. Hinter dem Art Centre findet dann ein Kunsthandwerkermarkt statt; im Atrium-Gebäude des **Federation Square** gibt es einen Markt für neue und Secondhand-Bücher, in der

Versteckte Gassen mit Cafés und kleinen Läden sind Melbournes interessanteste Ecken.

Greville Street in Prahran einen Trödelmarkt mit alternativem Touch und entlang der **Esplanade** in **St. Kilda** einen weiteren Kunsthandwerksmarkt.

Souvenirs

In QV, Melbourne Central, der Bourke St Mall und den umliegenden Ladenpassagen kann man sich ebenso umsehen wie bei Southgate, weitere Fundgruben sind die Märkte sowie der Koorie Heritage Trust für Aboriginal-Kunsthandwerk, s. „Galerien".
Australian by Design, Shop 13, Block Arcade. Handgemachte Souvenirs aus Australien, z. B. Boomerangs, Schmuck, Aboriginal-Kunst und Seidenschals.
Melbournalia, Shop 5, 50 Bourke St. Mitbringsel aus Melbourne: T-Shirts, Schmuck, Bücher, etc.
Ein typisch australisches Mitbringsel sind **Opale**. Zu den bekanntesten Adressen gehört die **National Opal Collection**, 119 Swanston St, 🖵 www.nationalopal.com. Hier erhält man auch gute Beratung.

SPORT

Melbourner sind Sportfanatiker, entsprechend riesig ist das Angebot.

Fußball und Football

Der raubeinige **Australian Rules Football** stammt ursprünglich aus Melbourne. Seit den 1980ern gibt es einen australienweiten Verband, die Australian Football League (AFL), und die Saisonspiele zwischen April und September werden teilweise in anderen Großstädten ausgetragen. In Melbourne grassiert in dieser Zeit das Footy-Fieber. Austragungsorte im Aussie Rules Football in Melbourne sind der MCG und das Marvel Stadium. Das September-Endspiel (Grand Final) im MCG ist nach dem Melbourne Cup das zweitwichtigste Sportereignis in Melbourne und geht mit Paraden und einem bundesstaatweiten Feiertag einher. Ein Footy-Match sollte man sich nicht entgehen lassen, Spielorte und -zeiten in der Zeitung, oder unter 🖵 www.afl.com.au. Mehr Infos zum Spielverlauf s. Kasten S. 440/441.

Pferderennen

Pferderennen finden das ganze Jahr über auf dem Flemington Racecourse und dem Caulfield Racecourse statt. Das berühmteste Rennen Australiens ist der Melbourne Cup am ersten Dienstag im November auf dem Flemington Racecourse. Ganz Australien kommt für einige Minuten zum Stillstand („The race that stops the nation"), wenn jeder gebannt dem Verlauf des Rennens folgt, das um 14.40 Uhr live im Radio und Fernsehen übertragen wird (S. 70).

Schwimmen

Es ist unter Melburnians umstritten, ob man an den Stränden der Port Phillip Bay baden kann oder nicht – viele tun's. Das Wasser ist relativ sauber, aber in die Bucht werden Abwässer eingeleitet. Nach heftigen Regenfällen ist das Wasser dort dann stärker verschmutzt. Die Ozeanstrände an der Mornington Peninsula oder westlich von Geelong (z. B. Torquay, Anglesea) sind sauberer, allerdings wegen starker Strömungen und hoher Wellen auch gefährlich.

Hallenbäder

Melbourne City Baths, Swanston St, ℡ 9663 5888, ⌨ www.melbourne.vic. gov.au. 30-m-Becken, Sauna, Jacuzzi und Fitnesszentrum. ⊕ Mo–Do 6–22, Fr bis 20, Sa und So 8–18 Uhr. Schwimmen $6,60; schwimmen, Sauna und Jacuzzi $14.
Melbourne Sports and Aquatic Centre, Aughtie Drive, Albert Park, mit Straßenbahn Nr. 112 oder 96, ℡ 9926 1555, ⌨ https://melbournesports centres.com.au/msac. Mehrere Becken (50 m, 25 m, 20 m Länge), riesige Wasserrutsche, Jacuzzi und Sauna; außerdem Squash, Basketball, Badminton u. v. m. Man kann sich auch in die Kunst des Flow-Riding (Body-Surfen in den künstlichen Wellen) einweisen lassen und anschließend zu festgelegten Zeiten surfen (gegen Aufpreis). ⊕ Mo–Fr 5.30–23, Sa und So 7–20 Uhr; Eintritt $8,50 für den Pool.

Segeln

The Boatshed, Albert Park, ⌨ www.theboat shed.net.au. Verleiht kleine Segelschiffe sowie Kajaks und Tretboote für Fahrten auf dem ruhigen Albert Park Lake. Zum Club gehört auch eine Segelschule für Anfänger und Fortgeschrittene.
Yachtmaster Sailing School, Brighton und Sandringham, ℡ 9699 9425, ⌨ https://yacht master.com.au. Für Anfänger und Fortgeschrittene.

Wind- und Kitesurfen

Sandy Beach HQ, Jetty Rd, Sandringham, ℡ 9598 2912, ⌨ www.sandybeachhq.com.au. Unterricht im Stand-Up-Paddle, Wind- und Kitesurfen.

TOUREN

Stadtführungen

Kostenlose Stadtführungen starten tgl. um 10.30 und 14.30 Uhr bei der Statue des Sir Redmond Barry vor der State Library, die Tourguides sind an den neongrünen T-Shirts zu erkennen; Tour ca. 3 Std., ⌨ www.imfree. com.au/melbourne.
Melbourne City Tour, ℡ 1300-661 225, ⌨ https://melbournecitytour.com.au. Halbtägige Führungen durch die Innenstadt inkl. Queen Victoria Market, ⊕ tgl. 7–12 Uhr, $49. Auch längere Touren inkl. Flusskreuzfahrt, ⊕ tgl. ab 11.45 Uhr, $89.
Oceania Tours, ℡ 1300-76 01 80, ⌨ www. oceaniatours.com.au. Dreistündiger Spaziergang durch Melbournes versteckte Gassen und Arkaden in kleinen Gruppen, ⊕ tgl. ab 8.30 Uhr, Touren auch auf Deutsch. $75.

Bustouren

Klassische Ziele in der Umgebung von Melbourne sind Phillip Island mit der Pinguinparade, die Dandenong Ranges und die Weingüter im Yarra Valley, das Museumsdorf Sovereign Hill in Ballarat sowie die Great Ocean Road.
Autopia Tours, ℡ 1300 944 334, ⌨ www.auto piatours.com.au. Etablierter, auf den Backpackermarkt spezialisierter Veranstalter. Preis-

werte 1–3-tägige Touren im 22-sitzigen Kleinbus, u. a. 1 Tag Phillip Island, 1 Tag Great Ocean
Road, 1 Tag Grampians (jeweils $145), 3 Tage-
Kombination Grampians und Great Ocean Road,
ab $450. Mahlzeiten nur teilweise inbegriffen,
dennoch sind die Touren günstig. Auch One-
way-Touren Melbourne–Adelaide sowie
Melbourne–Sydney (S. 454). Immer wieder
gutes Feedback, sehr beliebt.

Bunyip Tours, ☎ 9650 9680, 🖥 www.bunyip
tours.com. Riesiges Angebot an günstigen 1- bis
3-Tagestouren, u. a. Great Ocean Road, Phillip
Island, Grampians, Wilsons Promontory, Mt
Buller, Mornington Peninsula. Z. B. 2-Tagestour
Great Ocean Road und Phillip Island ab $329.

Go West, ☎ 9485 5290, 🖥 www.gowest.com.
au. Hauptsächlich auf den Backpacker-Markt
zugeschnittene Tagestrips in einem 21-sitzigen
Bus, zur Great Ocean Rd, nach Phillip Island
inkl. Pinguinparade und ins Yarra Valley inkl.
Weinproben (jeweils $135). Von Lesern
empfohlen.

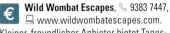 **Oceania Tours**, ☎ 1300-760 180, 🖥 www.
oceaniatours.com.au. Großer Anbieter
von Touren auch in deutscher Sprache. U. a.
Tagestouren zur Great Ocean Road ($225) und
nach Phillip Island ($200) sowie 2-Tagestour zur
Great Ocean Road ($673).

Otway Discovery Tours, ☎ 9629 5844, (W www.
greatoceanroadtour.com.au. 1–3-Tagestouren
zur Great Ocean Road, die längeren Touren
zurück via Phillip Island oder Grampians. Tagestour $120.

€ **Wild Wombat Escapes**, ☎ 9383 7447,
🖥 www.wildwombatescapes.com.
Kleiner, freundlicher Anbieter bietet Tagestouren zur Great Ocean Road (Bells Beach,
Otway National Park, Port Campbell National
Park) in kleinen Gruppen ($110). Von Reisenden
empfohlen.

Bootstouren und Fähren

Mit dem Ausbau der Uferanlagen am Yarra
River und der Entwicklung des Docklands-
Gebiets ist das Interesse am Yarra River, am
Maribyrnong River weiter westlich und an der
Port Phillip Bay erstarkt, und eine Vielzahl an
Booten und Fähren aller Art kreuzen nun auf
den Flüssen und in der Bucht.

Maribyrnong River Cruises, ☎ 9689 6341,
🖥 www.blackbirdcruises.com.au. Die Fahrt auf
dem Maribyrnong River zeigt Melbournes
Western Suburbs aus einer überraschend
idyllischen Perspektive (Di, Do, Sa, So um
13 Uhr, 2 Std., $30, Kind $10), der Port of
Melbourne Cruise führt durch den großen
Containerhafen (gleiche Tage um 16 Uhr, 1 Std.,
$15, Kind $10). Anlegestelle Wingfield St,
Footscray, Anreise u. a. mit Zug bis Footscray
Railway Station.

Melbourne River Cruises, ☎ 8610 2600,
🖥 www.melbcruises.com.au. Fahrkarten-
verkauf von den blauen Kiosks bei der Anlegestelle Princes Bridge am Südende des Federation Square oder bei Southgate. Kreuzfahrten
auf dem Yarra River zum **Hafen** (Port and Dock-

VICTORIA

Touren ins wilde australische Tierreich

Für seinen Einsatz zum Schutz von Koalas und anderen australischen Tieren wurde der Touranbieter **Echidna Walkabout** 2014 mit den World Responsible Tourism Awards ausgezeichnet.
Ein Teil der Tourkosten fließt in die eigenen Koalaforschungsprojekte und Wildlife-Kartografie.
Außerdem werden Teilnehmer eingeladen, sich an Projekten zum Umweltschutz zu beteiligen, z. B.
beim Jäten koala-schädlichen Unkrauts.
Die naturkundlichen Touren zeichnen sich v. a. durch die begeisterten und gut informierten Guides
aus; u. a. gibt's eine Tagestour zum Serendip Wildlife Sanctuary und in den Brisbane Ranges NP
südwestlich von Melbourne ($250), längere Touren an die Great Ocean Road (3 Tage, $1560) sowie
in den Mungo Nationalpark mit Spaziergängen und mit längeren Wanderungen. Sehr kleine Gruppen, 2–8 Pers.; das Programm wird auf die Bedürfnisse der Teilnehmer zugeschnitten. Nicht billig,
aber die Touren ermöglichen einen ganz besonderen Einblick in die australische Natur. ☎ 9646 8249,
🖥 www.echidnawalkabout.com.au.

lands Cruise, *downriver*, Okt–April 10.30–
15.30 Uhr, Mai–Dez 11.30–15.30 Uhr), nach
Osten bis zur **Herring Island** (River Garden
Cruise, *upriver*; stdl. Jan–April 10–16 Uhr, Mai–
Sep 11–15 Uhr, Okt–Dez 11–16 Uhr). Dauer
jeweils 60–75 Min., $27, Kombinationsticket
downriver und *upriver* $39.

Williamstown Bay & River Cruises, ☎ 9682
9555, 🖥 www.williamstownferries.com.au. Bei
schönem Wetter ist eine Fahrt mit den kleinen
Fährbooten nach Williamstown sehr angenehm:
Von Southgate: mit der MV *Williamstown
Seeker* ab Southgate, Berth 1, stdl. zwischen
10.30 und 16.30 Uhr. Rückfahrt ab Gem Pier in
Williamstown alle 60 Min. 11.30–17.30 Uhr. Im
Winter oder bei sehr schlechtem Wetter eingeschränkter Fahrplan. Fahrkarte ab Southgate
$32 hin und zurück, $22 einfach (Kind $14/9).

One-way-Touren

Adventure Tours Australia, ☎ 1300-65 45 04,
🖥 www.adventuretours.com.au. Australien-
weites Netz, auf Backpackerpublikum ausgerichtet. Nach Adelaide via Great Ocean Road
und Grampians (3 Tage ab $405), nach Alice
Springs via Great Ocean Road, Grampians und
Coober Pedy (10 Tage ab $1525) sowie nach
Darwin via Adelaide, Coober Pedy, Red Centre
und Kakadu (17 Tage $3866).

Autopia Tours, ☎ 9318 0021, 🖥 www.autopia
tours.com.au. S. o., Bustouren. 2-Tagestouren
nach Adelaide entlang der Great Ocean Road
und durch die Grampians (ab $450).

Groovy Grape, ☎ 1800-66 11 77, 🖥 www.
groovygrape.com.au. Veranstalter aus South
Australia. Nach Adelaide: 3 Tage via Great
Ocean Road und die Grampians ($455, 2–3x
wöchentl.), dort weiter nach Alice Springs via
Flinders Ranges, Oodnadatta Track, Coober
Pedy, Uluru und Kata Tjuta sowie weitere
Touren ab Adelaide.

Radtouren

Rentabike, ☎ 9654 2762, 🖥 www.rentabike.net.
au. Eine 4-stündige Erkundungstour durch
Melbourne per Rad; Abfahrt am Yarra River
hinter dem Federation Square, $120, Kind $89,
inkl. Rad, Mittagessen und Kaffee und Kuchen
in Carlton. Dort auch Fahrradverleih.

Wanderungen und Aktivitäten in der Natur

Balloon Man, ☎ 1800-468 247, 🖥 https://
balloonman.com.au. Bietet einen exklusiven
Panoramablick auf die Stadt bei einer Fessel-
ballonfahrt in den Sonnenaufgang. Treffpunkt
in der Lobby des Grand Hyatt Foyers, Lansdowne St, Abfahrtszeit bei Buchung (Treffpunkt
ca. 1 Std. vor Sonnenaufgang), ab $328 p. P.

Weinproben

🖼 **Chillout Travel Winery Tours**, ☎ 5975
9087, 🖥 www.chilloutwinetours.com.au.
Individuell zugeschnittene Touren in sehr
kleinen Gruppen zu 4 verschiedenen Weingütern. Preis $130 inkl. Mittagessen. Der
Touranbieter wurde von Lesern mehrfach
wegen der sehr persönlichen Atmosphäre
empfohlen.

Wine Tours Victoria, ☎ 1800 946 386, 🖥 www.
winetours.com.au. Tagestouren im Minibus zu
Weinregionen in der Umgebung von Melbourne:
Mornington Peninsula, Macedon Ranges.
Jeweils $180.

Yarra Valley Wine Tasting Tours, ☎ 9650 0888,
🖥 www.yarravalleywinetastingtours.com.au.
Sehr breites Angebot, zugeschnitten auf die
individuellen Bedürfnisse der Teilnehmer.
Touren zu den Weingütern im Yarra Valley.
Ab $105 oder $140 mit Lunch p. P. je nach Tour,
inkl. Weinproben.

SONSTIGES

Autokauf

Eine gute Anlaufstelle sind Anschlagbretter in
Backpacker-Hostels. Die Manager haben
manchmal auch Adressen von Gebraucht-
wagenhändlern zur Hand und wissen, mit wem
Traveller gute Erfahrungen gemacht haben.
Zuverlässige Adressen sind:

Backpackers Auto Sales, 19-21 Napier St,
Footscray, ☎ 9689 7997, 🖥 www.backpackers
autosales.com.au. Gebrauchtwagen mit Roadworthy Certificate (RWC) und 12 Monaten
Garantie. Zusätzlich kann eine Rückkauf-
garantie sowie eine Third Party Insurance
arrangiert werden.

Travellers Auto Barn, 55 King St, Airport West,
☎ 1800 674 374, 🖥 www.travellers-autobarn.

VICTORIA

com.au. Ähnliches Angebot. Auch Vermietungen von Autos und Campervans. Filialen in
Sydney, Brisbane, Cairns und Perth.

Automobilclub

RACV (Royal Automobile Association of
Victoria), ℡ 13 19 55, 🖳 www.racv.com.au.
Großes Angebot und Reiseservice wie
Unterkünfte, Mietwagen, Touren etc.

Autovermietungen

Hier nur eine Auswahl lokaler Anbieter.
Billig-Vermieter zeigen sich im Schadensfall
oft weniger kulant; man sollte abwägen, ob
man nicht lieber etwas mehr bei einem
etablierten Autovermieter ausgibt. Angebote
der großen Firmen (Avis, Budget, Europcar,
Hertz, Thrifty) findet man unter 🖳 www.
vroomvroomvroom.com.au.
East Coast Car Rentals, ℡ 1800-02 88 81,
🖳 https://eastcoastcarrentals.com.au. Filialen
am Flughafen und in der City (128 A'Beckett St).
Außerdem entlang der Ostküste zwischen
Sydney und Cairns sowie in Adelaide. Sehr
günstig, allerdings haben Leser den schlechten
Service beklagt.
Rent a Bomb, 9 Bloomberg St, Abbotsford, und
viele andere Filialen, ℡ 1300 227 447, 🖳 www.
rentabomb.com.au. Neue und ältere Modelle,
sehr preiswert. Filialen in Sydney, Brisbane und
Cairns.

Campervans und Geländewagen

Britz Campervan Rentals, gleiche Adresse und
Telefonnummer wie Mighty, 🖳 www.britz.com.
au. Campervans und Geländewagen. Zahlreiche
weitere Filialen in Australien. Auch One-way-
Vermietungen (inkl. Northern Territory) in
verschiedene Städte.
Maui, gleiche Adresse und Telefonnummer
wie Mighty, 🖳 www.maui-rentals.com.
Campervans und Geländewagen. Weitere
Filialen in Australien. Auch One-way-
Vermietungen (inkl. Northern Territory) in
verschiedene Städte.
Mighty Campers, Central West Business Park,
Building 2/9 Ashley St, Braybrook, ℡ 8398 8855,
🖳 www.mightycampers.com.au. Einige weitere
Filialen in Australien; preiswerte Campervans

und Geländewagen, auch One-way-Vermietungen (inkl. Northern Territory).
Wicked Campers, 195-199 Kensington Rd, West
Melbourne, ℡ 1800 186 648, 🖳 www.wicked
campers.com.au. Auch One-way-Vermietungen;
weitere Filialen in Australien.

Bootsverleih

Die Boathouses am Yarra vermieten
Kanus, Kajaks und Ruderboote, mit
denen sich ein schöner Nachmittag auf
dem Fluss verbringen lässt. Danach kann
man im Boathouse Café Kaffee oder
Bier trinken: **Fairfield Boathouse**, im
Fairfield Park, 4 km nordöstl. der City,
℡ 9486 1501, 🖳 www.fairfieldboat
house.com.
Studley Park Boathouse, Kew, 3 km östl.
der City, ℡ 9853 1828, 🖳 www.studleypark
boathouse.com.au.

Englisch lernen

Language Centre Latrobe University, Bundoora,
15 km nördl. der City, ℡ 9479 2417, 🖳 www.
latrobecollegeaustralia.edu.au/courses/
general-english. Kurse ab 5 Wochen, alle
Kursstufen, ab Upper Intermediate ist Spezia-
lisierung auf Business English oder Vorbereitung auf Uni möglich.
RMIT English Worldwide, Level 6, 393
Swanston St, City, ℡ 9657 5800, 🖳 www.
rmitenglishworldwide.com. Kurse zur Förderung
allgemeiner Sprachfertigkeiten (General
English, Kurse meist 5 Wochen à 20 Std.) und
spezialisierte Kurse (English for Business,
Englisch für akademische Zwecke, Kurse für
Englischlehrer usw., Kurse meist 10 Wochen
à 20 Std).

Fahrrad- und Motorradverleih

Bicycle Network, ℡ 8376 8888, 🖳 www.
bicyclenetwork.com.au. Infos über Fahrrad-
wege im Großraum Melbourne und über
organisierte Massen-Radtouren in Victoria
(Great Victorian Bike Ride).
Bike Now, 240 Kings Way, Ecke Park St, South
Melbourne, ℡ 9696 8588, 🖳 www.bikenow.
com.au. Radverleih ab $55 pro Tag oder $250
pro Woche. Auch Touren.

Garners Hire Bikes, 179 Peel St, North Melbourne, ℡ 9326 8676, 🖥 www.garnersmotorcycles.com.au. Lizenzierter Roadworthy Tester (entspricht TÜV). Trail Bikes, BMW, Harley, 250-cc-Maschinen.

Rentabike, Federation Square, ℡ 9654 2762, 🖥 www.rentabike.net.au. $20 pro 2 Std., $40 pro Tag, auch geführte Touren (S. 454). ⏰ tgl. 10–17 Uhr.

Festivals und Feiertage

In Melbourne ist immer etwas los. Von den vielen Festen und Festivals seien hier nur die bekanntesten und/oder interessantesten erwähnt. Aktuelle Auskunft beim Visitor Centre.

Australian Open: weltbekanntes Grand Slam Tennisturnier. In der Rod Laver Arena und der Hisense Arena von Melbourne Park, 14 Tage Mitte Januar.

Midsumma Festival: Schwulen- und Lesbenfestival mit Straßenparade und vielen sportlichen und kulturellen Veranstaltungen. 2 Wochen, meist Mitte Januar bis Anfang Februar.

Australian International Air Show: Flugzeuge führen Stunts und Kunststücke vor, ab Avalon Airport in Geelong, Wochenende Mitte Februar.

White Night Melbourne: Farben- und Lichterfest in einer Samstagnacht im Februar. Tolles Erlebnis!

Moomba: Festzug, Rummel und zahlreiche verschiedene Aktivitäten für Familien; 10 Tage ab Labour Day im März.

Stadtteilfeste: u. a. in St. Kilda und Williamstown, Ende Januar bis Mitte März.

Brunswick Music Festival: Folk, Blues und World Music, verschiedene Veranstaltungsorte in Brunswick und Northcote, 2 Wochen, Mitte bis Ende März.

Melbourne Comedy Festival: Kabarett- und Komödienfestival, 3 Wochen ab Anfang April.

Melbourne International Jazz Festival: zwei Wochen im Mai oder Juni.

Melbourne Film Festival: internationales Filmfestival im Juli.

Melbourne Writers' Festival: Lesungen und Diskussionen mit Autoren aus Australien und Übersee. Meistens im Malthouse in der Nähe des Arts Centre. 2 Wochen ab Mitte August.

Royal Melbourne Show: traditionelle Landwirtschaftsausstellung, Ende September.

Melbourne Fringe Festival: von Ende September bis Anfang Oktober treten unbekanntere lokale und internationale Gruppen oder Einzeldarsteller auf; am Ende ein Umzug und Straßenfest in der Brunswick St, Fitzroy.

Melbourne International Arts Festival: großes etabliertes Kunstfestival (Tanz, Theater, Oper, Konzerte), im Oktober.

Melbourne Cup: Pferderennen am 1. Di im November; für viele Melbourner und Victorianer wohl der „heiligste" Feiertag des Jahres.

Lygon St Fiesta: über die Grenzen von Carlton hinaus bekanntes Stadtteil- und Kulturfest im November mit italienischem Akzent.

Cricket: eine Serie von Cricket Matches im Melbourne Cricket Ground von Ende Dezember bis Mitte Februar; u. a. Battle for the Ashes-Test Match zwischen Australien und England Ende Dezember sowie eintägige Matches.

Folgende Feiertage in Victoria weichen von den australienweiten ab:

Labour Day: 2. Mo im März; **Melbourne Cup Day**: 1. Dienstag im November.

Informationen

Melbourne Visitor Information Centre, Federation Square, direkt gegenüber von Flinders St Station, allgemeine Infos: ℡ 9658 9658, 🖥 https://whatson.melbourne.vic.gov.au. Zusätzlich zu unzähligen Faltblättern und Prospekten über Melbournes und Victorias Sehenswürdigkeiten, Informationen über öffentliche Verkehrsmittel und aktuelle Veranstaltungen gibt es auch interaktive Videos zu sehen. ⏰ tgl. 9–18 Uhr.

Melbourne Greeter Service bietet nach Voranmeldung beim Visitor Information Centre (mind. 3 Tage) Touristen die reizvolle Möglichkeit, sich kostenlos von einem/r Einheimischen, der ihre Sprache spricht, etwas von ihrer Stadt zeigen zu lassen. Was man genau unternimmt, hängt von den Beteiligten ab. In der **Bourke Street Mall** gibt es einen **Informationskiosk**, ⏰ Mo–Fr 10–17, Sa, So und feiertags 10–17 Uhr. Dort erhält man ebenfalls Auskunft, Stadtpläne und zahlreiche nützliche Informationsbroschüren.

Internet

Jedes Backpacker-Hostel bietet Internet-zugang. Zusätzlich gibt es zahlreiche kostenlose WLAN-Hotspots, z. B. am Federation Square, an allen Bahnhöfen in der City und in allen Büche-reien und Museen. Weitere WLAN-Spots unter 🖵 www.visitvictoria.com/Information/WiFi-hotspots.

NAHVERKEHR

Alle „Trams" (Straßenbahnen) sind im Viereck zwischen Flinders Street, Harbour Esplanade (und bis zur Harbour City und Observation Wheel), La Trobe Street (und bis zum Queen Victoria Market) und Spring Street kostenlos. Infos zu den Sightseeing Bussen s. S. 453.

City Circle Tram

Melbourne City Circle Tram, 🖵 www.ptv.vic. gov.au/route/1112/35. Die kostenlose Tram 35 verkehrt tgl. 9.30–17.50, Do bis 20.30 Uhr, ca. alle 20 Min. im CBD in beiden Richtungen (Flinders St, Aquarium, Harbour Esplanade, Docklands Drive, La Trobe St, Victoria Parade (Carlton), Nicholson St (Fitzroy), Spring St, Flinders St). Eine Runde dauert eine knappe Stunde.

Public Transport Victoria (PTV)

Im Großraum Melbourne gilt das (nicht sehr besucherfreundliche) **Ticketsystem myki**. Langzeitnutzer sparen mit diesem System; für Reisende, die nur ein paar Tage in Melbourne verbringen, ist es allerdings umständlich und teuer. Wer mehr als nur die Innenstadt sehen will, die im kostenlosen City-Tram-Bereich liegt, und z. B. mal nach St Kilda fahren möchte, kommt um eine myki-Karte leider nicht herum. (Wer nur für einen Tag nach St Kilda möchte und mindestens zu zweit reist, zahlt für ein Taxi u. U. nicht mehr).

Für Besucher, die das Verkehrsnetz mehr als einen Tag lang nutzen, empfiehlt sich das **myki Explorer Pack**. Es ist an den SkyBus Terminals am Flughafen und im Southern Cross, beim Visitor Information Centre am Federation Square, oder bei den PTV Hubs in der Southern Cross Station und in den Docklands erhältlich. Für $16 erhält man eine myki-Fahrkarte mit $10 Guthaben sowie Rabatt-Gutscheine für Attraktionen in und um Melbourne (u. a. Melbourne Aquarium, Eureka Skydeck, Obser-vation Wheel, Puffing Billy). Kinder von 4–16 J. zahlen für das Visitor Pack $8 und erhalten ein Guthaben von $5.

Wer kein Visitor Pack hat, muss sich zunächst für $6 eine myki-Karte an einem der Automaten oder Schalter besorgen. Diese kann nach dem *Myki-money*-Prinzip aufgeladen werden. Vor und nach jeder Fahrt muss man durch kurzes Berühren der Karte an einem der Kontaktpunkte elektronisch „abstempeln" *(touch on and touch off)*. Myki kann in allen Vorortzügen, Trams und Bussen der Zone 1 (Melbourne City inkl. eines Radius von ca. 15 km) und Zone 2 (gesamter Großraum Mel-bourne) benutzt werden, man kann beliebig oft ein- und aussteigen.

Fahrpreise für Zone 1 und 2 (Zone 1 alleine kostet genauso viel): 2 Std.: $4,50; ganzer Tag: $9 (Sa und So $6,40).

Wer das Verkehrssystem über mehr als 5 Tage nutzt, sollte sich einen myki Pass besorgen, der auch auf die myki-Karte geladen wird. 7 Tage $45.

Achtung: Die Ermäßigungen für Studenten und Senioren gelten nur für Einheimische mit den entsprechenden Ausweisen. Kinder von 4–16 J. fahren zum halben Preis. Überschüssige Beträge zwischen $5–50 können an den PTV Hubs am Southern Cross und in den Docklands ausgezahlt werden, die $6 Kartengebühr wird allerdings nicht erstattet. Myki-Karten sind übertragbar.

Vorortzüge und Straßenbahnen verkehren Mo–Sa von 5 Uhr bis etwa Mitternacht, sonntags 8–23 Uhr. Der Busverkehr ist eingeschränkter. Die meisten Vorortzüge starten an der Flinder St Station und fahren dann ganz oder teilweise durch den **City Loop** (Flinders St Station, Parliament, Melbourne Central, Flagstaff, Southern Cross Station) zu ihren Destinationen.

NightRider-Nachtbusse fahren, wenn keine Vorortzüge mehr verkehren, von der City in die Vororte.

Weitere Informationen finden sich unter 🖵 www.ptv.vic.gov.au.

Taxis

Arrow Taxis, ✆ 13 22 11.
13CABS, ✆ 13 22 27.

TRANSPORT

Busse

Alle Fernbusse fahren vom **Southern Cross Station Terminal** in der Spencer St: **Firefly Express**, ✆ 1300-73 07 40, 🖳 www.firefly express.com.au. Nach ADELAIDE und SYDNEY; jeweils ein Busservice tagsüber und nachts, genauso in umgekehrter Richtung.
Greyhound, ✆ 1300-47 39 46, 🖳 www.grey hound.com.au. Verbindungen nach CANBERRA, von dort aus weitere Verbindungen nach SYDNEY.
Skybus Shuttle, ✆ 9600 1711, 🖳 www.skybus. com.au. Expressbus zum Melbourne Airport. Details s. Flüge.
Bahnbusse von **V/Line**, die innerhalb von Victoria verkehren, s. Eisenbahn.

Eisenbahn

Von **Southern Cross Station** fahren sowohl transaustralische Züge als auch die innerhalb Victorias verkehrenden Bahnbusse und Züge ab, die von V/Line betrieben werden. Die Plätze sind im Voraus zu buchen.
Infos und Platzreservierung innerhalb von Victoria unter ✆ 1800 80 0 007, 🖳 www.vline. com.au, oder im Booking Office in der Southern Cross Station.
Traveller's Aid, am Southern Cross, 🖳 www. travellersaid.org.au, bietet Dienstleistungen für Behinderte.
Die wichtigsten Hauptverbindungen in andere Bundesstaaten s. S. 72 (Travelinfos).
V/line betreibt eine Zug/Bus-Verbindung entlang der Küste bis in den Süden von NSW:
Zug/Bus-Verbindung nach NAROOMA/ BATEMANS BAY: Tagsüber mit dem Zug nach BAIRNSDALE, weiter per Bus via Lakes Entrance und Eden nach NAROOMA. Mo, Do und Sa fährt der Bus weiter nach BATEMANS BAY. Ab Eden kann man auf den Bus von Premier (S. 552/553) umsteigen.

Flüge

Der **Melbourne Airport** befindet sich 22 km nordwestlich der City im Vorort Tullamarine. Busdienst zwischen Flughafen und Southern Cross Station mit **Skybus Shuttle**, ✆ 1300 759 287, 🖳 www.skybus.com.au: Rund um die Uhr alle 10–20 Min.; Fahrzeit in die City ca. 20 Min.. Fahrpreise bei Online-Buchung (vor Ort etwas teurer): $20 einfach, $37 hin und zurück; Familie (2 Erwachsene und bis zu 4 Kinder $40 ein-fach/$79 hin und zurück). Skybus gehört nicht zum myki-System.
Wer myki nutzen möchte, fährt mit dem **Bus 901** (Abfahrt vor Terminal 1) zur Broad-meadows Station und nimmt von hier den Zug.
Star Bus Shuttle, ✆ 8378 8700, 🖳 www. starbus.net.au. Holt Passagiere von der Unterkunft in der City und den umliegenden Stadtteilen Carlton, Docklands, South, West und East Melbourne ab – ist bequem, kann aber auch bedeuten, dass der Bus erst mal alle Hotels abklappert, bis er dann – schlimmstenfalls fast 1 Std. später – endlich auf die Autobahn in Richtung Flughafen einbiegt. Fahrpreis $20 einfach ($38 hin und zurück) ab der City, bei Abholung aus den Vororten ist der Preis entsprechend höher.
Weitere Busgesellschaften decken zahlreiche Ziele in und um Melbourne und Victoria ab (Ballarat, Bendigo, Dandenong Ranges, Frank-ston und Mornington Peninsula, Geelong, Gippsland, Northern Suburbs und Shepparton). Informationen unter 🖳 www.melbourneairport. com.au/Passengers/To-from-the-airport/Buses-shuttles.

Inlandflüge

Flugrouten waren zur Zeit der Recherche stark im Wandel. Aktuelles auf den Webseiten der Fluganbieter.
Jetstar, ✆ 13 15 38, 🖳 www.jetstar.com.au. Billigflüge ohne Extras ab Avalon und Tulla-marine Airport in alle größeren Städte Australiens.
Qantas, ✆ 13 13 13, 🖳 www.qantas.com.au.
Rex (Regional Express), ✆ 13 17 13, 🖳 www. rex.com.au. Direkte Verbindungen nach KING

ISLAND, MOUNT GAMBIER, MILDURA, WAGGA WAGGA, ALBURY, MERIMBULA und BURNIE. **Virgin Australia**, ✆ 13 67 89, 🖳 www.virgin australia.com. Tgl. in die meisten australischen Großstädte.

Schiffe
Fähre nach TASMANIEN.

Die Umgebung von Melbourne

Die nahe Umgebung von Melbourne bietet weiße Sandstrände, schattige Wanderpfade, Begegnungen mit der endemischen Tierwelt, schrille Alternativkultur, Chardonnay and Pinot Noir. Man kann mit Seelöwen und Delphinen auf Tuchfühlung gehen, im Heißluftballon über die Täler schweben, durch uralte Eukalyptuswälder wandern oder im „Spa Country" Körper und Seele entspannen. Und das Beste an diesen Zielen: Man muss noch nicht einmal morgens die Koffer packen und auf Unterkunftssuche gehen – vieles lässt sich auf Tagesausflügen besuchen.

Im Osten von Melbourne locken die dichten Wälder der **Dandenong Ranges** und etwas weiter nordwestlich das **Yarra Valley**. Wenn in Melbourne die Sonne glüht, findet man in den Dandenongs angenehme Abkühlung.

Die idyllisch gelegenen Städtchen **Warburton**, **Healesville** und **Marysville** im Norden sind von dicht bewaldeten Bergen, Flüsschen, Wasserfällen und Stauseen umgeben. **Lake Mountain** in der Nähe von Marysville ist das Melbourne am nächsten gelegene Skigebiet Victorias. Im Kur- und Erholungsgebiet um **Daylesford** und **Hepburn Springs** ticken die Uhren merklich langsamer. Hier liegen 72 natürliche Mineralquellen, dazu kommen etwa 30 Thermalbäder. Von der Hafenstadt **Geelong** im Südwesten ist in einer halben Stunde Fahrt das Feriengebiet der **Bellarine Peninsula** erreicht.

Mit Delphinen und Seelöwen schwimmen, Weine, Käse und Schokolade verkosten, wandern und Rad fahren kann man auf der gegenüberliegenden **Mornington Peninsula**, im Sommer ein beliebter Fluchtort für gestresste Großstädter. Auf **Phillip Island**, südwestlich von Melbourne in der Western Port Bay, fallen im Sommer Busladungen von Touristen ein, um die „Pinguinparade" zu sehen.

Wie überall in Australien lohnt sich ein eigener fahrbarer Untersatz, wenn man besonders mobil sein will. Es gibt aber auch Touren zu all diesen Zielen (S. 453).

Nach Osten

Dandenong Ranges

Im 1900 ha großen **Dandenong Ranges National Park** etwa 40 km östlich von Melbourne sind drei Waldgebiete zusammengefasst: der frühere Ferntree Gully NP im Westen, der Sherbrooke Forest im Osten und der Doongalla Forest im Norden. Eukalyptuswälder mit *peppermint gums* und *grey gums*, *messmate* und v. a. den eindrucksvollen, hochwachsenden Königseukalypten *(mountain ash)* sowie schattige, von Baumfarnen bestandene kleine Schluchten *(ferntree gullies)* laden zum Spazierengehen ein. Besonders schön ist das Gebiet des Sherbrooke Forest, mit etwas Glück bekommt man die bunten Pennantsittiche *(crimson rosellas)* zu Gesicht, die hier und in den anderen Waldgebieten zu Hause sind.

Die Leierschwänze *(lyrebirds)*, die in diesen Wäldern die Rufe anderer Vögel imitierten, hört man in den Dandenongs glücklicherweise wieder häufiger. Anderswo in Victoria sind die Singvögel leider seit geraumer Zeit eine Seltenheit.

Eigenheime, einige wunderschöne Parks sowie kleine Dörfer mit Galerien und Antiquitätenläden liegen über die lieblichen Hänge verteilt. Im Winter sind die Hänge oft nebelverhangen; vielleicht sogar mit Schnee, der aber nicht liegen bleibt.

Puffing Billy Railway
Eine kleine Dampfeisenbahn zuckelt auf Schmalspurschienen 13 km von Belgrave nach Lake-

side am Lake Emerald (50 Min.) und mindestens einmal täglich 9 km weiter nach Gembrook (105 Min.) und wieder zurück. Von einigen Lichtungen im Wald hat man einen schönen Ausblick auf die Landschaft südlich der Dandenongs – in der Ferne blinkt das **Cardinia Reservoir**, einer der zahlreichen großen Stauseen im Nordosten Melbournes.

Abfahrt 10.30, 12.30 und 14.30 Uhr, am Wochenende und im Sommer auch um 11.10 Uhr, ab Puffing Billy Station, etwa fünf Minuten zu Fuß von der Belgrave Station. An Tagen mit „Total Fire Ban" wird eine Diesellokomotive eingesetzt. Fahrkarte bis Gembrook und zurück $79, Familie mit bis zu 4 Kindern $157 (oder $61 bis Emerald oder Lakeside hin und zurück, Familie $122). Auskunft ✆ 9757 0700, ⌨ www.puffing billy.com.au.

Mount Dandenong Tourist Road

Die Mt Dandenong Tourist Road windet sich von Upper Ferntree Gully in Serpentinen den Berg hinauf. Die beiden kleinen Ortschaften **Sassafras** und vor allem **Olinda** laden zum Bummeln ein – hier gibt es zahlreiche kleine Souvenirläden, Cafés, Restaurants und Kunstgalerien.

In der Nähe lohnen v. a. die **National Rhododendron Gardens**, Georgian Rd, ein schöner, 42 ha großer Park mit leuchtend blühenden Rhododendren, Azaleen und Kamelien und schönen Ausblicken auf das **Silvan Reservoir** und die Hügel im Nordosten, einen Besuch – besonders wenn der Park für das Spring oder Autumn Festival hergerichtet ist. Der Park ist von der Mt Dandenong Tourist Rd ausgeschildert. ⊙ tgl. 10–17 Uhr.

Kurz hinter Olinda kann man im **William Ricketts Sanctuary** einen Stopp einlegen, s. u. Hinter **Mount Dandenong**, dem nächsten Ort, biegt links die Ridge Rd von der Mt Dandenong Tourist Rd ab und führt zur **Aussichtsplattform** auf dem 663 m hohen **Mount Dandenong**.

Bei klarem Wetter hat man von hier einen weiten Blick über die östlichen Vororte bis zu den Hochhaustürmen der Melbourner City und der Port Phillip Bay. Bei Einkehr auf einen Kaffee oder Ähnliches im dortigen SkyHigh-Restaurant bekommt man die $4 Parkgebühr pro Auto

wieder erstattet. Daneben gibt es ein Labyrinth und einen englischen Garten.

William Ricketts Sanctuary

Der 1993 verstorbene Bildhauer William Ricketts lebte einige Jahre mit Pitjatjantjara-Aborigines in Zentral-Australien, die ihn als ihren spirituellen Bruder anerkannten. Mit den Skulpturen in seinem Waldheiligtum in den Dandenongs setzte der Künstler der Naturnähe und spirituellen Kraft der australischen Aborigines ein bewegendes Denkmal. Der Eingang zu dem Sanctuary liegt an der Mt Dandenong Tourist Rd zwischen Mt Dandenong und Kalorama. ⊙ tgl. 10–16.30 Uhr.

Sherbrooke Forest und Parks an der Sherbrooke Road

Kurz vor der Ortschaft Sassafras biegt von der Mt Dandenong Tourist Rd die Sherbrooke Rd in Richtung **Kallista** ab. Von dort führt eine schöne Fahrt über die Monbulk Rd in südlicher Richtung direkt durch den **Sherbrooke Forest** nach **Belgrave**. Wanderer und Spaziergänger können ihr Auto zum Beispiel auf dem Parkplatz beim Main Entrance Picnic Ground in der Sherbrooke Rd abstellen. Von hier führen Spazierwege durch den Wald, u. a. zu den **Sherbrooke Falls**.

Zwei herrliche Parks liegen ebenfalls an der Sherbrooke Rd auf dem Weg nach Kallista. **Alfred Nicholas Memorial Gardens** ist an einem Hang im Stile einer britischen Hill Station aus dem 19. Jh. angelegt. Spazierwege führen im Zickzack-Kurs hinunter zu einem kleinen, von Baumfarnen umringten Teich und einem verwunschen wirkenden, hölzernen Bootshaus. ⊙ tgl. 10–17 Uhr.

Den kleineren, 2 ha umfassenden **George Tindale Memorial Gardens** weiter östlich durchziehen gewundene Spazierwege. Je nach Jahreszeit bieten hier unter anderem Fuchsien, Rhododendren, Hortensien, Lilien, Kamelien und Chrysanthemen einen farbenfrohen Anblick. ⊙ tgl. 10–17 Uhr.

ESSEN

Pig & Whistle Tavern, 1429 Mt Dandenong Rd, Olinda, ✆ 9751 2366. Gute Countermeals. Man

N

0   20 km

Bendigo
(44 km)
Malmsbury
Nulla Vale
Kyneton
Lancefield
Nulla Vale
Bendigo (64 km)
Seymour
(12 km)
Seymour
(17 km)
Goulburn R.
Molesworth
Alexandra
(7 km)
Yea
Broadford
Kilmore

Malmsbury
Res.
Lauriston
Res.
Upper Coliban
Res.

Great Dividing Range

Hanging Rock
Mt. Macedon
Macedon
Romsey
Wallan

Daylesford
Woodend

Blackwood

Rosslynne
Res.
Gisborne

Flowerdale

Kinglake
West
Whittlesea
KING
LAKE
NP

Melba

Ballarat (35 km)

Ballan

Western Fwy.
Melton

Calder Hwy.

Sunbury

ORGAN
PIPES NP
Craigieburn

Yan Yean
Res.
St. Andrews

Kinglake

Toolangi

Alexandra
(44 km)

Bacchus
Marsh

Melton
Res.

Werribee R.

Sunshine

Western Ring Rd.

Hume Fwy.

Greensborough

Mernda

Sugarloaf
Res.

Yarra River

Healesville

Yarra
Glen

Warburton
(7 km)

Maroondah Hwy.

BRISBANE
RANGES NP

Balliang

Werribee

Williamstown
St.
Kilda

Melbourne
s. Stadtplan
Melbourne
S. 430/431

Ringwood

Lilydale

Seville

Warburton Hwy.

Woori
Yallock

Anakie
Junction
YOU YANGS
REGIONAL PARK

Little
River

Point
Cook
Werribee
South

Sandringham

Oakleigh

Burwood Hwy.

Ferntree
Gully

CHURCHILL
NP

Belgrave

DANDENONG
RANGES NP

Gembrook

Ballarat
(67 km)

Avalon
Airport

Princes Fwy.

Werribee Mansion
& Open Range Zoo

Mordialloc

LYSFIELD
LAKE PARK

Dandenong

Emerald

Cardinia
Res.

Warragul
(28 km)

Batesford

Corio Bay

Geelong

Hamilton
(220 km)

Mount Moriac
Colac (55 km)

Portarlington

Port Phillip Bay

Indented Head

St. Leonards

Frankston

Mt. Eliza

Mornington

Nepean Hwy.

Princes Hwy.

Cranbourne

Pakenham

Pearcedale

Koo-wee-rup

Lang
Lang

Ocean
Grove

Barwon
Heads

Port
Lonsdale

Bellarine
Peninsula

Queenscliff

Portsea
Sorrento

Mt. Martha

Dromana

Rosebud

Torquay

Blairgowrie

Rye

Mornington
Peninsula

MORNINGTON
PENINSULA NP

Cape
Schanck

s. Detailplan
Mornington Peninsula
S. 474

Great Ocean Rd,
Apollo Bay (75 km)

Hastings

ARTHURS SEAT
STATE PARK

Balnarring

Merricks

Flinders

Stony
Point

Somers

Western Port

FRENCH
ISLAND

Cowes

Korumburra
(23 km)

Bass Hwy.

Bass

New-
haven

PHILLIP
ISLAND

San
Remo

s. Detailplan
Phillip Island
S. 480

Wonthaggi

Inverloch (6 km)

Bass   Strait

VICTORIA

Im Sherbrooke Forest lädt dichter Regenwald zu Spaziergängen ein.

kann auch draußen sitzen. ⏰ tgl. Mittag- und Abendessen.

SkyHigh, bei der Aussichtsplattform, 📞 9751 0443. Preisgekröntes Restaurant der gehobenen Preisklasse. Frühstück, Mittag- und Abendessen im Restaurant oder Imbiss vom Kiosk. ⏰ Mo–Fr 9–22, Sa und So 8–22, Sa bis 23 Uhr.

INFORMATIONEN

Bei Puffing Billy und SkyHigh gibt es jeweils einen **Informationskiosk**, 🖥 http://visit dandenongranges.com.au.

TRANSPORT

Mit dem Zug gelangt man nach HURSTBRIDGE, LILYDALE oder BELGRAVE. Von hier aus verkehren einige Busse in die kleineren Ortschaften.
Um die Umgebung richtig auf eigene Faust zu erkunden, ist ein eigenes Transportmittel erforderlich.

Nach Nordosten

Yarra Valley

Die gewellte Hügellandschaft des Yarra Valley offenbart ihre Schönheit am meisten aus der Luft – kein Wunder also, dass Fahrten im Heißluftballon das bevorzugte Transportmittel der Region sind. Nach dem Schwebeflug in den Sonnenaufgang über den Reben kehrt man zum Mittagessen in einem der mittlerweile über 80 Weingüter ein. Die meisten bieten Weinproben und -verkauf in den *cellar doors*, viele betreiben auch ein Restaurant; einige davon zählen zu den bekanntesten Gourmet-Adressen im Großraum Melbourne.

Die Nähe zur Stadt – das Zentrum liegt nur etwa 55 km entfernt – trägt zu den stetig wachsenden Besucherzahlen bei: alljährlich werden rund 4 Mio. Besucher verzeichnet. Und der ausgezeichnete Ruf der Yarra-Valley-Tropfen tut sein Übriges: Die Gegend bringt typische *Cool-climate*-Weine hervor; die lokalen Spezialitäten sind Chardonnay, Pinot Noir, Cabernet Sauvignon und Sekt.

ESSEN UND WEINPROBEN

De Bortoli, 58 Pinnacle Lane, Dixon's Creek, ✆ 5965 2271, ⌨ www.debortoli.com.au. Sehr schön gelegenes Restaurant mit toller Aussicht auf das Tal und ausgezeichneter norditalienischer Küche. Do–Mo Mittagessen, Sa auch Abendessen, Reservierung erforderlich. Direktverkauf und Weinproben tgl. 10–17 Uhr.
Domaine Chandon, 727 Maroondah Highway (Straße nach Healesville), Coldstream, ⌨ www.chandon.com.au. Von dem Champagnerhersteller Moët et Chandon aufgebaut. Im Green Point Room kann man sitzen und Sekt oder Wein bestellen, dazu gibt es Käseplatten. Schöne Aussicht auf die Reben. ⊕ tgl. 10.30–16.30 Uhr.
Fergusson Winery & Restaurant, 82 Wills Rd, Yarra Glen, ✆ 5962 2600, ⌨ https://fergussonwinery.com.au. Etabliertes Restaurant, australische Küche. ⊕ Mittagessen tgl., Abendessen Sa, Reservierung erforderlich. Weinprobe tgl. 11–16.30 Uhr.
Yering Station, 38-42 Melba Highway, Yering, ✆ 9730 1107, ⌨ www.yering.com. Auf dem Grundstück befand sich Victorias erstes Weingut, 1838 gegründet. Vom Glasfenster des Weinbar-Restaurants bietet sich ein herrlicher Panoramablick über das Yarra-Tal. Zu der Anlage gehören außerdem eine kleine Galerie und ein Laden, der Spezialitäten aus der Umgebung verkauft. ⊕ Mo–Fr 10–17, Sa und So bis 18 Uhr.
Yarra Valley Dairy, 70 McMeikans Rd (geht vom Melba Highway ab), Yering. Hausgemachte Käsesorten im europäischen Stil (u. a. Mascarpone, Chevre, Fromage Frais) und Brot, zum Verkauf oder Verzehr mit einem Glas Wein. Schöne Lage. ⊕ tgl. 10.30–17 Uhr.

TOUREN

Ideal für Leute, die ohne Sorge **Weinproben** machen möchten, sind Touren ab Melbourne, Infos S. 454.

Bei Sonnenaufgang einstündige Fahrten mit dem **Fesselballon** über dem Tal ab $395 p. P. inkl. Champagnerfrühstück auf einem Weingut bieten:
Go Wild Ballooning, ✆ 9739 0772, ⌨ www.gowildballooning.com.au.
Blue Skies Ballooning, ✆ 0409 478 727, ⌨ http://blueskiesballooning.com.au.

INFORMATIONEN

Siehe Healesville.

Healesville

Der von Bergen und Stauseen umgebene Ausflugsort am Maroondah Highway ist vor allem für seinen Tierpark **Healesville Sanctuary**, ⌨ www.zoo.org.au/healesville, bekannt, ein wunderschöner Zoo in Buschlandumgebung an der Badger Creek Rd, am Fuß des Mt Ridell. Sein Gründer Colin MacKenzie plante den Tiergarten in den 1930er-Jahren als Refugium für australische Tiere. Heute leben hier über 200 australische Tierarten. Besonders interessant sind das Nocturnal House, in dem man nachtaktive Tiere beobachten kann, das Platypus House mit Schnabeltieren sowie die verschiedenen Meet-the-keeper-Vorführungen, insbesondere die Greifvogelshow (Birds of prey) um 12 und 14.30 Uhr. Am Wochenende kann es voll werden. ⊕ tgl. 9–17 Uhr, Eintritt $40, Kinder am Wochenende und während der Schulferien frei, sonst $20.

In der Umgebung von Healesville gibt es einige sehr schöne Naturreservate, die Teil des **Yarra Ranges National Park** sind: der **Badger Weir Park** an einem Bach in der Nähe des Sanctuary, der herrliche Park am **Maroondah Reservoir** und das **Fernshaw Reserve** mitten im Wald – die beiden Letzteren liegen am Maroondah Highway in Richtung Alexandra/Marysville.

Diese Straße führt über die **Black Spur Range**, 11 km lang durch einen dichten Wald mit riesigen Königseukalypten (mountain ash) und romantischen Farntälern – eine der schönsten Strecken von Victoria.

ÜBERNACHTUNG

Enclave, 322 Don Rd, Healesville, in Buschlandumgebung nicht weit vom Healesville
Sanctuary, ℡ 5962 4398, 🖳 www.enclave
lifestylevillage.com.au. Zelt- und Stellplätze
($35/45) sowie Cabins mit Bad und Heizung.
Solarbeheizter Pool, Spielplatz. Kiosk. ❹–❺

 Sanctuary House, Badger Creek Rd,
℡ 5962 5148, 🖳 http://sanctuaryhouse.
com.au. Gemütliches Motel, im Buschland in
der Nähe des Sanctuary gelegen, Tennisplatz,
Pool, Spielplatz, im Winter Kaminfeuer.
Ab ❸

ESSEN

 Healesville Hotel, 256 Maroondah High-
way, ℡ 5962 4002, 🖳 www.healesville
hotel.com.au. Das Haus ist für seine gute Küche
und die ausgezeichnet bestückte Bar mit guter
Weinkarte sogar in Melbourne bekannt. Viele
der Weine sind auch glasweise zu haben. Das
Pub ist tgl. zum Mittag- und Abendessen geöff-
net. Im angrenzenden Harvest Cafe ist auch
Frühstück zu haben.
Mocha and Lime, 11 Green St, ℡ 5962 2288.
Leckeres Frühstück, Kuchen, Kaffee und kleine
Mittagessen. ⏲ tgl. Frühstück und Mittagessen.
Paramparaa Authentic Indian, 271-273 Maroon-
dah Highway, ℡ 5962 2988. Leckeres authen-
tisch indisches Essen. ⏲ tgl. 17–22.30 Uhr,
So auch Mittagstisch.

INFORMATIONEN

Karten und Informationsbroschüren findet man
u. a. im Healesville Sanctuary oder online unter
🖳 http://visityarravalley.com.au.

TRANSPORT

Nach Healesville: tgl. Vorortzug von
MELBOURNE bis LILYDALE, von dort weiter
mit Bus Nr. 685.
Zum HEALESVILLE SANCTUARY: Von
Healesville mit Bus Nr. 686 Richtung Badger
Creek.
Weitere Auskünfte: 🖳 www.ptv.vic.gov.au.

King Lake Ranges

Die Hochebene der King Lake Ranges erstreckt
sich von Healesville im Osten über Toolangi und
Kinglake bis nach Whittlesea im Westen. In
der Gegend haben sich einige Aussteiger und
Kunsthandwerker niedergelassen; sie verleihen
dem **Markt von St. Andrews** (⏲ Sa 9–14 Uhr) ein
bunt-alternatives Flair. Die kleine Ortschaft **Toolangi**, östlich des Melba Highway, ist ein weiterer Sammelpunkt für Künstler; sehenswert sind
z. B. die **Toolangi Pottery**, wo Keramik mit einer
ungewöhnlichen Kristallglasur hergestellt wird.
⏲ tgl. 10–17 Uhr.

Der **Kinglake National Park** zählt zu Melbournes beliebtesten Naherholungsgebieten.
Über 23 000 ha hohe Eukalyptus-Wälder und von
dichtem Farn umgebene Schluchten stehen hier
unter Naturschutz. Im Februar 2009 brannte fast
der gesamte Park nieder. Heute sind die Wanderwege zu den natürlichen Attraktionen wieder
freigegeben, darunter auch die beliebten **Mason
Falls**, die von dem Picknickplatz aus auf einer
kurzen Wanderung besucht werden können.
An Tagen mit hoher Brandgefahr kann der Park
geschlossen werden; dies sollte man unbedingt
ernst nehmen.

Am **Jehosaphat Gully** nahe der Ortschaft
Kinglake gibt es ebenfalls Picknicktische, BBQs
und Toiletten. Von hier aus führt der einfache
Lavers Circuit (850 m) durch den Wald. Den Gipfel
des **Mount Sugarloaf** – der höchsten Erhebung
des Parks – erreicht man mit dem Auto am Ende
der Sugarloaf Road. Von hier aus bietet sich ein
fantastischer Ausblick bis nach Melbourne.

ÜBERNACHTUNG UND ESSEN

Flowerdale Hotel, Whittlesea–Yea Rd, ℡ 5780
1230, 🖳 www.flowerdalehotel.com. Uriger
Land-Pub; Units, Countermeals, am Wochenende Livemusik. Schlichte, aber saubere DZ mit
Bad. ❷

Die **Gums Camping Area** wurde nach den Bränden von 2009 komplett neu gebaut. Man erreicht
sie über die Glenburn Rd von Kinglake kommend,
später geht die Straße in die Eucalyptus Rd über.
Sanitäre Anlange sind vorhanden, Trinkwasser
sollte man aber mitbringen. $15 pro Zelt oder

Der 1432 m hohe **Lake Mountain**, 24 km östlich von Marysville, ist das Melbourne am nächsten gelegene Skigebiet (120 km entfernt). Die Langlauftrails sind in Schwierigkeitsgrade eingeteilt und umfassen etwa 40 km. Im Sommer ist Lake Mountain ein herrliches Wandergebiet, das von Melbourne schnell erreicht ist.

Das **Lake Mountain Alpine Resort** verleiht Skier und Schlitten und betreibt zwei ganzjährig geöffnete Bistros. Übernachtungsmöglichkeiten gibt es allerdings keine. Im Sommer ist das Tor zum Resort rund um die Uhr geöffnet, der Eintritt ist dann kostenlos. Im Winter ⊙ 7.30–18.30 Uhr, Eintritt $57 pro Auto, zu zahlen direkt am Eingang oder online. Die Skisaison geht je nach Wetterlage von Juni bis September. Weitere Auskünfte, insbesondere über die Wetterbedingungen, unter: ✆ 5957 7222, 🖳 www.lakemountainresort.com.au.

Campervan. Reservieren unter 🖳 www.parkstay. vic.gov.au/kinglake-national-park.

🧳 Kaffee und Snacks in inspirierender Atmosphäre gibt es im **Singing Gardens of C.J. Dennis Café**, Main Rd, Toolangi, ✆ 5962 9282. Das BYO-Café befindet sich auf dem Gartengrundstück von C. J. Dennis, einem bekannten australischen Dichter, der hier von 1915–38 lebte. *The Sentimental Bloke* gilt bis heute als das herausragendste Werk des Künstlers. ⊙ Sa und So 10–16 Uhr.

TRANSPORT

Mit dem Zug nach SOUTH MORANG. Von hier geht es weiter mit dem Bus Nr. 382 nach WHITTLESEA und weiter mit Bus Nr. 384 nach KINGLAKE. Die Fahrt von der City dauert knapp 2 1/2 Std. Genaue Auskunft unter 🖳 www.ptv. vic.gov.au.

Nach Nordwesten

Mount Macedon und Umgebung

Gegen Ende des 19. Jhs. war Mt Macedon eine beliebte Sommerfrische für Melbournes Upper Class, die sich an der Westflanke des erloschenen Vulkans ein Stück Klein-England mit Cottages, Blumengärten und Parks schuf. Die gepflegten Anlagen machen noch heute die besondere Idylle der Gegend aus. Von der kleinen Ortschaft aus schlängelt sich die Straße den Berg hinauf durch dichte Farn- und Eukalyptuswälder. Auf dem Gipfel thront das imposante **Memorial Cross**, das an Australiens gefallene Soldaten des Ersten und Zweiten Weltkriegs erinnern soll. Von hier aus blickt man an klaren Tagen über die gesamte Port Phillip Bay.

Im Norden ragt die Felsgruppe **Hanging Rock**, die Überreste eines ehemaligen Vulkans, aus der Ebene. Im Roman *Picnic at Hanging Rock* und im gleichnamigen Film von Peter Weir (deutscher Titel: *Picknick am Valentinstag)* wird der Felsgruppe eine unheimliche Aura verliehen. Die (erfundene) Geschichte erzählt vom spurlosen Verschwinden einiger Mädchen und einer Lehrerin während des jährlichen Ausflugs eines Mädchenpensionats zu diesem Felsen.

Von dieser gruseligen Geschichte abgesehen, bietet das **Hanging Rock Reserve** ein beliebtes Ausflugsziel mit Picknickstellen und einem kleinen Informationszentrum, dem **Hanging Rock Discovery Centre** mit Informationen über die Geschichte und die Geologie von Hanging Rock. ⊙ Naturreservat und Infozentrum 9–17 Uhr, im Sommer länger. Am 1. Januar und am Australia Day (26.1.) kommen besonders viele Leute wegen der **Hanging Rock Picnic Races** (Pferderennen) hierher. Es gibt auch ein kleines Café mit gutem Mittagessen.

Eine Anzahl von **Weingütern** schart sich um Sunbury; das relativ trocken-warme Klima bringt gute Tafelweine hervor (Chardonnay, Cabernet Sauvignon, Shiraz). Eine weitere Anhäufung findet man in den höheren, feuchteren und win-

VICTORIA

digeren Lagen um Mt Macedon und Lance-field – die kühlste Weinanbauregion auf dem australischen Festland. Besonders der Sekt aus dieser Gegend genießt einen guten Ruf.

Das kleine **Trentham**, umgeben vom Wombat State Forest, hat sich bis heute einen angenehm langsamen Lebensstil bewahrt. In der Gegend liegen die Trentham Falls, mit 32 m Victorias höchster Wasserfall. **Woodend** hat ein kleines Zentrum mit Antiquitätengeschäften, Bäckereien und Cafés. In **Kyneton** ist die Piper Street von den für diese Gegend typischen Bluestone-Gebäuden aus dem 19. Jh. gesäumt. Dort laden etliche Cafés zur kurzen Rast ein.

ESSEN UND UNTERHALTUNG

Mount Macedon Trading Post, 686 Mt Macedon Rd, Mt Macedon Village. Frühstück, Mittagessen, Kaffee und Kuchen. Dient gleichzeitig als General Store, Bottle Shop und Zeitungsladen. ⏱ Mo–Fr 7–17, Sa und So 8–17 Uhr.
Holgate Brewhouse, 79 High St, Woodend. An das alteingesessene Pub schließen sich eine moderne Schankstube und ein Besucherinformationszentrum an. Unbedingt ein hausgemachtes Ale probieren! ⏱ tgl. 12–22 Uhr.

SONSTIGES

Bücher

Woodend Bookshop, 104 High St, ✆ 5427 2151. Riesiges Sortiment, viele Secondhand-Bücher. ⏱ Mi–Mo 10–17 Uhr.

Informationen

Kyneton Visitor Information Centre, 127 Hiyh St, Kyneton, ✆ 5422 6110. ⏱ tgl. 9–17 Uhr.
Woodend Visitor Information Centre, High St, Woodend, ✆ 5427 2033. ⏱ tgl. 9–17 Uhr. Im Web: 🖥 www.visitmacedonranges.com

Weingüter

Hier nur eine Auswahl:
Knight Granite Hills, 1481 Burke and Wills Track, Baynton, östl. von Kyneton, ✆ 5423 7264, 🖥 www.granitehills.com.au. Shiraz, Cabernet Sauvignon und Pinot Noir, der Riesling wurde preisgekrönt. ⏱ tgl. 11–17 Uhr.

Zig Zag Wines, 201 Zig Zag Rd, Drummond North, ✆ 5423 9390. Eines der ältesten Weingüter der Region produziert Riesling, Cabernet Sauvignon, Pinot Noir, Shiraz und Sekt. Am Wochenende gibt es mittags leichte Mahlzeiten.

TRANSPORT

V/Line, ✆ 13 61 96, 🖥 www.vline.com.au. Die Züge nach BENDIGO, ECHUCA und SWAN HILL halten teilweise in Macedon, Woodend und Kyneton. Um die Umgebung zu erkunden, ist man allerdings auf ein eigenes Fahrzeug angewiesen.

Daylesford und Hepburn Springs

Die Gegend um Daylesford und Hepburn Springs ist Victorias Kurgebiet. 72 Mineralquellen verteilen sich über die Region, alle sind öffentlich zugänglich und das Wasser kann über Pumpen abgefüllt werden. Seit der Entdeckung dieser Naturquellen hat sich Daylesford zu einem Badekurort nach europäischem Vorbild entwickelt. Der Charme kleiner Kurorte ist Daylesford und dem 2 km nördlich gelegenen Nachbarort Hepburn Springs erhalten geblieben; dazu kommen eine Prise Esoterik und Alternativkultur sowie eine trendy Café- und Restaurantszene. Etablierte Badehäuser wie das Hepburn Spa Resort sowie viele kleine Therapiezentren bieten Massagen und andere Wellness-Behandlungen an. Eine wachsende Anzahl von Schwulen und Lesben hat sich die Gegend als Wohnsitz auserkoren und trägt zum Florieren des Distrikts bei.

Ein Bummel entlang der **Vincent Street** in Daylesford offenbart die künstlerische Ader des Örtchens. Zwischen zahlreichen Galerien liegen gemütliche Cafés und Bistros, die oft auf die frühen schweizerischen und italienischen Einwanderer zurückgehen. Daylesford wirkt bemerkenswert sauber und wohlhabend; die geruhsame Atmosphäre tut gut, vor allem wenn man gerade aus Melbourne kommt.

In Daylesford erstreckt sich an einer Flanke des erloschenen Vulkans **Wombat Hill** ein klei-

VICTORIA

ner **Botanischer Garten**. Ein Aussichtsturm gewährt schöne Ausblicke auf den Ort und die Umgebung. An der Ecke von Hill St und Daly St im Nordwesten des Botanischen Gartens liegt **The Convent**, ein ansehnliches, von einem kleinen Park umgebenes Herrenhaus (erbaut 1963), das heute eine bekannte Privatgalerie, die **Convent Gallery**, sowie ein Café beherbergt. ☉ tgl. 10–16 Uhr, Eintritt $5.

In ca. einer Stunde kann man den **Lake Daylesford** zu Fuß umrunden (oder den Spaziergang über die Brücke abkürzen). Der Weg führt auch an einigen Naturquellen vorbei, darunter die **Central Springs**, also Wasserflaschen zum Probieren mitnehmen!

Fast unmerklich geht Daylesford nach Norden in den ruhigeren Nachbarort **Hepburn Springs** über. Idyllisch in einem schattigen Tal liegt das **Mineral Springs Reserve** mit Mineralquellen und dem **Hepburn Bathhouse**, ✆ 5321 6000, ⌨ www.hepburnbathhouse.com, dessen Angebot Heilbäder (im öffentlichen Pool oder privat), Sauna, Massagen und viele weitere Wellness- und Schönheitsbehandlungen umfasst. Voranmeldung für Massagen und Anwendungen erforderlich, fürs Wochenende bis zu sechs Wochen im Voraus. ☉ Mo–Do 9–18.30, Fr und Sa bis 21, So 8–18.30 Uhr.

ÜBERNACHTUNG

Es gibt viele, recht teure B&B- und Cottage-Unterkünfte. Am Wochenende akzeptieren fast alle nur Buchungen für 2 Nächte; unter der Woche ist es etwas preiswerter. Buchung beim Visitor Information Centre oder bei **dabs** (Daylesford Accommodation Booking Service), ✆ 5348 1448, ⌨ www.dabs com.au.

Daylesford

Daylesford Central Motor Inn, 54 Albert St, ✆ 5348 2029. Das Beste, was Daylesford im mittleren Preisbereich zu bieten hat. Kleines Motel mit sauberen, komfortablen Zimmern. Ab ❹

Double Nut Chalets, 5 Howe St, ✆ 0418 938 954, ⌨ http://doublenutchalets.com.au. Kleine Cabins mit Terrasse und großer Bade-

wanne. Am Wochenende ab 2 Übernachtungen. ❻

Hepburn Springs

📖 **Continental House**, 9 Lone Pine Ave, ✆ 0467-277 525, ⌨ www.continental house.net.au. Schönes altes, komplett renoviertes Haus mit 12 individuell eingerichteten DZ, alle mit Bad. Zur Anlage gehören auch ein schöner Garten sowie mehrere gemütliche Gemeinschaftsräume. Tolle Lage, etwas außerhalb auf einer Anhöhe oberhalb des Springs Reserve. Es gibt auch Yoga-Unterricht. ❺

The Peppers Springs Retreat, Main Rd, ✆ 5348 2202, ⌨ www.peppers.com.au/springs. Kleines Resorthotel aus den 30er-Jahren, sehr geschmackvoll im Art-déco-Stil renoviert. B&B. Alle Zimmer mit Bad, die teuersten mit Jacuzzi und Zugang zu einer breiten Terrasse. Über den Hof gibt es kleine Units mit Blick auf Garten. Weiterhin: Restaurant und ein preiswerteres Café; im dazugehörigen Spa House Dampfbäder und diverse Wellness- und Schönheitsbehandlungen. ❽

Camping

🌳 Im Mount Franklin Reserve, etwa 13 km nördl. von Daylesford am Midland Hwy, gibt es **kostenlose Campingplätze**, auch für Campervans. Superidyllische Lage. Es gibt Toiletten, Feuerstellen und fließend Wasser, das allerdings nicht zum Trinken geeignet ist. Keine Reservierung möglich.

Daylesford Holiday Park, Ballan Rd, ✆ 5348 3821, ⌨ http://daylesfordholidaypark.com.au; 2 km südl. in Richtung Ballan. Zelt- und Stellplätze ($33/38) sowie Cabins und Glamping-Zelte in schöner Parkumgebung. ❸–❻

ESSEN

Daylesford

Farmers Arms Hotel, 1 East St. Generalüberholter Pub; ein guter Ort für ein Bier oder zum Mittag- oder Abendessen.

🌳 **Himalaya Bakery**, 73 Vincent St. Vollkornbäckerei und Fair-Trade-Café, leckeres Schwarzbrot und Vollwert-Backwaren. Auch Frühstück und Mittagessen hauptsächlich aus

Lunch zwischen Lavendelfeldern

Etwas außerhalb des Ortes befindet sich die **Lavandula Swiss Italian Farm**. Das lizenzierte Café liegt inmitten schön angelegter Gärten und Lavendelfelder. Der Zutritt zu den Gärten kostet $6 und ist in jedem Fall einen Abstecher wert. Neben sehr leckerem Essen gibt es in der Trattoria ständig wechselnde Kunstausstellungen. Übers Jahr verteilt finden hier sonntags kleine Feiern statt, z. B. das Erntedankfest, Primavera Festa und Swiss-Italian Festa. Details zu den Gärten und zum Restaurant unter 🖥 www.lavandula.com.au. Hepburn–Newstead Rd, Shepherd's Flat, 5 km nördlich von Hepburn Springs, 📞 5476 4393. ⏱ tgl. 10.30–17.30 Uhr.

lokalen Bio-Zutaten sowie guter Kaffee. Tische und Theke aus Recycling-Holz. ⏱ tgl. 9.30–17 Uhr.

Lake House, 4 King St, am Lake Daylesford, 📞 5348 3329, 🖥 www.lakehouse.com.au. Ein in ganz Victoria bekanntes Feinschmecker-Restaurant. ⏱ tgl. Mittagessen und Abendessen, 3–4 Gänge ab $135. Feine australische Küche unter Verwendung lokaler Zutaten, gute Weinkarte. Am Wochenende und feiertags ist die Terrasse geöffnet.

Hepburn Springs

Rubens @ Hepburn, 70 Main Rd, 📞 5348 2843. Mediterrane Küche, Fisch- und Fleischgerichte sowie Pizza. ⏱ tgl. 18–21, Mi–So auch 12–15 Uhr.

INFORMATIONEN

Daylesford Regional Visitor Information Centre, 98 Vincent St, Daylesford, 📞 5321 6123, 🖥 https://visithepburnshire.com.au. ⏱ tgl. 10–17 Uhr.

TRANSPORT

V/Line, 📞 13 61 96, 🖥 www.vline.com.au. Ab MELBOURNE mit Zug bis WOODEND; ab dort mit Bus nach Daylesford.

Südwestlich von Melbourne ragt die Bellarine Peninsula in die Port Phillip Bay, eine ruhige, idyllische Landzunge, auf der sich die Melburnians vom Großstadttrubel erholen. Die Hafenstadt Geelong bildet das Tor zum Besuchermagnet Great Ocean Road.

Werribee Open Range Zoo

Nicht weit vom Highway entfernt vermitteln die Tiere (Nashörner, Giraffen, Zebras, Meerkatzen, Geparden *(cheetahs)* die Illusion eines afrikanischen Safariparks, selbst die Landschaft hier gleicht ein wenig der afrikanischen Steppe. An Wochenenden, feiertags und in den Schulferien transportieren „Safaribusse" zwischen 10.30 und 15.40, im Sommer bis 16.30 Uhr, Besucher über das Zoogelände. Die 50-minütige Fahrt ist im Eintrittspreis von $38 eingeschlossen (Kinder am Wochenende und während der Schulferien kostenlos, sonst $19). Info-Hotline 📞 1300-96 67 84, 🖥 www.zoo.org.au.

Serendip Sanctuary

Das **Serendip Sanctuary**, Windermere Rd, Lara, weiter im Südwesten, ist sehr untouristisch und bietet einheimischen Tieren, vor allem Wasservögeln, ein Refugium. In den umzäunten, riesigen Freigehegen tummeln sich Kängurus, Wallabies und Emus, von den verborgenen Beobachtungsstationen am Wasser *(bird hides)* kann man vielerlei Wasservögel in quasi freier Wildbahn beobachten – mehr als 100 Spezies wurden hier gesichtet. ⏱ tgl. 8–16 Uhr, Eintritt frei.

Der Besuch des Sanctuary lässt sich gut mit einem Besuch der **You Yangs** verbinden. Dort gibt es zahlreiche Picknickstellen und einen Pfad zum **Flinders Peak** (ca. 1 Std. hin und zurück), von wo aus eine gute Aussicht über die Western Plains von Victoria bietet.

Geelong

Die Hafenstadt an der Corio Bay, einer Bucht im Westen von Port Phillip Bay, ist mit rund 250 000 Einwohnern Victorias zweitgrößte

VICTORIA

Stadt. Während der Goldrauschzeit konkurrierten Geelong und Melbourne heftig miteinander. Melbourne gewann die Oberhand, da sich neue Firmen lieber in Melbourne niederließen, wo sich die Ämter der Kolonialregierung befanden. Geelong blieb ein kleiner Hafenort, von dem aus weiterhin Wolle nach Großbritannien verschifft wurde – damals ein sehr lukratives Geschäft. Vom Wollverkauf reich gewordene Schaffarmer aus dem Westen Victorias errichteten in Geelong ihre Herrenhäuser. In den 1920er-Jahren begann mit der Niederlassung einer Filiale der Ford-Werke die Industrialisierung Geelongs, die ein weiteres Wachstum einleitete.

Im Stadtzentrum blieben einige alte Kirchen, historische öffentliche Gebäude und alte Herrenhäuser vor der Abrissbirne bewahrt und verleihen der Stadt etwas Charakter. Geelong ist zu Recht stolz auf ihre „Waterfront" mit einem großen Pier und einer ausgebauten und mit Statuen geschmückten Strandpromenade.

Der Block zwischen Brougham St, Yarra St, Ryrie St und Gheringap St ist das **Einkaufszentrum** Geelongs, die Little Malop St ist zum Teil Fußgängerzone.

National Wool Museum

Das sehenswerte Museum in einem umgebauten Wollspeicherhaus aus dem 19. Jh. in der Nähe der Uferanlagen, Brougham St, Ecke Moorabool St, informiert anschaulich über die Geschichte und alle Aspekte der Schafzucht und des Wollhandels in Australien. ☏ 5272 4701, 🖥 www.geelongaustralia.com.au, ⏱ tgl. 9.30–17 Uhr, Eintritt $10, Student $8.

Geelong Botanic Gardens

Ein Spaziergang von etwa zehn Minuten entlang der Strandpromenade nach Osten führt zum botanischen Garten, u. a. mit seinen widerstandsfähigen Pflanzen aus ariden Zonen – hauptsächlich Kakteen und Sukkulenten. Dahinter erstreckt sich der historische Botanische Garten aus den 1850er-Jahren, der ganz im Stil jener Zeit gehalten ist. ⏱ tgl. 7.30–17, im Sommer bis 19 Uhr, Eintritt frei.

Auf dem Weg zu den Gärten begegnet man über 100 überlebensgroßen Skulpturen des Künstlers Jan Mitchell. Die **Bollards** waren ursprünglich einmal Pier-Pylonen. Sie wurden 1995 vom Künstler umfunktioniert und stellen nun Menschen der australischen Geschichte dar. Eine gute Karte mit Informationen zu den Skulpturen gibt es im Visitor Centre (siehe „Sonstiges").

Geelong Gallery

Die Galerie im Johnstone Park am westlichen Ende der Little Malop St lohnt ebenfalls einen kurzen Besuch. Ihre Sammlung umfasst 3000 Gemälde australischer Künstler aus dem 19. und 20. Jh. Eines der in Australien bekanntesten ist *A Bush Burial* („Das Buschbegräbnis") von Frederick McCubbin. ⏱ tgl. 10–17 Uhr.

ESSEN

Shiraaz Innovative Indian Restaurant, 48 Malop St, ☏ 5229 7777. Sehr gute indische Küche in großem, lizensiertem Restaurant. ⏱ tgl. 17–22, Mo–Fr auch 11.30–14 Uhr.
Wah Wah Gee, auf dem Cunningham Pier, ☏ 5222 6377, Asian-Fusion der mittleren Preisklasse, natürlich mit tollem Blick aufs Wasser. ⏱ tgl. 10–22 Uhr.

SONSTIGES

Informationen

Geelong & Great Ocean Road Visitor Information Centre, Princess Hwy, Little River, ☏ 5283 1735. ⏱ tgl. 9–16 Uhr.
National Wool Museum, s. o.
Außerdem ein Informationskiosk bei den Uferanlagen (Waterfront Information Booth), 🖥 www.tourismgeelongbellarine.com.au. ⏱ tgl. 10–16 Uhr.

Weingüter

Ende des 19. Jhs. befand sich hier Victorias größtes Weinanbaugebiet, das jedoch von der importierten Reblaus völlig zerstört wurde. Erst Mitte der 1960er-Jahre pflanzten experimentierfreudige Winzer wieder Weinreben an.
Del Rios of Mt Anakie, 2290 Ballan Rd, ☏ 9497 4644, 🖥 https://delrios.com.au. 30 km nord-

westl. bei Anakie. ☉ Weinprobe und Mittagessen Sa und So 12–16 Uhr.
For the Love of Grape, ✆ 0408-38 83 32, 🖥 www.fortheloveofgrape.com.au. Bietet Exkursionen zu den Weingütern rund um Geelong und Bellarine; halb- oder ganztägig ($85/150). Mittagessen nur bei Tagestour inkl.
Staughton Vale Vineyard, 20 Staughton Vale Rd, Ecke Ballan Rd, Anakie, ✆ 5284 1477, 🖥 https://winegeelong.com.au. Weinprobe So 11–16 Uhr. Dazu gehören ein kleines Restaurant, das Frühstück, Mittagessen und Afternoon Tea bietet, sowie ein kleines Ferienhaus mit 3 Gästezimmern, jeweils mit Bad. ❺–❼

TRANSPORT

Busse
Gull Airport Service, ✆ 5222 4966, 🖥 www.gull.com.au. 11–13x tgl. Transport ab Geelong zum MELBOURNE AIRPORT und retour ($34 einfach).
McHarrys Buslines, ✆ 5223 2111, 🖥 www.mcharrys.com.au. Betreibt einen Busservice im Großraum Geelong und zu allen Orten auf der BELLARINE PENINSULA. Abfahrt ab Malop St. Sonntags ist der Busverkehr stark eingeschränkt.
V/Line-Busse fahren tgl. ab Geelong die Great Ocean Road entlang nach APOLLO BAY, von hier aus Anschluss nach WARRNAMBOOL, Details S. 497.

Eisenbahn
V/Line-Züge verkehren häufig zwischen MELBOURNE und Geelong. Fahrzeit etwa 1 Std.; Reservierung nicht nötig.

Bellarine Peninsula

Die Bellarine-Halbinsel am südwestlichen Ende der Port Phillip Bay ist ein ruhiges, ländliches Gebiet, das an drei Seiten von Wasser umgeben ist. Familien machen gern an den Stränden der Port Phillip Bay bei Portarlington, Indented Head und St. Leonards Badeferien. Die südliche Ozeanküste ist sauberer als Port Phillip Bay; hier treffen sich viele Surfer. Der Strand beim hügeligen Ferienort **Ocean Grove** gilt als der sicherste Surfstrand von Victoria.

Bei **Barwon Heads** mündet der Barwon River in die Bass Strait. Queenscliff mit seinen imposanten alten Grandhotels und Cottages zieht wie ehedem viele Besucher aus Geelong und Melbourne an.

Die kleine Touristenbahn **Bellarine Railway** schnauft an einigen Wochenenden die 16 km lange Strecke vom alten Bahnhof in Queenscliff nach Drysdale und zurück; Fahrkarte $30, Kind $20. Auskunft und Buchung unter ✆ 5258 2069, 🖥 www.bellarinerailway.com.au.

Queenscliff
Der Ort liegt auf einer schmalen Landzunge im Südosten der Halbinsel. Vom **Ocean View Lookout** beim weißen Leuchtturm am Südende der Hesse St hat man die beste Aussicht über **The Rip**. Diese schmale Passage von der Meeresstraße Bass Strait zur Port Phillip Bay wird von Point Lonsdale auf der Bellarine Peninsula und Point Nepean an der gegenüberliegenden Mornington Peninsula begrenzt. Mit ihrem Unterwasserriff, ihren Strömungen, Strudeln und Sandbänken zählt sie zu den zehn gefährlichsten Schiffspassagen der Welt.

Einst war Queenscliff die Spielwiese wohlbetuchter Melbourner, die sich am Wochenende in einem der Grandhotels einquartierten. Veteranen aus jener Zeit sind das **Ozone Hotel**, **Queenscliff Hotel** und **Vue Grand Hotel**.

Queenscliff war im 19. Jh. auch eine Garnisonsstadt. Das 1882 gebaute **Fort Queenscliff**, 🖥 www.fortqueenscliff.com.au, gehörte zu den Befestigungsanlagen rund um die Einfahrt zur Port Phillip Bay, die errichtet wurden, weil die Briten nach dem Krimkrieg eine russische Invasion in Australien befürchteten. 1884 war Port Phillip Heads der am stärksten befestigte Ort des britischen Empire südlich des Äquators. Man kann das Fort und das dazugehörige Museum tgl. während der Führungen um 11, Sa und So auch 13.45 Uhr besichtigen ($17).

Die Ausstellung des **Maritime Museums**, 🖥 www.maritimequeensclife.org.au, an der Weerona Parade befasst sich mit den vielen

Schiffsunglücken, die die tückische Strömung bei The Rip verursachte, und zeigt ein Modell des Meeresbodens. ☉ tgl. 11–16 Uhr, Eintritt $8.

Am letzten Novemberwochenende stellen sich zum Queenscliff **Music Festival** etwa 25 000 Zuhörer ein. Das Festival ist ein Schaufenster der zeitgenössischen australischen Musikszene: Nur in Australien ansässige Künstler treten auf; das Spektrum umfasst Folk, Liedermacher, Jazz, Latin und Rock. ⌨ www.qmf.net.au.

ÜBERNACHTUNG

Seaview House, Hesse St, Ecke Stoke St, ☎ 5258 1763, ⌨ www.seaviewhouse.com.au. Ein historisches Haus, altmodisch möbliert, aber komfortabel, mit 14 Gästezimmern, alle mit Bad. Wohnzimmer mit offenem Kamin; Bibliothek. Gutes französisches Restaurant (s. u.). ❻

Vue Grand, 46 Hesse St, ☎ 5258 1544, ⌨ www. vuegrand.com.au. Eines der opulenten historischen Grandhotels. Beheizter Swimming Pool, Cocktailbar, luxuriöses Feinschmecker-Restaurant. B&B ab ❼

🧳 **Big 4 Beacon Resort**, 78 Bellarine Highway, ☎ 5258 1133, ⌨ www.beaconresort. com.au. Riesige Auswahl an Übernachtungsmöglichkeiten, von Zelt- und Campervan-Stellplätzen ($50) bis hin zu Motelunits und Ferienwohnungen mit 2–3 Schlafzimmern. Etwa 4 km außerhalb des Ortszentrums. Hallenbad, Hüpfkissen, Spielplatz, Tennisplatz und vieles mehr. ❹–❽

ESSEN

Lombardys On Hesse, 38 Hesse St, ☎ 5258 1838. In diesem freundlichen Italiener wird hausgemachte Pasta serviert. ☉ Do–Di 17–20.30 Uhr.

🧳 **360Q**, 2 Wharf Street, direkt am Wasser, ☎ 5257 4200, ⌨ http://360q.com.au. Die Lage des gehobenen Seafoodlokals ist natürlich unschlagbar. Man sitzt mit Blick auf Hafen und Wasser bei mundwässernden Austern oder auch Schweinebauch oder indonesischem Curry. Hauptgerichte $30–40. ☉ Do–So 8–22, Mo–Mi bis 16 Uhr.

Im **Vue Grand Hotel** das oben genannte Feinschmecker-Restaurant, ☎ 5258 1544. Im viktorianischen Stil des Hauses ausgestattet. ☉ Mi–Sa Abendessen (bis 21 Uhr).

AKTIVITÄTEN

Exkursionen und Bootsfahrten

Sea All Dolphin Swims, ☎ 5258 3889, ⌨ www.dolphinswims.com.au. Schwimmen mit Delphinen und Seelöwen! 3 1/2-stündige Kreuzfahrt mit Schnorcheltour von Okt–April in der Port Phillip Bay zu einer Seelöwenkolonie *(Australian fur seals)* sowie zum Beobachten; $160.

Informationen

Queenscliff Visitor Information Centre, 55 Hesse St, ☎ 5258 4843, ⌨ www.queenscliff. org. ☉ tgl. 9–17 Uhr.

Tauchen

Queenscliff Dive Centre, ☎ 5258 1188, ⌨ https://dive.scubabo.com.

TRANSPORT

Busse

Von und nach GEELONG geht es mit **McHarrys Buslines**, Fahrplanauskunft ☎ 5223 2111, Informationen außerdem unter ⌨ www.mcharrys. com.au.

Fähren

Eine Autofähre verkehrt das ganze Jahr über zwischen Queenscliff und SORRENTO auf der gegenüberliegenden Mornington Peninsula. Man sollte ca. 30 Min. vor der Abfahrt beim Terminal sein.

Searoad Queenscliff–Sorrento Ferry, ☎ 5258 3244, ⌨ www.searoad.com.au. Abfahrt in beide Richtungen tgl. von 7–18 Uhr zur vollen Stunde; vom 26.12. bis Ende der Sommerzeit letzte Fähre um 19 Uhr; Fahrzeit 40 Min.; Fahrpreise: Auto inkl. Fahrer $67 einfach, $124 hin und zurück; jeder zusätzliche Passagier (oder Fußgänger) $13 einfach, $26 hin und zurück (oder $22/44 pro Familie).

Nach Süden

Mornington Peninsula

Die stiefelförmige Halbinsel, nur eine Fahrtstunde südöstlich von Melbourne, ist die Spielwiese erholungsbedürftiger Großstädter. Aber die Umgebung hat auch für Besucher aus dem Ausland erstaunlich viel zu bieten. Gerade deshalb empfiehlt es sich trotz der Nähe zu Melbourne, hier wenigstens eine Nacht zu verbringen. Neben den hübschen Ferienorten wie Sorrento und Portsea warten zwei schöne Küstennationalparks, weiße Sandstrände sowohl zum Meer als auch zur Bucht hin, eine berauschende Unterwasserwelt, an die man hier ganz nah heran kommen kann, sowie ein dichtes Netz aus Wein- und Gourmetadressen, die über den **Wine Food Farmgate** miteinander verbunden sind.

Der Peninsula Link (M11), der sich im Norden an Eastlink (M3) anschließt, verbindet die Halbinsel mit der City. Ab Mornington kann man auch die landschaftlich attraktivere Küstenstraße bis nach Portsea nehmen. Nur 10 km Luftlinie trennen Portsea an der „Stiefelspitze" von Queenscliff auf der gegenüberliegenden Bellarine Peninsula. Dazwischen liegt die schmale Passage von der Bass Strait zur Port Phillip Bay mit dem bezeichnenden Namen **The Rip** (s. Bellarine Peninsula S. 470).

Sorrento und Portsea

Die Orte auf der Bayseite zwischen **Dromana** und **Portsea** sind beliebte, im Sommer überfüllte Ferienorte. Zwischen Rye und Portsea hat man die Wahl zwischen den sicheren Stränden an den ruhigen Wassern der Port Phillip Bay und der Brandung an den von hohen Dünen und Felsklippen eingerahmten Ozeanstränden auf der anderen Seite.

Sorrento und Portsea sind die anziehendsten der Ferienorte an der Bucht, entsprechend hoch sind auch die Preise. Günstiger übernachtet man in Rosebud und Dromana. Einen Bummel entlang der Ocean Beach Road in Sorrento mit ihren Cafés und hübschen Boutiquen sollte man sich dennoch gönnen. Vom Sorrento Pier starten die Boote zum Beobachten oder Schwimmen

mit Delphinen und Seelöwen, ein Erlebnis, das man sich auf keinen Fall entgehen lassen sollte (Details S. 477).

Point Nepean National Park

Das gesamte Gebiet um **Point Nepean** steht im Point Nepean National Park unter Naturschutz. Radfahrern und Fußgängern steht er rund um die Uhr offen, Autos können das Gate tgl. von 8–17 Uhr passieren. Das Infozentrum, ⏰ tgl. 9–17 Uhr, befindet sich bei der historischen **Quarantine Station** an der Defence Road. Hier gibt es auch Toiletten.

Der **Cheviot Hill** im Süden markiert die höchste Erhebung des Parks. Von hier blickt man auf den **Cheviot Beach**, an dem der ehemalige Premierminister Harold Holt im Dezember 1967 spurlos in den Wellen verschwand. Eine Gedenktafel an der Defence Road erinnert an den verunglückten Politiker.

Fort Nepean an der „Stiefelspitze" der Halbinsel war Teil der Befestigungsanlagen am Eingang zur Port Phillip Bay, die Melbourne gegen Ende des 19. Jhs. vor einer damals befürchteten russischen Invasion schützen sollten. Der erste Schuss zur „Verteidigung" wurde hier jedoch auf den deutschen Frachter *Pfalz* abgefeuert, der am 5. August 1914, Minuten nach der Kriegserklärung an das deutsche Kaiserreich, noch schnell durch die Passage fahren wollte. Die Besatzung des Frachters wurde festgenommen.

Vom Visitor Centre aus fährt zwischen 10.30 und 16 Uhr ein Shuttle-Bus etwa alle 30 Min. zum Fort; man kann an den Sehenswürdigkeiten entlang der Strecke beliebig oft aus- und einsteigen, $10 hin und zurück. Oder man geht zu Fuß: Ab Info Centre z. B. entlang des Bay Beach Walking Tracks und weiter bis zum Fort.

Mornington Peninsula National Park

Der Nationalpark schließt die gesamte Ozeanküste bis Flinders sowie die Region um Greens Bush mit ein. Der Felsvorsprung **Cape Schank** ist der südlichste Zipfel der Halbinsel und eine der schönsten Stellen der Küste. Der Blick schweift nach Osten entlang der zerklüfteten Küste bis nach Phillip Island. Im Westen sieht man an klaren Tagen die Umrisse der Steilküste an der Great Ocean Road.

© CORINNA MELVILLE

VICTORIA

Der **Moonlit Sanctuary Conservation Park**, 550 Tyabb-Tooradin Rd, Pearcedale, ☏ 5978 7935, 🖥 http://moonlitsanctuary.com.au, hat sich dem Schutz einiger gefährdeter Tierarten verschrieben. Bedrohte Arten wie der Tasmanische Teufel (s. Foto) und das Bürstenkänguru *(Southern Bettong)* werden hier gezüchtet mit dem Ziel, sie anschließend auszuwildern. Tagsüber kann man auf dem Wallaby Walk die kleinen Beuteltiere füttern. Besonders schön ist der Park bei Nacht, wenn Eulen, Opossums und Beutelmarder zum Leben erwachen. ⏲ tgl. 10–17 Uhr, Eintritt $24, Student $21, Kind $12. Abendtouren je nach Saison kurz nach Sonnenuntergang, im Voraus buchen; $50, Student $45, Kind $30.

Vom Parkplatz gelangt man über einen kurzen Bretterweg zu den Felsklippen des Kaps. In der Nähe des Parkplatzes beginnt auch ein schöner, 3 km langer Pfad an der Steilküste entlang und hinunter zu einem kleinen Strand an der **Bushrangers Bay**.

Der Leuchtturm **Cape Schanck Lightstation**, sendet seine Signale seit 1857. ⏲ tgl. 10–16 Uhr, Leuchtturmtour $16, Kind $9.

Etwas weiter östlich liegt das Dörfchen **Flinders** mit seinen netten Cafés und dem besuchenswerten Schokoladengeschäft **Mornington Peninsula Chocolates**, in dem unwiderstehliche Pralinen und einfallsreiche Schokoladenkreationen verkauft werden.

Flinders rühmt sich auch eines der landschaftlich reizvollsten **Golfplätze**, 🖥 www.flindersgolfclub.com.au, in ganz Australien, von dem sich eine herrliche Aussicht aufs Wasser und Phillip Island bietet. Gäste sind willkommen.

Peninsula Hot Springs

Die Wellnessoase nahe Fingal speist ihre Heilbäder aus natürlichen Mineralquellen, 637 m unter der Erde. Besuchern stehen zwei Kur-Einrichtungen zur Verfügung: Im **Bath House** bringen 20 Bäder vom Höhlenbad bis zum türkischen Dampfbad Entspannung aller Art. Das **Spa Dreaming Centre**, 30 Springs Lane, Fingal, ☏ 5950 8777, 🖥 www.peninsulahotsprings.com, sorgt für persönliche Anwendungen wie Massage und kosmetische Behandlungen. Eintritt zum Bath House tagsüber $50. Die Behandlungen im Spa Dreaming Centre kosten extra. ⏲ 7.30–22 Uhr.

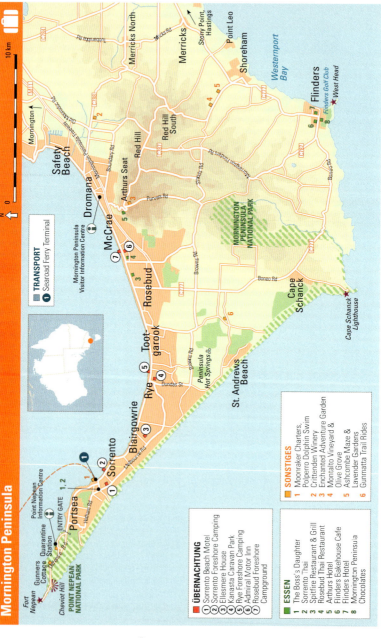

Mornington Peninsula

VICTORIA

10 km

Stony Point, Hastings
Point Leo
Merricks North
Merricks
Shoreham
Flinders
West Head
Flinders Golf Club

Westernport Bay

Red Hill
Red Hill South
Safety Beach
Arthurs Seat
Dromana
McCrae
Rosebud
Cape Schanck
Cape Schanck Lighthouse

MORNINGTON PENINSULA NATIONAL PARK

Tootgarook
Rye
Blairgowrie
Sorrento
Portsea
St. Andrews Beach
Peninsula Hot Springs

Point Nepean Information Centre
ENTRY GATE
Quarantine Station
Gunners Cottage
Fort Nepean
Cheviot Hill

POINT NEPEAN NATIONAL PARK

Mornington
Mornington Peninsula Visitor Information Centre

TRANSPORT

1 Searoad Ferry Terminal

ÜBERNACHTUNG

1 Sorrento Beach Motel
2 Sorrento Foreshore Camping
3 Ellesmere House
4 Kanasta Caravan Park
5 Rye Foreshore Camping
6 Admiral Motor Inn
7 Rosebud Foreshore Campground

ESSEN

1 The Boss´s Daughter
2 Sorrento Thai
3 Spitfire Restaurant & Grill
4 Rosebud Thai Restaurant
5 Arthurs Hotel
6 Flinders Bakehouse Cafe
7 Flinders Hotel
8 Mornington Peninsula Chocolates

SONSTIGES

1 Moonraker Charters, Polperro Dolphin Swim
2 Crittenden Winery
3 Enchanted Adventure Garden
4 Montalto Vineyard & Olive Grove
5 Ashcombe Maze & Lavender Gardens
6 Gunnatta Trail Rides

Arthurs Seat

Wegen der herrlichen Aussicht über die Bucht und bei klarem Wetter weit über das Wasser bis zur City von Melbourne lohnt sich ein Abstecher auf den kleinen Berg. An zwei Aussichtspunkten gibt es Parkplätze. Der Sessellift **Eagle Arthurs Seat**, ℘ 5987 0600, 🖥 https://aseagle. com.au, wurde nach jahrelanger Renovierung wiedereröffnet. Er befördert Passagiere von der Bodenstation an der Arthurs Seat Rd in Dromana auf den knapp 300 m hohen Aussichtspunkt Arthurs Seat und zurück. ⊙ tgl. 10–17 Uhr, im Sommer länger, Tickets hin und zurück $24, Kind $15.

Wer nicht auf den Cent gucken muss, kehrt ins Arthur Hotel mit seiner hervorragenden Aussicht von der Terrasse ein (Details s. u.).

Ein kurzer Spaziergang führt vom Aussichtspunkt zum **Seawinds Garden**, der sich 500 m südlich befindet. Wer keine Gelegenheit hatte, das Waldheiligtum des Bildhauers William Ricketts in den Dandenongs zu besuchen, kann sich hier anhand von Skulpturen des Künstlers einen guten Eindruck von dessen Werk verschaffen.

Der **Enchanted Adventure Garden**, 🖥 www. enchantedmaze.com.au, in der Nähe ist eine kommerzielle Attraktion für die ganze Familie, mit verschiedenen Irrgärten, Rutschen, einem Kletterpark und einer Seilrutsche. Dazu gehört ein Café-Restaurant. ⊙ tgl. 10–18 Uhr, Eintritt $30, Kind $20.

Wine Food Farmgate

Die Fahrt über das hügelige Land um **Red Hill** und **Merricks** zum Cape Schanck und zur Westernport Bay ist landschaftlich sehr reizvoll. Aber nicht nur die optischen Sinne werden gereizt. Im Binnenland bieten zahllose Weingüter und Feinschmeckeradressen Grund zum Anhalten. Sie alle liegen auf dem *Wine Food Farmgate Trail*, der Weinkeller (s. u.), Brauereien, Käsehersteller, Oliven- und Erdbeerplantagen und viele weitere Gourmetdestinationen miteinander verbindet.

Eine Karte mit sämtlichen Adressen und Beschreibungen erhält man im Visitor Centre in Sorrento oder unter 🖥 www.winefoodfarm gate.com.au.

Die erste britische Niederlassung im Gebiet des heutigen Staates Victoria wurde mit der Absicht gegründet, den Franzosen, die zur gleichen Zeit den Südpazifik erforschten und kolonisierten, zuvorzukommen. Leutnant Collins etablierte daher 1803 in der **Sullivan Bay**, 3 km südöstlich vom heutigen Sorrento, eine kleine Siedlung mit 299 Sträflingen, 50 Soldaten und einigen freien Siedlern. Wegen Problemen mit der Trinkwasserbeschaffung wurde die Niederlassung jedoch einige Monate später wieder aufgegeben und nach Van Diemen's Land (Tasmanien) umgesiedelt. Einem der Sträflinge, **William Buckley**, gelang jedoch die Flucht. Er lebte 32 Jahre lang mit einheimischen Aborigines. Als europäische Siedler Jahrzehnte später den „verwilderten" Weißen trafen, hatte er sich so an sein neues Leben gewöhnt, dass er kaum mehr des Englischen mächtig war. Der australische Ausdruck „Buckley's Chance", oder kurz „Buckley's", mit dem eine ziemlich aussichtslose Sache bezeichnet wird, geht auf diese Begebenheit zurück.

Westernport Bay

West Head bei Flinders markiert die Grenze zwischen der dramatischen Felsklippenküste, die der Bass Strait zugewandt ist, und den stillen Buchten und Sandstränden der flachen Westernport-Bay-Küste, die die „Fußsohle" der Mornington Peninsula bildet. Weiter nordwestlich, zwischen Red Hill und Shoreham, befindet sich ein großer Irrgarten in einer Parkanlage mit Wasserfällen und Springbrunnen: **Ashcombe Maze & Lavender Gardens**, 15 Red Hill-Shoreham Rd in Shoreham, 🖥 www.ashcombemaze. com.au. Dazu gehört auch ein gemütliches Café. ⊙ tgl. 10–17 Uhr, Eintritt $20, Kind $11.

ÜBERNACHTUNG

Unterkünfte sind recht teuer an der Mornington Peninsula. Einen guten Überblick gibt es bei 🖥 www.visitmorningtonpeninsula.org. Reisende mit engem Budget nutzen am besten einen der u. g. öffentlichen Campingplätze oder suchen sich eine Ferienwohnung oder ein Zimmer von Privat. Gute Angebote in diesem Bereich hat wie immer **Airbnb**, 🖥 www.airbnb.com.

Rosebud

🏨 **Admiral Motor Inn**, 799 Point Nepean Rd, ☎ 5982 0202, 🖥 www.admiralmotorinn.com.au. Eins der schöneren Motels entlang der Hauptstraße mit Parkplätzen direkt vor dem Zimmer. Guter Motelstandard. Viele Restaurants sind von hier zu Fuß zu erreichen. ❹

Sorrento

🏨 **Sorrento Beach Motel**, 780 Melbourne Rd, ☎ 5984 1356, 🖥 www.sorrentobeachmotel.com.au. Moderne, große Motelzimmer, alle mit kleiner Terrasse. ❺

Camping und Caravanparks

€ In Rosebud, Rye und Sorrento gibt es **Foreshore Camping Areas**, die von der Gemeinde verwaltet werden. Alle drei liegen direkt am Wasser. Es gibt sanitäre Anlagen und Waschmaschinen. In den Sommerferien sind alle Zeltplätze 6 Monate und mehr im Voraus ausgebucht; zu allen anderen Zeiten findet man aber meist einen Platz. $40 mit oder $26 ohne Strom für bis zu 4 Pers. im Zelt oder Campervan. Buchung unter ☎ 5950 1011, 🖥 www.mornpen.vic.gov.au.
Kanasta Caravan Park, 1-9 Sinclair Ave, Rye, ☎ 5985 2638, 🖥 https://kanastacaravanpark.com.au. Große Auswahl an modernen Cabins und Glampingzelten, alle mit Bad. Schöne Parkanlage in guter Lage, nicht weit von Stadt und Strand. Beach Volleyball, Tischtennis und Spielplatz. ❼

ESSEN UND UNTERHALTUNG

Ein guter Tipp zum Essen mit Stil – meistens in idyllischer Lage – sind die Winery Restaurants (s. Weingüter S. 478). Auch gibt es hier einige Luxus- und Feinschmecker-Restaurants.

Sorrento

Viele Lokale in der Ocean Beach Rd, der Hauptstraße des Ortes.

Camping mit Stil

🌳 „Glamping" *(Glamorous Camping)* wird besonders in Victoria immer beliebter. Man „kampiert" in meist fest installierten Zelten oder zeltähnlichen Hütten, direkt in der Natur, aber doch mit allen Annehmlichkeiten eines Hotelzimmers. **Happy Glamper**, ☎ 1300 911 140, 🖥 www.happyglamper.com.au, bietet an der Mornington Peninsula Campingerlebnisse mit Luxusbeigabe: Das hübsche Safarizelt wird samt Inneneinrichtung am Ort der Wahl aufgestellt, mit bequemen Matratzen, Kissen und Fußabstreifer, versteht sich. Man hat die Wahl zwischen runden Lotuszelten, Glockenzelten oder einem auf modern gemachten Retro-Caravan. Extras wie Kühlschrank oder Tisch und Stühle können dazu gebucht werden. Sicherlich ein unvergessliches Erlebnis, allerdings nicht günstig: 2 Nächte im kleinsten Zelt $360 (die 3. Nacht gibt's teilweise kostenlos dazu, sonst weitere Nacht $60), dazu kommt die Gebühr am ausgewählten Campingplatz.

Sorrento Thai, Hurley St, ☎ 5984 5138. Gut und günstig isst man in diesem kleinen Thai-Restaurant im Sorrento Portsea RSL Club. Auch Take-away. 🕐 Mi–So 17–20 Uhr.
The Boss's Daughter, 174 Ocean Beach Rd, ☎ 5984 2888. Große Frühstückskarte, auch Mittagessen. Leckere amerikanische Pfannkuchen. 🕐 tgl. 7.30–15.30 Uhr.

Rosebud

Rosebud Thai Restaurant, 883 Point Nepean Rd, ☎ 5982 3826. Schmackhafte Currys und Stir Fries, es kann allerdings sehr voll werden. Besser reservieren. 🕐 Di–So Abendessen.
Spitfire Restaurant & Grill, 1181 Point Nepean Rd, ☎ 5982 3368. Leckere Burger, auch für Vegetarier, zu günstigen Preisen. 🕐 Mo, Do und Fr 11–20.30, Sa und So ab 9 Uhr.

Arthurs Seat und Flinders

🏨 **Arthurs Hotel**, 790 Arthurs Seat Scenic Rd, Arthurs Seat, ☎ 5981 4444. Guter Service, hervorragendes Essen, unübertreffbare

Aussicht. Abend- und Mittagessen in mittlerer Preisklasse. ☉ tgl. 11–15 Uhr, Sa auch Abendessen.

Flinders Hotel, Cook St. Tgl. gute Countermeals in gemütlichem Pub; Biergarten, am Wochenende Livemusik (Jazz und Blues).

AKTIVITÄTEN

Reiten

Gunnamatta Trail Rides, Truemans Rd, Ecke Sandy Rd, Fingal, ✆ 5988 6755, 🖥 www.gunnamatta.com.au. Ausritte durch Buschland oder am Strand, ab 2 Std. für Anfänger bis Fortgeschrittene. Auch Reitunterricht.

Surfen

East Coast Surf School, 226 Balnarring Rd, Merricks North, ✆ 0417-52 64 65, 🖥 https:// eastcoastsurfschool.net.au. Verschiedene Treffpunkte; Unterricht 90 Min. um $65 inkl. Ausrüstung.

Wandern und Radfahren

Es gibt zahlreiche schöne und gut ausgebaute Wander- und Radwege. Der 100 km lange **Mornington Peninsula Walk** zählt zu den schönsten Wanderwegen in ganz Victoria. Er kombiniert 4 Wanderungen: den **Two Bays Walk**, der durch das Hinterland von Dromana und Cape Schank führt, den **Coastal Walk** durch den Mornington Peninsula National Park von Cape Schank nach Portsea, den **Point Nepean Walk** und den **Bay Trail** von Portsea zurück nach Dromana. Infos im Visitor Centre oder unter 🖥 www.visitmorningtonpeninsula. org/PlacesToGo/Walks.aspx. Dort sind auch zahlreiche Radwege beschrieben.

Bayplay, ✆ 5984 0888, 🖥 www.bayplay.com. au, organisiert Radtouren und hat viele Infos zu den Wanderungen.

TOUREN

Die Port Phillip Bay birgt unter der Oberfläche ein verborgenes Eldorado für Taucher und Schnorchler. Wenigen ist bekannt, dass man hier mit Seelöwen und Delphinen schwimmen

kann und sogar den seltenen und äußerst skurrilen Großen Fetzenfisch *(Sea Dragon)* vor die Taucherbrille bekommt. Erlebnisse, für die Australienreisende sonst viele Stunden oder sogar Tage im Auto oder auf dem Schiff verbringen, sind hier direkt vor der Haustür Melbournes zu bekommen. Besuchern der Mornington Peninsula sei geraten, sich wenigstens einer dieser Touren anzuschließen, denn sie alle bieten schlicht unvergessliche Erlebnisse.

Bayplay, ✆ 5984 0888, 🖥 www.bayplay. com.au. Renommierter Anbieter verschiedener Aktivitäten auf und im Wasser. Bestseller sind die Schnorcheltouren „Snorkeling with Sea Dragons", die auch für Anfänger geeignet sind ($100 für 2 Std.). Des Weiteren werden Kajaktouren, Segeltouren, Taucherlebnisse (auch Schnuppertauchgänge) und Stehpaddeltouren angeboten, allesamt sehr empfehlenswert. Auch Verleih von Kajaks und Schnorchelausrüstung.

Moonraker Charters, ✆ 5984 4211, 🖥 www.moonrakercharters.com.au. Preisgekrönte Bootstouren ab Sorrento Pier, während derer man Große Tümmler und Seelöwen vom Boot aus beobachten oder mit ihnen schwimmen kann – ein Erlebnis, das es selbst in Australien nicht oft gibt. 3-stündige „Dolphin and Seal Swim"-Tour $165 inkl. Schnorchelausrüstung und Neoprenanzug; für Passagiere, die nicht schwimmen $65.

Peninsula Stand Up Paddle, ✆ 5986 4557, 🖥 www.psups.com.au. Stehpaddelverleih mit kurzer Einführung, $40.

Polperro Dolphin Swims, ✆ 5988 8437, 🖥 https://polperro.com.au. Ebenfalls ein mehrfach ausgezeichneter Anbieter. Ähnliches Angebot wie Moonraker (Cruise $70, schwimmen mit Delphinen $165). Unterwegs werden hausgemachte Scones serviert. Für ihren Einsatz zum Schutz der Tierwelt in der Port Phillip Bay erhielt die Firma das Öko-Siegel von Ecotourism Australia. Durch Beobachtung und spezielle Studien macht Polperro auf Umweltprobleme aufmerksam und unterstützt lokale Tierschutzkampagnen.

SONSTIGES

Informationen

Peninsula Visitor Information Centre, Point Nepean Rd, Dromana Park, Dromana, ✆ 5987 3078, ⌨ www.visitmorningtonpeninsula.org. ⏲ tgl. 9–17 Uhr.

Märkte

Hier nur eine Auswahl aus zahlreichen Märkten.

Farmers Market beim **Dromana Estate Tuerong**, 555 Old Moorooduc Rd, Tuerong. ⏲ jeden 4. So im Monat 8–13 Uhr (im Winter 8–12 Uhr). Das ganze Jahr über Lebensmittel, Obst und Gemüse.

Red Hill Market, Red Hill Rd, südöstlich von Dromana. ⏲ jeden 1. Sa im Monat Sep–Mai 8–13 Uhr. Lebensmittel und Kunstgewerbe; der erste und bekannteste von allen Märkten.

Weingüter

Diese Region bringt v. a. typische Cool-climate-Weine mit frischem, fruchtigem Geschmack hervor. Die meisten Weingüter liegen in und um Red Hill und Merricks und bieten eine wundervolle Aussicht auf grüne Hügel und Weingärten, mit gelegentlichen Ausblicken aufs Wasser. Zu vielen gehören Restaurants oder Bistros, in denen man ausgezeichnet essen kann. Nachstehend nur eine Auswahl.

Crittenden Winery, 25 Harrisons Rd, Ecke Bittern-Dromana Rd, Dromana, ✆ 5981 8322, ⌨ www.crittendenwines.com.au. Weinprobe und leichte Speisen; schöner Ausblick von der Terrasse. Weinprobe tgl. 10.30–16.30 Uhr (außer den üblichen auch einige ungewöhnliche Weine, u. a. Barbera, Nessolo, Dolcetto). ⏲ tgl. Mittagessen, Fr und Sa Mittag- und Abendessen.

Montalto Vineyard & Olive Grove, 33 Shoreham Rd, Red Hill South, ✆ 5989 8412, ⌨ www. montalto.com.au. Im Restaurant tgl. Mittagessen, Abendessen Fr und Sa. Moderne australische Küche; auch Kochkurse. Zum Anwesen gehören ein ausgedehntes Feuchtgebiet und ein Olivenhain. ⏲ tgl. Weinproben 11–17 Uhr, $5.

TRANSPORT

Busse und Eisenbahn

Ab MELBOURNE geht es mit dem Zug bis FRANKSTON, dort besteht Anschluss an den Bus nach Portsea: Der **Portsea Passenger Service Bus** Nr. 788 fährt vom S-Bahnhof in FRANKSTON via MORNINGTON entlang der Küstenstraße nach SORRENTO und PORTSEA (Fahrdauer 1 Std. 40 Min.). Weitere Auskünfte auf ⌨ www.ptv.vic.gov.au.

Fähren

Zur **Bellarine Peninsula**: Eine Autofähre verkehrt das ganze Jahr über zwischen SORRENTO und QUEENSCLIFF. **Searoad Sorrento–Queenscliff Ferry**, ✆ 5258 3244, ⌨ www.searoad.com.au. Details S. 472, Queenscliff.

Zur **Phillip Island**: Ab Stony Point nach TANKERTON (French Island) und weiter nach COWES (Phillip Island) mit **Western Port Ferries**, $13 einfach (egal ob man auf French oder Phillip Island aussteigt). ✆ 5257 4565, ⌨ http://westernportferries.com.au. Zwischen Stony Point und MELBOURNE gibt es eine Vorortzug-Verbindung von **PTV**, ✆ 1800 800 007, ⌨ www.ptv.vic.gov.au.

Phillip Island

Die meisten der etwa 2 Mio. Besucher pro Jahr sind Tagesausflügler, die von Melbourne auf dem Landweg die 140 km zurücklegen, um sich eine von Victorias bekanntesten Touristenattraktionen anzusehen: die drollige **Pinguinparade**, die hier allabendlich am Strand vorbeizieht. Zwischen Weihnachten und Ende Januar herrscht auf der Insel Hochbetrieb; zu den 7000 Einwohnern gesellen sich über 40 000 Urlauber. Das Grand-Prix-Rennen für 500-ccm-Motorräder im Oktober ist ebenfalls ein Besuchermagnet.

Phillip Island umfasst 10 300 ha Fläche, die größte Ausdehnung von Osten nach Westen beträgt 22 km, von Norden nach Süden 10 km. Die flache Insel ist von Gras und Buschland bewachsen, Bäume gibt es wenig. Eine Brücke im Osten verbindet den Fischerort **Newhaven** mit

VICTORIA

San Remo auf dem Festland. Südöstlich davon ragt die felsige Landzunge **Cape Woolamai** mit Klippen ins Meer.

Ende September kehren Heerscharen von **Mutton Birds** (*Shearwater*, Sturmtaucher) von ihrer jährlichen Reise nach Alaska und Kanada zu ihren Nistplätzen in den Felsen und Sanddünen von Cape Woolamai zurück. Die Südküste von Phillip Island ist der Brandung der oft stürmischen Bass Strait ausgesetzt; die Strände dort (Cape Woolamai Beach, Smiths Beach, Summerland Beach) sind deshalb bei Surfern sehr beliebt. Zum Schwimmen und Baden sind sie aus dem gleichen Grund weniger geeignet.

Eine **Sammelkarte** ($60, Kind $30) gilt für die Pinguinparade, das Koala Conservation Centre, Churchill Island und die Multimedia-Showcentre Antarctic Journey, die alle von Phillip Island Nature Parks verwaltet werden. Man erhält sie beim Phillip Island Visitor Information Centre in Newhaven oder online: 🖳 www.penguins. org.au.

Churchill Island

Nördlich von Newhaven gelangt man über eine Holzbrücke zur **Churchill Island**, einer 1,5 km langen und knapp 1 km breiten Insel mit einem alten Herrensitz, umgeben von einer Parkanlage. Vom Spazierweg, der um die Insel führt, eröffnen sich schöne Ausblicke auf die Küstenlandschaft der Western Port Bay. Da die Insel noch als Farm genutzt wird, gibt es dort Rinder, Schafe, Hühner und Kaltblutpferde. ⊙ tgl. 10–17 Uhr, Eintritt $13,20, Kind $6,60, Familie $33.

Die Sandbänke zwischen Churchill Island und dem Fischerort **Rhyll** sowie die Feuchtgebiete um Rhyll sind ein Paradies für unzählige Wasservögel. Vom **Conservation Hill Lookout** kurz vor Rhyll (die Abzweigung von der Cowes-Rhyll Rd ist ausgeschildert) bietet sich ein guter Ausblick auf das **Rhyll Inlet**. Diese seichte Bucht ist ein wichtiger Nistplatz für zahlreiche Wandervogelarten; einige reisen aus dem fernen Sibirien an. Ein Bretterweg führt vom Autoparkplatz mitten in das Rhyll Inlet.

Im Gegensatz zu **Cowes**, dem betriebsamen und touristischen Hauptort der Insel, hat sich Rhyll noch einen gewissen verschlafenen Charme bewahrt. An klaren Tagen bietet sich von hier ein herrlicher Ausblick über das ruhige Gewässer der Westernport Bay und die Küste von Süd-Gippsland.

Koala Conservation Centre

In der Mitte der Insel befindet sich an der Phillip Island Rd das **Koala Conservation Centre**, wo man von einem durch das Gelände führenden Brettersteg einen Blick auf die in den Astgabeln sitzenden Koalas werfen kann. ⊙ tgl. ab 10 Uhr, Eintritt $13,20, Kind $6,60, Familie $33.

Penguin Parade

Eine Kolonie von **Little Penguins** (Zwergpinguinen) nistet in den Dünen von **Summerland Beach** im Südwesten der Insel. Während der Brut- und Nistzeit im Sommer kehren die kleinen Kerlchen jeden Tag pünktlich zum Sonnenuntergang vom Fischfang im Meer zurück und watscheln über den Strand zu ihren Nestern in den Dünen, scheinbar unbeeindruckt von den Touristenscharen. Vor dem Betrachten der „Pinguinparade" lohnt ein Besuch der Ausstellung des Visitor Centre, die anschaulich über die Zwergpinguine und ihre Lebensweise informiert. ⊙ im Sommer tgl. 10–20.15 Uhr.

Anschließend geht man zu den Sitzplätzen in den Dünen, die zum Schutz der Pinguine eingezäunt sind. Wenn man auf den letzten Drücker kommt, sind die besten Sitzplätze unten oder an der Seite besetzt – in der Feriensaison kommt man daher am besten eine Stunde vor Sonnenuntergang. Ebenfalls zum Schutz der Tiere ist es verboten, Kameras zu benutzen – die Blitzlichter führen zum Erblinden der Pinguine. Selbst im Sommer kann es hier am Wasser abends elendig kalt und windig werden!

In den Sommer- und Osterferien sollte man die Karten so früh wie möglich vorbestellen, am besten online. Das Phillip Island Visitor Information Centre in Newhaven sowie das Koala Conservation Centre in der Inselmitte verkaufen ebenfalls Karten: $26,60, Kind $13,20, Familie $66,40 inkl. Eintritt zur Ausstellung. Alternativ kann man sich auch der Ultimate Adventure Tour, die von Rangern geführt wird, anschließen. Auf der von Eco Tourism Australia zertifizierten Tour kommt man den Zwergpinguinen ganz nahe. Tickets kosten $85 in Verbindung

Phillip Island

Koala-Schutzgebiete

Wildtier- und Küstenschutzgebiete

N
0   2 km

Western Port

Pt. Grant
The Nobbies
Seal Rocks
Pt. Sambell
Blow Hole

Western Port

Woolshed Bight
Angelina Reef
Tyro Reef
Flynn Reef
Cat Bay

Red Rocks

Stony Point, Mornington Peninsula (via French Island) ①

Settlement Rd
Ventnor Rd

Ventnor Reserve (Res. Area)

Ventnor

Back Beach Rd
Ventnor Rd (C473)

Berrys Beach Rd
Back Beach Rd

Berrys Beach

Summerland Beach
Kitty Miller Bay

The Penguin Reserve

Reef World ★

Pyramid Rd
Ventnor Beach Rd

Cowes Rhyll Rd

Cowes

s. Detailplan unten

Church St
Thompson Ave

Phillip Island Wildlife Park ②

OSWIN ROBERTS RESERVE

Conservation Hill Lookout

Observation Pt.
Fishermans Pt.
Rhyll Inlet

Rhyll

Rhyll Swamp (Res. Area)

Denne Bight

KOALA CONSERVATION CENTRE

Rd
Rhyll Newhaven

Rhyll Island Rd (C420)

Smiths Beach
JESSIE ISLAND

Pyramid Rock

Surf Beach

Bass Strait

Western Port

Long Pt.
Pleasant Pt.
Swan Corner

CHURCHILL ISLAND

Newhaven

PHILLIP ISLD. INFO CENTRE ⓘ

The Narrows ★

③

Woolami Surf Beach

Cleeland Bight

Melbourne

San Remo

Griffiths Pt.
Old Granite Quarry Site

Cape Woolamai

The Pinnacles

ÜBERNACHTUNG
① Anchor Belle Holiday Park
② Arthur Phillip Motor Inn
③ Phillip Island YHA
④ Genesta House B&B
⑤ Seahorse Motel
⑥ Coachman Motel & Holiday Units
⑦ Amaron Park

ESSEN
1 Rusty Water Brewery
2 Mad Cowes Cafe
3 Pino's Trattoria

SONSTIGES
1 Phillip Isld. Winery
2 Island E-Bike Hire

JETTY
The Esplanade
Steele St
Chapel St
Genesta St
3
2

Park St
Roy Cr
Monash Ave
Church St
Shamrock Rd
Settlement Rd
④
⑤
⑥
Civic Centre
Thompson Ave
Douglas Rd
2
⑦
Alexander Ave
Osbourne Ave
Beach St
Church St
Mckenzie Rd
Settlement Rd

mit dem Besuch des Koala Conservation Centre und Churchill Island.

Nobbies

Vom Landvorsprung **Point Grant** im Südwesten blickt man auf die **Nobbies**, zwei stark erodierte Basaltfelsen, und die **Seal Rocks**, Felseninseln, die Australiens größte Kolonie von **Australischen Seelöwen** *(Australian fur seals)* beherbergen. Die meisten Tiere zählt man zwischen Oktober und Dezember, wenn die Robben die Felsen zum Paaren und zur Aufzucht ihrer Jungen aufsuchen. Die Robbenbabys werden Mitte Januar geboren, Ende des Sommers verlassen sie die Inseln.

In der Nähe von Point Grant befindet sich das **Blowhole**, wo bei Flut das hereinströmende Wasser durch eine Felsspalte nach oben gepresst wird und als Wasserfontäne in die Höhe schießt. Ein Netzwerk von Bretterwegen führt über die Klippen und gewährt Ausblicke auf die Küstenlandschaft bis hin zum Cape Schanck weiter westlich an der Mornington Peninsula. Vom **Nobbies Centre** aus können die Seelöwen beobachtet werden, eine interaktive Ausstellung informiert über diese und weitere Meerestiere. ⏰ 11 Uhr–kurz vor Sonnenuntergang. Eintritt frei. Hier gibt es auch einen Kiosk, der Kaffee und Erfrischungen verkauft, ein Spielzimmer und einen Souvenirshop.

Das multimediale Centre **Antarctic Journey** bringt die Bewohner der Polarmeere in Reichweite, wenn auch nur virtuell. Die gut gemachte Ausstellung für alle Sinne hat allerdings ihren Preis: Eintritt $18, Kind $9, Familie $45. ⏰ im Sommer tgl. 10–19 Uhr, im Winter nur bis 16 Uhr, 🖥 www.penguins.org.au/attractions/recreational-areas/nobbies-ocean-discovery.

ÜBERNACHTUNG

In den Sommer- und Osterferien schnellen die Preise nach oben. Auskunft und Buchung beim Visitor Centre in Newhaven (siehe „Sonstiges").

Hostel

🏠 **Phillip Island YHA**, 10-12 Phillip Island Tourist Rd, Newhaven, 📞 5956 6123, ✉ phillipisland@yha.com.au. Moderne Flash-packer-Unterkunft mit allem Komfort: bequeme Sofas, topmoderne Küche, großer Balkon und Dachterrasse. Die 4–12-Bett-Dorms (Bett $29–38) sind alle mit AC und Schließfächern ausgestattet, die kleineren haben sogar ein eigenes Bad. Auch DZ und Familienzimmer mit eigenem Bad. Im Café nebenan gibt's Frühstück und Mittagessen. ❹

Motels und B&Bs

Arthur Phillip Motor Inn, 2 Redwood Dr, Cowes, 📞 5952 3788, 🖥 www.arthurphillipmotorinn.com.au. Eins der angenehmsten Motels auf Phillip Island. Trotz zentraler Lage sehr ruhig und sauber. Kostenloses WLAN. Auch Familienzimmer. ❺

Coachman Motel & Holiday Units, 51 Chapel St, Cowes, 📞 5952 1098, 🖥 www.coachmanmotel.com.au. Moderne Zimmer, Units und Suiten, einige mit Jacuzzi. Alle Räume mit AC. Beheizter Pool. ❹–❺

Genesta House B&B, 18 Steele St, Cowes, 📞 5952 3616, 🖥 www.genesta.com.au. 4 Gästezimmer mit Bad. Kleiner Garten mit gemütlicher Terrasse. Einfaches Frühstücksbuffet. ❼

Seahorse Motel, 29 Chapel St, Cowes, 📞 5952 2003, 🖥 http://seahorsemotel.com.au. Motelunits von Standard- bis Luxusausstattung sowie kleine Ferienapartments mit 1–2 Schlafzimmern. Zentrale Lage, Pool. Ab ❹

Caravanparks

Amaroo Park, 97 Church St, Cowes, 📞 5952 2548, 🖥 www.amaroopark.com. Caravanpark mit ein paar Stellplätzen (ab $45, im Sommer $65) in Strandnähe, aber auch renovierte Zimmer mit Bad, Kühlschrank, Heizung und AC; man kann alle Einrichtungen des Parks (u. a. Bar, Grillstellen, schöner beheizter Pool) mitbenutzen. Außerdem moderne Cabins mit 2 Schlafzimmern und Küche, Bad, AC. Kostenloses WLAN. ❸–❻

Anchor Belle Holiday Park, 272 Church St, Cowes, in Strandnähe, 📞 5952 2258, 🖥 www.anchorbelle.com.au. Zelt- und Stellplätze ab $40–85. Cabins verschiedener Preisklassen, 2 Cottages mit Heizung und Ventilator und komplett ausgestattete Cottages mit 3 Schlafzimmern. Beheiztes Hallenbad (nur Okt–Juni), Sauna, Kiosk. ❸–❽

ESSEN

Mad Cowes Cafe, 17 The Esplanade, Cowes, ☎ 5952 2560. Sehr empfehlenswertes Mittagessen/Brunch, auch Frühstück und Kaffee. ⏲ tgl. 6.30–16 Uhr.
Pino's Trattoria, 29 Thompson Ave, Cowes, ☎ 5952 2808. Italiener. Leckere hausgemachte Gnocchi. ⏲ tgl. 11–21.30 Uhr.
Rusty Water Brewery, 1821 Phillip Island Rd, Cowes, ☎ 5952 1666. Gute Countermeals, selbstgebrautes Bier. ⏲ Mi–So Mittag- und Abendessen.

SONSTIGES

Informationen
Visitor Information Centre, 895 Phillip Island Rd, Newhaven, ☎ 1300 366 422, 🖥 www.visit phillipisland.com. Auskunft und Buchung von Unterkunft, Fähre, Bootstouren und Verkauf von Eintrittskarten für die Pinguinparade, Churchill Island und Koala

Conservation Centre. ⏲ tgl. 9–17 Uhr, im Sommer länger.

Kreuzfahrten
Western Port Ferries, ☎ 5257 4565, 🖥 https:// westernportferries.com.au. Bietet neben einer Fährverbindung (Personen und Fahrräder) zur French Island und Mornington Peninsula (S. 472) auch preiswerte Seal Rocks Cruises in den Sommer- und Osterferien.
Wildlife Coast Cruises, ☎ 1300 763 739, 🖥 www. wildlifecoastcruises.com.au. Ab Cowes Jetty. Kreuzfahrten von Okt–April: Seal Watch Cruises zu den Seal Rocks, tgl. 14 Uhr, zur Hauptsaison öfter, 2 Std. $85, Kind $60, Familie $237; Twilight Cruises inkl. Snacks, 90 Min. $50. Tagestouren zum Wilsons Promontory NP inkl. Buffetlunch und Snacks, $260, Kind $182.

NAHVERKEHR

Am besten erkundet man die Insel mit dem Fahrzeug oder schließt sich einer Tour an (s. Melbourne S. 452). Auf der Insel gibt es keine öffentlichen Verkehrsmittel, aber man kann ein Fahrrad oder Auto mieten.

Das Highlight von Phillip Island sind die putzigen Zwergpinguine.

© SHUTTERSTOCK.COM/LEONARD ZHUKOVSKY

Fahrräder

Island E-Bike HIre, 142 Thompson Ave, Cowes, ✆ 0457 281 965, 🖥 http://island ebikehire.com.au. Verleih elektronisch unterstützter Räder, die aber auch als normale Fahrräder genutzt werden können. $20 pro Std., $40 für 4 Std. oder $60 pro Tag. Außerdem Tandems, Kinderräder und Kindersitze.

TRANSPORT

Busse und Eisenbahn
V/Line: Ab MELBOURNE mit dem Zug nach DANDENONG. Von dort weiter mit dem Bus ab Bay 10/11 nach COWES.
Oder mit dem Zug über FRANKSTON nach STONEY POINT und von dort weiter mit der Fähre.

Fähren
Western Port Ferries, ✆ 5257 4565, 🖥 https://westernportferries.com.au. Fährverbindung (Personen und Fahrräder) zwischen COWES, TANKERTON (French Island) und STONY POINT (Mornington Peninsula). Details s. Mornington Peninsula S. 478.

Zentral- und West-Victoria

Während des Goldbooms zwischen 1850 und 1870 war Zentral-Victoria die am dichtesten besiedelte Region des Staates. Viehzucht und Landwirtschaft haben seit Langem den Abbau von Goldvorkommen als Haupteinkommensquelle ersetzt. Die Zentren des Goldbooms, **Ballarat** und **Bendigo**, sind heute mittelgroße, attraktive Landstädte.

Dazwischen liegen viele kleinere, verschlafene Städtchen, deren prachtvolle Gebäude vom längst zerronnenen Reichtum vergangener Zeiten zeugen. Die bedeutenderen der Region sind **Maryborough**, **Castlemaine** und das Dorf **Maldon**, das wie ein Freilichtmuseum einer Siedlung aus dem 19. Jh. wirkt.

Den größten Teil des Western District nimmt eine Ebene vulkanischen Ursprungs ein, aus der vereinzelt die abgeflachten Kegel erloschener Vulkane ragen. Ein Drittel aller Rinder und Schafe Victorias grasen heute im Western District und liefern Fleisch und Merinowolle bester Qualität. Im Osten, zwischen **Camperdown** und **Colac**, liegen zahlreiche Seen vulkanischen Ursprungs.

Zwischen Dunkeld und dem 100 km weiter nördlich gelegenen Horsham ragen die bis zu 1000 m hohen Felsrücken des **Grampians-Massivs** aus der Ebene empor. Mount Arapiles mit seinen Felswänden und Überhängen, etwa 35 km westlich von Horsham bei Natimuk, ist ein Mekka für Bergsteiger.

Westlich der Grampians erstreckt sich das flache Weizenland der **Wimmera**, das nach Norden hin in die **Mallee** übergeht – eine flache, trockene, heiße Steppenlandschaft, durchsetzt mit einigen Seen und Feuchtgebieten. Eine erstaunliche Vielfalt an Pflanzen und Tieren lebt in diesem auf den ersten Blick so öde wirkenden Landstrich; Nationalparks wie **Little Desert**, **Big Desert**, **Wyperfeld**, **Pink Lakes** und **Hattah-Kulkyne** sollen die fragile Umwelt schützen.

Die **Great Ocean Road** zwischen Torquay und Warrnambool ist die schönste Küstenstrecke Victorias, wenn nicht gar ganz Australiens. Der Bau dieser 320 km langen Küstenstraße in den 1920er-Jahren war eine Arbeitsbeschaffungsmaßnahme für heimgekehrte Soldaten aus dem Ersten Weltkrieg.

Die Goldstädte

Bendigo

In keiner anderen Stadt der Welt wurde zwischen 1850 und 1900 so viel Gold gefunden wie in Bendigo. Die imposantesten, prächtigsten Gebäude aller Goldstädte Australiens stehen hier – die Zeugen dieses beispiellosen Goldrausches. Schon die Namen der Hauptstraße, Pall Mall, und der zentralen Kreuzung, Charing Cross, weisen darauf hin, wie sehr man sich damals als

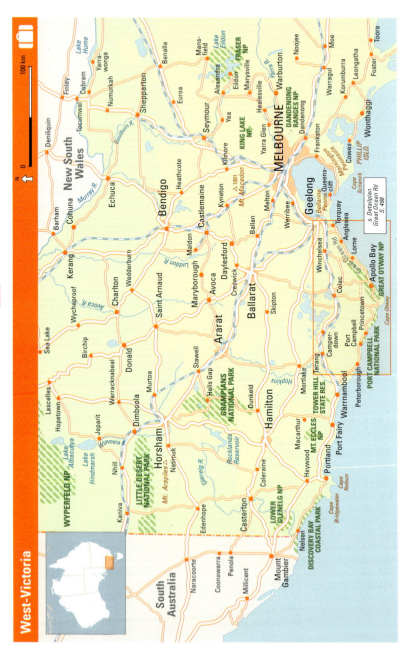

West-Victoria

New South Wales

Lake Hume
Finley
Cobram
Yarra-wonga
Benalla
Mans-field
Lake Eidon
FRASER NP
Moe
Toora
Foster
Leongatha
Korumburra
Warragul
Noojee
Warburton
Healesville
Marysville
Eidon
Alexandra
Seymour
Euroa
Shepparton
Numurkah
Tocumwal
Deniliquin

Yarra R
DANDENONG RANGES NP
Dandenong
Yea
KING LAKE NP
Kilmore
Kyneton
Mt Macedon △ 1001
Heathcote
Castlemaine

MELBOURNE
Frankston
Cowes
PHILLIP ISLD.
Wonthaggi
Mornington Peninsula
Cape Schanck

Barham
Cohuna
Echuca

Murray R.
Soulburn R.

Bendigo

Kerang
Wedderburn
Maldon
Daylesford
Kyneton
Melton
Werribee

Loddon R.

Geelong
Queens-cliff
Bellarine Penins.
Torquay
Anglesea
Lorne
Cape Otway
Apollo Bay
GREAT OTWAY NP

Balan
Balan

s. Detailplan
Great Ocean Rd
S. 498

Wycheproof
Charlton
Saint Arnaud
Maryborough
Avoca
Creswick
Ballarat
Skipton
Colac
Winchelsea
Camper-down
Great Ocean Rd

Sea Lake
Birchip
Donald
Stawell
Ararat
Avoca R.

Lascelles
Hopetown
Jeparit
Warracknabeal
Murtoa
Dimboola
Halls Gap
Dunkeld
GRAMPIANS NATIONAL PARK
Hamilton
Mortlake
Hopkins
Terang
Peterborough
Princetown
PORT CAMPBELL NATIONAL PARK
Port Campbell
Cape Otway

Nhill
Kaniva
Natimuk
Mt Arapiles △
Horsham
Wimmera
LITTLE DESERT NATIONAL PARK
Lake Hindmarsh
Lake Albacutya
WYPERFELD NP
Rocklands Reservoir
Glenelg R.
Coleraine
Macarthur
Heywood
MT ECCLES NP
Port Fairy
Warrnambool
TOWER HILL STATE RES.

South Australia
Naracoorte
Coonawarra
Penola
Millicent
Mount Gambier
Nelson
LOWER GLENELG NP
Casterton
Edenhope
Cape Bridgewater
Cape Nelson
Portland
DISCOVERY BAY COASTAL PARK

100 km
0
N

Metropole begriff – quasi als das antipodische Gegenstück zur Weltstadt London. Schließlich war man steinreich. Die Goldvorkommen in der Gegend um Bendigo erstreckten sich über ein Gebiet von 360 km² und bestanden aus 35 parallel verlaufenden Flözen, die sich von Westen nach Osten erstreckten.

In den 1880er-Jahren, als die meisten Goldvorkommen in Victoria schon erschöpft waren, war das Bendigo-Goldfeld noch immer eines der reichsten der Welt. Gerüchten zufolge wurde damals jeden Abend nach Zapfenstreich der Fußboden in der Bar des **Shamrock Hotels** mit dem Wasserschlauch abgespritzt, um auf diese Weise den Goldstaub aufzufangen, der den Stiefeln der Goldgräber anhaftete. Das pompöse Gebäude thront über der Pall Mall und stellt selbst das stattliche ehemalige **Post Office** (jetzt das Visitor Information Centre) und die **Law Courts** (Gerichtsgebäude) in den Schatten.

Die Touristenstraßenbahn **Bendigo Tramways** beginnt bei der Deborah Gold Mine ihre Stadtrundfahrt durch das Stadtzentrum nach North-Bendigo und zurück. Kommentare vom Band weisen auf die wichtigsten Sehenswürdigkeiten hin. Abfahrt zwischen 9.30 und 16 Uhr jede halbe Stunde (häufiger während der Schulferien); $18; Kind $11 (die Fahrkarte gilt für zwei Tage). Die Bahnen sind für Rollstuhlfahrer geeignet.

Weinliebhaber sollten sich etwas Zeit für eine Weinprobe in den **Weingütern** der Zentralregion nehmen. Diese Gegend ist besonders für kräftige, vollmundige Rotweine, v. a. Shiraz, bekannt.

Central Deborah Goldmine

Die Hauptattraktion Bendigos ist eine Goldmine, die 1954 als letzte des Bendigo-Goldfelds geschlossen wurde. Innerhalb der knapp 15-jährigen Betriebszeit produzierte die Central Deborah Goldmine, 76 Violet St, ☏ 5443 8322, 💻 www.central-deborah.com, etwa eine Tonne Gold. Die Tunnel reichen bis zu einer Tiefe von 422 m.

Beim zweieinhalbstündigen **Underground Adventure** kraxelt man bis 85 m in die Tiefe ($85), tgl. 11 und 14 Uhr. Man kann auch auf eigene Faust das Bergwerksgelände über Tage erkunden und die Ausstellung im kleinen Museum besichtigen. ⏲ tgl. 9–17 Uhr.

Joss House und Golden Dragon Museum

Die Kunde von den Goldfunden in Victoria verbreitete sich in Südchina wie ein Lauffeuer, sodass binnen Kurzem viele Chinesen beim **Großen Goldenen Berg** *(Dai Gum San)*, wie sie die Goldgebiete nannten, eintrafen. Eine Zeit lang war jeder fünfte Goldschürfer Chinese. Als der Ertrag der Goldfelder zurückging, brachen die meisten von ihnen zu erfolgversprechenderen Gefilden auf. Die Bridge St war einst Bendigos Chinatown mit Läden, Fleischereien, Spielsalons und Opiumhäusern.

Die chinesische Verbindung der Region manifestiert sich im **Joss House**, dem chinesischen Tempel in der Finn St, Emu Point (die Talking Tram fährt daran vorbei; ⏲ tgl. 11–15 Uhr, Eintritt $6,50, Kind $4,50), in dem der Gott General Kwan Gung verehrt wird, sowie im sehenswerten **Golden Dragon Museum**, 1-11 Bridge St, ☏ 5441 5044, 💻 www.goldendragonmuseum.org. Dort informiert eine gut aufgemachte Ausstellung über die Geschichte der chinesisch-stämmigen Bürger Bendigos; zum Museum gehört auch ein kleiner Chinesischer Garten. ⏲ tgl. 9.30–16.30 Uhr, Eintritt $12, Kind $7.

View Street

Die View St, die von der Charing-Cross-Kreuzung gegenüber dem Shamrock Hotel den Hügel hinaufführt, säumen schöne klassizistische Fassaden aus der Goldrauschzeit.

Die **Bendigo Art Gallery** in der Nr. 42 zählt zu Australiens ältesten und größten Provinzgalerien und lohnt einen Besuch. ⏲ tgl. 10–17 Uhr, Eintritt gegen eine freiwillige Spende ($2–4).

Weiter den Hügel hinauf befindet sich auf der gleichen Straßenseite in einem kolossalen Gebäude das **Bendigo Regional Arts Centre** und nebenan in einer ehemaligen Feuerwache das **Community Arts Centre**. In beiden finden ab und zu Theateraufführungen, Ausstellungen, Konzerte und dergleichen statt.

ÜBERNACHTUNG

Wer sich etwas Besonderes gönnen möchte, kann unter zahlreichen, meist sehr schön gelegenen B&B-Unterkünften auswählen, um $140–200 für 2 Pers. Beratung und Buchung beim Visitor Information Centre.

Hostels, Hotels und B&Bs
Bendigo Backpacker, 33 Creek St South, ☎ 5443 7680, 💻 www.bendigobackpackers. com.au. Kleines Holzhaus mit 4–7-Bett-Dorms (Bett $29) sowie DZ und Familienzimmern, alle mit Gemeinschaftsbad. Familiär, zentrale Lage, Sitzgelegenheiten im Garten, gratis WLAN. ❶

Goldfields Motor Inn, 308 High St, ☎ 5441 7797. Sauberes, freundliches Motel. Einige Zimmer mit großer Badewanne. Sehr gutes Preis-Leistungs-Verhältnis. ❸

Langley Hall B&B, 484 Napier St, White Hills, knapp 5 km vom Zentrum, ☎ 5443 3693. Edle Unterkunft in Herrenhaus von 1903 mit schönem großem Garten. Hier bekommt man ein Gespür für das Bendigo der Goldrauschzeit. Frühstück $15 p. P. ❼

Camping und Caravanparks
Im Greater Bendigo National Park, der sich nördlich und südlich der Stadt erstreckt, gibt es einige schlichte, kostenlose Zeltplätze. Bendigo am nächsten liegt die **Notley Camping Area**, die auch für Campervans geeignet ist. Es gibt Buschtoiletten, offene Feuerstellen, aber kein Trinkwasser. Von der Eaglehawk-Neilborough Rd in die Nuggety Rd abbiegen, dann ausgeschildert.

Gold Nugget Tourist Park, 293 Midland Highway, Epsom, 8 km nördl., ☎ 1300 637 176, 💻 https://goldnugget.com.au. Schön gelegen mit großem Pool-Bereich. Zelt- und Stellplätze ohne/mit Strom ($30/36) und Cabins mit Heizung, z. T. auch AC. Kiosk, Tennisplatz, viel Schatten. Ab ❺

ESSEN

Das Angebot an guten Restaurants und Pubs ist groß. An der Pall Mall im Zentrum reihen sich einige Lokale aneinander.
Café El Beso, 87 View St, ☎ 5442 2238. Sehr gemütliches kleines Straßencafé

mit Schanklizenz. ⏱ Mi–Sa 8.30–15.30, So 10–15 Uhr.

Piyawat Thai, 136 Mollison St, ☎ 5444 4450. Gute Thai-Küche zu günstigen Preisen. ⏱ Di–So 17–21 Uhr.
Wine Bank, 45 View St, ☎ 5444 4655. Gemütliche Weinbar, Restaurant und Café in einem alten Bankgebäude. Serviert preiswerte und sehr gute italienische Küche (wöchentlich wechselnde Speisekarte). ⏱ Mo–Fr 10–23, Sa 8.30–1, So 8.30–16 Uhr.

INFORMATIONEN UND INTERNET

Bendigo Visitor Information Centre, Old Bendigo Post Office, 51-67 Pall Mall, ☎ 1800 813 153, 💻 www.bendigoregion.com. au. ⏱ tgl. 9–17 Uhr.
Kostenloses WLAN im Zentrum.

TRANSPORT

Bendigo liegt im myki-Verbund, 💻 www. ptv.vic.gov.au. Von MELBOURNE (Southern Cross Station) fahren tgl. mehrere **Züge** über CASTLEMAINE nach BENDIGO und von hier aus weiter nach ECHUCA. Außerdem gibt es ab BENDIGO Bahn-/Busverbindungen nach MILDURA, MARYBOROUGH (2–3x tgl.), BALLARAT (1–2x tgl.) und ALBURY via SHEPPARTON, WANGARATTA und WODONGA.

Castlemaine

Die Gründung von Castlemaine geht auf den glücklichen Fund eines Schafhirten zurück, der 1851 Gold beim **Specimen Gully** entdeckte. Bald darauf errichtete der Goldbeauftragte Wright etwa 5 km südlich vom Fundort ein Camp. Heute befindet sich auf der alten Lagerstelle die Stadt Castlemaine (knapp 7000 Einw.), der noch immer der alte Goldrauschcharme anhaftet. Zur Unterhaltung der ansteigenden Zahl von Minenarbeitern errichtete man 1856 das **Theatre Royal**, 30 Hargroves St. Das Gebäude dient heute als Programmkino und Restaurant und ist damit

Castlemaine State Festival

Die Gegend um Castlemaine zieht schon seit Jahren viele kreative Typen an. Ein Magnet ist u. a. das Castlemaine State Festival, Victorias bedeutendstes Kulturfestival außerhalb von Melbourne. An zehn Tagen im März oder April wird an über den gesamten Landkreis verteilten Orten ein buntes Programm aus Theateraufführungen, Konzerten, Opern, Rezitationen, Kunstausstellungen und Installationen geboten; eine große Zahl davon ist kostenlos oder sehr preiswert. Es findet immer in Jahren mit ungerader Jahreszahl statt, 🖥 www.castlemainefestival.com.au.

weiterhin ein wichtiger Bestandteil der lebhaften Kulturszene der Kleinstadt.

Eine Dampflok der **Victorian Goldfields Railway** verbindet Castlemaine mit dem nordwestlich gelegenen Maldon. Abfahrten Mi und So, i. d. R. 12 Uhr, zurück ab Maldon um 14.45 Uhr. Auskunft unter 🖥 www.vgr.com.au. Fahrkarte $50 hin und zurück (Kind $20).

Castlemaine Art Museum

In dem schönen Art-déco-Gebäude hängen vor allem Werke australischer Künstler aus dem 19. Jh. sowie einige zeitgenössische Gemälde. Außerdem gibt es eine umfangreiche Sammlung von Journalen und Zeitschriften aus der Goldrauschzeit. 14 Lyttleton St, ⊙ Do–So 12–17 Uhr, Eintritt frei, Sonderausstellungen ausgenommen.

Buda Historic Home & Gardens

Einmal Reichtum schnuppern: Die stolze Villa am Rand des Stadtparks gibt einen Einblick in das Leben einer wohlhabenden Familie zur Zeit des Goldbooms. Zum Haus gehören ein sehr schöner „viktorianischer" Garten und eine Schmucksammlung aus dem Privatbesitz der ehemaligen Hausherren. Im November werden während der **Traditional Art Fair** Kunstgemälde, aber auch Kochkünste gefeiert. 42 Hunter St, 🖥 www.budacastlemaine.org. ⊙ Mi–Sa 12–17, So ab 10 Uhr, Eintritt $12, Student $10, Kind $5.

ÜBERNACHTUNG

Albion Motel, 152 Duke St, ☎ 5472 1292. Saubere Zimmer mit Kühlschrank, AC und Bad. Gutes Preis-Leistungs-Verhältnis. ❸
Castlemaine Central Cabin & Van Park, 101 Barker St, ☎ 5472 2160, 🖥 www.castlemaine-accommodation.com.au. Cabins und Cottages mit Bad in der Nähe vom Ortszentrum, auch kleiner Campingbereich. Caravanstellplatz $36. Pool. Ab ❸

ESSEN

Coffee Basics, 9 Walker St, ☎ 5470 6270, 🖥 www.coffeebasics.com. Urgemütliches „Kaffeehaus" mit eigener Rösterei und empfehlenswertem Gugelhupf. ⊙ Mo–Fr 7–16, Sa und So ab 8 Uhr.
Empyre Hotel, 68 Mostyn St, ☎ 5472 5166, 🖥 www.empyre.com.au. Hervorragende, allerdings auch teure regionale Küche und Weine. ⊙ Fr und Sa ab 17 Uhr.

INFORMATIONEN

Castlemaine Visitor Information Centre, 44 Mostyn St, ☎ 5471 1795, 🖥 www.maldoncastlemaine.com.au. ⊙ tgl. 9–17 Uhr.

TRANSPORT

Siehe S. 486 (Bendigo). Zwischen Castlemaine und Maldon verkehrt eine Eisenbahn.

Ballarat

Ballarat (102 000 Einw.) ist eine attraktive Stadt mit breiten, von Bäumen gesäumten Straßen und stattlichen historischen Gebäuden im Zentrum. Die meisten befinden sich in der Hauptstraße Sturt St und in der Lydiard St.

Die 1884 gegründete **Art Gallery**, 40 Lydiard St, ist die älteste und größte Regionalgalerie Australiens und lohnt aufgrund der umfangreichen Sammlung australischer Gemälde einen Besuch. Das historische Gebäude wurde später um einen architektonisch innovativen Annex aus

VICTORIA

Zink, Stahl und Glas erweitert. Das alte Backsteingebäude ist eine ehemalige Polizeistation (1884 erbaut), in der sich jetzt das Gallery Café befindet. ⊕ tgl. 10–17 Uhr, Eintritt frei.

Zurück in der Sturt St, die die Lydiard St kreuzt, erhebt sich die eindrucksvolle **Town Hall**, ein Bau aus der Goldrauschzeit. Der **Botanische Garten** am Westrand vom Lake Wendouree hat einen prächtigen Wintergarten (Conservatory), ein Glashaus, dessen komplizierte Struktur von der japanischen Origami-Papierfaltkunst inspiriert worden sein soll. Während des **Begonia Festivals** im März ist hier eine farbenprächtige Ausstellung mit Begonien zu sehen.

Sovereign Hill

Die Hauptsehenswürdigkeit ist das Museumsdorf **Sovereign Hill**, 3 km südlich des Stadtzentrums, Bradshaw St, ✆ 5337 1199, 🖥 www.sovereignhill.com.au, die gelungene Rekonstruktion einer typisch viktorianischen Goldgräbersiedlung aus den 1850er-Jahren. In historische Kostüme gekleidete Schulkinder, die auf diese Weise „Projektunterricht" in Geschichte erhalten, und erwachsene Freiwillige verrichten verschiedene Beschäftigungen und spielen Szenen aus dem damaligen Alltag nach. Das Museumsdorf besteht aus dem eigentlichen Dorf, einem „Goldgräbercamp" an einem Bachbett, in dem man selbst Gold waschen kann, und dem Mining Museum, von dem aus Führungen durch die Tunnel eines ehemaligen Goldbergwerks beginnen. Für den Besuch sollte man sich einen ganzen Tag Zeit nehmen. ⊕ tgl. 10–17 Uhr; Eintritt $58,50, Student $46,80, Kind ab 5 J. $26,20.

Am Abend verzaubert das neue Licht- und Sound-Festspiel **Aura** die Besucher. Sie werden entlang mehrerer Bühnen von der Dreamtime durch die Goldrauschzeit bis in die Gegenwart geführt – ein eindrucksvolles Schauspiel. Das Programm startet allabendlich nach Sonnenuntergang mit einem 2-Gänge-Dinner vom Buffet. Abendessen und Show $65. Alles unbedingt reservieren unter ✆ 5337 1199.

Das **Gold Museum** gegenüber dem Eingang von Sovereign Hill erzählt mit seiner beeindruckenden Sammlung von Goldnuggets und Münzen die Geschichte des Goldes und die historische Entwicklung des Geldes. ⊕ tgl. 9.30–17 Uhr, Eintritt im Ticket für Sovereign Hills inbegriffen, nur für das Museum $14, Student $11,20, Kind $7,40.

Sovereign Hill wird regelmäßig von Reisebustouren angefahren. V/Line hat einen Zubringerservice von Ballarat, Goldrush Special, der sich an die Züge von Melbourne anschließt.

Wildlife Park und Bird World

Weiter außerhalb gibt es zwei Privatzoos: In dem 15 ha großen **Ballarat Wildlife Park** in Ballarat East, Fussell St, abgehend vom Western Highway, leben in Buschlandumgebung Kängurus, Koalas, Wombats sowie viele australische

Vögel und Reptilien. Der Zoo wird von zahlreichen Tourbussen angefahren. ⏲ tgl. 9–17 Uhr, Eintritt $35, Student $29, Kind ab 5 J. $19, ☎ 5333 5933, 🖥 www.wildlifepark.com.au.

7 km südlich von Sovereign Hill findet man den schön angelegten, von Vogelnarren geführten **Ballarat Bird World**, wo man etwa 200 Papageien, Sittiche und Loris in großen Volieren bewundern kann – die meisten davon australischer Herkunft: Inka-Kakadus *(major mitchell cockatoo)*, Schwefelhauben-Kakadus *(sulphur crested cockatoo)* und viele mehr. Einige wurden von den Besitzern großgezogen und sind handzahm. Es gibt auch einen Kiosk. Die Anlage befindet sich in Mt Helen (auf dem Weg von Ballarat nach Buningyong), 408 Eddy Ave, ☎ 5341 3843, 🖥 www.ballaratbirdworld.com.au. ⏲ tgl. 10–17 Uhr, Eintritt $15, Familie $35.

ÜBERNACHTUNG

Ballarat Central City Motor Inn, 16 Victoria St, ☎ 5333 1775, 🖥 www.ccmotorinn.com.au. Saubere, komfortable Unterkunft in Zentrums-Nähe. Zimmer

mit Balkon, Kühlschrank und Mikrowelle. ❹

The Eastern Hotel, 81 Humffray St North, ☎ 0427 440 661, 🖥 www.easternhotel accommodation.com.au. In einem der alten Pubs in Ballarat East. 8 Gästezimmer (EZ für $55, DZ und Dorms ab $35 p. P.), kleine Küche. In der „The Station"-Bar im EG gibt es Fr und Sa abends Livemusik. Keine Luxusherberge, aber für den Preis sehr gut. ❶

BIG4 Ballarat Goldfields Holiday Park, 108 Clayton St, ☎ 1800 632 237, 🖥 www.ballaratgoldfields.com.au. Caravan Park, sehr zentral. Geschlossene Küche/Essbereich. Stellplätze $44 oder $66 mit Bad. Außerdem Cabins verschiedener Ausstattung. Ab ❸

ESSEN

Jasmine Thai, 213 Sturt St, ☎ 5333 2148. Beliebter Thailänder. ⏲ Di–So 17–21 Uhr. **L'Espresso**, 417 Sturt St, ☎ 5333 1789. Hier ist immer was los. Gutes Frühstück und Mittagessen. ⏲ tgl. 7–18 Uhr.

Prunkvolles Erbe aus der Goldrauschzeit: das Rathaus von Ballarat

© JAN DÜKER

VICTORIA

The Forge Pizzeria, 14 Armstrong St Nth, ℡ 5337 6635. Sehr leckere Pizzen aus dem Holzofen. ⊕ tgl. 12–22 Uhr.

INFORMATIONEN UND INTERNET

Ballarat Visitor Information Centre, 225 Sturt St, ℡ 1800 446 633, 🖳 www.visitballarat.com.au. ⊕ tgl. 9–17 Uhr.
Kostenloses **WLAN** im Zentrum.

NAHVERKEHR

CDC Victoria, ℡ 5331 7777, 🖳 www.cdcvictoria.com.au. Verkehrt in Ballarat und Umgebung – das Netz erstreckt sich bis Buninyong, 10 km südl., und Creswick, 18 km nördl. Ballarat liegt im myki-Verbund.

TRANSPORT

V/Line: Tgl. viele Verbindungen mit Zügen und Bussen von und nach MELBOURNE. Bahn/Busverbindung nach MILDURA via SWAN HILL, BENDIGO und CASTLEMAINE (1–2x tgl.), nach HALLS GAP (1x tgl.) und MT GAMBIER (Sa, 2x tgl.).
Firefly Express, 🖳 www.fireflyexpress.com.au, hält auf der Route zwischen MELBOURNE und ADELAIDE in Ballarat. Abfahrt in Melbourne tgl. 20.15 Uhr, Ankunft in Ballarat 22 Uhr. In umgekehrter Richtung ab Ballarat Hbf. um 5.05 Uhr.

Das Hinterland von West-Victoria

Ararat

Die kleine Landstadt von etwa 11 000 Einwohnern am Fuße der Pyrenees-Berge verdankt ihre Entstehung den Goldfunden chinesischer Goldgräber. Sie stammten aus Taishan in der Provinz Guangdong in Südchina, landeten 1857 im Hafen von Robe in South Australia und machten sich auf den Überlandweg zu den Goldfeldern in Zentral-Victoria. Auf der Rast bei einer Quelle stießen sie auf Gold. Das nach den Chinesen Canton Lead genannte Goldfeld war das größte alluviale Goldfeld der Welt, drei Tonnen Gold wurden hier gewonnen. Taishan ist heutzutage eine Partnerstadt von Ararat. Das **Gum San Chinese Heritage Centre** am Westende des Ortes am Western Highway, 🖳 www.gumsan.com.au, widmet sich diesem wichtigen, aber lange vernachlässigten Kapitel der Regionalgeschichte. ⊕ tgl. 10–16 Uhr, Eintritt $12, Kind $5.

Von früherem Reichtum zeugen die für den kleinen Ort viel zu imposante **Town Hall** und einige alte Kolonialgebäude. Eine „Touristenattraktion" eher düsterer Art ist das **J Ward** in der Girdlestone St, 🖳 www.jward.org.au. Von 1859 bis in die späten 1880er-Jahre diente der Bau als Gefängnis. Weitere hundert Jahre ließ man hier wahnsinnige, als hochgefährlich geltende Verbrecher vor sich hindämmern. J Ward wurde erst 1991 geschlossen. Führungen Mo–Sa um 10, 11, 13 und 14 Uhr, So, feiertags und in den Schulferien stündlich zwischen 10 und 15 Uhr, $17, Kind $5. Fr und Sa geht's abends mit Laternen bewaffnet auf Ghost Tour ($39).

Die hübschen **Alexandra Gardens** mit ihrem Orchideenhaus eignen sich gut für ein Picknick auf dem Weg in die Grampians.

INFORMATIONEN

Ararat & Grampians Visitor Information Centre, neben dem Bahnhof, ℡ 1800 657 158, 🖳 www.ararat.vic.gov.au; ⊕ tgl. 9–17 Uhr, Internetzugang.

Weingüter

Die bekanntesten Namen in Victoria sind Seppelt und Best's, beide im Ort **Great Western**, 6 km nördlich von Ararat; beide wurden schon in den 50er-Jahren des 19. Jh. gegründet und sind sowohl für ihren Sekt als auch für eine Vielzahl an Weinen, unter anderem Shiraz und Riesling, bekannt.
Best's Great Western, 111 Best's Rd, ℡ 5356 2250, 🖳 www.bestswines.com. Historischer Keller. ⊕ Mo–Sa 10–17, So 11–16 Uhr.
Montara Vineyards, Chalambar Rd, 3 km südl. von Ararat, ℡ 5352 3868, 🖳 www.montara

Seltene Tropfen

🌳 Das **Warrenmang Winery & Resort** ist Weingut, Restaurant und Unterkunft in einem. Wer nur einmal einige Weine probieren will, kann an einer der Weinproben teilnehmen, die tgl. zwischen 10–17 Uhr stattfinden. Das Weingut verfügt über eine ungewöhnlich große Auswahl an Weinen. Neben den üblichen Shiraz, Chardonnay und Sauvignon Blanc auch seltenere Mischungen wie Chardonnay Verdelho, Cabernet Shiraz Docetto sowie Late Harvest Traminer, Sekt und Portweine. Im Restaurant werden Speisen aus lokalen Zutaten serviert. Übernachtung in schönen Suiten oder modernen Cottages direkt auf dem Weingut ➍ inkl. Frühstück. In Moonambel, 85 km nordöstlich von Ararat, Mountain Creek Rd, 📞 5467 2233, 🖥 www.warrenmang.com.au.

wines.com.au. Riesling, Chardonnay, Pinot Noir, Shiraz und Cabernet Sauvignon. Picknicktische; schöne Lage. ⏰ Fr–Mo 12–17 Uhr.
Seppelt, 36 Cemetary Rd, 📞 5361 2239, 🖥 www.seppelt.com. Die Weine werden in langen, in den 1860er-Jahren von arbeitslosen Goldgräbern in die Erde gegrabenen Tunnels gelagert; Führungen durch diese „Underground Drives" werden 2x tgl. angeboten, $15, Weinprobe tgl. 10–17 Uhr.

TRANSPORT

Firefly Express fährt tgl. von MELBOURNE um 20.15 Uhr über Ararat (Ankunft 23.45 Uhr) und STAWELL (Ankunft 00.05) nach ADELAIDE; in umgekehrter Richtung ab Ararat um 3.20 Uhr morgens.
V/Line: Mehrmals tgl. Zug/Bus-Verbindung von MELBOURNE nach ARARAT und STAWELL.

Stawell

Der Ort (ausgesprochen wie Englisch *stall)* bezeichnet sich als das „Tor zu den Grampians"; das Zentrum der hübschen kleinen Provinzstadt liegt abseits vom Highway. Auf dem Weg

in die Grampians kann man **Bunjil's Shelter**, einen leicht zugänglichen Überhang mit Aboriginal-Felsmalereien der Grampians-Region, besuchen. Er liegt 11 km westlich des Ortes, in der Nähe der Straße nach Pomonal; die Zufahrt über eine ungeteerte Straße ist ausgeschildert. Wegen mutwilliger Beschädigung der Malereien kann man diese jedoch nur durch einen Drahtzaun betrachten.

INFORMATIONEN

Stawell and Grampians Visitor Information Centre, 62 Longfield St, 📞 5361 4404. ⏰ tgl. 9–17 Uhr.

TRANSPORT

Siehe Ararat.

13 HIGHLIGHT

Grampians National Park

Das Sandsteingebirge der Grampians, der zweitgrößte Nationalpark Victorias, ist ein Paradies für Wanderer und Naturfreunde. Die Gebirgskämme erstrecken sich über 100 km von Norden nach Süden und 50 km von Osten nach Westen. In diesem Gebiet findet sich eine Landschaft voller Kontraste: Bizarre Felsformationen, Canyons, jähe Abgründe und felsige Plateaus umrahmen weite, grüne Täler mit Feucht- und Sumpfgebieten, Bächen, Wasserfällen und Stauseen.

Vielfältig ist auch die Pflanzen- und Tierwelt. Botaniker zählten mehr als 900 endemische Pflanzenarten – Spezies, die nur hier vorkommen. Am schönsten sind die Grampians zwischen August und November, wenn die zahlreichen Wildblumen blühen. Verheerende Buschbrände sorgen fast jährlich für große Zerstörungen. Das Gebiet erholt sich zwar relativ schnell, dennoch sollte man sich vor einem Besuch über die aktuellen Bedingungen erkundigen, zum Beispiel unter 🖥 http://parkweb.vic.

VICTORIA

gov.au/explore/parks/grampians-national-park. Im Jahr 2011 richteten Überflutungen große Schäden an.

Vor der Ankunft der Europäer lebten hier Aborigines 5000 Jahre lang wie in einer natürlichen Speisekammer; sie hatten genug Zeit, um neben der Jagd und Nahrungsmittelbeschaffung auch künstlerisch-religiösen Aktivitäten nachzugehen. In den Grampians befinden sich 80 % aller bekannten Aboriginal-Felsmalereien Victorias.

Brambuk Centre

Das **Brambuk The National Park and Cultural Centre** arbeitet dieses kulturelle Erbe auf und lohnt einen Besuch. Es liegt etwa 3 km südlich von Halls Gap an der Dunkeld Road, 🖥 www.brambuk.com.au; ⏲ tgl. 9–17 Uhr, Eintritt frei. Eine anschauliche Ausstellung über Fauna, Flora und Geologie der Region und Ureinwohner wird durch eine Video-Show (zahlreiche Unterkünfte verteilen Gutscheine für den Film, sonst $5) ergänzt. Man bekommt hier auch Landkarten und Auskünfte über die zahlreichen Wanderwege und Zeltplätze im Nationalpark. Der Eintritt in den Nationalpark ist frei. Rund um das Centre grasen vor allem morgens und abends häufig Kängurus.

Das Gebäude dahinter ist das **Brambuk Aboriginal Cultural Centre**, dessen Design viele wichtige Symbole der Koorie-Kultur des Western District aufgriff: Das sanft geschwungene Dach zum Beispiel soll an die Flügel eines Cockatoo erinnern. Schaukästen und Exponate informieren über die traditionelle Lebensweise der Ureinwohner, eine Fotoausstellung führt ihr deprimierendes Schicksal nach Ankunft der europäischen Siedler vor Augen, und Interviews mit heutigen Koories werden über Video abgespielt.

Im dazugehörigen **Gariwerd Dreaming Theatre** werden zwei Multimedia-Shows gezeigt: „Gariwerd Creation Story" erzählt die Schöpfungsgeschichte der von den Koories „Gariwerd" genannten Region. „Gariwerd a Cultural Landscape" beschäftigt sich mit der Geologie, Flora und Fauna. ⏲ tgl. stdl. 9–17 Uhr, Eintritt frei, mit Ausnahme des Gariwerd Dreaming Theatre ($5 für beide Präsentationen).

Wanderungen

Ein guter Ausgangspunkt für Wanderungen und Erkundungen ist das kleine idyllische **Halls Gap**. Mit 350 Einwohnern und 6500 Betten ist der Ort sehr touristisch orientiert, Lebensmittel und Benzin sind hier teurer. Vom Ende des Campingplatzes aus führt ein kurzer, einfacher Rundweg zu den Quellen der **Venus Baths**.

Die Mt Victory Road windet sich von **Halls Gap** in Serpentinen durch dichten Eukalyptuswald in nordwestlicher Richtung über einen Pass zum kleinen Ort mit dem deutschen Namen **Zumstein**. Abzweige führen zu Aussichtspunkten und Wasserfällen. Schön sind die **MacKenzie Falls**, allerdings kann es hier v. a. am Wochenende sehr voll werden.

Weniger überlaufen sind die **Beehive Falls**, zu denen man vom Beehive Car Park in 20–30 Minuten gelangt. Ein steiler Weg führt von den Wasserfällen aus zu einigen schönen Lookouts. Vom **Boroka Lookout** bietet sich ein herrlicher Ausblick auf Halls Gap, das Fyans-Tal und die Mount William Range. Vom **Reed Lookout** blickt man über das weite Victoria Valley, Mount Victory und die Victoria Range auf der anderen Seite. Ein 1 km langer Pfad führt zu den viel fotografierten **Balconies** (manchmal auch Jaws of Death genannt). Alle Stellen sind besonders bei Sonnenauf- und Sonnenuntergang ideale Fotospots.

Eine der spektakulärsten Kurzwanderungen in den Grampians führt vom Wonderland Car Park zum **Pinnacle Lookout** und zurück (etwa 2 1/2 Std.). Die Vegetation ändert sich unterwegs ständig; das letzte Stück führt durch eine Felsspalte, der sogenannten **Street of Silence**. Der Aufstieg wird mit einem sagenhaften Ausblick auf das Tal und den Lake Bellfield belohnt. Wanderkarten gibt's im Visitor Centre.

ÜBERNACHTUNG

In den Schulferien und an langen Wochenenden strömen zahlreiche Großstädter in die Grampians und belegen die Unterkünfte und Zeltplätze. Die größte Auswahl an Unterkünften gibt's in **Halls Gap**. Eine Alternative ist **Dunkeld** am südlichen Ende der Grampians. Einen guten Überblick bietet 🖥 www.grampiansvictoria.com.au.

© CORINNA MELVILLE

Wanderfreunde sollten einen Besuch der Grampians auf keinen Fall auslassen.

Hostels

Brambuk Backpackers, Grampians Rd, Halls Gap, ☎ 5356 4250, 🖥 www.brambuk.com.au/backpackers.htm. Das Hostel wird vom Brambuk Aboriginal Centre betrieben und liegt diesem gegenüber, etwas zurückgesetzt an der Hauptstraße. Die Dorms im Haupthaus sind renoviert und angenehm, die Zimmer/Dorms in den Units daneben müffeln. Vier 12-Bett-Dorms, jeweils mit eigenem Bad (Bett ab $30), sowie 2 DZ ❶

Grampians Eco YHA, Buckler St, Ecke Grampians Rd, Halls Gap. ☎ 5356 4544, ✉ grampians@yha.com.au. Großes und modernes Hostel, nach umweltfreundlichen Kriterien erbaut. Eigenes Wasser-Recycle-System, Solarpanele produzieren den Strom für den Eigenbedarf. Die Hühner im Hof sorgen für kostenlose Eier für Gäste. Helle, gemütliche Zimmer mit Schließfächern. 4-Bett-Dorms (Bett ab $34) und DZ, viele mit Balkon. Buchung von Aktivitäten. Ab ❷

Tim's Place, 44 Grampians Rd, Halls Gap, ☎ 5356 4288, 🖥 www.timsplace.com.au. Ein kleines, supergemütliches Hostel in Privatbesitz. Der auskunftsfreudige Besitzer kennt die Region bestens. Das Haus wurde 2005 nach umweltfreundlichen, energiesparenden Kriterien erbaut. Einige Dorms befinden sich im Haupthaus (Bett $30). Andere Dorms und DZ sind in kleinen Hütten auf dem Grundstück untergebracht, zu jedem gehört ein eigenes Bad; größtenteils wir Regenwasser genutzt. Strom wird weitgehend über die Solarpanele auf dem Dach gewonnen. Die Preise beinhalten die Nutzung von Mountainbikes, Internetzugang sowie frische Kräuter und Gemüse aus dem Garten. Tgl. besuchen Kängurus und Papageien den Garten. Der V/Line-Bus hält direkt vor der Tür. Ab ❶

Andere

Halls Gap Motel (Budget Motel), 154 Grampians Rd, ☎ 5356 4209, 🖥 www.hallsgapmotel.com.au. Sehr schönes Anwesen mit Kängurus, Hasen, Emus und Rehen. Einige Zimmer überblicken den Mt William, andere das Pinnacle. Gutes Preis-Leistungs-Verhältnis. ❸

Halls Haven Holiday Units, Stawell Rd (2 km außerhalb von Halls Gap), ☎ 5356 4304, 🖥 www.hallshaven.com.au. Verfügt über

mehrere Units mit einem Schlafzimmer und 2 separate, geräumigere Cottages mit 2 Schlafzimmern. Die Gebäude sind von einer schönen Gartenanlage mit Teich umgeben. Es gibt Grillstellen sowie einen kleinen Pool und Tennisplatz. Gutes Preis-Leistungs-Verhältnis. ❹
Meringa Springs, 2974 Northern Grampians Rd, Wartook Valley, ☎ 5383 6363, 🖳 www.meringa springs.com.au. Die kleine Luxuslodge 30 Min. nordwestl. von Halls Gap liegt traumhaft schön am Rande der Grampians. Zum Sonnenauf- und -untergang stellen sich Kängurus, Emus und Papageien im Vorgarten ein. Pool. Alle Zimmer sind stilvoll und komfortabel eingerichtet. Sehr gutes Restaurant. ❽

Camping und Caravanparks
Die Nationalparkbehörde betreibt 13 gut ausgestattete **Campingplätze** im Nationalpark, alle haben Toiletten, einige auch Duschen; bis auf die „Bush Camps" sind alle auch für Campervans geeignet. Eine *Camping Permit* ist erforderlich, erhältlich beim National Park and Cultural Centre oder online buchbar unter 🖳 www.parkstay.vic.gov.au. Die **Gebühren** betragen je nach Saison $28–30 pro Platz/Nacht für max. 6 Pers. Die Kalymna und Wannon Crossing Campgrounds im Süden sowie die Camps, die nur zu Fuß zu erreichen sind, sind kostenlos. Oft werden die Campingplätze von Kängurus besucht. Alle Campsites haben **Feuerstellen**, die allerdings strengen Regeln unterliegen: Das Feuer muss klein gehalten werden und darf niemals unbeaufsichtigt sein.

Gepflegt speisen und übernachten

In Dunkeld wartet das historische **Royal Mail Hotel**, 98 Parker St, ☎ 5577 2241, 🖳 www.royalmail.com.au, mit einem weit über die Grampians hinaus bekannten Feinschmeckerrestaurant auf. Gekocht wird modern australisch, wobei hauptsächlich Produkte aus West-Victoria verwendet werden. Im modernen Anbau gibt es sehr schöne, helle Zimmer oder Apartments mit Ausblick auf Garten oder Berge ❽. Das Hotel betreibt noch eine weitere Unterkunft auf einer Schaffarm. ⏱ tgl. 18–22 Uhr.

Im Sommer gilt häufig ein „Total Fire Ban", bei dem auch Gas-Campingkocher verboten sind. Unbedingt an die Regeln halten!
Halls Gap Caravan & Tourist Park, sehr zentral in Halls Gap, ☎ 5356 4251, 🖳 www.hallsgap caravanpark.com.au. Zeltplätze mit eigener Feuerstelle ($32 oder $40 mit Strom); die Kängurus kommen hier bisweilen direkt vor das Zelt. Cabins, Units und Vans. ❸–❻

🧳 **Lakeside Tourist Park**, 27 Tymna Dr, Halls Gap, ☎ 5356 4281, 🖳 www.hallsgaplake side.com. Sehr schön gelegener Park mit Zeltplätzen ($34 oder $39 mit Strom) sowie gemütlichen Cabins und Glampingzelten. Pool und Kiosk. Auch dieser Park wird abends oft von Kängurus besucht. ❷–❽

ESSEN

In Halls Gap gibt es nur einen überteuerten Supermarkt. Selbstversorger sollten deshalb Lebensmittel mitbringen. Zwischen den Lädchen von Stony Creek Village (am Südende des Ortes, abgehend von der Hauptstraße) findet man mehrere Cafés und kleine Restaurants.

🧳 **Kookaburra Bar and Bistro**, 125 Grampians Rd, ☎ 5356 4222. Ein solider Dauerbrenner. Einige Gerichte können auch als kleine Portion bestellt werden, was gut ist, denn man sollte unbedingt Platz für eins der köstlichen Desserts lassen. ⏱ Di–So Abendessen, Sa und So auch Mittagessen.
Livefast Lifestyle Cafe, Stoney Creek Stores, ☎ 5356 4400. Ebenfalls sehr beliebt. ⏱ tgl. für Frühstück, Brunch und Mittagessen.
Spirit of Punjab, 161 Halls Gap Rd, ☎ 5356 4234. Authentisches indisches Essen. ⏱ tgl. Abendessen, Do–So auch Mittagstisch.

AKTIVITÄTEN UND TOUREN

Aboriginal-Kultur
👣 Im **Brambuk National Park und Cultural Centre** (S. 492) werden häufig kulturelle Workshops wie Boomerang werfen, Didgeridoo spielen, Aboriginal-Kunst oder auch Bushfood Walks geboten. Zum Programm gehören auch zwei Touren. Die 3-stündige Bunjil's Creation Tour führt zu einigen verborgenen Fels-

malereien ($160). Noch tiefere Einblicke in die Kultur der Gariwerd bietet die 7-stündige Six Season Tour ($360). Infos unter ⬚ www. brambuk.com.au/activities.htm.

Abseilen, Klettern und Kanu fahren

Absolute Outdoors, 105 Main Rd, ✆ 5356 4556, ⬚ www.absoluteoutdoors.com.au. Klettern und Abseilen für Anfänger und Fortgeschrittene. Außerdem Radtouren, Kanu fahren und Naturerkundungen.

GMAC (Grampians Mountain Adventure Company), ✆ 0427-74 70 47, ⬚ www.grampians adventure.com.au. Abseilen und Klettern für Anfänger und Fortgeschrittene ($120/160 für einen halben/ganzen Tag); die Guides sind von der Australian Mountain Climbers Association ausgebildet und anerkannt. Auch in Mt Arapiles (S. 496).

Hangin' Out in the Grampians, ✆ 5356 4535, 0407-68 48 31, ⬚ www.hanginout.com.au. Klettern in der Gruppe mit Guide ($85 für 4 Std., $140 pro Tag).

Fahrräder

Fast alle Hostels verleihen Fahrräder, für Gäste meist kostenlos.

Halls Gap E-Bike Hire, 109 Grampians Rd, ✆ 5356 4925, ⬚ https://hallsgapebikehire.com, verleiht Räder ($20 pro 2 Std.) und E-Bikes ($40 pro Std.)

Geländewagentouren und Wanderungen

🔶 **Grampians Tours & Adventures**, Main St, ✆ 5356 4654, ⬚ www.grampianstours. com. Große Auswahl an Aktivitäten: von verschiedenen Geländewagentouren zu Gebieten, die sonst nur schwer zu erreichen sind (Tagestour $175, halber Tag $100), über nächtliche Wanderungen mit Fokus auf Tierbeobachtungen ($40) bis hin zu 1–2-tägigen geführten Wanderungen. Gute Organisation und sehr gut informierte Tour-Guides.

Reiten

Grampians Horseriding Centre, Brimpaen im Wartook Valley an der Westflanke der Grampians, ✆ 5383 9255, ⬚ www.grampians horseriding.com.au. Ausritte 2x tgl. um 10 und

14 Uhr ($100 für 2 1/2 Std.). Sehr guter Anbieter, kleine Gruppen und folgsame Pferde.

Rundflüge

A.Kube Aviation, ✆ 0439-42 41 12, ⬚ www. akubeaviation.com.au. Rundflug über die Grampians ab Horsham. Kleine, 6-sitzige Maschinen, ab $175 für 45 Min.

INFORMATIONEN

Grampians & Halls Gap Visitor Information

Centre, 117 Grampians Rd, ✆ 1800 065 599, ⬚ www.visitgrampians.com.au. Auskunft und Buchung von Unterkünften, Touren sowie allen möglichen anderen Aktivitäten. ⏲ tgl. 9–17 Uhr.

TRANSPORT

V/Line: **Grampians Link**, 1–2x tgl. Zug/Bus-Verbindung zwischen MELBOURNE und Halls Gap: Mo–Fr um 9.16 Uhr ab Southern Cross Station mit Umstieg in BALLARAT und STAWELL. In umgekehrter Richtung ab Halls Gap um 9.30 Uhr. Fahrzeit ca. 5 Std.

Horsham

Vor der europäischen Kolonialisierung bewohnten die Jardwa- und Wodjobaluk-Völker diese Region, die sie „Wopetbungundilar" – Ort der Blumen – nannten. Vor allem Besuchern im Frühling wird dieser Name schnell verständlich: Entlang des Wimmera Rivers blühen dann die Wildblumen in den kräftigsten Farben. In der Region wird auch feine Wolle produziert.

Am nördlichen Ende der Grampians gelegen, eignet sich Horsham zum Auftanken und Einkaufen. An der Firebrace St im Zentrum reihen sich Cafés, Restaurants und kleine Läden aneinander. Am Ende der Straße steht die Church of St John the Devine. Der hübsche botanische Garten lohnt einen kurzen Besuch.

ÜBERNACHTUNG UND ESSEN

Royal Hotel, 132 Firebrace St, ✆ 5382 1255. Typische Pub-Unterkunft mit gemütlichen

Zimmern. Unten in der Bar gibt es Counter-meals. Am Wochenende kann es laut werden, dann wird hier Musik aufgelegt und getanzt.

INFORMATIONEN

Horsham Visitor Information Centre, O'Callaghan Parade, ☎ 5382 1832. ⏱ tgl. 9–17 Uhr.

Mount Arapiles und Little Desert National Park

Der anmutige **Mount Arapiles** (Aussprache mit Betonung auf der zweiten Silbe: a-RA-piles) ist in der Kletterszene international bekannt und in Australien der beliebteste Treffpunkt für Kletter-fans. Auf dem Campingplatz am Fuße des Berges trifft sich ein kontaktfreudiges, internationales Publikum – lebensfrohe Zeitgenossen, die das einfache Leben zwischen Steilhang, Lagerfeuer und Zelt genießen. Viele bleiben gleich für mehrere Wochen. Die Mt Arapiles Summit Rd führt zu einem Lookout mit Picknickplatz am Gipfel; am schönsten zeigt sich der Berg allerdings von unten, entlang der Centenary Rd.

Anders als der Name suggeriert, ist der **Little Desert National Park** keine Wüste. Tatsächlich fällt hier dreimal so viel Regen wie in der Wüste üblich. Nach langem Kampf von Umweltschützern wurde das Gebiet 1968 zum Nationalpark deklariert und damit die landwirtschaftliche Nutzung verhindert. Die Little Desert beheimatet 670 australische Pflanzenarten, darunter zahlreiche Eukalypten und Orchideen. Außerdem

Brüten mit Präzision

© SHUTTERSTOCK.COM/JÜRGEN & CHRISTINE SOHNS

Die Little Desert beheimatet das seltene **Thermometerhuhn** (*mallee fowl*), dessen Brutmethode Naturforscher bereits im 19. Jh. faszinierte. Mit beachtlichem Aufwand errichten die Hühnervögel kraterartige Erdhügel mit einem Durchmesser von etwa 5 m. In monatelanger Arbeit werden unter diesen Erdhaufen exakt temperierte Eierkammern angelegt, in die das Weibchen seine Eier legt. Mit ständigem Auf- und Abdecken der Eier während der gesamten Brutzeit halten die Tiere die Temperatur in der Eierkammer konstant auf 32 °C.
Frisch geschlüpft müssen sich die Jungen zunächst durch eine etwa 1 m dicke Erdmasse kämpfen, bevor sie das Licht der Welt erblicken. Für die aufwendige Brutzeit erhalten die Eltern allerdings wenig Gegenliebe: Nach kurzer Erholung ziehen die Küken alleine davon.

VICTORIA

ist sie Heimat des faszinierenden Thermometer-huhns (*mallee fowl*, s. Kasten S. 496).

Die Besonderheiten des Parks mögen dem Laien allerdings zunächst verborgen bleiben; einen tiefen Einblick in die Tier- und Pflanzenwelt bieten Botaniker im Rahmen einer organisierten Tour.

ÜBERNACHTUNG UND SONSTIGES

Little Desert Lodge, 📞 5391 5232, 💻 www.littledesertlodge.com.au. Die einzige Unterkunft in der Little Desert ist eigentlich eher ein Naturpark. Die Betreiber sind engagierte Umweltschützer, die sich speziell für den Schutz des Thermometerhuhns und der speziellen Flora und Fauna der Little Desert einsetzen. Übernachten kann man in gemütlichen Motelzimmern ❺, in 4-Bett-Dorms ($80 für 1–2 Pers.) oder auf dem Campingplatz ($20 p. P.). Wer hier übernachtet, sollte unbedingt an einer der interessanten Touren teilnehmen: An der Malleefowl Discovery (2–3 Std., $130 für 1–2 Pers.) oder einem Nachtspaziergang mit sachkundigem Guide (45 Min., $30 für 1–2 Pers.). Erst auf einer Tour lernt man die kuriosen Eigenarten der örtlichen Flora und Fauna voll zu schätzen.

Grampians Mountain Adventure Company, 📞 0427 747 047, 💻 www.grampiansadventure.com.au. Klettern und Abseilen am Mt Arapiles.

14 HIGHLIGHT

Küste von West-Victoria mit Great Ocean Road

Die B100 – besser bekannt als **Great Ocean Road** – windet sich entlang einer spektakulären Küste, durch satten Regenwald und unter riesigen Eukalypten hindurch und ist unbestreitbar eine der eindrucksvollsten Küstenrouten weltweit. Im Osten macht die **Surf Coast** zwischen Torquay und Lorne ihrem Namen alle Ehre: Die perfekte Gegend, um sich ganz dem Bann der

Wellen hinzugeben. Das Überangebot an Surfschulen wird jeden zufriedenstellen – vom Anfänger bis zum Fortgeschrittenen.

Weiter westlich entlang der B100 verzaubern die uralten Regenwälder, die tosenden Wasserfälle und die haushohen Eukalypten des **Great Otway National Parks** die Besucher. Die **Shipwreck Coast** am westlichen Ende der Great Ocean Road birgt faszinierende Felsformationen, darunter die weltberühmten **Twelve Apostles**. Dieses Stückchen Küste wurde von Generationen von Seeleuten für seine gnadenlose Strömung gefürchtet. Mehr als 160 Schiffe sollen hier verschwunden sein – noch heute erzählt man sich Gruselgeschichten über die Geister der Ertrunkenen.

Die Great Ocean Road wurde zwischen 1919 und 1932 gebaut und war eigentlich eine Arbeitsbeschaffungsmaßnahme für ca. 3000 Soldaten, die von den Schlachtfeldern des Ersten Weltkriegs zurückgekehrt waren. Noch heute ist die Küstenstraße ein Denkmal für deren gefallene Kameraden.

Starke Winde und heftige Strömungen sorgen für eine kontinuierliche Veränderung der Küstenlandschaft. Erst im Juni 2009 brach die sogenannte London Bridge zusammen, die bereits 1990 ihre Verbindung zum Festland verloren hatte. Bei den Twelve Apostles handelt es sich heute genaugenommen nur noch um acht Sandsteinfelsen. Zwei Tage sollte man sich für die Strecke zwischen Torquay und Warnambool mindestens nehmen, besser mehr. Weiter westlich erreicht man eine wilde, im Gegensatz zur Great Ocean Road viel weniger bekannte und kaum besuchte Küste, die in die noch einsameren Gefilde der **Discovery Bay** übergeht.

TRANSPORT

V/Line, 📞 1800-80 00 07, 💻 www.vline.com.au. Tgl. mit dem Zug ab Melbourne (Southern Cross) nach GEELONG. Von hier Anschluss an den Bus nach APOLLO BAY über TORQUAY, ANGLESEA, AIREYS INLET, LORNE, WYE RIVER und KENNET RIVER. Mo–Fr 3x tgl., Sa und So 2x tgl. In Apollo Bay hat man Mo, Mi und Fr Anschluss an den Bus nach WARRNAMBOOL (Abfahrt Apollo Bay 13.25 Uhr). Dieser hält an

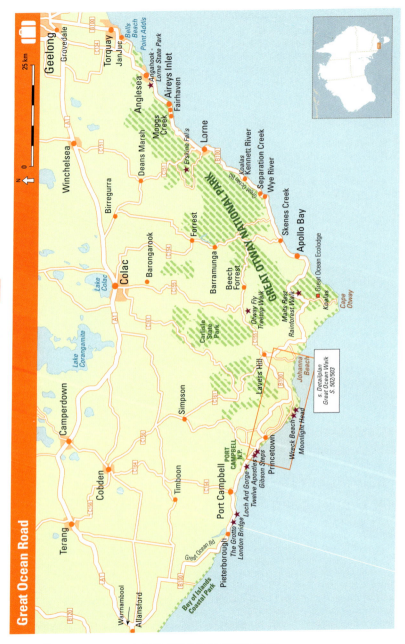

VICTORIA

Great Ocean Road

Geelong
Grovedale
Torquay
JanJuc
Bells Beach
Point Addis
Anglesea
Anglahook-Lorne State Park
Aireys Inlet
Fairhaven
Moggs Creek
Deans Marsh
Lorne
Erskine Falls
Winchelsea
Koalas
Kennett River
Great Ocean Rd
Separation Creek
Wye River
Birregurra
Skenes Creek
Apollo Bay
Forrest
Barongarook
Great Ocean Ecolodge
Colac
Lake Colac
Barramunga
Beech Forrest
Koalas
Cape Otway
Lake Corangamite
Carlisle State Park
Otway Fly Treetop Walk
Maits Rest Rainforest Walk
Camperdown
Simpson
Lavers Hill
Johanna Beach
s. Detailplan
Great Ocean Walk
S. 502/503
Terang
Cobden
Timboon
Port Campbell
PORT CAMPBELL N.P.
Twelve Apostles
Gibson Steps
Princetown
Wreck Beach
Moonlight Head
Loch Ard Gorge
The Grotto
London Bridge
Pieterborough
Great Ocean Rd
Bay of Islands Coastal Park
Warrnambool
Allansford

25 km
0
N

den wichtigsten Sehenswürdigkeiten (Twelve Apostles, Loch-Ard Gorge, Port Campbell, London Bridge, Peterborough, Bay of Islands) für 10–30 Min. und trifft um 16.55 Uhr in Warrnambool ein. In umgekehrter Richtung Mo, Mi und Fr ab Warrnambool um 8.30 Uhr (Ankunft Apollo Bay 12 Uhr, von hier aus Anschluss nach Geelong und weiter nach Melbourne).

Torquay

Torquay markiert das östliche Ende der Great Ocean Road und den Beginn der Surf Coast. Das ruhige Städtchen ist das Herz der australischen Surfindustrie: Einige weltbekannte Surfstrände liegen hier, darunter der legendäre **Bells Beach**. Jedes Jahr zu Ostern treffen hier die weltbesten Surfer beim **Rip Curl Pro** aufeinander, dem prestigeträchtigsten Surf-Event Australiens. Torquay ist auch der Geburtsort einiger renommierter Surfmarken, darunter Quicksilver und Rip Curl, die hier in den 1960er- und 1970er-Jahren gegründet wurden.

Das **Australian National Surfing Museum**, hinter der Surf Coast Plaza in der Geelong Rd hat sich ganz und gar der Faszination für die Welle verschrieben: Interaktive Videos erklären, wie eine Welle entsteht, und die Hall of Fame porträtiert Surflegenden vergangener Tage. ⊙ tgl. 9–17 Uhr, Eintritt $12, Student/Kind $8.

Familien und Touristen überschwemmen im Sommer die ruhigen Strände **Fisherman's Beach** und **Front Beach**. Nur 1 km weiter südlich liegt Point Danger, von wo aus sich ein guter Ausblick auf den **Surf Beach** bietet: Hier sind an jedem Tag mit einigermaßen gutem Wetter Wellenreiter im Wasser zu sehen. Am **Surf City Plaza** am Surf Coast Highway bekommt man Surfausrüstung und Kleidung. Kleine Boutiquen, Cafés und Restaurants reihen sich entlang der Gilbert Street im Zentrum aneinander.

Weiter südlich hinter Jan Juc befinden sich Bells Beach und die ebenfalls bekannten Surfstrände **Winkipopp** und **Jan Juc Beach**. Im Sommer werden die meisten Strände von Rettungsschwimmern patrouilliert. Die **Point Addis Road** zweigt hinter Jan Juc von der Great Ocean Road nach links (Süden) zum gleichnamigen Aus-

sichtspunkt ab, mit schönem Ausblick auf die sich an den Felsklippen brechende Brandung.

Ein Autoparkplatz nördlich des Aussichtspunktes ist der Ausgangspunkt für den etwa 1 km langen, ausgeschilderten **Point Addis Koori Cultural Walk** entlang der Steilküste. Tafeln erklären Aspekte der traditionellen Lebensweise (u. a. die Nutzung bestimmter Pflanzen) der in der Geelong-Region beheimateten Ureinwohner, der Wathaurong. Der 46 km lange **Surf Coast Walk** führt hier durch und kann am westlichen Ende des Jan Juc Car Park begonnen werden.

ÜBERNACHTUNG

Bells Beach Backpackers, 51-53 Surfcoast Highway, ✆ 5261 4029, 🖥 www.bellsbeach backpackers.com.au. Sauberes, gut gemanagtes Hostel. 4–12-Bett-Dorms (Bett $35–38) und DZ. Geräumiger Garten mit Grillstelle. Vermietung von Surfboards und Neoprenanzügen. Im Sommer und an Wochenenden mindestens eine Woche im Voraus reservieren. ❸
Torquay Foreshore CP, 35 Bell St, ✆ 5261 2496, 🖥 www.torquaycaravanpark.com.au. Schattiger Campingplatz (ab $40) und Cabins von schlicht bis Luxus. In den Sommerferien doppelte Preise! Gut geeignet für Reisende mit Kindern; zur Anlage gehören Spielplatz, Spielzimmer und Sportplätze. Ab ❺

AKTIVITÄTEN

Go Ride a Wave, 143 B Great Ocean Rd, ✆ 1300-13 24 41, 🖥 www.gorideawave.com.au. Surfunterricht: $72 pro 2 Std. inkl. Ausrüstung oder Unterrichtspakete. Auch Unterricht im Seekajakfahren und Stehpaddeln entlang der Küste. Weitere Niederlassungen in Lorne und Anglesea.
Westcoast Surfing School, ✆ 5261 2241, 🖥 www.westcoastsurfschool.com. Surfunterricht hier und in Anglesea. $65 pro 2 Std. inkl. Ausrüstung (bei Online-Buchung) oder Unterrichtspakete. Auch Unterricht im Seekajakfahren und Klettern.
Beide Veranstalter bieten auch mehrtägige Kurse an.

VICTORIA

Torquay Visitor Information Centre, Surf City Plaza, Beach Rd, ✆ 5261 4219. ⏰ tgl. 9–17 Uhr.

TRANSPORT

McHarry's Busline, 🖥 www.mcharrys.com.au. Fährt von GEELONG nach TORQUAY und JAN JUC. Weitere Verbindungen S. 497 („Transport" Great Ocean Road).

Anglesea

Der beliebte, von Heide- und Buschland umgebene Ferienort liegt am Fuße der Otway Ranges, wo sich der Anglesea River ausweitet und in die Bass Strait mündet. Die quasi zahmen Kängurus, die den hiesigen Golfplatz bevölkern, schmücken viele Werbeprospekte für den Ort. Der Strand liegt versteckt hinter Sanddünen und erstreckt sich in einem sanft geschwungenen Bogen bis Point Roadknight. Das obere Ende des Strandes in der Nähe des Ortes ist im Sommer bewacht. Spazierwege an der Küste führen nach Jan Juc im Nordosten und Fairhaven Beach im Südwesten.

Hinter Anglesea verläuft die Great Ocean Road dicht an der Küste durch die Ferienorte **Aireys Inlet** und **Fairhaven**, danach entlang eines herrlichen, 6 km langen Sandstrandes bis **Eastern View**. Hier erinnert der die Straße überspannende Gedenkbogen **Memorial Arch** an die Erbauer der Great Ocean Road und markiert den Beginn eines der landschaftlich eindrucksvollsten Abschnitte dieser spektakulären Küstenstraße.

Bei Aireys Inlet beginnt der **Angahook-Lorne State Park** (S. 501). Auskunft über Spazier- und Wanderwege erteilt das Visitor Centre in Lorne.

ÜBERNACHTUNG

Anglesea Backpackers, 40 Noble St, ✆ 5263 2664, 🖥 www.angleseabackpackers.com. Kleines Hostel; 2 Dorms (Bett $35) und 1 DZ mit Bad. BBQ im kleinen Hinterhof. Frühstück auf Anfrage. ❸

Anglesea Family Caravan Park, 35 Cameron Rd, ✆ 5295 1990, 🖥 http://angleseafamilycaravan park.com.au. Tolle Lage an der Flussmündung. Zelt- und Stellplätze ab $45, außerdem Cabins und Cottages verschiedener Größe mit AC, Heizung, Bad. Kiosk, Hüpfkissen, Minigolf, Spielzimmer. In Strandnähe. Während der Sommerferien und an langen Wochenende doppelte Preise! Ab ❻

AKTIVITÄTEN

Reiten
Blazing Saddles, Aireys Inlet, ✆ 5289 7322, 🖥 www.blazingsaddlestrailrides.com. Ausritte durch den Angahook-Lorne State Park und am Strand entlang; auch Ponys für Kinder.

Surfen
Siehe „Aktivitäten" Torquay S. 499.

TRANSPORT

Siehe S. 497 (Great Ocean Road).

Lorne

Lorne ist ein sehr hübsch gelegener Ferienort an der Mündung des Erskine River in der von bewaldeten Bergen umrahmten Louttit Bay. In den 1960er-Jahren gesellten sich zu erholungsbedürftigen Melbourner Mittelklassebürgern Künstler und Bohemiens. Eine Hinterlassenschaft dieser Entwicklung ist eine rege Café- und Restaurantszene und das kultivierte Flair eines Badeortes. Diese Annehmlichkeiten sowie die geringe Entfernung von Melbourne (nur 2 Std. mit dem Auto) führen allerdings dazu, dass in den Ferien und an den Sommerwochenenden ungeheuer viel Betrieb herrscht und alle Unterkünfte – auch Campingplätze – absolut ausgebucht sind. Seit über 20 Jahren treffen sich regelmäßig zu Silvester Tausende junger Leute zum Falls Festival, einem Open-Air-Rockkonzert in der Nähe der Erskine Falls.

Die Wälder des Hinterlandes mit ihren Wasserfällen, von Baumfarnen bewachsenen, kühlen dunklen Schluchten und zahlreichen

VICTORIA

Wanderwegen sind Teil des **Angahook-Lorne State Park**. Kleine Landstraßen (unbefestigt, aber normalerweise in gutem Zustand; Vorsicht nach längeren Regenperioden) führen von Lorne aus dorthin. Die sehenswerten **Erskine Falls** liegen 8 km nördlich des Ortes, die Straße dorthin ist ausgeschildert und bis auf die letzten 800 m asphaltiert. Vom Parkplatz aus führen steile Treppen runter zum Wasserfall; von hier aus kann man weiterspazieren und etwas Regenwaldluft schnuppern.

Von **Teddy's Lookout** in Queens Park bietet sich ein schöner Ausblick auf die herrliche Küstenlandschaft und die Great Ocean Road – von der Great Ocean Road die Otway St hochfahren und dann weiter über die George St.

ÜBERNACHTUNG

Great Ocean Road Cottages & Backpackers, 10 Erskine Ave, ☎ 5289 1070, 🖳 http://great oceanroadcottages.com. Dorms (ab $60) und Cottages mit Küchenzeile in 2 Holzhäusern. Gemeinschaftsküche. **❺**

Grand Pacific Hotel, 268 Mountjoy Parade, ☎ 5289 1609, 🖳 www.grandpacific.com.au.

Liebevoll restauriertes Grandhotel auf einer Anhöhe gegenüber dem Pier an Point Grey mit modernen Zimmern. Die Extraausgabe für Meerblick lohnt sich. Café-Restaurant und Bar. **❺**

Camping und Caravanparks

Kostenlos zelten kann man in der **Wye River Road Camping Area**, nur 2 km von Wye River entlang der Wye Road. Es gibt keine Klos oder sonstige Einrichtungen, was durch die Nähe zum Ort aber verkraftbar sein dürfte.

Kennet River Caravan Park, direkt an der Great Ocean Road, Kennet River, ca. 22 km südl. von Lorne, ☎ 5289 0272, 🖳 www.kennettriver.com. Sehr gepflegter, ruhiger Campingplatz, der regelmäßig von Koalas besucht wird. Spielplatz und Kiosk. Camping $35 oder $41 mit Strom; außerdem gemütliche Cabins. Im Sommer erheblich höhere Preise. Der Koala-Walk beginnt direkt hier. **❹**

ESSEN

Zahlreiche Cafés und Restaurants, alle an der Mountjoy Parade aufgereiht, werben um Kundschaft.

Eine der eindrucksvollsten Küstenstraßen der Welt: die Great Ocean Road

© DUMONT BILDARCHIV / CLEMENS EMMLER

VICTORIA

Highlights des Great Ocean Walk

- ■ **Start:** Johanna Beach
- ■ **Ziel:** 12 Apostle Visitor Centre
- ■ **Dauer:** 3 Tage
- ■ **Schwierigkeitsgrad:** gemischt
- ■ **Anreise und Planung:** Great Ocean Road Shuttle, ☎ 5237 9278, betreibt einen Zubringer-/Abholservice entlang des Great Ocean Walk. Ab Melbourne ca. $85 einfach.
- ■ **Weitere Infos:** 🖳 www.greatoceanwalk.info

Australiens berühmteste Küste ist nicht nur für Autofahrer imposant: Der 2006 eröffnete Great Ocean Walk mäandert von Apollo Bay entlang der Küste des Great Otway National Park (die Great Ocean Road dagegen verläuft hier im Lan-

desinneren) bis zum 12 Apostle Visitor Centre. Wer die gesamte Strecke ablaufen möchte, sollte sechs bis sieben Übernachtungen einplanen. Sie ist sehr gut ausgeschildert. Ungeübte Wanderer können die Strecke auch auf einer geführten Tour laufen oder das Gepäck von Station zu Station transportieren lassen. Einige Abschnitte des Great Ocean Walks sind auch für Rollstuhlfahrer zugänglich. Einige Zeltplätze liegen direkt an der Strecke; sie sollten im Voraus online gebucht werden ($32 für bis zu 3 Pers. pro Nacht, 🖳 http://parkweb.vic.gov.au). Hier gibt's auch Wasser, das allerdings unbedingt abgekocht oder sterilisiert werden muss. Essen ist auf der unten beschriebenen Route nur in Princetown und

VICTORIA

am 12 Apostle Visitor Centre erhältlich. Zelt und Schlafsack sowie festes Schuhwerk (Schlangen!) sind für diese Strecke unverzichtbar.

Tag 1: Johanna Beach – Ryan's Den Camp Site

■ 14 km, 4–6 Std.

Vom Parkplatz des abgelegenen **Johanna Beach** klettert der Pfad in westlicher Richtung die Felsküste entlang und wendet sich am **Lion Headland** von der Küste ab entlang des Old Coach Tracks. Von der Old Coach Road zweigt der Milanesia Track ab, der schließlich runter zum gleichnamigen Strand führt. Die letzten 5 km zur **Ryan's Den** führen über unzählige Hügel. Der Zeltplatz liegt idyllisch auf einem Landvorsprung, von dessen Ende sich ein herrlicher Ausblick bietet.

Tag 2: Ryan's Den – Devil's Kitchen

■ 14,4 km, 5–6 Std.

Das endlos scheinende Auf und Ab der letzten Kilometer des Vortags setzt sich heute fort. Über das Cape Volney geht es zum **Moonlight Head** und weiter durchs Landesinnere zum **Gables Lookout** – mit etwas Glück bekommt man zwischen Juni und September Wale zu Gesicht. Ein paar Kilometer weiter entscheiden die Gezeiten über die Route: Bei Ebbe kann man am **Wreck Beach** entlang bis zur **Devil's Kitchen** wandern. Vor der Küste liegen zwei Schiffswracks. Ansonsten verläuft die „High Tide Route" etwas weiter landeinwärts.

Tag 3: Devil's Kitchen – Twelve Apostles

■ 15 km, 4–6 Std.

An der Küste entlang und durch die **Wetlands** geht es nach **Princetown**. Die Old Coach Road führt weiter auf die Dünen. Immer wieder erhascht man Blicke auf die näher rückenden **Twelve Apostles** – dafür hat man die Aussichtspunkte hier oft für sich alleine.

Von der Great Ocean Walk Viewing Platform kann man der Straße zum Visitor Centre folgen oder über die **Gibson Steps** am Strand entlang spazieren.

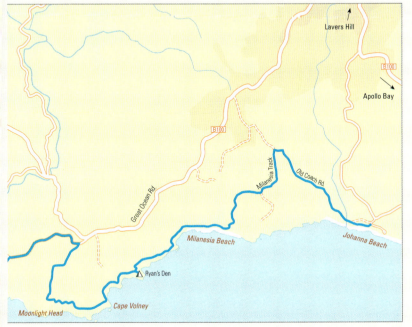

Lorne Pier Restaurant, in der Nähe der Anlegestelle, ✆ 5289 1119, ist auf Seafood spezialisiert. Schanklizenz.

Gute und günstige Pizzen gibt es bei **Pizza Pizza** in der Nr. 2b, ✆ 5289 1007.

The Bottle of Milk, Nr. 52, ✆ 5289 2005, serviert Burger, Pommes und warmes Frühstück.

INFORMATIONEN

Lorne Tourist Information Centre, 15 Mountjoy Parade, ✆ 1300 891 152. Zahlreiche Informationsbroschüren. Nützlich sind die Karten für Autofahrer. ⏲ tgl. 9–17 Uhr.

TRANSPORT

Siehe S. 497 (Great Ocean Road).

Apollo Bay

Ein gemütlicher Ferienort, in dem es nur in den Sommerferien etwas geschäftiger zugeht. Der Ort liegt in einer weiten, geschützten Bucht mit einem schönen Sandstrand – ideal zum Schwimmen und Windsurfen. Vor allem im Sommer sind Ausflüge durch die Wälder und zu den kühlen Wasserfällen der Umgebung ideal (wenn nicht gerade Buschfeuergefahr besteht). Die Winter sind in der Regel kühl und sehr feucht, und die wolkenverhangenen Täler und von Nebelschwaden umwallten Farnbäume und Eukalypten muten an wie ein verwunschenes, manchmal auch etwas unheimliches Zauberland.

Schöne Strecken sind z. B. das **Barham River Valley** nordwestlich des Ortes sowie die **Wild Dog Creek Rd**, die **Skenes Creek Rd** ab Skenes Creek und die **Sunnyside Rd** ab Wongarra, die zu Farmen und dem Weideland auf den Bergrücken hinter Apollo Bay führen. Von dort hat man eine herrliche Aussicht auf das Meer. Sehr schön sind die **Beauchamps Falls** und die **Hopetoun Falls** in der Nähe der Binns Rd. Nicht weit davon entfernt liegen die **Triplet Falls**. Schön ist die Aussicht vom **Marriner's Lookout**. Das Visitor Information Centre informiert über Routen.

Für Wanderer gibt es den 91 km langen **Great Ocean Walk** (S. 502/503), der auch in Teilstrecken (1–2 Std.) begehbar ist. Der Pfad führt von Apollo Bay zum Glenample Homestead (nahe der Twelve Apostles) durch Wälder und entlang einem herrlich wilden, kaum berührten Küstenabschnitt – die Great Ocean Road verläuft hier viel weiter landeinwärts. Man muss die Wanderung genau planen und zu einer bestimmten Zeit losgehen, da einige Abschnitte an der Küste bei Flut und schlechtem Wetter unpassierbar sind. Wanderer finden alle relevanten Informationen beim Visitor Centre oder unter 🖵 www.visit greatoceanroad.org.au/greatoceanwalk.

In den 1990er-Jahren hat sich in und um Apollo Bay eine kleine Musiker- und Künstlerkolonie etabliert, die dem Ort einen Hauch von Alternativkultur verleiht. Ende März geben sich beim **Apollo Bay Music Festival** Jazz-, Blues-, Folk- und Rockmusiker im Ort ein Stelldichein.

ÜBERNACHTUNG

In der Umgebung gibt es zahlreiche Unterkünfte, viele wunderschön auf den Hängen an der Küste und in den Tälern des Hinterlandes gelegen. Die Motels im Ort sind weniger attraktiv. Während der Sommerferien und an langen Wochenenden gelten überall stark erhöhte Preise.

Hostels

Apollo Bay Eco YHA, 5 Pascoe St, ✆ 5237 7899, ✉ apollobay@yha.com.au. Das nach umweltfreundlichen Kriterien erbaute Gebäude in Bestlage beherbergt ein wahres Luxushostel. Supermoderne Gemeinschaftsräume (große, gut ausgestattete Küche, Dachterrasse mit Meerblick und viele gemütliche Sitzgelegenheiten), 4-Bett-Dorms (Bett ab $35) und zahlreiche DZ. Gäste dürfen zum Kochen Gemüse aus dem hauseigenen Garten verwenden. ❸

Surfside Backpackers, 7 Gambier St, Ecke Great Ocean Rd, ✆ 5237 7263, 🖵 www.surfside backpacker.com. Das kleine Hostel in schöner Lage verfügt über 4–6-Bett-Dorms (Bett ab $30) und DZ, viele mit tollem Meerblick, einige mit Bad. Alle Betten sind mit Heizdecken ausgestattet. Es gibt ein behindertengerechtes Bad und Grillstellen. Ab ❷

VICTORIA

Andere

🧳 **A Room with a View B&B**, 280 Sunnyside Rd, bei Wongarra, 12 km östl. von Apollo Bay, ☎ 5237 0218, 🖥 www.roomwith aview.com.au. 2 gemütliche Gästezimmer mit Bad (Jacuzzi), Heizung und kleinem Balkon. Es bietet sich ein herrlicher Ausblick über die Hügel aufs Meer. Frühstück inkl. ❼–❽

Beachfront Motel, 163 Great Ocean Rd, ☎ 5237 6666, 🖥 www.beachfrontmotel.com.au. Etwas netter als die anderen Motels im Ort. Vermietet werden Units und kleine Studio-apartments. ❸

Caravanparks

BIG4 Apollo Bay Pisces Holiday Park, 311 Great Ocean Rd, 2 km nordöstl. vom Zentrum, ☎ 5237 6749, 🖥 www.piscespark.com.au. Sehr schön gelegene Anlage, direkt am Meer. Zelt- und Stellplätze ab $39 ($54 mit Strom, $64 mit Bad) sowie Cabins mit Heizung. Im Sommer 2 Nächte Minimum. Kiosk. ❺–❽

ESSEN

The Vista, 155 Great Ocean Rd, ☎ 5237 7188. Gutes Seafood zu gehobenen Preisen. 🕒 tgl. Abendessen.

Selbstversorger können bei der **Fishermen's CoOp** an der Bootsanlegestelle in der Break-water Rd frischen Fisch und Seafood erstehen; es gibt auch Fish & Chips. 🕒 Mo 9–16.30, Sa und So 9–13 Uhr.

AKTIVITÄTEN

Aktivitäten auf dem Wasser

Apollo Bay Fishing & Adventure Tours, ☎ 5237 7888, 🖥 www.apollobayfishing.com.au. Boots-fahrten zu einer Seelöwenkolonie, $40. Auch Fishing Cruises; $70 pro 2 Std. oder $120 pro 4 Std.

Apollo Bay Surf & Kayak, ☎ 0405 495 909, 🖥 apollobaysurfkayak.com.au. Surfunterricht $70 pro 2 Std. Geführte 2-stündige Kajaktouren zur Seelöwenkolonie $75. Unterricht im Steh-paddeln $70 p. P. für 90 Min.

Radfahren

Apollo Bay Surf & Kayak, Details s. o. Verleih von Mountainbikes und Helm sowie Infos über Routen. $25 für 2 Std. oder $50 pro Tag.

Rundflüge

Apollo Bay Aviation, ☎ 5237 7600, 🖥 https://apollobayaviation.com.au. Rundflüge in der Cessna (max. 5 Passagiere) oder im Helikopter über die Great Ocean Road, zu den Twelve Apostles ($470 pro 50 Min.) oder sogar bis Tasmanien.

INFORMATIONEN

Great Ocean Road Visitor Information Centre, 100 Great Ocean Rd, ☎ 1300 689 297, 🖥 www.visitapollobay.com. 🕒 tgl. 9–17 Uhr, im Sommer länger.

TRANSPORT

Siehe S. 497 (Great Ocean Road).

Great Otway National Park

Der Great Otway-Nationalpark umfasst das ge-samte Gebiet zwischen Anglesea bis zum Cape Otway im Südwesten der früher dicht bewalde-ten Otway Ranges. Die Great Ocean Road wen-det sich hinter Apollo Bay landeinwärts und führt durch das nördliche Ende des Parks.

Maits Rest (der kurze Abzweig dorthin, etwa 17 km westlich von Apollo Bay, ist ausgeschil-dert) ist ein unbedingt lohnenswerter Halte-punkt. Vom Parkplatz führt ein kurzer Spazier- und Bretterweg von etwa 800 m durch einen Überrest des Urwaldes, der einst die hiesigen Hänge bedeckte. Diese Region erhält durch-schnittlich 2000 mm Niederschlag im Jahr und ist damit eine der feuchtesten Gegenden Vic-torias. Hier gedeihen Bäume und Pflanzen des Regenwaldes der gemäßigten Zone – *Myrtle-beech-* und *Blackwood-*Bäume, viele Baumfarne und Moose. In Victoria gibt es nur noch zwei Reste solchen Regenwaldes, hier in den Otways und in Ost-Gippsland. Die Vegetation bei Maits Rest reicht von Baumfarnen und dichtem Unter-

© CORINNA MELVILLE

Die wunderschön im Buschland gelegene **Great Ocean Ecolodge**, Otway Lighthouse Road, ℡ 5237 9297, www.greatoceanecolodge.com, wird von Conservation Ecology Centre betrieben, einer Non-Profit-Einrichtung, die sich der Erforschung, Pflege und dem Schutz der heimischen Flora und Fauna verschrieben hat. Das Gelände umfasst mehr als 180 ha Buschland, auf dem Besucher die einheimischen Bewohner von Koalas und Kängurus bis hin zum bedrohten Riesenbeutelmarder *(Tiger Quoll)* entdecken können. Gäste werden außerdem dazu ermuntert, sich an aktuellen Umweltschutzprojekten zu beteiligen, z. B. durch das Pflanzen eines Eucalyptus Olida *(Manna Gum Tree)*. $395 inkl. Frühstück und Tour über das Gelände, mind. 2 Übernachtungen.

VICTORIA

gehölz bis hin zu hohen Eukalypten, am eindrucksvollsten ist eine gewaltige Südbuche *(Nothofagus cunninghamii)*, deren Alter auf rund 300 Jahre geschätzt wird.

Auf der Fahrt auf der 14 km langen Otway Lighthouse Road zum **Cape Otway** durch das Buschland bekommt man eigentlich immer Koalas zu Gesicht, man muss nur genau hinschauen. Das Gebiet um den Leuchtturm ist täglich 9–17 Uhr, im Januar bis 18 Uhr zugänglich (Zutritt $18,50), mehrmals täglich werden kurze Führungen über die Anlage und in den Turm geboten (11, 14 und 15 Uhr). Zudem steht eine kurze Präsentation zum traditionellen Bush Tucker (Nahrung und Medizin der Aborigines) auf dem Prgramm (12 und 15 Uhr). Diese Touren sind im Eintrittspreis enthalten. In den ehemaligen Unterkünften für die Leuchtturmwärter kann man übernachten.

Die Great Ocean Road wendet sich bei **Castle Cove** kurz wieder der Küste zu, von dort blickt man über grüne Weiden, auf denen Kühe grasen, auf den Ozean. Zwei Abzweigungen führen zum **Johanna Beach**, einem langen, von Felsklippen und steil abfallenden Hügeln eingerahmten Surfstrand – zum Schwimmen ist das Meer hier wegen gefährlicher Unterströmungen nicht geeignet. Blue Johanna ist eine teilweise unbefestigte Straße, Red Johanna ist asphaltiert.

Bevor man sich von Lavers Hill auf den Weg nach Westen zu den Twelve Apostles und der Schiffswrack-Küste macht, bietet sich noch ein Abstecher zum **Otway Fly Treetop Walk** an. Eine luftige Stahlkonstruktion spannt sich dort über ein Tal; sie ermöglicht es, in etwa 20–25 m Höhe zwischen den Baumwipfeln des kühl-gemäßigten Regenwalds spazieren zu gehen. Wer nach mehr Adrenalinkick sucht, bucht die 3 1/2-stündige Zipline Tour und schießt an Seilrutschen durch den Regenwald. Zum Visitor Centre gehören ein Café-Restaurant und ein Souvenirshop. 🖵 www.otwayfly.com.au, 🕓 tgl. 9–17 Uhr, Eintritt $25, Kind $15, Familie $70. Zipline Tour $120, Eintritt inkl. Bei Online-Buchung günstiger.

Zurück auf dem Weg in westlicher Richtung führt 3 km hinter Lavers Hill ein 1,5 km langer, streckenweise steiler Weg zum Parkplatz des **Melba Gully State Park**. Auf dem **Madsens Nature Track** – einem Rundweg von 40 Minuten – bekommt man hier einen Eindruck davon, wie der Wald in den Otways aussah, bevor die Abholzung begann. Die Hauptattraktion des Parks, die **Glühwürmchen**, sieht man nur nachts.

Weiter in Richtung Princetown zweigt eine ausgeschilderte, enge, kurvenreiche und unbefestigte Straße zur eindrucksvollen Küstenlandschaft von **Moonlight Head** ab, wo 130 m hohe

Felsklippen zur See hin abfallen. Vom ersten Parkplatz kann man auf einem steilen Treppenpfad (350 Stufen!) zum **Wreck Beach** hinuntergehen, wo die Anker der gestrandeten Schiffe Marie Gabrielle und Fiji in Felsen und Zement verankert sind. Der zweite Parkplatz befindet sich am Ende der Moonlight Head Rd. Von dort führt ein 500 m langer Pfad zum Aussichtspunkt **Gable Lookout**.

ÜBERNACHTUNG

Bimbi Park Cape Otway, Manna Gum Drive (abgehend von der Cape Otway Lighthouse Rd), 27 km westl. von Apollo Bay, ✆ 5237 9246, 🖳 www.bimbipark.com.au. Der einzige direkt im Nationalpark gelegene CP wird häufig von Koalas besucht. Sie schlummern in den Bäumen oder spazieren gelegentlich von Baum zu Baum. Viele schöne Spaziergänge starten von hier, eine Karte gibt es an der Rezeption. Kiosk. Ausritte durch das Buschland und am Strand entlang. Zelt- und Stellplätze je nach Saison $25–45 (mit Strom $30–50), Bunkrooms (Bett ab $20), sogenannten Camping Pods (Mini-Cabins) ❶ und Cabins sämtlicher Größen und Preisklassen. Ab ❹

Paddeln mit dem Platypus

Schnabeltiere zählen nicht nur zu den ältesten, sondern auch zu den sonderbarsten Tieren der Welt. Im Great Otway National Park bekommt man die eierlegenden Säugetiere mit etwas Glück im Morgengrauen oder in der Abenddämmerung zu Gesicht. **Otway Eco Tours**, ✆ 0419 670 985, 🖳 www.platypustours.net.au, hilft Besuchern, die Lebensweise der seltenen Tiere zu verstehen und deren Lebensraum zu schützen. Ein Teil der Einnahmen kommt der Erforschung und dem Schutz der bedrohten Tierart zugute. Die informativen Paddle with the Platypus-Touren ($85, Kind $50, Familie $300) starten tgl. bei Sonnenauf- bzw. -untergang und schließen eine kleine Mahlzeit ein. Des Weiteren werden 6-stündige geführte Wanderungen entlang des Great Ocean Walks geboten ($180).

Cape Otway Cottages, 615 Hordern Vale Rd, Hordern Vale, ✆ 0428 315 060, 🖳 http://capeotway.com. Hier gibt's gemütliche kleine Cottages aus Holz und Stein mitten im Busch. ❽

Zeltplätze verteilen sich über den gesamten Otway National Park. Unbedingt im Voraus frühzeitig buchen unter ✆ 131 963 oder 🖳 www.parks.vic.gov.au/stay. Hier findet man auch genaue Infos zur Ausstattung der Campingplätze. Campinggebühren je nach Park und Saison ca. $20 für bis zu 6 Pers. Besonders schön sind die Zeltplätze bei Blanket Bay und Johanna Beach. Kostenlos sind die Zeltplätze Beauchamp Falls, Dando's, Stevensons Falls und Meredith Park.

Port Campbell National Park

Zwischen Princetown und Peterborough verläuft die Great Ocean Road direkt am Rand der dramatischen Steilküste. Die hufeisenförmige Bucht von Port Campbell ist die einzige geschützte Stelle an der „Schiffswrack-Küste" zwischen Apollo Bay und Warrnambool, an deren Klippen so manches Schiff zerschellte.

Bei der kleinen Ortschaft Princetown an der Mündung des Gellibrand River erreicht die Great Ocean Road wieder die Küste. Gleich hinter der Ortschaft liegen die **Gibsons Steps**: Steile, in die Klippen gehauene und wegen der Feuchtigkeit meist glatte Treppen führen zu einem kleinen Strand. Von hier aus kann man bei Ebbe direkt bis zu zwei Felsen der Twelve Apostles hinlaufen. Von der Straße und den Aussichtspunkten bietet sich das immer wieder überwältigende Panorama der **Zwölf Apostel** – aus dem Meer emporragende, von der Brandung umtoste hohe Felsnadeln, die zu einem Wahrzeichen Australiens geworden sind.

Tatsächlich waren es nur neun „Apostel", und seit am 3. Juli 2005 einer dieser Felsen in sich zusammenstürzte, sind es nur noch acht. Langsam erobert sich das Meer die Küste zurück. Bei dem Twelve-Apostles-Parkplatz bietet das **Twelve Apostles Centre** Schutz vor Regen und eisigem Wind; es gibt dort auch Toiletten. Der Weg führt durch eine Unterführung unter der Great Ocean Road zu den Aussichtspunkten. In der Nähe des Centres starten Hubschrauber zu kurzen Rundflügen.

Nicht weit von der **Loch Ard Gorge** lief 1878 der Schoner Loch Ard, der englische Einwanderer nach Australien bringen sollte, bei der Mutton Bird Island auf Grund und kenterte. Von den 51 Menschen an Bord überlebten nur zwei, die das Glück hatten, von der See in diese lang gezogene Schlucht gespült zu werden. Fotografen sollten sich am besten am Vormittag auf den Weg zu den Twelve Apostles und Loch Ard Gorge machen. Ein Pfad führt hinunter zu dem kleinen Strand am Ende der Schlucht. Mit dem Auto erreicht man die in der Nähe gelegenen Formationen **Blowhole** und **Thundercave**.

Weitere Formationen sind der **Sentinel Rock** vor Port Campbell, die Felsklippen **The Lace Curtains** sowie **The Arch** jenseits des Ortes. Im Januar 1990 kamen zwei Leute auf der **London Bridge** mit dem Schrecken davon, als die Verbindung zwischen ihnen und dem Festland ohne Vorwarnung ins Meer donnerte. Sie wurden mit dem Hubschrauber in Sicherheit gebracht.

Vor Peterborough führt bei **The Grotto** ein Pfad zu einem kleinen Wasserloch, über das sich ein höhlenartiger Felsbogen wölbt. Bei Peterborough wird die Landschaft flacher. Die geschützte kleine **Wild Dog Cove** eignet sich gut zum Schwimmen. Die **Bay of Martyrs** und die **Bay of Islands** sind die letzten Küstenattraktionen vor Warrnambool, die Great Ocean Road verläuft dann durch leicht hügeliges Weideland weiter landeinwärts.

Port Campbell

Der Ort liegt an der hufeisenförmigen Campbell Bay, der einzigen geschützten Stelle der gesamten Küste. Durch seine Nähe zu den Twelve Apostles hat er sich von einem verschlafenen Fischerdorf und Sommerausflugsziel für Familien in ein Touristenzentrum verwandelt. Die Zahl der Unterkünfte nimmt ebenso rapide zu wie die der Cafés und Restaurants – alle in Design und Ausstattung mehr und mehr auf ein verwöhntes großstädtisches Publikum zugeschnitten.

Der **Port Campbell Discovery Walk** führt in 90 Min. auf Felsklippen zu einem Aussichtspunkt über die Bucht. Beim **Port Campbell Beach** kann man baden; im Sommer ist der Strand bewacht.

Der unablässige Einfluss von Wind und Wellen schuf so bizarre Formationen wie The Grotto.

ÜBERNACHTUNG

Im Ort selbst sind viele Unterkünfte recht teuer. Wer mit dem Auto unterwegs ist, kann auf die kleineren Orte in der Umgebung ausweichen.

€ **Port Campbell Hostel**, 18 Tregea St, ☎ 5598 6305, 🖳 www.portcampbell hostel.com.au. Sauberes, sicheres Hostel mit freundlichen Mitarbeitern. 4–10-Bett-Dorms (Bett ab $37) und DZ. ❻

Portside Motel, 62 Great Ocean Rd, ☎ 5598 6084, 🖳 www.portsidemotel.com.au. Eines der besten Motels im Ort; große saubere Zimmer mit Kühlschrank, Mikrowelle. ❺

Port Campbell Holiday Park (BIG4), Morris St, ☎ 1800-50 54 66, 🖳 www.big4.com.au. Zelt- und Stellplätze ab $31, Cabins mit Heizung. Ab ❸

ESSEN

Nico's Pizza and Pasta, 25 Lord St, ☎ 5598 6131. Viele „Gourmet"-Pizzas, z. T. mit ungewöhnlichem Belag. ⊙ tgl. Abendessen.

Das Bistro im **Port Campbell Hotel** hat gute Countermeals.

SONSTIGES

Informationen

Port Campbell Information Centre, 26 Morris St, ☎ 1300 137 255, 🖳 www.visit12apostles.com. au. ⊙ tgl. 9–17 Uhr.

Rundflüge

12 Apostles Helicopters, ☎ 5598 6161, 🖳 www.12apostleshelicopters.com.au. Entlang der Küste; 15 Min. $145, mind. 2 Pers.

Tauchen

Port Campbell Boat Charters, 32 Lord St, ☎ 5598 6366, 🖳 www.portcampbell boatcharters.com.au. Tauchfahrten zu einigen der Schiffswracks sowie Angeltrips.

TRANSPORT

Siehe S. 497 (Great Ocean Road).

Warrnambool

Die angenehme Landstadt bietet einige Attraktionen und viele Unterkünfte; das 30 km entfernte historische Fischerdorf Port Fairy hat jedoch mehr Flair und ist u. U. als Übernachtungsort vorzuziehen.

Südkaper *(southern right whales)* suchen zum Kalben im Winter wieder Buchten der australischen Südküste auf, an der sie im 19. Jh. von Walfängern fast ausgerottet wurden. Von der Aussichtsplattform am **Logans Beach** kann man die 15–18 m langen und 60–80 t schweren Tiere mit Glück zwischen Mai und Oktober beobachten.

In der Merri St in der Nähe des Leuchtturms befindet sich die Anlage **Flagstaff Hill**, ☎ 5559 4600, 🖳 www.flagstaffhill.com. Ihr Kern ist ein Freilichtmuseum – der gelungene Nachbau eines typischen australischen Hafenstädtchens aus der zweiten Hälfte des 19. Jhs., errichtet um das Fort von 1887, das (wie ähnliche Befestigungen an der Küste Südost-Australiens) eine befürchtete russische Invasion abwehren sollte. Die Besichtigungstour beginnt im Eingangsgebäude im Gravesend Theatre, wo eine Multimedia-Präsentation die Gefahren veranschaulicht, die Mitte des 19. Jhs. mit einer Schiffsreise von England nach Australien verbunden waren.

Nebenan informiert eine gut aufgebaute Ausstellung über Schiffsbau und Navigation im 19. und 20. Jh. Tagsüber spaziert man dann den Hügel hinunter durch das Freilichtmuseum. Die Hauptattraktion ist jedoch die eindrucksvolle Sound und Laser Show, die allabendlich nach Anbruch der Dämmerung die Geschichte der Shipwreck Coast erzählt. Zur Anlage gehören auch ein Café-Restaurant und das Warrnambool Visitor Information Centre. ⊙ tgl. 9–17 Uhr, Eintritt tagsüber $19 (2 Tage gültig); Show abends $31, Kombiticket $44; mind. zwei Tage im Voraus buchen. Genaue Anfangszeiten erfragen, da sie das Jahr über variieren.

Westlich von Warrnambool lohnt sich der kurze Schlenker von der Great Ocean Road zum Tierreservat **Tower Hill State Game Reserve**, das auf einer Halbinsel im Krater eines erloschenen Vulkans liegt. Im 19. Jh. rodeten die Pioniere Tower Hill und benutzten den Krater als

Viehweide. In den 1960er-Jahren wurden wieder Bäume gepflanzt, und viele der dort einst beheimateten Tiere kehrten in das Naturreservat zurück.

Das Reservat ist durchgehend geöffnet – am besten besucht man es frühmorgens oder in der Abenddämmerung, wenn die Kängurus und Wallabies scharenweise auf den Grasflächen herumtollen. An einigen Stellen des Reservats sitzen Koalas in den Astgabeln. Die Emus haben ihre Scheu verloren und rücken beim Picknickplatz den Besuchern auf die Pelle – trotzdem die Tiere auf keinen Fall füttern!

Der Vulkankrater ist auch ein Vogelparadies; von einem Versteck *(bird hide)* in der Nähe des Natural History Centre kann man zahlreiche verschiedenen Wasservögeln beobachten.

Auf einer **Worn Gundidj Guided Tour**, www.towerhill.org.au/index.php/experien ces, durch das Reservat erhält man Einblicke in die Kultur der Ureinwohner und deren Traditionen. Tgl. 11 und 13 Uhr, am Wochenende auch um 19.30 Uhr, $25,50, Kind $11,50.

ÜBERNACHTUNG

Eight Spence, 8 Spence St, ☎ 5562 7144, 🖥 https://eightspence.com.au.
Komfortable Hotelzimmer mit AC, Kühlschrank, Mikrowelle und Fön – ausgezeichnetes Preis-Leistungs-Verhältnis. Ab ❸
Warrnambool Beach Backpackers, 17 Stanley St, ☎ 5562 4874, 🖥 www.beachbackpackers. com.au. Sauberes und gemütliches Hostel mit 6- und 16-Bett-Dorms (Bett ab $32) sowie DZ und Familienzimmer. Bequeme Betten, besonders geräumige Zimmer und freundliche Atmosphäre. Zum Haus gehört auch eine Bar mit Billardtisch. Fahrrad-, Surf- und Boogie-Board-Verleih. ❷
Hopkins River Holiday Park (BIG4), 125 Jubilee Park Rd, knapp 10 km östl. des Zentrums am Fluss, ☎ 1300 718 030, 🖥 www.nrmaparksand resorts.com.au/warrnambool-riverside. Moderne Anlage mit beeindruckender Ausstattung: beheiztes Schwimmbad mit Whirlpool, Hüpfkissen, Spielplatz, Spielzimmer, Tennisplatz, Minigolf sowie ein Fitnessraum. In der Hauptsaison gibt es Programm für Kinder. Küche und

Bäder sehr sauber. Große Zelt- und Stellplätze (ab $37, mit Bad $48) sowie Cabins verschiedener Größe und Preisklasse. Ab ❹

ESSEN

In der Hauptstraße Liebig St findet man zahlreiche Cafés, Bars und Restaurants.
Brightbird Espresso, Nr. 157, ☎ 0481 219 403. Gutes Frühstück und Mittagessen, v. a. frische Sandwiches.
Weiter draußen am Südende der Pertobe St beim Pier gibt es ein Tea House und Bistro-Restaurant in einem renovierten viktorianischen Bootshaus: **Proudfoots Boathouse**, 2 Simpson St, an der Mündung des Hopkins River (Flaxman St und Otway Rd in Richtung Logans Beach entlangfahren, dann geradeaus zum Bootshaus).

AKTIVITÄTEN

Reiten
Rundell's Mahogany Trail Rides, ☎ 0408-58 95 46, 🖥 www.rundellshorseriding.com.au. Ausritte am Strand entlang von 1 Std. bis zu ganzem Tag; z. B. 90 Min. $75.

Surfen und Tauchen
Daktari Surf & Dive, 453 Raglan Parade, ☎ 0490 673 680, 🖥 www.daktarisport.com.au. Surfstunden am Main Beach. Außerdem Tauchkurse sowie Verleih von Schnorchelausrüstung.

INFORMATIONEN

Warrnambool Visitor Information Centre, 89 Merri St, im Flagstaff Hill Complex, ☎ 1800 637 725, 🖥 www.visitwarrnambool.com.au. ⏲ tgl. 9–17 Uhr.

TRANSPORT

V/Line: Zug von MELBOURNE via GEELONG, COLAC, CAMPERDOWN nach WARRNAMBOOL, mehrmals tgl.
Verbindung entlang der Great Ocean Road S. 497.

Port Fairy

Von hohen Norfolk-Tannen gesäumte, schattige Straßen führen ins Zentrum des rund 3000 Einwohner zählenden, gemütlichen Fischerdorfes, in dem Cottages, Hotels und andere Gebäude aus der Goldrauschzeit mit Bauten jüngeren Datums harmonieren. An den Bootsanlegestellen an der Mündung des **Moyne River** liegen alte Fischkutter vor Anker.

Die **Griffith Island** mit Leuchtturm, die durch einen Damm mit dem Festland verbunden ist, trennt den ruhigen, weiten Sandstrand **East Beach** vom **South Beach** am Southern Ocean. Die Insel ist, genau wie Phillip Island südwestlich von Melbourne, ein bevorzugter Nistplatz der **Muttonbirds** (*shearwater*, deutsch: Sturmtaucher) – mit etwa 40 000 Vögeln gilt Griffith Island als Victorias größte Sturmtaucherkolonie. Ende September kehren sie von ihrer weiten Reise aus Sibirien und Kanada zurück, um an der Südostküste Australiens ihre Jungen großzuziehen. Mitte April lassen die Eltern ihre Jungen dann allein und ziehen dem Sommer entgegen in die nördliche Hemisphäre. Der Hunger treibt die verlassenen Jungen schließlich aus dem Nest, und nach einigen Flugversuchen folgen sie 14 Tage später ihren Eltern auf der gleichen Route. 2019 kehrten deutlich weniger Vögel zur Griffith Island zurück als in vorherigen Jahren; die Ursache war zur Zeit der Recherche noch ungeklärt.

Bei ruhigem Wetter ist in den Sommerferien eine Bootsfahrt zur 10 km von der Küste entfernten **Lady Julia Percy Island** möglich, auf der eine Kolonie Seelöwen (*Australian fur seals*) lebt.

Port Fairy hat – gemessen an seiner Größe – eine Unmenge an Festivals zu bieten. In ganz Australien bekannt ist das **Port Fairy Folk Festival** am Labour-Day-Wochenende Mitte März, das 2016 sein 40-jähriges Bestehen feierte. Neben (hauptsächlich irischer) Folklore gibt es auf dem umzäunten Festivalgelände auch Blues, Country, Didgeridoo-Spieler und World Music zu hören, dazu werden Workshops angeboten. Bei Interesse gleich im November in Melbourne Karten reservieren – gewöhnlich sind sie innerhalb kurzer Zeit ausverkauft; ☐ www.portfairy folkfestival.com.

Auf Port Fairys Straßen spielen viele Gruppen zur gleichen Zeit umsonst, und in den Pubs finden eine Menge spontaner Jam Sessions statt. Weitere Festivals sind unter anderem das **Spring Music Festival** (klassische Musik, Ende Oktober) sowie das **Moneyana Festival**, ein vierwöchiges Spektakel im Sommer mit Straßenumzügen und buntem Unterhaltungsprogramm.

ÜBERNACHTUNG

Aufgrund seiner Dorfatmosphäre, der zahlreichen verschiedenartigen Unterkunftsmöglichkeiten und wegen der Lage auf halbem Wege zwischen Adelaide und Melbourne bietet sich Port Fairy für einen Zwischenhalt geradezu an. In den Sommer- und Osterferien, an langen Wochenenden und während des Folkfestivals ist es jedoch fast unmöglich, im Ort selbst eine Unterkunft zu finden – für diese Zeit sollte man so früh wie möglich reservieren oder aber auf andere Ortschaften ausweichen.

€ **Port Fairy YHA**, 8 Cox St, ☎ 5568 2468, ☐ www.portfairyhostel.com.au. Gemütliches und sauberes Hostel in einem renovierten historischen Gebäude. Dorms (Bett ab $27) sowie einige DZ und Familienzimmer, z. T. Bad, auf ein Haupt- und ein Nebengebäude verteilt. Alle Zimmer mit Heizung. Zum Entspannen eignet sich der Gemeinschaftsraum mit offenem Kamin oder bei gutem Wetter der schöne Innenhof zum Draußensitzen. ❶-❷
Central Motel Port Fairy, 56 Sackville St, ☎ 5568 1800. Motelunits in 2-stöckigem Gebäude, sehr zentrale Lage. ❺

Caravanparks

BIG4 Port Fairy, 115 Princes Highway, ☎ 5568 1145, ☐ www.big4portfairy.com.au. Prima Ausstattung, u. a. Minigolf, Hüpfkissen, beheiztes Schwimmbad, Go-Karts sowie Tennis- und Basketballplatz. Schattige Stellplätze ($46), gute Campküche sowie Cabins verschiedener Preisklassen. Ab ❹
Gardens by East Beach CP, 111 Griffith St, ☎ 5568 1060, ☐ www.portfairycaravanparks. com. In Strandnähe. Zur Ausstattung gehören Tennisplatz und Spielplatz. Zelt- und Stellplätze ($30/37) sowie einige Cabins. ❹

Das kleine Dorf hat eine große Auswahl an guten Cafés und Restaurants.

Alexo, 45 Sackville St, ✆ 5568 1756. Der Laden ist eigentlich immer voll. Es gibt hervorragende Pizza, aber auch Leckeres aus dem Wok. ⊕ Di–So Abendessen.

Coffin Sally, 33 Sackville St, ✆ 5568 2618. Beste Pizzen im Ort. Man kann auch im Freien sitzen. ⊕ tgl. ab 16.30 Uhr.

Lemon Grass, 55 Bank St, ✆ 5568 3388. Die besten Currys und Stir Frys der Stadt gibt's in diesem kleinen, gemütlichen Thailänder. Wein nicht vergessen (BYO)! ⊕ Mi–Mo Abendessen.

Rebecca's, 72 Sackville St, ✆ 5568 2533. Beliebtes Café. Leckere Kuchen und kleine Speisen. ⊕ tgl. 7–18 Uhr.

INFORMATIONEN

Port Fairy Visitor Information Centre, Bank St, ✆ 5568 2682, ⌨ www.port-fairy.com. ⊕ tgl. 9–17 Uhr.

TRANSPORT

War Bus, ✆ 136 196, ⌨ www.warbus.com.au. Tgl. Busservice von WARRNAMBOOL nach Port Fairy; am Wochenende nur 1–2x tgl. Von Warrnambool Anschluss nach MELBOURNE (S. 510).

Von Portland bis Nelson

Getreidesilos und Berge von hellbraunen Kiefernholzchips weisen auf die Bedeutung des Hafens von Portland für die 10 000 Einwohner zählende Stadt hin. **Portland** ist der einzige Tiefseehafen zwischen Adelaide und Melbourne. Die Stadt begann als Walfängersiedlung in den ersten Jahrzehnten des 19. Jhs. und bezeichnet sich daher stolz als erste permanente Siedlung Victorias. In der Bentinck St und der Cliff St nahe dem Hafen sind einige der historischen Cottages und öffentlichen Gebäude zu sehen.

Eine restaurierte historische **Kabel-Straßenbahn** (Portland Cable Tram), jetzt von Diesel angetrieben, transportiert Touristen am Wasser entlang; die Route führt vom Henty Park zum Powerhouse Vintage Car Museum (⊕ tgl. 10–16 Uhr, Eintritt $8), dann durch den Botanischen Garten und am Maritime Discovery Centre vorbei zu einem alten Wasserturm, der jetzt als Aussichtspunkt dient, und zurück (tgl. 10–15 Uhr, $18, Familie $45).

Ein Muss ist der Besuch des 12 km entfernten **Cape Nelson** mit seinem Leuchtturm, wo es ab und zu Führungen gibt. Man kann auch in dem Häuschen des Leuchtturmwärters übernachten. Vom 3 km langen **Seacliff Nature Walk** entlang der Felsklippen hat man eine herrliche Aussicht über die wilde Küstenlandschaft. Anschließend geht es nach Portland zurück und weiter zum 24 km entfernten **Cape Bridgewater**. Man kommt am **Shelly Beach** und **Bridgewater Beach** vorbei, der Letztere ist der beste Strand der Gegend und sicher zum Schwimmen.

Die Straße führt weiter zum Parkplatz, von dem aus man die **Blowholes** und bizarren Felsformationen des **Petrified Forest** erreicht. Der **Mount Richmond National Park**, ein Nationalpark rund um einen erloschenen Vulkan, 20 km nordwestlich von Portland, ist bekannt für seine Wildblumen im Frühling.

Am Ende der herrlichen Küstenlandschaft der Discovery Bay liegt 70 km westlich von Portland das verschlafene Fischerdorf **Nelson**. Von Portland führt der **South West Walk** durch den **Discovery Bay Coastal Park** und **Lower Glenelg National Park** bis nach Nelson und zurück entlang der Küste – insgesamt 250 km.

Von **Nelson** kann man mit einem Ausflugsschiff oder mit gemietetem Kanu auf dem teils von Kalksteinklippen gesäumten **Glenelg River** die Tropfsteinhöhlen der **Princess Margret Rose Cave** ansteuern. Die Tropfsteinhöhlen sind auch mit dem Auto erreichbar. Führungen tgl. um 10, 11, 12, 13.30, 14.30, 15.30 und 16.30 Uhr, im Winter stdl. von 11–15 Uhr. Eintritt $22, Kind $15. ⌨ www.princessmargaretrosecave.com.

ÜBERNACHTUNG

Cape Bridgewater Sea View Lodge, 1636 Bridgewater Rd, Cape Bridgewater, ✆ 5526 7276, ⌨ www.capebridgewaterseaviewlodge. com.au. B&B in Guesthouse mit 5 Zimmern,

alle mit Bad; auch eine Ferienwohnung für bis zu 6 Pers. Herrliche Lage. ❺
Cape Nelson Lightstation, ☎ 5523 5100, 🖥 www.capenelsonlighthouse.com.au. 4 Zimmer im Haus des ehemaligen Leuchtturmwärters. Außerdem gibt es eine separate Unit. ❼

🧳 **Lorelei B&B**, 53 Gawler St, Portland, ☎ 5523 4466, 🖥 www.lorelei.com.au. Gemütliche und sehr komfortable Gästezimmer mit Bad in gepflegtem Gästehaus. Viele Extras wie kostenlose Getränke (auch Bier und Wein) und kleine Snacks für Gäste. Zentrale Lage. ❺

Caravanpark

Narrawong Holiday Park (Top Tourist), ☎ 5529 5282, 🖥 www.narrawongcaravanpark.com.au. 16 km östl. von Portland auf einer Halbinsel zwischen Strand und Mündung des Surrey River gelegen; Zelt- und Stellplätze ($32/42) sowie Cabins von Standard bis Deluxe. Zur Anlage gehören eine überdachte Campküche, Spielzimmer (Billard, Computerspiele, TV), Tennisplätze, Spielplätze und Kiosk. ❷ – ❻

AKTIVITÄTEN UND TOUREN

Angeln und Bootfahren in Nelson

Zum Angeln benötigt man eine Lizenz, erhältlich beim **Nelson Kiosk**, ☎ 08 8738 4220, 🕐 tgl. 7–17 Uhr, bei der Tankstelle oder bei der Post.
Nelson Boat & Canoe Hire, Kellet St, ☎ 08 8738 4048, 🖥 www.nelsonboathire.com.au. Bootssowie Kanu- oder Kajakvermietung. 🕐 tgl. 9–18 Uhr, im Winter geschl.

Bootstouren

Seals by Sea Tours, ☎ 0427 267 247, 🖥 www.sealsbyseatours.com.au. Ab Cape Bridgewater bei Portland zu einer Kolonie von etwa 800 Seelöwen (*Australian* und *New Zealand fur seals*) in der Nähe der Jetty. 45 Min., $40, Kind $25. Man kann auch mit den Tieren schnorcheln, allerdings nur im sicheren Käfig, $80, Kind $50.

SONSTIGES

Informationen

Nelson Parks Victoria Information Centre, Leake St, ☎ 08 8738 4051. Unter anderem

Informationen über den Discovery Bay Coastal Park und den Lower Glenelg National Park, inkl. Camping-Permits für Buschcamping im Nationalpark. 🕐 tgl. 9–17 Uhr.
Portland Visitor Information Centre, Lee Breakwater Rd, Portland, ☎ 1800 035 567. Auskunft und Buchung von Unterkünften. 🕐 tgl. 9–17 Uhr.

Vorwahl

Für **Nelson** gilt die Vorwahl von South und Western Australia: 08.

TRANSPORT

Es gibt keine öffentlichen Verkehrsmittel nach Nelson.

Ost-Victoria

Gippsland umfasst das Hochland und die Berge der Great Dividing Range im Norden und die Küste an der Bass Strait im Süden. Zwischen den waldbedeckten Bergen des Baw-Baw-Plateaus im Norden und den Strzelecki Ranges bildet das Latrobe-Tal einen schmalen industrialisierten Korridor, in dem die größten Braunkohlevorkommen Australiens abgetragen und in sehr großen Kraftwerken verfeuert werden.

Die Strzelecki Ranges trennen das Latrobe-Tal von **Süd-Gippsland** – grünes, hügeliges Weideland mit einigen Überresten des dichten Regenwaldes, der einst ganz Süd-Gippsland bedeckte. Der Landvorsprung Wilsons Promontory ist der südlichste Punkt des australischen Festlandes; **Wilsons Promontory National Park** ist Victorias beliebtester Nationalpark. Wegen seiner herrlichen Küstenlandschaft ist er ein Muss auch für Besucher aus Übersee.

Ein weiteres populäres Feriengebiet ist das ausgedehnte Seensystem der **Gippsland Lakes** zwischen Sale und Lakes Entrance. Die direkteste Verbindung zu den Seen und weiter nach Ost-Gippsland ist der Princes Highway.

Ost-Gippsland zwischen Lakes Entrance und der Grenze zu New South Wales ist ein

Ost-Victoria

100 km

N 0

New South Wales

Bega
Boydtown
Merimbula
Eden
Bombala
Mallacoota

CROAJINGOLONG
NATIONAL PARK

Cooma
COOPRACAMBRA
NP
Jindabyne
ALFRED
NP
Genoa
Adaminaby
Cann
River
Mt. Kosciuszko △ 2228
Thredbo
Delegate
River
Bonang
ERRINUNDRA
NP
LIND NP
Cape
Conran
Corryong
SNOWY
RIVER NP
Bemm
River
Gelantipy
Cape
Conran
Buchan
Marlo
Dartmouth
Reservoir
Buchan
Caves
Orbost
Omeo
Mitta
Mitta
Rd.
Lakes
Entrance
Tallangatta
Falls Creek
Mt. Beauty
Bogong
High Plains
Lake Hume
Metung
Paynesville
Loch Sport
Albury
Bright
Alpine
Bruthen
Beechworth
Mt. Hotham
Dinner Plain
Wodonga
Myrtleford
MITCHELL
RIVER NP
Bairnsdale
THE LAKES
NP
Mitchell River
Lake
Wellington
Maffra
Sale
Seaspray
Wangaratta
Great
MOUNT
BUFFALO NP △
1723
ALPINE
NATIONAL PARK
Heyfield
King Valley
△ Mt. Buller
1805
Traralgon
Port Albert
Benalla
Mansfield
Jamieson
Macalister River
Licola
BAW BAW NP
Mt. Baw Baw
1566
Walhalla
TARRA-
BULGA
NP
Port Welshpool
Euroa
Lake
Eildon
Latrobe River
Yarram
WILSONS PROMONTORY NATIONAL PARK
Great
FRASER
NP
Eildon
Marysville
△ Mountain
YARRA
RANGES NP
Warburton
Erica
Moe
Morwell
Strzelecki Ranges
Toora
s. Detailplan
Wilsons Promontory NP
S. 516
Shepparton
Alexandra
Taggerty
Noojee
Warragul
Korumburra
Foster
Port Welshpool
Yea
Toolangi
Healesville
DANDENONG
RANGES NP
Gembrook
South Gippsland Hwy
Leongatha
Inverloch
Yanakie
Tidal River
Seymour
KING
LAKE NP
Yarra Glen
Emerald
Princes Hwy
Wonthaggi
Corner Inlet
Kilmore
Dandenong
Frankston
Cranbourne
FRENCH
ISLD
Cowes
PHILLIP
ISLAND
Heathcote
Mornington
Portsea
Mornington
Peninsula
Cape
Schanck

Melbourne

abgelegener, von dichten Wäldern bedeckter Landstrich. Die einzigen Badeorte dort sind die Weiler Cape Conran, Bemm River und das Fischer- und Feriendorf Mallacoota, versteckt an einem Meeresarm im Croajingolong National Park gelegen.

Weitere Informationen: 💻 www.visitvictoria.com/Regions/Gippsland.

Süd-Gippsland

Wilsons Promontory National Park

Der Landvorsprung „The Prom", wie er hierzulande abgekürzt wird, ist der Überrest einer ehemaligen Landbrücke, die Australien mit Tasmanien verband und die überflutet wurde, als gegen Ende der letzten Eiszeit vor etwa 10 000 Jahren der Meeresspiegel anstieg. Ein großer Teil der „Prom" wird von Bergen mit Eukalyptuswäldern und Granitfelsen eingenommen, dazwischen erstrecken sich feuchte Baumfarn-Schluchten, herrliche, weite Buchten und Sandstrände, im Nordwesten zur Landbrücke mit dem Festland hin flaches Heide- und Sumpfland. Über 80 km Wanderwege führen kreuz und quer durch den Nationalpark.

Vom Hauptort **Tidal River** und von Parkplätzen entlang der Hauptstraße kann man kurze Wanderungen von ein bis vier Stunden zu verschiedenen Aussichtspunkten und zu den benachbarten Buchten unternehmen. Von hier aus starten auch die beliebten mehrtägigen Wanderungen der südlichen Prom. Begegnungen mit der einheimischen Fauna – Koalas, Wallabies, Emus, Wombats, vielleicht auch Schlangen, sind hier geradezu unausweichlich.

Vom 558 m hohen **Mount Oberon** in der Nähe von Tidal River bietet sich ein fantastischer Ausblick auf die Küste. Fluten und Buschbrände sorgen immer wieder für große Schäden, zuletzt im März 2019. 2009 zerstörten Buschbrände etwa die Hälfte des Parks. Informationen über die Regeneration der Region sowie über aktuelle Bedingungen bekommt man beim Visitors Centre (S. 517).

Zu abgelegenen Orten wie **Sealers Cove** und zum **Leuchtturm**, wo man auch übernachten kann, gelangt man nur auf Schusters Rappen. Für diese mindestens zweitägigen Wanderungen muss man sich voranmelden, da immer nur eine bestimmte Anzahl von Wanderern auf die Pfade (und die Buschzeltplätze) gelassen wird; für lange Wochenenden (Australia Day, Labour Day, Anzac Day, Melbourne Cup) und die Sommer- und Osterferien mehrere Monate im Voraus buchen.

Das Information Centre in Tidal River informiert mit Schaukästen und Flugblättern umfassend und anschaulich über den Nationalpark. Dort kann man auch Wanderungen und Übernachtungen für alle Bush Camps und die Übernachtungsmöglichkeiten in Tidal River buchen (Details S. 517).

Die Unterkünfte in der Nähe sind für Weihnachten, Januar und Ostern schon auf ein Jahr im Voraus (!) ausgebucht. Der General Store (🕐 tgl. 9–19 Uhr, im Januar länger, im Winter bis ca. 17.30 Uhr) verkauft (teure) Lebensmittel und Essen zum Mitnehmen; Restaurants gibt es keine. Am besten deckt man sich vor der Anreise

Den Snowy River im Sattel entdecken

Einmalige Naturerlebnisse gibt es bei **Snowy Range Horseback Tours**. Der Anbieter führt mehrtägige Ausritte im High Country über abgelegenes Terrain mit spektakulärer Landschaft durch. Übernachtet wird in einer Cattlemen's Hut, die der Familie des Veranstalters gehört, oder in Zelten. Die Reittouren eignen sich für Anfänger und Fortgeschrittene. Ein Wochenende auf dem Pferderücken kostet $520, 4 Tage $1120, alles inklusive. Licola liegt weitab von allem mitten in den Bergen.
Der Veranstalter bietet einen Abholservice von den Bahnhöfen entlang der Route Melbourne–Bainsdale (u. a. Warragul, Moe, Morwell, Traralgon) – unbedingt reservieren! Snowy Range Horseback Tours, Licola, 📞 5148 2118, 0428 321 905, 💻 www.snowyrivertours.com.

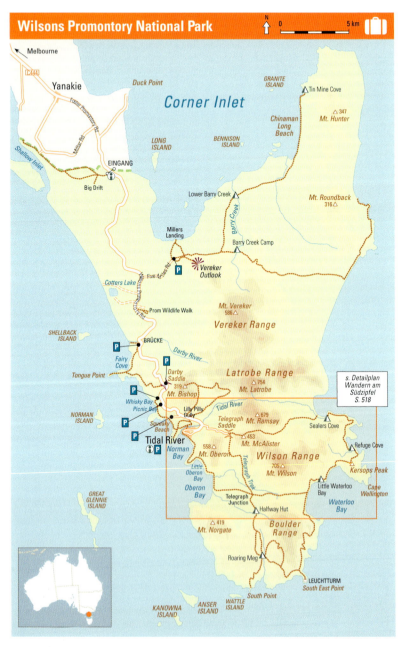

→ Melbourne

C444

Yanakie

Foster Promontory Rd.

Miller Rd.

Duck Point

Shallow Inlet

Corner Inlet

GRANITE
ISLAND

△ Tin Mine Cove

Chinaman
Long
Beach

△ 347
Mt. Hunter

LONG
ISLAND

BENNISON
ISLAND

EINGANG

Big Drift

Lower Barry Creek

Mt. Roundback
316 △

Barry Creek

Millers
Landing

Barry Creek Camp

P

✳ Vereker
Outlook

Five Mile Rd.

Cotters Lake

Prom Wildlife Walk

Prom. Promontory Rd.

Mt. Vereker
586 △

Vereker Range

SHELLBACK
ISLAND

P BRÜCKE

Darby River

Fairy
Cove

Tongue Point

Darby
Saddle
319 △

Latrobe Range

△ 754
Mt. Latrobe

s. Detailplan
Wandern am
Südzipfel
S. 518

P

Whisky Bay
Picnic Bay

Mt. Bishop

Lilly Pilly
Gully

Tidal River

NORMAN
ISLAND

Squeaky
Beach

P

P

Tidal River

P

Norman
Bay

Little
Oberon
Bay

Oberon
Bay

GREAT
GLENNIE
ISLAND

△ 679
Mt. Ramsay

Telegraph
Saddle

△ 453

Mt. McAlister

558 △
Mt. Oberon

Sealers Cove

△ Refuge Cove

Wilson Range

Kersops Peak

705 △
Mt. Wilson

Little Waterloo
Bay

Cape
Wellington

Telegraph
Junction

△ Halfway Hut

△ 419
Mt. Norgate

Waterloo
Bay

Telegraph Trck

Boulder
Range

Roaring Meg

LEUCHTTURM
South East Point

South Point

KANOWNA
ISLAND

ANSER
ISLAND

WATTLE
ISLAND

VICTORIA

mit Lebensmitteln ein. Die Menschenmassen verteilen sich zwar ein wenig, sobald man Tidal River verlässt, trotzdem gilt: Außerhalb der Hochsaison hat man mehr von der Prom.

ÜBERNACHTUNG

Unterkunftsverzeichnis unter 🖥 www.visit promcountry.com.au.

Foster

Litchfield Lodge B&B, 12 Hoddle Rd, 📞 5682 1760. 3 gemütliche Gästezimmer mit Bad. Die Gäste teilen sich einen Wohn- und Ess-bereich. ❹

Prom Country Lodge, 3800 Gippsland Highway, 📞 5682 2022, 🖥 https://promcountrylodge.com. au. Saubere, geräumige Motelzimmer mit Bad. Restaurant und Außenpool. ❹

Prom Central Foster CP, 38 Nelson St, 📞 5682 2440, 🖥 www.promcentralcaravanpark.com.au. Zelt- und Stellplätze ($35 oder $40 mit Strom) sowie Cabins mit Bad. ❷–❸

Yanakie

Top of the Prom Cottage, 📞 5687 1232, 🖥 https://topoftheprom.com.au, Wilsons Promontory Rd, nur 500 m vom Park. Cottage mit 2 Schlafzimmern und Küche auf Rinderfarm. Nicht gerade modern, aber gemütlich. ❺

Shallow Inlet CP, 350 Lester Rd, 📞 5687 1385. Zelt- und Stellplätze ($35/42) sowie einfache Cabins. Guter, kindersicherer Strand. Spielplatz. ❷–❸

Im Nationalpark

Für alle Unterkünfte Buchungen unter 📞 5680 9555 oder 1800-35 05 52, 🖥 http://parkweb.vic. gov.au/explore/parks/wilsons-promontory-national-park.

Tidal River Accommodation, 484 Zeltplätze ab $32 (davon nur 20 mit Strom), gemütliche und komplett ausgestattete Cabins mit 1–2 Schlaf-zimmern (max. 6 Pers.) ❼, einfache Hütten mit 4–6 Stockbetten ❸ sowie 4 sehr gemütliche „Willderness Retreats" (permanente Luxuszelte in Buschlandumgebung) ❽, alle mit Heizung. Zwischen Weihnachten und Ende Januar übersteigt die Nachfrage das Angebot derart,

dass per Losverfahren entschieden wird, wer einen Zeltplatz oder eine Unterkunft erhält. Die Anmeldung für das Losverfahren beginnt bereits im Juni.

Lighthouse Cottage, 19 km von Tidal River, nur zu Fuß erreichbar. Cottages mit je 8 oder 20 Betten ($150 pro Bett). Bettzeug mitbringen oder leihen!

INFORMATIONEN

Tidal River Park Office, 📞 5680 9555, 🖥 www. parkweb.vic.gov.au. Informative Ausstellung über die Geologie, Flora und Fauna des Nationalparks. Kostenlose Karten, Verkauf von Informationsblättern und -heften – nützlich für Wanderer ist z. B. *Discovering the Prom on Foot*. Buchung von Unterkunft und Ausstellung von Hiking Permits für die mehrtägigen Wande-rungen – telefonische Buchung per Kreditkarte möglich. 🕐 tgl. 8–16.30 Uhr.
Von September bis Ende April darf man nur eine Nacht auf einem der Buschzeltplätze verbrin-gen; 2 Nächte auf dem Roaring Meg Campsite. Man darf nur Campingkocher mit Gaskartu-schen verwenden; offene Feuer sind verboten.

TRANSPORT

Keine öffentlichen Verkehrsmittel in den Wilsons Promontory NP. Wer keinen fahrbaren Untersatz hat, ist auf eine Tour angewiesen. Verbindungen nach FOSTER siehe Tarra-Bulga National Park.

Tarra-Bulga National Park und Umgebung

Die schönste Route durch Süd-Gippsland, die **Grand Ridge Road**, verläuft südlich von Warragul und Traralgon auf dem Kamm der Strzelecki-Ranges. Die schmale, kurvenreiche, teilweise nicht asphaltierte Straße mit herr-lichen Ausblicken auf die umliegenden Täler geht vom Midland Highway ab, der Princes und South Gippsland Highway miteinander ver-bindet.

VICTORIA

Wandern am rauen Südzipfel

- **Start:** Telegraph Saddle
- **Ziel:** Tidal River
- **Länge:** 40,4 km
- **Dauer:** 2 Tage
- **Schwierigkeitsgrad:** mittelschwer
- **Anreise und Planung:** Im Sommer und an langen Wochenenden fährt ein Shuttlebus von Tidal River zum Telegraph Saddle. Zu anderen Zeiten muss man zu Fuß gehen (ca. 1 Std.). Zeltplätze müssen unbedingt im Voraus gebucht und bezahlt werden, entweder bei Parks Victoria, 🖥 www.parkstay.vic.gov.au, oder beim Visitor Centre in Tidal River, 📞 5680 9555.

Die Wanderung deckt die Highlights der Ost- und Westküste im Süden des beliebten **Wilsons Promontory National Park** ab. Zelt, Schlafsack und Isomatte sowie Gaskocher, Essen und am besten auch Wasser sind für die gesamte Strecke mitzu-

führen. Teilweise gibt es Wasser an den Zeltplätzen, das aber unbedingt abgekocht werden muss. Vor allem für die Wochenenden sollten die Zeltplätze so früh wie möglich im Voraus gebucht werden. Im Februar 2009 wurde fast der gesamte Nationalpark von Buschbränden in Schutt und Asche gelegt; 2011 kam es zur Überflutung riesiger Gebiete, die ebenfalls viel Zerstörung anrichteten. Kleinere Naturkatastrophen richten immer wieder Schäden an; man sollte sich also um Voraus erkundigen, ob Pfade oder Zeltplätze eventuell gesperrt sind. Ein Total Fire Ban schließt auch die Benutzung von Gaskochern aus.

Tag 1: Telegraph Saddle – Refuge Cove

- 16,6 km, 4–5 Std.

Vom Parkplatz am Telegraph Saddle ist der Weg nach Sealers Cove ausgeschildert. Durch Eukalyptuswald geht es aufwärts bis zum **Windy**

VICTORIA

Saddle zwischen dem Mt Ramsay und Mt Wilson. Von hier aus fällt der Weg ab bis nach **Sealers Cove**. Die letzten 1,8 km führen durch ein Sumpfgebiet – den größten Teil davon geht man auf einem Bretterweg *(boardwalk)*. Am Strand von Sealers Cove muss der Sealers Creek überquert werden; am besten man informiert sich im Vorfeld über die Gezeiten. Hinter dem Zeltplatz beginnt der etwa 45-minütige Aufstieg zum **Horn Point**, der oben mit einer tollen Aussicht auf den Five Mile Beach im Norden und der Seal Island im Osten belohnt wird. Hier verlässt der Pfad die Küste und steigt langsam zum **Refuge Beach** hinab. Der Zeltplatz für Wanderer (ca. $7 p. P.) hat ein Plumpsklo und fließend Wasser.

Tag 2: Refuge Cove – Tidal River
■ 23,8 km, 6–7 Std.

Gleich zu Beginn dieses Tages geht es steil aufwärts auf eine offene Granitplatte, von der aus sich sensationelle Aussichten über den Park bieten und anschließend durch ein kleines Waldgebiet. Ein kurzer, lohnenswerter Abstecher (0,6 km hin und zurück) führt zum **Kersops Peak**, ein weiterer spektakulärer Aussichtspunkt. Von hier blickt man an klaren Tagen bis zum Lighthouse. Zurück auf der Hauptroute, fällt der Weg langsam zum **Waterloo Beach** ab. Das Wasser sieht einladend aus, ist aber meist eisig kalt. Vom Strand aus führt ein ausgeschilderter Pfad hinter dem Freshwater Creek ins Landesinnere und über Sanddünen und Sümpfe zur **Telegraph Track Junction**. Hier hat man die Wahl: Man kann in etwa zwei Stunden Telegraph Saddle erreichen oder dem recht flachen Weg bis zum **Oberon Bay** (ca. 1 Std. von der Kreuzung) folgen. Am Wasser geht es rechts (nördlich) am Strand entlang zur **Little Oberon Bay**. Ein letzter kurzer Aufstieg führt zum **Norman Point**, nur wenig dahinter fällt der Pfad allmählich ab bis zum **Norman Beach**, der zurück nach Tidal River führt (2–3 Std. von Oberon Bay).

Zumindest der Abstecher von **Carrajung** (südlich von Traralgon) entlang der Grand Ridge Road zum **Tarra-Bulga National Park** lohnt sich. Im Nationalpark steht ein kleiner Überrest der einst üppigen kühl-gemäßigten Regenwälder von Süd-Gippsland unter Naturschutz.

Das Besucherzentrum des Nationalparks befindet sich in **Balook** an der Grand Ridge Road, ☎ 5196 6166, ⏱ nur Wochenende, Sommer- und Osterferien. Zeiten variieren, meist 10–16 Uhr. Ein kurzer Pfad vom Visitor Centre zu einem Aussichtspunkt ist auch Rollstuhlfahrern zugänglich.

Das 150 Jahre alte Fischerdorf **Port Albert** 14 km südlich von Yarram war im 19. Jh. das Tor zum unwegsamen Gippsland. Heute machen hier v. a. Hobbyfischer Urlaub und tuckern zwischen den vielen vorgelagerten Inseln umher.

ÜBERNACHTUNG

Tarra-Bulga Guesthouse, Grand Ridge Rd, Balook, 20 km nördl. von Yarram, ☎ 5196 6141, 🖥 www.tarra-bulga.com. B&B, 11 Gästezimmer mit Heizung, Bad auf dem Flur. Schöne Lage nahe dem Nationalpark. ❸

TRANSPORT

V/Line: mehrmals tgl. mit dem Zug ab MELBOURNE bis DANDENONG Station. Von hier Busverbindung nach KOO-WEE-RUB. Dann umsteigen in Bus nach YARRAM über FISH CREEK und FOSTER. Fahrzeit etwa 4 1/2 Std.

Zentral- und Ost-Gippsland

Östlich von Port Albert beschreibt die Küste einen sanften Bogen nach Norden. Hier beginnt **Ninety Mile Beach**, eine schmale Nehrung, die das ausgedehnteste Wasserstraßensystem Australiens vom Meer trennt. Dahinter liegen **Lake Reeve**, **Coleman**, **Wellington**, **Victoria** und **King**, die durch Kanäle und Flüsse miteinander

verbunden sind und zusammen eine Wasserfläche von rund 400 km² bilden: Lake's District. Kleine, verschlafene Ortschaften wie Loch Sport und Paynesville bieten urlaubsbedürftigen Großstädtern im Sommer Zuflucht; außerhalb der Sommerferien herrscht eine paradiesische Stille.

Die einzige Öffnung zum Meer ist der künstlich ausgebaggerte Zugang bei **Lakes Entrance**. Westlich davon liegt **Lake Tyers**, eigentlich ein Meeresarm, der weit ins Binnenland reicht. Am Lake Tyers befindet sich eine Koorie-Siedlung. Die Küste rückt in Zentral- und Ost-Gippsland dicht an die Berge der Great Dividing Range. Die dort entspringenden Flüsse wie der **Avon**, **Mitchell** und **Tambo River** speisen das Seensystem.

Im Sommer 2019/20 fegten gewaltige Feuer durch die Region: Drei Monate lang loderten die Flammen zwischen Sale, Omeo und Mallacoota. Eine Fläche von 320 000 ha wurde von der Feuerwalze erfasst, ein Mann verlor sein Leben, Tausende von Einwohnern und Besuchern mussten evakuiert und in Sicherheit gebracht werden. Der Ferienort Mallacoota war um die Jahreswende, als die Genoa-Mallacoota Road zum Princes Highway unpassierbar wurde, gänzlich von der Außenwelt abgeschnitten.

Sale und Umgebung

Abgesehen von ein paar hübschen historischen Gebäuden gibt es in Sale wenig, das einen Zwischenstopp lohnt. Sale war einst das Verwaltungszentrum der Firma Esso-BHP. Öl und Gas werden von den Bohrinseln zu einer Verarbeitungsanlage bei Longford, ca. 12 km südlich von Sale, gepumpt und dann über eine 190 km lange Pipeline nach Westernport und Melbourne weitergeleitet.

Von der Bootsrampe bei **Marlay Point** am Lake Wellington sind es 113 km auf dem Wasserweg bis nach Lakes Entrance. Die Straßen von Sale zu den Ferienorten **Seaspray**, **Golden Beach**, **Letts Beach** und **Loch Sport** sind die einzigen Landzugänge für den **Lakes National Park**. Der **Ninety Mile Beach** wird bei Seaspray von November bis April bewacht.

Cambrai Backpackers, 117 Johnston St, Maffra, ☎ 0403 476 449, 🖥 www.cambraihostel.com. au. Das freundliche Hostel ist speziell auf internationale Backpacker ausgerichtet, die Arbeit auf den umliegenden Farmen suchen. Dorms (Bett $160 pro Woche) und DZ ($190 p. P./Woche); offener Kamin im Wohnzimmer. Die Besitzer helfen bei der Jobsuche.

Seaspray CP, 1 Futcher Rd, Seaspray, ☎ 5146 4364, 🖥 seaspraycaravanpark.com.au. Direkt am Strand. Zelt- und Stellplätze ($35, bei mehreren Übernachtungen günstiger). Außerdem moderne Cabins. ❻

90 Mile Beach Holiday Retreat, Track 10, Seacombe Rd, ☎ 5146 0320, 🖥 www.90mile beachholidayretreat.com. Schattige Zeltplätze $36. Ein Cottage (max. 6 Pers.) sowie Cabins, komplett ausgestattet. Kiosk. ❸–❼

Central Gippsland Visitor Centre, 70 Foster St, ☎ 5142 3576, 🖥 www.centralgippsland.com.au. ⏱ tgl. 9–17 Uhr.

V/Line: Züge 2–3x tgl. von MELBOURNE über SALE nach BAIRNSDALE (Fahrzeit 4 Std.) In Bairnsdale Anschluss an Busse nach LAKES ENTRANCE.
Außerdem Coach-Service ab Bairnsdale:
Capital Link: Mo, Do und Sa (in umgekehrter Richtung Di, Fr und So) nach CANBERRA über ORBOST, CANN RIVER und COOMA.
Sapphire Coast Link: tgl. über Orbost, Cann River und GENOA (von hier Anschluss nach MALLACOOTA) nach NSW (EDEN, MERIMBULA, BERMAGUI, NAROOMA; Mo, Do und So bis BATEMANS BAY).

Bairnsdale und Umgebung

Die angenehme kleine Landstadt von 15 000 Einwohnern ist ein idealer Ausgangspunkt für Ausflüge an die Seen und in die Berge. Da der Ort nicht direkt am Wasser liegt, ist er weniger touristisch als Lakes Entrance oder Paynesville.

Im Ort selbst haben im **Krowathunkooloong Keeping Place**, 37-53 Dalmahoy St (parallel zum Princes Highway), die Nachfahren der Gunai (manchmal auch Kurnai geschrieben) ein Kulturzentrum errichtet, das ihre Geschichte und frühere Lebensweise dokumentiert; immer wieder finden authentische Tänze und andere Events statt. ⏱ Mo–Fr 9–17 Uhr, Eintritt $6.

Das Zentrum liegt auf dem **Bataluk Cultural Trail**, 🖥 www.batalukculturaltrail.com.au, der sich von Sale bis Cape Conran erstreckt und bedeutende Stätten der Ureinwohner miteinander verbindet. Dazu gehört eine Höhle im **Mitchell River National Park**, 45 km nordöstlich von Bairnsdale, die **Den of Nargun**, in der nach der Überlieferung der Gunai das menschenfressende Monster Nargun lebte, sowie die Buchan Caves (S. 523), in denen Spuren menschlichen Lebens von vor 18 000 Jahren gefunden wurden. Für die Straßen im Mitchell River NP ist ein 4WD von Vorteil.

Das 18 km von Bairnsdale entfernte **Paynesville** ist der wichtigste Bootshafen der Gippsland Lakes. Eine Fähre setzt zur **Raymond Island** über, Fußgänger fahren kostenlos mit. Von der Anlegestelle auf der Insel startet der 1,2 km lange Koala Walk, auf dem man tatsächlich bestimmt eins der schläfrigen Geschöpfe in den Astgabeln erspäht. Die etwa 6 km lange und 2 km breite Insel ist außerdem ein Vogelparadies. Bei der Fähranlegestelle kann man im Sommer auch Fahrrad-Trolleys für bis zu vier Personen mieten. Moskitos fühlen sich hier genauso wohl – unbedingt Insektenschutz mitbringen!

In Richtung Lakes Entrance führt bei Swan Reach eine Abzweigung vom Princes Highway nach **Metung**, einem idyllisch gelegenen Ferienort mit einem weiteren Bootshafen.

Zur Zeit der *Wattle*-Blüte (Akazien) im Frühjahr ist eine Fahrt ab Bruthen (24 km östlich von Bairnsdale) auf der Great Alpine Road (Omeo Highway) durch das Tal des **Tambo River** in Richtung **Omeo**, eine 120 km nördlich gelegene ehemalige Goldgräbersiedlung im Hochland, besonders schön.

VICTORIA

ÜBERNACHTUNG

Einen guten Überblick findet man auf 🖳 www.gippslandlakesescapes.com.au.

Bairnsdale

 Bairnsdale Motel, 42 Great Alpine Rd, ✆ 5152 1933, 🖳 www.bairnsdalemotel.com.au. Modernes, sauberes und sehr freundliches Motel mit Zimmern und luxuriösen Apartments. ❺–❽

Bairnsdale Holiday Park (BIG4), 139 Princes Highway, ✆ 5152 4066, 🖳 www.nrmaparksandresorts.com.au. Stellplätze ohne und mit Strom ($30/38) sowie Cabins mit 1–2 Schlafzimmern, nur teilweise mit AC, Heizung und Bad. Pool, Kiosk. ❶–❹

Mitchell Gardens CP, 2 Main St, am Mitchell River, ✆ 5152 4654, 🖳 www.mitchellgardens.com.au. Schattige Zelt- und Stellplätze ($30/36) sowie Cabins, einige mit AC, Heizung und Bad. Solargeheizter Salzwasserpool. ❶–❹

Paynesville

Lake Gallery B&B, 2A Backwater Court, ✆ 5156 0448, 🖳 www.lakegallerybedandbreakfast.com, ist eine am Wasser gelegene Luxusunterkunft. Zum Haus gehören 2 Designer-Gästesuiten, jeweils mit Jacuzzi und Balkon. Beide sind über einen separaten Eingang zu erreichen. Die Besitzer haben eine eigene Bootsanlegestelle. Die ausgestellten Kunstwerke und Kunsthandwerksgegenstände (Vasen usw.) stehen z. T. zum Verkauf. Auch B&B. ❺

Paynesville Holiday Park, 4 Gilsenan St, ✆ 0455 538 868, 🖳 https://paynesvilleholidaypark.com.au. Stellplätze ab $30, auch mit eigenem Bad (ab $40) sowie Cabins mit 1- bis 3 Schlafzimmern. Kiosk und solargeheizter Salzwasserpool, außerdem Hüpfkissen, Spielplatz und Bootsrampe. Ab ❺

SONSTIGES

Informationen

Bairnsdale Visitor Information Centre, 240 Main St, ✆ 5152 3444, 🖳 www.eastgippsland.vic.gov.au. ⏱ tgl. 10–16 Uhr.

Weingüter

Nicholson River Winery, Nicholson, 10 km östl., ✆ 5156 8241, 🖳 www.nicholsonriverwinery.com.au. Ausgezeichnete Weiß- und Rotweine. ⏱ tgl. 10–16 Uhr.

NAHVERKEHR

Busse

Paynesville Buslines, ✆ 0418-51 64 05, 🖳 www.gillicksbuslines.com.au. Mo–Fr 5x tgl., Sa 1x tgl. zwischen Paynesville und Bairnsdale.

Fähre von Paynesville zur Raymond Island

Jede halbe Stunde Mo–Do 7–22.30, Fr und Sa bis 24, So 8–22.30 Uhr. Passagiere kostenlos; Autos $13 hin und zurück.

TRANSPORT

Siehe S. 521 (Sale).

Lakes Entrance und nördliches Hinterland

Lakes Entrance ist ein gemütliches Ferienzentrum am östlichen Ende der Gippsland Lakes – eines Seensystems, das sich über eine Fläche von mehr als 400 km² erstreckt. Im Sommer verzehnfacht sich die Bevölkerung von 4800 Einwohnern. Alle Campingplätze und anderen Unterkünfte sind dann ausgebucht. Man kann es den Scharen nicht verübeln: Der Ort ist hinreißend schön.

Am Ende der Myer Street direkt im Zentrum führt eine Fußgängerbrücke über den Meeresarm hinüber zum **Ninety Mile Beach** am Ozean. Im Sommer wird der Strand von Rettungsschwimmern patrouilliert. Von hier startet ein 5 km langer Rundweg zum eigentlichen „Entrance", der Landöffnung zum Meer, die dem Ort seinen Namen verleiht.

Entlang der Marine Parade reiht sich ein Bootsverleih an den nächsten (rund $45 pro Std.). Für die kleinen Motorboote braucht man nur einen Pkw-Führerschein, und so eine Boots-

fahrt durch die verzweigten Wasseradern die-
ses riesigen Seensystems ist das Gippsland-
Erlebnis schlechthin. In Kalimna auf der anderen
Seite des North Arm lohnen der Lookout oder
der 1,6 km lange **Kalimna Jetty Walk** von der
Brücke bis zum Steg.

Umland

Bei **Lake Tyers Beach** am **Lake Tyers**, einem mit
vielen Verästelungen weit ins Land hineinrei-
chenden Meeresarm, geht es ruhiger zu als in
Lakes Entrance.

Die **Buchan Caves**, 55 km nördlich von Lakes
Entrance, sind Victorias eindrucksvollstes Tropfsteinhöhlensystem. Zwei Höhlen – beide gleichermaßen beeindruckend – sind Besuchern
zugänglich, die **Royal Cave** und die **Fairy Cave**.
In den Sommer- und Osterferien finden etwa alle
30 Minuten zwischen 10 und 15.30 Uhr Führungen statt, außerhalb dieser Zeiten von Oktober bis März tgl. um 10, 11.15, 13, 14.15 und
15.30 Uhr; von April bis September um 11, 13 und
15 Uhr; Eintritt $23.

Die **Federal Cave** kann auf einer speziellen
Tour auf Anfrage besucht werden, Eintritt $39.
Buchung unter 🖥 www.parkstay.vic.gov.au/
buchan-caves-cave-tours.

Zu den Höhlen gehört das schattige **Buchan
Caves Reserve** mit Picknicktischen und einem
von einer unterirdischen Quelle gespeisten
Swimmingpool; man kann dort auch gut campen
oder im Cabin oder Wilderness Retreat übernachten (Details s. u.).

Von Buchan bietet sich eine landschaftlich
herrliche Rundfahrt durch das bergige Hinterland an – ein entlegener Teil von Ost-Gippsland.
Die Fahrt geht via **Gelantipy** durch den Snowy
River NP, weiter via **Bonang** durch den **Errinundra NP** und zurück via Orbost. Die Straßen sind
zum größten Teil nicht befestigt, oben auf dem
Hochplateau ist es oft windig, feucht und kalt,
die Straßen sind nicht immer zugänglich. Rou-
tenbeschreibung S. 524, Orbost.

ÜBERNACHTUNG

Lakes Entrance

Coastal Waters Motel (Best Western), 635
Esplanade, 📞 5155 1792, 🖥 www.coastalstays.

Wein, Kunst und frisches Brot

🏛 Auf dem Gut der **Wyanga Park Winery**,
246 Baades Rd, 📞 5155 1508, 🖥 www.
wyangapark.com.au, gibt es nicht nur hervorragenden Chardonnay, Riesling, Cabernet Sauvignon, Sauvignon Blanc, Pinot Noir und
Muscat zur Verkostung – im hauseigenen Café
wird auch täglich Mittagessen serviert, hauptsächlich mit Zutaten aus dem eigenen Anbau.
Sehr beliebt ist die Winery Cruise ab dem Post
Office Jetty an der Esplanade zum Weingut. In
den Ferien tgl., sonst nur Mi und Sa 11 Uhr; $55
inkl. Mittagessen auf dem Weingut. Über das
Weingut verteilt sind Kunstwerke lokaler
Künstler ausgestellt. Weinproben tgl. 9–17 Uhr.

com/coastalwaters. Das Motel ist nicht ganz so
kitschig wie die übrigen. Units mit AC, geheizter
Salzwasserpool. ❹

🔶 **Goat and Goose B&B**, 16 Gay St, 📞 5155
3079, 🖥 www.goatandgoose.com. Das
B&B ist ein verwinkeltes Holzhaus mit vielen
Balkonen und bietet eine schöne Aussicht aufs
Meer, da es auf einem Hügel im Westen des
Ortes gelegen ist. Es gibt 4 geräumige Gäste-
zimmer mit Bad und Jacuzzi. Frühstück inkl. ❺

€ **Lakes Waterfront Motel**, 10 Princess
Hwy, 📞 5155 2841, 🖥 www.lakeswater
frontmotel.com. Schönes Motel mit großem
Pool und Garten. Motelunits mit Bad, AC und
kleiner Küche ❸–❹ sowie Cottages mit
Schlafzimmer, Wohnzimmer, Küche und Bad,
direkt am Wasser ❹–❺. Frühstück kann aufs
Zimmer gebracht werden. Sehr gutes Preis-
Leistungs-Verhältnis!

Caravanpark

Eastern Beach Holiday Park, 24 Eastern Beach
Rd, 📞 1800 761 762, 🖥 www.nrmaparksand
resorts.com.au/eastern-beach. Tolle Lage am
Wasser. Moderne und gepflegte Anlage mit
schattigen Zelt- und Stellplätzen ohne und mit
Strom ($36/44 oder $60 mit Bad), solarbeheizter
Pool, Hüpfkissen, Spielplatz und gut ausge-
stattete Campküche. Zum Service gehören
auch kostenlose Zeitungen, die auf Anfrage zum
Cabin geliefert werden, sowie kostenloses

WLAN. Im Sommer gibt es ein Programm für Kinder. Moderne Cabins mit Bad. ❻

Buchan

Buchan Valley Log Cabins, 16 Gelantipy Rd, ✆ 5155 9494, 🖳 www.buchanlogcabins.com. au. 4 Cabins mit 2 Schlafzimmern und Heizung auf einem Grundstück nahe der Höhlen. Von hier hat man eine schöne Aussicht auf das Buchan Valley. ❻

Buchan Caves Reserve, ✆ 5155 9264 oder über Parks Victoria online buchen, 🖳 www.parkstay. vic.gov.au/buchan-caves. Zelt- oder Caravan-stellplätze ab $29 (bis zu 6 Pers.), 2 preiswerte, gut ausgestattete Cabins ❸ (Bettzeug mit-bringen, max. 5 Pers.). Warme Duschen, Campküche und Grillstellen, Kiosk, Spielplatz, Swimming Pool. Toll sind die Wilderness Retreats (permanent aufgebaute Luxuszelte) mit kleiner Veranda; mind. 2 Nächte ❼

ESSEN

Footbridge Fish & Chips, 19 Myer St, ✆ 5155 2253. Die besten Fish & Chips in der Stadt. Empfehlenswert sind auch die Fisch-Burger. ⏰ tgl. 11–19.30 Uhr.

Miriams Restaurant, 1/3 Bulmer St, ✆ 5155 3999. Griechisch angehaucht. Frisches Lamm und Seafood. ⏰ tgl. 12–20 Uhr.

Mmm Truffles, 237 Esplanade, ✆ 0488 555 864. Echte heiße Schokolade und guter Kaffee. Dazu gibt es köstliche Pralinen. ⏰ Mo–Sa 7–17.30 Uhr.

AKTIVITÄTEN

Bootfahren

Lakes Entrance Paddle Boats, ✆ 0419 552 753. Am anderen Ende der Cunningham Arm Fußgängerbrücke. Von Dez bis Ostern tgl. ab 10 Uhr Verleih von Kanus, Paddelbooten, Aquabikes usw.

Reiten und andere Aktivitäten

Snowy River Expeditions, gehört zur Karoonda Farm, Gelantipy, ✆ 5155 0220, 🖳 www. karoondapark.com. Ausritte von einem oder mehreren Tagen, Wanderungen, Rafting etc.

INFORMATIONEN

Lakes Entrance Visitors Centre, Marine Parade, Ecke Princess Hwy, ✆ 1800 637 060, 🖳 www. eastgippsland.vic.gov.au. Buchung von Unter-künften jeglicher Art (auch Hausboote), Touren und Bootstouren. ⏰ tgl. 9–17 Uhr.

TRANSPORT

Siehe S. 521 (Sale).

Orbost und Umgebung

Das fruchtbare Schwemmland des Snowy-River-Tals um Orbost wird zum Gemüseanbau und als Weideland genutzt. Östlich von Orbost beginnt der einsamste Abschnitt des Princes Highway in Victoria. Die Fahrt geht durch tiefe Wälder, unterbrochen von Weilern, die meist nur aus einem Postamt und einigen Häusern beste-hen, bis nach Eden in New South Wales.

Rundfahrten oder Forest Drives von Orbost er-schließen die Wälder und Berge des Hinterlands nördlich von Orbost. Zum Beispiel die Yalmy Rd zu den Raymond Falls im **Snowy River NP** (40 km) oder die 300 km lange Rundfahrt über die Bon-ang Road nach Bonang, einer ehemaligen Gold-gräbersiedlung, dann weiter über Berg und Tal via McKillops Bridge nach Gelantipy und via Buchan (die Höhlen besuchen!) zurück nach Or-bost oder Lakes Entrance bzw. Bruthen / Bairns-dale. Oder von Orbost über die Bonang Road hinauf zum **Errinundra NP** – der Abzweig befin-det sich 10 km südlich von Bonang. Nach den Busch-bränden im Sommer 2019/20 waren einige Wan-derpfade bis auf weiteres geschlossen; aktuelle Infos unter 🖳 www.nationalparks.nsw.gov.au.

Der größte Teil dieses Nationalparks gehört zur Monaro-Hochebene (1000 m), die sich nach Bombala in NSW fortsetzt. Alte Eukalyptuswäl-der aus hochwachsenden *shining gums* und *cut-tails* sowie Victorias größter Bestand an Re-genwald der kühl-gemäßigten Zone stehen hier unter Naturschutz. Aufgrund der Hochlage ist es hier oben selbst im Sommer kühl, zu anderen Jahreszeiten kalt, meist nebelverhangen und feucht.

Zurück führt die Straße an den Bergflanken hinunter in spürbar wärmeres Klima im Tal des Bemm River bis zum Weiler Club Terrace und weiter auf dem **Euchre Valley Nature Drive** durch den Lind National Park, in dem einige Hektar warm-gemäßigten Regenwaldes unter Naturschutz stehen, zum Princes Highway. Im Frühjahr blüht hier die leuchtend rote Gippsland Waratah, die nur in dieser Region vorkommt.

Der größte Teil dieser Strecken ist unbefestigt, stellenweise steil und holperig, aber – bei trockenem Wetter und umsichtiger Fahrweise – durchaus mit normalen Fahrzeugen zu bewältigen. Vorsicht: Vor allem auf der Bonang Rd und in der Umgebung des Errinundra NP brettern Holzfällertrucks die Pisten entlang! Nach heftigen Regen- oder Schneefällen sind die meisten Strecken unpassierbar – auf dem Errinundra Plateau ist dies im Winter fast immer der Fall. Auskunft über den aktuellen Straßenzustand und gute Karten bekommt man beim Orbost Visitor Information Centre oder beim RACV.

Die Küstenroute führt von Orbost zum 14 km entfernten kleinen Fischerort **Marlo**, wo der Snowy River ins Meer mündet. Von dort führt die Straße über 18 km hinter hohen Sanddünen zum **Cape Conran** mit seinen schönen Surfstränden, wo man zelten oder in Cabins und schönen Wilderness Retreats übernachten kann.

ÜBERNACHTUNG

Marlo

Marlo Hotel, 19 Argyle Parade, ☎ 5154 8201, 🖥 https://marlohotel.com.au. B&B in renoviertem, historischem Guesthouse/Pub; 3 schön möblierte Gästezimmer, 2 davon mit eigenem Bad. ❺
Marlo Ocean View CP, 21 Marine Parade, ☎ 5154 8268, 🖥 www.marlocamping.com.au. Schattige Stellplätze (ab $28), schlichte Vans und eine Reihe sauberer Cabins. ❶–❹

Cape Conran

Cape Conran Coastal Park, Yeerung, ☎ 5154 8438, 🖥 www.parks.vic.gov.au/places-to-see/parks/cape-conran-coastal-park. Einfache Cabins für bis zu 8 Pers. in Buschland-Umgebung und Strandnähe (Bettzeug und

Handtücher mitbringen). Auch einfache Zeltplätze, $20. Für die Sommer- und Osterferien schon fast ein Jahr vorher ausgebucht. ❼

INFORMATIONEN

Orbost Visitors Information Centre, 35 Nicholson St, ☎ 5154 2424. Buchung von Unterkunft und Touren. ⏱ tgl. 9–17 Uhr.

TRANSPORT

Siehe S. 521 (Sale).

Croajingolong National Park

Der Küstennationalpark Croajingolong erstreckt sich über 100 km zwischen **Bemm River** und dem Fischerort **Mallacoota**. Das Naturparadies von Wäldern, Heide, hohen Sanddünen, Flussmündungen und ins Land reichenden Meeresarmen nahm während der Buschfeuer im Sommer 2019/20 gewaltigen Schaden und wurde bis auf weiteres geschlossen. Aktuelle Infos unter 🖥 www.parks.vic.gov

Von **Cann River**, das nur aus ein paar Häusern an der Kreuzung von Princes Highway und Cann Valley Highway besteht, führt ein (stellenweise versandeter) Dry Weather Track zu den einfachen Buschzeltplätzen am Mueller River und Thurra River im Nationalpark. Vom Thurra River Campground kann man zu Fuß am Strand entlang zum **Point Hicks Lighthouse** am Point Everard gehen. Wie bei allen anderen Leuchttürmen Victorias stehen auch hier die Häuschen des Leuchtturmwärters als Unterkunft zur Verfügung (s. u.).

ÜBERNACHTUNG

Auskunft und Buchung von Zeltplätzen (nach Wiedereröffnung) beim Rangerbüro von **Parks Victoria** in Cann River oder online unter 🖥 www.parks.vic.gov.au/bookings/place/point-hicks-lighthouse.
Point Hicks Lighthouse. 2 Cottages ab $360 pro Nacht, für max. 8 Pers., und 1 Bungalow ab $142 für 2 Pers. Die Zeltplätze am Lighthouse sind im Sommer Monate im Voraus ausgebucht.

TOUREN

Echidna Walkabout, ✆ 9646 8249, 🖥 www.echidnawalkabout.com.au. Ökotourveranstalter aus Melbourne. Bushwalking Tours im Croajingolong NP sowie eine Kombination mehrerer Nationalparks in Gippsland (Snowy River NP, Errinundra NP, Croajingolong NP) mit Fokus auf Wandern und Naturerkundung. Nicht billig, aber die Ausgabe lohnt sich; Details s. Kasten S. 453.

TRANSPORT

Siehe S. 521 (Sale).

Mallacoota

Bilder des beschaulichen Ferienorts Mallacoota gingen in den letzten Tagen des Jahres 2019 um die Welt: Das Küstendorf am Ende einer langen Sackgasse wurde durch schwelende Buschfeuer vom Rest des Landes abgetrennt, die Stromleitungen fielen aus, hinter der Dorfkulisse leuchtete der Himmel in grellen Rottönen. Am Morgen des 31. Dezembers drohte der Wind die Flammen durch den Ort bis zur Küste zu treiben. Die rund 4000 Urlauber und Einwohner, die sich zu dieser Zeit in Mallacoota befanden, sammelten sich an den Bootstegen entlang des Ufers – bereit, sich in letzter Not in den Ozean zu retten. Als sich am Nachmittag der Wind drehte, wurde der Ort mit Rettungsbooten der Navy evakuiert.

Die Aufräumarbeiten waren zur Zeit der Recherche noch im Gange. Auch bleibt abzuwarten, welchen Einfluss die Brände auf die Tierwelt haben: Heerscharen von Wasservögeln wie Ibisse, Pelikane, Kormorane, Eisvögel *(kingfisher)* und viele andere bevölkerten dieses Naturparadies. Zu den bemerkenswerten Trockenlandbewohnern zählen die **Tree Goannas**, Warane, die bis zu 2 m lang werden können. Die Wald- und Wasserlandschaft um Mallacoota gehört zum herrlichen Küstenpark **Croajingolong National Park** (S. 525), der bei Redaktionsschluss noch geschlossen war.

ÜBERNACHTUNG UND ESSEN

Mallacoota

Shady Gully CP, Genoa Rd, ✆ 5158 0362, 🖥 www.mallacootacaravanpark.com. Großer Park direkt am Inlet. Günstige Zelt- und Stell-

Das Mallacoota Inlet wird von Tausenden von Wasservögeln wie Pelikanen bewohnt.

© JAN DÜKER

VICTORIA

plätze ($26/31). Alle Cabins mit Heizung. Solargeheizter Pool, Kiosk. **②**

Gipsy Point

Gipsy Point Lodge, MacDonald Rd, ☎ 5158 8205, 🖥 www.gipsypointlodge.com.au. Motelunits und Ferienwohnungen, die nach den Bränden renoviert werden; gutes Restaurant. Bootsvermietung. Die Lodge organisiert Trips zur Vogelbeobachtung. Paradiesische Lage an See und Wald. **⑤**

INFORMATIONEN

Mallacoota Service Centre, Alan Dr, Ecke Maurice Ave, ☎ 5158 0116. Auch Infos über den Croajingolong National Park.

TRANSPORT

Siehe S. 521 (Sale).

Der Nordosten mit den Victorian Alps

Die Höhenzüge der Great Dividing Range nehmen den größten Teil des Nordostens von Victoria ein. Ihr Rückgrat bilden die **Victorian Alps**, die sich von Mt Bogong im Nordosten über Mt Buffalo und Mt Buller bis zum Mt Baw Baw nördlich des Latrobe Valley erstrecken. Die höchsten Erhebungen befinden sich in der Nähe von Bright: Der **Mt Bogong** ist mit 1986 m der höchste Berg Victorias, dicht gefolgt vom **Mt Feathertop** mit 1922 m. Einige Wanderwege waren zur Zeit der Recherche aufgrund der Buschfeuer im Sommer 2019/20 noch geschlossen, aktuelle Infos unter 🖥 www.parks.vic.gov.au.

Der größte Teil dieser Bergregion wird vom **Alpine National Park** eingenommen, der sich wie ein Flickenteppich von Zentral-Gippsland bis zur Grenze zu New South Wales im Nordosten erstreckt. Mit 646 000 ha ist er Victorias größter. Die Buschfeuer 2019/20 zerstörten riesige Teile der dichten Wälder und einige (teils endemi-

sche) Tierarten wie die Corroboree-Kröte könnten vom Aussterben bedroht sein.

Nördlich der Great Dividing Range ist es im Sommer heiß und trocken, und im sonnenverbrannten Steppenland um den Hume Highway fällt es schwer, sich vorzustellen, dass nur etwa 40 km weiter alpines Klima herrscht. Ende Dezember können auf dem Mt Hotham oder anderen Bergen aber durchaus noch ein paar Flecken Schnee liegen. Die Berge und Hochplateaus sind Victorias **Skigebiete**. Langlauf und Snowboarding erfreuen sich zunehmender Beliebtheit.

Die Skisaison dauert ungefähr von Anfang Juni bis Ende September. Australiens Berge sind jedoch zu niedrig bzw. liegen zu weit nördlich, als dass mit guten Schneeverhältnissen gerechnet werden kann (fast alle Skiresorts setzen deshalb Schneemaschinen ein); hinzu kommen sündhaft teure Preise bei den meisten Skilodges – alles Faktoren, die die australischen Skigebiete nicht allzu attraktiv für Europäer machen. Aus diesem Grund sind die Skiresorts hier nur kurz beschrieben; bei Interesse erteilen die Visitor Centres und das Management der einzelnen Resorts nähere Auskünfte.

Der Sommer ist die beste Zeit für Wanderungen oder Reit- und Campingsafaris durch das Hochland. Nach alter Tradition treiben berittene Hirten die Rinderherden im Sommer von den Tälern auf die Weiden im Hochland. Diese *mountain cattlemen* verkörpern im urbanisierten Australien das romantische Ideal vom harten, ungebundenen Leben im Busch.

Im Winter gibt es Busverbindungen zu allen Skiresorts, im Sommer ist man meist auf ein eigenes Fahrzeug angewiesen.

Mansfield und Umgebung

Wegen der Nähe zum Mt-Buller-Skiresort (50 km) und zu anderen Bergen entwickelt sich der knapp 5000 Einwohner zählende Ort zu einem ganzjährig besuchten Ferienzentrum. Einige Reitsafari-Veranstalter sind hier ansässig. Eine landschaftlich attraktive Route von hier nach Wangaratta führt über Tolmie, Whitfield und das **King Valley**.

Bevor sich die Straße den Berg hinunter nach Whitfield schlängelt, führt ein Abzweig durch den Wald zu einem Aussichtspunkt hinunter in das King Valley, der **Powers Lookout**, benannt nach dem Bushranger Harry Power, der von diesem Versteck das Land ausspähte.

Mit einem eigenen Fahrzeug und etwas Zeit kann man das bewaldete Goldcountry um den **Jamieson** und **Upper Goulburn River** südlich von Mansfield besuchen.

ÜBERNACHTUNG UND ESSEN

Die Preise steigen zur Skisaison stark an. **Alzburg Inn Resort**, 39 Malcolm St, ✆ 1300 885 448, 🖳 www.alzburg.com.au. B&B in Motelunits, Luxussuiten oder Penthouse-Apartments in einem umgebauten und renovierten ehemaligen Konvent. Alle Annehmlichkeiten eines Resorthotels: Restaurant, Bar, beheizter Pool, Jacuzzi, Sauna, Tennis- und Volleyballplätze. Pauschalangebote ab Melbourne, während der Skisaison, außerdem preiswerte Tagestouren ab Melbourne auf den Mt Buller sowie Skiverleih. ❸

Mansfield Travellers Lodge, 116 High St, ✆ 5775 1800, 🖳 www.mansfieldtravellerslodge. com.au. Motelunits ❸, 1–2-Zimmer-Apartments ❹ und in separatem Haus ein Backpacker-Hostel mit Dorms (Bett ab $40).

🌳 Der **Mansfield Regional Produce Store**, 68 High St, ✆ 5779 1404, ist die beste Adresse für frischen Fair-Trade-Kaffee sowie leckeres Frühstück und Mittagsessen aus hauptsächlich lokal angebauten Zutaten. Zum Café gehört auch ein kleiner Shop, in dem Weine aus der Region und Lebensmittel verkauft werden. ⊙ tgl. 8.30–17 Uhr; an jedem 3. Freitagabend des Monats gibt es Livemusik und Abendessen, unbedingt reservieren.

AKTIVITÄTEN UND TOUREN

Zahlreiche sportliche Betätigungsmöglichkeiten, z. B. Abseilen, Drachenfliegen, Kanufahren, Bergsteigen, Wandern, Reitsafaris im Hochland und Skifahren. Hier nur eine Auswahl. **High Country Horses**, Mt Buller Rd, Merrijig, ✆ 5777 5590, 🖳 www.highcountryhorses.

com.au. Ausritte von 2 Std. ($100) bis zu mehreren Tagen; für absolute Anfänger bis zu Fortgeschrittenen.
Stirling Experience, ✆ 5777 6441, 🖳 www. stirlingexperience.com.au. Touren mit Geländewagen in die Berge. Außerdem werden viele weitere Aktivitäten wie Ski-Trips und Schneeschuhwanderungen angeboten und Ausrüstung verliehen.

FESTIVALS

Mountain High Country Festival, am Wochenende vor dem Melbourne Cup Anfang November. Hierzulande das wichtigste Ereignis des Jahres; viele verschiedene Angebote, u. a. ein Pferderennen, auch als „Melbourne Cup of the Bush" bekannt.
King Valley Balloon Festival, jedes 2. Jahr im Juni. Hunderte von Fesselballons steigen in die Luft.

INFORMATIONEN

Mansfield Visitor Information Centre, 175 High St, ✆ 5775 7000, 🖳 www.mansfield mtbuller.com.au. ⊙ tgl. 10–17 Uhr.

TRANSPORT

V/Line: Bus von MELBOURNE via BONNIE DOON nach Mansfield: Mo–Sa um 8.30 Uhr und 18.01 Uhr ab Southern Cross Bus Terminal, So um 13 Uhr; Fahrzeit 3 Std. In umgekehrter Richtung Mo–Sa ab Mansfield um 7.30 Uhr und 13.15 Uhr, So um 18 Uhr. In Mansfield erhält man im Winter Anschluss an den Bus nach Mt Buller.

Mount Buller

Von allen ausgebauten Skiresorts ist Mt Buller, 250 km nordöstlich von Melbourne (50 km östlich von Mansfield) gelegen, das am schnellsten von der Großstadt zu erreichende – je nach Wetterverhältnissen in drei bis vier Stunden. Lake Mountain und Mt Baw Baw sind zwar näher, bieten aber nicht annähernd die gleichen

Skimöglichkeiten (Lake Mountain z. B. ist nur Langlaufgebiet) oder die gleiche Auswahl an Unterkünften, Essen und Unterhaltung.

Ein Besuch des 1800 m hoch gelegenen Dorfes lohnt sich zu jeder Jahreszeit. Vom Gipfel und einigen anderen Aussichtspunkten bietet sich ein herrliches Rundumpanorama über die umliegenden Berge und tiefen Täler. Im Sommer werden zahlreiche Aktivitäten angeboten, man kann schön spazieren gehen, und die Unterkünfte sind erschwinglich. Im Winter ist die Tagestour ab Melbourne, die vom Alzburg Inn in Mansfield (S. 528) angeboten wird, am preisgünstigsten. Das 400 ha große Skigebiet umfasst u. a. Abfahrtspisten für Anfänger und Fortgeschrittene, Langlaufloipen und Terrain für Snowboarding.

Bei Mirimbah muss im Winter die Resort-Gebühr von $46 pro Auto bezahlt werden (oder vorher online buchen, $37, 🖳 www.mtbuller.com.au). Hier zweigt von der Mansfield–Mt Buller Rd eine Straße zum **Mt Stirling** ab, im Winter ein gutes Langlaufgebiet mit etwa 60 km Langlaufloipen (von einfach bis nur für erfahrene Skiläufer). Das 9 km vom Abzweig entfernte **Mount Stirling Alpine Resort** an der Telephone Box Junction ist nur im Winter und nur tagsüber geöffnet; es gibt ein Visitor Centre, Umkleidekabinen, Ski- und Ausrüstungsverleih, eine Skischule sowie ein Bistro. Weitere Auskünfte: ✆ 5777 6441, 🖳 www.mtstirling.com.au.

Im Sommer kann man auf dem 48 km langen Circuit Track um den Mt Stirling fahren, wegen des stellenweise schwierigen Terrains vorzugsweise mit einem Geländewagen. Abgehend davon gibt es einen Track (definitiv nur für Geländewagen) zur **Craigs Hut**, die im Film *The Man from Snowy River* als Kulisse diente und ein beliebtes Fotomotiv ist.

Australis 4WD Adventures bietet Tagestouren im Geländewagen, u. a. zur Craigs Hut, 🖳 www.australis4wdadventures.com.au.

ÜBERNACHTUNG

Allgemeine Auskunft und Buchungen von Unterkünften während der Skisaison: **Mt Buller Accommodation Service**, ✆ 1800 033 055, 🖳 www.mtbulleraccommodation.com.

Amber Lodge, 8 Goal Post Rd, ✆ 0413 476 042, 🖳 www.amberlodgemtbuller.com.au. ⏲ nur im Winter (Juni–Okt). DZ mit und ohne Bad. ❽
Arlberg Hotel, 45 Summit Rd, ✆ 1800 032 380, 🖳 www.arlberg.com.au. Verleih von Skiausrüstung. Im Sommer DZ um $140, B&B – im Winter mind. doppelt so teuer.

SONSTIGES

Eintrittsgebühr
Im Winter (Mitte Juni–Ende Sep) $46 (bei Online-Buchung $37). Im Sommer keine Gebühr.

Informationen
Mt Buller Clocktower Information Centre, ✆ 5777 6077. Informationen aller Art über das Resort. ⏲ tgl. 8.30–17 Uhr.

TRANSPORT

Auto
Die Fahrzeugreifen müssen im Winter mit Schneeketten versehen werden; Vermietung in Mansfield, Merrijig und Mirimbah. Man kann das Auto auch in Mansfield oder Mirimbah parken und den Bus zum Mt Buller nehmen.

Busse
Im Winter gibt es an die **V/Line**-Busse aus MELBOURNE in MANSFIELD (S. 528) einen direkten Anschluss nach Mt Buller mit **Mansfield–Mount Buller Bus Lines**; reservieren unter ✆ 5775 2606, 🖳 www.mmbl.com.au. Fahrpreis $53 einfach, $68 hin und zurück. **Im Sommer** gibt es keinen Transport auf den Berg.

Bright

Im Januar 2020 loderten gewaltige Brände rings um das charmante Städtchen und einige Dörfer im Umkreis mussten evakuiert werden. Die Besucherzahlen sind seither so drastisch gesunken, dass einigen Unterkünften, Geschäften und Brauereien der Bankrott droht. Wegen seiner idealen Lage in der Nähe der Berge und der Murray-River-Region war Bright bis dahin das Ferienzentrum des Nordostens.

Ein Spazierweg, der **Canyon Walk**, führt durch das Wäldchen am Ufer des Ovens River; in der Nähe gibt es auch einen schönen, schattigen Park mit Grillstellen. Schön ist auch ein Spaziergang in ein Seitental zum 4 km entfernten Dörfchen **Wandiligong**.

Die Gegend um Bright ist bei Drachenfliegern und Paragleitern sehr beliebt; zwischen Dezember und März werden hier Drachenflieger- und Paragleiter-Meisterschaften ausgetragen.

ÜBERNACHTUNG

BIG 4 Bright, 1-11 Mountbatten Ave, ✆ 1800 033 188, 🖥 www.big4bright.com.au. Viele Cabins von Standard bis Luxus. Viele schattige Zelt- und Stellplätze ($50 oder $70 mit Bad) vorhanden. Ab ➏

ESSEN

Bright Brewery, 121 Great Alpine Rd, ✆ 5755 1301. Gute Countermeals. Empfehlenswert sind die Calamari. 🕐 tgl. Mittag- und Abendessen.
Cherry Walk Cafe, 6 Anderson St, ✆ 5755 1345. Guter Kaffee, leckeres Essen. 🕐 Fr–Mi Frühstück und Mittagessen.

AKTIVITÄTEN

Außer Paragleiten und Drachenfliegen kann man wandern, rad-, kanu- und kajakfahren.
Alpine Paragliding, 6 Ireland St, ✆ 0407-57 38 79, 🖥 www.alpineparagliding.com. Paragleiten, Tandemflüge und Kurse für Anfänger und Fortgeschrittene.
Absolute Outdoors, 6879 Great Alpine Rd, Porepunkah, ✆ 5756 2694, 🖥 www.absolute outdoors.com.au. Wildwasserrafting, Klettern, Abseilen und Verleih von Mountainbikes. Im Winter verleiht der Anbieter auch Skiausrüstung, Schlitten, Snowboards und Schneeschuhen.

INFORMATIONEN

Alpine Visitor Information Centre, 119 Gavan St, Bright, ✆ 1800 111 885, 🖥 www.greatalpine valleys.com.au. 🕐 tgl. 9–17 Uhr.

Myrtleford Visitor Centre, Clyde St, Myrtleford, ✆ 5755 0514. 🕐 tgl. 9–16 Uhr.

TRANSPORT

V/Line: Zug von MELBOURNE nach WANGARATTA, weiter mit dem Bus nach Bright über BEECHWORTH, 1–3x tgl., Fahrzeit ca. 4 Std.

Mount Buffalo National Park

Das 35 km² große Granitplateau von Mount Buffalo ragt wie eine Insel aus den Tälern der Umgebung auf. Nach den Buschfeuern 2019/20 sind die meisten Zeltplätze und Wanderwege heute wieder geöffnet. Schon vor über 100 Jahren suchten Winter- und Sommerurlauber das Hochplateau auf. 1910 wurde am Ostrand das **Mount Buffalo Chalet** erbaut. Es fiel jedoch im Sommer 2006/07 verheerenden Buschbränden zum Opfer. Der Wiederaufbau ist bereits seit 2010 im Gange, die Neueröffnung allerdings noch immer nicht absehbar. Zu den ehrgeizigen Plänen mit dem Ziel, der Region neues Leben einzuhauchen, zählt u. a. eine gläserne Plattform über den Berghängen nach dem Vorbild des Grand Canyon Skywalks in den USA. Ob und wann die Bauprojekte umgesetzt werden, ist derzeit allerdings ungewiss.

In der Nähe des Chalets starten Drachenflieger und Paragleiter von einer der senkrecht abfallenden Felsklippen ihren Flug – sicher nichts für Anfänger. Schon die Aussichtspunkte am Felsenrand in der Nähe des Chalets sind Leuten mit Höhenangst nicht zu empfehlen. 90 km Wanderwege bieten im Sommer sowohl Gelegenheit zu kurzen Spaziergängen als auch zu anstrengenderen, langen Bushwalks.

ÜBERNACHTUNG

Mt Buffalo Caravan Park, Harrison Lane, Porepunkah, ✆ 5756 2235, 🖥 www.mtbuffalo caravanpark.com.au. Zeltplätze mit und ohne Strom ($30/35) sowie einfache und moderne Cabins. ➌ – ➎
Zelten auf dem **Lake Catani Campground** (Stausee) nur vom 1. Nov bis 30. April. $26 pro

Wanderwege im Mt Buffalo National Park führen zu idyllischen Naturkulissen wie den Ladies Bath Falls.

Zeltplatz/Nacht; max. 6 Pers. Nur mit Buchung unter ⌨ www.parkstay.vic.gov.au. In den Sommer- und Osterferien sowie am langen Labour-Day-Wochenende im März ist der Zeltplatz lange im Voraus ausgebucht.

INFORMATIONEN

Rangerbüro von **Parks Victoria** auf dem Plateau, ✆ 5755 1466. Hier gibt es auch Informationen über den Zustand der Wanderwege und die Regeneration der Region. ⏰ tgl. 8–16 Uhr.

Bogong High Plains

Die Bogong High Plains, Bestandteil des Alpine National Park, umfassen die höchsten Berge der Victorian Alps sowie die Skiresorts **Mount Hotham**, **Dinner Plain** und **Falls Creek**. Im Sommer bietet sich eine Rundfahrt von Bright über Mt Hotham, Dinner Plain, Omeo, Falls Creek und Mt Beauty an. Die rund 260 km lange Strecke lässt sich bei guten Straßen und Wetterverhältnissen an einem Tag bewältigen, wenn man frühmorgens startet. Wenn man von Bright kommt, erreicht man bei Mt Hotham (10 km) die Baumgrenze, und ein herrliches Rundum-Panorama über die Bergketten erfreut das Auge. Nach den Buschbränden im Sommer 2019/20 sind die meisten Wanderpfade und Zeltplätze im Park heute wieder zugänglich, die Auswirkungen auf die Tier- und Pflanzenwelt bleiben abzuwarten.

Das Skigebiet um **Mount Hotham** ist mit rund 1860 m das höchste in Victoria und für seinen Pulverschnee bekannt. Notfalls wird der Schnee künstlich erzeugt. Neben einer Skischule und Verleihservice gibt es einige Restaurants und Bars sowie eine gute Auswahl an Unterkünften. Der Sessellift ist auch in den Sommer- und Osterferien in Betrieb.

Im 13 km von Mt Hotham entfernten **Dinner Plain** bilden ein- bis zweistöckige Häuser, vom Baustil der Schutzhütten für *cattlemen* inspiriert, ein Dorf, das sich harmonisch in die von knorrigen Snowgums bewachsene Hochebene einfügt. Vom **Mount Kosciuszko Lookout** kurz vor Omeo kann man an klaren Tagen bis zum Mt Kosciuszko und zu anderen Bergen in New South Wales sehen. **Omeo** gehört schon zum Bezirk Gippsland. Der kleine Ort mit 400 Einwohnern zehrt heute noch von seiner Goldgräbervergangenheit. Damals galt er als das wildeste Goldfeld Victorias, denn nach den Goldfunden von 1851 herrschte sieben Jahre lang das Faustrecht, bis schließlich ein Polizeiposten zur Wahrung von „Recht und Ordnung" in den entlegenen Ort geschickt wurde.

Nach Süden führt die Straße über 121 km durch das reizvolle Tal des Tambo River nach Bairnsdale und zu den Seen und Meeresarmen an der Küste von Ost-Gippsland (S. 520). Die Rundfahrt durch das Hochland führt hingegen nach Norden, am Mitta Mitta River entlang bis 10 km hinter Anglers Rest. Dort zweigt links die Bogong High Plains Rd ab und steigt langsam zum Hochland hin an. 18–20 km weiter auf der Hochebene gibt es bei **Raspberry Hill** Zelt- und Picknickplätze mit Toiletten.

Die Fahrt von Falls Creek durch das Pretty Valley bietet nicht so spektakuläre Aussichten wie die Bright–Mt Hotham Rd. Auf halbem Weg nach Mt Beauty kommt man an **Bogong** vorbei, einem hübschen Dörfchen am tiefblauen See **Lake Guy**.

Mount Beauty liegt im Kiewa-Tal am Fuße des Mt Bogong. Der Ort entstand in den 1940er-Jahren als Schlafstadt für die Arbeiter, die am Kiewa Hydro-Electric Project beschäftigt waren. Mt Beauty kann zwar nicht mit der gemütlichen Dorfatmosphäre von Bright konkurrieren, eignet sich aber ebenfalls gut als Basis für Ausflüge ins Umland.

ÜBERNACHTUNG

Mount Hotham
Snowbird Inn, ℡ 5759 3503, 🖥 www.snowbird inn.com.au. Gemütliche Skihütte mit 4–8-Bett-Dorms ($60 p. P., Bettlaken gegen Aufpreis), alle mit Heizung, teilweise auch mit Bad. Auch DZ. Auch hier verdoppeln sich die Preise in der Skisaison. Gemütliches Gäste-Wohnzimmer mit Feuerstelle. ❻

Dinner Plain
Buchung für alle Unterkünfte bei **Dinner Plain Accommodation**, ℡ 5178 3088, 🖥 www.dinnerplainaccommodation. com.au. Allgemeine Infos über Dinner Plain unter 🖥 www.visitdinnerplain.com.

Falls Creek
Reservierungen für Falls Creek über **Falls Creek Visitor Information**, ℡ 5758 1202, 🖥 www. fallscreek.com.au.

Die Ski Lodges in Falls Creek sind sehr teuer. Im Winter kommt man billiger weg, wenn man in Mount Beauty bzw. im Nachbarort Tawonga übernachtet und dann den Bus nach Falls Creek nimmt.

Mount Beauty
Informationen und Buchung von Unterkunft beim **Mount Beauty Visitor Information Centre**, 31 Bogong High Plains Rd, ℡ 1800 111 885, 🖥 www.visitmountbeauty.com.au, oder **Alpine Link**, 🖥 www.alpinelink.com.au.

AKTIVITÄTEN

Bogong Horseback Adventures, Tawonga bei Mount Beauty, ℡ 5754 4849, 🖥 www.bogong horse.com.au. Von Dez–April mehrtägige Packhorse Tours in entlegene Ecken des Alpine NP, mit Camping. Zusätzlich zu den Reitpferden werden Pferde zum Transport der Ausrüstung mitgenommen. Auch kürzere Ausritte von einem halb oder ganzen Tag durch das Kiewa Valley und Umgebung. Kompetent, gut organisiert und freundlich.

Packers High Country Trail Rides, Anglers Rest, ℡ 5159 7241, 🖥 www.horsetreks.com. Das Angebot reicht von Ausritten von 90 Min. oder Halbtagesritten ($120/170) bis zu mehrtägigen Reitexkursionen durch die Bogong High Plains; nur Dez–Ende April. Auch einfache Unterkunft in der Lodge und im Cottage auf der Farm The Willlows. ❺

INFORMATIONEN

Falls Creek Information Centre, Slalom St, Ecke Bogong High Plains Rd, ℡ 5758 1202, 🖥 www. fallscreek.com.au.
Mt Beauty Visitor Information Centre, 31 Bogong High Plains Rd, ℡ 1800 111 885, 🖥 www.visitmountbeauty.com.au.
Mt Hotham Resort Management, 40 Great Alpine Rd, ℡ 5759 3550, 🖥 www.mthotham. com.au.

Omeo Visitor Information, 188 Day Ave,
📞 5159 1455, 🖥 www.omeoregion.com.au.

Murray River

TRANSPORT

Hotham Bus, 📞 1300 781 221,
🖥 www.hothambus.com.au.
Im Winter fährt Fr–Mo ein Bus vom
Southern Cross in Melbourne über
BRIGHT und HOTHAM HEIGHTS bis
DINNER PLAIN.
Im Sommer braucht man für die oben
beschriebene Rundfahrt und die
Anreise zu den Resorts ein eigenes
Fahrzeug.

Für die ersten knapp 1900 km seines Verlaufs bildet der Murray River die Grenze zwischen New South Wales und Victoria. Der Fluss entspringt in den Australischen Alpen, südlich von Australiens höchstem Berg, Mount Kosciuszko, und fließt zunächst als kleiner Gebirgsbach nach Norden. Bei Tintaldra (nördlich von Corryong) biegt er nach Westen ab. Lake Hume östlich von Albury-Wodonga und Lake Mulwala bei Mulwala-Yarrawonga, 130 km westlich von Albury-Wodonga, stauen den Fluss zu Bewässerungszwecken.

Weingüter in der Umgebung von Rutherglen

© SHUTTERSTOCK.COM/LISA HOLMEN PHOTOGRAPHY

VICTORIA

Die Weine von den Weingütern des flachen, heißen Gebiets um Rutherglen sind meist schwer und erdig; von hier stammen auch süße Dessertweine, u. a. Muscat und Portwein. Bei vielen *wineries* kann man auch essen. Zwei erwähnenswerte liegen in **Wahgunya** bei Rutherglen: **St Leonards**, St Leonards Rd, 📞 1800 021 621, 🖥 www.stleonardswine.com.au, mit Café (gute Kuchen sowie Mittagessen). Hinter dem Café erstreckt sich ein Rasen bis zu einem Seitenarm des Murray River, wo oft Events jeglicher Art stattfinden, siehe Website. Weinproben Do–So 10–17 Uhr.
In der Nähe befindet sich das alte Weingut **All Saints Estate**, All Saints Rd, 🖥 www.allsaintswine. com.au mit dem Terrace-Restaurant, 🕐 Mi–So Mittagessen, Sa auch Abendessen. Weinproben tgl. 10–17 Uhr. Beim Visitor Information Centre in Albury oder Rutherglen bekommt man ein komplettes Verzeichnis der Weingüter der Region.

Westlich von Albury fließt der Murray durch flaches Land; eine trockene Steppenlandschaft, in der die sandigen, von majestätischen River-Red-Gum-Eukalypten gesäumten Flussufer und einige Feuchtgebiete (u. a. Barmah State Forest bei Echuca) eine grüne Oase bilden. Die ehemaligen Flusshafenstädtchen Echuca, Swan Hill und Wentworth (NSW) sonnen sich im Abglanz ihrer bedeutenden Vergangenheit.

Einige der Murray-River-Ortschaften liegen an wichtigen Reiserouten und eignen sich gut für einen Zwischenstopp, z. B. Albury-Wodonga am Hume Highway zwischen Adelaide oder Melbourne und Sydney, Echuca auf dem Weg zwischen Melbourne und Brisbane, und Mildura/Wentworth auf dem Weg von Melbourne nach Broken Hill und weiter ins Outback. Die beste Reisezeit in dieser Gegend ist Herbst bis Frühjahr, im Sommer kann es (v. a. in der Umgebung von Mildura) unangenehm heiß werden – tagelang anhaltende Temperaturen von 40 °C und höher sind keine Seltenheit.

Albury-Wodonga

Die Doppelstadt (Wodonga südlich des Murray gehört zu Victoria, Albury auf der anderen Flussseite zu New South Wales) sollte zur Entlastung der Ballungsräume von Melbourne und Sydney zu einer Metropole im Binnenland ausgebaut werden. In den 70er-Jahren hatte man für das Jahr 2000 eine Einwohnerzahl von 300 000 anvisiert. Die Entwicklung ist anders verlaufen: Bei der letzten Volkszählung 2016 zählte die Doppelstadt nur 89 000 Einwohner.

Albury-Wodonga eignet sich vor allem als Ausgangspunkt für Ausflüge in landschaftlich sehr verschiedenartige Gebiete.

Der östlich gelegene Stausee **Lake Hume** bietet Gelegenheit zum Angeln und für Wassersport; auf dem Murray River kann man gut Kanu fahren.

Im Westen, im flachen Land südlich des Murray River, liegt das **Weinanbaugebiet Rutherglen**, eines der bekanntesten in Victoria. Es wurde in den 1850er-Jahren von deutschstämmigen Winzern aus dem Barossa-Tal in South Australia etabliert.

Das historische Dorf **Chiltern** (in der Nähe des Hume Highway) sowie die Goldgräberstädtchen **Yackanandah** und **Beechworth** südwestlich der Stadt lohnen ebenfalls einen Abstecher. In östlicher Richtung befinden sich die Victorian Alps, die mit den Snowy Mountains von New South Wales eine Einheit bilden.

Die Doppelstadt kann man gut per Fahrrad erkunden, denn es gibt viele Radwege.

ÜBERNACHTUNG

Viele Motels und Caravanparks befinden sich in Albury. Hier nur eine Auswahl.

Albury Tourist Park (BIG4), 372 Wagga Rd (Hume Highway), Lavington, ✆ 6040 2999, ▢ www.alburytouristpark.com.au. Stellplätze mit Strom ab $35. Außerdem gibt es Cabins in verschiedenen Preisklassen, einen Swimming Pool und einen Kiosk. ❶–❺

Zur selben Anlage gehört das **Albury Motor Village YHA**, ✉ albury@yha.com.au. 24 Betten sind im Caravanpark für das Hostel reserviert, in 4-Bett-Dorms (Bett ab $36), auch 2 DZ ❶

Lake Hume Tourist Park, 37 Murray St, Lake Hume Village, 14 km östl. von Albury, ✆ 02 6049 8100, ▢ www.lakehumetouristpark.com.au. Es gibt Zelt- und Stellplätze ohne und mit Strom ($20/31) sowie Cabins mit AC. Tennis-, Golfplatz, Bootsverleih, Bootsrampe. Ab ❸

ESSEN

Chao Thai, 163 High St, Wodonga, ✆ 6056 3133. Zuverlässig gutes Thai-Food. ◷ tgl. 17–20 Uhr.
Deli Bean, 237 Beechworth Rd, Wodonga, ✆ 6056 3354. Frühstück und Mittagessen in gemütlichem Café oder im Hintergarten. ◷ Mo–Sa 7.30–17 Uhr.

INFORMATIONEN

Rutherglen Wine Experience and Visitor Information Centre, Main St, Rutherglen, ✆ 1800 622 871, ▢ www.explorerutherglen. com.au. Kleine historische Ausstellung, Buchung von Unterkunft, Café. ◷ tgl. 9–17 Uhr.
Wodonga Visitor Information Centre, 69-73 Hovell St, ✆ 1300 252 879, ▢ www.visital

burywodonga.com. ☉ Mo–Fr 9–17, Sa und So
10–15 Uhr.

Busse

Firefly, ✆ 1300 730 740, 🖥 www.firefly
express.com.au. Hält auf der Route zwischen
MELBOURNE und SYDNEY in beiden Rich-
tungen tgl. in Albury.
Greyhound, ✆ 1300 473 946, 🖥 www.
greyhound.com.au. Hält auf der Route zwischen
MELBOURNE und CANBERRA 2x tgl. in Albury.
V/Line, 🖥 www.vline.com.au. Nach MILDURA:
tgl. um 7 Uhr ab Albury über RUTHERGLEN,
SHEPPARTON und ECHUCA, Umstieg in
KERANG. In entgegengesetzter Richtung ab
Mildura Mo–Fr um 9.40, Sa um 10, So um
9.05 Uhr. Fahrzeit 10 1/4 Std.

Eisenbahn

Speedlink: tgl. um 8 Uhr ab ADELAIDE über
Echuca und Albury nach SYDNEY (Fahrzeit
Adelaide–Albury ca. 14 1/2 Std.). In umgekehrter
Richtung ab Sydney um 20.32 Uhr (Fahrzeit
7 1/2 Std. bis Albury). Zusätzlich Züge zwischen
Melbourne und Albury.
Infos unter 🖥 www.vline.com.au.

Echuca und Umgebung

Das knapp 14 000 Einwohner zählende Städtchen in der Nähe der Mündungen des Campaspe River und des Goulburn River in den Murray war Ende des 19. Jhs. der bedeutendste und
betriebsamste **Flusshafen** Australiens. In seiner
wirtschaftlichen Blütezeit in den 1870er-Jahren
wurde Wolle von den *sheep stations* in der Umgebung nach Echuca transportiert und von dort
auf 240 Booten flussabwärts verschifft. Der Ausbau der Eisenbahn zu anderen Städtchen am
Murray River leitete jedoch den Niedergang des
Flusshandels ein. Der Schienenweg erwies sich
als eine rentablere und verlässlichere Trans-
portalternative und ab den 1890er-Jahren nahm
der Handelsverkehr auf dem Fluss rapide ab.

Echuca rühmt sich der größten Sammlung
von **Raddampfern** der Welt; einige sind restaurierte, über hundert Jahre alte Veteranen der
Murray-Schifffahrt, andere wurden eigens für
den wachsenden Fremdenverkehr erbaut.

Port of Echuca

Im Zentrum liegt die historischen Hafenanlagen
Port of Echuca, ☉ tgl. 9–17 Uhr; das Ticket für
einen Spaziergang durch das Viertel ($14) gibt's
beim Visitor Information Centre; es gibt auch
Kombinationstickets, die auch eine Kreuzfahrt
beinhalten. Beim Port of Echuca Souvenir Shop
in der Murray Esplanade befindet sich der Eingang zur **Echuca Wharf**, einer 12 m hohen, ganz
aus Red-Gum-Planken und Pfeilern gebauten, dreistöckigen Schiffsanlegestelle. Die drei
Stockwerke ermöglichten das Ent- und Beladen
der Schiffe unabhängig von der Höhe des
Wasserspiegels.

Von der obersten Plattform bietet sich ein
schöner Ausblick über eine Biegung des Flusses. Der große Schuppen dort beherbergt das
Cargo Shed Museum mit einem detailgetreuen
Modell der Hafenanlagen sowie Fotos und anderen Memorabilia; fortlaufend wird ein sehenswertes ca. zehnminütiges Video über die Geschichte Echucas und des Hafens abgespielt.
Danach kann man die Treppen hinunter gehen,
zwischen den massiven Holzpfeilern herumspazieren und zur Anlegestelle gehen, wo die alten
Raddampfer **Pevensey**, **Adelaide** und **Arbuthnot**
vor Anker liegen.

Barmah National Park

Ein Besuch von Echuca sollte unbedingt einen
Ausflug zu diesem etwa 30 km nordöstlich gelegenen Nationalpark einschließen, ein 25 000 ha
großes Wald- und Feuchtgebiet mit mächtigen
River-Red-Gum-Eukalypten (einige von ihnen
sind über 500 Jahre alt). Normalerweise wird es
jedes Jahr im Winter und Frühjahr (etwa von Juli
bis Nov/Dez) vom Murray River überflutet. Das
riesige Feuchtgebiet ist ein Vogelparadies; mehr
als 200 Arten von Wasservögeln nisten hier,
weshalb es auch – in Analogie zum bekannten
Nationalpark im Northern Territory – „The Kakadu of the South" genannt wird.

Archäologische Funde wie Muschelhaufen
und Einkerbungen an Bäumen, die zum Kanubau
benutzt wurden, weisen darauf hin, dass Urein-

VICTORIA

wohner über 40 000 Jahre lang in dieser Gegend lebten. Die Ausstellung des **Dharnya Centre**, 9 km nördlich der Ortschaft Barmah in der Sandridge Rd, das von Parks Victoria mit Unterstützung der lokalen Yorta-Yorta-Ureinwohner verwaltet wird, dokumentiert das frühere Leben der Ureinwohner und das Ökosystem des Barmah Forest. ⏲ tgl. 10.30–16 Uhr, Eintritt frei.

In der Nähe ist die Anlegestelle für das flache Boot MV *Kingfisher*, das zwei Stunden durch die Wasserstraßen fährt. Abfahrt Mo, Mi, Do, Sa und So um 10.30 Uhr, in den Ferien auch öfter; $40, Kind $22. Unbedingt reservieren: ☎ 5855 2855, 🖥 www.kingfishercruises.com.au.

ÜBERNACHTUNG

Echuca

Campaspe Lodge, 571 High St, ☎ 5482 1087. Wird vom historischen Echuca Hotel betrieben. Einfache Pubzimmer und Motelunits, mitten im Zentrum, schöne Lage am Campaspe River, ca. 300 m vom Murray River und Port of Echuca. ❸–❺

Echuca Gardens, 103 Mitchell St, ☎ 0419 881 054, 🖥 www.echucagardens.com. Restaurierte, alte Cottages mit 3 Schlafzimmern für bis zu 10 Pers. ❼. Außerdem nachgebaute Schlafwagen aus dem 19. Jh. ❹ sowie 2 DZ mit Bad im Guesthouse ❺

Morning Glory River Resort, Gilmore Rd, ☎ 5869 3357, 🖥 www.morninggloryriverresort.com.au. Auf einer Farm direkt am Murray bietet das Gasthaus ausgezeichneten Komfort und viele Extras. Die schöne Anlage verfügt über mehrere Cabins ❻, einen solargeheizten Pool sowie einen Tennis- und Volleyballplatz. Auf dem Gelände gibt es außerdem einen Kiosk und eine Bootsrampe.

Echuca Holiday Park, 8 Crofton St, ☎ 5482 2157, 🖥 www.nrmaparksandresorts.com.au/echuca. Zeltplätze ohne und mit Strom ($25/32) sowie viele Cabins mit AC; solargeheizter Pool, zentrale Lage im Victoria Park in der Nähe des Murray River. Ab ❷

Barmah

€ Im **Barmah National Park** ist Bush-Camping entlang des Murray River erlaubt. Man sollte das Zelt aber nicht direkt unter den River Red Gums aufschlagen, denn große Äste können ohne

In Echuca spielt sich das Leben noch immer im und am Wasser herum ab.

©DUMONT BILDARCHIV / THOMAS P. WIDMANN

VICTORIA

Warnung vom Baum brechen und herunter-
krachen.

Außerdem gibt es zwei kostenlose Camping
Areas, am Barmah Lake und auf Ulupna Island.
Beide haben Toiletten, Feuerstellen und
Picknicktische.

ESSEN

The Black Pudding, 525 High St, ✆ 5482 2244.
Guter Kaffee, leckeres Frühstück und Mittag-
essen (Quiche, Törtchen, Salat, Sandwich).
⊕ tgl. Frühstück und Mittagessen.
The Mill, 2 Nish St, ✆ 5480 1619, 🖳 www.
themillechuca.com. Moderne australische
Küche in nostalgischer Atmosphäre: Das Lokal
befindet sich in einer alten Getreidemühle. Gute
Stimmung, am Wochenende oft Live-Musik.
⊕ Mo–Do 16–23, Fr–So 12–23 Uhr.

AKTIVITÄTEN

Echuca Boat & Canoe Hire, Victoria Park Boat
Ramp, ✆ 0419-75 62 25, 🖳 www.echuca
boatcanoehire.com. Verleih von Motorbooten,
Kajaks und Kanus, auch Transport zum Barmah
Forest sowie Campingsafaris möglich.
Gondwana Canoe Hire, Moira Lakes Rd, ✆ 5869
3347. Verleih ab 1 Std. bis zu mehreren Tagen;
plus Ausstattung für Campingsafaris (unter
anderem Kompass, Karten, wasserdichte
Fässer, Schwimmwesten); Zelt und Schlafsack
muss man selber mitbringen. Auf Anfrage werden die Teilnehmer auch aus Echuca abgeholt.

INFORMATIONEN

Echuca-Moama Visitor Information Centre,
2 Heygarth St, in der Nähe des Port of Echuca,
✆ 5480 7555, 1800-80 44 46, 🖳 www.echuca
moama.com. Buchung von Bootstouren mit den
historischen Raddampfern und andere Touren.
⊕ Mo–Sa 9–17, So 10–16 Uhr.

TRANSPORT

Speedlink-Bus verkehrt zwischen ALBURY und
ADELAIDE via Echuca, Abfahrt in Echuca in
Richtung Adelaide tgl. um 8.15 Uhr, in Richtung

Kein Obst auf der Reise

Die großen Obstanbaugebiete in NSW, South
Australia und Victoria sind in der **Fruit Fly
Free Zone** vor der Fruchtfliege geschützt, die
in Australien jährlich Ernteschäden von über
$100 Millionen verursacht. Es ist unter hohen
Strafen untersagt, frisches Obst sowie einige
Gemüsesorten in die Zone einzuführen. Große
Schilder auf den Highways warnen; am Weg-
rand stehen Mülltonnen bereit, in denen das
Obst entsorgt werden kann. In der Zone liegen
u. a. Echuca, Swan Hill, Mildura, Renmark,
Broken Hill und Griffith. Infos unter 🖳 www.
murrayriver.com.au/fruit-fly-free-zone.

Albury tgl. um 19.20 Uhr; Fahrzeit 3 Std. in Albury
hat man Anschluss an den XPT-Nachtzug nach
SYDNEY.
V/Line: Bus- oder Zug/Bus-Verbindungen von/
nach MELBOURNE Mo–Sa 3–5x tgl., So 3x tgl.

Mildura und Umgebung

Mildura liegt, von Gärten, Zitrusplantagen und
Weingütern umgeben, wie eine Oase in der trockenen Landschaft. Dank des Bewässerungs-
systems der kanadischen Gebrüder Chaffey
produziert die Gegend jährlich 60 000 Tonnen
Trockenfrüchte und Rosinen, 120 000 Tonnen
Zitrusfrüchte und 40 Mio. Liter Wein. Der Zitrus-
früchteanbau wurde jedoch von ausländischen
Billigprodukten in eine schwere Krise gestürzt.

Der Tourismus dagegen scheint eine siche-
rere Einkommensquelle zu sein. Der Murray
River steht natürlich im Zentrum des Interesses:
Der Raddampfer PS *Melbourne* tuckert auf dem
Fluss auf und ab, 2x tgl. um 10.50 und 13.50 Uhr,
Start an der Wharf; Fahrzeit 2 Std., $32, Student
$18, Kind $14.

Das **Rio Vista** ist das ehemalige Zuhause von
William B. Chaffey, einem der Stadtgründer, der
sich mit dem Bau des Hauses einen Traum er-
füllte. Die Zimmer sind heute als Museum eingerichtet. Im **Arts Centre** nebenan gibt es ständig
wechselnde Kunstausstellungen. ⊕ tgl. 10–
17 Uhr, Eintritt gegen Spende.

Den **Apex Beach** am Murray bezeichnen die Einheimischen als schönsten Strand im australischen Outback. Im Sommer patrouillieren hier sogar Lifeguards. Zum Spazieren lohnt sich das **King's Billabong** mit zahlreichen einheimischen Vögeln.

Wer etwas Zeit übrig hat, sollte einen Abstecher ins etwa 20 Minuten entfernte **Wentworth** machen, ein altes Landstädtchen. Hier treffen der Murray und der Darling River aufeinander, die beiden größten Flüsse Australiens. Der kleine Park an der Flusskreuzung eignet sich gut zur Vogelbeobachtung. Etwas weiter westlich befinden sich die **Perry Sandhills**, rot leuchtende Sanddünen, die an die wüstenartige Landschaft erinnern, in der Mildura einst errichtet wurde.

Die Hauptattraktion des **Hattah-Kulkyne National Park** sind die **Hattah Lakes**, 4 km westlich der Ortschaft Hattah und 70 km südlich von Mildura, die sich im Winter, falls der Wasserspiegel des Murray hoch genug ist, mit Wasser füllen und ein bevorzugter Nistplatz von Wasservögeln sind. Dies ist der beste Ort in Victoria, um Rote Kängurus in freier Wildbahn zu sehen.

Der **Murray Sunset (Yanga-Nyawi) National Park** ist mit 63 000 ha der zweitgrößte Nationalpark Victorias, mit Sanddünen, Mallee-Heide, einigen Salzseen und Billabongs um den Murray. Durch den Park führen Geländewagen-Pisten. Nur die Salzseen **Pink Lakes** im Südwesten sind auch mit normalen Fahrzeugen zu erreichen. Dort befinden sich ein Buschzeltplatz und einige Wanderwege. Die Straße zweigt bei Linga, 70 km westlich von Oyen, vom Murray Highway ab (Oyen liegt 104 km südlich von Mildura).

Zum **Mungo National Park**, 100 km nordöstlich von Mildura in New South Wales gelegen, gelangt man am besten von Mildura über die Arumpo Rd (Details s. S. 220, New South Wales).

ÜBERNACHTUNG

Die zahlreichen Hostels vermieten v. a. an Backpacker, die länger bleiben und bei den Erntearbeiten mithelfen; sie vermitteln Arbeit in den Obstplantagen und Weingütern und bieten Transport von und zum Arbeitsplatz.
Besondere Übernachtungsgelegenheiten auf dem Murray bieten Hausboote – meist luxu-

riöse, fahrbare Villen, komplett mit Whirlpool und Hausbar. Die älteren Modelle gibt es ab etwa $350 pro Nacht. Das Visitor Information Centre informiert und bucht.

Stopover Backpackers, 29 Lemon Ave, ☏ 5021 1980, 🖥 www.stopover.com.au. Sehr sauberes Hostel mit bequemen Betten. Die Zimmer liegen alle an einem langen Korridor und haben nur kleine Dachfenster. Neben Dorms ($30 oder $150 pro Woche) auch EZ und DZ ❷

🏠 **Comfort Inn Deakin Palms**, 413 Deakin Ave, ☏ 5023 0218, 🖥 www.deakinpalms. com.au. Saubere, moderne Zimmer um einen großen Pool und Innenhof mit BBQ und Sitzgelegenheiten. Dazu gehört auch ein Restaurant mit Bar. ❸

Mildura Grand Hotel, Seventh St, gegenüber dem Bahnhof, ☏ 5023 0511, 🖥 https://mildura grand.com.au. Renoviertes Hotel, B&B in DZ und teureren Suiten. Dazu gehören ein Café, ein Bistro und das in ganz Victoria bekannte Restaurant Stefano's, s. Kasten S. 539. Ab ❹

Caravanpark

All Seasons Holiday Park (Top Tourist), 818 Calder Hwy, ☏ 1800 223 375, 🖥 https://all seasonsholidaypark.com.au. Schön angelegter, sauberer Park mit gut ausgestatteter Campküche und Pool. Cabins sämtlicher Preisklassen und Zeltplätze (ab $37 oder $46 mit Bad). Ab ❷

ESSEN

Hudaks Bakery, 848 Fifteenth St. Gute Bäckerei. Unbedingt probieren: das Vanilla Slice. ⏰ tgl. 7.30–16 Uhr.
In der **Mildura Brewery**, 20 Langtree Ave, kann man sehr gut essen und außerdem mit einem „Tasting Tray" sämtliche hauseigenen Biersorten probieren. ⏰ tgl. 11–22 Uhr.

SONSTIGES

Weingüter

Unter vielen anderen: **Lindemans Karadoc Winery**, nah bei Red Cliffs, 20 km südl. von Mildura, ☏ 5051 3285, ⏰ tgl. 10–16.30 Uhr, und **Trentham Estate**, Trentham Cliffs, 10 km südl. von Mildura, ☏ 5024 8888, 🖥 www.trenthame

Für Gourmets gehört das **The Grand** (kurz für: Mildura Grand Hotel) gegenüber dem Bahnhof bei einem Besuch in Mildura zum absoluten Pflichtprogramm. Das Grand umfasst das Grand Pizza Café, wo Kaffee, Kuchen, Pizza und Pasta serviert werden, den Spanish Grill (Di–So Abendessen), das Seasons mit seinem Büffet aus regionalen Speisen (Mi–Sa Mittagessen) und das preisgekrönte Stefano's Restaurant. Im Stefano's wird Mo–Sa Abendessen mit Gerichten aus der norditalienischen Küche zubereitet. Der Koch, Stefano De Pieri, ist durch seine Kochprogramme im Fernsehsender ABC australienweit bekannt. ⊕ Di–Sa ab 19 Uhr. In allen Restaurants unbedingt einen Tisch reservieren: ✆ 5022 0881.

state.com.au. Schöne Lage am Fluss. ⊕ tgl. 10–17 Uhr. Restaurant: Di–So Mittagessen.

INFORMATIONEN

Mildura Visitors Information and Booking Centre, 180-190 Deakin Ave, ✆ 5018 8380. Viele Infos und Buchungen von Unterkünften, Bootstouren mit den historischen Raddampfern auf dem Murray und anderen Touren.

TRANSPORT

Busse und Züge

V/Line: Zug/Bus-Verbindung mehrmals tgl. von und nach MELBOURNE, via BENDIGO und SWAN HILL.
Busverbindung nach ALBURY via ECHUCA und SWAN HILL Mo–Fr um 9.40 Uhr ab Mildura, Sa um 10 und So um 9.05 Uhr, Fahrzeit 10 1/2 Std.

Flüge

Qantas, **Virgin Australia** und **REX** bieten Flüge nach MELBOURNE, ADELAIDE, SYDNEY und BROKEN HILL.

VICTORIA

Anhang

Sprachführer

In Australien wird eine eigenwillige Variante des Englischen gesprochen, die sich sowohl vom britischen Queen's English als auch vom amerikanischen Englisch vor allem in der Aussprache, aber auch im Wortschatz, unterscheidet. Bemerkungen von Ausländern über den starken australischen Akzent (oder schlimmer noch: Dialekt) kommen allerdings bei den Australiern gar nicht gut an. Diese Haltung sind sie nämlich schon seit etwa zwei Jahrhunderten von den Engländern gewohnt, die den breiten Austral-Akzent mit Naserümpfen quittieren.

Da in Australien ebenso lange alles Englische als Maßstab aller Dinge galt, fühlen sie sich noch heute durch diese Verachtung tief getroffen und kompensieren dies durch einen ausgeprägten Stolz. Wenn jemand komisch spricht, dann sind es die anderen, die *Pommies* (Engländer), die *Yanks* (Amerikaner) oder die *Kiwis* (Neuseeländer).

Für die, die sich neu in die fremd klingende Englisch-Variante einhören müssen, gibt es immerhin einen Trost: Ins Gewicht fallende regionale Varianten gibt es praktisch nicht. *Dance, chance* usw. wird in manchen Gegenden britisch ausgesprochen (mit einem langen „a"), in anderen amerikanisch (wie „dänce, chänce"), in ländlichen Gebieten sprechen die Leute wohl langsamer, gedehnter, aber im Allgemeinen gilt: In Cairns spricht man (fast) genauso wie in Sydney oder Wagga Wagga.

Ein paar Grundregeln

Um dem Schulenglisch eine australische Färbung zu verleihen, sollte man einige Grundregeln beherzigen:

- Den Mund möglichst wenig aufmachen – waschechtes Australisch ist genuschelt. Böse Zungen behaupten, diese Sprechweise habe sich aufgrund der australischen Landplage der Fliegen entwickelt.
- Alle Vokale möglichst breit und gedehnt aussprechen, z. B. *card*, *market* mit langem „a", das kurze „i" und „e", z. B. in Tim oder *bed*, dehnen.
- Wörter wie *place*, *race*, *mate*, *hay* sprechen die Australier nicht, wie wir im Englischunterricht gelernt haben, wie Pleys, Reys, Meyt und Hey aus, sondern Plais, Rais, Mait und Hai. Wenn ein Australier von einem „horse rice" erzählt, beschreibt er kein merkwürdiges Gericht, sondern ein Pferderennen!
- Die Australier lieben Abkürzungen. Wörter mit mehr als drei Silben werden zusammengezogen. So erhält zum Beispiel ein Einwohner von Brissie (Brisbane) morgens Post vom *postie* (postman), Milch vom *milko*, und der *garbo* (garbage man) holt den Müll ab. Am Saturday *arvo* (afternoon) trotzt man den *blowies* (blowfly – Fliegen) und *mozzies* (Moskitos), wirft im Garten den *barbie* (barbecue) an und trinkt dazu ein paar *stubbies* (kleine Flaschen Bier).

Strine-Wörterliste

Strine ist die inzwischen in Australien inoffiziell gebräuchliche Bezeichnung des australischen Englisch. Wenn die Australier das Wort *Australian* aussprechen, hört es sich wie *Strine* an. Sowohl Worte aus Aboriginal-Sprachen als auch eigene Wortschöpfungen hielten im australischen Englisch Einzug. Besonders reich und kreativ ist *Strine* im Bereich idiomatischer Redewendungen. Wie in jeder Sprache sind viele davon sehr zeitgebunden und klingen nach kurzer Zeit veraltet.

Einige „klassische" sind hier aufgeführt. Wer danach fragt, wird von den Aussies die neuesten Ausdrücke erfahren.

A

Abo rassistische Abkürzung von Aborigine, kommt vom Ton her fast „Nigger" gleich
Ankle biter Kleinkind
Arvo Nachmittag
Aussie (sprich: Ossi) Australier
Aussie salute australischer Gruß: Wedelbewegung vor dem Gesicht, um Fliegen zu verscheuchen

B

Back of beyond Outback, Gegend, „wo sich Fuchs und Hase gute Nacht sagen"
Banana bender Queenslander
Barbie Barbecue, Grill
Beanie Pudelmütze
Beaut *beautiful*
Beef road Straße im Outback, die von den Farmern zum Viehtransport genutzt wird.
Billabong Wasserloch im Outback, oft in einem ausgetrockneten Flussbett
Billy tea Art der Teezubereitung im *Bush*
Bitumen (road) geteerte Straße im Outback
Bloke Typ
Blowie kurz für *blowfly*; die überaus lästigen australischen Fliegen, die vor allem im Frühjahr in allen Landstrichen außerhalb der Städte zur Landplage werden können
Bludger Parasit, Absahner. Oft: *dole bludger*; Person, die Arbeitslosen-/Sozialhilfe einkassiert, obwohl sie in der Lage wäre, zu arbeiten und einen Job zu finden

Bogan Proll
Boong rassistisch: Schimpfwort für die Aborigines
Bottle Shop oder Bottle O Laden mit Alkoholverkaufslizenz, gehört meist zu einer Kneipe
Bull dust feiner, alles durchdringender Staub im Outback
Bunkhouse Haus mit einem oder mehreren Räumen, die mit Etagenbetten *(bunks)* ausgestattet sind
Bunyip mythisches Buschungeheuer
Bush alle Gebiete außerhalb der Zivilisation, egal ob sie bewaldet, mit Sträuchern bewachsen oder ohne Vegetation sind
Bushwalking kurzer Spaziergang oder lange Wanderung im *Bush*
BYO (sprich bi-wei-o) Abkürzung für *bring your own* (Alkohol oder andere Sachen)

C

Cattleman wörtlich: Viehtreiber, Rinderhirte. Das australische Äquivalent zum amerikanischen Cowboy und ähnlich stark mythologisiert.
Cattle Station Rinderfarm; oft von der Größe eines kleinen europäischen Landes
Chook Huhn
Cocky Besitzer einer kleinen Farm
Chunder (Verb) sich übergeben (ugspr.)
Comprehensive Insurance oder: *Fully Comprehensive Insurance;* Vollkaskoversicherung
Compo Kompensation, Ausgleichszahlung
Coo-ee Ruf, wenn man sich im Busch verlaufen hat (wie: huhuh!). Angeblich von den Aborigines übernommen
CTP *Compulsory Third Party Insurance*; obligatorische Personenschadenversicherung, die bei der Zulassung *(registration)* eines Autos automatisch mit eingeschlossen ist.
Coon rassistisch: Schimpfwort für die Aborigines
Corroboree früher: Versammlung und zeremonielle Zusammenkunft der Aborigines, heute: Fest
Countermeal Essen in der Kneipe, das man sich vom Tresen abholt
Cozzies Badeanzug oder Bikini
Crook wie in: *I feel a bit crook* – krank sein
Cut lunch Sandwich

ANHANG

D

Daggy hausbacken, spießig, uncool – das genaue Gegenteil von hip. Auch als Nomen: ein *dag* ist ein Spießer

Damper Art der Brotzubereitung im *Bush*

Derro Obdachloser; Landstreicher (von: *derelict person*)

Dickhead Idiot

Didgeridoo (andere Schreibweise: Didjeridu); Musikinstrument der Aborigines des Nordens, langes Blasrohr

Digger Soldat

Dill Idiot

Dinkum echt, wahr. Ein Dinkum Aussie ist ein waschechter Australier

Down under Australien ist down under oder liegt down under – weit weg am anderen Ende der Welt

Drongo (veraltet) Narr

Drover Viehtreiber

Dunny Plumpsklo

E

Esky Kühltasche. Mit das wichtigste Zubehör eines australischen Picknicks

F

Fair dinkum echt wahr; nicht gelogen

Fair go *everybody should have a fair go* – Jeder sollte eine Chance haben

Flake Haifischfilet

Footy Australian Rules Football. Hat nichts mit *soccer*, dem europäischen Fußball, zu tun

Fossick nach Edelsteinen schürfen, wofür man meist eine *Fossicking Licence* benötigt

Four Wheel-Drive auch 4 WD abgekürzt. Wagen mit Allradantrieb, Geländewagen

G

Galah kreischender Papagei; Schimpfwort für dumme Schwätzer

Garbo *garbage collector*, Müllmann

Globe Glühbirne (brit. Bezeichnung: *light bulb*)

Good on ya na, is' ja gut, oder: haste gut gemacht. Wie schön für dich. (Oft ironische Verwendung)

Grazier Besitzer von riesigen *stations* mit Weideland

Gripe wie in: *I have no gripes* – Ich habe nichts zu bemängeln

Grog Alkohol

Grub Essen (*pub grub* = Kneipenessen)

Gum Tree jede Art von Eukalyptusbaum (kein Gummibaum!)

H

Hoon wird meist für zu schnell fahrende Jugendliche gebraucht. Auch als Verb gebraucht: *to hoon around*

Hotel Kneipe, mit oder ohne Unterkunft

I / J

Interstate *to travel interstate*; in einen anderen Bundesstaat fahren

Jackeroo Cowboy

Jilleroo Cowgirl

Joey Känguru- oder Koalajunges

Journo Journalist

Jumbuck Schaf

K

Kickback Provision für eine Vermittlung o. Ä.

Kiwi Bezeichnung für Neuseeländer

Koorie Kollektivbezeichnung für Ureinwohner aus dem Südosten Australiens

Knock *to knock politicians* oder *to knock the boss*; über jemanden herziehen, mit vernichtender Kritik niedermachen

Knock back (ein Angebot) ablehnen

Kraut Person deutscher Herkunft (mit ironisch-verächtlichem Unterton)

L

Lamington mit Schokolade und Kokosraspeln überzogene Plätzchen

Larrikin Rebell, aber auch Radaubruder, Schläger

Lollies Süßigkeiten

M

Mate Kumpel. Übliche vertrauliche Anrede unter Männern

Middie kleines Glas Bier (in NSW)

Milk Bar Tante-Emma-Läden in den Vorstädten

Moleskins Hose aus dicker Baumwolle mit verstärkten Nähten, für „Bushmen"

Mozzie Moskito

Murri Kollektivbezeichnung für Ureinwohner aus Queensland

N

Never-Never tiefstes Outback, dem man entweder entfliehen möchte, um *never-never* zurückzukehren, oder das man so ins Herz geschlossen hat, dass man es *never-never* verlassen möchte

New Australian offizielle Bezeichnung für Neueinwanderer; kann einen verächtlichen Unterton haben

No hoper Taugenichts. Aus dem/der wird nichts

No worries! Kein Problem. Standardfloskel als Antwort auf eine Anfrage oder Bitte, wird manchmal auch im Sinne des hispanischen *mañana* gebraucht

Nungar Kollektivbezeichnung für Ureinwohner aus dem Südwesten Australiens (auch *Nyungar* oder *Noongar* geschrieben)

O

Opp Shop kurz für: *Opportunity Shop;* von Wohltätigkeitsvereinen betriebener Second-hand-Laden, in dem u. a. Kleidung, Geschirr und Hausrat verkauft wird.

Outback im Prinzip alle unbewohnten Gegenden, insbesondere aber die Steppen und Wüsten im Landesinnern

P

Paddock Acker

Piss Bier; *pissed* – betrunken/blau

Pollie Politiker, meist in verächtlichem Ton ausgesprochen

Pom, Pommie verächtliche Bezeichnung für Engländer

Poofter Schwuler; sehr verächtlich

Postie Briefträger

Pot kleines Glas Bier in Melbourne, großes Glas in Sydney

Pub Kneipe

R

Rage wie in: *we raged all night* – wild feiern, tanzen

Rapt wie in: *she was rapt about the present* – total begeistert, entzückt

Ratbag gebräuchliches Schimpfwort, etwa wie Idiot, Dreckskerl, A…loch

Rego kurz für *Certificate of Registration,* Kfz-Zulassung

Road Train Sattelschlepper mit mehreren Anhängern

Roadworthiness das *Certificate of Road-worthiness* – das australische Äquivalent zur TÜV-Plakette – benötigt man beim Auto-kauf; es ist eine der Bedingungen für die Neuzulassung. Man bekommt das Papier von einer zur Ausstellung autorisierten Werkstatt.

Roo Bar weitere Stoßstange vorm Auto, die den Aufprall beim Zusammenstoß mit Kängurus dämpfen soll

Root; to root vulgärer Ausdruck für Geschlechtsverkehr (im Gegensatz zum nordamerikanischen: *to root for a (baseball) team* = ein Team unterstützen)

Rooted völlig kaputt sein

RSL Abkürzung für *Returned Soldiers' League;* Verein heimgekehrter Soldaten. Konservative Vereinigung, die vor allem in New South Wales viele gut gehende Clubs mit Spielauto-maten, preiswerten Restaurants und anderen Annehmlichkeiten betreibt

Rubbish *to rubbish the teacher.* Jemanden kritisieren, heruntermachen, kommt v. a. im Zusammenhang mit *tall poppies* vor (S. 544)

S

Schooner großes Glas Bier (in NSW)

Sealed Road asphaltierte Straße

Sheila allgemeine Bezeichnung für junge Frauen; wie „Mädels", zuweilen mit verächt-lichem Unterton

She'll be right wird schon gut gehen. Grund-sätzliche Haltung der Australier gegenüber der Zukunft. Ebenfalls Standardantwort, wenn jemand von persönlichen Problemen erzählen will.

Shout wie in: *It's your shout, mate!* oder *I'll shout you a beer* – eine Runde werfen, einen ausgeben. Man bestellt niemals für sich allein, sondern es werden abwechselnd von allen Runden ausgegeben.

Sickie bezahlter Krankheitstag

Skinnydipping nackt baden
Slab of Beer Karton mit 24 Dosen Bier
Smoko Teepause
Snag (Brat-)Wurst
Spit the dummy wie in: *… and then he spat the dummy* – die Geduld verlieren; einem platzt der Kragen (wörtlich: „den Schnuller ausspucken")
Spunk attraktive Person (beiderlei Geschlechts); auch Adjektiv: *spunky*
Station riesige Farm
sticky beak neugierige Person (auch: *I just wanted to have a sticky beak* – Ich wollte mal neugierig sein)
Stockman Cowboy
Stubbie kleine Flasche Bier, im Norden auch Bezeichnung für extrem kurze Männershorts
Swag Schlafrolle; wie ein Schlafsack, aber mit losen Enden (ohne Reißverschluss) und mit einer eingearbeiteten Unterlage – man braucht also keine Isomatte.
Swagman war bis in die Nachkriegszeit ein Gelegenheitsarbeiter, der auf der Suche nach Arbeit mit seinem *swag* durchs Outback zog. Heute gibt es die *swagmen* so gut wie nicht mehr.

T

Tall poppy wörtlich: hochwachsende Mohnblume, im übertragenen Sinne jeder, der sich irgendwie hervortut, ein Wichtigtuer, den man auf das „richtige" Durchschnittsmaß zurückstutzen muss. Auf Australisch heißt das *to cut down tall poppies*. Wenn in der Presse ein erfolgreicher Politiker, Geschäftsmann oder angesehener Intellektueller erbarmungslos niedergemacht wird, ist das „hohe Mohnblumen-Syndrom" mit im Spiel.
Tassie Tasmania
Third Party Property Cover in Australien nicht obligatorische Versicherung, die bei einem Autounfall Sachschäden am anderen Fahrzeug abdeckt (also keine Vollkaskoversicherung = *fully comprehensive insurance!*). Ein Abschluss ist dennoch sehr zu empfehlen, ein (unversicherter) Schaden an einem neuen Holden oder gar BMW kann riesige

Scherereien verursachen, von den Kosten ganz zu schweigen.
Thongs Flipflops
Throw a wobbly eine Szene machen; einen Wutanfall bekommen
Togs queensländische Bezeichnung für Badeanzug
Troppo *to go troppo* – einen Tropenkoller kriegen
Tucker Essen

V

Vegemite Brotaufstrich, ohne den Australier auch im Ausland nicht existieren können; ein Hefeextrakt

W

Walkabout *to go walkabout*. Ursprünglich für Aborigines benutzt, die sich periodisch von ihrer Arbeit auf den *cattle stations* entfernten, um für eine Weile ein traditionelles Leben zu führen oder religiös-spirituelle Verpflichtungen zu erfüllen. Jetzt: Bezeichnung für einen Ausflug, um neue Energien zu tanken.
Wattle australische Akazie
Weatherboad House Holzhaus
Wet Regenzeit im tropischen Norden
Whinge wie in: *he whinged a lot about the weather* – herumnörgeln. Als *whingeing Pom* (bzw. anderer Ausländer) gilt jeder, der Australien nicht in den glühendsten Farben schildert.
Whitefella wörtlich: Weißer. Gewöhnlich ist damit ein Australier europäischer Herkunft gemeint. Hat keine grundsätzlich rassistisch gemeinte Bedeutung, sondern ist einfach nur das Gegenteil zu *blackfella*.
Willy-Willy kleiner Sandwirbelwind
Wog Schimpfwort für Leute südeuropäischer Herkunft
Wowser puritanischer Spielverderber, Spaßbremse

Y

Yakka wie in: *hard yakka* – schwere Arbeit. Es gibt auch ein Kleiderlabel mit dem Namen Yakka, das Shorts, Jeans, T-Shirts und dergleichen herstellt.

Bücher

Geschichte, Politik, Gesellschaft

Australien: Die Entdeckung und Besiedlung des Fünften Kontinents, Rudolf Plischke; Lamuv, Göttingen 2000. Eine spannend geschriebene und (dennoch) wissenschaftlich-detaillierte Untersuchung über einen der wunden Punkte in der Geschichte Australiens: die Sträflingsvergangenheit.

Australien: Ein Länderporträt, Esther Blank; Ch. Links, Berlin 2014. Für ihre ausführliche Erörterung der Geschichte, Politik, Wirtschaft und Gesellschaft Australiens, aufgelockert durch individuelle Erlebnisse, wurde die Autorin mit dem ITB-Bookaward 2014 ausgezeichnet.

Damned Whores and God's Police, Anne Summers; Penguin Books, Ringwood 1975, Neubearbeitung 2002, Taschenbuch. Diese feministische Auseinandersetzung mit der Rolle der Frauen in Australien seit der Sträflingszeit wirbelte zur Zeit ihres Erscheinens einigen Staub auf. Heute ist das Buch ein Klassiker.

Dark Emu, Bruce Pascoe, Magabala Books, 2018. Der australische Bestseller stellt eine grundlegende Annahme in Frage: Dass die Ureinwohner als reine Jäger und Sammler praktisch nicht auf ihr Land einwirkten. Er belegt, dass die Aborigines vor der Ankunft der Weißen ausgeklügelte Systeme zur Landverwaltung und -bewirtschaftung hatten. In Australien ein heiß diskutiertes Thema.

Die erste Durchquerung Australiens, 1844–1846, Ludwig Leichhardt; Edition Erdmann, Thienemann Verlag, Stuttgart 1983. Das Tagebuch Leichhardts mit zeitgenössischen Illustrationen, einer Einführung und einem hilfreichen Anhang.

Girt, The Unauthorized History of Australia, David Hunt, Black Inc. 2013. Eine humorvollere Zusammenfassung der australischen Geschichte dürfte schwer zu finden sein. Hunts Schilderungen beruhen auf gründlichen Recherchen und sparen nicht an zynischer Kritik am Umgang der weißen Einsiedler mit der indigenen Bevölkerung. Sehr zu empfehlen!

The Explorers, Hrsg. Tim Flannery; Text Publishing, Melbourne 1998. Taschenbuch. Lesenswerte Anthologie der Berichte der „Entdecker" des australischen Kontinents – alle wichtigen Namen sind vertreten: u. a. De Vlamingh, Dampier, Banks, Captain Cook, Abel Tasman.

The Future Eaters. An ecological history of the Australasian lands and people, Tim Flannery; Reed Books, Chatswood 1994, Taschenbuch 2002. Eine spannende Skizze der Natur- und Frühgeschichte Australiens und Neuseelands mit einigen überraschenden, aber auch sehr kontroversen Pointen. Die mit dem fragilen Ökosystem der „neuen" Länder nicht vertrauten Siedler europäischer Herkunft, die sich in einem Land des Überflusses wähnen und eine rapide Zerstörung der Fauna und Flora bewirken, bezeichnet der promovierte Biologe mit der anschaulichen Metapher der „Zukunftsfresser" – Zerstörer der Lebensgrundlage zukünftiger Generationen.

The Lucky Country, Donald Horne; Erstausgabe 1964; verschiedene Neuauflagen. Diese ironisch betitelte Analyse der australischen Gesellschaft der 60er-Jahre nahm die australische Selbstzufriedenheit und snobistische Provinzialität aufs Korn. Trotz seiner Zeitgebundenheit noch immer ein Klassiker.

The Tyranny of Distance, Geoffrey Blainey; Sun Books, South Melbourne 1966. Überarbeitete Auflage 1983. Taschenbuch. Standardwerk des australischen Historikers, das sich damit auseinandersetzt, wie Australiens geografische Isolation, seine Größe und Unwegsamkeit seine (europäische) Geschichte beeinflussten.

Wir Wettermacher. Wie die Menschen das Klima verändern und was das für unser Leben bedeutet, Tim Flannery; S. Fischer, Frankfurt 2006 (engl.: *The Weather Makers. The History and Future of Climate Change,* Flannery, Tim; 2006) Der australische Wissenschaftler befasst sich in diesem aufrüttelnden Buch mit dem Klimawandel, natürlich nicht nur in Australien. Flannery beeindruckt wie immer durch sein Sachwissen, das viele wissenschaftliche Disziplinen umfasst und sein Vermögen, komplexe Sachverhalte anschaulich und packend zu beschreiben. Eines der besten Bücher zu diesem Thema.

Fauna und Flora

Australien. Natur-Reiseführer: Mit Neuseeland. Tiere und Pflanzen am touristischen Wegesrand, Dr. Lutz Fehling; Edition Fehling bei Hupe, München 2015. In Australien und Neuseeland vorkommende Tiere und Pflanzen werden jeweils mit einer Kurzbeschreibung und Zeichnung vorgestellt. Dazu kommen Überblicksinformationen im Kasten. Empfehlenswert.

Australien. Reiseführer Natur, Brigitte Fugger und Wolfgang Bittmann von Tecklenborg; BLV Verlagsgesellschaft, München 2000. Ausführliche Beschreibung der Nationalparks und Naturschönheiten Australiens mit guten Farbfotos.

Aborigines

Biografien, Lebensberichte

Broken Song. T.G.H. Strehlow and Aboriginal Possession, Barry Hill; Random House Australia, Milson's Point 2002. Neuauflage 2012. Sachkundige Biografie über Theodor Georg Heinrich Strehlow, der die Kultur der Arrernte erforschte und aufzeichnete. Im Gegensatz zu den meisten seiner Zeitgenossen war er mit ihrer Sprache sowie mit ihrer Denk- und Lebensweise tief vertraut und seine Haltung von Zuneigung und Achtung geprägt. Er gewann das Vertrauen der „weisen" Männer, die ihm Zugang zu geheimen Zeremonien, Liedern, Tänzen und heiligen Objekten gewährten. Seine Kenntnisse sind in dem Monumentalwerk *Songs of Central Australia* zusammengefasst, dem in Australien nur wenig Beachtung geschenkt wurde. Hill setzt sich insbesondere auch mit diesem Buch auseinander. Gegen Strehlow wird allerdings auch der Vorwurf erhoben, er habe heilige Überlieferungen und Objekte einem Publikum zugänglich gemacht, für dessen Augen und Ohren es nicht bestimmt gewesen sei. Ein lesenswertes Buch.

Daisy Bates in der Wüste. Eine Frau bei den Aborigines, Julia Blackburn; dtv 1997 (engl.: *Daisy Bates in the Desert. The Factional Life of Daisy Bates*. Vintage, 1997). Biografie der selbst ernannten Beschützerin der Aborigines; eine exzentrische, eigenwillige Frau, die Anfang des 20. Jhs. jahrzehntelang in einem Wüstencamp

lebte, um ihren „Freunden" nahe zu sein. Sie betrachtete sie als Angehörige einer sterbenden Rasse und sah es als ihre Aufgabe an, ihnen bei ihrem Dahinscheiden Trost und Unterstützung zu spenden („to smooth their dying pillow").

Shadow Child. A Memoir of the Stolen Generation, Rosalie Fraser; Hale & Ironmonger, Maryborough 1998. Taschenbuch. Erschütternde Autobiografie einer Ureinwohnerin, die als Kind ihrer Mutter entrissen und von ihrer Pflegemutter misshandelt wurde.

Snake Cradle, Roberta Sykes; Allen & Unwin, Sydney 1997ff. Taschenbuch. Dreibändige Autobiografie einer Ureinwohnerin. In den 1970er-Jahren eine bekannte Aktivistin der Protestbewegung der australischen Ureinwohner, studierte sie später in den USA.

Stradbrokes Traumzeit, Oodgeroo Noonuccal; Edition Isele, Schweiz, 1996 (engl.: *Stradbroke Dreamtime,* Angus & Robertson, 1972 und Neuausgaben). Die Autorin, unter dem Namen Kath Walker als Angehörige des Nunukul-Stammes auf Stradbroke Island bei Brisbane geboren, war eine der Landrechtsaktivisten der ersten Stunde und Schriftstellerin. *Stradbroke Dreamtime* umfasst Kindheitserinnerungen an das Leben auf der Insel und Geschichten, sowohl traditionell überlieferte als auch neue, die sie ganz im Stil der alten Dreamtime Stories erzählt.

Sachbücher zu Geschichte, Kunst, Religion

Aborigines – Gestern und Heute: Gesellschaft und Kultur im Wandel der Zeiten, Sabine und Burkhard Koch; 360° Medien, Mettmann 2013. Tiefgründige Erörterung der Geschichte der Ureinwohner, v. a. seit der Ankunft der Weißen, bis in die Gegenwart.

Australian Dreaming. 40 000 Years of Aboriginal History, Jennifer Isaacs (Hrsg.) in Zusammenarbeit mit dem Aboriginal Arts Board. New Holland Publishers, Frenchs Forest 2005. Geschichte von Aboriginal-Australien, erzählt anhand vieler Mythen. Empfehlenswertes Standardwerk. Gebunden. Viele Fotos und Illustrationen.

Bringing them Home. National Inqiry into the Separation of Aboriginal and Torres Straits Islander Children from their Families, Commonwealth of Australia, 1997. Dieses 689 Seiten starke Buch, auch unter dem Namen *The Stolen Children Report* bekannt, dokumentiert die Geschichte von Kindern gemischtrassiger Herkunft, die ihren Aboriginal-Familien entrissen und in Waisenhäuser gesteckt oder zur Adoption an weiße Familien freigegeben wurden – eine damals völlig legale Praxis, die bis in die 60er-Jahre betrieben wurde, gemäß dem zu der Zeit vorherrschenden Denken „im besten Interesse der Kinder". Ein erschütternder Bericht.

Dreamings. The Art of Aboriginal Australia. Peter Sutton; 1997. Ein grundlegendes Buch zum Thema.

In Denial. The Stolen Generations and The Right, Robert Manne; Quarterly Essay Issue 1, Melbourne 2001. Robert Manne, Associate Professor für Politik an der La Trobe University in Melbourne und Kolumnist der Tageszeitungen *The Age, Sydney Morning Herald* und *The Australian,* hat sich jahrelang mit dem Themenkomplex „Stolen Generation" beschäftigt. Dieser Essay ist eine Auseinandersetzung mit australischen Intellektuellen, Journalisten und Politikern der Rechten, die diese Ereignisse herunterspielen oder abstreiten. Die erbitterte Diskussion dauert an.

Long Walk Home. Die wahre Geschichte einer Flucht quer durch die Wüste Australiens. Das Buch zum Film, Doris Pilkington; 1998 Rowohlt Taschenbuch, 2003. 1998 (engl.: *Rabbit-Proof Fence. The True Story of One* of *the Greatest Escapes of all Time*, 2002). In den 1930er-Jahren trennten australische Behörden, die für die Ureinwohner zuständig waren, die Kinder weißer Väter von ihren Aboriginal-Müttern und steckten sie in Erziehungslager, weit entfernt von ihrer Heimat. Der Misshandlungen überdrüssig und getrieben von Heimweh rissen drei Mädchen aus und machten sich auf den Heimweg. Der verlief mitten durchs Outback entlang dem Kaninchenzaun. Die Tochter eines der Mädchen erzählt die bewegende Geschichte ihrer Flucht.

Traumstraße: eine Entdeckungsreise zu den Felsmalereien der australischen Ureinwohner, Percy Trezise; Thorbecke Verlag, Sigmaringen 2001 (engl.: *Dream Road*, 1993. Paperback 1997). Trezise hat erstmals die Felsmalereien im Nordosten Australiens für die Wissenschaft erschlossen. Mit Fotos.

Traumzeit. Die Religion der Ureinwohner Australiens, Corinna Erckenbrecht; Herder, Kleine Bibliothek der Religionen Bd. 8, Freiburg 1998. Wissenschaftliche Vorstellung des Glaubenssystems der Aborigines.

Wüstentanz. Australien spirituell erleben, Wighard Strehlow; Strehlow Verlag, Allensbach 1996. Hardback. Der Autor ist der Enkel Carl Strehlows und der Neffe Theodor von Strehlows (S. 393 unter „Broken Song"). Wighard begründet die Veröffentlichung des Geheimwissens, das seinem Großvater und Onkel anvertraut worden war, mit deren Wunsch, es möge als Kulturschatz der Menschheit erhalten werden.

Reiseberichte und Impressionen

Australien, Geo Special, 2013. Gute Einstimmung auf die Reise mit schönen Bildern und informativen Texten.

Frühstück mit Kängurus, Bill Bryson (engl.: *Down Under,* 2001). Der amerikanische Journalist berichtet mit trockenem Humor über seine Australienreise, wobei er die Pose des „ignoranten Amerikaners" manchmal ein bisschen überzieht.

Gebrauchsanweisung für Australien, Joscha Remus; Piper, München 2014. Mit einer ordentlichen Portion Humor greift der Autor australische Themen von Ureinwohnern über Kängurus bis hin zur Sonnencreme auf.

Gebrauchsanweisung für Sydney, Peter Carey; Piper, München 2002 (engl.: *Thirty Days in Sydney. A Wildly Distorted Account,* London 2001). Der erfolgreiche australische Autor, der in Victoria aufwuchs und seit den 90er-Jahren in New York lebt, berichtet von einem vierwöchigen Besuch in Sydney 1998/99. Lesenswert.

Spuren, Robyn Davidson; Rowohlt, Reinbek 1998 (engl.: *Tracks,* 1980). Bericht über eine Kamelexpedition von Alice Springs nach Carnarvon an der westaustralischen Küste im Jahre 1975, gleichzeitig eine Momentaufnahme von Outback-Australien.

Traumpfade, Bruce Chatwin; Fischer Verlag, Frankfurt/M. 1992 (engl.: *The Songlines,* London 1988). Bericht des 1989 verstorbenen britischen

Autors über seine Reise nach Zentral-Australien: eindringliche Menschenporträts, Auseinandersetzung mit der Gedankenwelt und Spiritualität der Aborigines.

Traumsucher. Walkabout in Westaustralien, Barbara Veit; 2000. Beobachtungen und sensible Porträts von Menschen, die der Autorin auf einer Reise durch den Südwesten, das Outback und die Bergwerksstädte der Pilbara in West-Australien begegneten.

Biografien

Diamanten im Staub, Frauke Bolten-Boshammer; DuMont, Ostfildern 2020. Die deutsche Autorin kam 1981 ins westaustralische Kununurra, wo ihr Mann neue landwirtschaftliche Herausforderungen suchte. Nur drei Jahre später fand sie sich alleine mit vier Kindern in einem der abgelegensten Winkel der Erde wieder; ihr Mann hatte sich das Leben genommen. Heute betreibt Bolten-Boshammer ein funkelndes Juweliergeschäft in Kununurra, das eine der größten Sammlungen der prächtigen pinkfarbenen Diamanten birgt. Ein sehr eindrucksvoller Lebensbericht.

Kings in Grass Castles, Mary Durack; 1959, Neuausgabe Bantam Books 1997. Taschenbuch. Berichtet von der Erschließung der Kimberley als Weideland durch die „Cattle Barons", zu denen auch die Durack-Familie zählte. Ein Klassiker.

No Place for a Woman. The Autobiography of an Outback Publican, Mayse Young und Gabrielle Dalton; Pan Macmillan, Chippendale, NSW, 1991. Mayse Young führte 50 Jahre lang einen Pub im Outback, „nebenbei" zog sie dort in den 30er- und 40er-Jahren sieben Kinder groß. Das Buch ist ein lebendiges Porträt des Lebens im Outback aus der unsentimentalen Perspektive einer mutigen Frau.

The Confessions of a Beachcomber, Edmund James Banfield, 1908; verschiedene Neuauflagen, u. a. Create Space, 2013. Liebevolle Beschreibung von Dunk Island in Nord-Queensland und Memoiren des Autors, der 25 Jahre bis zu seinem Tode 1923 auf der Insel lebte.

The Road from Coorain. Jill Ker Conway; Vintage Books, 1990. Die Autorin erzählt von ihrer Kindheit im ländlichen NSW der 1940er- und 1950er-Jahre und der Übersiedlung ihrer Familie nach Sydney.
Weitere Autobiografien s. unter „Aborigines", S. 546.

Romane

Traumfänger. Die Reise einer Frau in die Welt der Aborigines, Marlo Morgan; Goldmann, München 1998 (engl.: *Mutant Message Down Under. A Woman's Journey into Dreamtime*, Australia 1994). Ursprünglich als „wahrer Bericht" veröffentlicht, stieß das Werk der US-Autorin auf kontroverse Kritiken, woraufhin es unter der Überschrift „fiktive Erzählung" neu aufgelegt wurde. So oder so: Dieses Sammelsurium plattester New-Age-Klischees sollte man links liegen lassen.

Australische Literatur

Murray Bail: *Eukalyptus,* Berlin 1998 (engl.: *Eucalyptus*, 1980). Die märchenhafte Geschichte von einem Farmer, der auf seinem Grundstück jeweils eine von allen existierenden Eukalyptusarten angepflanzt hat, und eine Liebesgeschichte. Weiterhin: *Homesickness* (1980), *Holden's Performance* (1987), *Pages* (2008) und *The Voyage* (2012).

Peter Carey u. a.: *Bliss, das Paradies umsonst* (engl.: *Bliss*, 1981) *Oscar und Lucinda* (engl.: *Oscar and Lucinda*, 1988; verfilmt 1998), *Illywhacker* (engl. 1985), beide bei Rowohlt, Hamburg. Bei Klett-Cotta, Stuttgart, erschienen: *Die Steuerfahnderin* (engl.: *The Tax Inspector*, 1991), *Das seltsame Leben des Tristan Smith* (engl.: *The curious life of Tristan Smith*, 1996), *Die geheimen Machenschaften des Jack Maggs*, 2001 (*Jack Maggs*, 1997), *Die wahre Geschichte von Ned Kelly*, 2002, (*The True History of the Kelly Gang*, 2001), die fiktive Autobiografie des australischen Nationalhelden, *Mein Leben als Fälschung*, 2003 (*My Life as a Fake*, 2003), *Liebe – eine Diebesgeschichte*, 2008 (engl.: *Theft – a Love Story*, 2006), *Parrot und Olivier in Amerika*, 2010 (engl.: *Parrot and Olivier in America*, 2009) und *Die Chemie der Tränen*, 2013 (engl.: *The Chemistry of Tears*, 2012). Charakteristisch für Careys Erzählweise sind skurrile Figuren und die Verknüpfung realer und surrealer Elemente in überbordenden Erzählungen.

Robert Drewe: u. a. *The Savage Crows* (1975), *A Cry in the Jungle Bar* (1979), *The Bodysurfers* (Kurzgeschichten, 1983), *The Bay of Contented Men* (Kurzgeschichten, 1989), *The Drowner* (1997), *The Shark Net* (2001), *Grace* (2005). Ein hervorragender und in Australien erfolgreicher Erzähler, der in Europa anscheinend weitgehend unbekannt ist. Drewes Figuren sind oft unbehauste Menschen, die Strandgut gleichend durch das Leben treiben.

Delia Falconer: u. a. zahlreiche Kurzgeschichten, Rezensionen und zwei poetische Romane: *Die Liebe zu den Wolken,* Fischer 1999 (engl.: *The Service of Clouds,* 1997) und *The Lost Thoughts of Soldiers* (2005); Letzterer ein elegischer Nachruf auf einen gefallenen Soldaten und eine Reflexion über Krieg und Frieden.

Richard Flanagan: *Am Anfang der Erinnerung*, Kindler, München 1998 (engl.: *The Sound of One Hand Clapping*, 1998), *Goulds Buch der Fische*, Berlin Verlag, Berlin 2002 (engl.: *Gould's Book of Fish. A Novel in 12 Fish*, 2001) und *Mathinna*, 2009 (engl.: *Wanting*, 2008). Der tasmanische Autor wählte seine Heimatinsel als Schauplatz aller seiner Romane; in seinem letzten widmet er sich den dunklen Seiten der frühen Jahre der Kolonie: dem Sträflingssystem und der Unmenschlichkeit gegenüber den Ureinwohnern.

Helen Garner: u. a. *Monkey Grip* (Roman, 1977), *Postcard from Surfers* (Kurzgeschichten, 1985), *Cosmo Cosmolino* (Roman, 1992), *The Feel of Steel* (Essays; 2001), *Joe Cinque's Consolation* (2004), *The Spare Room* (Roman, 2008). Die Journalistin und Schriftstellerin beschäftigt sich in ihren Geschichten, Romanen und Essays mit Aspekten des zeitgenössischen australischen Großstadtlebens. Garners Stärken sind eine sensible Beobachtungsgabe und unbedingte Wahrhaftigkeit, gepaart mit einem geschliffenen Stil.

Kerry Greenwood: *Miss Fisher fischt im Trüben. Mörderische Fälle für eine Lady,* Rowohlt, 1999. Einer von (bislang) 22 Krimis der Miss-Fisher-Serie, die alle im Melbourne der 20er- und 30er-Jahre des 20. Jhs. spielen.

Kate Grenville: u. a. *Lilians Story* (1985), *Joan macht Geschichte*. 1991 (engl.: *Joan Makes History*, 1988), *Eine Ahnung von Vollkommenheit*, C. Bertelsmann, München 2008 (engl.: *The Idea of Perfection*, 2002), *Der Stenenleser*, Bertelsmann, München 2011 (engl.: *The Lieutenant*, 2008), *Sarahs Traum*, Bertelsmann, München 2014 (engl.: *Sarah Thornhill*, 2011), *Der verborgene Fluss*, btb, München (engl.: *The Secret River*, 2006). Der letztgenannte ist ein gut recherchierter, packend und einfühlsam erzählter historischer Roman über die Sträflingszeit, der 2006 auf der Shortlist für den britischen Man Booker Prize stand. Der Held William Thornhill wächst zu Beginn des 19. Jhs. in London in bitterer Armut auf. Nach einem Gelegenheitsdiebstahl wird er nach Sydney verbannt. Das Leben in der neuen Kolonie ist für ihn und seine Familie nicht weniger entbehrungsreich, aber es bietet ihm auch Chancen, von denen er in der Alten Welt niemals zu träumen gewagt hätte: sein eigenes Stück Land an einer Flussbiegung. Wildnis, die niemandem gehört, wie er meint. Der blutige Konflikt mit den Ureinwohnern ist vorgezeichnet.

Jeanny Gunn: *We of the Never-Never* (1908). Bericht über das Leben auf einer abgelegenen *cattle station* im Northern Territory zur Jahrhundertwende. Ein australischer Klassiker.

Henry Lawson: *Short Stories in Prose and Verse*, enthält unter anderem die Kurzgeschichte *The Drover's Wife* (1894). Ein Klassiker.

David Malouf: *Jenseits von Babylon*, dtv, München 1999 (engl.: *Remembering Babylon*, 1993). Angesiedelt im 19. Jh.: Kinder stoßen im Busch auf einen weißen Jungen, der als Waise bei Aborigines aufwuchs. Malouf zählt neben Peter Carey zu den großen und produktiven australischen Schriftstellern der Gegenwart. Zu empfehlen sind auch *Die große Welt*, 1994 *(The Great World,* 1990), und *Die Nachtwache am Curlow Creek*, 2001 (engl.: *The Conversations at Curlew Creek,* 1997).

Colleen McCullough: *Die Dornenvögel,* Goldmann, München 1991 (engl.: *Thornbirds,* 1977). Das australische Pendant zu *Vom Winde verweht*. Dicker, stellenweise kitschiger Schmöker, der sich aber wegen seiner eindringlichen und realistischen Schilderung des Lebens im Outback gut als Reiselektüre eignet.

Mudrooroo: *Wild Cat Falling,* 2001. Als der Roman 1965 erschien, wurde er als der „erste Roman eines Aboriginal-Schriftstellers" gefeiert. Der Autor, geboren in Narogin in WA unter dem Namen Colin Johnson, verließ danach Australien, um in Asien zu reisen; er wurde buddhistischer Mönch. 1988 änderte er seinen Namen. Er schrieb viele Romane und Kurzgeschichten sowie literaturkritische Werke.

Paperbark. A collection of Black Australian Writings, Hrsg. Jack Davis, Stephen Muecke, Mudooroo Narogin, Adam Shoemaker; Brisbane 1990. Taschenbuch. Vergriffen, aber secondhand erhältlich (Internet). Diese Anthologie umfasst Gedichte, Kurzgeschichten, Theaterstücke und andere Beiträge von 36 Aboriginal-Autoren von 1840 bis zur Gegenwart.

Andrew Barton (Banjo) Paterson: The *Man from Snowy River*; Gedichte. *Waltzing Matilda,* die inoffizielle Nationalhymne Australiens, schrieb er Ende des 19. Jhs.

Christina Stead: *Der Mann, der Kinder liebte,* dtv, 2001 (engl.: *The Man who Loved Children,* erstmals erschienen 1940). Stead verarbeitete in diesem Roman mit dem bitter-ironischen Titel ihre Kindheitserfahrungen. Er erschien zuerst in London, dann in den USA. Für die amerikanische Leserschaft wurde der Schauplatz der Handlung von Sydney nach Baltimore und Washington verlegt, der Roman blieb dennoch zunächst unbeachtet. 1965 wurde er wiederentdeckt; heute gilt er als australischer Klassiker.

Patrick White: Thema des 1990 verstorbenen Literaturnobelpreisträgers von 1973 ist oft die Isolation des Einzelnen. Auf Deutsch erschienen u. a.: *Zur Ruhe kam der Baum des Menschen nie* (dtv, 1957; engl.: *The Tree of Man,* 1955); bei Fischer, Frankfurt, *Die Verbrannten,* 1982 *(The Burnt Ones,* 1964), und *Risse im Spiegel,* 1994 *(Flaws in the glass. A self-portrait,* 1981). Letzteres enthält autobiografische Skizzen des Autors. *Voss* (Kiepenheuer & Witsch, 1958) ist an die Geschichte von Ludwig Leichhardt angelehnt, der 1848 während seiner Australiendurchquerung verschwand.

Christos Tsiolkas: *Unter Strom,* 1998 (engl.: *Loaded,* 1997). Debütroman eines Migranten der zweiten Generation. Der homosexuelle Sohn griechischer Einwanderer in Melbourne rebelliert gegen die enge Welt seiner Familie. Das Buch wurde unter dem Titel *Head On* (deutsch: *Verzaubert*) verfilmt.

Tim Winton: u. a. *That Eye The Sky* (1986), *Das Haus an der Cloudstreet,* Krüger, Frankfurt 1992 (engl.: *Cloudstreet,* 1991), *Getrieben,* Fischer Taschenbuch, 1996 (engl.: *The Riders,*1995), *Der singende Baum,* Luchterhand, München 2004 (engl.: *Dirt Music,* 2002), *Weite Welt,* Luchterhand, München 2007 (engl.: *The Turning,* Kurzgeschichten; 2005), *Atem,* Luchterhand, München 2008 (engl.: *Breath,* 2008). Der preisgekrönte westaustralische Autor versteht es meisterhaft, in seinen Romanen die Sprache und das Lebensgefühl der einfachen Leute und die westaustralische Landschaft einzufangen.

Reiseführer

Explore Australia. Hardy Grant Publishing, Richmond, Victoria (wird jedes Jahr neu aufgelegt). Handlicher Straßenatlas von ganz Australien mit zahlreichen detaillierten Karten, Farbfotos, einer Kurzbeschreibung der Bundesstaaten und der Hauptstädte sowie einer alphabetisch geordneten Ortsbeschreibung. Sehr praktisch für Autofahrer (fürs Outback braucht man jedoch zusätzliches Kartenmaterial).

Unter der Marke *Explore Australia* erscheinen zudem viele weitere nützliche Titel, z. B. der ausführliche Camping-Guide **Camping around Australia** oder **Budget Rest Areas**.

✓ Forum
✓ Updates
✓ Länderinfos

Premier Motor Service, ☎ 13 34 10, 🖥 www.premierms.com.au,
fährt 2x tgl. die Küste zwischen Sydney und Eden runter bzw. rauf entlang des Princes Highways/M1.
Aufgeführt sind nur die wichtigsten Stopps. Genaue Infos findet man online.
„Hop on hop off"-Ticket, gültig für 6 Monate, eine Fahrtrichtung, beliebig viele Stopps, $92.

Stop	Adresse	Abfahrt
Sydney Central	Bay 17	09.00
Sydney Intern. Airport	Coach Bays 7-11, vor Ankunftshalle	09.25
Wollongong	Bahnhof, Station St	11.00
Kiama	Hbf. Bombo	11.35
Berry	Berry Boutique Motel	11.50
Nowra	Coach Terminal Stewart Pl	13.15
Sussex Inlet (Abzweig)	Bus Bay, Abzweig Sussex Inlet	13.45
Milton	Gegenüber Milton Tyre Service	14.10
Ulladulla	Marlin Hotel	14.20
Batemans Bay	Promenade Plaza, Orient St	15.45
Mogo	Bushaltestelle Southbound	15.50
Bodalla	Matilda-Tankstelle	16.30
Narooma	Lynch's Hotel	16.45
Mystery Bay (Abzweig)	Abzweig zum Mystery Bay	16.50
Tilba Tilba	Gegenüber Pam's Store	17.00
Bermagui	Village Store, Lamont St.	17.20
Bega	Bus Zone, Gipps St	18.10
Merimbula	Caltex-Tankstelle	18.35
Pambula	Post	18.40
Eden	Caltex-Tankstelle	19.00

Premier Motor Service, ✆ 13 34 10, ⌨ www.premierms.com.au,
fährt 2x tgl. die Küste zwischen Sydney und Eden runter bzw. rauf entlang des Princes Highways/M1.
Aufgeführt sind nur die wichtigsten Stopps. Genaue Infos findet man online.
„Hop on hop off"-Ticket, gültig für 6 Monate, eine Fahrtrichtung, beliebig viele Stopps, $92.

Stop	Adresse	Abfahrt
Eden	Gegenüber Caltex-Tankstelle	06.05
Pambula	Gegenüber Post	06.20
Merimbula	Gegenüber Caltex-Tankstelle	06.30
Bega	Bushaltestelle Gipps St	07.00
Bermagui	Village Store, Lamont St	07.50
Tilba Tilba	Pam's Store	08.05
Mystery Bay (Abzweig)	250 m nördl. Mystery-Bay-Abzweig	08.25
Narooma	Gegenüber Lynch's Hotel	08.30
Bodalla	Bushaltestelle, gegenüber Polizei	08.40
Mogo	Bushaltestelle Northbound	09.15
Batemans Bay	Promenade Plaza, Orient St	10.15
Ulladulla	Haltestelle bei Ulladulla Travel	11.05
Milton	Milton Tyre Service	11.15
Sussex Inlet (Abzweig)	Bus Bay, Abzweig Sussex Inlet	11.35
Nowra	Coach Terminal Stewart Pl	13.05
Berry	Shell-Tankstelle	13.15
Kiama	Clearly Bros Quarry	09.00
Wollongong	Bhf. Station St	14.20
Sydney Intern. Airport	Abflug Level 1	15.45
Sydney Central	Bay 17	16.15

ANHANG

Busse Sydney Central ⊙ Brisbane

Premier Motor Service, 🖥 www.premierms.com.au, fährt tgl. die Küstenroute zwischen Sydney und Brisbane und andersrum ab. Nachstehend sind nur die wichtigsten Bus Stops gelistet. Den vollen Fahrplan gibt's online. Achtung: Im Winter fahren die Busse in Queensland jeweils eine Stunde später, da Queensland nicht auf Sommerzeit umstellt.
„Hop on hop off"-Ticket, gültig für 6 Monate, eine Fahrtrichtung, beliebig viele Stopps, $92.

Stop	Adresse	Abfahrt
Sydney Central	Bay 17, 490 Pitt St	18.45
Tuggerah	Westfield Plaza, am Kino	20.30
Newcastle	Hbf., Watt St	21.45
Bulahdelah	Vor Mobil-Tankstelle	23.40
Taree	Gegenüber United-Tankstelle, Victoria St	00.30
Port Macquarie	Busbahnhof, Gordon St	01.30
Nambucca Heads	Info Centre, Riverside Dr	03.05
Coffs Harbour	Busbahnhof, Elizabeth St	03.45
South Grafton	Hbf., Trough St	04.45
Iluka (Abzweig)	Woombah Woods Caravan Park	05.30
Lismore	Transit Centre, Molesworth St	07.15
Ballina	Bushaltestelle, Tamar St	07.50
Lennox Head	Bushaltestelle vor Vet Clinic	08.15
Byron Bay	Info Centre Haltestelle Jonson St	08.55
Murwillumbah	Vor Hbf.	09.45
Tweed Heads/ Coolangatta	Bushaltestelle Wharf St, gegenüber Info Centre	10.15
Palm Beach	Intercity Stop 7, Gold Coast Hwy	09.30
Burleigh Heads	Bushaltestelle bei Park & Bowl Green	09.45
Surfers Paradise	Bushaltestelle Beach Rd	10.00
Brisbane	Transit Centre, Roma St, Level 3	11.20

ANHANG

Premier Motor Service, 🖥 www.premierms.com.au, fährt tgl. die Küstenroute zwischen Sydney und Brisbane und andersrum ab. Nachstehend sind nur die wichtigsten Bus Stops gelistet. Den vollen Fahrplan gibt's online. Achtung: Im Winter fahren die Busse in Queensland jeweils eine Stunde später.

„Hop on hop off"-Ticket, gültig für 6 Monate, eine Fahrtrichtung, beliebig viele Stopps, $92.

Stop	Adresse	Abfahrt
Brisbane	Transit Centre, Roma St, Level 3	13.00
Surfers Paradise	Bushaltestelle Beach Road	14.25
Burleigh Heads	Bushaltestelle vor BWS Bottle Shop	14.40
Bilinga (am Gold Coast Flughafen)	Bushaltestelle, Golden Four Dr	15.00
Tweed Heads/ Coolangatta	Bushaltestelle Wharf St, vor Centro	16.10
Murwillumbah	Vor Hbf.	16.40
Byron Bay	Info Centre Haltestelle Jonson St	17.35
Lennox Head	Bushaltestelle, nördl. Ende der Ballina St	17.50
Ballina	Bushaltestelle, Tamar St	18.15
Lismore	Transit Centre, Molesworth St	19.00
Iluka (Abzweig)	Woombah Woods Caravan Park	21.00
South Grafton	Hbf., Trough St	21.50
Coffs Harbour	Busbahnhof, Elizabeth St	22.50
Nambucca Heads	Info Centre, Riverside Dr	23.30
Port Macquarie	Busbahnhof, Gordon St	01.10
Taree	United-Tankstelle, Victoria St	02.05
Bulahdelah	Haltestelle an Mobil-Tankstelle	02.55
Newcastle	Hbf., Watt St	04.50
Tuggerah	Westfield Plaza, am Kino	05.45
Sydney Central	Bay 17	07.45

ANHANG

Busse Sydney Central ➲ Brisbane

Greyhound Australia, ☎ 1300-47 39 46, 🖥 www.greyhound.com.au, befährt eine ähnliche Strecke wie Premier. Auch hier nur die wichtigsten Stopps. Achtung: Durch die Zeitumstellung zwischen NSW und Queensland können im Sommer andere Zeiten gelten.
Der East Coast Whimit Pass deckt die gesamte Strecke von Melbourne bis Cairns ab (15 Tage $299, 30 Tage $369).

Stop	Adresse	Abfahrt
Sydney Central	Bay 5, 6	22.00
Newcastle	Bushaltestelle am Hbf., Bay 5	00.30
Bulahdelah	BP-Tankstelle, Bulahdelah Way	01.40
Port Macquarie	Bus-Terminal, Gordon St	04.00
Nambucca Heads	Info Centre, Riverside Dr	05.15
Coffs Harbour	Busbahnhof, Elizabeth St	06.25
Grafton	BP-Tankstelle, Pacific Hwy	07.35
Yamba	Haltestelle River St, Ecke Coldstream Street	08.30
Ballina	Bushaltestelle, Tamar St	10.25
Byron Bay	84 Jonson St	11.05
Coolangatta	Bushaltestelle Warner St	11.20
Surfers Paradise	Busbahnhof	12.10
Brisbane	Transit Centre, Roma St, Level 3	13.30

ANHANG

Greyhound Australia, ✆ 1300-47 39 46, 🖥 www.greyhound.com.au, befährt eine ähnliche Strecke wie Premier. Auch hier nur die wichtigsten Stopps. Achtung: Durch die Zeitumstellung zwischen NSW und Queensland können im Sommer andere Zeiten gelten.
Der East Coast Whimit Pass deckt die gesamte Strecke von Cairns bis Melbourne ab (15 Tage $299, 30 Tage $369).

Stop	Adresse	Abfahrt
Brisbane	Transit Centre, Roma St, Level 3	13.00
Surfers Paradise	Busbahnhof	14.20
Coolangatta	Bushaltestelle Warner St	15.10
Byron Bay	84 Jonson St	17.30
Ballina	Bushaltestelle, Tamar St	18.00
Yamba	Haltestelle River St, Ecke Coldstream St	19.55
Grafton	BP-Tankstelle, Pacific Hwy	21.00
Coffs Harbour	Busbahnhof, Elizabeth St	22.10
Nambucca Heads	Info Centre, Riverside Dr	23.20
Port Macquarie	Bus-Terminal, Gordon St	00.45
Bulahdelah	BP-Tankstelle, Bulahdelah Way	02.20
Newcastle	Bushaltestelle am Hbf., Bay 5	04.40
Sydney Central	Bay 5, 6	06.50

ANHANG

Busse Brisbane ➔ Cairns

Mit **Greyhound Australia**, ☎ 1300 473 946, 🖥 www.greyhound.com.au.
Aufgeführt sind nur die wichtigsten Stopps. Genaue Infos findet man online.

Stop	Adresse	Abfahrt
Brisbane Busbahnhof	Parkland Crescent	14.00
Sunshine Coast –Mooloolaba	Bushaltestelle, 66 Brisbane Rd	15.20*
Sunshine Coast – Maroochydore	Bushaltestelle, 83 Sixth Ave	15.30
Sunshine Coast – Noosa	Platform 2 Stop C, 38 Sunshine Beach Rd	16.10
Sunshine Coast – Cooroy	Bushaltestelle, 32 Elm St	16.40*
Traveston	Puma Tankstelle, 2028 Old Bruce Hwy, Kybong	17.10
Gympie	Bushaltestelle, 13 River Rd	18.00*
Wallu	Rastplatz Tin Can Bay & Rainbow Beach Rd	18.35
Rainbow Beach	Bushaltestelle, 19 Spectrum St	18.55
Maryborough	Busbahnhof, 220-228 Lennox St	20.00
Hervey Bay	Stocklands Hervey Bay, 6 Central Ave	20.35
Childers	Bushaltestelle, 16 Crescent St	21.25*
Apple Tree Creek	Tankstelle, 29444 Bruce Hwy	21.45
Bundaberg	Bushaltestelle, 3 Barolin St	23.00
Taunton	Rest Area Center, Tableland Rd & Fingerboard Rd	00.00
Miriam Vale	Rückseite des Tourist Info Centers, 1 Dougall St	00.20*
Gladstone	Bushaltestelle, 3 Dawson Highway	01.10
Rockhampton	Puma Tankstelle, 93-101 George St	02.50
Marlborough Turnoff	Bruce Hwy & Glenprairie Bypass Rd	04.05*
St Lawrence Turn Off	Bushaltestelle, Cnr Bruce Hwy & Croydon St	04.50*
Sarina	Bushaltestelle, 59 Broad St	06.00
Mackay Meal Break	BP-Tankstelle, 313 Bruce Hwy	07.05
Mackay	Bushaltestelle, 30 Victoria St	07.25
Proserpine	Bushaltestelle, 21 Blair S	08.50
Airlie Beach	Transit Terminal, 26 The Cove Road	09.30
Longford Creek Meal Break	Tankstelle, Cnr Bruce Hwy & Bridsons Rd	10.45
Bowen	Bushaltestelle, 40 Williams St	11.10
Delta	Puma Tankstelle, 19038 Bruce Highway	11.15*
Home Hill	Bahnhof, 12 Railway Ave	12.20
Ayr	Bushaltestelle, 86 Graham St	12.35
Townshille	Sealink Terminal, 2 Sir Leslie Thiess Dr	13.45
Ingham	Bushaltestelle, Cnr Townsville Rd & Shire Hall Ln	15.15
Cardwell	Bushaltestelle, 2 Brasenose St	16.30
Tully	Transit Centre, 76 Butler St	17.00
Mission Beach (Wongaling)	Transit Centre, 2002 Tully Mission Beach Rd	17.25
Innisfail	Bushaltestelle, 116 Edith St	18.05
Babinda	Railway Station Bus Stop, 93 Howard Kennedy Dr	18.35*
Gordonvale	Bushaltestelle, 51 Norman St	19.05*
Cairns	Bay 16 und 17, 17 Pier Point Rd	19.25

*Bedarfshalt, Voranmeldung erforderlich

Busse Cairns ⊙ Brisbane

Mit **Greyhound Australia**, ☎ 1300 473 946, 🖥 www.greyhound.com.au.
Aufgeführt sind nur die wichtigsten Stopps. Genaue Infos findet man online.

Stop	Adresse	Abfahrt
Cairns	Bay 16 und 17, 17 Pier Point Rd	07.00
Gordonvale	Bushaltestelle, 51 Norman Stt	07.25*
Babinda	Haltestelle am Bahnhof, 93 Howard Kennedy Dr	07.50*
Innisfail	Bushaltestelle, 103 Edith S	08.20
Mission Beach (Wongaling)	Transit Centre, 2002 Tully Mission Beach R	09.00
Tully	Transit Centre, 76 Butler St	09.25
Cardwell	Bushaltestelle, 2 Brasenose St	10.35
Ingham	Bus Stop, 76 Townsville Rd	11.15
Townsville	Sealink Terminal, 2 Sir Leslie Thiess Dr	13.10
Ayr	Bushaltestelle, 86 Graham St	14.25
Home Hill	Bus Zone, 13 Railway Ave	14.35
Delta	Puma Tankstelle, 19038 Bruce Highway	15.30
Bowen	Bushaltestelle, 40 Williams St	15.45
Longford Creek Meal Break	Tankstelle, Cnr Bruce Hwy & Bridsons Rd	16.10
Airlie Beach	Transit Terminal, 26 The Cove Road76	17.25
Proserpine	Bushaltestelle, 21 Blair S	17.50
Mackay	Bushaltestelle, 30 Victoria St	19.20
Mackay Meal Break	BP-Tankstelle, 313 Bruce Hwy	20.05
Sarina	Bushaltestelle, 48 Broad S	20.35
St Lawrence Turn Off	Bushaltestelle, Cnr Bruce Hwy & Croydon St	21.40
Marlborough Turnoff	Bruce Hwy & Marlborough	22.25*
Rockhampton	Puma Tankstelle, 93-101 George St	00.20
Gladstone	Bushaltestelle, 3 Dawson Highway	01.40
Miriam Vale	Shell Tankstelle, 30 Roe St	02.30
Taunton	Rest Area Center, Tableland Rd & Fingerboard Rd	03.00
Bundaberg	Bushaltestelle, 3 Barolin St	04.05
Apple Tree Creek	Tankstelle, 29444 Bruce Hwy	05.15
Childers	Bushaltestelle, 16 Crescent St	05.25*
Hervey Bay	Stocklands Hervey Bay, 6 Central Ave	06.20
Maryborough	Busbahnhof, 220-228 Lennox St	06.50
Wallu	Rastplatz Tin Can Bay & Rainbow Beach Rd	07.35
Rainbow Beach	Bushaltestelle, 19 Spectrum St	08.00
Gympie	Bushaltestelle, 13 River Rd	08.55
Traveston	Puma Tankstelle, 2028 Old Bruce Hwy, Kybong	09.45
Sunshine Coast – Cooroy	Bushaltestelle, 32 Elm St	10.05*
Sunshine Coast – Noosa	Platform 2 Stop C, 38 Sunshine Beach Rd	10.25
Sunshine Coast – Maroochydore	Bushaltestelle, 83 Sixth Ave	11.05
Sunshine Coast –Mooloolaba	Bushaltestelle, 73 Brisbane Road	11.15*
Brisbane Busbahnhof	Parkland Crescent	12.30

*Bedarfshalt, Voranmeldung erforderlich

ANHANG

Busse Brisbane ➡ Cairns

Mit **Premier Motor Service**, ☎ 133 410, 🖥 www.premierms.com.au.
Aufgeführt sind nur die wichtigsten Stopps. Genaue Infos findet man online.

Stopp	Adresse	Abfahrt
Brisbane Busbahnhof	Parkland Crescent	14.00
Sunshine Coast –Mooloolaba	Haltestelle ggü. Bowlsclub, 75 Brisbane Rd	15.25
Sunshine Coast – Maroochydore	Tourist Information Centre, 6th Ave	15.30
Sunshine Coast – Noosa Junction	Busbahnhof, Sunshine Beach Rd	16.20
Sunshine Coast – Tewantin	Haltestelle ggü. Shell Station, Poinciana Ave	16.30
Gympie	13 River Rd	17.50
Rainbow Beach	Spectrum St, zwischen Fraser und Dingo Backpacker	19.00
Maryborough	Busbahnhof, Lennox St	20.10
Hervey Bay	Transit Centre, Central Ave	20.50
Bundaberg	Arts Centre, Barolin St	23.05
Agnes Water Turn off	25 km von Agnes Water	00.10
Rockhampton	Puma Couch Terminal, George St	03.00
Mackay	Vor Ozcare, Victoria St	07.20
Proserpine	Haltestelle Blair St bei BP	08.45
Airlie Beach	Bus Terminal, Port of Airlie	09.30
Bowen	Bus Zone, William St	11.10
Townsville	Sealink Terminal, Leslie Thiess Dr	13.50
Ingham	Kelly's Theatre, 76 Townsville Rd	15.10
Cardwell	Haltestelle, Brasnose St	16.25
Tully	Transit Centre, Banyan Park	17.00
Mission Beach	Bus Terminal, Big Cassowary	17.20
Innisfail	Anzac Park, Edith St	18.00
Gordonvale	Ecke Norman St und Gordon St	19.05
Cairns	Hauptbahnhof	19.30

Mit **Premier Motor Service**, ☎ 133 410, 🖥 www.premierms.com.au.
Aufgeführt sind nur die wichtigsten Stopps. Genaue Infos findet man online.

Stop	Adresse	Abfahrt
Cairns	Hauptbahnhof	07.25
Gordonvale	Ecke Norman St und Gordon St	07.50
Innisfail	Anzac Park, Edith St	08.40
Mission Beach	Bus Terminal, Big Cassowary	09.25
Tully	Transit Centre, Banyan Park	09.50
Cardwell	Haltestelle, Brasnose St	10.55
Ingham	Kelly's Theatre, 76 Townsville Rd	11.35
Townsville	Sealink Terminal, Leslie Thiess Dr	13.20
Bowen	Bus Zone, William St	15.40
Airlie Beach	Bus Terminal, Port of Airlie	17.35
Proserpine	Haltestelle Blair St bei BP	18.00
Mackay	Vor Ozcare, Victoria St	20.00
Rockhampton	Puma Couch Terminal, George St	00.15
Agnes Water Turn off	25 km von Agnes Water	02.15
Bundaberg	Arts Centre, Barolin St	03.30
Hervey Bay	Transit Centre, Central Ave	05.50
Maryborough	Busbahnhof, Lennox St	06.25
Rainbow Beach	Spectrum St, zwischen Fraser und Dingo Backpacker	07.40
Gympie	13 River Rd	08.40
Sunshine Coast – Tewantin	Haltestelle ggü. Shell Station, Poinciana Ave	09.55
Sunshine Coast – Noosa Junction	Busbahnhof, Sunshine Beach Rd	10.10
Sunshine Coast – Maroochydore	Tourist Information Centre, 6th Ave	10.45
Sunshine Coast –Mooloolaba	Haltestelle ggü. Bowlsclub, 75 Brisbane Rd	10.55
Brisbane Busbahnhof	Parkland Crescent	12.30

ANHANG

Index

ANHANG

ANHANG

ANHANG

ANHANG

ANHANG

Danksagung

Für die kompetente und unkomplizierte Zusammenarbeit möchte ich mich beim **Bintang-Team** in
Berlin ganz herzlich bedanken, das keine Mühen scheut, um den Loose Travel Handbüchern Farbe
und Form zu verleihen. Herzlichen Dank besonders auch an die Lektorin **Silvia Mayer** für ihr
scharfes Auge und die reibungslose Zusammenarbeit.
Dieses Buch basiert auch in seiner 9. Auflage noch immer auf der hervorragenden Pionierarbeit von
Anne Dehne, die über 20 Jahre lang jeden Winkel dieses gigantischen Kontinents erforschte und
ihre Einblicke in vorherigen Auflagen dieses Buchs festhielt. Ihr gilt mein ganz besonderer Dank.
Viele hilfsbereite Australier haben meine Reisen für dieses Buch sehr bereichert und mir die
Recherche enorm erleichtert oder gar erst ermöglicht. Mein besonderer Dank gilt den Mitarbeitern
der zahlreichen **Informationszentren** und **Tourismusbehörden**, die mir bei der Recherche mit
Hintergrundinformationen beiseite standen und mir Zugang zu vielen Attraktionen, Touren und
Informationsquellen verschafften. Hier seien besonders hervorgehoben: Peter Mierzwiak und
Kai Ostermann von Tourism and Events Queensland sowie deren Kollegen im Sunshine State.
Zudem sei unseren **Leserbriefschreibern** für ihre Anmerkungen, Tipps und Hinweise gedankt:
Wolfgang Bothe, Alexandra Burkhalter, Jeannine Gsell, Nadine Hochuli, Beat Lüscher, Yvonne
Otto, Michael Pachlatko, Petra Tschater, Marlies Wagner und Bernhard Zobrist.

Notizen

Notizen

Bildnachweis

ANHANG

Impressum

Australien
Der Osten
Stefan Loose Travel Handbücher
9., vollständig überarbeitete Auflage **2022**
© DuMont Reiseverlag, Ostfildern

Gesamtredaktion und -herstellung
Bintang Buchservice GmbH
Columbiadamm 31, 10965 Berlin
www.bintang-berlin.de
Redaktion: Jan Düker
Lektorat: Silvia Mayer
Satz: Gritta Deutschmann
Bildredaktion: Gritta Deutschmann, Anja Linda Dicke, Jan Düker
Karten: Katharina Grimm, Klaus Schindler
Reiseatlas: DuMont Reisekartografie, Fürstenfeldbruck

Printed in Poland

Kartenverzeichnis

ANHANG

Autobahn		Nationalpark, Naturpark	
Schnellstraße		Nationalpark (marin)	
Fernstraße		Aboriginal Land, Sperrgebiet	
Hauptstraße		Riff	
Nebenstraße		Sumpfgebiet	
Nebenstraße, nicht asphaltiert		Straßennummern	M31 B75
Piste, Track		Internationaler Flughafen	
Fußweg, Trail		Regionaler Flughafen	
Straße in Bau		Sehenswürdigkeit	★
Straße in Planung		Archäologische Stätte	
Tunnel		Wasserfall; Höhle	
Eisenbahn		Berggipfel; Pass	
Fähre, Schiffsverbindung		Leuchtturm; Denkmal	
Staatsgrenze		Bergwerk; Museum	
Regionalgrenze		Badestrand; Aussichtspunkt	

Adelaide, Geelong

Great Australian Bight

Smoky Bay · Haslam · Wi · Ya
Streaky Bay
Streaky Bay · Poochera
Calca · A1
Colley
Point Weyland · Port Kenny · Kyancutta
Baird Bay · Venus Bay
Anxious Bay · Colton
Flinders I. · Elliston · Bramfield
Sheringa
Mount Hope · Karkoo
Coffin Bay · Coulta
Coffin Bay N. P. · Wangary
Whidbey Islands · Coffin Bay
Cape Carnot
Lincoln N. P.
Port Lincoln

Minnipa
S. 580
Gawler Ranges N. P.
Wudinna · Pinkawillinie C. P.
Warramboo · Balumbah
Mount Wedge
B 100
Lock · Rudall
Ungarra · B100
Cummins
Edillilie · Tumby Bay
North Shields
Thistle Island
Gambier I.
Neptune I.

Bucklebo
Kimba · Lake Gilles C.P.
Waddikee
Darke Peak
Cleve
Cowell
Arno Bay
Port Neill
Reevesby I.
Spilsby I.

E y r e   P e n i n s u l a

Port Augusta · Stirling North
Iron Knob
A1
Iron Baron
Whyalla · A1
Port Pirie
Murninnie
Poondooma
Port Broughton
Tickera
Wallaroo · Snowtown
Moonta · Kadina · Bute · Kulpara

Lincoln Highway

Spencer Gulf

Maitland · Ardrossan · A1
Port Victoria
Minlaton
Hardwicke Bay
Corny Point · Warooka
Formby Bay
Innes N. P. · Edithburgh
Inneston · Marion Bay
Cape Spencer
Investigator Strait

Quorn
Pichi Richi Rail
Wilmington
Mt. Remarkable N. P.
Melrose
Murray Tow
Por · Peterbor
Germe · Gladsto
Laura · James
Crystal Broo
Franklin
Merriton · Spalding
Harbour
Lucky Bay · Brink
Balaklava · Auburn · Mintar
Wakefield
Virginia · Gawle
Gulf St. Vincent
Port Adelaide
ADELAIDE
Glenelg
Yorketown · Port Noarlunga
McLaren Vale
Willunga
Myponga · Yankalilla
Rapid Bay · Fleurieu Peninsula
Cape Jervis · Vic · Har
Emu Bay · Kingscote · Penneshaw
Cape Cassini · Parndana · American River
Cape Borda · Little Sahara · D'Estrees Bay
Flinders Chase N. P. · Rocky River · Karatta
Cape du Couedic · Kelly Hill C. P. · Seal Bay C. P.
Vivonne Bay · Cape Gantheaume C.P.
Kangaroo Island · Cape Gantheaume

Cape Torrens C. P.

Encou Ba

Sturt Bay

Yorke Peninsula

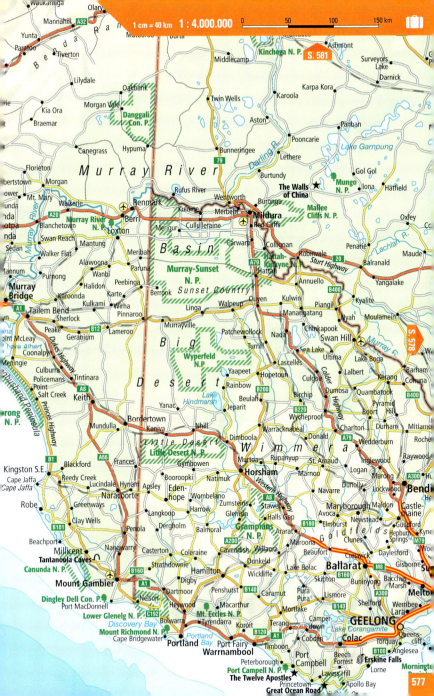

NEW SOUTH WALES

Gypsum Palace
Tottenham
Narromine
32
Du
Westerns Plains Zo
Wellingt
Mu
Wellingt
Cav

nick
Ivanhoe
S. 582
Gilgunnia
Bobadah
Burthong
Kerein Hills
Terowie
Tullamore
Tomingley
Peak Hill
Geurie

87
Melrose
Fifield
Trundle
Yeoval
Euch

Trida
Mount Hope
Flamingo
Condobolin
Parkes
Molong
Bore

Mossgiel
Willandra N. P.
Roto
Matakana
Euabalong
Bogan Gate
Forbes
Cudal
Ora

Moolbong
Hillston
Lake Cargelligo
39
Eugowra
Cargo
Mill

itfield
Naradhan
Bena
Ungarie
Burcher
Marsden
Gooloogong
Canowindra
Mand

Oxley
Corrong
One Tree
Rankins Springs
Weethalle
Yalgogrin
West Wyalong
Caragabal
Grenfell
Cowra
24

Carinya
24
Marong
Goolgowi
Quandialla
Barmedman
Weddin Mountains N. P.
Young
Godfreys

Hay
Carrathool
Gunbar
Griffith
Cocoparra N. P. Alleena
94
Barellan
Kamarah
Ariah Park
Grogan
Tubbul
Boorowa
Gunna
R

Maude
Yenda
Leeton
Ardlethan
Temora
94
Murrumburrah
Rye Park

alake
75
Darlington
20
Murrumbidgee R.
Narrandera
Coolamon
Junee
Jugiong
Cootamundra
Gunni

Booroorban
Coleambally
Morundah
Galore
Collingulli
Wagga Wagga
24
Careys Caves
Yass
Co

Riverina
Conargo
Bundure
39
Lockhart
Forest Hill
M31
Gundagai
Murrumbate
Ge

Deniliquin
Jerilderie
Urana
The Rock
Henty
Adelong
Tumut
CANBERRA

S. 577
ham
una
Mathoura
Finley
Berrigan
Daysdale
Kyeamba
Batlow
Canberra Space Centre
AC

B400
Tocumwal
58
Walbundrie
Walla Walla
Holbrook
Tumbarumba
Kosciuszko
Captains

Moama
Nathalia
Mulwala
Corowa
Jingellic
Welaregang
Kiandra
18
Namad
Mic

Mitiamo
Echuca
Wyuna
Yarrawonga
Rutherglen
Lake Hume
Corryong
Towong
Cabramurra
Lake Eucumbene
Adaminaby
Je
Bredbo
Nu

Rochester
Kyabram
Numurkah
Albury
Wodonga
Mt. Kosciuszko 2228 m
Charlotte Pass
Khancoban
Sawpit Creek
Coo

Raywood
Stanhope
Mooroopna
Chiltern
Tallangatta
Snowy Mountains
Berridale
Dalgety
Wadl
23

Elmore
Huntly
A300
Shepparton
Wangaratta
M31
Beechworth
B500
Eskdale
Mitta Mitta
C545
Mt. Bogong 1986 m
Thredbo
Jindabyne
Beloka

Bendigo
Murchison
A300
Glenrowan
Myrtleford
Porepunkah
Mount Beauty
Nimmit
Maffra
Bemb

Castlemaine
Heathcote
Nagambie
Violet Town
Euroa
Benalla
Swanpool
Whitfield
Cheshunt
Bright
Mt. Buffalo N. P.
Mt. Cobberas
N. P.
Bombala

Guildford
Tooborac
Seymour
Merton
Mansfield
Alpine N. P.
Benambra
1656 m
South Forest

lepburn prings
Kyneton
M79
B75
Alexandra
Lake Eildon
Eildon
Falls Creek
Glen Valley
Mt. Nugong 1482 m
Snowy River N. P.
Delegate
Rock

esford
Woodend
B340
Yea
Taggerty
Jamieson
Mt. Buller The Horn 1804 m 1723 m
Omeo
Wulgulmerang
Bonang
23

Gisborne
Wallan
B300
B360
Buxton
Marysville
Dargo
Swifts Creek
B500
Errinundra N. P.
C612
Coopr
N. P.

Sunbury
Whittlesea
Healesville
Woods Pt.
Mt. Tamboritha 1640 m
Buchan Caves
Buchan
Lind N. P.
Cann River
Ge

Melton
M1
Dandenong Ranges N. P.
Warburton
Baw Baw
Licola
Mitchell River N. P.
Bruthen
Bairnsdale
Orbost
A1

MELBOURNE
Cranbourne
Pakenham
Neerim
Walhalla
Maffra
Lakes
Paynesville
Lakes N. P.
Marlo
Cape Conran
Point Hicks
Rar
Hea

Werribee
Laa
Koo Wee Rup
Warragul
Moe
Erica
Heyfield
Stratford
Entrance
Loch Sport
Conran River

Queenscliff
Portsea
French Island
Morwell
Traralgon
Sale
Golden Beach

Anglesea
alls
Hastings
Cowes
A1
A440
Seaspray
Mallac

Mornington Peninsula N. P.
Phillip Island
Korumburra
Leongatha
Yarram
A440
Woo
Inset S. 579
Ninety Mile Beach

Wonthaggi
Toora
Foster

Tieyon

S. 578

S. 585

Witjira N. P.

Simpson
Desert

Simpson Desert

Regional Reserve

Pedirka

Macumba

Marla

Welbourn Hill

Oodnadatta

Lake Eyre Basin

Cadney Homestead
Roadhouse

Arckaringa

San Marino

Neales R.

New Kalamurina

Mirra M

Mungeran

Edwards Creek

Mt. Margaret
▲ 412 m

Oodnadatta Track

Lake Eyre
North (Salt)

Tirari

Mulka

Lake Eyre
N. P.

Desert

Breakaways
Reserve

Mount
Clarence

Mabel Creek

Coober Pedy

Coober Pedy South

William Creek
Roadhouse

Kopperamanna Bore

Dulkaninna

A87

Strangways

Lake Eyre
South (Salt)

Clayton

Coward Springs

Curdimurka

Woomera
Prohibited Area

Ingomar

Wangianna

Marree

Mirikata

Mc Douall
Peak

Central Australia Railway

Stuart Highway

Billa Kalina

Lyndhurst

Strzele

Benb

Mount Eba

Copley

Iga V

Bon Bon

Gosses

Olympic Dam

Andamooka

Gemstone Deposit
(Opal)

Leigh Creek

Malbooma

Roxby Downs

Lake

Lake

Beltana

Mt. H
108

Tarcoola

Kingoonya

Glendambo

Arcoona

Bosworth

Torrens

Patachilna

Blinma

Great Walls of China

Brachina

Coondambo

Woomera

Torrens

Brachina Gorge

Lake Everard
(Salt)

Kokatha

Lake
Gairdner
N. P.

Pimba

Island
Lagoon
(Salt)

Yeltacowie

St. Marys Peak
1188 m ▲

N. P.

Wilpena Pound ★

Lake Everard

Lake
Gairdner
(Salt)

Moonaree

Arkaroo Rock ★

Neuroodla

Kalanbi

Ceduna

Mudamuckla

Lake Acraman
(Salt)

Lake MacFarlane
(Salt)

Bookaloo

Hawker

Death Rock ★

Crado

Laura
Bay
Smoky

A1

Haslam

Wirrula

Yantanabie

Mt. Kolendo
488 m

Yardea

Nonning

Yudnapinna

A87

Quorn

Belton

Carrie

Pichi Richi Railwa

B83

580

S. 576

Port Augusta

Stirling North

Wilmington

Gawler

Ranges

Lake Yamma Yamma

S. 586

S t u r t G r e a t

New Alton Downs

S t o n y

Cordillo Downs

Arrabury

Thylungra

Kyabra

14

Eromanga

D e s e r t

A r t e s i a n

Leap Year Bore

Innamincka Regional Reserve

Patchawara

Innamincka

Tobermory

Burke & Wills Monument

Nappa Merie

Noccundra

Grey Range

49

Moomba

Thargomindah

Lake Moomba

B a s i n

Naryilco

Yakara

Kilcowera

Lake Gregory

Lake Blanche (Salt)

Strzelecki Crossing

Cameron Corner

GU

S. 582

Waka

Sturt N. P.

Strzelecki Track

Lake Callabonna

Mount Hopeless

Poole's Monument

Tibooburra

Callabonna

Winnathee

Milparinka

Urisino

North Mulga

Old Moolawatana

Mount Shannon

Petita

Noonamah

Nooldoo Nooldoona Waterhole

Arkaroola

Vulkathunha-Gammon Ranges N. P.

Pincally

Border Downs

Yancannia

Balcanoona

Lake Frome (Salt)

Pine Ridge

Packsaddle

Noonthorangee Range

Kayrunnera

Myro

Mandalay

Pauls Bore

Chambers Gorge

The Veldt

Mutawintji N. P.

White Cliffs

Momba

Tarella

Frome Downs

Mutawintji Hist. Site (Abor. Rock Art)

Fowlers Gap

Trevallyn

Curnamona

Barrier Range

Euriowie

Wilcannia

Little Topar Hotel

32

Barrier Highway

Moama

Boolcoomta

Mingary

Yanco Glen

Silverton

Mount Gipps

Kinalung

Broken Hill

Quondong

Windalle

Burndoo

Baden

Waukaringa

Olary

Cockburn

Pine Point

S. 577

75

Mannahill

A32

Range

Mutooroo

Burta

79

581

Yunta

1 cm = 40 km 1 : 4.000.000

0 50 100 150 km

S. 588

Clonclose
Taroom
Cockatoo
Canal
Mundubbera
Gayndah
Brovinia
Windera
Tansey
Woolooga
Murgon
Wondai
Cherbourg
Goomeri
Gympie
Pomona
Lake Cootharaba
Tewantin
Noosa Heads
Cooroy
Yandina
Nambour
Mapleton
Montville
Maleny
Kilcoy
Beerwah
Caloundra
Kingaroy
Nanango
Yarraman
Harlin
Glass House
Mountains N. P.
Bribie I.
Bribie Island N. P.
Woorim
Moreton I.
Moreton Island
N. P.

Hervey Bay
Fraser Island
Maryborough
Tiaro
Inskip Point
Tin Can Bay
Rainbow Beach
Gunalda
Great Sandy N. P.
Sunshine Beach
Maroochydore
Mooloolaba

Sunshine Coast

Taroom
Cockatoo
Miles
Jackson
Columboola
Fairyland
Chinchilla
Brigalow
Warra
Condamine
Kogan
Macalister
Bell
Wutul
Dalby
Bowenville
Jondaryan
Oakey
Crows Nest Falls
Ravensbourne N. P.
Crows Nest
Esk
Caboolture
Redcliffe
Moreton Bay

Glenmorgan
Meandarra
The Gums
Tara
Kumbarilla
Cecil Plains
Pampas
Pittsworth
Millmerran
Leyburn
Allora
Clifton
Laidley
Gatton
Ipswich
BRISBANE
Victoria Point
North Stradbroke I.
South Stradbroke I.

DARLING DOWNS
Southwood N. P.
Moonie
Dunmore
Westmar
Toowoomba

Beenleigh
Southport
Coomera
Surfers Paradise
Burleigh
Currumbin
Coolangatta
Tweed Heads
Kingscliff
Hastings Point
Brunswick Heads
Byron Bay
Lennox Head
Ballina

Main Range N. P.
Mc Pherson
1359 m
Lamington N. P.
Mt. Warning
Warning
Murwillumbah
Aboriginal Bora Ring
Nimbin
Nightcap

Toobeah
Bungunya
Talwood
Boomi
Goondiwindi
Boggabilla
Inglewood
Karara
Warwick
Gore
Braeside
Queen Mary Falls
Pikedale
Stanthorpe
Ballandean
Bald Rock N. P.
Mingoola
Tenterfield
Bolivia
Sandy Flat
Allce
Girraween N. P.
Boonoo
Boonoo Falls
Casino
Coraki
Woodburn
Broadwater
Broadwater N. P.
Evans Head
Whiporie
Lismore

North Star
Yetman
Texas
Bonshaw
Wallangra
Ashford
Bukkulla
Emmaville
Deepwater
Washpool N. P.
Kings Plains N. P.
Dundee
Glen Innes
Glencoe
Copmanhurst
Maclean
Iluka
Yamba
Tyndale
Bundjalung N. P.
Yuraygir N. P.

Ashley
Garah
Camurra
Moree
Gurley
Bellata
Rocky Creek
Bingara
Dinoga
Keera
Tingha
Inverell
Delungra
Warialda
Coolatai
Gravesend
Terry Hie Hie
Artesian Baths

Gemstone Deposit
(Sapphire)
Cobbadah
Bundarra
Guyra
Aberfoyle
Round Mtn 1583 m
Clouds Creek
Coramba
Dorrigo
Grafton
Ulmarra
Halfway Creek
Minnie Water
Wooli
Red Rock
Woolgoolga
Moonee Beach
Coffs Harbour
Bellingen
Urunga

Narrabri
Edgeroi
Barraba
Split Rock Dam
Yarrowyck
Kingstown
Cathedral Rock N. P.
Ebor
Dorrigo Wy.
Hernani
Wollomombi Falls
Wollomombi
Dangar Falls
New England N. P.
Bellbrook
Nambucca Heads
Macksville
Scotts Head
Stuarts Point
Trial Bay
South West Rocks

Mount Kaputar N. P.
Boggabri
Manilla
Armidale
Uralla
Bendemeer
Attunga
Oxley Wild Rivers N. P.
Apsley Falls
Apsley Gorge N. P.
Mt. Banda Banda 1263 m
Walcha
Smithtown
Kempsey
Crescent Head
Hat Head
Hat Head N. P.

Gunnedah
Mullaley
Tamworth
Currabubula
Kootingal
Werrikimbe N. P.
Telegraph Point

Tambar Springs
Premer
Carona
Dungowan
Werris Creek
Nundle
Yarrowitch
Woko N. P.
Nowendoc
Yarras
Timbertown
Wauchope
Port Macquarie
North Haven
Kendall

Bundella
Blackville
Quirindi
Willow Tree
Barry
Bretti
Coolah Tops N. P.
Murrurundi
Moonan Flat
Boyne
Laurieton

S. 579

North Coast

Gold Coast

Summerland Coast

583

Chilla Well

Pawu Abor. Land

Mt. Leichhardt 1140 m

Ba...

Anningie

Lake Mackay Aboriginal Land

Mala Abor. Land

Mount Doreen

Yuendumu Abor. Land

Coniston

Ti-Tree Roadhouse

Pine Hill

Vaughan Springs

Yuendumu

Mount Allan

Napperby

Lake Mackay (Salt)

Yunkanjini Abor. Land

Yalpirakinu Abor. Land

Gurner

Mt. Cockburn 846 m

Mount Wedge

Central Mt. Wedge 1094 m

Derwent

Narwietooma

Mt. Liebig 1525 m

Mt. Zeil 1511 m

West Macdonnell N. P.

5

Am...

Lake Macdonald (Salt)

Haast Bluff

Ormiston Gorge ★

Simpsons Ga...

Mt. Leisler 901 m

Haasts Bluff Aboriginal Land

Glen Helen

Namatjira Drive

2

Jay Abo...

Gosse Bluff ●

Ltalaltuma Abor. Land

Hermannsburg

M a c D o n n e l l   R a n g

Mereenie Loop Rd

Lake Neale (Salt)

Kings Canyon ★

Watarrka N. P. ★

Urrampinyu Abor. Land

Finke Gorge N. P.

Sr...

Petermann

Mt. Harris 1067 m

Lake Amadeus (Salt)

Lake Amadeus Abor. Land

Stuart's Well

Henbury Meteorite Craters ★

Hen...

Docker River

Aboriginal Land

Katiti Aboriginal Land

Luritja Road

Palm...

87

Yulara ✈

Lasseter Highway

Erldunda

Impa...

Kata Tjuta (The Olgas) ★

Uluru (Ayers Rock) ●

4

Curtin Springs

Uluru-Kata Tjuta N. P.

Stevensons Peak 1319 m

Mt. Connor 863 m

Lyndvale

Stuart Highway

Mulga Park ●

Victory Downs

Mt. Cockburn 1138 m

Pipalyatjara ●

Amata ●

Mt. Woodroffe 1440 m

Inyarinya Community

Kalka Community ●

Pukatja Community

Tarcoonyinna

T o m k i n s o n   R a n g e

Mt. Lindsay 819 m

Fregon ●

Pitjantjatjara Aboriginal Land

S O U T H   A U S T R A L I A

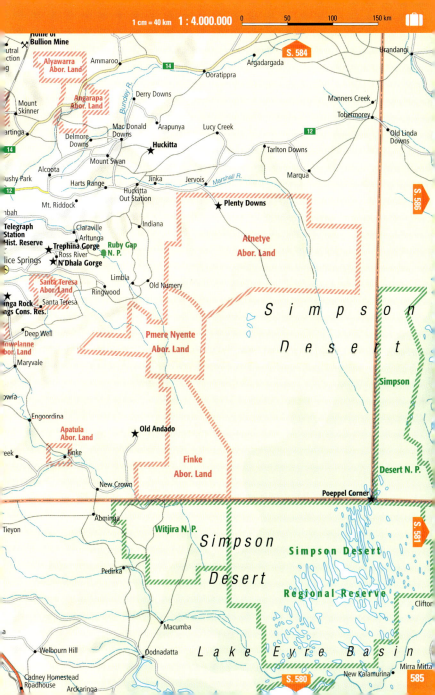

Home of
Bullion Mine
utral
ction
g
Alyawarra
Abor. Land
Ammaroo
Argadargada
Ooratippra
S. 584
Urandangi
14
Angarapa
Abor. Land
Mount
Skinner
Derry Downs
Manners Creek
Tobermorey
12
artinga
Delmore
Downs
Mac Donald
Downs
Arapunya
Lucy Creek
Old Linda
Downs
14
Mount Swan
Huckitta
Alcoota
Tarlton Downs
ushy Park
Harts Range
Jinka
Jervois
Marshall R.
Marqua
12
Mt. Riddock
Huckitta
Out Station
S. 586
bah
Plenty Downs
Telegraph
Station
Hist. Reserve
Claraville
Arltunga
Indiana
Atnetye
Abor. Land
Trephina Gorge
Ruby Gap
N. P.
lice Springs
Ross River
N'Dhala Gorge
Santa Teresa
Abor. Land
Limbla
Old Numery
S i m p s o n
Ringwood
nga Rock
ngs Cons. Res.
Santa Teresa
D e s e r t
Deep Well
owelanne
bor. Land
Pmere Nyente
Abor. Land
Maryvale
Simpson
owra
Engoordina
Apatula
Abor. Land
Old Andado
eek
Finke
Finke
Abor. Land
Desert N. P.
New Crown
Poeppel Corner
Abminga
S. 581
Tieyon
Witjira N. P.
Simpson
Simpson Desert
Pedirka
Desert
Regional Reserve
Cliftor
Macumba
L a k e   E y r e   B a s i n
a
Welbourn Hill
Oodnadatta
Mirra Mitta
New Kalamurina
Cadney Homestead
Roadhouse
Arckaringa
S. 580
585

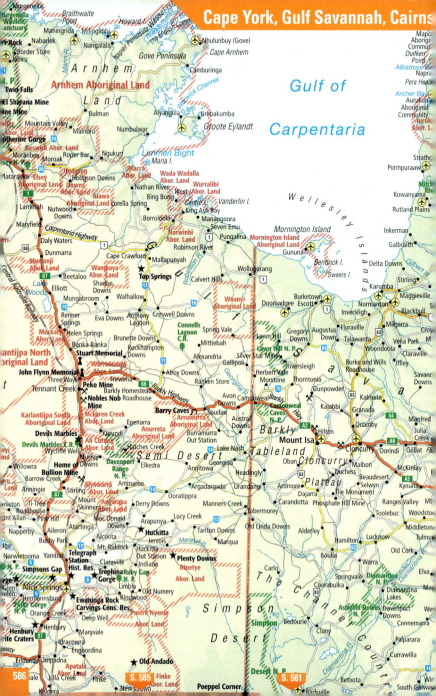

0 50 100 km

Upstart
alungra

S. 587

Gloucester I.
Bowen
Daydream I.
Airlie Beach
Cannonvale
Proserpine
Whitsunday Islands
Hayman I.
Hook I.
Whitsunday
Island N. P.
Sbute
Harbour
Conway
N. P.
Whitsunday I.
Hamilton I.
Lindeman Island N. P.
Lindeman I.
Bloomsbury
Midge Point
Repulse I.
Brampton I.
Yalboroo
Calen
Seaforth
Eungella N. P.
Kuttabul
Cape Hillsborough
N. P.
Bucasia
Mirani
Marian
Eungella
lenden
Eton
Mackay
Homebush
Walkerston
Elphinstone
Sarina
Colston
Park
Koumala
Cape
Palmerston
Epsom
Nebo
Ilbilbie
Curlew I.
Coppabella
Carmila
Mt. Scott
852 m
Dipperu
N. P.
Deveril
Clairview
Broad
Sound
Long I.
Duke Is.
High Peak I.
Batheaston
Kalarka
Arthur Point
Stanage
Dysart
Croydon
St. Lawrence
Cape Townshend
Townshend I.
Shoal-
water
Bay
Cape Clinton
Cape Manifold
May Downs
Ogmore
Middlemount
S. 587
Stockyard
Creek
Marlborough
eri
Oaky Creek
Byfield
Fairhill
Byfield N. P.
Capricorn Caves
Leura
Yaamba
The
Caves
North Keppel I.
Rosslyn Bay
Comet
Blackwater
Bluff
Dingo
ROCKHAMPTON
Gracemere
Stanwell
Yeppoon
Emu Park
Great Keppel I.
Keppel Sands
North West I.
Wreck I.
Heron I.
One Tree I.
Laleham
Westwood
Gogango
Mount
Morgan
Port Alma
Cape Capricorn
Curtis I.
Duaringa
Bajool
Marmor
Wowan
Dululu
Curtis Island N. P.
Blackdown
Tableland
N. P.
Mount Larcom
Gladstone
Tannum Sands
Rannes
Calliope Hill
Calliope
Lady Musgrave I.
Baralaba
Jambin
Callide
Turkey Beach
Castle Tower
N. P.
Iveragh
Eurimbula N. P.
Agnes Water
Banana
Biloela
Miriam Vale
Deepwater N. P.
Lady Elliot I.
Moura
Thangool
Kianga
Kalpowar
Lowmead
Berajondo
Watalgan
Theodore
Lake
Monduran
Moore Park
Coorada
Monto
Sandy
Cape
Precipice
N. P.
Bundaberg
Isla Gorge
N. P.
Camboon
Gin Gin
Elliot Heads
Hervey Bay
Planet
Downs
Expedition N. P.
Wolca
Cordalba
Woodgate
Hervey Bay
Great San
N. P.
Cracow
Eidsvold
Mount
Perry
Booyal
Childers
Torbanlea
Fraser
Island
Taroom
Clonclose
Cockatoo
Mundubbera
Dallarnil
Biggenden
S. 583
Gayndah
Maryborough

P A Z I F I S C H E R
O Z E A N
Marion Re

Cumberland Islands

Prudhoe I.

Northumberland Islands

Percy Islands

Swain Reefs

Great Barrier Reef Marine Park

Coral Sea

Capricorn Coast

Coral Coast

Great Barrier Reef